beck'sche reihe

bsr

Das KLEINE LEXIKON DER POLITIK wurde von dem Heidelberger Politikwissenschaftler Dieter Nohlen – er ist ausgewiesen durch eine Reihe erfolgreicher Nachschlagewerke – als kompaktes Informationskompendium für einen breiten Benutzerkreis in Politik, Verwaltung, Forschung und Lehre, in den Medien und in der Politischen Bildung konzipiert.
Das Nachschlagewerk schöpft aus dem inzwischen vergriffenen siebenbändigen Lexikon der Politik, das in den 1990er Jahren vom selben Herausgeber ebenfalls im Verlag C. H. Beck veröffentlicht wurde. In 274 Beiträgen informiert es über politische Theorien und Ideologien, über zentrale politische Begriffe, über politische Institutionen und Prozesse, über die europäische und die internationale Politik und sehr umfassend über materielle Politik in den einzelnen Politikfeldern von der Agrarpolitik bis zur Wissenschaftspolitik.
110 renommierte Wissenschaftlerinnen und Wissenschaftler aus verschiedenen Disziplinen (Politikwissenschaft, Soziologie, Staatsrecht, Geschichte u. a.) stehen für die hohe Sachkompetenz in Information und Analyse.

Dieter Nohlen, geboren 1939 in Oberhausen, ist seit 1974 Professor für Politische Wissenschaft an der Universität Heidelberg. Er wurde 1991 mit dem Max-Planck-Forschungspreis, 1995 mit dem Sonderpreis Das politische Buch und 2000 mit dem Universitätspreis der Universität Augsburg für Spanien- und Lateinamerikaforschung ausgezeichnet. Zahlreiche in- und ausländische Veröffentlichungen, u. a. Wahlrecht und Parteiensystem. Herausgeber u. a. des siebenbändigen „Lexikons der Politik“, des „Lexikons Dritte Welt“ sowie Mitherausgeber des achtbändigen „Handbuchs der Dritten Welt“ und von „Elections in Africa“ (in den USA 2000 „Outstanding Academic Book of the Year“).

Kleines Lexikon der Politik

Herausgegeben von
Dieter Nohlen

Verlag C. H. Beck

Die Deutsche Bibliothek – CIP-Einheitsaufnahme

Kleines Lexikon der Politik / hrsg. von Dieter Nohlen. – Orig.-Ausg. – München: Beck, 2001
(Beck'sche Reihe ; 1418)
ISBN 3 406 45958 7

Originalausgabe
ISBN 3 406 45958 7

Umschlagentwurf: + malsy, Bremen

Satz: Fotosatz Janß, Pfungstadt
Druck und Bindung: Clausen & Bosse, Leck
Printed in Germany

www.beck.de

Vorwort

In den zurückliegenden Jahrzehnten zeichnete der Herausgeber des vorliegenden Lexikons für verschiedene Nachschlagewerke zur Politik und Politikwissenschaft verantwortlich. Dieses neue *KLEINE LEXIKON DER POLITIK* steht in der Nachfolge des erfolgreichen *Wörterbuchs Staat und Politik*, das in zwei Auflagen 1991 und 1995 beim Piper Verlag erschienen ist und eine sehr weite Verbreitung fand. Die Notwendigkeit der Aktualisierung sowie verlegerische Gesichtspunkte sprachen dafür, bei der gründlichen Neubearbeitung auf das siebenbändige *Lexikon der Politik* zurückzugreifen, das 1992 bis 1998 bei C. H. Beck veröffentlicht wurde. Der Name *Kleines Lexikon der Politik* drückt diesen Sachverhalt aus: Das neue Lexikon schöpft aus dem inzwischen vergriffenen mehrbändigen Werk. Dessen Fundus an Information und Analyse zu allen Feldern der Politik hat dazu angeregt, *das Kleine Lexikon der Politik* in gewisser Weise als Auszug aus dem siebenbändigen Lexikon zu gestalten, d. h. in dem behandelten Themenspektrum breiter als seinen Vorläufer bei Piper anzulegen.

Im Mittelpunkt steht nach wie vor die materielle Politik, stehen die *policies* von der Agrarpolitik bis zur Wohnungspolitik. Gerade in den Politikfeldern erweist sich, daß lexikalische Informationen rasch veralten und Neubearbeitungen dieser Gattung von Publikationen im Fünf- bis Zehnjahresrhythmus dringend geboten sind. Seit der Veröffentlichung des *Wörterbuchs Staat und Politik* 1995 ist der in den 1990er Jahren erfolgte Politikwechsel vom Keynesianismus zum Neoliberalismus in den *policies* voll durchgeschlagen. Diesen Wandel lexikalisch nachzuhalten war eine der mit der Neuauflage verbundenen Absichten. Eine weitere lag in der stärkeren Berücksichtigung der europäischen Politikebene, die seit Maastricht in vielerlei Hinsichten größere Bedeutung für Politik, Wirtschaft und Gesellschaft in Deutschland gewonnen hat und weiterhin gewinnt. Der Euro ist nur der sichtbarste Ausdruck dieses Tatbestandes. Auch wurde der Kanon von Stichwörtern zur internationalen Politik ausgedehnt. Schließlich kamen eine Reihe von Einträgen wie beispielsweise New Economy und Dritter Weg hinzu, die neuen Konzepten gelten, welche in der öffentlichen Debatte stehen. Insofern als die Gesamtzahl der Beiträge von 219 auf 274 erhöht wurde, konnte der bisherige Bestand an Einträgen zu anderen Themenbereichen des Politischen, zu politischen Ideen, Strukturen und Prozessen, wie beispielsweise zu Gerechtigkeit und Gemeinwohl, zu Demokratie, Parteien und Systemwechsel, aufrechterhalten werden.

Das *Kleine Lexikon der Politik* ist bemüht, kompakt und benutzerfreundlich zu informieren und den Leser möglichst nahe an die behandelten Phänomene als solche heranzuführen. Da Begriffe unabdingbar sind für die Erkenntnis der politischen Wirklichkeit und Beobachtungen von Begriffen abhängen, geht es neben der Darstellung von Sachverhalten immer auch um Konzepte, weshalb jeder Beitrag i. d. R. mit begrifflichen Erläuterungen beginnt. In weiterer Hinsicht interessieren Bewertungen und Erklärungen. Gelegentlich wird zudem der plurale wissenschaftliche Diskurs skizziert, wobei neben der Politischen Wissenschaft auch einige Nachbardisziplinen zu Wort kommen. Das Politische wird somit aus

verschiedenen Perspektiven beleuchtet. Der Umfang der Beiträge wurde in gewisser Weise nach der Relevanz des behandelten Gegenstands bemessen, wobei freilich der Grad der Ausdifferenzierung des Sachgebiets in einzelne Stichwörter einen wesentlichen Parameter bildete. Einige Beiträge haben mehr Handbuchcharakter (etwa Frieden und Gemeinwohl), andere entsprechen mehr dem Lexikonstil und beschränken sich auf die Erklärung der Verwendungszusammenhänge des betreffenden Begriffs, zumal wenn ein Beitrag in der Komposition des Gesamtkanons der Stichwörter eine weniger tragende denn ergänzende Funktion hat. Die ausgiebige Verwendung von Verweisen (mittels →) vernetzt die verschiedenen Beiträge. Das Sachregister hilft, Informationen zu erschließen, die über die Benennung der Stichwörter nicht direkt zugänglich sind. Die variable Umfanggestaltung einzelner Stichwörter hat im übrigen dazu beigetragen, den Umfang des Gesamtwerks in Grenzen zu halten und das Adjektiv „klein" im Titel nicht *ad absurdum* zu führen.
Etliche Anregungen zur Gestaltung des Werks gingen mir von seiten der insgesamt 110 Autorinnen und Autoren zu. Dank der langjährigen Kooperation mit vielen von ihnen konnte die Neubearbeitung in wenigen Monaten bewerkstelligt werden. Allen Autorinnen und Autoren gilt mein ganz großer Dank.
Dankend erwähnen möchte ich auch die Bereitschaft der beiden Verlagshäuser, des Piper Verlags und des C. H. Beck Verlags, zu einem fliegenden Wechsel in der verlegerischen Betreuung des Werks.
Bedanken möchte ich mich schließlich bei meinen Mitarbeiterinnen und Mitarbeitern in Heidelberg für die Hilfe bei der Kommunikation mit den Autorinnen und Autoren, beim Lektorieren und bei der EDV-Textgestaltung, insbesondere bei Julia Leininger, Alexander Somoza, Philip Stöver, Dorothea Vaerst und Claudia Zilla.

Heidelberg, 8. 10. 2000 Dieter Nohlen

Verzeichnis häufig verwendeter Abkürzungen

Abk.	Abkürzung
allg.	allgemein
Anm.	Anmerkung
Art.	Artikel
Bd.	Band
Bde.	Bände
bed.	bedeutend
bes.	besonders, besondere
Bev.	Bevölkerung
BIP	Bruttoinlandsprodukt
BRD	Bundesrepublik Deutschland
BSP	Bruttosozialprodukt
bzw.	beziehungsweise
ca.	cirka
D	Deutschland
d. h.	das heißt
d. i.	das ist
DDR	Deutsche Demokratische Republik
ders./dies.	derselbe/dieselbe
dt.	deutsch
E.	Einwohner
ebd.	ebenda
EG	Europäische Gemeinschaft
entspr.	entsprechend, entspricht
etc.	et cetera
EU	Europäische Union
europ.	europäisch
F.	Folge
ff.	und folgende
GB	Großbritannien
ges.	gesammelt
GG	Grundgesetz
GO	Geschäftsordnung
GW	Gesammelte Werke
H.	Heft
ha	Hektar/e
Hrsg./hrsg. von	Herausgeber/herausgegeben von
i. d. R.	in der Regel
i. e. S.	im engeren Sinne
i. S.	im Sinne
i. w. S.	im weiteren Sinne
insbes.	insbesondere
internat.	international

Jb.	Jahrbuch/Jahrbücher
Jg.	Jahrgang
Jh.	Jahrhundert
Kap.	Kapitel
lat.	lateinisch
Lit.	Literatur
Mio.	Million/en
Mrd.	Milliarde/n
nat.	national
Red.	Redaktion
S.	Seite
s.	siehe
s. o	siehe oben
s. u.	siehe unten
sog.	sogenannte/r/s
StGB	Strafgesetzbuch
transnat.	transnational
Tsd.	Tausend
u. a.	unter anderem/und andere
UN	United Nations
USA	Vereinigte Staaten von Amerika
usw.	und so weiter
v. a.	vor allem
Verf.	Verfasser
vgl.	vergleiche
z. B.	zum Beispiel
z. T	zum Teil
zit.	zitiert

Häufig verwendete Abkürzungen von Ortsnamen

Bln.	Berlin
Camb.	Cambridge
Camb./Mass.	Cambridge/Massachusetts
Chic.	Chicago
Darmst.	Darmstadt
Düss.	Düsseldorf
Ffm.	Frankfurt am Main
Freib.	Freiburg im Breisgau
Frib.	Fribourg (Freiburg im Üechtland)
Gött.	Göttingen
Hamb.	Hamburg
Hdbg.	Heidelberg
L.	London
LA	Los Angeles
Lpz.	Leipzig
Mchn.	München
Mhm.	Mannheim
NY	New York
Opl.	Opladen
Ox.	Oxford
Rbk.	Reinbek
Stg.	Stuttgart
Tor.	Toronto
Tüb.	Tübingen
Wsb.	Wiesbaden

Abrüstung

I. Im internat. Sprachgebrauch bedeutet Abrüstung (A.) die völlige oder teilweise Abschaffung (Begrenzung) von Waffen und militärischem Personal mit dem Ziel, die zwischenstaatl. Gewaltanwendung einzudämmen bzw. im Idealfall ganz auszuschließen. A. ist somit kein Selbstzweck, sondern dient der Durchsetzung des in Art. 2 (4) der Charta der Vereinten Nationen (ChUN) niedergelegten, aber auch im Völkergewohnheitsrecht verankerten Gewaltverbots. Das Gewaltverbot beinhaltet jedoch keine Pflicht zu völliger A., da es im gegenwärtigen internat. System (→ Internationale Beziehungen) noch immer an einer zentralen Ordnungsgewalt fehlt, so daß den Staaten das Recht auf Selbstverteidigung (Art. 51 ChUN) und damit das Recht auf Besitz von Waffen und militärischem Personal verbleibt.

II. Begrifflich wird A. vor allem in der Praxis von Rüstungskontrolle (*arms control*) abgegrenzt. Rüstungskontrolle, verstanden als Rüstungsbeherrschung, zielt vorrangig auf die Erhaltung des militärischen und polit. Gleichgewichts zur Vermeidung des Ausbruchs gewaltsamer Konflikte, u. a. auch solcher, die sich aus der Eigendynamik der modernen Rüstungstechnologie ergeben können (→ Krieg aus Zufall oder Mißverständnis); sie zielt auf die polit. Rüstungssteuerung. Bei A. geht es dagegen um die qualitative und quantitative Verringerung der Waffenarsenale und des militärischen Personals. Im e. S. wird unter A. die Bemühung um eine allgemeine und vollständige A., eine teilweise A. als Rüstungsbeschränkung verstanden. In der Praxis der → Vereinten Nationen (UN) hat sich der Doppelbegriff „A. und Rüstungsbeschränkung“ (*disarmament and arms control*) durchgesetzt. Instrumente zur Herbeiführung von A. bzw. Rüstungsbeschränkungen/-kontrolle sind völkerrechtl. Verträge und einseitige Verpflichtungen (Unilateralismus), wobei die jeweiligen Ziele auch schrittweise angegangen werden können (Gradualismus).

III. Ein zentrales Problem der Einigung über A. stellt u. a. die Erhaltung der Stabilität des militärischen Machtgleichgewichts (→ Macht) im Prozeß der A. dar, deren Gewährleistung auch die Verifikation dient, die auf die Verhinderung die Stabilität gefährdender einseitiger Verletzungen der Pflichten der A. zielt. Wirksame Verifikation ist zugleich ein unerläßliches Element der für eine erfolgreiche Politik der A. wichtigen Vertrauensbildung zwischen den Staaten.

Mittel der Verifikation sind internat. und gegenseitig vereinbarte nat. Vor-Ort-Inspektionen, Informationsaustausch sowie der Einsatz von instrumentellen Überwachungseinrichtungen (z. B. *black boxes*, Fernerkundungssatelliten). Im Zuge der nach dem Ende des → Ost-West-Konflikts und dem Zusammenbruch der Sowjetunion ermöglichten teilweisen A. von Massenvernichtungswaffen sind schon zuvor latent vorhandene Probleme in den Vordergrund getreten: die Kontrolle der Zerstörung und umweltgerechten Entsorgung der Massenvernichtungswaffen sowie die Verhinderung der Vermarktung solcher Waffen (Proliferation) durch private oder heimliche Transaktionen staatl. Stellen.

IV. Nach ersten, gescheiterten Abrüstungsversuchen im 19. Jh. und im Rahmen der Haager Friedenskonferenzen von 1899 und 1907 sowie durch den Völkerbund (1932/33) erhielten nach dem Ende des II. Weltkrieges die UN den Auftrag (Art. 11 As. 1 und 26 ChUN), sich mit einer umfassenden A. zu befassen. Seit 1946 wird A. in verschiedenen Gremien innerhalb (Generalversammlung, Abrüstungskommission) und außerhalb (Genfer Abrüstungsausschuß) der UN behandelt. Die 1978 von der Generalversammlung auf ihrer 10. Sondersitzung verabschiedete Deklaration zur A. (*Final Document* – UN Doc.: S-10/2 v. 30. 6. 1978) gab einen umfassenden Überblick über die polit., militärischen und ökonom. Aspekte von Abrüstung. Das Projekt eines Vertrages über allgemeine und vollständige A. unter strikter internat. Kontrolle (1963/64) scheiterte trotz erheblicher Annäherung der Standpunkte. Erfolgreicher verliefen die Verhandlungen über Teilschritte auf dem Gebiet der Rüstungsbeschränkung. Dem erfolgreichen Abschluß des Vertrages über das Teilverbot von Kernwaffenversuchen zu Lande, im Wasser und in der Luft (1963) folgten die Verträge über die Entmilitarisierung des Weltraums (1967), über die Nichtverbreitung von Kernwaffen (1968), über die Entmilitarisierung des Meeresbodens (1970), über das Verbot biologischer Waffen (1974) und nach langen und zähen Verhandlungen der Vertrag über das Verbot der Entwicklung, Produktion, Lagerung und Anwendung chemischer Waffen (1993) und der noch nicht in Kraft getretene Vertrag über ein umfassendes Verbot von Kernwaffentests (1996), für dessen Einhaltung ein weltumspannendes Verfikationsystem geschaffen wird. Durch den intensiven Einsatz nicht-staatl. Organisationen (NGOs) und Bürgerbewegungen konnte 1997 – gegen Vorbehalte der USA und Rußlands – auf einer Staatenkonferenz in Ottawa ein Übereinkommen über das Verbot des Einsatzes, der Lagerung, der Herstellung und der Weitergabe von Antipersonenminen und deren Vernichtung verabschiedet werden.

Im Rahmen der allgemeinen Bemühungen um eine Rüstungsbeschränkung sind ferner eine Reihe von bilateralen Abkommen zwischen den USA und der UdSSR über eine Begrenzung der Zahl von Raketenabwehrsystemen (ABM-Vertrag 1972), über die Begrenzung strategischer Waffen die Verträge SALT I und SALT II, sowie der Vertrag über die Beseitigung der Mittelstreckenraketen (INF-Vertrag 1987), der Vertrag über die Begrenzung unterirdischer Kernwaffenversuche (Vertrag von 1974 nebst Verifikationsprotokoll von 1990), der Vertrag über unterirdische nukleare Sprengungen für friedliche Zwecke (Vertrag von 1976 nebst Ergänzungsprotokoll von 1990) sowie der Vertrag über die Reduzierung und Begrenzung der strategischen Angriffswaffen (START-Vertrag 1992) anzuführen. Hervorzuheben sind die „*Communications to IAEA Received from Certain Member States Regarding Guidelines for the Export of Nuclear Material, Equipment and Technology*“ (1992), die dem Problem einer wirksameren Verhinderung der Proliferation von nuklearen Waffen dienen sollen. Auf regionaler Ebene stellt der Vertrag über die Beschränkung der konventionellen Streitkräfte in Europa (1990) einen bedeutsamen Fortschritt der internat. Bemühungen um A. dar. Gegenwärtig ist die Einbindung der Nachfolgestaaten der UdSSR in das bestehende Vertragsgeflecht, in deren Gebiet sich nukleare Waffen und Raketensysteme befinden, ein zentrales Anliegen. Durch eine Reihe bilateraler Abkommen zwischen den USA und diesen Staaten wird das Problem einer Lösung zugeführt. Mit dem Protokoll zum START-Vertrag von 1992 wurde nur Rußland als künftiger Kernwaffenstaat anerkannt, alle vier Staaten binden sich an den START-Vertrag und treten dem Nichtverbreitungsvertrag bei.

V. Ein wichtiges Problem im Zusammenhang mit A. sind deren ökonom. Folgen. Einerseits wird durch A. eine „Abrüstungsdividende“ aufgrund eingesparter Rüstungsausgaben erwartet, die den dringend benötigten Entwicklungshilfemitteln zugeführt werden könnte. Auch die die Entwicklungsländer belastenden Rüstungskäufe könnten durch eine Einschränkung des Waffenhandels durch A. begrenzt werden. Andererseits wirft nachhaltige A. für Staaten mit intensiver Rüstungsindustrie schwerwiegende Umstellungsprobleme (Konversionsproblematik) auf, die jedoch überwiegend als lösbar angesehen werden.

Insgesamt ist allerdings festzustellen, daß die Abrüstungsbemühungen stagnieren. Fortschritte werden erschwert u. a. durch die Entwicklung von Kernwaffen durch Indien und Pakistan sowie die Pläne der amerikan. Regierung zur Errichtung eines unilateralen Raketenabwehrsystems, das schwerlich mit dem ABM-Vertrag von 1972 vereinbar ist.

Lit.: *Barton, J. H./Weiler, L. D.* (Hrsg.) 1976: International Arms Control, Issues and Agreements, Stanford. *Barton, J. H./Imai, R.* 1981: Arms Control II, Camb. *Bothe, M./Graf Vitzthum, W.* 1990: Rechtsfragen der Rüstungskontrolle im Völkerrecht der Gegenwart, Hdbg. *Broszka, M./Ohlson, T.* (Hrsg.) 1987: Arms Transfer to the Third World, L. u. a. *Burns, R. D.* 1977: Arms Control and Disarmament, Santa Barbara/Ox. *Cameron, M. A./Lawson, R. J./Tomlin, B. W.* 1998: To walk without fear: the global movement to ban landmines, Tor. *Delbrück, J.* (Hrsg.) 1983: Abrüstung, Kriegsverhütung, Rüstungskontrolle, Kehl/Straßburg. *Gallagher, N.* (Hrsg.) 1998: Arms control – new approaches to theory and policy, L. u. a. *Kluss, H.* 1993: Erste Erfahrungen bei der Abrüstung konventioneller Streitkräfte und ihrer Kontrolle, in: EA, 48(6), 167–178. *Maslen, S./Herby, P.* 1998: An international ban on anti-personnel mines: History and negotiation of the „Ottawa treaty", in: RevICR, 693. *Roeser, T.* 1988: Völkerrechtliche Aspekte des internationalen Handels mit konventionellen Waffen, Bln. *Stockholm International Peace Research Institute* veröffentlicht jährlich: World Armaments and Disarmament, SIPRI Yearbook Bd. 1, Stockholm.

Jost Delbrück

Agrarpolitik

I. Die Landwirtschaft ist einerseits Teil der allg. Volkswirtschaft eines Landes, andererseits unterscheiden sich die Ziele und Instrumente der Agrarpolitik (A.) von denen der allg. Wirtschaftspolitik. Gerade in reichen Staaten, die sich grundsätzlich zu den Prinzipien der Marktwirtschaft und des Freihandels bekennen, genießt die Landwirtschaft eine umfangreiche staatl. Förderung und wird gegen ausländische Konkurrenz in hohem Maße geschützt (Agrarprotektionismus). Begründet wird die Sonderstellung mit Faktoren, die die Landwirtschaft von allen anderen Wirtschaftsbereichen unterscheiden (naturbedingte Ertragsschwankungen), so daß Märkte und Preise ohne Interventionen instabil seien. Sie ist auch Ausdruck des ökonom. Entwicklungsstandes.

Nach dem II. Weltkrieg ist in den OECD-Staaten der Beitrag der Landwirtschaft zum BIP (→ Sozialprodukt) zurückgegangen. Zwischen 1961 und 1997 sank er in den USA von 4,5 % auf 1,4 %, in Japan von über 13 % auf 1,3 %, in Frankreich von über 9 % auf 1,9 %, in D von 5,6 % auf 0,8 % und in Italien von 16,2 % auf 2,6 %. Bei einem OECD-Durchschnitt von 2 % (1997) weist die Türkei (14,5 %) den höchsten Anteil auf. Während die Agrarproduktion durch Produktivitätssteigerungen zunahm, sank die Zahl der landwirtschaftl. Arbeitskräfte nicht nur anteilsmäßig, sondern absolut. Diese Entwicklung war Teil eines tiefgreifenden Strukturwandels, dessen Hauptauslöser das jahrzehntelange Wachstum in anderen Wirtschaftsbereichen war. Externe und interne Kräfte haben die Modernisierung (Technisierung und Chemisierung) und Rationalisierung der Landwirtschaft vorangetrieben. Die Attraktivität und Aufnahmefähigkeit anderer Wirtschaftsbereiche begünstigte die Abwanderung und erleichterte die Freisetzung von Arbeitskräften. Nicht nur die Betriebsgrößen verbesserten sich in diesem Umstrukturierungsprozeß, sondern es wuchs auch die Verflechtung der Landwirtschaft mit der allg. Wirtschaft (Vorleistungen, Verarbeitungsindustrie, Außenhandel).

Trotz dieser gemeinsamen Entwicklungsmerkmale gibt es bis heute beträchtliche Unterschiede zwischen den nat. Landwirtschaften, die sich aus den natürlichen Bedingungen (Bodenqualität, landwirtschaftl. nutzbare Flächen, Klima), der strukturellen Ausgangslage und den konkreten Zielen und Instrumenten der nat. oder supranat. A. ergeben.

II. Die umfangreichste und teuerste A. wird in den hochentwickelten Industriestaaten betrieben. Sie ist geprägt von schwer oder nicht vereinbaren Zielen. Repräsentativen Charakter hat in dieser Hinsicht der agrarpolit. Zielkatalog der EU, der schon im EWG-Vertrag (1957) festgelegt worden ist. Er (EG-Vertrag Art. 33) umfaßt fünf Ziele in dieser Reihenfolge: (1) Produktivitätssteigerung, (2) angemessene Lebenshaltung für die in der Landwirtschaft tätigen Personen, (3) Stabilisierung der Märkte, (4) Versorgungssicherheit und (5) angemessene Verbraucherpreise. Alle Länder halten am Ziel eines möglichst hohen Selbstversorgungsgrades fest, andererseits suchen sie einen möglichst offenen Markt für die Agrarprodukte, die auf dem Binnenmarkt nicht absetzbar sind. Diese Haltung nehmen auch Länder ein, die als genuine Agrarexporteure (USA, Kanada, Australien und Neuseeland) eigentlich an einem liberalen Welthandel interessiert sind. Diese Widersprüche lassen sich nicht nur aus dem Ziel der Versorgungssicherung erklären, sondern hier spielt vor allem die Einkommenssicherung für die Landwirte eine hervorragende Rolle.

Allerdings gibt es Unterschiede in den bevorzugten Instrumenten und im Umfang der Agrarsubventionen. Den höchsten Grad an Schutz und Förderung unter den großen Agrarproduzenten genießt die Landwirtschaft der EU durch die Gemeinsame Agrarpolitik (GAP; → Europäische Agrarpolitik). Durch gleitende Einfuhrzölle (Abschöpfungen) werden Agrarimporte über das EU-Preisniveau hinaus angehoben, um die Gemeinschaftspräferenz zur Wirkung kommen zu lassen. Die EU hat traditionell Einkommenssicherung für die Landwirte durch Hochpreispolitik (steigende Preise mit fast unbegrenzter Abnahmegarantie) betrieben. Erst als über Jahre in der Gemeinschaft kontinuierlich Überschüsse produziert wurden, sind aus Kostengründen und um entstandene Außenhandelskonflikte wieder abzubauen, Maßnahmen der Produktionsregulierung ergänzend neben die Preispolitik getreten: Quotierungen für Milch (1984), Garantieschwellen bzw. Erzeugermitverantwortungsabgaben bei Getreide (1988) und Flächenstillegungs- und Frühverrentungsprogramme (1988). Intern besteht ein Interessengegensatz, da einige Mitgliedsländer der EU sich als Agrarexporteure verstehen (z. B. Frankreich bei Getreide), die seit der völligen Ausschöpfung der Gemeinschaftspräferenz auf die Märkte außerhalb der EU drängen. Da das EU-interne Preisniveau Konkurrenzfähigkeit ausschließt, bedarf es zusätzlicher Exportsubventionen (sog. Exporterstattungen). Mit der Reform der GAP im Jahre 1992 wurden die direkten Einkommensbeihilfen ausgedehnt, die Preise sollten künftig stärker zurückgenommen werden (Annäherung an das Preisniveau außerhalb der EU). An den Abschöpfungen und Exporterstattungen wurde grundsätzlich festgehalten.
Exportländer sind dagegen bei ihren Exporterzeugnissen an einer günstigen Marktpreisbildung und stabilen Weltmarktpreisen interessiert. Die A. in den USA, dem größten Agrarexporteur unter den OECD-Staaten, war traditionell eine Politik der Bewältigung oder Vermeidung von Überschüssen und Preisverfall. Sie hat sich daher früher auf Maßnahmen gegen den Verfall der Marktpreise durch Mengensteuerung (Produktionssteuerung, z. B. durch Flächenstillegungen; Angebotssteuerung, z. B. durch Lagerhaltung) beschränkt. In den letzten Jahrzehnten sind die USA indessen ergänzend zu direkten Einkommensbeihilfen übergegangen.
Die USA haben für ein Agrarexportland ein hohes Subventionsniveau (24 % am Gesamtwert der landwirtschaftl. Produktion gegenüber 49 % in der EU im Jahre 1999). Bei Produkten, bei denen die USA kein Exportinteresse haben, unterscheiden sich die von ihnen bevorzugten Instrumente teilweise nicht von den in der EU praktizierten.

Dies gilt uneingeschränkt für die Milchwirtschaft. Mit Importrestriktionen schützen sie u. a. die einheimischen Märkte für Rindfleisch, Milchprodukte, Zucker, Baumwolle, Erdnüsse und Tabak. Durch die Praxis der EU hat das Instrument der Exportsubvention in den 1980er Jahren auch in anderen Ländern (bes. USA) an Bedeutung und Umfang gewonnen. Gleichzeitig illustriert gerade dieses Instrument die Fehlentwicklung der A. in den Industrieländern.
Ziele wie Natur- und Umweltschutz oder Landschaftspflege werden in vielen OECD-Staaten zwar von den Landwirtschaftsministerien reklamiert, finden in diesem Umfeld jedoch erst neuerdings als Begründungen für Einkommensbeihilfen wachsende Beachtung, ohne daß die Landwirtschaft ihren eigenen Anteil an der Umweltzerstörung als Herausforderung akzeptiert.

III. Die Ergebnisse dieser A. sind sehr zwiespältig. Das Einkommensgefälle in der Landwirtschaft hat überall zugenommen. Der sichtbarste Erfolg der A. ist die Versorgungssicherheit der Industrieländer. Es wird aber zu Recht bestritten, daß es dazu so umfangreicher Stützungsmaßnahmen bedarf. Inzwischen sind die Menge und der Absatz sehr teuer produzierter Überschüsse das viel größere Problem. Vor allem die EU hat durch subventionierte Exporte seit den 1980er Jahren die Instabilität und Preisschwankungen auf dem Weltagrarmarkt verstärkt und die Kosten für Agrarsubventionen auch in anderen Ländern, bes. in den USA, in die Höhe getrieben.

Als Mitte der 1980er Jahre die Kosten für die A. explosionsartig anstiegen, wurde ein Reformbedarf allgemein anerkannt. Die Reformen der GAP 1988 und 1992 sind hierfür ein Beispiel; sie sollten vor allem die Kosten für die EU-Agrarpolitik senken. GATT (1986) und OECD (1987) stellten bei ihren Initiativen dagegen die Liberalisierung des Weltagrarhandels in den Vordergrund. In der achten Welthandelsrunde, der sog. Uruguay-Runde (1986–1993), wurde die Landwirtschaft erstmals zu einem wichtigen Verhandlungsgegenstand im Rahmen des GATT (→ WTO). Der nach langwierigen Verhandlungen gefundene Agrarkompromiß zwischen der EU und den USA enthält wichtige Elemente, die weit über die Reform der GAP von 1992 hinausgehen: Kürzung subventionierter Agrarexportmengen, Senkung der Ausfuhrerstattungen, Verminderung der Außenzölle und Senkung des inländischen Stützungsniveaus. Diese im Umfang festgelegten Maßnahmen werden entgegen der Vereinbarung bis 2001 nur teilweise umgesetzt sein, obwohl die EU auch im Hinblick auf die Osterweiterung eine weitere Agrarreform (Agenda 2000) eingeleitet hat.
Im Vorfeld einer neuen WTO-Agrarrunde (2000) haben sich die Gegensätze zwischen Protektionisten und Freihandels-Befürwortern verschärft. Die EU, unterstützt u. a. von Japan, der Schweiz und Norwegen, beharrt auf der Multifunktionalität ihrer Landwirtschaft (nicht nur Produktion von Nahrungsmitteln) gegenüber der Forderung der sog. Cairns-Gruppe (Australien, Kanada und Neuseeland sowie eine Reihe am Agrarexport interessierter lateinamerikan. und asiatischer Schwellenländer) nach einer weiteren Liberalisierung des Weltagrarhandels. Die USA fordern vor allem die vollständige Beseitigung der Exportsubventionen und den Marktzugang für biotechnisch veränderte Erzeugnisse.
Kompliziert wird die Auseinandersetzung durch die Zunahme von Folgeproblemen der intensiven Landwirtschaft (Nahrungsmittelsicherheit und -qualität, Pflanzen- und Tiergesundheit; artgerechte Tierhaltung; Entwicklung, Genuß und Handel von genetisch veränderten Organismen), die je nach Interessenlage ganz unterschiedlich behandelt werden sollen (→ Verbraucherschutz).

Lit.: *Deutsch, K. G.* 1999: The Politics of Freer Trade in Europe. Three-level games in the Common Commercial Policy of the EU, 1985–1997, Hamb. *OECD* 1998: The Agricultural Outlook 1998–2003, Paris. *OECD* 2000 a: Agricultural Policies in OECD Countries, Paris. *OECD* 2000 b: OECD in Figures. Statistics on the Member States, Paris. *Rieger, E.* 1995: Bauernopfer.

Das Elend der europäischen Agrarpolitik, Ffm./NY. *Urff, W. v.* 1999: Agrarmarkt und Agrarstruktur des ländlichen Raumes in Europa, in: *Weidenfeld, W.* (Hrsg.) 1999: Europa-Handbuch, Bonn, 445–461. *Weidenfeld, W./Wessels, W.* 1999: Jahrbuch der Europäischen Integration 1998/99 (seit 1980; wird fortgesetzt; darin Artikel „Agrar- und Fischereipolitik").

Helga Michalsky

Anarchismus

Anarchismus (A.), eine soziale Bewegung, deren Grundgedanken anhand von drei immanenten Kriterien beschrieben werden können: (1) Anarchisten lehnen jede Form menschlicher Organisation ab, mit deren Hilfe ideologischer, polit., ökonom. oder gesellschaftl. Zwang ausgeübt wird. Sie streben vielmehr die freiwillige Assoziation der mündigen, emanzipierten Menschen an. Der A. ist konsequent antiinstitutionell, insoweit Institutionen Instrumente der Herrschaftsausübung sind, d. h. er ist antistaatl., antibürokratisch, antiparlamentarisch, antiparteilich, antiverbandlich, antikirchlich. (2) Ideologien sind im anarchistischen Verständnis Ausdruck bestehender und in Institutionen geronnener Herrschaftsverhältnisse (→ Herrschaft); sie dienen zu deren Stabilisierung. Ähnlich wie im → Marxismus und bei anderen Positionen der Hegelschen Linken beginnt im A. die Kritik der Gegenwart mit der Ideologiekritik. Sie wird dabei bis zur letzten Konsequenz fortgesetzt, nämlich bis zur Ablehnung auch jeder Theorie. (3) Das Ziel des A. ist die herrschaftsfreie Gesellschaft, eben die Anarchie, in der an die Stelle der Herrschaft von Menschen über Menschen die Verwaltung von Sachen tritt. Diese künftige Gesellschaft ist nicht „chaotisch", sondern nach dem Prinzip des → Föderalismus organisiert. Die Kommune ist die kleinste Einheit des Wohnens, das Syndikat die Basis der Produktion, Distribution und Dienstleistung. In autonomen, von unten nach oben strukturierten Assoziationen sollen, soweit es möglich ist, alle Entscheidungen getroffen und vollzogen und nur soweit funktional notwendig auf den verschiedenen Stufen der Föderation koordiniert werden. Als Organisationsmodell stellt A. also eine Föderation von Föderationen weitgehend autonomer Basiseinheiten dar.

Typologisierend können verschiedene Typen des A. unterschieden werden. So können Agrar- und Handwerkeranarchismus als zwei Arten des „klassischen" oder „älteren" A. begriffen werden, nämlich als soziale Protestbewegungen an der Schwelle vom Feudalismus zum → Kapitalismus. Hauptursache jenes sich im A. artikulierenden Konfliktes war das Nebeneinander und Überschneiden feudaler und kapitalistischer Strukturen. Von diesen älteren Formen des A. ist der moderne, städtisch-proletarisch-industrielle zu unterscheiden, der seinen deutlichsten Ausdruck im Syndikalismus gefunden hat.

Lit.: *Carter, A.* 1988: Die politische Theorie des Anarchismus, Bln. *Degen, H. J.* (Hrsg.) 1993 ff.: Lexikon der Anarchie, Bösdorf. *Lösche, P.* [2]1987: Anarchismus, Darmst. *Marshall, P.* 1992: Demanding the Impossible: A History of Anarchism, L. *Stowasser, H.* 1995: Freiheit pur, Ffm.

Peter Lösche

Arbeiterbewegung

Zwei Begriffe von Arbeiterbewegung (A.) können unterschieden werden: i. w. S. jene soziale Massenbewegung in der historischen Periode von → Kapitalismus und Industrialisierung, die von Lohnabhängigen und ihren Familien getragen die polit. und soziale Emanzipation der Arbeiterschaft anstrebt; i. e. S. die Gesamtheit „der auf dem Prinzip des kollektiven Zusammenschlusses beruhenden Bemühungen der handarbeitenden Schichten, ihre soziale Lage zu verbessern und sich polit. Rechte zu erkämpfen" (*Mommsen* 1966: 273). Dieser engere Begriff von A. ist der in Umgangssprache und historischer wie sozialwissenschftl. Literatur gebräuchliche: Im Gegensatz zur allg. Begrifflichkeit setzt er Momente der Organisationsförmigkeit, ein Mindestmaß an Institutionalisierung voraus.

1. A. kann in vier verschiedenen Organisationsformen auftreten: (1) → Gewerkschaften als Interessenvertretung der Beschäftigten; (2) → Partei als polit. Organisation; (3) → Genossenschaften und wirtschaftl. Unternehmungen; (4) Freizeit- und Bildungsvereinigungen. Entspr. wird von den „vier Säulen" der A. gesprochen, die sich lokal, sektoral, nat. und internat. formieren können.
2. Die Sammlung jener sozialen Gruppen, die im 19. Jh. in Europa Arbeiterschaft und A. ausmachten, setzte bereits vor Beginn der Industrialisierung ein. Zu den Gründen, die zum Entstehen der Arbeiterschaft führten, gehörten: (1) Armut auf dem Lande, Abwanderung von Arbeitskräften vom Land in die Stadt; (2) Krise des Zunfthandwerks; (3) Absinken selbständiger Handwerker zu Lohnarbeitern; (4) allg. Bevölkerungszunahme; (5) einsetzende Industrialisierung. Im Vergleich zur vorkapitalistischen und vorindustriellen Gesellschaft war entscheidend, daß im bürgerlichen Recht die Beziehungen zwischen Unternehmer und Arbeiter auf das Lohnarbeitsverhältnis reduziert wurden, der Arbeiter seine Arbeitskraft gegen Lohn dem Unternehmer zur Verfügung stellte.
3. Proletarische Solidarität und Arbeiterorganisationen entstanden aufgrund der den Arbeitern gemeinsamen sozialen, wirtschaftl. und polit. Erfahrungen: (1) Ablösung aus einem in der Rückschau relativ stabil erscheinenden (oft agrarischen) Lebenszusammenhang; (2) der (Industrie-)Betrieb rückt in den Lebensmittelpunkt und wird zur Existenzbasis; (3) Arbeitsteilung im (Industrie-)Betrieb und Teilung zwischen Arbeit und (oft äußerst knapp bemessener) Freizeit; (4) Arbeiter leben in proletarischen Wohnquartieren zusammen, auch räumlich findet die gesellschaftl. „Ghettoisierung" ihren Niederschlag. Die ersten Träger der A. waren jedoch nicht Fabrikarbeiter, sondern die von der Proletarisierung bedrohten Handwerkergesellen. Die ersten Gewerkschaften wurden von den Handwerkerfacharbeitern gegründet: nämlich von Buchdruckern, Schriftsetzern, Zigarrenmachern. Die A. ist somit auch aus der Arbeiteraristokratie hervorgegangen.
4. A. wird je nach polit. Standpunkt und wissenschaftstheoretischem Zugang unterschiedlich interpretiert. Um die historische und soziale Vielfalt von A. nach verschiedenen zeitlichen Epochen, Richtungen, Strömungen, Lagern usw. unterscheiden und systematisieren zu können, wird in der sozialwissenschftl. Literatur häufig das typologisierende Verfahren angewandt. Die dabei benutzten und in den Vordergrund gerückten Kriterien zur Typenbildung unterscheiden sich wiederum je nach polit. Motivation und erkenntnisleitender Fragestellung. Als Kriterien werden herangezogen: (1) die Programmatik; (2) Entwicklungsstufen der A. nach dem Stand ihrer Integration in die Gesellschaft und das entsprechende → Politische System; (3) die Organisationsstruktur bzw. der Institutionalisierungsgrad; (4) Solidaritätstypen; (5) *H. Mommsen* verbindet mehrere Kriterien und unterscheidet zwei Haupttypen, nämlich die angelsächsische und kontinentaleurop. A.; (6) im marxistisch-leninistischen Verständnis wird die Geschichte der A. linear interpretiert und teleologisch auf die Oktoberrevolution und das Entstehen einer Partei neuen Typs bezogen.

Lit.: *Cole, G. D. H.* 1953–1958: A History of Socialist Thought, 5 Bde., L. *Mayer, G.* 1969: Radikalismus, Sozialismus und bürgerliche Demokratie, hrsg. von *H. U. Wehler*, Ffm. *Mommsen, H.* 1966: Arbeiterbewegung, in: SDG, Bd. 1, 273–313. *Ritter, G. A.* (Hrsg.) 1984 ff.: Geschichte der Arbeiter und der Arbeiterbewegung in Deutschland seit dem Ende des 18. Jahrhunderts, Bonn. *Rosenberg, A.* 1962: Demokratie und

Sozialismus, Ffm. *Tenfelde, K.* 1986: Arbeiter und Arbeiterbewegung im Vergleich, Mchn.

Peter Lösche

Arbeitsbeziehungen

I. Der Begriff Arbeitsbeziehungen (A.) bezieht sich auf die Akteure des Arbeitslebens sowie die Regeln ihrer Beziehungen und die daraus folgenden Handlungen der Akteure. Zu den Akteuren gehören (a) die Arbeitgeber und ihre Vertreter, (b) die Arbeitnehmer und ihre Vertreter und (c) staatl. Instanzen, die für die Arbeitswelt zuständig sind. Die Regeln betreffen Verfahrensweisen in und zwischen den beteiligten Organisationen (z. B. Gewerkschaftssatzungen, Tarifvertragsrecht, Betriebsverfassung, Streikrecht, Schlichtungsverfahren) und Regeln über materielle Leistungen (beispielsweise Höhe der Tariflöhne, Arbeitszeiten, Umfang des bezahlten Urlaubs). Handlungen können integrativ (z. B. Kooperation zwischen Betriebsräten und Arbeitgebern bei der Einführung einer technologischen Innovation im Produktionsprozeß) oder dissoziativ sein (Beispiel: → Streik und Aussperrung). A. werden als System betrachtet, das als solches Grenzen gegenüber seiner ökonom. und polit. Umwelt hat und intern durch seine Elemente und die interdependenten Beziehungen zwischen ihnen charakterisiert ist (*Keller* 1993; *Müller-Jentsch* 1986; *Ferner* und *Hyman* 1998). Die Forschung über A. wurde vor allem im angelsächsischen Bereich vorangetrieben. Dort hat sich der Begriff *industrial relations* eingebürgert. Zuweilen wird diese Bezeichnung auch wörtlich ins Deutsche übernommen („industrielle Beziehungen"), obwohl damit nicht nur der sekundäre Sektor gemeint ist.

In der Literatur finden sich fünf prominente Annahmen über die langfristige Entwicklung der Arbeitsbeziehungen. Die erste stammt von *Dunlop* (1958). Er behauptete, die wichtigsten Merkmale eines Systems der A. entstünden in einer relativ frühen Phase des Industrialisierungsprozesses und würden danach, solange keine umfassenden Veränderungen durch → Revolutionen oder → Kriege stattfinden, beibehalten. Es gäbe ansonsten nur evolutionären Wandel, der sich auf die Veränderungen von drei Rahmenbedingungen zurückführen lasse: die technolog. Entwicklung, die ökonom. Lage und die gesamtgesellschaftl. Machtverteilung. Da diese Bedingungen zwischen den Industrieländern immer ähnlicher würden, konvergierten die Systeme der A. zumindest tendenziell (*Kerr* u. a. 1962). Eine zweite These nimmt theoretische Anleihen beim Neo-Institutionalismus auf. Ihr zufolge hätten A. nach ihrer Institutionalisierung eine große Beständigkeit. Selbst wenn sich die soziopolitischen Rahmenbedingungen änderten, paßten sich die Institutionen nicht oder nur sehr verzögert an die neue Umwelt an (*Armingeon* 1994). Zu einem ähnlichen Schluß kommt ein drittes Argument. Ihm zufolge reflektieren A. polit. Kräfteverteilungen im → Politischen System, die sich in kurz- und mittelfristiger Perspektive nur wenig ändern (*Korpi* 1983). Die vierte Annahme bezieht sich auf die Institutionalisierung der Arbeitsbeziehungen. Sie trenne den politischen vom industriellen Konflikt. A. würden institutionell von polit. Auseinandersetzungen isoliert (*Dahrendorf* 1959). Dies steht in Einklang mit modernisierungstheoretischen Argumenten, die funktionale Spezialisierung und Differenzierung im Prozeß gesellschaftl. Modernisierung behaupten. Die fünfte These bezieht sich auf einen grundlegenden Wandel westl. Gesellschaften, in denen die herkömmliche Arbeitswelt und ihre Institutionen durch Prozesse der Globalisierung und Individualisierung einer massiven Veränderung unterzogen würden (ILO 1997). Die großen Organisationen der Arbeitswelt hätten ausgedient und kollektive A., wie sie das Industriezeitalter gekannt habe, würden verschwinden.

A. weisen im internat. Vergleich enorme Unterschiede auf. Dies wird alleine schon am Deckungsgrad der Tarifverträge deutlich. Um 1990 unterlagen mindestens 90 % aller Beschäftigten in Belgien, D, Finnland, Frankreich, Griechenland, Irland, und Österreich einem Tarifvertrag. Hingegen betrug in GB, Japan, Kanada und den USA dieser Anteil weniger als die Hälfte der Arbeitnehmer. Ebenso stark unterscheidet sich das Ausmaß von Konflikt und Kooperation. In einigen Ländern (Schweiz, Österreich) arbeiten → Gewerkschaften und Arbeitgeber im Rahmen der Sozialpartnerschaft zusammen, in anderen (z. B. USA) herrscht bitterer Konflikt, der bis zum Versuch der Vernichtung der Gewerkschaften führen kann (*union busting*).

II. Die Forschung über A. konzentrierte sich häufig auf Arbeitgeber und Arbeitnehmer, der Staat als dritter Akteur wurde hingegen viel schwächer berücksichtigt. Die neuere sozialwissenschaftl. Forschung verringerte dieses Defizit vor allem in vier Bereichen:

(1) Tripartismus/→ Korporatismus. In einer Reihe von Studien wurde gefragt, unter welchen Bedingungen auf Industrie- oder nat. Ebene sozialpartnerschaftliche oder korporatistische Beziehungen entstehen und wovon die Stabilität dieser Arrangements abhängt. *Siaroff* (1999) hat einen neueren Versuch zur Messung der Intensität dieser Zusammenarbeit von → Staat und → Interessenverbänden vorgelegt. (2) Staatl. Regelungen der Beziehungen zwischen Gewerkschaften und Arbeitgebern. Diese sind in vergleichender Perspektive untersucht worden. Hierbei erwies sich vor allem die große Bedeutung von Traditionen und Grundsatzentscheidungen. Solche grundlegenden Strukturen sind gegenüber den kurz- und mittelfristigen Veränderungen der sozioökonom. Rahmenbedingungen weitgehend resistent (*Armingeon* 1994; *Crouch* 1993; *Traxler* 1998). (3) Staatl. Stützung der Verbände der Arbeitswelt. Diese Verbände haben zahlreiche Organisationsprobleme, da sie häufig kollektive Güter produzieren. Der Anreiz zum Trittbrettfahren ist deshalb groß. Ein Beispiel sind die Gewerkschaften, von deren tarifvertraglichen Erfolgen i. d. R. alle Arbeitnehmer profitieren, unabhängig davon, ob sie Mitglied im Verband sind. So ist die staatl. Rolle in der Arbeitslosenversicherung (Subventionierung gewerkschaftl. Versicherung vs. staatl. Zwangsversicherung) von großer Bedeutung für die Stabilität und Ressourcenausstattung der Verbände (*Western* 1997). (4) Deregulierung und Desorganisation des Kapitalismus. Die These des Rückzug des Staates aus den A. in den 1980er und 90er Jahren wurde mit Daten konfrontiert. Nur wenige systematische empirische Befunde ließen sich für die Behauptung finden, Deregulierung und Desorganisation seien ubiquitäre Phänomene der gegenwärtigen westl. Arbeitsbeziehungen (*Traxler* 1998; *Traxler* 1995).

III. Die Folgen unterschiedlicher Systeme der A. wurden kontrovers diskutiert. Drei solcher Debatten sollen zur Illustration angeführt werden.

(1) *Mancur Olson* (1982) argumentierte, fragmentierte und dezentrale Systeme der A. wirkten sich wirtschaftlich wachstumshemmend aus. Er ging dabei davon aus, Organisationen würden ebenso wie Individuen rational handeln und ihren Nutzen maximieren. Organisationen kleiner Gruppen, wie beispielsweise Berufsgewerkschaften oder nur regional operierende Gewerkschaften hätten zwar Interesse an Kollektivgütern wie Preisstabilität oder Wirtschaftswachstum. Andererseits wäre einer kleinen Gewerkschaft aufgrund ihrer geringen zahlenmäßigen Bedeutung auch klar, daß ihre Politik für sich alleine keinen nachhaltigen Einfluß auf gesamtwirtschaftl. Größen habe. Es sei deshalb in dieser Situation rational, sich stabilitätswidrig zu verhalten. Da jedoch andere kleine Organisationen dieselbe Strategie (Teilhabe am Kollektivgut, ohne einen entsprechenden eigenen Beitrag zu leisten) verfolgten, werde das gewünschte Kollektivgut nicht hergestellt. Hinzu kämen weitere Nachteile: Je älter eine Demokratie sei, desto mehr solcher Sonderinteressen-Organisationen habe sie. Die Vielzahl der

Gruppen führe zu überladenen Tagesordnungen der Politik und zu langsamen Entscheidungsfindungen. Länder, in denen es schon lange das Koalitionsrecht gebe und die dementsprechend viele dieser Sonderinteressen-Organisationen vorwiesen, hätten deshalb unter überzogenen Forderungen der Gruppen, langwierigen Entscheidungen und großen Rigiditäten sowie in der Folge unter geringem wirtschaftl. Erfolg zu leiden. Eine Ausnahme bildeten lediglich Fälle, in denen nicht Sonderinteressen-Organisationen, sondern umfassende Interessenorganisationen entstanden seien. Als Beispiel nennt *Olson* große Industriegewerkschaften, die Mitglieder in verschiedenen Statusgruppen, Berufen und Regionen vereinen. Diese hätten insbes. kein rationales Interesse an überzogenen Forderungen, da sie zahlenmäßig so bedeutsam seien, daß eine direkte Beziehung zwischen dem Handeln der Organisation und der Erreichung des Kollektivgutes bestehe. Ferner sind sie aus Interesse am Wohlergehen der Gesamtmitgliedschaft u. U. daran interessiert und dazu bereit, gemeinwohlschädliche Interessen einzelner Mitgliedergruppen zu verletzen. Aus dieser Argumentation folgt eine Hypothese zum Zusammenhang von A. und wirtschaftl. Entwicklung eines Landes: Je länger das Koalitionsrecht besteht und je weniger umfassend die Gewerkschaften sind, desto schlechter sind die wirtschaftl. Erfolgsaussichten eines Landes. Diese Hypothese ist in der empirischen Forschung umstritten. Sie erlangte in der Korporatismus-Diskussion große Bedeutung, weil sie eine Begründung für das kooperative Verhalten großer Gewerkschaften lieferte.

(2) Soweit A. ausreichend institutionalisiert sind und Gewerkschaften eine starke Mitgliederbasis haben, sind wichtige Voraussetzungen der polit. und ökonom. Stabilität gegeben. Gering institutionalisierte A. sind hingegen in bezug auf die Folgen von Konfliktregulierungen schlecht berechenbar: Unklar ist jeweils, in welcher Form und in welcher Stärke diese Konflikte in anderen Arenen ausgetragen werden, weil es keine festgelegten Verfahren der Konfliktregulierung gibt. Zum zweiten sind die materiellen Folgen der Auseinandersetzungen schlecht vorhersehbar, weil in der Abwesenheit stabilisierender Institutionen momentane Kräfteverteilungen, Koalitionen und Wahrnehmungen ein großes Gewicht haben. Außerdem treten Gewerkschaften auf dem Arbeitsmarkt nicht nur als Forderer auf. Sie aggregieren und definieren die Interessen der Arbeitnehmerschaft und machen sie dadurch erst überschaubar und verhandelbar. Darüber hinaus zwingt die Interessenvertretung und → Mitbestimmung der Gewerkschaften die Arbeitgeber zu vernünftigeren und längerfristig angelegten Strategien. Gewerkschaftliche Mitbestimmung verhindert beispielsweise eine auf kurzfristige Wirtschaftsschwankungen reagierende Personalpolitik des Heuerns und Feuerns, die auf mittlere Sicht auch für die Unternehmen nachteilig ist. In der Korporatismusforschung wurde wiederholt gefunden, daß bei korporatistischen Formen der Wirtschaftsregulierung das Ziel der Vollbeschäftigung und oft auch der Preisstabilität und des Wirtschaftswachstums eher erreicht wird als in Ländern mit konfliktuellen Arbeitsbeziehungen. Außerdem sind in korporatistischen Systemen der A. industrielle Streiks und Aussperrungen selten und von geringem Umfang. Zudem ist die Einkommensungleichheit geringer und der Sozialstaat stärker ausgebaut.

(3) Die wirtschaftl. und polit. Folgen eines Systems der A. hängen auch von dessen ökonom. und politisch-institutionellem Kontext ab. Es gibt nicht ein System, das allen anderen in jedem Kontext unbedingt überlegen ist. So setzt beispielsweise eine keynesianische Politik (→ Keynesianismus) der Nachfragesteuerung koordinationsfähige Gewerkschaften voraus, während eine neo-liberale Wirtschaftspolitik dann bes. gute Erfolgsaussichten hat, wenn es keine starken und zentralisierten Arbeitnehmerverbände gibt. Ferner sind die Chancen der erfolgreichen Abstimmung der Politiken von Regierung und Verbänden wesentlich davon bestimmt, ob die Zentralbank in ihrer Politik von der Exekutiven unabhängig ist. Systeme der A., die unter Bedingungen geringer internat. Verletzbarkeit der nat. Ökonomie erfolgreich sind, können sich bei stärkerer Öffnung gegenüber dem Weltmarkt auf-

grund ihrer Rigiditäten als nachteilig herausstellen (vgl. *Scharpf* 1987).

Lit.: *Armingeon, K.* 1994: Staat und Arbeitsbeziehungen, Opl. *Crouch, C.* 1993: Industrial Relations and European State Traditions, Ox. *Dahrendorf, R.* 1959: Class and Class Conflict in Industrial Society, Stanford. *Dunlop, J. T.* 1958: Industrial Relations Systems, NY. *Ferner, A./Hyman, R.* [2]1998: Changing Industrial Relations in Europe, Ox. *ILO* 1997: World Labour Report. Industrial relations, democracy and social stability. 1997–98, Genf. *Keller, B.* [3]1993: Einführung in die Arbeitspolitik. Arbeitsbeziehungen und Arbeitsmarkt in sozialwissenschaftlicher Perspektive, Mchn./Wien. *Kerr, C./Dunlop, J. T./Harbison, F./Myers, C. A.* 1962: Industrialism and Industrial Man, L. *Korpi, W.* 1983: The Democratic Class Struggle, L. *Müller-Jentsch, W.* 1986: Soziologie der industriellen Beziehungen. Eine Einführung, Ffm./NY. *Olson, M.* 1982: The Rise and Decline of Nations. Economic Growth, Stagflation and Social Rigidities, New Haven/L. *Scharpf, F. W.* 1987: Sozialdemokratische Krisenpolitik in Europa, Ffm./NY. *Siaroff, A.* 1999: Corporatism in 24 industrial democracies: Meaning and Measurement, in: EJPR, 36, 175–205. *Traxler, F.* 1995: Entwicklungstendenzen in den Arbeitsbeziehungen Westeuropas. Auf dem Weg zur Konvergenz?, in: *Mesch, M.* (Hrsg.): Sozialpartnerschaft und Arbeitsbeziehungen in Europa, Wien, 185–212. *Traxler, F.* 1998: Der Staat in den Arbeitsbeziehungen. Entwicklungstendenzen und ökonomische Effekte im internationalen Vergleich, in: PVS, 39(2), 235–260. *Western, B.* 1997: Between Class and Market. Postwar Unionization in the Capitalist Democracies, Princeton.

Klaus Armingeon

Arbeitslosigkeit

I. Arbeitslosigkeit (A.) ist der anhand bestimmter Meßlatten erfaßte Überschuß des Arbeitsangebotes relativ zur Arbeitsnachfrage. Arbeitslos im Sinn der amtlichen Statistik der Bundesrepublik Deutschland ist jede Person im erwerbsfähigen Alter (i. d. R. zwischen 15 und 65 Jahren), die arbeitswillig und beim Arbeitsamt als arbeitslos registriert ist, keiner geregelten dauerhaften Beschäftigung nachgeht und dem inländischen Arbeitsmarkt zur Verfügung steht. Die gesamtwirtschaftl. Größenordnung der A. wird durch statistische Kennziffern der Unterbeschäftigung, insbes. die Arbeitslosenquote, erfaßt. Diese ist definiert als Prozentanteil der Zahl der Arbeitslosen an der Zahl der abhängig Beschäftigten, der abhängigen Erwerbspersonen (abhängig Beschäftigte und Arbeitslose) oder aller Erwerbspersonen (abhängig Beschäftigte, Selbständige und Arbeitslose).

II. Der historische und der internat. Vergleich fördern große Unterschiede der Arbeitslosenquote zutage. Die Bundesrepublik Deutschland z. B. zählte von der zweiten Hälfte der 1950er bis Mitte der 1970er Jahre zusammen mit Japan und kleineren Ländern, wie Österreich, Schweden und die Schweiz, zu den Staaten mit niedriger A. oder Vollbeschäftigung. Mittlerweile hat die Arbeitslosenquote in D mit 8,7 % aller Erwerbspersonen (Schätzungen der OECD für 2000) allerdings einen – auch im Vergleich der OECD-Länder (Durchschnitt 6,8 %) – überdurchschnittlich hohen Stand erreicht. Im Jahre 2000 zählen zu den Ländern mit relativ niedriger Arbeitslosenquote neben Japan (4,7 %), den Niederlanden (3,2 %) und der Schweiz (2,6 %) auch die USA (4,2 %), in denen eine „*job machine*" seit den 1970er Jahren das Problem der A. weitaus besser bewältigt hat als in den meisten westeurop. Staaten (alle Angaben nach OECD 1999).

Die Ursachen der von Land zu Land unterschiedlichen Höhe der Arbeitslosenquote sind trotz reger Forschung strittig geblieben.

Traditionelle Erklärungsansätze führen die Variation der Arbeitslosenquote auf Unterschiede der statistischen Erfassung und Unterschiede der wirtschaftl. Entwicklung zurück. Beiden Hypothesen läßt sich die Berechtigung nicht absprechen. Länderspezifische Definitionen, Erhebungsmethoden, Einflüsse der Arbeitsmarktverwaltung auf Registrierung und Suchverhalten der Arbeitslosen sowie unterschiedliche Altersgrenzen und der Ausländeranteil an der Erwerbsbevölkerung können einen Teil der Unterschiede im Niveau der A. erklären. Und zweifelsohne hängen Niveau und Veränderung der Arbeitslosenquote von ökonom. Determinanten ab, vor allem vom Wirtschaftswachstum. Je stärker das preisbereinigte → Sozialprodukt wächst, desto stärker nimmt die Arbeitslosenquote ab. Und je schwächer die Wirtschaft wächst (oder je mehr sie in die Rezession gerät), desto stärker nimmt die Arbeitslosenquote zu. So lautet bis auf den heutigen Tag ein allgemeiner Befund. Allerdings variiert die Stärke des Zusammenhangs zwischen Wirtschaftswachstum und Arbeitslosenquote von Land zu Land und von Periode zu Periode.

Wie vor allem die vergleichende Forschung verdeutlicht, können länder- und periodenspezifische Unterschiede der Arbeitslosenquote allerdings ohne gesellschaftl. und polit. Determinanten des Arbeitsangebots und der Arbeitsnachfrage nicht hinreichend erklärt werden. Zu den hierfür wichtigen Theorien zählt die Lehre vom sog. polit. Konjunkturzyklus, also die Theorie eines Wirtschaftskonjunkturverlaufs, der in hohem Maße durch polit. Gegebenheiten geprägt ist, z. B. durch wahlterminorientierte → Finanzpolitik, schwere Konflikte zwischen Arbeit und Kapital oder wiederwahlorientierte Patronage von Regierungsparteien. Politikwissenschaftler haben auch Zusammenhänge zwischen der Höhe der Arbeitslosenquote einerseits und Regierungsparteien sowie Staat-Verbände-Beziehungen nachgewiesen. In einem vielbeachteten Vergleich westl. Länder in den 1960er Jahren vertrat *D. A. Hibbs* (1977, 1987) beispielsweise die Auffassung, daß die Wirtschaftspolitik sozialdemokratische Regierungen markant von bürgerlichen Regierungen unterscheide. Linksregierungen wählten Vollbeschäftigung auf Kosten höherer → Inflation, Rechtsregierungen hingegen bevorzugten die Inflationsbekämpfung unter Inkaufnahme höherer Arbeitslosigkeit. Überprüfungen dieser Studie anhand größerer Stichproben, längerer Zeiträume und genauerer Messung der parteipolit. Richtung der Regierungen haben die *Hibbs*-Hypothese allerdings nicht bestätigt, aber alternative politikwissenschaftl. Erklärungen unterschiedlich hoher A. vorgeschlagen (*Schmidt* 1982: 184 ff.; *Scharpf* 1987). Diesen Studien zufolge blieb die Arbeitslosenquote bis Anfang der 1980er Jahre vor allem in den Ländern niedrig, in denen die → Gewerkschaften hochorganisiert, ideologisch geeint und gemäßigt waren, in denen der Konflikt zwischen Lohnarbeit und Kapital sozialpartnerschaftlich-korporatistisch reguliert wurde und wo die Finanz-, die Geld- und die Lohnpolitik zumindest lose koordiniert waren. Unter diesen Bedingungen einer „koordinierten Ökonomie" (*D. Soskice*) war lange Zeit eine Vollbeschäftigungspolitik realisierbar (→ Koordination). Allerdings führten auch alternative Pfade zur Vollbeschäftigung, wie die Schweiz und Japan zeigen.

Seit den 1980er Jahren haben allerdings zunehmende internat. Interdependenz, insbes. Internationalisierung von Kapital- und Finanzmärkten, sowie Zielkonflikte zwischen ehrgeiziger → Sozialpolitik und Beschäftigungszielen eine vollbeschäftigungsorientierte Politik nachhaltig erschwert. Zudem bezeugt die US-amerikan. „Beschäftigungsmaschinerie" seit den 1970er Jahren, daß eine zurückhaltende Sozialpolitik, schwächere arbeitsrechtl. Absicherung der Beschäftigten und mehr Spielraum für Marktkräfte günstige Voraussetzungen für hohes Beschäftigungswachstum und niedrige Arbeitslosenquoten schaffen können.

III. Die gesamtwirtschaftl. Arbeitslosenquote ist für Untersuchungen der Dynamik von A. und der Verteilung von Arbeitslosigkeitsrisiken nur begrenzt geeignet. Das Arbeitslosigkeitsrisiko ist nach wie vor auf bestimmte

Beschäftigtengruppen konzentriert. In der alten Bundesrepublik z. B. traf das Risiko A. nur 20 bis 25 % der abhängig Beschäftigten, vor allem gering qualifizierte Arbeitnehmer. Viel höher ist allerdings das Arbeitslosigkeitsrisiko in den neuen Bundesländern, vor allem infolge der besonderen Bedingungen des raschen Übergangs von der Plan- zur → Marktwirtschaft und der zügigen Anpassung an westdt. Lohn- und Sozialeinkommensniveaus.

Die lange als gültig angesehene These, daß hohe A. wie gegen Ende der Weimarer Republik notwendig schwere polit. Erschütterungen nach sich ziehe, ist nicht ohne weiteres verallgemeinerbar. Auch wenn ein ausgebauter → Sozialstaat ein Mitverursacher hoher A. sein kann, so trägt er durch den Schutz für Arbeitslose doch dazu bei, den Umschlag ökonom. in polit. Krisen zu dämpfen oder zu verhindern. Auch die allgemeine öffentl. Wahrnehmung der A. ist mitentscheidend für die sozialen und polit. Folgen massenhafter Unterbeschäftigung. Wird A. als lösungsbedürftiges und lösbares Problem wahrgenommen, wie in den meisten westl. Ländern seit den 1920er Jahren, wird die polit. Führung mit hohen Erwartungen an erfolgreiche → Beschäftigungspolitik konfrontiert. Im Falle der Erwartungsenttäuschung riskiert sie schwere Stimmenverluste bei → Wahlen. Schwankt die öffentl. Wahrnehmung der A. allerdings zwischen Mitleid und aggressiver Denunziation, wie vielfach vor 1920, aber mitunter auch im ausgehenden 20. und im frühen 21. Jh., so wächst die Chance für die Politik, die A. sozialpolitisch zu verwalten und dennoch Wahlen zu bestehen.

Lit.: *Burnett, J.* 1994: Idle Hands. The Experience of Unemployment, 1790–1990, L./NY. *Castles, F. G./Lehner, F./Schmidt, M. G.* (Hrsg.) 1987: Managing Mixed Economies, Bln./NY. *Hibbs, D. A. Jr.* 1977: Political Parties and Macroeconomic Policy, in: APSR, 71, 1467–1487. *Hibbs, D. A. Jr.* 1987: The American Political Economy. Macroeconomic and Electoral Politics, Camb./ Mass. *Jochem, S.* 1998: Die skandinavischen Wege in die Arbeitslosigkeit, Opl. *OECD* 1994: The OECD Jobs Study, Paris. *OECD* 1999: Economic Outlook 65, Paris. *Scharpf, F. W.* 1987: Sozialdemokratische Krisenpolitik in Europa, Ffm./NY. *Schmid, G./OReilly, J./Schömann, K.* (Hrsg.) 1996: International Handbook of Labour Market Policy and Evaluation, Cheltenham/Brookfield. *Schmidt, M. G.* 1982: Wohlfahrtsstaatliche Politik unter bürgerlichen und sozialdemokratischen Regierungen, Ffm./NY.

Manfred G. Schmidt

Arbeitsmarktpolitik

Arbeitsmarktpolitik (A.) bezeichnet in Abgrenzung zur weiter gefaßten → Beschäftigungspolitik die polit. Regulierung kompensatorischer Leistungen von Einkommensausfällen in Folge von → Arbeitslosigkeit (passive A.) sowie die Ausgestaltung von Maßnahmen, die zielgerichtet und nach sozialen Gruppen, Regionen bzw. Branchen differenziert den Austausch von Angebot und Nachfrage auf dem Arbeitsmarkt stimulieren sollen (aktive A.). Dimensionen der passiven A. sind zum einen deren personelle Reichweite (Wieviele Arbeitslose werden erfaßt? Besteht eine Versicherungspflicht der Erwerbspersonen?), zum anderen deren Generosität. Letztere wird von einer Vielzahl von Bedingungen beeinflußt, die im internat. und historischen Vergleich höchst unterschiedlich ausgebildet sind. Hier ist z. B. relevant, wie lange eine Erwerbsperson versichert sein muß, um kompensatorische Leistungen zu erhalten, in welchem Ausmaß die Transferleistungen nach dem Äquivalenzprinzip berechnet werden oder wie die Höhe der Transferleistungen und deren maximale Bezugsperiode nach sozialen Gruppen differiert. Als Ziel der passiven A. gilt die Vermeidung von → Armut durch Arbeitslosigkeit. Aufgabe der aktiven A.

besteht darin, Disparitäten zwischen dem Angebot von Arbeitskräften und der Nachfrage hinsichtlich Qualifikationsniveau, Mobilität und Arbeitsfähigkeit zu beseitigen. Hierunter werden beratende und vermittelnde Maßnahmen ebenso gezählt wie die Weiterbildung von Arbeitslosen bzw. von Arbeitslosigkeit bedrohter Erwerbstätiger oder spezifische Lohnkostenzuschüsse. Hinsichtlich der Finanzierung der A. lassen sich staatl. finanzierte Systeme von Sozialversicherungssystemen unterscheiden, bei denen sowohl die aktive als auch die passive A. über Sozialabgaben gegebenenfalls mit staatl. Zuschüssen finanziert wird. Ein weiterer Begriff der A. im Sinne einer polit. Regulierung von „Übergangsarbeitsmärkten" *(G. Schmid)* schließt zusätzlich die Wanderungsströme zwischen dem Arbeitsmarkt und den Bereichen Rente, Familienarbeit und Schule/Studium bzw. arbeitsmarktnaher Weiterbildung mit ein.

1. Die Genese der A. gliedert sich in fünf Phasen. (1) Als Vorform der passiven A. lassen sich Selbsthilfeversicherungen verschiedener europ. → Gewerkschaften im 19. Jh. ausmachen, die sukzessive vom Staat finanziell und rechtl. unterstützt wurden („Genter Modell"). (2) Zu Beginn des 20. Jh.s führten diverse Regierungen in Europa obligatorische Sicherungssysteme ein. In Kontinentaleuropa folgte man weitgehend dem Sozialversicherungsmodell mit zunächst geringer personeller Reichweite , während vor allem in den englischsprachigen Ländern gemäß den Konzeptionen des *Lord Beveridge* universelle Grundsicherungssysteme entstanden. (3) Seit den 1960er Jahren wurde verstärkt die aktive A. ausgebaut, die den strukturellen Wandel in den industrialisierten Ökonomien flankieren sollte. (4) Mit den ökonom. Krisen der 1970er und 1980er Jahre und der sprunghaft angestiegenen Arbeitslosigkeit rückte die passive A. wieder in den Vordergrund. Insbes. in den 1970er Jahren wurde das Kompensationsniveau angehoben bzw. schrittweise die maximale Bezugszeit der Kompensationszahlungen verlängert. (5) Seit den 1990er Jahren findet eine partielle Neujustierung der A. unter dem Schlagwort eines „aktivierenden Staates" statt. Dabei sollen insbes. die Anreize zur zügigen Wiederaufnahme von Arbeit verstärkt werden.

2. Im internat. Vergleich läßt sich kein einheitliches Ausgabenmuster für aktive und passive A. ausmachen. Während in Zeiten hoher Arbeitslosigkeit die Ausgaben für die passive A., vorausgesetzt der polit. *Status quo* wird beibehalten, zwangsläufig zunehmen, variieren die Länder hinsichtlich ihrer Fähigkeit und Bereitschaft, aktive A. zu finanzieren. Auf der einen Seite gab z. B. Schweden während der 1990er Jahre trotz Beschäftigungsrückgang und beachtlicher Konsolidierung der öffentl. Haushalte durchweg über 2 % des BIP für die aktive A. aus, während andererseits in Japan dieser Wert im gleichen Zeitraum um die 0,1 %-Marke schwankte. D baute bereits in den 1980er Jahren die aktive A. schrittweise aus, ein Trend, der durch die → Deutsche Einheit nochmals verstärkt wurde. Nach 1993 wurde jedoch im Rahmen einer umfassenden Konsolidierungspolitik der finanzielle Spielraum für die aktive A. wieder eingeschränkt. Fern dieser divergierenden Ausgabentrends läßt sich seit den 1990er Jahren im internat. Vergleich eine gewisse Annäherung bei der Schwerpunktsetzung der A. ausmachen. Unter dem Begriff eines „aktivierenden Staates" sollen die Anreize zur raschen Wiederaufnahme von Arbeit ausgeweitet werden, begleitet von einer stärkeren Betonung staatl. Kontrollinstrumente. So wurde z. B. in Dänemark die Periode der Arbeitslosigkeit in eine kurze passive und eine längere aktivierende Phase unterteilt. In letzterer besitzt der Arbeitslose das Recht und die Pflicht, weiterbildende Maßnahmen zu besuchen. Eine unzureichende Mitarbeit und das wiederholte Ablehnen von Vermittlungsangeboten werden mit Abschlägen bzw. dem Verlust des Arbeitslosengeldes geahndet. Seitens internat. Akteure wie der → OECD und der Europäischen → Kommission wird eine aktivierende A. unterstützt,

allerdings verbunden mit der Forderung nach einer verbesserten Evaluationsforschung (→ Politikevaluierung). Ebenso scheint ein allgemeiner Trend dahingehend zu existieren, daß staatl. Vermittlungs- und Beratungsmonopole aufgelöst und die A. zunehmend dezentralisiert wird.

3. A. kann nicht Vollbeschäftigung herstellen. Ihre Wirkung zielt vielmehr darauf ab, Armut durch Arbeitslosigkeit zu vermeiden und den Wiedereinstieg in das Erwerbsleben zu befördern („Integrationsfunktion" der aktiven A.). Insofern kann sie durchaus als Arbeitsmarktförderungspolitik bezeichnet werden. Die Kritik an der A. richtet sich vor allem an die zum Teil mehrere Jahre andauernden Kompensationszahlungen (passive A.), die als Hemmnisse eines raschen Wiedereinstiegs in den Arbeitsmarkt interpretiert werden. Zum anderen wird der A. vorgeworfen, sie beeinflusse den Lohnfindungsprozeß und führe diesbezüglich zu Verzerrungen. Schließlich wird insbes. in D eingewandt, daß die beitragsbezogene Finanzierung der A. zu prozyklischen Effekten führe. Da in Zeiten zunehmender Arbeitslosigkeit die Beitragseinnahmen sinken und die Ausgaben für die passive A. steigen, schwindet just zu diesem Zeitpunkt der zur Verfügung stehende Finanzspielraum für eine aktive A., wenn nicht die Bundesregierung durch einen erhöhten Bundeszuschuß die finanzielle Absicherung gewährleistet.

Lit.: *Alber, J.* 1982: Vom Armenhaus zum Wohlfahrtsstaat. Ffm./NY. *Carroll, E.* 1999: Emergence and Structuring of Social Insurance Institutions, Stockholm. *Heinelt, H./Weck, M.* 1998: Arbeitsmarktpolitik, Opl. *OECD* 1994: The OECD Jobs Study, Paris (mit Folgestudien). *Schmid, G.* 1994: Übergänge in die Vollbeschäftigung, in: APuZ, B12–13, 9–23. *Schmid, G./Reissert, B./Bruche, G.* 1987: Arbeitslosenversicherung und aktive Arbeitsmarktpolitik, Bln. *Schmid, G./O'Reilly, J./Schömann, K.* (Hrsg.) 1996: International Handbook of Labour Market Policy and Evaluation, Cheltenham/Brookfield. *Schömann, K./Flechtner, S./Mytzek, R./Schömann, I.* 2000: Moving towards Employment Insurance Unemployment Insurance and Employment Protection in the OECD (WZB discussion paper FS I00–201), Bln.

Sven Jochem

Armut

Armut (A.) wird verstanden als gravierender Mangel in bezug auf die Chance, ein Leben zu führen, das gewissen Minimalstandards entspricht. Die gesellschaftl. anerkannten bzw. vorherrschenden Maßstäbe, die der Definition dieser Minimalstandards der Lebensführung zugrunde liegen, sowie die maßgeblichen Vorstellungen über die Ursachen von A. sind sowohl zeitlich als auch örtlich gebunden. Dementsprechend groß sind die Unterschiede zwischen verschiedenen Gesellschaften im Hinblick auf den polit. Umgang mit Armut. Die Konzeptualisierung von A. ist aber auch wissenschaftl. umstritten.

Unterschiede und Kontroversen lassen sich in zumindest drei Dimensionen identifizieren: (1) Im Hinblick auf das theoretische Grundverständnis des Phänomens stehen ökonom. Konzepten, die A. im wesentlichen als Mangelversorgung mit materiellen Gütern und Dienstleistungen begreifen, soziokulturell orientierte Betrachtungsweisen gegenüber, die auch die Befriedigung nichtmaterieller Bedürfnisse thematisieren. (2) Auf methodologischer Ebene sind Subsistenz- und Deprivationsansätze bzw. absolute und relative Armutsbegriffe zu unterscheiden. Subsistenzansätze gehen davon aus, daß menschliche → Grundbedürfnisse und damit auch Mangellagen, die A. anzeigen, weitgehend unabhängig von dem in einer Gesellschaft vorherrschenden Lebensstandard, wenngleich unter Berücksichtigung grundlegender Konsumgewohnheiten (Ernährung, Kleidung), zu bestimmen sind. Deprivationsansätze legen Grenzen der A. hingegen unter ausdrücklichem Bezug auf das allgemeine Wohlstandsniveau und dessen Entwicklung fest. Subsistenzansätze implizieren i. d. R. den Anspruch, A. an objektiven Kriterien festzumachen, Deprivationsansätze eröffnen die Möglichkeit, die subjektiven Wahrnehmungen und Situationsdeutungen von Gesellschaftsmitgliedern bei der Konzeptualisierung von A. zu berücksichtigen. (3) Was die konkrete Messung von A. angeht, so können monetäre von nicht-monetären Operationalisierungen abgegrenzt werden. Im Rahmen monetärer Armutskonzepte gelten Personen oder Lebensgemeinschaften als arm, deren verfügbares Einkommen ein bestimmtes Niveau unterschreitet. Dieses Niveau ergibt sich aus dem Geldwert jener Güter und Dienstleistungen, deren Verfügbarkeit als minimaler Standard gilt. Nicht-monetäre Konzepte hingegen versuchen, das Ausmaß von A. über die tatsächliche Versorgungssituation von Personen bzw. Lebensgemeinschaften in bezug auf die fraglichen Güter und Dienstleistungen in verschiedenen Bereichen der Lebensführung zu messen.

Die genannten Dimensionen sind miteinander verknüpft, aber nicht ohne weiteres aufeinander reduzierbar. Forschungsansätze, die einen soziokulturell orientierten Armutsbegriff vertreten, tendieren häufig zu einer relativen Bestimmung der Armutsgrenze und favorisieren im Idealfall eine nicht-monetäre Operationalisierung, die auch subjektive Dimensionen des Phänomens erschließt. Ökonom. Armutsbegriffe implizieren meist eine objektive, subsistenzorientierte Betrachtungsweise und werden i. d. R. monetär operationalisiert. In der Forschungspraxis spielen aber auch relative Armutskonzepte, die monetär operationalisiert werden, eine große Rolle. Beispielsweise wird in der internat. vergleichenden Armutsforschung, nicht zuletzt aus pragmatischen Gründen (relativ geringer Aufwand der Datenerhebung in der Umfrageforschung bzw. unmittelbare Verfügbarkeit von Aggregatdaten der Einkommensstatistik), die Armutsgrenze häufig auf 50 % oder 40 % des im jeweiligen nat. Kontext durchschnittlich verfügbaren Einkommens festgesetzt.

Bis ins 19. Jh. hinein wurde A. überwiegend nicht als gesellschaftl. verursacht, sondern als individuell verschuldet oder „gottgewollt" betrachtet. Im Zuge der Industrialisierung und im Zusammenhang mit den Auseinandersetzungen um die → Soziale Frage setzte sich in den Industriegesellschaften die Auffassung durch, daß A. als Massenphänomen ein Ergebnis ökonom. Verteilungsverhältnisse ist und durch staatl. Politik verhindert bzw. nachhaltig verringert werden kann. Armutsbekämpfung stand etwa in England am Ausgangspunkt der modernen → Sozialpolitik. Freilich blieb in vielen Ländern die Unterscheidung zwischen „würdigen" und „unwürdigen" Armen prägendes Element einer Armutspolitik, die Rechtsansprüche auf staatl. Unterstützung an eine tendenziell restriktive Bedarfsprüfung knüpft und die Höhe sozialer Leistungen für Arme im Spannungsfeld zwischen Mindestbedarf und Anreizen zur selbständigen Überwindung von A. durch Erwerbsarbeit bestimmt. Die universelle Wirksamkeit sozialpolit. Armutsbekämpfung wird in vielen Industrieländern durch vielfältige alte und neue Erscheinungsformen von A., die mit Veränderungen der Arbeitsmärkte und mit einer zunehmenden Differenzierung von Lebenslagen verbunden sind, in Frage gestellt. Als anhaltendes Massenphänomen in weiten Teilen der → Dritten Welt verweist A. auch auf ungelöste Verteilungsfragen in den → Internationalen Beziehungen.

In modernen → Wohlfahrtsstaaten kann oftmals eine implizit polit. gesetzte Armutsgrenze identifiziert werden. In der BRD stellt beispielsweise die → Sozialhilfe dem Anspruch nach ein staatl. verbürgtes Mittel zur Bekämpfung und Verhinderung von individueller A. dar. Demnach wird aus offizieller polit. Sicht als arm betrachtet, wer sein Leben auf einem materiellen Niveau bestreitet, das unterhalb der Sozialhilfegrenze liegt. Auf welchem Niveau und nach welchen Kriterien diese Grenze polit. festgelegt wird, kann als vorherrschende Antwort auf Fragen nach der Existenz, dem Ausmaß und letztlich auch nach den Gründen von A. betrachtet werden. Für die internat. vergleichende politikwissenschaftl. und sozialhistorische Analyse können Untersuchungen auf der Basis dieser ‚offiziellen' Antworten unter Umständen aufschlußreicher sein als aufwendige empirische Studien, die auf vorab festgelegten armutstheoretischen Prämissen aufbauen, die ihrerseits in der Forschung stets umstritten sind.

Lit.: *Atkinson, A.* 1999: Poverty in Europe, Ox. *Hanesch, W.* (Hrsg.) 1995: Sozialpolitische Strategien gegen Armut, Opl. *Hauser, R./Tennstedt, F./Huster, E.-U.* 1996: Armut in Europa, Opl. *Leibfried, S./Voges, J.* (Hrsg.) 1992: Armut im modernen Wohlfahrtsstaat (KZfSS Sonderheft 32), Opl. *Townsend, P.* 1993: The International Analyses of Poverty, NY u. a. *Schmolling, P.* 1997: Armut in Deutschland, Aachen. *Müller, S./Otto, U.* (Hrsg.) 1997: Armut im Sozialstaat, Neuwied. *Krämer, W.* 2000: Armut in der Bundesrepublik, Ffm. u. a. *Hutton, S./Redmond, G.* (Hrsg.) 2000: Poverty in transition economies, NY.

Bernhard Thibaut

Asylrecht/Asylpolitik

Bereits in vorchristlicher Zeit gab es Asylstätten, an denen Schutz vor profaner Gewalt und Strafe bestand. Dieses ursprünglich im religiösen Raum entstandene Institut, das im Christentum über Jahrhunderte galt, hatte in der Neuzeit praktisch keine Bedeutung mehr. Neuerdings wird an diese alte Tradition mit dem Begriff „sanctuary" (Kirchenasyl) wieder angeknüpft. Vor allem im 20. Jahrhundert und besonders in der Folge des II. Weltkrieges entstanden Verfolgungssituationen und Fluchtbewegungen in vorher nicht gekanntem Ausmaß.

Vor diesem Hintergrund wurden völkerrechtl. Regelungen über Asyl geschaffen, u. a. durch Art. 14 der Allgemeinen Erklärung der Menschenrechte von 1948 sowie besonders durch die Genfer Flüchtlingskonvention (GFK) von 1951, die sich nur auf Nachkriegsereignisse im wesentlichen in Europa bezieht, und das New Yorker Protokoll von 1967, mit dem die geographische und zeitliche Beschränkung der GFK aufgehoben wurde. Die GFK ist mittlerweile von über 135 Staaten unterzeichnet. Die GFK beinhaltet weder eine Aufnahmeverpflichtung noch eine Rechtsschutzgarantie. Flüchtling nach der GFK ist eine Person, die „aus der begründeten Furcht vor Verfolgung wegen ihre Rasse, Religion, Nationalität, Zugehörigkeit zu einer bestimmten sozialen Gruppe oder wegen ihrer politischen Überzeugung" sich in den Schutz eines anderen Landes begibt (Art. 1 A). Ein völkerrechtlich garantiertes Menschenrecht auf Asyl besteht nicht. Allerdings enthält die GFK das Verbot der Ausweisung und Zurückweisung an der Grenze (*non refoulement*) bei drohender Gefahr für Leben oder Freiheit (Art. 33);

Weltweit registrierte der Hohe Flüchtlingskommissar der Vereinten Nationen (UNHCR) Ende 1999 mehr als 22 Mio. Flüchtlinge i. S. der GFK. Darüber hinaus geht UNHCR von 20–30 Mio. Menschen aus, die innerhalb ihrer Heimatländer aufgrund innerstaatl. Konflikte vertrieben worden sind. In D haben sich nach Angaben des Bundesinnenministeriums Ende 1999 1,24 Mio. Flüchtlinge (einschließlich der Kriegs- und Bürgerkriegsflüchtlinge) mit oder ohne Status der GFK aufgehalten. Weniger als 10 % der Flüchtlinge gelangen in die wohlhabenden Länder der nördlichen Hemisphäre, die Hauptlast liegt bei angrenzenden Staaten von Krisengebieten mit großen ökonom. Problemen.

1. In der BRD wurde das Asylrecht (A.) aufgrund der Erfahrungen des → Nationalsozialismus als individuelles Grundrecht in die Verfassung aufgenommen (Art. 16 Abs. 2 S. 2: „Politisch Verfolgte genießen Asylrecht.") Das A. wurde damals fast ausschließlich von Ostblockflüchtlingen wahrgenommen, die selbst bei negativem Ausgang ihres Asylverfahrens ein Bleiberecht erhielten. Die Asylbewerberzahlen waren bis zum Ende der Anwerbung ausländischer Arbeitskräfte (Anwerbestopp im Jahr 1973) unbedeutend, nicht zuletzt deswegen, weil der Zugang nach D für die Menschen aus den südeurop. Staaten mit Diktaturen und polit. Verfolgung (Portugal, Spanien, Jugoslawien, Griechenland, Türkei, Marokko) über die Arbeitsmigration leicht möglich

war. Bereits im Jahre 1980 war jedoch erstmals die Grenze von 100 000 Asylbewerbern überschritten. Den Hauptanteil stellten jetzt Menschen aus der → Dritten Welt. War die ausländerpolit. Diskussion in D und den meisten ihrer unmittelbaren westeurop. Nachbarländer lange Zeit von Fragen der Arbeitskräftewanderung bestimmt (→ Migration), so standen seit Ende der 1980er Jahre → Flüchtlinge im Vordergrund. Besonders betroffen von dieser Zuwanderergruppe war die BRD aufgrund ihrer geographischen Lage und wirtschaftl. Anziehungskraft.

2. Die Entwicklung des A. ist seit 1978 durch Restriktionen gekennzeichnet. Vor allem das Asylverfahrensgesetz von 1982 und seine Novellierung von 1987 schufen wesentliche Verfahrensverkürzungen und Ausschlußgründe (u. a. anderweitiger Schutz vor Verfolgung, Ausschluß von sog. Nachfluchtgründen). Hinzu kamen „flankierende Maßnahmen" wie Visumszwang für die Hauptherkunftsländer, Arbeitsverbot, Unterbringung in Sammelunterkünften; ein spezielles Gesetz (Asylbewerberleistungsgesetz) regelt, daß insb. Asylbewerber und *De-facto*-Flüchtlinge i. d. R. nur noch Grundleistungen erhalten, so z. B. Sozialhilfe i. d. R. als Sachleistung auf abgesenktem Niveau gegenüber den Leistungen nach dem BSHG. Das starke Anwachsen der Asylbewerberzahlen (1990: 193.063; 1991: 256.112; 1992: 438.191 bei einer Anerkennungsquote von ca. 4 % durch das Bundesamt für die Anerkennung ausländischer Flüchtlinge und dem Umkehrschluß, 96 % seien daher „Wirtschaftsflüchtlinge") löste heftige polit. Kontroversen aus. Dabei blieb vielfach unberücksichtigt, daß regelmäßig etwa 60 % aufgrund von Abschiebungshindernissen oder gerichtlichen Entscheidungen nicht ausgewiesen wurden bzw. ein Bleiberecht erhielten. Zahlreiche Änderungen in immer kürzeren Abständen waren die Folge, insb. die am 1. 7. 1992 in Kraft getretene Beschleunigungsnovelle, deren Wirkungen gar nicht mehr abgewartet wurden: Bereits am 6. 12. 1992 wurde der sog. Asylkompromiß geschlossen, der zu einer Änderung des Art. 16 GG führte. Die dazu erforderliche 2/3-Mehrheit im Bundestag wurde mit den Stimmen der Regierungskoalition aus CDU/CSU und FDP sowie der SPD-Opposition erreicht.

3. Wesentlicher Inhalt der Neuregelung (Art. 16 a GG) war die Einführung von „sicheren Herkunfts- bzw. Drittstaaten": Wer aus einem solchen Land einreisen will, kann sich nicht mehr auf das A. berufen. Alle EU-Staaten wurden durch die Verfassung zu sicheren Drittstaaten erklärt, weitere sichere Herkunfts- und Drittstaaten sind im Asylverfahrensgesetz aufgeführt. Die Bundesregierung kann durch Rechtsverordnung (ohne Zustimmung des Bundesrates) Änderungen vornehmen. Da D ausschließlich von sicheren Dritt- und Herkunftsstaaten umgeben ist (*cordon sanitaire*), ist ein legaler Zugang für Flüchtlinge auf dem Landweg faktisch ausgeschlossen. Im Vordergrund steht nicht mehr der Fluchtgrund, sondern der Fluchtweg. Kettenabschiebungen (von D nach Österreich, von dort über Ungarn nach Serbien) sind eine mögliche Folge. Allerdings können Flüchtlinge dann nicht ausgewiesen werden, wenn sie das Territorium erreicht haben und ihnen nach Ausweisung Gefahr für Leib und Leben droht (*non refoulement, De-facto*-Flüchtlinge). Die Zahl der *De-facto*-Flüchtlinge – besonders aufgrund der anhaltenden Konflikte im ehem. Jugoslawien – ließ sich deswegen nicht kurzfristig reduzieren. Das neue A. wurde im wesentlichen vom Bundesverfassungsgericht bestätigt (Urt. v. 14. 5. 1996).

Asylrechtlicher bzw. Ausweisungsschutz wird in D in verschiedener Form gewährt – im wesentlichen durch Art. 16 a GG und die 51 ff. AuslG, die sich auf die Definition der GFK beziehen. Während Art. 16 a GG eine objektive Beurteilung der Verfolgungsgefahr verlangt, stellt die GFK auf die eher subjektiv gefärbte „begründete Furcht vor Verfolgung" ab, für die allerdings „gute Gründe" gegeben sein müssen. Folgende Kategorien von Flüchtlingen sind zu unterscheiden:

(1) Asylberechtigte: Asylbewerber, die eine förmliche Asylanerkennung i. S. von Art. 16 a I GG erhielten aufgrund staatlicher polit. Verfolgung in ihrem Heimatstaat. Nur sie erhalten eine Reihe von Eingliederungs- und Sozialleistungen und sind hier Deutschen gleichgestellt.

(2) Kontingentflüchtlinge (z. B. vietnamesische *boat-people,* Juden aus der ehem. Sowjetunion): Sie sind Asylberechtigten gleichgestellt und brauchen kein Asylverfahren zu durchlaufen. Für sie gilt das Gesetz über Maßnahmen für im Rahmen humanitärer Hilfsaktionen aufgenommene Flüchtlinge von 1980.

(3) *De-facto*-Flüchtlinge: Personen, deren Abschiebung 51 ff. AuslG aus völkerrechtl. (GFK, EMRK), humanitären oder tatsächlichen (z. B. fehlende Bereitschaft des Herkunftsstaates zur Aufnahme des Flüchtlings) Gründen ausgeschlossen ist. *De-facto*-Flüchtlinge sind Flüchtlinge, die keinen Asylantrag gestellt haben (z. B. um Angehörige nicht zu gefährden oder weil sie durch Einreise aus einem sicheren Drittstaat nicht ins Asylverfahren zugelassen sind), deren Asylantrag rechtskräftig abgelehnt worden ist oder Flüchtlinge aus Kriegs- und Bürgerkriegsgebieten; Flüchtlinge, die vor Folter, Todesstrafe oder gravierenden Menschenrechtsverletzungen geflohen sind (53 AuslG) oder solche bei Rückkehr zu befürchten haben (z. B. Deserteure); Staatenlose, die kein Land bereit ist aufzunehmen.

(4) Bürgerkriegsflüchtlinge: Sie könnten nach 32 a AuslG vorübergehend Schutz in der BRD erhalten. Voraussetzung ist das Einvernehmen zwischen Bund und Ländern. Bis heute ist aufgrund fortbestehender Kontroversen zwischen Bund und Ländern über die Finanzierung keine Lösung in Sicht.

4. Ein besonderes Problem stellt die Lebenssituation von *De-facto*-Flüchtlingen dar: Sie leben in D ohne gesicherten Aufenthalt und seit 1997 auch ohne das Recht zu arbeiten. Menschen, die über Jahre in Abhängigkeit von Sozialleistungen leben, können sich nicht integrieren. Die rot-grüne Bundesregierung hat daher mit den Bundesländern eine Altfallregelung vereinbart, die u. a. vorsieht, daß Personen, die vor dem 1. 7. 1993 eingereist sind, über einen Krankenversicherungsschutz verfügen und die in der Lage sind, sich selbst zu ernähren, in D bleiben können. Diese Regelung wurde jedoch als zu eng kritisiert, da sie den Großteil der vielfach schon lange hier lebenden *De-facto*-Flüchtlinge nicht erfaßt.

Sonderregelungen bestehen für den vorübergehenden Schutz von Vertriebenen, die insb. aufgrund humanitärer Entscheidungen in D vorübergehenden Schutz erhielten (Kriegsflüchtlinge aus dem ehem. Jugoslawien).

Mit der fortschreitenden europ. Integration (Vollendung des Binnenmarktes mit der Beseitigung von Personenkontrollen an den Binnengrenzen) ist eine Harmonisierung der Asylpolitik und des A. auf der Ebene der EU unumgänglich. Bisher bestehen jedoch nur Abkommen zwischen Mitgliedstaaten (Abkommen von Schengen [Juni 1990] und Dublin [Juni 1990]), die lediglich Verfahrensregelungen vorsehen und zwischen den jeweiligen Vertragsstaaten die Zuständigkeit für die Überprüfung eines Asylgesuchs bestimmen. Nach dem Vertrag von Amsterdam, der am 1. Mai 1999 in Kraft trat, kann der Rat zum schrittweisen Aufbau eines Raumes der Freiheit, der Sicherheit und des Rechts Maßnahmen im Bereich Asyl treffen. Es ist davon auszugehen, daß auf diesem Gebiet in den nächsten fünf Jahren die ersten konkreten Regelungen getroffen werden. Hinzuweisen ist, daß auch Schengen „vergemeinschaftet" wurde, allerdings mit Sonderregelungen für Dänemark, Irland und GB. Diese gemeinschaftsrechtl. Gestaltungsmöglichkeit wird im Ergebnis zu einer Harmonisierung der europ. Asylpolitik führen.

Derzeit wird auf EU-Ebene eine Richtlinie zum vorübergehenden Schutz von Vertriebenen diskutiert. Politisch kontrovers wird vor allem das Problem der solidarischen (Kosten-)Übernahme von Personen beurteilt, die einen temporären Schutz benötigen.

Die weltweit zunehmenden Migrationsbewegungen machen ein Gesamtkonzept der Zuwanderung notwendig, das politisch Verfolgte und Arbeitsmigranten ebenso umfaßt wie Bürgerkriegs- und Armutsflüchtlinge. Eine wirksame Politik der Verringerung von Fluchtursachen muß Fragen der Ökologie (→ Umweltpolitik), der → Bevölkerungspolitik und der → Entwicklungspolitik berücksichtigen und sich an einer Weltwirtschaftsordnung orientieren, deren Ziel ist, den gegenwärtigen Prozeß des Auseinanderdriftens zwischen armen und reichen Regionen der Erde umzukehren; die Unterstützung →

Autoritärer Regime und Waffenexport sind kontraproduktiv.

Lit.: *Baaden, A.* 1997: Aussiedler-Migration, Bln. *Baaden, A.* 1997: Konzepte und Modelle zur Integration von Aussiedlern, Bln. *Bade, K. J.* (Hrsg.) 1993: Deutsche im Ausland – Fremde in Deutschland. Migration in Geschichte und Gegenwart, Mchn. *Bade, K. J.* 1994: Ausländer – Aussiedler – Asyl. Eine Bestandsaufnahme, Mchn. *Bade, K. J.* (Hrsg.) 1994: Das Manifest der 60: Deutschland und die Einwanderung, Mchn. *Bade, K. J.* 2000: Europa in Bewegung. Migration vom späten 18. Jahrhundert bis zur Gegenwart, Mchn. *Barwig, K. u. a.* (Hrsg.) 1991: Das neue Ausländerrecht, Baden-Baden. *Barwig, K. u. a.* (Hrsg.) 1994: Vom Ausländer zum Bürger, Baden-Baden. *Barwig, K. u. a.* (Hrsg.) 1999: Neue Regierung Neue Ausländerpolitik?, Baden-Baden. *Bericht* der Beauftragten der Bundesregierung für Ausländerfragen über die Lage der Ausländer in der Bunderepublik Deutschland, 2000: Bln. *Griesbeck, M.* 1997: Asyl für politisch Verfolgte und die Eindämmung von Asylrechtsmißbrauch, in: ApuZ 46, 3–10. *Hailbronner, K.* 1992 ff.: Ausländerrecht, Karlsruhe. *Hailbronner, K./Renner G.* [2]1998: Staatsangehörigkeitsrecht. Kommentar, Mchn. *Herbert, U.* 1986: Geschichte der Ausländerbeschäftigung in Deutschland 1880–1980. Saisonarbeiter – Zwangsarbeiter – Gastarbeiter, Bln./Bonn. *Juncker, H.* 1997: Aussiedlerrecht, Bln. *Oberndörfer, D.* 1991: Die offene Republik. Zur Zukunft Deutschlands und Europas, Freib. *Perspektiven der neuen Aussiedlerpolitik* 1999, hrsg. vom: Forschungsinstitut der Friedrich-Ebert-Stiftung, Bonn. *Renner, G.* [7]1999: Ausländerrecht. Kommentar, Mchn. *Schulte, A.* 1998: Multikulturelle Einwanderungsgesellschaften in Westeuropa: Soziale Konflikte und Integrationspolitiken, hrsg. vom Forschungsinstitut der Friedrich-Ebert-Stiftung, Bonn. *Tessmer, C.* (Hrsg.) 1994: Deutschland und das Weltflüchtlingsproblem, Opl. *UNHCR-Report 1997/98* 1997: Die Lage der Flüchtlinge in der Welt, Bonn. *Ursachen und Formen der Fremdenfeindlichkeit in der Bundesrepublik Deutschland* 1998: Hrsg. vom Forschungsinstitut der Friedrich Ebert-Stiftung, Bonn. *Weiß, W.* [2]1999: Eingliederungshilfen für Spätaussiedler. Rechte und Leistungen auf gesetzlicher Grundlage, Bln.

Klaus Barwig/Christoph Schumacher

Äußere Sicherheit → Sicherheitspolitik

Außenpolitik

I. Mit Hilfe der Außenpolitik (A.) setzt die im Nationalstaat organisierte Gesellschaft ihre Interessen gegenüber anderen Staaten, d. h. im internat. System (→ Internationale Beziehungen) durch. 1. A. im klassischen Sinn sind die Aktivitäten oder Unterlassungen einer Regierung gegenüber einer anderen, die in ihrer Gesamtheit ein Beziehungsmuster konstituieren. 2. Unter A. wird auch die Mitarbeit einer Regierung in multi-, supra- und internat. Organisationen z. B. → UNO, → OECD, → WTO, → EU, → NATO, → OSZE bzw. bei Aktivitäten von → *Global Governance* verstanden. A. im Sinne gouvernementalen Außenverhaltens unterliegt der Kompetenz der Außenministerien und äußert sich in Staatsbesuchen, Vertragsabschlüssen oder Übereinkünften mit anderen Regierungen und in den Erscheinungsformen des diplomatischen Verkehrs. 3. Unter A. im weiteren Sinn müssen auch diejenigen Aspekte von Wirtschafts-, Verteidigungs- und Kulturpolitik verstanden werden, deren Charakter oder Folgen grenzüberschreitend sind, da A. zunehmend als Verbindung von Herrschafts-, Sicherheits- und Wohlfahrtsinteressen gegenüber dem äußeren Umfeld verstanden und realisiert wird. 4. Ferner erstreckt sich A. auf nichtstaatl. Verhalten wie Tourismus, Tätigkeiten von transnationalen Konzernen, Aktivitäten von nichtstaatl. polit. Organisationen wie Parteienzusammenschlüsse, sofern sie staatl. Interessen berühren. Zu ihrer Vorbereitung, Durchsetzung und Absicherung kann A. sich auch nichtgouvernementaler Akteure wie → Parteien, Parteienstiftungen, Wirtschaftsunternehmen usw. bedienen (z. B. Ostpolitik der BRD).

II. Die Trennung von → Innenpolitik und A. ist historisch und durch die Unterschiede der internat. und intranat. Ordnung erklärbar. A. war und ist das Reservat der Exekutive, d. h. mit der Verteidigungspolitik derjenige Bereich, den die Monarchie den Parlamentarisierungsstrategien des Bürgertums vorenthalten konnte. Auch beim Übergang zur Republik konnte A. von den in der Innenpolitik gebräuchlichen parlamentarischen Kontroll- und Initiativmöglichkeiten weitgehend freigehalten werden. Sie unterliegt zudem anderen Regeln. Während das innerstaatl. Leben durch Gesellschaftsvertrag, Gewaltmonopol, sanktionierte Regelmechanismen und kontrollierte Kompetenzhierarchien geordnet ist (→ Gewaltenteilung), unterliegt A. aufgrund des geringeren Organisations- oder Vergemeinschaftungsgrades einer ungleich größeren Handlungsfreiheit. So erlaubt das internat. System z. B. bei der Konfliktlösung sowohl die kriegerische Unterwerfung als auch den friedlichen Kompromiß.

III. A. und internat. Politik sind in erster Linie analytisch bedingte Begriffe, die verschiedene Aspekte eines polit. Zusammenhangs erklären. Mit A. nimmt der staatl. Akteur im internat. System seine Interessen wahr, reagiert auf die aus den Strukturen, Entwicklungen und Handlungsspielräumen resultierenden Anreize. A. ist also die Verengung internat. Politik aus der Interessenlage des → Nationalstaates. Internat. Politik ist aber nicht nur die Summe aller Außenpolitiken, sondern sind auch die ihnen zugrundeliegenden und die von ihnen beeinflußten Ordnungsstrukturen, Verhaltensmuster und Systemtrends. Ein außenpolit. Vorgang muß also auf drei Analyseebenen untersucht werden: 1. in bezug auf seine innergesellschaftl. Zusammenhänge, 2. in bezug auf die nationalstaatl. Interessenlage und 3. in bezug auf Bedingungen und Folgen für das internat. System.

IV. Die Theoriebildung ist in der noch jungen Teildisziplin Internat. Beziehungen noch wenig vorangekommen. Zur Analyse von A. haben sich bislang fünf Ansätze herausgeschält, die sich gegenseitig ergänzen.

1. Der machtpolit. Ansatz untersucht A. unter der Fragestellung, inwieweit diese dem Erhalt, dem Ausbau und der Absicherung von Machtpositionen dient. Regionale und internat. → Macht dient dabei den jeweiligen nationalstaatl. Interessen und hängt von den zur Verfügung stehenden wirtschaftl. und militärischen Kapazitäten ab, die durch Allianzbildung, polit. Strategie und diplomatische Taktik vergrößert werden können. Der machtpolit. Ansatz untersucht die Weltgesellschaft unter den nat. Herrschafts- und Ordnungsinteressen, vernachlässigt aber häufig die strukturellen Zusammenhänge des internat. Systems.

2. Der Aktions-Reaktions-Ansatz geht auf die behavioristische Denkschule zurück und findet sich häufig in quantitativ vorgehenden Arbeiten und der Ereignisanalyse. Er erklärt A. als Reaktion des Nationalstaates auf einen von außen kommenden, als solchen nicht mehr hinterfragten Anreiz. Er hat wichtige Beiträge zur Klassifizierung von Verhaltensweisen geliefert, wird aber wegen seines Mangels an inhaltlichen Fragestellungen, Herrschaftsanalyse und strukturellen Ursachen kritisiert.

3. Der Entscheidungsprozeßansatz geht hier weiter. Er konzentriert sich auf den außenpolit. Entscheidungsprozeß bzw. die Genese von A. in ihrem institutionellen Rahmen. Er untersucht i. d. R. auch, welche in- und ausländischen Gruppen bzw. Institutionen in welcher Weise ihre Interessen einbringen.

4. Der Ziel-Mittel-Ansatz, der die Ziele und die ihnen zugeordneten Mittel von A. untersucht, kann über die Erfassung empirischer

Zusammenhänge hinaus die Zweckrationalität, die Kosten-Nutzen-Beziehung und schließlich den Wertbezug des außenpolit. Ziel-Mittel-Kataloges eines Landes analysieren. Er kann auch Aussagen über Erfolgsmöglichkeiten einer bestimmten A. treffen, wenn er Handlungsspielräume, Akteurskonstellationen und Systemtrends ausreichend berücksichtigt. Schließlich eignet sich der Ziel-Mittel-Ansatz auch zur Längsschnittanalyse und zum Vergleich.

5. Der Bedingungsstrukturansatz konzentriert sich auf die strukturellen Bedingungsfaktoren für A., die Inhalt, Ziele und Reichweite langfristig bestimmen. Zu solchen Faktoren gehören z. B. geographische Lage, Rohstoffabhängigkeit, Wirtschaftsstruktur und Entwicklungsdynamik, historische Bindungen, außenpolit. einsetzbare wirtschaftl. und militärische Kapazitäten usw.

V. Selbst in den modernen Demokratien ist Außen- und Sicherheitspolitik nach wie vor eines der letzten Reservate der Exekutive. Die Praxis der → Gewaltenteilung gibt der Regierung in diesem Bereich einen wesentlichen polit. Handlungsvorsprung, was mit dem geringen Maß an parlamentarischer Kontrolle und Einflußnahme, der kaum vorhandenen kritischen → Öffentlichkeit und dem geringen Informations- und Betroffenheitsgrad zusammenhängt. Dieses Demokratiedefizit kann mit der Geschichte der pluralistischen Demokratie erklärt werden: In der bürgerlichen Revolution gelang es der Monarchie, wenigstens die Diplomatie und das Militär der unmittelbaren Partizipation des Bürgertums zu entziehen. Dies blieb im wesentlichen auch beim Übergang zur Republik unverändert. Neuere Entwicklungen deuten aber auf eine stärkere Kontrolle bzw. Beschneidung dieses Regierungsmonopols hin. In den USA ist z. B. im Zusammenhang mit dem Vietnam-Krieg die außenpolit. und insbes. die Kriegsführungskompetenz des Präsidenten durch den Kongreß eingeschränkt worden. Friedensbewegungen haben in außen- und sicherheitspolit. Fragen Öffentlichkeit und Betroffenheit hergestellt und durch die von ihnen ausgelösten Akzeptanzkrisen polit. → Eliten und Parlamente zu einem stärkeren Engagement in diesen Fragen bewegt. Internat. Parteienkooperation und die Bemühungen des Europ. Parlaments um gerade angesichts des → GASP-Projektes mehr parlamentarische Kompetenzen sind weitere Anzeichen für diese Entwicklung.

Parlament, Öffentlichkeit, Parteien und polit. Bewegungen sind dabei nicht nur A. unmittelbar beeinflussende Akteure, sondern selbst Objekte und Bezugspunkte von A. anderer Länder geworden. So werden also auch Akteure im gouvernementalen Vorfeld für die außenpolit. Willensbildung wichtiger, wobei die Folgen für die institutionalisierte Kompetenzverteilung, Akzeptanzbereitschaft und demokratische Beteiligung noch nicht abzusehen sind. → Demokratisierung von A. ist aber nicht nur eine Frage der Willensbildung, sondern betrifft auch polit. Inhalte. Westl. Demokratien berufen sich traditionell auf ihren Friedenswillen, und auch die realsozialistischen Systeme hatten dies stets getan. Demnach ist die Schutzfunktion des Staates nach außen gleichzeitig eine positive Ordnungsfunktion in bezug auf die Weltgesellschaft. Insbes. Friedensforschung und Friedensbewegung haben diesen polit. Anspruch mit der sicherheits- und außenpolit. Wirklichkeit konfrontiert. Sie sind dabei zu dem Ergebnis gekommen, daß selbst angesichts der bestehenden Unvollkommenheiten des Staatensystems ein Mehr an konkreter → Friedenspolitik machbar sei. → Frieden wird dabei nicht nur als die Abwesenheit von → Gewalt, d. h. als Nichtkrieg, sondern auch als der Aufbau gerechter internat. Strukturen im wirtschaftl., polit. und gesellschaftl. Bereich verstanden. A. hat demnach die Aufgabe, z. B. durch eine stärkere Hinwendung zum zweiten, d. h. gemeinschaftlich orientierten Grundtypus auf der einen Seite militärische Gewalt – d. h. den Willen und die Fähigkeit dazu – aus der Staatenwelt schrittweise zu verbannen und gleichzeitig den polit. Willen und die Fähigkeit zur friedlichen Konfliktlösung und zum Abbau von Konfliktpotentialen im Sinne von *better global governance* zu schaffen. Dabei wird in Anlehnung an den Begriff → Zivilgesellschaft neuerdings auch von „Zivilisierung" gesprochen (*Maull* 1992). Die Ersetzung des negativen durch den positiven Friedensbegriff bezieht sich dabei auf das Ost-West- und das innereurop. Verhältnis ebenso wie auf den → Nord-Süd-Konflikt und die Frage einer internat. Neuen Politischen Ordnung. Ob und wieweit sich ein solches außenpolit. Erkenntnisinteresse durchsetzt und inwieweit der proklamierte Wertbezug moderner Politik in Wirklichkeit umgesetzt wird, bleibt abzuwarten. Die → Menschenrechtspolitik der US-amerikan. *Carter*-Administration, die Nichteinmischungsforderungen der OSZE und internat. Eingriffe wie *peace-keeping* und *peace-establishing* sind Beispiele für diesen neuen Wert- und globalen Ordnungsbezug in der A., auch wenn sie damit allein nicht vollständig erklärt werden können.

Lit.: *Czempiel, E. O.* 1981: Internationale Politik, Paderborn. *Czempiel, E. O.* ²1992: Weltpolitik im Umbruch, Mchn. *Czempiel, E. O.* 1999: Kluge Machtpolitik. Außenpolitik für das 21. Jahrhundert, Mchn. *Haftendorn, H.* 1978: Verwaltete Außenpolitik, Köln. *Maull, H.* 1992: Zivilmacht Bundesrepublik Deutschland, in: EA, 10, 269–278.

Reimund Seidelmann

Außenwirtschaftspolitik

I. Außenwirtschaftspolitik (A.) ist die Gesamtheit der staatl. Maßnahmen, die zur Steuerung und Regulierung grenzüberschreitender wirtschaftl. Transaktionen eingesetzt werden. Die Ziele, denen die A. dient (z. B. Erschließung und Sicherung von Absatzmärkten, Sicherung der Rohstoffversorgung, Wechselkursstabilität), sind Teil- oder Unterziele der allg. → Wirtschaftspolitik, die auf Ziele wie Wachstum, Vollbeschäftigung und außenwirtschaftl. Gleichgewicht gerichtet ist (*Glastetter* 1975: 33 f.). Ferner wird A. als Instrument der → Außenpolitik im Dienste nichtwirtschaftl. Ziele eingesetzt (Beispiel: Sanktionen gegen das ehem. Apartheid-Regime in Südafrika). Instrumente der A. sind: die Ordnungspolitik, die den rechtlich-institutionellen Rahmen der Außenwirtschaftsbeziehungen gestaltet; die Handelspolitik, die als Mengenpolitik durch Ein- oder Ausfuhrverbote und Kontingente, als Preispolitik durch Zölle, Ausgleichsabgaben und → Subventionen den Außenhandel zu beeinflussen sucht; die Währungspolitik, die über den Wechselkurs oder die Devisenbewirtschaftung die Entwicklung der → Zahlungsbilanz steuert. Die Institutionalisierung wirtschaftspolit. Koordinierung und Zusammenarbeit im Rahmen weltweiter oder regionaler Organisationen wird auch als Integrationspolitik bezeichnet.

Das breite Aufgabenspektrum des modernen Staates sowie der hohe Internationalisierungsgrad von Problemen und Politikfeldern haben eine zunehmende Auffächerung der A. bewirkt. Dazu gehören heute → Entwicklungspolitik, Energieversorgung und Regulierung von Direktinvestitionen ebenso wie Seerecht, → Migrationspolitik oder Bankenaufsicht.

Die intensive Verflechtung der Volkswirtschaften der Industrieländer und der Schwellenländer durch Handels- und Kapitalströme verringert die wirtschaftspolit. Steuerungskapazität nat. Regierungen und Notenbanken, vergrößert aber andererseits die Reichweite von Maßnahmen nat. Wirtschaftspolitik und damit auch die Möglichkeiten bewußter und die Gefahren unbewußter Einflußnahme auf den Wirtschaftsprozeß der wichtigsten Partnerländer. Innerhalb der → Europäischen Union wird der Handlungsspielraum nationaler A. nicht nur durch die wirtschaftl. → Interdependenz der Mitgliedsländer begrenzt, sondern auch durch die Vergemeinschaftung von Politikfeldern (gemeinsame Handelspolitik, → Europäische Wirtschafts- und Währungsunion) stark eingeschränkt.

II. Die A. eines Landes läßt sich aus dem Zusammenwirken von Institutionen, Interessen und Ideen erklären. Die Interaktionsmuster zwischen staatl. und gesellschaftl. Akteuren im außenwirtschaftl. Entscheidungsprozeß können dabei auf jeweils historisch gewachsene Kräfteverhältnisse zwischen Staat und Gesellschaft zurückgeführt werden (*Katzenstein* 1978). Die Definition von Interessen wird durch wirtschaftspolit. Doktrinen beeinflußt. Wichtige Bestimmungsfaktoren sind ferner die Lage und der Internationalisierungsgrad der jeweiligen Volkswirtschaft. Aufgrund der Einbindung von Staaten in → Internationale Organisationen und → Internationale Regime ist die A. oft in hohem Maße pfadabhängig.

1. USA. Im Fall der USA kommt der internat. Ordnungspolitik besondere Bedeutung zu. Denn es war die Hegemonialmacht des Westens, die am Ende des II. Weltkrieges die multilateralen Institutionen und Regelwerke einer offenen und liberalen Weltwirtschaft begründet hat (IWF, GATT). Die Fragmentierung der Macht und die Dezentralisierung von Entscheidungskompetenzen, die das polit. System der USA kennzeichnen, bestimmen auch die Handelspolitik. Innerhalb der Exekutive verteilen sich die handelspolit. Kompetenzen auf die Ministerien für Finanzen, Handel, Landwirtschaft, Arbeit, das Büro des Handelsbeauftragten im Weißen Haus, das Außenministerium und den Nationalen Sicherheitsrat. Das Ausschußsystem und die Arbeitsweise des Kongresses eröffnen Interessengruppen zahlreiche Möglichkeiten, den handelspolit. Entscheidungsprozeß zu beeinflussen. Währungspolit. Entscheidungen hingegen sind besser gegen den Druck gesellschaftl. Kräfte abgeschirmt und sind gewöhnlich im Weißen Haus, im Finanzministerium und vom *Federal Reserve Board* gefällt worden (*Destler/Henning* 1989).

Die Entscheidung für den Aufbau eines liberalen Weltwirtschaftssystems nach dem Ende des II. Weltkrieges wurde von einem breiten Konsens gesellschaftl. Kräfte (von der Landwirtschaft über Industrie und Banken bis zu den Gewerkschaften) getragen, der bis Anfang der 1960er Jahre anhielt. Der *Trade Expansion Act* von 1962 ermächtigte den Präsidenten zu 50%igen Zollsenkungen und schuf so die Voraussetzungen für erfolgreiche Verhandlungen über eine weitere Liberalisierung des Welthandels im Rahmen des GATT (*Kennedy*-Runde). Seit der zweiten Hälfte der 1960er Jahre verstärkte sich jedoch der Druck protektionistischer Kräfte (konkurrenzschwache Branchen, Gewerkschaften). In der Tokio-Runde (1973–1979) suchte die *Carter*-Administration den protektionistischen Tendenzen im Welthandel zu wehren, indem sie sich auf Vereinbarungen über die Regulierung und den Abbau von nicht-tarifären Handelsschranken konzentrierte. Zu Beginn der 1980er Jahre verschärften sich die handelspolit. Konflikte mit der EG. Diese erstreckten sich nicht nur auf den Agrarprotektionismus und die Stahlexporte der EG, sondern auch auf den Technologietransfer und die Kreditvergabe im Osthandel. Trotz steigenden Handelsbilanzdefiziten und wachsendem protektionistischen Druck aus dem Kongreß hielt die *Reagan*-Administration an ihrer grundsätzlichen Freihandelsorientierung fest, schlug aber dann unter Berufung auf das Prinzip des „fairen Handels" eine zunehmend härtere Gangart ein. Während die USA in der Uruguay-Runde des GATT eine weitgehende Liberalisierung des internat. Handels mit Gütern und Dienstleistungen anstrebten, entwickelten sie gleichzeitig neue Instrumente zur Bekämpfung „unfairer" Handelspraktiken anderer Länder. Mit dem Abschluß des Nordamerikanischen Freihandelsabkommens (NAFTA) (1992) und dem erfolgreichen Ausgang der Uruguay-Runde (1993) konnten die USA ihre Strategie der Marktöffnung auf regionaler und globaler Ebene durchsetzen. Das Scheitern des ersten Anlaufs zu einer Millennium-Runde der → WTO (Seattle, Dezember 1999) machte deutlich, daß gerade in den USA das Lager der Globalisierungskritiker erstarkte und die innenpolit. Widerstände gegen eine weitere Liberalisierung des Welthandels zunahmen.

2. Bundesrepublik Deutschland. Der Aufstieg der BRD zur zweitgrößten (zeitweilig größten) Welthandelsnation ist das Ergebnis einer Strategie des exportorientierten Wachstums, die lange Zeit Vollbeschäftigung sicherte und wachsende Reallöhne garantierte. Wirtschaftl. Wachstum verbürgte polit. und soziale Stabilität, und diese Stabilität wiederum wurde zu einem wichtigen Faktor für die Wettbewerbsfähigkeit der westdt. Industrie auf den Weltmärkten. Die A. war kontinuierlich darauf gerichtet, Exportmärkte für die westdt. Industrie zu erschließen und auszuweiten.

Das strukturelle Gewicht des Exportsektors, das in der hohen Exportabhängigkeit zahlreicher Industriezweige begründet ist, hat sich wirkungsvoll in polit. Einfluß umgesetzt. Die Achse des außenwirtschaftspolit. Entscheidungsprozesses bildet eine enge Kooperationsbeziehung zwischen der Ministerialbürokratie und den Verbänden der Industrie, des Handels und der Banken, die weitgehend von der Öffentlichkeit abgeschirmt ist. → Parteien und Parlament sind an der Peripherie des Entscheidungsprozesses angesiedelt. Die → Gewerkschaften gehörten zu der „großen Koalition", welche die außenwirtschaftl. Expansion trug, doch haben sie in der A. bisher kaum mehr als eine Statistenrolle gespielt.

Preisstabilität im Innern und Wettbewerbsfähigkeit nach außen bildeten die Zielgrößen der → Geld- und Währungspolitik. Trotz steigender Exportüberschüsse seit der zweiten Hälfte der 1950er Jahre war die Parität tabu, und Wechselkursänderungen wurden nur als *ultima ratio* praktiziert, wenn die importierte → Inflation das Ziel der Preisstabilität gefährdete. Im Zielkonflikt zwischen Preisstabilität und Exportchancen vermochte der Exportsektor (Industrie und Geschäftsbanken) erfolgreich notwendige Aufwertungen zu verzögern, wie der Verlauf der Aufwertungsdebatten 1961 und 1968/69 zeigte (*Kreile* 1978). In den 1970er Jahren gewann das Problem der „wirtschaftl. Sicherheit" in der A. an Bedeutung, nachdem die Ölkrise von 1973 das Bewußtsein für die Notwendigkeit einer gesicherten Rohstoffversorgung geschärft hatte. Direktinvestitionen im Ausland wurden als Beitrag zum Strukturwandel gefördert. Die Forderungen der → Dritten Welt nach einer neuen Weltwirtschaftsordnung (→ Nord-Süd-Konflikt) wurden als Angriff auf Ordnungsprinzipien abgelehnt, die der BRD Exporterfolge und Prosperität beschert hatten. Im Osthandel, dem am stärksten politisierten Bereich des westdt. Außenhandels, wurden unter der sozialliberalen Koalition die noch verbliebenen Restriktionen weiter gelockert, um die Entspannungspolitik auch ökonomisch abzustützen.

Im Laufe der 1980er Jahre wuchsen sowohl die Außenhandelsabhängigkeit als auch die Exportüberschüsse der BRD. Die internat. Verwendung der D-Mark als Reserve- und Anlagewährung nahm zu, und innerhalb des Europäischen Währungssystems wurde die D-Mark zur „Ankerwährung", an der sich die Geldpolitik der übrigen Mitgliedstaaten auszurichten hatte. Mit dem Maastrichter Vertrag (1992) verpflichtete sich das vereinte D auf das Integrationsprojekt der Europäischen Wirtschafts- und Währungsunion. Infolge des Vereinigungsbooms geriet die Leistungsbilanz ins Defizit, und D wurde zum Nettokapitalimporteur. Vor diesem Hintergrund gewannen die steigenden Nettozahlungen an die EU polit. Brisanz, und das Ungleichgewicht bei der Finanzierung der Osteuropahilfe mit einem dt. Anteil von etwa 50 % an den Gesamtleistungen aller OECD-Länder verstärkte den Eindruck, daß die europ. Partner sich einer fairen Lastenteilung entzogen. Die Debatte um die Wettbewerbsfähigkeit des Standorts D lieferte Ende der 1990er Jahre Impulse für wirtschafts- und sozialpolit. Reformen und führte dazu, daß auch der Auswärtige Dienst verstärkt Aufgaben der Außenwirtschaftsförderung wahrnehmen sollte.

Lit.: *Destler, I. M.* 1986: American Trade Politics: System Under Stress, Washington. *Destler, I. M./Henning, C. R.* 1989: Dollar Politics: Exchange Rate Policymaking in the United States, Washington. *Deutsch, K. G.* 1999: The Politics of Freer Trade in Europe, Hamb./NY. *Glastetter, W.* 1975: Außenwirtschaftspolitik, Köln. *Katzenstein, P. J.* (Hrsg.) 1978: Between Power and Plenty. Foreign Economic Policies of Advanced Industrial States, Madison. *Kreile, M.* 1978: West Germany: The Dynamics of Expansion, in: *Katzenstein, P. J.* (Hrsg.), 191–224. *Medick-Krakau, M.* 1995: Amerikanische Außenhandelspolitik im Wandel. Handelsgesetzgebung und GATT-Politik 1945–1988, Bln. *Schöppenthau, P. v.* 1999: Die Europäische Union als Akteur der internationalen Handelspolitik, Wsb. *Weiss, F. D.* u. a. 1988: Trade Policy in West-Germany, Tüb.

Michael Kreile

Ausländerpolitik → Asylpolitik, → Migration

Autoritäre Regime

1. Begreift man autoritäre Regime (a. R.) nicht einfach als eine Mischform totalitärer Regime und demokratischer Systeme, sondern als einen Systemtypus *sui generis,* muß man sich typologisch relevanter Untersuchungsdimensionen und trennscharfer Kriterien versichern, die a. R. von → Totalitarismus und → Demokratie unterscheidbar machen. Unsere Konzeption konzentriert sich auf die Art der Machtausbildung, Organisationsformen, Glaubens- und Wertsysteme, die Verbindung von staatl. Macht und gesellschaftl. Sphäre sowie auf die Rollenzuweisung der Bevölkerung im polit. Prozeß. Ausgegrenzt bleibt dabei eine Analyse der Politikergebnisse ebenso wie die angestrebten Ziele oder die *raison d'être* der Regime. Vor dem Hintergrund dieser Einschränkungen lassen sich a. R. als Systeme kennzeichnen, die über einen nur begrenzten → Pluralismus verfügen, keine umfassend ausformulierte → Ideologie besitzen und, außer in ihren Entstehungsphasen, weder auf eine extensive noch intensive Mobilisierung zurückgreifen (vgl. *Linz* 2000).

Der eingeschränkte Pluralismus von a. R. muß als zentrales Abgrenzungsmerkmal gegenüber Demokratien (und ihrem prinzipiell unbegrenzten Pluralismus) und totalitären Systemen (Monismus) gelten. Der begrenzte Pluralismus der a. R. ist nicht nur der Pluralismus der Organisation einer einzigen Partei oder des Staatsapparats, sondern von sozialen, wirtschaftl., institutionellen, polit. Strukturen, die vor dem a. R. existierten oder sich außerhalb des Regimes entwickelten und sich in dieser Hinsicht vom Interessenpluralismus in kommunistischen Systemen oder im NS-Staat (→ Nationalsozialismus) unterscheiden. Zulassung wie Handlungsspielräume der polit. und gesellschaftl. Akteure hängen weitgehend von der autoritären Staatsführung ab. Innerhalb der Grenzen des eingeschränkten Pluralismus variieren die Formen politischer → Partizipation. Sie reichen von polit. Apathie über semipluralistische, elitäre Beteiligungsformen bis hin zu intensiver organisierter Mobilisierung. Häufig erweist sich die Depolitisierung als sehr funktional, da eine anhaltende Massenmobilisierung, dirigiert durch eine Partei, von den herrschenden Gruppen wie der Bürokratie, der Armee, der Kirche und den Interessengruppen als Bedrohung empfunden werden könnte.
In Abgrenzung zum Totalitarismus ist es für a. R. zutreffender, von Mentalitäten als von Ideologien zu sprechen. Mentalität ist, wie es *T. Geiger* (1932) ausdrückt, „subjektiver", Ideologie dagegen „objektiver Geist". Ideologien sind Reflexionen, Mentalitäten psychische Prädispositionen, erstere sind fest umrissen und kodifiziert, letztere funktionieren formlos. Das Fehlen einer fest umrissenen Ideologie bezahlen a. R. mit dem

Verlust an Mobilisierungsfähigkeit und affektiver Identifikation der Bevölkerung mit dem System. Andererseits erlaubt der Rückgriff auf nur allg. Werte wie Patriotismus, → Nationalismus, Modernisierung, Ordnung etc. den autoritären Regimeführungen eine pragmatischere Orientierung in der Politikformulierung.

Autoritäre Regime sind solche, die nicht oder nicht nur auf traditioneller → Legitimität beruhen wie z. B. islamische Monarchien. Sie sind auch nicht mit rein persönlicher → Herrschaft gleichzusetzen, die auf Gewalt und → Korruption zum Vorteil des Herrschers, seiner Familie, Klienten (→ Klientelismus) und Prätorianer aufgebaut ist, die man als sultanistisch im Sinne *Max Webers* bezeichnen kann (z. B. *Trujillo, Somoza).* Repression und Staatsterror sind nicht Unterscheidungsmerkmale von totalitären und a. R., obgleich totalitäre Regime oft zu einem erheblichen Ausmaß an Repression geführt haben und a. R. oft weniger repressiv sind. Die a. R. entstehen aus der Krise und dem Zusammenbruch von demokratischen Systemen, dem Übergang von traditioneller Herrschaft, der Instabilität nach der Dekolonisierung, den Konflikten in multi-ethnischen Gesellschaften, der „Veralltäglichung" des totalitären Utopismus.

2. Die drei zentralen Dimensionen – begrenzter Pluralismus, Depolitisierung oder begrenzte Partizipation, Mentalitäten – lassen nicht nur eine Abgrenzung von den monistischen, hoch mobilisierten und ideologisierten totalitären Regimen zu, sondern ermöglichen in einer komparativen Ausdifferenzierung auch eine feinere Typologisierung der a. R. selbst. Die daraus resultierende Klassifikation ist im *Weber*schen Sinne idealtypisch und korrespondiert nur selten deckungsgleich mit den real existierenden Regimen, da diese immer auch das Ergebnis widersprüchlicher Tendenzen sind.

(1) Bürokratisch-militärischer Typus. Dieser Typ von a. R. verfügt weder über komplexe Institutionen eines autoritativ verfügten Korporatismus noch über eine mobilisierungsfähige Partei, die für die Elitenrekrutierung und zur Kanalisierung der Partizipation dienen könnte. Er ist so etwas wie ein „paradigmatischer Typ" a. R., da er gleich weit von demokratischen wie totalitären Systemen entfernt ist. Geführt von meist acharismatischen Militärs, ist dieser Regimetypus innerhalb der Grenzen seiner bürokratisch-militärischen Mentalität pragmatisch orientiert. Nicht selten folgt er auf liberaldemokratische Systeme, in denen das → Parteiensystem nicht in der Lage war, Systemloyalitäten bzw. stabile Regierungen zu produzieren *(Stepan* 1973; *O'Donnell* 1973; *Collier* 1979).

(2) Autoritärer Korporatismus. Diesen Typ kennzeichnet eine vom Staat verfügte Prozedur der Interessenrepräsentation. Diese Art von zwangsinstitutionalisiertem Konfliktschlichtungsmuster erlaubt die Repräsentation sozialer Interessen bei gleichzeitiger zwangsadministrativer Begrenzung der → Konflikte. Als „organische Demokratie" diente der autoritäre Korporatismus als eine ideologische Alternative für jene Gesellschaften, die infolge ihrer ökonom. und sozialen Komplexität nicht allein mit technokratisch-autoritären Mitteln regiert werden konnten *(Stepan* 1978). *Salazars* "Estado Novo" verkörperte am deutlichsten diesen Typus. Aber auch das *Dollfuß*-Regime in Österreich (1934–1938), *Francos* Spanien nach der prätotalitären faschistischen Periode sind unter den Typ autoritärer Korporatismus subsumierbar.

(3) Mobilisierende a. R. in postdemokratischen Gesellschaften. Im Unterschied zu anderen autoritären Konzeptionen versucht der mobilisierende Typus über emotionale Legitimationsformen eine affektive Identifikation der Regierten mit den autoritär Regierenden herzustellen. Plebiszitäre Beteiligungsformen sollen dabei zusätzlich die Unterstützung der Massen sichern helfen. Diese faschistisch mobilisierenden a. R. sind weniger pluralistisch, dafür ideologischer und partizipationsoffener als bürokratisch-militärische oder zwangskorporatistische Regimes. Sie sind der Demokratie näher als dem → Liberalismus, versuchen den Verlust an

individueller Freiheit durch kontrollierte Chancen der Partizipation zu kompensieren, sie sind weniger konservativ und begrenztem Wandel gegenüber aufgeschlossener.

(4) Nachkoloniale mobilisierende Regime. Die simultane Schwäche traditioneller Autorität und das fehlende Verständnis für die komplexen Mechanismen einer rationalen, legalen Autorität ließen vornehmlich im nachkolonialen Afrika diese spezifische Variante entstehen. Der artifizielle Charakter postkolonialer Staatsgrenzen, die ethnischen, linguistischen und religiösen *cleavages* quer durch die Bevölkerung, die sozialen und ökonom. Disparitäten zwischen urbanen Zentren und ländlicher Peripherie (→ Konfliktlinien) sowie die Schwäche administrativer Bürokratien ließen viele Führer der unabhängig gewordenen Staaten glauben, eine autoritär gelenkte Partei und Staatsführung seien die einzigen erfolgversprechenden Instrumente im Prozeß der Staatswerdung *(nation building)*. Diese a. R. sind meistens Opfer von Militärputschen geworden und/oder in rein persönliche Herrschaft umgewandelt worden *(Jackson/Osberg* 1982). Der begrenzte Pluralismus, die relative Autonomie der Gesellschaft, die Heterogenität polit. Tendenzen und Kräfte führen bisweilen zu Liberalisierung und damit zu Krisen und unter besonderen Bedingungen zum endogenen Übergang zur Demokratie (→ Systemwechsel).

(5) Rassen- und ethnische „Demokratien". Dieser bewußt paradox gewählte Begriff bezieht sich auf Regime, die, wie Rhodesien vor 1980 und Südafrika vor 1994, einer rassisch definierten Gruppe (meist Minorität) die Partizipation an demokratischen Prozeduren zugestehen, während andere ethnische Gruppen von den demokratischen Rechten ausgeschlossen bleiben. Dabei bedeutet „Rassendemokratie" nicht nur autoritäre Herrschaft über die farbige Bevölkerung, sondern auch autoritärer Druck gegenüber jenen weißen Dissidenten, die die Rassenpolitik bekämpfen und in Frage stellen.

(6) Unvollständig totalitäre und prätotalitäre Regime. Mit dem Begriff *defective or arrested totalitarism* lassen sich jene Systeme kennzeichnen, in denen die Entwicklungstendenzen zum Totalitarismus gestoppt wurden, deren Vertreter jedoch zu einem bedeutsamen Machtfaktor innerhalb des Systems geworden sind. Prätotalitarismus sollte hingegen jenen Regimen vorbehalten bleiben, die sich in einer Übergangsphase zur Etablierung eines totalitären Systems befinden. So läßt sich Spanien in der Phase unmittelbar nach dem Bürgerkrieg als *defective totalitarism,* das Dritte Reich in der ersten Periode nach der Machtergreifung als „prätotalitäres Regime" kennzeichnen.

(7) Posttotalitäre a. R. Unter diesem Typus lassen sich allein die entstalinisierten Staaten Osteuropas unter Einschluß der UdSSR bis zum Zusammenbruch dieser Systeme 1989 subsumieren. *G. F. Skilling* differenzierte den Begriff weiter aus und unterschied zwischen „totalitären Systemen ohne Terror", konsultativ-autoritären Regimen (DDR, Rumänien, Bulgarien), quasi-pluralistischem Autoritarismus (CSSR und Polen Mitte der 1960er Jahre), pluralistisch-autoritären Regimen mit Demokratisierungstendenzen (CSSR der *Dubcek*-Ära, Jugoslawien nach 1966) und anarchisch-autoritären Regimen (VR China während der Kulturrevolution).

Lit.: *Chehabi, H. E./Linz, J. J.* 1998: Sultanistic Regimes, L. *Collier, D. (Hrsg.)* 1979: The New Authoritarianism in Latin America, Princeton. *Geiger, T.* 1932: Die soziale Schichtung des deutschen Volkes, Stg. *Huntington, S. P./Moore, C. M.* (Hrsg.) 1970: Authoritarian Politics in Modern Society, NY. *Linz, J. J.* 1964: An Authoritarian Regime: The Case of Spain, in: *Allardt, E./Rokkan, S.* (Hrsg.) 1970: Mass Politics: Studies in Political Sociology, NY. *Linz, J. J.* 2000: Totalitäre und autoritäre Regime, Bln. (englisch zuerst 1975). *Nohlen, D.* 1997: Autoritäre Systeme, in: *Nohlen, D./Waldmann, P./Ziemer, K.* (Hrsg.): Die östlichen und südlichen Länder (= Lexikon der Politik, Bd. 4), Mchn., 67–75. *O'Donnell, G.* 1973: Modernization and Bureaucratic Authoritarianism. Studies in South American Politics, Berkeley. *Schmitter, P. C.* 1973: Military Rule in Latin America: Functions, Consequences and Perspectives, Beverly Hills. *Stepan, A.* (Hrsg.) 1973: Authoritarian Brazil. Origins, Politics and Future, New Haven. *Stepan, A.* 1978: State and Society. Peru in Comparative Perspective, Princeton.

Juan J. Linz

Berufspolitikerpartei → Parteitypen

Beschäftigungspolitik

Beschäftigungspolitik (B.) umfaßt die Gesamtheit der polit. Entscheidungsverfahren und Maßnahmen, die darauf ausgerichtet sind, das Arbeitskräfteangebot und die Arbeitskräftenachfrage sowie das Verhältnis und die Vermittlung zwischen diesen beiden Größen auf gesamtwirtschaftl. Ebene zu regulieren. Bei B. handelt es sich im wesentlichen um Steuerungsversuche mit den Mitteln der → Finanz-, → Geld-, Lohn- und der → Bildungspolitik, wohingegen spezifische Anreiz- und Unterstützungsprogramme (z. B. Steuererleichterungen bzw. Lohnkostenzuschüsse für bestimmte Unternehmen, Weiterbildungs- und Umschulungsprogramme, Arbeitsbeschaffungsmaßnahmen) für einzelne Gruppen, Branchen oder Regionen zur → Arbeitsmarktpolitik zählen.

Grundlegend für die auf gesamtwirtschaftl. Ebene ansetzende B. waren zunächst theoretische Arbeiten des brit. Nationalökonomen *J. M. Keynes*, der in seinen durch die Weltwirtschaftskrise der 1930er Jahre und die damit einhergehende Massenarbeitslosigkeit angeregten Analysen auf Möglichkeiten einer makroökonom. Globalsteuerung zentraler Parameter der Wirtschaftsentwicklung (Wachstum, Inflationsrate, Beschäftigungsniveau) hinwies (→ Keynesianismus). Demnach kann und soll der → Staat in Perioden stockenden Wachstums und steigender konjunktureller → Arbeitslosigkeit die gesamtwirtschaftl. Nachfrage mit gegebenenfalls kreditfinanzierten Ausgabenprogrammen stimulieren und auf diese Weise die Vollbeschäftigung sichern oder wieder herbeiführen.

B. als antizyklische Nachfragesteuerung nach keynesianischem Muster war in den ersten Jahrzehnten nach dem II. Weltkrieg ein latenter Bestandteil der wirtschaftspolit. Philosophie der meisten Regierungen westl. Industrieländer. In der BRD wurde sie ansatzweise und mit Erfolg in der Rezession Ende der 1960er Jahre angewandt, nachdem das Stabilitätsgesetz von 1967 (→ Stabilitätspolitik) die Sicherung eines hohen Beschäftigungsstandes (neben Preisstabilität, Wirtschaftswachstum und Außenhandelsgleichgewicht) als Aufgabe staatl. Politik deklariert hatte. Die sozialliberale Koalition unter Bundeskanzler *H. Schmidt* versuchte in den 1970er Jahren in der durch die erste Ölkrise ausgelösten Rezession vergeblich, an diese Erfolge anzuknüpfen. Mehrere umfangreiche, hinsichtlich *timing* und Feinabstimmung immer anspruchsvollere Beschäftigungsprogramme konnten die Arbeitslosigkeit nicht unter einen tendenziell immer höheren Sockel drücken.

Zu diesem Zeitpunkt waren die theoretischen Grundlagen keynesianischer B. bereits von seiten der Monetaristen um den amerikan. Ökonomen *M. Friedman* (→ Monetarismus) nachhaltig unter Beschuß genommen worden. Deren Rezeptur einer angebotsorientierten, auf die Stabilisierung der Geldmenge gerichteten Politik ging von der theoretischen Überzeugung aus, daß eine expansive → Geldpolitik keinerlei Beschäftigungseffekte hervorzubringen vermag, der Staat also im Gegensatz zum Befund der sog. Phillips-Kurve nicht die Möglichkeit habe, zwischen Inflationsbekämpfung und Sicherung der Vollbeschäftigung zu wählen. Auf breiter Front setzte sich die monetaristische Position in den 1980er Jahren durch, die Regierungspolitik bestimmte sie insbes. in den USA und in GB, während in den skandinavischen Ländern, insbes. Schweden, dem Vollbeschäftigungsziel weiterhin Priorität eingeräumt wurde, unterstützt durch korporatistische Strukturen der Lohnpolitik, die eine gewisse Eindämmung der gewerkschaftlichen Lohnforderungen garantierten.

In der BRD fanden Versuche einer globalen

B. nach keynesianischem Muster stets ihre Grenze in der Autonomie der Bundesbank und der polit.-kulturell verankerten Tradition einer strikten Kontrolle der Inflation. Der Regierungswechsel zur bürgerlichen Koalition unter Kanzler *H. Kohl* 1982 sorgte für eine Abkehr der Staatstätigkeit von den hehren beschäftigungspolit. Zielsetzungen früherer Jahre und für eine verstärkte Orientierung an angebotstheoretisch inspirierten Politikprogrammen (freilich weitaus weniger radikal als in den USA und GB). Unter der Dominanz arbeitsmarktpolit. Maßnahmen blieben makropolit. ansetzende Steuerungsversuche in der Folgezeit im wesentlichen auf tariflich vereinbarte Arbeitszeitverkürzungen sowie auf Regelungen zum Vorruhestand und andere Maßnahmen zur Reduzierung des Arbeitskräfteangebots beschränkt. In diesem Sinn läßt sich latent auch die ständige Ausweitung der Zahl der an Hochschulen und Universitäten Studierenden interpretieren.
Die seit Beginn der 1990er Jahre und der → Deutschen Einheit weiter gestiegene Arbeitslosigkeit ließ den Ruf nach einer nachfrageseitig ansetzenden B. wieder lauter werden. Gleichwohl erfolgte unter der sozialdemokratisch-grünen Regierungskoalition seit 1998 keine Rückkehr zu jenen makroökonom. ansetzenden Rezepturen der B., die in den 1970er Jahren praktiziert worden waren. Selektive Programme zur Bekämpfung insbes. der Jugendarbeitslosigkeit folgten zwar dem Prinzip der Nachfragesteuerung, doch waren sie weitaus stärker durch Vereinbarungen mit den privaten Arbeitgebern geprägt als frühere Beschäftigungsprogramme und zielten weniger auf eine umfassende Beschäftigungssicherung für die Betroffenen als auf deren Qualifizierung, in der Erwartung, das unabhängig von der B. einsetzende konjunkturelle Wirtschaftswachstum werde die Lücke zwischen Angebot und Nachfrage auf dem Arbeitsmarkt mittelfristig ohnehin schließen.

Lit.: *Belke, A./Berg, H.* (Hrsg.) 1999: Arbeitsmarkt und Beschäftigung, Bln. *Berger, J.* 1994: Vollbeschäftigung als Staatsaufgabe?, in: *Grimm, D.* (Hrsg.): Staatsaufgaben, Baden-Baden, 553–584. *Huckemann S./Suntum U. van* 1993: Beschäftigungspolitik im internationalen Vergleich, Gütersloh. *Mester, F./Suntum, U. van* 1998: Weichenstellungen für eine stabilitätsorientierte Beschäftigungspolitik, Gütersloh. *Platzer, H.-W.* (Hrsg.) 2000: Arbeitsmarkt- und Beschäftigungspolitik in der EU, Baden-Baden. *Rhein-Kress, G. von* 1996: Die politische Steuerung des Arbeitsangebots, Opl. *Scharpf, F. W.* 1987: Sozialdemokratische Krisenpolitik in Europa, Ffm.

Bernhard Thibaut

Betriebsverfassung

Unter Betriebsverfassung (B.) versteht man die rechtl. und institutionellen Rahmenbedingungen der Beziehungen zwischen Arbeitgebern und Arbeitnehmern innerhalb eines privatwirtschaftl. Unternehmens. In einem engeren Begriffsverständnis bezieht sich der Begriff auf die in der BRD im Betriebsverfassungsgesetz (BetrVG) von 1952 (wichtige Reformen 1972 und 1988) niedergelegte Rechtsordnung der betrieblichen → Arbeitsbeziehungen, in einem weiteren Sinn auch auf deren praktische Umsetzung. Im Zentrum der B. stehen die institutionelle Struktur und die materielle Reichweite der Vertretung von Arbeitnehmerinteressen gegenüber der Unternehmensleitung.

In der BRD sieht das BetrVG die verbindliche Einrichtung eines Betriebsrates in allen privatwirtschaftl. Unternehmen mit mehr als fünf abhängig Beschäftigten vor. Der Betriebsrat wird alle vier Jahre durch alle Arbeitnehmer (mit Ausnahme der leitenden Angestellten, die seit 1988 nicht mehr in den Geltungsbereich des BetrVG fallen und über eine eigenständige Interessenvertretung verfügen) gewählt. Er ist ein reines Repräsentationsorgan, an Weisungen der Wähler also nicht gebunden. In Betrieben mit mehr als fünf Auszubildenden unterhalb einer bestimmten Altersgrenze nimmt eine eigens gewählte Jugend- und Auszubildendenvertretung die Interessen ihrer Klientel gegenüber

dem Betriebsrat, nicht direkt gegenüber der Unternehmensleitung wahr.
Das Postulat einer vertrauensvollen Zusammenarbeit zwischen Arbeitgebern und Betriebsräten „zum Wohle der Arbeitnehmer und des Betriebes" (2 BetrVG) verpflichtet die Sozialpartner auf Kompromißbereitschaft und die Wahrung des Arbeitsfriedens und betont die Integrationsfunktionen des Betriebsrates gegenüber dem Aspekt der Bildung einer „Gegenmacht".

→ Mitbestimmung

Lit.: *Keller, B.* [5]1997: Arbeitspolitik, Mchn. *Lampert, H.* [13]1997: Die Wirtschafts- und Sozialordnung der Bundesrepublik Deutschland, Mchn. *Bundesministerium für Arbeit und Sozialordnung* [3]2000: Mitbestimmung: Unternehmensmitbestimmung und Betriebsverfassung, Bonn.

Bernhard Thibaut

Bevölkerungspolitik

Unter Bevölkerungspolitik (B.) versteht man direkte oder indirekte, innerstaatl. oder internat. Versuche bzw. Maßnahmen der Einflußnahme auf die nat., regionale oder globale Bevölkerungsentwicklung (Größe und Zusammensetzung der Bevölkerung). Ausgangspunkt ist die jeweilige Bevölkerungsdynamik (Bevölkerungswachstum oder -schwund) als Folge generativer Einflußgrößen (Fruchtbarkeit gemessen anhand der Geburtenziffer, Sterblichkeit gemessen anhand der Sterbeziffer) oder des Migrationsgeschehens (Zu- oder Abwanderung von Menschen).

In der → Europäischen Union ist die Bevölkerung und sind die Geburtenziffern rückläufig. Die durchschnittl. Anzahl Kinder je Frau belief sich in D 1970 auf 2,03, 1998 auf 1,34. Damit liegt D im europ. Mittelfeld, überboten u. a. von den Beneluxländern, GB und den nordischen Staaten, unterboten von Italien und Spanien, die im gleichen Zeitraum einen dramatischen Abfall von 2,42 bzw. 2,9 auf 1,19 bzw. 1,15 Kinder je Frau erlebten. Dieser Prozeß wird inzwischen als demographische Krise bezeichnet (*Mayer* 1999). Gleichzeitig erhöhte sich die Lebenserwartung zum Zeitpunkt der Geburt (in Jahren) erheblich. Lag sie um 1970 in fast allen EU-Ländern unter 70, so 1998 bis auf wenige Länder (Dänemark, Irland, Portugal) um oder über 77. In den Ländern Asiens, Afrikas und Lateinamerikas wächst hingegen die Bevölkerung. Der Anteil der Altersgruppe der Kinder und Jugendlichen an der Bevölkerung insgesamt machte 1998 in Afrika über 42 %, in Asien über 30 %, in der EU um die 17 % aus. Dieser Anteil übertrifft in den EU-Ländern knapp den Anteil der über 65-jährigen (Daten nach Eurostat 2000).

Angesichts der unterschiedlichen Bevölkerungsdynamiken in den Industrie- und den Entwicklungsländern ist die bisherige B. in den Industrieländern vornehmlich geburtenanimierend und immigrationsreduzierend, der → Dritten Welt primär geburtenreduzierend und migrationsanimierend. Direkte Maßnahmen erfolgen in den Industrieländern hinsichtlich der Migrationen (Beschränkung der Immigration), in den Entwicklungsländern hinsichtlich des generativen Verhaltens (Programme der Familienplanung, Verhütungsmittel, Propagierung der Ein-Kind-Familie etc.), das stark von kulturellen und religiösen Traditionen abhängig ist. Direkten Einfluß auf die Bevölkerungsentwicklung nimmt auch die Vermeidung der Geburt von Töchtern oder die Tötung neugeborener Mädchen (Infantizid) in einigen asiatischen Ländern. Indirekten Einfluß auf das generative Verhalten in den Industrieländern nehmen die jeweilige → Wirtschaftspolitik, → Sozialpolitik (Wohnen, Erziehung, Gesundheit), → Familienpolitik bzw. → Frauenpolitik, auf das Migrationsgeschehen in den Entwicklungsländern die wirtschaftl. und soziale Entwicklung (Armuts- und Katastrophenmigration) sowie die ethnische und polit. Konfliktträchtigkeit der Länder (→ Krieg, Vertriebene, → Flüchtlinge, Asylanten; → Asylpolitik). Aufgrund der raschen Zunahme der Weltbevölkerung in den letzten Jahrzehnten (Bevölkerungsexplosion) nehmen sich der B. in immer stärkerem Maße → Internationale Organisationen und Konferenzen an (*United Nations Fund for*

Population Activities/UNFPA; Weltbevölkerungskonferenzen).
Die gegensätzlichen Entwicklungstrends in den westl. Industrieländern und in den Entwicklungsländern erzeugen jedoch einen größeren bevölkerungspolit. Handlungsbedarf, als bislang wahrgenommen wird. Niedrigere Kinderzahlen und höhere Lebenserwartung sind nicht nur jeweils nat. Herausforderungen etwa für die Rentensysteme und die Arbeitsmärkte; kompensatorisch muß an Einwanderung gedacht werden, die auf Dauer gestellt eine tiefgreifende Veränderung der → Gesellschaft hervorrufen wird. Das hohe Wachstum in den Entwicklungsländern löst zudem einen starken Migrationsdruck in Richtung Industrieländer aus. Durch Migrationen werden sich die Probleme der Entwicklungsländer nicht lösen, aber es werden sich Fragen der Steuerung der → Migration und der → Integration von → Minderheiten in das Einwanderungsland stellen. Die Zuwanderungsproblematik dürfte in den nächsten Jahrzehnten heiße gesellschaftspol. Debatten auslösen.

Lit.: *Birg, H.* 1996: Die Weltbevölkerung. Dynamik und Gefahren, Mchn. *Bundesinstitut für Bevölkerungsforschung* 2000: Bevölkerung. Trends, Ursachen, Erwartungen, Wiesbaden. *Finkle, J. L./McIntosh, C. A.* (Hrsg.) 1994: New Politics of Population: Conflict and Consensus in Family Planning, NY. *Johnson, S. P.* 1994: World Population. Turning the Tide, L. *Mayer, T.* 1999: Die demographische Krise. Eine integrative Theorie der Bevölkerungsentwicklung, Ffm. *Schmid, J.* (Hrsg.) 1994: Bevölkerung, Entwicklung, Umwelt, Opl. *Wöhlcke, M.* 1997: Bevölkerungswachstum. Folgerungen für die internationale Politik, Ebenhausen.

Dieter Nohlen

Bildungspolitik

I. Der Begriff Bildungspolitik (B.) wird mit allen Maßnahmen geplanter Bildung zusammengebracht und bezieht sich vor allem auf gesellschaftl. Großgruppen wie Kirchen, Verbände, → Gewerkschaften, polit. → Parteien usw. sowie auf polit. Institutionen wie Kommunen, Länder(regierungen), Ministerien, Industrie- und Handelskammern usw. Sie benutzten die B. seit eh und je als Instrumente der Gesellschaftspolitik. Zwar erscheint der Begriff erst in den 1960er Jahren (*Picht* 1964), inhaltlich ist er so alt, wie versucht wird, bestimmte pädagogische Positionen von Bildung und Erziehung für die nachwachsende Generation sowie für die Fort- und Weiterbildung der Erwachsenen in institutionalisierter, schulischer und außerschulischer Form allgemein verbindlich zu machen.
Das Ziel der B. liegt generell 1) in der nat. Enkulturation und → Sozialisation der jungen Menschen, 2) in der Ausbildung von Fähigkeiten und Fertigkeiten, 3) im Erwerb von Kompetenzen sowie in der Vorbereitung auf eine berufliche und gesellschaftl. Stellung, 4) in der Vermittlung von Erkenntnismethoden und Formen der Eigentätigkeit sowie in Erfahrungen des sozialen Lernens und Lebens, 5) ferner in der Einübung von Loyalität und Kritik, Anpassung und → Widerstand, Individualität und Solidarität, von → Freiheit und → Gleichheit, von privaten und öffentl. Tugenden, von Akzeptanz und Distanz usw.
II. Die Herkunft der nach ihrem Zustandekommen und ihren Anforderungen normativen Erziehungsziele beruht auf praktischen sowie auf ideologisch-polit. Vorentscheidungen. Sie drücken den Willen der herrschenden → Eliten darüber aus, welche Werthaltungen, Schlüsselbegriffe, Themen usw. der folgenden Generation weitergegeben werden sollen.
Darüber hinaus ist B. ein streng gehüteter nat.- oder teilstaatl. Politikbereich. Dies wird an den bundesdt. Auseinandersetzungen über die länderspezifischen bildungspolit. Präferenzen

(z. B. Gesamtschule, Rahmenrichtlinien, Abiturfächer, Bildungsurlaub, Schulprofil, Hochschul- und Schulautonomie, Mitwirkungsrechte der Beteiligten u. dgl.) deutlich, ferner wird es an den bildungspolit. Programmen von Parteien und Verbänden sowie an allen Äußerungen des Bildungsföderalismus in der BRD evident. Eine gewisse Einheitlichkeit wird durch die seit 1949 bestehende Kultusministerkonferenz (KMK; Prinzip der Einstimmigkeit) und durch Abkommen der Ministerpräsidenten sichergestellt. Da als Träger des Bildungs- und Erziehungswesens nach Art. 7 GG grundsätzlich die → Bundesländer in Frage kommen und die Aufsicht führen, bewegt die B. sich im Vergleich zu anderen Ländern stark im Rahmen staatl. Gesetze (z. B. Schuldauer, -struktur, Anerkennung von Abschlüssen).

Das Bundesministerium für Bildung und Wissenschaft hat nur eingeschränkte Kompetenzen, die sich im Bildungsbereich in erster Linie auf die Hochschulgesetzgebung (Hochschulrahmengesetz 1976/2000), Hochschulbau und Bildungsplanung, Erstellung des jährl. Bildungsberichts) erstrecken. Insgesamt wird im Hochschulbereich eine stärkere Autonomie, die Einführung von internat. konkurrenzfähigen *Bachelor*- und *Master*studiengängen (-graden), der Ausbau von Fachhochschulen und Berufsakademien, ein stärkerer Praxisbezug, eine Dienstrechtsreform für die Lehrenden, eine bessere materielle Ausstattung usw. angestrebt. Es besteht – im internat. Vergleich – ein sog. Reformstau, es fehlt ein Gesamtkonzept akademischer (Aus-)Bildung, so daß private Gründungen trotz hoher Studiengebühren, aber mit erstklassiger Ausstattung und erstklassigen Curricula gute Chancen gegenüber den staatl. Massenhochschulen haben; das gleiche gilt für die neuen (virtuellen) *corporate universities*, d. h. für die Aus- und Weiterbildung in Unternehmen auf hohem Niveau (→ Wissenschaftspolitik).
Das Bundesverfassungsgericht hat den Parlamentsvorbehalt im Bildungswesen (sog. Wesentlichkeitstheorie) eingeführt, wonach „wesentliche" bildungspolit. Entscheidungen die Länderparlamente durchlaufen müssen. In unserem demokratischen Staat soll kein öffentl. Sektor – hier der Bildungsbereich – von der parlamentarischen Beschlußfassung, Verantwortung und Kontrolle ausgenommen werden (→ Gewaltenteilung). Nach dt. Tradition liegen Entwurf und Ausführung der B. zu einem Großteil bei den parlamentarisch fast unkontrollierten Kultusbehörden, d. h. letztlich bei den demokratisch nicht legitimierten Beamten, die mit Hilfe einer obrigkeitlichen Behördenstruktur und Bindung der Lehrenden an die Hierarchie die B. eines Bundeslandes in einem beachtlichen Maße bestimmen bzw. auf dem Verwaltungswege durchsetzen können.

III. Die bildungspolit. interessanten Bereiche in den Bundesländern umfassen die Bildungsstruktur (Aufbau des Bildungswesens) sowie die Inhalte und Ziele (Lehrpläne, Lehr- und Lernprogramme), nicht zuletzt die Ausbildung und Anerkennung der Lehrenden. In Übereinstimmung mit der Gliederung der Gesellschaft und den Bedürfnissen ihrer Reproduktion hat sich im 19. Jh. nach preußischem Vorbild das dreigliedrige Schulsystem in D entfaltet; im 20. Jh. kamen als quartärer Sektor das Volkshochschulsystem und andere Weiterbildungseinrichtungen hinzu.

Bildungsgeschichtlich zeichne(te)n die SPD-regierten Bundesländer sich eher durch Reformfreudigkeit aus, z. B. durch die Einführung von Gesamtschulen, die zahlenmäßige Ausweitung gehobener Bildungsabschlüsse als Mittel für Chancengleichheit und gesellschaftl. Egalisierung, die Gleichwertigkeit von beruflicher und allgemeiner Bildung, die Einebnung des alten Bildungsprivilegs durch verstärkte Heranführung ehemals bildungsferner Schichten, die Einführung berufsorientierter Fächer (Arbeitslehre, Berufsfindungspraktikum), ein Angebot leistungsdifferenzierender Kurse, die Ermöglichung einer Zusammenlegung und Abwahl von

Fächern usw. In den CDU/CSU-regierten Bundesländern konnte man sich den genannten Trends nicht ganz verschließen, bewertete zunächst die Bildungsexplosion sehr kritisch als vermeintliche Qualitätsminderung, legte größeren Wert auf (schulische) Leistung, auf fixierte inhaltliche Anforderungsprofile, die Förderung von herausragenden Begabungen (Elitenbildung), auf formale Berechtigungen, die Betonung intellektueller Fähigkeiten bei gleichzeitig praxisorientiert-manuell ausgerichteter Breitenbildung, die leistungsbezogene schulische Durchlässigkeit im Sinne von Chancengerechtigkeit, die Hinwendung zu einem konstanten Bildungskanon und schließlich die Beibehaltung des dreigliedrigen Schulsystems mit seinen traditionellen Selektionsmechanismen.

IV. Die Bildungsökonomie (Bö.) leistet einen Beitrag zur Bildungsplanung und zur Rationalisierung der Bildungspolitik. Bö. ist der Oberbegriff für theoretische und empirische Forschungsbemühungen, um die wirtschaftl.-finanziellen, demographischen und gesellschaftl. Aspekte von Bildung, Ausbildung, Fort- und Weiterbildung zu untersuchen.

Bö. befaßt sich – unter Anwendung der Methoden und Erkenntnisse vornehmlich der Wirtschafts- und Sozialwissenschaften – mit den einzel- oder gesamtwirtschaftl. Voraussetzungen und der Rentabilität von Bildungsvorgängen ebenso wie mit den bildungsmäßigen Implikationen wirtschaftl. Vorgänge. Daraus resultieren die Teilbereiche der Bildungsökonomie: 1) das Verhältnis von Bildung und Wirtschaft (Bildung als Investition: Humankapitalkonzept), 2) Bildungsaufwand und gesamtwirtschaftl. Wachstum (Kosten, Erträge und Verzinsung des eingesetzten Bildungskapitals) und 3) finanzieller Aufwand und Effizienz der Bildungseinrichtungen (Wirtschaftlichkeit).
Bei der Bildungsplanung wird das klassische Verfahren des *social demand approach*, des *individual* oder *cultural demand approach*, bei dem es um die Ermittlung der gesellschaftl. bestimmten Nachfrage nach Bildungsplätzen geht, und des *manpower approach*, der auf die Ermittlung des wirtschaftl. bestimmten Bedarfs an qualifizierten Absolventen des Bildungssystems zielt, zugrunde gelegt. Sie werden ergänzt durch den modernen Ansatz, der Bildung als Konsumgut faßt. Mit Hilfe ökonom. Mikro- und Makro-Analysen wird die Binnenstruktur des Bildungswesens untersucht.

V. Bildungspolitik soll dazu beitragen, daß das Bildungssystem seine Qualifikations-, Allokations- und Sozialisationsfunktion mit optimalem Nutzen und zu den geringsten Kosten unter den sich ständig verändernden Bedingungen effizient zu erfüllen vermag (marktgesteuertes Bildungssystem). Daneben steht das Modell einer zweckfreien Bildung.
Infolge der eigentümlichen Struktur der Bildung (und Ausbildung) im föderalen System der BRD erweist sich B. als ideologielastig. Dies ist durch Wissenschaft nur teilweise zu reduzieren. So kennt man z. B. längst die Relativität von Leistungsnoten, benutzt sie jedoch als quasiobjektive Indikatoren für die Zuweisung von Berufs- und Lebenschancen (*Numerus clausus*; Lehrstelle); man weiß um die Unterrepräsentanz bestimmter Gegenstandsbereiche in unserem Bildungssystem, z. B. Technik, Fremdsprachen und Naturwissenschaften, stellt die Mißstände aber nicht ab; man plädiert für die Korrelierung von Allgemein- und Berufsbildung, Bildungs- und Ausbildungssystem, tut jedoch kaum etwas für die Beseitigung der Defizite.
Die derzeitige Problematik bezieht sich u. a. auf die ungelösten Probleme der Bildungsgerechtigkeit (z. B. berufliche Fortbildung, Frauenanteil in Führungspositionen), der Schüler-Lehrer-Relation, der Weiterexistenz der Hauptschule als Restschule, der inhaltlich-curricularen Differenzierung, der

Multiethnizität und -kulturalität, der Kooperation und Durchlässigkeit zwischen den Schulformen, der Ganztagsschulen, der Eigenarten der Mädchenbildung, der Neuformulierung des Bildungsbegriffs, der Angleichung des ostdt. an das westdt. (Aus-)Bildungssystem usw.

VI. Nach Beitritt der ehem. DDR zur BRD war die Föderalisierung und demokratische Neuordnung des alten zentralistischen Bildungswesens in den fünf neuen Bundesländern ein weiterer Faktor im Prozeß der Demokratisierung aller Lebensbereiche nach westdt. Muster.

Die bildungspolit. Reform (Abschied von der Einheitsschule, Entideologisierung, Umwandlung der rezeptiv-systemaffirmativen Lernschule in eine kritische Lernerschule, inhaltliche Neubestimmung von Unterrichtsfächern, demokratisches Schulklima usw.) verfolgt tendenziell eine pragmatische Angleichung der früher staatsmonopolistischen Klassenschule an das tradierte westdt. System (Kompatibilität nach Struktur, fachlichen Anforderungen, Prüfungen usw.). Viele Schulen haben sich – im Sinne bildungspolit. Pluralität und vorbehaltlich gesetzlicher Regelungen – ein eigenes Profil gegeben. Als vordringliche Aufgabe und als Leitlinie der Reform wurde die Verpflichtung auf die Grundwerte (humanistisches Menschenbild, → Demokratie, Individualität, → Gerechtigkeit, Solidarität u. dgl.) gesehen, ferner die Orientierung an demokratischen Erziehungszielen wie Mündigkeit, Verantwortung, Konflikt- und Kritikfähigkeit, die Einführung von Mitspracherechten für Lehrende und Lernende, die Stärkung der Eigenverantwortung von Schulleitern, die Aufarbeitung der NS-Zeit und der eigenen (sozialistischen) Vergangenheit, ein Angebot an modernen Fremdsprachen sowie der Alten Sprachen, die Etablierung der polit. Bildung als Unterrichtsfach und -prinzip, die Dreigliederung des Schulsystems und die Erhöhung der Zahl qualifizierter Abschlüsse (Abiturientenquote, Mittlere Reife). Dazu kommt die Ausbildung der Lehrer nach westdt. Maßstäben. Schließlich erforderte die Umgestaltung des Hochschulwesens erhebliche b. und personelle Einschnitte – z. B. intra- und interfakultative sowie -universitäre Vernetzungen, Interdisziplinarität und Internationalität von Forschung und Lehre, neue Leitungs- und Entscheidungsstrukturen, fremdsprachige Lehrveranstaltungen, Zusammenarbeit mit der Wirtschaft und dgl. –, um der neuen gesellschaftl. Wirklichkeit gerecht zu werden.

Lit.: *Anweiler,* O. u. a. 1992: Bildungspolitik in Deutschland 1945–1990, Opl. *Arbeitsgruppe Bildungsbericht am Max-Planck-Institut für Bildungsforschung* 1994: Das Bildungswesen in der Bundesrepublik Deutschland, Rbk. *Becker, H.* 1962: Quantität und Qualität der Bildungspolitik, Freib. *Bildungskommission NRW* 1995: Zukunft der Bildung. Schule der Zukunft. (Denkschrift) Neuwied. *Dahrendorf, R.* 1965: Bildung ist Bürgerrecht, Stg. *Edding, F.* 1963: Ökonomie des Bildungswesens, Freib. *Fuchs, H.-W./Reuter, L. R.* (Hrsg.) 1995: Bildungspolitik seit der Wende, Opl. *Krüger, H.-H./Marotzki, W.* (Hrsg.) 1994: Pädagogik und Erziehungsalltag in der DDR, Opl. *Picht, G.* 1965: Die deutsche Bildungskatastrophe, Oldenburg.

Wolfgang W. Mickel

Bundesländer

I. Die Bundesrepublik Deutschland ist ein Bundesstaat, in dem sich Zentralstaat (Bund) und Gliedstaaten (Länder) staatl. Aufgaben teilen. Bund und Länder verfügen jeweils über eigene exekutive, legislative und judikative Institutionen. Im bundesdt. → Föderalismus nimmt freilich die Gesetzgebung in den meisten Bereichen der Bund wahr, die Verwaltung obliegt vornehmlich den Ländern, und in der Rechtsprechung besteht eine Verzahnung zwischen Bund und Ländern. Die Entwicklung zum „kooperativen Föderalismus" der BRD kennzeichnen Verluste an legislativen Kompetenzen und finanzieller Autonomie der Länder bei gleichzeitiger Intensivierung der Ländermitwirkung an bundespolit. Entscheidungen durch den Bundesrat und vielfältige Bund-Länder-Kooperationen (→ Politikverflechtung).

II. Nach dem Zusammenschluß von Württemberg-Hohenzollern, Württemberg-Baden und Baden (1952) sowie der Eingliederung des Saarlandes (1956) bestand die BRD bis 1990 aus den Ländern Baden-Württemberg, Bayern, Bremen, Hamburg, Hessen, Niedersachsen, Nordrhein-Westfalen, Rheinland-Pfalz, Saarland und Schleswig-Holstein sowie (West-) Berlin, das unter alliiertem Vorbehaltsrecht stand. Mit Ausnahme der „Freien Hansestädte" Bremen und Hamburg sowie dem „Freistaat Bayern" entbehren diese einer ungebrochenen eigenstaatl. Tradition und sind im wesentlichen Produkte der von den Besatzungsmächten geprägten Nachkriegszeit. Vorschläge zur Neugliederung des Bundesgebietes gemäß Art. 29 des Grundgesetzes – z. B. in fünf oder sechs etwa gleich große und finanzstarke Länder (*Ernst*-Kommission) – wurden in der alten BRD zwar wiederholt diskutiert, aber nicht umgesetzt. Im Zuge der Vereinigung (1990) konstituierte sich Gesamt-Berlin als ein vollwertiges Bundesland und traten Brandenburg, Mecklenburg-Vorpommern, Sachsen, Sachsen-Anhalt sowie Thüringen der BRD bei. Die Gliederung der fünf neuen Bundesländer (B.) auf Grundlage des noch von der DDR-Volkskammer beschlossenen Ländereinführungsgesetzes (1990) lehnte sich an die von 1945/46 bis 1952 gültige Länderstruktur in der SBZ bzw. DDR an. Alle neuen B. mit Ausnahme Sachsen-Anhalts konnten an historisch-geographische Traditionen anknüpfen. Alternativentwürfe zur Länderneugliederung etwa in drei oder vier neue B. (*Blaschke*-Vorschlag) scheiterten ebenso wie Pläne einer Neugliederung des gesamten Bundesgebietes z. B. in fünf Länder im Westen und zwei im Osten (*Gobrecht*-Initiative). Die hohe Akzeptanz der alten B. in Politik, Medien und Bevölkerung sowie der positive Widerhall, auf den die Errichtung der fünf neuen Länder in der dortigen Bevölkerung stieß, setzt einer künftigen Neugliederung enge Grenzen – so gerechtfertigt diese gemessen an funktionalen Kriterien auch sein mag. Eine Vereinigung von Berlin und Brandenburg wurde 1996 per Volksentscheid abgelehnt.

III. Trotz struktureller Ähnlichkeiten ihrer polit. Systeme unterscheiden sich die B. in zahlreichen Details ihrer Verfassungskonstruktionen (Staatsziele, Verhältnis zwischen Parlament, Regierung und Regierungschef etc.) und weiterer politisch-institutioneller Arrangements (z. B. die Ausgestaltung ihrer → Wahlsysteme), wobei sich mehr oder minder große Abweichungen von der Bundesebene ergeben.

Beispielsweise sind die Regierungen in den Hansestädten stärker kollegial ausgelegt und enger an die Volksvertretung rückgebunden als in den Flächenstaaten und im Bund. Im Unterschied zum Grundgesetz enthalten die Länderverfassungen, die vereinzelt sogar durch Volksabstimmung legitimiert wurden (Hessen, Bayern, Rheinland-Pfalz, Brandenburg), direktdemokratische Elemente in Gestalt von Volksinitiativen, -begehren und/oder Volksentscheiden, deren verfassungspolit. Bedeutung bislang jedoch nicht allzu groß ist. Des weiteren unterscheiden sich die Wahlsysteme sowie die parlamentarischen Mehrheits- und Regierungsverhältnisse in den einzelnen Ländern.

Diese determinieren die Zusammensetzung des Bundesrates, der als Vertretungsorgan der Länder ein Element des Bundesgesetzgebers darstellt (*Münch* 1999). Anders als in anderen föderalen Systemen, die z. B. einen Senat als zweite Kammer besitzen, wird er aus weisungsgebundenen Vertretern der Landesregierungen gebildet. Dieses im dt. Föderalismus tradierte Bundesratsprinzip trug entscheidend zur Exekutivlastigkeit der Bund-Länder-Zusammenarbeit bei und verschaffte insbes. den Ministerialbürokratien erheblichen Einfluß. Die Erfordernisse des Auf- und Ausbaus sozialstaatl. Strukturen nach Gründung der BRD verstärkte die charakteristische Verflechtung der Ebenen im dt. Bundesstaat. Dabei erhielten die Länder im Gegenzug zur Erweiterung der Bundeskompetenzen mehr Mitspracherechte. Kritiker freilich sahen hierin eine Kombination einer mangelnden Selbständigkeit der Länder mit einer eingeschränkten Handlungsfähigkeit des Bundes. Der Anteil zustimmungspflichtiger Gesetze an der gesamten Bundesgesetzgebung erhöhte sich bis auf ca. 75 %. Die Charakteristika des Bundesrates mit diskontinuierlicher Mehrheitsbildung (durch unterschiedliche Landtagswahltermine bestimmte Teilerneuerung statt einer einheitlichen Legislaturperiode) und die Besonderheiten des Einspruchs- und Zustimmungsverfahrens (vgl. u. a. *Ismayr* 1999; *König* 1999) gewannen dadurch zunehmend an Bedeutung für den polit. Entscheidungsfindungsprozeß in Bundesangelegenheiten.

IV. Mit der Vollendung des europ. Binnenmarktes verlor der Bund als regionalpolit. Partner zugunsten der EU für die B. an Bedeutung. Die Brüsseler Wettbewerbsordnung, die zentralstaatl. → Subventionen einschränkte, trug hierzu entscheidend bei. Die Länder reagierten auf die veränderte Situation, indem sie verstärkt auf Mitsprache auf europ. Ebene drängten, was 1994 im GG (neuer Art. 23) garantiert wurde. Bereits seit den 1980er Jahren hatten unter wachsender Belastung der öffentl. Haushalte die Unterschiede zwischen den B. hinsichtlich ihrer Strategien der Regionalentwicklung zugenommen. Dies ging weniger auf differierende *policy*-Präferenzen zurück, als auf Handlungsrestriktionen bzw. -optionen, die jeweils spezifischen regionalen Gegebenheiten geschuldet waren (Umstrukturierung alter Industrien in NRW und im Saarland, Ansiedlung forschungsnaher neuer Industrien in Baden-Württemberg und Bayern).

Die → Deutsche Einheit verstärkte diesen Trend zu stärkerer regionaler Diversität im dt. Föderalismus (*Sturm* 1999) sowohl in der *politics-* als auch in der *policy*-Dimension in mehrfacher Hinsicht:

(1) Ein sich unmittelbar nach der dt. Einheit abzeichnender erneuter Zentralisierungsschub (Treuhand, Fonds Deutsche Einheit) konnte durch Integration der neuen B. in den Länderfinanzausgleich 1995 gestoppt werden, indem zugleich das Finanzaufkommen der Länder durch Anhebung ihres Umsatzsteueranteils erhöht wurde. Die Einbeziehung der ostdeutschen B. verschärfte freilich das Ungleichgewicht zwischen Geber- und Empfängerländern erheblich. Aus Sicht der finanzstarken Länder (Baden-Württemberg, Bayern, Hessen) summierten sich die Transferleistungen zur unzumutbaren Belastung und wirkten sich insgesamt leistungshemmend aus. Dagegen machten die finanzschwächeren B. (Saarland, Bremen, ostdt. Länder) schwierigere strukturelle Bedingungen geltend und pochten auf die Solidarität im Föderalismus. Auf eine Klage der Geberländer hin erklärte das BVerfG Ende 1999 Teile des Länderfinanzausgleichs für verfassungswidrig und erlegte dem Gesetzgeber auf, bis 2005 eine Neuregelung zu schaffen. Die Haltung der wohlhabenderen B. im Streit um den Finanzausgleich kann als Streben nach mehr Eigenständigkeit im Sinne einer Kontrolle über ihre regionalpolit. Strategien und deren finanzielle Resultate interpretiert werden.

(2) In den ostdeutschen B. entstanden Parteiensysteme, die stark vom westl. Muster

abwichen. Die anhaltende Stärke der PDS ließ hier ein grundverschiedenes Spektrum an Koalitionsmöglichkeiten bzw. -hindernissen entstehen. Bereits zuvor hatte in den alten B. die Etablierung der Grünen neue Koalitionsvarianten ermöglicht. Dies führte in einigen westlichen B., die zuvor durch jeweils eine dominante Partei geprägt gewesen waren, zu offeneren und kompetitiveren Situationen (Hessen, Bremen). Kurzum: Die Bedingungen der Regierungsbildung auf Landesebene wurden vielfältiger und unterschieden sich zudem stark nach Ost und West. Die Bildung von Landesregierungen entkoppelte sich dabei tendenziell vom Gegensatz zwischen Regierungsmehrheit und parlamentarischer Opposition im Bundestag. Dieser wurde nun durch andere strukturierende → Konfliktlinien (z. B. finanzstarke vs. finanzschwache B.) überlagert.

(3) Im Zuge der Debatte um die Notwendigkeit grundlegender Reformen in der Wirtschafts- und Sozialordnung der BRD (verstärkt seit 1994) wandelte sich im Zusammenhang mit den vielfältigeren Möglichkeiten der Regierungsbildung auf Länderebene die Rolle des Bundesrates. Die Zustimmung zu bzw. die Ablehnung von Bundestagsentscheidungen hing angesichts der mangelnden Kontinuität und fehlenden Eindeutigkeit der Mehrheitsverhältnisse im Bundesrat von zunehmend komplexeren Verhandlungsprozeduren ab. Eine konsistente Haltung der Bundesrats- gegenüber der Bundestagsmehrheit im Sinne von Konkordanz oder Blockade stellte die Ausnahme dar. Die neuen Verhandlungsbedingungen mit einer ganzen Skala denkbarer Kompromißlösungen verschafften den einzelnen Landesregierungen ein höheres Gewicht in Entscheidungsfindungen, welche die gesamte BRD betrafen. Denjenigen Landesregierungen, deren Koalitionsvariante nicht dem Muster von Regierungsmehrheit und Opposition im Bundestag entsprach (z. B. große Koalitionen zwischen SPD und CDU), fiel dabei eine Schlüsselrolle zu. Für die Wählerschaft erschwerte sich mit dem komplexeren Verhandlungsmuster freilich eine Zurechnung der Politikergebnisse, was die *accountability* des föderalen Systems zu beeinträchtigen drohte.

Die Beurteilung dieser neuen Entwicklungen im dt. Föderalismus fiel zunächst nicht eindeutig aus: Umstritten blieb, in welchem Maße die Inkongruenz von Parteienwettbewerb und Politikverflechtung tatsächlich zu Entscheidungsblockaden führte (*Lehmbruch* 1998, *König* 1999). Entgegen mancher Prognosen intensivierte sich der Trend zur Unitarisierung durch den Beitritt der ostdt. Länder nicht. Im Gegenteil: Zur Jahrtausendwende zeichneten sich eine regionale Pluralisierung und ein höherer Wettbewerb im dt. Föderalismus ab. Die charakteristische Form der Politikverflechtung änderte sich jedoch durch diese Tendenzen vorerst nicht. Präskriptiv wurde eine „Reföderalisierung" in die Debatte gebracht. Aber selbst moderaten Reformvorschlägen, die auf eine behutsame Entflechtung der Ebenen zielen (*Münch* 1999), werden bislang nur geringe Erfolgschancen eingeräumt.

Lit.: *Andersen, U./Woyke, W.* (Hrsg.) ^{4}2000: Handwörterbuch des politischen Systems der Bundesrepublik Deutschland, Opl. *Färber, G.* 1993: Reform des Länderfinanzausgleiches, in: Wirtschaftsdienst, 6, 305–313. *Hartmann, J.* ^{2}1994: Handbuch der deutschen Bundesländer, Ffm. *Hartwich, H.-H./Wewer, G.* (Hrsg.) 1992: Regieren in der Bundesrepublik IV: Finanz- und wirtschaftspolitische Bestimmungsfaktoren des Regierens im Bundesstaat – unter besonderer Berücksichtigung des deutschen Vereinigungsprozesses, Opl. *Ismayr, W.* ^{2}1999: Das politische System Deutschlands, in: *ders.* (Hrsg.): Die politischen Systeme Westeuropas, Opl., 415–453. *König, T.* 1999: Regieren im deutschen Föderalismus, in: APuZ, B13, 24–36. *Laufer, H.* 1992: Das föderative System der Bundesrepublik Deutschland, Bonn. *Lehmbruch, G.* ^{2}1998: Parteienwettbewerb im Bundesstaat, Opl. *Münch, U.* 1999: Entwicklung und Perspektiven des deutschen Föderalismus, in: APuZ, B13, 3–11. *Renzsch, W.* 1994: Föderative Problembewältigung: Zur Einbeziehung der neuen Länder in einen gesamtdeutschen Finanzausgleich ab 1995, in: ZParl, 25(1), 116–138. *Rutz, W./Scherf, K./Strenz, W.* 1993: Die fünf neuen Bundesländer, Darmst. *Schultze, R-O.* 1999: Föderalismusreform in Deutschland: Widersprüche, Ansätze, Hoffnungen, in: ZfP, 46(2), 173–194. *Sturm, R.* 1999: Germany United, Not Uniform. The Revival of Regional Pluralism, in: *Delmartino, F./Pongsapich, A./Hrbek, R.* (Hrsg.): Regional Pluralism and Good Governance, Baden-Baden, 141–150. *Wehling, H.-G.* (Hrsg.) 2000: Die deutschen Länder, Opl.

Harald Barrios/Michael Krennerich

Bürgerinitiativen

Bürgerinitiativen (BI) werden idealtypisch überzeichnet definiert als spontan ins Leben gerufene, relativ kurzlebige, thematisch punktuelle, räumlich begrenzte und locker organisierte Zusammenschlüsse Betroffener. BI bilden Plattformen bürgerschaftlicher Selbsthilfe oder sie mobilisieren öffentlichkeitswirksam Protest, um konkret erfahrbare Mißstände bzw. Fehlentwicklungen zu beseitigen bzw. politisch-administrative Planungsvorhaben zu verhindern.

BI sind aus den stürmischen Aufbruch- und Politisierungsjahren der späten 1960er Jahre und dem Beginn der sozialliberalen Reformära hervorgegangen. Beflügelt durch die „partizipatorische Revolution" (*M. Kaase*) und die damalige Demokratisierungswelle schossen zahlreiche bürgerschaftliche Selbstinitiativgruppen aus dem Boden, die den Ruf nach basisdemokratischer Selbstbestimmung und *Do-it-yourself*-Politik praktisch werden ließen. Genügend Anlässe zum zivilen Aufbegehren boten vor allem die Auswüchse einer technokratisch-planerischen Wachstums- und Modernisierungspolitik, durch die sich zahlreiche Bürger in ihrer Lebensqualität beeinträchtigt sahen und um den Erhalt ihrer natürlichen Umwelt fürchteten. Nicht nur allein bei politisch mobilisierten Bürgern, sondern auch unter Wissenschaftlern fanden BI deshalb großen Anklang, weil sie sich in deren Augen als erwünschter Gegenpol gegenüber den institutionell verfaßten und verkrusteten Trägern repräsentativ-demokratischer Willensbildung, allen voran → Parteien und → Öffentliche Verwaltung, in Frontstellung bringen ließen.

1. Die wenigen und zudem noch verstreuten empirischen Befunde aus den 1970er Jahren (*Hegner* und *Rüdig* in *Hauff* 1980; *Kempf* in *Guggenberger/Kempf* 1984) zeigen an, daß die isolierte Ein-Punkt-Initiative sich längst nicht mit der weitaus komplexeren Realität der BI-Bewegung deckte. Gerade Umweltinitiativen (Stadtplanung, Verkehr, Industrieansiedlung, Naturschutz, Energie, Militär) wiesen von Anfang an einen allgemeineren Zielhorizont auf und bewegten sich in einem übergreifenden Themen- und Aktionsspektrum. Zugleich ähnelten sie in ihrem organisatorischen Stabilisierungs- und Verflechtungsgrad eher Vereinen, als an die idealtypischen Strukturmerkmale von BI zu erinnern. Eine jüngere Studie über Berliner verkehrspolitische BI belegt sogar (*Schneider-Wilkes* 1997), daß die Lebensdauer solcher Gruppen im Schnitt über fünf Jahre hinausreicht.

Neu an den aufkommenden BI war, daß sie zur öffentlichkeitswirksamen Dramatisierung ihrer Forderungen auf eine breite Palette zumeist unkonventioneller Aktionsformen (Versammlungen und Demonstrationen, Informationsveranstaltungen, Unterschriften- und Flugblattaktionen, Plakatierungen und Leserbriefkampagnen – seltener Eingaben und Klagen) zurückgriffen. Das Aktionsrepertoire zielte darauf, entsprechend den Aufmerksamkeits- und Nachrichtenwertregeln der Medien → Öffentlichkeit zu mobilisieren, um die Entscheidungsträger in Politik und die noch wichtigeren verantwortlichen Planungs- und Genehmigungsbehörden unter Legitimations- und Handlungszwang zu setzen. Daneben suchten BI gleichzeitig die Kooperation mit Verwaltungsstellen und den Kontakt zu anderen gesellschaftl. Gruppen (Parteien, Verbänden, Kirchen), um den eigenen Anliegen eine möglichst breit gestreute Legitimations- und Unterstützungsbasis zu verschaffen. Bei diesem charakteristischen Wechselspiel zwischen Konfrontation und Zusammenarbeit scheinen sich Erfolge eher über intensiven Kontakt mit den politisch-administrativen Entscheidungsakteuren einzustellen (*Schneider-Wilkes* 1997).

2. Galt anfangs die Mitarbeit in BI noch als „unkonventionell", wurde hieraus gängige Praxis, mit der sich Bürger heutzutage selbstorganisiert zu Wort melden. Mit diesem Normalisierungs- und Veralltäglichungsprozeß (*Roth* 1999) hat sich aber auch spätestens Mitte der 1980er Jahre das akademische Interesse von den BI abgekehrt, um sich den neuen → Sozialen Bewegungen zuzuwenden. Sie haben den BI als ihren Vorläufern und Wegbereitern viel zu verdanken, und Ökologie- und Antikernkraftbewegung sind sogar aus ihnen hervorgegangen (*Rolke* 1987). So haben sich BI im Umweltbereich rasch nach ihrem Entstehen überregional vernetzt und sich bereits 1972 zum „Bundesverband Bürgerinitiativen Umweltschutz BBU" zusammengeschlossen. Im lokalen Reproduktionsbereich (Erziehung, Bildung, Kultur, Wohnen, Verkehr) sind dagegen lokal begrenzte Ein-Punkt-Initiativen eher vorherrschend geblieben.

3. BI sind als direktdemokratische Aktionsform der bürgerschaftlichen Protestkultur fest in der Bevölkerung verankert. Ganz anders als es etwa Parteien ergeht, können sie sich auf breite öffentliche Sympathie und Befürwortung ihrer Aktionen verlassen. Nur ist der tatsächliche Kreis der BI-Aktiven über die Jahre beharrlich klein geblieben. Insofern haben sich die mit den BI aufkommenden Hoffnungen auf allg. Anhebung des Partizipationsniveaus nicht erfüllt. Dies liegt vor allen Dingen daran, daß Mitarbeit in BI als anstrengend, zeitraubend, dauerhaft und nicht selten erfolglos und frustrierend erlebt wird (*Schneider-Wilkes* 1997: 305 ff.). Die Mittelschichtendominanz auf dem polit. Beteiligungssektor wird hierdurch noch weiter ausgebaut, weil sich nur höher gebildetete und kognitiv mobilisierte Aktivbürger die Mitarbeit in BI zumuten.

4. Insgesamt hat sich das anfangs zumeist spannungsgeladene Verhältnis zwischen BI und polit.-administrativen Akteuren längst eingespielt, was nicht zuletzt an der Einbindung professionalisierter Dachverbände der BI in die parlamentarische Beratungs- und Gesetzgebungsarbeit abzulesen ist. Die BI selbst haben ihre öffentlichkeitsbezogenen Protest- und Mobilisierungspotenziale ausgereizt und können sich der einst gewohnten medialen Aufmerksamkeit und Publizität längst nicht mehr sicher sein. Auch haben sich in den 1990er Jahren ihre Einflußmöglichkeiten durch die gesetzliche Vereinfachung und Beschleunigung von verkehrs- und industriepolit. Genehmigungsverfahren eher verschlechtert. Dagegen ist mit ihnen nach der flächendeckenden Ausweitung direkter Demokratie in den Kommunen zukünftig verstärkt als Initiatoren und Organisatoren von Bürgerbegehren und Bürgerentscheiden zu rechnen (*Gabriel* 1997).

Lit.: *Guggenberger, B.* 1980: Bürgerinitiativen in der Parteiendemokratie. Von der Ökologiebewegung zur Umweltpartei, Stg. u. a. *Gabriel, O. W.* (Hrsg.) 1997: Neue Formen politischer Partizipation. Bürgerbegehren und Bürgerentscheid, St. Augustin. *Guggenberger, B./Kempf, U.* (Hrsg.) [2]1984: Bürgerinitiativen und repräsentatives System, Opl. *Hauff, V.* (Hrsg.) 1980: Bürgerinitiativen in der Gesellschaft, Villingen. *Mayer-Tasch, P. C.* 1985: Die Bürgerinitiativbewegung, Neuausgabe, Rbk. *Ohlemacher, Th.* 1993: Brücken der Mobilisierung. Soziale Relais und individuelle Netzwerke in Bürgerinitiativen gegen militärischen Tiefflug, Wsb. *Rolke, L.* 1987: Protestbewegungen in der Bundesrepublik, Opl. *Roth, R.* [2]1999: Lokale Demokratie „von unten". Bürgerinitiativen, städtischer Protest, Bürgerbewegungen und neue soziale Bewegungen in der Kommunalpolitik, in: *Wollmann, H./Roth, R.* (Hrsg.): Kommunalpolitik, Opl., 2–38. *Schneider-Wilkens, R.* 1997: Macht oder Ohnmacht? Erfolgsbilanz und persönliche Auswirkungen von politischem Engagement in Bürgerinitiativen, in: *Ders.* (Hrsg.) Demokratie in Gefahr?; Zum Zustand der deutschen Republik, Münster, 294–315.

Elmar Wiesendahl

Bürgerliche Parteien

I. Seit der Entstehung der großen Arbeiterparteien am Ende des 19. Jh. dient der Terminus bürgerliche Parteien (P.) als Sammelbezeichnung für liberale, konservative und christdemokratische → Parteien. Vor der Herausbildung der parteibegründenden Konfliktlinie Arbeit vs. Kapital standen liberale und konservative P. in nahezu allen Ländern in einem strukturell verfestigten ideologisch-programmatischen Konfliktverhältnis. Entstehungsgeschichtlich war den liberalen und konservativen P. gemeinsam, daß sie sich aus den Parlamenten heraus zu modernen Massenparteien entwickelten. Die deutlich später aus den konfessionellen P. entstandenen christdemokratischen P. waren in dieser Hinsicht den Arbeiterparteien ähnlicher, welche sich vor dem Hintergrund der Ausweitung des Massenwahlrechts zunächst als → Soziale Bewegung außerhalb der Parlamente formierten und von hier aus in die parlamentarische Arena vorstießen (*Duverger* 1954). Die ursprünglich beträchtlichen, entstehungsgeschichtlich bedingten Unterschiede in der innerparteilichen Machtstruktur von bürgerlichen P. und Linksparteien haben sich jedoch mit wenigen Ausnahmen abgetragen (*Helms* 1999; *Katz/Mair* 1994).

Die in den meisten Ländern zuerst entstandenen liberalen P. lassen sich weiter differenzieren in Gruppierungen, die sich als liberal oder radikal bezeichneten. Letztere entstanden v. a. dort, wo die Werte Massenpartizipation und → Demokratie stark betont wurden. Radikale Spielarten des → Liberalismus wurden ferner in jenen Ländern begünstigt, in denen (wie in Frankreich und Italien) eine republikanische Tradition existierte. Gemeinsam war den liberalen P. unterschiedlicher Ausprägung das Ziel einer Begründung und Etablierung des Verfassungsstaates und des demokratischen → Rechtsstaats mit einer starken Betonung individueller Freiheitsrechte sowie das Eintreten für ein kapitalistisches Wirtschaftssystem. Die skeptische Haltung Liberaler gegenüber jeder Form von *public ownership* transformierte sich im Laufe des 20. Jh. häufig zu einer Unterstützung expansiver Privatisierungsprogramme (→ Privatisierungspolitik) und dem Eintreten für eine Begrenzung des → Wohlfahrtsstaats. Die traditionelle Konzentration liberaler P. auf die Gewährleistung liberaler Abwehrrechte gegenüber dem → Staat und die Ausweitung des allgemeinen → Wahlrechts hat sich in der jüngeren Vergangenheit vielerorts zu der Forderung nach einem Ausbau direktdemokratischer Beteiligungsrechte fortentwickelt. In fast allen Ländern kommt darüber hinaus der → Bildungspolitik in den Programmen liberaler P. eine besondere Bedeutung zu. Die ursprünglich bei den meisten liberalen P. stark ausgebildete antiklerikale Gesinnung hingegen bildet als Folge der fortschreitenden Säkularisierung der westl. Gesellschaften heute kaum mehr einen aktiven Kernbestandteil liberaler Programmatik.

Die konservativen P. formierten sich historisch (mit wenigen Ausnahmen wie in Frankreich) als Opposition zu den auf gesellschaftlich-polit. Wandel zielenden Forderungen der Liberalen. Auf dem Kontinent diente als wichtigster Auslöser für die Herausbildung konservativer Gruppen die Französische Revolution. Praktisch von Beginn an ging es konservativen P. nicht ausschließlich um die Verteidigung ihrer eigenen ökonom. und polit. Interessen, sondern speiste sich ein Teil ihrer programmatischen Grundüberzeugungen auch aus einer Art paternalistischer Verantwortung für Teile der Gesellschaft außerhalb der eigenen Klientel. Die meisten konservativen P. betonen Werte wie die → Nation oder die Bewahrung traditioneller moralischer Wertvorstellungen bis heute in stärkerem Maße als andere Gruppierungen. Nach dem II. Weltkrieg, und verstärkt seit den 1980er Jahren, wurde in vielen Ländern das Eintreten für eine neoliberale Wirtschaftsordnung zu einem zentralen Merkmal der Programmatik konservativer Parteien.

Christdemokratische P. entstanden mit wenigen Ausnahmen (insbes. Belgien und Italien) erst nach dem II. Weltkrieg (→ Christdemokratie). Unter den bürgerlichen P. gelten die Christdemokraten als die am vergleichsweise stärksten programmorientierten Parteien. Der explizite Bezug auf christliche Werte unterscheidet die Programmatik christdemokratischer P. von den programmatischen Entwürfen sowohl Liberaler als auch Konservativer. Das Konzept der Nation und das Prinzip des *law and order* besitzen bei den meisten christdemokratischen P. einen geringeren Stellenwert als bei den konservativen Gruppierungen. Andererseits werden individuelle Bürgerrechte deutlich weniger stark betont als bei den Liberalen. Von allen bürgerlichen P. haben die Christdemokraten vieler Länder als einzige traditionell die Rolle des Anwalts wohlfahrtsstaatl. Politik übernommen. In fast allen Ländern ist die Wählerschaft christdemokratischer P. heterogener als jene der übrigen bürgerlichen P. Nicht zufällig wurden mit Blick auf die Gruppe der bürgerlichen P. vor allem christdemokratische P. als → Volksparteien beschrieben. Dabei kam kaum eine andere P. dem Kirchheimerschen Idealtypus der *catch-all party* ähnlich nahe wie die CDU/CSU (*Schmidt* 1985: 383).

II. Hinsichtlich der Stimmenstärke bürgerlicher P. unterschiedlicher Couleur ergibt sich folgendes Bild:

In Westeuropa gilt GB als das einzige Land mit einer lange Zeit dominanten „echten" konservativen P.; die *Conservative Party* erreichte seit dem II. Weltkrieg durchschnittlich 42,5 % der Stimmen (1945–97). Zu den traditionell wählerstarken konservativen P. Westeuropas gehören ebenso die irische *Fianna Fáil* (1948–97: 44,9 %), welche sich von den übrigen konservativen P. Westeuropas sowohl hinsichtlich ihrer engen Beziehungen zu den → Gewerkschaften als auch wegen der ausgeprägten Berücksichtigung der Interessen unterprivilegierter Bevölkerungsschichten unterscheidet, und die isländische *Selbständigkeitspartei* (1946–99: 38,2 %). Auffallend starke konservative P. entwickelten sich auch in den südeurop. „Nachzüglerdemokratien" Griechenland und Spanien: Die griechische *Néa Dimokratia* erzielte durchschnittlich 43 % (1974–96); der spanische *Partido Popular*, welcher erst Mitte der 1980er Jahre aus einem Zusammenschluß der *Allianza Popular* mit kleineren P. des rechten Spektrums hervorging, erreichte im Durchschnitt von vier Wahlen (1989–2000) immerhin 36 %, wobei der beinahe kontinuierliche Stimmenanstieg von rund 25 % (1989) auf über 44 % bei den Parlamentswahlen von 2000 besonders bemerkenswert ist. Frankreich liegt hinsichtlich der elektoralen Unterstützung für eine konservative P. im Mittelfeld der westeurop. Länder. Die *Gaullisten* erreichten zwischen 1958 und 1993 durchschnittlich knapp 29 %; bei der Wahl zur Nationalversammlung 1997 mußten sie mit nur 16,8 % jedoch ihr schlechtestes Ergebnis in der Geschichte der V. Republik hinnehmen. Die stärksten konservativen P. außerhalb Westeuropas finden sich traditionell in Japan (LDP, 1958–96: 47,4 %), Neuseeland (*National Party*, 1946–99: 43,2 %) und Kanada (*Progressive Party*, 1945–97: 34,2 %). Auch in diesen Ländern kam es jedoch während der 1990er Jahre zu schweren Wahlniederlagen konservativer P., v. a. in Kanada, wo die Konservativen auf deutlich unter 20 % zurückfielen.

Im Gegensatz zu den konservativen (und christdemokratischen) P. finden sich liberale P. in praktisch allen westeurop. Ländern. In kaum einem Land jedoch verkörperte eine liberale P. den dominanten Akteur des Parteiensystems. Eine der wenigen Ausnahmen bildet Kanada, wo die *Liberal Party* durchschnittlich 40,2 % (1945–97) erzielte. Auf einem kaum geringeren Level liegt die durchschnittliche elektorale Unterstützung der *Liberal Party of Australia* (1945–98: 36,2 %). Zu den ungewöhnlich starken liberalen P. der westl. Länder werden zuweilen auch die *Republican Party* und die *Democratic Party* in den USA gerechnet (*Ware* 1996: 25). Eine Ausnahme in entgegengesetzter Richtung bildet Irland, wo sich wegen der tiefen gesellschaftl. Verwurzelung des Katholizismus keine traditionelle, antiklerikal orientierte liberale P. herausbildete. Hinsichtlich ihres Stimmen- und Mandatsgewichts gehören liberale P. in den meisten übrigen konsolidierten westl. Demokratien zu den kleineren bzw. mittelgroßen Akteuren des → Parteiensystems. Ein durchschnittlicher Stimmenanteil von stets deutlich über 20 %, wie ihn die *Freisinnige Partei der Schweiz* nach 1945 erreichte, kann bereits als ungewöhnlich gelten. Die Liberalen in Dänemark erreichten nach durchschnittlich 13,7 % (1971–90) bei den Wahlen von 1994 und 1998 23,3 bzw. 24,0 %. Seit Mitte der 1970er Jahre gehören auch die Liberalen in GB zu den stimmenmäßig starken liberalen P. Westeuropas (1974–97: 19,1 %), obgleich der elektoralen Unterstützungsbasis wegen der drastischen Verzerrungswirkungen des brit. Mehrheitswahlsystems keine adäquate parlamentarische Repräsentation entspricht. Im Gegensatz dazu erzielte die FDP (1949–98: 8,9 %) seit den 1960er Jahren nur zweimal (1980 und 1990) ein zweistelliges Ergebnis. In einigen westeurop. Ländern (Dänemark, Italien, Frankreich, Niederlande, Schweiz) existieren mehrere parlamentarisch repräsentierte (links- und rechts-)liberale P. nebeneinander. In den 1990er Jahren konnten diese mit Ausnahme Italiens und Frankreichs, wo der Liberalismus hinsichtlich der Wählerbasis liberaler P. auffallend schwach blieb, jeweils gemeinsam z. T. deutlich mehr als 20 % der Stimmen auf sich vereinigen. Einen Sonderfall bildet Österreich: Die 1956 als Nachfolgeorganisation des *Verbands der Unabhängigen* ins Leben gerufene FPÖ wurde von den übrigen österreichischen P. nur vorübergehend in den 1980er Jahren als „normale" liberale P. wahrgenommen. Seit dem innerparteilichen Machtantritt *Haiders* 1986 entwikkelte sich die FPÖ mehr und mehr zum Prototyp einer rechtspopulistischen P. (→ Rechtspopulismus). Das *Liberale Forum*, welches 1993 als (links-)liberale Abspaltung von der FPÖ entstand, blieb mit durchschnittlich 4,9 % (1994–99) noch unter dem Durchschnittswert der FPÖ vor deren rechtspopulistischer Verwandlung (1956–83: 6 %) und schaffte 1999 nicht mehr den Sprung in den Nationalrat.

Christdemokratische P. spielten bzw. spielen innerhalb Westeuropas v. a. in D, Italien, Frankreich, Österreich, den Niederlanden, Belgien und der Schweiz eine wichtige Rolle. Beträchtlichen Einfluß erlangten sie auch in Lateinamerika, insbes. in Chile und Venezuela. In Westeuropa waren christdemokratische P. v. a. in den ersten Nachkriegsjahrzehnten erfolgreich; nach einer ersten vorübergehenden Schwächung in den 1970er Jahren gerieten sie in vielen Ländern seit den 1990er Jahren erneut massiv unter Druck (→ Christdemokratie).

III. Hinsichtlich der konkreten Positionierung von bürgerlichen P. im Parteiensystem einzelner Länder bestehen z. T. beträchtliche Unterschiede. Selbst die übliche Klassifizierung von P., die gemeinhin als bürgerlich bezeichnet werden, als Mitte- oder Mitte-Rechts-P. erweist sich zumindest mit Blick auf die Liberalen zuweilen als problematisch.

Neben traditionellen links- und rechts-liberalen Gruppierungen gibt es P., die beide Strömungen in sich vereinigen und sich wie etwa die dt. FDP nicht zuletzt aus koalitionspolit. Erwägungen phasenweise stärker nach links oder rechts orientierten. Langzeitstudien auf der Grundlage von Expertenbefragungen zeigen, daß zwischen Anfang der 1980er und Mitte der 1990er Jahre nur eine Minderheit der bürgerlichen P. eine signifikante Positionsveränderung auf der Links-Rechts-Achse vorgenommen haben. Am seltensten waren signifikante Veränderungen bei den Liberalen. Sofern eine signifikante Repositionierung im Parteiensystem erfolgte, handelte es sich bei konservativen und christdemokratischen P. zumeist um eine Veränderung nach links, womit diese gleichzeitig weiter in Richtung Zentrum rückten (*Knutsen* 1998). Mit Blick auf die Gesamtstruktur von Parteiensystemen wurden die christdemokratischen P. als funktionales Äquivalent der zumeist eindeutiger rechts stehenden konservativen P. bezeichnet, da sich unter den größeren Akteuren innerhalb eines Systems selten beide Gruppierungen gleichzeitig finden, und im Parteienwettbewerb vieler Länder entweder Christdemokraten oder Konservative als wichtigster Gegenspieler der sozialistisch/sozialdemokratischen P. auftreten (*Gallagher/Laver/Mair* 1995: 195).

IV. Auf den Zeitraum 1945–2000 bezogen, konnten konservative und christdemokratische P. in einigen Ländern sowohl hinsichtlich der Dauer der Regierungsbeteiligung als auch im Hinblick auf ihre konkrete Position innerhalb von Koalitionsregierungen den Status der „natürlichen Regierungspartei" erringen.

Dies war außer in Italien und Japan auch in GB, Belgien, Irland, Luxemburg und D der Fall. Blickt man ausschließlich auf die Dauer der Regierungsbeteiligung, so waren liberale P. insgesamt noch erfolgreicher als die zumeist deutlich stimmenstärkeren konservativen und christdemokratischen Parteien. Häufig waren dabei, bedingt durch Spezifika der Koalitionsarithmetik, ausgerechnet die stimmenmäßig schwächeren liberalen P. wie in D, Italien und Finnland am erfolgreichsten. In Italien besetzte 1981/82 der *Partito Radicale Italiano* auf der Basis eines Stimmenanteils von nur 3 % sogar den Posten des Regierungschefs. Kanada und Australien sind abgesehen vom Sonderfall der USA jedoch die einzigen westl. Industrieländer, in denen eine liberale P. für einen längeren Zeitraum die dominante bzw. alleinige Regierungspartei bildete. Die jüngere Forschung konnte zeigen, daß P. sowohl hinsichtlich ihrer Präferenzen bei der Besetzung von Kabinettsposten als auch im Hinblick auf konkrete Regierungsentscheidungen deutliche Unterschiede aufweisen. Diese treten nicht nur bei einer Gegenüberstellung bürgerlicher und linker P. zutage, sondern zeigen sich auch im Vergleich konservativer, christdemokratischer und liberaler P. (*Budge* u. a. 1997: 267–271).

Alle drei Gruppen innerhalb des bürgerlichen Lagers haben internat. Organisationen ausgebildet. Für die Konservativen sind die *Europäische Demokratische Union* (EDU), die *Pazifische Demokratische Union* (PDU) und die *Internationale Demokratische Union* (IDU) sowie auf EU-Ebene die *Europäische Volkspartei* (EVP) zu nennen. Die Christdemokraten haben sich zur *Christlich-Demokratischen Internationalen* (CDI) bzw. auf europ. Ebene zur *Europäischen Union Christlicher Demokraten* (EUCD) zusammengeschlossen. Die liberalen P. sind internat. in der *Liberalen Internationalen* (LI) und europaweit als *Europäische Liberale, Demokraten und Reformer* (ELDR) organisiert.

Lit.: *Beyme, K. von* [2]1984: Parteien in westlichen Demokratien, Mchn. *Budge, I. et al.* 1997: The Politics of the New Europe, L. *Duverger, M.* 1954: Les partis politiques, Paris. *Helms, L.* (Hrsg.) 1999: Parteien und Fraktionen, Opl. *Gallagher, M./Laver, M./Mair, P.* [2]1995: Representative Government in Modern Europe, NY. *Katz, R./Mair, P.* (Hrsg.) 1994: How Parties Organize, Thousand Oakes. *Kirchner, E.* (Hrsg.) 1988: Liberal Parties in Western Europe, Camb. *Knutsen, O.* 1998: Expert Judgements of the LeftRight Location of Political Parties: A Comparative Longitudinal Study, in: WEP, No. 2, 63–94. *Schmidt, M. G.* 1998: Allerweltsparteien in Westeuropa?, in: Leviathan 13, 376–397. *Veen, H.-J.* (Hrsg.) 1983/1991/1994/2000: Christlich-demokratische und konservative Parteien in Europa, 4 Bde., Paderborn. *Ware, A.* 1996: Parties and Party Systems, Ox.

Ludger Helms

Bürokratie

I. Umgangssprachlich ist der Begriff der Bürokratie (B.) seit seiner Übernahme aus dem Französischen negativ besetzt: Formalismus, Inflexibilität und Langsamkeit scheinen die besonderen Kennzeichen bürokratischer Organisationen zu sein. B. bezeichnet damit sowohl die spezifische Organisation als auch deren Erscheinungsform. Dabei haben entsprechende Vorwürfe ganz unterschiedliche Ursprünge. Bemüht sich ein Unternehmer beispielsweise um eine Genehmigung für die Errichtung einer Produktionsanlage, erscheinen ihm die zu erfüllenden Genehmigungsvoraussetzungen als ein „Zuviel" an staatl. Aktivität. Ein Nachbar, der von der neuen Produktionsanlage betroffen ist, wird hingegen für strengere Auflagen und damit für mehr staatl. Aktivität plädieren. Der Bürokratismus-Vorwurf enthält folglich je nach Interessenlage einen ganz unterschiedlichen Inhalt, speist sich jedoch aus der Regelgebundenheit bürokratischer Organisationen.

II. Dem ist der wissenschaftl. strenge, *idealtypische* Bürokratiebegriff *Max Webers* entgegenzusetzen, den dieser in eine umfassende Theorie der Herrschaftsformen und der gesellschaftl. Rationalisierungsprozesse eingebettet hat.

Als wichtigste Kennzeichen eines „bürokratischen Verwaltungsstabs" werden von ihm genannt: 1) kontinuierlicher regelgebundener Betrieb von Amtsgeschäften innerhalb fester Kompetenzzuweisungen, womit eine sinnvolle Arbeitsteilung ermöglicht wird; 2) es gilt das Prinzip der Amtshierarchie, d. h. die Ordnung fester Kontroll- und Aufsichtsbehörden; 3) es gilt das Prinzip der Trennung des Verwaltungsstabes von den Verwaltungs- und Beschaffungsmitteln, d. h. die Mitglieder bürokratischer Organisationen sind nicht im Eigenbesitz der Verwaltungs- und Beschaffungsmittel; 4) der Verwaltungsstab besteht aus Einzelbeamten, die persönlich nur sachlichen Amtspflichten gehorchen, in fester Amtshierarchie, mit festen Amtskompetenzen, kraft Kontrakts, nach Fachqualifikation angestellt und nicht gewählt werden, mit festen Gehältern entgolten werden, im Hauptberuf tätig sind, in eine Laufbahn eingebunden sind sowie einer strengen Amtsdisziplin und Kontrolle unterliegen; 5) es gilt das Prinzip der Aktenmäßigkeit der Verwaltung (*Weber* ^{5}1980: 124 ff. und 551 ff.). Während Prinzipien wie die Aktenmäßigkeit der Verwaltung gegenüber verwaltungswissenschaftl. nicht Vorgebildeten auch heute noch besonderer Erwähnung bedürfen, sind andere Merkmale des *Weber*'schen Bürokratiemodells heute so geläufig, daß sie nur aus der historischen Situation, in der *Weber* sich befand, zu verstehen sind. So ergab sich die Trennung der Verwaltungsmittel vom Eigenbesitz des Verwalters erst mit der modernen Verwaltung (*Weber* ^{5}1980: 134 ff. und 598 ff.).

Bei der Rezeption der Bürokratietheorie von *Weber* hat der von ihm verwendete Begriff des Idealtypus häufig für Verwirrung gesorgt. Wurde doch eher umgangssprachlich „idealtypisch" mit „ideal" bzw. „idealerweise" gleichgesetzt. Tatsächlich ist der Begriff jedoch einer verstehenden Soziologie zuzurechnen: Das Herausbilden eines Idealtypus ist als Methode zu verstehen, um vor dem Hintergrund eines Referenzsystems die Realität besser beschreiben und analysieren zu können (*Weber* ^{5}1980: 10 und 124). Damit beschreibt das *Weber*'sche Bürokratiemodell weder Verwaltungsrealität, noch sollte es als Handlungsanleitung zur Schaffung einer effizienten Verwaltung mißverstanden werden (*Derlien* 1989).

Ein guter Teil der Kritik, die an *Webers* idealtypischen Festlegungen formuliert wurde, basiert auf diesem Mißverständnis. So gelang vor allem anglo-amerikan. Autoren der Nachweis, daß das Modell keinesfalls in jeder Situation und für jede Aufgabe Effizienz garantiere. Auch sei *Webers* Bürokratiemodell nicht mit den Werten einer modernen → Demokratie in Einklang zu bringen. Wenn damit *Webers* Vorstellungen auch nicht widerlegt sind, so förderten diese Bemühungen immerhin neues Wissen über Verwaltung zutage. So etwa die Erkenntnis, daß bürokratische Organisationen, wie sie im *Weber*'schen Idealtypus erfaßt wurden, vor allem bei der Erledigung von Routineaufgaben erfolgreich sind. Werden jedoch ständig wechselnde, bislang weitgehend unbekannte Herausforderungen an die Verwaltung herangetragen und muß sie aktiv in wenig prognostizierbare Prozesse eingreifen oder sie anstoßen, scheinen bürokratische Organisationen weniger geeignet.

III. Wendet man sich der Kritik an den Erscheinungsformen und Wirkungen moderner bürokratischer Organisationen zu, so sind insbes. drei Aspekte aufzugreifen:

1. Dem Verwaltungsapparat falle wegen seines überlegenen Fach- und Dienstwissens polit. Macht zu, die ihm nach dem Prinzip der → Gewaltenteilung nicht zustehe. Insbes. die gewählten Parlamente seien immer weniger in der Lage, die öffentl. Verwaltung zu kontrollieren, wobei sich dieses Problem insbes. bei ehrenamtlich tätigen Volksvertretern ergebe. Allerdings haben auch hauptberufliche Parlamentarier wegen der zunehmenden Komplexität der zu beratenden Materie trotz Spezialisierung auf bestimmte Sachgebiete ohne wissenschaftl. Beratung immer weniger Chancen, gegen den Sachverstand der Ministerialverwaltung zu bestehen.
2. In engem Zusammenhang mit dieser Verselbständigungstendenz bürokratischer Organisationen wird die Selektivität ihrer Interessenberücksichtigung problematisiert. Beklagt wird, daß die Struktur des polit. Willensbildungsprozesses systematisch solchen Interessen (→ Interessengruppen) erlaubt, sich durchzusetzen, welche die jeweiligen Politikfelder dominieren. Weniger konfliktfähige Interessen würden damit benachteiligt.
3. Schließlich wird der → Öffentlichen Verwaltung mangelnde Leistungsfähigkeit vorgeworfen. Bei einer genaueren Betrachtung erweist sich diese Kritik an der Aufgabenwahrnehmung zum Teil als Kritik am Wohlfahrtsstaat: Er reiche mit seinen steuernden Aktivitäten so weit in gesellschaftl. und wirtschaftl. Prozesse hinein, daß er diese nicht mehr in sinnvoller Weise beeinflussen könne. *Luhmann* (1981: 152) kennzeichnet das so beschriebene Bild als „Selbstüberforderung des polit. Systems".

Als Gründe für das festgestellte Aufgabenwachstum werden je nach theoretischer Position unterschiedliche Faktoren gesehen: So deutet *Ellwein* (1976: 171) in einer sich am Gegenstand ausrichtenden Betrachtung auf den sozialen Wandel, mit dem sich neue Bedürfnisse ergäben, die abzuwehren die öffentl. Verwaltung keine Mechanismen besitze. Mit der gesellschaftl. Entwicklung korrespondiere das Expansionsstreben der gestaltenden Verwaltung, das über gezogene Grenzen hinausweise. Für *Luhmann* (1981: 94 ff. und 108 f.) ist der Aufgabenzuwachs eine Folge funktionaler Differenzierung: Wenn sich ein polit. System ausdifferenziert habe, gebe es keine systeminternen Gründe, bei der Erfüllung der spezifischen Funktionen zurückzustecken. Schließlich gehen Vertreter einer ökonom. Theorie der B. davon aus, daß B. als monopolistische Anbieter von Verwaltungsleistungen eine Budgetmaximierungsstrategie verfolgen und es ihnen bei durchaus guten Absichten gelinge, das Parlament dazu zu bewegen, mehr an öffentl. Leistungen nachzufragen, als dies den Präferenzen der Bevölkerung entspreche (*Niskanen* 1973: 22 ff.). Während bei *Niskanen* (1973: 32) im großen und ganzen davon ausgegangen wird, daß die B. ihre Leistungen technisch effizient produziert, entfällt diese Annahme bei *Williamson* (1964: 39 ff.). Er nimmt vielmehr an, daß es der B. wegen mangelnder Kontrolle gelinge, einen diskretionären Spielraum durchzusetzen, der zudem durch anschließende Überwälzung von Verwaltungsaufgaben auf den privaten Sektor (Berichts- und Selbstüberwachungspflichten) noch erweitert werden könne. Dieser diskretionäre Spielraum wird nicht – wie das bei *Niskanen* der Fall wäre – durch ein zusätzliches Angebot von öffentl. Leistungen genutzt, sondern zur Steigerung des eigenen Nutzens verwendet, wie z. B. zu einer Verbesserung der Arbeitsbedingungen. Folglich ist das Angebot an öffentl. Leistungen nicht nur überhöht (allokationsineffizient), sondern wird auch zu überhöhten Kosten produziert (technisch ineffizient).

Damit ist bereits die Art der Aufgabenwahrnehmung angesprochen. Weitere Kritikpunkte ergeben sich hier erstens aus der als überbordend erkannten Produktion gesetzlicher und untergesetzlicher Normen, welche weder für die Verwaltung noch für die rechtsunterworfenen Bürger durchschaubar seien. Zweitens wird kritisiert, daß die B. einem dynamischen Wachstumsprozeß unterliege, der in keinem Verhältnis zum Aufgabenbestand stehe, sondern vielmehr dem Wunsch der einzelnen Bürokraten nach Bedeutungszuwachs entspringe. Da sich Beförderungschancen in Abhängigkeit von der Zahl der Untergebenen ergäben, sei jeder darum bemüht, deren Zahl zu erhöhen. Eine größere Zahl von Mitarbeitern erfordere wiederum erhöhte Aufwendungen für → Koordination innerhalb der B., was sodann nach weiteren Mitarbeitern verlange (*Parkinson* 1984: 11 ff.). Darüber hinaus nennt *Downs* (1994: 16 f.) als Gründe für das weitgehend aufgabenunabhängige Wachstum von B. erstens die verbesserten Möglichkeiten der Personalrekrutierung von wachsenden Organisationen, zweitens die Vermeidung von internen Verteilungskonflikten, drittens die Möglichkeit zur Leistungssteigerung durch verstärkte Spezialisierung und viertens die Erhöhung der Überlebenschancen.

IV. Die Kritik an bürokratischen Organisationen wurde mit unterschiedlich konkreten Problemlösungsansätzen aufgegriffen:

1. Von einer gewissen theoretischen Radikalität sind die Vorschläge aus dem Bereich der ökonom. Theorie der Bürokratie. Sie zielen zuallererst auf die Einführung von Wettbewerb zwischen Bürokratien. Zusammen mit einem recht komplizierten System leistungsbezogener Bezahlung der öffentl. Bediensteten soll auf diese Weise die Effizienz bürokratischer Organisationen erhöht werden. Diskutiert werden darüber hinaus Markt-Alternativen wie die Bereitstellung ‚öffentl.' Dienstleistungen durch private Anbieter sowie institutionelle Vorkehrungen im polit. System gegen ein ‚Überangebot' von öffentl. Leistungen (*Niskanen* 1973: 37 ff.).
2. Unmittelbarer auf die Bürokratisierungstendenzen der dt. öffentl. Verwaltung war die Arbeit verschiedener Entbürokratisierungs- und Rechtsbereinigungs-Kommissionen der End–1970er und 1980er Jahre gerichtet. Viele der alten, nur zum Teil erfolgreichen Bemühungen wurden Mitte der 1990er Jahre erneut mit dem Ziel aufgegriffen, dem Bild vom „schlanken Staat" näherzukommen. Der hierfür von der damaligen CDU/CSU/FDP-Bundesregierung einberufene Sachverständigenrat ([2]1998) unterbreitete eine Reihe von konzeptionell leider unverbunden gebliebenen Vorschlägen zu fast allen Bereichen der öffentl. Verwaltung. Sie zielen auf eine Reduzierung der Vorschriftenflut, auf die Begrenzung staatl. Tätigkeit, auf die Modernisierung des öffentl. Statistikwesens, auf eine Steigerung der Leistungsfähigkeit der öffentl. Verwaltung, auf eine zu Leistungen motivierende Personalführung, auf eine Entlastung der Justiz, auf die Flexibilisierung des Haushaltswesens, auf den leistungssteigernden Einsatz von Informationstechnik sowie auf die Beschleunigung von Genehmigungsverfahren. Nicht alle Vorschläge sind auf einhellige Zustimmung gestoßen. So wurde beispielsweise kritisiert, daß die dann auch durch gesetzgeberische Aktivitäten begleiteten Bemühungen um die Beschleunigung von Genehmigungsverfahren mit einem Abbau von Rechtsschutz verbunden seien. Andere Maßnahmen wie eine frühzeitige und verstärkte Betroffenenpartizipation unter Einsatz unabhängiger Mediatoren, eine Anpassung der unterschiedlichen Genehmigungen an den Prozeß von Planung, Bau und Inbetriebnahme einer Anlage sowie eine verbesserte Behördenorganisation seien u. U. ursachengerechtere Maßnahmen zur Beschleunigung von Genehmigungsverfahren (*Dose/Holznagel/Weber* 1994). Von der rot-grünen Bundesregierung wird versucht, die Bemühungen um eine Staats- und Verwaltungsmodernisierung unter dem Leitbild des aktivierenden Staates zu bündeln. Dieser zielt auf die Mobilisierung der gesellschaftl. Selbstregulierungspotentiale. Ob es gelingen wird, hier den notwendigen Freiraum zu schaffen und die wichtigen Anstöße zu geben, um den gewünschten dynamischen Prozeß auszulösen, werden die Ergebnisse von 15 Leitprojekten zeigen.

Lit.: *Derlien, H.-U.* 1989: Die selektive Interpretation der Weberschen Bürokratietheorie in der Organisations- und Verwaltungslehre, in: Verwaltungs-Archiv, 80(3), 319–329. *Dose, N./Holznagel, B./Weber, V.* (Hrsg.) 1994: Langwierige Genehmigungsverfahren – Eine Gefahr für den Industriestandort Deutschland?, Bonn. *Downs, A.*, 1967: Inside Bureaucracy, Boston. *Ellwein,*

T. 1976: Regieren und Verwalten, Opl. *Luhmann, N.* 1981: Politische Theorie im Wohlfahrtsstaat, Mchn./Wien. *Niskanen, W. A.* 1973: Bureaucracy: Servant or Master?, L. *Parkinson, C. N.* 1984: Parkinsons neues Gesetz, Rbk. *Sachverständigenrat „Schlanker Staat"* (Hrsg.) ^{2}1998: Abschlußbericht, Bonn. *Weber, M.* ^{5}1980: Wirtschaft und Gesellschaft, Tüb. *Williamson, O. E.* 1964: The Economics of Descretionary Behavior, Englewood Cliffs, N. J.

Nicolai Dose/Wolfgang Bruder

Christdemokratie

Historisch bezeichnete der Begriff Christdemokratie (C.) in seiner frz. Ausprägung (*democratie chrétienne*) zunächst ein religiöses, primär auf die innere Neugestaltung der Kirche durch eine → Demokratisierung der Organisationsstrukturen zielendes Programm. Erst seit der Mitte des 19. Jh.s diente der Begriff mehr und mehr zur Bezeichnung eines spezifischen Gesellschaftsmodells und einer polit. Bewegung. Eine genuin polit. Spielart christdemokratischen (c.) Denkens entwickelte sich zuerst im historischen Umfeld der sozialen Revolutionen von 1848 in Italien, Frankreich und D aus dem Protest katholischer Kreise gegen → Liberalismus, → Sozialismus und → Nationalismus.

1. Die Schrift *Rerum Novarum* (1891) von Papst *Leo XIII.* gilt gemeinhin als die *Magna Charta* c. Denkens. Für die weitere Prägung und Verbreitung c. Gedankenguts im 20. Jh. waren v. a. die Schriften des katholischen Philosophen *Jacques Maritain* (vgl. insbes. *Christianity and Democracy*, 1942, und *Man and the State*, 1951) von großem Einfluß. In der modernen Sozialforschung herrscht jedoch keine Einigkeit über das spezifische programmatisch-ideologische Profil der C. Personalismus, Solidarität, und → Subsidiarität gelten als zentrale Momente des c. Gesellschaftsmodells. In beinahe sämtlichen Ausprägungen c. Denkens wird darüber hinaus der Familie eine herausragende Stellung zugewiesen. In jüngeren Arbeiten wurde ferner auf Eigenheiten des c. *policy style* hingewiesen. Danach bilden v. a. die dezidierte Bereitschaft zu klassenübergreifender Kooperation und ein hohes Maß an polit. Kompromißbereitschaft zentrale Merkmale des c. Politikstils (*van Kersbergen* 1995: 28).

Die c. Bewegung hat institutionellen Ausdruck sowohl in der Gründung von → Parteien als auch → Gewerkschaften, Wohlfahrtsverbänden und ähnlichen Organisationen gefunden. In der jüngeren Forschung wurde selbst ein spezifisch c. Typus des Wohlfahrtsstaats identifiziert (*Schmid* 1996: 290 ff.). Zu den wichtigsten Trägern und Verfechtern c. Gedankenguts wurden jedoch die polit. Parteien. In der Parteienlehre werden c. Parteien zu den → Bürgerlichen Parteien gerechnet, wobei C. in der Regel als selbständige Ausprägung unterschiedener *familles spirituelles* gewertet wird (*von Beyme* 1984: 43 ff.).

2. Die ersten christlich demokratischen Parteien mit stark liberal-demokratischer Ausrichtung entstanden bereits um 1830 in Belgien, Irland und Frankreich, doch kam es erst nach dem I. Weltkrieg, zunächst in Italien, zur Herausbildung der ersten genuin c. Parteien. In den ersten Jahrzehnten nach dem II. Weltkrieg waren c. Parteien v. a. in Frankreich, D, Italien, Belgien, Luxemburg und den Niederlanden erfolgreich. In historischer Perspektive auf die Nachkriegszeit gelten die dt. CDU/CSU, die italienische *Democrazia Cristiana* und der franz. *Mouvement Républicain Populaire* gemeinhin als „die großen Drei", von denen allerdings zu Beginn des 21. Jh.s nur mehr die CDU/CSU existiert. Die c. Parteien in den skandinavischen Ländern belegen, daß es neben der dominanten, katholisch oder interkonfessionell geprägten Form von C. auch eine protestantische Variante gibt. Seit den späten 1940er Jahren entstanden c. Parteien auch in Lateinamerika, wo sie in der Folgezeit v. a. in Chile (*Partido Demócrata Cristiano*) und Venezuela (*Comité de Organización Política Electoral Independiente*) zu einer einflußreichen polit. Kraft avancierten. Nach dem Zusammenbruch der kommunistischen Herrschaftssysteme in Osteuropa

1989 entwickelten sich c. inspirierte Parteien auch in Rußland, Tschechien, Ungarn und der Slowakei. Insges. kam es nach 1989 im östl. Teil Europas, nicht zuletzt wegen der ausgeprägten Säkularisierung der osteurop. Gesellschaften, jedoch nicht zu einer vergleichbaren Blüte der C. wie in Westeuropa während der ersten Nachkriegsjahrzehnte.

Historisch betrachtet lassen sich die 1970er und 1990er Jahre als Krisenphasen der westeurop. C. identifizieren: Während sich die Krise der C. in den 1970er Jahren zumeist auf den vorübergehenden Verlust der Regierungsmacht beschränkte, die c. Parteien jedoch häufig die stimmenstärksten Parteien des Systems blieben, mußten die Christdemokraten während der 1990er Jahre in den meisten Ländern z. T. schwerwiegende Stimmenverluste hinnehmen. Dabei spielte die fortschreitende Säkularisierung eine entscheidende Rolle, doch kamen im Einzelfall andere Faktoren, wie vorausgehende Phasen einer extrem langen Regierungsverantwortung mit entsprechenden Verschleißerscheinungen, Skandale oder grundlegende Veränderungen des Wahlsystems, hinzu. Bereits Mitte der 1990er Jahre löste sich die italienische *Democrazia Cristiana* (DC, 1946–92: 38 %) auf bzw. zerfiel in mehrere kleinere Parteien (offizielle Nachfolgeorganisation der DC wurde der *Partito Popolare Italiano*), welche jedoch bei den darauffolgenden Wahlen gemeinsam nicht einmal ein Drittel des früheren Stimmenanteils der DC erreichten. Die CDU/CSU (1949–98: 44,1 %) erzielte bei der Bundestagswahl 1998 mit 35,1 % ihr schlechtestes Wahlergebnis seit 1953 und wechselte nach mehr als 16 Jahren ununterbrochener Regierungsverantwortung in die Opposition. Der niederländische *Christen Democratisch Appel* erreichte nach einem durchschnittlichen Stimmenanteil von 32,5 % während der 1980er Jahre und im nachfolgenden Jahrzehnt nur noch einen Durchschnitt von 20,3 % der Stimmen und schied 1994 aus der Regierung aus. Selbst in den meisten Ländern, in denen christlich demokratische Parteien ihre Regierungsbeteiligung behaupten konnten, kam es zu herben Stimmen- und Mandatsverlusten. Die ÖVP (1945–99: 40,7 %) erzielte bei den Nationalratswahlen 1999 mit nur 26,9 % der Stimmen ihr schlechtestes Ergebnis seit 1945 und wurde erstmals in der Geschichte der 2. Republik nur drittstärkste Partei. In Belgien büßten die Christdemokraten bei den Parlamentswahlen 1999 ihren traditionellen Status als stärkste Partei des Landes ein. Auch der irischen *Fine Gael* (1948–97: 30,7 %), welche sowohl hinsichtlich ihres Entstehungshintergrunds als auch im Hinblick auf ihre aktuellen gesellschaftl. Wirkungsbedingungen als Sonderfall in der Familie der größeren c. Parteien gilt, gelang es im Gegensatz zu früheren Jahrzehnten seit Ende der 1980er Jahre nicht mehr, die 30 %-Marke zu überwinden. Nur in Norwegen und Schweden bildete die zweite Hälfte der 1990er Jahre eine Phase, während derer die dort agierenden c. Parteien (*Kristelig Folkeparti* und die *Kristdemokratiska Samhällspartiet*) ihren Stimmenanteil deutlich steigern konnten, ohne allerdings auch nur entfernt an die Stimmenstärke der großen c. Parteien Westeuropas heranzureichen.

Lit.: *Beyme, K. von* ²1984: Parteien in westlichen Demokratien, Mchn. *Fogarty, M.* 1957: Christian Democracy in Western Europe, 1820–1953, L. *Hanley, D.* (Hrsg) 1994: Christian Democracy in Europe, L. *Horner, F.* 1981: Konservative und christdemokratische Parteien in Europa, Wien/Mchn. *Klayvas, S.* 1996: The Rise of Christian Democracy in Europe, Ithaca. *Kersbergen, K. van* 1995: Social Capitalism, L./NY. *Lynch, E. A.* 1993: Latin Americas Christian Democratic Parties, Westport. *Schmid, J.* 1996: Wohlfahrtsverbände in modernen Wohlfahrtsstaaten, Opl. *Veen, H.-J.* (Hrsg.) 1983/1991/1994/2000: Christlich-demokratische und konservative Parteien in Europa, 5 Bde., Paderborn.

Ludger Helms

Datenschutz

I. Datenschutz (D.) ist ein Begriff der Rechtssprache, der bestimmte Ziele und staatl. Maßnahmen im Bereich von Information und Kommunikation bezeichnet. Zum einen soll ein rechtsstaatl. fairer Umgang mit personenbezogenen Informationen sichergestellt und dabei insbes. die Selbstbestimmung des einzelnen zur Geltung gebracht werden (Gegenbegriffe: „Verdatung“, „Überwachungsstaat“; vgl. *Bull* 1984; *Taeger* 1984). Das Recht auf „informationelle Selbstbestimmung“ wird aus den Grundrechten der Artikel 2 Abs. 1 und 1 Abs. 1 GG hergeleitet (vgl. insbes. das Volkszählungs-Urteil des Bundesverfassungsgerichts). Daneben soll durch D. auch eine „informationelle Gewaltenteilung“ verwirklicht werden. Die Sicherung der Daten (d. h. der auf Datenträgern gespeicherten Informationen) gegen Kenntnisnahme Unbefugter oder gegen Veränderungen und Verlust stellt ein Teilziel dar. Komplementär zum Schutz vor unangemessener Informationsverarbeitung ist in einer Vielzahl von Ländern inzwischen ein allg. Bürgerrecht auf Information, d. h. auf Zugang zu den Akten und Daten der Verwaltung, gesetzlich gewährleistet (Informationsfreiheit, *freedom of information*).

II. Die Forderung nach D. entstand als Reaktion auf den Einbruch der Informationstechnik in Verwaltung und Wirtschaft.

Massenhaftigkeit, Schnelligkeit und Multifunktionalität der Datenverarbeitung wurden als Risiken für bisher geltende Informations- und Handlungskompetenzen erkannt. Pläne für nat. Datenzentren und allg. Personennummern, mit deren Hilfe sowohl die staatl. Statistik als auch eine Fülle von Verwaltungsaufgaben qualitativ entscheidend verändert werden sollten, stießen auf Kritik von Bürgerrechtlern und Medien. Daneben bestand die ältere Tradition des rechtl. Schutzes von Persönlichkeits- und Privatsphäre. Die Zivilgerichte und das Bundesverfassungsgericht haben auf dieser Grundlage bestimmte Bereiche der Selbst- und Mitbestimmung der Individuen gewährleistet. Der Persönlichkeitsschutz steht auch in Verbindung zur Tradition der Amts- und Berufsgeheimnisse.

Wirtschaft und Verwaltung haben Reglementierungen der Informationsverarbeitung lange Zeit pauschal als aufwendige und unzumutbare Erschwerung ihrer Arbeit abgelehnt. Tatsächlich sind nirgends wesentliche Einbußen an Effektivität der Verwaltung eingetreten; D. hat sich vielmehr auch als Rationalisierungsinstrument erwiesen und ist heute ein selbstverständliches Regulativ technisierter Informationsverwaltung. In der Praxis ist deutlich geworden, daß Informations- und Geheimhaltungsinteressen tatsächlich in eine Balance gebracht werden können, daß also ein wirksamer Schutz der Individualinteressen mit einer wirksamen Wahrnehmung der Verwaltungsaufgaben sehr wohl vereinbar ist.

III. Das D.-Recht besteht aus dem Bundesdatenschutzgesetz (BDSG) als dem allg. Querschnittsgesetz (dazu *Simitis* u. a. 1992 ff.), den Landesdatenschutzgesetzen, die sich an die → Öffentliche Verwaltung der Länder richten, und den bereichsspezifischen Bundes- und Landesgesetzen, unter denen diejenigen über die Informationserhebung, -verarbeitung und -verwendung durch Polizeibehörden (Landespolizeigesetze) und Nachrichtendienste (Bundesverfassungsschutzgesetz, Gesetz über den Militärischen Abschirmdienst und BND-Gesetz) herausragende polit. Bedeutung besitzen und heftig umstritten waren – wie auch sonst bei allen Diskussionen über die Informationsbefugnisse der Sicherheitsbehörden immer wieder die Auseinandersetzung über deren verfassungsrechtl. und polit. Grenzen aufbricht. Die Gesetze über Statistik und Archivwesen sowie die datenschutzrelevanten Teile der Gesundheitsreform hingegen fanden geringere öffentl. Aufmerksamkeit.

Seit einiger Zeit mehren sich die Zweifel an der Eignung der rechtl. Instrumente, die rasante technische Entwicklung wirksam zu beeinflussen. Der „neue D." betont statt der rechtl. Detailregelung Prinzipien wie das der Datenvermeidung, der Anonymisierung oder Pseudonymisierung sowie den „D. durch Technik", unterstützt durch freiwillige Selbstkontrolle mittels eines „D.-Audit" (*Bäumler* 1998; *Bäumler/von Mutius* 1999).

IV. Der *Bundesbeauftragte für den D.* hat eine besondere rechtl. Stellung, die in die klassische → Gewaltenteilung nur schwer einzuordnen ist. Er wird vom Parlament gewählt, berichtet diesem unmittelbar und kann auch auf sein Ersuchen hin tätig werden. Doch ist er organisatorisch der Exekutive zugeordnet; er unterliegt der Dienstaufsicht des Bundesministers des Innern und der Rechtsaufsicht der Bundesregierung. Ihm können aber keine Weisungen erteilt werden. Tatsächlich haben der Bundesbeauftragte und ebenso die Landesbeauftragten für den D. ihre Unabhängigkeit gegenüber den zu kontrollierenden Stellen bewiesen und erheblichen Einfluß auf Verwaltungspraxis und → Gesetzgebung gewonnen; im internat. Vergleich zählt das dt. Modell der Datenschutzkontrolle zu den erfolgreichsten (*Flaherty* 1989). Als besonders schwierig erweist sich die Datenschutzkontrolle der neuen Informations- und Kommunikationstechniken, insbes. ihrer Nutzung in globalen Netzen.

Lit.: *Bäumler, H.* (Hrsg.) 1998: Der neue Datenschutz, Neuwied u. a. *Bäumler, H./Mutius, A. v.* (Hrsg.) 1999: Datenschutzgesetze der dritten Generation, Neuwied u. a. *Bull, H. P.* 1984: Datenschutz oder Die Angst vor dem Computer, Mchn. *Flaherty, D. H.* 1989: Protecting Privacy in Surveillance Societies, Chapel Hill/L. *Simitis, S.* u. a. 1992 ff.: Kommentar zum Bundesdatenschutzgesetz, Baden-Baden. *Taeger, J.* (Hrsg.) 1984: Der neue Personalausweis, Rbk.

Hans Peter Bull

Dekonzentration → Kommunalpolitik

Demokratie

Demokratie (D.) (von griech. *demos* = Volk und *kratein* = herrschen), Volksherrschaft, Herrschaft der Mehrheit, der Vielen, grenzt sich ab zu anderen Formen von → Herrschaft bzw. anderen → Staatsformen, u. a. der Monarchie oder Aristokratie, des → Autoritären Regimes oder der → Diktatur. Nach der berühmten Gettysburg-Formel *Abraham Lincolns*, geprägt während des US-amerikan. Bürgerkrieges im Jahre 1863, ist D. „government *of* the people, *by* the people, *for* the people", d. h. in der D. geht die Herrschaft aus dem Volk hervor und wird durch das Volk selbst und in seinem Interesse ausgeübt.

1. Aus der Perspektive des 20. und 21. Jh.s ergeben sich hieraus folgende Kriterien: (1) Demokratische Herrschaft gründet sich auf das Prinzip der Volkssouveränität und der polit. → Gleichheit aller (und zwar unabhängig von Geschlecht, Rasse, Konfession usw.). (2) Sie ist gekoppelt an die Geltung bürgerlicher Grundrechte und an den rechtsstaatl. Schutz des einzelnen vor staatl. Willkür. (3) Die Partizipationsrechte und -chancen des Bürgers sind fundamentaldemokratisiert; dies setzt voraus: (a) allg. und gleiches → Wahlrecht; (b) effektive → Partizipation, d. h. die Möglichkeit, die eigenen Präferenzen zu formulieren und in den Entscheidungsprozeß einzubringen, Chancengleichheit bei der Interessendurchsetzung; (c) eine aufgeklärte → Öffentlichkeit; (d) individuelle wie kollektive Partizipationsmöglichkeiten, konventionelle wie unkonventionelle Partizipationsformen; (e) Entscheidung auf Zeit; (f) unterschiedliche Zustimmungserfordernisse, je nach dem Grad der Reversibilität und/oder der Dauerhaftigkeit von Entscheidungen; (h) freie Entfaltungsmög-

lichkeiten für die → Opposition, verstanden als Minderheitenschutz und als alternative Regierung im Wartestand, inklusive der Möglichkeit der Abwahl der Regierenden durch den Bürger (*Dahl* 1971; 1985). Strittig bleiben allerdings Formen und Umfang der Beteiligungsmöglichkeiten. (4) D. im Interesse des Volkes erfordert nicht allein (a) die Responsivität der Regierenden, sondern impliziert auch (b) soziale Teilhabe und ein bestimmtes, als legitim anerkanntes Maß an sozialer → Gerechtigkeit, deren Gestaltung und Umfang wiederum strittig bleiben.

2. Die Durchsetzung der drei unaufhebbar zusammengehörenden, aber auch widersprüchlichen Kernelemente moderner D., Schutz, Partizipation und Inklusion, ist in der europ. geprägten Welt eng mit der Entwicklung des modernen Verfassungsstaates verknüpft und seit dem 17. Jh. in Stufen, zeitlich unterschiedlich, ungleichzeitig, teilweise auch sequenzverschoben, erkämpft worden: (a) „Demokratie als Schutz" mittels liberalem → Rechts- und Verfassungsstaat, → Gewaltenteilung und der Parlamentarisierung von Herrschaft im 17., 18. und frühen 19. Jh.; (b) „Demokratie als Partizipation" mittels der Fundamentaldemokratisierung, der polit. Integration der → Arbeiterbewegung und der Parteiendemokratie (→ Parteienstaat) seit dem 19. Jh. (*Macpherson* 1983; *Held* 1987); (c) „Demokratie als Inklusion" mittels sozialer Grundrechte und Wohlfahrtsstaat im 20. Jh. (*Marshall* 1992).

3. Theoretisch lassen sich drei normative Modelle von D. unterscheiden: Dem Modell liberaler D. stehen die beiden eng verwandten Modelle republikanischer und deliberativer D. gegenüber. (1) Letztere knüpfen an die Theorie und Praxis der griech. D. der Antike und das apriorische → Gemeinwohl der bürgerschaftlichen Republik an sowie an *Rousseaus* Modell der identitären Demokratie als Verwirklichung der *volonté générale* usw. Sie vertrauen auf die Überzeugungskraft rationaler Argumente in öffentl. Debatten und setzen darauf, daß sich die Bürger im Prozeß demokratischer Deliberation durch konsensorientiertes, kommunikatives Handeln (trotz Interessenvielfalt und auch ohne Letztbegründungen) auf gemeinschaftliche Normen und Ziele verständigen können und werden (*Habermas* 1996; *Barber* 1984). Solche Modelle sind kommunitär und basisdemokratisch, allerdings (jedenfalls bislang) für die Wirklichkeit der modernen, von gesellschaftl. Heterogenität und *mass politics* bestimmten D. nur wenig praktikabel. (2) Demgegenüber ist das Modell liberaler D. realistisch und elitär. Es beruht auf einem von individueller Interessendurchsetzung geleiteten, instrumentellen Verständnis von Politik und bezweifelt die Selbstverwandlungsmöglichkeit des Menschen im Prozeß demokratischer Partizipation vom eigennützigen *bourgeois* zum gemeinschaftl. *citoyen*. Der Schutz des einzelnen und die Durchsetzungschancen seiner Privatinteressen als Wirtschaftssubjekt stehen folglich im Mittelpunkt. Sie haben Vorrang vor dem Zusammenhandeln zur Ermittlung gemeinschaftl. Zwecke.

Das Modell liberaler D. favorisiert entspr. (a) die Beschränkung der Beteiligung auf die Sphäre des Politischen und setzt (b) auf die Regulierung der gesellschaftl. Konflikte durch → Repräsentation und andere Formen der Institutionalisierung und Mediatisierung der Beteiligung des Bürgers; es versteht (c) D. nicht als Herrschafts- *und* Lebensform, sondern als Methode und marktanalog als Wettbewerb zwischen konkurrierenden (Partei-) Eliten und sieht (d) den Bürger als mehr oder weniger rational seinen individuellen Nutzen verfolgenden Konsumenten, dessen Mitwirkungsmöglichkeiten in der Politik sich im wesentlichen auf die periodische Bestätigung bzw. Abwahl der Regierenden und ihrer (Partei-)Programme beschränken (→ Wahlen; Wählerverhalten). Dieses sog. realistische Demokratiemodell wurde von *J. A. Schumpeter* (1942) klassisch auf den Begriff gebracht, von den Theoretikern der Neuen Politischen Ökonomie (→ Neue Ökonomische Politik) (u. a. *Downs* 1957) weiterentwickelt und v. a. anwendungsorientiert nutzbar gemacht. Es bestimmt die polit. Wirklichkeit der modernen Massendemokratien weithin.

4. D. gibt es in einer Vielfalt von Formen. Die Politikwissenschaft unterscheidet idealtypisch u. a. (1) nach der Gesellschaftskonzeption: Identitäre D., totalitäre Einheitsde-

mokratie (von gesellschaftl. Homogenität und/oder einheitlicher Wertorientierung ausgehend) *versus* pluralistische D. (von gesellschaftl. Interessenvielfalt ausgehend; Polyarchie); (2) nach der Art der Beteiligung der Bürger: → Direkte D., plebiszitäre D. mittels Volksversammlung, → Räten bzw. Volksabstimmungen *versus* repräsentative D. mittels Wahl, → Repräsentation und Parteiendemokratie; (3) nach dem Ausmaß und der Reichweite der Beteiligung: „starke" D. (möglichst viele gesellschaftl. Bereiche umfassend) *versus* „schwache" D. (nur den Bereich des Politischen erfassend; *Barber* 1984); (4) nach dem Entscheidungsmuster: Mehrheitsdemokratie *versus* Konsensdemokratie; (5) nach dem Politikstil: → Konkurrenz- bzw. Wettbewerbsdemokratie *versus* → Konkordanz-, Proporzdemokratie.

Dabei besteht zwischen Demokratiemodellen und Demokratieformen ein innerer Zusammenhang: Direkte D. ist zumindest der Konzeption nach auch starke D., in der D. als Herrschafts- *und* Lebensform begriffen und aus den Modellen des Republikanismus bzw. der deliberativen D. abgeleitet wird. Liberale bzw. pluralistische D. ist durchweg repräsentative D./Parteiendemokratie. Sofern diese um direkt-demokratische Elemente ergänzt wird, handelt es sich i. d. R. um das Institut der Volksabstimmung wie z. B. in der Referendumsdemokratie der Schweiz. Reine Formen kommen in der polit. Wirklichkeit nicht vor. Auch die repräsentativen D. weisen plebiszitäre Züge auf, z. B. allein schon durch die starke Personalisierung und Medienvermittlung von Politik und Wahlen. Seit der sog. partizipatorischen Revolution der 1970er Jahre kommt zudem der unkonventionellen und/oder direkt-demokratischen Partizipation, etwa der polit. Beteiligung in → Bürgerinitivativen, wachsende Bedeutung zu.

5. Der Erfolg der D. ist offensichtlich – und zwar nicht erst seit der sog. Dritten Welle der → Demokratisierung am Ende des 20. Jh. (*Huntington* 1991). Im Vergleich mit nicht-demokratischen Systemen polit. Herrschaft verfügen D. in der Regel über eine weitaus breitere Legitimationsbasis und ein relativ hohes Maß an Responsivität, häufig auch über die größere Effizienz. Allerdings weist die liberale D. auch Leistungsschwächen und Strukturprobleme auf, sind somit auch in der Zukunft Zusammenbrüche von D. nicht auszuschließen. Zu den Strukturproblemen zählen v. a.: (1) Demokratische Herrschaft ist in hohem Maße kontextabhängig, insbes. von den Bedingungen wirtschaftl. Entwicklung, sozialer Integration, polit. Kultur. (2) Sie unterliegt der Gefahr der „Diktatur der Mehrheit" (*de Tocqueville*); damit droht die Ausgrenzung der Minderheit(en), worauf nicht zuletzt die Demokratiekritik des → Feminismus aufmerksam gemacht hat, und wird die „Einbeziehung des Anderen" (*Habermas*) zur dauerhaften Herausforderung. (3) Technokratie, Bürokratisierung und Selbstprivilegierung untergraben die Responsivität der Regierenden und können auch in der D. die Abgehobenheit der polit. Klasse zur Folge haben. (4) Die Ausrichtung am Terminkalender der Wahlen hat Konsequenzen für die Problemlösungs- und Leistungsfähigkeit der Politik; sie prämiert eine Politik kurzfristiger Wahlgeschenke und führt häufig dazu, daß Probleme langfristiger Natur nur unzulänglich bearbeitet werden. (5) Der Volkswille ist fiktiv, fehlbar und verführbar, was v. a. mit Blick auf die Volksgesetzgebung von Bedeutung ist und der Referendumsdemokratie Grenzen setzt, die nicht zum Routine-, sondern nur zum Reserveverfahren und zur Ergänzung der repräsentativen D. taugt (*Offe* 1992). Zu begegnen gilt es folglich insbes. den Gefahren der polit. Unterforderung des Bürgers, der mangelnden Responsivität und der Manipulation des Volkswillens durch die Regierenden. Damit werden die Demokratisierung „von unten" durch direkt-demokratische Beteiligung, insbes. aber die Demokratisierung „im Innern" der polit. Institutionen, z. B. durch innerparteiliche und innerverbandliche D., wie „von außen" durch die Vitalisierung der polit. Diskurse in der → Zivilgesellschaft zur beständigen Aufgabe.

Lit.: *Barber, B.* 1994: Starke Demokratie. Über die Teilhabe am Politischen, Hamb. (engl. zuerst 1984). *Benhabib, S.* (Hrsg.) 1996: Democracy and Difference. Princeton. *Bobbio, N.* 1988: Die Zukunft der Demokratie, Bln. (ital. zuerst 1984). *Dahl, R. A.* 1971: Polyarchy, New Haven/L. *Dahl, R. A.* 1985: A Preface to Economic Democracy, Ox. *Dahl, R. A.* 1989: Democracy and its Critics, New Haven. *Downs. A.* 1968: Ökonomische Theorie der Demokratie, Tüb. (engl. zuerst 1957). *Habermas, J.* 1996: Drei normative Modelle der Demokratie, in: *ders.*: Die Einbeziehung des Anderen, Ffm., 277–292. *Held, D.* 1987: Models of Democracy, Stanford. *Hirschman, A. O.* 1984: Engagement und Enttäuschung. Über das Schwanken der Bürger zwischen Privatwohl und Gemeinwohl, Ffm. (engl. zuerst 1982). *Huntington, S. P.* 1991: The Third Wave. Democratization in the Late Twentieth Century, Norman/L. *Macpherson, C. B.* 1983: Nachruf auf die liberale Demokratie, Ffm. (engl.· zuerst 1977). *Offe, C.* 1992: Wider scheinradikale Gesten, in: *Hoffmann, G./Perger, W. A.*: Die Kontroverse, Ffm., 126–142. *Phillips, A.* 1995: Demokratie und Geschlecht, Hamb. (engl. zuerst 1991). *Sartori, G.* 1992: Demokratietheorie, Darmst. (engl. zuerst 1987). *Scharpf, F. W.* 1975: Demokratietheorie zwischen Utopie und Anpassung, Kronberg/Ts. (zuerst 1970). *Schmidt, M. G.* [3]2000: Demokratietheorien, Opl. *Schumpeter, J. A.* [7]1992: Kapitalismus, Sozialismus und Demokratie, Tüb. (engl. zuerst 1942). *Waschkuhn, A.* 1998: Demokratietheorien, Mchn./Wien.

Rainer-Olaf Schultze

Demokratisierung

Unter Demokratisierung (D.) versteht man den Prozeß der Bildung oder der Vertiefung der → Demokratie.

1. Historisch wurde der Begriff D. zunächst für den Prozeß der Ausbreitung des allg. → Wahlrechts verwandt. Indem die liberale Idee des Konstitutionalismus sich mit der demokratischen Idee in der modernen Demokratie versöhnte, wurde unter D. der Prozeß der Errichtung eines sowohl demokratischen (auf dem allg. Wahlrecht fußenden) als auch liberalen (den Grundsatz der → Gewaltenteilung und -beschränkung respektierenden, die → Freiheit gewährenden) Staatswesens verstanden. Die Regimetypen, die Ausgangspunkt dieses Prozesses waren, sind in Zeit und Raum verschieden gewesen. Im Falle der dritten Welle der D. (*Huntington* 1991) im letzten Drittel des 20. Jh. handelte es sich um einen zielgerichteten Prozeß, in welchem von totalitären oder autoritären Herrschaftsformen zu demokratischer Legitimierung und Ausübung der Macht übergegangen wurde. Dabei veränderte sich der Strukturtypus des → Politischen Systems (→ Systemwechsel). In diesem Verständnis von D. bleibt die Transition auf den polit.-institutionellen Bereich beschränkt und richtet sich am liberalen Demokratiekonzept aus, dessen Minimaldefinition von *R. Dahl* (1971) stammt. Maßstab für das Gelingen der D. sind die Gewährleistung eines offenen polit. Wettbewerbs (polit. → Pluralismus, freie → Wahlen). Demokratische Regierungen streben nach der Verwirklichung der → Menschenrechte und der Rechtsstaatlichkeit (→ Rechtsstaat).

2. D. ist ein offener Prozeß der Vertiefung der Demokratie durch Erweiterung der Beteiligungsrechte der Bürger an polit. Entscheidungen auf allen Ebenen des polit. Systems (dessen Strukturtypus sich nicht verändert) und darüber hinaus in allen relevanten gesellschaftl. Subsystemen.

Im Rahmen einer Demokratie kann entsprechend diesem Verständnis von D. die berühmte Forderung von *Willy Brandt* erhoben werden, mehr Demokratie zu wagen. Eine Form von D. wäre, mehr polit. Entscheidungen direkt von der Wählerschaft treffen zu lassen (→ Direkte Demokratie), dem in D die negativen Erfahrungen mit Volksbegehren und -entscheidungen in der Weimarer Republik entgegenstehen, von denen sich die BRD nur langsam zu befreien scheint. Das Konzept D. richtet sich gelegentlich auch am radikaldemokratischen Konzept der Demokratie aus, das seinen Kern in der Abschaffung der Herrschaft von Menschen über Menschen hat. D. im wirtschaftl. und sozialen Bereich kann die Form der größeren Beteiligung an den Produktionsmitteln (→ Mitbestimmung, Vergesellschaftung, Verstaatlichung) und der größeren Teilhabe an den erwirtschafteten Gütern (→ Sozialpolitik; → Wohlfahrtsstaat) annehmen.

Lit.: *Alemann, U. von* (Hrsg.) 1975: Partizipation, Demokratisierung, Mitbestimmung, Opl. *Dahl, R. A.* 1971: Polyarchy, New Haven/L. *Huntington, S.* 1991: The Third Wave. Democratization in the Late Twentieth Century, Norman. *Merkel, W.* 1999: Systemtransformation, Opl. *Potter, D.* u. a. (Hrsg.) 1997: Democratization, Camb. *Vilmar, F.* 1973: Strategien der Demokratisierung, 2 Bde., Darmst./Neuwied.

Dieter Nohlen

Demoskopie/Umfrageforschung

I. Der griechisch-neulateinische Begriff der Demoskopie (D.) bedeutet Abbildung, Darstellung des Volkes; was dabei im einzelnen abgebildet wird, ist damit nicht gesagt. Das dt. Sprachäquivalent ist i. d. R. Meinungsforschung. D. ist ein im angelsächsischen Sprachraum nicht geläufiger Begriff; dort spricht man von *public opinion research* oder auch, umfassender, von *survey research*. Dem entspricht im Deutschen der Begriff der Umfrageforschung.

Nach *Kant* bedeutet Meinung eine sowohl subjektiv wie objektiv unzureichende Fürwahrhaltung. Doch auch in der Psychologie und Sozialpsychologie gilt Meinung, etwa in Abgrenzung zur Einstellung (*attitude*), als etwas Flüchtigeres, als ein insbes. mit weniger Affekt besetzter Reaktionsmodus einer Person. Diese Art von Begriffsverständnis macht verständlich, warum bei vielen zeitgenössischen Beobachtern Meinungsforschung oder D. erhebliche Vorbehalte hervorruft.

II. Umfrageforschung (U.) ist ein Teilbereich der Empirischen Sozialforschung. Die Literatur zur Geschichte der Empirischen Sozialforschung betont, daß ihre Grundlagen schon im 18. und insbes. im 19. Jh. entstanden (*Maus* 1973). Unter Berufung auf *Lazarsfeld* stellt *Scheuch* (1965: 20) fest, „daß die Grundzüge aller wesentlichen Techniken der Sozialforschung bis um die Zeit des Ersten Weltkrieges in Europa erarbeitet wurden". Dennoch kann man sagen, daß die Institutionalisierung der U. über die Herausbildung einer Forschungsinfrastruktur, standardisierter Erhebungs- und Analysetechniken bis hin zur Etablierung einer regelmäßigen Nachfrage nach ihren Dienstleistungen erst nach dem II. Weltkrieg erfolgte. Entscheidend für diese Entwicklung ist sicherlich die Verbindung der Befragungstechniken mit der systematischen Anwendung der Wahrscheinlichkeitstheorie auf stichprobentheoretische Überlegungen. Gleichzeitig wurden damit die Voraussetzungen für die Idee geschaffen, daß eine statistisch hoch zuverlässige Aussage über beliebig große Grundgesamtheiten (unter bestimmten zusätzlichen Bedingungen) schon auf der Grundlage einer im Verhältnis geringen Zahl von Fällen getroffen werden kann. Dieser Ansatz erfuhr z. B. in den USA 1936 eine erste spektakuläre Bewährung, als *G. Gallup* die Ergebnisse der Präsidentschaftswahl auf der Grundlage einer Stichprobe von einigen tausend Befragten wesentlich genauer voraussagte als die Zeitschrift *Literary Digest* mit ca. zwei Millionen Einsendungen, die aber gerade nicht repräsentativ für die amerikan. Wahlbevölkerung waren (*Kaase/Pfetsch* 2000). Die U. als systematische Methode der Informationsbeschaffung über wissenschaftl., polit., wirtschaftl. und gesellschaftl. Sachverhalte hat in diesen Bereichen inzwischen eine herausragende Bedeutung erlangt. Gerade deswegen hat die D. sowohl in sozialphilosophischer als auch in politikwissenschaftl. Betrachtung seit langem erhebliche Vorbehalte geweckt (ebd.).

III. Die Entwicklung und praktische Anwendung der U. geschah zunächst vor allem in den USA und war durch eine enge Kooperation zwischen akademischer und anwendungsbezogener Forschung gekennzeichnet. In Deutschland wurden erste Ansätze durch das Dritte Reich zerstört, so daß es erst nach dem II. Weltkrieg zu einer hinreichenden Institutionalisierung gekommen ist. Die dt. Entwicklung der U.

hatte ihren Schwerpunkt lange Zeit in der privatwirtschaftl. verfaßten Markt- und Meinungsforschung; die theoretische und praktische universitäre Basis der U. erfuhr hingegen erst mit Beginn der 1960er Jahre eine nennenswerte Verbreiterung; seither belegen die jährl. Forschungserhebungen des Bonner Informationszentrums Sozialwissenschaften überzeugend und kontinuierlich den Rang von Befragungen als Königsweg der akademisch verfaßten Empirischen Sozialforschung (*Klein/ Rohlinger* 1998: XX–XXI).
In ihren Anfängen sah sich die U. einer Reihe von Problemen gegenüber, die eine umfassende Forschungstätigkeit anregten. Darunter fallen Gebiete wie Formulierung von Fragen/Fragebogen, Stichprobenpläne, Meß- und Skalierungsverfahren, theoretische und praktische Fragen des Interviews und der Datenerhebung allgemein sowie schließlich der Datenanalyse. Entscheidende Anstöße erfuhr die U. durch das Aufkommen der elektronischen Datenverarbeitung ab Mitte der 1960er Jahre, die vor allem der Datenaufbereitung, dem Datenmanagement und der Datenanalyse grundlegend neue Möglichkeiten eröffnete und damit letztlich ihren Durchbruch auf breiter Front ermöglichte.

Die stürmische Entwicklung der methodologischen und methodischen Grundlagen der U. in den 1940er und vor allem in den 1950er Jahren wurde durch eine Phase des relativen wissenschaftl. Stillstands in den 1960er und 1970er Jahren abgelöst. Seitdem ist die Diskussion wieder voll in Gang gekommen. Zu nennen ist hier z. B. die Anwendung kognitionspsychologischer Theorien auf Probleme der U., die eine große Herausforderung von lange Zeit nicht hinterfragten Grundlagen dieser Forschung darstellt (*Beniger/Gusek* 1995). Darüber hinaus sieht sich die U., die auf der freiwilligen Mitarbeit der Befragten beruht, zunehmend finanziellen (Kosten), praktischen (Ausschöpfungsraten) und rechtl. (→ Datenschutz) Schwierigkeiten gegenüber. Über eine gewisse Zeit konnte zu Recht vermutet werden, daß diese Probleme zumindest teilweise durch den zunehmenden Übergang zu telefonischen Befragungen gelöst werden könnten, die in der Marktforschung inzwischen weit häufiger als persönliche Interviews in Form des direkten Kontakts zwischen Befragern und Befragten (*face-to-face*) eingesetzt werden. Diese Auffassung wird jedoch nicht durchgängig geteilt, zumal die rapide Entwicklung neuer Kommunikationsmedien wie des Internets hier schon wieder interessante innovative Optionen für die Empirische Sozialforschung zu eröffnen beginnt. So stellt sich zu Beginn des 3. Jahrtausends der wissenschaftl. und forschungspraktische Status der U. als durchaus ambivalent dar, wie auch die 1999 von der Deutschen Forschungsgemeinschaft veranlaßte Denkschrift zu den „Qualitätskriterien der Umfrageforschung" (*Kaase* 1999) belegt.

IV. Die U. bezieht sich nach gängigem Sprachgebrauch auf die empirische Untersuchung von repräsentativen Querschnitten (*Sample*) der nat. Bevölkerung oder deren Untergruppen mittels standardisierter Erhebungsinstrumente und mündlicher Befragung. Demoskopische (d.) Erhebungen können jedoch auch unter Einsatz anderer als standardisierter Meßinstrumente (z. B. qualitative Verfahren wie etwa leitfadengesteuerte Interviews) oder in Verbindung mit diesen erfolgen.
Die besonders für Deutschland typische kontroverse Bewertung der D. spiegelt sowohl historische als auch normativ-theoretische Gesichtspunkte wider. Zum einen ist hier eine von unterschiedlichen demokratietheoretischen Voraussetzungen gespeiste Bewertung zu nennen. Dabei stehen sich eine elitetheoretische Position, die eine über institutionelle Strukturen vermittelte und damit im Kern reduzierte

Rolle des einzelnen Bürgers hinsichtlich der Gestaltung von Politik betont, sowie eine partizipatorisch-plebiszitäre Position, die die unmittelbaren und umfassenden Beteiligungsrechte des Bürgers in einer demokratischen Politik hervorhebt, gegenüber. Die Möglichkeit, mit den Verfahren der U. Meinungen der Bevölkerung zu öffentl. Angelegenheiten in Erfahrung zu bringen, eröffnet unter dem letztgenannten Blickwinkel die Chance einer ständigen Einbeziehung aller Bürger in den Prozeß der polit. Meinungsbildung. Möglich werden nun Aussagen über Struktur und Inhalte der → Öffentlichen Meinung.

Der schillernde Begriff der Öffentlichen Meinung war seit jeher Gegenstand besonderer wissenschaftl. Aufmerksamkeit. Der Versuch, Öffentliche Meinung zu bezeichnen als solche „Meinungen, Verhaltensweisen, die man in der Öffentlichkeit äußern oder zeigen *muß*, wenn man sich nicht isolieren will; in kontroversen, im Wandel begriffenen Bereichen oder in neu entstandenen Spannungszonen in der Öffentlichkeit äußern *kann* ohne Gefahr, sich zu isolieren" (*Noelle-Neumann* 1989: 257), entspricht einem sozialpsychologischen Ansatz und kommt einer Erfassung durch die U. sehr entgegen. Er enthält aber nichts von einem Verständnis, das Öffentliche Meinung als die Meinung der besten, gebildetsten und urteilsfähigsten Bürger versteht und auf diesem Hintergrund die D., die nur gemeine Meinung als die der ganzen Bevölkerung erheben kann, aus einer Reihe von Gründen als Gefährdung des Verfassungssystems der repräsentativen Demokratie betrachtet (*Hennis* 1957; für einen kurzen Überblick über die Kontroversen zur gesellschaftlich-polit. Rolle der U. siehe *Kaase/Pfetsch* 2000).

Im Kern der demoskopiefeindlichen Position befindet sich die Annahme, daß die Ergebnisse der D. die verantwortungsbewußte Handhabung von Politik durch die dafür gewählten Repräsentanten bedrohe, wenn nicht zerstöre. Diese Bedrohung erfolge nicht nur durch eine qualitative Veränderung des polit. Entscheidungsprozesses – Politiker, die sich zunehmend nach d. Ergebnissen richten –, sondern auch durch die Gefahr der Verstärkung der plebiszitären Komponente im Verfassungssystem selber. Bemerkenswert ist die Tatsache, daß gerade die amerikan. Besatzungsmacht nach dem II. Weltkrieg erhebliche Anstrengungen unternommen hat, um den Aufbau einer Infrastruktur für d. Forschungen in Deutschland zu unterstützen. Aus authentischen Äußerungen wird dabei deutlich, daß diese Unterstützung auch aus einer ausgesprochen positiven Bewertung des demokratischen Potentials der D. erfolgte (*Institut für öffentliche Angelegenheiten* 1952: 215). Diese Bewertung erscheint um so selbstverständlicher, als man aus den Möglichkeiten und Ergebnissen der D. z. B. im US-amerikan. Verfassungskontext zu keiner Zeit die Schlußfolgerung gezogen hat oder ziehen würde, deswegen bewährte Elemente der Verfassung in Frage zu stellen.

V. Die D. und ihre Ergebnisse können als ein Element der Informatisierung und Selbstbeobachtung moderner Gesellschaft aufgefaßt werden; sie sind aus diesen Gesellschaften nicht mehr wegzudenken. In Demokratien, in denen dem Bürger als Wähler die wichtigste polit. Entscheidung überhaupt – über die Regierung – als konstitutionelles Recht zugewiesen ist, wird man Vorbehalte gegenüber von ihm gehaltenen Meinungen und Einstellungen sowie deren Öffentlichmachung durch d. Verfahren nicht überzeugend begründen können. Daß gerade durch die U. erfaßte Meinungen, wie nicht zuletzt die Empirische Sozialforschung belegt hat, häufig wenig fundiert und informiert sind, erscheint wenig erheblich angesichts der Tatsache, daß aus strukturellen Gründen in komplexen, differenzierten Gesellschaften auch → Eliten, einschließlich der polit. Eliten, in vielen Gebieten wenig mehr als Laienmeldungen in die öffentl. Diskussion einbringen können, übrigens ein starkes Argument für eine repräsentative Demokratie.

Inwieweit die genannten Befürchtungen, die D. greife in den verfassungsmäßigen polit. Prozeß ein, gerechtfertigt oder nicht gerechtfertigt sind, ist zum einen Sache der polit. Akteure und ihres Politikverständnisses, zum anderen Sache der bestehenden Verfassungsregeln und ihrer Interpretation im polit. Prozeß selber. Hier ist nicht die D., sondern *Politeia* gefordert. Dazu gehört im übrigen auch die Herstellung einer breiten → Öffentlichkeit für d. Ergebnisse durch Offenlegung wie Kontrolle der Verfahren und Pluralität wie Zugänglichkeit der Forschungen (*Kaase* 1999). Angesprochen hingegen ist die D. in ihrem professionellen Selbstverständnis, wenn z. B. Schätzungen der relativen Parteistärken im Vorfeld von Wahlen an die Öffentlichkeit gebracht werden, ohne daß die Grundlagen der Berechnung nachvollziehbar dokumentiert werden. Sich insgesamt der polit. Verantwortung und der Reflexion ihrer soziopolit. Folgen zu entziehen, dieser Vorwurf an die Adresse der D. (*Hennis* 1957) erscheint gelegentlich nicht ungerechtfertigt, zumal die D. einen großen Teil ihrer öffentl. Aufmerksamkeit der empirischen Wahlforschung verdankt (*Brettschneider* 1996).

Im Ergebnis bleibt festzuhalten, daß die zeitgenössische U. sich mit ihrem Potenzial zur wissenschaftl. fundierten Erhellung gesamt- und teilgesellschaftl. Strukturen und Prozesse trotz mancherlei Ambivalenzen als ein für komplexe demokratische Industriegesellschaften unverzichtbares Informationsmittel erwiesen hat.

Lit.: *Beniger, J. R./Gusek, J. A.* 1995: The Cognitive Revolution in Public Opinion and Communication Research, in: *Glasser, Th. L./Salmon, Ch. T.* (Hrsg.): Public Opinion and the Communication of Consent, NY/L., 217–248. *Brettschneider, F.* 1996: Wahlumfragen und Medien, in: PVS, 37, 475–493. *Hennis, W.* 1957: Meinungsforschung und repräsentative Demokratie, Tüb. *Institut zur Förderung öffentlicher Angelegenheiten* (Hrsg.) 1952: Empirische Sozialforschung, Ffm. *Kaase, M.* (Hrsg.) 1999: Qualitätskriterien der Umfrageforschung, Bln. *Kaase, M./Pfetsch, B.* 2000: Umfrageforschung und Demokratie, in: *Klingemann, H.-D./Neidhardt, F.* (Hrsg.): Die Zukunft der Demokratie. WZB-Jahrbuch 2000, Bln. *Klein, M./Rohlinger, M.* 1998: Empirische Sozialforschung 1997, Ffm./NY. *Maus, H.* 1973: Zur Vorgeschichte der empirischen Sozialforschung, in: *König, R.* (Hrsg.): Handbuch der empirischen Sozialforschung, Bd. 1, Stg., 21–56. *Noelle-Neumann, E.* 1989: Öffentliche Meinung. Die Entdeckung der Schweigespirale, Ffm. *Scheuch, E. K.* 1965: Sozialer Wandel und Sozialforschung, in: KZfSS 17, 1–48.

Max Kaase

Deutsche Einheit

Die Deutschlandpolitik der Bundesregierungen gründete sich seit 1949 auf das Selbstbestimmungsrecht des dt. Volkes und das Präambel-Gebot des Grundgesetzes, die Einheit und Freiheit Deutschlands zu vollenden.

Den politisch-rechtl. Gesamtrahmen bilden: (a) das Grundgesetz für die Bundesrepublik Deutschland (BRD) von 1949; (b) der Deutschlandvertrag von 1955; (c) die Briefe zur Deutschen Einheit von 1970 und 1972; (d) der Beschluß des Deutschen Bundestages über die gemeinsamen Grundansichten zur Deutschland- und Außenpolitik vom 17. 5. 1972; (e) der Vertrag über die Grundlagen der Beziehungen zwischen der BRD und der Deutschen Demokratischen Republik (DDR) von 1972 (Grundlagenvertrag); (f) die Entscheidungen des Bundesverfassungsgerichts vom 31. 7. 1973, 7. 7. 1975 und 2. 10. 1987; (g) der Vertrag über die Schaffung einer Währungs-, Wirtschafts- und Sozialunion zwischen der BRD und der DDR vom 18. 5. 1990 (Staatsvertrag); (h) die Entschließung von Bundestag und DDR-Volkskammer zur Anerkennung der polit. Westgrenze vom 18. 6. 1990; (i) der Vertrag zwischen der BRD und der DDR über die Herstellung der Einheit Deutschlands vom

31. 8. 1990 (Einigungsvertrag); (k) der Souveränitätsvertrag der Zwei-plus-Vier-Verhandlungen über ein vereintes, souveränes Deutschland vom 12. 9. 1990.
Zur Deutschlandpolitik der Bundesregierung (BReg.) gehörten in strikter Einhaltung und voller Anwendung des Viermächte-Abkommens über Berlin die Konsolidierung und Entwicklung der Bindungen (West-)Berlins an den Bund und die Wahrnehmung der Außenvertretung (West-)Berlins. Erstmals konnten die Berliner Abgeordneten am 21. 6. 1990 ihr volles Stimmrecht ausüben. Die drei Westalliierten hatten zuvor die Vorbehalte gegen das Stimmrecht formell aufgehoben.

I. *Kalter Krieg und Gründung der beiden dt. Staaten (1945–1949).* Die Spaltung Deutschlands war nicht das Ergebnis der Einigkeit der Siegermächte des II. Weltkrieges über einen Teilungsplan, sondern das Ergebnis der Uneinigkeit über ein gemeinsames, für alle verbindliches Konzept für die Zukunft Deutschlands. Die Teilung begann praktisch zu dem Zeitpunkt, an dem die Siegermächte von den Teilungsplänen Abstand genommen hatten. Ausgangspunkt der Teilung Deutschlands war das Aufeinandertreffen zweier gegensätzlicher Ordnungssysteme in Deutschland: der sowjet. Versuch, westl. Einfluß auf die Ostzone abzuwehren, gleichzeitig aber eigenen Einfluß auf die Westzonen auszuüben; die Nichteinhaltung der Vereinbarungen der Konferenz von Potsdam seitens der Sowjetunion und der drohende weitere Verfall der Westzone. Konkret hat die mit der Deutschlandplanung 1943 betraute Europäische Beratende Kommission die entscheidenden Festlegungen über die Einteilung Deutschlands in Besatzungszonen und die Schaffung eines alliierten Kontrollmechanismus bereits in ihren Londoner Protokollen vom 12. 9. und 14. 11. 1944 getroffen und unter Einbeziehung Frankreichs nach der militärischen Kapitulation der Deutschen Wehrmacht in den Berliner Festlegungen über das Kontrollverfahren in Deutschland und die Besatzungszonen in Deutschland vom 5. 6. 1945 wiederholt. Danach wurde Deutschland zum Zwecke der Besetzung und Kontrolle zunächst in drei und später unter Einbeziehung Frankreichs in vier Besatzungszonen eingeteilt. Die vier Zonen-Befehlshaber (Kontrollrat) übten in den entsprechenden Zonen die oberste Gewalt in Deutschland aus und gemeinsam in den „Deutschland als Ganzes" betreffenden Fragen. Ganz Berlin wurde jedoch zusätzlich in vier Sektoren eingeteilt und der gemeinsamen Besatzungshoheit der vier Mächte unterstellt.

„Deutschland als Ganzes" bedeutete für die Alliierten das Deutschland in den Grenzen vom 1. 12. 1937. Es wurde Objekt der Viermächteverantwortung. Die Formulierung folgte der Auffassung der Siegermächte, daß alle Gebietserwerbungen des Deutschen Reiches nach dem 1. 1. 1938 unwirksam blieben. Die Übernahme der Regierungsgewalt bewirkte nach dem Willen der Siegermächte nicht die Annektierung Deutschlands, sondern für sie bestand die Kontinuität des dt. Staates über das Jahr 1945 hinaus. Auf der Potsdamer Konferenz vom 17. 7. bis 2. 8. 1945 legten die Regierungschefs der USA, GBs und der Sowjetunion die Grundsätze für die Besatzungspolitik fest, denen sich Frankreich unter Vorbehalt anschloß.

Über die Auslegung und Durchführung der Potsdamer Abmachungen bestanden, wie sich bald zeigte, zwischen den Westmächten und der Sowjetunion kontroverse Vorstellungen. Während die sowjet. Besatzungsbehörden in ihrer Zone eine tiefgreifende Umstrukturierung nach dem Vorbild des sowjet. Herrschaftsmodells einleiteten, wurde in den westl. Besatzungszonen, die zur

Erhaltung der wirtschaftl. Einheit zusammengefaßt wurden (Bizone am 1. 1. 1947, Trizone am 8. 4. 1949), mit dem Ausbau einer freiheitlich-demokratischen Ordnung begonnen. Nach der Annahme des Grundgesetzes durch den Parlamentarischen Rat am 8. 5. 1949 in Kraft getreten am 23. 5. 1949 und den Wahlen zum ersten Deutschen Bundestag (14. 8. 1949) konstituierte sich die BRD. In der sowjet. Besatzungszone nahm der 3. Deutsche Volkskongreß am 30. 5. 1949 die Verfassung der DDR an und wählte einen Deutschen Volksrat, der sich am 7. 10. 1949 zur provisorischen Volkskammer erklärte. Die 1. Volkskammer der DDR wurde am 15. 10. 1950 nach Einheitslisten gewählt.

II. *Beschränkte Souveränität, deutschlandpolit. Grundpositionen und die Verfestigung der Spaltung.* In der Zeit von der Konstituierung der BRD bis zum Frühjahr 1955 war der deutschlandpolit. Spielraum der BReg. stark beschränkt, da nach wie vor die Vorbehaltsrechte der drei westl. Besatzungsmächte galten. Die DDR war bis 1955 dem Besatzungsregime der Sowjetunion unterworfen. Für die Regierung *Adenauer* ergaben sich auf dieser Grundlage des Grundgesetzes mehrere praktische Aufgaben der Deutschlandpolitik: die westl. Alliierten auf das Ziel der Wiedervereinigung zu verpflichten, die vier Mächte unter keinen Umständen aus ihrer Verantwortung für Deutschland als Ganzes zu entlassen, jegliche Sanktionierung des *Status quo* der Teilung zu verhindern, keine Lösung zuzulassen, die nicht letztlich die freie Zustimmung des dt. Volkes fand. Das Ziel der Freiheit rangierte vor dem der Einheit.

In den deutschlandpolit. Debatten ging es inhaltlich in den 1950er Jahren zunächst um die kontrovers diskutierte Frage von Westbindung und Integration. Die Westintegration gehörte zur Maxime der *Adenauer*schen Politik. Nur die solidarische Einbindung der Deutschen in eine europ. Gemeinschaft konnte das Vertrauen zurückgewinnen. Die BRD wurde eingebettet in europ.-atlantische Bündnissysteme. Die Westverankerung war eine Absage an eine Schaukelpolitik zwischen West und Ost.

Die dt. Frage ist somit in dieser ersten formativen Phase der BRD geprägt durch die Ambivalenz von Wiedervereinigungsanspruch und Westintegration. Westintegration greift dabei über den geographischen und bündnisstrategischen Aspekt hinaus. Gemeint ist damit eine neue geistig-polit. Standortverankerung der BRD im freiheitlichen Westen.

Mit dem am 5. 5. 1955 in Kraft getretenen Vertrag über die Beziehungen zwischen der BRD und den Drei Mächten (Deutschlandvertrag) erhielt die BRD die volle Macht eines souveränen Staates über ihre inneren und äußeren Angelegenheiten (Art. 1 Abs. 2). Die Abstriche vom vollen Souveränitätsstatus werden durch Art. 2 des Vertrages deutlich, wonach sich die drei Westmächte Entscheidungen in bezug auf Berlin und Deutschland als Ganzes einschließlich der Wiedervereinigung Deutschlands und einer friedensvertraglichen Regelung vorbehielten. Mit Inkrafttreten des Deutschlandvertrages wurde die BRD Mitglied der Nordatlantik-Pakt-Organisation (NATO) und der Westeuropäischen Union (WEU). Die DDR wurde am 14. 5. 1955 in die Warschauer-Pakt-Organisation (WVO) aufgenommen.

Die Veränderung des weltpolit. Szenariums führte Mitte der 1950er Jahre zu einer wichtigen Revision der Deutschlandpolitik *Adenauers*. Denn in dem Maße, in dem den westl. Alliierten an einem Arrangement mit der Sowjetunion möglicherweise ebensoviel gelegen war wie an einer positiven Lösung der dt. Frage, war es besser, wenn diese nicht mehr auf die Tagesordnung von Ost-West-Konferenzen kam, weil das die Möglichkeit erleichtert hätte, Vereinbarungen auf Deutschlands Kosten zu treffen. Daher begann *Adenauer* seit 1956 selbst dafür einzutreten, daß auf Ost-West-Konferenzen die → Abrüstung die primäre Frage sein müsse.

Die BRD erhob seit ihrer Konstituierung den Anspruch, die alleinige legitimierte staatl. Organisation des dt. Volkes zu sein (Alleinvertretungsanspruch). Der „sog. DDR" wurde keine Staatsqualität zugebilligt, und sie wurde auch nicht völkerrechtl. anerkannt. Diplomatische Beziehungen mit der DDR durch dritte Staaten, mit denen die BRD offizielle Beziehungen unterhielt, wurden als unfreundlicher Akt angesehen, da er geeignet war, die Spaltung Deutschlands zu vertiefen (*Hallstein*-Doktrin).

Das Berlin-Ultimatum der Sowjetunion im November 1958 eröffnete eine neue Phase sowjet. Deutschlandpolitik, die sich immer mehr auf die Zwei-Staaten-Theorie konzentrierte. Mit dem Bau der Berliner Mauer vom 13. 8. 1961 wurde die letzte freie Verbindung zwischen beiden Teilen der Nation zerschnitten. Die BRD war auf sich selbst zurückgeworfen, die Aussichten auf baldige Einheit schwanden, und die DDR konnte sich konsolidieren, denn erst die Mauer gab *Ulbricht* die volle Gewalt über die Bürger seines Staates. Die Spaltung Deutschlands hatte sich verfestigt.

III. *Status-Fragen und Aussöhnung.* Die beiden Machtblöcke hatten sich während der 1960er Jahre immer mehr verfestigt. Auf der Grundlage des *Status quo* versuchte die BReg. der Großen Koalition ab Ende 1966 mit den Staaten des Ostblocks bilaterale Abkommen über einen gegenseitigen Gewaltverzicht zu schließen, ohne dabei jedoch die Oder-Neiße-Linie anzuerkennen. Bei Beibehaltung des Alleinvertretungsrechts und der Nichtanerkennung versuchte die Regierung *Kiesinger/Brandt,* wenigstens menschliche Erleichterungen im gespaltenen Deutschland zu erreichen, wenn nicht die Forderung nach staatl. Einheit kurzfristig erreichbar war. In der öffentl. Diskussion in der BRD wurden Mitte der 1960er Jahre immer stärker die offiziellen Positionen zur Wiedervereinigung in Frage gestellt. Der Wille nach Überwindung der Stagnation verband sich mit Plädoyers zur Anerkennung der DDR. Die dt. Frage hatte sich von der Frage nach der Wiedervereinigung in den 1950er Jahren zunehmend auf neue staatsrechtl. Annäherungsbemühungen und auf die Aussöhnung mit dem Osten verlagert.

Entscheidender deutschlandpolit. Einschnitt nach Beendigung der Ära *Adenauer* war der Übergang zum Zwei-Staaten-Konzept in der BRD nach 1969. Auf der Grundlage des neuen internat. Sicherheits- und Entspannungsklimas leitete die sozial-liberale Koalition 1969 ihre neue Ost- und Deutschlandpolitik ein. Am Anfang stand die Bereitschaft, von der Existenz der DDR als eines zweiten Staates in Deutschland auszugehen. Die Kernproblematik der Einheit der dt. Nation rückte in den Vordergrund bei der Formel von den zwei dt. Staaten einer Nation. Der am 21. 12. 1972 unterzeichnete Vertrag über die Grundlagen der Beziehungen zwischen beiden dt. Staaten (Grundlagenvertrag) vollzog eine tiefgreifende Zäsur: den Übergang vom Alleinvertretungsanspruch der BRD zum Prinzip und Status der Gleichberechtigung zwischen beiden Staaten, verbunden mit dem Ziel, normale, gutnachbarliche Beziehungen zu entwikkeln.

Neben den bilateralen Verträgen (Ostverträgen) mit der Sowjetunion (12. 8. 1970), Polen (7. 12. 1970), Prag (11. 1. 1973) und dem Viermächteabkommen über Berlin vom 3. 9. 1971 kennzeichnet die KSZE-Schlußakte vom 1. 8. 1975 (→ OSZE) als wichtiger multilateraler Einschnitt die Deutschland- und Ostpolitik. Die dt. Frage blieb danach offen, da die Schlußakte kein europ. Friedensvertrag mit bindender Wirkung für Deutschland war.

Die Grundpositionen der Deutschlandpolitik waren seit dem Grundlagenvertrag gekennzeichnet durch einen auch formal festgehaltenen Dissens der beiden dt. Staaten über die dt. Nation. Das Bundesverfassungsgericht ging in der Begründung des Urteils vom 31. 7. 1973 auf diesen Gesichtspunkt der unterschiedlichen Auffassungen zur nat. Frage ein. Im Anschluß an den Grundlagenvertrag kam es zwischen den beiden dt. Staaten zu einer Reihe von Verträgen und Vereinbarungen. Der Grundlagenvertrag hat ferner den Weg zur Aufnahme der BRD und der DDR in die → Vereinten Nationen freigemacht. Der am 7. 10. 1975 zwischen der DDR und der Sowjetunion geschlossene Freundschaftsvertrag ging davon aus, daß die dt. Frage im Gegensatz zur Auffassung der BRD nicht mehr offen ist.

IV. *Suche nach Identität.* Seit Abschluß des Grundlagenvertrages zeigten sich in den 1970er Jahren und vehement seit Beginn der 1980er Jahre polit.-kulturelle Akzentverschiebungen der dt. Frage in der BRD. Die Debattenschwerpunkte und Argumentationsfiguren verwiesen schon sprachlich auf neue Akzentuierungen der dt. Frage. Vor allem in der intellektuellen Öffentlichkeit wurden die veränderten Positionen artikuliert. Anerkennung und Selbstanerkennung, statusrechtl. Probleme, Fragen des Systemgegensatzes wandelten sich zu Selbstverständnisdebatten und Identitätsnachfragen. So wurden in der BRD erneut Fragen gestellt, von denen man im Zuge der Entwicklung der BRD zu einer westl. Industriemacht beinahe hätte glauben können, sie stellten sich im westl. Deutschland nicht mehr. Es ging um die Frage, wer wir eigentlich sind. Selbstdefinition und Selbstabgrenzung waren für die Westdeutschen nach dem Grundlagenvertrag offenbar noch vager geworden. Gesucht wurde somit eine tiefer grundierte Identität, ein neuer Standort. Es ging um das Verhältnis der BRD zu sich selbst; es integrierte die Debatte über die dt. Rolle in der internat. Politik; die Frage nach den West-Ost-Koordinaten der Bundesrepublik zwischen Westbindung, Ostverbindung und Mittellage tauchte auf; Traditionslinien dt. Standorte wurden mit der Identitätssuche aktiviert. Die sich dabei mit vermischenden kultur- und zivilisationskritischen Strömungen waren jedoch weniger Ausdruck des Unbehagens an der Nation als an der Verfaßtheit der bundesrepublikanischen Gesellschaft. Die Frage nach der Identität der Deutschen in den 1980er Jahren bündelte somit kulturelle Dispositionen. Die dt. Frage wurde zunehmend als Thema unserer → Politischen Kultur diskutiert. Auch in der DDR gab es fast zeitgleich das Bemühen, das sozialistische Vaterland nicht nur mit gesellschaftspolit.-ideologischem, sondern auch mit geschichtlichem Inhalt auszufüllen. Das Konzept der Herausbildung der sozialistischen Nation in der DDR, durch die die dt. Frage endgültig beantwortet sei, wandelte sich.

V. *Die Schritte zur staatl. Vereinigung. 1. Der innenpolit. Weg zur Einheit:* Die Ursachen des Umbruchs in der DDR sind vielschichtig. Die Unzufriedenheit der Menschen mit den Auswirkungen des alltägl. Sozialismus, die wirtschaftl. desolate Situation, der Protest gegen weitere Beschränkungen der Reisefreiheit und der Menschenrechte gehörten sicher zu den entscheidenden Auslösern des Umbruchs. Ohne die von *Gorbatschow* in der Sowjetunion und dem gesamten Ostblock eingeleiteten Reformen des gesellschaftl. und polit. Umbaus wäre die Gesamtentwicklung nicht möglich gewesen. Als Katalysatoren der revolutionsähnlich verlaufenden Wende in der DDR sind die Öffnung der ungarisch-österreichischen Grenze am 11. 9. 1989 und die Massenflucht von

Tausenden DDR-Bürgern einzuordnen. Der Massenflucht folgte der Massenprotest: die Montagsdemonstrationen besonders in Leipzig, Dresden und Ost-Berlin. Mit dem Fall der Mauer am 9. 11. 1989 war der Weg zur staatl. Einheit unumkehrbar. Die tägl. Übersiedlerzahlen und das enorme Wohlstandsgefälle zwischen West- und Ostdeutschland ließen zu einer schnellen Vereinigung keine Alternative, wollte man nicht deutsch-deutsche Grenzkontrollen aufrechterhalten. Es gab zwei Ziele innerhalb des Massenprotestes, die phasenverschoben nacheinander folgten: Zunächst sollte das SED-Regime gestürzt werden („Wir sind das Volk!"); dann, als der Sog der Bundesrepublik sich vergrößerte und die Destabilisierung der DDR tägl. zunahm, wurde daraus „Wir sind ein Volk!"

Die in der ersten freien Volkskammerwahl in der DDR vom 18. 3. 1990 gewählte Koalitionsregierung unter der Führung von Ministerpräsident *Lothar de Maizière* hatte das Ziel, wieder einen föderativen Staatsaufbau zu schaffen und die Vereinigung nach Verhandlungen mit der Bundesrepublik auf der Grundlage des Art. 23 GG, der anderen Teilen Deutschlands den Beitritt ermöglicht, konkret vorzubereiten. *De Maizière* bestand darauf, Rechte und Ansprüche der DDR-Bürger im vereinten Deutschland durch verbindliche Festschreibungen zu sichern. Die Schaffung einer Währungs-, Wirtschafts- und Sozialunion (Staatsvertrag vom 18. 5. 1990) schuf die Voraussetzungen für die Übernahme des Prinzips der → Sozialen Marktwirtschaft und für die Verpflichtung der DDR auf die Ziele der → Geld-, → Finanz-, → Beschäftigungs- und → Außenwirtschaftspolitik der BRD. Dieser Staatsvertrag war die Vorstufe zur Vereinigung und trat am 1. 7. 1990 in Kraft. Der Wahlvertrag vom 3. 8. 1990 versuchte die Formen der polit. Legitimation in beiden dt. Staaten aufeinander zu beziehen. Parteipolitische Interessen und verfassungsrechtl. Argumente waren jedoch nicht in Einklang zu bringen. Das Bundesverfassungsgericht verhinderte die Festschreibung einer einheitlichen Fünfprozentklausel für das gesamte Wahlgebiet. Auf der Grundlage dieses Wahlvertrages erklärte schließlich die Volkskammer der DDR am 23. 8. 1990 ihren Beitritt zum Geltungsbereich des Grundgesetzes nach Art. 23 GG mit Wirkung zum 3. 10. 1990. Doch die Volkskammer formulierte gleichzeitig Vorbehalte: Zunächst müßten die Verhandlungen zum Einigungsvertrag abgeschlossen und die außenpolit. Fragen geklärt sein. Die rechtl. Grundlagen für die Vereinigung wurden im „Vertrag zwischen der BRD und der DDR über die Herstellung der Einheit Deutschlands – Einigungsvertrag" vom 31. 8. 1990 gelegt. Der Vertrag regelte die Inkraftsetzung des Grundgesetzes in der ehemaligen DDR zum 3. 10. 1990 sowie die weitgehende Anwendung des Rechts der Bundesrepublik im Beitrittsgebiet.

2. *Der außenpolit. Weg zur Einheit:* Nach der deutschlandpolit. Wende am 9. 11. 1989 war es an den vier Mächten, zu den Ereignissen Stellung zu beziehen. US-Außenminister *Baker* erklärte, daß die Deutschen in West und Ost selbst über ihre Einheit zu entscheiden hätten, doch müsse ein vereinigtes Deutschland der NATO und der EG angehören. *Michail Gorbatschow und François Mitterand* trafen sich Anfang Dezember 1989 in Kiew, beide warnten vor dt. Alleingängen in der Frage der künftigen Beziehungen beider dt. Staaten. Das Gleichgewicht und die historischen Bedingungen müßten berücksichtigt werden. Die Sowjetunion beharrte zunächst auf der Neutralität des vereinten Deutschlands, Polen bestand auf einer formalen Anerkennung der polnischen Westgrenze.

An diesen Positionen orientierte die Bundesregierung ihre diplomatischen Initiativen. Am 14. 2. 1990 bereits waren in Ottawa die Außenminister der BRD und der DDR sowie der vier Mächte zusammengekommen. Dabei vereinbarten sie die Abhaltung von Konferenzen nach der Formel „Zwei-plus-Vier", um die äußeren Aspekte der Herstellung der dt. Einheit einschließlich der Fragen der → Sicherheit der Nachbarn zu besprechen. Beim ersten „Zwei-plus-Vier"-Treffen am 5. 5. 1990 verständigten sich die Konferenzteilnehmer, den dt. Einigungsprozeß zügig und ohne Zeitverlust auf den Weg zu bringen. Übereinstimmung herrschte über das Recht der Deutschen, eigenständig über ihre Vereinigung zu entscheiden, und darüber, daß die polnische Westgrenze in völkerrechtl. verbindlicher Form anzuerkennen sei. Die Debatte um die künftige bündnispolit. Einordnung Gesamtdeutschlands blieb zunächst ohne Ergebnis. Weitere bilaterale und internat. Gespräche folgten. Der entscheidende Durchbruch wurde bei dem Besuch *Helmut Kohls* in der Sowjetunion, am 16. 7. 1990, erzielt: Deutschland sollte nach seiner Einigung die volle → Souveränität erhalten und hätte das Recht, frei über seine Bündniszugehörigkeit zu entscheiden. Mit dieser Vereinbarung gab die Sowjetunion ihren bisherigen Widerstand gegen die NATO-Mitgliedschaft Deutschlands auf, die außenpolit. Probleme der Wiedervereinigung waren damit gelöst. Die Regierungen der Westmächte hatten zuvor bereits versichert, daß sie einem Vertrag unter der Bedingung der NATO-Zugehörigkeit Deutschlands zustimmen würden. Am 19. 9. 1990 unterzeichneten die sechs Außenminister der „Zwei-plus-Vier"-Runde den „Vertrag über die abschließende Regelung in bezug auf Deutschland". Mit der Aussetzung ihrer Sonderrechte zum Zeitpunkt der staatl. Wiedervereinigung der Deutschen, dem 3. 10. 1990, trat der Vertrag noch vor der Ratifizierung durch die einzelnen Parlamente der vier Mächte in Kraft.

VI. *Die innere Einheit:* Den Grundstein zur Vereinigung legte die Mehrheit der 16 Millionen Bürger der ehemaligen DDR. Massenflucht, Massenprotest und Vereinigungswille waren die Stationen der friedlichen Revolution. Die Volkskammer und schließlich auch die Bundestagswahl von 1990 sind als Referenden für die dt. Einheit zu werten. Die staatl. und rechtl. Einheit ist vollzogen. Die gesellschaftspolit. Vereinigung steht noch aus.

Soziale, wirtschaftspolit. und kulturelle Spannungen kennzeichnen die innere Verfassung des vergrößerten Deutschlands. Die Kosten der Einheit verdrängen im öffentl. Bewußtsein die Vorteile der Vereinigung. Kaufmännisch kühl nahmen die Westdeutschen den Zusammenbruch der für die Ostdeutschen vertrauten Ordnung hin. Die sich fremd gewordenen West- und Ostdeutschen brauchen vermutlich eine ganze Generation, um sich wieder näherzukommen. Dennoch: Nie zuvor sind in der Geschichte zwei so gegensätzliche polit. Systeme nach vier Jahrzehnten der Trennung so reibungslos und in so atemberaubendem Tempo miteinander verbunden worden. Erst die kommende Generation wird auf die Episode des zweigeteilten Deutschlands zurückblicken und die doppelte Geschichte als dt. Geschichte auf dem Weg zur Einheit umfassend in ihrem Geschichtsbewußtsein verankern.

Lit.: *Bender, P.* 1986: Neue Ostpolitik, Mchn. *Glaab, M.* 1999: Deutschlandpolitik in der öffentlichen Meinung, Opl. *Grosser, D.* 1998: Das Wagnis der Währungs-, Wirtschafts- und Sozialunion, Stg. *Korte, K.-R.* 1990: Der Standort der Deutschen. Akzentverlagerungen der deutschen Frage in der Bundesrepublik seit den siebziger Jahren, Köln. *Korte, K.-R.* 1994: Die Chance genutzt?, Ffm./NY. *Korte, K.-R.* 1998: Deutschlandpolitik in Helmut Kohls Kanzlerschaft, Stg. *Meuschel, S.* 1992: Legitimation und Parteiherrschaft in der DDR, Ffm. *Weidenfeld, W.* 1982: Die Frage nach der Einheit der deutschen Nation, Mchn. *Weidenfeld, W.* (Hrsg.) ^{2}1985: Die Identität der Deutschen, Mchn. *Weidenfeld, W.* ^{2}1990: Der deutsche Weg, Bln. *Weidenfeld, W./Wagner, P. M./Bruck, E.* 1998: Außenpolitik für die deutsche Einheit, Stg. *Weidenfeld, W./Korte, K.-R* (Hrsg.) 1999: Handbuch zur deutschen Einheit. 1949–1989–1999, Ffm./NY. *Weidenfeld, W./Zimmermann, H.* (Hrsg.) 1989: Deutschland-Handbuch. Eine doppelte Bilanz 1949–1989, Mchn.

Karl-Rudolf Korte/Werner Weidenfeld

Dezentralisation → Kommunalpolitik

Dienstleistungsgesellschaft → Gesellschaft

Diktatur

Herrschaft einer Person, Gruppe, Partei oder Klasse, die die Macht im Staat monopolisiert hat und sie unbeschränkt (oder ohne große Einschränkung) ausübt.

1. Die historisch konkreten Erscheinungsformen der Diktatur (D.) sind äußerst vielfältig und nur schwer untereinander wie gegenüber anderen Herrschaftsformen des Autoritarismus abzugrenzen. Sie reichen von der orientalischen Despotie, der griech. Tyrannis (als der entarteten Form der Monarchie) und der römischen D. über die D. der mittelalterlichen Stadtstaaten und Renaissance-Fürsten bis zu den D. während, im Gefolge und in Reaktion der bürgerlichen Revolution (D. *Cromwells*, *Robespierres*, *Napoleons I.*), der sozialistischen Revolution (D. des Proletariats) und der Dekolonisierung (etwa die Einparteiregime Afrikas und Asiens seit den 1960er Jahren; → Autoritäre Regime). Sie reichen ihrem Charakter nach von der D. als zeitlich befristeter Krisen- und Notstandsregierung (z. B. die römische D. bis *Sulla*, die „kommissarische" D. des Weimarer Reichspräsidenten, diktatorische Macht aufgrund des *War Measures Act* in GB) über den Cäsarismus, Bonapartismus und *caudillismo* (*Caudillo*) bis zur „totalitären D." des → Faschismus und → Stalinismus.

2. Im Gegensatz zum liberalen „Verfassungsstaat der Neuzeit" (*C. J. Friedrich*) ist die moderne D. insbes. von folgenden Strukturmerkmalen gekennzeichnet: (1) die „Monopolisierung der Staatsgewalt" (*Heller*) und damit die Beseitigung der horizontalen wie vertikal/föderalen → Gewaltenteilung und Machtdiffusion, (2) die Abschaffung der → Opposition, die (völlige oder weitgehende) Aufhebung des gesellschaftl. und polit. → Pluralismus, der Pressefreiheit, und damit die Aufhebung der Kontrolle polit. Herrschaft, (3) die Ersetzung des → Rechtsstaates durch den Polizeistaat und damit den Verlust von *Habeas-corpus-Rechten*, ohne *due process* und unabhängige Gerichtsbarkeit.

Im Typ der „totalitären D." treten nach *Franz Neumann* (1967, 1977) als weitere Merkmale hinzu: (4) die Existenz einer monopolistischen Staatspartei, die in industriellen Gesellschaften (5) den Übergang zur totalitären Kontrolle u. a. durch die folgenden Herrschaftstechniken ermöglicht: (a) das Führerprinzip, (b) die Gleichschaltung, (c) die Schaffung „gestufter Eliten", um die „Kontrolle der Massen von innen zu ermöglichen und die Manipulation nach außen zu verschleiern", und den Dualismus von Partei- und Staatsbürokratie, (d) die Vereinzelung und Isolierung des einzelnen, (e) die Überführung von Kultur in Propaganda sowie (6) den Terror in Form der „nicht berechenbare(n) Anwendung physischer Gewalt als permanenter Drohung gegen jeden" (*Neumann* 1967: 235 f.).

3. Die Frage nach den sozialen Ursachen moderner D. läßt sich differenzieren zwischen D., die die Aufrechterhaltung des sozialökonom. *Status quo* oder der herrschenden gesellschaftl. Kräfte verfolgen, und D., die auf den Strukturwandel der Gesellschaft, auf Innovation und Entwicklung zielen, also zwischen „Beharrungs- und Entwicklungsdiktaturen". Nach den gleichen Merkmalen wird zwischen → Militärregimen unterschieden: nichtpartizipatorische, sog. *exclusionary regimes* zum Schutze der privilegierten Oberschicht und sog. *inclusionary regimes*, bei denen das Militär die Unterprivilegierten für reformistische Ent-

wicklungsziele zu mobilisieren versucht.

Barrington Moore (1969) hat im Anschluß an *K. A. Wittfogel* die „soziale(n) Ursprünge von D. und Demokratie" auf die unterschiedlichen Reaktionen der grundbesitzenden Oberklassen und der Bauern auf die Erfordernisse einer kommerziellen, auf die Marktproduktion zielenden Landwirtschaft zurückgeführt. Entsprechend der Verhaltensweise der Agrarbesitzer macht *Moore* drei Wege aus der vorindustriellen in die moderne Welt aus: Der erste führte über die bürgerlichen Revolutionen und die Verbindung von Großgrundbesitz und Gewerbe- und Industriebürgertum der Städte zur kapitalistischen Demokratie (GB, Frankreich, USA), der zweite über eine „Revolution von oben" in die faschistischen D. von rechts (D, Japan), der dritte über die Bauernrevolution von unten in die kommunistischen D. von links (UdSSR, China).

4. Nicht erst durch den Zusammenbruch des Real existierenden → Sozialismus in der vormaligen Sowjetunion und in Ostmitteleuropa Ende der 1980er Jahre kam es weltweit zur Öffnung und Liberalisierung diktatorischer oder autoritärer Herrschaft. Vorangegangen waren seit Mitte der 1970er Jahre in Südeuropa und Lateinamerika Transformationsprozesse, die zur → Demokratisierung der dortigen polit. Systeme führten. Die Geschlossenheit nach innen ließ die Regime zusehends lern- und wandlungsunfähig werden und führte teils zur (tatkräftig von außen angestoßenen) Selbsttransformation, teils zur Implosion der D. wie v. a. im vormaligen Ostblock. Die → Systemwechsel bedeuten indes nicht automatisch auch ein Weniger an → Gewalt; zudem ist aufgrund der markanten Ungleichzeitigkeiten wirtschaftl., sozialer und polit. Entwicklung fraglich, ob pluralistische und demokratische Herrschaftsformen die einstmals diktatorischen oder autoritären Regime werden dauerhaft ablösen können.

→ Totalitarismus

Lit.: *Hallgarten, G. W. F.* 1966: Dämonen oder Retter? Eine kurze Geschichte der Diktatur seit 600 v. Chr., Mchn. *Heller, H.* 1930: Rechtsstaat oder Diktatur?, Tüb. *Moore, B. jr.* 1969: Soziale Ursprünge von Diktatur und Demokratie, Ffm. (engl. zuerst 1966). *Neumann, F.* 1967: Demokratischer und autoritärer Staat, Ffm. u. a., 224–247. *Neumann, F.* 1977: Behemoth. Struktur und Praxis des Nationalsozialismus 1933–1944, Köln u. a. (engl. zuerst 1942/1944). *Schmitt, C.* [6]1994: Die Diktatur, Bln. (zuerst 1928). *Wittfogel, K. A.* 1962: Die orientalische Despotie, Köln u. a. (engl. zuerst 1957).

Rainer-Olaf Schultze

Direkte Demokratie

Direkte Demokratie (d. D.), die unmittelbare Herrschaft des Volkes – im Gegensatz zur repräsentativen → Demokratie, in der → Herrschaft durch vom Volk gewählte Repräsentanten (→ Repräsentation) ausgeübt wird.

1. Konzeptionen der d. D., etwa das reine Rätemodell, gehen von der prinzipiellen Identität von Regierenden und Regierten aus. Dem Volk wird (zumindest die Vermutung) totale(r) Kompetenzzuständigkeit in allen Angelegenheiten zugesprochen: Die *volonté générale*, der Allgemeinwille des Volkes, stellt sich gleichsam automatisch immer wieder her. Dies hat die ständige Teilnahme aller Bürger an allen Entscheidungen zur Voraussetzung. Dabei ist der Bürger ein *homo politicus*; eine Unterscheidung von → Staat und → Gesellschaft, die sich in der Unterscheidung von *citoyen* und *bourgeois* niederschlägt, ist nicht möglich. Der Bürger überwindet sein egoistisches Interesse bzw. eine Gruppe von Bürgern ihre partikularistischen Interessen immer wieder zugunsten des → Gemeinwohls. Die Bürger treffen ihre Entscheidungen „an der Basis", in Volksversammlungen oder Basisgruppen und durch Volksbegehren und Volksabstimmungen. Soweit es überhaupt aus Gründen, die mit der Größe eines Gemeinwesens zusammen-

hängen, ein Parlament mit gewählten Delegierten geben muß, ist es Exekutor der *volonté générale*. Um die Verselbständigung der Parlamentarier zu einer polit. Elite mit Eigengewicht zu vermeiden, werden diese mit Hilfe des imperativen Mandats, des Rotationsprinzips und des *recall* und durch direkte Volkswahl an die Basis gebunden. Auf diese Weise soll die Identität von Regierenden und Regierten hergestellt werden. Die d. D. läuft also auf (tendenzielle) Aufhebung von Herrschaft hinaus. Demokratie wird als gesellschaftl. Prinzip postuliert und nicht wie in Konzeptionen der repräsentativen Demokratie auf die polit. und staatl. Sphäre begrenzt.

2. In der Verfassungswirklichkeit sind Konzeptionen der d. D. bisher nicht verwirklicht worden, auch nicht das Rätemodell. Soll d. D. überhaupt funktionieren, so ist dies nur in einem relativ kleinen und überschaubaren (Stadt-)Staat denkbar, in dem eine sozial homogene Bevölkerung lebt. Selbst *J. J. Rousseau*, der Vater der direkten, der klassischen Demokratietheorie, empfahl z. B. für Korsika eine gemischte Verfassung allein schon wegen der Größe des Landes. Auch sozialistische Theoretiker waren Konzeptionen der d. D. gegenüber skeptisch. So sind die 1868–72 veröffentlichten Vorschläge des Sozialdemokraten *M. Rittinghausen* (der das Repräsentativsystem für eine Entartung hielt), die direkte Gesetzgebung durch das Volk einzuführen, auf die scharfe Kritik *K. Kautskys* gestoßen; sie wurden in seiner eigenen Partei kaum rezipiert. Es liegt auf der Hand (so die Kritik von Vertretern der → Pluralismustheorie an Theorien der d. D.), daß direkt-demokratische Verfahren gerade angesichts der Entwicklung moderner Kommunikationsmittel und Wahlkämpfe leicht in Demagogie ausarten und cäsaristische Züge annehmen können. Dennoch ist unbestritten, daß alle Verfassungen und Verfassungswirklichkeiten mehr oder minder stark Elemente der d. D., also eine plebiszitäre Komponente enthalten: Diese reichen von *town meetings* in Neu-England über die Volkswahl des Reichspräsidenten nach der Weimarer Reichsverfassung bis zur Volksabstimmung nach dem GG, die nur auf einen bestimmten Fall begrenzt ist. *G. Leibholz* gilt als Verfechter einer modifizierten Konzeption d. D.: Er sieht in der Entwicklung zum Parteienstaat die „rationalisierte Erscheinungsform der plebiszitären Demokratie". Danach ist der Parteienstaat gleichsam Ersatz für die d. D., und die jeweilige Parteienmehrheit in Parlament und Regierung stellt die *volonté générale* dar.

Lit.: *Bermbach, U.* (Hrsg.) 1973: Theorie und Praxis der direkten Demokratie, Opl. *Broder, D.* 2000: Democracy Derailed, NY. *Butler, D./Ranney, A.* (Hrsg.) 1978: Referendums, Washington. *Cronin, Th.* 1989: Direct Democracy, Camb./Mass. *Fetscher, I.* [7]1970: Die Demokratie, Stg. *Fraenkel, E.* [7]1991: Deutschland und die westlichen Demokratien, Stg. *Jung, O./Evers, T.* u. a. (Hrsg.) 1991: Direkte Demokratie in Deutschland, Bonn. *Leibholz, G.* 1958: Strukturprobleme der modernen Demokratie, Karlsruhe. *Rittingshausen, M.* [5]1893: Die direkte Gesetzgebung durch das Volk, Zürich. *Schiller, T.* (Hrsg.) 1999: Direkte Demokratie in Theorie und kommunaler Praxis, Ffm. *Seidel, K.* 1998: Direkte Demokratie in der innerparteilichen Willensbildung, Ffm.

Peter Lösche

Dritte Welt

Die Dritte Welt (D. W.) bilden strukturell heterogene Länder mit ungenügender Produktivkraftentfaltung (unabhängig vom Pro-Kopf-Einkommen), die sich zur Durchsetzung ihrer wirtschaftl. und polit. Ziele gegenüber dem „reichen Norden" und aufgrund gemeinsamer geschichtlicher Erfahrungen und Interessen polit. solidarisiert und in verschiedenen Aktionseinheiten lose organisiert haben (*Nohlen/Nuscheler* 1982: 17).

Für diese Begriffsbestimmung sind demnach zwei Kriterien maßgebend: das wirtschaftl. und das polit., die freilich eng miteinander verwoben sind. Das prägende wirtschaftl. Definitionsmerkmal ist strukturelle Heterogenität verbunden mit ungenügender Produktivkraftentwicklung – und nicht etwa die Höhe des Pro-Kopf-Einkommens; diesen Maßstab machen sich allerdings viele → Internationale Organisationen und Geberländer für ihre → Entwicklungspolitik zu eigen. Das polit. Kriterium hebt auf historische Erfahrungen, Interessenidentität und subjektives Zugehörigkeitsgefühl ab, welche in lose Organisationen wie die Gruppe der 77, die Blockfreienbewegung etc. einfließen.

1. Der Begriff D. W. ist stets hinterfragt und häufig mißverstanden worden. Das eine hat zweifellos mit dem anderen zu tun. Nützlich ist der Begriff als Bezeichnung für eine Gruppe von Ländern im internat. System, für die sich bislang kein geeigneter Name hat finden lassen. Problematisch wird der Begriff, wenn eine strikte Homogenität der Mitglieder dieser Gruppe von Ländern unterstellt wird und wenn er nicht auf eine beschreibende Funktion beschränkt bleibt, sondern normativ, theoretisch oder strategisch überhöht wird. Geschieht letzteres, dann ist nur allzu verständlich, daß ein „Ende der D. W." diagnostiziert wird.

Die Herkunft des Begriffs geht auf das Jahr 1949 zurück. Dabei wurde der innenpolit. Versuch einer von der kommunistischen Partei in Frankreich unabhängigen Oppositionspolitik gegenüber den rechten kapitalistischen Parteien auf die internat. Ebene und die dortigen Akteure übertragen. Insofern hat der Begriff in seinen Anfängen mit der Vorstellung eines → Dritten Weges zu tun, die sich dann bald in der Blockfreienbewegung manifestierte. Immer wieder anzutreffende Vorbehalte, der Begriff sei abschätzig und diskriminierend, entbehren begriffsgeschichtlich jeglicher Grundlage. Im Gegenteil: In den 1950er Jahren wurden unter D. W. nur jene Länder subsumiert, die positiv verstanden einen Dritten Weg der Blockfreiheit zu beschreiten gewillt schienen. Erst in den 1960er Jahren, als Unterschiede wirtschaftl. → Entwicklung in den internat. Beziehungen an Bedeutung gewannen, wurde der Begriff auf alle Entwicklungsländer (EL) in Übersee ausgedehnt. Bezeichnend ist auch, daß die Begriffe Erste Welt und Zweite Welt nicht gebräuchlich wurden, obwohl in diesen Fällen klarere Definitionsmerkmale zur Verfügung standen (westl. Industrieländer = industrialisiert-kapitalistisch; ehem. Staatshandelsländer oder sozialistische Länder = industrialisiert-sozialistisch). Kennzeichnendes Merkmal aller Dritte-Welt-Länder ist Unterentwicklung, doch eignet sich dieses Merkmal, das am Standard der entwickelten Länder gewonnen wird und die Ursachen nicht mit angeben kann, kaum als Bezeichnung der Ländergruppe, zumal sie gegen den Willen der EL durchgesetzt werden müßte. EL ist der internat. gebräuchlichste Begriff, schloß in früheren Jahrzehnten aber auch eine Reihe europ. Länder mit ein und verdeckt, daß sich natürlich auch die Industrieländer (IL) entwickeln bzw. weiterentwickeln – und das in viel schnellerem Tempo als die EL, so daß im allg. die Lücke zwischen IL und EL wächst. D. W. grenzt somit als Begriff die Länder relativ wertneutral aus, die es zu bezeichnen gilt – und tut dies auch besser als der geographisch festgelegte Begriff der Südländer, der sich daran stoßen muß, daß auch einige im Süden des Globus gelegene Länder zu den westl. IL gehören (Australien, Neuseeland). Kein Begriff kann im übrigen die innerhalb der Ländergruppe notwendigen Differenzierungen leisten.

2. Die Unterschiede zwischen den EL haben in den letzten Jahrzehnten zugenommen und machen insbes. für Zwecke der internat. Entwicklungspolitik die Bildung von Untergruppen notwendig. Die Maßstäbe, die der Ausdifferenzierung zugrunde gelegt werden, sind jedoch nicht einheitlich. Sie haben sich auch historisch gewandelt und reagieren auf konkrete Entwicklungen und Erfordernisse. Fast alle EL sind Mitglieder der Gruppe der 77, fast 80 % gehören der Blockfreienbewegung an. Diese polit. Organisationen, welche betonen, daß eine zu starke Ausdifferenzierung der EL ihre Solidarität und Stärke untergraben könnte, konkurrieren mit anderen Entwicklungsländersubgruppen, die nach unterschiedlichen Kriterien gebildet wurden: (1) Verfügungsgewalt über die Ressource Erdöl und daraus resultierenden Exporterlösen (*Organization of Petroleum Exporting Countries,* OPEC); (2) ärmste EL (*Least Developed Countries,* LLDCs); (3) Länder, die unter den Erdölpreissteigerungen, der weltwirtschaftl. Rezession und Dürrekata-

strophen zu leiden hatten (*Most Seriously Affected Countries*, MSAC): diese Kategorie wird inzwischen nicht mehr geführt; (4) hochverschuldete arme EL (*Highly Indebted Poor Countries*, HIPCs), eine Kategorie als Ergebnis der → Verschuldungskrise; (5) mit der → EU assoziierte EL (AKP-Staaten); (6) aufgrund des erreichten Entwicklungsstandes als Schwellenländer (auch *Newly Industrialized Countries*, NICs) bezeichnete EL. Zwischen den Gruppen gibt es Überlappungen.

Neben der Gruppenzugehörigkeit, die eine aktive (OPEC), historisch bedingte und entwicklungspol. einträgliche (AKP) oder zugeschriebene (Schwellenländer) sein kann, ist für die Zuordnung von EL auch die Rangfolge der Staaten nach Einkommen (von der → Weltbank bevorzugt) und nach menschlicher Entwicklung (HDI, *Human Development Index*), dem vom Entwicklungsprogramm der UNDP 1990 entwickelten Maßstab für den Stand menschlicher Entwicklung, gebräuchlich. Der HDI setzt sich aus der durchschnittl. Lebenserwartung bei Geburt, dem Bildungsgrad, gemessen an der Analphabetenquote der Erwachsenen und der Einschulungsquote im Primär-, Sekundär- und Tertiärbereich des Bildungssystems sowie dem Pro-Kopf-Einkommen auf der Basis von Kaufkraftparitäten zusammen. Zum HDI hat sich u. a. ein geschlechtsbezogener Entwicklungsindex (GDI, *Gender Development Index*) gesellt, der 1995 vom UNDP eingebracht wurde: Der GDI trennt die Daten des HDI nach Geschlechtern. Je nach Index nehmen die EL einen verschiedenen Rangplatz ein. Das Über- oder Unterschreiten bestimmter Werte ordnet die Länder zu. So unterscheidet die Weltbank in ihren seit 1978 jährl. veröffentlichten Weltentwicklungsberichten zwischen MICs (*middle income countries*) und LICs (*low income countries*).

Lit.: *Abdalla, S.* 1978: Heterogeneity and Differentiation. The End of the Third World, in: Development Dialogue, 3–21. *Horowitz, L.* 1966: Three Worlds of Development, Ox. *Menzel, U.* 1991: Das Ende der „Dritten Welt" und das Scheitern der großen Theorie, in: PVS, 32(1), 4–33. *Nohlen, D./Nuscheler, F.* [2]1982: Was heißt Dritte Welt, in: Handbuch der Dritten Welt, Bd. 1, Hamb., 11–24. *Nohlen, D./Nuscheler, F.* [3]1992: Ende der Dritten Welt?, in: Handbuch der Dritten Welt, Bd. 1, Bonn, 14–30.

Dieter Nohlen

Dritter Weg

Das erneute Auftauchen der Metapher des „Dritten Weges" in den 1990er Jahren bezieht sich auf die innerhalb und im Umfeld der brit. *Labour*-Partei ausgelöste Debatte über eine Modernisierung der sozialen Demokratie durch die europ. Sozialdemokratie. Meistens wurde in der Vergangenheit die Metapher benutzt, um dritte Wege zwischen Kapitalismus und Kommunismus/Sozialismus zu suchen.

Sie wurde beispielsweise bei der Gründung der Sozialistischen Internationale 1951 verwendet und spielte im Prager Frühling 1968 eine prominente Rolle. *Ota Siks* Buch über den Dritten Weg wollte den Wirtschaftsreformen Richtung geben. In D ist die Dritte-Weg-Debatte besonders durch die Pioniere der → Sozialen Marktwirtschaft (*Walter Eucken* und *Ludwig Erhard*) entfacht worden. Noch im Jahreswirtschaftsbericht der Bundesregierung ist 1990 angesichts der Ost-West-Umbruchsereignisse zu lesen: „Die Soziale Marktwirtschaft *ist* der Dritte Weg zwischen Kapitalismus und Sozialismus."

Das vom brit. Premierminister *Tony Blair* und seinem soziologischen Berater *Anthony Giddens* entwickelte theoretische und polit.-(wahl)strategische Konzept des Dritten Weges will sich einer ideologischen Fundamentalpolarisierung enthalten. Es zielt spezifischer auf neue polit. Wege zwischen einem insbes. in den USA und GB in den 1980er Jahren praktizierten → Neoliberalismus und der in der Nachkriegszeit von der Sozialdemokratie verfolgten wohlfahrtsstaatl. Politik.

Ausgangspunkt der theoretisch-programmatischen Überlegungen ist die

Akzeptanz der durch die → Globalisierung der Finanz-, Kapital- und Gütermärkte entstandenen neuen Bedingungen einer globalen Wettbewerbsökonomie. Der Staat soll diese Entwicklung fördern. Gleichzeitig, und damit kritisieren die Vertreter des Dritten Weges den radikalen Neoliberalismus, hat der Staat weiterhin die Verantwortung für durch den Markt verursachte soziale Folgeprobleme zu übernehmen. Man will eine, so das Schlagwort, → Marktwirtschaft, nicht aber eine Marktgesellschaft unterstützen.
In der sozialpolit. Konzeption des Dritten Weges finden sich die eigentl. umwälzenden Forderungen nach Neuorientierung der Sozialdemokratie. In Adaption an die amerikan. → Kommunitarismus-Debatte wird eine neue Gemeinschaftsorientierung als notwendig angesehen, die durch die bisherige, auf Geldleistungen und Anspruchsrechte basierende Sozialpolitik blockiert wurde. Die pure umverteilende Sozialdemokratie hat zur Individualisierung der Gesellschaft und zu einem passiven Staatsbürger geführt, der nicht mehr bereit und fähig ist, sich den veränderten Bedingungen der Wirtschaft und der Arbeitsmärkte anzupassen. Die neue → Sozialpolitik soll, auch unter Inkaufnahme einer ungerechten Vermögensverteilung, zum einen nur noch die wirklich Bedürftigen unterstützen und zum anderen sich auf die Voraussetzungen des Zugangs zur Erwerbsarbeit konzentrieren. Insbes. durch Investitionen in Bildung und Ausbildung soll die Erwerbsfähigkeit für jeden einzelnen gesichert und damit gleichzeitig → Armut und soziale Marginalisierung beseitigt und verhindert werden. Nicht der nachträglich helfende und ausgleichende Sozialstaat, sondern ein vorab aktiver Sozialstaat ist das neue Leitbild. Das bedeutet auch eine neue Sicht von → Gleichheit. Nicht mehr eine durch Umverteilung zu erreichende Gleichheit der Ergebnisse, sondern eine zu sichernde Start- und Chancengleichheit (v. a. auf dem Arbeitsmarkt) ist das primäre Ziel.

Das brit. Konzept des Dritten Weges ist stark arbeitsmarktorientiert und in seinen Kategorien und seiner „Philosophie" sehr angelsächsisch geprägt. Es ist daher fraglich, ob es sich in dieser Form etwa nach D und Frankreich exportieren läßt. Die Regierungspraxis der sozialdemokratisch regierten Länder in Europa zeigt vielmehr, daß es nicht einen, sondern mehrere Dritte Wege gibt. In der Konsequenz würde die Umsetzung des brit. Konzepts die Abkehr vom Modell eines universalistischen → Wohlfahrtsstaates bedeuten. Vorläufig steht jedoch noch mehr die wahlkampfstrategische Nutzung des Konzepts im Vordergrund, so bei den siegreichen Wahlen von „*New Labour*" 1997 und der dt. SPD 1998, wobei letztere das Konzept mit der Metapher der „Neuen Mitte" im dt. Kontext variierend anwendete. Offen bleibt, ob das brit. Konzept den Anstoß zu einer neuen Gesellschaftstheorie der Sozialdemokratie gegeben hat. Immerhin ist es gelungen, eine Programmdebatte in der europ. Linken auszulösen, in der bereits von einem neuen Revisionismusstreit in der Sozialdemokratie gesprochen wird.

Lit.: *Dörre, K./Panitch, L./Zeuner, B.* u. a. 1999: Die Strategie der „Neuen Mitte", Hamb. *Giddens, A.* 1998: Der dritte Weg, Ffm. *Grundwertekommission beim Parteivorstand der SPD* 1999: Dritte Wege – Neue Mitte. Sozialdemokratische Markierungen für Reformpolitik im Zeitalter der Globalisierung, Bonn. *Merkel, W.* 2000: Die Dritten Wege der Sozialdemokratie ins 21. Jahrhundert, in: Berliner Journal für Soziologie, 1, 99–124. *Merkel, W.* 2000: Der „Dritte Weg" und der Revisionismusstreit der Sozialdemokratie am Ende des 20. Jahrhunderts, in: *Hinrichs, K./Kitschelt, H./Wiesenthal, H.* (Hrsg.): Kontingenz und Krise, Ffm./NY, 263–290. *Sturm, R.* 2000: Der „Dritte Weg". Demokratie im Zeitalter der

Globalisierung, in: *Backes, U./Eckhard, J.* (Hrsg.): Jahrbuch „Extremismus & Demokratie“, Baden-Baden, 1–13.

Axel Murswieck

Einkommenspolitik

I. Einkommenspolitik (E.) bezeichnet die direkte staatl. Einwirkung auf die Entwicklung der Einkommen. Sie kann an Löhnen und/oder an Preisen ansetzen. Empirisch ist E. überwiegend staatl. Steuerung der Lohnentwicklung. Das ausgewiesene Ziel der herkömmlichen Form der E. ist die Verringerung oder Beseitigung von → Inflation. Ihr liegt in den meisten Fällen die Überlegung zugrunde, Preisauftrieb entstehe durch übermäßiges Steigen der Kosten (*cost-push-inflation*), insb. durch Lohnkostensteigerungen (*wage-push-inflation*; Lohn-Preis-Spirale).

E. ist hingegen sinnlos, wenn die Ursache von Inflation nicht im (Lohn-)Kostendruck gesehen wird, sondern beispielsweise in einer zu großen umlaufenden Geldmenge oder in politisch oder institutionell bewirkten Störungen eines ansonsten funktionierenden Marktes. Regierungen mit keynesianischen Leitvorstellungen werden deshalb eher zu E. greifen als Regierungen, die sich an neoklassischen/monetaristischen Theorien orientieren. Seit den 1980er Jahren entwickelt sich im Rahmen der Sanierung und des Umbaus der westl. Wohlfahrtsstaaten eine neue Art staatl. Beeinflussung von Löhnen. Dabei geht es nicht mehr in erster Linie um die an die Arbeitnehmer ausbezahlten Nettonominallöhne, sondern vielmehr um die Lohnkostenbelastung der Unternehmen, d. h. auch um → Steuern und Sozialabgaben. Das vordringliche Ziel ist nicht mehr die Eindämmung der Inflation, sondern die Wettbewerbsfähigkeit der nat. Ökonomie und damit auch die Chance der Erhöhung der Beschäftigung. Diese neue Form der E. wird jedoch besser unter dem Begriff der wohlfahrtsstaatl. Reformen rubriziert.

II. Verschiedene Typen der E. lassen sich auf einem Kontinuum ansiedeln. Ein Pol wird durch die vollkommene und verbindliche staatl. Regelung der Einkommen ohne Einbeziehung der Arbeitgeber und Arbeitnehmer in den Prozeß der Politikformulierung und -durchführung (gesetzliche E., Lohn-/Preiskontrollen) gebildet. Der andere Pol wird vom Überredungsdirigismus (*moral suasion*) eingenommen. Hierbei versuchen staatl. Stellen, auf die Politik der Tarifpartner durch Informationen, Argumente, Appelle und Drohungen Einfluß zu nehmen.

Eine häufig praktizierte Zwischenform ist durch die freiwillige Teilnahme der privaten Akteure an der Politik gekennzeichnet. Die angestrebten Lohn- und Preisentwicklungen können nicht durch gesetzliche Vorschriften erzwungen werden. Diese Form der E. wird als korporatistisch, konzertiert, kooperativ, tripartistisch oder sozialpartnerschaftlich bezeichnet. Die Teilnahme an dieser E. und die damit auferlegte Selbstbeschränkung der Verbände wird mit wirtschaftl., sozialen oder organisatorischen Vorteilen motiviert, die die Verbände sonst nicht erzielen würden. In den 1980er und 1990er Jahren läßt sich die Bereitschaft zur Kooperation auch mit den Mobilisierungsproblemen von → Gewerkschaften bei hoher → Arbeitslosigkeit und glaubhaften staatl. Stabilitätspolitiken erklären. Die Arbeitnehmerverbände waren in nur geringem Ausmaß zu lohnpolit. Offensiven fähig. Hinzu kam die glaubhafte Absichtserklärung einiger Regierungen, das Preisstabilitätsziel auf jeden Fall (zum Teil zusammen mit unabhängigen Notenbanken) anzustreben, selbst wenn dies auf Kosten des hohen Beschäftigungsstandes ginge. Unter diesen Bedingungen hatten die Gewerkschaften durch eine Kooperation nichts zu verlieren.

III. Es lassen sich vier Phasen der Einkommenspolitik in der Nachkriegszeit unterscheiden (*Armingeon* 1983; *Braun* 1986; *Dore* u. a. 1994; *Flanagan* u. a. 1983):

(1) In den unmittelbaren Nachkriegsjahren

ging es vor allem darum, die Umstellungsphasen der Volkswirtschaften durch kurzzeitige Lohn- und Preiskontrollen zu flankieren. (2) In den 1960er Jahren wurde versucht, die preistreibenden Wirkungen staatl. Nachfragesteuerung durch E. in Grenzen zu halten. Dieser Versuch gilt als weitgehend gescheitert. (3) Ab der Rezession in den Jahren seit 1973 sollten durch eine E. der »zweiten Generation« die Fehler der Vergangenheit vermieden werden. Diese hatten u. a. darin bestanden, die Tarifpartner und insb. die Gewerkschaften nicht eng genug in die Politik einzubinden. Deshalb wurde nunmehr mit kooperativen Formen der E. experimentiert, die auch für Gewerkschaften Anreize zum Mitmachen boten. Hierbei ergab sich jedoch das Problem einer mangelhaften Verpflichtungsfähigkeit der Verbände. Sie waren nicht in der Lage, »Nachschlagsverhandlungen« unterhalb der offiziellen Ebene der → Tarifpolitik zu verhindern. Die Achillesferse bildete dabei weniger die lohnpolit. Militanz der Arbeitnehmer im Sinne eines Wiederauflebens des Klassenkonfliktes, sondern vielmehr die Lohnnivellierung durch eine zentrale und häufig egalitäre Lohnpolitik, die auf den Widerstand von besser bezahlten Arbeitnehmern stieß. Hinzu kam der Unwillen von Arbeitgebern, die auf Lohnanreize nicht verzichten wollten und daran interessiert waren, besonders qualifizierte Arbeitnehmer an das Unternehmen zu binden. (4) Ende der 1970er Jahre wurde im Zuge des wirtschaftswissenschaftl. Paradigmenwechsels vom → Keynesianismus zum → Monetarismus auch die Effizienz der zweiten einkommenspolit. Generation gering eingeschätzt. In der Tat waren keine durchgängigen und großen Erfolge dieser Politik in bezug auf das Hauptziel der Preisstabilität zu beobachten. In den meisten OECD-Ländern verabschiedeten sich die Regierungen in ihrer wirtschaftspolit. Programmatik von der E., und in einigen Staaten wurde diese Abkehr auch tatsächlich vollzogen. In anderen wurden korporatistische Formen der E. weitergeführt, wenn nicht sogar ausgebaut. Insgesamt wurde in den 1980er und 90er Jahren in den OECD-Ländern nicht wesentlich weniger E. betrieben als in den zwei zuvor liegenden Dekaden (*Armingeon* 1999; *Traxler* 1998). Im Rahmen dieser Politiken gewann der Aspekt des Umbaus des → Wohlfahrtsstaates und der Lohnkostensenkung ein zunehmendes Gewicht. Dabei nahmen die Niederlande eine Vorreiterrolle mit dem Abkommen von Wassenaar (1982) ein. In diesem Abkommen mäßigten die Gewerkschaften nicht nur freiwillig ihre Lohnforderungen, sondern stimmten auch einer Flexibilisierung des Verhandlungssystems zu. Gleichzeitig wurden weitreichende sozialpolit. Reformen in Angriff genommen, die von den Gewerkschaften toleriert oder sogar unterstützt wurden (*Visser* und *Hemerijck* 1997).

IV. E. und ihre jeweiligen Formen sind abhängig von ökonom., institutionellen und polit. Rahmenbedingungen. Die Politiken unter Bedingungen der hohen Inflation unterscheiden sich von jenen der 1990er Jahre, als Preisstabilität auch ohne E. erreichbar war und E. vor allem der Verbesserung der Wettbewerbsfähigkeit diente. Institutionell müssen die Verbände bei freiwilliger E. in der Lage sein, ihre Mitglieder auf die Befolgung der ausgehandelten Normen zu verpflichten. Zudem darf die Kooperation nicht die organisatorische Stabilität der beteiligten Verbände gefährden. Aus diesem Grund sind staatl. Stützungen der Organisationen beispielsweise durch die Steuerbefreiung der Mitgliedsbeiträge ein häufiges Merkmal solcher Einkommenspolitik. In Zeiten, in denen Gewerkschaften aufgrund der allg. wirtschaftl. Lage nicht zu Lohnoffensiven fähig sind, ist die Kooperationsbereitschaft der Arbeitgeber schwierig zu erreichen. Arbeitgeberverbände sind häufig mit dem Problem konfrontiert, daß einzelne Mitgliedsfirmen sich nicht an Abmachungen halten oder gar den Verband verlassen. Unter diesen Bedingungen setzten sich selbst Gewerkschaften aus eigenem Interesse wie beispielsweise in D für die Solidarität innerhalb der Arbeitgeberschaft und für die Stabilität der Arbeitgeberorganisationen ein. Die wirtschaftl. Erfolge der E. sind insb. im Hinblick auf das Ziel der Preisstabilität umstritten. Konsens besteht allerdings darin, daß die E. nicht der Königsweg zur Preisstabilität ist. Freilich ist sie eine wichtige flankierende Maßnahme zu anderen Wirtschafts- und Sozialpolitiken, wie dies insb. die ‚neuen' E. eindrücklich belegen.

Lit.: *Armingeon, K.* 1983: Neo-korporatistische Einkommenspolitik. Eine vergleichende Untersuchung von Einkommenspolitiken in westeuropäischen Ländern, Ffm. *Armingeon, K.* 1999: Politische Reaktionen auf steigende Arbeitslosigkeit., in: *Busch, A./Plümper, T.* (Hrsg.): Nationaler Staat und internationale Wirtschaft, Baden-Baden, 169–196. *Braun, A. R.* 1986: Wage Determination and Incomes Policy in Open Economies, Washington. *Dore, R./Boyer, R./Mars, Z.* 1994: The Return to Incomes Policy, L. *Flanagan, R. J./Soskice, D. W./Ulman, L.* 1983: Unionism, Economic Stabilization, and Incomes Policies: European Experiences, Washington. *Traxler, F.* 1998: Der Staat in den Arbeitsbeziehungen. Entwicklungstendenzen und ökonomische Effekte im internationalen Vergleich, in: PVS 39, 235–260. *Visser, J./Hemerijck, A.* 1997: A Dutch Miracle. Job Growth, Welfare Reform, and Corporatism in the Netherlands, Amsterdam.

Klaus Armingeon

Einwanderung → Migration

Elite/Elitetheorie

I. Der Elitebegriff ist wissenschaftl. sehr umstritten. Dies erklärt sich daraus, daß er zum Gleichheitsprinzip moderner demokratischer Gesellschaften in einem Widerspruch zu stehen scheint. Entsprechend groß ist die Uneinigkeit unter den Sozialwissenschaftlern, was unter einer Elite (E.) zu verstehen sei. Eine Übereinstimmung zeichnet sich nur hinsichtlich dreier Merkmale ab: daß es sich um eine Minderheit handelt, die dem Rest der Gesellschaft überlegen ist und durch Auslese zustande kommt (*Endruweit* 1979: 34). Diese wenig aussagekräftige Definition wirft sogleich die Frage auf, welcher Art die Auslese ist, die zur Elitebildung führt, auf die drei Antworten gegeben wurden: Als E. bezeichnet zu werden verdienen jene, die durch ihr Verhalten am glaubwürdigsten die Leitwerte eines Gemeinwesens repräsentieren; die Bezeichnung steht jenen zu, die sich durch ihre Fähigkeiten und Leistungen der Gemeinschaft als besonders nützlich erweisen, oder jenen, denen es aufgrund ihres Durchsetzungsvermögens gelungen ist, einen überlegenen Einfluß auf und über ihre Mitbürger zu erlangen. Dementsprechend wird in der Literatur zwischen Werteliten, Funktionseliten und Machteliten unterschieden (*Schluchter* 1963).

Die drei Elitebegriffe unterscheiden sich voneinander sowohl hinsichtlich der Wirkungen, die E. zugeschrieben werden, als auch hinsichtlich des jeweils zugrundegelegten Gesellschaftsmodells. Der von Werteliten ausgehende Einfluß ist nicht institutionell erfaßbar und formalisierbar. Er besteht, streng genommen, allein in der Vorbildwirkung, der Ausstrahlung, die ihr Verhalten als Orientierungsmaßstab und Bestätigung anerkannter Wertemuster für die anderen hat. Im Begriff der Wertelite schwingt die Annahme mit, es bedürfe eines Minimums von allen Mitgliedern einer Gesellschaft geteilter → Grundwerte, sonst sei der gesellschaftl. Zusammenhalt gefährdet. Eben diese Annahme wird von den Befürwortern eines Funktionselite-Begriffs in Zweifel gezogen. Nach ihrer Auffassung sind allg. Grundwerte eine zu unverbindliche Klammer, um das hochkomplexe Gefüge moderner Gesellschaften vor dem Auseinanderbrechen zu bewahren. Ihren Fortbestand zu sichern sei vielmehr Aufgabe der großen, durch intensive wechselseitige Austauschprozesse miteinander verbundenen Funktionskomplexe wie Politik, Wirtschaft, Recht usw. Diese Funktionskomplexe hätten ihre je eigene Wertorientierung und brächten ihre speziellen E. hervor, die jeweils Tüchtigsten und Leistungsfähigsten innerhalb eines jeden Funktionsbereichs. Im Unterschied zur im Prinzip einheitlichen Wertelite gibt es also eine Pluralität von Funktionseliten. Was schließlich die Machtelite angeht, so verdankt sie ihren Einfluß weder ihren überlegenen moralischen Qualitäten noch ihrer herausragenden Erfahrung und Sachkompetenz, sondern dem Vermögen, ihre Interessen und Ziele auch gegen den Widerstand anderer zu realisieren, kurz: ihrer überlegenen Durchsetzungsfähigkeit. Die gesellschaftl. Integration wird im Sinn des Machtelitebegriffs primär durch Kontrolle und Zwang, die → Herrschaft einer Minderheit über die Mehrheit, verbürgt.

II. Gelegentlich wurde der Versuch unternommen, das eine oder andere der drei Elitekonzepte (das gilt insbes. für jenes der Wertelite; vgl. *Stammer* 1975) für obsolet zu erklären oder alle drei in einer einzigen Definition zu verschmelzen. Solche Bemühungen erscheinen wenig fruchtbar, spiegelt doch jeder der Begriffe bestimmte Strukturaspekte auch der modernen Gesellschaften wider und vermittelt somit wichtige Einsichten.

Alle drei teilen die Eigenschaft, daß sie empirisch schwer umsetzbar und überprüfbar sind. Dies trifft vor allem für den Begriff der Wertelite zu, zu der sich aufgrund von Selbstzuschreibung jeder zählen darf, der für sich in Anspruch nimmt, den sittlichen Leitwerten eines Gemeinwesens konsequent nachzuleben. Im Falle der Funktionseliten gibt es schon greifbarere, auch äußerlich erkennbare Kriterien: Zeugnisse, Diplome und Gehaltsstufen, Prämien und besondere Auszeichnungen, Beförderungen, hohe Positionen. Freilich bleiben Zweifel, inwieweit die darin zum Ausdruck kommende offizielle Rangfolge auch der Pyramide tatsächlicher Leistungs- und Qualifikationsabstufungen entspricht.

Die Forschung hat sich jedoch weder sonderlich für Wert- noch für Funktionseliten interessiert, sondern ihre Aufmerksamkeit in erster Linie den Machteliten zugewendet. Dabei tauchte eine Reihe von Fragen auf, etwa die, ob die Macht auch tatsächlich von denjenigen ausgeübt wird, die allg. als mächtig angesehen werden, oder nicht; ob sie tatsächlich bei den offiziellen Entscheidungsträgern konzentriert ist oder sich nicht vielmehr in den Händen jener „grauen Eminenzen" befindet, die hinter den Kulissen wirken. Zur Lösung dieser Probleme wurden, insbes. im Rahmen von Gemeindeuntersuchungen, mehrere Verfahren entwickelt (Reputationsmethode; Entscheidungsmethode; *Hradil* 1980). Die größte Verbreitung hat wegen ihrer leichten Handhabbarkeit nach wie vor die „Positionsmethode", die den Inhabern der polit., wirtschaftl., militärischen u. a. Schlüsselpositionen eine entsprechend überlegene Einflußmöglichkeit auf das gesellschaftl. Geschehen unterstellt.

Auch die drei Klassiker der Elitetheorie, *G. Mosca, V. Pareto* und *R. Michels*, deren Werke um die Jahrhundertwende bzw. kurz danach erschienen, setzten beim Machtelitebegriff an. Alle drei waren keineswegs von vornherein erklärte Gegner der sich allmählich durchsetzenden liberal-demokratischen Verfassungsordnung (→ Verfassung). Sie erachteten es jedoch als ihre wissenschaftl. Pflicht, auf das illusionär Vordergründige der Vorstellung von der Einbeziehung der Massen in die polit. Entscheidungsprozesse hinzuweisen. Mit den Worten von *Mosca*

(1950: 53): „In allen Gesellschaften, von den primitivsten im Aufgang der Zivilisation bis zu den fortgeschrittensten und mächtigsten, gibt es zwei Klassen, eine, die herrscht, und eine, die beherrscht wird. Die erste ist immer die weniger zahlreiche, sie versieht alle polit. Funktionen, monopolisiert die Macht und genießt deren Vorteile, während die zweite, zahlreichere Klasse von der ersten befehligt und geleitet wird". Über das Anliegen hinaus, den „Mythos" vom heraufziehenden Zeitalter der Demokratie zu entlarven, wollten die „machiavellistischen" Elitetheoretiker auch der *Marx*schen Lehre vom Klassenkampf entgegentreten (→ Marxismus). Nicht die Auseinandersetzung zwischen Ausbeutern und Ausgebeuteten in der wirtschaftl. Sphäre, sondern der Kampf um die polit. Macht zwischen E. und Gegenelite bestimme den geschichtlichen Prozeß. Ihr Ringen führe zu einem ununterbrochenen, manchmal langsamer, manchmal in Sprüngen sich vollziehenden Kreislauf der Eliten. Mithin könne – diese Schlußfolgerung richtet sich ebenso gegen *Marx* wie gegen bürgerliche Vertreter des Evolutionismus, z. B. *A. Comte* und *H. Spencer* – von einer Fort- und Höherentwicklung der Gesellschaften keine Rede sein. Die Menschennatur ändere sich nicht, dementsprechend kehrten auch in der gesellschaftl. Entwicklung stets dieselben Konstellationen wieder.

In den 1950er Jahren setzte in den USA eine intensive wissenschaftl. Beschäftigung mit E. ein, sowohl im nat. Rahmen als auch auf internat. Ebene. In anderen westl. Ländern wurden ebenfalls Herkunft, Strukturveränderungen und Einflußkanäle der jeweiligen nat. E. genauer studiert. In der BRD war es vor allem der Tübinger Forscherkreis um *R. Dahrendorf* und *W. Zapf*, der erstmals den Kontinuitäten und inneren Verschiebungen innerhalb der dt. Führungsgruppen seit dem Ausgang der Wilhelminischen Epoche nachging (*Zapf* 1965; *Dahrendorf* 1965).

Die Fülle des mittlerweile vorliegenden Forschungsmaterials, das von rein deskriptiven Einzelfallstudien über vergleichende Forschungen bis zu theoretisch orientierten Arbeiten reicht, läßt sich im wesentlichen vier thematischen Schwerpunkten zuordnen:

Eine erste Gruppe von Untersuchungen befaßt sich, die Problemstellung der Klassiker aufgreifend, mit der Umschichtung von E. im Zuge der gesellschaftl. Entwicklung. Repräsentativ für diese Forschungsrichtung sind das RADIR-Projekt *H. D. Lasswells* und die Differenzierungstheorie von *S. Keller* (1963). *Lasswell* und seine Mitarbeiter kamen zu dem Schluß, die zunehmende Industrialisierung, Rationalisierung und Bürokratisierung einerseits sowie die wachsende Weltunsicherheit andererseits führten zur Verdrängung traditioneller gesellschaftl.-polit. Führungsgruppen durch den Berufspolitiker, der zunächst als Agitator und Manipulator von Symbolen, später als technokratischer Organisationsspezialist in Erscheinung trete (*Lasswell/Lerner/Rothwell* 1952). *Keller* arbeitete die Pluralisierung und Differenzierung der E. als Antwort auf die Funktionsprobleme moderner Gesellschaften heraus.

Eine zweite Gruppe von Studien gilt Fragen der Elitenrekrutierung. Sieht eine Forschungsrichtung in der sozialen Herkunft die über Aufnahme oder Nichtaufnahme in die E. entscheidende Variable, so wird von anderer Seite mehr auf die spezifischen Aufstiegs- und Erfolgsbedingungen in modernen Großorganisationen (→ Parteien, Verbände) als Voraussetzung der Einnahme von Führungspositionen abgehoben, während eine dritte Strömung die kennzeichnenden psychologischen Merkmale der machtorientierten Persönlichkeit herauszufinden sucht. Für sich allein vermag keine dieser Theorien zu überzeugen, weshalb in jüngeren Untersuchungen dazu übergegangen wurde, sie in einen integrierten Ansatz einzubringen, der die Rekrutierung von Führungspersonal als dynamischen Interaktionsprozeß zwischen Individuen und soziopolit. Kontextbedingungen begreift und dabei den Begriff der Karriere in den Mittelpunkt der Betrachtung stellt (*Herzog* 1975).

Bei einem dritten Komplex von Untersuchungen geht es vor allem um die Machtstruktur und -verteilung in Industriegesellschaften. Die Diskussion darüber wurde durch eine Arbeit von *C. Wright Mills* (1956) ausgelöst, der mit der Behauptung, die Macht in den USA sei in den Spitzen der Hierarchien von Wirtschaft, Militär und Regierungsbürokratie konzentriert, das nordamerikan. Selbstverständnis eines demokratischen, gewaltenteiligen Staatswesens in Frage stellte. Es bildeten sich zwei Schulen heraus, die „Elitisten" und die „Pluralisten", die insbes. durch Gemeindestudien (ein in den USA besonders entwickelter Forschungszweig) die Richtigkeit der jeweils vertretenen Positionen empirisch zu erhärten suchten. Für die Bundesrepublik hat die Mannheimer Forschergruppe um *R. Wildenmann* nachgewiesen, daß *Dahrendorfs* aus den 1960er Jahren stammende These von der Versäulung der Teileliten und ihrem Zusammenschluß zu einem immobilen, defensiven Kartell mittlerweile überholt erscheint. Die westdt. Elitenformation stellt sich heute als ein System von Konkurrenzen und variablen Koalitionen mit beträchtlicher Flexibilität dar. Der Handlungsspielraum der Teileliten hat sich durch die Fähigkeit zur Aushandlung pragmatischer Kompromisse über konfligierende Ansprüche erheblich erweitert (*Dahrendorf* 1965: 245 ff.; *Hoffmann-Lange* 1986).

Schließlich sind als vierter und jüngster Schwerpunkt eine Reihe von Eliteuntersuchungen zu erwähnen, welche durch den Zusammenbruch der kommunistischen Regime des ehemaligen Ostblocks ausgelöst wurden. In ihrem Mittelpunkt steht die Frage, inwieweit die dadurch in Gang gesetzten Transformationsprozesse einen Elitewechsel zur Folge hatten, es handelt sich also um ein Wiederaufgreifen der Analyse des Verhältnisses von soziopolit. Wandel und Elitenentwicklung (Schwerpunkt 1), freilich unter viel dramatischeren Vorzeichen. Die Ergebnisse sind durchaus unterschiedlich. In allen sozialistischen Staaten hatte sich im Zuge der Modernisierung in den 1970er und 80er Jahren eine Gegenelite „im Wartestand" herausgebildet, bestehend aus dem Regime gleichgültig bis feindlich gegenüberstehenden Intellektuellen, welche nach der Öffnung des polit. Systems in gesellschaftl., wirtschaftl. und polit. Entscheidungspositionen einrückte. Dagegen verlief der weitere Werdegang der ehemaligen kommunistischen Machteliten uneinheitlich. Im Falle Ds, wo die Wiedervereinigung zugleich eine starke Kontrolle des finanziell unterstützten Ostens durch Westdeutschland mit sich brachte, konnte sich kein zu DDR-Zeiten exponierter Politiker nach der Wende an der Macht halten. Demgegenüber gelang es in den Nachbarstaaten (Ungarn, Polen) nicht wenigen der alten kommunistischen Kader, nach einem vorübergehenden Rückzug ein polit. *Comeback* zu feiern. Wie eine skeptische Schlußfolgerung aus einer Untersuchung über diese Länder lautet, haben sich in ihnen häufig die Strukturen stärker verändert als das Personal (*Szelényi/Szelényi* 1995:625).

Lit.: *Bürklin,* W. u. a. 1997: Eliten in Deutschland, Opl. *Dahrendorf, R.* 1965: Gesellschaft und Demokratie in Deutschland, Mchn. *Endruweit, G.* 1979: Elitebegriffe in den Sozialwissenschaften, in: ZfP, 26, 30–46. *Herzog, D.* 1975: Politische Karrieren, Opl. *Hoffmann-Lange, U.* 1986: Eliten und Demokratie in der Bundesrepublik, in: *Kaase, M.* (Hrsg).: Politische Wissenschaft und politische Ordnung, Opl., 318–338. *Hradil, S.* 1980: Erforschung der Macht, Stg. *Keller, S.* 1963: Beyond the Ruling Class, NY. *Lasswell, H. D./Lerner, D./Rothwell, C. E.* 1952: The Comparative Study of Elites, Stanford. *Michels, R.* 1911: Zur Soziologie des Parteiwesens in der modernen Demokratie, Lpz. *Mills, C. W.* 1956: The Power Elite, NY. *Mosca, G.* 1950: Die herrschende Klasse, Bern. *Schluchter, W.* 1963: Der Elitebegriff als soziologische Kategorie, in: KZfSS, 233–256. *Stammer, O.* 1975: Das Elitenproblem in der Demokratie, in: *Röhrich, W.* (Hrsg): „Demokratische" Elitenherrschaft, Darmst., 192–224. *Szelényi, I./Szelényi, S.* 1995: Circulation and Reproduction of Elites during the Post-communist Transformation in Eastern Europe, in: Theory and Society, 24, 615–638.

Peter Waldmann

Emanzipation

In der lateinischen Ursprungsbedeutung als Freilassung von Kindern sowie Sklaven aus der Herrschaft des Vaters bzw. Hausherren verstanden, gewinnt Emanzipation (E.) in der → Moderne die allg. Bedeutung einer Loslösung aus Abhängigkeiten polit., sozialer, psychischer, geistiger Art. E. ist ein negatives, weil sich von Instanzen der Abhängigkeit und Bevormundung absetzendes Moment von Befreiungsbewegungen. Dieses wird weniger gewährt als vielmehr aktiv gefordert und durchgesetzt. E. wird zum inhaltlich variablen Kampfbegriff, der von unterschiedlichen Akteuren im sich ausdifferenzierenden sozialen Prozeß der Moderne in Anspruch genommen wird. In der E. des Bürgertums (→ Liberalismus), der Sklaven, der Arbeiterklasse (→ Sozialismus), der Juden, der Frauen sowie von nat. und rassischen Gruppen vermischen sich polit., soziale sowie ökonom. Dimensionen von Befreiung. Die Bandbreite der Zielsetzungen reicht dabei von der Reklamierung spezifischer Interessen (in der geschlechtsspezifischen E. etwa das → Wahlrecht der Frauen), die einer gruppenspezifischen Selbständigkeit entsprechen, bis hin zur (etwa im → Marxismus beanspruchten) allg.-menschheitlichen E., die sich in der Utopie eines neuen Menschen konzentriert. Die strategischen Optionen reichen von Reformen bis zur → Revolution, wobei das strategische Handeln theoretisch-ideologisch (in „emanzipatorischen" Theorien) flankiert wird. Neben solchen klar definierten Bedeutungszuweisungen wird von E. heute auch in dem allg. Sinne der Beseitigung von Privilegien und gesellschaftl. Zwängen gesprochen.

Lit.: *Grass, K. M./Koselleck, R.* 1975: Emanzipation, in: *Brunner, O.* u. a. (Hrsg.): Geschichtliche Grundbegriffe, Bd. 2, Stg., 153–197. *Greiffenhagen, M.* (Hrsg.) 1973: Emanzipation, Hamb. *Rohrmoser, G.* 1970: Emanzipation und Freiheit, Mchn. *Spaemann, R.* 1971: Autonomie, Mündigkeit, Emanzipation, in: *Oppolzer, S./Lassahn, R.* (Hrsg.): Erziehungswissenschaft 1971 – zwischen Herkunft und Zukunft der Gesellschaft, Wuppertal u. a., 317–324.

Ulrich Weiß

Energiepolitik

Unter Energiepolitik (E.) versteht man „die Gesamtheit der hoheitlichen Regelungen und Maßnahmen […], die auf das Verhalten der Anbieter und Nachfrager von Energieprodukten (Kohle, Erdöl, -gas, Elektrizität usw.) einwirken" (*Michaelis* 1993: 55). Innerhalb der modernen Industriegesellschaften stellt E. ein ebenso bedeutsames wie komplexes Politikfeld dar. Bekanntlich basiert die Produktion von Gütern und Dienstleistungen zu einem wesentlichen Teil auf einem funktionierenden Energieversorgungssystem. Letzteres wiederum setzt nicht nur eine ausreichende und dauerhafte Bereitstellung von Primärenergieträgern voraus, sondern erfordert auch eine gesamtgesellschaftl. Akzeptanz der ökonom., sozialen und ökolog. Konsequenzen der jeweiligen Energienutzung. Der Gegenstandsbereich der E. überschneidet sich daher z. T. erheblich mit anderen Politikfeldern (→ Außenpolitik, → Umweltpolitik, → Wirtschaftspolitik, etc.); zudem ergeben sich zwischen den diversen energiepolit. Handlungsebenen (von der kommunalen über die nat. bis zur internat. Ebene) vielfältige Wechselbeziehungen. Vor diesem Hintergrund überrascht es kaum, daß die nat. wie internat. E. seit 1945 signifikanten Veränderungen unterworfen war.

1. Nach dem II. Weltkrieg war die weltweite Energienutzung durch drei generelle Entwicklungstendenzen gekennzeichnet: (a) ein starkes Wachstum des Energieverbrauchs, (b) eine Umschichtung des Anteils der verschiedenen Primärenergieträger zugunsten des Erdöls sowie (c) eine zunehmende internat. Verflechtung des Energiebereichs, nicht zuletzt hervorgerufen durch den verstärkten Ölhandel. Eine nachhaltige Zäsur markierte dann die durch den Nahost-Krieg und das politisch motivierte Ölembargo einiger arabischer Staaten ausgelöste Ölkrise von 1973/74, der 1979 eine weitere folgte. Obwohl dadurch die Primärenergieversorgung in den Industriestaaten nicht zusammenbrach, sondern sich nur verknappte, wurde nun eine auf Krisenresistenz angelegte E. zu einem Schlüsselbereich innen- wie außenpolit. Handelns.
Auf internat. Ebene entwickelten die westl. Länder in der Folgezeit vielfältige Aushandlungs- und Kooperationsbemühungen gegenüber den wichtigsten Ölförderstaaten, welche seit 1960 in der *Organisation erdölexportierender Länder* (OPEC) zusammengeschlossen sind. Zudem gründete die Organisation für wirtschaftliche Zusammenarbeit und Entwicklung (→ OECD) 1974 die *Internationale Energieagentur* (IEA), die hauptsächlich die Erdölversorgung ihrer Mitgliedsstaaten sicherstellen und deren Erdölabhängigkeit mittel- und langfristig vermindern sollte. Diese Zielsetzungen bestimmten auch die nat. E. der OECD-Staaten in den folgenden Jahren. Die diesbezüglichen energiepolit. Strategien umfaßten vor allem die Senkung des Ölverbrauchs und der Ölimporte, die Diversifizierung der Energieversorgung nach Primärenergieträgern, die Erschließung neuer Energiequellen sowie eine generelle Reduzierung des Energiekonsums. Die genannten Maßnahmen führten relativ bald zu beachtlichen Veränderungen im Energiesektor der Industrieländer:
(a) In allen OECD-Staaten verlangsamte sich nach der ersten Ölkrise der Anstieg des Energiekonsums beträchtlich, in einigen Ländern (wie Belgien, Dänemark oder GB) fiel er bis Ende der 1980er Jahre sogar unter das Niveau von 1973. Die BRD verzeichnete für denselben Zeitraum einen nur unwesentlichen Anstieg des Primärenergieverbrauchs; für die 1990er Jahre war dann eine leicht rückläufige Tendenz zu beobachten (1990: 508,8 Mio. t SKE; 1998: 488,6).
(b) Bis Ende der 1980er Jahre konnte in den OECD-Ländern der Erdölanteil am Primärenergieverbrauch von 54 % (1973) auf 43 % (1988) reduziert werden, der Erdölimportanteil ging im selben Zeitraum von 37 % auf 24 % zurück (*IEA* 1990). Diese Veränderungen basierten z. T. auf der Erschließung von neuen nat. Erdölfeldern (Förderung von Nordseeöl durch GB und Norwegen), vor allem aber auf der verstärkten Nutzung von Kernenergie, die in der e. Konzeption vieler westl. Staaten erheblich an Bedeutung gewann. In der BRD etwa wurden 18 der 20 derzeit noch bestehenden Atomkraftwerke (AKW) zwischen 1974 und 1989 in Betrieb genommen, die bis zu Beginn der 2000er Jahre ca. 12 % des Energieverbrauchs abdeckten; in Frankreich kamen die AKW seit den 1980er Jahren sogar für etwa 75 % des nat. Energiebedarfs auf. Freilich stießen die Expansionsbestrebungen im angeblich „krisenresistenten" Atomsektor auf zunehmende Widerstände innerhalb der westl. Gesellschaften, denen je nach dem Verhältnis von Staat und Atomindustrie und nach der Struktur des → Politischen Systems ein mehr oder minder großer Erfolg beschieden war.

2. Seit Mitte der 1980er Jahre wandelten sich die e. Rahmenbedingungen in den Industriestaaten wiederum in mehrfacher Hinsicht. Zum einen entspannte sich die Lage auf dem Erdölweltmarkt zusehends: Der gesunkene Energieverbrauch in den Industrieländern, die Erschließung neuer Förderregionen sowie die Steigerung der Rohölförderung in Nicht-OPEC-Staaten führten zu einer regelrechten „Ölschwemme" und folglich zu einem Verfall der Erdölpreise. Entsprechend stieg der Anteil des Erdöls am Primärenergieverbrauch der westl. Länder wieder an (in D von 35 % [1990] auf 40 % [1998]). Zum anderen wurden nun die öko-

log. Konsequenzen der bisherigen Energiewirtschaft vermehrt in die e. Debatte einbezogen; auch die vermeintlich „saubere" Kernenergie geriet (vor allem infolge der Reaktorkatastrophe von Tschernobyl im März 1986) zunehmend in die Kritik.

In den 1990er Jahren stellte sich die e. Lage in Europa zweigeteilt dar. In Osteuropa verschlechterte sich die Energieversorgung nach dem Zusammenbruch der kommunistischen Regime z. T. drastisch. In der sozialistischen Ära hatten die Ostblockstaaten aufgrund des Ressourcenreichtums der Sowjetunion, des bis 1990 weltweit größten Energieproduzenten, noch über genügend Energie verfügt. Nach der Auflösung der UdSSR blieben die meisten Nachfolgestaaten abhängig von Energieimporten aus der Russischen Föderation, welche den Großteil der sowjetischen Rohstoffvorräte „geerbt" hatte. Allerdings kam es infolge transformationsbedingter Zahlungsschwierigkeiten einzelner Staaten (u. a. Georgien, Moldawien und Ukraine) zu einer zeitweiligen Drosselung bzw. Einstellung der russischen Gas- und Erdöllieferungen, was in den betreffenden Ländern zu regelrechten Energiekrisen führte. Noch zu Beginn der 2000er Jahre ist die Versorgungssicherheit für etliche post-kommunistische Staaten das zentrale e. Problem. Für die dauerhafte Erreichung dieses Ziels bedürfte es freilich einer grundlegenden Umstrukturierung des nat. Energiesektors, welcher in den östlichsten Ländern Europas noch immer staatlich gelenkt wird und aufgrund der sozialen Kosten einer möglichen Reform nur schwer zu liberalisieren ist.

Im Unterschied dazu steht in den westeurop. Ländern derzeit die Sicherheit der Energieversorgung außer Frage. Die wichtigsten e. Entwicklungen der 1990er Jahre waren hier eine Liberalisierung des Strommarktes innerhalb der → Europäischen Union sowie (vor allem in D) ordnungs- und steuerpolit. Maßnahmen für eine „umweltgerechtere" Energiepolitik.

(a) Obwohl der Energiebereich von Beginn an im Mittelpunkt des europ. Integrationsprozesses stand, waren die EG-Mitglieder bis Mitte der 1980er Jahre in ihrer E. relativ autonom. Erst 1988 wurden erste Pläne zur EG-weiten Liberalisierung der Gas- und Elektrizitätsversorgung vorgelegt, denen 1990 weitere Richtlinien zum Transit von Elektrizität folgten. 1996 einigten sich dann die Mitgliedsstaaten darauf, ihre Elektrizitätsmärkte zwischen 1999 und 2003 in einem mehrstufigen Verfahren zu 33 % des nat. Konsums zu öffnen (*Eising* 2000). Nachdem die Mehrzahl der Länder relativ rasch über das festgelegte Liberalisierungsniveau hinausgegangen war (Ausnahmen: Frankreich, Griechenland, Irland und Portugal), wurde im Mai 2000 im EU-Rat der Energieminister eine weitere Öffnung der nat. Stromversorgung beschlossen. Zentrales technisch-administratives Problem einer effektiven Liberalisierung des Strommarktes ist derzeit die Festsetzung von Durchleitungsgebühren, welche den freien Wettbewerb als „Quasi-Zölle" nicht behindern dürfen, zugleich aber auch die Unterhaltskosten der jeweiligen Netzeigentümer abdekken sollen. Dazu wurde vom *European Electricity Regulation Forum*, einem Gremium, in dem neben der EU-Kommission und den Mitgliedsstaaten auch Vertreter von Drittstaaten sowie von Stromerzeugern und –verbrauchern präsent sind (sog. „Prozeß von Florenz"), ein provisorisches Gebührensystem entwickelt, das ab Oktober 2000 zunächst für ein Jahr gelten soll.

(b) In der BRD wurde nach dem Amtsantritt der rot-grünen Regierungskoalition (1998) eine stärkere Umweltorientierung der nat. E. angestrebt. Zu den wichtigsten Maßnahmen in diesem Zusammenhang zählt die sog. „Ökologische Steuerreform", welche bis 2003 eine stufenweise Erhöhung der steuerlichen Belastung von Kraftstoffen, leichtem Heizöl, Erdgas und Strom vorschreibt und deren Einnahmen für die Senkung der Lohnnebenkosten verwendet werden sollen (→ Arbeitsmarktpolitik). Umfang und intendierte Wirkung dieser Energieabgabe sind freilich stark umstritten: Während die Oppositionsparteien die sozioökonom. Nachteile der neuen Steuer kritisierten, blieb diese zugleich weit unter dem Erwartungsniveau von Umweltorganisationen. Ebenso wenig

Konsens herrscht hinsichtlich der zweiten wichtigen e. Maßnahme der Regierung *Schröder*, dem sog. „Atomausstieg". Im Juni 2000 kam es zwischen den Regierungsvertretern und den vier großen Energieerzeugern (EnBW, VEBA, RWE, VIAG) zu einer Verständigung auf bestimmte Restlaufzeiten für die bestehenden AKW (festgelegt als zu produzierende Reststrommenge von 2623,30 TWh, was bei voller Kapazität einer Nutzungsdauer von 32 Jahren entspricht). Hierbei akzeptierten die Unternehmen trotz unbefristeter Betriebsgenehmigung eine Begrenzung der Laufzeit und ein Ende der nuklearen Wiederaufarbeitung ab Mitte 2005, während die Regierung für die festgelegte Periode einen ungestörten Betrieb der AKW zusagte sowie auf eine zusätzliche Besteuerung des Atomstroms verzichtete. Trotz ihres Kompromißcharakters stieß diese Entscheidung in der bundesdeutschen Öffentlichkeit auf keinen breiten Konsens: Auf der einen Seite lehnten die Unionsparteien die vereinbarten Regelungen ab, da diese aufgrund der fehlenden Kapazitäten und der dadurch fälligen Umlagerung auf fossile Brennstoffe weder ökonomisch noch ökologisch sinnvoll seien. Auf der anderen Seite signalisierten die wichtigsten Umweltverbände ebenfalls eine ablehnende Haltung, da in ihren Augen der Atomkompromiß lediglich den Stromkonzernen ein unkompliziertes Weiterbetreiben der AKW garantiere.

3. Insgesamt steht E. im Spannungsfeld verschiedener Funktionsanforderungen, zwischen denen sich charakteristische Zielkonflikte auftun. Die vier wichtigsten Parameter sind hierbei:

(a) Preiswürdigkeit: In dieser Hinsicht geht es nicht nur darum, auch sozial schwächeren Gruppen die notwendige Energieversorgung zu erhalten, ein Aspekt, der etwa bei der Umstrukturierung der osteurop. Energiesektoren bes. Berücksichtigung verdient. Auch in wirtschaftspolit. Hinsicht sind moderate Energiepreise angesichts eines verstärkten ökonom. Wettbewerbs ein wichtiges Kriterium für die Standortwahl transnat. Konzerne (→ Globalisierung). Auf der anderen Seite wird gerade eine erhöhte Besteuerung des Energieverbrauchs als ein zentrales e. Instrument begriffen, um einer umweltverträglicheren E. zum Durchbruch zu verhelfen. Dabei sollen von einem Preisanstieg für nicht erneuerbare bzw. ökologisch problematische Energieprodukte nachhaltige Impulse zur Steigerung der Energieeffizienz sowie zur verstärkten Nutzung regenerativer Energien ausgehen. Angesichts des Spannungsverhältnisses zwischen sozioökonom. und ökolog. Zielsetzungen sind Art und Umfang von derartigen staatl. Eingriffen bei den Energiepreisen höchst umstritten, wie es etwa auch die Debatte um die ökologische Steuerreform gezeigt hat.

(b) Versorgungssicherheit: Spätestens seit der Ölkrise ist die Versorgungssicherheit ein zentrales Element der E. in den westl. Industrieländern. Gegenwärtig gilt die kurz- und mittelfristige Deckung des Energiebedarfs in den OECD-Staaten als gesichert: In diesen Ländern ist die Versorgungsstruktur hinsichtlich der Primärenergiequellen relativ differenziert; zugleich ist der Weltmarkt derzeit durch ein ausreichendes Angebot und eine stabile Mischung von Energierohstoffen gekennzeichnet. Die langfristige Versorgung ist jedoch grundsätzlich gefährdet, da die Vorräte der derzeit wichtigsten Energieträger in absehbarer Zeit erschöpft sind: So wird die zeitliche Reichweite der sicher gewinnbaren Reserven von Erdöl (bei gegenwärtigem Förderumfang) auf 43 Jahre geschätzt, die von Erdgas auf 66 Jahre und die von Kohle auf 169 Jahre (*BMWi* 1999). Vor diesem Hintergrund stehen in den kommenden Jahrzehnten massive Energiespar- und Effizienzsteigerungsmaßnahmen auf der Tagesordnung. Für eine dauerhafte Versorgungssicherheit müssen jedoch vor allem alternative Technologien entwickelt werden, welche die Nutzung regenerativer Energieträger (Sonne, Wasser, Erdwärme, Wind, Biomasse etc.) in großem Maßstab ermöglichen. Obwohl das Problembewußtsein von der Endlichkeit fossiler Brennstoffe in den westl. Gesellschaften inzwischen weit verbreitet ist, orientiert sich die E. der Industriestaaten immer noch weitgehend an kurz- und mittelfristigen Versorgungsaspekten.

(c) Umweltverträglichkeit: Energieerzeugung und -verbrauch beeinträchtigen die

Umwelt in vielfältiger Weise. Besonders deutlich werden die negativen Folgen der Energiewirtschaft bei Umweltkatastrophen wie Havarien von Öltankern oder Reaktorunfällen à la Tschernobyl. Doch auch permanente ökologische Belastungen wie Luftverschmutzung oder die zunehmende Erderwärmung („Treibhauseffekt"), die durch hohen Energiekonsum hervorgerufen werden, werden mittlerweile in den westl. Gesellschaften verstärkt als polit. Probleme wahrgenommen, die nur in grenzüberschreitender Kooperation gelöst werden können (→ Internationale Regime). Vor diesem Hintergrund lassen sich seit Ende der 1980er Jahre in den OECD-Staaten neben ordnungs- und steuerpolit. Umweltschutzregelungen auch verstärkte Bemühungen um eine internat. Abstimmung der umweltpolit. Strategien im Energiebereich beobachten. Weitergehende Schutzmaßnahmen, die aus ökolog. Perspektive unabdingbar erscheinen, stoßen jedoch oft an die Grenzen des wirtschafts- und sozialpolit. Erwünschten.

(d) Sozialverträglichkeit: Wie gezeigt bringen e. Entscheidungen stets weitreichende Folgewirkungen in verschiedenen Gesellschaftsbereichen mit sich. Eine erfolgreiche E. resultiert somit nicht nur aus technisch adäquaten Strategien der Bedarfsdeckung, sondern benötigt auch die Akzeptanz der wichtigsten Gruppierungen innerhalb des polit. Systems. So haben etwa in D die Debatten um die Subventionierung der heimischen Steinkohle oder die Protestaktionen gegen die Nutzung von Atomkraft (wie die versuchte Vereitelung von „Castor"-Transporten Ende der 1990er Jahre) die e. Entscheidungsprozesse durchaus beeinflußt. Mit zunehmender Unsicherheit über die weitere Energieversorgung und gleichzeitig wachsender Wahrnehmung der ökolog. Konsequenzen der bestehenden Energiewirtschaft wird die Sozialverträglichkeit der E. zu einem immer wichtigeren Orientierungspunkt für die polit. Entscheidungsträger.

Diese konkurrierenden Zielgrößen und deren spezifische Gewichtung, die sich aus den sozio-ökonom. und historisch-polit. Kontextbedingungen ergibt, bilden somit die normative Grundlage für die jeweiligen e. Konzeptionen und Strategien.

Lit.: *Brauch, H. G.* (Hrsg.) 1997: Energiepolitik, Bln. u. a. *Bundesministerium für Wirtschaft und Technologie* (*BMWi*) 1999: Energiedaten 1999. Nationale und Internationale Entwicklung, Bonn (auch online abrufbar unter http://www.bmwi.de). *Eising, R.* 2000: Liberalisierung und Europäisierung: die regulative Reform der Elektrizitätsversorgung in Großbritannien, der Europäischen Gemeinschaft und der Bundesrepublik Deutschland, Opl. *Hohensee, J./Salewski, M.* (Hrsg.) 1993: Energie Politik Geschichte. Nationale und internationale Energiepolitik seit 1945, Stg. *IEA* 1990: Energy Balances of OECD Countries 1987–1988, Paris. *Michaelis, H.* 1993: Die Energiewirtschaft der Bundesrepublik Deutschland von 1970 bis 1990, in: *Hohensee, J./Salewski, M.* (Hrsg.), 51–74. *Müller, F./Ott, S.* (Hrsg.) 1998: Bridging Divides – Transformation in Eastern Europe: Connecting Energy and Environment, Baden-Baden. *Sturm, R./Wilks, S.* (Hrsg.) 1996: Wettbewerbspolitik und die Ordnung der Elektrizitätswirtschaft in Deutschland und Großbritannien, Baden-Baden. *Welfens, P.* u. a. (Hrsg.) 1999: Towards Competition in Network Industries. Telecommunications, Energy and Transportation in Europe and Russia, Hdbg. *Umweltbundesamt* (Hrsg.) 1999: Ökologische Steuerreform, Bln.

Florian Grotz/Michael Krennerich

Entspannung/Entspannungspolitik

(1) In der Begrifflichkeit der klassischen Diplomatie und unter den Bedingungen eines multipolaren internat. Systems mit geringen ideologischen Differenzen bedeutete Entspannung (E.; frz. = *détente*) die Entschärfung oder den Abbau zwischenstaatl. Spannungen, die das Risiko eines → Krieges mit sich brachten, ohne daß die Konflikte aufgehoben wurden. E. konnte der erste Schritt in einem Prozeß sein, der über ein *Rapprochement* (Annäherung) zur *Entente* (Verständigung in

bestimmten Bereichen) und schließlich zu einer Allianz führen konnte. (2) Unter den Bedingungen des bipolaren internat. Systems nach 1945 und der ideologischen Gegnerschaft handelte es sich dagegen um Versuche, die Gefahr eines militärischen Konflikts zwischen Staaten und Bündnissystemen zu verringern, deren antagonistische Interessen jeder Verständigung enge Grenzen setzten.

Während der „begrenzten Entspannung" zwischen 1963 und 1968 erwuchsen die Umrisse eines Rüstungskontrollregimes zwischen USA und UdSSR; im Rahmen der amerikan.-sowjet. *Détente* zwischen 1969 und 1978 und der sie begleitenden dt. Variante der Entspannungspolitik (Ep.), der sog. Ostpolitik, wurden diese Regelungen über die Rüstungskontrolle hinaus auf strittige Fragen europ. Sicherheit ausgeweitet. Die *Détente* war aus US-amerikan. Sicht (*R. Nixon*, *H. Kissinger*) der Versuch, die Sowjetunion in ein Netz kooperativer Beziehungen einzubinden, in dem ihr Belohnungen für weltpolit. Zurückhaltung und Strafen für weltpolit. Ausgreifen in Aussicht gestellt wurden. Ende der 1970er Jahre verfiel die E. zwischen USA und UdSSR v. a. aufgrund der von den USA erwarteten, aber in der sowjet. Doktrin friedlicher Koexistenz keineswegs vorgesehenen Zurückhaltung der Sowjetunion in der → Dritten Welt und des dadurch erodierenden Rückhalts für die Ep. in den USA. Nach der sowjet. Invasion in Afghanistan wurde die *Détente* durch einen „Zweiten Kalten Krieg" abgelöst. Doch auch in dieser Phase gab es keinen Rückfall in den *Status quo ante*; insges. waren die amerikan.-sowjet. Beziehungen von einem Reifungsprozeß gekennzeichnet, auf dem die umfassende E. nach 1985 aufbauen konnte. Sie erfaßte alle Konfliktfelder, auch den Machtkonflikt in der → Dritten Welt.

→ Abrüstung, Internationale Beziehungen

Lit.: *Bowker, M./Williams, P.* 1988: Superpower Détente: A Reappraisal, L. *Craig, G. A./George, A. L.* 1983: Zwischen Krieg und Frieden, Mchn. *Garthoff, R. L.* 1994: Détente and Confrontation. American-Soviet Relations from Nixon to Reagan, Washington. *Stevenson, R. W.* 1985: The Rise and Fall of Détente. Relaxations of Tensions in U. S.-Soviet Relations, 1953–84, Urbana/Chicago.

Peter Rudolf

Entwicklung/Entwicklungstheorien
Was unter Entwicklung (E.) zu verstehen ist, macht einen guten Teil der Entwicklungsproblematik selbst aus. Der Begriff ist weder vorgegeben noch allgemeingültig definierbar noch wertneutral, sondern abhängig von Raum und Zeit sowie insbes. von individuellen und kollektiven Wertvorstellungen. E. ist folglich ein normativer Begriff, in den Vorstellungen über die gewünschte Richtung gesellschaftl. Veränderungen, Theorien über die Ursachen von Unterentwicklung, Aussagen über die sozialen Trägergruppen und Ablaufmuster sozioökonom. Transformationen, Entscheidungen über das Instrumentarium ihrer Ingangsetzung und Aufrechterhaltung etc. einfließen. Neben verschiedenen polit. Optionen (z. B. marktwirtschaftl.-kapitalistische oder planwirtschaftl.-sozialistische E.) verursachen auch Differenzen in der Sichtweise des Entwicklungsproblems, die zwischen den wissenschaftl. Disziplinen bestehen, die Vielfalt des Entwicklungsbegriffs. Dazu trägt ebenfalls bei, daß der Begriff historischem Wandel unterworfen ist. Schließlich berücksichtigt er auch Erfahrungen, die aus den objektiven Entwicklungsprozessen in den Entwicklungsländern gezogen werden, insbes. seit die Entwicklung der → Dritten Welt zu einer internat. Aufgabe erklärt wurde. Seither wurden bestimmte, internat. formulierte quantitative Vorgaben im Rahmen der Kritik an den gewählten Entwicklungsstrategien auch zum Maßstab der Angemessenheit der diesen zugrunde-

liegenden Entwicklungsbegriffe. Die Fehlschläge der → Entwicklungspolitik sowie neue Problemlagen haben entscheidend zur Weiterentwicklung des Entwicklungsbegriffs beigetragen.

1. Von der älteren Entwicklungstheorie wurde das wirtschaftl. → Wachstum in den Mittelpunkt des Entwicklungsbegriffs und aller entwicklungsstrategischen Überlegungen gestellt. Die Formel Entwicklung = Wachstum findet sich im UN-Bericht von 1951, mit dem die internat. Entwicklungspolitik einsetzte. Mangelnde Wachstumserfolge und das Ausbleiben der an wirtschaftl. Wachstum geknüpften sozialen Entwicklungsfortschritte führten zu Beginn der 1960er Jahre im Rahmen der seinerzeit aufkommenden Modernisierungstheorien dazu, daß der Komponente sozialer Wandel Eigenberechtigung zugesprochen wurde; die Definition von E. lautete: Wachstum und Wandel. Mit Wandel wurden Veränderungen in den Wertsystemen und Verhaltensweisen der Bevölkerung, polit.-institutionelle Modernisierungen in Richtung auf eine größere Leistungsfähigkeit der polit. und administrativen Systeme, aber auch Investitionen im sozialen Bereich (Ernährung, Gesundheit, Bildung etc.) und gerechtere Verteilung (Agrarreform, Einkommensverteilung) angesprochen. Während der 1960er Jahre stellten die Dependenztheorien in Frage, daß E. in der Peripherie in Abhängigkeit vom Zentrum möglich sei, und betonten, daß Unterentwicklung weniger ein Stadium, welches Entwicklungsländer zu durchschreiten hätten, als vielmehr eine Struktur sei und die deformierten Entwicklungsländerökonomien nicht ohne ein gewisses Maß an Unabhängigkeit, an nat. Zuständigkeit für Fragen der Produktion, Diversifikation, Verteilung und des Konsums aus der Sackgasse der „Entwicklung der Unterentwicklung" (*A. G. Frank*) herausgeführt werden könnten. Wachstum, Wandel, Unabhängigkeit – dies waren die Elemente des Entwicklungsbegriffs, der die damals konkurrierenden Entwicklungstheorien, Modernisierung und *dependencia*, miteinander zu verknüpfen suchte. Zu Beginn der 1970er Jahre wurden entwicklungsstrategisch die → Grundbedürfnisse thematisiert, wobei die Selbstverwirklichung des Menschen als Leitidee diente. Die dazu notwendigen physischen und psychischen Voraussetzungen wurden zum Kern eines vieldimensionalen, an sozialen Werten und qualitativen Errungenschaften orientierten Entwicklungsbegriffs. E. bedeutete danach eine Verbesserung der Lebensbedingungen der Masse der Bevölkerung: Verbesserungen in der Ernährung, der Gesundheit, der Beschäftigung, im Wohnen etc. *D. Nohlen/ F. Nuscheler* erhoben folgende komplementären Aspekte und Ziele von E. zum magischen Fünfeck des Entwicklungsbegriffs: Arbeit/Beschäftigung, wirtschaftl. Wachstum, soziale Gerechtigkeit/Strukturwandel, → Partizipation sowie polit. und wirtschaftl. Unabhängigkeit. Wirtschaftl. Wachstum wurde eingebunden in ein Geflecht von Entwicklungszielen, die wie die polit. Mitwirkung und die soziale Teilhabe am gesellschaftl. Fortschritt sogar mehr Eigenwert für sich in Anspruch nehmen können, instrumental jedoch ebenfalls als gleichberechtigt anzusehen sind. Auch wurde nach der Qualität des Wachstums gefragt. Der erste *Brandt*-Bericht von 1980 betonte: „Wenn die Qualität des Wachstums und soziale Veränderung außer acht gelassen werden, kann man nicht von Entwicklung sprechen."

2. Im weiteren Verlauf der Debatte um den Entwicklungsbegriff wurden Adjektive vor den Terminus der E. gesetzt.

Basierend auf der Idee der vorrangigen Befriedigung der Grundbedürfnisse wurden im Konzept alternativer E. die nat. Eigenständigkeit (*self-reliance*), die Rückbesinnung auf die kulturellen Werte und Traditionen der Entwicklungsländer, die Süd-Süd-Kooperation (*collective self-reliance*) und die Umweltverträglichkeit von E. betont. Der ökolog. Komponente wurde zum einen im Konzept der nachhaltigen E. (*sustainable development*) noch stärkere Beachtung zuteil. Der *Brundtland*-Bericht von 1987 führte die intergenerationale Perspektive ein bzw. die Idee der sozialen → Gerechtigkeit zwischen gegenwärtig lebenden und zukünftigen Generationen. Bei der nachhaltigen E. handelt es sich nach der vielzitierten Definition des Berichts um eine „Entwicklung, die die Bedürfnisse der Gegenwart befriedigt, ohne zu riskieren, daß künftige Generationen ihre eigenen Bedürfnisse nicht befriedigen können". Der Schutz der natürlichen Lebensgrundlagen der Menschheit wurde zu einen unabdingbaren Entwicklungsziel. Zum anderen wurde die globale Dimension der Entwicklungsproblematik immer entschiedener herausgestellt, d. h. konkret die Ökologieverträglichkeit und Zukunftsfähigkeit der E. in den Industrieländern. Damit gelangte der Begriff nachhaltiger E. im Kontext der allg. → Globalisierung zu dem Verständnis einer regulativen Idee neben der des Friedens in einer noch zu entwerfenden Weltordnungs- bzw. Weltinnenpolitik (→ *Global Governance*).

3. Mit der Vision einer nachhaltigen E. verlagerte sich freilich die normative Kontroverse auf den Begriff der Nachhaltigkeit, dem Vagheit und Leerformelhaftigkeit vorgeworfen wurden. In der Tat fügen sich in ihm die vorab im Entwicklungsbegriff strittig diskutierten Komponenten Ökonomie, Soziales und Ökologie aufs neue zusammen, wobei je nach Interessengruppe *ex ante* eine unterschiedliche Prioritätensetzung erfolgt. Eine mittlere Position verficht die Gleichrangigkeit der Nachhaltigkeitsdimensionen, dargestellt im sog. Drei-Säulen-Modell der Nachhaltigkeit und operationalisiert mit (1) Ökologischer Nachhaltigkeit: Verbesserung der Umweltqualität, Verringerung des Rohstoffverbrauchs, Verringerung des Energieverbrauchs, Schutz der biologischen Vielfalt, Risikovermeidung für Mensch und Umwelt; (2) Sozialer Nachhaltigkeit: selbstbestimmte Lebensführung durch eigene Arbeit, umweltverträgliche Befriedigung der Grundbedürfnisse, Chancengleichheit und gesellschaftl. Grundsicherung, soziale Innovationen und Arbeitsgestaltung, aktive gesellschaftl. Teilhabe im Rahmen von Nachhaltigkeitsstrategien; (3) Ökonomischer Nachhaltigkeit: Funktionsfähigkeit des Wirtschaftssystems, Vollbeschäftigung und soziale Sicherung, ökonom. Leistungsfähigkeit und Innovationskompetenz, intergenerationeller Ausgleich, internat. wirtschaftl. Stabilität. Betont wurden des weiteren der Prozeßcharakter der Konsensbildung und Entscheidungsfindungen in konkreten Projekten sowie pragmatische Anpassungen des ökonom.-sozial-ökologischen Gleichrangigkeitspostulats an die spezifischen Gegebenheiten, so daß einer Dimension zeitweilig und/oder in bestimmten Bereichen durchaus stärkeres Gewicht eingeräumt werden kann (WZB 2000).

Lit.: *Biermann, F.* et al. (Hrsg.) 1997: Zukunftsfähige Entwicklung, Bln. *Brandt-Kommission* 1980: Das Überleben sichern, Köln. *Hauff, V.* (Hrsg.) 1987: Unsere gemeinsame Zukunft. Der Brundtland-Bericht der Weltkommission für Umwelt und Entwicklung, Greven. *Nohlen, D.* [11]2000: Lexikon Dritte Welt, Rbk. *Nohlen, D./Nuscheler, F.* 1974: Entwicklungstheorien und Entwicklungsbegriff, in: Dies.: Handbuch der Dritten Welt, 1. Aufl., Bd. 1, 13–33. *Nohlen, D./Nuscheler, F.* 1992: Was heißt Entwicklung, in: Dies.: Handbuch der Dritten Welt, 3. Aufl., Bd. 1, Bonn, 55–75. *Nuscheler, F.* (Hrsg.) 2000: Entwicklung und Frieden im 21. Jahrhundert. Zur Wirkungsgeschichte des Brandt-Berichts, Bonn. *Petschow, U.* et al. 1998: Nachhaltigkeit und Globalisierung, Bln. u. a. *Schmitz, A.* 1996: Sustainable Development: Paradigma oder Leerformel, in: *Messner, D./Nuscheler, F.* (Hrsg.): Weltkonferenzen und Weltberichte, Bonn, 103–119. *Süd-Kommission* 1991: Die Herausforderung des Südens, Bonn. *WZB* 2000: Nachhaltigkeit und Diskurs. Von der Vision zum politischen Konzept, in: *WZB* Mitteilungen 89: 23–26.

Dieter Nohlen

Entwicklungspolitik

I. Unter Entwicklungspolitik (E.) werden alle Maßnahmen verstanden, die auf eine normativ bestimmte Veränderung der Lage der Entwicklungsländer (EL) im nat. und internat. Bereich abzielen. Träger der E. sind zum einen die EL selbst; E. umfaßt dann die ganze Wirtschaftspolitik dieser Länder. Träger sind zum anderen ausländ. Regierungen, transnat. Akteure und → Internationale Organisationen. In der

Öffentlichkeit der Industrieländer (IL) wird diese internat. E. in der Regel mit Entwicklungshilfe gleichgesetzt. Demgegenüber ist es in Wissenschaft und Politik zunehmend üblich geworden, zwischen der internat. E. im engeren Sinne – neben Entwicklungshilfe auch Entwicklungszusammenarbeit bzw. Zusammenarbeit mit EL genannt – und der internat. E. im weiteren Sinne (Entwicklungshilfe sowie handels-, struktur-, rohstoff- und währungspolit. Maßnahmen) zu unterscheiden.

Hinsichtlich der Instrumente der E. im engeren Sinn unterscheidet man die Kapitalhilfe (auch finanzielle Hilfe) einerseits, die i. d. R. in Form von vergünstigten Krediten für bestimmte regionale oder sektorale Projekte oder Programme vergeben wird, und technische Hilfe andererseits, die in der Entsendung von Beratern, Ausbildern, Sachverständigen und sonstigen Fachkräften sowie in der Lieferung von Ausrüstungsgütern besteht.

II. In der BRD ist die E. einer der jüngsten Handlungsbereiche der Staatstätigkeit. In ihrer Ausrichtung auf Wirkungen in anderen Ländern und hinsichtlich der Langfristigkeit der anvisierten Ziele unterscheidet sie sich erheblich von anderen Politikbereichen und erfordert daher ganz spezielle Vorgehensweisen. Indem sie vorfindliche Entwicklung in helfender Absicht unter Verzicht auf adäquate Gegenleistung fördert, ist sie nur ein Teil der Zusammenarbeit mit EL. Dies begründet ihre relative Eigenständigkeit.
Andererseits ist E. Teil der Gesamtpolitik und erhält somit ihre entscheidenden Impulse aufgrund nat. Motivierungen. Als grenzüberschreitende Politik ist sie Bestandteil und besondere Form der → Außenpolitik. Damit ist sie untrennbar mit strategischen, ideologischen und außenwirtschaftl. Motiven, Zielen und Instrumenten der Außenpolitik verbunden (→ Außenwirtschaftspolitik). Die Profilierung der E. als funktional eigenständiger Politikbereich *sui generis* hängt davon ab, ob es den verantwortlichen Akteuren – und hier v. a. dem zuständigen Bundesministerium für Wirtschaftliche Zusammenarbeit (BMZ) – gelingt, das Ziel, die Entwicklung der als unterentwikkelt definierten Länder, nicht als Unterziel nat. Politik, sondern als eigenständiges Ziel darzustellen, das nur über seine tendenzielle Erreichung nat. Interessen dient.

1. Entsprechend der Pluralität innen- und außenpolit. Partikularinteressen, die in die Definition des nat. Interesses einfließen und sich in entwicklungspolit. (e.) Ziel- und Begründungszusammenhängen wiederfinden, ist E. als multifunktionales Aufgabensystem zu begreifen. Institutionell-organisatorisch zeigt sich die Multifunktionalität der E. in der BRD darin, daß (1) neben dem Staat, vertreten durch die Bundesregierung, eine Vielzahl nicht-staatlicher Organisationen e. tätig sind, E. sich somit nicht nur auf der Ebene der internat., sondern auch auf der Ebene der transnat. Beziehungen abspielt; (2) die Verwaltung der E. sich als ein im Laufe der Jahre variabel abgegrenztes System mit geteilter ministerieller und nachgeordneter Verantwortlichkeit beschreiben läßt, wobei die Organisationsstruktur und der Entscheidungsprozeß als Antwort auf spezifische gesellschaftl. und polit. Problemlagen aus dem nat. und internat. Umfeld begriffen werden müssen.
2. Nach den unterschiedlichen Gewichtungen zwischen einem genuin entwicklungspolit. Rationalitätskalkül einerseits und diplomatischen und außenwirtschaftspolit. Kalkülen andererseits läßt sich die bisherige Geschichte der bundesdeutschen E. in fünf Phasen einteilen:
(1) Mitte der 1950er bis in die zweite Hälfte der 1960er Jahre wurde die E. der BRD mit einem stark improvisatorischen Charakter aufgebaut und dabei v. a. als Instrument der Diplomatie und der Außenwirtschaftspolitik eingesetzt. Das für die technische Hilfe

fachlich verantwortliche Auswärtige Amt (AA) begriff E. in erster Linie als weltweites diplomatisches Kampfmittel des Westens gegen ein Vordringen des → Kommunismus in der → Dritten Welt. Vor dem Hintergrund der dt. Teilung wurde die E. ergänzend als Sanktionierungsinstrument eingesetzt, um eine diplomatische Anerkennung der DDR durch EL zu verhindern. Mit der Betonung der export- und rohstoffpolit. Interessen sowie der ordnungspolit. Perspektive der → Sozialen Marktwirtschaft konkretisierte das für die Kapitalhilfe zuständige Wirtschaftsministerium (BMWi) ergänzend die außenpolit. Zielvorstellungen.

Auf der organisatorischen Ebene entsprach der konzeptionellen Improvisation und Fremdbestimmung der E. ein System nur schwer überschaubarer und koordinierbarer Verantwortlichkeiten ohne die integrierende Kraft eines voll verantwortlichen Ressorts. Dem 1961 geschaffenen BMZ gelang es erst nach Jahren, sich die für eine funktionale Eigenständigkeit der E. notwendigen Kompetenzen anzueignen.

(2) Der Wandel außenpolit. und innenpolit. Lageparameter (Entspannungspolitik, 1969 Bildung der sozialliberalen Koalition) schuf gegen Ende der 1960er Jahre die Voraussetzungen für eine Vergrößerung des e. Handlungsspielraums und eine bis zum Ölschock 1973/74 anhaltende Innovationsphase. Begünstigt durch ein allg. Reformklima wurde E. als eine „aktive" Politik begriffen, und zwar im doppelten Sinn einer Profilierung der Politik des BMZ und als Anspruch einer vorausschauenden, aktiv steuernden und an den Bedürfnissen der EL orientierten Politik (E. als „Weltinnenpolitik" bzw. als weltweite → Sozialpolitik und → Friedenspolitik).

(3) Die weltweite Wirtschaftskrise im Gefolge des Ölschocks 1973 führte schrittweise zu einer pragmatischen E., die, geprägt von einer auf Krisenmanagement abstellenden Außen- und Außenwirtschaftspolitik, den rohstoff-, export- und beschäftigungspolit. Eigeninteressen der BRD wieder größere Bedeutung zumaß. Der Differenzierung der EL im Gefolge der Energiekrise begegnete man mit einer Differenzierung des e. Instrumentariums. Danach sollten sich die herkömmlichen Hilfeleistungen auf die sehr armen und von der Ölkrise besonders negativ betroffenen EL konzentrieren, während für die sog. Schwellenländer mit höherem wirtschaftl. Entwicklungsstand neue bzw. erweiterte Formen einer technisch-wirtschaftl. Kooperation zum Einsatz kommen sollten. Unter dem Eindruck eines enger werdenden haushaltspolit. Spielraums betonte man verstärkt auch Effizienzgesichtspunkte.

In den ersten Jahren der Regierung *Kohl* nach 1982 gewann die Förderung der eigenen Exportinteressen in der E. wieder deutlich an Gewicht (verstärkte Mischfinanzierung und Lieferbindung, Beschäftigungswirksamkeit). Zugleich fanden die Kriterien polit. Konditionalität stärkere Beachtung. Die → Deutsche Einheit 1990 machte eine Neubestimmung der E. notwendig, die auch zur Jahrtausendwende noch nicht abgeschlossen erscheint. Dem zunehmend deutlicheren Primat von Erfordernissen des Gesamthaushalts suchte man mit einer generellen Effizienzsteigerung zu begegnen, die freilich eine Debatte über die Prioritäten der E. verlangte. Die e. Leitlinien von 1991 und 1996 sahen zunächst eine Konzentration der zunehmend knapperen Mittel auf Schwerpunkte wie Armutsbekämpfung, Umwelt- und Ressourcenschutz sowie Bildung und Ausbildung vor.

Der Trend der Fokussierung bei gleichzeitiger Mittelverknappung setzte sich auch unter der rot-grünen Koalition seit 1998 fort. Entsprechend der Neudefinition von E. als „globale Strukturpolitik" wurden vier Ziele formuliert: Förderung von → Menschenrechten und → Demokratie; von Armutsminderung und sozialer Gerechtigkeit; von Umweltschutz und globalem Gleichgewicht sowie von wirtschaftl. Entwicklung und privatwirtschaftl. entwicklungsorientierter Zusammenarbeit. Der propagierte „ganzheitliche Ansatz", der nachhaltige Entwicklung als generelle Leitvorstellung hat, kontrastierte dabei mit den durch die Mittelknappheit erzwungenen Bemühungen um Kostenreduzierung bzw. Effizienzgewinne. Im Sinne einer Konzentration des Mitteleinsatzes wurde die Liste der förderungswürdigen Länder 1999/2000 überprüft und gekürzt. Statt der zuvor 118 Länder, mit denen eine Entwicklungszusammenarbeit bestand, sollen fortan 70 Länder als Schwerpunkt- bzw. Partnerländer gelten, die in fünf Förderregionen eingeteilt werden: Mittelmeerraum/Naher und Mittlerer Osten (2000 entfielen auf diese Region 25 % der bilateralen öffentl. Zusagen); Afrika südl. der Sahara (30 %); Lateinamerika (12 %), Asien/Ozeanien (26 %), Mittel- und osteurop. Länder sowie neue unabh. Staaten (7 %). Während die Zusammenarbeit mit den Schwerpunktländern möglichst drei Punkte des genannten Zielkatalogs beinhalten soll, sieht die Kooperation mit den Partnerländern vor, sich jeweils auf einen Punkt zu konzentrieren. Entsprechende Länderkonzepte und Schwerpunktstrategiepapiere sollen erstellt werden. Die Einteilung in Schwerpunkt-, Partner- sowie „potentielle Kooperationsländer" (z. B. Haiti, Myanmar, Syrien) soll flexibel gehandhabt, d. h. periodisch revidiert werden (*Bohnet* 2000). Aufgrund der Sparmaßnahmen der Regierung *Schröder* muß das BMZ 2002/3 mit umfangreichen Kürzungen seiner Mittel rechnen, die den Anteil der öffentl. Entwicklungszusammenarbeit (ODA) am BSP auf 0,20 % sinken lassen könnten.

III. Die für die bundesdt. E. festgestellte Spannung zwischen außen- und außenwirtschaftspolit. Interessen einerseits und eigenständigen, an Bedürfnissen der EL orientierten Zielsetzungen andererseits – mit einem tendenziellen Übergewicht der beiden ersten Interessensphären – gilt grundsätzlich auch für die E. der anderen westl. IL. Hinsichtlich der inhaltlichen Gewichtung der verschiedenen Ziele sowie auch in bezug auf die regionale Orientierung und den Stellenwert der E. im Gesamtzusammenhang der Staatstätigkeit gibt es jedoch deutliche Unterschiede zwischen den verschiedenen Ländern.

1. Unterschiede ergeben sich u. a. aus der polit. und wirtschaftl. Position des jeweiligen Geberlandes im Weltsystem und den damit verbundenen nat. Interessenlagen sowie aus verschiedenen Traditionsbeständen v. a. der Staaten mit einer Vergangenheit als Kolonialmacht. (1) Das klassische Beispiel für eine vorwiegend strategisch-außenpolit. motivierte und eingesetzte E. bieten die USA, die seit Beginn des Kalten Krieges und während der Dauer des → Ost-West-Konfliktes ihre Beziehungen zu den EL stets, wenn auch mit rhetorischen und programmatischen Schwankungen, unter dem Blickwinkel der Systemkonkurrenz betrachteten und gestalteten. In den USA gibt es, ebenso wie in der Mehrzahl der westl. Länder, kein eigenständiges Ministerium für die E., die, institutionalisiert in der *Agency for International Development* (AID), einem Interessenkartell von Außenministerium, Schatzamt und Handelsministerium untersteht. In einem institutionellen Dauerkonflikt zwischen Präsident und Kongreß wird die nordamerikan. Hilfe für EL, die sich in Wirtschafts- und Militärhilfe gliedert, durch jährl. Gesetze festgelegt. In der zweiten Hälfte der 1970er Jahre stellte Präsident *Carter* die Frage der → Menschenrechte ins Zentrum seiner Politik gegenüber den EL. Im Zuge der eintretenden Verschärfung des Systemgegensatzes Ende der 1970er Jahre trat unter der Präsidentschaft *Reagans* eine wieder stärkere internat.-strategische Funktionalisierung der E. ein, insb. in Zentralamerika und in Afrika. Militärhilfe, kreditfinanzierte Waffenverkäufe und die v. a. sicherheitspolit. Verwendung der Mittel des Wirtschaftsstützungsfonds erhielten unter seiner Regierung einen zunehmenden Stellenwert in der Kooperation mit den EL. Nach dem Ende des Ost-West-Konfliktes erfolgte unter Präsident *Bush* zunächst keine wesentliche Änderung. Im Zusammenhang des Golfkriegs von 1991 blieben sicherheitspolit. und strategische Gesichtspunkte bestimmend. Die Militärhilfe für die arabischen Alliierten im Konflikt mit dem Irak wurden als öffentl. Entwicklungshilfe deklariert. Die Suche nach einer konzeptionellen Neuorientierung der E. wurde überlagert und verzögert durch mehr oder minder spontane Reaktionen auf neue Krisen im internat. System.

Zu Beginn der Präsidentschaft *Clintons* kam es zu einer Neustrukturierung der AID. Aus den Schwellenländern zog man sich zurück. Die Schließung einer Reihe von Außenvertretungen veränderte dabei das bisherige Profil der US-E., das zuvor durch die Stärke und den relativ weiten Handlungsspielraum der Missionen vor Ort geprägt gewesen war. Die Beteiligung von NGOs bei der Abwicklung von Projekten wurde weiter gesteigert. Eine angestrebte Erhöhung auf bis zu 40 % erschien deshalb als möglich, weil das Zuschußelement mit 99 % extrem hoch ist und die Förderung sozialer Grunddienste breiten Raum in der US-E. einnimmt. Der Druck, umfangreiche Kürzungen im Entwicklungsetat vorzunehmen, wuchs für die *Clinton*-Adminstration erheblich, nachdem die Republikaner 1994 die Mehrheit im Kongreß erhalten hatten.

(2) GB leistete seit 1929 eine Art von Entwicklungshilfe in den Kolonialgebieten, die freilich vorwiegend den wirtschaftl. Eigeninteressen des Mutterlandes diente. 1964 wurde die E. in einer zentralen Behörde, der *Overseas Development Administration,* institutionell verankert, deren Status sich seither häufig änderte (zeitweise eigenständiges Ministerium, zeitweise zugeordnete Verwaltungsbehörde). Gleichwohl wurde die brit. E. sowohl in organisatorischer als auch in programmatischer Hinsicht stets durch das Handels- und das Außenministerium dominiert, allerdings kaum als außenpolit. Sanktionsmittel instrumentalisiert. Trotz scharfer inhaltlich-programmatischer Kontroversen zwischen den Parteien ist die brit. E. auch über Regierungswechsel hinweg durch ein beachtliches Maß an Kontinuität der Programmatik, Funktionszuweisung und regionale Schwerpunktsetzungen gekennzeichnet. Nach der Regierungsübernahme der Konservativen 1979 blieb ein radikaler Kurswechsel trotz der angekündigten „Totalrevision" der unter der *Labour*-Regierung seit Mitte der 1970er Jahre deutlich aufgewerteten E. aus, wenngleich sowohl in wirtschaftspolit. Hinsicht als auch in bezug auf die Höhe und Konditionalität der Leistungen in den 1980er und 90er Jahren eine restriktive Tendenz sichtbar wurde. Mehr als zwei Drittel der brit. Entwicklungshilfe gehen nach wie vor in das *Commonwealth,* schwerpunktmäßig in die südasiatischen Länder und in die ehem. Kolonialgebiete in Afrika. Eine durchgängige Effizienzsteigerung stellte das e. Leitmotiv der Regierung *Blair* seit 1997 dar.

(3) Auch Frankreich steht e. in enger traditioneller Bindung zu seinen ehem. Kolonien, v. a. in Afrika. Ein großer Teil der franz. Entwicklungshilfe fließt in Länder, die im Prozeß der Dekolonisierung loyal zum ehem. Mutterland blieben. Die franz. E. ist auch vom außenpolit. Interesse an einer Aufrechterhaltung der Eigenständigkeit als internat. Macht geprägt. In den 1970er Jahren versuchte die franz. Regierung – freilich ohne großen Erfolg – als Mittler im Kreuz zwischen Ost-West-Gegensatz und → Nord-Süd-Konflikt zu agieren, und nach wie vor tritt die ehem. Kolonialmacht als militärpolit. Ordnungsfaktor in Zentral- und Westafrika auf, gestützt auf Verteidigungsabkommen über technische Militärhilfe. Kulturpolit. Bemühungen, etwa zur Pflege der franz. Sprache und dementsprechende Einflußnahme auf das Bildungswesen in den Partnerländern, stellen ebenfalls einen konstanten Schwerpunkt der franz. E. dar. Auch auf institutioneller Ebene wirkt das Erbe der Kolonialverwaltung fort. Mehrere Reformansätze, zuletzt 1992, vermochten nicht, die Vielfalt der mit e. Funktionen betrauten Administrationsbereiche dauerhaft zu vereinheitlichen. Das 1961 gegründete und zeitweilig dem Außenministerium eingegliederte *Ministère de Coopération* blieb in seinen Kompetenzen beschränkt, das Institutionengeflecht der franz. E. durch eine regionale und sachliche Verteilung von Zuständigkeiten auf verschiedene Ministerien gekennzeichnet. In programmatischer Hinsicht wendete sich Frankreich unter sozialistischer Regierung in den 1980er Jahren gegen die Zugrundelegung rein marktwirtschaftl. Konzepte in der E. und regte beispielsweise auf dem Weltwirtschaftsgipfel 1988 mit Erfolg einen Schuldenerlaß für die ärmsten afrikan. EL an. Gleichzeitig wurde ein Schwerpunkt der E. auf die Menschenrechtsthematik gesetzt. Die damit verbundene → Globalisierung der franz. E. nahm man allerdings relativ bald wieder zugunsten des afrikan. Raumes, unter Einbeziehung der anglophonen Länder, zurück. Seit Anfang der 1990er Jahre bindet auch Frankreich die Vergabe von Entwicklungshilfe an

polit. Kriterien wie Demokratie und marktwirtschaftl. Orientierung.

2. Was die materiellen Leistungen der E. der westl. Länder anbelangt, zeigen sich Unterschiede, die nur zum geringen Teil auf das wirtschaftl. Potenzial der einzelnen Länder rückführbar sind. Die in der → OECD zusammengeschlossenen westl. IL richteten 1961 einen Ausschuß für Entwicklungshilfe (*Development Assistance Committee,* DAC) ein, der u. a. für die Erarbeitung von Normen bzw. Zielvorgaben der e. Tätigkeit der Mitgliedsländer zuständig ist, diese auch in regelmäßigen Abständen einer Prüfung unterzieht und entsprechende Statistiken veröffentlicht. Als öffentl. Entwicklungshilfe (*Official Development Aid*, ODA) anerkannt werden dabei nur solche Leistungen, die der wirtschaftl. und sozialen Entwicklung der Empfängerländer dienen sollen (Militärhilfe fällt also eigentlich nicht unter ODA, wenngleich der DAC sich den anderslautenden Deklarationen der USA nach dem Golfkrieg 1991 beugen mußte) und deren Konditionen erheblich günstiger sind als bei Leistungen zu Marktbedingungen. Das geforderte „Zuschußelement" hängt dabei vom wirtschaftl. Entwicklungsstand des Empfängerlandes ab.

Die → Vereinten Nationen proklamierten 1970 das Ziel, die IL sollten 0,7 % ihres → Sozialprodukts für ODA verwenden. Dies wurde erstmals 1975 von Schweden erreicht, das zusammen mit Norwegen, Dänemark, Finnland und den Niederlanden heute die Gruppe der Länder bildet, die als einzige der Entwicklungshilfe den damit geforderten Stellenwert einräumen bzw. diesen Wert überschreiten. In den Niederlanden beispielsweise kommt die der E. zugemessene Bedeutung auch darin zum Ausdruck, daß der Haushalt des Entwicklungshilfeministeriums an die Entwicklung des Nationaleinkommens gebunden ist, gesondert vom sonstigen Budget aufgestellt wird und keinen Kürzungen unterliegen darf. Frankreich erreicht das 0,7 %-Ziel ebenfalls, allerdings nur unter Einschluß der Leistungen für die franz. Überseegebiete, auf die ca. ein Drittel der Hilfe entfällt. Im Durchschnitt gaben die OECD-Länder Anfang der 1990er Jahre nur ca. 0,3 %, Anfang 2000 nur mehr 0,2 % ihres Sozialprodukts für ODA aus. Die BRD befindet sich zusammen mit Ländern wie Belgien, Italien und GB in der Mittelgruppe der Länder, deren ODA leicht über oder unter dem Durchschnittswert liegt, während z. B. die relativen Leistungen der USA, dem in absoluten Zahlen bis in die 1990er Jahre wichtigsten Geberland, weit unterdurchschnittlich sind. Freilich sagt zunächst weder die absolute noch die relative Größenordnung der ODA eines Landes etwas über die Qualität und den e. Ertrag der geleisteten Hilfe aus.

In der Regel ist ein großer, meist der weit überwiegende Teil der bilateral, also durch Regierungsabkommen zwischen Geber- und Nehmerland geleisteten ODA an Lieferungen aus dem Geberland gebunden, was häufig eine versteckte Subventionierung von Exporten bedeutet bzw. den EL die mitunter überhöhten Preise des jeweiligen Geberlandes aufzwingt. Auch in dieser Hinsicht heben sich u. a. die skandinavischen Länder positiv vom Gros der OECD-Länder ab (in der BRD sind rd. die Hälfte der Leistungen liefergebunden). Ihre bilateralen Leistungen kommen außerdem in weit überdurchschnittlichem Umfang Empfängern aus der Gruppe der ärmsten Dritte-Welt-Länder zugute.

Der größte Anteil der ODA wird in allen OECD-Ländern bilateral geleistet. Dem unstetigen Trend der letzten Jahrzehnte zu einer Steigerung der multilateralen E. sind nicht alle Länder in gleichem Umfang gefolgt. Nur wenige Länder, darunter wiederum die skandinavischen, stellen mehr als ein Drittel ihrer ODA-Mittel internat. Organisationen (UN-Sonderorganisationen, Weltbankgruppe, regionale Entwicklungsbanken) zur Verfügung. Die europ. Länder leisten einen Teil (meist etwa die Hälfte) ihrer multilateralen ODA auch über die → Europäische Union. Multilaterale Hilfe unterliegt nicht direkt der Kontrolle des Geberlandes. Dennoch stehen den großen westl. IL genügend Möglichkeiten offen, durch ihre Stimmenanteile in den nach Kapitalanteilen besetzten Entscheidungsgremien von → IWF und Weltbank auch bei der multilateralen E. ihre einzelstaatl. und gemeinsamen Interessen zur Geltung zu bringen. Die USA gingen in den 1980er Jahren auf deutliche Distanz zu den Sonderorganisationen der UN, in denen über die Verwaltung der den EL zufließenden Mittel nach dem Prinzip Ein-Land-eine-Stimme entschieden wird (z. B. Austritt aus der UNESCO 1984). Ihren maßgeblichen Einfluß in der Weltbankgruppe und im IWF verwendeten sie im Sinne einer rigiden Strukturanpassungspolitik dieser Institutionen, deren Prinzipien zunehmend auch die Vergabe der bilateralen Entwicklungshilfeleistungen bestimmten (s. o.).

IV. Über den Ertrag der seit mehr als drei Jahrzehnten geleisteten ODA für die wirtschaftl. und soziale Entwicklung der EL wird eine andauernde Debatte geführt, wobei mitunter die Forderung erhoben wird, die „tödliche Hilfe" (*Erler* 1985) besser einzustellen. Die bereits Anfang der 1980er Jahre von renommierten Experten wie *G. Myrdal* und Lord *P. Bauer* formulierte Kritik an der seit den 1950er Jahren betriebenen E. wurde von den offiziellen Organisationen und Trägern der Entwicklungshilfe zunächst ignoriert bzw. zurückgewiesen. Anfang der 1990er Jahre anerkannten die großen Institutionen (Weltbank, regionale Entwicklungsbanken, UNDP) jedoch in selbstkritischen Analysen, daß man sich über Jahrzehnte hinweg zu sehr auf die Konzeption und finanzielle Ausstattung von (großen) Projekten konzentriert und deren Durchführung sowie Probleme der dauerhaften Wirksamkeit vernachlässigt hatte.

Kritiker und Verteidiger der E. sind sich weitgehend darüber einig, daß es zu einer tatsächlichen Verbesserung der Lage in den EL weit mehr als e. Aktivitäten im engeren Sinn bedarf, daß Veränderungen sowohl der internat. Wirtschaftsbeziehungen als auch der gesellschaftl. und polit. Strukturen in den EL für eine Überwindung von Unterentwicklung unabdingbar sind.

Die zunehmende Differenzierung des Entwicklungsstands und der Entwicklungsperspektiven der Nicht-OECD-Länder macht eine Neubestimmung der Zweck-Mittel-Relation sowie eine Überprüfung des normativen Horizonts von E. notwendig. Wegen der wachsenden Auffächerung der e. Aufgaben (Krisenprävention, Katastrophenhilfe, Menschenrechtsschutz etc.) ist die normative Debatte von unmittelbarer Relevanz für die Kohärenz der E. sowie für deren gesellschaftl. Legitimierung. Die Bestimmung von Kernaufgaben erweist sich dabei angesichts eines weiten Spektrums möglicher normativer Orientierungspunkte zwischen den Extremen einer Verengung auf Armutsbekämpfung einerseits und weitreichenden Ambitionen in Richtung nachhaltiger Entwicklung andererseits als schwierig. Außerdem betont die jüngste entwicklungstheoretische Diskussion (Neostrukturalismus, systemische Wettbewerbsfähigkeit), daß alle Gesellschaften kontinuierlich vor Entwicklungsaufgaben stehen. Hervorgehoben wird dabei zwar die historische Pfadabhängigkeit, damit auch der grundsätzlich offene (i. S. von nicht-determinierte) Charakter von Entwicklung (*Eßer* et al. 1994; *Messner* 1995). Zugleich führt die Suche nach einer neuen Rolle des Staates („schlanker Staat") und die Bereitschaft zur weiteren Freisetzung von Marktmechanismen in den IL zu einer wachsenden Skepsis gegenüber normativen Zielsetzungen staatl. Handelns, die als diffus wahrgenommen werden. Die resultierende erschwerte Legitimierung von E. droht sich dabei ungünstig auf die Bereitstellung von Mitteln zum Erreichen ihrer Ziele auszuwirken. Zudem steht die effiziente Einbindung der entwicklungsrelevanten wirtschaftl. Aktivitäten des Privatsektors in ein e. Gesamtkonzept noch aus. Die erhöhte Aufmerksamkeit, die der Privatsektor in internat. Institutionen wie z. B. der Weltbank findet, überträgt sich erst ansatzweise in die nat. Entwicklungspolitik.

Lit.: *Bodemer, K.* 1974: Entwicklungshilfe – Politik für wen?, Mchn. *Bohnet, M.* 1999: Überlegungen zur Zukunft der Entwicklungspolitik. Von der Theorie zur Praxis, in: *Thiel, R. E.* (Hrsg.), 96–109. *Bohnet, M.* 2000: Regionale und sektorale Schwerpunktbildung in der EZ., in: E + Z 41 (7–8), 196–197. *Cassen, R.* 1990: Entwicklungszusammenarbeit, Bern/Stg. *Erler, B.* 1985: Tödliche Hilfe, Freiburg. *Eßer, K.* et al. 1994: Systemische Wettbewerbsfähigkeit. Internationale Wettbewerbsfähigkeit der Unternehmen und Anforderungen an die Politik, Bln. *Glagow, M.* (Hrsg.) 1983: Deutsche Entwicklungspolitik, Saarbrükken. *May, B.* 1987: Reagan und die Entwicklungsländer, Mchn. *Messner, D.* 1995: Die Netzwerkgesellschaft. Wirtschaftliche Entwicklung und internationale Wettbewerbsfähigkeit als Probleme gesellschaftlicher Steuerung, Köln. *Mürle, H.* 1997: Entwicklungstheorie nach dem Scheitern der „großen Theorie" (INEF-Report 22), Duisburg. *Nohlen, D.* (Hrsg.) [11]2000: Lexikon Dritte Welt, Rbk. *Nohlen, D./Nuscheler, F.* (Hrsg.) 1993: Handbuch der Dritten Welt, Bd. 1: Grundprobleme Theorien Strategien, Bonn. *Nuscheler, F.* [4]1995: Lern- und Arbeitsbuch Entwicklungspolitik, Bonn. *Oberndörfer, D./Hanf, Th.* (Hrsg.) 1986: Entwicklungspolitik, Stuttgart. *OECD* 1988: Development Cooperation, Paris. *OECD* 1989: Entwicklungszusammenarbeit in den 90er Jahren, Paris. *Spranger, H.-J./Brock, L.* 1987: Die beiden deutschen Staaten in der Dritten Welt, Opl. *Stockmann, R./Goebe, W.* (Hrsg.) 1993: Hilft die Entwicklungshilfe langfristig?, Opl. *Thiel, R. E.* (Hrsg.) 1996: Entwicklungspolitiken – 33 Geberprofile, Hamb. *Thiel, R. E.* (Hrsg.) 1999: Neue Ansätze zur Entwicklungstheorie, Bonn.

Klaus Bodemer/Bernhard Thibaut/ Harald Barrios

Europa der Regionen

Der Begriff Europa der Regionen wird verwandt (1) in bezug auf die Marginalisierung der peripheren Regionen in Westeuropa, (2) in bezug auf die Einbeziehung der Regionen als „dritter europ. Ebene" in den Integrationsprozeß und seine Entscheidungsstrukturen, (3) als Leitbild für eine europ. Politik, in der die Entscheidungen sich durch Mitwirkung der regionalen Ebene und damit höhere Bürgernähe, Effizienz und Wahrung regionaler Identitäten auszeichnen sollen.

Nach ersten Maßnahmen zur → Regionalpolitik in den 1970er Jahren, welche darauf zielten, wirtschaftl. Disparitäten zwischen zentral und peripher gelegenen europ. Regionen zu verringern, gewann in den 1980er Jahren (Dezentralisierung/Regionalisierung vieler europ. Staaten; Konsequenzen des Binnenmarktes für die subnat. Ebene) die Forderung nach der Einbeziehung der „dritten Ebene" in die polit. Entscheidungsfindung an Bedeutung. Die Bemühungen der Regionen um eine stärkere polit. Präsenz in Brüssel verstetigten sich rechtl. in der Verankerung des Subsidiaritätsprinzips im EG-Vertrag sowie organisatorisch in der Errichtung des Ausschusses der Regionen 1994, wobei die derzeit 222 vertretenen „Regionen" sich nach Größe, Finanzkraft und Kompetenzen beachtlich unterscheiden. Zwar sind hier vornehmlich die innerstaatl. Gebietskörperschaften angesprochen, doch können auch die grenzüberschreitenden „Euregionen" (z. B. Saar-Lor-Lux) teilnehmen (*Müller-Graf* 1997).

Die Bedeutung der substaatl. „dritten" Ebene hat in den letzten Jahren eine Aufwertung erfahren durch die Institutionalisierung gemeinschaftlicher Handlungsnormen in der europ. Politik wie die der → Subsidiarität, der Partnerschaft, der Programmplanung und der Additionalität. Der Kompetenzbereich und Handlungsspielraum regionaler Akteure wurde auch auf der Ebene der Mitgliedsstaaten durch Regionalisierung und Dezentralisierung ausgedehnt. Die Erweiterung um jene mittel- und osteurop. Staaten, in denen eine Gebietsreform anvisiert ist, wird erneut Verteilungskonflikte zwischen den Regionen auslösen. In der Politikwissenschaft gibt es eine stärker von dem Interesse an regionalistischen Bestrebungen getragene Diskussion, eine Forschungsströmung, die sich mit der Einbeziehung regionaler Akteure in die europ. Politik, insbes. die → Strukturpolitik, beschäftigt, sowie eine Richtung, die sich auf regionale Innovationspolitik bezieht (*Kohler-Koch* 1998).

→ Europäische Regionalpolitik

Lit.: *Benz, A.* 1993: Regionen als Machtfaktor in Europa, in: Verwaltungsarchiv, 84, 328–348. *Engel, C.* 1993: Regionen in der

EG, Bonn. *Hrbek, R./Weyland, S.* 1994: Betrifft: das Europa der Regionen, Mchn. *Jeffery, Ch.* (Hrsg.) 1997: The Regional Dimension of the European Union, L. *Jones B./Keating, M.* 1995: The European Union and the Regions, Ox. *Kohler-Koch, B.* 1995: Regionen im Mehrebenensystem der EU, in: *König, T./Rieger, E./Schmitt, H.* (Hrsg.): Mannheimer Zentrum für Europäische Sozialforschung, Jahrbuch 1995, Ffm., 203–227. *Kohler-Koch, B.* (Hrsg.) 1998: Interaktive Politik in Europa: Regionen im Netzwerk der Integration, Opl. *Müller-Graf, P.-C.* 1997: Die Europäischen Regionen in der Verfassung der EU, in: Integration, 20(3), 145–158. *Straub P./Hrbek, R.* (Hrsg.) 1997: Die europapolitische Rolle der Landes- und Regionalparlamente in der EU, Baden-Baden.

Petra Bendel

Europäische Agrarpolitik

I. Die Gemeinsame Agrarpolitik (GAP) war einer der Ausgangspunkte für eine supranat. Institutionenbildung auf europ. Ebene und reichte damit auch bereits von Anfang an über eine reine Binnenmarktintegration hinaus. Während für den europ. Binnenmarkt eine negative Integration als Abbau von Zoll- und anderen Handelsschranken und damit ein größerer staatsfreier Raum Leitbild war, wurden für die Landwirtschaft bereits mit dem EWG-Vertrag aus dem Jahr 1957 die Weichen für die Vergemeinschaftung eines (damals) zentralen Politikfeldes gestellt. Für die Organisation und die Methode dieser positiven Integration blieben aber immer wesentlich mitglied- und damit vorrangig nationalstaatlich definierte Interessen bestimmend. Dieses Motiv einer europ. Verfolgung gemeinsamer nat. Ziele blieb bis heute für die GAP bestimmend.

Es hat nicht nur dafür gesorgt, daß es auch im engeren Bereich der Land- und Agrarwirtschaft zu keiner irgendwie gearteten sozialen Integration der mit diesem Wirtschaftsbereich verbundenen Bevölkerungsgruppen gekommen ist oder zu einer Konvergenz von Produktionsverhältnissen, geschweige denn zu der anfangs noch erhofften Übertragung von polit. Loyalitäten auf dieses neue, quasi-staatl. Gebilde. Auch hielten sich aufgrund dieser immer stärker werdenden Rückbindung der supranat. Vergemeinschaftung an die Exekutive der Mitgliedstaaten das sog. *spill-over* als funktional vermittelter Zwang zur Vergemeinschaftung weiterer Politikfelder in engen Grenzen. Im Gegenteil wurden gerade im Bereich der supranat. Steuerung der → Agrarpolitik jene Methoden entwickelt, mit denen Ministerräte einmal trotz deren formalem Inititativmonopol Rechtssetzungsvorschläge der → Kommission der EU zu beeinflussen versuchen, dann die an die Kommission delegierte Rechtssetzung kontrollieren und schließlich auch die Umsetzung der von ihnen verabschiedeten Rechtsakte überwachen. Und schließlich war es immer wieder die mitgliedstaatl. Instrumentalisierung der europ. Agraraußenwirtschaftspolitik, die zu Handelskonflikten mit den USA und anderen Agrarexportländern führte und damit einen hauptsächlich negativen Beitrag für die Ordnung der internat. Wirtschaftsbeziehungen leistete. Jede der verschiedenen GATT-Runden drohte mindestens einmal an den agrarpolit. Konflikten zu scheitern. Auch die Uruguay-Runde endete, was die Landwirtschaft und die Agrarpolitik betrifft, mit einem *agreement not to agree*. Das *Agreement on Agriculture* schreibt die Ausnahmestellung der Agrarpolitik auch für die → WTO fest. Die neuen Regeln eines allg. Verbots der Exportsubventionierung gelten zum Beispiel nicht für die Agrarpolitik.

II. Eines der Motive einer positiven Integration der Agrarwirtschaft als Vergemeinschaftung von wesentlichen Teilen der mitgliedstaatl. Agrarpolitik war der damit mögliche Schutz vor der weit überlegenen amerikan. Agrarwirtschaft. Die GAP als Teil einer europ. Zollunion versprach nicht nur einen besseren, sondern auch einen legitimen

Schutz vor den amerikan. Exportinteressen. Dieser neue außenwirtschaftl. Schutz war auch deshalb notwendig, weil die sog. „Marktordnungen" der Union in ihrem Kern eine planwirtschaftl. Preisregulierung bedeuten. Sie können ihre gewünschten innereurop. Wirkungen hoher und stabiler Preise als Instrumente einer Einkommenssicherung nur entfalten, wenn sie durch einen entsprechend organisierten Zollschutz ergänzt werden.

Für den Großteil der Agrarerzeugnisse der Union ca. 70 % – organisieren Marktordnungen Preis- und Absatzgarantien (Weizen und verschiedene andere Getreidearten, Rind- und Schweinefleisch, verschiedene Obst- und Gemüsearten). Daneben gibt es Marktordnungen, die allein einen Außenschutz organisieren (Eier, Geflügel, Fischereierzeugnisse, Obst- und Gemüsearten ohne Preis- und Absatzgarantie). In diesem Bereich spielen jene unionsweiten Festlegungen von Qualitäts-, Größen- und Gewichtsklassen eine wichtige, auf Markttransparenz ausgerichtete Rolle, die allerdings aufgrund ihres ausgeprägt bürokratischen Charakters eine genauso heftige wie wirkungslose Kritik an der GAP auslösen. Schließlich gibt es noch Marktordnungen, die direkte Beihilfen an Erzeuger leisten (Ölsaaten und Hülsenfrüchte, bei Oliven, Tabak und Hartweizen zusätzlich zum Außenschutz und zur Marktstützung). Für die Umsetzung der Marktordnungen unterhalten die Mitgliedstaaten in eigener Regie ein Netz staatl. Aufkauf- und Einlagerungsstellen.

Es gehört zu den paradoxen Entwicklungen der GAP, daß es inzwischen nicht mehr die Defizite der europ. Agrarwirtschaft sind, die die polit. Agenda bestimmen, sondern ihre „Erfolge". Bis in die 1970er Jahre hinein stand die Modernisierung der Betriebe im Mittelpunkt, um über eine gesteigerte Produktivität die Einkommenslage der Landwirte zu verbessern. Seit den 1980er Jahren sind es die Folgen dieser produktivitätsorientierten Modernisierungspolitik, die die GAP prägen. Dabei ging es zunächst um die Bewältigung der Überproduktion, dann um die Vertiefung regionaler Unterschiede und schließlich zunehmend auch um die ökolog. und biologischen Begleiterscheinungen dieser Politik. Während also die GAP, was die rein wirtschaftl. Seite betrifft, ihre *raison d'être* weitgehend verloren hat, bekam sie neue Impulse für eine vorrangig bürokratisch-interventionistische Politik durch Entwicklungen in Produktionsverhältnissen und Betriebstechnik, die sie selbst ausgelöst und vorangetrieben hat.

Aber auch die Abkehr von der ursprünglich wesentlich sozialpolitisch motivierten Marktordnungspolitik wurde in bürokratischen Formen vollzogen und mündete trotz der rapiden Verkleinerung der landwirtschaftl. Erwerbsbevölkerung in eine weitere Vergrößerung der Agrarhaushalte der Union. Regionalpolitisch motivierte Ausgleichs- und Umverteilungsleistungen im Rahmen einer Agrarstrukturpolitik traten zunehmend an die Stelle der Ausgaben für die Marktordnungen. Die GAP wurde entgegen dem allg. Trend der Wirtschaftspolitik nicht zum Objekt einer Deregulierung, sondern es wurde zunächst über Quotenregelungen und Mengenbeschränkungen versucht, der Überproduktion Herr zu werden, und dann über eine direkte Subventionierung der Betriebe, gekoppelt mit Stillegungspflichten anstatt über eine nur indirekt wirksame und damit sehr teure Preisstützung. Die institutionellen Agrarpreise wurden damit zwar seit Anfang der 1990er Jahre beträchlich gesenkt, das institutionelle System der Marktordnungen einschließlich des außenwirtschaftl. Parallelsystems eines Zollschutzes und einer Exportsubventionierung blieb aber erhalten, nicht zuletzt deshalb, weil die Weltmarktpreise sehr viel schneller fielen als die innereurop. Preise.

III. Die GAP kann am besten als eine Regierung von Regierungen für Regierungen verstanden werden. Mit dem Agrarministerrat, dem Sonderausschuß Landwirtschaft und dem Verwaltungsausschußverfahren im Rahmen der sog. Komitologie hat die mitgliedstaatl. Exekutive eine europ. Dimension erhalten, über die gegen den hauptsächlich in den Parlamenten sich äußernden Druck von Steuerzahlern, Verbrauchern und Umweltschutzinteressenten eine weitgehend exklusive, *status quo*-orientierte Politik für Produzenten betrieben werden kann.

Der Agrarministerrat ist ein homogenes Entscheidungsgremium, in dem balancierende Gegeninteressen der Haushalts- und Finanzpolitik, aber auch der Handels-, Sozial- und Umweltschutzpolitik nur indirekt zum Tragen kommen. Der Sonderausschuß Landwirtschaft tritt im Rahmen der GAP den Ausschuß der Ständigen Vertreter (AStV oder COREPER) als weitgehend exklusives, die Arbeit des Agrarministerrates vorbereitendes und dessen Aufgaben durchführendes Beamtengremium. Er ist mit hochrangigen mitgliedstaatl. Vertretern bestückt, deren Hauptaufgabe darin besteht, die verschiedenen nat. Positionen zu koordinieren und mit den Systemzwängen der europ. Steuerung eines Politikfeldes kompatibel zu machen. Trotz der erweiterten formalen Möglichkeiten des Mehrheitsentscheids dominiert im Sonderausschuß Landwirtschaft genauso wie im Agrarministerrat das Bestreben, Einstimmigkeit herzustellen. Die Arbeit der Europ. Kommission wird von Sachverständigen- und Expertengruppen unterstützt, die im Bereich der GAP hochgradig institutionalisiert sind. Mitglieder dieser Gruppen sind hauptsächlich Vertreter nat. Agrarministerien, sodann die i. d. R. von der europ. Interessenorganisation der Landwirte (COPA *Comité des Organisations Professionelles Agriccoles*) bestellten nat. Vertreter von Bauern- und ähnlichen Interessenverbänden sowie unabhängige Wissenschaftler. Anders als die nat. politischen Systeme sind in der europ. Politik *checks and balances* sehr viel schwächer ausgebildet. Dieses System ist auf „harmonische Zusammenarbeit" zwischen Europ. Kommission als Sachwalterin eines „europäischen" Interesses und den Ministerräten als Koordinationsgremien mitgliedstaatl. Interessen angelegt. Trotz gelegentlicher Kritik einer mangelnden Effektivität agrarpolit. Entscheidungsfindung ist der rechtl. *output* im Rahmen der GAP enorm und weitgehend routinisiert. Die Aufwertung des Europäischen Parlaments hat, was die GAP betrifft, weder zu einer Korrektur ihres europapolit. Stellenwerts noch zu reformpolit. Impulsen geführt. Es sind noch am ehesten die ökologisch motivierte und im Gefolge des BSE-Skandals auch vermehrt öffentlichkeitswirksame Kritik sowie die handelspolit. Konflikte, die in der jüngsten Vergangenheit hauptsächlich um Bananen und um genetisch veränderte Agrarerzeugnisse kreisten, die den agrarpolit. *status quo* und damit die exklusive Produzentenorientierung herausforderten.

IV. Dieses Merkmal der GAP als Regierung von Regierungen für Regierungen kann auch helfen zu verstehen, warum sich dieser Politikbereich, was seinen Kern und vor allem was seine *raison d'être* als bürokratische Lebenslagenpolitik betrifft, als so veränderungsresistent erweisen konnte. Die GAP hat nicht nur den seit den 1950er Jahren rapide beschleunigten Strukturwandel von der Agrar- zur Industrie- und schließlich zur Dienstleistungsgesellschaft weitgehend unverändert überlebt, sondern ging auch aus der Erweiterung der Union um sehr unterschiedliche Agrarwirtschaften immer wieder gestärkt und, was ihre Ressourcenausstattung betrifft, auch relativ vergrößert hervor. Weder die Aufnahme der veredelungsintensiven und exportorientierten Agrarwirtschaften Großbritanniens und Dänemarks noch die der beschäftigungsintensiven Agrarwirtschaften Spaniens und Portugals führten zu Korrekturen oder gar Einschränkungen des agrarpolit. *acquis*.

Das gleiche gilt für die spätere Aufnahme von so entgegengesetzten Agrarwirtschaften wie denen des hochprotektionistischen Österreichs und des liberalen Schwedens. Das europ. Instrumentarium für die Verfolgung nat. Interessen gegen den Druck der weltwirtschaftl. Verhältnisse wurde stetig erweitert.

Aus diesem Grund ist auch nicht zu erwarten, daß die anstehende Osterweiterung der EU nennenswerte Konsequenzen für die Struktur und die Ressourcenausstattung der GAP hat. Im Gegenteil kann davon ausgegangen werden, daß die Beitrittskandidaten dafür Sorge zu tragen haben, daß von ihrer Landwirtschaft und ihrer Agrarpolitik keine irgendwie negativen, d. h. die mitgliedstaatl. Besitzstände gefährdenden Impulse ausgehen. Die Agrarbeschlüsse, die im Rahmen der sog. Agenda 2000 auf dem Berliner Ratsgipfel im Frühjahr 1999 gefaßt wurden, haben noch einmal den *status quo* bis zum Jahr 2006 festgeschrieben.
Ingesamt kann man feststellen, daß die GAP ein Mittel der defensiven Modernisierung der europ. Landwirtschaft darstellt. Sie hat dazu beigetragen, daß der rapide wirtschaftl. Wandel in diesem Bereich in sozial verträglichen Bahnen verlief. Der Preis, der dafür zu entrichten war, ist allerdings hoch. Dazu zählt nicht nur die beträchtliche Umverteilung von Steuerzahlern und Konsumenten auf Landwirte, sondern auch die wesentlich agrarpolitisch verursachte Zunahme der → Sozialen Ungleichheit in der Landwirtschaft, die massiven ökolog. Folgeprobleme einer zentralistischen Marktsteuerung und Regulierung und nicht zuletzt auch die Belastungen des europ. Integrationsprozesses selbst. Die GAP blieb ein isoliertes Politikfeld und konnte gerade deshalb sich immer wieder behaupten.

Lit.: *Anania, G./Carter, C. A./McCalla, A. F.* (Hrsg.), 1994: Agricultural Trade Conflicts and GATT, Boulder. *Daugbjerg, C.* 1999: Reforming the CAP: Policy Networks and Broader Institutional Structures, in: JCMS, 37, 121–131. *Gottsmann, O.*: Der Gemeinsame Agrarmarkt. Text mit Kommentar (Loseblattsammlung, wird laufend erneuert), Baden-Baden. *Josling, T. E./Tangermann, S.* 1999: Implementation of the WTO Agreement on Agriculture and Developments for the Next Round of Negotiations, in: European Review of Agricultural Economics, 26, 371–388. *Rieger, E.* 1995: Bauernopfer. Das Elend der Europäischen Agrarpolitik, Ffm./NY. *Rieger, E.* 1999: Agenda 2000 – Reform der Gemeinsamen Agrarpolitik. Analyse und Kritik der Reformvorschläge der Kommission und Grundzüge einer alternativen Agrarreform, Gütersloh. *Rieger, E.* 2000: The Common Agricultural Policy: Politics Against Markets, in: *Wallace, H./Wallace, W.* (Hrsg.): Policy-Making in the European Union (4. Auflage), Ox., 179–210.

Elmar Rieger

Europäische Asylpolitik → Asylpolitik

Europäische Entwicklungspolitik
Die Europäische Entwicklungspolitik (EEP) meint nicht die Summe der von den EU-Staaten aufgebrachten öffentl. Entwicklungshilfe (ODA), sondern die vergemeinschaftete und in Brüssel verwaltete Entwicklungspolitik, die nur etwa 12 % dieser Gesamtleistungen ausmacht. Dieser geringe Anteil signalisiert, wie weit die → EU, die sich in den Maastricht-Verträgen das Ziel einer → Gemeinsamen Außen- und Sicherheitspolitik (GASP) gesetzt hat, noch von einer gemeinsamen Entwicklungspolitik entfernt ist.
Die in Brüssel verwaltete EEP wird häufig auf die „Lomé-Politik“, also auf die Sonderbeziehungen der EU zu den inzwischen 71 mit ihr assoziierten AKP-Staaten, und auf die Operationen des Europ. Entwicklungsfonds (EEF) verengt. Sie umfaßt aber wesentlich mehr: 1. die Verdichtung der Handels- und Kooperationsbeziehungen mit den Staaten Mittel- und Osteuropas (MOE)

und der GUS-Region durch das PHARE-Programm für die MOE-Staaten und das TACIS-Programm für die GUS-Staaten; 2. in Ergänzung zur „Lomé-Politik" besondere Handels- und Kooperationsbeziehungen zu den Mittelmeer-Anrainerstaaten, denen die EU außerdem die Schaffung einer Kooperations- und Freihandelszone bis zum Jahr 2010 angeboten hat; 3. den Ausbau der Kooperations- und Handelsbeziehungen mit regionalen Wirtschaftsgemeinschaften (ASEAN, MERCOSUR, Andenpakt, MCCA) und wichtigen Staaten in Asien und Lateinamerika; 4. die mit rund 1,2 Mrd. DM p. a. ausgestattete und besonders umstrittene Nahrungsmittelhilfe, die ungefähr die Hälfte der Entwicklungshilfe aus dem EEF ausmacht; 5. die vom 1992 gegründeten Büro für Humanitäre Hilfe (ECHO) organisierte und koordinierte Katastrophen- und Flüchtlingshilfe, deren starker Anstieg in den letzten Jahren dazu führte, daß die Entwicklungshilfe aus dem EU-Haushalt die Leistungen aus dem EEF überstieg.

Eine Trendanalyse für die 1990er Jahre zeigt, daß die weltweite Nahrungsmittel- und Katastrophenhilfe sowie die Leistungen an die südlichen Mittelmeerländer (inkl. Palästina) stark und die Leistungen im Rahmen von PHARE und TACIS relativ stark anstiegen, während die Leistungen an die AKP-Staaten stark fielen. Die Überwindung des → Ost-West-Konflikts hat die geostrategische Funktion der Lomé-Politik als antikommunistischer Eindämmungspolitik überflüssig gemacht und droht nun die AKP-Staatengruppe in das interessenpolit. Abseits zu verdrängen. Die EEP ist zunehmend global angelegt und dabei, den „kollektiven Klientelismus" gegenüber den ehemaligen Kolonien aufzukündigen, den v. a. Frankreich hegte und pflegte. Trotz dieses Bedeutungsverlustes der Sonderbeziehungen zu den AKP-Staaten betrachtet die EU-Kommission das Lomé-Vertragswerk immer noch als „Modell für partnerschaftliche Nord-Süd-Beziehungen".

Wie entstand dieses „Modell", was ist an ihm modellhaft, und welche Zukunft hat dieses „Modell", nachdem D seine Beiträge an den EEF nach 1995 erheblich kürzte und der Abschluß der Uruguay-Runde (→ WTO) der AKP-Staatengruppe auch die handelspolit. Präferenzen zu nehmen drohte? Drei Angebote begründeten aus Sicht der EG/EU den Modellcharakter der Lomé-Abkommen:

Erstens der durch Kredite der Europ. Investitionsbank (EIB) ergänzte EEF, der seine Entwicklungshilfe größtenteils in Form der begehrten nicht-rückzahlbaren Zuschüsse (*grants*) vergibt. Aber seine geringe Finanzausstattung demolierte seinen Ruf als „Marshallplan Europas". Zweitens gewährte die EWG/EG/EU allen Industrieprodukten aus den AKP-Staaten den zollfreien Zugang zu ihrem Markt, ohne die Gegenseitigkeit („Reziprozität") dieses Vorteils zu verlangen. Dieses Zugeständnis hatte freilich mehr symbolischen denn praktischen Wert, weil nur wenige AKP-Länder überhaupt einigermaßen wettbewerbsfähige industrielle Fertigprodukte exportieren können. Für viele von ihnen waren deshalb die Sonderregelungen („Protokolle") für Rindfleisch, Bananen, Zucker und Rum wichtiger, die ihnen bestimmte Exportmengen zu EU-Preisen zugestanden. Drittens beanspruchte die Stabilisierung der Exporterlöse durch zwei aus dem EEF finanzierte Ausgleichsfonds Modellcharakter: STABEX für Agrarproduke und MINEX bzw. SYSMIN für mineralische Rohstoffe.

Kritiker lasteten diesem Modell der Erlösstabilisierung an, die dringend notwendige Diversifizierung der Exportstrukturen und die Bildung regionaler Märkte zu behindern. Das „Modell" funktionierte aber auch aus anderen Gründen keineswegs modellgerecht und verlor deshalb bald seinen Glanz. Als zu Beginn der 1980er Jahre die Rohstoffpreise verfielen, waren die STABEX-Mittel bald erschöpft. Die EG war aber nicht bereit, den Ausgleichsfonds aufzustocken.

Außerdem kam der größte Teil der Ausgleichszahlungen nur wenigen Ländern, v. a. den Produzenten von Kaffee, Kakao und Erdnüssen, und dort den Regierungen und nicht den von Erlöseinbußen betroffenen Produzenten zugute.

Ende der 1990er Jahre fanden zweijährige Neuverhandlungen über die Zukunft des Lomé-Vertragswerkes statt. Das im Juni 2000 unterzeichnete neue Abkommen hat eine Laufzeit von 20 Jahren, der 9. EEF, der mit 13,5 Mrd. Euro ausgestattet wurde, wie bisher eine Laufzeit von fünf Jahren. Die beiden Ausgleichsfonds STABEX und MINEX wurden nicht erneuert. Wichtiger war die Absicht, für die einseitigen Zollpräferenzen bei der WTO eine bis zum Jahr 2008 gültige Ausnahmeregelung zu beantragen. Spätestens nach dieser Übergangsperiode will die EU mit den AKP-Staaten regionale Freihandelsabkommen abschließen. Das Abkommen legt großen Wert auf → *good governance*, Bekämpfung der → Korruption, Achtung der → Menschenrechte und eine bessere Verwendungskontrolle der bewilligten Mittel, nachdem die Operationen des EEF häufig unter massive Kritik geraten waren.

Trotz allseitiger Zufriedenheit mit dem neuen Vertragswerk steht die EEP vor einer Bewährungsprobe, vor allem deshalb, weil die Gemeinschaft sich noch nicht zu einer stärkeren Europäisierung der einzelstaatl. Entwicklungspolitiken durchringen konnte. Sie hat damit die Chance vertan, eine dritte Säule der GASP aufzubauen und ihre Ziele, z. B. in der Menschenrechtspolitik und bei der Konfliktprävention, wirksamer durchzusetzen als durch 15 teilweise miteinander konkurrierende Einzelpolitiken. Eine Gemeinsame Außen- und Sicherheitspolitik kann ohne eine stärker vergemeinschaftete Entwicklungspolitik in den Nord-Süd-Beziehungen wenig bewirken. Der knausrige Finanzrahmen des neuen EU-AKP-Abkommens mit jährl. nur 2,7 Mrd. Euro, die auf 71 AKP-Staaten verteilt werden müssen, kann auch bei einer besseren Einsatzplanung und Verwendungskontrolle keinen entscheidenden Beitrag zur nachhaltigen Entwicklung von drei Weltregionen leisten.

→ Entwicklungspolitik

Lit.: *Babarinde, O.* 1994: The Lomé Conventions and Development, Aldershot. *EU-Kommission* 2000: The New ACP-EU-Agreement, Brüssel (Internet). *Grilli, E.* 1993: The European Community and Developing Countries, Camb. *Kappel, R.* 1996: Kern und Rand. Postkoloniale Kooperation Europa und Afrika, Münster/Hamb. *Lingnau, H.* 1991: Neue Elemente in der Entwicklungszusammenarbeit der EG zu Beginn der 90er Jahre, Bln. *Nuscheler, F./Schmuck, O.* (Hrsg.) 1992: Die Süd-Politik der EG, Bonn. *Ravenhill, J.* 1985: Collective Clientelism: The Lomé Conventions and North-South Relations, NY. *Weidmann, K.* 1991: Die EG-Entwicklungspolitik in Afrika, Baden-Baden.

Franz Nuscheler

Europäische Geldpolitik

Die Zuständigkeit für die europäische Geldpolitik (e. G.) übernahm mit Mitwirkung vom 1. 1. 1999 das Europäische System der Zentralbanken (ESZB). Zu diesem Zeitpunkt wurde auch die dt. Bundesbank vollständig in das ESZB eingegliedert, die bis dato die einzig entscheidende geldpolit. Institution in D (→ Geldpolitik) war.

1. Das ESZB besteht aus dem EZB-Rat, dem Direktorium der EZB sowie dem Erweiterten Rat. Das Eurosystem, das 2000 elf Länder umfaßte (Belgien, D, Spanien, Frankreich, Irland, Italien, Luxemburg, Niederlande, Österreich, Portugal und Finnland), in denen am 1. 1. 1999 der Euro eingeführt wurde, wird dagegen nur vom EZB-Rat und

dem EZB-Direktorium geleitet. In weiten Teilen ist die institutionelle Ausgestaltung der Bundesbank Vorbild für das Statut der EZB gewesen, was mit an den dt. Vorbehalten gegenüber der Aufgabe der DM lag. Die EZB ging aus dem Europäischen Währungsinstitut (EWI) hervor, das bis 1999 die Vorarbeiten für eine einheitliche e. G. koordinierte. Sitz der EZB ist Frankfurt am Main. Wichtigstes Beschlußorgan des Eurosystems ist der EZB-Rat, der sich aus den sechs Mitgliedern des Direktoriums und den Notenbankpräsidenten der Mitgliedsstaaten zusammensetzt, die den Euro eingeführt haben. Der EZB-Rat bestimmt die Geldpolitik im Eurosystem. Das Direktorium, dessen Vorsitzender gleichzeitig der Präsident der EZB ist (z. Zt. der Niederländer *W. Duisenberg*), führt die Entscheidungen des EZB-Rates durch und erteilt hierzu den nat. Zentralbanken die notwendigen Weisungen. Der EZB-Rat entscheidet mit einfacher Mehrheit, wobei als Quorum 2/3 der Mitglieder erforderlich sind. Bei Entscheidungen, die das Grundkapital der EZB und die Gewinnverwendung betreffen, sind die Stimmen der Zentralbanken mit dem Anteil am Grundkapital (5 Mrd. Euro) der EZB gewichtet, wobei Direktoriumsmitglieder ein Stimmengewicht von null haben. Der Erweiterte Rat beteiligt sich an den Beratungs- und Koordinierungsaufgaben und ist an den Vorbereitungen für eine mögliche Erweiterung des Euro-Währungsgebietes beteiligt. Er setzt sich aus dem Präsidenten und Vizepräsidenten der EZB sowie den Präsidenten aller nat. Zentralbanken der EU zusammen, also auch jener der nicht am Euro beteiligten Länder.

2. Die EZB weist – wie zuvor die Bundesbank – eine hohe funktionelle, personelle, finanzielle und polit. Unabhängigkeit auf, zumindest im Vergleich zu anderen Notenbanken und anhand der rechtl. Regelungen ihres Statuts (speziell Artikel 7 des Statuts des ESZB). Funktionelle Unabhängigkeit betrifft die Möglichkeit einer eigenständigen Zielfestlegung der Notenbank sowie ihre instrumentelle Unabhängigkeit, d. h. die Fähigkeit, Variationen ihrer geldpolit. Instrumente ohne Rücksicht auf externe Akteure durchzuführen (z. B. gibt es kein suspensives Vetorecht wie bei der Bundesbank). Personelle Unabhängigkeit zeigt sich nicht nur an Vorschriften über die Amtszeit, die Ernennung oder Abberufung der Mitglieder des EZB-Rates, sondern auch daran, ob staatl. Repräsentanten im Entscheidungsgremium sitzen. Für die Direktoriumsmitglieder gilt eine Amtszeit von acht Jahren, wobei keine Wiederwahl möglich ist. Sie werden einvernehmlich von den Staats- und Regierungschefs – auf Vorschlag des Ministerrates – ernannt. Der Präsident der EZB hat eine Mindestamtszeit von fünf Jahren mit der Möglichkeit der Wiederernennung. Die Notenbankchefs der einzelnen Länder werden durch ihre jeweiligen Regierungen für mindestens fünf Jahre ernannt. Finanzielle Unabhängigkeit bezieht sich auf die Möglichkeit der verdeckten (oder offenen) Finanzierung des Staates, die Reglementierung der Gewinnabführung und die Regelungen zur eigenständigen Finanzierung der Notenbank. Eine staatl. Kreditgewährung ist im ESZB nicht erlaubt, was eine Stärkung der finanziellen Unabhängigkeit gegenüber der Regelungen der Bundesbank bedeutet. Polit. Unabhängigkeit bezieht sich auf das faktische Verhalten der Notenbank, d. h. sie führt keine „Gefälligkeitspolitik" zugunsten von Regierungen durch.

3. Das geldpolit. Instrumentarium des ESZB läßt sich in drei Kategorien aufteilen: die Offenmarktgeschäfte, die ständigen Fazilitäten und die Mindestreservevorschriften.

(1) Die Offenmarktgeschäfte, die dazu dienen, die Liquidität des Bankensektors zu steuern und die Zinssätze auf dem Geldmarkt zu beeinflussen, lassen sich dabei weiter in vier Bereiche unterscheiden: (a) das Hauptrefinanzierungsinstrument, (b) die längerfristigen Refinanzierungsgeschäfte, (c) die Feinsteuerungsoperationen sowie (d) die strukturellen Operationen. Das wichtigste Instrument ist das Hauptrefinanzierungsinstrument mit einer Laufzeit von zwei Wochen, bei denen sich die Banken gegen die Verpfändung von Sicherheiten oder über Wertpapierpensionsgeschäfte Geld bei den nat. Zentralbanken besorgen können. Der Hauptrefinanzierungssatz hat eine wichtige

Signalfunktion für die geldpolit. Strategie der EZB. Die längerfristigen Refinanzierungsgeschäfte werden monatlich mit einer Laufzeit von drei Monaten durchgeführt, indem Kredite gegen die Verpfändung von Wertpapieren zur Verfügung gestellt werden. Die Feinsteuerungsmaßnahmen werden nur von Fall zu Fall durchgeführt. Strukturelle Operationen umfassen die Emission von Schuldverschreibungen sowie Käufe und Verkäufe von Wertpapieren.

(2) Die ständigen Fazilitäten dienen zur Bereitstellung oder Abschöpfung von Übernachtliquidität und haben die Funktion eines „Girokontos für die Geschäftsbanken" bei der EZB. Die Einlagenfazilität ermöglicht es, Guthaben bis zum nächsten Geschäftstag zu einem festgesetzten Zinssatz bei den nat. Zentralbanken anzulegen (Wirkung: Liquiditätsabschöpfung). Die Spitzenrefinanzierungsfazilität bietet den Geschäftspartnern die Möglichkeit, sich Übernachtliquidität gegen refinanzierungsfähige Sicherheiten zu beschaffen. Die Zinssätze für die ständigen Fazilitäten bilden einen Korridor, innerhalb dessen Bandbreite sich die Tagesgeldsätze zur Liquiditätsbeschaffung der Banken bewegen. Zusammen mit dem Hauptrefinanzierungszinssatz sind dies die drei Leitzinsen der EZB, mit denen zinspolit. Signale gesetzt werden. Die Konditionen für die Inanspruchnahme werden von der EZB festgesetzt und sind im gesamten Währungsraum identisch, wobei die beiden Fazilitäten von den nat. Zentralbanken verwaltet werden.

(3) Mit den Mindestreserven steuert die EZB die Liquidität der Geschäftsbanken. Die Erhöhung des Mindestreservesatzes etwa hat eine Liquiditätsverringerung bei den Banken zur Folge und ist daher eine restriktive geldpolit. Maßnahme. Mit der Mindestreservepflicht sind die Geschäftspartner der EZB gezwungen, einen Teil ihrer Verbindlichkeiten bei der jeweiligen nat. Zentralbank zu hinterlegen. Die Reservepflicht der Geschäftspartner richtet sich nach der Art der Verbindlichkeit sowie nach dem Mindestreservesatz, der zwischen 0 % und 10 % der mindestreservepflichtigen Verbindlichkeiten liegen kann. Die Mindestreserven werden während der Mindestreservenerfüllungsperiode mit dem Hauptrefinanzierungszinssatz verzinst, während vor 1999 die Mindestreserven unverzinslich bei der Bundesbank gehalten werden mußten. Die Mindestreserve sorgt für eine stabile Nachfrage nach Zentralbankgeld, da die Kreditinstitute gezwungen sind, sich bei der Notenbank zu refinanzieren, was die Wirksamkeit der e. G. unterstützt. Zusätzlich dient die Mindestreserve als Liquiditätspuffer, da die Kreditinstitute das Reservesoll kurzfristig unterschreiten können.

Lit.: *Duwendag, D., Ketter, K.-H., Kösters, W., Pohl, R., Simmert, D.*, [5]1999: Geldtheorie und Geldpolitik in Europa, Heidelberg u. a. *Europäische Zentralbank* 1999: Compendium. Sammlung von Rechtsinstrumenten, Ffm. *Europäische Zentralbank* (monatlich): Monatsbericht, Ffm. *Simmert, D., Welteke, E., 1999 (Hrsg.)*: Die Europäische Zentralbank, Stg.

Uwe Wagschal

Europäische Innenpolitik → Europäische Union

Europäische Justizpolitik → Europäische Union

Europäische Politische Zusammenarbeit → GASP

Europäische Regionalpolitik
Politikfeld, das die Maßnahmen der → EU zum Ausgleich sozialer und wirtschaftl. Disparitäten auf dem Gemeinschaftsgebiet umfaßt. Die Förderung des wirtschaftl. und sozialen Zusammenhalts und die Solidarität unter den Mitgliedstaaten ist in Art. 2 des EWG-Vertrages festgeschrieben; indirekt kann dies als Auftrag für eine harmonische Entwicklung der Regionen verstanden werden.

Gemeinschaftlicher Handlungsbedarf wurde in den 1970er Jahren erkannt, als sich mit der Ausweitung der Gemeinschaft um

Dänemark, Irland und GB die regionalen Disparitäten erstmals verschärften. Dabei sollte die Regionalpolitik (R.) der einzelnen Mitgliedstaaten koordiniert werden, und über den 1975 errichteten *Europ. Fonds für Regionale Entwicklung* wurden finanzielle Hilfen für bedürftige Regionen zunächst nach prozentual berechneten Anteilen bereitgestellt, um die interregionalen Ungleichgewichte sozial- und gemeinschaftsverträglich zu vermindern und so etwaigen Blockaden des Integrationsprozesses vorzubauen. Im Rahmen der Süderweiterung und erneut mit den neuen Bundesländern kamen weitere Regionen mit wirtschaftl. und strukturellen Problemen hinzu. Auch vormals wohlhabende Regionen sind von Umstrukturierungen, z. B. vom Niedergang früher einkommensträchtiger Industrien (Kohle, Stahl, Werften, Textil), betroffen.

Da sich das Politikfeld mit anderen Politikbereichen (u. a. Sozial-, Struktur-, Agrar-, Arbeitsmarktpolitik) überlappt, wird schon seit den 1980er Jahren eine stärkere Verzahnung der strukturpolit. relevanten Bereiche angestrebt. Im EG-Vertrag (1986) setzte sich die Gemeinschaft zum Ziel, Unterschiede im Entwicklungsstand der Regionen abzubauen (Art. 130a). Mit der *Einheitlichen Europ. Akte* von 1987 wurde die Struktur- und Regionalpolitik neu geordnet, finanziell besser ausgestattet (erneut 1993: 140 Mrd. EU für den Zeitraum 1994–1999) und stärker supranat. koordiniert. 1988 verabschiedete das Europäische Parlament die „Gemeinschaftscharta der Regionalisierung", in der die Notwendigkeit zur Dezentralisierung und Regionalisierung unterstrichen wird.

Gemeinschaftsinterventionen erfolgen nach dem → Subsidiaritätsprinzip. Folgende Zielregionen werden unterschieden: (1) Regionen mit Entwickungsrückstand, d. h. nicht mehr als ca. 75 % des EG-Durchschnitts mit einem Anteil von ca. 70 % der Mittelzuwendungen, (2) industrielle Umstrukturierungsgebiete, (3) Bekämpfung von Langzeitarbeitslosigkeit, (4) berufliche Eingliederung von Jugendlichen, (5a) Anpassung der Agrarstrukturen, (5b) Entwicklung des ländlichen Raums. Die bevorstehende Erweiterung der EU wirft die Frage auf, wie die Regionalpolitik in Zukunft zu finanzieren ist.

→ Regionalpolitik

Lit.: *Bullmann, U.* (Hrsg.) 1994: Die Politik der dritten Ebene: Regionen im Integrationsprozeß der Europäischen Union, Baden-Baden. *Franke, J.* 1989: Die Regionalpolitik der Europäischen Gemeinschaft, Bochum. *Knemeyer, F.-L.* 1994: Europa der Regionen – Europa der Kommunen, Baden-Baden. *Kohler-Koch, B.* 1996: Regionen im Mehrebenensystem der EU, in: *König, T./Rieger, E./Schmitt, H.* (Hrsg.): Das europäische Mehrebenen-System, Ffm./NY, 203–227. *Marx, F.* 1992: EG-Regionalpolitik, Aachen. *Ridinger, R.* 1992: EG-Regionalpolitik, Hamb. *Schneider, H./Wessels, W.* (Hrsg.) 1994: Föderale Union Europas Zukunft?, Mchn.

Petra Bendel

Europäische Sozialpolitik

Die Europäische Sozialpolitik (E. S.) umfaßt die Gesamtheit der institutionellen, verfahrensmäßigen und inhaltlichen Vorhaben der → Europäischen Union zur Verbesserung der Lebens- und Arbeitsbedingungen im Integrationsraum und weiteren Zielsetzungen, die sich im Laufe des Integrationsprojekts ausgedehnt haben. Ziel ist es, die nat. → Sozialpolitiken anzugleichen und soziale Mindeststandards in der EU zu erzielen.

Obwohl bereits die Präambel des EWG-Vertrags den wirtschaftl. und sozialen Fortschritt der Mitgliedstaaten und deren stetige Besserung der Lebens- und Beschäftigungsbedingungen ihrer Völker zum Ziel erhebt, konzentrierte sich die EG-Entwicklung zunächst v. a. auf den einheitlichen Binnenmarkt. Erst 1974 ging ein erstes sozialpolit. Aktionsprogramm von der EU-Kommission aus. Die Einheitliche Europ. Akte (1987) erweiterte den EWG-Vertrag mit der Bestimmung, die Harmonisierung der E. S. müsse auf hohem Schutzniveau erfolgen, d. h. Bestimmungen unter den nat. Standards eines

Mitgliedstaates müssen von diesem nicht angewandt werden.

1. Inhaltlich ist die E. S. stark auf die Arbeitspolitik ausgerichtet, die sich aus dem Grundsatz der Freizügigkeit ableiten läßt. So besteht eine Gemeinschaftscharta der sozialen Grundrechte der Arbeitnehmer, die 1989 von elf Mitgliedstaaten gegen die Stimme GBs im Europäischen Rat per Mehrheitsentscheid unterzeichnet wurde; sie stellt eine Absichtserklärung dar, nicht aber eine zunächst angestrebte verbindliche und einklagbare Rechtsgrundlage. 1989 und 1995 hat die Kommission weitere sozialpolit. Aktionsprogramme verabschiedet, in denen Maßnahmen zu Sicherheit und Gesundheitsschutz, Arbeitszeit, Gewerkschaftszugehörigkeit, Beschäftigung sowie zur Chancengleichheit für Männer und Frauen erörtert werden. Ohne die Beteiligung GBs wurde ein ursprünglich als „Sozialkapitel" geplantes Protokoll dem Maastricht-Vertrag beigefügt. Das Parlament, das der S. gegenüber als aufgeschlossen gilt, hat im Rahmen des Mitentscheidungsverfahrens nunmehr die Möglichkeit, Vorschläge zu Arbeitsumwelt, Chancengleichheit, Unterrichtung und Anhörung der Arbeitnehmer oder zur Eingliederung der aus dem Arbeitsmarkt ausgeschlossenen Personen zu blockieren. Die Sozialpartner werden zu sozialpolit. Belangen gehört und können vertragliche Vereinbarungen schließen, welche an die Stelle gesetzgeberischer Maßnahmen treten können. Der Anteil der E. S. an den Entscheidungen des Europäischen Gerichtshofs wächst zusehends; die meisten betreffen Koordinierungsfragen zwischen den EU-Staaten.

2. Instrumente der E. S. sind: (1) der Europ. Sozialfonds als Finanzinstrument für Beschäftigungs- und Humanressourcen, der sich v. a. der Beschäftigungspolitik widmet, (2) Rechtsvorschriften, (3) Initiativen der Sozialcharta, (4) Informationsaustausch, Netzwerke, (5) sozialer Dialog (Anhörung der Sozialpartner), (6) Veröffentlichung von Grünbuch (1993) und Weißbuch (1994), das unter Konsultation der EU-Institutionen, der Mitgliedstaaten, der Sozialpartner, gesellschaftlichen Institutionen und Einzelbürgern zustande kam. Es legt die Grundzüge des sozialpolit. Vorgehens auf Unionsebene für die kommenden Jahre fest, v. a. in den Bereichen Arbeitsrecht, Gesundheit und Sicherheit, Freizügigkeit und Chancengleichheit von Männern und Frauen. Damit wurde erstmals über ein europ. Gesellschaftsmodell diskutiert.

→ Sozialpolitik

Lit.: *Busch, K.* 1998: Das Korridormodell. Ein Modell zur Weiterentwicklung der EU-Sozialpolitik, in: IPG 2, 147–156. *Däubler, W.* u. a. (Hrsg.) 1989: Sozialstaat EG?, Gütersloh. *Deubner, C.* 1990: Europäische Einigung und soziale Frage, Ffm./NY. *Kleinhenz, R.* (Hrsg.) 1993: Soziale Integration in Europa, Bln. *Falkner, G.* 1994: Supranationalität trotz Einstimmigkeit, Bonn. *Falkner, G.* 2000: EG-Sozialpolitik nach Verflechtungsfalle und Verflechtungslücke, in: PVS 41 (2), 279–301. *Leibfried, S./Pierson, P.* (Hrsg.) 1995: European Social Policy, Washington. *Leibfried, S./Kadré, P.* 1996: Sozialpolitik, in: *Kohler-Koch, B./Woyke, W.* (Hrsg.): Europäische Union (Lexikon der Politik, Bd. 5), Mchn., 244–249. *Schulz, O.* 1996: Maastricht und die Grundlagen einer Europäischen Sozialpolitik, Köln, u. a. *Wellner, W./Schmidt, G.* 1998: Europa auf dem Weg zur Sozialunion, Bonn.

Petra Bendel

Europäische Umweltpolitik

In der Einheitlichen Europ. Akte (1987) wurde erstmals ausdrücklich formuliert, daß der Schutz der Umwelt bei jeglichem Handeln der Gemeinschaft Berücksichtigung finden sollte. Der Vertrag über die → Europäische Union (1992) stellte die Europäische Umweltpolitik auf eine neue rechtl. Grundlage. Dem Ziel des wirtschaftl. Wachstums wurde das der Umweltverträglichkeit zur Seite gestellt.

Motiviert durch grenzüberschreitende Umweltprobleme, aber auch durch die Tatsache, daß nat. Umweltpolitiken nichttarifäre Handelsbarrieren darstellten, war seit Anfang der 1970er Jahre auf der Grundlage von Aktionsprogrammen eine Reihe (einzelner) Richtlinien und Verordnungen verabschiedet worden. Der ordnungsrechtl. Ansatz der 1980er Jahre ist inzwischen einer flexibleren Politik gewichen. Als progammatischer Wendepunkt gilt das stärker konzeptionalisierte „Fünfte Umweltpolitische Aktionsprogramm" (1992). Es proklamiert „nachhaltiges Wachstum" (*sustainability*) und erhebt die Forderung, Umweltaspekte in alle übrigen Politikfelder zu integrieren. Eines der wichtigsten, wenngleich umstrittenen Instrumente ist die Umweltverträglichkeitsprüfung, die bei der Planung bestimmter Großprojekte (z. B. Flughäfen) einheitliche Verfahren für die Mitgliedstaaten vorsieht.

Die verbindliche Festlegung von Grenzwerten wird in jüngerer Zeit vermehrt durch verfahrensorientierte, je nach Entwicklungsstand und spezifischen Umweltproblemen flexibler handhabbare Regelungen ersetzt. Auch die zuständigen Institutionen wurden schrittweise ausgebaut: Den Anfang machte 1971 die „Generaldirektion XI Umwelt, nukleare Sicherheit und Katastrophenschutz". Seit Maastricht kann auch das Europ. Parlament im Falle von Mehrheitsentscheidungen z. T. gewichtigen Einfluß auf die Entscheidungsprozesse nehmen. Mit dem Amsterdamer Vertrag wurde diese Tendenz noch weiter verstärkt; die meisten umweltpolit. Entscheidungen werden inzwischen per Mitentscheidungsverfahren getroffen. Umweltverbände haben in den vergangenen Jahren einen wachsenden Einfluß erhalten. Auch das Europ. Umweltbüro, das eng mit der Kommission zusammenarbeitet, hat an Einfluß gewonnen; die letzte Entscheidung verbleibt jedoch häufig beim Ministerrat. Andere Ratsformationen angrenzender Politikfelder wirken dabei oft bremsend.

Umgekehrt werden umweltpolit. Fragen oft ungenügend in angrenzende *policies* wie Verkehrs-, Tourismus-, Regionalentwicklungs-, Landwirtschafts-, und Energiepolitik eingebracht. Zwar sind die EU und ihre Mitgliedstaaten internat. programmatische Vorreiter des Umweltschutzes (z. B. Rio, Kyoto), doch bleibt in der EU-Gesamtheit EU-Umweltrecht oft hinter den gesteckten Zielen zurück, vielfach deswegen, weil es an der Umsetzung durch die Mitgliedstaaten hapert.

→ Umweltpolitik

Lit.: *Breuer, R.* 1993: Entwicklungen des Europäischen Umweltrechts, Bln./NY. *Caspari, S.* 1994: Die Umweltpolitik der Europäischen Gemeinschaft, Baden-Baden. *Hey, C.* 1994: Umweltpolitik in Europa, Mchn. *Hey, C./Brendle, U.* 1994: Umweltverbände und EG. Strategien, Opl. *Holzinger, K.* 1994: Politik des kleinsten gemeinsamen Nenners?, Bln. *Liefferink, J. D./Lowe, Ph. D./Mol, A. P. J.* (Hrsg.) 1993: European Integration and Environmental Policy, L./NY.

Petra Bendel

Europäische Union

I. Die Europäische Union (EU) ist das in ständiger Weiterentwicklung begriffene Ergebnis (west-)europ. Integrationspolitik, also der auf einen immer engeren Verbund europ. Staaten zielenden Bemühungen. Drei Fragenkreise bestimmen von Anfang an die integrationspolit. Agenda: Was soll zum Aufgabenbereich des Verbunds gehören und wie soll sein Entscheidungssystem beschaffen sein (also die beiden Aspekte der Vertiefung des Verbunds)? Welche Staaten sollen dem Verbund angehören (der Aspekt seiner Erweiterung)?

Europ. Integrationspolitik zielte, wie schon die entsprechenden Bemühungen nach dem I. Weltkrieg, auf Friedenssicherung, größere wirtschaftl. Leistungsfähigkeit, Behauptung Europas in der Weltpolitik, Lösung von Minderheiten- und Grenzproblemen. Die Bedrohung von → Freiheit und → Demokratie durch autoritäre und totalitäre Regime gab, neben der Erfahrung des II. Weltkrieges, dem Gedanken der europ. Einigung neue Schubkraft und ergänzte das Spektrum von Zielen um die Gewährleistung von → Menschenrechten, Demokratie und Rechtsstaatlichkeit. Integrationsbestrebungen wurden sodann mit gesellschaftspolit. Ordnungskonzepten verknüpft sowie in den Dienst spezifischer nat. Anliegen gestellt. Als Folge des Systemantagonismus zwischen Ost und West beschränkte sich Integrationspolitik zunächst auf Westeuropa. Die BRD verstand ihre Beteiligung als eine unerläßliche Voraussetzung für die Lösung der deutschen Frage im Einvernehmen mit ihren Nachbarn (→ Deutsche Einheit).

Für die Realisierung von Integrationsbestrebungen standen sich zwei Ansätze gegenüber: Schaffung eines nur lokkeren Rahmens für zwischenstaatl. Kooperation, auf intergouvernementaler Basis, ohne Einschränkung nat. → Souveränität; oder Errichtung eines die Hoheitsgewalt der Mitgliedstaaten beschneidenden „supranationalen" Gebildes, welches als Rechtsgemeinschaft mit eigenen Organen und spezifischen Entscheidungsverfahren vertraglich konstituiert werden würde. Frankreich, Italien, die BRD und die drei Benelux-Staaten entschieden sich 1951 mit der Montan-Union für den zweiten Ansatz, der die integrationspolit. Entwicklung seither bestimmt hat.

II. Der heutige EU-Verbund hat sich von bescheidenen Anfängen einer Sektor-Gemeinschaft (Montan-Union oder EGKS) in mehreren Etappen zu einem Gebilde entwickelt, dessen Tätigkeitsspektrum sich stark ausgeweitet hat, das über ein sich immer mehr ausdifferenzierendes „Regierungssystem" verfügt, seinen Mitgliederbestand von zunächst sechs auf 1994 15 Staaten mehr als verdoppelt hat und während der tiefgreifenden Veränderungen in Europa seit 1989/90 nicht nur als feste Größe erhalten blieb, sondern sich weiter vertieft hat. Vertiefung und Erweiterung stehen unverändert auf der europapolit. Tagesordnung. Für die Jahre nach 2004 ist der Beitritt mittel- und osteurop. Staaten vorgesehen.

1. Die 1951 errichtete EGKS war die erste wirklich supranationale Organisation: Für den Montansektor wurde eine gemeinsame Rechtsordnung mit Gemeinschaftsorganen geschaffen, deren Entscheidungen die beteiligten Staaten sowie Unternehmen in bestimmten Fragen binden. Pläne, nach dem gleichen Muster eine Verteidigungs- und eine Politische Gemeinschaft (EVG und EPG) zu errichten – die EPG war als bundesstaatsähnliche Konstruktion, die EGKS und EVG überwölben, zusätzlich für Außen- und Wirtschaftspolitik zuständig sein und über parlamentarische Regierungsweise mit Zwei-Kammer-System verfügen sollte, konzipiert –, scheiterten 1954 als zu ehrgeizig.

2. Mit den Römischen Verträgen von 1957 – sie zielten auf die Errichtung einer Wirtschafts- und einer Atomgemeinschaft (EWG und EAG) – schufen die sechs EGKS-Staaten die Grundlage für den Fortgang der Integrationspolitik. Kern des EWG-Vertrags war die Errichtung einer Zollunion und eines Gemeinsamen Marktes, ergänzt um eine gemeinschaftliche Wettbewerbsordnung (mit dem Verbot staatl. Beihilfen). In der sog. Übergangszeit, bis 1969, wurde die Zollunion, mit einem gemeinsamen Außenzoll und, damit verbunden, gemeinsamer Handelspolitik gegenüber Drittstaaten, vollendet. Auch die Errichtung des Gemeinsamen Marktes (mit freiem Warenverkehr, Niederlassungsfreiheit, freiem Kapital- und Dienstleistungsverkehr sowie Freizügigkeit für Arbeitskräfte) wurde durch Einzelmaßnahmen schrittweise in Angriff genommen. Die systematische Beseitigung der großen Zahl sog. nicht-tarifärer Handelshemmnisse wurde indessen erst mit dem Mitte der 1980er Jahre eingeleiteten Programm der Vollendung des Binnenmarktes bis Ende 1992 eingeleitet. Für wenige ausgewählte Politikbereiche, wie insbes. die Agrarpolitik, sah der EWG-Vertrag den Aufbau einer gemeinsamen Politik vor, deren Regelwerk ebenfalls während der Übergangszeit ausgearbeitet wurde. Für die anderen Politikbereiche war lediglich die Koordinierung nat. Maßnahmen vorgesehen.

Die Sechser-Gemeinschaft verstand sich als offen für den Beitritt anderer europ. Staaten.

Die Begründung von Assoziierungsverhältnissen (erstmals 1961 mit Griechenland) kann als Vorstufe und Vorbereitungsphase hierfür verstanden werden. Zu einer Erweiterung kam es in der Phase der Übergangszeit nicht; ein polit. motiviertes Veto *de Gaulles* beendete 1963 recht abrupt Bemühungen, die Bedingungen für eine Mitgliedschaft Großbritanniens (sowie anderer Staaten) zu sondieren. Assoziationsverträge mit Staaten in Übersee, früheren Kolonien, begründeten besondere Beziehungen und wurden zu einem speziellen Instrument gemeinschaftlicher Entwicklungspolitik. Initiativen, die wirtschaftlich erfolgreiche Integration auf den polit. Bereich zu erstrekken (Projekt einer Politischen Union 1961–63), scheiterten, weil franz. Bestrebungen, vorhandene supranat. Strukturen zugunsten intergouvernementaler zurückzudrängen, von den anderen Mitgliedstaaten abgelehnt wurden.

3. Die Gipfelkonferenz von Den Haag 1969 markierte das Ende der Übergangszeit und den Beginn einer neuen Phase der Integrationspolitik mit Weichenstellungen zugunsten von Erweiterung und Vertiefung. Im Mittelpunkt standen Bemühungen zur Politikintegration. Der Werner-Plan zur Errichtung einer Wirtschafts- und Währungsunion (WWU) von 1970 scheiterte 1973 an unüberbrückbaren ordnungspolit. Gegensätzen, insbes. zwischen Deutschland und Frankreich. Mit dem 1978 geschaffenen Europäischen Währungssystem (EWS) wurde ein neuer Anlauf genommen, dem dann Ende der 1980er Jahre das Projekt der Währungsunion folgte. Auf anderen Gebieten kam es zur Ausweitung der (Mit-)Verantwortung der EG. Die Ausweitung des Tätigkeitsbereichs erfolgte auf der Grundlage von Vertragsbestimmungen, die ein Tätigwerden mit Blick auf das Funktionieren des Gemeinsamen Marktes erlauben oder nahelegen oder die auf die Erfüllung genereller Zielvorstellungen (in Präambel und Artikel 2 EGV formuliert) ausgerichtet waren. Instrumente hierfür waren zum einen gemeinschaftliche Rechtsetzung, insbes. die Angleichung innerstaatl. Rechtsvorschriften, oder Aktionsprogramme. So wurde die EG ganz pragmatisch auf den Gebieten der Umweltpolitik und der Forschungs- und Technologiepolitik tätig. Mit dem seit Mitte der 1970er Jahre entstandenen System eigener Einnahmen (Zölle, Abschöpfungen – sie fallen beim Import von Agrarprodukten an –, einem Teil des Mehrwertsteueraufkommens und, seit 1988, Zahlungen der Mitgliedstaaten, die sich am BSP bemessen) hatte die Gemeinschaft eine von Mitgliedsbeiträgen unabhängige finanzielle Basis für ihre Aktivitäten. Zu ihnen gehörte bald auch die Regionalpolitik, seit 1975 mit dem Regionalfonds als einem Instrument zunächst bescheidener innergemeinschaftlicher Umverteilung. Mit der Europäischen Politischen Zusammenarbeit (EPZ) haben die Mitgliedstaaten seit 1970 ein intergouvernementales Verfahren beschlossen und kontinuierlich ausgebaut, mit dessen Hilfe sie in der Außenpolitik gemeinsame Positionen formulieren und schließlich gemeinsam handeln wollten.

1973 traten Dänemark, Großbritannien und Irland der EG als Mitglieder bei. Der mit der EG gewählte Ansatz von Integrationspolitik hatte sich damit dem Freihandelszonen-Konzept, welches GB mit der EFTA favorisiert hatte, als überlegen erwiesen. Bemühungen zur vertraglichen Begründung einer Europäischen Union („Tindemans-Bericht" 1975) sind ein deutliches Indiz für Tendenzen zu einer weiteren Vertiefung und Verfestigung des EG-Systems, auch wenn sie zunächst ohne konkretes Ergebnis blieben.

III. Nach einer als Stagnation, Krise und „Eurosklerose" wahrgenommenen Phase Anfang der 1980er Jahre kam es seit 1985/86 durch drei aufeinanderfolgende Vertragsänderungen und –ergänzungen zu einer ganz substantiellen Vertiefung der Gemeinschaft: Ihr Aufgabenbereich wurde erheblich ausgeweitet, das Entscheidungssystem differenzierte sich aus und der neue Name „Europäische Union" (EU) – statt EG – markierte zusätzlich diese neue Qualität der Integration. Hinzu kam die schrittweise Erweiterung mit der Süd- und später der sog. Nord-Erweiterung.

1. 1986 erfolgte mit der Einheitlichen Europäischen Akte (EEA) die erste Vertragsreform. Darin wurde die Vollendung des Binnenmarktes bis Ende 1992 als Ziel verankert und die wirtschafts- und währungspolit. Kooperation auf das Ziel der Konvergenz ausgerichtet. Neue Verfahrensbestimmungen sollten Entscheidungen zur Errichtung des Binnenmarktes erleichtern und beschleunigen. Der Aufgabenbereich der EG wurde um die Bereiche Forschung und Technologie, Umwelt und Soziales ausdrücklich erweitert. Die EPZ wurde auf eine vertragliche Grundlage gestellt. Die Verpflichtung der Staaten auf das Ziel wirtschaftl. und sozialer Kohäsion führte 1988 zu einer grundlegenden Reform der Strukturfonds. Damit im Zusammenhang stand eine Reform der → Agrarpolitik mit dem Ziel, Überschüsse zu vermeiden und so die Ausgaben zu senken; außerdem eine Reform des Finanzsystems. Der mit dem Binnenmarkt-Projekt verbundene Verzicht auf Personenkontrollen an Grenzen verlangte ein Mehr an Kooperation und Gemeinsamkeit in Fragen wie Ausländer- und Asylpolitik, Drogen- und Verbrechensbekämpfung. Das im Juli 1985 von nur einzelnen Mitgliedstaaten geschlossene Abkommen von Schengen bedeutete den Einstieg in entsprechende Maßnahmen im Gemeinschaftsrahmen.

Die Süderweiterung wurde in zwei Etappen vorgenommen: 1981 wurde Griechenland Mitglied, 1986 traten Portugal und Spanien der EG bei. Neben ökonom. Zielen ging es in allen drei Fällen um die polit. Absicherung des Transformationsprozesses hin zur Demokratie nach dem Ende unterschiedlich langer autoritärer Regime.

2. Der im Februar 1992 unterzeichnete Vertrag von Maastricht ist der bislang ehrgeizigste Schritt zur Weiterentwicklung der Gemeinschaft. Die Hauptmotive für sein Zustandekommen waren die Auffassung, daß zum Binnenmarkt eine Wirtschafts- und Währungsunion (WWU) gehört und daß diese, da sie letztlich polit. Qualität habe, durch eine Politische Union zu ergänzen sei; sodann die Überzeugung, daß nur eine konsolidierte Gemeinschaft den Erwartungen insbes. mittel- und osteurop. Staaten, die sich nach dem Zusammenbruch des Kommunismus auf Westeuropa hin orientierten, werde entsprechen können; schließlich das Bestreben, das vereinigte D dauerhaft und verläßlich internat. einzubinden. Die durch den Vertrag errichtete Union sollte sich von der EG dadurch unterscheiden, daß sie deutlich über diese hinausgeht. Zur Union gehören drei Hauptkomponenten, vielfach „Pfeiler" genannt.

Den ersten Pfeiler stellen die drei Europäischen Gemeinschaften dar, deren vertragliche Grundlagen erneut ergänzt und verändert werden. Der Aufgabenbereich der Gemeinschaft wurde beträchtlich erweitert, wobei im Mittelpunkt die Errichtung einer Wirtschafts- und Währungsunion steht. Das Ziel der Währungsunion sind eine einheitliche Währung, die Festlegung und Durchführung einer einheitlichen und der Preisstabilität verpflichteten → Geld- und Währungspolitik, schließlich die Errichtung einer Europäischen Zentralbank. Die Währungsunion sollte bis spätestens 1999 gebildet werden, und ihr sollten die Staaten angehören, die bestimmte Stabilitätskriterien erfüllen. Das Aufgabenfeld der Gemeinschaft wurde sodann um die Bereiche allgemeine Bildung, Kultur, Gesundheitswesen, Verbraucherschutz, Transeuropäische Netze, Industrie und Entwicklungszusammenarbeit erweitert; hier übernahm die Gemeinschaft neben den Mitgliedstaaten eine Mitverantwortung. Dabei kann es sich um Rechtsetzung oder – wo dies ausgeschlossen ist – um Initiierung und Förderung spezifischer Programme handeln. Für den Bereich Sozialpolitik wurde das Prinzip der abgestuften Integration als Sonderlösung angewandt: GB widersprach der Aufnahme in den gemeinschaftlichen Aufgabenbereich, akzeptierte aber eine Vereinbarung der elf übrigen Mitgliedstaaten, die dem Vertrag als Protokoll beigefügt ist. Neu ist sodann die Einführung eines Kohäsionsfonds, mit dem ein zusätzlicher Finanzausgleich zugunsten der strukturell schwächsten Mitgliedstaaten erfolgen soll. Weiterhin führte der Vertrag eine Unionsbürgerschaft ein, die Angehörigen der Mitgliedstaaten das kommunale und das → Wahlrecht zum Europäischen Parlament an ihrem jeweiligen Wohnort einräumt. Mit der Einführung des Subsidiaritätsprinzips in den Vertrag wurde der Versuch gemacht, in der „Verfassungs"-Ordnung der EU eine angemessene Balance zwischen Gemeinschaft und Mitgliedstaaten zu gewährleisten; es handelt sich eher um eine polit. Leitlinie als um eine justiziable Rechtsnorm; Neuerungen im Entscheidungssystem werden gesondert (V.) behandelt.

Der zweite Pfeiler besteht aus den Bestimmungen über die → Gemeinsame Außen- und Sicherheitspolitik (GASP), die intergouvernementalen Charakter hat. Letzlich behält also jeder Mitgliedstaat seinen Gestaltungsspielraum, denn Entscheidungen des Rates bedürfen der Einstimmigkeit. Längerfristig soll zur GASP auch eine Gemeinsame Verteidigungspolitik, schließlich auch eine gemeinsame Verteidigung gehören. Mit Blick auf dieses Ziel wird die Westeuropäische Union (WEU) zum integralen Bestandteil der Unionsentwicklung erklärt; Entscheidungen und Aktionen der Union mit verteidigungspolit. Bezügen sollen demnach von der WEU ausgearbeitet und durchgeführt werden.

Der dritte Pfeiler, ebenfalls mit intergouvernementalem Charakter, bezieht sich auf die Zusammenarbeit in den Bereichen Justiz und Inneres. Dazu gehören → Asylpolitik, Kontrolle von Grenzüberschreitungen, Einwanderungspolitik, Bekämpfung des Drogenhandels und der internationalen Kriminalität, Zusammenarbeit der Justiz in Zivil- und Strafsachen, Kooperation im Zollwesen und schließlich die polizeiliche Zusammenarbeit, die auch Bestrebungen zum Informationsaustausch im Rahmen eines neu einzurichtenden Polizeiamts (Europol) einschließt.

Der Vertrag von Maastricht trat erst im November 1993 in Kraft, nach einem langen und schwierigen Ratifikationsverfahren. In der Diskusion zeigten sich vielerlei Ängste (vor dem Verlust der stabilen DM, zuviel bürokratischer Zentralisierung in Brüssel, dem Verlust nat. Identität und polit. Gestaltungsfreiheit, dem Überhandnehmen ordnungspolit. abzulehnender Staatsinterventionen), Kritik (an der fehlenden polit. Basis für die Währungsunion, dem viel zu umfangreichen und schwer verständlichen Vertragstext, dem noch problematischer gewordenen Demokratie-Defizit) und Unsicherheit, ob der Integrationsprozeß im Sinne des Maastrichter Unionsvertrags fortgesetzt werden sollte. Nach dem knappen Nein im ersten dänischen Referendum im Juni 1992 schuf erst die Zustimmung zu Vorbehaltsrechten Dänemarks die Voraussetzung für ein Ja im zweiten Referendum im Mai 1993. Das Referendum in Frankreich im September 1992 brachte nur eine ganz knappe Ja-Mehrheit; und in Deutschland stellte das Bundesverfassungsgericht erst im Oktober 1993 die Verfassungsmäßigkeit der Vertragsbestimmungen fest. Auf diesem Hintergrund war es überaus fraglich, ob die bereits für 1996 vorgesehene nächste Regierungskonferenz zur Vertragsreform Beschlüsse im Sinn weiterer Vertiefung der EU würde fassen können.

Die Anfang 1993 mit Österreich, Finnland, Norwegen und Schweden begonnen Beitrittsverhandlungen wurden im Frühjahr 1994 erfolgreich abgeschlossen. Während Österreich (66,6 %), Finnland (57,1 %) und Schweden (52,3 %) in den Referenden den Beitritt billigten, votierte die norwegische Bevölkerung im November 1994 mit 52,3 %, wie bereits 1972, gegen den Beitritt des Landes zur EU.

3. Die in Maastricht für 1996 beschlossene nächste Regierungskonferenz sollte die dritte Vertragsreform vorbereiten. Neben den Erfahrungen im überaus kontroversen Ratifikationsprozeß zum Vertrag von Maastricht wurde die Tagesordnung vor allem durch die bevorstehende Osterweiterung der EU bestimmt. Die Regierungskonferenz formulierte als ihre drei Hauptziele: Die EU sollte bürgernäher werden, indem ihre Legitimität erhöht würde; sie sollte durch institutionelle Reformen effizienter werden; schließlich sollten institutionelle Reformen sie für die Aufnahme neuer Mitgliedstaaten bereit machen. Das Ergebnis der Regierungskonferenz, der im Jahr 1997 beschlossene und unterzeichnete Vertrag von Amsterdam, bietet, bezogen auf diese Ziele und damit verbundene Erwartungen, ein uneinheitliches Bild. Er gliedert sich in fünf Hauptabschnitte.

Abschnitt I („Freiheit, Sicherheit und Recht") überführt wesentliche Bereiche des

Dritten Pfeilers (Asyl, Einwanderung, Kontrolle an den Außengrenzen der EU, Status von Drittland-Angehörigen, Zollzusammenarbeit) in den Ersten Pfeiler und unterwirft sie damit dem gemeinschaftlichen Beschlußverfahren. Dem steht aber gegenüber, daß Entscheidungen zunächst für fünf Jahre vom Rat einstimmig getroffen werden müssen und daß GB und Irland weiterhin Grenzkontrollen vornehmen. Demokratie und Rechtsstaatlichkeit werden zu Grundprinzipien der EU erklärt; ihre Verletzung durch Mitgliedstaaten zieht Sanktionen nach sich.
Abschnitt II („Die Union und die Bürger") sieht einen neuen Titel „Beschäftigung" vor. Die Union erhält hier weder Rechtssetzungsbefugnisse, noch ist die Einleitung von ausgabewirksamen Programmen vorgesehen, die Bestimmungen zielen eher auf eine bessere Abstimmung der nat. Politiken auf diesem Gebiet, wobei mit Mehrheit beschlossene Empfehlungen vorgesehen sind. Schon während der Beratungen war dieser Punkt Gegenstand intensiver ordnungspolit. Auseinandersetzungen, die sich – auch nach dem sog. Beschäftigungs-Gipfel Ende 1997 – fortsetzten. Die Bestimmungen über Sozialpolitik gelten, nach der Entscheidung der neuen Regierung Blair, jetzt auch für GB. Umweltschutz wird im Vertrag als Querschnittsaufgabe definiert und damit verstärkt. In einem Protokoll werden Kriterien und Verfahrensregeln für die Anwendung des → Subsidiaritätsprinzips formuliert, wobei die konkreten Auswirkungen dieser ergänzenden Vorschriften gering bleiben dürften.
Abschnitt III („Eine effiziente und kohärente Außenpolitik") bringt zunächst einige institutionelle Neuerungen, nämlich die Einrichtung einer Planungs- und Analyseeinheit im Rats-Sekretariat, einen (polit.) Generalsekretär für die GASP und schließlich eine neue Troika, an der dieser und das zuständige Mitglied der Kommission beteiligt sind. Die sog. „Petersberg-Aufgaben" („humanitäre Aufgaben und Rettungseinsätze, friedenserhaltende Aufgaben sowie Kampfeinsätze bei der Krisenbewältigung einschließlich friedensschaffender Maßnahmen") werden in den EU-Vertrag aufgenommen. Operative Ausgaben im Bereich der GASP werden künftig aus Mitteln des EU-Haushalts beglichen, und es wird die Möglichkeit vorgesehen, daß internat. Abkommen im Namen der EU abgeschlossen werden. Auf eine Rechtspersönlichkeit Europäische Union konnten sich die Regierungen nicht einigen. Insbes. am brit. Widerstand scheiterte die Integration der WEU in die EU; hier wurde vereinbart, ein Jahr nach Inkrafttreten des neuen Vertrags einen Plan für das weitere Procedere zu erarbeiten. Offen bleibt, was die „Gemeinsame Strategie" als neues GASP-Instrument sein wird; auf dieser Grundlage erfolgende Durchführungsbeschlüsse sollen mit qualifizierter Mehrheit gefaßt werden, wobei aber die Möglichkeit der sog. „konstruktiven Enthaltung", die Maßnahmen nicht verhindert, aber den sich enthaltenden Staat von der Mitwirkung entbindet, besteht. Ebenso vorgesehen ist das Geltendmachen vitaler nat. Interessen im Sinne des Luxemburger Kompromisses von 1966. Die Bestimmungen über Außenwirtschaftsbeziehungen der EU können sich künftig auch auf Dienstleistungen und Rechte des geistigen Eigentums erstrecken, wobei dann aber eine einstimmige Ratsentscheidung erforderlich ist.
Im Abschnitt IV („Die Organe der Union") finden sich auf der einen Seite vielfach geforderte Reformen: die Reduzierung der Beschlußverfahren, die Ausdehnung des Mitentscheidungsverfahrens auf weitere Politikbereiche und damit eine Stärkung des EP, die Straffung des Mitentscheidungsverfahrens, die Stärkung der Position des Kommissions-Präsidenten (er bedarf der förmlichen Bestätigung durch das EP, wirkt an der Auswahl der anderen Kommissions-Mitglieder mit und hat die Befugnis, Leitlinien für die Arbeit der Kommission zu formulieren). Dem steht allerdings die Nichteinigung in zwei zentralen Reformvorhaben gegenüber: Was die Größe der Kommission betrifft, wurde keine Obergrenze beschlossen, weil kein Mitgliedstaat auf die Entsendung des eigenen Kommissionsmitglieds verzichten wollte. Der Kompromiß sieht vor, daß auch nach der ersten Erweiterung der EU jeder Mitgliedstaat ein Kommissions-Mitglied benennen kann, „sofern zu diesem Zeitpunkt die Stimmengewichtung im Rat – sei es durch

Neugewichtung oder durch Einführung einer doppelten Mehrheit – geändert worden ist". Die Kompromißformel läßt erkennen, daß auch in der Frage der Stimmengewichtung im Rat kein Konsens erzielt werden konnte.

Der Abschnitt V („Engere Zusammenarbeit – Flexibilität") enthält Vorkehrungen, die es einer Gruppe von Mitgliedstaaten ermöglichen sollen, weitergehende Integrationsschritte einzuleiten, an denen sich zunächst nicht alle beteiligen. Was die überaus wichtige Frage des Auslösemechanismus für Flexibilität betrifft, wurde – als Regelfall – die qualifizierte Mehrheitsentscheidung vorgesehen; jeder Staat hat allerdings die Möglichkeit, unter Berufung auf den Luxemburger Kompromiß vitale nat. Interessen geltend zu machen und zu widersprechen.

Nicht vergessen werden darf bei einer Würdigung des Ergebnisses der Regierungskonferenz, daß auf ihr auch der Stabilitätspakt zur WWU förmlich besiegelt wurde, zweifellos das wichtigste Element einer Vertiefung der EU. Im Mai 1998 beschloß der Europäische Rat über die Teilnehmer an der Währungsunion. Außer Dänemark und GB, die von ihrem Vorbehaltsrecht Gebrauch machten, Griechenland (wegen unzureichender Konvergenzfortschritte) und Schweden (wegen Nicht-Teilnahme am EWS) wurden die anderen elf EU-Mitgliedstaaten als Teilnehmer bestimmt. Zugleich wurde das Direktorium der Europäischen Zentralbank (EZB) eingerichtet und der Niederländer *Willem F. Duisenberg* zum ersten Präsidenten bestimmt. Bereits 1995 war der Name der neuen Gemeinschaftswährung mit „Euro" festgelegt worden; ein Euro wird in 100 „Cents" unterteilt. Im Sommer 2000 wurde über die Einbeziehung Griechenlands, nachdem das Land die Konvergenzkriterien erfüllt, beschlossen; im September 2000 lehnte Dänemark in einer Volksabstimmung den Beitritt zur Währungsunion ab. Die britische Regierung macht die Beteiligung des Landes von einem zu gegebener Zeit abzuhaltenden Referendum abhängig.

4. Im zweiten Halbjahr 1999 faßten die EU-Staaten unter finnischer Präsidentschaft weitreichende Beschlüsse in zwei Politikbereichen, die zu einer ganz substantiellen Vertiefung des Integrationsverbundes führen sollen und die intergrationspolit. Debatte in den Folgejahren nachhaltig bestimmen werden.

Auf dem Feld der Innen- und Justizpolitik wurden auf einem Sondergipfel von Tampere im Oktober 1999 eine Reihe von Beschlüssen gefaßt und Maßnahmen in Aussicht genommen, die, zusammengenommen, das Integrationsprojekt eines „Raumes der Freiheit, der Sicherheit und des Rechts" darstellen; es wird hinsichtlich Umfang und Intensität mit den Anfängen des Binnenmarktprogramms 15 Jahre zuvor verglichen. Aufbauend auf dem im Dezember 1998 in Wien formulierten Aktionsplan wurden in Tampere zu drei Kernbereichen Beschlüsse gefaßt, die den Prozeß einer weiteren Vertiefung in diesem wichtigen Bereich einleiten: Im Bereich Asyl und Einwanderung wurde ein umfassendes Migrationskonzept der EU anvisiert, welches Aktivitäten gegenüber potentiellen Herkunftsländern, gemeinsame Standards für ein angemessenes Asylverfahren und die Schaffung von Integrationsmöglichkeiten für Asylanten umfaßt. Unter dem Stichwort „Schaffung eines europäischen Rechtsraums" geht es um Maßnahmen für die verschiedensten grenzüberschreitenden Rechtsstreitigkeiten, vor allem für Einzelpersonen und Wirtschaftsunternehmen. Der Bekämpfung der grenzüberschreitenden Kriminalität dient die Einrichtung einer neuen Stelle („Eurojust") zur Koordinierung nat. Staatsanwaltschaften sowie die Einrichtung einer europ. Polizeiakademie für Angehörige nat. Strafverfolgungsbehörden.

Das zweite, gleichfalls sehr ehrgeizige und umfassende neue Integrationsprojekt betrifft den Aufbau der Europäischen Sicherheits- und Verteidigungspolitik (ESVP) auf der Grundlage der GASP. Dazu wurden auf dem Gipfel in Helsinki im Dezember 1999 eine Reihe von Beschlüssen gefaßt: die Verpflichtung, innerhalb von 60 Tagen in der Lage zu sein, einen militärischen Einsatz durchzuführen und ihn für ein Jahr aufrecht zu erhalten; diese Kapazität soll bis spätestens 2002 vorhanden sein; Aufbau neuer ständiger polit. und militärischer Gremien innerhalb des Rats, wobei die Einrichtung eines Militärischen Komitees mit den Generalstabschefs der Mitgliedstaaten im Mittelpunkt stehen wird. Schließlich wurden Maßnahmen eingeleitet, um die Konsultation und Kooperation mit NATO-Mitgliedern, die nicht zugleich EU-Mitglieder sind, sicherzustellen. Es geht um die Fähigkeit der EU, sich an Maßnahmen der Konfliktprävention und des Krisenmanagements zu beteiligen, wobei militärische Maßnahmen nur dort erfolgen sollen, wo die NATO als Ganze nicht engagiert ist. Unverändert wichtig bleiben die nicht-militärischen Aspekte im Bereich des Krisenmanagements. Es herrscht weitgehend Übereinstimmung, daß die in Aussicht genommenen Maßnahmen einer vertraglichen Grundlage bedürfen.

IV. Nach dem Zusammenbruch des Kommunismus 1989/90 haben sich die mittel- und osteuropäischen Transformationsstaaten auf Westeuropa hin orientiert; sie betrachteten die EU als polit. und ökon. Stabilitätsanker. Für die EU und ihre Mitgliedstaaten stellte sich als vorrangiges Ziel, sich um eine stabile gesamteurop. Ordnung zu bemühen, was die Beteiligung der Transformationsstaaten am Integrationsprozeß implizierte. Der gegenseitige Annäherungsprozeß vollzog sich mit großer Geschwindigkeit.

Zunächst wurden 1988/89 zwischen einer Reihe dieser Staaten und der EG Handels- und Kooperationsverträge abgeschlossen, die ab 1991 zu förmlichen Assoziationsverträgen weiterentwickelt und damit aufgewertet wurden. Diese auch „Europa-Abkommen" genannten Verträge enthielten ausdrücklich die Perspektive späterer Mitgliedschaft. Sie hatten drei Hauptelemente: Vereinbarungen über die Marktöffnung (asymmetrisch, zugunsten der MOE-Staaten) mit dem Ziel, innerhalb von drei Jahren eine Freihandelszone für Industrieprodukte zu schaffen. Ausgenommen waren der freie Personenverkehr sowie sensible Produkte einschließlich von Agrarprodukten. Finanzielle Hilfe; hierfür wurden insbes. Mittel im Rahmen des Programms PHARE zur Verfügung gestellt. Polit. Dialog, der im Rahmen neuer gemeinsamer Institutionen auf Minister-, Beamten- und Parlamentarierebene erfolgte.

Im Juni 1993 legten die EU-Staaten in Kopenhagen drei Kriterien für die Mitgliedschaft der MOE-Staaten fest: eine institutionelle Stabilität als Garantie für demokratische und rechtsstaatl. Ordnung, für die Wahrung der Menschenrechte sowie die Achtung und den Schutz von → Minderheiten; eine funktionsfähige Marktwirtschaft sowie die Fähigkeit, dem Wettbewerbsdruck und den Marktkräften innerhalb der Union standzuhalten; die Fähigkeit zur Übernahme des gemeinschaftlichen Besitzstands *(acquis)* einschließlich der Ziele der Politischen Union sowie der WWU.

Im Dezember 1994 beschloß der EU-Gipfel in Essen die sogenannte „Heranführungsstrategie", deren wichtigstes Element ein Fahrplan für die Anpassung bzw. Einführung von Rechtsvorschriften war, die mit Bezug auf den Besitzstand der EU, insbes. im Binnenmarkt, vereinheitlicht werden müssen. Im Dezember 1995 wurde in Madrid beschlossen, ein halbes Jahr nach Abschluß der Regierungskonferenz von Amsterdam über die Aufnahme von Beitrittsverhandlungen zu entscheiden. Die Kommission wurde beauftragt, sich zu den Beitrittsanträgen zu äußern und Vorschläge für den Zeitplan der Beitrittsverhandlungen zu unterbreiten. Diesem Auftrag kam die Kommission 1997 mit der Vorlage des Dokuments „Agenda 2000. Eine stärkere und erweiterte Union" nach. Die EU-Regierungen folgten der Empfehlung der Kommission, die Verhandlungen zunächst mit Ungarn, Polen, Tschechien, Estland, Slowenien und Zypern zu beginnen. Im Dezember 1999 entschieden sie in Helsinki, nun auch mit Lettland und Litauen, der Slowakei sowie mit Bulgarien, Rumänien und Malta Beitrittsverhandlungen zu führen. Bemerkenswert war, daß auch der Türkei ausdrücklich der Status eines Beitrittskandidaten zugesprochen wurde, ohne daß sich jedoch ein baldiges Datum für den Beginn von Verhandlungen abzeichnet. Die bereits laufenden Beitrittsverhandlungen erweisen sich auf einer Reihe von Gebieten als schwierig, so daß ein Zeitpunkt für den Vollzug des Beitritts einzelner Staaten nicht absehbar ist. Auf dem Sondergipfel im März 1999 in Berlin einigten sich die 15 EU-Staaten auf der Grundlage der Kommissionsvorschläge auf ein umfassendes Reformpaket „Agenda 2000". Damit wurden die Gemeinschaftspolitiken und Finanzen auf die Erweiterung ausgerichtet. Das Paket, wiederum ein Kompromiß, umfaßt mehrere Elemente: einen Finanzrahmen bis zum Jahr 2006, der die Obergrenze der EU-Ausgaben bei 1,27 % des EU-BIP beläßt; eine Reform der Gemeinsamen Agrarpolitik mit Absenkung von Stützpreisen, orientiert am Weltmarktniveau, und teilweisem Ausgleich durch nationale Direktzahlungen an die Erzeuger; im Rahmen der Reform der Regional- und Kohäsionspolitik eine Konzentration der Strukturfondsmittel auf die wirklich Bedürftigen, verbunden mit der Beibehaltung des Kohäsionsfonds; behutsame Änderungen am bestehenden Eigenmittelsystem, um Haushaltsungleichgewichte abzubauen. Ob mit diesen Beschlüssen die Erweiterungsfähigkeit der EU, bezogen auf die drei genannten Bereiche – insbesondere das erforderliche Finanzvolumen –, ausreicht, um die Herausforderung der Osterweiterung zu bewältigen, bleibt abzuwarten.

Die für die Erweiterung erforderlichen institutionellen Reformen wurden auf der Regierungskonferenz von Nizza im Dezember 2000 herbeizuführen versucht. Die Tagesordnung war, anders als in Amsterdam und Maastricht, kurz, enthielt aber mit den sog. *Leftovers* des Vertrags von Amsterdam besonders kontroverse Punkte (s. oben III, 3). Es ging im wesentlichen um die miteinander verbundenen Fragen der Zahl der Kommissionsmitglieder, die die einzelnen Mitgliedstaaten entsenden, um die Stimmengewichtung im Rat und um die Ausdehnung qualifizierter Mehrheitsentscheidungen auf weitere Fälle. In der Frage der Größe und Zusammensetzung der Kommission wurde die angestrebte Verkleinerung nicht erreicht. Im Sinne einer Gleichberechtigung aller Staaten verzichteten die großen auf ihren zweiten Kommissar. Jedes Mitglied erhält jeweils einen Kommissar bis zu einer Größe der Union von 27 Mitgliedern, ehe dann einstimmig über eine Reform entschieden werden soll, die möglicherweise ein Rotationsverfahren einführt. Die Stimmengewichtung im Rat war besonders umstritten. Im Hintergrund standen angesichts der geplanten Ausdehnung von Mehrheitsentscheidungen Berechnungen der qualifizierten Mehrheit und der Sperrminorität. Die großen Länder mußten zurückstecken, konnten die Spannweite zwischen der höchsten und der niedrigsten Stimmenzahl nicht in dem angestrebten Maße ausweiten. D blieb zudem ein Mehr an Stimmen gegenüber den anderen großen Ländern und insbes. Frankreich versagt. Der Entscheidungsmodus wurde jedoch insofern an die Bevölkerungsdimensionen angenähert, als die Mehrheitsbeschlüsse ein qualifiziertes „Volksmehr" ausweisen müssen. Damit wurde die Position von D aufgewertet, das als einziges Land mit zwei anderen großen Ländern zusammen eine Sperrminorität bildet. Freilich wurde der Entscheidungsprozeß durch die dreifache Mehrheit von gewogenen Ratsstimmen, Staaten und mindestens 62 % der Bevölkerung erschwert. In der Frage der Ausweitung des Entscheidungsmodus im Rat nach qualifizierter Mehrheit statt Einstimmigkeit ist man aufgrund der erbitterten Verteidigung als essentiell begriffener nat. Interessen nicht recht vorangekommen. Nur in etwa 20 Bereichen wurden Mehrheitsentscheidungen zugelassen, nicht aber in Kernbereichen wie Steuern, Sozialversicherung und Strukturfonds. D setzte sich bei Asyl und Einwanderung mit der Forderung durch, erst müsse die EU ein materielles Asyl- und Migrationsrecht schaffen, ehe Mehrheitsentscheidungen vereinbart werden könnten. Spanien verteidigte mit Unterstützung Griechenlands und Portugals das Einstimmigkeitsprinzip bei den Struktur- und Kohäsionsfonds über den Zeitraum von 2006 hinaus, wenn für diese Titel die nächste Finanzplanung erfolgt. Positiv entschieden wurde die Flexibilisierung des Integrationsprozesses, was als Kompensation für den erschwerten Entscheidungsprozeß betrachtet wird. Eine Kerngruppe von mindestens acht Staaten kann in der Integration schneller voranschreiten, wenn sie den anderen Mitgliedsländern stets offen bleibt und die

Kommission einer solchen Initiative zustimmt. Als Erfolg kann auch die Festlegung der nächsten Regierungskonferenz auf das Jahr 2004 gelten, auf deren Tagungsprogramm D die Kompetenzverteilung im europ. Mehrebenensystem festschreiben konnte, was in D insbes. die → Bundesländer interessiert. Insgesamt ist eher fraglich, ob mit den Reformen von Nizza die Aufnahmefähigkeit der EU erhöht wurde. Die Entscheidungsfähigkeit der Union wurde nicht durchgreifend verbessert.

Im Vorfeld der Regierungskonferenz standen zwei weitere Vorgänge im Vordergrund des europapolit. Geschehens, die für die weitere Entwicklung der EU weittragende Bedeutung haben werden. Mit der Rede von Außenminister *Joschka Fischer* vom 12. Mai 2000 an der Humboldt-Universität Berlin (ausdrücklich nicht in seiner amtlichen Eigenschaft und Rolle als Außenminister gehalten) zum Thema „Vom Staatenverbund zur Föderation – Gedanken über die Finalität der europäischen Integration" begann eine neue europapolitische Grundsatz- und Orientierungsdebatte. *Fischer* sprach ausdrücklich die Finalität des Integrationsprozesses an und nannte als anzustrebendes Fernziel einen „Verfassungsvertrag" für eine „Europäische Föderation"; diese sei durch „Souveränitätsteilung" von Europa und Nationalstaat bestimmt und würde die Staaten keinesfalls ablösen. Der Weg zu diesem Ziel soll über „verstärkte Zusammenarbeit" im Sinne der Flexibilitätsklausel, sodann über die Bildung eines „Gravitationszentrums" einzelner Staaten, die – als Nukleus des späteren Verfassungsvertrags – einen neuen Grundvertrag abschließen sollten, gehen. *Fischers* Gedanken lösten eine vielstimmige Antwort aus; ausdrücklich erwähnt seien der Offene Brief des franz. Außenministers *Védrine*, die Rede des franz. Präsidenten *Chirac* vor dem Deutschen Bundestag, der Artikel des CDU-Politikers W. *Schäuble* in der FAZ.

Als Reaktion auf die Einbeziehung der FPÖ (unter ihrem damaligen Vorsitzenden *Haider*) in die neue österreichische Regierung beschlossen die Regierungen der anderen 14 EU-Mitgliedstaaten im Januar 2000 Sanktionen gegen Österreich und seine Regierung. Das Echo auf diese Entscheidung war, je länger je deutlicher, skeptisch und kritisch: vielfach wurde moniert, die Entscheidung sei voreilig, übertrieben und letztlich – als polit. Maßnahme – dysfunktional. Auf der Grundlage eines Berichts von drei sog. Weisen im Herbst 2000 revidierten die 14 Regierungen ihr Verhalten gegenüber Österreich. Im Kern ging es um das Verständnis der EU als „Wertegemeinschaft" und was dies im Einzelfall, mit Blick auf polit. Entwicklungen und Vorgänge innerhalb einzelner EU-Mitgliedstaaten, zu bedeuten habe. In Nizza wurde als Folge der schlechten Erfahrungen mit den einseitig verhängten Maßnahmen gegen Österreich ein Verfahren mit Anhörung und Empfehlungen eingerichtet, wenn ein Drittel der Mitgliedsstaaten den begründeten Verdacht von Verletzungen der Grundrechte oder des → Rechtsstaats in einem Mitgliedsland hegt.

V. Das Entscheidungsverfahren der EG folgte ursprünglich einem sehr einfachen Schema: Die Kommission (mit von den Regierungen ernannten Mitgliedern) hatte als internat. Behörde das Initiativrecht und war zusätzlich für die Ausführung und Überwachung der Einhaltung der Beschlüsse der Gemeinschaft zuständig. Das Europäische Parlament (EP), zunächst aus Abgeordneten der nat. Parlamente zusammengesetzt, wirkte beratend an der Gemeinschaftsgesetzgebung mit und hatte gegenüber der Kommission Kontrollbefugnisse (Mißtrauensvotum). Der Rat, dem Mitglieder der nat. Regierungen angehörten, entschied, ohne an die Stellungnahmen des EP gebunden zu sein; die Verträge sahen für einzelne Fälle Mehrheitsabstimmungen vor. Der Wirtschafts- und Sozialausschuß (WSA), dem von den Regierungen benannte Verbandsvertreter angehörten, konnte zu Entscheidungsvorlagen gleichfalls Stellungnahmen abgeben, die für den Rat nicht bindend waren. Der Europäische Gerichtshof

(EuGH) sollte die Wahrung des Rechts bei Auslegung und Anwendung des Gemeinschaftsrechts sichern. Dieses Schema hat sich im Laufe der Zeit stark ausdifferenziert und verändert, wobei der nat. Faktor, die administrative Komponente und das Gewicht organisierter Interessen an Bedeutung zugenommen haben. Im einzelnen:

Auf der Ebene des Rates wurde zur Entlastung der Minister der Ausschuß der Ständigen Vertreter (COREPER) geschaffen; jeder Mitgliedstaat hat inzwischen eine voll ausgebaute große Vertretung, bestehend aus Diplomaten und Fachbeamten, bei der EG. Die meisten Rats-Entscheidungen werden auf dieser Ebene getroffen. Oberhalb des Rates wurde die (Gipfel-)Konferenz der Staats- und Regierungschefs 1974 als Europäischer Rat institutionalisiert und in der EEA schließlich vertraglich verankert. Er soll Leitlinien für Politik und Entwicklung der Gemeinschaft geben und bei Bedarf Konflikte auf oberster Ebene schlichten. Halbjährlich übernimmt ein Mitgliedstaat die Rolle der Präsidentschaft, vertritt die EG nach außen und hat im Innern die wichtige Funktion, die Arbeiten des Rates vorzubereiten und zu leiten, einschließlich der Herbeiführung von Konsens. Zur Struktur des Rates gehören seit dem Vertrag von Amsterdam der Hohe Repräsentant für die GASP, zugleich Generalsekretär des Rates (erster Stelleninhaber ist der ehemalige NATO-Generalsekretär *Javier Solana*) und – mit beratender Funktion – ein Beschäftigungsausschuß (jeder Mitgliedstaat und die Kommission entsenden zwei Mitglieder) zur Koordinierung der Beschäftigungs- und Arbeitsmarktpolitik der Mitgliedstaaten; und seit dem Eintritt in die dritte Stufe der Währungsunion zwei besondere Institutionen: der Wirtschafts- und Finanzausschuß, als Expertengremium mit beratender Funktion, der den bisherigen Währungsausschuß ablöste, zusammengesetzt aus zwei Mitgliedern der Kommission, zwei Mitgliedern der EZB und je zwei Mitgliedern (eines vom jeweiligen Finanzministerium, eines von derjeweiligen Zentralbank entsandt) pro Mitgliedstaat; sodann die Euro–11-Gruppe, bestehend aus den Wirtschafts- und Finanzministern der Euro-Staaten, mit beratender Funktion und als eher informelles Koordinationsgremium angelegt.

Für die Wahrnehmung ihres Initiativrechts hat die Kommission eine Vielzahl von Beratenden Ausschüssen mit Experten, häufig Verbandsvertretern, eingerichtet. Bei der Wahrnehmung ihrer Exekutivfunktionen stehen ihr Verwaltungsausschüsse mit Angehörigen der nat. Administration zur Seite, die häufig als Kontrollinstanzen fungieren und den Spielraum der Kommission einschränken (Problem der sog. „Komitologie"). Die Befugnisse des EP, welches seit 1979 direkt gewählt wird (fünfjährige Amtsperiode), wurden schrittweise erweitert. Zunächst erhielt es ein Mitentscheidungsrecht im Haushaltsverfahren, 1986 mit dem Verfahren der Zusammenarbeit mehr Einwirkungsmöglichkeiten bei Rechtsakten zur Vollendung des Binnenmarktes; seit 1992 mit dem sog. Mitentscheidungsverfahren echte Legislativbefugnisse in einem Verfahren mit mehreren Lesungen, wobei das EP das Zustandekommen eines Beschlusses verhindern, nicht jedoch seine eigenen Vorstellungen in letzter Instanz durchsetzen kann; die Aufnahme neuer Mitglieder und Assoziationsverträge bedürfen seit 1986 der ausdrücklichen Zustimmung des EP; schließlich wirkt das EP seit 1992 auch an der Bestellung der Mitglieder der Kommission mit und nimmt insbes. seine polit. Kontrollfunktion gegenüber der Kommission, *de facto* auch gegenüber dem Rat, mit größerer Wirksamkeit war. 1992 wurde mit dem Ausschuß der Regionen (AdR) eine neue Institution geschaffen, die territorialen Einheiten unterhalb der Ebene des Gesamtstaates (je nach Struktur des Staates regionale oder lokale Gebietskörperschaften) ein Gremium zur Mitwirkung an Entscheidungen zur Verfügung stellt, welches allerdings auf beratende Funktionen beschränkt bleibt. In der Binnenstruktur des AdR zeichnet sich ein starkes Gewicht der Fraktionen, also polit. Gruppierungen ab, was zugleich auch eine Verstärkung der Kommunikation insbes. mit dem EP erwarten läßt. Zwar liegt das Hauptgewicht im Entscheidungsverfahren unverändert beim Rat, also bei den Regierungen der Mitgliedstaaten, Kommission und EP haben sich jedoch als anerkannte „Mitspieler“ fest installiert, so daß für Entscheidungen ein kontinuierliches Zusammenwirken dieser drei Hauptorgane erforderlich ist. Interinstitutionelle Vereinbarungen der drei Organe unterstreichen dies. Über die Frage von Mehrheitsvoten im Rat kam es schon früh zum Konflikt (Frankreichs „Politik des leeren Stuhls“ 1965/66); im sog. „Luxemburger Kompromiß“ verständigten sich die Regierungen 1966 über das Konsensprinzip, wenn ein Mitgliedstaat vitale nat. Interessen geltend macht. Daraus hat sich eine die EG immer wieder lähmende Veto-Praxis entwickelt, die erst mit dem Entscheidungsmodus für Angelegenheiten des Binnenmarktes – hier entscheidet der Rat mit qualifizierter Mehrheit, wobei die Stimmen der Mitgliedstaaten nach Größe gewichtet werden (von Luxemburg mit zwei bis zu den vier großen Mitgliedstaaten mit je 10 Stimmen) – zurückgedrängt wurde. Ein neues Problem stellte sich seit der Erweiterung auf 15 Mitgliedstaaten, weil es schwieriger wurde, eine Sperrminorität zustande zu bringen. In Nizza wurden die Ratsstimmen von 3–29 Stimmen gespreizt, die Länder nach Stimmen neu gewichtet und den im Aufnahmeverfahren befindlichen MOE-Staaten bereits Stimmenzahlen zugewiesen. D, GB, Frankreich und Italien 29 Stimmen; Spanien und Polen 27; Rumänien: 14; Niederlande 13; Belgien, Griechenland, Portugal, Tschechien, Ungarn 12; Schweden, Österreich, Bulgarien 10, Dänemark, Finnland, Irland, Slowakei, Litauen 7; Luxemburg, Lettland, Slowenien, Estland, Zypern 4; Malta 3. Qualifizierte Mehrheit und Sperrminorität waren dabei wichtige Gesichtspunkte (s. oben). Das Entscheidungsverfahren konnte nicht verreinfacht werden. Zwei Vorgänge beeinflußten vor Nizza das Entscheidungssystem: das Ergebnis der EP-Wahlen 1999 und das Geschehen um den Rücktritt der Kommission *Santer*. Für die Handlungsfähigkeit des EP ist ein Zusammengehen der beiden großen Fraktionen, EVP und SPE, unabdingbar. Nach den Wahlen 1999 ist die EVP, allerdings um den Preis erheblich größerer innerer Heterogenität, stärkste Gruppe geworden; im Zusammenhang damit hat die Politisierung bis hin zu deutlichen Zeichen interner polit. Polarisierung zugenommen. Die Kommission wurde durch die Vorgänge, die im März 1999 zu ihrem Rücktritt führten (im Kern ging es um die Nichterteilung der Entlastung der Kommission für ihre Haushaltsführung durch das EP, verbunden mit schwerwiegenden Vorwürfen wegen Mißwirtschaft bis hin zur → Korruption), fast ein Jahr lang in ihrer Handlungsfähigkeit reduziert, und die nach den EP-Wahlen 1999 neu ins Amt gekommene Kommission Prodi hatte, auch bedingt durch das Vorhaben durchgreifender interner Strukturreformen, Anlaufprobleme. Gegenüber den anderen EU-Organen hat die Kommission erkennbar an Gewicht verloren.

VI. Die Charakterisierung der EU und des für sie Typischen erweist sich nach wie vor als schwierig. Es herrscht Einigkeit, daß sie viel mehr ist als die traditionelle internat. Organisation, die auf einzelne, oft sehr spezielle Funktionen beschränkt ist. Andererseits ist unbestritten, daß die EU kein staatl. Gebilde darstellt, welches die bestehenden Nationalstaaten ersetzt und ablöst. Gleichwohl wird der EU immer wieder „Staatlichkeit“ zugeschrieben, weil wir bei ihr Strukturen, Elemente und Verfahren finden, die gemeinhin Staaten zugerechnet werden: Rechtssetzung nach bestimmten Verfahren mit Institutionen, die denen im staatl. Kontext entsprechen; Ressourcenallokation mittels eigenem Budget; außenwirtschaftl. Handeln. All diese Entscheidungen haben unmittelbare Wirkungen auf die beteiligten Staaten, ihre Bürger oder auch Wirtschaftsunternehmen. Hinzu kommt die Existenz eines obersten Gerichtshofs, der verfassungsgerichtsähnliche Funktionen wahrnimmt.
Insofern ist die EU eine wichtige polit. Größe neben den Nationalstaaten und mit ihnen aufs engste verknüpft; sie stellt außerdem einen neuen Akteur in den internat. Beziehungen dar. Sie hat,

als internat. Gemeinschaft ohne Vorbild, Merkmale angenommen, die ihr ein eigenes Gepräge geben; die zuweilen benutzte Bezeichnung als Gemeinschaft *sui generis* kann indes nicht befriedigen, da sie nichts über spezifische Merkmale aussagt. Das versuchen andere Vorschläge.

So wird die EU als ein (im Werden und in dynamischer Entwicklung und Wandlung begriffenes) polit. System bezeichnet, welches durch seine Aufgaben- und Tätigkeitsfelder sowie durch sein Entscheidungssystem definiert wird. Anders als das → Politische System von Nationalstaaten ist das System der EU in ständiger dynamischer Entwicklung begriffen: Hinsichtlich der Politikfelder und Aufgabenbereiche hat die EU deutlich gewonnen, sei es durch Übertragung von bislang den Staaten überlassenen Kompetenzen, sei es durch gemeinsame Kompetenzwahrnehmungen zusammen mit den Staaten. Auch das immer komplexer gewordene Entscheidungssystem hat einen Wachstumsprozeß durchgemacht; ein wichtiges Merkmal dabei ist die Beteiligung nichtgouvernementaler Akteure wie polit. → Parteien und einer wachsenden Zahl von Interessenverbänden.

Die Bezeichnung als Verflechtungssystem bzw. Mehrebenensystem verweist auf die Existenz verschiedener Ebenen (der regionalen, nat. und supranat.) und unterstreicht, daß sie, mit zunehmender Intensität, miteinander verknüpft sind, einschließlich der jeweiligen Akteure, Ressourcen und Kompetenzen/Funktionen. Integration ist, in dieser Perspektive, teilidentisch mit einer Verfestigung dieses Verflechtungs- und Verbundcharakters. Zu ihm gehören gegenseitige Abhängigkeit und ein enger gegenseitiger Wirkungszusammenhang. So wandelt sich der Nationalstaat unter den Bedingungen und im Gefolge der Zugehörigkeit zur EU; die EU ihrerseits entwickelt und wandelt sich nach Maßgabe dessen, was die Staaten und die dort angesiedelten Akteure möglich machen und bereitstellen. Die Begriffe Verflechtungs- bzw. Mehrebenensystem verweisen auf Interaktionsbeziehungen, d. h. letzlich Aushandlungsprozesse, bei denen die Akteure – in erster Linie die Regierungen der beteiligten Staaten – das Konkordanzgebot beachten, sich nämlich um Konsens bemühen, wie sich an den häufigen Paket-Lösungen zeigt. Mit einem solchen Konkordanzsystem sind Nullsummenspiele mit Gewinnern und Verlierern unvereinbar.

Die Bezeichnung der EU als „fusionierter Föderalstaat" (*Wessels* in *Kreile* 1992) geht von der Prämisse aus, daß die modernen Wohlfahrtsstaaten unter den Bedingungen wachsender → Interdependenz dazu tendieren, ihr Handlungsinstrumentarium im Rahmen der EU zusammenzufassen, um dem Ebenen- und Entscheidungsdilemma zu begegnen: Zum einen ist der Nationalstaat nicht länger imstande, die Aufgaben als → Wohlfahrtsstaat allein zu bewältigen, und fügt sich deshalb einem größeren Rahmen ein; da andererseits intergouvernementale Kooperation für die beteiligten Staaten zu ungleichen Ergebnissen führen kann, haben sie der Errichtung supranat. Institutionen mit echten Befugnissen zugestimmt und kompensieren diesen Souveränitätsverlust durch vielfältige Formen der Beteiligung am neuen Entscheidungssystem. Diese Fusions-These verweist darauf, daß Integration primär als Prozeß zu verstehen ist. Die EU stellt insofern kein fertiges, quasi-staatl. Gebilde dar, sondern einen Rahmen für die Wahrnehmung vielfältiger polit. Aufgaben neben und in Ergänzung zu den Nationalstaaten. Struktur und Beschaffenheit dieses Verbund-Systems sind in kontinuierlicher dynamischer Entwicklung begriffen, ohne daß eine eindeutige Finalität identifiziert werden könnte. Das relative Gewicht der an diesem Verbund beteiligten Komponenten muß dabei immer wieder neu bestimmt und austariert werden. Die vom Bundesverfassungsgericht in seiner Entscheidung zum Vertrag von Maastricht für die EU verwendete Bezeichnung „Staatenverbund" unterstreicht, daß Nationalstaaten die Hauptkomponenten der Union sind; das Gericht folgert daraus, daß die Legitimierung primär im nat. Rahmen erfolgen müsse. Mit der Formulierung des Subsidiaritätsprinzips in den Verträgen von Maastricht und Amsterdam wird angestrebt, die für das Funktionieren des Verbundes angemessene „föderale" Balance zu finden und immer wieder neu zu bestimmen. Darum geht es letztlich auch in der durch die Rede des deutschen Außenministers *Fischer* angestoßenen neuen Grundsatz- und Orientierungsdebatte um die Finalität des Integrationsprozesses und einen „Verfassungsvertrag".

Lit.: *Dinan, D.* (Hrsg.) ^{2}1999: Ever Closer Union? An Introduction to European Integration, L. *Hix, S.* 2000: The Political System of the European Union, L. *Hrbek, R.* (Hrsg.) 1997: Die Reform der Europäischen Union. Positionen und Perspektiven anläßlich der Regierungskonferenz, Baden-Baden. *Kohler-Koch, B./Woyke, W.* (Hrsg.) 1996: Die Europäische Union (Lexikon der Politik, Bd. 5), Mchn. *Kreile, M.* (Hrsg.) 1992: Die Integration Europas. PVS Sonderheft 23. *Nugent, N.* ^{4}1999: The Government and Politics of the European Union, L. *Peterson, J./Bomberg, E.* 1999: Decision-Making in the European Union, L. *Pfetsch, F. R.* 1997: Die Europäische Union: Geschichte, Institutionen, Prozesse, Mchn. *Thiel, E.* 1998: Die Europäische Union. Von der Integration der Märkte zu gemeinsamen Politiken, Opl. *Wallace, H./Wallace, W.* (Hrsg.) ^{3}1996: Policy-Making in the European Union, Ox. *Weidenfeld, W.* (Hrsg.) 1997: Europa öffnen. Anforderungen an die Erweiterung, Gütersloh. *Weidenfeld, W./Wessels, W.* (Hrsg.) 1981 ff.: Jahrbuch der Europäischen Integration, Bonn.

Rudolf Hrbek

Europäische Verbraucherpolitik

Maßnahmen der EG/EU zum Schutze der Verbraucher wurden erstmals 1975 mit dem ersten Verbraucherschutzprogramm formell etabliert, mit der Annahme der Einheitlichen Europ. Akte 1987 auf eine rechtl. Grundlage gestellt und mit dem Vertrag über die → Europäische Union 1993 bekräftigt und ausgeweitet. Die Hauptaufgabe, durch Rechtsvorschriften ein gemeinsames Niveau des Verbraucherschutzes für die EU in den Bereichen Gesundheit, Sicherheit und wirtschaftl. Interessen zu sichern und die Verbraucher angemessen zu informieren, hat mit der Verwirklichung des Binnenmarktes an Bedeutung gewonnen.

Laut Vertrag von Maastricht können, dem Subsidiaritätsprinzip entsprechend, die EU-Maßnahmen nicht an die Stelle der nationalen, regionalen oder lokalen Verbraucherpolitiken treten, sondern sollen diese ergänzen. Mitgliedstaaten können höhere Schutzniveaus festlegen als die von der EU vorgegebenen, solange diese nicht als nichttarifäre Handelsbarrieren wirken. Die Harmonisierung wird bislang überwiegend mittels sektoraler Richtlinien erzielt (z. B. Sicherheitsanforderungen bei Spielzeug, für Baustoffe und Gasverbrauchseinrichtungen, zur Kennzeichnung und Überwachung von Lebensmitteln und landwirtschaftl. Erzeugnissen, seit 1992 ergänzt durch eine allg. Rahmenrichtlinie über Produktsicherheit). Die auf dem gemeinsamen Binnenmarkt verkehrenden Waren müssen dann den (seit Mitte der 1980er Jahre) per EG-/EU-Richtlinien für ganze Produktkategorien festgelegten und von den Europ. Normeninstituten konkretisierten Sicherheitsanforderungen genügen. Freilich bleibt auch bei der Umsetzung der Richtlinien in nat. Gesetze bzw. Verordnungen ein gewisser nat. Ermessensspielraum, der dazu führt, daß die Richtlinien nicht überall gleich durchgesetzt und kontrolliert werden. Die Kommission der EU hat einen eigenen Dienst „Verbraucherpolitik" eingerichtet, der seit 1995 als Generaldirektion fungiert und über den Verbraucherausschuß mit Vertretern der Verbraucherverbände aus den Mitgliedstaaten und fünf auf Binnenmarktebene organisierten europ. Verbraucherorganistionen zusammenarbeitet. Ende der 1990er Jahre liegen die von der Kommission festgelegten Prioritäten bei (1) Maßnahmen zu Themen wie finanzielle Dienstleistungen, öffentl. Versorgung und Nahrungsmittel, (2) längerfristigen Aktionen zur Verbraucherbildung und zukunftsfähigen Konsumstrukturen, zum Nutzen der Informationsgesellschaft sowie (3) der Unterstützung der Länder Osteuropas und der Entwicklungsländer bei der Ausgestaltung eigener Verbraucherpolitiken.

→ Verbraucherpolitik

Lit.: *Arbeitsgemeinschaft der Verbraucherverbände* 1992: Europa 93. Ein Europa der Verbraucher?, Bonn. *Voelzow, H.* 1996: Verbraucherpolitik, in: *Kohler-Koch, B./Woyke, W.* (Hrsg.): Die Europäische Union (Lexikon der Politik, Bd. 5), 258–262.

Petra Bendel

Europäische Währungsunion

Die Europäische Währungsunion (EWU) ist das bisher weitestgehende, aber auch risikoreiche Integrationsexperiment innerhalb der EU, die traditionell mit nat. Souveränität eng verbundene Währungshoheit zu vergemeinschaften und mit dem Euro eine von einer europ. Notenbank gesteuerte neue Gemeinschaftswährung für den integrierten Binnenmarkt zu schaffen.

1. Nach mehreren gescheiterten oder begrenzten Versuchen, auch die Währungspolitik in die europ. Integration einzubeziehen – 1971 bereits Stufenplan zu einer Wirtschafts- und Währungsunion, 1978 auf dt.-franz. Initiative Einführung des Europ. Währungssystems (EWS) –, wurde mit dem 1992 unterzeichneten Vertragspaket von Maastricht währungspolit. der große Sprung gewagt. Bezogen auf ein Integrationsdreieck mit den Ecken Währungsintegration – wirtschaftl. Integration – polit. Integration handelt es sich aber um eine asymmetrische, gleich zweifach „hinkende" Konstruktion. Maastricht dokumentiert die Durchsetzung der von den „Monetaristen" verfochtenen „Motorthese", nach der eine vorgezogene Währungsintegration als integrationspolit. Motor wirken und die wirtschaftl. sowie wirtschaftspolit. Integration nachziehen werde. Das erforderte insbes. vom traditionell bes. stabilitätsorientierten D die Aufgabe der von den „Ökonomisten" vertretenen „Krönungsthese", nach der die gemeinsame Währung nur die Krönung einer vorausgegangenen ökonom. und wirtschaftspol. Integration sein könne. Zum dt. Strategiewechsel trug bei, daß bei der dt. Wiedervereinigung auch die Währungsunion entsprechend der Motorthese vorgezogen worden war und von D erwartet wurde, nunmehr auch auf EU-Ebene ein höheres Stabilitätsrisiko einzugehen. Auch im Verhältnis von Währungs- und polit. Integration gelang es D nicht, die angestrebte Symmetrie zu erreichen, ein andauerndes Defizit und Risikomoment, das von der Bundesbank öffentlich benannt worden ist: „Letzten Endes ist eine Währungsunion (...) eine nicht mehr kündbare Solidargemeinschaft, die nach aller Erfahrung für ihren dauerhaften Bestand eine weitergehende Bindung in Form einer umfassenden polit. Union benötigt." Um so wichtiger war es, die mit der Motorthese verbundenen Risiken möglichst durch die innere Konstruktion der EWU zu begrenzen.

2. Der Stufenplan sah drei Stufen vor, wobei in der 1994 einsetzenden zweiten Stufe bereits ein Europ. Währungsinstitut als Vorläufer der Europ. Zentralbank (EZB) – nach heftigem Konkurrenzkampf in Frankfurt/M. – errichtet und die Unabhängigkeit der nat. Zentralbanken sichergestellt werden sollte. In der spätestens – und tatsächlich – 1999 einsetzenden dritten Stufe wurde der „Quantensprung" einer Einführung des Euro (mit der unwiderruflichen Festlegung der Wechselkurse der nat. Mitgliedswährungen und dem Übergang der geldpolit. Verantwortlichkeit auf das Europ. System der Zentralbanken – ESZB) angesetzt. Der formale, aber symbolträchtige und den Bürger direkt mit der Situation konfrontierende Schritt der Einführung des Euro als Bargeld sowie die Ersetzung der nat. Währungen sind für den Jahresbeginn 2002 vorgesehen. Nicht zuletzt auf dt. Druck – Bundesregierung und die aufgrund ihres öffentl. Ansehens in D über ein faktisches Vetorecht verfügende, im Rahmen des EWS noch als „heimliche" europ. Zentralbank charakterisierte und daher institutionell mit der Eingliederung in das ESZB mit einem starken Machtverlust konfrontierte Bundesbank – ist im Maastrichter Vertrag das Ziel Preisstabilität zum vorrangigen Ziel des ESZB und die Zentralbank selbst als möglichst unabhängige Institution nach dem Grundmodell der Bundesbank konstruiert worden. Das ESZB ist zweistufig und besteht aus der

EZB und den von ihren Regierungen weisungsunabhängigen nat. Notenbanken. Das zentrale Entscheidungsorgan bildet der Rat der EZB, dem das Direktorium (Präsident, Vizepräsident und vier weitere Mitglieder, alle von den Staats- und Regierungschefs der Mitgliedsländer einvernehmlich für acht Jahre ernannt) und die Zentralbankpräsidenten der Mitgliedsländer angehören. Der technokratische Charakter des ESZB, das Ziel des Vorrangs fachlicher Qualitäten, wird auch durch das gleiche Stimmrecht für alle Ratsmitglieder unterstrichen. Beitrittskandidaten müssen quantifizierte, aber teilweise weich formulierte Konvergenzkriterien bezogen auf Preisniveau, Zinsen, Wechselkurse und Staatsverschuldung erfüllen, die eine hinreichende wirtschaftl. Harmonisierung als Voraussetzung für eine funktionsfähige EWU sichern sollen. Bei der Entscheidung im Europäischen Rat 1998 über die Startmitglieder verfehlte nur Griechenland eindeutig die Beitrittskriterien, wurde aber aufgrund verbesserter Konvergenzwerte 2000 als zwölftes Mitgliedsland in die EWU aufgenommen. GB und Dänemark machten von der ihnen zugestandenen *opting out*-Klausel Gebrauch, und auch Schweden blieb vorläufig fern. Der von D forcierte Stabilitäts- und Wachstumspakt zielt mit seiner mit Finanzstrafen bewehrten Begrenzung der Haushaltsdefizite – mittelfristig mindestens ausgeglichener Haushalt – der Mitgliedsländer ebenso wie das Verbot der Kreditgewährung des ESZB an staatl. Haushalte darauf, eine Unterminierung der Geldpolitik des ESZB durch die staatl. Fiskalpolitik möglichst zu verhindern.

3. Die polit. Auseinandersetzung über die Einführung des Euro und die vermuteten Folgen war verständlicherweise heftig, insbes. in D, wo z. B. das Bundesverfassungsgericht mehrfach angerufen wurde und sich Wissenschaftlergruppen öffentlich pro und kontra engagierten. Bei der bes. ausgeprägten Euro-Skepsis in der dt. Bevölkerung spielte auch die emotionale Identifizierung mit der D-Mark als Symbol nat. Stolzes und in Ost-D als „neue Errungenschaft“ mit.

4. Im praktischen Test hat das seit dem 1. 1. 1999 geldpolit. verantwortliche ESZB das vorrangige Ziel der Preisstabilität (definiert als bis zu zwei Prozent Preissteigerung) unter allerdings günstigen Rahmenbedingungen bisher voll erreicht, während der Außenwert des Euro, insbes. gegenüber dem US-Dollar, stark an Wert verloren hat. Ein echter Test auf die Stabilitätsorientierung und Funktionsfähigkeit des ESZB ist erst in Konfliktsituationen zu erwarten, zumal es das von der Bundesbank erworbene Vertrauen nicht einfach übernehmen kann, sondern sich erst noch verdienen muß. Im Hinblick auf das internat. Währungssystem hat der Euro die DM als zweitwichtigste Reservewährung beerbt und besitzt ein weitergehendes Potenzial als möglicher Herausforderer des US-Dollar, das aber auch Risiken einschließt (abrupte Währungsverlagerungen) und eine enge Zusammenarbeit der Zentralbanken erforderlich macht.

Lit.: *Andersen, U.* 1995: Das anvisierte Europäische System der Zentralbanken – eine vierte Gewalt im Dienste der Geldwertstabilität?, in: *ders.* u. a. (Hrsg.): Politik und Wirtschaft am Ende des 20. Jahrhunderts, Opl., 13–29. *Deutsche Bundesbank* 1990: Stellungnahme zur Errichtung einer Wirtschafts- und Währungsunion in Europa, in: *dies.*: Auszüge aus Presseartikeln vom 03. 02. 1990, Ffm. *Feldstein, M.* 2000: The European Central Bank and the Euro: the first year (National Bureau of Economic Research Working Papers Series 7517), Camb. *Issing, O.* 1998: Von der DM zum Euro: Auswirkungen auf das Weltwährungssystem und die deutsche Wirtschaft, Tüb. *Jochimsen, R.* ²1998: Perspektiven der europäischen Wirtschafts- und Währungsunion, Baden-Baden. *Jörges, H.-U.* (Hrsg.) 1998: Der Kampf um den Euro: wie riskant ist die Währungsunion?, Hamb. *Nölling, W.* u. a. (Hrsg.) 1999: Währungsunion und Weltwirtschaft: Festschrift für *W. Hankel*, Stg. *Sarrazin, T.* 1998: Der Euro – Chance oder Abenteuer?, Bonn. *Tietmeyer, H.* 1997. Währungspolitik und europäische Integration (Schriftenreihe der Juristischen Studiengesellschaft Karlsruhe Nr. 232), Hdbg.

Uwe Andersen

Evaluierungsforschung → Politikevaluierung

Extremismus

Extremismus (E.; von lateinisch extremus = der äußerste) bezeichnet – topographisch betrachtet – polit. Positionen an den Rändern rechts und links des polit. Spektrums bzw. zum Äußersten hin gerichtete polit. Strömungen und Bewegungen. Umgangssprachlich ist der Begriff weitgehend identisch mit dem des Radikalismus, wissenschaftlich und politisch streiten sich jedoch die Geister, worin mögliche und sinnvolle Unterscheidungen liegen.

Wissenschaftlich wird eine Unterscheidung nach Zielen oder Werten einerseits und Mitteln oder institutionell verankerten Normen andererseits angestrebt (*Klingemann/Pappi* 1972: 73). Danach umfaßt Rechtsextremismus antidemokratische und antiegalitäre, fanatisch-nationalistische und häufig rassistische Positionen wie etwa im → Faschismus, → Nationalsozialismus und bedingt auch im → Rechtspopulismus; Linksextremismus äußert sich i. d. R. in radikaldemokratischen, antikapitalistischen Einstellungen, etwa im → Anarchismus und in den verschiedenen Spielarten des → Kommunismus. Offen ist, ob mit einer rechts- bzw. linksextremen Position, welche antidemokratische und antipluralistische Einstellungen einschließt, jeweils die völlige Ablehnung der gegebenen gesellschaftl. und polit. Ordnung verbunden ist (*Kaase* 1992: 232). Polit. Radikalismus bezieht sich auf die Ablehnung institutionalisierter polit. Verfahrensweisen, insbes. auf die Anwendung von → Gewalt gegen Personen und Sachen in der polit. Auseinandersetzung. Demgegenüber wird aufgrund verfassungsrechtl. Interpretation auch das gegenteilige Verständnis gepflegt, demzufolge sich E. gegen die Bewahrung der freiheitlich-demokratischen Grundordnung richte (und damit verfassungswidrig sei), wohingegen Radikalismus sich auf die Verfolgung radikaler polit. Ziele innerhalb des Verfassungsrahmens beziehe. In der Debatte steht auch, ob es sich beim Rechts- und Linksextremismus um gänzlich verschieden geartete Phänomene handelt, die entsprechend mit unterschiedlichen Maßstäben zu messen sind, oder ob sich beide Formen des E. trotz ihrer Verschiedenartigkeit letztlich hinsichtlich der polit. Ziele, Mittel und Organisationsstrukturen extremistischer Bewegungen ähneln (z. B. *Backes/Jesse* 1996). Die Antwort hängt nicht nur von der jeweiligen Begriffsbestimmung ab, sondern auch vom Forschungsinteresse, das die Untersuchung leitet.

Die Extremismus-Forschung ist heterogen; Forschungsansätze stammen häufig aus den Nachbardisziplinen der Politikwissensch., aus → Politischer Psychologie oder Soziologie. Untersucht werden individuelle Einstellungen (Entwicklung und Anwendung z. B. von Rechts-Links-Skala) und Verhaltensweisen (→ Wählerverhalten, Mitgliedschaft in extremistischen Organisationen, Gewalttätigkeit, Protestverhalten) oder institutionelle Ausprägungen (Parteien, Verbände, Medien). Mit Blick auf die Erklärungsansätze von E. lassen sich grob unterscheiden: psychologisch argumentierende Theorien der Autoritarismusforschung (Sozialisation, psychische Disposition; biographische Ansätze), die für die Rechtsextremismusforschung auf *Th. W. Adorno* zurückgehen, und historisch-sozialstrukturell orientierte Theorien (Statusinkonsistenz, Anomie). Diese und weitere Erklärungsfaktoren (etwa: Muster bzw. Rückgang kollektiver Identitätsbildung durch den sozialen Wandel moderner Industriegesellschaften; situative Faktoren: gesellschaftl., polit. und wirtschaftl. Umbruchsituationen; polit. Unzufriedenheit) können sich z. T. gegenseitig ergänzen. Polit. E. kann sinnvollerweise nur auf das Zusammenwirken vielfältiger Einflüsse zurückgeführt werden. Als ertragreich haben sich vergleichende Längs- und Querschnittsanalysen verschiedener, länderspezifischer Ausprägungen des E. erwiesen.

Lit.: *Backes, U./Jesse, E.* [4]1996: Politischer Extremismus in der Bundesrepublik Deutschland, 2 Bde., Köln. *Backes, U./Jesse, E.* 1999 (Hrsg.): Jahrbuch Extremismus & Demokratie, Baden-Baden. *Bauer, P./Nie-

dermayer, O. 1990: Extrem rechtes Potential in den Ländern der Europäischen Gemeinschaft, in: APuZ, B46–47, 15–25. *Bobbio, N.* 1994: Rechts und Links, Bln. *Falter, J. W.* 1996: Rechtsextremismus: Ergebnisse und Perpektiven der Forschung (PVS Sonderheft 27), Opl. *Jäger, M.* (Hrsg.) 1992: Zu den Ursachen von Rechtsextremismus und Rassismus in Europa, Duisburg. *Kaase, M.* 1992: Linksextremismus, in: *Schmidt, M. G.* (Hrsg.): Die westlichen Länder (= Lexikon der Politik, Bd. 3), 231–235. *Klingemann, H. D./Pappi, F. U.* 1972: Politischer Radikalismus, Mchn. *Kowalsky W./Schroeder, W.* (Hrsg.) 1994: Rechtsextremismus, Opl. *Lenk, K.* 1998: Ideengeschichtliche Dispositionen rechtsextremen Denkens, in: APuZ, B9–10, 13–19. *Pfahl-Traughber, A.* 1994: Rechtspopulismus in Europa, Bonn. *Pfahl-Traughber, A.* 1998: Die Autonomen, in: APuZ B9–10, 36–46. *Pfahl-Traughber, A.* 2000: Die Entwicklung des Rechtsextremismus in Ost- und Westdeutschland, in: APuZ, B39, 3–14. *Stöss, R.* 1999: Rechtsextremismus im vereinten Deutschland, Bonn. *Waldmann, P.* 1989: Ethnischer Radikalismus, Opl.

Petra Bendel

Familienpolitik

I. Man kann Familienpolitik (F.) als „bewußtes und planvoll-ordnendes, zielgerichtetes öffentl. Einwirken auf Struktur und Funktionen der Familien“ (*Wingen*) bestimmen. Der Schwerpunkt liegt heute auf den Funktionen, also auf den Leistungen, die die Familie normalerweise im Zusammenhang mit der Nachwuchssicherung für die Gesellschaft erbringt (quantitative und qualitative Reproduktion).

Die F. verdankt ihre Entstehung und Ausdehnung einerseits den Problemen, mit denen die Familie durch den gesellschaftl., ökonom. und polit. Wandel konfrontiert wurde, andererseits der Überzeugung, daß keine andere gesellschaftl. Institution die Familie ersetzen könne. Der Begriff F. ist erst im 20. Jahrhundert geprägt worden. Die Zuordnung dieser Politik zur Gesellschafts- oder → Sozialpolitik hängt nicht nur von den Zielen, sondern auch von den Motiven familienpolit. Vorschläge ab. Die Industriegesellschaften unterscheiden sich heute nicht durch die Befürwortung oder Ablehnung von F., sondern hinsichtlich der Eingriffsmöglichkeiten, die sie dem → Staat einräumen. Liberale Verfassungsstaaten verpflichten sich grundsätzlich zum Schutz der Familie vor staatl. Eingriffen in die Privatsphäre und übertragen zugleich die Verantwortung für die Existenzbedingungen der Familie mehr (in der BRD verfassungsrechtl. Schutz der Familie nach Art. 6 GG) oder weniger ausdrücklich dem Staat.

II. Oberstes Ziel der F. ist nach allg. Auffassung die Herstellung und Sicherung der Voraussetzungen für familiäres Zusammenleben und für die Funktionstüchtigkeit der Familien.

Eine Reihe von Unterzielen umreißen das mögliche Feld der F.: familiengemäße Einkommen, Wohn- und Umweltbedingungen, familienbezogene soziale Dienste und Bildungshilfen, gemeinsame freie Zeit für die Familienmitglieder sowie gesetzlicher Schutz und öffentl. Anerkennung der Familie (→ Wohlfahrtsstaat). Ihre Verwirklichung steht vor zwei Problemen, die die F. zu einem besonders umstrittenen Politikfeld machen. Erstens gibt es keine eindeutige Zielgruppe „Familie“. Jede Maßnahme wirkt auf die verschiedenen Familientypen und sozialen Familiengruppen sehr unterschiedlich. Zweitens variieren die familienpolit. Konzepte nach Leitvorstellungen, in denen sich der Wandel der Familie und ihrer Funktionen niederschlägt (Rollen der Familienmitglieder, vor allem der Frau: Hausfrauen-Ehe, Drei-Phasen-Modell, Vereinbarkeit von Familie und Erwerbstätigkeit; Neuordnung der Familienrollen von Mann und Frau; ledige Mütter; Ein-Eltern-Familie), und nach Motiven.

Vor allem das älteste, bevölkerungspolit. Motiv kann je nach gesellschaftl. Anerkennung zum selbständigen Ziel werden, dem dann die F. als Instrument untergeordnet wird. In der Zeit des sozialstaatl. Ausbaus genoß das sozialpolit. Motiv (vertikale Umverteilung) Vorrang. Die polit. Durchsetzungsfähigkeit der sozialpolit. motivierten F. ist geringer als die der → Bevölkerungspolitik. Die weiteren Motive haben fast ausschließlich instrumentellen Charakter. So bekam das emanzipatorische Motiv (Familienmitgliederpolitik; neben der Kinder- vor allem → Frauenpolitik) unter arbeitsmarktpolit. Gesichtspunkten Gewicht (Förderung der Erwerbstätigkeit von Frauen; Gegenbewegung bei → Arbeitslosigkeit). Da das Ziel/Motiv-Instrument-Verhältnis in der F. stets umstritten ist, erkennen manche Wissenschaftler der F. überhaupt nur instrumentellen Charakter zu (*Kamerman/Kahn* 1978: 481 f.).

III. Die Maßnahmen lassen sich nach den Dimensionen des Politikfeldes (z. B. Hilfen für große Familien, Förderung von Familiengründungen, Verbesserung der Wohnbedingungen, Ausgleich von Mängeln in den Lebenslagen von Familien und Familienmitgliedern, Anerkennung von Familienleistungen) oder nach Instrumenten der F. (Recht, Geld-, Sach- und Dienstleistungen) ordnen.

Bei den monetären Hilfen kann man Maßnahmen des Familienlastenausgleichs für alle Familien von Maßnahmen für Familien mit niedrigem Einkommen unterscheiden. Leiten sich die Maßnahmen für alle Familien aus deren gesellschaftl. Leistungen (Nachwuchssicherung, → Sozialisation) ab, so sind diejenigen für bestimmte Familiengruppen sozialpolitisch motiviert. Eine Reihe wichtiger Sachleistungen, vor allem kostenvergünstigter Mietwohnraum, sind einkommensschwächeren Familien vorbehalten (→ Wohnungspolitik). Die personenbezogenen Hilfen und Dienste (Bildungs- und Beratungsdienste für Ehe und Familie) tragen verschiedenartigen Mangelsituationen von Familien Rechnung und haben deutlich sozialpolit. Charakter. In der BRD hat es seit den 1980er Jahren die stärksten Veränderungen beim Familienlastenausgleich gegeben durch die Anerkennung der Kindererziehung in zweierlei Hinsicht: einmal durch die Zuerkennung einer monetären Honorierung (1986 Erziehungsgeld; 1989/1992 Kindererziehungszeiten), zum anderen durch die Anerkennung der Kosten, die aus Elternpflichten erwachsen, als „unabweisbare Sonderbelastungen", die die steuerliche Leistungsfähigkeit mindern (Urteil des Bundesverfassungsgerichts 1998: steuerliche Freistellung des Existenzminimums für Unterhalt, Betreuung und Erziehung von Kindern; Steuergerechtigkeit). Neben das Sozialgesetzbuch, in dem die Rechte auf öffentl. Leistungen für die Familien kodifiziert sind, tritt damit das Steuerrecht. Über den Erfolg der F., vor allem darüber, ob die angestrebten Ziele erreicht werden und welche Auswirkungen die F. tatsächlich hat, besteht unter Sozialwissenschaftlern keine Einigkeit.

Lit.: *Birg, H./Mackensen, R.* (Hrsg.) 1990: Demographische Wirkungen politischen Handelns, Ffm./NY. *Bundesministerium für Familie und Senioren* (Hrsg.) 1993: 40 Jahre Familienpolitik in der Bundesrepublik Deutschland, Neuwied. *Gerlach, I.* 1996: Familie und staatliches Handeln, Opl. *Gerlach, I.* 2000: Politikgestaltung durch das Bundesverfassungsgericht am Beispiel der Familienpolitik, in: ApuZ, B3–4, 21–31. *Kamerman, S. B./Kahn, A. J.* (Hrsg.) 1978. Family Policy. Government and Families in Fourteen Countries, NY. *Kaufmann, F.-X.* 1995: Zukunft der Familie im vereinten Deutschland, Mchn. *Lampert, H.* 1996: Priorität für die Familie, Bln. *Lampert, H.* [5]1998: Lehrbuch der Sozialpolitik, Bln u. a. *Wingen, M.* 1997: Familienpolitik. Grundlagen und aktuelle Probleme, Stg.

Helga Michalsky

Faschismus/Faschismustheorie

Faschismus (F.; von ital. *fascismo*; lat. *fasces* = Rutenbündel; Abzeichen der römischen Lictoren; die Stärke der Gemeinschaft gegenüber dem einzelnen symbolisierend) ist urspr. Selbstbezeichnung (1) der von *B. Mussolini* geführten, sich antikapitalistisch wie antikommunistisch gebärdenden, paramilitärisch organisierten polit. Bewegung und (2) der daraus hervorgehenden, 1921 gegründeten Partei (*Partido Nazionale Fascista*) sowie (3) der von ihr 1922 in Italien errichteten autoritären Herrschaftsordnung.

1. Als Kampfbegriff der Gegner des ital. F. und entspr. Bewegungen in anderen europ. Ländern der Zwischenkriegszeit (Austrofaschismus; → Nationalsozialismus usw.) wird der Begriff F. generalisiert. Idealtypisch kennzeichnet den F. (a) eine hierarchisch strukturierte, am Führerprinzip orientierte Parteiorganisation, (b) die doppelte Gegnerschaft gegen → Liberalismus und → Sozialismus, (c) das Ziel eines → Autoritären Regimes bzw. eines totalitären Staates (→ Totalitarismus), (d) die Befürwortung von → Gewalt als Mittel der Politik, (e) die Orientierung an militärischen Handlungsweisen und Organisationsformen und (f) eine eklektische → Ideologie, die in der Idealisierung der eigenen Volksgemeinschaft und der aggressiven Ablehnung alles Fremden einem übersteigerten → Nationalismus bzw. → Rassismus folgt, auf einen charismatischen Führer zugeschnitten ist und die Rückbesinnung auf romantische bzw. reaktionäre Traditionen mit einer Vergötzung des modernen technologischen Fortschritts verquickt.
2. Zur Erklärung des F. werden unterschiedliche Theorien angeboten, die aber jeweils nur bestimmte Aspekte dieses uneinheitlichen Phänomens beleuchten. Der → Marxismus begreift den F. entw. (a) i. S. der Agenturtheorie als Instrument der Bourgeoisie zum Machterhalt oder (b) i. S. der Bonapartismustheorie von *Marx* und *Engels* als eine polit. Kraft, die in ökonom. und sozialen Krisen an die Macht kommt, wenn die Bourgeoisie bereits geschwächt, die → Arbeiterbewegung aber noch nicht stark genug ist. Dagegen heben psychoanalytische bzw. sozialpsychologische Ansätze bestimmte, nicht allein von der ökonom. Lage determinierte Einstellungen und Charaktereigenschaften hervor, die für den F. anfällig machen (*Adorno* 1973). Schließlich betonen Totalitarismustheorien die Parallelen zwischen dem F. und kommunistischen Herrschaftssystemen. Problematisch, weil zugleich verharmlosend wie dämonisierend, bleibt die inflationäre Verwendung des Begriffs des F. durch Antifaschisten. Für eine realistische Wahrnehmung des Phänomens erscheint es geboten, die vergleichende Untersuchung unterschiedlicher Erscheinungsformen des F. im Sinne einer historisch-phänomenologischen Faschismustheorie fortzusetzen. Eine entspr. Typologie bietet *E. Nolte*, wenn er den ital. „Normal-" vom dt. „Radikalfaschismus" unterscheidet und diese vom „Prä-" und „Philofaschismus" in autoritären Regimen abgrenzt.

Lit.: *Adorno, T. W.* 1973: Studien zum autoritären Charakter, Ffm. (engl. zuerst 1950). *Kühnl, R.* [4]1998: Der Faschismus: Ursachen und Herrschaftsstruktur, Heilbronn (zuerst 1983). *Laqueur, W.* 2000: Faschismus: gestern – heute – morgen, Bln. (zuerst 1997). *Nolte, E.* 1963: Der Faschismus in seiner Epoche, Köln. *Opitz, R.* 1996: Faschismus und Neofaschismus, Bonn. *Saage, R.* [4]1997: Faschismustheorien, Baden-Baden (zuerst 1976). *Wippermann, W.* [7]1997: Faschismustheorien, Darmst. (zuerst 1972).

Günter Rieger

Feminismus

Feminismus (F.; von lat. *femineus* = weiblich), auch Frauenbewegung, ist eine → Soziale Bewegung mit dem Ziel, die soziale und polit. Benachteiligung von Frauen zu beseitigen.

1. Die Anfänge des F. reichen bis in die Französische Revolution zurück, als zum ersten Mal Bürgerrechte auch für Frauen eingefordert wurden. In D bestand von der Mitte des 19. Jh.s bis zur Einführung des Frauenwahlrechts 1919 eine Frauenbewegung, die sich in zwei Flügel teilte: Die bürgerliche Richtung, die sich auf die Forderung nach polit. Gleichberechtigung der Frau beschränkte, stand der sozialdemokratischen bzw. proletarischen Richtung gegenüber, die die Lösung der „Klassenfrage" als Voraussetzung der Befreiung der Frau ansah (Sozialismus). Auch die „neue" Frauenbewegung, die seit den 1960er Jahren besteht, war bis in die 1980er Jahre in konkurrierende Strömungen ausdifferenziert: Der liberale F. forderte die Beseitigung immer noch bestehender

rechtl. und sozialer Diskriminierungen von Frauen, ohne jedoch den gesellschaftl. *status quo* in Frage zu stellen. Der sozialistische F. bekämpfte das gesamte kapitalistische Gesellschaftssystem, das er als die eigentl. Ursache geschlechtsspezifischer Benachteiligung ansah. (c) Der radikale F. zielte demgegenüber auf eine Veränderung der Geschlechterbeziehungen im priv. Bereich, da er in der patriarchalisch dominierten Familie und der geschlechtsspezifischen Sozialisation die eigentl. Wurzeln weiblicher Unterdrückung verortete. Im Zuge der Erfolge des F. im Abbau rechtl. Diskriminierungen von Frauen und ihrer weitgehenden Integration ins öffentl. Leben verlor die Frauenbewegung zunehmend an Stoßkraft. Lediglich der radikale F. blieb erhalten und setzt sich auch in Form der Lesbenbewegung fort.

2. Als Theorie thematisiert F. die Ursachen der geschlechtsspezifischen Benachteiligung und ist mit der Frauenbewegung untrennbar verbunden, da er die Beseitigung der Diskriminierung von Frauen als Ziel beibehält. (1) Insbes. der radikale F. entwickelte mehrere elaborierte Theoriestränge. Der Kulturfeminismus betont die getrennten kulturellen Sphären von Männern und Frauen (vgl. *Beer* 1990). Die Benachteiligung von Frauen ist danach als Resultat ihrer Unterdrückung in der ihnen wesensfremden patriarchalischen Kultur zu begreifen. Der sog. gynozentrische F. setzt sich von dem von ihm so benannten humanistischen F., also dem liberalen und dem sozialistischen F., am deutlichsten ab: Nicht mehr die Gleichheit der Geschlechter wird betont, sondern vielmehr die Differenz, was mit einer Aufwertung weiblicher Werte und Normen einhergeht. (2) Die primär auf dem radikalen F. basierenden feministischen Ansätze rücken die spezifischen Lebenszusammenhänge von Frauen in den Vordergrund. Gemeinsame Charakteristika sind (a) die Kritik der Wissenschaft als männerzentriert und von patriarchalischen Werten und Normen geprägt, (b) die Auffassung der Geschlechterverhältnisse als soziales Konstrukt (*gender*), (c) die Parteilichkeit der Forscherinnen und damit (d) eine gesellschaftsverändernde, emanzipatorische Stoßrichtung. (3) Die geringe Bedeutung feministischer Ansätze in der Politikwissenschaft läßt sich aus deren traditioneller Trennung von Privatem und Politischem erklären, der das Postulat des radikalen F. – „Das Private ist politisch" – entgegensteht (vgl. *Ebbecke-Nohlen/Nohlen* 1994). Zudem laufen die feministischen Ansätze Gefahr, in dogmatische Parteilichkeit abzugleiten. Sie haben sich jedoch seit den 1980er Jahren zu einer mittlerweile auch in der Politikwissenschaft etablierten, empirisch fundierten Frauenforschung entwickelt (*gender studies*), die durch die Offenlegung sozialer Mechanismen, die zu geschlechtsspezifischer Diskriminierung führen, zu deren Beseitigung beizutragen versucht.

Lit.: *Bauhardt, C.* (Hrsg.) 1999: Gender and Politics, Opl. *Becker-Schmidt, R.* 2000: Feministische Theorien zur Einführung, Hamb. *Beer, U.* 1990: Geschlecht, Struktur, Geschichte, Ffm. *Ebbecke-Nohlen, A./Nohlen D.* 1994: Feministische Ansätze, in: *Kriz, J./Nohlen, D./Schultze, R.-O.* (Hrsg.): Politikwissenschaftliche Methoden (Lexikon der Politik, Bd. 2), Mchn., 130–137. *Hagemann-White, C.* 1995: Frauenforschung – der Weg in die Institution, Bielefeld. *Nave-Herz, R.* 1997: Die Geschichte der Frauenbewegung in Deutschland, Hannover. *Wasmuth, U. C.* 1995: Feminismus, in: *Nohlen, D./Schultze, R.-O.* (Hrsg.): Politische Theorien (Lexikon der Politik, Bd. 1), Mchn., 95–102.

Tanja Zinterer

Finanzpolitik

Die Finanzpolitik (F.) umfaßt die Gesamtheit polit.-administrativer Entscheidungsprozesse und Maßnahmen, die sich auf die Gestaltung der Staatsfinanzen beziehen. Rechtl. Grundlage der F. ist die → Finanzverfassung.

Bei der Analyse der F. wird unterschieden nach (a) Handlungs- bzw. Entscheidungsebenen: In D ist die starke → Politikverflechtung zwischen Bund, Ländern und Gemeinden ein charakteristisches Merkmal der F., die daher einen hohen Koordinationsbedarf birgt, (b) sachlichen Bereichen: Regelung des Finanzausgleichs, Gestaltung der

Einnahmenstruktur (Steuer- und Kreditpolitik) und der Ausgabenstruktur (Verteilung nach Ausgabearten und Ausgabefeldern), (c) Zielen: Allokation der volkswirtschaftl. Ressourcen im Sinne einer möglichst effizienten Produktion von Gütern und Dienstleistungen, Stabilisierung gesamtwirtschaftl. Parameter (Beschäftigungsstand, Wirtschaftswachstum, → Inflation, → Zahlungsbilanz), Verteilung bzw. Umverteilung zwischen Personen, gesellschaftl. Gruppen und Regionen nach Maßgabe von Gerechtigkeitserwägungen (Distribution).

Die F. steht aufgrund ihrer Dispositionsleistung über das neben dem Recht wichtigste Steuerungsmedium moderner Staatstätigkeit (Geld), das für praktisch alle anderen Politikfelder relevant ist, in besonderem Maß im Schnittpunkt vielfältiger Konflikte sowohl innerhalb der Regierung zwischen den Ressorts als auch zwischen den → Parteien und zwischen gesellschaftl. → Interessengruppen.

Lit.: *Mäding, H.* (Hrsg.) 1987: Haushaltsplanung – Haushaltsvollzug – Haushaltskontrolle, Baden-Baden. *Mäding, H.* [4]2000: Öffentliche Finanzen, in: *Andersen, U./Woyke, W.* (Hrsg.): Handwörterbuch des politischen Systems der Bundesrepublik Deutschland, Opl., 411–420. *Schmidt, M. G.* 1989: Staatsfinanzen, in: *Beyme, K. v./Schmidt, M. G.* (Hrsg.): Politik in der Bundesrepublik Deutschland, Opl., 36–73. *Wiesner, H.* [10]1997: Öffentliche Finanzwirtschaft, Hdbg. *Zohlnhöfer, R.* 2000: Der lange Schatten der schönen Illusion: Finanzpolitik nach der deutschen Einheit, 1990–1998, in: Leviathan, 28 (1), 14–38.

Bernhard Thibaut

Finanzverfassung

Die Finanzverfassung (F.) umfaßt die Gesamtheit der verfassungsrechtl. und gesetzlichen Grundsätze der → Finanzpolitik. Gegenstand der F. ist insbes. die Verteilung finanz- und fiskalpolit. Entscheidungsbefugnisse sowie fiskalischer Anrechte zwischen den verschiedenen Gebietskörperschaften eines Staates. In der BRD ist die F. im wesentlichen in den GG-Artikeln 104a bis 115 geregelt. Sie geht von den Grundsätzen aus, daß der Bund und die Länder die für die Wahrnehmung ihrer Aufgaben notwendigen Ausgaben selbst zu tragen haben (Art. 104a Abs. 1 GG) und in ihrer Haushaltswirtschaft selbständig und voneinander unabhängig sind (Art. 109 Abs. 1 GG). Diese Grundsätze werden allerdings durch die vielfältigen Verflechtungs- und wechselseitigen Abhängigkeitsbeziehungen zwischen Bund, Ländern und Gemeinden und in zunehmendem Maß auch der → EU im Hinblick auf den finanzpolit. Entscheidungsprozeß sowie im Hinblick auf die Verteilung der Fiskaleinnahmen und der staatl. Aufgabenwahrnehmung stark überformt.

Verflechtungen ergeben sich zunächst in bezug auf die Verteilung des Steueraufkommens. Die ursprünglich vorherrschende Trennung der fiskalischen Anrechte der einzelnen Gebietskörperschaften nach Steuerarten wurde durch Reformen der F. 1955 und 1969 von einer Dominanz des Steuerverbundes zwischen Bund, Ländern und Gemeinden abgelöst. Rund drei Viertel des Steueraufkommens entfallen auf die sog. Gemeinschaftssteuern (u. a. Lohn- und Einkommenssteuer, Umsatz- bzw. Mehrwertsteuer, Körperschaftssteuer), die nach einem bestimmten Schlüssel auf die verschiedenen Ebenen verteilt werden. Gesetzliche Regelungen dieser Steuerarten bedürfen der Zustimmung des Bundesrates. Die Steuerarten, die den Gebietskörperschaften ausschließlich vorbehalten sind (Länder: u. a. Erbschaftssteuer, KFZ-Steuer; Gemeinden: Grundsteuer, Gewerbesteuer), sind demgegenüber von relativ geringer Bedeutung.
Eine weitere Verflechtungsdimension stellt der horizontale und vertikale Finanzausgleich dar. Die Komplexität des Finanzausgleichs wurde im Kontext der dt. Vereinigung nach 1990 zu einem Problem der F.,

da die bereits zuvor existierenden Wohlstandsdisparitäten zwischen den Ländern durch das drastische West-Ost-Gefälle verstärkt wurden und die West-Länder starke zusätzliche Belastungen bzw. verringerte Einnahmen aus dem Finanzausgleich zu gewärtigen hatten. Gleichwohl erwies sich das System als flexibel genug, die neuen Länder ab 1995 mit nur geringen Veränderungen der F. in den Ausgleichsmechanismus einzubeziehen. Aus der Beteiligung des Bundes an der Finanzierung von Aufgaben der Länder und Gemeinden (Art. 104a Abs. 4 GG) sowie aus Bestimmungen zur konjunkturpolit. Koordinierung der Budgetpolitik von Bund, Ländern und Gemeinden (Art. 109 GG) ergeben sich zusätzliche Erfordernisse der Zusammenwirkung und Konsensbildung zwischen den verschiedenen Ebenen der Staatsorganisation. Ein wesentliches Charakteristikum der F. ist daher die ausgeprägte → Politikverflechtung, die im Zuge der Entwicklung des → Föderalismus in der BRD bis hin zu neueren Bemühungen um eine verstärkte Dezentralisierung der staatl. Aufgabenwahrnehmung und um eine Konsolidierung der Staatsfinanzen stetig zugenommen hat.

Lit.: *Arnim, H. H. v.* 1999: Finanzverfassung Bundesstaatliche Ordnung, Hdbg. *Büttner, Th.* (Hrsg.) 2000: Finanzverfassung und Föderalismus in Deutschland und Europa, Baden-Baden. *Hennecke, H.-G.* ²2000: Öffentliches Finanzwesen, Finanzverfassung, Hdbg. *Magiera, S.* 1995: Zur Finanzverfassung der Europäischen Union, Mchn. *Neumärker, K. J. B.* 1995: Finanzverfassung und Staatsgewalt in der Demokratie, Ffm. *Renzsch, W.* 1991: Finanzverfassung und Finanzausgleich, Bonn. *Willkens, H.* (Hrsg.) 1993: Probleme des Finanzausgleichs in nationaler und internationaler Sicht (Beihefte der Konjunkturpolitik 41), Bln.

Bernhard Thibaut

Flüchtlinge

Flüchtlinge (F.) bilden eine Untergruppe von Migranten. Die Migrationstheorie unterscheidet sie von anderen Gruppen grenzüberschreitender Migranten durch objektive Ursachen und subjektive Motive, die Wanderungen über Staatsgrenzen und Kontinente hinweg auslösen. Die Typologisierung von migrationsauslösenden Schubfaktoren hat sich zunehmend als schwierig erwiesen, weil die Grenzen zwischen freiwilliger Migration und unfreiwilliger Flucht vielfach fließen. Das Weltflüchtlingsproblem muß deshalb in den Kontext des umfassenderen internat. Migrationsproblems gestellt werden. Ende der 1990er Jahre wiesen die internat. Statistiken weltweit rund 130 Mio. Menschen als grenzüberschreitende Migranten verschiedenen Typs aus.

I. Als Flüchtlinge gelten in der Alltagssprache Personen, die durch polit. Zwangsmaßnahmen, → Kriege oder existenzgefährdende Notlagen veranlaßt werden, ihre Heimat vorübergehend oder auf Dauer zu verlassen. Die *Genfer Konvention zur Rechtsstellung der Flüchtlinge* von 1951, die immer noch die Grundlage des internat. Flüchtlingsrechts bildet, begründete dagegen einen wesentlich engeren Begriff des polit. F.: Demnach gilt als solcher, wer sich aus „wohlbegründeter Furcht vor Verfolgung aus Gründen der Rasse, der Religion, der Nationalität, der Zugehörigkeit zu einer bestimmten gesellschaftlichen Gruppe oder der polit. Meinung" außerhalb des eigenen Herkunftslandes befindet.

Diese Definition setzt erstens die objektiv nachweisbare und subjektiv begründbare Furcht vor polit. Verfolgung als Fluchtmotiv und zweitens den Grenzübertritt als Fluchtfolge voraus; sie klammert damit große Gruppen aus, die gemeinhin und mit guten Gründen zu den F. gezählt werden: die Ende der 1990er Jahre auf rund 30 Mio. geschätzten Binnenflüchtlinge (*displaced persons*), die sich zwar in einer flüchlingsähnlichen Situation befinden, aber nicht ins Ausland geflohen sind, außerdem die wachsende Zahl von Elends- und Umweltflüchtlingen, die aufgrund von existentiellen Notlagen zum Verlassen ihrer Heimatgebiete gezwungen werden. Der Pauschalbegriff der „Wirtschaftsflüchtlinge" oder „irregulären Migranten" verkennt, daß auch die strukturelle → Gewalt von menschenunwürdigen Lebensbedingungen eine Art von Verfolgung darstellt. Die Doktrin von der Unteilbarkeit der polit. und sozialen → Menschenrechte ist noch nicht in das Flüchtlingsrecht eingegangen. Die Bedingungen der *Genfer Flüchtlingskonvention* erfüllen auch zwei weitere Gruppen nicht: die De-facto-Flüchtlinge (oder „B-Flüchtlinge"), die nach einem abgelehnten Asylantrag nur aus humanitären Gründen nicht abgeschoben werden, sowie die „Bürgerkriegsflüchtlinge", die nur ein begrenztes Bleiberecht erhalten.

Das Völkerrecht enthält bisher nur ein fragmentarisches Flüchtlingsrecht, das dem wachsenden Problemdruck längst nicht mehr angemessen ist. Die Staaten wollen sich nicht das Recht nehmen lassen, F. nach eigenem Ermessen aufzunehmen oder abzuweisen (→ Migrationspolitik). Deshalb klammerten sie auch das Asylrecht aus den beiden Menschenrechtskonventionen von 1966 völlig aus, obwohl das Asylrecht als das älteste Menschenrecht gilt. Die Versuche von Entwicklungsländern, durch Resolutionen der UN-Generalversammlung einen erweiterten Flüchtlingsbegriff zu schaffen, konnten nicht die Verweigerungsfront der Zielländer durchbrechen, obwohl etwa 90 % der F. in ihren Herkunftsregionen bleiben und dort für die meist armen Aufnahmeländer zu einer schweren Bürde werden. Entgegen landläufiger Fehlwahrnehmungen ist das Weltflüchtlingsproblem in erster Linie ein Süd-Süd-Problem, kein Nord-Süd-Problem (→ Nord-Süd-Konflikt)

II. F. gab es immer und überall. Aber erst das 20. Jh. wurde zum „Jahrhundert der F.", in dem die Flüchtlingsfrage zu einem brisanten Problem der internat. Politik und der → Innenpolitik vieler Staaten wurde. Der UNHCR schätzte die Zahl der F. Ende 1995 auf rund 26 Mio. (nicht eingerechnet die ebenso große Zahl von Binnenflüchtlingen), Ende der 1990er Jahre noch auf etwa 12 Mio., nachdem die Beendigung einiger Bürgerkriege die Repatriierung vieler F. ermöglicht hatte. Aber seine aktuellen Berichte zeigten, daß sich diese Zahlen durch neu aufflammende Kriege (wie zwischen Äthiopien und Eritrea) schnell verändern können, außerdem eine große Grauzone der „vergessenen F." besteht, die in keinen Statistiken auftauchen.

Die Hoffnungen, daß mit dem Ende des → Ost-West-Konflikts Kriege als Hauptursachen von Fluchtbewegungen ausbrennen würden, erfüllten sich jedoch nicht. Vielmehr lösten der Zusammenbruch von Staatsverbänden (UdSSR, Jugoslawien) und das Aufbrechen ethno-nat. Konflikte in vielen Weltregionen neue Fluchtbewegungen aus; sie brachten auch das Flüchtlingsproblem, das sich nach dem II. Weltkrieg in die → Dritte Welt verlagert hatte, wieder nach Europa zurück. Seit Beginn der 1990er Jahre bildeten der Balkan und Kaukasien wieder Brennpunkte des Weltflüchtlingsproblems.

Die ersten großen Flüchtlingskatastrophen im „Jahrhundert der Flüchtlinge" fanden in und an den Rändern Europas statt, das im 19. Jh. zum Auswanderungskontinent geworden war. Sie wurden durch die Sprengkraft des → Nationalismus in den Vielvölkerstaaten der Donaumonarchie und des Osmanischen Reiches ausgelöst. Das in den Pariser Friedensverträgen obsiegende Nationalstaatsprinzip erzwang eine „Flurbereinigung der Nationalitäten" durch Vertreibungen und Zwangsumsiedlungen, die sieben Jahrzehnte später in den „ethnischen Säuberungen" auf dem Balkan eine Neuauflage erlebte.

Im Verlauf und Gefolge des II. Weltkrieges wurden rund 50 Mio. Menschen aus ihren Heimatgebieten vertrieben. Sein Ergebnis veränderte die Welt- und Fluchtgeschichte. Erstens entwickelte sich der → Ost-West-Konflikt zwischen zwei feindlichen Systemen, der Staaten (D, Korea, China, Vietnam) teilte und große Fluchtbewegungen zwischen den geteilten Staaten auslöste.

Zweitens machte das Ost-West-Gerangel um strategische Einflußgebiete die aus der Bankrottmasse des Kolonialismus hervorgegangene Dritte Welt zur Arena seiner Gegensätze und erzeugte durch „Stellvertreterkriege" Flüchtlingstragödien. Der Dekolonisationsprozeß schuf ein instabiles Gefüge von künstlichen Staatsgebilden mit häufig umstrittenen Staatsgrenzen, das den Keim von inner- und zwischenstaatlichen Konflikten in sich trug. Bürgerkriege bildeten überall die Hauptursache von Fluchtbewegungen, so daß die Erforschung von Kriegs- und Fluchtursachen verschmolz (→ Krieg).

Seit Beginn der 1980er Jahre verlagerte sich der Schwerpunkt des Flüchtlingsproblems nach Afrika. Fast alle afrikanischen Länder waren und sind in das miteinander verwobene Migrations- und Fluchtgeschehen einbezogen. Überall vermengten sich Fluchtbewegungen, die durch Bürgerkriege oder Repressionen verursacht wurden, mit internen und grenzüberschreitenden Wanderungen von Menschen auf der Suche nach Überlebenschancen. Die Zahl der grenzüberschreitenden Migranten wurde Ende der 1990er Jahre allein im subsaharischen Afrika auf 30–35 Mio. geschätzt; davon waren etwa 8 Mio. als F. registriert. Gleichzeitig machten Bürgerkriege etwa 20 Mio. Menschen, zu zwei Dritteln Frauen und Kinder, zu Binnenflüchtlingen. Es gab in diesem sprichwörtlichen „Kontinent der Flüchtlinge", der im Sommer 1994 in Rwanda eine apokalyptische Dimension erreichte, zwar auch einige Hoffnungsschimmer: Nach Friedensregelungen konnten Mio. von F. mit Hilfe des Amts des Hochkommissars der UN für Flüchtlinge (UNHCR) in ihre Heimatländer (u. a. Äthiopien, Eritrea, Mozambique und Liberia) zurückkehren. Aber immer wieder schufen neu aufflammende Kriege (wie zwischen Äthiopien und Eritrea, in der Region um die Großen Seen, in Angola und Sierra Leone) neues Flüchtlingselend.

F. sind Strandgut einer unfriedlichen, undemokratischen und ungerechten Weltordnung. Das internat. Wohlstandsgefälle erzeugt fast zwangsläufig einen wachsenden Migrationsdruck. Prognosen von internat. Organisationen gehen davon aus, daß in den nächsten Jahrzehnten vor allem die voranschreitende Umweltzerstörung (Desertifikation, Bodenerosion, Wassermangel, die Überflutung von tiefliegenden Küstengebieten etc.) große Schübe von Umweltflüchtlingen erzeugen wird. Hier versagt der juristische Flüchtlingsbegriff.

III. Die jährl. Weltflüchtlingsberichte des UNHCR beklagen, daß die Aufnahmebereitschaft der westl. Länder abnehme, während die Zahl der F. zunehme. Seine Kritik gilt vor allem den Abschottungstendenzen der „Festung Europa". Westl. Politiker verstecken sich hinter dem plausiblen Slogan „Nicht die F., sondern die Fluchtursachen bekämpfen", tun aber wenig für eine präventive → Friedens- und → Entwicklungspolitik. Flüchtlingspolitik bedeutet nicht Ursachenbekämpfung, sondern Linderung der Fluchtfolgen durch Errichtung und Versorgung von Flüchtlingslagern.

Der UNHCR leistet humanitäre Hilfe und koordiniert die Hilfsoperationen anderer UN-Organisationen und zahlreicher privater Hilfsorganisationen, die sich aus Spenden und staatl. Zuschüssen finanzieren. Diese „Hilfsindustrie" blieb nicht von Kritik verschont, weil sie nicht immer gut vorbereitet, koordiniert und zielorientiert arbeitet. Der UNHCR kann erst tätig werden, wenn die F. bereits unterwegs sind. Er bräuchte ein erweitertes Mandat und mehr Geld, um wirksame Hilfe leisten zu können. Es besteht nur geringe Aussicht auf eine Lösung des Weltflüchtlingsproblems, solange die internat. Konfliktstrukturen und das wachsende Wohlstandsgefälle eine Überwindung seiner Hauptursachen erschweren und das internat. Krisenmanagement allenfalls Folgeprobleme einzudämmen versucht. Es bedürfte einer Weltordnungspolitik, die sich aber bisher auf einen selektiven humanitären Interventionismus beschränkte.

Lit.: *Berliner Institut für Vergleichende Sozialforschung* (Hrsg.) 1992 ff.: Weltflüchtlingsbericht, Bln. *Hutter, F.-J./Mihr, A./Tessmer,* C. (Hrsg) 1999: Menschen auf der Flucht, Opl. *Kimminich,* O. 1962: Der internationale Rechtsstatus der Flüchtlinge, Köln/Bln. *Kühnhardt, L.* 1984: Die Flüchtlingsfrage als Weltordnungsproblem, Wien. *Nuscheler, F.* 1995: Internationale Migration, Opl. *Opitz, P. J.* (Hrsg.) 1997: Der globale Marsch, Mchn. *USCommittee for Refugees* (Hrsg.): World Refugee Survey, Washington, (jährlich). *Weiner, M.* 1995: The Global Migration Crisis, NY. *Wöhlcke, M.* 1992: Umweltflüchtlinge, Mchn. *UNHCR* (Hrsg.) 1994 ff.: Die Lage der Flüchtlinge in der Welt, Bonn.

Franz Nuscheler

Föderalismus

I. Föderalismus (F.) heute soll vor allem zwei Funktionen erfüllen: Machtaufgliederung mittels vertikaler → Gewaltenteilung (und Minoritätenschutz mittels territorialer Eigenständigkeit) und → Integration heterogener Gesellschaften, wobei meist ökonom. (aber auch polit. und militärische) Integration bei gleichzeitiger soziokultureller Eigenständigkeit und/oder polit. Autonomie der Gliedstaaten/Provinzen angestrebt wird. F. zielt also darauf, „eine gewisse Einheit mit einer gewissen Vielfältigkeit zu verbinden" *(Friedrich* 1968), oder moderner formuliert: In föderal verfaßten polit. Systemen geht es um die Vermittlung gegensätzlicher gesellschaftl. Zielvorstellungen, die man schematisch entlang eines bipolaren Kontinuums darstellen kann, das definiert ist durch eine auf Integration und die Gleichheit der Lebensbedingungen gerichtete zentripetale Zielvorstellung und durch eine auf Autonomie bzw. Eigenständigkeit und die Vielfalt der Lebensbedingungen gerichtete zentrifugale Zielvorstellung (vgl. Schema unten; *Schultze 1985).*

Bei der Bildung föderaler Systeme haben stets beide Funktionsaspekte eine Rolle gespielt. Von den föderal organisierten Staaten im Bereich der westl. Industrieländer sind drei, die USA, Kanada, Australien, im Zuge von Dekolonisierungsprozessen entstanden. Anders als nach dem II. Weltkrieg in Afrika und Asien beruhte der föderale Zusammenschluß auf dem Willen der weißen Einwanderungsbevölkerung der Kolonien; er diente der Schaffung eines zusammenhängenden Marktes und zielte auf ökonom. wie territoriale Expansion bei gleichzeitiger Garantie von Gewaltenteilung und einzelstaatl. Selbstregierung. Für die Kanadier ging es bei der Staatsgründung (1867) zudem um Schutz vor und Abgrenzung von den USA; des weiteren versprach der F., den nat. Dualismus von Anglo- und Frankokanadiern zu garantieren. Zu den Entstehungsursachen des schweizerischen F. (1848) zählten lokale/kantonale Autonomie und kulturelle Vielfalt sowie Marktintegration und Sicherheitsbedürfnisse. Die kulturelle Fragmentierung zwischen Flamen und Wallonen liegt der 1980 erfolgten Föderalisierung Belgiens zugrunde. Wie die Schweiz, so sind auch die Habsburger Doppelmonarchie als Vorläufer der Bundesrepublik Österreich (1920) sowie vor allem Norddeutscher Bund und Kaiserreich (1867/71) im Zusammenhang von Kriegen entstanden. Während für den dt. F. der Vergangenheit kulturelle Vielfalt und die historische Tradition monarchischer Einzelstaatlichkeit noch eine gewisse Bedeutung hatten, ohne allerdings die Hegemonie Preußens in Kaiserreich und Weimarer Republik zu verhindern, spielten gesellschaftl. Heterogenität und multikultureller Schutz bei der Entstehung der BRD keine Rolle. Den Ländern (mit Ausnahme Bayerns und der Stadtstaaten Hamburg und Bremen, von den Besatzungsmächten im Zuge der Zerschlagung Preußens und entsprechend ihrer Zoneninteressen willkürlich nach 1945 geschaffen), die 1948/49 an der Verfassungsgebung maßgeblich beteiligt waren, ging es (wie den Westalliierten) im wesentlichen um institutionelle Barrieren gegen die Gefahr totalitärer Gleichschaltung, zudem um die Machtbalance zwischen Bund und Ländern, die jedoch nicht erreicht wurde, da nicht Gewaltentrennung, sondern Gewaltenverschränkung zu dem Charakteristikum des bundesrepublikan. F. werden sollte. Die Föderalisierung Spaniens nach 1978 ist sowohl machtbegrenzende Reaktion auf den zentra-

	← zentrifugaler – Föderalismus – zentripetaler →				
	Eigenständigkeit und Vielfalt als oberste Ziele		Integration und Gleichheit der Lebensbedingungen als oberste Ziele		
Allianz	←――――――――――――――――→				Einheitsstaat
	Staatenbund	konföderaler Bundesstaat	unitarischer Bundesstaat	dezentraler Einheitsstaat	

listisch-autoritären Frankismus als auch der Versuch, dem sozialen und kulturellen Regionalismus des Landes politisch-institutionell Rechnung zu tragen.

In der wissenschaftlich-theoretischen Beschäftigung hat unter Verkürzung der Realität meist nur einer der zwei Funktionsaspekte des F. im Mittelpunkt der Analysen gestanden: zunächst die konstitutionell-gewaltenteilige Betrachtungsweise, die die Föderalismus-Interpretationen bis weit in die Mitte des 20. Jh. beherrschte. Ihr entstammen auch die meisten Definitionsversuche, die den Bundesstaat in Abgrenzung zum Einheits-/Zentralstaat definiert sehen durch: (1) die Gliederung des Staates in territoriale Einheiten; (2) die Aufteilung der exekutiven und legislativen Gewalt auf Bund und Gliedstaaten, wobei diese über ein bedeutendes Maß an Autonomie verfügen; (3) die Vertretung der Gliedstaaten im Bundesparlament und deren Beteiligung an der Willensbildung des Bundes; (4) Konfliktlösungsregelungen, die auf dem Prinzip des Aushandelns aufbauen und aus Gründen des Minoritätenschutzes zusätzlich häufig qualifizierte Entscheidungsquoten erfordern; (5) → Verfassungsgerichtsbarkeit als Schiedsrichter bei Organstreitigkeiten zwischen beiden Ebenen.

Unter einem verfassungsrechtlich-institutionellen Blickwinkel kann man von F. also dann sprechen, wenn in einem → Politischen System die entscheidenden Strukturelemente des Staates (Exekutive, Legislative, Gerichtsbarkeit, Bürokratie, Polizei etc.) auf beiden Regierungsebenen vorhanden sind, ihre Existenz verfassungsrechtl. geschützt ist und durch Eingriffe der jeweils anderen Ebene nicht beseitigt werden kann (u. a. *Bothe* 1977: 10).

II. Unter den gesellschaftl. Rahmenbedingungen des F. kommt neben den naturgegebenen Unterschieden, den Größenunterschieden in Bevölkerungszahl und Fläche der Gliedstaaten vor allem zwei Bereichen herausgehobene Bedeutung zu:

1. Wirtschaftsstrukturellen Entwicklungsunterschieden und sozialstrukturellen Disparitäten. Relative Über- bzw. Unterentwicklung, ungleiche Rohstoffpotentiale etc. werden föderale Systeme dann in eine zentrifugale Richtung lenken, wenn bestimmte Bevölkerungsgruppen oder ökonom. Interessen sich von der Bundespolitik dauerhaft übergangen oder gar ausgebeutet fühlen, da solche Interessen sich dann der Ebene der einzelstaatl. Politik als Adressaten zuwenden und sich dort durchzusetzen versuchen.

Am ausgeprägtesten sind die ökonom. Entwicklungsunterschiede gegenwärtig wohl in Kanada, wo die Gegensätze zwischen dem industrie- und wohlfahrtsstaatl. orientierten Zentrum und der rohstofforientierten Peripherie nicht allein zu dauerhaften Konflikten führen. Sie lösten nachhaltige Prozesse der „Provinz-Bildung" (provinzieller → Staatsinterventionismus; einzelstaatl. Entwicklungskonzepte und Industrialisierungsstrategien etc.) aus, bei denen es sich um den (einzel)staatl. Antwortversuch auf ökonom. Abhängigkeit und ungleiche Entwicklung handelt. In den anderen Föderalismen führten die auch dort bestehenden, allerdings längst nicht so starken regional-ökonom. Gegensätze nicht zu Konflikten von systembedrohender Schärfe. Der kanad. F. indessen ist mit Tendenzen der ökonom. Balkanisierung des Landes konfrontiert.

2. Von zentraler Bedeutung für die Struktur föderaler Systeme ist das Verhältnis von Territorialität und nat. Identität, einschließlich der ethnisch-kulturellen, sprachlichen, konfessionellen Strukturen, die reichen können von der Homogenität des → Nationalstaates bis hin zu ausdifferenzierten multinat. Gesellschaften.

Vom vergleichsweise homogenen F. ohne ethnisch-kulturelles Konfliktpotential in Österreich und der alten Bundesrepublik, die nach dem II. Weltkrieg überraschend schnell nat. Identitäten gleichkommende Basiskonsense entwickelten, unterscheiden sich die multikulturellen Föderalismen: (1) In den USA und in Australien sind die ethnischen, kulturellen, rassischen, sprachlichen, konfessionellen Unterschiede nicht territorial verfestigt; die nat. Identitäten beider Länder sind nicht über die kulturellen *differentiae* definiert; der Anpassungsdruck, dem die Minoritäten unterliegen, ist groß; die Kultur und Bildungskompetenz der Gliedstaaten wirkt dem nur in Ansätzen entgegen. (2) Segmentiert und territorial bezogen sind die multikulturellen Strukturen in Belgien und in der Schweiz. Während kantonale Eigenständigkeit und F. in der Schweiz maßgeblich zur Integration des Multikulturalismus (Ausnahme: Regionalismus der Jurassier und Rätoromanen) beigetragen haben, hat die in Belgien seit 1980 vollzogene Föderalisierung die ethnisch-kulturellen Konflikte von Flamen und Wallonen bislang nicht wirklich beilegen können. (3) Kanada hingegen ist charakterisiert vom territorial verfestigten Spannungsverhältnis zwischen der ethnisch-kulturellen Pluralität des zunehmend von nicht-europ. Einwanderung bestimmten *Canadian mosaic,* dem nat. Dualismus von anglo- und frankophoner Subgesellschaft bzw. Quebec und den Provinzen des anglophonen Kanada, ergänzt um die Selbstregierungsansprüche der autochthonen *First Nations*. Dem kanad. F. liegt damit als *raison d'être* sowohl eine gesellschaftl. als auch eine politisch-territoriale Vertragstheorie zugrunde. Dies bedeutet, daß eine Politik, die den Ausgleich zwischen Anglo- und Frankokanadiern zum Inhalt hat und sich an der gesellschaftl. Variante der *compact theory* orientiert, zugleich und unaufhebbar die Kräfte stärkt, die die Existenz Kanadas durch die politisch-territoriale Variante definiert sehen. Beides lenkt den kanad. F. in eine konföderale Richtung.

3. Politische Kultur und Parteiensystem unterscheiden sich in den acht Föderalismen auf vielfältige Weise. Die Unterschiede können indessen im wesentlichen auf zwei gegensätzliche Typenpaare zurückgeführt werden: (1) den Gegensatz zwischen Mehrheitsprinzip und Wettbewerb als Ausdruck einer konfliktorientierten polit. Kultur einerseits und Proporzprinzip und Aushandeln als Ausdruck einer etatistischen und konfliktfeindlichen polit. Kultur andererseits; (2) den Unterschied zwischen integrierten oder dualistischen Parteistrukturen bzw. zwischen zentripetalen oder konföderalen Parteiensystemen.
Entgegen der weit verbreiteten Auffassung von der Unvereinbarkeit, mindestens aber der Dysfunktionalität bestimmter polit. Stile, Verfassungsmodelle, Parteiensystemtypen mit dem F. zeigt die Praxis, daß die verschiedenen Elemente und Bestimmungsfaktoren durchaus kombiniert auftreten können. Sie führen allerdings zu besonderen Problemen, spezifischen Problemlösungsmöglichkeiten und lenken den F. zusammen mit den gesellschaftl. Rahmenbedingungen und der Struktur des Verfassungssystems entweder in die zentripetale oder zentrifugale Richtung.

Dies gilt vor allem für die Verbindung von Westminster-Modell und F. sowie die Kombination von Mehrheitsprinzip und föderaler Akkommodation, die in Australien, insbes. aber in Kanada die Eigenständigkeit und Macht der Gliedstaaten unterstreichen und zugleich dualistische/konföderale Parteiensysteme zur Folge haben. Provinz- und Bundesparteien existieren in Kanada weitgehend unabhängig voneinander. Zudem kandidierten einige Parteien stets nur auf einer der beiden Ebenen. Vom polit. Dualismus von Provinz- und Bundesparteien gehen durchaus widersprüchliche Wirkungen aus: Einerseits lassen sich regional begründete polit. Interessen leichter artikulieren und so in den Aushandlungsprozeß von Bund und Provinzen einbringen. Andererseits fehlt es wegen des Dualismus in den Bundesparteien an einer angemessenen Repräsentation der Provinzinteressen; ein solches vom Neben- und Gegeneinander bestimmtes konföderales Parteiensystem trägt zur Zementierung der regionalen Konflikte bei. Durch die erfolgreiche Kandidatur der *Reform Party* bzw. jetzt der *Canadian Alliance* und des *Bloc Québécois* bei den Unterhauswahlen von 1993 und 1997 sind der regionalistische und rechtspopulistische Protest des Westens und die Quebecer Separatisten auch im Bundesparlament als Opposition präsent (*Schultze/Schneider* 1997).

Demgegenüber entsprechen in Österreich, aber vor allem in der BRD der etatistischen, konfliktfeindlichen polit. Kultur hochintegrierte Parteien, wobei die enge organisatorische und personelle Verzahnung die Interessenvertretung der Länder in den Bundesparteien garantiert, letztlich aber auch das Übergewicht der Bundesparteien sichert. Für die zentripetale Orientierung des dt. F. geradezu typisch ist die Doppelrolle der bayerischen CSU, die in der Vergangenheit ihre Machtposition in Bayern weniger zum Schutz der Besonderheiten Bayerns und der Vielfalt der Lebensbedingungen einsetzte, sondern versuchte, über den Bundesrat und die Fraktionsgemeinschaft mit der CDU ihren bundespolit. Zielen Nachdruck zu verleihen. In Gesamtdeutschland sind die Erfolgsaussichten einer solchen Strategie allerdings deutlich gesunken. Dies resultiert aus dem reduzierten Gewicht Bayerns wie der CSU, folgt aber auch aus dem Zuwachs an Disparitäten und regionalen Konflikten. Bis zur Vereinigung ging es indes im Verhältnis zwischen Länder- und Bundesparteien in der Bundesrepublik kaum um regionale Konflikte, sondern vielmehr um unterschiedliche Konzepte zur Gestaltung der Einheit der Lebensverhältnisse.

Der Verbundcharakter des dt. F. ist durch das Verfassungssystem vorgegeben; der intrastaatl. Beteiligungsföderalismus ist bestimmt von: (1) funktionaler Aufgabenteilung und Gewaltenverschränkung; (2) starker intrastaatl. Beteiligung der Länder(regierungen) an der Bundespolitik über den Bundesrat und dessen Gesetzgebungskompetenz (Einspruchs- und Zustimmungsgesetze); (3) interstaatl. Kooperation sowohl unter den Ländern (u. a. horizontaler Finanzausgleich) als auch zwischen den Ländern und dem Bund (→ Politikverflechtung). Das auf den Prinzipien vertikaler Gewaltenteilung und/oder einzelstaatl. Autonomie aufbauende interstaatl. Modell des F. gründet demgegenüber auf: (1) Dualismus der staatl. Strukturelemente, wie z. B. in den USA, in geringerem Ausmaß in Australien und Kanada, und der Unabhängigkeit wie Lebensfähigkeit beider polit. Systemebenen; (2) Kompetenzverteilung nach Politikfeldern (und nicht nach Kompetenzarten) mit mehr oder minder klaren verfassungsrechtl. Zuordnungen; (3) Beteiligung der Gliedstaaten an der Bundespolitik – wenn überhaupt – durch die Volkswahl der Zweiten Kammer nach dem Senatsprinzip, wie in den USA, Australien oder der Schweiz, während in Kanada wegen der antiquierten Bestellungsweise der Senatoren aufgrund von Ernennung durch den Premierminister die Provinzen bei der Bundesgesetzgebung so gut wie gar nicht beteiligt sind.

Allerdings hängt auch im interstaatl. F. die Machtverteilung von der konkreten legislatorischen Zuordnung durch Verfassung und → Verfassungswirklichkeit ab. So sind in den Verfassungen der USA, Australiens und der Schweiz die Bundeskompetenzen aufgelistet, sämtliche anderen Politikbereiche (einschließlich der Residualkompetenz) fallen in die Zuständigkeit der Gliedstaaten; in Kanada sind die Kompetenzen von Bund und Provinzen aufgeführt, die Residualkompetenz liegt formal nur beim Bund. Verfassungsrechtl. folgt die Kompetenzabgrenzung meist der Unterscheidung zwischen Land (einschließlich der Bodenschätze) bei den Gliedstaaten und Handel beim Bund;

ferner liegen i. d. R. Bildung, Kultur und Bürgerrechte bei den Gliedstaaten. In der Steuergesetzgebung gibt es neben der Parallelität (USA) ein Übergewicht des Bundes (Australien), das aber auch wieder verlorengehen kann (Kanada). Wichtig ist in diesem Zusammenhang die Interpretation durch die Verfassungsgerichtsbarkeit, die in den USA über den Grundsatz der *implied powers,* der *interstate commerce clause,* der *welfare clause,* in Australien über Entscheidungen zur → Finanzverfassung wesentlich zur Ausweitung der Macht des Bundes beigetragen hat. In Kanada ist es nicht zuletzt durch die Rechtsprechung zu konkurrierenden Kompetenzen und damit zur Machtverlagerung vom Bund auf die Provinzen gekommen. Da es an der Repräsentation der Provinzen auf der bundespolit. Ebene mangelt, spielen sich (unterstützt durch die polit. Kultur und den Dualismus des Parteiensystems) die Prozesse der Kompromißfindung in Kanada auf der zwischenstaatl. Ebene in der Form *der Federal-Provincial Diplomacy (Simeon* 1972) ab.

III. 1. Im Zuge der Entwicklung zum neo-liberalen Wohlfahrts- und Leistungsstaat kam es bis zum Beginn der 1980er Jahre auch in den föderalen Systemen zum Ausbau der Staatsfunktionen. Dies bedeutet allerdings nicht notwendig Zentralisierung und Einflußverluste der Gliedstaaten, wie der Machtzuwachs der kanad. Provinzen seit den 1950er Jahren exemplarisch zeigt (*Schultze* 1985). Dennoch lassen sich gemeinsame Trends feststellen:

(1) Im Zentrum des Verhältnisses zwischen Bund und Gliedstaaten stehen seit der Ausdehnung der Staatstätigkeit in allen Föderalismen die Konflikte um die Finanzverfassung, die Verteilung der Steueraufkommen und der Finanzausgleich, vertikal (durch den Bund mit zweckgebundenen oder freien Zuweisungen an Gliedstaaten und Kommunen) wie horizontal (etwa in der BRD zwischen den Ländern). Dabei sind die Gliedstaaten zunehmend zu Kostgängern der Bundesgewalt geworden.

(2) Der Ausbau des exekutiven F., vor allem der → Öffentlichen Verwaltung auf beiden Ebenen, ging einher mit Einflußverlusten der nat., insbesondere aber der einzelstaatl. Parlamente, die die meist unter dem Blickwinkel der Einheit der Lebensverhältnisse geschlossenen Kompromisse der Regierungen und → Bürokratien vielfach nur noch nachträglich sanktionieren können. Von den einzelstaatl. Parlamenten sind nur wenige der so ausgehandelten Vereinbarungen zum Scheitern gebracht worden.

(3) Zunehmende Kooperation und Verflechtung der polit. Systemebenen durch Konferenzen auf der Minister- wie Bürokraten-/Expertenebene, durch gemeinsame Beratungs- und Entscheidungsgremien etc., so daß verschiedentlich bereits vom Entstehen einer zusätzlichen, ausschließlich von der Exekutive beschickten Systemebene gesprochen wurde.

Am ausgeprägtesten ist die Verflechtung der Politikebenen im bundesdt. Föderalismus. Wie *Scharpf* u. a. (1976) gezeigt haben, sind föderale Verbundsysteme dabei kurzfristig besser in der Lage (gewesen), mit den systemtypischen Widersprüchen von Spätkapitalismus und → Konkurrenzdemokratie fertigzuwerden, als zentralistische polit. Systeme, da die institutionelle Fragmentierung und vertikale Differenzierung bei gleichzeitiger Wiederverflechtung zum einen den polit. Nutzen vervielfachte und die Kosten verteilte, zum zweiten die unlösbaren Probleme durch „Bearbeitung" und Verschiebung von einer Systemebene zur anderen entschärfte. Der kurzfristige Nutzen der Dämpfung des gesellschaftl. Problemdrucks wurde indessen mit langfristigen Schwierigkeiten erkauft, die aus den Partizipationsdefiziten der Politikverflechtung resultieren. Der Aushandlungszwang in föderalen Verbundsystemen, zumal in der Form des Allparteienkompromisses (wie er aufgrund der gegenläufigen Mehrheiten in Bundestag und Bundesrat in der Bundesrepublik zwischen 1970 und

1982 sowie wieder ab 1991 erforderlich war), führt nämlich (wie gleichfalls die bundesrepublikan. Politikverflechtung zeigt) zu Konfliktvermeidung und Innovationsstau, zur Ausblendung neuer gesellschaftl. Probleme und zur polit. Immobilität, woraus sich auf längere Sicht durchaus schwerwiegende Legitimationsprobleme ergeben können.

Dessenungeachtet galt (und gilt) der dt. F. wegen seiner in der alten Bundesrepublik vergleichsweise hohen Integrations- und Effizienzleistungen vielfach als Modell, insbes. in Ländern, die vom Zentralismus der Vergangenheit Abschied nehmen und sich auf dem Wege der Dezentralisierung und Föderalisierung befinden. Es sind z. B. in den spanischen Verfassungsgesetzen nach 1978 die Beziehungen zwischen (Zentral-)Staat und „Autonomen Gemeinschaften" weitgehend analog zum Bonner Grundgesetz geregelt; dies führt zu einer ähnlichen Gemengelage von exekutiven und legislativen Funktionen zwischen „Staat" und „Autonomen Gemeinschaften" bei ausgeprägter finanzieller Abhängigkeit der föderalen Glieder von der Madrider Zentrale. Ob sich die Übertragung des dt. Modells in den so anders gearteten gesellschaftl. Kontext Spaniens dauerhaft bewähren wird, dürfte fraglich sein. Denn föderale Verbundsysteme bedürfen der gesellschaftl. Homogenität, um systemintegrierend und konfliktentlastend wirken zu können. In Kanada liefen Reformversuche in Richtung auf intrastaatl. F. den vielen, im Land tief verwurzelten polit. Traditionen zuwider. Kanada befindet sich denn auch weiterhin auf dem Weg zum Staatenbund; seine staatl. Einheit ist nach dem zweimaligen Scheitern der Verfassungsreform (1990: *Meech Lake; 1992: Charlottetown Constitutional Accords)* stärker denn je in Frage gestellt.

2. In den industriellen Demokratien geriet der F. in den 1970er und 1980er Jahren nicht allein aus Legitimationsgründen in die Kritik. In den Reformdebatten spielten mindestens so sehr Probleme der → Regierbarkeit (oder genauer des *government overload*) eine Rolle. Wie das US-amerikan. Beispiel des *„New Federalism"* der Präsidenten *Nixon* und *Reagan* zeigt, unterschieden sich die Reformziele konservativer Provenienz dabei durchaus: *Nixon* zielte auf Effizienzsteigerung (sozial)staatl. Politiken durch Dezentralisierung und funktionale Aufgabenteilung, nicht jedoch auf deren Beseitigung. *General Revenue Sharing* und *Block Grants* waren die Instrumente (*Conlan 1989*). *Reagans New Federalism* hingegen war integraler Bestandteil seiner neo-konservativen Agenda des Rückzugs des Staates im allgemeinen und des Zurückschraubens sozialstaatl. Leistungen im besonderen. Es ging nicht allein um Entflechtung und Entlastung in Anbetracht der „Finanzkrise des Staates", sondern um „Ent(bundes)staatlichung" *(Lösche* 1989).

Gemessen an den hochgesteckten Zielen müssen beide Reformen als gescheitert gelten. Dennoch hat insbes. das *Reagan*sche Entflechtungs- und Entlastungsprogramm die Strukturen des amerikan. F. nachhaltig und dauerhaft verändert. Der Strukturwandel im amerikan., aber auch ähnliche Entwicklungen im australischen F. zeigen im übrigen, daß derartige Entflechtungen im dualen, auf Gewaltentrennung basierenden F. mindestens ansatzweise eher möglich sind als im intrastaatl. Verbundföderalismus. Nicht von ungefähr sind in den 1980er Jahren die Versuche der Politikentflechtung im bundesdt. F. entweder in den Ansätzen stekken oder – im Erfolgsfall – auf Randprobleme wie das Graduiertenförderungsprogramm beschränkt geblieben. Größere Veränderungen ergaben sich dann im Gefolge der dt. Vereinigung und im Kontext des Maastrichter (→ Europäische Union) Vertrages. Sie betreffen zum einen die Beteiligung der Länder über den Bundesrat an Hoheitsübertragungen auf supranat. Institutionen, an den Entscheidungen der EU-

Kommission und des EU-Ministerrates durch die Mitwirkung der Länder im EU-Regionalausschuß. Sie betreffen zum anderen (a) die Anpassung der Mitgliederzahlen des Bundesrates, (b) die Abschwächung der Bedürfnisklausel von Art. 72 GG und die Ablösung des Prinzips der Einheitlichkeit durch den Grundsatz der Gleichwertigkeit der Lebensverhältnisse, (c) die Rückübertragung von (allerdings nicht zentralen) Kompetenzen auf die Länder, (d) die Einbeziehung der fünf neuen Länder in den Finanzföderalismus. Die Reformen vervielfachen die Prozesse der „doppelten Politikverflechtung" zwischen Land/Bund/EU und verstärken insbes. mit den Regelungen zu Steuer- und Finanzverbund letztlich die Abhängigkeit der Länder vom „goldenen Zügel" des Bundes. Die Veränderungen stellen somit reine Anpassungsreformen dar, die den durch Kontinentalisierung und EU-Integration wie durch die Vereinigungsnotwendigkeiten definierten strukturellen Reformanforderungen nicht gerecht werden (*Schultze* 1993). Sie verschärfen die drei Hauptmerkmale, die den bundesdt. F. seit den tektonischen Veränderungen nach 1989/90 bestimmen: (a) den Widerspruch zwischen einer von Asymmetrien bestimmten Gesellschaft und einem auf Symmetrie beruhenden polit. System, (b) die Inkongruenz zwischen der Logik des Parteienwettbewerbs und dem Politikstil des Aushandelns sowie (c) den Widerspruch zwischen einer auf den Wettbewerbsföderalismus zielenden Reformrhetorik und einer den Beteiligungsföderalismus ausbauenden Reformpraxis (*Schultze* 1999).

3. Seit Ende der 1980er Jahre hat der F. als Organisationsprinzip wieder an Attraktivität gewonnen. Im normativen Spannungsverhältnis zwischen Einheit und Vielfalt geht es dabei weniger um Effizienz, Integration und einheitliche Lebensverhältnisse, sondern wieder vorrangig um → Subsidiarität, Autonomie und Vielfalt sowie um den Schutz vor Majorisierung (→ Minderheit) und totalitärer Herrschaft durch Gewaltenteilung.

Das neu gewonnene Interesse bei veränderten Wertprioritäten hängt zusammen mit den sich weltweit vollziehenden Prozessen der territorialen Reorganisation polit. → Herrschaft; sie sind einerseits bestimmt vom Zerfall der alten Blöcke und dem Auseinanderbrechen der Sowjetunion und anderer Vielvölkerstaaten Ost-Mitteleuropas. Dezentralisierung und F. gelten dort vielen als *die* Alternative zu Zentralismus und → Totalitarismus, eine Hoffnung, die durch die zahlreichen Bürgerkriege, vor allem im ehemaligen Jugoslawien, allerdings stark erschüttert ist. Sie resultieren andererseits aus den Prozessen der ökonom. und technologischen → Globalisierung und Kontinentalisierung, die Antworten auf die Frage herausfordern, welche Probleme zu groß geworden sind für den Nationalstaat, also in Zukunft supranat. zu lösen sein werden, welche regional/gliedstaatl., welche lokal bearbeitet werden können, schließlich welche Aufgaben dem überkommenen National- bzw. Bundesstaat bleiben werden. Im kontinentalen/supranat. Maßstab ist dabei der ethnisch-kulturellen Fragmentierung, der Multinationalität, den starken sozioökonom. Entwicklungsdisparitäten Rechnung zu tragen. Aber auch unter dem Gesichtspunkt demokratischer → Partizipation stellen hochintegrierte Verbundsysteme – will man anders als in der Europäischen Union die „Politikverflechtungsfalle" vermeiden (*Scharpf 1985*) – kein erfolgversprechendes Modell polit. Organisation dar. Gefordert sind vielmehr Systeme des interstaatl. F., die Autonomie garantieren und Züge der Konföderation aufweisen.

Lit.: *Abromeit, H.* 1992: Der verkappte Einheitsstaat, Opl. *Bothe, M.* 1977: Die Kompetenzstruktur des modernen Bundesstaates in rechtsvergleichender Sicht, Bln. *Conlan, T.* 1989: New Federalism. Intergovernmental Reform from Nixon to Reagan, Washington. *Dye, T. R.* 1990: American Federalism. Competition Among Governments, Lexington. *Elazar, D. J.* (Hrsg.) ^{2}1994: Federal Systems of the World: A Handbook of Federal, Confederal and Autonomy Arrangements, L. *Friedrich, C. J.* 1968: Trends of Federalism in Theory and Practice, NY.

Hesse, J. J./Benz, A. 1990: Die Modernisierung der Staatsorganisation. Institutionenpolitik im internationalen Vergleich: USA, Großbritannien, Frankreich, Bundesrepublik Deutschland, Baden-Baden. *Kilper, H./Lhotta, R.* 1996: Föderalismus in der Bundesrepublik Deutschland, Bonn. *Laufer, H./Münch, U.* 1997: Das föderale System der Bundesrepublik Deutschland, Bonn. *Lehmbruch, G.* ^{2}1998: Parteienwettbewerb im Bundesstaat, Opl. *Livingston, W. S. 1956:* Federalism and Constitutional Change, Ox. *Lösche, P.* 1989: Amerika in Perspektive, Darmst. *Mayntz, R.* 1989: Föderalismus und die Gesellschaft der Gegenwart (Max-Planck-Institut für Gesellschaftsforschung, Discussion Paper 3), Köln. *Meier-Walser R./Hirschner G.* 1999: Analysen zur Theorie und Praxis bundesstaatlicher Ordnungen, Mchn. *Nohlen, D./González Encinar, J. J.* (Hrsg.) 1992: Der Staat der Autonomen Gemeinschaften in Spanien, Opl. *Pernthaler, P.* 1988: Österreichs Länder und Gemeinden, in: *Wehling, H. G.* (Red.): Österreich, Stg., 95–106. *Renzsch, W.* 1991: Finanzverfassung und Finanzausgleich, Bonn. *Rocher, F./Smith, M.* (Hrsg.) 1995: New Trends in Canadian Federalism, Peterborough. *Scharpf, F. W.* u. a. 1976: Politikverflechtung. Theorie und Empirie des kooperativen Föderalismus in der Bundesrepublik, 2 Bde., Kronberg/Ts. *Scharpf, F. W.* 1985: Die Politikverflechtungsfalle: Europäische Integration und deutscher Föderalismus im Vergleich, in: *ders.* (Hrsg.): Optionen des Föderalismus in Deutschland und Europa, Ffm., 4–11. *Scharpf, F. W.* 1999: Regieren in Europa. Effektiv und demokratisch, Ffm./NY. *Schultze, R.-O.* 1985: Das politische System Kanadas im Strukturvergleich, Bochum. *Schultze, R.-O.* 1990: Föderalismus als Alternative? Überlegungen zur territorialen Reorganisation politischer Herrschaft, in: ZParl, 21, 475–490. *Schultze, R.-O.* 1993: Statt Subsidiarität und Entscheidungsautonomie – Politikverflechtung und kein Ende: Der deutsche Föderalismus nach der Vereinigung, in: Staatswissenschaften und Staatspraxis, 4, 225–255. *Schultze, R.-O.* 1999: Föderalismusreform in Deutschland: Widersprüche, Ansätze, Hoffnungen, In: ZfP, 46, 173–194. *Schultze, R.-O./Schneider, S.* (Hrsg.) 1997: Kanada in der Krise, Bochum. *Williamson, R. S.* 1990: Reagans Federalism, Lanham u. a.

Rainer-Olaf Schultze

Forschung und Entwicklung

Bei Forschung und Entwicklung (F. u. E.) handelt es sich um einen polit.-ökonomischen Fachterminus, der darauf verweist, daß die Stabilität und Kontinuität moderner Massendemokratien wesentlich von der Innovationsfähigkeit und -tätigkeit ihrer technisch-ökonom. Systeme abhängen. F. u. E. wird vor allem von der privaten Wirtschaft, aber auch in einer Vielzahl von (Groß-)Forschungseinrichtungen und Hochschulen betrieben und dabei erheblich durch polit.-staatliche Vermittlung und Auftragsvergabe induziert, durch öffentl. Mittel finanziert und durch Formen der (z. B. fachspezifischen) Selbstverwaltung und Begutachtung kontrolliert.

1. Ökonomisch-technisch interpretiert verweist F. u. E. auf die ständige Neu- und Weiterentwicklung von Produkten und Produktqualitäten, den Einsatz von Produktionsmitteln und -verfahren mit stetig steigender Effizienz und die entsprechende Re-Organisation von Arbeitsprozessen. Diese Entwicklung ist ursächlich für die zunehmende Dynamik moderner Volkswirtschaften und äußert sich in immer neuen technologischen Wellen (Atomkraft, Mikroelektronik, Bio-, Gentechnologie etc.). Sie geht von der Privatwirtschaft aus, unterwirft diese gleichzeitig einem Innovationsdruck, der über innerbetriebliche F. u. E.-Abteilungen und vielfältige zwischen- und überbetriebliche Kooperationen aufgenommen wird und dem Ziel dient, die eigene Position im nat. und internat. Wettbewerb zu halten und gegebenenfalls zu verbessern.
2. F. u. E. ist ein wesentliches Element des Wettbewerbs zwischen den USA, Europa und Japan um neue Märkte. Der internat. Innovationswettbewerb und damit das Ausmaß privater und staatl. F. u. E. hat in jüng-

ster Zeit durch den Aufstieg industrieller Schwellenländer an Bedeutung gewonnen. Internat. Arbeitsteilung und → Globalisierung binden darüber hinaus die technisch-ökonom. Entwicklung eines Landes an diejenige anderer Länder, setzen den externen Innovationsdruck nach innen fort und führen dazu, daß die jeweiligen Weltmarktanteile nur durch fortlaufende Spezialisierung und Flexibilisierung gehalten und gegebenenfalls verbessert werden können. Dies wiederum fördert die Entstehung von Märkten für forschungsintensive Produkte und Dienstleistungen, sowie für Kleinserien und Einzelfertigungen (Ende der Massenproduktion). Dieser Innovationsdruck erzwingt immer kürzere Produktionszyklen, d. h. immer kürzere Phasen zwischen Erfindung, Entwicklung, Aufbau der Fertigung und Vermarktung von Produkten. Die so forcierte Innovationskraft moderner Staaten beschrieb *J. A. Schumpeter* bereits 1942 als Prozeß schöpferischer Zerstörung, durch den die Grundlagen kapitalistischen Wirtschaftens (staatsfreie Unternehmensentscheidungen und staatsfreie Kapitalrestitution durch Preise und Gewinne) aufgehoben werden.

→ Forschungs- und Technologiepolitik

Lit.: *Gerybadze, A./Meyer-Krahmer, F./Reger, G.* 1997: Globales Management von Forschung und Innovation, Stg. *OECD*, Main Science and Technology Indicators, jeweils mit Jahresangabe. *Reuhl, G.* 1994: Forschung und Entwicklung zwischen Politik und Markt, Ludwigsburg/Bln. *Schumpeter, J. A.* [4]1975: Kapitalismus, Sozialismus und Demokratie, Mchn. (orig. 1942). *UNESCO* 1999: World Science Report, Paris.

Klaus Schubert

Forschungspolitik → Wissenschaftspolitik

Forschungs- und Technologiepolitik
Gesamtheit aller polit. und verbandlichen Aktivitäten sowie gesetzgeberischen und finanziellen Maßnahmen zur Förderung wissenschaftl. und technisch-ökonom. Innovationen.

1. Zu unterscheiden sind Fördermaßnahmen, die der Erweiterung und Vertiefung wissenschaftl. Erkenntnisse dienen (Grundlagenforschung), und solche, die deren Anwendung in der Praxis erleichtern und beschleunigen sollen (angewandte Forschung). Forschungs- und Technologiepolitik (F. u. T.) zielt a) auf die Steigerung der wissenschaftl. Leistungen in (Groß-)Forschungseinrichtungen und Hochschulen, b) auf den Erhalt und die Erhöhung der Wettbewerbsfähigkeit der inländischen Industrie und Dienstleistungsanbieter, wobei der Förderung des Transfers zwischen der vorrangig staatl. finanzierten Grundlagenforschung und der überwiegend privatwirtschaftl., marktfähigen Umsetzung und Nutzung der Forschungsergebnisse (z. B. durch Entwicklung und Test von Prototypen, neuen Herstellungsverfahren etc.) besondere Bedeutung zukommt.

2. Instrumente staatl. F. u. T. sind vor allem die (1) direkte oder indirekte Finanzierung (Forschungsprojektmittel und Subventionierung konkreter Projekte; steuerliche Erleichterungen), (2) staatl. Großaufträge, die Bereitstellung von (3) Infrastruktur (Forschungs- und Kommunikationseinrichtungen, Bibliotheken, Datenbanken), (4) Einrichtung von (üblicherweise zeitlich begrenzten Forschungs-)Personalstellen, (5) Induzierung, Unterstützung und Beratung von Kooperation zwischen Privatwirtschaft, Wissenschaft und Forschung, Verbänden und staatl. Einrichtungen.

3. F. u. T. fällt in der BRD in den Bereich der konkurrierenden Gesetzgebung zwischen Bund und Ländern, faktisch hat aber der Bund seit den 1950er Jahren (Gründung des Atomministeriums, dem Vorläufer des heutigen Bundesministeriums für Bildung, Wissenschaft, Forschung und Technologie) zunehmend Kompetenzen gebündelt. Erst in jüngerer Zeit engagieren sich verstärkt verschiedene → Bundesländer vor allem zur Unterstützung der Wettbewerbsfähigkeit der heimischen Wirtschaft. Aufgrund des erhöhten technologischen Wettbewerbs zwischen den USA, Europa und Japan wird die F. u. T. der → EU zunehmend wichtiger, in deren Rahmen seit Mitte der 1990er Jahre ein nahezu flächendeckendes Forschungs-

förderungsprogramm aufgelegt ist. Die europ. Entscheidungsprozesse (über mehrere polit. Ebenen, Länder- und Ressortgrenzen hinweg) gestalten sich bislang noch äußerst kompliziert. Darüber hinaus wird kritisiert, daß die gesamteurop. Forschungsaufwendungen immer noch zu gering ausfallen. Bei der internat. Kooperation im Bereich der F. u. T. übernehmen → OECD und UNESCO wichtige institutionelle Vermittlerfunktionen.

Lit.: *Bundesminister für Forschung und Technologie* 1998: Bundesbericht Forschung 1998, Bonn. *Martinsen, R./Simonis, G.* (Hrsg.) 1995: Paradigmenwechsel in der Technologiepolitik?, Opl. *Meyer-Krahmer, F.* 1998: Nationale Forschungs-, Technologie- und Standortpolitik in der globalen Ökonomie, in: *Messner, D.* (Hrsg.): Die Zukunft des Staates und der Politik, Bonn, 270–299. *Rosenberg, N./Landau, R./Mowey, D. C.* (Hrsg.) 1992: Technology and the Wealth of Nations, Stanford. *Starbatty, J./Vetterlein, U.* 1990: Die Technologiepolitik der Europäischen Gemeinschaft, Baden-Baden. *Sturm, R.* (Hrsg.) 1996: Europäische Forschungs- und Technologiepolitik und die Anforderungen des Subsidiaritätsprinzips, Baden-Baden.

Klaus Schubert

Frauenpolitik

I. Frauenpolitik (F.) zielt auf die Verringerung der sozialen, wirtschaftl. und polit. Benachteiligung der Frauen, um langfristig die in Artikel 3 des Grundgesetzes verbürgte Gleichberechtigung von Frauen und Männern in die → Verfassungswirklichkeit umzusetzen. Schon im 19. Jh. hatte die bürgerliche Frauenbewegung gleiche Bildungs- und Berufschancen sowie das → Wahlrecht für Frauen gefordert. Nach dem II. Weltkrieg hat erst die neue Frauenbewegung Ende der 1960er Jahre den Anstoß für eine Diskussion frauenpolit. Themen gegeben. Zu diesen Themen gehörten der 218 StGB, → Gewalt gegen Frauen, die Vereinbarkeit von Beruf und Familie und die Lohnungleichheit. Die Frauenbewegung (→ Feminismus) hat dazu beigetragen, daß sich auch die etablierten polit. Institutionen wie → Parteien und das Parlament mit F. auseinandersetzen mußten. Seit 1979 gibt es mit der Einrichtung des Arbeitsstabes F. im Bundesministerium für Jugend, Familie und Gesundheit auch eine institutionalisierte Frauenpolitik. Dieser Arbeitsstab wurde 1986 in eine Abteilung F. mit acht Referaten umgestaltet, und seit 1990 gibt es das Bundesministerium für Frauen und Jugend.

II. Die Institutionalisierung der F. und die breite gesellschaftl. Akzeptanz einer Politik zur Förderung der Gleichberechtigung der Frauen dürfen nicht darüber hinwegtäuschen, daß die soziale und polit. Realität von einer Gleichberechtigung der Geschlechter noch immer weit entfernt ist.

Die soziale Realität hat sich für die Frauen in den neuen → Bundesländern durch die → Deutsche Einheit verschlechtert. Bei der Frauenerwerbsquote und den Voraussetzungen für die Erwerbstätigkeit von Müttern wies die DDR mehr Ähnlichkeiten mit anderen westl. Ländern auf als mit der in diesem Bereich ausgesprochen rückständigen alten Bundesrepublik (*Merkel* 1994: 379). Während die Frauenerwerbsquote in der BRD im Zeitraum von 1960 bis 1990 um nur 7 % auf 56,6 % gestiegen war, stieg diese Quote im gleichen Zeitraum in den USA von 42,6 % auf 68,1 % und in Schweden von 50,1 % auf 81,1 % (*Schmidt* 1993). In der DDR erreichte die Erwerbstätigkeit der Frauen schon 1966 78 % und stieg bis auf 90 %. Der wirtschaftl. Einbruch in den neuen Ländern mit einem Rückgang des Bruttosozialproduktes von 1990 bis 1991 um 31,4 % und einer besonders hohen Frauenarbeitslosigkeit bedeutete ein vorläufiges Ende des hohen Niveaus der Frauenerwerbstätigkeit im Osten Deutschlands. So waren 66,2 % der Arbeitslosen im Bundesgebiet Ost im Juli 1994 Frauen. Auch am

Ende der 1990er Jahre blieben Frauen auf dem Arbeitsmarkt benachteiligt. 1998 hatten in den Mitgliedstaaten der → Europäischen Union 51,2 % der Frauen im Alter von 15–64 Jahren eine Beschäftigung. Bei Männern lag dieser Prozentsatz bei 70,8 %. Dabei ist die Differenz zwischen den Beschäftigungsquoten von Frauen und Männern in der jüngeren Generation geringer. Die Arbeitslosigkeit trifft Frauen häufiger als Männer. Die Arbeitslosenquote der Frauen betrug 1998 in den EU-Staaten durchschnittl. 11,7 % gegenüber einer Arbeitslosenquote von 8,6 % bei den Männern.

Ein wichtiger Aspekt der → Sozialen Ungleichheit sind die Lohnunterschiede zwischen Männern und Frauen. Noch immer sind Frauen vorwiegend in den untersten Funktionsebenen beschäftigt. Die durchschnittl. Bruttowochenverdienste der Arbeiterinnen in der Industrie betrugen 1989 nur 73 % der Verdienste der Männer. Bei den Angestellten in Industrie und Handel erhielten 1989 Frauen 64 % des Gehaltes der Männer (*Maier* 1993: 272). Auch in der ehem. DDR waren die Frauen trotz der hohen Erwerbsquote durch die Einkommensstruktur benachteiligt und verdienten ca. 25 bis 30 % weniger als Männer (*Nickel* 1993: 237). Dabei beruhen die Lohnunterschiede nicht auf direkter Diskriminierung, sondern sie sind auf strukturelle Gründe zurückzuführen. Frauen sind in den niedrigen Leistungsgruppen beschäftigt und haben meist eine geringere Zahl von Berufsjahren. In den skandinavischen Ländern ist die Lohnungleichheit im Vergleich zu D weniger ausgeprägt. Hier erreichen Arbeiterinnen in der Industrie etwa 80–90 % des Verdienstes der Männer. In keinem EU-Staat erreichten die monatl. Bruttoeinkünfte von Frauen mehr als 84 % des Einkommens der Männer. Dieses Einkommen erzielten die Frauen in Belgien, Dänemark, Luxemburg und Schweden. In GB erreichten Frauen nur 70 % des Einkommens von Männern (vgl. *Eurostat* 2000).

Im öffentl. Dienst gilt das Prinzip: Je höher die Laufbahngruppe, desto geringer der Frauenanteil. Der Anteil der Beamtinnen und Richterinnen im unmittelbaren Bundesdienst ist in der Laufbahngruppe des höheren Dienstes von 5,2 % im Jahr 1986 nur auf 6,2 % im Jahr 1988 angestiegen. Die Richtlinie zur beruflichen Förderung von Frauen in der Bundesverwaltung von 1986 hat sich damit als wenig effektiv erwiesen.

In einem anderen Bereich der F., der Frage des Schwangerschaftsabbruchs, ist der Versuch des Bundestages, die zum Zeitpunkt der Vereinigung in den alten und neuen Ländern geltenden Regelungen miteinander zu verbinden und damit einen Auftrag des Einigungsvertrages zu erfüllen (Art. 31 Abs. 4 EVertr), am Veto des Bundesverfassungsgerichtes gescheitert. Nachdem es in einem schwierigen Verhandlungsprozeß gelungen war, den überparteilichen Entwurf der Abgeordneten *Inge Wettig-Danielmeier*, *Uta Würfel* u. a. im Juni 1992 mit einer Mehrheit von 357 Ja-Stimmen zu 284 Nein-Stimmen bei 16 Enthaltungen im Bundestag zu verabschieden, stand auch hier am Ende ein Modell, das für die Frauen in den neuen Ländern wiederum eine Verschlechterung mit sich brachte. Das Bundesverfassungsgericht verkündete am 28. 5. 1993 mit einer Mehrheit von sechs zu zwei Stimmen, daß die vom Bundestag beschlossene Lösung verfassungswidrig ist. In zwei Punkten verlangte das Gericht eine grundsätzliche Änderung: Die Beratung müsse dem Ziel dienen, Frauen zu einer Fortsetzung der Schwangerschaft zu ermutigen, und ein Schwangerschaftsabbruch dürfe auch nach Beratung nicht von den Krankenkassen finanziert werden, weil er rechtswidrig sei (BVerfGE 88: 203). Das Urteil, das methodische Mängel aufweist, ist ein generelles Mißtrauensvotum gegenüber Frauen, denen man die „notwendigen Bewertungsmaßstäbe in verständlicher Weise vermitteln" müsse (BVerfGE 88: 203, 284). Methodische Mängel eines Urteils sind häufig ein erstes Indiz für einen Machtmißbrauch der Richter. Im Urteil zum Schwangerschaftsabbruch steht die generelle Unrechtsvermutung gegenüber allen Abbrüchen nach Beratung im Widerspruch zum Rechtsstaatsprinzip und dem davon abgeleiteten Willkürverbot. Wo in der Verfassung gibt es einen Anhaltspunkt für die Annahme, daß alle Schwangerschaftsabbrüche nach Beratung einheitlich als Unrecht mit den entsprechenden

Konsequenzen im Sozialversicherungsrecht zu interpretieren sind? Selbst wenn man den paternalistischen Standpunkt der Richter teilte, daß die Entscheidung einer Frau zum Abbruch nach Beratung nicht in jedem Fall als ihre autonome Entscheidung zu akzeptieren sei, so ließe sich daraus nicht ableiten, daß alle beratenen Schwangerschaftsabbrüche rechtswidrig seien. Allenfalls gäbe es nun rechtmäßige und rechtswidrige Schwangerschaftsabbrüche. Es ist aber eine Verletzung des Rechtsstaatsprinzips, völlig verschiedene Sachverhalte gleich zu behandeln. Im Ergebnis bedeutet das Urteil keinen Fortschritt für den wirksamen Schutz des ungeborenen Lebens, wohl aber einen Rückschritt für die Frauen in den neuen Ländern. Für die Frauen in den alten Ländern ist die Einführung der Fristenlösung mit Beratung zwar ein Schritt nach vorn, doch wird die Beratung mit so vielen Kontrollen und Bevormundungen verbunden, daß der Schritt nach vorn kaum wahrnehmbar ist. Die Richter verweisen die Frauen, die die Kosten für einen Schwangerschaftsabbruch nicht selbst aufbringen können, an die Sozialhilfe. Damit wird ausgerechnet den Frauen ein weiterer Stein in den Weg gelegt, die ohnehin wegen ihres geringen Einkommens benachteiligt sind. Das neu formulierte Gesetz, das sich eng an die Vorgaben des Verfassungsgerichts hielt, wurde mit der knappen Mehrheit von 264 Ja-Stimmen zu 260 Nein-Stimmen bei 26 Enthaltungen im Mai 1994 vom Bundestag verabschiedet.

Die Chancen für eine konsequente Politik zur Gleichstellung der Frauen steigen, wenn Frauen in Parteien und Parlamenten angemessen vertreten sind. Dies ist jedoch nicht der Fall. In den 12. Deutschen Bundestag wurden 136 weibliche Abgeordnete, dies waren 20,5 % aller Abgeordneten, gewählt. In den 14. Deutschen Bundestag wurden 207 weibliche Abgeordnete und damit 30,9 % aller Abgeordneten gewählt. Die Zahl der weiblichen Mitglieder in den Parteien ist in den letzten Jahren kontinuierlich gestiegen: bei der CDU von 18 % im Jahr 1976 auf 22 % im Jahr 1988, bei der FDP von 19 % (1976) auf 24 % (1988) und bei der SPD von 20 % im Jahr 1976 auf 26 % im Jahr 1988. In der Partei Die Grünen waren 1988 37 % der Mitglieder Frauen. Die gestiegene Zahl der weiblichen Mitglieder in Parteien korrespondiert jedoch nicht mit einem spürbaren Anstieg der Karrierechancen von Frauen in Parteien. Die intensive, langfristige Mitarbeit in einer Partei als Voraussetzung für eine polit. Karriere können die Frauen durch ihre familiäre Belastung meist nicht erfüllen. Männer hingegen verlassen sich auf ihre Ehefrauen, die als Karrierehelferinnen für einen störungsfreien Ablauf des Alltags Sorge tragen. Noch immer werden Frauen als Politikerinnen nicht in gleicher Weise ernst genommen wie ihre männlichen Kollegen. Steht eine Frau am Rednerpult, steigt der Geräuschpegel im Bundestag (*Hoecker* 1987: 129).

III. Hauptinstrument zur Durchsetzung des Gleichberechtigungspostulats im Alltag sind in der BRD bislang die von Bund, Ländern und Gemeinden eingerichteten Gleichstellungsstellen. Ihre Zahl ist in den letzten Jahren stark angestiegen. Im Jahr 1986 gab es 100 Gleichstellungsstellen, 1992 waren es 900 (vgl. *Rudolph* 1993: 6).

Bei der Gestaltung der Gleichstellungsstellen zeigten sich deutliche Unterschiede zwischen CDU- und SPD-dominierten Ländern. SPD-dominierte Länder haben die Stellen in der Verwaltungshierarchie höher eingestuft und ihnen mehr Kompetenzen zugewiesen. Von den Kompetenzen, der Personal- und Finanzausstattung hängt es aber ab, inwieweit die Gleichstellungsstellen ihre Aufgabe erfüllen können, zu einem Abbau geschlechtsspezifischer Diskriminierung beizutragen.

Eine empirische Studie zur Arbeit der Gleichstellungsstellen in den Ländern kam zu dem Ergebnis, daß diese Stellen durchaus geeignete Mittel zur Verringerung der geschlechtsspezifischen Diskriminierung sind (*Rudolph* 1993: 95). Dabei gilt es zu berücksichtigen, daß CDU und SPD unterschiedliche Vorstellungen einer Gleichstellung von Männern und Frauen besitzen und

sich diese Unterschiede auch in den jeweiligen Gleichstellungsstellen niederschlagen. Während die CDU primär das Ziel verfolgt, erwerbstätige Frauen und in der Familie arbeitende Frauen gleichzustellen, steht für die SPD die Gleichstellung von Frauen und Männern im Berufsleben im Mittelpunkt. Gemessen an diesen Zielvorgaben, kann die Arbeit der Gleichstellungsstellen als in Grenzen erfolgreich beurteilt werden.
Die Einrichtung von Gleichstellungsstellen reicht jedoch erfahrungsgemäß nicht aus. Es wird häufig nur in Einzelfällen geholfen, ohne daß sich eine strukturändernde Kraft entfalten kann. Eine wirksame Verbesserung der sozialen, wirtschaftl. und polit. Benachteiligung der Frauen ist von den Quotenregelungen zu erwarten. Man unterscheidet zwischen starren Quoten, bei denen unabhängig von Qualifikationsanforderungen für die Besetzung einer Stelle eine Quote für Männer und Frauen festgelegt wird, und qualifikationsabhängigen Quoten, bei denen die Angehörigen des bisher unterrepräsentierten Geschlechtes bei gleicher oder gleichwertiger Qualifikation bevorzugt eingestellt werden. Bei qualifikationsabhängigen Quoten, wie sie in Hamburg für den öffentl. Dienst eingeführt wurden, ergibt sich das Problem, daß das Merkmal der Qualifikation ein sehr dehnbares Kriterium darstellt (*Pfarr* 1988: 215). So wird z. B. eine längere, ununterbrochene Beschäftigungszeit häufig unreflektiert als Indiz für Qualifikation angesehen, und damit sind wiederum Frauen benachteiligt, die wegen Kindern und Familie ihre Berufstätigkeit unterbrechen müssen. Qualifikationsabhängige Quoten dürften also nicht einfach die von Männern und ihren Lebensmustern bestimmten Standards zur Qualifikation erklären. Die Anforderungen müßten vielmehr aus den Funktionen und Positionen selbst abgeleitet werden (*Pfarr* 1987: 445).

Eine gesicherte und anteilsmäßige Berücksichtigung der Frauen durch Quoten in den Parteien, im Parlament, in den Regierungen, am Arbeitsplatz, bei der Ausbildung und in der Wissenschaft ist u. a. auch deshalb wünschenswert, weil Frauen nur dann eine eigenständige Politik entwerfen und ihre Verhaltensweisen einbringen können, wenn sie nicht ständig als Einzelkämpferinnen der Übermacht männlicher Konkurrenz ausgesetzt sind.

Lit.: *Beck-Gernsheim, E.* 1980: Das halbierte Leben. Männerwelt Beruf, Frauenwelt Familie, Ffm. *Böckmann-Schewe L./Kulke Ch./Röhrig, A.* 1994: Wandel und Brüche in Lebensentwürfen von Frauen in den neuen Bundesländern, in: APuZ 6, 33–44. *Engelbrech, G.* 1994: Frauenerwerbslosigkeit in den neuen Bundesländern. Folgen und Auswege, in: APuZ 6, 22–32. *Eser, A./Koch, H. G.* (Hrsg.) 1988: Schwangerschaftsabbruch im internationalen Vergleich, Bd. 1: Europa, Baden-Baden. *Eurostat* 2000: Beschreibung der sozialen Lage in Europa, Brüssel. *Gerhardt, U./Schütze, Y.* (Hrsg.) 1988: Frauensituation. Veränderungen in den letzten zwanzig Jahren, Ffm. *Greven-Aschoff, B.* 1981: Die bürgerliche Frauenbewegung in Deutschland 1894 bis 1933, Göttingen. *Hadler, A./Domsch, M. E.* 1994: Frauen auf dem Weg in Spitzenpositionen der Wirtschaft? Eine Bestandsaufnahme für die Bundesrepublik Deutschland, in: APuZ 6, 11–21. *Hagemann-White, C.* 1987: Können die Frauen die Politik verändern?, in: APuZ 9–10, 29–37. *Helwig, G./Nickel, H.* (Hrsg.) 1993: Frauen in Deutschland 1945–1992, Bonn. *Hoecker, B.* 1987: Frauen in der Politik, Leverkusen. *Kickbusch, J./Riedmüller, B.* (Hrsg.) 1988: Die armen Frauen. Frauen und Sozialpolitik, Ffm. *Merkel, I.* 1994: Leitbilder und Lebensweisen von Frauen in der DDR, in: *Kaelble, H./Kocka, J./Zwahr, H.* (Hrsg.): Sozialgeschichte der DDR, Stg., 359–382. *Meyer, B.* 1990: Frauenpolitiken und Frauenleitbilder der Parteien in der Bundesrepublik, in: APuZ 34–35, 16–28. *Meyer, B.* 1997: Frauen im Männerbund. Politikerinnen in Führungspositionen von der Nachkriegszeit bis heute, Ffm. *Osterloh, M./Oberländer, K.* 1994: Der geschlechtsspezifische Arbeitsmarkt: Ökonomische und soziologische Erklärungsansätze, in: APuZ 6, 3–10. *Pfarr, H.* 1987: Die heimliche Hoffnung auf die Frauen. in: *Brandt, W./Gollwitzer, H./Henschel, J. F.* (Hrsg.) 1987: Ein Richter, ein Bürger, ein

Christ. Festschrift für Helmut Simon, Baden-Baden, 437–446. *Pfarr, H.* 1988: Quoten und Grundgesetz, Baden-Baden. *Rudolph, C.* 1993: Die andere Seite der Frauenbewegung. Frauengleichstellungsstellen in Deutschland, Pfaffenweiler. *Schenk, H.* [4]1988: Die feministische Herausforderung. 150 Jahre Frauenbewegung in Deutschland, Mchn. *Schmidt, M.* 1993: Erwerbsbeteiligung von Frauen und Männern im Industrieländervergleich, Opl.

Christine Landfried

Freiheit

Nach der Französischen Revolution von 1789 wurde Freiheit (F.) „in einem solchen Maße zum Legitimationsbegriff jeder Herrschaft, daß fortan kein Regime mehr darauf verzichten mochte und konnte, sich als freiheitlich zu bezeichnen. Das hatte eine anhaltende Diskussion um das Wesen der Freiheit überhaupt zur Folge" (*Conze* 1985: 489). Neben die anhaltende Funktion als «Legitimationsbegriff von Herrschaft» ist im 20. Jh. die Vorstellung von F. als unbeschränkbares → Menschenrecht der Individuen getreten und in Menschenrechtserklärungen, im → Völkerrecht und in den meisten Verfassungen kodifiziert worden. Damit ist immerhin ein historischer Maßstab für die Beurteilung der realen Verhältnisse gewonnen, die in vielem und an vielen Orten hinter den erklärten Rechten zurückbleiben.

1. Historisch gehen in das heutige Freiheitsverständnis sehr verschiedene Ansprüche und Prinzipien ein, wobei ein natürliches, ständisches (auch kollektives, korporatives), ein bürgerliches (auch negatives) und ein politisches (auch positives) Freiheitsverständnis unterschieden und in deren Differenzierung auch heute aktuelle Konflikte und gesellschaftspolit. Positionen angedeutet werden können. Wenn dabei die abendländisch-europ. Tradition einen Partikularismus der Werte anzudeuten scheint, so hat der Prozeß der europ. Welteroberung bei aller lokalen kulturellen Prägung *de facto* doch zur universellen Anerkennung des Wertes von F. beigetragen.

(1) Historisch beginnt die Geschichte der F. mit der Entwicklung der *polis* und des Politikbegriffs im 6. Jh. v. Chr. (*Meier* 1993), das polit. Freiheitsverständnis ist also der älteste und zugleich umfassendste Bedeutungsgehalt des Begriffs. Seit den Reformen des *Kleisthenes* konstituiert sich die *polis* von Athen zunehmend als Bürgerschaft von „Freien" (zunächst des Adels und der Bauern), die sich selbst Gesetze geben und wechselseitig im öffentl. Bereich als Gleiche anerkennen, die sich durch selbstgeschaffene Institutionen und Mandatsträger selbst regieren, die nur Gesetze und Amtsgewalt, aber Herren weder im Innern noch als *polis* in den äußeren Beziehungen akzeptieren. Die politische F. bleibt streng auf das öffentl. Leben beschränkt und im übrigen Privileg der männlichen, besitzenden Vollbürger. Politische F. in der Antike setzt materielle Unabhängigkeit und freie Zeit voraus (*Arendt* 1994). Die F. der Griechen manifestierte sich in eigentümlich «moderner» Radikalität, «weil [Athen] mit der Einführung der Demokratie erstmals zeigte und erfuhr, daß über die politische Ordnung im ganzen verfügt werden konnte» (*Meier* 1993); es sollte mehr als zweitausend Jahre dauern, bis dieser Aspekt der F. in der Französischen Revolution von 1789 einen Widerhall fand.

(2) Während bei den Griechen die F. Ergebnis geschichtl. Konstitution der *polis* und damit zugleich Teil einer Herrschaftsform ist, verbindet der spätere Republikanismus *Jean-Jacques Rousseaus* (1762) den antiken Gedanken der Selbstgesetzgebung und -regierung mit den neuzeitlichen Vorstellungen des «Gesellschaftsvertrages» sowie eines Naturrechts auf F. und versucht mit der vom empirischen Willen unabhängigen *volonté générale* der Aporie zu entgehen, die zwischen der Vorstellung eines Naturrechts auf F. und jeder geschichtl. konstituierten Herrschaftsweise notwendig entstehen muß. *Thomas Hobbes* (1651) nannte denn auch im „Leviathan" die Vorstellung „absurd", es könne neben der F. als Qualität des souveränen Herrschers so etwas wie einen „freien Untertan" geben; die F. eines jeden im

status originarius bedeute vielmehr, daß *anarchium et bellum* herrsche. Allein durch den Unterwerfungsvertrag, durch den der Staatsbürger seine natürliche F. aufgebe, entstehe die Sicherheit des *status civilis,* in dem der Bürger zwar über *iura et libertates* verfügen könne, diese aber widerruflich gewährt seien und stets unter dem Vorbehalt der souveränen Macht blieben. *John Locke* (1690) schwächt den absolutistischen Herrschaftsanspruch dieser Konstruktion ab, ohne sie grundsätzlich zu ändern, indem er den Gesellschaftsvertrag an den ursprünglichen Zweck von Sicherheit und Eigentum bindet; wo dieses legitimierende Ziel der → Herrschaft verfehlt wird, entsteht unter Rückgriff auf das Naturrecht der F. ein Widerstands- und Revolutionsrecht, wie er es in der *Glorious Revolution* (1688) verwirklicht sah. Hier und bei der im Zuge der Glaubensspaltungen bedeutsam gewordenen Religionsfreiheit liegt der Ursprung der Entwicklung des bürgerlichen Freiheitsverständnisses, das sich anders als der antike positive Teilhabebegriff v. a. negativ auf die Begrenzung von Herrschafts-, später Staatseingriffen in die bürgerlichen Lebensbereiche der Familie, des Eigentums, der religiösen Überzeugungen, nachfolgend auch der freien Meinungsäußerung, der Freizügigkeit, der Versammlungs- und Koalitionsfreiheit richtet. In Verbindung mit dem Konstitutionalismus des 18. Jh.s entwickelt sich aus diesem Freiheitsverständnis der liberale Rechtsstaatsgedanke, demzufolge ein Eingriff in die bürgerlichen Freiheiten allein auf der Grundlage und nach den Regeln eines allg. Gesetzes legitim sei; wo dieses Gesetz seit dem 19. Jh. zunehmend auf demokratischen → Wahlen beruht, verbinden sich → Liberalismus und die moderne Form der repräsentativen → Demokratie zu ihrer heute üblichen Gestalt.

(3) Häufig vernachlässigt wird in der Geschichte der F. die eigenständige Traditionslinie der ständischen F., die neben den sich am Individuum orientierenden christlichen Naturrechtslehren, z. T. auf dem Hintergrund der Rechtstraditionen des Heiligen Römischen Reichs Deutscher Nation, z. T. auf germanischen Traditionen beruhend, auch nach der Französischen Revolution noch kollektive oder korporative Vorstellungen von *autonomia et privilegium* verteidigen, die sich v. a. gegen die Verbindung von demokratischen Ansprüchen und zunehmender Zentralisierung der Staatsgewalt richten. Teilweise ergeben sich hier Verbindungen zur Entwicklung des föderalistischen Prinzips (*Frantz* 1964), das in Verbindung mit den demokratischen Ideen des 19. Jh.s wiederum Anschluß an den modernen Freiheitsgedanken gefunden hat und sich heute z. B. bei *M. Walzer* (1992) gesellschaftstheoretisch mit einer Absage an normativen Begründungsuniversalismus und einem Plädoyer für dezentral-föderalistischen Pluralismus verbindet.

(4) Im 20. Jh. sind zu den Variationen der historischen Freiheitsideen zwei politisch virulente Dimensionen hinzugetreten. Zunächst entsteht im Kontext der *Marxschen* Kritik der bürgerlichen Ökonomie und Gesellschaft und der sozialistisch-sozialdemokratischen Bewegung das Bewußtsein der materiellen und gesellschaftl. Voraussetzungen individueller F., ohne deren wohlfahrtsstaatl. Gewährleistung den Freiheitspostulaten des demokratischen Verfassungsstaates keine realen Teilhabechancen für alle entsprächen; dieser Ansatz hat über den westeurop. Sozialstaat hinaus die Freiheitsideen zahlreicher Emanzipationsbewegungen der → Dritten Welt geprägt. Ungeachtet der konservativen Kritik am → Wohlfahrtsstaat und der Stabilisierung totalitärer Herrschaft in den Gesellschaften sowjetischen Typs waren der Demokratische Sozialismus und der „westliche Marxismus" stets neu in der Lage, den freiheitlichen Gehalt der sozialistischen Idee zu unterstreichen und z. T. in der Garantie sozialer Rechte staatlich zu verankern.

Das Fortschreiten der anscheinend unaufhaltsamen Politisierung und Durchstaatlichung moderner Industriegesellschaften in Verbindung mit den sozialen Modernisierungsfolgen für die Individuen in funktional ausdifferenzierten Großgesellschaften führt schließlich seit der Jahrhundertwende zu einem maßgeblich von *Friedrich Nietzsche* inspirierten kulturkritischen Freiheitsdiskurs, für den *Max Webers* (1920) pessimistische Einschätzungen über die Zukunft des Indi-

viduums in → Kapitalismus und → Bürokratie ebenso kennzeichnend sind wie *Theodor W. Adornos* (1980) Schwanengesang auf Individualität und Subjekthaftigkeit in der „total verwalteten Welt".
Angesichts der zunehmend offenkundigen Nichtverallgemeinerungsfähigkeit der „westlichen Lebensart" aus ökonomischen, ökologischen und politischen Gründen wird ungeachtet der weltweit anerkannten Geltung der Freiheitspostulate der historische Privilegiencharakter der F. wieder stärker bewußt – ganz wie am europ. Beginn ihrer Geschichte.

Lit.: *Adorno, T. W.* 1980: Minima Moralia, Ffm. (zuerst 1951). *Arendt, H.* [7]1994: Vita Activa, Mchn./Zürich (dt. zuerst 1960). *Conze, W.* 1985: Freiheit, in: *Brunner, O.* u. a. (Hrsg.): Geschichtliche Grundbegriffe, Bd. 2, Stg., 425–542. *Frantz, C.* 1964: Der Föderalismus als das leitende Prinzip für die soziale, staatliche und internationale Organisation unter besonderer Bezugnahme auf Deutschland, Aalen (zuerst 1870). *Meier, C.* [3]1995: Die Entstehung des Politischen bei den Griechen, Ffm. *Meier, C.* 1989: Athen, Bln. *Walzer, M.* 1994: Sphären der Gerechtigkeit, Ffm. *Weber, M.* 1920: Gesammelte Aufsätze zur Religionssoziologie, Tüb.

Michael Th. Greven

Frieden/Friedensforschung

I. Die Bedeutung des Friedens (F.) hat sich in den letzten Jahrzehnten zweimal infolge der grundlegenden Veränderungen des Kriegswesens und der internat. Politik grundlegend gewandelt. Zuletzt haben der Zusammenbruch der kommunistischen Parteiherrschaft im Osten Europas und die Auflösung der Sowjetunion den → Ost-West-Konflikt außer in Ostasien und in der Karibik beendet und die Gefahr eines nuklearen Weltkrieges drastisch reduziert. Andererseits haben nach einer kurzen Phase der Ost-West-Kooperation am Ende der 80er Jahre, die zur Beendigung einer Reihe von → Konflikten und → Kriegen in der → Dritten Welt und zum intensiven Einsatz von friedenserhaltenden Maßnahmen der → Vereinten Nationen geführt hatte, die lokalen, konventionellen Kriege wieder stark zugenommen, und zwar nach langer Zeit auch wieder in Europa. Vor allem als Reaktion auf den Zusammenbruch von staatl. Ordnungen in Afrika und in der Karibik sowie im Zusammenhang mit umfangreichen Vertreibungsaktionen und mit Massenmord in Afrika und Südosteuropa wurde wieder die traditionelle Bereitschaft stärker, militärische und kriegerische Mittel im Rahmen einer → „humanitären Intervention" zur Herstellung eines dauerhaften F. einzusetzen. Internationaler Krieg als Mittel von → Friedenspolitik war während des Ost-West-Konflikts als viel zu risikoreich angesehen worden, um bei Konflikten zwischen den Industriestaaten ernsthaft ins Kalkül gezogen werden zu können. Vor allem nach den beiden Weltkriegen und im Hinblick auf die Auswirkungen eines nuklearen III. Weltkrieges hatten F. und Friedensbemühungen ein gesteigertes gesellschaftl. und polit. Gewicht erhalten. Dies schlug sich u. a. auch in der vermehrten Befassung mit den Bedingungen, Verlaufsformen und Auswirkungen der Kriege, von Konflikten und des vereinbarten F. in der → Politikwissenschaft, insb. der Teildisziplin der → Internationalen Beziehungen, nieder. In der teils interdisziplinären, teils in der Politikwissenschaft verankerten Friedensforschung wurde der F. zum zentralen Wert und Orientierungspunkt einer ganzen Forschungsrichtung.

Mit der Setzung des F. als Wert und Ziel wissenschaftl. Tätigkeit wurde die alte Diskussion um die Wertfreiheit, um die Wissenschaftlichkeit bzw. Ideologiehaftigkeit der Politikwissenschaft unter ganz neuen Aspekten wieder aufgegriffen. Mit dem Niedergang der großen Friedensbewegungen der 1970er und 80er Jahre gegen Rüstungs- und Konfrontationspolitik in den Ost-West-Beziehungen verloren die großen Friedensutopien wieder an öffentl. und auch wissenschaftl. Relevanz; die Friedensforschung widmete sich wieder bescheideneren Zielen der zwischen- und innerstaatl. Politik und der gesellschaftl. Konfliktaustragung, wobei die zeitweise starke Distanz in den Denkmustern zu denen der Herkunftsdisziplinen wieder weitgehend aufgehoben wurde.

Bis zum II. Weltkrieg wurde F. meist als ein Rechtszustand angesehen, der deutlich vom Rechtszustand des Krieges abgegrenzt war. Eine Kriegserklärung zwischen zwei oder mehr Staaten pflegte den F. zu beenden, ein Friedensvertrag den Krieg. Seit 1945 lassen sich Krieg und F. oftmals nicht klar unterscheiden, zumal die meisten Kriege der Nachkriegszeit Bürgerkriege und Kleinkriege sind, die sich nur beschränkt verrechtlichen lassen. Auch die Grenze zwischen Kleinkriegen und häufigen Terroranschlägen sowie anderen Formen polit. Gewaltanwendung (etwa die Intifada und der Einsatz von Gummigeschossen und Nervengas im Nahen Osten), die einen gewissen gesellschaftl. Rückhalt besitzen, läßt sich oftmals schwer oder gar nicht bestimmen. Ist somit die Unterscheidung von Krieg und Nichtkrieg oftmals schwer geworden, so hat F. schon immer auch die Bedeutung eines dauerhaften, „ewigen" Friedens besessen, in dem nicht nur kein Krieg stattfindet, sondern in dem auch die Kriegsgefahren und Kriegsursachen beseitigt sein sollen. Es ist nach wie vor wissenschaftlich umstritten, ob es je in der menschlichen Geschichte oder in einzelnen größeren Gesellschaftsräumen einen langandauernden F. ohne prinzipielle Kriegsfähigkeit und Kriegsbereitschaft gegeben hat oder in Zukunft geben kann und wird. Die Forschung über Naturvölker, zu den Primaten, zur Vor- und Frühgeschichte sowie die Archäologie und Evolutionsbiologie haben in den vergangenen zwei Jahrzehnten eher eine skeptische Sicht auf die Vorstellungen von einem historischen Urfrieden gefördert. Der Nachweis, daß es nie F. in einem anderen Sinne als einem vorübergehenden Zustand oder gar nur als einem „Waffenstillstand" zwischen zwei Kriegen gab, wenn er denn je erbracht werden könnte, würde allerdings an sich nicht die prinzipielle Möglichkeit ausschließen, in Zukunft einen dauerhaften Weltfrieden zu organisieren. Nach dem Ende der großen gesellschaftstheoretischen Entwürfe ist das heutige Friedensdenken meist bescheidener geworden und begnügt sich mit Anstrengungen, laufende Kriege zu beenden und auf manifeste Kriegsdrohungen und latente gewaltsame Konflikte mit konkreten Friedensanstrengungen zu reagieren.

II. In den 1970er Jahren hat vor allem die Unterscheidung zwischen einem positiven und einem negativen F. Verbreitung gefunden. Inhaltlich spielt diese Unterscheidung auch heute noch eine Rolle, obwohl die beiden Ausdrücke nur noch selten gebraucht werden. Dies dürfte vor allem daran liegen, daß es heute selbstverständlich geworden ist, F. nicht mehr vorrangig als Resultat von militärischer → Sicherheitspolitik zu begreifen, anderseits die Bedeutung von militärischer Kriegsverhütung für den F. auch nicht mehr so häufig wie in den 1970er und 80er Jahren abgestritten wird. Unter dem negativ bestimmten Friedensbegriff wird die Abwesenheit des Krieges verstanden, während unter dem positiv bestimmten Friedensbegriff die höchst variabel interpretierbare Realisierung sozialer → Gerechtigkeit oder → Gleichheit, polit. und persönlichen F., der Entfaltung menschlicher Fähigkeiten und Selbstverwirklichungsmöglichkeiten gefaßt wird oder, allgemein ausgedrückt: die Abwesenheit von struktureller und personaler → Gewalt.

In jeder Definition des F. von „mehr als nicht Krieg" verbergen sich alle klassischen Differenzen und Kontroversen um unterschiedliche gesellschaftspolit. Zielvorstellungen über anzustrebende bzw. zu erhaltende soziale, ökonom., polit. und ökolog. Ordnungen. Der Entwurf des F. als einer

„realisierbaren Utopie" (*Georg Picht*) modifiziert das Wissenschaftsverständnis insofern, als eine nur positivistische oder kritische Analyse von vergangenen und gegenwärtigen Kriegen, Konflikten und Friedensregelungen nicht ausreicht, sondern die Erkenntnis künftiger Möglichkeiten explizit Forschungsziel wird. Das damit eingebrachte spekulative Element läßt sich wissenschaftl. nur dadurch rechtfertigen, daß die „konstruktive Vernunft" nicht von der „kritischen Vernunft" abgetrennt wird, die Analyse der Möglichkeiten vielmehr stets aus der Analyse der Wirklichkeit entwickelt wird. Forschung über die Bedingungen und Möglichkeiten von F. unterscheidet sich dadurch wesentlich von praktischer Friedenspolitik.

III. Die Studien in friedensfördernder Absicht konzentrieren sich entweder auf historische Kriege oder auf potentielle Kriegsverläufe in der Zukunft sowie auf Friedenspläne und -entwürfe. Untersuchungen von Friedensepochen, langfristig wirksamen Friedensverträgen und Friedensregelungen, gelungener friedenspolit. Beendigung von Kriegen und der kooperativen Vermeidung von Kriegen in Situationen beidseitiger Kriegsbereitschaft fehlen fast völlig. Mitverantwortlich dafür ist wohl die Verwischung der Grenzen zwischen Krieg und F. als klar definierten gesellschaftl., polit. und rechtl. Zuständen im letzten halben Jahrhundert. Vor allem nach der Entwicklung der Kern- und Raketenwaffen ist permanente Kriegsbereitschaft eine Bedingung des F. durch nukleare Abschreckung geworden. Der Bruch in der qualitativen Entwicklung der Kriegstechnologie hat dazu geführt, daß die Forschung über die Ursachen und Verlaufsformen vergangener Kriege nur noch bedingt Erkenntnisse für den Krieg und die Bedingungen des F. im Atomzeitalter erbringen kann.

Eingeleitet wurde die Totalisierung des Krieges durch die sog. Demokratisierung des Krieges seit der Französischen Revolution, d. h. durch die aktive und bewußte Teilnahme des ganzes Volkes am Krieg, wobei die Proklamation des allg. Wehrrechts sogleich in die allg. männliche Wehrpflicht mündete. Gleichzeitig wurde das bislang abgesonderte Schlachtfeld vielerorts entgrenzt. In Partisanen- oder Kleinkriegen (Guerilla) wurde die Trennung zwischen Kombattanten oder Soldaten und Nonkombattanten oder Zivilisten tendenziell beseitigt, die Kriegsführung damit nach einer Periode der Hegung und Verrechtlichung erneut barbarisiert. Während im 19. Jh. langsam ein Prozeß der Delegitimation des Staatenkrieges als Mittel der staatl. Politik in Gang kam, wurde in Teilen der Gesellschaft der Bürgerkrieg oder die bewaffnete → Revolution als Mittel der Klassenpolitik und der sozialen Revolte aufgewertet. Erst die Schrecken des langwährenden Bürgerkriegs in den USA 1861–1864, dann aber vor allem in Rußland und China im 20. Jahrhundert haben den Anstoß auch für eine schrittweise Entmythologisierung und Entheroisierung des Bürgerkriegs und der gewaltsamen Revolution gegeben. Die Entgrenzung des Schlachtfeldes wurde seit der Mitte des I. Weltkrieges durch weitere Faktoren begünstigt. Die Entwicklung des Flugzeugs ermöglichte eine Kriegführung auch hinter den Fronten des Bodenkrieges. Die immer größere Abhängigkeit des Kriegspotentials von der Industrie, der Wissenschaft und der Kriegsmoral der politisierten Bevölkerung führte dazu, daß nunmehr auch kriegerische Aktivitäten auf Industrieanlagen, Forschungsstätten und Städte ausgedehnt wurden, was durch völkerrechtliche Bemühungen kaum eingeschränkt werden konnte.

Der Totalisierung des Krieges entsprach die Totalisierung des Friedensbegriffs. Gekämpft wurde nun nicht mehr in einem kurzen „Waffengang" für ein begrenztes Kriegsziel und für einen befristeten F., der oftmals ein Kompromiß zwischen maximalem Kriegsziel und einem beschränkten Erfolg bei beschränktem Mitteleinsatz gewesen war, sondern um eine vermeintlich dauerhafte Friedensordnung durch die „endgültige" Niederringung des nat. oder Klassenfeindes und die Herstellung eines

„ewigen Friedens" auf der ganzen Erde. F. wurde damit oftmals zu einer Kriegsrechtfertigungsideologie.

Weltfrieden war in der Antike und im Mittelalter vorwiegend mit der Vorstellung von einer friedensstiftenden Universalmonarchie eines weltlichen und geistlichen Herrschers verknüpft, wobei im lateinischen Christentum Kaiser und Papst um die Funktion des Friedensgaranten stritten. Mit der Erschütterung der geistlichen Macht des Papstes in der Renaissance und in der Reformation wurde auch dem kaiserlichen Weltherrschafts- und Friedensbringeranspruch der Boden entzogen. Im Islam blieb die Weltfriedensutopie an das Kalifat und Sultanat gebunden, die erst in der türkischen Nationalrevolution untergingen. In der katholisch-protestantischen Welt band sich die Friedensutopie nach der Schwächung der universalmonarchischen Friedensidee, die heute noch in Weltstaatskonzepten fortlebt, an die Vorstellung eines Fürsten- und Republikenbundes. Sie wandelte sich in der Französischen Revolution als Folge des Gedankens der Volkssouveränität in die Idee des Völkerbundes, der *Immanuel Kant* 1795 langfristig wirksamen Ausdruck verlieh. Sie wurde jedoch erst im I. Weltkrieg geschichtsmächtig, als sich insb. der amerikan. Präsident *Woodrow Wilson* für sie einsetzte und das Konzept eines Weltfriedens durch einen ständigen Bund liberal-demokratischer Nationalstaaten in die Pariser Friedensverträge einbrachte. Freie Weltmarktwirtschaft und freier Welthandel, → Völkerrecht, kollektive Sicherheit, schrittweise Auflösung der Kolonialherrschaft, Abschaffung der Geheimdiplomatie und die Entfaltung einer liberal-demokratischen Weltöffentlichkeit sollten nunmehr einen dauerhaften Weltfrieden garantieren.

Ein wichtiger Impuls für die Bildung des liberal-demokratisch (unter Einschluß der sozialen Demokraten) inspirierten Völkerbundes der Nationalstaaten ging von der Herausforderung durch die Bolschewiki aus, die der konföderativen Völkerbundsidee die Idee einer föderativen internationalen Sowjetrepublik entgegensetzten, in der die kommunistische Weltpartei bis zum Absterben des Weltstaates und zur erfolgreichen Erziehung des neuen Menschen in einer weltweiten Selbstverwaltungsordnung herrschen sollte. Insofern war die kommunistische Weltfriedensidee eine modernisierte Form des uralten Gedankens des Weltfriedens durch Weltherrschaft. Während in liberaldemokratischer Auffassung Welthandel und Weltmarktwirtschaft ihrem Wesen nach als friedensförderlich gelten und der I. Weltkrieg aus vormoderner und vordemokratischer monarchischer und ständischer Kabinettspolitik, der II. Weltkrieg aus totalitärem → Nationalismus und nat. Weltherrschaftsansprüchen erklärt wurde, galten in sozialistischer Sicht die inneren Widersprüche der kapitalistischen Weltwirtschaft als die eigentlichen Wurzeln des kriegsverursachenden Nationalismus, Militarismus und → Imperialismus. Dauerhafter Weltfrieden war in dieser Vorstellung nur in den „Vereinigten Staaten der Welt" und in einer Gesellschaftordnung des Weltsozialismus bzw. Weltkommunismus zu realisieren. Aus kommunistischer, weithin auch aus sozialistischer und pazifistischer Sicht mußte aus dem imperialistischen Völkerbund und dem System der kapitalistischen Nationalstaaten notwendig ein II. Weltkrieg hervorgehen.

Von 1917 bis 1991 standen die beiden Weltfriedensvorstellungen programmatisch in unvereinbarer Weise gegenüber und trugen mit dazu bei, den universalen Alleinvertretungsanspruch der Verfechter der beiden welt- und gesellschaftspolit. Konzepte zu legitimieren. In den USA und in der UdSSR fanden beide Vorstellungen ihren wichtigsten staatspolit. Rückhalt. Der Antagonismus zwischen liberaldemokratischer und kommunistischer Weltfriedenskonzeption wurde weltpolitisch jedoch erst ab 1945 zur dominanten Konfliktformation, nachdem die Aggression der expansiven Mittelmächte des deutschen → Nationalsozialismus, des italienischen → Faschismus und Japans, in deren Ideologie F. keinen positiven Stellenwert besaß, abgewehrt worden war und die Mittelmächte niedergerungen waren. Auch im Wissenschaftsbetrieb des Westens und des Ostens standen sich die Paradigmen des Weltfriedens durch weltweite → Demokratie und des Weltfriedens durch Weltkommunismus unversöhnlich gegenüber. Der in klassischer liberal-demokratischer und sozialistisch-kommunistischer Tradition letztendlich auch kriegerisch zu führende Kampf für den Weltfrieden wurde somit zu einem Programm für einen potenziellen Weltkrieg als Weltbürgerkrieg.

Im Unterschied zu den Nationalsozialisten und Faschisten stimmten liberale Demokraten und Kommunisten im Prinzip jedoch darin überein, daß Demokratie und → Sozialismus (im kommunistischen Verständnis) im wesentlichen aus den nat. Gesellschaften selbst heraus zur Herrschaft gelangen müßten und nicht durch Eroberungskriege zu verbreiten seien.

Aus diesem gemeinsamen Charakterzug beider Weltfriedensutopien heraus konnte ein pragmatisches, polit. Verständnis des F. entstehen, das die Kommunisten „friedliche Koexistenz von Staaten unterschiedlicher Gesellschaftsordnung" nannten. „Friedliche Koexistenz" sollte somit ein Übergangsstadium zum kommunistischen Weltfrieden sein, der nach wie vor nur durch eine Revolution in der kapitalistischen Welt realisierbar schien. Allerdings wurde nunmehr verstärkt die Möglichkeit einer „friedlichen Revolution" in Betracht gezogen, wodurch die Friedensbewegung neben der → Arbeiterbewegung in der Ersten Welt und den nat. Befreiungsbewegungen in der → Dritten Welt einen wichtigen Stellenwert in der kommunistischen Weltpolitik erhielt. Da der kapitalistische Imperialismus unveränderlich als aggressiv und als systembedingt auf Hochrüstung angewiesen galt, folgte daraus, daß sowjet. Nuklearrüstung und Kriegsbereitschaft als notwendige Voraussetzung des F. angesehen wurden. Dies stand nur scheinbar im offenen Widerspruch zur eigenen nuklearen und konventionellen Abrüstungspropaganda, die lediglich zur Stimulierung von Widerstand gegen die westl. Rüstungspolitik dienen sollte. Das wurde dadurch erleichtert, daß der Westen oftmals die Vorreiterrolle bei der Einführung neuer Rüstungstechnologien übernahm. Die westlichen Demokratien machten hingegen offen die Doktrin der „nuklearen Abschreckung" und des „Gleichgewichts des Schreckens" zur Grundlage des Weltfriedens nach 1945, wobei die Vorreiterrolle in der Rüstungstechnologie und die Bereitschaft zum Ersteinsatz von Nuklearwaffen mit der konventionellen militärischen Überlegenheit des Warschauer Paktes auf dem eurasischen Kontinent legitimiert wurde. Somit führte die Traditionen des klassischen liberaldemokratischen und kommunistischen Denkens über den F., gleichgültig, ob man sie als bloße Propaganda, als ideologische Rationalisierung von anderen Interessen oder als handlungsanleitende Idee auffaßt, letztendlich zu einer wechselseitigen Nuklearkriegsbereitschaft, obwohl beiden Seiten spätestens seit dem Ende der 1960er Jahre bewußt war, daß sie eine wechselseitige vollständige Vernichtungskapazität hergestellt hatten, die es jeder Seite unmöglich machte, in einem III. Weltkrieg einen militärischen Sieg ohne Ausrottung der Menschheit in kalkulierbarer Weise erringen zu können.

Daher verlagerte sich das Denken über den F. in der pragmatischen Politik der Staaten seit 1945 auf eine Zwischenebene zwischen Nichtkrieg und Weltfrieden, nämlich auf die Ebene der Verringerung der Risiken, die einen Weltkrieg auslösen könnten, ohne gänzlich die Instrumente des lokalen Krieges, der Hochrüstung und Kriegsbereitschaft aus der Hand zu geben. Friedenspolitik auf der Basis einer permanenten Kriegsbereitschaft wurde zum Charakteristikum eines pragmatischen Verständnisses von F. in der Nachkriegszeit. Weltfrieden reduzierte sich zu einem Fernziel, wenn nicht gar zur bloßen Leitidee, die an der Bereitschaft zum Krieg im konkreten Konfliktfall wenig änderte. Der erste Schritt zum pragmatischen Friedensverständnis war die Gründung der Vereinten Nationen, in die von Anfang an die Sowjetunion und die kommunistischen Staaten eingebunden wurden und die sich im Laufe der Jahrzehnte schließlich tatsächlich zur universalen → Internationalen Organisation fast aller Staaten der Erde entwickelte.

IV. Aus der Pattsituation zwischen liberaldemokratischen und kommunistischen Weltfriedensvorstellungen entstand in den späten 1950er Jahren eine Friedensbewegung, ausgelöst von

Kernphysikern, die über die polit. und rüstungstechnolog. Nutzung ihrer Forschungserkenntnisse beunruhigt waren und vor den Strahlungsfolgen der Kernwaffenversuche warnten. Auch diese Friedensbewegung abstrahierte von den gesellschaftstheoretischen Fundamentalfragen eines ewigen Weltfriedens und entwickelte einen eigenen pragmatischen Begriff des F. mit manchen Berührungspunkten zur staatl. Friedenspolitik. F. in diesem Verständnis erforderte die Anerkennung der bestehenden Staaten und der Unterschiedlichkeit der Gesellschaftsordnungen, wies aber den Alleinvertretungsanspruch der liberalen Demokratie und des → Kommunismus zurück. Die Anhänger dieses pragmatischen Verständnisses von F. lehnten jede Politik zur Unterminierung der jeweils anderen Gesellschaftsordnung ab, sofern daraus Krieg entstehen konnte. Auf der Grundlage des staatl. und gesellschaftl. Status quo wurde → Abrüstung zum Hauptziel der Friedensbewegung. Dementsprechend konzentrierte sich ein großer Teil der Friedensforschung auf die Kritik der Rüstungsdynamik, der nuklearen Abschreckung und teilweise auch auf die Kritik einer Rüstungskontrolle, die lediglich eine kooperative Aufrüstungssteuerung zum Inhalt hatte.

Die ständige „organisierte Friedlosigkeit" (*Senghaas* 1972) der F. als Fortsetzung des Krieges mit anderen Mitteln raubte mit ihren hohen ökonom. Belastungen und mit ihrer psychisch-pädagogischen Erzeugung von wechselseitiger Verteidigungsbereitschaft dem herrschenden Un-Frieden als Nichtkrieg seine Funktion als dauerhaft erhaltenswertem Zustand im Ost-West-Verhältnis. Damit konzentrierte sich die wissenschaftl. Aufmerksamkeit während des Ost-West-Konflikts zunächst überwiegend auf die Beschäftigung mit der Gefahr eines Weltkrieges und mit den Bedingungen eines dauerhaften Ost-West-Friedens, weniger auf die zahlreichen lokal und regional begrenzten Kriege nach 1945. Insofern wurde F. mit Weltfrieden gleichgesetzt.

Um den wissenschaftl. Nachweis der Realisierbarkeit der Utopie eines dauerhaften Ost-West-Weltfriedens auf der Grundlage beider Gesellschaftsordnungen, wobei Abrüstung entweder als Voraussetzung oder als Folge eines solchen F. gedacht wurde, bzw. um die Zurückweisung eines solchen F. als Ideologie im Sinne eines welt- und realitätsfremden Denkens, die zudem noch den gegenwärtigen prekären Abschreckungsfrieden gefährde, ging lange internat. ein erheblicher Teil der politikwissenschaftl. Kontroverse. Die Anhänger des Abschreckungsfriedens argumentierten, daß die nukleare Abschreckung auch der Verhütung von konventionellen Aggressionen diene, so daß nukleare Abrüstung konventionelle Kriege wieder ermöglichen würde, weshalb ihnen die Friedensbewegung als eine Gefahr für den F. erscheinen mußte. Umgekehrt wies die Kritik der Abschreckung darauf hin, daß erstens die Unterstellung rationalen Verhaltens in allen polit. Situationen unbegründet sei und daß fernerhin die Politik der Geheimhaltung wichtiger militärischer Sachverhalte und polit. Absichten gar kein völlig rationales Kalkül der Fähigkeiten auf der Gegenseite erlaube. Der F. nach 1945 sei nicht wegen, sondern trotz der nuklearen Abschreckung bewahrt worden.

Fächerübergreifende, von der fachlichen Spezialisierung auf bestimmte Antriebsmomente allg. menschlichen und spezifisch kriegerischen und friedlichen Verhaltens abstrahierende Studien sind nach wie vor selten, wie eine Zusammenstellung der Kriegsursachenlehren *J. Liders* 1973 zeigte (vgl. auch schon *Wright* 1942). Politikwissenschaftler neigen nach wie vor dazu, den F. ausschließlich als polit. Machtfrage zu betrachten (*Morgenthau* 1963), während Soziologen ihn vorzugsweise als sozialstrukturelles, Psychologen als individual- oder sozialpsychisches, Theologen als moralischethisches, Juristen als ein völker- und staatsrechtliches Problem sehen. Die meisten Friedenspläne und Modelle von Friedensordnungen resultierten deshalb aus je einer bestimmten, meist fachlich begrenzten Kriegsursachenlehre. In einer Typologie internationaler Friedenssysteme unterschied *J. Galtung* 1975 z. B. sieben verschiedene Friedenspläne, für die es mehrere wiss. Ausarbeitungen gibt. Sie beruhen auf 1) Konzepten der Machtverteilung im internat. System, 2) der Organisation von Konflikten, 3) der Umverteilung von individuellen Loyalitäten vom → Nationalstaat auf grenzüberschreitende Organisationen, 4) dem Grad an sozialer und kultureller Homologie, 5) internat. Schichtordnungen, 6) dem Grad der → Interdependenz von Nationalstaaten und 7) funktionaler Kooperation zwischen den Nationen. *D. Senghaas* entwickelte 1997 ein multifaktorielles Hexagon des F., demzufolge staatliches Gewaltmonopol, Rechtsstaatlichkeit, demokratische → Partizipation, Interdependenzen und Affektkontrolle, soziale Gerechtigkeit und Konfliktkultur zusammenwirken müssen, um F. zu gewährleisten.

V. Als allg. Trend konnte infolge der zunehmenden Aussichtslosigkeit kriegerischer und gewaltsamer Friedensstrategien ein gewachsenes Interesse an nichtmilitärischen, gewaltfreien Konzepten der Transformation des internat. Systems bzw. des friedlichen Wandels in und zwischen den Staaten in der Politikwiss. festgestellt werden, die immer weniger auf den Vorwurf stießen, grundsätzlich utopisch oder systemaffirmativ zu sein, deren Problematik vielmehr in der konkreten Vermittlung von bestimmten Transformationsschritten mit dem Faktor spärlicher Zeit in der sog. Gnadenfrist des Abschreckungsfriedens lag.

Diese Gnadenfrist scheint vielen Zeitgenossen nach dem Ende des Ost-West-Konflikts wieder viel länger geworden, obwohl das Zeitalter der nuklearen Abschreckung keineswegs abgeschlossen ist. Es sind im Gegenteil neue Bedrohungsszenarien entstanden wie die Proliferation von russischem Atombombenmaterial an andere Staaten und an Terroristen, und wie die Nukleartests in Indien und Pakistan 1999 besonders deutlich machten. Merkwürdigerweise hat der friedliche Zusammenbruch der kommunistischen Parteiherrschaft keine neuen Impulse zu einer systematischen Analyse friedlichen → Systemwechsels durch gewaltfreie Bürgerbewegungen gegeben. In den 1990er Jahren wurde ein neuer Ansatz im polit. Denken über den F. entwickelt, der die traditionelle Spaltung zwischen staatl. Friedenspolitik und Friedensbewegung zu überwinden trachtet, nämlich der Ansatz der konstruktiven Konfliktbearbeitung. Die Studien zu diesem Thema dürften zu den fruchtbarsten in der Friedensforschung der 1990er Jahre gehören. Dabei wird auf das Zusammenwirken von internationalen Regierungsorganisationen und gesellschaftl. Nichtregierungsorganisationen, nationalen Friedensorganisationen und vermittelnden dritten Parteien in zwischen- und innerstaatl. Konflikten hingearbeitet.

Lit.: *Czempiel, E.-O.* ²1998: Friedensstrategien, Opl. *Delbrück, J.* 1984: Friedensdokumente aus fünf Jahrhunderten, Kehl/Straßburg. *Galtung, J.* 1975: Peace. Research-Education-Action. Essays in Peace Research, Bd. 1, Kopenhagen. *Janssen, W.* ²1979: Friede, in: *Brunner, O./Conze, W./Koselleck, R.* (Hrsg.): Geschichtliche Grundbegriffe, Bd. 2., Stg. *Lider, J.* 1983: Der Krieg, Ffm. *Miall, H./Ramsbothan,O./Woodhouse, T.* (Hrsg.) 1999: Contemporary Conflict Resolution, Camb. *Morgenthau, H. J.* 1963: Macht und Frieden, Gütersloh. *Senghaas, D.* ²1972: Abschreckung und Frieden, Ffm. *Senghaas, D.* (Hrsg.) 1997: Frieden machen, Ffm. *Wright, Q.* ²1965: A Study of War, Chicago/L.

Egbert Jahn

Friedenspolitik

Friedenspolitik (F.) ist von sonstigen gesellschaftl. Aktivitäten für den → Frieden zu unterscheiden wie Friedensarbeit, Friedenserziehung, Friedenstheologie oder Friedensphilosophie. F.

geht davon aus, daß mit polit. Mitteln Frieden gestaltet werden kann und Frieden ein Zustand des nat. und internat. polit. Gemeinwesens ist.

Unter dem Eindruck der Delegitimation von → Krieg und polit. Gewaltanwendung nach den beiden Weltkriegen neigt jede beliebige → Außenpolitik und in gesellschaftl. gespannten Situationen auch Innenpolitik dazu, sich als eine Politik für die Bewahrung, Sicherung oder Wiederherstellung des äußeren oder inneren Friedens darzustellen. Kriegs- und Gewaltpolitik lassen sich leicht als F. rechtfertigen, weil jeder Staaten- und Bürgerkrieg mit einem Frieden beendet wird und weil der Zweck eines Krieges stets ein bestimmter Friede ist. Dementsprechend lassen sich auch Rüstungspolitik, militärische Allianzenbildung und die Politik der nuklearen Abschreckung als F. präsentieren.

1. Von F. im engeren und eigentlichen Sinne kann man in drei Fällen sprechen, zum einen in bezug auf eine Politik, die die Chance bietet, einen Bürger- oder Staatenkrieg durch die Herstellung oder Vermittlung eines Kompromisses zwischen den Kriegsparteien zu beenden, zum anderen in bezug auf eine Politik, die die Chance bietet, einen drohenden Kriegsausbruch, vor allem durch eine Konfliktregulierung zwischen kriegsbereiten Konfliktparteien, zu verhindern (Krisenmanagement), zum dritten durch eine Politik, die Einstellungen und Institutionen erzeugt und stärkt, die geeignet sind, eine dauerhafte Friedensordnung in einem bürgerkriegsbedrohten Staat (nationale F.), in einer internat. Konfliktregion (regionale F.) oder auf der ganzen Erde (globale F.) zu stiften.

Hinsichtlich der F. von Regierungen kann gesagt werden, daß → Entspannungspolitik, sofern sie nicht das Ziel verfolgt, einen beabsichtigten oder erwarteten Krieg lediglich auf einen günstigeren Zeitpunkt zu verschieben oder einen Koalitionspartner für einen künftigen Krieg zu gewinnen, eine F. der kleinen Schritte darstellt, die zunächst einzelne Gegenstände eines bedrohlichen Konflikts, der zum Krieg führen könnte, beseitigt, ehe sie sich mit der Änderung tieferliegender Konfliktstrukturen befaßt. Mit analogen Vorbehalten kann auch → Abrüstungspolitik und Rüstungskontrollpolitik Teil einer F. sein. → Sicherheitspolitik ist nur F., insofern sie sich nicht auf die Gewährleistung militärischer Verteidigungsbereitschaft und Sicherheit des eigenen Landes beschränkt, sondern die gemeinsame Sicherheit potentieller Kriegsgegner fördert. Bei einer Politik, die die Beendigung eines Krieges ohne Sieg bewirkt, können Drohungen, die Kriegsführung zu eskalieren, unter Umständen eine friedenserzwingende Rolle spielen. Auch bei der Kriegsverhütungspolitik können Interventionsdrohungen starker dritter Parteien friedensbewahrend wirken. Somit droht in beiden Fällen F. leicht in Kriegspolitik umzuschlagen, sofern die Kriegsdrohung zur Friedenserzwingung oder Friedenswahrung nicht erfolgreich ist. Staaten, die militärisch gerüstet sind, können F. immer nur unter Kriegsvorbehalt betreiben, der sich auf das „Naturrecht individueller oder kollektiver Selbstverteidigung“ nach Art. 51 der VN-Charta stützt.

2. Die F. von Friedensbewegungen, an denen sich oftmals auch oppositionelle Parteien und Nichtregierungsorganisationen beteiligen, sucht ohne bewaffnete → Gewalt eine Regierung zu einer F. zu drängen oder eine Regierung zum Rücktritt zu zwingen, die Krieg führt oder im Begriff ist, einen Krieg zu riskieren.

Die Friedensbewegungen der letzten Jahrzehnte wandten sich entweder gegen die Führung einzelner Kriege durch die eigene Regierung oder verbündete Regierungen (amerikan. Vietnamkrieg) oder gegen einzelne Rüstungsprogramme, die als Förderung der Kriegsgefahr wahrgenommen wurden. Innerhalb der Friedensbewegungen waren die Anhänger eines → Pazifismus, die generell Krieg als Mittel auch der Verteidigungspolitik und damit das Militär oder gar den Staat als Institutionen ablehnen, stets in einer kleinen Minderheit. Während Pazifisten überwiegend für die Erhaltung des gesellschaftl. und staatl. Status quo sowie gegen Krieg und Rüstung eintreten, arbeiteten die Anhänger einer gewaltfreien F. (*M. Gandhi, M. L. King*) mit nichtmilitärischen Mitteln auf die Veränderung gesellschaftl. und polit. Strukturen und den inneren Frieden im Lande hin, die selbst als Gewaltstrukturen wahrgenommen werden (z. B. brit. Kolonialherrschaft in Indien und indische Unmündigkeit zur Selbstregierung, Bürgerrechte der Schwarzen in den USA). Krieg und Soldatentum sind in dieser Sicht nicht Ursache, sondern Folge gesellschaftl. Gewaltverhältnisse, insofern auch nicht zentraler Gegenstand gewaltfreier F., sondern nur einer unter anderen, die oftmals als wichtiger angesehen werden.

3. Der F. globaler und regionaler → Internationaler Organisationen wie der → UN und der → OSZE kommt eine besondere Bedeutung zu. Sie besitzen zahlreiche Instrumente zur Wahrung und Wiederherstellung des Friedens wie Verhandlungen, Untersuchung und Beobachtung eines Konfliktgeschehens, Vermittlung, Vergleich, Schiedsspruch, gerichtliche Regelung beim Internationalen Gerichtshof.

An Friedenswahrungsmissionen der UN sind zwar meist Soldaten beteiligt; sie dürfen ihre Waffen jedoch nur zur persönlichen Selbstverteidigung einsetzen. Solche Missionen werden in Situationen der Kriegsgefahr oder nach Kriegen mit Zustimmung der Konfliktparteien im Krisengebiet eingesetzt, um Situationen zu überwachen, in denen gewaltsame Übergriffe einzelner zur Konflikteskalation führen könnten. Sie setzen insofern die Friedensbereitschaft der Konfliktparteien voraus.

Im weitesten Sinne werden alle Maßnahmen der UN in der Entwicklungs-, Umwelt-, Wirtschafts-, Sozial- und → Menschenrechtspolitik und zur internat. Institutionenbildung insofern als F. interpretiert, als sie als Beiträge zur Milderung von gewalt- und kriegserzeugenden Konflikten gelten können. Wenn jedoch jede Politik, die nicht offen erkennbar Krieg als Mittel zur Verfolgung ihrer Ziele nutzt oder anstrebt, F. genannt wird, verliert der Begriff der F. seine spezifischen Konturen, die in Krisensituationen erforderlich sind, um sie von kriegsbeabsichtigender und kriegsfördernder Politik unterscheiden zu können.

Der Sicherheitsrat der UN besitzt u. a. auch das Recht, polit. und ökonom. Druck (Embargo, Boykott, Abbruch von diplomatischen Beziehungen) sowie militärische „Zwangsmaßnahmen" (Machtdemonstrationen, Blockaden, „andere Operationen" von Streitkräften) zur „Aufrechterhaltung oder Wiederherstellung des Weltfriedens und der internationalen Sicherheit" anzuwenden. Auch wenn die UN-Charta das Wort Krieg für „Selbstverteidigung", „Zwangsmaßnahmen", „andere Operationen" vermeidet, kann nicht übersehen werden, daß Krieg nach wie vor eine *ultima ratio* auch der Politik der UN darstellt. Allerdings hat die Uneinigkeit der fünf ständigen Mitglieder des UN-Sicherheitsrates die Nutzung dieses Mittels in fast allen internat. Krisen verhindert, so daß die UN in Krisensituationen weitestgehend auf tatsächliche, nichtkriegerische F. beschränkt blieben.

Lit.: → Abrüstung, Entspannungspolitik, Frieden, Pazifismus, Vereinte Nationen

Egbert Jahn

Fundamentalismus

1. Der Begriff Fundamentalismus (F.) gewinnt erst seit kurzem über die Grenzlinien seiner unterschiedlichen religiösen und nicht-religiösen Deutungen hinweg eine terminologische Bedeutung. Das Wort „Fundamentalismus" ist, zumeist ohne begriffliche Präzisierung, in höchst unterschiedlichen Zusammenhängen verwendet worden, seit es zu Beginn des 20. Jahrhunderts als Bezeichnung für eine bestimmte Variante protestantischer Frömmigkeit in den Vereinigten Staaten hervortrat. Mittlerweile steht es nach einem verbreiteten Konsens des Sprachgebrauchs für theoretische Grundlegungen und praktische Orga-

nisationsformen eines umfassenden oder selektiven Anti-Modernismus. Noch immer gehen die Auffassungen darüber auseinander, ob der Begriff auf religiöse Formen des Anti-Modernismus beschränkt bleiben sollte oder auch auf säkulare Varianten angewendet werden soll, wenn sie im übrigen die wesentlichen Bestimmungsmerkmale teilen.

In der Sache hat es den F., vor der Prägung des Begriffs, schon seit dem frühen 19. Jh. gegeben. Er entstand als Gegenbewegung gegen den mit der *Kant*ischen Wende in der Philosophie erstarkenden Modernismus in Religion und Theologie. Die modernistischen Positionen, gegen die sich der protestantische und alsbald auch der päpstliche Katholizismus wandte, verkörpern das Eindringen des Geistes der Aufklärung in Theologie und Religion: die historische und literarische Bibelkritik, die *Kant*ische Begrenzung der Religion auf die Rolle der Garantie moralischer Motive, die wissenschaftl. Idee einer natürlichen Evolution der Menschengattung und sogar der konkreten Ausformungen der Religionen selbst.
Der Prozeß der Modernisierung, in den westl. Gesellschaften aus innerer Dynamik, in vielen Entwicklungsgesellschaften zunächst durch äußeren Einfluß, wenn auch so gut wie nie ohne gleichzeitige innere Dynamik, führt zur Öffnung der kulturellen, sozialen und polit. Systeme für Alternativen. F. stellt den Versuch dar, diesen Prozeß der Öffnung ganz oder in zentralen Bereichen rückgängig zu machen und eine der ins Spiel kommenden Alternativen in Religion, Kultur und Politik verbindlich zu machen. Er bedeutet daher immer auch einen willkürlichen Abbruch der Kommunikation, um selbsterkorene absolute Gewißheiten der Infragestellung zu entziehen.

Es ist nicht ein bestimmter Inhalt grundlegender Erkenntnisansprüche, was für den F. charakteristisch ist, sondern die Form ihrer Handhabung als allem Zweifel entzogen und daher außerhalb jedes Dialogs angesiedelt. In seinen kämpferisch polit. Formen wird das auf diese Weise immunisierte Fundament des F. als Legitimation für Vormachts- oder Herrschaftsansprüche gegenüber Abweichenden in Anspruch genommen. Wenn die geschlossenen Glaubenssysteme fundamentalistischer Prägung, die Kritik, Alternativen, Zweifel, den Dialog über ihre Erkenntnisansprüche von gleich zu gleich nicht zulassen können, eine öffentl. Rolle übernehmen, so ist dies – in wechselnden Graden – die Rückkehr des Absoluten in die Politik. Die gänzliche oder selektive Mißachtung von → Menschenrechten, → Pluralismus, Toleranzgebot, Mehrheitsprinzip im Namen der vermeintlichen Wahrheit, die sich allein im Besitz des jeweiligen F. befände, sind Folgen des sich nach außen wendenden Gewißheitsanspruchs.
Aufsehen erregt hat seit den 1970er Jahren in Europa vor allem der islamische F., weil er 1979 mit einer kämpferisch anti-westl. Einstellung im Iran an die Macht gelangte und seither in einer zunehmenden Reihe islamisch geprägter Länder eine erhebliche polit. Rolle spielt. Die Strukturen, die eine fundamentalistische Geisteshaltung oder Bewegung charakterisieren, finden sich heute in Teilströmungen nahezu aller großen Religionen, auch solcher, die wie der Hinduismus mangels einer ausgearbeiteten Dogmatik lange Zeit als immun gegenüber fundamentalistischen Versuchungen galten. Sie finden sich ebenso in säkularen Ideologien und Bewegungen, beispielsweise dem orthodoxen Marxismus-Leninismus oder metaphysischen Spielarten des Ökologismus.
F. als theoretisches Prinzip und organisierte Praxis der Gegenmodernisierung nimmt heute so viele, ungleichzeitige Gestalten an wie der weltweite Prozeß der Modernisierung selbst. Der Hindu-Fundamentalismus in Indien unterscheidet sich z. B. vom protestantischen F. in den USA in seiner kulturellen Ausformung und der polit. Reichweite seiner Ansprüche erheblich, teilt mit ihm aber gerade einige der wesentlichen Bestimmungen, die jeden F. kennzeichnen, insb. die in Theorie und Praxis verfochtene Auffassung, daß Grundentscheidungen der Religion im Zweifelsfalle die Mißachtung von Gesetz und Recht sowie polit. Mehrheitsentscheidungen rechtfertigen.
F. ist in kommunikationstheoretischer Sicht

eine Form systematisch verzerrter Kommunikation. Der Dialog setzt voraus, daß gleichermaßen zurechnungsfähige Subjekte über divergente Meinungen, Interessen und Konzepte streiten in dem Bewußtsein, daß es keinen Standpunkt geben kann, von dem aus er *a priori* entschieden werden könnte. Der F. denunziert Konflikt als Verrat und macht den Gegner zum Feind von Heil und Wahrheit. Er kann ihn daher nicht als zurechnungsfähig akzeptieren und muß an die Stelle des Dialogs Strategien sei es der Überredung oder der Umerziehung oder der Bloßstellung setzen.

2. In den wenigen Jahren seit der wissenschaftl. Diskussion des F. im weiteren Sinne hat sich eine breite Palette unterschiedlicher Deutungsansätze entfaltet. Weitgehendes Einvernehmen besteht darin, daß F. als ein Strukturbegriff verwendet werden sollte, der eine bestimmte Form willkürlicher Selbstabschließung von Denk- oder Handlungssystemen gegen Kritik und Alternativen bezeichnet.
Erklärungsansätze für das Aufkommen und die Verbreitungschancen von religiösem oder politischem F. können infolgedessen auf individualpsychologischer, soziologischer und kulturphilosophischer oder sogar anthropologischer Ebene ansetzen. Wenn F. als die Zuflucht zu willkürlich immunisierten absoluten Gewißheiten unter der modernen Bedingung prinzipieller Ungewißheit gilt, so können Motive und Bedingungen dafür auf psychologischer Ebene gefunden werden, nämlich die Unfähigkeit zum Aushalten offener und mehrdeutiger Situationen, auf soziologischer Ebene, nämlich die Unfähigkeit, soziale Identität in einer pluralisierten Gesellschaft zu sichern, auf polit. Ebene, nämlich die mangelnde Bereitschaft, sich mit dem polit. Relativismus der → Demokratie zu arrangieren, auf kulturphilosophischer Ebene, nämlich die Unfähigkeit, sich in der metaphysischen Heimatlosigkeit der → Moderne einzurichten, und auf anthropologischer Ebene, nämlich in der Annahme, der Mensch könne ohne einen Grundbestand letzter Gewißheiten nicht existieren.

Offensichtlich bildet die metaphysische Heimatlosigkeit der Moderne (*P. L. Berger*) die Grundsituation, in der dann das Zusammentreffen weiterer der genannten Motive und Bedingungen die Hinwendung zum F. und das Erstarken fundamentalistischer Bewegungen begünstigt. Zum Problem wird F. dabei nicht so sehr durch den Versuch von einzelnen oder Gruppen, künstlich Gewißheit für sich selbst zu erlangen, sondern durch die zusätzliche Haltung, diese Gewißheit erst dann als Sicherheit zu empfinden, wenn sie für alle gilt, also auch den Widerstrebenden aufgenötigt werden kann.
Als individuelles Motiv und als Haltung kleiner Gruppen und Sekten ist F. gleich ursprünglich mit der Moderne selbst wie eine Art siamesischer Zwilling. Als weltanschaulich-polit. Bewegung gewinnt er, wie historische Längsschnitt- und interkulturelle Vergleiche vermuten lassen, Massenzulauf, wenn drei Bedingungen gleichzeitig erfüllt sind: (1) das plötzliche Brüchigwerden eingelebter soziokultureller Identitäten und Orientierungen, (2) Erfahrung oder Drohung sozialer Unsicherheit und (3) ein in der gegebenen Situation glaubwürdiges Angebot fundamentalistischer Organisation, Rhetorik und Führung.

3. Aus fundamentalistischer Sicht ist der Begriff F. mit dem Argument kritisiert worden, von F. lasse sich immer nur innerhalb eines diskursiven und weltanschaulichen Paradigmas reden, aber nicht im Verhältnis zwischen den kulturellen, religiösen, weltanschaulichen Paradigmen. Im Außenverhältnis müßten sie aus Gründen der Selbsterhaltung gleichermaßen fundamentalistisch gegeneinander auftreten. Bei diesem Argument liegt offensichtlich eine Verwechslung der Argumentationsebenen vor. Fundamentalistisch ist ja nicht die argu-

mentative Verfolgung von Wahrheitsansprüchen innerhalb offener Gesprächssituationen, sondern die Weigerung, solche Gesprächssituationen herbeizuführen oder sich auf sie einzulassen. Als kulturkritisches Argument widerspricht diese Kritik der Erfahrung. Innerhalb aller Kulturen und Religionen gibt es fundamentalistische und nicht-fundamentalistische Positionen, so daß der Unterschied zwischen beiden nicht der eines unterschiedlichen kulturell-religiösen Paradigmas sein kann.

Lit.: *Jäggi, Chr./Krieger, D. J.* 1991: Fundamentalismus. Ein Phänomen der Gegenwart, Zürich. *Kepel, G.* 1991: Die Rache Gottes. Radikale Moslems, Christen und Juden auf dem Vormarsch, Mchn. *Meyer, Th.* 1989: Fundamentalismus. Aufstand gegen die Moderne, Rbk. *Meyer, Th.* 1989: Fundamentalismus in der modernen Welt. Die Internationale der Unvernunft, Ffm. *Tibi, B.* 1992: Die fundamentalistische Herausforderung, Mchn.

Thomas Meyer

GASP → Gemeinsame Außen- und Sicherheitspolitik

Geldpolitik

I. Geldpolitik (G.) bezeichnet alle Maßnahmen, die von den geldpolit. Akteuren mit Hilfe ihres Instrumentariums zur Beeinflussung der Geldmenge und der → Inflation durchgeführt werden. Hierfür steht den geldpolit. Akteuren, i. d. R. der Zentralbank, ein umfangreiches geldpolit. Instrumentarium zur Verfügung. Die Gestaltung der Währungsbeziehungen mit dem Ausland zählt i. e. S. nicht zur G., obwohl auch durch die G. die Wechselkurse beeinflußt werden können.

1. Die G. kann in Ordnungs- und Prozeßpolitik unterschieden werden. Die Ordnungspolitik zielt auf die Gestaltung der Geldverfassung und fällt deshalb in die Verantwortung von Regierung und Parlament. In D ist die Geldordnung im Grundgesetz sowie im Bundesbank-, Währungs- und Münzgesetz geregelt. Hierzu zählen auch die Gesetze und Verordnungen zur Einführung der → Europäischen Währungsunion. Im Artikel 88 GG, der die Grundlage für die Errichtung der Bundesbank darstellt, wird die Europäische Zentralbank auf das Ziel der Sicherung der Preisstabilität verpflichtet. Die eigentliche Aufgabe der G. liegt in der Prozeßpolitik. Dabei können die geldpolit. Instrumente so eingesetzt werden, daß die Geldmenge und/oder der Preis (Zins) für Geld beeinflußt werden.

2. Bei den Zielen der G. kann man zwischen End- und Zwischenzielen unterscheiden. Betrachtet man die G. als Teil der allg. Wirtschaftspolitik, sollte diese unterstützend für die Erfüllung der wirtschaftspolit. Ziele, wie sie etwa im Stabilitätsgesetz von 1967 (→ Stabilitätspolitik) definiert wurden („magisches Viereck") wirken: Preisniveaustabilität, hoher Beschäftigungsstand, außenwirtschaftl. Gleichgewicht sowie stetiges und angemessenes Wirtschaftswachstum. Allerdings kann es hierbei zu Zielkonflikten kommen: Welches (End-)Ziel genießt Priorität (z. B. Vollbeschäftigung oder Preisniveaustabilität) und in welchem Ausmaß können die einzelnen Ziele erfüllt werden? Hinzu kommt, je mehr wirtschaftspolit. Ziele festgelegt werden, desto geringer sind die Handlungsspielräume der wirtschaftspolit. Entscheidungsträger. Für die Bundesbank galt als Gesetzesaufgabe, „die Währung zu sichern" (3 Bundesbankgesetz), also der Auftrag, für Geldwertstabilität zu sorgen. Allerdings soll sie auch „unter Wahrung ihrer Aufgabe" (12 Bundesbankgesetz) – inzwischen als Teil des Europäischen Systems der Zentralbanken (ESZB) – die Wirtschaftspolitik der Bundesregierung unterstützen, nach der alten Fassung des 12 vor 1999 war sie hierzu verpflichtet (→ Europäische Geldpolitik).

Im Hinblick auf die Aufgabenerfüllung der Notenbank kann es sinnvoll sein, die geldpolit. Maßnahmen nicht auf die Endziele der G. auszurichten. Durch zeitliche Verzögerungen beim Einsatz der geldpolit. Instrumente und den Einfluß exogener Faktoren im realwirtschaftl. Bereich können die Endziele ebenfalls beeinflußt werden. Das Endziel kann die Notenbank daher nicht tatsächlich kontrollieren und zielgenau ansteuern. Deshalb sollte sie sich an ein (oder mehreren) Zwischenziel(en) orientieren, die sie tatsächlich mit ihren Instrumenten beeinflussen kann. Bei der Formulierung des Zwischenziels besteht ein Indikatorproblem, da an dieser Zielgröße der Effekt der geldpolit. Maßnahme schnell und genau gemessen werden sollte. Zudem sollte das Zwischenziel auch in einem engen Zusammenhang mit dem angestrebten Endziel stehen. Als Zwischenziele dominieren – auch im internat. Vergleich – Geldmengenziele, wobei allerdings die Geldmengenaggregate (z. B. Geldmenge M1, M2, M3), an denen sich die Notenbanken orientieren, unterschiedlich sind. Aber auch die Wachstumsrate des → Sozialproduktes, die gesamtwirtschaftl. Liquidität, Wechselkurse und Zinssätze könnten als Zwischenziele verwendet werden.

3. Die Bundesbank hat sich seit Anfang der 1970er Jahre die Geldmengensteuerung zum Ziel gesetzt, während sie vorher eher eine Liquiditätssteuerung verfolgte (*Richter* 1999: 57). Seit 1975 wird jedes Jahr ein Geldmengenziel bzw. ein Zielkorridor formuliert, wobei sich die Bundesbank bis 1988 an dem Geldmengenaggregat „Zentralbankgeldmenge" und danach an der Geldmenge M3 (= Bargeld, Sichteinlagen, Termingelder unter vier Jahren und Spareinlagen mit dreimonatiger Kündigungsfrist) orientierte, was mit der engen Beziehung zwischen dem Geldmengenwachstum und dem Inflationsanstieg begründet wurde. Allerdings wurde in knapp der Hälfte aller Jahre das Geldmengenziel verfehlt (11 von 24). Auf den ersten Blick scheint dies eine eher schlechte Leistungsbilanz zu sein, wobei jedoch zu berücksichtigen ist, daß in den meisten Fällen die Zielverletzung nur gering ausgefallen ist. Lediglich in einigen wenigen Fällen, wie 1978 und 1992, schoß die Geldmenge deutlich über das formulierte Ziel hinaus, was jedoch durch internat. Faktoren erklärt werden kann.

4. Das ESZB orientiert sich – zur Erfüllung seines Endziels eines inflationsfreien Wirtschaftswachstums – an zwei Zielgrößen: dem Endziel Preisstabilität und dem Zwischenziel der Geldmengensteuerung. Dies ist ein Kompromiß zwischen den unterschiedlichen Konzeptionen der einzelnen Mitglieder der EU, in der einige Länder eine Geldmengensteuerung verfolgen (z. B. D), während andere (z. B. GB) direkt das Endziel ansteuern. Als Indikator dient der EZB einerseits der Harmonisierte Verbraucherpreisindex (HVPI), der nicht über 2 % steigen soll. Für das Zwischenziel gilt die Geldmenge M3 als Zielgröße, wobei als Grenzwerte für 1999 und 2000 jeweils 4,5 % angekündigt wurden. Darüber hinaus macht die EZB durch die Formulierung des Inflationsziels gleichzeitig deutlich, daß ein Rückgang des HVPI, also eine Deflation, nicht toleriert werden würde. Vorteil einer Orientierung am Inflationsziel ist zudem, daß die Wirtschaftssubjekte über Preisniveauänderungen informiert und Abweichungen sofort bemerkt werden.

II. Zur Begründung der G. existieren verschiedende Geldtheorien, u. a. die Quantitätstheorie, die keynesianische und moneataristische Geldtheorie.

Nach der älteren Quantitätstheorie, die auf *Irving Fisher* zurückgeht und die aus einer Identitätsbeziehung abgeleitet wurde, bestimmen die Geldmenge und die Umlaufgeschwindigkeit des Geldes das nominelle Volkseinkommen. Nimmt man die Umlaufgeschwindigkeit als konstant an und ist das Volkseinkommen gegeben, dann besteht zwischen der Geldmengenvariation und den Preisniveauschwankungen ein direkter, proportionaler Zusammenhang, d. h. eine Geldmengenerhöhung führt zu einer Preiserhöhung, wobei die Preisstruktur unverändert bleibt. Dies impliziert, daß das reale Sozialprodukt nicht beeinflußt wird und die Geldmenge damit neutral für die relativen Preise und das Wachstum des Sozialproduktes ist.

Ausgangspunkt der keynesianischen Geldtheorie (→ Keynesianismus) ist die Liquiditätspräferenz der Wirtschaftssubjekte, die Geld aus Transaktions-, Vorsichts- und Spekulationszwecken halten können, wobei letzterem besondere Bedeutung zukommt.

Steigen die Kurse von Wertpapieren, dann sinkt ihre Rendite, und Anleger werden mehr Geld in ihr Portefeuille (Spekulationskasse) aufnehmen, um bei sinkenden Kursen wieder Wertpapiere zu kaufen. Je niedriger die Renditen (Zinsen) und je höher die zukünftig erwarteten Zinsen, desto größer ist der Anteil der Spekulationskasse. Bei einem niedrigen Zinssatz kann es deshalb dazu kommen, daß eine Erhöhung der Geldmenge ausschließlich zur Erhöhung der Spekulationskasse führt, also keine realwirtschaftl. Auswirkungen besitzt: Man befindet sich in der sog. Liquiditätsfalle. Die Wirksamkeit der G. hängt demnach entscheidend von der Zinselastizität der Geldnachfrage ab, d. h. in welchem Ausmaß ändern sich die Zinsen bei einer Veränderung der Geldnachfrage.

Nach Auffassung des → Monetarismus verursacht der Staat durch seine Fiskal- und Geldpolitik Störungen, die zu Unterbeschäftigungssituationen führen. Durch ordnungspolit. Entscheidungen (Regelgebundenheit) sollte er besser den privaten Sektor nicht behindern. Vor allem monetäre Impulse lösen Schocks aus und führen deshalb zu einer Störung der Vermögensaufteilung der Wirtschaftssubjekte, was einen Substitutionsprozeß zwischen den Vermögensanlagen auslöst. Demgegenüber sind reine fiskalpolit. Maßnahmen in ihrer Wirkung schwach. Um Störungen zu vermeiden, soll eine Verstetigung der Wirtschaftspolitik durchgeführt werden. Schlüsselgröße ist dabei die Geldmenge.

Für die Wirksamkeit der G. ist außerdem noch das Währungsregime (flexible oder feste Wechselkurse) relevant. Zum Beispiel kann es bei flexiblen Wechselkursen und einem Abwertungsdruck der inländischen Währung zu einer importierten Inflation kommen, auf die die Notenbank u. U. reagieren muß. Bis Anfang der 1970er Jahre dominierte die keynesianische Sichtweise das Verhalten der Notenbanken. In internat. vergleichender Perspektive fand der Monetarismus schon früh Eingang in die Ideologie der Deutschen Bundesbank.

III. Die BRD wies in den vergangenen 50 Jahren eine hohe Preisstabilität auf (3,2 % im Jahresdurchschnitt), was innerhalb der OECD-Länder der niedrigste Wert ist. Die Bank deutscher Länder, die am 1. März 1948 in der Bizone gebildet wurde, sowie die Bundesbank (ab August 1957 bis Ende 1998) waren als geldpolit. Institutionen verantwortlich für diese Performanz. Ausgehend von den Hyperinflationserfahrungen der Krisenjahre 1922/23 sowie der Geldentwertungsphase nach dem II. Weltkrieg wurde die Notenbank bewußt institutionell unabhängig ausgestaltet, obwohl dies kein Novum der dt. Geschichte war.

Die wichtigsten Organe der Deutschen Bundesbank sind der Zentralbankrat und das Direktorium. Der Zentralbankrat, der aus dem Präsidenten und Vizepräsidenten und bis zu sechs weiteren Direktoriumsmitgliedern sowie den Vorsitzenden der neun Landeszentralbanken besteht, faßte bis zum 1. 1. 1999 als oberstes Entscheidungsorgan die geldpolit. Beschlüsse, seitdem das ESZB. Im Zuge der Organisationsreform der Bundesbank, die 1992 durch die → Deutsche Einheit notwendig war, wurde von dem Prinzip „eine Notenbank für jedes Bundesland" abgegangen.

Das geldpolit. Instrumentarium der Bundesbank unterscheidet sich teilweise von dem des ESZB. Der Bundesbank standen als Instrumente die Refinanzierungspolitik (über Diskont- und Lombardsatzvariationen), die Offenmarktpolitik, die Mindestreservepolitik und spezielle geldpolit. Instrumente, wie etwa Interventionen auf dem Devisenmarkt, zur Verfügung. Insbes. die Refinanzierungspolitik wurde durch das System der Ständigen Faszilitäten abgelöst, die innerhalb des ESZB nun die Leitzinsen (mit dem sog. Hauptrefinanzierungssatz) bilden.

Die Unabhängigkeit der Notenbank ist eine Schlüsselgröße zur Erklärung der Preisniveaustabilität. Trotzdem haben auch in D Regierungen immer wieder versucht, die Politik der Bundesbank zu beeinflussen. Analysiert man mögliche Einflüsse auf das Verhalten der Notenbank, wie den Wahlzeitpunkt, die parteipolit. Färbung der Mitglieder des Zentralbankrates sowie das Verhalten und die parteipolit. Couleur der jeweiligen Bundesregierung, dann findet man nur sehr schwache empirische Hinweise auf eine Beeinflussung der Notenbank (*Wagschal* 2000). Diese Ergebnisse sind ein Beleg für das erfolgreiche Wirken der Notenbank im Sinne ihres eigentlichen Auftrages, der Sicherung der Geldwertstabilität. Dabei ist die Bundesbank keinesfalls unpolitisch, wie zahlreiche Konflikte zwischen Bundesregierung und Bundesbank belegen, doch „traf" ihre Politik SPD- und CDU-Bundesregierungen gleichermaßen. Eine Betrachtung verschiedener Konflikte zeigt außerdem, daß die Notenbank solche Auseinandersetzungen verlor, in denen sie strukturell unterlegen und der Problemdruck überdimensioniert war, wie bei der Deutschen Einheit, der Einführung des Euro sowie bei Konflikten um die Festlegung des Wechselkurses. Dagegen gewann die Bundesbank i. d. R. solche Konflikte, in denen es um die Sicherung ihres ureigensten Zieles ging und wo sie auch die notwendigen Instrumente zu deren Durchsetzung besaß.

Lit.: *Deutsche Bundesbank* 1995: Die Geldpolitik der Bundesbank, Ffm. *Deutsche Bundesbank* 1998: Notenbank und Währung in Deutschland seit 1948, Mchn. *Duwendag, D./Ketter, K.-H./Kösters, W./Pohl, R./Simmert, D.* 51999: Geldtheorie und Geldpolitik in Europa, Hdbg. u. a. *Issing, O.* 61996: Einführung in die Geldpolitik, Mchn. *Issing, O.* 111998: Einführung in die Geldtheorie, Mchn. *Richter, R.* 1999: Deutsche Geldpolitik 1948–1998, Tüb. *Wagschal, U.* 2000: Monetary Institutions in Germany: Maintaining Independence in Times of Fiscal Stress, in: *Helms, L.* (Hrsg.): Institutions and Institutional Change in the Federal Republic of Germany, L., 143–165.

Uwe Wagschal

Gemeindepolitik → Kommunalpolitik

Gemeinsame Außen- und Sicherheitspolitik

Mit Inkrafttreten des Vertrags über die → Europäische Union im November 1993 ging die 1970 eingeführte und seither schrittweise ausgebaute, 1987 in der Einheitlichen Europäischen Akte erstmals vertraglich festgeschriebene Europäische Politische Zusammenarbeit (EPZ), vormals informelle Zusammenarbeit der Außenminister, in die Gemeinsame Außen- und Sicherheitspolitik (GASP) über, mit der die angestrebte polit. Einheit Europas ein Stück näher rückt. Die zwischenstaatl. Koordination der Außenpolitiken der EU-Mitgliedstaaten soll längerfristig durch eine gemeinsame Verteidigungspolitik ergänzt werden; dabei wird u. a. zu prüfen sein, ob die EU sich für eine Europa-Armee als militärisches Instrument entscheidet.

Ziele der GASP sind laut Amsterdamer Vertrag (1) die Wahrung der gemeinsamen Werte, Interessen und der Unabhängigkeit und Unversehrtheit der Union im Einklang mit den Grundsätzen der UN, (2) Stärkung der Sicherheit der Union, (3) Wahrung des Friedens und Stärkung der internat. Sicherheit, (4) Förderung der internat. Zusammenarbeit, (5) Entwicklung und Stärkung von Demokratie, Rechtsstaatlichkeit, Achtung der Menschenrechte und der Grundfreiheiten. Mit dem Amsterdamer Vertrag erhielt der Europäische Rat die Richtlinienkompetenz über die Westeuropäische Union (WEU) bei humanitären, friedenserhaltenden und friedensschaffenden Militäreinsätzen. Für Durchführungsentscheidungen genügt i. d. R. die qualifizierte Mehrheit. Das Instrument der Strategie ist laut EU-Vertrag von Amsterdam nunmehr einstimmig vom Europäischen Rat oder vom Rat festzulegen. Der Amsterdamer Vertrag sieht auch die Institutionalisierung einer Gruppe aus Vertretern des Generalsekretariats des Rates, der Kommission, der WEU und der Mitgliedstaaten zu Planungs- und Analysezwecken vor sowie den Aufbau einer Europäischen Rüstungsagentur.

Inhaltlich waren Themen der EPZ: das Engagement gegen die Apartheid in Südafrika, für den Friedensprozeß in Mittelamerika (San-José-Dialog) und im Nahen Osten. In den 1990er Jahren waren Schwerpunkte:

der irakische Angriff auf Kuwait, der jugoslawische Bürgerkrieg, Wahlbeobachtermission in Rußland, Vorbereitung der Überprüfungskonferenz über den nuklearen Nicht-Verbreitungsvertrag (Nonproliferation), polit. Dialoge mit mittel- und osteurop. Staaten etc. Vor allem der Krieg in Bosnien-Herzegowina machte klar, daß die europ. Staaten einer gemeinsamen außen- und sicherheitspolitischen Abstimmung bedürfen (→ Sicherheitspolitik).

Um der GASP Gesicht und Stimme zu geben, wurde vom Europ. Rat das Amt des Hohen Beauftragten für die Gemeinsame Außen- und Sicherheitspolitik geschaffen (und mit dem Spanier *Javier Solana* besetzt). Seine Aufgabe besteht in der Koordinierung der Außenpolitiken der Mitgliedsstaaten in aktuellen Krisensituationen, ohne freilich in heiklen Fragen den Rat der Außenminister oder Staats- und Regierungschefs ersetzen zu können. Von seiten der EU-Kommission wird freilich geargwöhnt, daß die etablierten EU-Institutionen (Kommission und Parlament) durch den Hohen Beauftragten geschwächt und die Entscheidungen in der Außen- und Sicherheitspolitik aufgesplittert würden. Das Amt müsse in die Kommission integriert werden, in der es einen Kommissar für die Außenbeziehungen gibt, der gegenwärtig in Arbeitsteilung mit dem Hohen Beauftragten und mit einem Etat von etwa 5 Mrd. hauptsächlich für längerfristige Vorhaben der EU zur wirtschaftl. und polit. Stabilisierung in Form finanzieller Unterstützung und Entwicklungshilfe zuständig ist.

Lit.: *Borkenhagen, F.* 1993: Europa braucht GASP, Bonn/Bln. *IFSH* (Institut für Friedensforschung und Sicherheitspolitik an der Universität Hamburg) 1995: Die Europäische Sicherheitsgemeinschaft, Bonn. *Regelsberger, E.* (Hrsg.) 1992: Die Gemeinsame Außen- und Sicherheitspolitik der Europäischen Union, Bonn. *Regelsberger, E.* 1996: Gemeinsame Außen- und Sicherheitspolitik, in: *Kohler-Koch, B./Woyke, W.* (Hrsg.): Die Europäische Union (= Lexikon der Politik, Bd. 5), Mchn., 133–137. *Krauß, St.* 2000: Parlamentarisierung der europäischen Außenpolitik, Opl. *Müller, Th.* 2000: Die Reform der Gemeinsamen Außen- u... heitspolitik der Europäischen Union...

Petra B...

Gemeinwohl

I. Gemeinwohl (G.; lat. *bonum commune*) meint allgemein das Wohl(ergehen) aller Mitglieder einer Gemeinschaft, auch öffentliches Interesse, im Gegensatz zu Privatwohl und Partikularinteresse; es kann auch definiert werden als der allg. Zweck bzw. die gemeinsamen Ziele und Werte, zu deren Verwirklichung sich Menschen in einer Gemeinschaft zusammenschließen. Zu unterscheiden sind aposteriorische Konzeptionen von G., die auf das empirisch und nur im nachhinein zu ermittelnde, immer nur näherungsweise herstell- und im polit. Prozeß veränderbare Wohl aller zielen, von normativ-apriorischen Konzeptionen von G., also von der Annahme eines vorgegebenen, objektiven allg. Wohls, das nicht an die Zustimmung der Gesellschafts- bzw. Gemeinschaftsmitglieder gebunden ist, dem sich diese jedoch unterzuordnen haben. Auf die allg. Staatszwecklehren der Antike zurückgehend, können die Begründungen und normativen Zwecke des G. sehr unterschiedlich ausfallen: das tugendhafte Leben in der wohlgeordneten Gemeinschaft, die Idee des Rechts und der → Gerechtigkeit, des → Friedens, der → Freiheit, oder auch die allg. Wohlfahrt und Selbstverwirklichung in und durch polit. → Partizipation.

1. Eine Sonderstellung unter den apriorischen Konzeptionen von G. nimmt *J. J. Rousseau* mit seiner Theorie identitärer → Demokratie ein. Seit der Frühen Neuzeit vertragstheoretisch konzipiert, definiert sich das G. seither zunächst durch den Zweck des Gesellschaftsvertrages (bei *Hobbes*: die Friedenssicherung, bei *Locke*: den individuellen Grundrechts- und Eigentumsschutz, bei

Rousseau: die allg. Wohlfahrt und die Erhaltung des Wohlbefindens der einzelnen Gesellschaftsmitglieder); diese wie darüber hinausgehende Gemeinwohlzwecke bedürfen indes der Zustimmung durch die Gesellschaftsmitglieder. Dem Widerspruch zwischen dem apriorischen G., das sich im allg. Willen, der *volonté générale,* konkretisiert, und der nur *a posteriori* möglichen Ermittlung der *volonté de tous* entspricht bei *Rousseau* seine Vorstellung von der dualistischen Natur des Menschen, der nicht nur wie bei *Hobbes* seine individuellen Begierden verfolgt, sondern neben dem *amour-propre* auch den allg. Willen in sich verkörpert. „Aufgelöst" wird der Widerspruch durch die Fiktion eines homogen gedachten Volkswillens und der Identität von Regierenden und Regierten. Wie sich beides konkret herstellen soll, bleibt bei *Rousseau* indessen weitgehend offen. Nicht von ungefähr spielt für ihn die Erziehung zu Tugend, Vernunft und Patriotismus eine herausragende Rolle, und seine konkreten Verfassungsentwürfe sind konzipiert für territorial überschaubare und gesellschaftl. homogene, nicht durch Sonderinteressen gespaltene Gemeinwesen.

2. Im Gegensatz zu *Rousseau* mit seiner widersprüchlichen Gemeinwohlkonzeption gibt die liberale Vertragstheorie von *J. Locke* bis *E. Fraenkel* die Annahme eines apriorischen allg. Wohls zugunsten der aposteriorischen Gemeinwohlvorstellung des individuellen Wohls aller auf. Sie argumentiert dabei analog den Marktannahmen der klassischen Nationalökonomie und geht wie diese davon aus, daß sich das G., ähnlich dem Gleichgewicht am Markt, eher naturwüchsig als nicht intendiertes Ergebnis der individuellen oder organisierten Interessenkonflikte herstellt, sofern die Wettbewerbsbedingungen dies unverzerrt erlauben und alle Beteiligten damit am Fortbestand des Gleichgewichts interessiert sind. In der Pluralismustheorie *E. Fraenkels* bedeutet dies einerseits, daß (1) „die Entscheidung über die Grundfrage einer jeden Politik, was jeweils als das bonum commune anzusehen sei, in einer Demokratie nur autonom und (...) unter aktiver Mitwirkung der autonomen Gruppen zustande kommen kann" (*Fraenkel* 1991: 324); es heißt, (2) daß das G. keine vorgegebene Größe ist, sondern sich als Ergebnis der soziopolit. Konflikte darstellt, „die Resultante (...), die sich jeweils aus dem Parallelogramm der ökonomischen, sozialen, politischen und ideologischen Kräfte einer Nation dann ergibt, wenn ein Ausgleich angestrebt und erreicht wird, der objektiv den Mindestanforderungen einer gerechten Sozialordnung entspricht und subjektiv von keiner maßgeblichen Gruppe als Vergewaltigung empfunden wird" (ebd.: 34). Andererseits sieht *Fraenkel* jedoch (3) das G. nicht als „soziale Realität", sondern als „regulative Idee" (ebd.: 42).

II. Die Hauptstoßrichtung der Kritik am G. zielt von Beginn an auf die harmonistischen und interessenneutralen bzw. interessenausgleichenden Grundannahmen aller Gemeinwohlkonzeptionen, die die Existenz grundsätzlicher Interessenkonflikte in der Gesellschaft entweder leugnen oder zu überwinden trachten und faktisch dazu dienen, → Herrschaft bzw. Herrschaftsanspruch eines Teiles der Gesellschaft zu verschleiern, indem deren Sonderinteresse zum G. erklärt wird.

1. Mit dem Ideologievorwurf setzt sich bereits *Platon* (1990, Bd. 4) in der „Politeia" auseinander, wenn er den Sophisten *Thrasymachos* gegen *Sokrates* und die Annahme eines präexistenten allgemeingültigen Rechts argumentieren läßt, daß das Gerechte stets mit dem Interesse des Stärkeren identisch sei und jede herrschende Gruppe sich ihre eigene Gerechtigkeit schaffe.

2. *Marx* und in seinem Gefolge die verschiedenen marxistischen Theorievarianten nehmen diese ideologiekritische Interpretationslinie klassentheoretisch gewendet auf und richten sie insb. gegen die liberalen, gleichgewichtsorientierten Gemeinwohlkonzeptionen, aber auch gegen die demokratische Allgemeinwohlvorstellung *Rousseaus.* In den durch antagonistische Klasseninteressen definierten Sozialverhältnissen drückt sich im G. immer das Interesse der jeweils herrschenden → Klasse aus. Gemeinwohlideologien dienen zur Verschleierung des Klassencharakters der Gesellschaft, tragen zur

Manipulation des Bewußtseins der ausgebeuteten Klasse bei und sind zur Aufrechterhaltung der bestehenden Machtverhältnisse funktional notwendig.

III. Die Kritik an der am Gemeinwohl orientierten Pluralismustheorie setzt ebenfalls an den harmonistischen Ausgangspositionen an und verweist demgegenüber auf (1) den jeder Institution inhärenten *„organizational bias"* (*Schattschneider* 1960: 71), (2) die (in Ökonomie wie Politik gleichermaßen auftretenden) Oligopolisierungs- und Monopolisierungstendenzen im fortgeschrittenen Kapitalismus, (3) die unzulängliche Berücksichtigung nicht konflikt- und organisationsfähiger Interessen, (4) die Stillegung des Wettbewerbs durch neo-korporative Entscheidungsstrukturen.

Diese sowohl theoretisch vorgetragenen als auch empirisch untermauerten Einwände haben zu einer interessanten Differenzierung der Positionen geführt: (a) Einerseits bewirkten sie die Rücknahme des Gemeinwohlbegriffs auf die These von der „regulativen Idee" und die Aufgabe des mindestens bei *Fraenkel* noch vorhandenen materiellen Gehaltes einer in ihren Grundzügen „gerechten Sozialordnung", die es herzustellen gelte (*Kremendahl* 1977). In einer solchen reduktionistischen Sicht bezieht sich das G. „in erster Linie auf die Art, wie eine politische Entscheidung zustande kommt, und nicht auf ihren Inhalt, der unvermeidlich Interessen und Perspektiven enthält, (...) deren sachliche Richtigkeit bestenfalls im nachhinein – und dann nie logisch zwingend – erweisbar ist" (*Shell* 1973: 119). Die Nähe zur elitären Demokratietheorie, die Demokratie nur noch als Methode versteht, ist in diesen Gemeinwohlvorstellungen unübersehbar. (b) Andererseits veranlaßten Theorie und Praxis des → Pluralismus andere Autoren, den normativen Gehalt im liberalen Gemeinwohlverständnis herauszuarbeiten und zu betonen. Dies gilt z. B. für *W. A. Kelso* (1978) und sein Konzept des *public pluralism,* in dem die staatl. Institutionen gerade wegen der strukturellen Schranken und Ungleichgewichte in den Interessenkonflikten die Schiedsrichterrolle aufgeben und aktiv zugunsten der nicht konflikt- und konkurrenzfähigen Interessen intervenieren sollen (vgl. *Steffani* 1980). Es gilt aber insb. für die am G. orientierte liberale Sozialphilosophie von *J. Rawls*, in der er mit seinem Konzept der *„justice as fairness"* die philosophische Begründung des *„new egalitarianism"* formulierte, die den altliberalen Grundsatz der Chancengleichheit *(equality of opportunity)* durch das Prinzip der Ergebnisgleichheit *(equality of result)* ersetzte (vgl. *Rawls* 1994). Von den in der *Rousseauschen* Tradition stehenden radikaldemokratischen Gleichheitsvorstellungen unterscheidet sich die *Rawlssche* Gemeinwohlkonzeption kaum mehr im materiellen Ziel; die Begründung bleibt indes unterschiedlich (vgl. *Gutmann* 1980: 218 ff.).

Von der entgegengesetzten Warte aus argumentiert seit Anfang der 1980er Jahre die (überwiegend nordamerikanische) kommunitaristische polit. Philosophie, die der liberalen Gesellschaftstheorie und insb. deren grundrechts-*(rights)*basierten und prozedural beschränkten Varianten den Verlust an individueller wie kollektiver Gemeinwohlorientierung vorhält. Wie unterschiedlich die Positionen innerhalb des → Kommunitarismus auch sein mögen, gemeinsam kritisieren die Kommunitaristen am → Liberalismus (a) den Vorrang individueller Rechte vor gemeinschaftlichen Zielen und Werten, (b) die Fragmentierung und Atomisierung in der Gesellschaft; sie beklagen (c) den Verlust an sozialer Integration als Folge der (ihrer Auffassung nach) ahistorischen und transkulturellen Wert- und Moralvorstellungen des Liberalismus; und sie wenden sich (d) gegen die einseitige Aufhebung des Spannungsverhältnisses von Gesellschaft und Gemeinschaft, da der Liberalismus soziale Integration allein formal und über das Recht, nicht aber über gemeinschaftlich definierte Güter oder über das G. herstelle und polit. Legitimation nur durch Verfahren, nicht aber durch die Verständigung der Bürger über gemeinschaftliche Güter aufbaue.

Die Kommunitaristen betonen hingegen die Gemeinschaftsbindung des Menschen; seine Existenz sei wesentlich durch seine sozialen

Rollen, Interaktionen und zwischenmenschlichen Beziehungen, seine Identität vorrangig durch die *shared understandings,* also durch die Kultur und historischen Traditionen der jeweiligen Gemeinschaft definiert, in die er hineingeboren wurde und in der er lebt. Die Kommunitaristen zielen folglich auf die Formulierung von Ordnungsvorstellungen, die den Neutralitätsanspruch des liberalen Rechtsstaates und die Gültigkeit der Menschenrechte jenseits von Geschlecht, Rasse, Ethnie, polit. Überzeugung mit der Parteilichkeit des in der jeweiligen Gemeinschaft definierten G. bzw. der Gemeinschaftszwecke verbinden. Wie diese Verbindung unter den Bedingungen von Demokratie, kultureller Pluralität und sozialer Ungleichheit im Innern, der neuen Weltunordnung im Internationalen System konkret aussehen könnte, darauf bleiben die Kommunitaristen neue Antworten allerdings weitgehend schuldig. Dies gilt insb. für die drei zentralen Fragen nach der Art und Weise der Ermittlung des G., nach dem Verhältnis bzw. dem Vorrang von Recht und Gut, nach der Vermittlung widerstreitender Autonomieansprüche im Innern wie nach Außen. So erfolgt die Bestimmung des G. bei den Kommunitaristen höchst traditionell entweder apriorisch/substantialistisch und weithin in Anlehnung an die aristotelische polit. Philosophie; oder sie folgt dem Republikanismus *Rousseaus* und nimmt mit seiner Theorie identitärer Demokratie die Gefahr der Rechtfertigung totalitärer Herrschaft im Namen des Allgemeinwohls in Kauf. Die Kommunitaristen übersehen, daß unter den Bedingungen rechtsstaatl. Demokratie die gleichberechtigte Koexistenz und die Reproduktion der Kulturen und ihrer Gemeinschaften immer nur ermöglicht, nicht aber der „Artenschutz" garantiert werden kann (vgl. *Habermas* 1993). Zum zentralen Problem wird damit, wie die jeweilige Gemeinschaft sich gegenüber Dissidenten und kulturellen Minderheiten verhält, ob sie ihnen das Recht auf abweichende Meinung und unterschiedliche Lebensformen einräumt, denn „*the struggle for recognition can find only one satisfactory solution, and that is a regime of reciprocal recognition among equals*" (*Taylor* 1992: 50).

Lit.: *Arnim, H. H. v.* 1977: Gemeinwohl und Gruppeninteressen. Die Durchsetzungsschwäche allgemeiner Interessen in der pluralistischen Demokratie, Ffm. *Beyme, K. v.* ²1992: Theorie und Politik im 20. Jahrhundert, Ffm. *Fetscher, I./Münkler, H.* (Hrsg.) 1985ff.: Pipers Handbuch der politischen Ideen, 5 Bde., Mchn. *Fraenkel, E.* ⁷1991: Deutschland und die westlichen Demokratien, Ffm. (zuerst 1964). *Gutmann, A.* 1980: Liberal Equality, Camb. *Habermas, J.* 1993: Anerkennungskämpfe im demokratischen Rechtsstaat, in: *Taylor, C.* 1992, 147–196. *Honneth, A.* (Hrsg.) 1993: Kommunitarismus. Eine Debatte über die moralischen Grundlagen moderner Gesellschaften, Ffm./NY. *Kelso, W. A.* 1978: American Democratic Theory. Pluralism and its Critics, Westport. *Kremendahl, H.* 1977: Pluralismustheorie in Deutschland. Entstehung, Kritik, Perspektiven, Leverkusen. *Kymlicka, W.* 1989: Liberalism, Community and Culture, Ox. *Rawls, J.* ⁸1994: A Theory of Justice, Camb./Mass. (dt.: Eine Theorie der Gerechtigkeit, Ffm. 1975). *Schattschneider, E. E.* 1960: The Semi-sovereign People. A Realist's View of Democracy in America, NY. *Schumpeter, J. A.* ⁴1975: Kapitalismus, Sozialismus und Demokratie, Mchn. (zuerst engl. 1942). *Shell, K. L.* 1973: Gemeinwohl, in: *Görlitz, A.* (Hrsg.): Handlexikon zur Politikwissenschaft, Rbk., 116–119 (zuerst 1970). *Steffani, W.* 1980: Vom Pluralismus zum Neopluralismus, in: *Oberreuter, H.* (Hrsg.): Pluralismus, Opl, 37–108. *Sternberger, D.* 1961: Der Begriff des Politischen, Ffm. *Taylor, C.* 1989: Sources of the Self. The Making of the Modern Identity, Camb. *Taylor. C.* 1992: Multiculturalism and „The Politics of Recognition", Princeton (dt. 1993: Multikulturalismus und die Politik der Anerkennung, Ffm.). *Walzer, M.* 1992 a: Sphären der Gerechtigkeit. Ein Plädoyer für Pluralität und Gleichheit, Ffm./NY (engl. zuerst 1983). *Walzer, M.* 1992 b: Zivile Gesellschaft und amerikanische Demokratie, Bln. *Weber-Schäfer, P.* ²1992: Einführung in die antike Politische Theorie, 2 Bde., Darmst. (zuerst 1976).

Rainer-Olaf Schultze

Gerechtigkeit

Gerechtigkeit (G.) ist ein Maßstab zur Beurteilung von Personen und Institutionen, von → Staat und Gesellschaft. Sie gilt als Kardinaltugend menschlichen Handelns und erfüllt eine unbedingte Legitimationsfunktion in bezug auf → Herrschaft und Güterverteilung. Sie fordert bei konkurrierenden Ansprüchen wie bei der Rivalität um knappe Ressourcen die angemessene Berücksichtigung aller Interessen mit dem Ziel, einen Ausgleich zu schaffen und „jedem das Seine" zu geben.

1. Unabhängig vom sozial-historischen Kontext verweist die Idee der G. auf das Prinzip der → Gleichheit: (1) Verfahrensgerechtigkeit erfordert eine Gleichbehandlung, die (a) Unparteilichkeit voraussetzt und (b) Willkür ausschließt; (2) Tauschgerechtigkeit und die sie ergänzende korrektive G. verlangt arithmetische Gleichheit i. S. einer Gleichwertigkeit von Geben und Nehmen, von Verfehlung und Strafe; und (3) Verteilungsgerechtigkeit (distributive G.) zielt auf proportionale (geometrische) Gleichheit, die jedem seinen gerechten Anteil an den im Gemeinwesen zu verteilenden Gütern, Rechten und Pflichten zuweist. Strittig bleibt, wem G. geschuldet wird und worauf sich Gleichheit bezieht. Tiefgreifende Differenzen gibt es dahingehend, ob die prinzipielle Gleichheit aller Menschen als *equality of opportunity* (→ Liberalismus) oder *equality of result* (→ Sozialismus) zu verwirklichen ist und in welchem Umfang erworbene Verdienste, Leistung oder Bedürfnisse zu berücksichtigen sind.

2. Die Gegenwart ist einerseits geprägt durch den Gerechtigkeitsskeptizismus (a) des Rechtspositivismus, welcher jede überpositive Fundierung des Rechts ablehnt, (b) der *Luhmannschen* Systemtheorie, die einen systemübergreifenden Geltungsanspruch der G. zurückweist und (c) des → Kommunitarismus, der G. als kulturabhängig relativiert. Andererseits wurde mit *J. Rawls'* Vertragstheorie der G. (1971) ein moderner, liberal-demokratischer Gerechtigkeitsdiskurs etabliert. Gemeinsam ist den dort vertretenen Theorien: (1) Sie rechtfertigen – unabhängig davon, ob dies im Rahmen einer Vertragstheorie (*B. A. Ackerman*; *R. Nozick*; *J. Rawls*), über das gemeinschaftliche Leben (*common life*; *M. Walzer*) oder als „transzendentaler Tausch" (*Höffe* 1987) geschieht – Gerechtigkeitsprinzipien über die individualistische Vorstellung allg. Zustimmungsfähigkeit; (2) sie versuchen dabei die divergierenden Werte → Freiheit und Gleichheit zu vereinbaren und orientieren sich hierzu (3) inhaltlich an der Idee moderner Bürgerschaft, wobei hinsichtlich eines Anspruchs aller Bürger auf die gleichen zivilen und polit. Rechte Einigkeit besteht, während die Dimension sozialer Bürgerrechte strittig bleibt. So verwirft *Nozick* im Bereich von Wirtschaft und Wohlfahrt jeden Anspruch auf Ergebnisgleichheit, während *Walzer* ein System komplexer Gleichheit favorisiert und *Rawls* Ungleichheit nur zulassen will, wenn sie den am wenigsten Begünstigten nützt.

3. Zukünftig wird sich (1) der Streit um die inhaltliche Dimension der G. auf die Probleme → Armut, Generationenkonflikt und kulturelle Selbstbestimmung konzentrieren, wird (2) die Ausweitung des Adressatenkreises der G. an den Themen internat. Verteilungsgerechtigkeit, Migration sowie G. gegenüber Tieren und der Natur zu diskutieren sein, stehen (3) Fragen des „gerechten Krieges" erneut auf der Tagesordnung und wird schließlich (4) im Kontext philosophischer Begründungsdiskurse der Zusammenhang zwischen empirischen Gerechtigkeitseinstellungen und Gerechtigkeitstheorie aufzuklären sein.

Lit.: *Ackerman, B. A.* 1980: Social Justice in the Liberal State, New Haven u. a. *Forst, R.* 1994: Kontexte der Gerechtigkeit, Ffm. *Höffe, O.* 1987: Politische Gerechtigkeit, Ffm. *Höffe, O.* 1999: Demokratie im Zeitalter der Globalisierung, Mchn. *Kersting, W.* 2000: Theorien der sozialen Gerechtigkeit, Stg./Weimar. *Müller, H. P./Wegener, B.* (Hrsg.) 1995: Soziale Ungleichheit und soziale Gerechtigkeit, Opl. *Loos, F./Schreiber, H.-L.* 1975: Recht, Gerechtigkeit, in: *Brunner, O.* u. a. (Hrsg.): Geschichtliche Grundbegriffe, Bd. 2, Stg., 231–311. *Nozick, R.*

1976: Anarchie, Staat, Utopia, Mchn. (engl. zuerst 1974). *Rawls, J.* 1975: Eine Theorie der Gerechtigkeit, Ffm. (engl. zuerst 1971). *Rieger, G.* 1998: Einwanderung und Gerechtigkeit, Opl. *Shklar, J. N.* 1992: Über Ungerechtigkeit, Bln. (engl. zuerst 1990). *Walzer, M.* 1992: Sphären der Gerechtigkeit, Ffm. u. a. (engl. zuerst 1983).

Günter Rieger

Gesellschaft

Etymologisch wird der Begriff Gesellschaft (G.) von der räumlichen Vereinigung von Personen, insbes. der Gesellen mit dem Meister, abgeleitet und später auf jede zu bestimmten Zwekken organisierte Vereinigung einer größeren Zahl von Menschen ausgedehnt. G. gilt heute als das umfassendste System menschlichen Zusammenlebens, von der nationalen bis zur Weltgesellschaft. Der Begriff wird aber auch auf spezifische Gebilde bezogen, die staatl. (z. B. Nation), wirtschaftl. (z. B. Aktiengesellschaft) oder ideell (z. B. wissenschaftl. Vereinigung) begrenzt sein können. Schließlich bezeichnet G. im Sinne von Vergesellschaftung den Prozeß, in dem Menschen ihren Handlungen durch Beziehungen zu anderen Menschen Sinn verleihen.

1. Die Theorie von der G. ist eng verknüpft mit der Entstehung der bürgerl. Gesellschaft. Das aufkommende Bürgertum verlangte mehr Gestaltungsfreiheit in wirtschaftl. Dingen und äußerte seit dem 17. Jh. zunehmend Kritik an der polit. → Herrschaft. Die Aufklärung des 18. Jh. ließ zudem ein Bild vom Menschen entstehen, der fähig ist, die faktische Welt nicht nur zu erkennen, sondern auch nach seinen Zielen zu verändern.

(1) Die individualistische Tradition der Gesellschaftstheorie sieht, wie *Adam Smith* (1776), in der menschlichen G. eine Tauschgemeinschaft, in der der Mensch danach strebt, seine Lage zu verbessern. Diese Verbesserung ist Produkt eines Lernprozesses, der in einem sozialen Rahmen stattfindet, der wiederum aus der Verflechtung einer Vielzahl von Handlungen resultiert. So sahen die schottischen Moralphilosophen in der egoistischen Natur des Menschen das Motiv seines Handelns, während die gesellschaftl. Integration von Handlungen für sie Konsequenzen dieses Handelns waren: G. als Resultat intendierter und nichtintendierter Folgen menschlichen Handelns.

(2) Die kollektivistische Tradition der Gesellschaftstheorie (z. B. *J.-J. Rousseau*, *A. Comte*, *E. Durkheim*) geht dagegen davon aus, daß die gesellschaftl. Ordnung entweder durch freiwillige Zustimmung oder Zwang hergestellt wird: konsenshaft durch Verinnerlichung der Werte und Normen über Erziehung und lebenslange Sozialisation, zwangsweise durch Autorität über unterschiedliche Machtbefugnisse. Die innere Verpflichtung und der äußere Zwang sollen individuelle Handlungsantriebe in geordnete Bahnen lenken. Gesellschaftl. Ordnung entsteht danach nicht aus individuellen Handlungszusammenhängen, sondern aus den Eigenschaften der sozialen Gebilde als Ganzheiten. Sie stehen dem individuellen Handeln als Wirkinstanzen gegenüber. Individualismus und Kollektivismus fungieren als Ausgangspunkte für verschiedene Theorieansätze in der Gegenwart: Handlungstheorien wie der Symbolische Interaktionismus und die Verhaltenstheorie einerseits, Strukturtheorien wie funktionalistische Theorie, Systemtheorie und Konflikttheorien andererseits.

2. Der Begriff der bürgerl. G. steht in einem engen Zusammenhang mit dem der industriellen, kapitalistischen Klassengesellschaft und verweist auf epochemachende Gesellschaftsformationen. In den letzten Jahrzehnten sprechen deren Bezeichnungen immer spezifischere Faktoren an, die den erwarteten oder vollzogenen Wandel veranschaulichen: z. B. „technologische G." (*J. Ellul*), „mobile G." (*H. Klages*), „Experten-

G." (*B. Clarke*), „Dienstleistungsgesellschaft" (*V. Fuchs, D. Riesman, J. Fourastié*), „nachindustrielle G." (*D. Bell, A. Touraine*), „Arbeitsgesellschaft" (*C. Offe*), „Bürgergesellschaft" (*R. Dahrendorf*), „Wissensgesellschaft" (*N. Stehr, H. Willke*), „Überlebensgesellschaft" (*K.-H. Hillmann*), „multikulturelle G." (*C. Leggewie*) und „Erlebnisgesellschaft" (*G. Schulze*). Die in den 1970er und 1980er Jahren geführte Debatte über den Wandel der → Werte und die Auswirkungen der Informations- und Kommunikationstechnologie hat über die Antworten auf die Frage, ob „der Arbeitsgesellschaft die Arbeit ausgehe" (*Dahrendorf* 1983), auch zu neuen Gesellschaftskonzeptionen geführt, die die Diskussion der 1990er Jahre und des beginnenden Jahrtausends bestimmen.

Im Konzept der „Risikogesellschaft" (*Beck* 1986) wird der Mensch aus alten Bindungen entlassen, zwar zum Herrn über seinen Lebenslauf, gleichzeitig aber vermehrt zu eigenen Entscheidungen gezwungen. Die G. wird zur Risikogesellschaft in dem Maße, als die Menschen durch Individualisierung ihrer Lebensplanung und Globalisierung der Risiken „riskante Lebensverhältnisse" (*Engel* 1993; *Luttwak* 1999) eingehen. Nicht zuletzt sind die technischen und sozialen Großrisiken von Umweltkatastrophen bis Arbeitslosigkeit die Folgen von Freiheit und Demokratie, in deren Namen zivilisatorischer Fortschritt moralisch eingefordert wird. Nach *Münch* (1991) entpuppt sich das Projekt der modernen G. als endloser Prozeß des Hervorbringens, Abarbeitens und Wiedererzeugens von Widersprüchen. Indem die starre Einbindung des Menschen in Familie, Kirche, Partei und Klasse einer Vielfalt von sich gegenseitig durchdringenden Gruppierungen weicht, kommt es zu einem permanenten Umbau der Gesellschaft.
Kommunikationssysteme (z. B. Telekommunikation) und Kommunikatoren (z. B. Politiker, Prominente, Führungskräfte) rücken immer mehr in den Mittelpunkt. Wenn aber immer mehr Angelegenheiten durch Kommunikation bewegt werden, kann man sich dem Zwang, öffentl. Aufmerksamkeit zu erzielen, kaum entziehen. Dieser kommunikations- sowie wissens-, informations- und telematisch basierten G. liegt ein Schub digitaler Technologie zugrunde, der aus dem Industriekapitalismus eine „beschleunigte G." (*P. Glotz*) oder „Informationsgesellschaft" (*B. Gates*) macht, in der Dezentralisierung, → Globalisierung und Dematerialisierung, aber auch eine neue Kultur Trumpf sein werden. Arbeit und Unternehmen werden beweglicher, die Zahl der selbständigen Wissensunternehmer wird steigen, das mittlere Management abgebaut; viele Unternehmen werden über *Outsourcing*-Prozesse verschwinden, während Großunternehmen sich auf Kernkomptenzen konzentrieren.
In der → *New Economy* wird nach *Sennett* der „flexible Mensch" zur Voraussetzung beruflichen Erfolgs, die sozialen Bindungen porös, die Identitäten hohl. Auch das Verhältnis der Menschen zu den Gütern und Diensten verändert sich: So betont *Schulze* (*1997*), daß nicht mehr ihr Gebrauchswert, sondern ihr Erlebnis-, weil Kommunikationswert als Selbstzweck im Vordergrund stehe. Mit dieser Erlebnisorientierung und einer weitreichenden Ästhetisierung des Alltagslebens werde das Leben selbst zum Erlebnisprojekt.
Um die Ungewißheit einer enttraditionalisierten Ordnung biographisch und polit. zu bewältigen, werden u. a. die Konzeptionen einer reflexiven Modernisierung (*Giddens* 1995) und eines → Dritten Weges (*Giddens* 1998) vorgeschlagen. Unter den Bedingungen der Globalisierung und der Informationsrevolution kämen alle wichtigen Institutionen der modernen G. unter Reformdruck; der Staat müsse Abschied nehmen vom Rudern, dafür aber steuern, nicht Nachtwächter, sondern Schleusenwärter sein. Die entscheidende Frage ist, ob man sich auf die Resonanzfähigkeit der gesellschaftl. Teilsysteme auch und gerade unter weltgesellschaftl. Vorzeichen verlassen (vgl. *Luhmann* 1984, 1992) und die → Zivilgesellschaft als Sinnstifter die hochgesteckten Erwartungen erfüllen kann (vgl. *Taps* 2000).

Lit.: *Beck, U.* 1986: Risikogesellschaft, Ffm. *Bell, D.* 1975: Die nachindustrielle Gesellschaft, Ffm. *Dahrendorf, R.* 1983: Wenn der Arbeitsgesellschaft die Arbeit ausgeht, in: *Matthes, J.* (Hrsg.): Krise der Arbeitsgesellschaft? Ffm., 25–27. *Engel, U.* 1993: Riskante Lebensverhältnisse, Duisburg. *Gates, B.* 1995: Der Weg nach vorn, Mchn. *Giddens, A.* 1995: Konsequenzen der Moderne, Ffm. *Giddens, A.* 1999: Der dritte Weg, Ffm. *Glotz, P.* 1999: Die beschleunigte Gesellschaft, Mchn. *Inglehart, R.* 1989: Kultureller Umbruch, Ffm. *Kerbo, H./Strasser, H.* 2000: Modern Germany, NY. *Kofler, L.* 1966: Zur Geschichte der bürgerlichen Gesellschaft, Neuwied. *Luhmann, N.* 1984: Soziale Systeme, Ffm. *Luhmann, N.* 1992: Beobachtungen der Moderne, Opl. *Luttwak, E.* 1999: Turbo-Kapitalismus. Gewinner und Verlierer der Globalisierung, Mchn. *Meier, B.* 1999: Mobile Wirtschaft – immobile Gesellschaft: Gesellschaftspolitische Konsequenzen der Globalisierung, Köln. *Münch, R.* 1991: Dialektik der Kommunikationsgesellschaft, Ffm. *Pongs, A.* (Hrsg.) 1999: In welcher Gesellschaft leben wir eigentlich? Bd. 1, Mchn. *Schulze, G.* 1997: Erlebnisgesellschaft, Ffm. *Strasser, H./Randall, S. C.* 1979: Einführung in die Theorien des sozialen Wandels, Darmst. *Taps, C.* 2000: Bürgergesellschaft. Politische Freiheit im Zeitalter ökonomischen Umbruchs, Ffm. *Vanberg, V.* 1975: Die zwei Soziologien, Tüb.

Hermann Strasser

Gesetzgebung

Die Gesetzgebung (G.) umfaßt begrifflich sowohl den Prozeß der Herstellung von Gesetzen als auch dessen Ergebnis (z. B. Sozialgesetzgebung i. S. v. Gesamtbestand der Gesetze auf diesem Gebiet). Aus verfassungshistorischer und formaler Perspektive ist das Parlament die gesetzgebende Gewalt (ablesbar auch am Sprachgebrauch, der Parlament oft als Legislative oder im Englischen als *legislature* bezeichnet). Diese Zuschreibung gilt normativ unverändert für alle Parlamente in repräsentativen Demokratien hinsichtlich ihrer Aufgabe, demokratische Legitimation für polit. Entscheidungen herzustellen und insofern mindestens Letztinstanz im Gesetzgebungsprozeß zu sein.

Empirisch wirken an der G. im engeren staatl. wie im weiteren gesellschaftl. Raum zahlreiche Institutionen, Organisationen und Akteure mit. Neben dem Parlament verfassungsrechtl. verankert sind – mit Initiativ-, Kontroll- und Einspruchsrechten sowie Gegenzeichnungs- und Verkündungskompetenzen – die Regierung und das Staatsoberhaupt (im parlamentarischen Regierungssystem) bzw. der Präsident (im präsidentiellen Regierungssystem), gegebenenfalls eine Zweite Kammer, ein Verfassungsgericht sowie das Volk in → direktdemokratischen Arrangements. Darüber hinaus wirken an der G. – teilweise institutionalisiert, teilweise informell, direkt und indirekt – Medien, Parteien, Verbände, Verwaltungen und Experten mit, insbes. durch Artikulation von Interessen, Einbringung von Sachverstand und Bereitstellung von Diskussionsforen.

Das innerparlamentarische Verfahren der G. läuft grundsätzlich nach folgendem Schema ab: Erarbeitung eines Gesetzentwurfs durch einzelne Abgeordnete, in Fraktionen oder in der Regierung mit ihrer Ministerialbürokratie, gegebenenfalls auch in einer Zweiten Kammer; förmliche Einbringung des Entwurfs im Parlament; nach erster Lesung Überweisung an zuständige Ausschüsse; Ausschußberatung (häufig mit öffentl. Anhörungen, „*Hearings*") und Ausschußempfehlung ans Plenum (in seltenen Fällen auch Möglichkeit der abschließenden Entscheidung im Ausschuß); Beschlußfassung nach zweiter und dritter Lesung im Plenum; gegebenenfalls Beteiligung einer Zweiten Kammer; Ausfertigung des Gesetzes durch Exekutive, z. B. in D durch Unterschrift des Bundespräsidenten und Gegenzeichnung durch Kanzler oder Fachminister; Verkündung.

In D ist, wie auch in anderen föderalen Staaten, die G. aufgeteilt zwischen Bund und Ländern. Nach dem GG liegt das Primärrecht zur G. bei den Ländern (Art. 70); bestimmte Materien stehen dem Bund in ausschließlicher G. zu (Art. 71, 73); der größte Teil, insbes. die innenpolit. bedeutsamen Gegenstände, gehört zur konkurrierenden G. (Art. 72, 74), bei der der Bund den Bedarf für eine einheitliche Regelung nachweisen muß, um tätig werden zu dürfen. Die in Art. 72 gewählte Formel von der „Herstellung gleichwertiger Lebensverhältnisse" (vor der Verfassungsreform 1994: Einheitlichkeit) eröffnete dem Bund die nahezu flächendeckende Übernahme der Gesetzgebungstätigkeit. Nur noch wenige Materien (z. B. Schule und Kultur, Kommunalverfassung, Polizei) sind den Ländern für genuin eigene G. geblieben. Durch die Möglichkeit von Rahmen-G. (Art. 75, z. B. zu Hochschulen, Presse) wird die Landes-G. weiter eingeschränkt. Der Bedeutungsverlust der Landes-G. trifft v. a. die Landesparlamente, denn die Landesregierungen üben über den Bundesrat erheblichen Einfluß auf die Bundes-G. aus.

Die (nahezu) gleichberechtigte Teilnahme einer Zweiten Kammer an der G. ist strukturtypisch (und -notwendig) für Bundesstaaten. In D wirkt der Bundesrat an jedem Gesetzesbeschluß mit; bei sog. einfachen oder Einspruchsgesetzen kann der Bundestag (gegebenenfalls nach Vermittlungsverfahren) das Veto des Bundesrates überstimmen, bei zustimmungspflichtigen Gesetzen, d. h. v. a. solchen, die Länderinteressen berühren, verhindert die Versagung der Zustimmung (gegebenenfalls nach Vermittlungsverfahren) das Zustandekommen des Gesetzes endgültig.

Lit.: *Beyme, K. v.* 1997: Der Gesetzgeber, Opl. *Bryde, B.-O.* 1989: Stationen, Entscheidungen und Beteiligte im Gesetzgebungsverfahren, in: *Schneider, H.-P./Zeh, W.* (Hrsg.): Parlamentsrecht und Parlamentspraxis, Bln. u. a., 859–881. *Graf von Westphalen, R.* (Hrsg.) 1993: Parlamentslehre, Mchn u. a. *Grimm, D./Maihofer, W.* (Hrsg.) 1988: Gesetzgebungstheorie und Rechtspolitik, Opl.

Suzanne S. Schüttemeyer

Gesundheitspolitik

I. Nach einem in den Sozialwissenschaften verbreiteten Verständnis bezeichnet der Begriff Gesundheit das Vermögen der Menschen, alle diejenigen Funktionen störungsfrei erfüllen zu können, die ihnen im Rahmen ihrer gesellschaftl. Bezüge zukommen (*Jahn* u. a. ³1973: 10).

Unter Gesundheitspolitik (G.) versteht man alle Maßnahmen zur Gesundheitsversorgung der Bevölkerung, die sich auf die Gesundheitsvorsorge, die Krankheitsbehandlung und die Krankheitsfolgen beziehen. In ihrer jeweiligen organisatorischen, rechtl. und finanziellen Ausformung bestimmen sie die Struktur des Gesundheitswesens.

Die Ziele der G. lassen sich nach drei Ebenen unterscheiden. Auf der gesellschaftl. Ebene geht es um die Norm, daß im Bedarfsfall jeder Bürger unabhängig von Einkommen und sozialem Status Anspruch auf die notwendige Gesundheitsversorgung haben soll. Auf der medizinischen Ebene geht es um die bestmögliche Qualität der Gesundheitsversorgung unter Wahrung der menschlichen Würde und Freiheit. Auf der ökonom. Ebene geht es um die kostengünstige Versorgung mit Gütern und Dienstleistungen. Die verfügbaren finanziellen Mittel sollen nicht nur effektiv, sondern auch effizient verwendet werden. Diese Ziele stehen in Konflikt miteinander. Ihnen wird von den einzelnen Akteuren im Gesundheitssystem aufgrund verschiedener Interessenlagen eine unterschiedliche Priorität eingeräumt.

Das zentrale polit. Steuerungsinstrument ist in allen Ländern das Krankenversicherungssystem. Es entscheidet darüber, wer die Gesundheitsleistungen in welcher Höhe finanziert, wer sie in welchem Umfang in Anspruch nehmen kann, wer sie mit welchen Kompetenzen verwaltet, wie die Anbieter von medizinischen Leistungen (Ärzte, Medizinalberufe, Industrie) auf Umfang und Qualität der Versorgung Einfluß nehmen können und auf welche Weise auf veränderte Umweltbedingungen reagiert werden kann.

II. Die Gesundheitssysteme der OECD-Länder lassen sich hinsichtlich der Art und Weise, wie sie den Krankenversicherungsschutz organisieren, nach drei Grundtypen unterscheiden:

Der Typ eines nat. Gesundheitsdienstes ist charakterisiert durch eine kostenfreie medizinische Versorgung aller Bürger. Die Finanzierung erfolgt aus allg. Steuermitteln, und der Staat ist weitgehend Träger und Kontrolleur des Leistungsangebots (Beispiel: GB und Italien). Der Typ der Sozialversicherung ist charakterisiert durch eine gesetzliche Pflichtversicherung mit Beitragsfinanzierung. Hier gibt es allerdings starke Variationen von Land zu Land hinsichtlich des Ausmaßes der Versicherungspflicht, der Höhe der Beiträge und der von der Versicherung gedeckten Leistungen. Träger des Angebots sind unabhängige Vertragspartner der Krankenkassen (Beispiel: D und Frankreich). Der Typ der Privatversicherung ist charakterisiert durch unternehmensbezogene oder individuell abgeschlossene private Krankenversicherungen. Die Finanzierung erfolgt individuell und/oder durch Beiträge der Unternehmer. Das Leistungsangebot ist weitgehend unter privatwirtschaftl. Kontrolle (Beispiel: USA).

Diese Typen sind allerdings nirgends in reiner Form anzutreffen. Immer gibt es eine allerdings graduell unterschiedliche Mischung von privaten und staatl. Komponenten. Beispielsweise gibt es im staatl. Gesundheitssystem GBs auch private Anbieter und Krankenversicherungen, und im privatwirtschaftl. Gesundheitssystem der USA gibt es staatl. Krankenversicherungsprogramme.

Allen Ländern ist gemeinsam, daß der Anteil der öffentl. Ausgaben an den gesamten Gesundheitsausgaben zugenommen hat. 1997 führte D die Rangliste bei den öffentl. Gesundheitsausgaben mit 8,1 % am Bruttoinlandsprodukt an, gefolgt von Frankreich, der Schweiz, Schweden, Belgien und den USA. Betrachtet man die öffentl. und privaten Ausgaben zusammen, dann liegen die USA mit 14 % des Sozialproduktes weit an erster Stelle von allen OECD-Ländern (OECD 1998). Trotz vielfältiger Ähnlichkeiten sind die Krankenversicherungssysteme und damit die gesundheitspolit. Steuerungsmaßnahmen von einer starken Variation geprägt. Das liegt an der unterschiedlichen historischen Entwicklung und den daraus hervorgegangenen unterschiedlichen institutionellen Strukturen.

Hinsichtlich der Begrenzung einer Ausgabenexpansion konnte man seit Mitte der 1970er Jahre bemerkenswerte Unterschiede beobachten (OECD 1990). Länder, wie die USA, mit starken marktwirtschaftl. Steuerungselementen verzeichnen die höchste Ausgabenexpansion, während staatl. Systeme, wie GB, aber auch die BRD, erfolgreicher eine Kostendämpfung betreiben konnten. Der internat. Vergleich zeigt, daß im Gegensatz zu einer weit verbreiteten Annahme öffentl. Gesundheitssysteme mit staatl. Kontrollmechanismen die Kostendynamik besser beherrschen konnten.

Die Kostendynamik des Gesundheitssektors hat in allen Ländern zu einer Dominanz der ökonom. Perspektive geführt. Es geht darum, ob die Gesundheitsversorgung effizienter und kostensparender erbracht werden kann. Die polit. und wissenschaftl. Diskussion konzentriert sich auf die Steuerungsmedien Staat, Markt und Verhandlungen.

In allen Ländern besteht ein Gemisch dieser Steuerungsinstrumente. Nirgends konnte bislang aber die Fehlallokation von Ressourcen verhindert noch die Anpassungsfähigkeit an sozioökonom. und medizinische Veränderungen ausreichend gewährleistet werden. Der Vergleich von Gesundheitssystemen macht deutlich, dass sich nur in wenigen Fällen klare Beziehungen zwischen den finanziellen Aufwendungen für die Gesundheit und Indikatoren der Gesundheitsversorgung (etwa: Ärztedichte, Krankenhauseinweisungen, Personal, Säuglingssterblichkeit, Lebensdauer) herstellen lassen. Insgesamt ist eine Evaluierung der Auswirkungen von Gesundheitsausgaben für den Gesundheitszustand der Bevölkerung und für eine effektive und effiziente Verwendung medizinischer Leistungen durch internat. Vergleich noch nicht in der Weise gelungen, daß sich daraus allg. Reformkonzepte für die Kostenkontrolle und für eine angemessene qualitätsbezogene Gesundheitssicherung gewinnen lassen. Reformversuche in den einzelnen Ländern sind stark von den jeweiligen nat. polit. und institutionellen Bedingungen geprägt. Trotz der mannigfaltigen Ähnlichkeiten in den Regelungen des Krankenversicherungsschutzes und der sozialen, finanziellen und medizinischen Probleme kann daher weder von einer Konvergenz der Gesundheitssysteme noch von einer Konvergenz gesundheitspolit. Reformstrategien gesprochen werden.

Lit.: *Alber, J.* 1988: Die Gesundheitssysteme der OECD-Länder im Vergleich, in: *Schmidt, M. G.* (Hrsg.): Staatstätigkeit (PVS-Sonderheft 19), Opl., 116–150. *Alber, J./Bernardi-Schenkluhn, B.* 1992: Westeuropäische Gesundheitssysteme im Vergleich, Ffm. *Der Bundesminister für Arbeit und Sozialordnung* (Hrsg.) ²1989: Gesundheitssysteme im internationalen Vergleich (= Forschungsbericht 160: Gesundheitsforschung), Bonn. *Jahn, F.* u. a. ³1973: Die Gesundheitssicherung in der Bundesrepublik Deutschland, Köln. *Murswieck, A.* 1990: Politische Steuerung des Gesundheitswesens, in: *Beyme, K. v./Schmidt, M. G.* (Hrsg.): Politik in der Bundesrepublik Deutschland, Opl., 150–176. *OECD* 1990: Health Care Systems in Transition, Paris. *OECD* 1998: OECD Health Care Data 98, Paris. *Peschke-Hartmann, Ch.* 1994: Die doppelte Reform. Gesundheitspolitik von Blüm bis Seehofer, Opl. *Rosewitz, B./Webber, D.* 1990: Die Reformversuche und Reformblockaden im deutschen Gesundheitswesen, Ffm. *Schmidt, M. G.* 1999: Warum die Gesundheitsausgaben wachsen, in: PVS, 2, 229–245. *Statistisches Bundesamt* (Hrsg.) 1998: Gesundheitsbericht für Deutschland, Wsb.

Axel Murswieck

Gewalt

Mit Gewalt (G.) wird ein vielgestaltiger, geradezu universeller sozialer Sachverhalt bezeichnet. G. steckt in fast jedem sozialen Zusa[…] (*Narr* 1988). Die dement[…] überwältigende definitorisch[…] läßt sich an der Vielzahl und […]altlichen Breite der Adjektive ermessen, mit denen der Begriff versehen wird, um eine gemeinte Variante zu identifizieren: physische und psychische G., direkte und indirekte, offene und versteckte, intendierte und nicht-intendierte, personale und institutionelle, spontane und organisierte, rationale und irrationale, legale und illegale, legitime und illegitime, revolutionäre und reaktionäre, rechte und linke, funktionale und dysfunktionale G. etc.

1. Die wichtigsten Unterscheidungen sind die personelle, die institutionelle und die strukturelle Gewalt. *P. Waldmann* (1992: 742) hat sie wie folgt definiert: (1) „Personelle Gewalt meint (unter enger Anlehnung an den herkömmlichen Wortsinn) eine soziale Interaktion, die durch einseitige physische Durchsetzung von Ansprüchen und Erwartungen oder noch einfacher durch unmittelbare körperliche Konfrontation gekennzeichnet ist." Sie ist personell oder kollektiv zurechnungsfähig, jedoch nicht nur gegen Personen (Leib und Leben), sondern auch gegen Sachen (Beschädigung oder Zerstörung) gerichtet. (2) Institutionelle G. „bezieht sich auf dauerhafte Unterwerfungsverhältnisse, durch physische Sanktionen abgestützte Verfügungsmacht, die den Inhabern bestimmter Positionen über andere Personen eingeräumt wird. Prototyp institutioneller G. ist der Hoheits- und Gehorsamsanspruch des Staates gegenüber den Bürgern", der nach *Max Weber* (1972: 514f.) mit dem „Monopol legitimer physischer Gewaltanwendung" ausgestattet ist. Im Gegensatz zur Gewaltherrschaft vollzieht sich im → Rechtsstaat der Gebrauch der verfügbaren Zwangsmittel, um von der Gesellschaft als legitim anerkannt zu werden, innerhalb eines bestimmten rechtlichen Rahmens, in dessen Verbindlichkeit alle, die potentiell gewaltsamen Handlungen unterworfen sind, zugunsten ihrer eigenen Rechtssicherheit und ihres eigenen Rechtsschutzes virtuell

eingestimmt haben. (3) Strukturelle G. heißen „jene Beschädigungen von Menschen an Leib und Leben, die Konsequenz bestimmter Verhältnisse bzw. Strukturen sind". Der Begriff der strukturellen G. wurde von *J. Galtung* (1975) in die kritische Friedensforschung eingebracht. Er verlagert den Fokus von der Person auf die soziale und/oder globale Struktur", die *Galtung* unter der Wertprämisse der → Gleichheit in den Interaktionsbeziehungen analysiert. Strukturelle G. drückt sich folglich in einer Interaktionsstruktur aus, die (innergesellschaftlich) von einem Oben und Unten bzw. (zwischen den Nationen) wie im → Imperialismus von einer Zentrum-Peripherie-Beziehung gekennzeichnet ist. Der Begriff erschließt sich mittels des Kriteriums der Vermeidbarkeit. Sind → Armut, Hunger, Abhängigkeit vermeidbar, aber wird aufgrund des Mangels an Bewußtsein nichts zur Vermeidung dieser Tatbestände getan, dann liegt strukturelle G. vor.

2. Für viele polit. Phänomene: Verhältnisse, Ideologien und Strategien, liefert das Kriterium der G. die wesentliche Unterscheidung. Gegenbegriffe bilden → Frieden und Friedfertigkeit, Gewaltfreiheit und → Legitimität. Doch hat die Frage der Legitimität von G. eine lange Tradition, etwa in der Lehre vom → Widerstand. Widerstand selbst kann seinerseits wieder in gewaltsamen und gewaltfreien Widerstand unterschieden werden. → Pazifismus huldigt dem absoluten Verzicht auf G. im Gegensatz zum generellen Verzicht.

Fixpunkt polit. G. ist in der Regel der Staat, zum einen als Anwender von G., legitim, wo er demokratisch legitimiert und rechtsstaatlich verfaßt ist, illegitim als Mittel der Unterdrückung, wo es ihm an Legitimität und/oder rechtsstaatl. Verfassung mangelt, oder als Adressat von Gewalt. In Lateinamerika nach dem → Systemwechsel liegt das Kernproblem der G. „nicht mehr in der staatl. oder gegenstaatl. G., sondern in jener nicht staatl. G., die den Staat kompensiert, komplementiert, unterminiert oder ignoriert" (*Krennerich* in: *Fischer/Krennerich* 2000: 28). *H. Zinecker* hat folgende Typen nichtstaatl. G. unterschieden: (a) gegenstaatl. G. (Guerilla bis Bürgerkriegsarmee), den Staat bekämpfend; (b) parastaatl. (paramilitärische) G., den Staat kompensierend; (c) extrastaatl. G., den Staat komplementierend (parasoziale G., z. B. „soziale Säuberungen", vigilantistische G., z. B. „*autodefensa*"); (d) mafiotische G., den Staat unterminierend; (e) „normale Delinquenz", den Staat ignorierend.

3. In der öffentlichen Debatte in D wird G. in Verbindung mit → Extremismus, → Rechtsextremismus und → Terrorismus diskutiert sowie als allg. gesellschaftl. Erscheinung. Zwei Trends sind zu beobachten: zum einen eine wachsende Sensibilisierung gegenüber Gewaltverhältnissen in der Gesellschaft und verbessertem rechtl. Schutz vor G., etwa in der Ehe (Straftatbestand der Vergewaltigung in der Ehe), der Familie und Schule (Schlüsselentzug/Platzverweis bei Gewalttätigkeit, Recht auf gewaltfreie Erziehung). Zum anderen eine wachsende Gewaltbereitschaft vor allem männlicher Jugendlicher, offensichtlich angeregt durch eine Verharmlosung und Veralltäglichung von G. im Fernsehen und im → Internet, die sich u. a. in gewaltsamen Aktionen gegen Ausländer äußert.

Lit.: *Arendt, H.* 1970: Macht und Gewalt, Mchn. *Grimm, J.* 1999: Fernsehgewalt, Wsb. *Fischer, Th./Krennerich, M.* (Hrsg.) 2000: Politische Gewalt in Lateinamerika, Ffm. *Galtung, J.* 1975: Strukturelle Gewalt, Rbk. *Heitmeyer, W.* u. a. 1998: Gewalt, Weinheim/Mchn. *Narr, W.-D.* 1988: Gewalt, in: *Lippert, E./Wachtler, G.* (Hrsg.) Frieden. Ein Handwörterbuch, Opl., 158–175. *Senghaas, D.* (Hrsg.) 1972: Imperialismus und strukturelle Gewalt, Ffm. *Sofsky, W.* 1996: Traktat über die Gewalt, Ffm. *Trotha, T.* (Hrsg.) 1998: Soziologie der Gewalt, Opl. *Waldmann, P.* 1977: Strategien politischer Gewalt, Stg. *Waldmann, P.* 1994: Staatliche und parastaatliche Gewalt in Lateinamerika, in: *Junker, D./Nohlen, D./Sangmeister, H.* (Hrsg.): Lateinamerika am Ende des 20. Jahrhunderts, Mchn., 104–123. *Zinecker, H.* 2000: Gewalt als Legat, in: *Riekenberg, M./Höpken, W.* (Hrsg.): Politische und ethnische Gewalt in Lateinamerika und Südeuropa, i. E.

Dieter Nohlen

Gewaltenteilung

I. Gewaltenteilung (G.) gilt als unverzichtbarer Grundsatz freiheitlicher Demokratien. Ihr Kerngedanke ist die Begrenzung, Hemmung und Kontrolle staatlich-polit. → Macht, deren übermäßige Ausdehnung oder deren Mißbrauch auf Kosten individueller oder gesellschaftl. → Freiheit verhindert werden soll. Daß gerade die formelle und materielle Aufhebung der G. Voraussetzung für Errichtung und Funktionieren der Diktaturen des 20. Jh. gewesen ist, hat ihre verfassungspolit. Bedeutung von neuem verdeutlicht.

Das traditionelle Verständnis der G. geht von der Verteilung der Staatsgewalt auf mehrere rechtl. selbständige Teilgewalten und staatl. Institutionen aus und betont zumeist deren Trennung voneinander. Dieser Ansatz begnügt sich mit der horizontalen G. zwischen Legislative (gesetzgebende Gewalt), Exekutive (vollziehende Gewalt) und Judikative (rechtsprechende Gewalt). Keineswegs ähnlich populär geworden ist der ebenso formale Grundsatz vertikaler G., der durch dezentrale Staatsorganisation (→ Föderalismus) und selbständige Entscheidungsrechte abgestufter Einheiten (z. B. Zentralstaat, Gliedstaat, Kommunen) verwirklicht werden soll. Am allerwenigsten bekannt sind schließlich Elemente sozialer und polit. G., die heute vielfach mehr als die klassisch-formalen Ansätze Kontrolle und Hemmung von Macht bewirken.

II. Auf das „eingerostete" Schema (*K. Loewenstein*) der Gewaltenteilungsdoktrin trifft *W. Kägis* Erkenntnis ganz besonders zu, daß die Breitenwirkung sozialwissenschaftl. und sozialphilosophischer Erkenntnisse weniger auf dem Studium der Autoren selbst als auf popularisierenden Zusammenfassungen, Kernsätzen oder Schlagwörtern beruhe (*Kägi* in *Rausch* 1969: 294). Jedenfalls herrschen kaum differenzierte Erkenntnisse über die historische Ausformung und aktuelle Bedeutung der Gewaltenteilung. Sie muß aus der engen Fixierung auf Staatsfunktionen und Staatsorgane gelöst und in den übergreifenden Zusammenhang polit. Ordnung gerückt werden.

Das kommt bereits in der antiken Lehre von der gemischten Verfassung zum Ausdruck, nach welcher die reinen Verfassungsformen (Monarchie, Aristokratie, Demokratie) zu entarten drohen, während eine aus den drei Einzelformen gemischte und auf die verschiedenen Gruppen der Gesellschaft aufgeteilte Verfassung Beständigkeit und Mäßigung verspricht (*Aristoteles, Platon,* bes. *Polybios;* → Staatsformenlehre). Auch das in der Moderne zunächst wichtige Konzept von *John Locke* (*Second Treatise of Government,* 1689) beruht auf einer polit. Ordnungsidee, welcher staatsorganisatorische Fragen untergeordnet bleiben. *Locke* unterschied vier Gewalten, die er auf verschiedene Träger aufteilte: Die Legislative legte er in die Hände des Besitzbürgertums, die Exekutive in die Hände der Krone, die jedoch auch an der Legislative beteiligt blieb. Das Steuerbewilligungsrecht der Legislative stellte gewissermaßen deren Sicherung gegen die Verselbständigung der Exekutive dar. Der Krone fielen zusätzlich noch die Gewalten der Föderative (die auswärtige Politik) und der Prärogative („*the power of doing public good without a rule*") zu. Die *moderated monarchy* und die Sicherung der bürgerlichen Freiheit beruhten auf einem komplexen Ansatz, der Trennung und Verschränkung der Gewalten miteinander verband.

Am einflußreichsten bis heute blieb jedoch *Montesquieu* (*De l'Esprit des Lois,* 1748). Er setzte gegen die despotischen Erscheinungen des Absolutismus eine polit. Ordnungskonzeption, die auf Menschenwürde und Freiheit basiert. *Liberté* ist daher der Leit- und Ordnungsbegriff seiner Theorie, die auf gesetzliche Ordnung und ein *gouvernement modéré* abzielt. Freiheit sollte nicht durch Trennung der Gewalten, sondern dadurch verwirklicht werden, daß eine Macht der anderen Schranken setzt.

Die Mißverständnisse der *Montesquieu*-Rezeption beginnen bereits bei der Frage nach den drei Gewalten, die er beschrieb. In der Tat unterschied er zunächst die drei Staatsfunktionen: die gesetzgebende, verwaltende und die richterliche, ohne sie allerdings näher zu differenzieren. Allgemeine Hinweise auf ihre Bedeutung werden ergänzt durch die wiederholte Mahnung vor ihrer Zusammenfassung in einer Hand. Besonders kam es ihm aber darauf an, die richterliche als Staatsgewalt auszusondern. Durch soziale Neutralisierung klassenautonomer Justiz ohne kontinuierliches Richteramt beabsichtigte *Montesquieu*, sie ihrer gefährlichen sozialen Potenz zu berauben. Sie sollte unsichtbar werden: „*En quelque façon nulle*". Aus der Gewaltentrias war damit die Rechtsprechung eliminiert: „*Il n'en reste que deux.*" Trotzdem spricht *Montesquieu* nach wie vor von drei Gewalten. Gemeint sind aber nun nicht mehr die Staatsfunktionen, sondern die polit. und sozialen Machtfaktoren: die Krone, welche die vollziehende Gewalt innehaben und gleichzeitig an der gesetzgebenden (durch ihr Vetorecht) beteiligt sein sollte, sowie Adel und Volk, die sich in einem Zweikammersystem die gesetzgebende Gewalt teilen sollten. Drei autonome soziale Gewalten teilen sich in zwei staatl. Funktionen. Ebensowenig wie *Montesquieu* also drei staatl. Grundfunktionen auf je ein Staatsorgan als Träger aufteilte, hat er beabsichtigt, die Gewalten voneinander zu trennen. Funktionsfähigkeit und Integration des Verfassungssystems mitbedenkend, schuf er vielmehr eine Balancetheorie, die innere Abhängigkeiten und konkretes Ineinanderwirken, die mit einem Wort neben zweckentsprechender Aufteilung zugleich wechselseitige Verschränkung der Gewalten begründete.

Die amerikan. Verfassungsväter griffen in *The Federalist* gerade diesen Ansatz auf und bauten ihn zu einem System von *checks and balances* aus. Zusätzlich entwickelten sie den föderalistischen Gedanken vertikaler G. und thematisierten Grundsätze der Beteiligung aller gesellschaftl. Klassen und Interessen, welche eine Diktatur von → Minderheiten über die Mehrheit ebenso verhindern sollten wie eine rücksichtslose Majorisierung von Minderheiten. Die klassischen Gewaltenteilungstheorien stehen im Dienste der Freiheit wie der Funktionssicherung des → Politischen Systems. Mit popularisierten eindimensionalen Gewaltenteilungsvorstellungen haben sie wenig gemein.

1. G. ist in GB kein elementarer Grundzug der polit. und verfassungsrechtl. Theorie. Abgegrenzt werden lediglich die Gerichte, jedoch aufgrund einer bis ins Mittelalter zurückreichenden Tradition. Das kontinentale Denken und selbst das amerikan. Verfassungssystem provozieren die Furcht vor *deadlock* und *open conflict.* Tatsächlich überwand die schon im 18. Jh. einsetzende Entwicklung zum *parliamentary government* die Doktrin *John Lockes.* Zugleich aber wurde als neues Element zur Hemmung und Kontrolle der Macht die bes. verfassungspolit. Funktion der → Opposition formuliert (und praktiziert). Das parlamentarische Regierungssystem, mit dem Kabinett bzw. der regierenden Mehrheit als Gelenkstelle zwischen Legislative und Exekutive, ist bis heute das bekannteste Beispiel gewaltenfusionierenden Denkens und seiner institutionellen Ausprägung. Aber auch der *Lord Chancellor* (Justizminister) und die *Lords of Appeal* (Oberhaus) sind Bindeglieder zwischen Exekutive bzw. Legislative und Rechtsprechung. Gleichwohl gilt die Verwirklichung der Grundannahmen der G. als unproblematisch, weil das polit. Denken nicht auf den statischen Trennungsgrundsatz, sondern auf ein dynamisches System gegenseitiger *checks and balances* abhebt, das sich der Idee nach auf drei Ebenen verwirklicht: polit.-horizontal durch die Spannungs- und Konkurrenzverhältnisse von Unterhaus und Oberhaus, von Kabinett und Opposition, von *Civil Service* (Verwaltung) und Legislative; vertikal durch die Aufteilung in *local* und *central government;* sozial-pluralistisch durch freie Wirtschaft, unabhängige Kom-

munikationsmedien, konkurrierende Willensbildung. Machthemmung im Regierungssystem vollzieht sich nach brit. Verständnis durch Kooperation und Verschränkung.
2. Der dt. Sonderweg erklärt sich aus der „Gegenlehre" *(E. R. Huber)* zur G., dem monarchischen Prinzip. Zentraler Gedanke des monarchischen Konstitutionalismus wie der Staatsrechtslehre war die Erhaltung der unteilbaren Einheit der Staatsgewalt und die Abwehr jeder Zersplitterung und Aufteilung, die auch von liberalen Rechtsgelehrten als Gefahr für den um Einheit ringenden Staat interpretiert wurde.
Das monarchische Prinzip beruhte auf dem Grundsatz der „vorwaltenden Kronmacht" (*O. Hintze).* Wenn polit. Staat und Gesellschaft und in der Verfassung demgemäß die Krone und ihre Regierung von den Repräsentanten des Volkes scharf getrennt wurden, diente dieser Dualismus der Absicherung der Krone und ihrer polit.-exekutiven Macht (Regierung, Verwaltung, Militär), der Beschränkung des Parlaments auf periphere Mitwirkungsrechte, keineswegs aber liberaler Gewaltenteilung.
Der so begründete Verfassungsdualismus und mit ihm auch die Priorität der Exekutive blieben verfassungspolit. wirksam, wurden z. T. aber nun unter der Gewaltenteilungsdoktrin subsumiert. Erst mit der Weimarer Reichsverfassung, eigentlich konsequent erst mit dem Bonner GG, wurde die Trennung von Legislative und Exekutive durch die Einführung des parlamentarischen Regierungssystems überwunden. Die G. wurde dadurch nicht beschädigt. Als System von Hemmungen und Gegengewichten, wie *Montesquieu* sie verstand, lebt sie nicht zuletzt von der Verschränkung der Gewalten. Die Praxis des parlamentarischen Regierungssystems in D steht heute hinter jener in GB kaum zurück.
3. Obgleich die Verfassung der USA die drei Staatsfunktionen auf selbständige Staatsorgane *Congress,* Präsident und *Supreme Court* aufteilt und dadurch geradezu den Gegentyp zum britischen darstellt, stimmt die Interpretation der G. eher mit der brit. als mit der kontinentalen überein: In der Tradition der *Federalist-Papers* stehend, etabliert die Verfassung in Wahrheit ebenfalls ein System von *checks and balances,* in dem keines der Staatsorgane exklusiv die ihm primär zugewiesene Funktion wahrnimmt, sondern alle Organe die drei Zweige *(branches)* des Regierungssystems sich in die Funktionen teilen. So ist z. B. der Präsident durch Veto und (informelle) Initiative an der Gesetzgebung, der *Congress* durch Organisationsakte an der Rechtsprechung und Verwaltung, der *Supreme Court* durch Normenkontrolle an der Rechtsetzung beteiligt. Das Regierungssystem der USA gründet also nicht auf voneinander getrennten Gewalten. Kontrolle und Machthemmung liegen folglich in der gemeinsamen Beteiligung an der gesamten Macht. Die Entscheidungsprozesse in präsidentiellen Systemen wie dem der USA haben sich daher zumindest informell denen in parlamentarischen Systemen stark angenähert, wenngleich Parlament und Regierung stärkere Eigenständigkeit zu bewahren vermochten. Dies ist aber nicht eine Folge der G., sondern der jeweils autonomen direkten demokratischen Legitimation durch die Wähler.

III. Aushöhlung der G. droht heute besonders durch Wandel und Wachstum der Staatsaufgaben. Dadurch wurde die Macht von Regierungen und Verwaltungen erheblich gestärkt, die Kontroll- und Einflußchancen der Parlamente tendenziell geschwächt. Ihre Position und mit ihr die Substanz der G. sind nur durch parlamentarische Mitregierung und Mitsteuerung zu verteidigen. Beides kann nicht durch Trennung, sondern nur durch Verschränkung der Gewalten verwirklicht werden. Die Alternative heißt: Gewaltenhemmung durch Mitregierung oder keine Gewaltenhemmung. Obgleich die „Klassiker" die Entwicklung zum Daseinsvorsorgestaat mit seiner ausgedehnten Leistungsverwaltung nicht vorhersehen konnten, sind ihre wirklichen Konzepte dafür offener als deren populäre Dogmatisierungen.

Die aktuellen Entwicklungen lassen sich mit der Gewaltenteilungsidee versöhnen, sobald man sich auf ihre ordnungspolit. Grundgedanken besinnt, wie es etwa das Bundesverfassungsgericht mit seiner „Kernbereichslehre“ tut. In der G. geradezu klassisch ein Instrument zur Mäßigung der Staatsgewalt erblickend, erklärten die Karlsruher Richter Gewaltenverschränkung für unbedenklich, solange keine Gewalt ein verfassungsrechtl. nicht vorgesehenes Übergewicht über eine andere erringe und ihrer Zuständigkeit beraube, indem sie in ihren Kernbereich eindringe. Damit ist die Dynamik moderner Regierungssysteme ebenso akzeptiert, wie ihr Grenzen gezogen werden. Entsprechend problembewußt sind auch rechtswissenschaftl. Ansätze, die, den „Bereich der Regierung“ (*U. Scheuner*) als Staatsleitung und polit. Führung verstehend, postulieren, daß diese Staatsleitung in der modernen Demokratie Parlament und Regierung gemeinsam zustehe (*E. Friesenhahn*). Ein anderes Konzept spricht von „ineinandergreifender Gewaltenteilung“: Jede Gewalt besitzt ein Machtquantum, das jedoch nur zusammen mit anderen Machtquanten die rechtserhebliche Entscheidung herbeiführt (*Leisner*). Andere vermeiden seit langem den Ausdruck G. und sprechen von Gewaltengliederung (*E.-W. Böckenförde*) oder von Zuordnung und Balancierung der Gewalten (*K. Hesse*). Damit sind die angelsächsischen Interpretationsmuster *„separated institutions sharing powers“ (R. Neustadt)* längst auch der rechtswissenschaftl. Diskussion in D nicht mehr fremd. In der Politikwissenschaft sind ebenfalls weiterführende Ansätze entwickelt worden: Die polit. Entscheidungslehre *K. Loewensteins* (1969) unterscheidet zwischen polit. Gestaltungs- und Grundentscheidung, Ausführung und Durchführung sowie polit. Kontrolle. Die Institutionen sind auf jeder dieser Ebenen in ganz unterschiedlicher Weise präsent. Weit darüber hinaus geht *W. Steffani* (in *Rausch* 1969: 313 ff.), indem er G. staatsrechtl. (horizontal), temporal (Herrschaft auf Zeit), föderativ (vertikal), dezisiv (offene Willensbildung und konkurrierende Diskussions- [und Entscheidungs]ebenen von Regierung, Parlament, Parteien und öffentl. Meinung) und sozial (schichtenspezifische Interessen) bestimmt.

Dieser Ansatz sprengt den engen staatsorganisatorischen und -funktionellen Rahmen. Letztlich hebt er auf die Offenheit und Konkurrenzorientierung eines rechtsstaatl. geregelten und gesicherten demokratischen Willensbildungsprozesses ab, in welchem auf allen Stufen verschiedene Träger von Macht und Interessen interagieren und sich sowohl durchdringen als auch begrenzen. G. ist somit zu verstehen als der gesamte *set* von Macht, Hemmungen und Gegengewichten, die auf je verschiedene Weise, sei es normativ-rechtl., sei es dynamisch-polit., einen Ausgleich zu vollziehen versuchen. Die entschiedene Ergänzung der formalen durch die polit. Komponente findet sich in rudimentärer Form bereits bei einem Teil der Klassiker der Gewaltenteilungsdoktrin, erst recht in der angelsächsischen Interpretation und Praxis. Sie eröffnet die Möglichkeit, Wandlungsprozesse miteinzubeziehen, die außerhalb des Horizonts der Klassiker lagen: die → Partizipation in der Massendemokratie, die generell unbegrenzte polit. → Öffentlichkeit, die wachsende → Interdependenz von Staat und Gesellschaft und die Kommunikationskanäle (insbes. Parteien und Verbände) zur Realisierung einer dieser Interdependenz entsprechenden Willensbildungsstruktur. Das Problem der Machtkontrolle und Machtverteilung stellt sich bereits in den Interaktionsprozessen im präinstitutionellen Raum, bevor die überkommenen staatsorganisatorischen und -rechtlichen Mechanismen greifen. Diese werden erst wirksam im normativ geregelten institutionellen zentralen Entscheidungsprozeß.

Wenn G. angesichts der modernen Herausforderungen durch das Anwachsen staatl. und gesellschaftl. Machtpotentials verteidigt werden soll, ist daher phantasievoller und komplexer anzusetzen, als es die traditionelle Konzentration auf Staatsfunktionen und -organisationen (Institutionen) erlaubt. Auf der funktionellen Ebene hat sich heute in allen gefestigten Demokratien ein Balancesystem ineinandergreifender Gewaltenhemmung etabliert, welches mehr durch strukturelle Gemeinsamkeiten charakterisiert ist als durch die unvermeidlichen Differenzierungen in den jeweiligen Verfassungssystemen. In den Staaten des früheren Ostblocks, speziell in Rußland, scheint ein funktionierendes Balancesystem noch immer das prekäre Verfassungsproblem der Gegenwart zu sein, zumal die kommunistischen Vorläuferregime den Grundsatz der G. negierten. Auf institutioneller Ebene kommt es in parlamentarischen Regierungssystemen, welche den alten Dualismus von Legislative und Exekutive überwinden, darauf an, den neuen Dualismus zwischen regierender Mehrheit und Opposition funktionsfähig zu gestalten. Angesichts der immensen Prämien auf den Machtbesitz im modernen → Sozialstaat stellt sich die dringende Aufgabe, die Opposition auch institutionell zu stärken, um die Balance der Macht zu sichern. In präsidentiellen Systemen, die auf dem alten Dualismus beruhen, stellt sich die gleiche Aufgabe für die Parlamente. Auf sozialstruktureller Ebene ist zunehmend zu bedenken, daß die Sicherung individueller Freiheit nicht nur gegenüber dem Staat, sondern mit seiner Hilfe gegenüber gesellschaftl. Macht geleistet werden muß, was sogar eine Stärkung des zentralen Entscheidungspotentials gegenüber der Indolenz von Gruppen und Interessen erforderlich macht. Zum zweiten verdienen der offene Zugang zum und die Chancengerechtigkeit im konkurrenzorientierten Willensbildungsprozeß als Strukturelemente der Machtbalance Aufmerksamkeit. Beide scheinen durch die bekannten Disparitäten zugunsten mächtiger Interessen gefährdet, so daß G. sich nicht zuletzt in der Wiederherstellung neuer Chancengerechtigkeit und des Primats gemeinwohlorientierter polit. Entscheidung zu bewähren hat.

→ Gesetzgebung/Gesetzgebungsverfahren; Kommunalpolitik; Öffentliche Verwaltung; Parlamentarismus; Präsidentialismus; Verfassungsgerichtsbarkeit; Verfassungsgrundsätze.

Lit.: *Hamilton/Madison/Jay 1994*: Die Federalist-Artikel, hrsg. von *Adams, A./Adams, P. W.*, Paderborn u. a. *Locke, J.* 1974: Über die Regierung, Stg. *Loewenstein, K.* ²1969: Verfassungslehre, Tüb. *Montesquieu* 1992: Vom Geist der Gesetze, übers. u. eingel. von *E. Forsthoff*, Stg. *Rausch, H.* (Hrsg.) 1969: Zur heutigen Problematik der Gewaltenteilung, Darmst. *Steffani, W.* 1997: Gewaltenteilung und Parteien im Wandel, Opl./Wsb. *Weinacht, P. L.* (Hrsg.) 1999: Montesquieu 250 Jahre „Geist der Gesetze", Baden-Baden.

Heinrich Oberreuter

Gewerkschaften

Gewerkschaften (G.) sind organisierte Zusammenschlüsse von abhängigen Erwerbspersonen mit dem Zweck, die wirtschaftl., sozialen und polit. Interessen ihrer Mitglieder in den → Arbeitsbeziehungen und im → Politischen System zur Geltung zu bringen, wobei die Mitgliedschaft i. d. R. freiwillig ist (Koalitionsfreiheit).

I. In bezug auf die staatl. Politik gegenüber G. lassen sich in Anschluß an *F. L. Neumann* vier Verhaltensmuster bzw. Stadien unterscheiden: Verbot, Duldung, Anerkennung, Förderung. Nur in wenigen westl. Ländern würden heute die G. durch staatl. Stellen ausdrücklich gefördert, und nicht in allen westl. Nationen folgten die drei ersten Stadien mit klaren zeitlichen Abständen aufeinander. In Zeiten von Diktaturen wurde die Duldung und Anerkennung wieder rückgängig gemacht.

Ein alternatives Phasenmodell lehnt sich an *S. Rokkan* an. In einer ersten Phase wird das Recht auf Zusammenschluß gewährt. Daran schließt sich das Recht an, mit dieser Organisation auch Druck auf den Arbeitgeber auszuüben. In einem dritten Schritt erfolgt die Anerkennung als Verhandlungspartner durch Staat und Arbeitgeber, und schließlich geschieht die Integration als intermediäre Organisationen in das politische System. Länder unterscheiden sich in bezug auf die zeitlichen Abstände zwischen diesen Phasen und auf den Umfang, in dem diese Rechte zugestanden werden. Ein weiterer wichtiger Unterschied ist die Art der Integration in das polit. System. Sie reicht von der Stellung als *pressure group* und *lobby* (z. B. USA) bis zur Inkorporierung als quasi-staatliche Instanzen im Rahmen des → Korporatismus (Schweiz, Österreich) oder eines zentralistischen Interventionsstaates (Frankreich).

(*Armingeon* 1994; *Ebbinghaus* und *Visser* 2000).

II. Gewerkschaftssysteme weisen starke Unterschiede der Zahl, Art und Größe der einzelnen Verbände (horizontale Dimension) und der Verteilung von Entscheidungsmacht (vertikale Dimension) auf.

1. In horizontaler Dimension sind Gewerkschaftssysteme vor allem durch polit. und kulturelle Konflikte sowie durch Konflikte zwischen Berufs- und Statusgruppen gespalten. Verbände, die historisch eng mit → Sozialdemokratischen Parteien verbunden sind, bilden den Kern der westeurop. Gewerkschaftsbewegung. Selbst wenn die institutionalisierten Beziehungen (beispielsweise *ex-officio*-Mitgliedschaften der Gewerkschaftsführer in Parteigremien und umgekehrt, finanzielle Zuwendungen von den Verbänden an die gewerkschaftsnahe Partei) inzwischen meist aufgehoben wurden, bestehen noch immer informelle Verbindungen. Die Gewerkschaftsmitglieder sind an diese sozialdemokratischen Parteien überdurchschnittlich häufig gebunden und wählen sie häufiger als Nicht-Mitglieder. Beispiele für solche sozialdemokratisch orientierten G. bzw. Gewerkschaftsbünde sind der DGB, die skandinavischen Landesorganisationen (LO), der schweizerische Gewerkschaftsbund oder der britische *Trades Union Congress*. Eine Konkurrenz erwuchs diesen Verbänden in den Jahren nach der russischen Revolution durch kommunistische oder syndikalistische Gewerkschaften. Eine herausragende Position haben sie heute nur noch in den südeurop. Ländern: Frankreich, Italien, Spanien und Portugal. In einigen Nationen mit einem großen Katholikenanteil entstanden im Anschluß an die Gründung der sozialdemokratischen Verbände G., die sich an der katholischen Kirche und später deren Soziallehre orientierten. Sie distanzierten sich in den meisten Fällen zunehmend von der Kirche und den nat. katholischen oder → Christlich-demokratischen Parteien. Das bekannteste Beispiel ist hierfür die italienische CISL. Das einzige Beispiel einer weiterhin wichtigen katholischen Gewerkschaftsbewegung ist Belgien. Dort haben die christlichen (katholischen) Verbände die meisten Mitglieder. Schließlich gibt es noch liberale Gewerkschaften, sie sind jedoch nur marginal geblieben (Belgien) und in den meisten Ländern wieder verschwunden (so beispielsweise der LFSA in der Schweiz). Die polit.-kulturellen Spaltungen Europas, die sich in den bis in die 1920er Jahre entstanden G. niederschlugen, waren für später erfolgende Gründungen und die Expansion der Angestelltenverbände weniger wichtig. Sie verstanden sich meist von vorneherein ebenso wie die G. der USA vordringlich als Vertreter der Interessen ihrer Mitglieder im Arbeitsleben und verzichteten auf eine polit. Programmatik und enge Koalitionen mit polit. Parteien.

Im Prozeß der Modernisierung der westl. Gesellschaften und des Niedergangs des Staatssozialismus verloren diese Trennungslinien an Deutlichkeit. Die sozialdemokratischen Verbände kappten beträchtliche Teile ihrer institutionellen Verbindungen zu den Parteien. Dies war notwendig, um dem Ziel einer umfassenden Organisation nach dem demokratischen Neubeginn (D: DGB) näher zu kommen oder um die skeptische Angestelltenschaft in die ehemaligen »linken« Arbeitergewerkschaften zu integrieren. Zudem stellte sich auch für die polit. Parteien die enge Bindung an die G. als Nachteil bei der Erschließung neuer Wählergruppen heraus (GB).

Neben den polit.-kulturellen Spaltungen waren auch Differenzen zwischen Status- und Berufsgruppen wichtig für die Struktur des Gewerkschaftssystems. G. entstanden zunächst im Bereich der handwerklichen Produktion. Die Organisation erfolgte entlang dem Berufskriterium. Un- und angelernte Arbeiter wurden später in allgemeinen G. zusammengefaßt. Dies führte zu erheblichen Koordinationsproblemen in großen Industrieunternehmen, in denen zahlreiche G. vertreten waren und die für ihre Mitgliedergruppe die relativ besten Ergebnisse erzielen wollten. Deshalb wurde versucht, das Industriegewerkschaftsprinzip durchzusetzen, demzufolge alle Arbeitnehmer eines Industriezweiges im selben Verband zusammengefaßt sind. Dieses Ziel wurde v. a. in D weitgehend erreicht. Dort wurde bereits in der Zwischenkriegszeit mit der Organisationsreform begonnen. Mit der Neugründung der G. nach dem nationalsozialistischen Regime bestand eine »tabula rasa«-Situation, in der sich dieses Ziel vergleichsweise leicht verwirklichen ließ (*Armingeon* 1987). In anderen Ländern verzögerten die Existenz der bestehenden Berufsgewerkschaften und die damit verbundenen Interessen diese Umwandlung.

Historisch entstanden G. als Arbeiterverbände. Die Organisation der Angestellten erfolgte später. Vielfach schlossen sie sich in separaten Angestelltenbünden (z. B. DAG in D, VSA in der Schweiz, MHP in den Niederlanden, TCO in Schweden) zusammen. Neben den Nachfolgern der klassischen Arbeitergewerkschaften und den Angestelltenverbänden existieren G., die in keinem Dachverband oder Bund zusammengefaßt sind.

Nur in Österreich gibt es einen Dachverband (ÖGB), der alle Gewerkschaftsmitglieder organisiert. Etwa vier Fünftel aller Gewerkschaftsmitglieder in D gehören DGB-Verbänden an. Dies ist ein relativ hoher Konzentrationsgrad. In Skandinavien beträgt der LO-Mitgliederanteil aufgrund der starken Stellung der Angestelltengewerkschaften zwischen 60 % (Schweden) und 70 % (Dänemark). In den kulturell stärker fragmentierten kontinentaleurop. Nationen variiert er zwischen 50 % (Belgien, Schweiz) und 70 % (Niederlande). In den Ländern mit starken kommunistischen G. hat die jeweils größte Organisation nur zwischen 30 % (Frankreich, CGT) und 60 % (Portugal, CGTP).

2. In vertikaler Dimension gibt es starke Unterschiede hinsichtlich des Zentralisierungsgrads von (tarifpolit.) Entscheidungskompetenzen. In Österreich ernennt der Dachverband Funktionäre der unteren Ebenen, verfügt über einen eigenen Streikfonds, hat ein Veto gegen Tarifverträge einzelner Mitgliedsgewerkschaften und gegen Kampfmaßnahmen dieser Verbände und er beteiligt sich an der Formulierung der Forderungen. Dies ist in GB, Japan, den USA oder D nicht der Fall. Die Frage der Zentralisierung der Verbände war insbes. im Rahmen der Korporatismusdiskussion wichtig, da lange Zeit davon ausgegangen wurde, daß die satzungsmäßige Zentralisierung eine wichtige Voraussetzung für die Verpflichtungsfähigkeit der Verbände darstellt.

III. Die Forschung litt lange Zeit unter dem Mangel vergleichbarer Daten. Diese Lücke wurde in den letzten Jahren, insbes. mit der Arbeit von *Ebbinghaus* und *Visser* (2000) deutlich verringert.

1. Ein zentrales Thema der sozialwissenschaftl. Gewerkschaftsforschung waren die Veränderungen der G. im Prozeß der Modernisierung, Individualisierung und → Globalisierung. Dabei lautete eine zentrale Vermutung, diese Prozesse würden die Struktur der herkömmlichen Gewerkschaftssysteme, wenn nicht sogar die G. selbst, erodieren. Damit wäre auch das Ende der bisherigen Interessenvermittlung der G., insbes. im Rahmen korporatistischer Arrangements, eingeläutet.

Freilich hat daran die empirische Forschung erhebliche Zweifel angemeldet: Der Rückgang der Zahl der Gewerkschaftsmitglieder in vielen Ländern in den 1980er und 90er Jahren ist unbestritten. Bei der Beurteilung dieser Entwicklung ist jedoch zweierlei zu beachten. Zum einen bestehen starke internat. Unterschiede. In Frankreich, GB oder den USA gibt es einen massiven Mitgliederrückgang, während die Mitgliederdichte in den nordeurop. Ländern anstieg. Zum zweiten ist der Vergleichszeitraum wichtig. Die Höchstwerte der Organisationsquoten wurden in den meisten Ländern Mitte der 1980er Jahre erreicht. Werden die aktuellen Mitgliederzahlen nicht damit, sondern mit den Mitgliederstärken in den 1950 und 60er Jahren verglichen, so sind in den meisten Fällen die Organisationsquoten in den 1990er Jahren höher (*Ebbinghaus* 1999; *Golden* et al. 1999). Ebenfalls unbestritten sind organisatorische Veränderungen der Gewerkschaften. So gibt es eine Tendenz zu einer kleineren Zahl von Mitgliedsverbänden der Spitzenorganisationen. Dennoch kann nicht von einer Konvergenz gesprochen werden. Vielmehr ist die Struktur der nat. Gewerkschaftssysteme am Ende des II. Weltkrieges nach wie vor prägend für die nat. Strukturen 50 Jahre später. Auch die These der Entpolitisierung der G. im Prozeß der Individualisierung und Modernisierung ist übertrieben. Werden die polit. Einstellungsmuster und das Wahlverhalten der Gewerkschaftsmitglieder in westl. Ländern zwischen 1975 und 1996 verglichen, ergeben sich wenige Unterschiede. Und ebenso ist unter den Gewerkschaftsmitgliedern in Westeuropa weiterhin die Vorstellung eines strukturellen Konflikts zwischen Arbeit und Kapital virulent (*Armingeon* und *Geissbühler* 2000).

2. Staatl. Politik in bezug auf die G. hat wichtige Auswirkungen auf die Chancen der Mitgliederrekrutierung und der erfolgreichen Interessenpolitik. G. sind auf die breite Mitgliedschaft von Arbeitnehmern angewiesen. Nur so erhalten sie die Ressourcen und die Legitimation für die Interessenvertretung. Sie sind dabei mit zahlreichen Problemen konfrontiert.

So argumentierte beispielsweise (*Olson* 1965), unter rein ökonom.-rationalen Aspekten bestünden keine Anreize für Arbeitnehmer, einer G. beizutreten und die Mitgliedsbeiträge zu entrichten. Vor allem im angelsächsischen Raum wurden Variationen der gewerkschaftl. Mitgliederstärken auf die Wirtschaftslage und die Veränderung der Beschäftigungsstruktur zurückgeführt. Damit lassen sich jedoch Niveauunterschiede zwischen Ländern kaum erklären. Weshalb sind beispielsweise in der Mitte der 1990er Jahre in Frankreich 9 % und in Schweden 90 % der Arbeitnehmer Mitglied einer Gewerkschaft? Die neuere Forschung betont bes. die Rolle von Organisationsstrukturen der G., des institutionellen Kontexts und der polit. Kräfteverteilung (*Ebbinghaus* 1999; *Hassel* 1999; *Western* 1997). Die Organisation der expandierenden Angestelltenschaft ist eine existentielle Herausforderung der klassischen Gewerkschaftsbewegung mit ihrem Schwerpunkt in der (schrumpfenden) Arbeiterschaft. Die Chancen, die neuen Arbeitnehmergruppen zu organisieren, hängen stark vom Angebot an Organisationstypen ab. Ist das Gewerkschaftssystem differenziert, sind die Erfolgschancen der Mitgliederrekrutierung größer. Zudem ist die Angestelltenschaft in sich heterogen. Die hochqualifizierten sozio-kulturellen Spezialisten (Lehrer, Ärzte, Pflegepersonal, Sozialarbeiter, etc.) sind weitgehend organisationswillig, insb. wenn für sie spezialisierte Interessenverbände existieren. Wenn G. auf der Betriebsebene in Form von Betriebsräten präsent sind, können sie Arbeitnehmer von ihrer Nützlichkeit überzeugen und leichter rekrutieren.

Im Rahmen korporatistischer Organisation erfahren G. Anerkennung durch Regierung und Arbeitgeber. Zudem erhalten sie häufig Organisationshilfen (*Streeck* 1981). Beides erleichtert die Gewinnung von Mitgliedern. Die Verwaltung der staatl. subventionierten und von den G. getragenen Arbeitslosenversicherung (Nordeuropa, Belgien) wirkt sich förderlich auf den gewerkschaftl. Organisationsgrad aus. Eine politisch nahestehende Regierung läßt die Realisierungschancen von gewerkschaftl. Forderungen höher erscheinen, und zudem wird diese Exekutive auch in der Regel keine Maßnahmen ergreifen, die den organisatorischen Interessen der G. abträglich sind.

3. G. haben wichtige Funktionen im ökonom. und polit. System. In wirtschaftswissenschaftl. Perspektive werden G. häufig als nachteilig wahrgenommen, weil sie Marktprozesse insbes. auf dem Arbeitsmarkt beeinträchtigen. Daran ist Kritik geäußert worden: G. haben eine Ordnungsfunktion, indem sie die Forderungen der Arbeitnehmer bündeln und in einem institutionalisierten Verfahren vertreten. Sie tragen damit zur Stabilität von Demokratien bei.

Die wirtschaftl. Situation von Branchen und Nationen mit starken G. ist nicht schlechter als in Bereichen mit schwachen Gewerkschaften. Der Vorwurf, G. würden die polit. Tagesordnung mit ihren gruppenegoistischen Forderungen überladen und somit zur institutionellen Sklerose der Demokratie beitragen, gilt höchstens für Fälle organisatorisch stark fragmentierter G. in einem pluralistischen System der Interessenvermittlung. In einem korporatistischen System haben G. hingegen, so ein allerdings umstrittener Befund, gemeinwohlförderliche Wirkungen. G. spielen häufig eine tragende Rolle im Rahmen der staatl. Sozialpolitik, insbes. bei deren

Implementierung. Insofern sind sie ein wichtiger, systemstabilisierender Bestandteil westl. → Wohlfahrtsstaaten.

Lit.: *Armingeon, K.* 1987: Gewerkschaften in der Bundesrepublik Deutschland 1950–1985: Mitglieder, Organisation und Außenbeziehungen in: PVS 28, 7–34. *Armingeon, K.* 1994: Staat und Arbeitsbeziehungen, Opl. *Armingeon, K./Geissbühler, S.* 2000: Gewerkschaften in der Schweiz. Herausforderungen und Optionen, Zürich. *Ebbinghaus, B.* 1999: When Institutions Matter – Union Growth and Decline in Western Europe, 1950–1995, in: ESR, 15(2), 135–158. *Ebbinghaus, B./Visser, J.* 2000: Trade Unions in Western Europe since 1945 (The Societies of Europe), NY u. a. *Golden, M. A./Wallerstein, M./Lange, P.* 1999: Postwar Trade-Union Organization and Industrial Relations in Twelve Countries, in: *Kitschelt, H./Lange, P./Marks, G./Stephens, J. D.* (Hrsg.): Continuity and Change in Contemporary Capitalism, Camb., 194–230. *Hassel, A.* 1999: Gewerkschaften und sozialer Wandel. Mitgliederrekrutierung und Arbeitsbeziehungen in Deutschland und Großbritannien, Baden-Baden. *Olson, M.* 1965: The Logic of Collective Action. Camb./L. *Streeck, W.* 1981: Gewerkschaftliche Organisationsprobleme in der sozialstaatlichen Demokratie, Königstein/Ts. *Western, B.* 1997: Between Class and Market. Postwar Unionization in the Capitalist Democracies, Princeton.

Klaus Armingeon

Gleichberechtigung

Gleichberechtigung (G.) meint i. w. S. die rechtliche und tatsächliche Gleichstellung verschiedener Gruppen und Individuen in einer Gesellschaft, i. e. S. die Durchsetzung gleicher Rechte und Chancen für Frauen und Männer.

1. In D hat die Frauenbewegung des 19. Jh.s den Kampf um G. der Geschlechter eingeleitet (→ Feminismus). Zu ihren Forderungen gehörten die Aufhebung der Vormundschaft von Vätern und Ehemännern über das weibliche Geschlecht, eine verbesserte Mädchenbildung und die polit. → Partizipation der Frauen. Erst nach dem I. Weltkrieg kam es zur Einführung des aktiven und passiven Frauenwahlrechts in der Weimarer Republik. Die Weimarer Reichsverfassung sah die G. der Geschlechter außerdem im Hinblick auf die staatsbürgerlichen Rechte und Pflichten sowie in der Ehe vor. Im → Nationalsozialismus wurde die gerade erst errungene politische G. wieder beschnitten, da eine aktive polit. Teilnahme von Frauen nicht mit dem nationalsozialistischen, vornehmlich auf die Mutter- und Hausfrauenrolle reduzierten Frauenbild vereinbar war. Auch die beruflichen Möglichkeiten von Frauen wurden bis Kriegsbeginn stark eingeschränkt.

2. Im Grundgesetz der BRD ist die G. von Frauen und Männern ausdrücklich verankert worden. Den wenigen Frauen im Parlamentarischen Rat gelang es, über das Diskriminierungsverbot (Art. 3 Abs. 3 GG) hinaus die G. von Frauen und Männern als Gebot zu formulieren, das sich auf die gesellschaftl. Wirklichkeit erstreckt (Art. 3 Abs. 2 GG) und weitreichende Änderungen des öffentl. und privaten Rechts erzwungen hat. Mit dem Gleichberechtigungsgesetz von 1957 beseitigte der Gesetzgeber diskriminierende Bestimmungen des Familienrechts – wie das Letztentscheidungsrecht des Ehemannes in Angelegenheiten der Ehegatten und der Kindererziehung –, die mit dem Grundsatz der G. unvereinbar waren. Mit der Reform des Ehe- und Scheidungsrechts von 1976 wurde die Fixierung der Frau auf die Hausfrauenrolle zugunsten eines partnerschaftlichen Eheverständnisses beseitigt und das Zerrüttungsprinzip in das Scheidungsrecht eingeführt. Zur Durchsetzung des Gebots der G. haben die Ur-

teile des Bundesverfassungsgerichts entscheidend beigetragen, zuletzt die Gleichstellung von Frau und Mann im Namensrecht.

3. Im Zuge fortschreitender rechtlicher G. zeigte sich, daß die Beseitigung von Diskriminierungen im Recht allein nicht ausreicht, um die tatsächliche Gleichstellung von Frauen und Männern in allen gesellschaftl. Bereichen durchzusetzen.

So ist der Arbeitsmarkt trotz gesetzlicher Diskriminierungsverbote geschlechtsspezifisch gespalten. Frauen sind weit häufiger als Männer in unsicheren, vergleichsweise schlecht bezahlten und mit wenig Aufstiegschancen verbundenen Berufspositionen zu finden. Auch in der Politik ist die Gleichstellung der Geschlechter bisher nicht eingelöst, wie die Unterrepräsentation von Frauen z. B. in Parteien und Parlamenten zeigt. Bei Hausarbeit und Kinderbetreuung tragen Frauen dagegen nach wie vor die Hauptlast. Wegen dieser faktisch fortbestehenden Benachteiligungen konzentriert sich die jüngere Diskussion auf Möglichkeiten zur aktiven Förderung der Chancengleichheit. In Politik und Arbeitswelt werden neben Frauenförderplänen und verbindlichen Quotenregelungen individuelle Förderinstrumente wie *Mentoring*-Programme für Frauen und Maßnahmen zur Erleichterung der Vereinbarkeit von Familie und Beruf für beide Geschlechter erprobt. Das geänderte Verständnis von G. schlägt sich nach der Verfassungsreform von 1994 auch im GG nieder: Art. 3, 2 GG legt jetzt fest, daß der Staat die tatsächliche Durchsetzung der G. von Frauen und Männern zu fördern und auf die Beseitigung bestehender Nachteile hinzuwirken hat.

→ Frauenpolitik

Lit.: *Bergmann, K.* 1999: Die Gleichstellung von Frauen und Männern in der europäischen Arbeitswelt, Wsb. *Cordes, M.* 1996: Frauenpolitik: Gleichstellung oder Gesellschaftsveränderung, Opl. *Ebsen, I.* ²1994: Gleichberechtigung von Männern und Frauen, in: *Benda, E.* u. a. (Hrsg.): Handbuch des Verfassungsrechts, Bln./NY, 263–291. *Gerhard, U.* 1990, Gleichheit ohne Angleichung. Frauen im Recht, Mchn. *Hoecker, B.* 1995: Politische Partizipation von Frauen, Opl. *Hoecker, B.* 1996: Innerparteiliche Frauenförderung in Großbritannien und Deutschland, in: ZParl, 4, 642–667. *Pfarr, H. M.* 1988: Quoten und Grundgesetz: Notwendigkeit und Verfassungsmäßigkeit von Frauenförderung, Baden-Baden. *Phillips, A. S.* 1995: Geschlecht und Demokratie, Hamb. *Wiegand, H.* 1995: Berufstätigkeit und Aufstiegschancen von Frauen, Bln.

Kristin Bergmann

Gleichheit

Gleichheit (G.) meint innerhalb einer Relation die Übereinstimmung der Relata (Dinge, Personen, Gruppen, Sachverhalte) mit Bezug auf ein auszeichnendes Merkmal. G. impliziert – im Gegensatz zur Identität – Verschiedenheit in den nicht selektierten Merkmalen. Dieser abstrakte Verhältnisbegriff läßt sich sozial und polit. interpretieren.

1. In der aristotelischen Theorie der → Gerechtigkeit wird das Gleiche definiert mit Bezug auf äquivalente tauschbare Güter einerseits, durch Verdienst erworbenen sozialen Status andererseits. Diese Tausch- und Verteilungsgerechtigkeit bildet bis heute ein Grundmuster polit.-sozialer Ordnung. Zudem liefert die *isonomia* (= Gleichgesetzlichkeit) eine immer noch aktuelle Leitnorm. Die G. der Bürger vor dem Gesetz und als Rechtsgenossen untereinander bestimmt maßgeblich die republikanische Idee. Sie hebt sich scharf ab von der → Herrschaft des Herrn über den Sklaven. Schließt der auf Bürgersein bezogene Gleichheitsbegriff in der griech. Polis Frauen, Kinder, Sklaven und Barbaren wegen ihrer „natürlichen" Ungleichheit noch aus, so bringen das stoische Menschenbild und die christliche Auffassung von der prinzipiellen G. aller Menschen als ebenbildlicher Geschöpfe Gottes den Durchbruch zu einer Universalisierung. Im neuzeitlichen Naturrecht erscheint G. als Gegenstand eines vorstaatl. individuellen Rechts von Menschen als solchen und bestimmt normativ die vertrags-

theoretischen Staatsbegründungen. Zur theologischen G. in der Kreatürlichkeit treten säkularisierte Gleichheitskriterien wie menschliche Würde, Vernunft, Sozialität hinzu. Aus diesem Reservoir geht G. als eines der zentralen → Menschenrechte, → Grund- und Bürgerrechte in die revolutionären Deklarationen und die daran anschließenden → Verfassungen der westl. Staaten, in das normative Grundverständnis der → Vereinten Nationen sowie in zwischenstaatl. Menschenrechtskonventionen ein.

2. G. und → Freiheit stehen in einem komplizierten Verhältnis. Beide sind Grundnormen moderner Politik, werden aber auch als polit. Kampfbegriffe verwendet. G. spielt in diesem Sinne in der Emanzipation des Bürgertums, aber auch der → Arbeiterbewegung eine bed. Rolle. Die Freiheit dem → Liberalismus, die G. dem → Sozialismus zuzuordnen, wie dies der polemische Sprachgebrauch nahelegt, kann theoretisch nicht befriedigen. Zwar ist das Extrem libertärer Aneignung und Eigenverantwortlichkeit unvereinbar mit dem Extrem egalitärer Gesellschaftsordnungen ohne Privateigentum. Aber hinter solchen Verabsolutierungen verbirgt sich ein substantieller Zusammenhang. Das liberale Verständnis der → Moderne begreift Freiheit prinzipiell als gleiche und gewinnt gerade in der Freiheit (moralisch als vernünftige Autonomie, ökonom. als Erwerb von Privateigentum durch Arbeit, polit. als Möglichkeit der → Partizipation) ein zentrales Kriterium für Gleichheit. Der Zusammenhang wird auch in Utopien deutlich, die eine gleiche maximale individuelle Freiheitsentfaltung projektieren (*C. Fourier*) und die klassenlose Gesellschaft von der Gleichmacherei eines „rohen“ Kommunismus abgrenzen (*Marx*).

Diesseits der utopischen Auflösungen bleibt freilich die Spannung: Wie bereits *Rousseau* in seinem *Discours sur l'inégalité* (1754) zeigt, führt die Entfaltung individueller Freiheit in den Eigentums- und Machtverhältnissen zu Ungleichheiten, die das Bürgerideal der polit. Gleichen zur abstrakten Norm werden lassen. Inwieweit G. demgegenüber zum Korrektiv werden kann, diskutiert die Gerechtigkeitstheorie von *J. Rawls* (1975). Sie legt die Norm größtmöglicher gleicher Freiheit zugrunde und betrachtet soziale und ökon. Ungleichheit nur dann als gerechtfertigt, wenn eine Ungleichverteilung selbst den am wenigsten Begünstigten den größten zu erwartenden Vorteil bietet (Differenzprinzip) und Ämter und Positionen prinzipiell allen i. S. fairer Chancengleichheit offenstehen.

In der modernen pluralistischen → Demokratie tritt neben die grundrechtliche G. die bürgerschaftliche polit. → Partizipation um öffentl. Ämter sowie die sozialstaatl. Komponente, die soziale Ungleichheit relativ zu kompensieren sucht. Die Gleichheitsnorm wird in der Gegenwart zudem auf der menschenrechtlichen Ebene weiterentwickelt gegen Diskriminierung religiöser, geschlechtsspezifischer, ethnischer, rassischer, kultureller Art. Eine eher gegenläufige Entwicklung zeigt sich in Teilen des feministischen und interkulturellen Diskurses, da hier die universalistische G. in der Behauptung fundamentaler geschlechtsspezifischer oder kultureller Differenz in Frage gestellt wird (→ Feminismus).

Lit.: *Bärsch, C.-E.* 1979: Die Gleichheit der Ungleichen. Zur Bedeutung von Gleichheit, Selbstbestimmung und Geschichte im Streit um die konstitutionelle Demokratie, Mchn. *Bühl, W. L./Dürig, G.* [7]1995: Gleichheit, in: Staatslexikon, Sonderausgabe, Bd. 2, Sp. 1065–1073. *Dahrendorf, R.* 1961: Über den Ursprung der Ungleichheit unter den Menschen, Tüb. *Dann, O.* 1975: Gleichheit, in: *Brunner, O.* u. a. (Hrsg.): Geschichtliche Grundbegriffe, Bd. 2, Stg., 997–1046. *Gerhard, U.* u. a. (Hrsg.) 1990: Differenz und Gleichheit. Menschenrechte haben (k)ein Geschlecht, Ffm. *Podlech, A.* 1971: Gehalt und Funktionen des allgemeinen verfassungsrechtlichen Gleichheitssatzes, Bln. *Rawls, J.* [8]1994: Eine Theorie der Gerechtigkeit, Ffm. (dt. zuerst 1975; engl. zuerst 1971). *Sartori, G.* 1992: Demokratietheorie, Darmst. (zuerst engl. 1987). *Verba, S.* u. a. 1978: Participation and Political Equality, Camb.

Ulrich Weiß

Global Governance

Die Frage der polit. Beherrschbarkeit von Weltproblemen und der Globalisierungstendenzen ist zum zentralen Problem der Weltpolitik geworden. Weil sich die Schere zwischen der → Globalisierung der Weltprobleme in der „globalen Risikogesellschaft" (*Ulrich Beck*) und der Fähigkeit der Staatenwelt, sie mit den herkömmlichen Verfahren und Instrumenten der nationalstaatl. Macht- und Interessenpolitik zu bewältigen, immer weiter öffnet, muß sich auch die Politik globalisieren. Dazu genügt auch nicht mehr ein punktuelles und reaktives Krisenmanagement, sondern es müssen neue Ordnungsstrukturen geschaffen werden.

Den Versuch, polit. Antworten auf die Herausforderungen der Globalisierung zu finden, nennen die einen Globalpolitik oder Weltinnenpolitik, andere Weltordnungspolitik oder globale Strukturpolitik, viele inzwischen *Global Governance*, nachdem die *Commission on Global Governance* diesen Begriff in ihrem 1995 vorgelegten Bericht „Nachbarn in Einer Welt" in die internat. Diskussion eingeführt hat. Die aus einem Forschungsprogramm der *United Nations University* (UNU) hervorgegangene Zeitschrift *Global Governance* setzte den Begriff mit einem Mehr an Multilateralismus, also mit einer Verdichtung der internat. Zusammenarbeit in → Internationalen Organisationen und → Internationalen Regimen, gleich.

Hier bildet das UN-System den Nabel von *Global Governance*. Die *Commission on Global Governance* ging in ihrem Bericht jedoch wesentliche Schritte weiter: Hier geht es nicht nur um eine Aufwertung des staatl. organisierten Multilateralismus, sondern schon um ein neues Politikmodell, das *James Rosenau* und *Ernst-Otto Czempiel* (1992) im Buchtitel „*Governance without Government*" verdichtet hatten und später *Michael Zürn* (1998) mit „Regieren jenseits des Nationalstaates" übersetzte. Kernaussagen des *Global Governance*-Konzepts, das inzwischen in der internat. Diskussion heftig umstritten ist, sind (nach *Messner/Nuscheler*):

1. *Global Governance* heißt nicht *Global Government*, also Weltstaat oder Weltregierung. Ein solcher „Welt-King Kong" ist weder eine realistische noch eine erstrebenswerte Option, weil eine solche bürokratische Superbehörde kaum demokratische Legitimation gewinnen könnte und weit entfernt von den zu lösenden Problemen wäre. Weltweit stehen Dezentralisierung und *Regional Governance* auf der polit. Reformagenda. Die Vision von *Global Governance* entspricht eher der bereits von *Immanuel Kant* anvisierten Weltföderation von freien Republiken mit einem notwendigen Minimum an Weltstaatlichkeit.

2. *Global Governance* beruht auf verschiedenen Formen und Ebenen der internat. Koordination, Kooperation und kollektiven Entscheidungsbildung. Internat. Organisationen übernehmen diese Koordinationsfunktion, und Regime übersetzen den Willen zur Kooperation in verbindliche Regelwerke. In solchen Regimen verpflichten sich die Staaten durch vertragliche Vereinbarungen zur Bearbeitung von gemeinsamen Problemen. Auch Hegemone lassen sich auf solche Regime ein, weil Regime etwas regeln, was sie nicht mehr allein regeln können.

3. Der Zwang zur Kooperation verlangt Souveränitätsverzichte, die Globalisierungseffekte und Interdependenzstrukturen schon längst erzwungen haben. Auch Großmächte müssen sich mit „geteilten Souveränitäten" abfinden, die einen Zugewinn an gemeinsamer Handlungs- und Problemlösungsfähigkeit bewirken können. *Global Governance* macht das traditionelle Verständnis von → Souveränität, die durch die zunehmende Entgrenzung der Staatenwelt durchlöchert wurde, endgültig zu einem anachronistischen Relikt des Westfälischen Staatensystems.

4. *Global Governance* ist kein Projekt, an dem nur Regierungen oder internat. Organisationen als Instrumente der Staatenwelt beteiligt sind. Das unterscheidende Konzept der *Commission on Global Governance* liegt im „Zusammenwirken von staatl. und nicht-staatl. Akteuren von der globalen bis zur lokalen Ebene". Diese *public-private partnership* bezieht die Wirtschaft und die → Zivilgesellschaft in horizontal und vertikal vernetzte Strukturen und Dialogforen ein. Deshalb sprach UN-Generalsekretär *Kofi Annan* (1998) von einer „stillen Revolution" hinter den Kulissen und Ritualen der Staatenwelt. Längst haben sich partizipatorische *bottom-up*-Entscheidungsverfahren als leistungsfähiger gegenüber zentralistischen *top-down*-Verfahren erwiesen.

5. Die → Nationalstaaten bleiben die Hauptakteure der internat. Politik, die weiterhin allein autoritative Entscheidungen treffen können und Scharniere zwischen den verschiedenen Handlungsebenen und die tragenden Pfeiler der *Global Governance*-Architektur bilden. Sie ist aber ohne netzwerkartige Verstrebungen mit der Wirtschafts- und Gesellschaftswelt nicht mehr tragfähig (→ Netzwerk).

Das *Global Governance*-Konzept wurde mit mehrfachen Einwänden konfrontiert, die ihm vor allem eine normative Blindheit gegenüber den realen Machtverhältnissen in der Weltpolitik und Weltwirtschaft vorwerfen (vgl. *Brand* u. a. 2000). „Realisten" in Politik und Wissenschaft erkennen im Gefolge der Globalisierung eher verschärfte Konkurrenzsituationen, Deregulierungswettläufe und Handelskonflikte, die sich durch eine Kooperationskultur à la *Global Governance* nicht bändigen lassen. In den USA gibt es Attacken gegen einen „Angriff auf die amerikan. Souveränität".

Die Verteidiger des Konzepts verkennen nicht diese Widerstände, aber sie sind davon überzeugt, daß der Problemdruck der steigenden Transaktionskosten die von einer Ohnmacht der Politik bedrohten Staaten zur Regulation der Eigendynamik der Globalisierung durch globale Regelwerke zwingen wird. *Global Governance* versucht Antworten zu liefern, wie die Welt noch regiert werden kann.

Lit.: *Annan, K.* 1998: The Quiet Revolution, in: Global Governance, 4(2), 123–138. *Brand, U./Brunnengräber, A./Schrader, L./Stock, Ch./Wahl, P.* 2000: Global Governance, Münster. *Commission on Global Governance* 1995: Nachbarn in Einer Welt, Bonn (Stiftung Entwicklung und Frieden). *Dror, Y.* 1995: Ist die Erde noch regierbar?, Mchn. *Messner, D./Nuscheler, F.* 1997/1999: Globale Trends 1998/2000, versch. Beiträge. *Mürle, H.* 1998: Global Governance (INEF-Report 32), Duisburg. *Nuscheler, F.* 2000: Kritik der Kritik am Global Governance-Konzept, in: Prokla, 118, 151–156. *Rosenau, J. N./Czempiel, E.-O.* (Hrsg.) 1992: Governance without Government, NY. *Zürn, M.* 1998: Regieren jenseits des Nationalstaates, Ffm.

Franz Nuscheler

Globalisierung

Der Terminus Globalisierung (G.) ist seit den 1990er Jahren in aller Munde. Ursprünglich im ökonom. Bereich verwendet, um die zunehmende globale Verflechtung der Ökonomien und insbes. der Finanzmärkte auf den Begriff zu bringen, bezeichnet er auch Prozesse, die von dieser als qualitativ neu angesehenen Entwicklung ausgehen und inzwischen etliche weitere Bereiche fortschreitender Modernisierung wie Kommunikation, Produktion von Wissen und Gütern, Transport umfassen, aber auch Problemfelder internationaler Sicherheit wie → Organisierte Kriminalität, Drogen-, Waffen- und Menschenhandel, → Krieg und → Migration. Bedingt durch die breite Verwendungspraxis ist der Begriff nicht einheitlich zu definieren. Im Kern besagt er die rapide Vermehrung und Verdichtung grenzüberschreitender gesellschaftl. Interaktionen, die in räumlicher und zeitlicher Hinsicht die nat. Gesellschaften immer stärker miteinander verkoppeln.

Was lokal an einem beliebigen Ort der Welt passiert, kann unmittelbare Bedeutung für die jeweilige Region, das Land, den Globus gewinnen, wird zumindest weltweit gleichzeitig wahrgenommen und auf diesen räumlichen Ebenen unter Prüfung möglicher weiträumiger Auswirkungen beobachtet und bewertet. *Vice versa* ist der Zusammenhang noch intensiver: In bestimmten Sachfeldern sind die globalen Phänomene, die häufig von den Interaktionspartnern der G. gemeinsam hervorgerufen werden, von weitreichender Bedeutung für die Ebenen geringerer territorialer Reichweite. Charakteristisch ist auch, daß G. bislang hauptsächlich von oben (transnationale Konzerne, internat. Finanzströme, Welthandel) und vor allem von auf dem globalen Markt miteinander im harten Wettbewerb stehenden Akteuren vorangetrieben wird, so daß, auch wenn G. kein ausschließlich ökonom. Phänomen mehr ist, die polit., sozialen, ökolog. und kulturellen Dimensionen von G. für die Prozeßdynamik selbst von nachgeordneter Bedeutung sind.

1. War ursprünglich von einigen Autoren verneint worden, daß es sich bei der G. um eine grundlegende qualitative Veränderung handele, sondern nur um quantitative Erweiterungen bereits lange existierender Prozesse zu wachsender weltwirtschaftl. → Interdependenz, die sich durch die Liberalisierung des Welthandels im Rahmen von GATT und → WTO beschleunigte, so sind es gerade die bereits beobachtbaren Auswirkungen der wirtschaftl. G. und die von ihr ausgehenden vielfältigen Herausforderungen, die den Eindruck eines strukturellen Wandels bestärken. Die G. beeinflußt die nat. Gesellschaftsentwicklung und das Leben jedes einzelnen. Doch die Bedeutung der G. für den einzelnen, Gruppen oder Länder wechselt, etwa aufgrund der Art der Integration eines Landes in die internat. Arbeitsteilung.

Dabei liegen zunächst die Chancen der G. auf der Hand: Die neue Informations- und Kommunikationstechnologie ermöglicht einen allseitigen Zugriff auf Information und Wissen. Das elektronische Weltnetz → Internet ist vielleicht das augenfälligste Phänomen dieser Entwicklung sowie weltweiter Vernetzung von Orten, Personen und Gesellschaften. Dienstleistungen, ja selbst die Produktion halbgefertigter Erzeugnisse werden globalisiert. Arbeitsplätze werden weltweit gehandelt. Die internat. Arbeitsteilung nach dem Muster der Spezialisierung wächst und belohnt die weltwirtschaftl. Integration. Menschenrechte, → Demokratie und → *Good Governance* werden für die integrationswilligen Länder zur wesentlichen Voraussetzung globaler Akzeptanz.

Dagegen stehen Relativierungen und Gefahren. Neben der G. verlaufen Prozesse der Regionalisierung (→ Regionalismus) und kleinräumiger Fragmentierung. Die wirtschaftl. G. erfaßt nicht alle Ökonomien, sondern hauptsächlich die der Industrieländer. Die Integration in die globale Weltwirtschaft gelingt nur den dynamischen Entwicklungsgesellschaften der → Dritten Welt. Auch innerhalb der Gesellschaften gibt es Gewinner und Verlierer der Globalisierung. Die territoriale Entgrenzung ist folglich begleitet von nat. und sozialer Ausgrenzung bzw. Marginalisierung. Kritische Stimmen beschwören nicht zu Unrecht, daß unter dem Deckmantel der G. „der Sozialstaat demontiert, der Umweltschutz klein geschrieben und die Solidarität zwischen den Völkern zur Leerformel degradiert wird" (*H. Scherf* in *Nuscheler* 2000: 253). Diese Besorgnisse mobilisieren immer mehr Gegner der G., die sich öffentlichkeitswirksam anläßlich von Weltkonferenzen internat. Organisationen Gehör verschaffen können. In der Tat droht die Entgrenzung der wirtschaftl. Prozesse die bestehenden sozialen Integrationsmechanismen zu überfordern und die demokratischen Kontrollverfahren auszuhebeln, die einen jeweils nur nat. Wirkungshorizont besitzen. Die Idee einer „kreativen Destruktion" (*J. Schumpeter*) stellt sich nicht ein.

2. Allgemeine Überzeugung ist, daß die Lösung der angedeuteten globalen Probleme nicht den Marktkräften überantwortet bleiben kann, die teilweise ursächlich für ihr Aufkommen oder

ihre Verschärfung sind. Nationalstaatl. Politiken greifen gerade wegen der charakteristischen grenzenüberschreitenden Merkmale der G. zu kurz. Durch die globalen Folgeprobleme ungezügelter G. entsteht vielmehr ein Handlungsbedarf jenseits der Nationalstaaten (vgl. *Zürn* 1998), für den es bislang nicht nur an demokratischen Institutionen fehlt, sondern auch an überzeugenden und konsensträchtigen Entwürfen.

Einzelstaatliche polit. Modelle lassen sich nicht ohne weiteres auf die globale Ebene übertragen (vgl. *Held* 1996). Der staatstheoretische Globalismus, der einem homogenen Weltstaat huldigt, ist ebenso zu verwerfen wie die Gegenposition, ein jede Weltstaatlichkeit ablehnender → Kommunitarismus. *O. Höffe* (1999) schlägt deshalb einen vermittelnden Weg einer demokratischen Rahmenordnung vor, die „subsidiäre und föderale Weltrepublik". Sie versteht sich komplementär zu den nationalstaatl. Demokratien, so daß nichts von dem bisher erreichten Maß an Demokratie und Rechtsstaatlichkeit aufgegeben wird. Entwurf und Einrichtung demokratischer Institutionen für den Umgang mit G. wird zu Recht von einigen Autoren als eine der gegenwärtig größten intellektuellen Herausforderungen der Welt empfunden.

Lit.: *Albert, M. et al.* 1999: Die Neue Weltwirtschaft. Entstofflichung und Entgrenzung der Ökonomie, Ffm. *Beck, U.* 1997: Was ist Globalisierung?, Ffm. *Beck, U.* 1998: Politik der Globalisierung, Ffm. *Held, D.* ²1996: Models of Democracy, Stanford. *Höffe, O.* 1999: Demokratie im Zeitalter der Globalisierung, Mchn. *Messner, D.* (Hrsg.) 1998: Die Zukunft des Staates und der Politik, Bonn. *Nuscheler, F.* (Hrsg.) 2000: Entwicklung und Frieden im 21. Jahrhundert, Bonn. *Zürn, M.* 1998: Regieren jenseits des Nationalstaats, Ffm.

Dieter Nohlen

Good Governance

Unter *good governance* (g. g.), was soviel heißt wie gute Regierungsführung, werden bestimmte Kriterien subsumiert, an deren Umsetzung die Vergabe von Entwicklungshilfe seitens internat. Institutionen (→ Weltbank) und der Industrieländer gebunden wird. Im Gegensatz zu früheren entwicklungspolit. Konditionalitäten, die unter rein ideolog. oder ökonom. Prämissen standen, wird seit Anfang der 1990er Jahre die → Entwicklungspolitik fast aller Geber an Reformen der Regierungs- und Verwaltungsstrukturen, der Entscheidungsfindung und der Politikimplementierung in den jeweiligen Entwicklungsländern gekoppelt, die insgesamt die Qualität der Staatstätigkeit (*governance*) steigern sollen.

Ursächlich für diesen grundlegenden Wandel in der entwicklungspolit. Konzeption war neben der Tatsache, daß mit dem Ende des → Ost-West-Konflikts rein ideolog. motivierte Unterstützungsleistungen für → Autoritäre Regime in der → Dritten Welt obsolet wurden, die bisherige Erfahrung der Weltbank mit den Programmen der → Strukturanpassung in Afrika, deren Implementierung v. a. an der fehlenden Kompetenz und der mangelnden Qualität der Regierungstätigkeit gescheitert war (*World Bank* 1998).

Es können nach Ländern und Organisationen spezifische Akzentuierungen des Begriffsverständnisses festgestellt werden: Während die BRD und die USA mit g. g. eher auf die Gewährleistung einer unabhängigen und fest institutionalisierten Rechtsprechung abheben, setzt Schweden primär auf die Effizienzsteigerung der → Öffentlichen Verwaltung; die brit. Entwicklungspolitik verbindet mit g. g. dagegen in erster Linie die Rechenschaftspflicht (*accountability*) der Regierung gegenüber anderen staatl. Institutionen und der Gesellschaft. Für die Weltbank ist ein leistungsfähiger Staat die Voraussetzung für gutes Regierungshandeln. Der Staat sollte auf seine Kernfunktionen beschränkt werden und entwicklungsorientiert, effizient und effektiv sein. Damit steht g. g. als Maxime für die Reform des öffentl. Sektors in den Entwicklungsländern. Da im Zusammenhang der Schaffung günstiger Rahmenbedingungen wirtschaftl. → Entwicklung, → Demokratie und → Menschenrechte v. a. als Mittel und nicht als Ziele der Entwicklungspolitik fungieren, hat das Weltbank-Konzept von g. g. nicht nur Kritik bei den betroffenen Regierungen, sondern auch bei etlichen Intellektuellen in der Dritten Welt hervorgerufen, die sich gegen eine instrumentelle Verbindung von Demokratieförderung und multilateralen Entwicklungsstrategien (→ Neoliberalismus) aussprechen. Die am g. g.-Konzept orientierte Arbeit multilateraler Entwicklungsorganisationen kann sich jedoch seit 1996 auf ein Mandat der UN-Vollversammlung stützen (Resolution 50/225), das ausdrücklich u. a. die Stärkung der Regierungskapazitäten für die *policies* und die Restrukturierung der öffentl. Verwaltung nennt.

Lit.: *Corkery, J.* (Hrsg.) 1999: Governance. Concept and Applications, Brüssel. *Crawford, G.* 1995: Promoting Democracy, Human Rights and Good Governance Through Development Aid, Leeds. *Fuster, Th.* 1998: Die „Good Governance"-Diskussion der Jahre 1989–1994, Bern u. a. *OECD/DAC* 1995: Partipatory Democracy and Good Governance, Paris. *Theobald, Ch.* 2000: Zur Ökonomie des Staates. Good Governance und die Perzeption der Weltbank, Baden-Baden. *World Bank* 1989: Sub-Sahara Africa. From Crisis to Sustainable Growth, Washington D. C. 1991: World Development Report: The Challenge of Development, Washington D. C. *World Bank* 1994: Development in Practice: Governance – The World Banks Experience, Washington D. C.

Florian Grotz/Dieter Nohlen

Governance → Global Governance, → Good Governance

Grundbedürfnisse

Grundbedürfnisse (G.) wurden im Felde der → Entwicklungspolitik konzeptualisiert. Sie umfassen zwei wesentliche Komponenten: (1) die Gewährleistung der Mindestausstattung einer Familie mit Gütern des priv. Verbrauchs: ausreichende Ernährung, Wohnung und Kleidung, bestimmte Haushaltsgeräte und Möbel; (2) die Bereitstellung elementarer öffentl. Dienstleistungen wie Trinkwasser, sanitäre Anlagen, Transportmittel, Gesundheits- und Bildungseinrichtungen. G. können des weiteren unterschieden werden in Bedürfnisse, deren Befriedigung ein objektivierbares Existenzminimum ermöglicht (*first floor needs*), und weiterreichende Bedürfnisse zur Gewährleistung sozialen und mentalen Wohlbefindens (*second floor needs*), wie z. B. Bildung, soziale Sicherheit, kulturelle Identität.

Zielgruppen einer an G. orientierten Entwicklungspolitik sind diejenigen Personen einer Bev., deren individueller und/oder gruppenspezifischer Konsum priv. und/oder öffentl. Grundbedarfsgüter einen absoluten oder relativen Standard nicht erreicht. Eine solche Zielbestimmung von G. führt entwicklungsstrategisch zu einer Reihe von Folgerungen: (1) Die Struktur des wirtschaftl. Wachstums muß mit der Befriedigung der G. der Armen in Einklang gebracht werden. (2) Vorrang bei der Produktion haben Güter und Dienstleistungen, die der armen Bev. zugänglich gemacht werden können. (3) Der armen Bev. muß der Zugang zu den Produktionsmitteln geöffnet werden, da produktive Beschäftigung ihnen Einkommen bietet sowie die Möglichkeit, für ihren Lebensunterhalt selbst Sorge zu tragen. (4) Beschäftigung verschafft dem einzelnen auch das Gefühl der Selbstachtung und die Chance der Selbstverwirklichung. (5) An G. orientierte Entwicklungsstrategien erfordern die Beteiligung der Bev. an Entscheidungen, die die eigenen Lebens- und Arbeitsbedingungen betreffen. Die in den 1970er Jahren von den bi- und multilateralen Entwicklungsagenturen propagierte armuts- und zielgruppenorientierte G.-Strategie wurde nur ansatzweise umgesetzt, in den 1990er Jahren als Entwicklungsprogramm im neoliberalen Reformkontext reaktiviert.

Lit.: *Nuscheler, F.* [4]1996: Lern- und Arbeitsbuch Entwicklungspolitik, Bonn. *Sottoli, S.*

1999: Sozialpolitik und entwicklungspolitischer Wandel in Lateinamerika, Opl. *Streeten, P.* u. a. (Hrsg.) 1981: First Things First. Meeting Basic Human Needs in Developing Countries, Ox.

Dieter Nohlen

Grundrechte

Grundrechte (G.) bezeichnen als Sammel- und Oberbegriff → Menschenrechte (Rechte, die allen Menschen zustehen) und Bürgerrechte (bes. Rechte, die nur Staatsangehörigen zustehen); teilweise sind mit G. nur die in einer Verfassung kodifizierten Menschen- und Bürgerrechte gemeint; entspr. auch in D die im GG verankerten Menschen- und Bürgerrechte.

1. In geschichtlicher Perspektive sind G. das Ergebnis des bürgerlich-liberalen Aufbegehrens gegen → Feudalismus und → Absolutismus. Gestützt auf naturrechtl. Vorstellungen von einer angeborenen Freiheitssphäre des Menschen forderte das aufstrebende Bürgertum in der Epoche der Aufklärung die Begrenzung obrigkeitlicher Willkür durch individuelle Freiheitsgarantien und polit. Mitwirkungsmöglichkeiten.

Wichtige Voraussetzungen wurden bereits im Mittelalter geschaffen. So gelang der englischen Aristokratie mit der *Magna Carta liberatum* (1215) erstmals die rechtlich fixierte Einschränkung der königlichen Willkürherrschaft. Durch weitere Herrschaftsverträge (z. B. *Habeas-corpus*-Akte von 1679; *Bill of Rights* von 1689) entwickelte sich dieser Prozeß kontinuierlich fort. Da es sich i. d. R. nur um einzelne Zusagen handelte, die nicht dem einzelnen als Individuum, sondern den Ständen korporativ erteilt wurden, können diese Freiheitsgewährungen allerdings noch nicht als G. im eigentlichen Sinne gelten.

G. als individualrechtl., im Verfassungstext positivierte Menschenrechte schreibt erstmals die *Bill of Rights* von Virginia (1776) fest. Unter ihrem Einfluß wurde in der Französischen Revolution 1789 die für die Entwicklung der G. auf dem europ. Kontinent richtungsweisende Erklärung der Menschen- und Bürgerrechte proklamiert. Beide Dokumente verankern die klassischen Freiheits- und Gleichheitsrechte als angeborene und unveräußerliche G., die den einzelnen gegen staatl. Übergriffe schützen.

In D enthielt erstmals die Paulskirchenverfassung von 1849 – mit der sich auch der Begriff G. im dt. Sprachraum durchsetzte – einen umfassenden Grundrechtskatalog. Nach dem Scheitern der Paulskirche kodifizierte erst wieder die Weimarer Reichsverfassung von 1919 einen Grundrechtskatalog, der neben den klassischen Individualgrundrechten auch Grundpflichten, soziale G. und kulturpolit. Ziele enthielt. Diese neue Kombination ergab sich aus einem veränderten Verständnis, das den klassischen G. im demokratischen Staat nicht mehr die Bedeutung zumaß, die sie im Obrigkeitsstaat besessen hatten. Als einklagbare Rechte waren daher selbst die alten Individualgrundrechte nicht ausgestaltet. Mit der völkischen Ideologie des → Nationalsozialismus waren G. als Schutz eines individuellen, vor staatl. Übergriffen geschützten Bereichs nicht vereinbar und wurden schnell außer Kraft gesetzt.

2. Dem GG der BRD sind in den Art. 1–19 umfassende Grundrechtsgarantien vorangestellt. Im Gegensatz zur Weimarer Reichsverfassung binden die G. Gesetzgebung, vollziehende Gewalt und Rechtsprechung als unmittelbar geltendes Recht (Art. 1). Der Grundrechtskatalog enthält den Schutz des Lebens, den Gleichheitssatz, die liberalen Freiheitsrechte und den Schutz bestimmter Rechtsinstitute wie der Ehe, der Elternschaft, des Eigentums und des Schulwesens und beschränkt sich damit überwiegend auf die klassischen Grundrechte.

3. Die G. des GG gewährleisten nicht nur subjektive Abwehr- und Mitwirkungsrechte des Individuums, sondern konstituieren zugleich eine oberste Werteordnung. Der Staat ist daher nicht nur verpflichtet, Eingriffe in den grundrechtlich geschützten Bereich zu unterlassen, sondern muß darüber hinaus für die Verwirklichung der G. Sorge tragen. Die Rechtsprechung des Bundesverfassungsgerichts hat entscheidend zum Ausbau des Schutzes der G. beigetragen, so daß nach heutiger Einschätzung das gesamte Recht,

einschl. des Organisations- und Verfahrensrechts, von den G. beeinflußt wird. Die Frage, ob die G. auch private Adressaten, etwa die Inhaber wirtschaftl. und sozialer Macht, unmittelbar verpflichten, wird überwiegend verneint. Das Bundesverfassungsgericht geht allerdings davon aus, daß die G. hier mittelbaren Einfluß ausüben, da sie bei der Auslegung des anzuwendenden Privatrechts zu berücksichtigen sind (mittelbare Drittwirkung).

4. Wichtige G. des GG sind vom Verfassungsgeber umfassend abgesichert worden. Die „Ewigkeitsgarantie" des Art. 79 Abs. 3 GG verbietet Änderungen des GG, die die in Artikel 1 und 20 festgelegten Prinzipien der → Demokratie, des → Rechtsstaats und Sozialstaates (→ Wohlfahrtsstaat) sowie des → Föderalismus unterlaufen. In keinem Fall darf ein G. in seinem Wesensgehalt angetastet werden (Art. 19 Abs. 2). Art. 18 sieht die Möglichkeit der Verwirkung von G. bei ihrem Mißbrauch zum Kampf gegen die freiheitliche demokratische Grundordnung (FDGO) vor. Das GG hält jedem Bürger, der sich durch die öffentl. Gewalt in seinen Rechten verletzt fühlt, den Rechtsweg offen (Art. 19 Abs. 4). In letzter Verantwortung obliegt der gerichtliche Grundrechtsschutz dem Bundesverfassungsgericht (→ Verfassungsgerichtsbarkeit).

5. Die Freiheit der Bürger hängt zunehmend nicht nur von der Abwehr staatl. Eingriffe und der Gewährung polit. Rechte, sondern verstärkt von sozialstaatl. Sicherung und Umverteilung ab.

Häufig wird daher die Aufnahme sozialer G. in das GG gefordert, die die Grundlagen individueller menschlicher Existenz gewährleisten sollen. In vorwiegend über private Initiative und Markt geregelten Gesellschaften können soziale G. jedoch nicht wie die klassischen G. individuell eingeklagt werden, sondern enthalten lediglich polit.-programmatischen Charakter. Sie unterscheiden sich daher kaum von Staatszielbestimmungen. In die Verfassungen der ostdt. Länder sind zahlreiche soziale G. bzw. Staatszielbestimmungen aufgenommen worden. Die Gemeinsame Verfassungskommission, die im Zuge der → Deutschen Einheit über Verfassungsänderungen zu beraten hatte, konnte sich lediglich darauf einigen, den Umweltschutz als neue Staatszielbestimmung in das GG einzufügen und die → Gleichberechtigung von Frau und Mann ausdrücklich als Staatsziel zu formulieren.

Lit.: *Bracher, K.-D.* 1982: Die Menschenrechte und das Recht auf Selbstverwirklichung in liberaler Tradition, in: Menschenrechte 2. Ihre Geltung heute, Forschung und Information, Bln., 20–29. *Gallwas, H.-U.* 1985: Grundrechte, Ffm. *Heidelmeyer, W.* (Hrsg.) 1982: Die Menschenrechte, Paderborn. *Hesse, K.* 1995: Bedeutung der Grundrechte, in: *Benda E.* u. a. (Hrsg.): Handbuch des Verfassungsrechts der BRD, Bln./NY, 127–160. *Kleinheyer, G.* 1975: Grundrechte, in: *Brunner, O.* u. a. (Hrsg.): Geschichtliche Grundbegriffe, Stg., 1047–1081. *Kühnhardt, L.* 1987: Die Universalität der Menschenrechte. Studien zur ideengeschichtlichen Bestimmung eines politischen Schlüsselbegriffs, Bln. *Luhmann, N.* 1965: Grundrechte als Institution, Bln. *Marshall, T.* 1992: Bürgerrechte und soziale Klassen, Ffm./NY (engl. zuerst 1950).

Kristin Bergmann

Grüne Parteien

I. Grüne Parteien (G. P.) sind in den vergangenen zwanzig Jahren zum festen Bestandteil westeurop. Parteiensysteme geworden (*Müller-Rommel* 1993; *ONeill* 1997; *Richardson/Roots* 1995). Mit ihren teilweise beachtlichen Wahlerfolgen auf Europa-, Bundes-, Länder- und Kommunalebenen haben sie Bewegung in die weitgehend stabile Parteienlandschaft gebracht.

Gegenwärtig existieren in Westeuropa 19 G. P. auf nat. Ebene, die im Zeitraum von 1978–1999 an mehr als 180 Kommunal- und Regionalwahlen und an 73 nat. Wahlen in 15 westeurop. Ländern teilgenommen haben. In sechs Ländern haben sich die Grünen (G.) bereits sechs- bzw. siebenmal an nat. Parlamentswahlen beteiligt (Belgien, Deutschland, Finnland, Österreich, Schweden, Schweiz). In fünf Ländern traten die G. bei vier bzw. fünf nat. Wahlen mit eigenen Kandidaten an (Dänemark, Großbritan-

Tabelle 1: Wahlergebnisse der Grünen Parteien auf nationaler Ebene (1978–1999)[a]

Belgien	0.8 (0) 1978	4.5 (0) 1981	6.2 (9) 1985	7.1 (9) 1987	10.0 (17) 1991	8.4 (11) 1995	14.3 (20) 1999
Dänemark	1.2 (0) 1987	1.3 (0) 1988	3.2 (6) 1994	2.7 (5) 1998			
Deutschland	1.5 (0) 1980	5.6 (27) 1983	8.3 (44) 1987	5.0 (8) 1990	7.3 (49) 1994	6.7 (47) 1998	
Finnalnd	0.1 (0) 1979	1.5 (2) 1983	4.0 (4) 1987	6.8 (10) 1991	6.5 (9) 1995	7.3 (11) 1999	
Frankreich	2.1 (0) 1978	1.7 (0) 1981	1.2 (0) 1986	0.4 (0) 1988	7.6 (0) 1993	6.8 (7) 1997	
Großbritannien	0.1 (0) 1979	0.2 (0) 1983	1.3 (0) 1987	0.5 (0) 1992	0.2 (0) 1997		
Griechenland	0.6 (1) 1989	0.8 (1) 1990					
Italien	2.5 (13) 1987	2.8 (10) 1992	2.7 (11) 1994	3.4 (21) 1996			
Irland	0.4 (0) 1987	1.5 (0) 1989	1.4 (1) 1992	2.8 (2) 1997			
Luxembourg	1.0 (0) 1979	5.2 (2) 1984	8.4 (4) 1989	9.9 (5) 1994	7.5 (5) 1999		
Österreich	3.2 (0) 1983	4.8 (8) 1986	4.5 (9) 1990	7.3 (13) 1994	4.8 (9) 1995	7.4 (14) 1999	
Niederlande	4.1 (6) 1989	3.5 (5) 1994	7.3 (11) 1998				
Schweden	1.6 (0) 1982	1.5 (0) 1985	5.5 (20) 1988	3.4 (0) 1991	5.0 (8) 1994	4.5 (16) 1998	
Schweiz	0.8 (1) 1979	6.4 (6) 1983	8.3 (7) 1987	6.1 (4) 1991	5.0 (9) 1995	5.0 (9) 1999	
Spanien	1.0 (0) 1986	0.8 (0) 1989	0.8 (8) 1993				

[a] Angabe in Prozent der Wählerstimmen sowie (in Klammern) Anzahl der Sitze im nationalen Parlament
Quelle: Keesings Archiv der Gegenwart.

nien, Italien, Irland, Luxemburg). In drei Ländern kandidierten die G. nur drei- bzw. zweimal (Griechenland, Niederlande, Spanien). Gegenwärtig sind die G. in zwölf nat. Parlamenten vertreten (Belgien, Dänemark, Deutschland, Finnland, Frankreich, Italien, Irland, Luxemburg, Österreich, Niederlande, Schweden, Schweiz). Zudem waren bzw. sind sie Koalitionspartner in sechs nat. Regierungen (Frankreich, Finnland, Schweden, Italien, Belgien und Deutschland). Zu den elektoral besonders erfolgreichen Parteien (über 6 % der Stimmenanteile) zählen die G. in Belgien, Deutschland, Finnland, Frankreich, Luxemburg, Österreich und den Niederlanden (vgl. *Tabelle 1*).

Im → Europaparlament sind die G. seit 1984 vertreten. Seit 1989 bestehen sie als Fraktion der „*Green Group in the European Parliament*" (GGEP). Bei den Europawahlen 1999 haben die G. in den EU-Mitgliedsstaaten ein durchschnittliches Wahlergebnis von 9,9 % erzielt. Derzeit sind im Europaparlament G. P. aus elf Ländern mit insgesamt 38 Abgeordneten vertreten, wobei die G. aus Frankreich und Deutschland mit neun bzw. sieben Abgeordneten den stärksten Anteil innerhalb der GGEP haben (*Bomberg* 1998, *Dietz* 1997, *Müller-Rommel* 2000).

II. Die schnelle organisatorische Entwicklung sowie der elektorale Aufstieg von G. P. in Europa hat in der wissenschaftl. Diskussion drei zentrale Fragen gestellt: 1. danach, ob die G. in Westeuropa, ähnlich den etablierten polit. Parteien, eine eigenständige „Parteifamilie" bilden, die durch gemeinsame programmatische Forderungen, gleiche Organisationsstrukturen und ein spezifisches Wähler- und Mitgliederpotential geprägt ist; 2. nach den Gründen der unterschiedlich hohen Wahlerfolge G. P. in Westeuropa; 3. nach der polit. Beständigkeit G. P. in den westeurop. Parteiensystemen und nat. Regierungen.

1. Das Parteiprofil der G. in Europa zeigt hinsichtlich ihrer programmatischen, organisatorischen und sozialen Basis viele Gemeinsamkeiten.

Im Gegensatz zu den etablierten Parteien liegt das Gemeinsame in den Programmvorstellungen der G. weniger in einer einheitlichen Richtungsdiskussion im „Links-Rechts-Spektrum", sondern vielmehr auf der Ebene einer relativ konsistenten „neuen" Politik- und Wertedimension. Zu den programmatischen Forderungen der G. zählen u. a.: Unterordnung der Ökonomie unter die Ökologie, umweltverträgliche Formen der Energieerzeugung, → Demokratisierung aller umweltrelevanten Entscheidungsprozesse, Akzeptanz von gewaltfreiem → Widerstand, Streben nach → Abrüstung und weltweiter → Friedenspolitik, Schuldenerlaß gegenüber Länden der → Dritten Welt (→ Verschuldung) sowie die Verminderung der Weltabhängigkeit dieser Länder, Ausweitung der Verteidigungsrechte und Einschränkung polizeilicher Befugnisse sowie Frauenförderung in allen Bereichen von Wirtschaft und Politik (→ Frauenpolitik).

Organisatorisch verfolgen die G. ein Zielmodell, das möglichst weitgehende Autonomie der unteren Organisationseinheiten enthält. In allen gesellschaftl. Bereichen sollten Entscheidungen in vertikal strukturierten Organisationen möglichst weit unten, also an der Basis getroffen werden. Folglich wird einer Machtkonzentration auf höherer Entscheidungsebene entgegengewirkt. Zu den Wählern und Mitgliedern der G. in Westeuropa zählen mehrheitlich die nachkriegssozialisierten Generationen der Mittelschicht mit formal höherem Bildungsniveau, die zumeist in unkündbaren bzw. nur schwer kündbaren Positionen in privaten und öffentl. Dienstleistungsunternehmen tätig sind. Das Weltbild dieser Wähler und Mitglieder ist i. d. R. durch einen der drei folgenden Begriffe gekennzeichnet: ökozentristisch; institutionenverdrossen; emanzipativ. Grüne Wähler mit einem ökozentristischen Weltbild haben ein hohes Maß an Umweltbewußtsein und wenig Vertrauen in die umweltpolit. Kompetenz der etablierten Parteien. Sie lehnen die Entwicklungsprioritäten hochtechnisierter Industriegesellschaften und ihrer Folgeprobleme ab und erwarten von der Politik regulative Eingriffe. Grüne Wähler mit einem institutionenverdrossenen Weltbild sind mit den Leistungen der polit. Institutionen unzufrieden. Insbes. kritisieren sie die mangelnde Transparenz der Willensbildungs- und Entscheidungsprozesse innerhalb der traditionellen polit. Institutionen. Grüne Wähler mit einem gegenkulturellen und emanzipativen Weltbild haben ihre polit. Identität aus der Studentenbewegung und aus den neuen → Sozialen Bewegungen erhalten. Die Werthaltung dieser Bürger ist geprägt von Freiheits- und Entfaltungsprioritäten. Sie suchen nach kreativen, gesellschaftlich wertvollen Tätigkeiten in Beruf und Freizeit (→ Wählerverhalten).

2. Die Wahlerfolge von G. P. sind entscheidend auf die polit. Rahmenbedingungen zurückzuführen, in denen sich G. P. entfalten. Ländervergleichende Analysen haben gezeigt, daß eine Vielzahl ökonom., kultureller, sozialer und polit. Faktoren die Erfolgschancen von G. P. im westeurop. Parteiensystem fördern beziehungsweise hemmen (*Müller-Rommel* 1993, 1998).

G. P. erzielen besonders hohe Wahlergebnisse in Ländern mit niedriger Inflationsrate, mit hohem Anteil an Anhängern neuer sozialer Bewegungen, mit staatl. → Parteienfinanzierung und mit neokorporatistischen Repräsentationsformen. Ferner sind die G. elektoral besonders erfolgreich in föderal strukturierten Ländern und in Ländern mit parteipolitisch dominanten Regierungen, die über einen langen Zeitraum amtierten. Auffallend hohe Wahlerfolge erzielten die G. zudem in gemäßigten Vielparteiensystemen mit Verhältniswahlsystem (→ Wahlsysteme).

3. Die polit. Beständigkeit G. P. in Westeuropa ist abhängig vom Wandel traditioneller *Cleavage*strukturen, vom Verhalten der etablierten Parteien im Wettbewerb um Wählerstimmen und vom strategischen Handeln der G. im Regierungsapparat.

Zwar lassen sich die Wähler auch heute noch mehrheitlich den traditionellen *cleavages* zuordnen. Allerdings ist die elektorale Unterstützung für die etablierten Parteien in den vergangenen Jahren deutlich gesunken, was auf ein „Aufweichen" traditioneller → Konfliktlinien hinweist. Parallel dazu sind die Wahlergebnisse der G. und (in vielen Ländern) die Wahlergebnisse der Rechtspopulisten deutlich gestiegen (→ Rechtspopulismus). Die alten *Cleavage*strukturen werden demnach von einer neuen Werte-Konfliktdimension überlagert. Während die Rechtspopulisten Wähler mit autoritären Wertestrukturen mobilisieren, gewinnen die G. zunehmend mehr Wähler mit libertären Wertestrukturen. Spätestens seit Mitte der 1980er Jahre besteht in den meisten westeurop. Parteiensystemen eine Struktur des Parteienwettbewerbs, der nicht mehr ausschließlich über die ideologische Distanz zwischen den Parteien auf einer eindimensionalen Links-rechts-Dimension definiert ist. Vielmehr müssen die Unterschiede zwischen den Parteien sowohl auf einer ideologischen Links-rechts- als auch auf einer werteorientierten libertär-autoritären Dimension verortet werden. Vor diesem Hintergrund und weil die etablierten Parteien immer weniger auf ein historisch gewachsenes Wählerpotential zählen können, versuchen sie, die Wähler in der „polit. Mitte" für sich zu mobilisieren, was zunächst einmal den Parteienwettbewerb unter den etablierten Parteien verstärkt. Solange im Lager der etablierten Parteien gemeinsam die polit. Mitte angestrebt wird und keine starke Opposition erwächst, werden die Wahlerfolge der G. vergleichsweise hoch ausfallen. Der Rolle und der Funktion von polit. Opposition muß deshalb ein ganz besonders großer Stellenwert in der zukünftigen Analyse der organisatorischen Beständigkeit und der elektoralen Stärke von G. P. eingeräumt werden. Ferner werden die G. so lange elektoral erfolgreich bleiben, wie sie nicht in bestehenden Elitenkartellen, die quer durch alle etablierten Parteien verlaufen, integriert werden. Dies bringt jene G. P., die nach Regierungsbeteiligung streben bzw. bereits in Regierungskoalitionen mitarbeiten, in ein Dilemma. Als Regierungspartner müssen die G. neue Strategien entwickeln, um langfristig als Koalitionspartner polit. verläßlich und somit organisatorisch beständig zu bleiben. Ehemalige oppositionelle Handlungsstrategien der G., die stark an der Vertretung von partikularen Interessen orientiert waren, müssen beispielsweise zugunsten von gesamtgesellschaftlich relevanten Regierungsinteressen verändert werden. Es gilt nicht mehr, polit. Inhalte im oppositionellen Einzelinteresse, sondern im allg. Staatsinteresse zu formulieren. Das Problem besteht nun darin, daß die G. als Regierungspartner in Belgien, Italien, Frankreich, D und Finnland bislang zwar programmatische Innovationen, allerdings keine systematischen organisatorischen Innovationen für Regierungshandeln entwickelt haben. Was den G. demnach fehlt, ist ein Ressourcenmanagement, welches das strategische Handeln der G. im Regierungsapparat erarbeiten muß.

So bestanden beispielsweise zu Beginn der Koalitionsverhandlungen in allen fünf Ländern keine klaren Vorstellungen beziehungsweise Kriterien, warum welche Ministerämter übernommen werden sollen (abgesehen vom Umweltministerium). Ferner ist bis heute noch nicht eindeutig festgelegt, wie man sich als Koalitionspartner in Konfliktfällen verhalten soll. Zwar wurden formal Koalitionsausschüsse gebildet, die bei auftretenden Konfliktfällen zwischen den Koalitionspartnern zusammentreffen. Unbeantwortet ist allerdings bislang die Frage nach der Strategie von (begrenzter) Konfliktaustragung innerhalb dieser Ausschüsse. Ebenso unklar ist, ob eine Strategie der Ämterpatronage verfolgt werden soll. Welche polit. Posten sollen durch welche Personen besetzt werden? Ferner ist die Rolle der G. als Juniorpartner in der Koalition innerparteilich noch nicht festgelegt. In allen fünf Ländern ist gegenwärtig zwischen Parteiapparat und Parlamentsfraktion nicht hinlänglich geklärt, welche polit. Möglichkeiten man als Unterstützungspartei innerhalb der Regierung nutzen sollte. Solange diese und andere Fragen der strategischen Profilbildung als Regierungspartner nicht geklärt sind, laufen die G. als Regierungsparteien Gefahr, ihr mühsam erworbenes Wählerpotential zu verlieren. Insofern kann die Regierungsbeteiligung zu einer Schicksalsfrage für das dauerhafte Überleben von G. P. in Westeuropa werden.

Lit.: *Bomberg, E.* 1998: Green Parties and Politics in the European Union, L. *Dietz, Th.* 1997: Die grenzüberschreitende Interaktion – Grüne Parteien in Europa, Opl. *Müller-Rommel, F.* 1993: Grüne Parteien in Westeuropa, Opl. *Müller-Rommel, F.* 1998 Explaining the Electoral Success of Green Parties, in: Environmental Politics, 7, 145–155. *Müller-Rommel, F.* 2000: Les écologistes: de lanonymat au succés électoral, in Grünberg, G. u. a. (Hrsg.): Le vote des Quinze: Les élections européennes du 13 juin 1999, Paris. *Müller-Rommel, F./Poguntke, Th.* (Hrsg.) 2001: Green Parties in National Governments, L. *O'Neill, M.* 1997: Green Parties and Political Change in Contemporary Europe, Aldershot. *Richardson, D./Rootes, Ch.* (Hrsg.) 1995: The Green Challenge, L.

Ferdinand Müller-Rommel

Haushaltspolitik

Unter Haushaltspolitik (H.) soll hier die Gesamtheit der Ausgaben- und → Steuerpolitik verstanden werden. Diese Festlegung ist angesichts der haushaltspolit. Praxis von Ländern in der Tradition des brit. Parlamentarismus, deren Haushaltsdebatten in erster Linie Steuerfragen gewidmet sind, bzw. der Konzentration des haushaltspolit. Entscheidungsprozesses in Ländern wie der Bundesrepublik auf die Ausgabenseite des Haushalts keineswegs trivial. H. unterscheidet sich von anderen Politikfeldern wesentlich durch ihre Querschnittsfunktion. Mit dem Medium Geld verfügt der Staat über ein zentrales Lenkungsinstrument für alle Politikfelder. Durch Haushaltsentscheidungen verteilt er gesellschaftl. Ressourcen um und setzt polit. Schwerpunkte.

In der wissenschaftl. Tradition gab es deshalb immer wieder Bemühungen um „die Finanzen (als) einer der besten Angriffspunkte der Untersuchung des sozialen Getriebes, besonders, aber nicht ausschließlich des politischen" (*Schumpeter*). Die für einen solchen Ansatz erforderliche Interdisziplinarität blieb jedoch eine Ausnahmeerscheinung im wissenschaftl. Diskurs. Bemühungen der Jurisprudenz (Haushaltsrecht), der Verwaltungswissenschaft, der Finanzwissenschaft (mit einem starken Übergewicht auf der technischen Seite der Steuererhebung), der Volkswirtschaftslehre und der → Politikwissenschaft um den gleichen Gegenstand liefen und laufen weitgehend unverbunden nebeneinander her. Dabei ist die umfassende gesellschaftl. Wirkung haushaltspolit. Grundentscheidungen nicht zu übersehen.

1. Aufgrund des nach dem II. Weltkrieg, wenn auch mit einiger Verzögerung in den USA und in der Bundesrepublik, in allen westl. Demokratien vollzogenen Übergangs zu einer keynesianisch angeleiteten H. (→ Keynesianismus) wurden die Instrumente bereitgestellt, mit denen Ziele wie Vollbeschäftigung, Inflationsbekämpfung (→ Inflation), außenwirtschaftl. Gleichgewicht (→ Außenwirtschaftspolitik) und Wachstum erreicht werden sollten. In einer ausgefeilteren technokratischen Variante dieser Politik wurde mit „politikneutralen" Pla-

nungsmodellen wie dem PPBS (*Planning-Programming-Budgeting System*) oder MBO (*Management by Objectives*) etc. experimentiert.
Ziel dieser Strategien war es in erster Linie, eine optimale Umsetzung polit. Zielsetzungen durch eine Ausrichtung der Ausgabenpolitik an aus den Programmen gewonnen Maßstäben mit entsprechenden Effizienzkontrollen (→ Politikevaluierung) zu erreichen. Ihr Scheitern hatte auch technische Gründe, wie die Zwänge und Zeitnöte, die sich aus dem Fehlen zuverlässiger langfristiger Prognosen über die Höhe der zur Verfügung stehenden Staatseinnahmen und der in den meisten Ländern geltenden Jährlichkeit des Haushalts ergeben. Ihr wesentlicher Konstruktionsfehler bestand aber in dem Versuch, mit Hilfe eines ökonomisch rationalen Kalküls der – aus ökonom. Sicht polit. – Irrationalitäten der Programmentwicklung und -finanzierung Herr werden zu wollen.

2. Mit der Feststellung des „Scheiterns“ einer nachfrageorientierten H. verband sich bei gleichbleibenden Globalzielen eine Veränderung des haushaltspolit. Instrumentariums. Wirtschaftl. Wettbewerbsfähigkeit und industrieller Strukturwandel sowie eine Sanierung des durch keynesianisch begründete Ausgabenpolitik gewachsenen Budgetdefizits sollte seit Mitte der 1970er Jahre durch eine stärker angebotsorientierte, d. h. die Rahmenbedingungen der Unternehmenstätigkeit fördernde Politik erreicht werden.

Im Zeichen des → Monetarismus hatte das indirekte Steuern wirtschaftl. Abläufe durch eine Politik der Geldmengensteuerung Konjunktur (→ Geldpolitik). International wurden eine Runde der Kürzungen der Spitzensteuersätze, eine Verringerung der Abgaben- und Steuerlast für Unternehmen, Entregulierungen der Staatstätigkeit sowie der Abbau staatl. Interventionsmöglichkeiten durch eine Politik der Privatisierungen (→ Privatisierungspolitik) eingeläutet. Die Umverteilung von gesellschaftl. Reichtum von den wirtschaftl. passiven Begünstigten des → Sozialstaates hin zu den Investitionsgeneigten durch den Abbau sozialer Leistungen und die Umschichtung der Steuerlast von den direkten zu den indirekten Steuern sollte neue wirtschaftl. Dynamik entfachen, die auf lange Sicht auch den Leidtragenden dieser Umstrukturierungen zugute kommen soll. In wenigen Fällen, wie denen der *Reagonomics* in den USA und vor allem des Thatcherismus in GB, wurden diese in allen westl. Demokratien mehr oder minder deutlich vorgenommenen Weichenstellungen ideologisch überhöht und als neue polit. Philosophie präsentiert.

3. In den 1990er Jahren hat sich international das Leitbild des ausgeglichenen Haushaltes durchgesetzt. Haushaltsentscheidungen fallen nun in den Spielräumen, die Sparziele setzen. Sparpolitik ist aber weder Selbstzweck noch in erster Linie eine Attacke auf staatl. Sozialleistungen, auch wenn diese oft das erste Opfer notwendig werdender Einsparungen zur Haushaltssanierung sind. Häufig wird die Haushaltssanierung auch von einer Politik der Veräußerung staatl. Grund- und Aktienbesitzes begleitet, die den Übergang zu einer begrenzteren Aufgabenwahrnehmung des Staates erleichtert.

Die Sparpolitik der 1990er Jahre dient in erster Linie drei Zielen: a) der Wiedergewinnung staatl. Handlungsfähigkeit durch die Begrenzung des die Jahreshaushalte belastenden Schuldendienstes. Mit dem langsameren Wachstum der Staatsverschuldung oder gar dem Schuldenabbau verbindet sich auch eine größere Unabhängigkeit von Zinsschwankungen auf den von nat. Regierungen nicht beeinflußbaren internat. Finanzmärkten; b) dem globalen Wettbewerb um Direktinvestitionen, für deren Einwerbung nicht nur eine zurückhaltende Rolle des Staates in der Wirtschaft, sondern auch die bei niedrigen Staatsausgaben möglichen Steuersenkungen förderlich sind, sowie c) der Beruhigung des globalisierten Finanzmarktes, der auf die mangelnde Solidität der

Staatsfinanzen ebenso wie auf mangelnde Wirtschaftskraft oder ein im internat. Vergleich zu niedriges Zinsniveau mit dem Vertrauensentzug in die nat. oder regionale (Euro) Währung reagiert.
Auch wenn sich international die Ziele der Haushaltspolitik weiter angeglichen haben, weichen institutionelle Regeln der Haushaltsplanung, -entscheidung und -kontrolle noch immer stark voneinander ab. In einigen Ländern ist man schon dazu übergegangen, staatl. Budgets wie Budgets privater Firmen zu betrachten. In anderen herrschen immer noch die Prinzipien der Kameralistik vor, auch wenn durch Auslagerungen von Verwaltungsausgaben aus dem staatl. Budget auch hier nat. Budgets in zunehmendem Maße flexibler und kostenbewußter werden.

Lit.: *Henke, K.-D.* (Hrsg.) 1999: Die Zukunft der Staatsfinanzierung, Baden-Baden. *Klages, W.* (1998): Staat auf Sparkurs. Die erfolgreiche Sanierung des US-Haushalts (1981–1997), Ffm. *Müller, M. M.* (1997): Haushaltsausgleich durch Verfasssungspolitik?, Bln. *Robinson, M.* 2000: Contract Budgeting, in: PA, 78(1), 75–90. *Sturm, R.* (mit *Müller, M. M.*) 1999: Public Deficits, L./NY. *Sturm, R.* 1989: Haushaltspolitik in westlichen Demokratien, Baden-Baden. *Wildavsky, A.* ²1986: Budgeting: A Comparative Theory of Budgetary Processes, New Brunswick/Ox.

Roland Sturm

Herrschaft

Herrschaft (H.) bezeichnet eine asymmetrische soziale Beziehung mit stabilisierter Verhaltenserwartung, wonach die Anordnungen einer übergeordneten Instanz von deren Adressaten befolgt werden.

1. Der Gegenstandsbereich von H. umfaßt priv. wie öffentl. Sozialbeziehungen; die traditionelle patriarchalische Ordnung mit der Dominanz des Vaters in Familie und Haus einschl. der Verfügung über Sklaven zählt ebenso dazu wie Beziehungen in sozialen und wirtschaftl. Organisationen sowie die polit. H., die sich in entwickelten, funktional ausdifferenzierten Gesellschaften im → Staat und seinem modernen Monopol auf legitime Gewaltausübung konzentriert. Der Gehorsam, ohne den H. nicht möglich wäre und selbst nackte Gewaltverhältnisse nicht auf Dauer gestellt werden könnten, verweist auf das Problem der → Legitimität von H. und des Glaubens an diese. *M. Weber* (1976) unterscheidet drei Idealtypen legitimer H., die in der Praxis miteinander verschränkt auftreten: (1) Die rationale, auf legalen Prozeduren beruhende H., deren technisch-funktionaler Betriebscharakter, Versachlichung und Bürokratisierung der neuzeitlichen Rationalisierung entsprechen; (2) die traditionale, auf der Autorität des Hergebrachten beruhende H.; (3) die charismatische H., die sich auf eine vorbildliche und verehrte Führerpersönlichkeit stützt.

2. Die Begrenzung polit. H. erfolgt in unterschiedlichen, sich ergänzenden Dimensionen. (1) Eine normative Einhegung bindet H. – selbst in ihrer maximalen Entfaltung in Form der absoluten → Souveränität – an Vorgaben normativer Art: (a) eine religiös verstandene kosmische oder Schöpfungsordnung; (b) das → Gemeinwohl als ganzheitliche materiale Orientierungsnorm (mit der Zahl der Herrschenden kombiniert, bestimmt dieses normative Kriterium die aristotelische Klassifikation der Herrschaftsformen (→ Staatsformen): die drei guten, weil gemeinwohlorientierten Formen von Königtum, Aristokratie und Politie einerseits und die drei entarteten Formen Tyrannis, Oligarchie und Demokratie andererseits); (c) vertragstheoretische Konstruktionen stellen ab auf ein *trust*-Verhältnis, das H. treuhänderisch an die Bürger rückbindet, oder auf eine Nutzenkalkulation, wonach die Bürger ihre Zustimmung zum Gehorsam eintauschen gegen eine funktionale Leistung des Staates (Schutz und Frieden, Erhaltung des Privateigentums, allg. Glück); (d) die für das westliche Politikverständnis der → Moderne substantiell bedeutsame Bindung an fundamentale → Menschen- und Bürgerrechte. (2) Institutionelle Begrenzungen von polit. H. ergeben sich in der langen Tradition der Gemischten Verfassung und der → Gewaltenteilung ebenso wie aus der rechtl. Positivierung der → Grundrechte (die nicht

nur Abwehrrechte gegen den Staat sind, sondern auch nichtpolit. Formen von H. begrenzen). (3) Polit. H. wird schließlich in ihrem faktischen Prozeß begrenzt, indem sie sich abnutzt, durch externe Machtfaktoren geschwächt oder in ihrer Form revolutionär verändert wird.

3. Neben der hierarchischen Perspektive eines vertikalen Verhältnisses von Oben und Unten, Befehl und Gehorsam ist seit den antiken Griechen eine horizontale Verhältnisbestimmung von polit. H. bedeutsam geworden. Die aristotelische *arché politike* faßt das spezifisch Politische des Herrschaftsverhältnisses als wechselseitige Anerkennung freier und gleicher Bürger, wobei die H. ausübenden Ämter auf Zeit und wechselnd besetzt werden. Dieses republikanische Herrschaftsverständnis wird in heutigen Theorien der → Zivilgesellschaft revitalisiert. Eine Horizontalisierung anderer Art stellen systemorientierte Modelle dar, in denen die polit. H. in ein dynamisches → Netzwerk von sozialen und ökonom. Machtmechanismen einbezogen wird (*M. Foucault*) oder das eine Zentrum polit. Macht anderen gesellschaftl. Subsystemen netzwerkartig nebengeordnet wird (*H. Willke*).

4. Bei aller Dominanz der Überzeugung von der Notwendigkeit von H. sollte die alternative anarchische Sichtweise einer herrschaftslosen Gesellschaft nicht vergessen werden. Sie ist Gegenstand → Politischer Utopien. Sich selbst organisierende frühsozialistische Gemeinschaftsprojekte sind hier ebenso zu nennen wie das Absterben des Staates und dic klassenlose Gesellschaft im → Marxismus, der libertäre → Anarchismus und die herrschaftsfreie ideale Sprechsituation der Diskurstheorie. Die Utopie der Herrschaftsfreiheit leitet auch → Soziale Bewegungen, die zumindest in insularen Räumen die ideale Sozialität ohne H. konkret zu etablieren suchen.

Lit.: *Foucault, M.* 1978: Dispositive der Macht, Bln. *Hilger, D.* 1982: Herrschaft, in: *Brunner, O.* u. a. (Hrsg.): Geschichtliche Grundbegriffe, Bd. 3, Stg., 1–102. *Hondrich, K. O.* 1973: Theorie der Herrschaft, Ffm. *Imbusch, P.* (Hrsg.) 1998: Macht und Herrschaft, Opl. *Jouvenel, B. de* 1972: Über die Staatsgewalt, Freib. (zuerst frz. 1969). *Langer, J.* 1988: Grenzen der Herrschaft, Opl. *Sternberger, D.* 1986: Herrschaft und Vereinbarung, Ffm. *Weber, M.* [5]1976: Wirtschaft und Gesellschaft, hrsg. von *J. Winckelmann*, Tüb. (zuerst 1921/22). *Willke, H.* 1992: Ironie des Staates, Ffm.

Ulrich Weiß

Hochschulpolitik → Wissenschaftspolitik

Humanitäre Intervention

1. Unter einer humanitären Intervention (h. I.) wird ein militärischer Eingriff in das Hoheitsgebiet eines Staates verstanden zum Schutz von Menschen, die sich in einer humanitären Notlage befinden, sofern der betroffene Staat nicht fähig oder willens ist, diesen Menschen Schutz zu bieten. Humanitäre Interventionen im engen und eigentlichen Sinne beziehen sich hierbei auf den Schutz der einheimischen Bevölkerung eines Staates und nicht auf den Schutz eigener Staatsangehöriger im Ausland (humanitäre Rettung). Abzugrenzen von einer h. I. als einer militärischen Zwangsmaßnahme, welche definitorisch mit der Androhung oder Anwendung von Waffengewalt verbunden ist, ist zudem die Entsendung von Truppen in einen Staat mit Zustimmung der jeweiligen Regierung bzw. Konfliktparteien, wie dies im Rahmen der friedenserhaltenden Einsätze von UN-Blauhelmen (→ Vereinte Nationen) geschieht (*peace-keeping*). Freilich verwischt das in den 1990er Jahren diskutierte Konzept des „robusten *peace-keeping*" insofern diese Unterscheidung, als es einzelfallbezogen Elemente militärischen Zwangs auch zur Durchsetzung humanitärer Mindeststandards vorsieht. Hinsichtlich der Akteure einer h. I. kreist die gegen-

wärtige Diskussion weniger um einzelstaatl. als um kollektive Einsätze.
2. Ansatzpunkt einer völkerrechtl. Debatte um eine h. I. ist das allg. Gewaltverbot, das in Art. 2 (4) der UN-Charta kodifiziert und vertrags- oder gewohnheitsrechtlich allgemein bindend ist. Als Teil des universalen *ius cogens* kann es nicht auf regionaler oder nat. Ebene vertraglich unterlaufen werden. Das Gewaltverbot der UN-Charta läßt allerdings zwei Ausnahmen zu: zum einen das individuelle oder kollektive Selbstverteidigungsrecht gemäß Art. 51, zum anderen kollektive UN-Sicherheitsmaßnahmen auf Grundlage des Kap. VII der Charta (→ Völkerrecht).

Verschiedentlich wurden militärische Interventionen u. a. mit dem Recht auf Selbstverteidigung begründet (etwa Indien in Ostbengalen 1971, Tansania in Uganda 1979, Vietnam in Kambodscha 1979). Jedoch kann nach herrschender Völkerrechtsmeinung aus dem Selbstverteidigungsrecht kein Recht auf eine h. I. abgeleitet werden. Zwar ist es unter bestimmten Bedingungen erlaubt, mit Waffengewalt einem angegriffenen Staat gegen einen Aggressor beizustehen. Doch (noch) ist es völkerrechtlich unzulässig, unter Berufung auf Art. 51 der UN-Charta jenen Menschen und Volksgruppen militärisch zu Hilfe zu kommen, die von und in ihrem „eigenen" Staat verfolgt werden. Allerdings ist nicht auszuschließen, daß sich das Völkerrecht dergestalt weiterentwickelt, daß nach der Erhebung von Volksgruppen und Einzelpersonen zu Völkerrechtssubjekten das kollektive Selbstverteidigungsrecht künftig auch zu deren Gunsten ausgeübt werden könnte. Die Grenzen zulässiger Gewaltanwendung wären dadurch aber schwieriger zu ziehen, und angesichts zahlreicher ethnischer Konflikte in der Welt wäre die praktische Gefahr des Mißbrauches nicht zu unterschätzen. Ein anders gelagertes Problem liegt vor, wenn, wie im Falle des Krieges in Bosnien-Herzegowina, UN-Blauhelme zum Selbstschutz Gewalt anwenden dürfen und hierbei der Selbstschutz so weit interpretiert wird, daß er beispielsweise auch den Schutz von Hilfslieferungen oder von einheimischen Bevölkerungsgruppen (etwa im Rahmen von „Sicherheitszonen") umfaßt. Allerdings agierte die *United Nations Protected Force* (UNPROFOR) ab 1993 mitunter bereits auf Grundlage des Kapitels VII der UN-Charta, was weit über die traditionellen *peace-keeping*-Einsätze hinausging.

Gemäß dem Recht der UN-Charta ist bislang eine militärische Intervention zu humanitären Zwecken strenggenommen nur im Rahmen der in Kapitel VII beschriebenen kollektiven UN-Sicherheitsmaßnahmen zulässig. Hierfür müssen zweierlei Bedingungen vorliegen: 1) Die Menschenrechtsverletzungen bzw. die humanitäre Notlage in einem Staat (das auslösende Moment der h. I.) müssen vom UN-Sicherheitsrat als Bruch oder Bedrohung des Weltfriedens bewertet werden (Feststellung der Friedensgefährdung gemäß Art. 39 der UN-Charta). 2) Der UN-Sicherheitsrat muß auf Grundlage des Art. 42 der UN-Charta (Militärische Sanktionsmaßnahmen) den Einsatz militärischer Gewalt beschließen, weil er friedliche Sanktionen als unzulänglich und unter Berücksichtigung des Rechtsgrundsatzes der Verhältnismäßigkeit militärische Sanktionen als geeignet erachtet, um den Frieden und die internat. Sicherheit zu bewahren bzw. wiederherzustellen.

In der Vergangenheit war der UN-Sicherheitsrat mitunter bereit, im Sinne des Art. 39 eine Friedensbedrohung anzunehmen, wenn mit innerstaatl. Menschenrechtsverletzungen eine grenzüberschreitende Wirkung verbunden war. Dies war bereits bei Beschlüssen gegen Rhodesien (Resolution 232 von 1966) und gegen die Republik Südafrika (Resolution 418 von 1977) der Fall, die allerdings nur Embargo-Maßnahmen, nicht aber militärische Interventionen nach sich zogen, und zeigte sich später bei der „Kurden-Resolution" 688 von 1991, welche die Folgen der Unterdrückung der irakischen Zivilbevölkerung in Gestalt eines grenzüberschreitenden Flüchtlingsstroms als eine Bedrohung des Friedens und der internat. Sicherheit bewertete, verbunden mit einem Appell an alle Mitgliedstaaten und humanitären Organisationen, humanitäre Soforthil-

fe zu leisten. In extensiver, völkerrechtlich nicht unproblematischer Auslegung dieser Resolution sicherten die USA und ihre Verbündeten die Hilfslieferungen an die Kurden militärisch ab und errichteten später Flugverbotszonen im Nord- und Südirak. Polit. sind diese Aktionen im Zusammenhang mit dem Golfkrieg und seinen Folgen zu sehen. Die Somalia-Resolution 794 von 1992 erweiterte schließlich den humanitären Aktionsradius der UN, indem sie innerstaatl. Menschenrechtsverletzungen nicht mehr aufgrund ihrer grenzüberschreitenden Wirkungen, sondern bereits aufgrund ihres Ausmaßes als eine Friedensbedrohung bewertete. Autorisiert durch den UN-Sicherheitsrat, landete ein internat. Truppenkontingent (UNITAF) in Somalia, um militärisch ein sicheres Umfeld für humanitäre Hilfe zu errichten. Es handelte sich um die erste und bisher eindeutigste h. I. im Namen der UN, der freilich friedenserhaltende Maßnahmen von UN-Blauhelmen vorausgingen (UNOSOM 1) bzw. nachfolgten (UNOSOM 2).
Wenig später stufte der UN-Sicherheitsrat die Lage in Bosnien-Herzegowina als Bedrohung von Frieden und Sicherheit ein und ermächtigte zunächst einzelne Staaten und internat. Organisationen, später auch die UNPROFOR, notfalls Waffengewalt anzuwenden, u. a. um Hilfslieferungen, die Bewegungsfreiheit der UNPROFOR-Truppen und/oder sog. Sicherheitszonen abzusichern (Resolutionen 770 und 776 von 1992, 836 von 1993). Zur Anwendung von Waffengewalt seitens der internat. Staatengemeinschaft kam es jedoch erst spät, nicht zuletzt weil der Westen einen Bodenkrieg in Bosnien-Herzegowina scheute. Die (leichten) UNPROFOR-Truppen verzichteten weitestgehend auf militärische Zwangsmittel, um nicht ins Kampfgeschehen verwickelt zu werden. Erst nach der jahrelangen Düpierung der UNPROFOR und angesichts von Massenhinrichtungen und -vergewaltigungen sowie schließlich sogar der Eroberung von UN-Sicherheitszonen durch die bosnischen Serben flog die NATO 1995 nach mehrmaligen Androhungen und Ultimaten Luftangriffe gegen die Stellungen bosnischer Serben, um die UNPROFOR-Truppen zu unterstützen.
Bis zum Kosovo-Konflikt lag einer Androhung oder Anwendung von Gewalt zu humanitären Zwecken stets eine Resolution des UN-Sicherheitsrates zugrunde – auch wenn die konkrete Auslegung der Resolution zwischen den Mitgliedern des Sicherheitsrates oft umstritten blieb. Die h. I. der NATO im Kosovo entbehrte erstmals einer solchen Resolution, die sich als Mandat oder als Ermächtigung für ein militärisches Eingreifen interpretieren ließ. Auslöser war die Handlungsunfähigkeit des UN-Sicherheitsrates, dessen Mitglieder sich wie einst zu Zeiten des → Ost-West-Konfliktes gegenseitig blockierten. Zwar bewertete der UN-Sicherheitsrat die Lage im Kosovo als Gefahr für den Frieden und die Sicherheit in der Region (Resolutionen 1199 und 1203, beide von 1998), doch erließ er vor allem aufgrund des Widerstands Rußlands weder ein Mandat noch eine Ermächtigung für die Androhung oder Anwendung von Gewalt gegen (Rest-)Jugoslawien. Vor diesem Hintergrund wurde die → NATO aktiv und beschloß, ohne entsprechende Ermächtigung militärische Lufteinsätze durchzuführen, um eine humanitäre Katastrophe im Kosovo abzuwenden und den Forderungen der internat. Staatengemeinschaft Nachdruck zu verleihen. Völkerrechtlich war der Einsatz höchst problematisch, zumal er nicht auf die ungeteilte Zustimmung der Staatengemeinschaft stieß. Für die Völkerrechtsentwicklung nach dem Kosovo-Konflikt wird es daher von großer Bedeutung sein, ob auch künftig h. I. ohne Befugnis des UN-Sicherheitsrates durchgeführt werden (oder gar ohne Feststellung einer Friedensgefährdung im Sinne des Art. 39 der UN-Charta, die im Kosovo-Konflikt immerhin vorlag) und inwieweit unbeteiligte Staaten ein solches Vorgehen tolerieren. In diesem Falle stünde das Völkerrecht vor der Herausforderung, den Ausnahmetatbestand, der eine h. I. erlaubt, möglichst präzise etwa im Sinne eines Völkermordes zu bestimmen.

3. Die Debatte um eine h. I. ist wie letztlich auch das Völkerrecht hoch politisch. Zur Zeit des Ost-West-Konfliktes stellten aus polit. Gründen kollektive UN-Sicherheitsmaßnahmen die

Ausnahme dar. In großer Zahl scheiterten entsprechende Anträge am Veto einzelner Mitglieder des Sicherheitsrates. Soweit die Vereinten Nationen Truppen in einen Staat entsandten, geschah dies im Rahmen friedenserhaltender Missionen mit bisweilen etwas „künstlicher" Zustimmung der jeweiligen Konfliktparteien. Durch das Ende des Ost-West-Konfliktes erhöhte sich nicht nur sprunghaft die Zahl dieser *peace-keeping*-Einsätze, es stiegen zunächst auch die Chancen, aus humanitären Gründen wirtschaftl. und militärische Sanktionen im Sicherheitsrat durchzusetzen.

Angesichts der neu gewonnenen Handlungsfähigkeit der UN gewann die Frage einer h. I. oder auch nur eines „robusten *peace-keeping*" an polit. Brisanz, zusätzlich forciert durch Fernsehbilder über menschliche Tragödien gerade in Somalia und im Gebiet des Ex- oder Rest-Jugoslawiens sowie durch Behinderungen der dortigen Blauhelm-Einsätze. In der emotionsgeladenen und situationsbezogenen Diskussion, in der völkerrechtl. Aspekte in den Hintergrund traten, gewann bisweilen die Überzeugung Oberhand, daß die moralische Verpflichtung, Menschen aus Not und Elend zu retten, nicht an Staatsgrenzen und völkerrechtl. Regeln haltmachen könne und solle. Humanitäre Interventionen erschienen mitunter in nicht unproblematischer Analogie zur Intervention der Alliierten im II. Weltkrieg als moralisches Gebot angesichts von Bürgerkriegen, Völkermord und Hungertod. Dem historisch negativ belegten Begriff der h. I. wurde so eine beachtliche polit. Aufwertung zuteil. Der humanitäre Zweck heiligte gewissermaßen die militärischen Mittel. Diese Argumentation lag letztlich auch dem NATO-Einsatz im Kosovo zugrunde, als die Erwartungen in die Handlungsfähigkeit der UN bereits merklich abgeklungen waren.

Indes bestehen prinzipielle Einwände gegen eine h. I.: 1) die Gefahr des Mißbrauchs: Humanitäre Interventionen sind historisch belastet. In der Vergangenheit wurde unter dem Deckmantel hehrer humanitärer Ziele oft eine gewaltsame staatl. Interessenpolitik betrieben. Verglichen mit einzelstaatl. Interventionen ist die Gefahr des Mißbrauchs im Falle kollektiver h. I. zwar gemindert, nicht aber völlig gebannt. Schließlich wird auch die Willensbildung in internat. Organisationen maßgeblich von einzelstaatl. Interessen mächtiger Staaten geleitet; 2) Zwang zur Selektion: Unter den gegebenen Bedingungen kann die internat. Staatengemeinschaft nicht überall einschreiten, wo Bürgerkriege und menschliches Leid herrschen. Das zwangsläufig selektive Vorgehen erhöht die Bedeutung sachfremder Kriterien bei der Entscheidung für oder gegen ein militärisches Eingreifen. Nicht nur die Systematik von Massenmorden und das Ausmaß menschlichen Leidens sind dann u. U. entscheidungsrelevant, sondern auch einzelstaatl. und zwischenstaatl. Interessen, der Druck der öffentl. Meinung oder auch nur die Kosten des militärischen Einsatzes. 3) Der wichtigste Einwand jedoch bezieht sich auf die Angemessenheit und Wirksamkeit der Mittel: Eine h. I. bedient sich gewaltsamer, militärischer Maßnahmen und produziert als solche immer auch selbst Leid. Im Extremfall besteht sogar die Gefahr, daß sie mehr Leid schafft, als sie behebt etwa durch eine Eskalation oder durch einen Mißerfolg des Einsatzes. Nicht zuletzt die Erfahrungen im Kosovo-Konflikt haben gelehrt, die Eskalationsgefahr nicht zu unterschätzen. Humanitäre Interventionen zeitigen weitreichende Folgen und bergen hohe Risiken bei ungesichertem Ausgang. Dazu zählt auch das Risiko, daß das militärische Handeln zeitweise der zivilen Kontrolle entgleiten könnte.

Alles in allem sind h. I. als Standardlösung zum Schutz von Menschen, die von Bürgerkriegen, Völkermord oder Chaos bedroht sind, wenig geeignet. Eine h. I. mag allenfalls ein allerletztes, kollektives, wohlgemerkt nicht einzelstaatl. Notinstrument sein, wenn die gesamte Palette nicht-gewaltsamer Maßnahmen des Menschenrechtsschutzes und des kollektiven Krisenmanagements erfolglos angewandt und nicht nur angekündigt wurde. „Der auch im Völkerrecht geltende Grundsatz der Verhältnismäßigkeit der Mittel, das Gewaltverbot als völkerrechtl. Fundamentalnorm der Gegenwart und die verantwortungsethische Regel, die vorhersehbaren Folgen einer gesinnungsethisch naheliegenden polit. Entscheidung vorher zu bedenken, ziehen der humanitären Intervention enge Grenzen" (*Nass* 1993: 287). Falls dennoch eine h. I. im Sinne einer *ultima ratio* durchgeführt wird, ist diese in einen umfassenden Aktionsplan einzubetten, der über klare polit. Zielvorgaben verfügen und den gesellschaftl. und polit. Bedingungen vor Ort Rechnung tragen sollte. Die ernüchternden Erfahrungen in Somalia, Bosnien-Herzegowina und dem Kosovo zeigen, wie schwierig es ist, eine stabile Friedensordnung mit Waffengewalt zu errichten.

Lit.: *Greenwood, C.* 1993: Gibt es ein Recht auf humanitäre Intervention?, in: EA, 4, 93–106. *Jean, F.* 1993: Helfer im Kreuzfeuer, Bonn. *Kimminich, O.* 1995: Der Mythos der humanitären Intervention, in: AVR, 4, 430–458. *Köck, H. F.* 1999: Legalität und Legitimität der Anwendung militärischer Gewalt, in: Zeitschrift für Öffentliches Recht (Österreich), 54, 133–160. *Kühne, W.* 1993: Blauhelme in einer turbulenten Welt, Baden-Baden. *Matthies, V.* (Hrsg.) 1992: Frieden durch Einmischung?, Bonn. *Merkel, R.* 1999: Der Kosovo-Krieg und das Völkerrecht, Ffm. *Michler, W.* 1993: Somalia ein Volk stirbt, Bonn. *Nass, K. O.* 1993: Grenzen und Gefahren humanitärer Interventionen, in: EA, 10, 279–288. *Nolte, G.* 1999: Kosovo und Konstitutionalisierung, in: ZaöRV, 59(4), 941–959. *Weller, M.* 1996: Peace-Keeping and Peace-enforcement in the Republic of Bosnia and Herzegovina, in: ZaöRV, 56(1–2), 70–177.

Michael Krennerich

Ideologie

Wort und Begriff der Ideologie (I.) stammen von dem Aufklärer *Destutt de Tracy*, der *idéologie* als Lehre von den Ideen in sein fortschrittliches Bildungsprogramm einordnete.
Im Anschluß an eine polemische Umprägung durch *Napoleon I.* wurde I. zum Negativbegriff. Dieser umfaßt weltfremde Hirngespinste, dogmatische Gedankenkomplexe, Weltdeutungen mit umfassendem Anspruch und begrenztem Horizont sowie ein interessengebundenes, polit. instrumentalisiertes „falsches Bewußtsein", das sich jedoch als interessenlos-wahr versteht und insofern einer Selbsttäuschung erliegt.

In diesem Sinne wird ein Ideologiekonzept entwickelt (a) im → Marxismus: Ein ideologischer „Überbau" aus Philosophie, Moral, Recht und Politik beansprucht eine vermeintliche, aber illusionäre Selbständigkeit gegenüber der ökonom. Basis; (b) in der Wissenssoziologie: *K. Mannheim* unterscheidet das ideologische Denken der herrschenden Gruppen als erstarrte, partiell blinde Wahrnehmungsweise von Wirklichkeit von einem veränderungsfähigen utopischen Denken: (c) im Neopositivismus: I. wird festgemacht in weltanschaulichen und metaphysischen Konstruktionen, sofern diese sich ihrer empirischen Herkunft und Überprüfbarkeit entziehen. Strategisch folgt dem Ideologieverdacht die Identifizierung und Beschreibung der I., die zur Ideologiekritik ergänzt und vervollständigt wird. Bei letzterer handelt es sich um eine kritische Rekonstruktion mit Zurückführung einer Derivat- auf eine Fundamentalstruktur, z. B. im marxistischen Kontext der Anbindung des bürgerlichen Staates an die Interessen der Bourgeoisie und die kapitalistische Wirtschaftsweise. Dabei ist eine elaborierte Ideologiekritik auch in der Lage, die Entstehung des Derivatkomplexes aus seinem Basisbereich zu erklären, was dem ersteren bei allem ideologischen Schein eine gewisse Wahrheit zugesteht.

In einer reflexiven Selbstthematisierung wird die Ideologiekritik jedoch selbst zum Gegenstand des Ideologieverdachts: (1) Seit *Nietzsche* und mit der → Postmoderne geht die Kritik auf in eine Pluralität von Interpretationen und Perspektiven. Eine Ideologiekritik, welche einen Fundamentalbereich (das Ökonomische, Machtinteressen etc.)

als archimedischen Punkt voraussetzt, verfällt genauso dem Ideologieverdacht wie die optimistische Überzeugung der Aufklärung, ideologische Beschränkungen durch die Einsicht in sie beseitigen zu können. (2) Die Erfahrung mit den totalitären Systemen des 20. Jh. zeigt, daß eine polit. Weltanschauung, verbunden mit den Machtmitteln zu ihrer Durchsetzung, zur dogmatischen Ausgrenzung jeglicher Pluralität des Denkens und Meinens, zur Unterdrückung von Dissidententum und Opposition, zur „holistischen Sozialtechnik" (*K. R. Popper*) der mit → Gewalt durchgesetzten, mit ungeheuren Opfern erkauften großen Pläne, zur normativen Rechtfertigung aller Mittel durch das zu realisierende große Ziel führen kann. Polit. Weltanschauungen werden ihrerseits zu (Staats-)Ideologien.

In der neueren empirischen Sozialforschung werden deskriptiv-neutrale Konzepte von polit. I. als Überzeugungssystemen (*belief systems*) entwickelt, in denen kognitive und normative Elemente nach unterschiedlichen Kriterien zusammenwirken. *G. Sartori* (1969) kombiniert vier Merkmale – offene oder geschlossene Verarbeitung von Umweltinformationen, starke oder schwache affektive Besetzung der kognitiven Überzeugungen – und definiert I. durch geschlossene Elemente mit starker Affektbesetzung und „Pragmatismus" durch schwach affektiv besetzte offene Elemente. *Ph. E. Converse* (1964) hingegen bestimmt polit. I. als Überzeugungssysteme mit hoher Abstraktion und Interdependenz ihrer Elemente sowie großer Reichweite der Objektbereiche (z. B.: das generalisierte Rechts-Links-Schema). Über die Kritik an diesen Konzepten (wegen ihrer Nichtkompatibilität, ihrer mangelnden Operationalisierung und problematischen Abgrenzung gegenüber Schlagwörtern und Stereotypen) hinaus bleiben neutral verstandene I. aus pragmatisch-funktionaler Perspektive prinzipiell bedeutsam: Sie dienen der Orientierung in einer immer komplexeren Wirklichkeit und können polit. sowohl im integrativen als auch im konfliktären Sinne wirken.

Lit.: *Boudon, R.* 1988: Ideologie, Hamb. (zuerst frz. 1986). *Converse, Ph. E.* 1964: The Nature of Belief Systems in Mass Publics, in: *Apter, D.* (Hg.): Ideology and Discontent, Glencoe, 206–261. *Dierse, I.* 1982: Ideologie, in: *Brunner, O.* u. a. (Hrsg.): Geschichtliche Grundbegriffe, Bd. 3, Stg., 131–169. *Eagleton, T.* 1993: Ideologie, Stg. u. a. (zuerst engl. 1991). *Lemberg, E.* 1971: Ideologie und Gesellschaft, Stg. u. a. *Lieber, H.-J.* (Hrsg.) 1976: Ideologie, Wissenschaft, Gesellschaft, Darmst. *Lieber, H.-J.* 1985: Ideologie, Paderborn u. a. *Mannheim, K.* ^{7}1985: Ideologie und Utopie, Ffm. (zuerst 1929). *Salamun, K.* (Hrsg.) 1992: Ideologien und Ideologiekritik, Darmst. *Sartori, G.* 1969: Politics, Ideology, and Belief Systems, in: APSR, 63, 398–411.

Ulrich Weiß

Imperialismus

Für Imperialismus (I.; von lat. *imperium* = das Reich, später das Großreich, Weltreich) sind unterschiedliche Verständnisse zu unterscheiden. (1) Allgemein versteht man darunter das Streben polit. Mächte, über die eigenen Staatsgrenzen hinaus territorial zu expandieren oder ihren polit., wirtschaftl., militärischen und/oder kulturellen Einflußbereich auf Kosten der unterworfenen bzw. penetrierten Gesellschaften auszudehnen. (2) Im spezifischen Verständnis wird damit die Politik der bisherigen europ. Kolonialmächte und der *latecomers* Belgien, D und Italien in den drei Jahrzehnten vor dem I. Weltkrieg (Epoche des I.) bezeichnet, die noch nicht unter Kolonialherrschaft gefallenen Territorien unter sich aufzuteilen. (3) Ebenfalls im spezifischeren Sinne charakterisiert I. das Interaktionsmuster der Beziehungen zwischen „einer Nation im Zentrum und einer Nation an der Peripherie", die gekennzeichnet ist von „Interessenharmonie zwischen dem Zentrum in der Zentralnation und dem Zentrum in der Peripherienation" und „größerer Interessendisharmonie innerhalb der Peripherienation als innerhalb der Zentralnation" (*Galtung* 1972: 35).

Der Imperialismusbegriff differiert nach Theorien, die I. zu erklären suchen. Bezogen auf den klassischen I. (als Epochenphänomen) ist grob zu unterscheiden zwischen machttheoretischen (I. als Folge des Nationalstaats und der Herrschaftsstabilisierung im Inneren) und politökonom. Theorien (Kapitalverwertungsprobleme in den imperialen Staaten). Die letzteren wurden dominant und führten zu Definitionen wie bei *Lenin* (1916): „Der Imperialismus als höchstes Stadium des Kapitalismus". In den der *Dependencia* nahen Theorien, welche die → Internationalen Beziehungen nach der Entkolonisierung und damit die Unterentwicklung erklären wollen, wird der I. ausdifferenziert in den ökonom., polit., militärischen, kommunikativen und kulturellen Typus. Damit wird nicht nur der I. als analytische Kategorie aufrechtzuerhalten versucht, sondern auch seiner Verwendung als polit. Kampfbegriff für jede Form asymmetrischer Beziehungen zwischen Ländern ein weites Feld geöffnet.

Lit.: *Galtung, J.* 1972: Eine strukturelle Theorie des Imperialismus, in: *Senghaas, D.* (Hrsg.): Imperialismus und strukturelle Gewalt, Ffm., 29–104. *Lenin, W. I.* 1916: Der Imperialismus als höchstes Stadium des Kapitalismus, in: LW, 22, 189–309. *Mommsen, W. J.* (Hrsg.) 1971: Der moderne Imperialismus, Stg. *Wehler, H.-U.* (Hrsg.) 1970: Imperialismus, Köln. *Wehler, H.-U.* 1974: Der Aufstieg des amerikanischen Imperialismus, Gött.

Dieter Nohlen

Implementationsforschung → Planung/Planungspolitik

Industriegesellschaft → Gesellschaft

Inflation

Als Inflation (I.) bezeichnet man einen anhaltenden Anstieg des allg. Preisniveaus. Da zu jedem Zeitpunkt die Preise einiger Güter steigen, während die anderer Güter sinken, kann man Inflation nur durch einen Preisindex messen, in dem viele Güter zusammengefaßt sind („Warenkorb"). Der bekannteste dieser Indizes ist der Verbraucherpreisindex der Privathaushalte. In Systemen mit administrierten Preisen (Planwirtschaften) drückt sich I. als Mißverhältnis zwischen Geld- und Warenmenge und in Symptomen wie Schlangestehen aus.

1. Inflation vermindert die Kaufkraft des Geldes und hat deshalb negative Konsequenzen in wirtschaftl., sozialer und polit. Hinsicht. Diese sind generell um so größer, je höher die Inflationsrate ist und um so geringer, je korrekter diese antizipiert wird. In ökonom. Hinsicht verursacht I. vor allem gesteigerte Unsicherheit bezüglich zukünftiger wirtschaftl. Entwicklungen, wodurch die Planung von Produzenten und Konsumenten beeinträchtigt wird und es zu Fehlallokationen kommt. Zudem kann es zu Abwehrreaktionen von Vermögensbesitzern kommen, z. B. zu einer Flucht aus der nat. Währung. I. schafft soziale Probleme, da ihre Folgen die verschiedenen Gruppen einer Gesellschaft in unterschiedlichem Ausmaß belasten. Gesellschaften als ganze weisen zwar eine unterschiedliche Inflationstoleranz auf, doch einer Faustregel zufolge belasten inflationäre Prozesse vor allem Bezieher von (gering oder nicht-indexierten) Transfereinkommen und Gläubiger sowie generell soziale Gruppen mit geringer Konfliktfähigkeit. Schuldner sowie besonders anpassungs- und konfliktfähige Individuen und Gruppen werden hingegen eher begünstigt. In polit. Hinsicht kann I. durch sinkende Akzeptanz der sich ergebenden Einkommens- und Vermögensverteilung zu erheblichen Verteilungskonflikten führen – etwa zwischen → Unternehmerverbänden und → Gewerkschaften –, die ihrerseits die I. weiter anheizen und damit zu weiteren wirtschaftl.

und polit. Problemen bis zur Destabilisierung des gesamten polit. Systems beitragen können.

2. Bis zum Beginn des 20. Jh.s spielte die I. in den westl. Industrieländern eine geringe Rolle. Anstieg und Absinken des Preisniveaus wechselten einander ab. Während und nach dem I. Weltkrieg kam es, bedingt durch Kriegsschulden und Reparationszahlungen, in Österreich (1922) und D (1923) zur Hyperinflation. Eine jährl. Inflationsrate von 2 Billionen Prozent hatte im dt. Falle tiefgehende soziale Verunsicherung und eine Enteignung der Geldvermögensbesitzer zur Folge, die oft mit dem Aufstieg des → Nationalsozialismus in Verbindung gebracht wird. Der durch diesen ausgelöste II. Weltkrieg führte zu einer weiteren großen (wenn auch wegen eingefrorener Preise unterdrückten) I., die in die Währungsreform von 1948 und eine erneute Enteignung der Geldvermögen mündete. Die besondere Empfindlichkeit der bundesdt. Bevölkerung gegenüber Preissteigerungen wird auf diese zweimalige traumatische Erfahrung zurückgeführt. Auch in anderen Ländern stiegen, bedingt durch die finanziellen Lasten, die Inflationsraten nach dem II. Weltkrieg stark an. Doch in den 1950er und 1960er Jahren gingen sie auf ein niedriges und relativ einheitliches Niveau im einstelligen Prozentbereich zurück. Dazu trug das Bretton-Woods-System fixer Wechselkurse erheblich bei, das die → Geldpolitiken der beteiligten Länder aneinander koppelte. Dessen Krise und schließliches Auseinanderbrechen führte Ende der 1960er und vor allem in den 1970er Jahren mit den zwei Ölpreisschocks zu einem Ansteigen des Inflationsniveaus, das im OECD-Bereich durchschnittlich 10 % erreichte. Gleichzeitig erhöhte sich auch die Varianz der I.: Relativ preisstabilen Ländern wie der BRD oder der Schweiz mit Inflationsraten von 5 % standen Länder wie GB oder Italien mit Inflationsraten von 15 % gegenüber. In den 1980er und 1990er Jahren gingen die Preissteigerungen wieder auf niedrigeres Niveau zurück. Dazu trugen die restriktive Geldpolitik der Zentralbanken in den OECD-Ländern, die Disziplinierung der nat. Geldpolitik durch das Europäische Währungssystem (→ Europäische Währungsunion), die zurückhaltende Lohnpolitik der – ihrerseits durch → Arbeitslosigkeit und Geldpolitik disziplinierten – → Gewerkschaften sowie die tendenziell sinkenden internat. Rohstoffpreise bei.

Blickt man über die letzten 30 Jahre zurück, so zeigen sich deutliche Unterschiede in der Inflationsanfälligkeit der Industrieländer. Zu den Ländern mit dem niedrigsten durchschnittlichen Wachstum des Verbraucherpreisindex gehören die Schweiz, die BRD, Österreich und die Niederlande, während in den skandinavischen Ländern, GB sowie den Ländern des EU-Südgürtels höhere Inflationsraten zu beobachten waren.

3. Forschung zur I. wurde lange Zeit ausschließlich von den Wirtschaftswissenschaften betrieben. In der Volkswirtschaftslehre konkurrieren verschiedene Ansätze zur Erklärung von Inflationsursachen. Realwirtschaftl. orientierte Ansätze sehen die Ursache in Störungen auf der gesamtwirtschaftl. Nachfrageseite („Nachfrage-Überschuß-Inflation") oder der Angebotsseite („Kostendruck-Inflation"), die entweder auf exogene Schocks, wirtschaftspolit. Fehlsteuerung oder auf Konflikte um die Verteilung des → Sozialprodukts zurückzuführen sind. Monetär ansetzende Inflationstheorien stellen dagegen die zu rasche Ausweitung der Geldmenge und somit Defizite der Geldpolitik in den Mittelpunkt ihrer Analyse. Während die ökonomischen Erklärungsansätze große Fortschritte etwa bei der Einbeziehung der Inflationserwartungen der Wirtschaftssubjekte in ihre Theorien gemacht haben, stehen sie bei den sozialen und polit. Grundlagen inflatorischer Prozesse und der Erklärung der Inflationsvarianz zwischen den OECD-Ländern weniger gut da.

Genau an diesen Punkten setzt die neuere sozialwissenschaftl. Inflationsforschung an. Sie wurde angeregt durch die steigenden Inflationsraten der 1970er Jahre und ist seitdem zu ständig differenzierteren Ergebnissen gelangt. *J. Goldthorpe* (1978) interpretierte die steigende I. als Ausdruck von Veränderungen der sozialen Schichtung, wobei die „Reifung der Arbeiterklasse" einer Intensivierung von Verteilungskonflikten Vorschub leiste. *Ch. Maier* (1978) sah in der I. – die das Nichteintreffen realer Wachstumserwartungen überdeckt – ein den Konsens aufrechterhaltendes „Schmiermittel“ einer Koalition aus organisierter Arbeitnehmerschaft und Unternehmerschaft, die sich nach dem II. Weltkrieg formiert habe. Während so die Tendenz zum Anstieg des Inflationsniveaus erklärt werden konnte, bedurften die beachtlichen internat. Unterschiede bei der I. einer Analyse der polit.-institutionellen und polit.-kulturellen Grundlagen wirtschaftspolit. Handelns, wie sie die politikwissenschaftl. Forschung vorgelegt hat. *D. A. Hibbs* (1977) vertrat in einem vielbeachteten Artikel die These, der Zielkonflikt zwischen Preisstabilität und Vollbeschäftigung stehe im Zusammenhang mit der parteipolit. Färbung von Regierungen, die letztlich aus den objektiven Interessen ihrer Wählerschaft zu erklären sei: Bürgerliche Regierungsparteien favorisierten Preisstabilität auf Kosten von Arbeitslosigkeit, während sozialdemokratische Regierungen Vollbeschäftigung anstrebten und dabei I. in Kauf nähmen. *C. Crouch* (1985) untersuchte den Zusammenhang zwischen der Struktur des Lohnaushandlungssystems und der Neigung eines Landes zu I. und stellte fest, daß in Ländern mit neokorporatistischen, koordinierten Systemen die Voraussetzungen für Preisstabilität günstiger seien als in liberalen Systemen. *J. Woolley* (1985) stellte Zentralbanken als eine weitere institutionelle Variable in den Mittelpunkt seiner Analyse und fand einen positiven Beitrag zur Preisstabilität, wenn diese die Geldpolitik ohne Einfluß der Regierung durchführen können.

Systematische Untersuchungen dieser Hypothesen (*Cameron* 1984; *Busch* 1995) haben die politikwissenschaftl. Ansätze der Inflationserklärung grundsätzlich bestätigt, doch erheblich differenziertere Ergebnisse zutage gefördert. So konnte gezeigt werden, daß die Parteiendifferenzhypothese von *D. A. Hibbs* nicht ohne weiteres verallgemeinerbar ist. Vielmehr gibt es sowohl unter Rechts- wie unter Links-Regierungen hohe und niedrige Inflationsraten. Auch die Stärke von Gewerkschaften ist per se weder für I. noch für Preisstabilität eine notwendige oder hinreichende Bedingung. Vielmehr liegt in der Interaktion verschiedener Variablen der Schlüssel für das Verständnis der unterschiedlichen Entwicklungen. Für die Periode zwischen 1974 und Mitte der 1980er Jahre wurde gezeigt, daß die Inflationsraten in den Ländern tendenziell niedriger waren, in denen einerseits eine preisstabilitätsbewußte autonome Zentralbank agierte und andererseits das Konfliktniveau zwischen Kapital und Arbeit gering war und übermäßige, die Preisstabilität gefährdende Lohnsteigerungen nicht stattfanden, was die Grundlage für eine zurückhaltende Preispolitik auf seiten der Unternehmen und des Staates schuf. Eine weitere günstige Voraussetzung von Preisstabilitätspolitik liegt in hohen institutionellen Hindernissen gegen eine expansive, defizitfinanzierte Fiskalpolitik, wie sie typischerweise föderalen Staaten zu eigen sind. Ungünstiger sind die Chancen der Inflationsbekämpfung, wenn der Verteilungskampf zwischen Arbeit und Kapital in weitgehend unstrukturierten Bahnen, im Rahmen fragmentierter, pluralistischer → Arbeitsbeziehungen erfolgt, die Geldpolitik von den polit. Opportunitätserwägungen der Regierung bestimmt wird und zudem eine expansive Politik zur Ankurbelung von Wachstum und Beschäftigung leicht durchzuführen ist.

Insgesamt ergibt sich, daß soziologische und politologische Beiträge die wirtschaftswissenschaftl. Inflationstheorien sinnvoll ergänzen können. Während die besonderen Stärken der letzteren in der Erklärung kurzfristiger Schwankungen der I. sowie im Fokus auf ökonom. Variablen wie Rohstoffpreise und Lohnstückkosten liegen, tragen erstere zum Verstehen der polit. Grundlagen und Folgen von mittel- und langfristigen Inflationsraten und zur Erklärung interkultureller Unterschiede in langfristigen Preisniveauveränderungen bei.

4. Seit den späten 1980er Jahren kann man in den Industrieländern, aber auch über sie hinaus, von einem Konsens hinsichtlich des wirtschaftspolit. Ziels niedriger I. sprechen. Die dominanten wirtschaftspolit. Konzeptionen haben sich von der Auffassung abgewandt, durch höhere I. seien Verbesserungen auf dem Arbeitsmarkt zu erreichen (Phillips-Kurve). Vielmehr wird heute Preisstabilität als Voraussetzung für eine langfri-

stig gute wirtschaftl. Entwicklung gesehen. Dazu haben neben den Erfahrungen der 1970er und 1980er Jahre auch eine verstärkte internat. Integration der Finanzmärkte und die gewachsene Staatsverschuldung beigetragen, die das Interesse an niedrigen Zinssätzen steigen ließ. Neben der konzeptionellen gab es auch eine institutionelle Konvergenz, da in vielen Ländern die Zentralbanken von Regierungseinfluß unabhängig gemacht wurden. Die Länder der → Europäischen Union machten dies sogar im Vertrag von Maastricht (1992) zur Vorbedingung für einen Beitritt zur Europäischen Währungsunion. Seit deren Inkrafttreten im Januar 1999 ist die Geldpolitik im Währungsgebiet dem Einfluß der nat. Regierungen völlig entzogen und auf die supranat. Europäische Zentralbank übertragen, die dem Ziel der Preisstabilität verpflichtet ist. Trotz einheitlicher Geldpolitik variieren die Inflationsraten in den Mitgliedsländern weiterhin, doch in wesentlich geringerem Maße, als dies in den vergangenen Jahrzehnten der Fall war. Mit 2,1 % lag die Inflationsrate im Euro-Raum im März 2000 auf einem im historischen Vergleich sehr niedrigen Niveau.

Lit.: *Busch, A.* 1995: Preisstabilitätspolitik, Opl. *Cameron, D.* 1984: Social Democracy, Corporatism, Labour Quiescence, and the Representation of Economic Interest in Advanced Capitalist Society, in: *Goldthorpe, J. H.* (Hrsg.): Order and Conflict in Contemporary Capitalism, Ox., 143–178. *Crouch, C.* 1985: Conditions for Trade Union Wage Restraint, in: *Lindberg, L./Maier, Ch.* (Hrsg.), 105–139. *Feldman, G. D.* 1993: The Great Disorder. Politics, Economics and Society in the German Inflation, 1914–1924, NY/Ox. *Goldthorpe, J. H.* 1978: The Current Inflation: Towards a Sociological Account, in: *Hirsch, F./Goldthorpe, J. H.* (Hrsg.), 186–214. *Hibbs, D. A.* 1977: Political Parties and Macroeconomic Policy, in: APSR, 71, 1467–1487. *Hirsch, F./Goldthorpe, J. H.* (Hrsg.) 1978: The Political Economy of Inflation, Camb./Mass. *Lindberg, L./Maier, Ch.* (Hrsg.) 1985: The Politics of Inflation and Economic Stagnation, Washington. *Maier, Ch.* 1978: The Politics of Inflation in the Twentieth Century, in: *Hirsch, F./Goldthorpe, J. H.* (Hrsg.), 37–42. *Woolley, J.* 1985: Central Banks and Inflation, in: *Lindberg, L./Maier, Ch.* (Hrsg.), 318–348.

Andreas Busch

Informationsgesellschaft → Gesellschaft

Innenpolitik

Innenpolitik (I.) ist die Bezeichnung für die Gesamtheit der institutionellen Bedingungen, Vorgänge, Inhalte und Ergebnisse sozialen Handelns, das darauf gerichtet ist, Konflikte über die Allokation begehrter Werte oder Güter im Inneren eines Staates mit Anspruch auf gesamtgesellschaftl. Verbindlichkeit zu regeln. Der historische Vergleich zeigt, daß sich das Feld der I. in den westl. Ländern ausgedehnt und ausdifferenziert hat.

I. Im Gegensatz zum → Staat des 19. Jh.s, der innenpolit. vorrangig auf Rechtsnormensetzung, Ordnungsverwaltung und Gewährung äußerer → Sicherheit ausgerichtet war, umfaßt die I. der demokratischen Verfassungsstaaten im 20. und 21. Jh. einen viel größeren Regelungsbereich und ein umfangreicheres Instrumentarium. Zu diesem gehören auch umfangreiche Transferzahlungen, Dienstleistungen und prozedurale Steuerung.

Den größeren Umfang der modernen I. bezeugen u. a. die Ausgliederung von Aufgaben aus dem Innenministerium und ihre Institutionalisierung in spezialisierten Ministerien, beispielsweise dem Wirtschafts-, dem Arbeits- und Sozial- oder dem Agrarministerium und den Ministerien für Bildung, Forschung und Technologie oder Umweltschutz.

In der Mehrzahl der westl. Länder kamen bei der Aufgliederung der Staatsverwaltung zunächst „definierende Aktivitäten“ zum Zuge, wie militärische Sicherheit, Aufrechterhaltung von Ruhe und Ordnung und Sicherung von Einnahmequellen. Anschließend folgten meist auf „Ressourcenmobilisierung“ gerichtete Aktivitäten. Diese wiederum gingen der „sozialstaatl. Verteilungs- und Umverteilungsaktivität“ voraus (*Rose* 1976).

1. So vielfältig der Gegenstand der I. ist, so vielgestaltig sind auch die Ansätze zu ihrer Erforschung (*Böhret* u. a. 1988). Vereinfachend lassen sich drei besonders wichtige Ansätze unterscheiden.

(1) Die pluralismustheoretischen und die klassensoziologischen Ansätze begreifen I. als ein Feld von Gruppen- oder Klasseninteressen, die miteinander durch Konflikt und Kooperation verbunden sind. Politik im Sinn von *policy* wird von ihnen im wesentlichen als Resultante eines Kräfteparallelogramms interpretiert, das allerdings durch Machtverteilungen verzerrt sein kann. → Pluralismustheorien lenken die Aufmerksamkeit vor allem auf das Wirken von Interessenverbänden, Parteien, Parlamenten, Regierungen und Verwaltungen und die Polit. Kultur. Klassensoziologische Beiträge hingegen betonen die Spaltung der Gesellschaft in Klassen. Politik im Sinn von *policy* deuten sie hauptsächlich als Ergebnis des Kräfteverhältnisses zwischen den Klassen oder zwischen herrschender Klasse und Staat einerseits und beherrschten Klassen andererseits. Maßgebend für die klassentheoretische Variante ist die Annahme, daß das polit. System nur einen vergleichsweise geringen Spielraum gegenüber der Ökonomie und der Gesellschaft besitze, wenn es um die Wahrnehmung von Interessen abhängiger Klassen geht. Im Gegensatz dazu basieren die pluralismustheoretichen Ansätze auf der Annahme einer relativ hohen Autonomie der Politik gegenüber der Wirtschaft und der Gesellschaft, es sei denn, es handele sich um „*capture*“, also um „Gefangennahme“ staatl. Institutionen durch Sonderinteressen. Die Regel schließt die Auffassung ein, daß sowohl organisierte wie auch schwach organisierte und manifeste ebenso wie latente Interessen in der Politik berücksichtigt würden.

(2) Im Unterschied zu den handlungstheoretischen Ansätzen betonen vom Funktionalismus, Strukturalismus und der Systemtheorie geprägte Theoriefamilien vor allem Strukturen, Funktionen und Systeme. Zu ihnen gehören neben der älteren strukturell-funktionalen Systemtheorie und der neueren Lehre autopoietischer Systeme (so insbes. die Beiträge von *N. Luhmann*) auch gesellschaftskritische Ansätze aus dem Umkreis der Frankfurter Schule und der Polit. Ökonomie (z. B. *Offe* 1972). Alle diese Ansätze betonen die strukturelle (durch Personen und Handlungen nicht hinreichend präzise beschreibbare) Dynamik und Selektivität der polit. Prozesse, Institutionen und Entscheidungen. Im polit. Willensbildungsprozeß kommen, so z. B. *Offe* 1972, vorwiegend nur jene Interessen zu Wort, die zugleich organisations- und konfliktfähig sind (im Sinne der Fähigkeit, systemrelevante Leistungen verweigern zu können) und beträchtliche wahlpolit. Macht in die Waagschale werfen können. Politik im Sinne von *policy* richte sich einerseits vor allem nach der Organisations- und Konfliktfähigkeit der Interessen sowie nach der wahlpolit. Macht und andererseits nach Eigeninteressen sowie strukturellen Imperativen und Handlungsgrenzen des Staates. Innenpolit. Prozesse und Entscheidungen hätten demnach eine Schlagseite vor allem zugunsten einflußreicher Investitionsinteressen und zu Lasten polit. und wirtschaftl. schwächerer Interessen, aber auch auf Kosten mittel- und langfristiger Lebensqualität.

(3) Den institutionalistischen Ansätzen zufolge wird die I. vor allem von Rahmenbedingungen der Willensbildung und Entscheidungsfindung in Politik, Gesellschaft und Wirtschaft und von fest verankerten Problemlösungsroutinen („Pfadabhängigkeit“) beeinflußt. Diese Theorien betonen die Prägung des polit. Wollens, Könnens und Handelns durch institutionelle Bedingungen, also durch interpersonale, formelle oder informelle Regeln und Normen, die historisch-kulturell kontingent und variabel sind.

Im Unterschied zu nichtkomparatistischen Lehren sind die Institutionentheorien meist sensibel für kulturelle Variabilität und Kontingenz institutioneller Arrangements, für begrenzte Rationalität sozialen Handelns und offen für vergleichende Forschung. Im Gegensatz zur klassischen Institutionenkunde erörtern sie nicht nur die formalen Verfassungsinstitutionen, sondern formale und informelle Regeln und Normen. Überdies thematisieren sie interdependente Entscheidungssituationen. Und ferner begreift der Institutionalismus die Institutionen als eingefrorene Entscheidungen der Vorperiode und als Größen, die in der Gegenwart Handlungsalternativen sowohl beschränken wie auch ermöglichen können.

2. Das Verhältnis von I. und Außenpolitik wird in der Geschichts- und der Politikwissenschaft seit langem erörtert. Die Debatte oszilliert zwischen zwei Polen, dem Primat der auswärtigen Politik und dem der Innenpolitik.

Der „Primat der auswärtigen Politik" ist der erste Pol. Diese Lehre wurde beispielsweise vom Historiker *L. von Ranke* vertreten. Das Maß der Unabhängigkeit gebe einem Staat seine Stellung in der Welt vor; es lege ihm zugleich die Notwendigkeit auf, alle inneren Angelegenheiten zu dem Zwecke einzurichten, sich in der internat. Politik zu behaupten. Aus diesem Grundsatz folge die Unterordnung der I. unter die Außenpolitik. Das Maß der inneren Freiheit zum Beispiel habe sich nach dem Grad zu richten, zu dem die staatl. Sicherheit, Unabhängigkeit und Größe nach außen gewährleistet wird.
Die Lehrmeinung vom „Primat der Innenpolitik" vertrat *E. Kehr* (1970) in seinen Studien über die Rüstungspolitik im Deutschen Reich von 1871 mit der Auffassung, der Aufbau der dt. Schlachtflotte vor dem I. Weltkrieg habe seine Ursache nicht in der Außenpolitik gehabt. Die Aufrüstung habe vielmehr stattgefunden, bevor ein Gegner für die Flotte gefunden worden sei. Der entscheidende Beweggrund sei in einer sozialimperialistischen Integrationspolitik zu suchen und in einer innenpolit. Strategie, mit der ein Konflikt zwischen Großagrariern und der Schwerindustrie gelöst wurde. Beide Parteien hätten sich Schutzzölle bzw. die Flotte gewährt und sich in gemeinsamer Frontstellung gegen die Sozialdemokratie wiedergefunden.
Zwischen beiden Extremen vermittelnde Positionen heben auf die wechselseitige und historisch von Fall zu Fall variable Beeinflussung von I. und Außenpolitik ab. Diese Sichtweise ist in dem Maß empirisch triftiger, je stärker die Internationalisierung und die Transnationalisierung von Wirtschaft und Politik, so beispielsweise im Fall der → Europäischen Union, ausgeprägt ist.

Lit.: *Böhret, C.* u. a. [3]1988: Innenpolitik und politische Theorie, Opl. *Castles, F. G.* 1998: Patterns of Postwar Public Policies, L. *Kehr, E.* 1970: Der Primat der Innenpolitik, hrsg. von *Wehler, H.-U.*, Gött. *Marx, K./Engels, F.* 1970: Ausgewählte Schriften in zwei Bänden, Bln. (Ost). *Offe, C.* 1972: Strukturprobleme des kapitalistischen Staates, Ffm. *Rose, R.* 1976: On the Priorities of Government: A Developmental Analysis of Public Policies, in: EJPR, 4, 247–289. *Scharpf, F. W.* 1987: Sozialdemokratische Krisenpolitik in Europa, Ffm./NY. *Scharpf, F. W.* 1997: Games Real Actors Play, Boulder/Ox. *Truman, D. B.* 1968: The Governmental Process: Political Interests and Public Opinion, NY. *Wallace, H./Wallace, W.* (Hrsg.) [4]2000: Policy-Making in the European Union, Ox. *Zürn, M.* 1998: Regieren jenseits des Nationalstaates, Ffm.

Manfred G. Schmidt

Innere Sicherheit

Innere Sicherheit (I.S.) ist ein mehrdeutiger Begriff für Prozesse, Institutionen und Maßnahmen in der → Innenpolitik, die dem Anspruch und/oder der Funktion nach darauf gerichtet sind, Verhältnisse herzustellen, in denen die Rechtsordnung beachtet wird und die staatl. Einrichtungen funktionsfähig sind. Ziel ist einerseits die Abwehr von Gefahren für Individuen, andererseits auch die Sicherstellung der polit., sozialen und wirtschaftl. Ordnung. Im

Gegensatz zum Begriff der „öffentl. Sicherheit", der in den Polizei- und Ordnungsgesetzen aller dt. Länder als Kern der „polizeilichen Generalklausel" eine zentrale Rolle spielt, ist I.S. kein Gesetzesbegriff, sondern entstammt der polit.-publizistischen Sprache. Die Bewahrung der I.S. wurde lange Zeit weitgehend mit „Staatsschutz" insbes. im Sinne der Abwehr „verfassungsfeindlicher" Bestrebungen und sozialer Unruhen gleichgestellt (*Bull* 1984).

Der Begriff ist gegen mehrdeutige Verwendung nicht gefeit. Er bezeichnet nicht nur rechtsstaatl. Verfahren und Maßnahmen, sondern wird auch dazu benutzt, rechtsstaatl. fragwürdige Maßnahmen zu legitimieren. I.S. steht im Spannungsfeld eines konservativen Sicherheitsziels – Sicherstellung des Monopols legitimer physischer Gewaltsamkeit des Staates – und eines liberalen Sicherheitsziels, dem die Beschränkung öffentl. Gewalt, Wahrung oder Erweiterung der Freiheitsrechte der Bürger und Schutz des → Rechtsstaates als Primäraufgabe gilt. Eine vermittelnde Position versteht den Schutz der Individuen vor Gefahren für ihre Rechtsgüter als eine auch sozialstaatl. begründete Leistung der Behörden im Interesse der Bürger.
Je nach → Politischer Kultur, Selbstverständnis der mit innerer Sicherheitspolitik beauftragten Staatsorgane, polit. Linie der Regierung und sicherheitspolit. Problemen hat bisweilen die konservative und bisweilen die liberale Linie der I. S. Oberhand.
In der Bundesrepublik Deutschland war die I.S. in den 1950er und 1960er Jahren vor allem durch die innenpolit. Auswirkungen des → Ost-West-Konflikts und der Spaltung Deutschlands geprägt (→ Deutsche Einheit). In den 1970er und 1980er Jahren verlagerte sich die Politik der I. S. auf präventive oder nachträgliche Kontrolle polit. unkonventionellen oder polit. abweichenden Verhaltens von Protestbewegungen und von terroristischen Gruppierungen. Sie manifestierte sich in den von umfassendem Mißtrauen gegen den akademisch ausgebildeten Beamtennachwuchs geprägten Einstellungsüberprüfungen („Radikalenerlaß") und rechtsstaatl. z. T. bedenklichen Elementen der Anti-Terror-Gesetzgebung.
Vergleichende Untersuchungen zeigen, daß die Bundesrepublik mit der Expansion präventiver und reaktiver Politik der I.S. in den 1970er und 1980er Jahren kein Sonderfall ist. Den „Sicherheitsstaat" (*Hirsch* 1980) gibt es auch in Ländern mit einer längeren demokratischen Tradition. Inzwischen richtet sich Politik der I.S. nach Ende des Ost-West-Konflikts vornehmlich an anderen Bedrohungen aus, neben der Wirtschaftsspionage insbes. der sog. → Organisierten Kriminalität, zu deren Bekämpfung nach Ansicht konservativer Politiker auch die Ämter für Verfassungsschutz beitragen sollen und tatsächlich wegen ihrer internat. Verbindungen auch der Auslandsnachrichtendienst BND eingesetzt wird. Insofern wird kritisch gefragt, wieviel Trennung zwischen den Institutionen und Instrumenten der inneren und der äußeren → Sicherheit und wieviel Zentralisierung der Sicherheitsapparate notwendig und rechtsstaatl. vertretbar ist (*Prätorius* 2000).
Für die auch künftig wieder mögliche „expansive" Politik der I.S. liegen unterschiedliche Erklärungen vor. Zusätzlich zum zweifellos gewachsenen Problembestand stellen manche Analysen auf polit.-kulturell tief verwurzelte Antriebskräfte der I.S. ab. Andere Erklärungsmodelle betonen Prozesse der sich gegenseitig hochschaukelnden Aktion und Reaktion von Protestbewegungen und Staat bzw. von → Terrorismus und Staat. Dem steht die These gegenüber, daß eine offensive und harte Politik der I.S. eine breite soziale Basis habe, politisch prämiert und durch den Parteienwettbewerb gefördert werde.
Der Vergleich von westl. liberalen mit autoritären und totalitären Regimen verdeutlicht, daß die ersteren eine insgesamt relativ weiche Politik der I.S. und letztere eine ausgesprochen harte Politik der I.S. betreiben. Die Repression und die Allgegenwärtigkeit des Staatssicherheitsdienstes der ehemaligen DDR sind ein Beispiel für letzteres.

Lit.: *Blankenburg, E.* (Hrsg.) 1980: Politik der Inneren Sicherheit, Ffm. *Blankenburg, E.* 1992: Innere Sicherheit, in: *Schmidt,*

M. G. (Hrsg.): Die westlichen Länder (Lexikon der Politik, Bd. 3), Mchn., 162–169. *Bull, H. P.* 1984: Politik der „inneren Sicherheit“ vor einem mißtrauisch gewordenen Publikum, in: Leviathan, 12, 155–175. *Hirsch, J.* 1980: Der Sicherheitsstaat, Ffm. *Lange, H.-J.* 1999: Innere Sicherheit im Politischen System der Bundesrepublik Deutschland, Opl. *Prätorius, R.* 2000: Leitideen in der institutionellen Ausdifferenzierung der Inneren Sicherheit, in: *Lange, H.-J.* (Hrsg.): Staat, Demokratie und Innere Sicherheit in Deutschland, Opl., 369–389.

Manfred G. Schmidt/Hans Peter Bull

Innerparteiliche Demokratie

Parteien als Bindeglieder zwischen → Staat und → Gesellschaft streben nach → Macht und sind darauf spezialisiert, diese zu organisieren. In den liberalen → Demokratien kontrollieren sie aufgrund ihres faktischen Repräsentationsmonopols den Ausgang von → Wahlen und die Elitenauslese für öffentl. Ämter, und auch bei der polit. Willensbildung sind sie richtungsbestimmend. So viel Macht ist mißbrauchsanfällig und neigt zur Verselbständigung, so daß Parteienherrschaft begrenzt und kontrolliert werden muß. Dies ist der Grund, warum hierzulande der Artikel 21 des Grundgesetzes und das Parteiengesetz von 1967 die → Parteien darauf verpflichten, ihre satzungsgemäße Formalstruktur auf demokratische Mindeststandards wie die Garantie von Mitgliedsrechten, Wahlen und Versammlungen auszurichten. Demokratie in Parteien bildet die Voraussetzung für Parteiendemokratie (*Trautmann* 1975), wodurch verhindert werden soll, daß sich die Parteien von der Volksherrschaft loslöst. Und Parteiendemokratie legitimiert den → Parteienstaat, der mit der Gesellschaft eng verbunden bleiben soll.

1. Dem Souveränitätsprinzip nach besagt parteiinterne Demokratie, daß in den Parteien die Mitglieder das Sagen haben und sie nicht der Herrschaft einiger weniger unterworfen sind. Nur wird in der Parteienforschung diese Norm längst nicht von allen geteilt (*Wiesendahl* 1980): Zwar wünschen sich Anhänger des Transmissionsparadigmas eine basisdemokratische Willensbildung von unten nach oben, gegen die jedoch die Wirklichkeit spricht. Für Anhänger des Integrationsparadigmas mit ihrem elitären Demokratiebegriff ist dagegen hinreichend, wenn Parteiführungen untereinander konkurrierend sich periodisch Wahlen stellen und sich nicht abschotten. Noch anspruchsloser spielt sich für Vertreter des Konkurrenzparadigmas Demokratie nicht in, sondern zwischen Parteien ab, so daß äußerer Wahlerfolg darüber entscheidet, ob sich eine Parteiführung innerparteilich behaupten kann oder nicht.

2. Die empirische Forschung geht der Frage nach, wie parteiinterne Machtverhältnisse, Entscheidungsprozesse und Beteiligungsstrukturen tatsächlich beschaffen sind und ob sich in ihnen der Gleichheitsgrundsatz unter den Mitgliedern verwirklicht. Während sich Strukturanalysen mit den inneren Macht- und Einflußverhältnissen und deren Voraussetzungen befassen, beleuchten Prozeßanalysen Entscheidungsprozesse, bei denen es um Aspekte wie Elitenauswahl, Kandidatenaufstellung, Programmbildung oder Parteitage geht. Mitgliederstudien kombinieren beide Perspektiven.

Lange Zeit ließ sich die Binnenerforschung der Parteien vom Oligarchiegesetz *Robert Michels* (1970, zuerst 1911) leiten. Es besagt, daß, wo immer Führungseliten gewählt werden, sie die Herrschaft und Kontrolle über die Partei und ihre Mitglieder ergreifen und verewigen würden. Erst nachdem in den 1960er Jahren der Pluralismus innerparteilicher Elitenherrschaft entdeckt wurde, begann man sich vom „demokratischen Schein und oligarchischen Sein“ (*M. Duverger*) der Parteien zu distanzieren. Nach wie vor gibt die Wirklichkeit allerdings *Michels* darin recht, daß unmittelbare Demokratie einerseits und organisatorische Schlagkraft und Effizienz andererseits sich nur schwer vereinbaren lassen. Deshalb blieben theoretische Harmonisierungsversuche beider Spannungsgrößen (*Naschold* 1969) praktisch folgenlos. Als widerlegt kann dagegen die Vorstellung gelten, daß Parteieliten, die häufig genug aus Wahlen ohne Auswahl hervorgehen, Parteien bis in die feinsten Verästelungen hinein kontrollieren würden. Heutige Parteien sind weit von zentralistisch-oligarchischen Funktionärs- und Apparateparteien entfernt. Die CDU verfügt über eine dezentrale föderale Struktur, innerhalb derer plurale Machtzentren und Vereinigungswildwuchs ein Eigenleben entfalten (*Schmid* 1990). Die SPD zerfällt in Gruppen und Flügel und ist wie ein bunter Flickenteppich zusammengesetzt, was an „organisierte Anarchien" erinnert (*Lösche/Walter* 1992). Die Grünen haben sich anfangs sogar basisdemokratisch (Ämterbegrenzung und -befristung, imperatives Mandat) organisiert, was allerdings ihre organisatorische Effizienz beeinträchtigte.

Innerparteilich spielt sich der Kampf um Interessen, Einfluß und Karrieren im Schattenbereich der Mikropolitik ab (*Wiesendahl* 1998), wobei es um den selektiven Zugang zu und die Verfügung über Machtressourcen wie Geld, Sachmittel, Personal, Kontakte und Beziehungen, Informationen und Kommunikationskanäle geht. Von parteiinterner Gruppenkonkurrenz und Opposition wurde eine zeitlang erhofft, Elitenherrschaft streuen und begrenzen zu können (*Zeuner* 1970, *Raschke* 1975). Nur ging dies zumeist mit Oligarchiebildung auf der Subgruppenebene einher (*Preuße* 1981, *Hess* 1984). Zudem tendieren Gruppeneliten dazu, sich innerparteilich zu einer „herrschenden Koalition" zusammenzuschließen (*Panebianco* 1988).

3. Im Widerspruch zur lebendigen innerparteilichen Demokratie steht überdies das Apathieproblem. Ohnehin besteht in Parteien ein starkes Partizipationsgefälle. Einerseits beklagen zwar Parteimitglieder ihre Einflußlosigkeit und möchten stärker beteiligt werden (*Greven* 1987). Denn für rund 85 % von ihnen endet die polit. Einflußnahmemöglichkeit an der Ortsvereins- bzw. Distriktsgrenze. Andererseits ist um die Hälfte aller Mitglieder dauerhaft inaktiv, während sich nur zwischen 10 und 25 % zu den Aktiven zählen lassen (*Niedermayer* 1993: 295 f.). Sie kommen aus den gebildeteren Mittelschichten, denen dadurch ein beherrschender Einfluß auf die Programmatik und Elitenbildung in den Parteien zugespielt wird.

4. Der gegenwärtige Zustand parteiinterner Beteiligungskultur läßt deutlich zu wünschen übrig: Die Kommunikation von unten nach oben ist gestört und geht umgekehrt immer stärker den Weg über die Massenmedien. Neumitglieder bleiben seit längerem schon aus, und das Binnenleben verkümmert unter Abschottungs- und Erstarrungstendenzen (*Wiesendahl* 1997). Verschiedentlich wird die träge und eigensinnige Mitgliederpartei schon als entbehrlich für medienorientierte Berufspolitikerparteien gehalten. Noch sind aber die Parteien bemüht, durch organisatorische Öffnung und direktdemokratische Verfahren wie Urabstimmungen und Direktwahl interner und öffentl. Mandatsträger (*Becker* 1999, *Seidel* 1998) die freiwillige Mitarbeit und sei es auf befristeter und punktueller Basis – wieder attraktiver zu machen.

Lit.: *Becker, B.* 1999: Mitgliederbeteiligung und innerparteiliche Demokratie in britischen Parteien. Modelle für die deutschen Parteien?, Baden-Baden. *Greven, M. T.* 1987: Parteimitglieder, Opl. *Hess, H. J.* 1984: Innerparteiliche Gruppenbildung: Macht- und Demokratieverlust einer politischen Partei am Beispiel der Berliner SPD in den Jahren von 1963 bis 1981, Bonn. *Lösche, P./Walter, F.* 1992: Die SPD: Klassenpartei–Volkspartei–Quotenpartei, Darmst. *Michels, R.* [3]1970: Zur Soziologie des Parteiwesens in der modernen Demokratie, Stg. *Naschold, F.* 1969: Organisation und Demokratie, Stg. *Niedermayer, O.* 1993: Innerparteiliche Demokratie, in: *Ders./Stöss, R.* (Hrsg.), Stand und Parspektiven der Parteienforschung in Deutschland, Opl, 230–250. *Panebianco, A.* 1988: Political Parties: Organization and Power, Camb. *Preuße, D.* 1981: Gruppenbildungen und innerparteiliche Demokratie. Am Beispiel der Hamburger CDU, Königstein. *Raschke, J.* 1975: Innerparteiliche Opposition. Die Linke in der Berliner SPD, Hamb. *Schmid, J.* 1990: Die CDU. Organisationsstrukturen und Funktionsweisen einer Partei im Föderalismus, Opl. *Seidel, K.* 1998: Direkte Demokratie in der innerparteilichen Willensbildung, Ffm. u. a. *Trautmann, H.* 1975: Innerparteiliche Demokratie im Parteienstaat, Bln. *Wiesendahl, E.* 1980: Parteien und Demokratie, Opl. *Wiesendahl, E.* 1997: Noch Zukunft für die Mitgliederparteien?, in: *Klein, A./Schmalz-Bruns, R.* (Hrsg.), Politische Beteiligung und Bürgerengagement in Deutschland, Bonn, 349–381. *Wiesendahl, E.* 1998: Parteien in Perspektive, Opl./Wsb. *Zeuner, B.* 1970: Innerparteiliche Demokratie, Bln.

Elmar Wiesendahl

Integration

Im allg. Verständnis bezeichnet Integration (I.; lat. *integratio* = Einbeziehung) die Entstehung oder Herstellung einer Einheit oder Ganzheit aus einzelnen Elemente oder die Fähigkeit einer Einheit oder Ganzheit, den Zusammenhalt der einzelnen Elemente auf der Basis gemeinsam geteilter Werte und Normen aufrechtzuerhalten. I. ist eine empirische Grunderscheinung und analytische Grundkategorie in Wirtschaft, Gesellschaft und Politik. Aufgrund der damit verbundenen zahlreichen Verwendungszusammenhänge des Begriffs, der sich bereits in den vielfältigen gegensätzlichen Termini wiederspiegelt (Desintegration, Segregation, Assimilation, Kooperation, Konflikt etc.), herrscht in den Sozialwissenschaften ein unterschiedliches, kontext- und theorieabhängiges Verständnis des Begriffs vor. I. kann als Zustand, als Prozeß, als Funktion oder als (End-)Ziel verstanden werden.

Aus der Vielfalt spezieller Erscheinungsformen und Bedeutungsgehalte von I. interessieren politikwissenschaftl. vor allem:

(1) Die soziale I., d. h. – politiktheoretisch – Prozesse der Bildung kleiner gesellschaftl. Einheiten, etwa der Verbände, die gesellschaftl. Interessen nach innen bündeln. In stärker gesellschaftspolit. Perspektive bedeutet soziale I. die Befriedigung des Bedürfnisses individueller Teilhabe an den materiellen und kulturellen Gütern der Gesellschaft. Ein besonderes polit. Aufgabenfeld ist die gesellschaftl. I. von → Minderheiten, von Randgruppen und gegenwärtig in D und in der → EU von Zuwanderungsminderheiten (→ Asylpolitik; Migrationspolitik).

(2) Die polit. I., d. h. die Aggregierung unterschiedlicher gesellschaftl. Interessen und deren Transformation im polit. Entscheidungsprozeß, vornehmlich durch → Parteien und staatl. Institutionen. Ein bes. Verständnis polit. I. liegt in der normativ orientierten Integrationslehre von *R. Smend* (1928) vor, die gegen den Rechtspositivismus im Staatsrecht der Weimarer Republik gerichtet war. „Sie versteht den Staat als Lebensprozeß, und die Einordnung und Beteiligung des Einzelnen daran ebenfalls als ein Stück persönlichen Lebens, als Integration. Die Verfassung ist danach nicht nur als ein Organisationsstatut zu verstehen, das den Staat organisiert und zu seinen eigenen Aufgaben ermächtigt und verpflichtet, sondern zugleich als eine Lebensform seiner Angehörigen, die er an seinem Leben beteiligt" (*Smend* 1975: 1026).

(3) Die systemische I., d. h. – politiktheoretisch – I. durch Beteiligung. Das klassische historische Beispiel hierfür ist die I. der → Arbeiterbewegung durch die Fundamental-Demokratisierung, wodurch einerseits Beteiligungschancen i. S. polit. I. eröffnet wurden, andererseits mit der → Partizipation am polit. Wettbewerb die faktische Anerkennung der polit. Spielregeln und des gesellschaftl. Systems verbunden war. In gesellschaftstheoretischer, funktionalistischer Perspektive steht systemische I. im Wechselverhältnis mit sozialer Differenzierung und Arbeitsteilung. I. gehört zu den vier Grundproblemen, die nach dem *Parsons*schen AGIL-Schema jedes soziales System zu lösen hat. Die Stabilität eines sozialen Systems ist um so eher gewährleistet, als ein Gleichgewicht zwischen sich wandelnder Ausdifferenzierung und Integrationskapazität besteht.

(4) Die wirtschaftliche I., d. h. ein auf die

Bildung eines multinat. Marktes gerichteter Prozeß, der regional begrenzt ist, wobei unterschiedliche Integrationsformen gegeben sind: Freihandelszone, Zollunion, gemeinsamer Markt, Wirtschaftsunion. Diese Formen können als Stufen des Integrationsprozesses verstanden werden, doch kann wirtschaftliche I. auch sofort die Errichtung eines gemeinsamen Marktes beinhalten.

Versuche regionaler wirtschaftl. Kooperation und I. sind ein wesentliches Element der → Internationalen Beziehungen nach dem II. Weltkrieg. Auch wenn in Übersee die Idee der regionalen I. wie im Falle Lateinamerikas eine lange Tradition hat und in Afrika und Asien der koloniale Kontext große, zusammenhängende Wirtschaftsräume garantierte, die sich erst durch die Staatenbildung auflösten, so wurde doch zunächst die Europ. Gemeinschaft (→ EU), die bislang erfolgreichste I., zum Modell der weltweiten Integrationsprojekte. In Lateinamerika waren dies u. a. der Andenpakt und der Mittelamerikanische Markt (MCCA), in Afrika die Wirtschaftsgemeinschaft westafrikanischer Staaten (ECOWAS), Vorhaben, die mehr oder weniger scheiterten. Weniger auf I. als auf regionale Kooperation setzte der Verband südostasiatischer Staaten (ASEAN). Auch der Gemeinsame Markt Südamerikas (Mercosur) ging eigene Wege, insofern er den institutionellen suprastaatl. Ausbau gering hielt und im Konzept eines offenen Regionalismus durch die regionale I. die dynamische I. in den Weltmarkt als keineswegs hintangestellt begriff. Gänzlich neuartig ist das Nordamerikanische Freihandelsabkommen (NAFTA), insofern als es mit Mexiko ein Entwicklungsland mit zwei Industrieländern (USA und Kanada) in ein Integrationsvorhaben einbindet. ASEAN, Mercosur und NAFTA stehen für eine neue Generation von I., deren Ziel es ist, größere regionale Märkte zu schaffen.

Die Prozesse wirtschaftlicher I. wurden von seiten der Politikwissenschaft mit einer Vielzahl von Integrationstheorien begleitet. Sie beziehen sich auf die treibenden Kräfte des Prozesses, die bedingenden Faktoren und das anzustrebende Integrationsziel. Bezogen etwa auf die EU kann grob zwischen einer idealistischen (föderalistischen) und einer pragmatischen (funktionalistischen) Richtung mit etlichen internen Varianten unterschieden werden. Die Kontroverse, die bereits des öfteren ausgefochten schien, belebt sich immer wieder neu durch die Fortschritte im Integrationsprozeß und die offene Frage seiner Finalität, des Integrationsziels.

Lit.: *Lockwood, D.* [2]1979: Soziale Integration und Systemintegration, in: *Zapf, W.* (Hrsg.): Theorien des sozialen Wandels, Königstein/Ts., 124–137. *Klein, W.* 1996: Der Mercosur, Freiburg. *Kohler-Koch, B./Woyke, W.* 1996: Die Europäische Union, Mchn. *Loth, W./Wessels, W.* (Hrsg.) 2000: Theorien europäischer Integration, Opl. *Siebert, A.* (Hrsg.) 1993: Die zweifache Integration in Deutschland und Europa, Kiel. *Smend, R.* 1968: Verfassung und Verfassungsrecht, in: *ders.*: Staatsrechtliche Abhandlung, Bln. (zuerst 1928), 119–176.

Dieter Nohlen

Interdependenz

Interdependenz (I.) bedeutet wechselseitige Abhängigkeit zwischen Akteuren. Sie bezeichnet ein Verhältnis zwischen sozialen Akteuren, bei dem die Möglichkeit besteht, daß durch Handlungen eines Akteurs für den jeweils anderen Akteur unerwünschte Auswirkungen entstehen.

Die westl. Industriegesellschaften befinden sich beispielsweise aufgrund der Verdichtung des grenzüberschreitenden Austausches und der grenzüberschreitenden Produktion von Waren, Kapital und Dienstleistungen (Wirtschaftsbereich), aber auch von Umweltschäden und Umweltrisiken (Umweltbereich), von Bedrohungen (Sicherheitsbereich) und von Informationen (Kommunikationsbereich) in einem zunehmend komplexen Netz von I.-Beziehungen. I. unterscheidet sich dabei von der vielfach ähnlich definierten → Globalisierung bzw. Denationalisierung insofern, als trotz der Verdichtung grenzüberschreitender Interaktionen die beteiligten Akteure nicht miteinander verschmelzen, sondern grundsätzlich voneinander getrennte Akteure bleiben. Die Behinderung oder Beschleunigung dieser Interaktionen durch ein Land kann insbes. dann unerwünschte Auswirkungen in einem anderen Land hervorrufen, wenn nicht nur die I.-Empfindlichkeit, sondern auch die I.-Verwundbarkeit stark ausgeprägt ist. I.-Empfindlichkeit meint die unerwünschten Auswirkungen, die das Handeln eines Akteurs bei einem anderen Akteur erzeugt, wenn dieser nicht reagiert bzw. nicht reagieren kann. I.-Verwundbarkeit hingegen bezieht sich auf die unerwünschten Auswirkungen, die noch verbleiben, nachdem dieser reagiert hat, sprich: den Versuch unternommen hat, die unerwünschten Auswirkungen zu reduzieren. Vielfach wird behauptet, daß durch eine Verdichtung von I. über die Grenzen von Staaten hinweg zum einen die Gefahr zwischenstaatl. Kriege sinkt und zum anderen die Chancen der Bildung internat. Institutionen steigen.

Lit.: *Beisheim, M.* u. a. 1999: Im Zeitalter der Globalisierung? Thesen und Daten zur gesellschaftlichen und politischen Denationalisierung, Baden-Baden. *Cooper, R. N.* [2]1989: The Economics of Interdependence, Glenview. *Jones, B.* 1995: Globalization and Interdependence in the International Political Economy, L. *Keohane, R. O./Nye, J. S.* 1977: Power and Interdependence, Boston. *Keohane, R. O./Nye, J. S.* 1987: Power and Interdependence Revisited, in: IO, 41, 725–753. *Kohler-Koch, B.* 1990: Interdependenz, in: *Rittberger, V.* (Hrsg.): Theorien der Internationalen Beziehungen (PVS Sonderheft 21), Opl., 110–129. *Rosenau, J. N.* 1980: The Study of Global Interdependence, L. *De Wilde, J.* 1991: Saved from Oblivion: Interdependence Theory in the First Half of the 20th Century, Aldershot. *Zürn, M.* i. E.: From Interdependence to Globalization. Fall and Rise of a Research Program, in: *Carlsnaes, W.* u. a. (Hrsg.): Handbook of International Relations, L.

Bernard Zangl

Interessengruppen

Interessengruppen (I.) sind Organisationen, die im Kontext der fortschreitenden Industrialisierung der modernen Gesellschaft entstanden, zum einen Interessen gegenüber anderen Gruppen mit abweichenden oder entgegengesetzten Interessen (z. B. in der Beziehung zwischen Kapital und Arbeit) wahrnehmen, zum anderen die Interessen ihrer Mitglieder durch Mitwirkung und/oder Einwirkung auf → Regierung und Ministerialbürokratie, Parlament, → Parteien und → Öffentlichkeit im polit. Willensbildungs- und Entscheidungsprozeß zur Geltung bringen wollen. Diese Definition unterscheidet I. von polit. Parteien, die zumindest theoretisch und programmatisch die Übernahme oder Beteiligung an der Regierungsverantwortung anstreben, und von Vereinigungen, deren Hauptziel nicht die Einflußnahme auf die polit. Willensbildung ist. I. gehören zum intermediären System, in dem Vermittlungsleistungen zwischen der Mikroebene der Bürgerschaft und der Makroebene der polit. und administrativen Institutionen erbracht werden (*Niedermayer* 1996).

Im Mittelpunkt sozialwissenschaftl. Forschung über I. steht bisher ihre Einflußnahme auf staatl. Entscheidungen. In diesem Zusammenhang wird die Existenz und das Wirken von I. unterschiedlich beurteilt. Bis Ende der 1950er Jahre wurden von staatsrechtl. orientierten Theorien I. vorwiegend als Gefahr für den Staat im Sinne einer „Herrschaft der Verbände" gedeutet (z. B. *C. Schmitt*, *W. Weber*, *E. Forsthoff*). Pluralistische Theorien dagegen hielten I. für ein unverzichtbares Element in einer funktionierenden Demokratie (*Fraenkel* 1979).

Gegen die Vorstellung einer pluralistischen Interessenrepräsentation sind vor allem drei Einwände vorgebracht worden: (1) Inwieweit I. im polit. Willensbildungs- und Entscheidungsprozeß berücksichtigt werden, hängt neben der Organisationsfähigkeit vor allem von der Konfliktfähigkeit der Interessen ab. Diese erweist sich darin, daß I. eine für die Gesellschaft funktionsnotwendige Leistung verweigern können. Interessen aus dem Bereich allg. → Grundbedürfnisse wie

Gesundheit, Wohnen usw. sind nur schwer zu organisieren und Interessen marginalisierter Gruppen wie etwa die von Behinderten sind nur begrenzt konfliktfähig. Auch wenn diese Interessen gelegentlich advokatorisch durch andere I. vertreten werden, ist ihr polit. Einfluß gering, und es kommt zu strukturellen Asymmetrien (*Offe* 1973). (2) Die Logik des Gruppenhandelns (*Olson* 1968) führt zu einer selektiven Interessenberücksichtigung. Der persönliche Nutzen für den individuellen Beteiligungsaufwand nimmt mit steigender Gruppengröße ab, da die erkämpften Güter als Kollektivgüter auch Nichtmitgliedern zur Verfügung stehen. Interessenorganisationen für kleine Gruppen sind für das individuelle Nutzenkalkül folglich interessanter. (3) Immanente Oligarchisierungstendenzen führen zu Legitimationsdefiziten innerhalb organisierter Interessenvertretung.

Diese Kritikpunkte an einem pluralistischen Interessengruppenverständnis wurden durch die Korporatismusdiskussion erweitert (→ Korporatismus). Sie versucht zu zeigen, daß die einflußtheoretischen Konzepte die zunehmende Verflechtung und Institutionalisierung der I. in das polit.-administrative System selbst analytisch nicht adäquat erfassen (*Heinze* 1981).

In der Interessengruppenforschung wurden unterschiedliche Typologien von I. entwickelt. Nach *von Alemann/Heinze* (1990) lassen sich folgende Typen unterscheiden: 1. Organisierte Interessen im Wirtschaftsbereich und in der Arbeitswelt, 2. Organisierte Interessen im sozialen Bereich, 3. im Bereich der Freizeit und Erholung, 4. im Bereich von Religion, Kultur und Wissenschaft und 5. im polit. Querschnittsbereich (ideelle und gesellschaftspolit. Vereinigungen). Schätzungen zufolge gibt es in D über 200. 000 Interessenvereinigungen, über 5. 000 Verbände im engeren polit. Sinne; über 1. 500 Spitzenverbände sind beim Dt. Bundestag akkreditiert.

In jüngster Zeit steht das intermediäre System organisierter Interessen vor neuen Herausforderungen, die sich zum einen aus den Transformationsproblemen in den neuen Bundesländern (vgl. *Niedermayer* 1996), zum anderen aus der Internationalisierung von Wirtschaft und Politik ergeben.

Lit.: *Alemann, U. v.* 1989: Organisierte Interessen in der Bundesrepublik Deutschland, Opl. *Heinze, R. G./Vözkow, H.* 2000: Interessengruppen, in: *Andersen, U./Woyke, W.* (Hrsg.): Handwörterbuch des politischen Systems der Bundesrepublik Deutschland, Opl., 242–247. *Fraenkel, E.* 71997: Deutschland und die westlichen Demokratien, Stg. *Heinze, R. G.* 1981: Verbändepolitik und „Neokorporatismus", Opl. *Niedermayer, O.* 1996: Das intermediäre System, in: *Kaase, M.* u. a. (Hrsg.): Politisches System. Berichte zum sozialen und politischen Wandel in Ostdeutschland, Bd. 3, Opl., 155–230. *Offe, C.* 21973: Strukturprobleme des kapitalistischen Staates, Ffm. *Olson, M. jr.* 1968: Die Logik des kollektiven Handelns, Tüb. (zuerst engl. 1965).

Peter Massing

Internationale Beziehungen/Politik

I. Der Begriff Internationale Beziehungen (mit großem „I"; IB) bezeichnet ein Lehr- und Forschungsgebiet der Politikwissenschaft, das in enger Wechselwirkung mit Nachbardisziplinen wie den Rechtswissenschaften (→ Völkerrecht), den Wirtschaftswissenschaften (Außenwirtschaft und internat. Wirtschaftsbeziehungen) oder der Sozialpsychologie (Aggressionsforschung) steht. Die Bezeichnung des eigentlichen Gegenstandes der IB ist uneinheitlich. Häufig wird synonym von internat. Beziehungen (iB) und internat. Politik (iP) gesprochen, wobei meist die → Außenpolitik einzelner Länder als Untersuchungsgegenstand eingeschlossen wird. Als (Inter-)Aktionsfeld der iB/P gilt i. d. R. das internat. System. In der einschlägigen Literatur ist aber auch von der internat. Gesellschaft (*Bull* 1977), der Weltgesellschaft (*Forschungsgruppe Weltgesellschaft* 1996) oder der *world polity* (*Ruggie* 1998) die Rede. Es geht dabei nicht nur um eine abwechslungsreiche Benennung des Erkenntnisgegenstandes, sondern auch um den Versuch, ihn auf den Begriff zu bringen.

Grob verallgemeinernd lassen sich bei diesem Unterfangen zwei Entwicklungspole unterscheiden, zwischen denen der Hauptteil der wissenschaftl. Arbeiten zum Thema angesiedelt ist: Der eine Pol wird durch die Position jener Vertreter der Realistischen Schule markiert, die nach wie vor in der Struktur des Interaktionsfeldes als Staatenanarchie (Abwesenheit eines Monopols legitimer Gewaltsamkeit) den entscheidenden Bezugspunkt der Analyse sehen. Hier stehen Fragen der zwischenstaatl. Hierarchiebildung und der Machtbalance im Vordergrund. Den anderen Pol bilden Studien, die aus der zunehmenden Internationalisierung und Globalisierung aller Lebenszusammenhänge einen fortschreitenden Funktionsverlust des Staates und eine De-Territorialisierung der Politik ableiten. In diesem Zusammenhang stellt sich die Frage nach Gestalt und Funktionsweise einer globalen Ordnung jenseits des modernen Territorialstaatensystems (postmoderne oder post-westfälische Ordnung). Eine mittlere Position nehmen diejenigen ein, die eine Ausdifferenzierung von Akteuren, Handlungsebenen und Funktionsbereichen der Politik auf globaler und regionaler Ebene glauben beobachten zu können, ohne damit schon die Territorialstaaten als obsolet zu betrachten. Diese Forschungsansätze interessieren sich u. a. für den Funktionswandel des Staates im Kontext der Globalisierung (Mehrebenenpolitik), Möglichkeiten der Institutionalisierung von Kooperation und die Chancen einer demokratischen Kontrolle polit. Macht auf staatenübergreifender Ebene.

II. Die polit. Hauptakteure auf internat. Ebene sind zweifellos immer noch die Regierungen. Sie betreiben, jede für sich betrachtet, Außenpolitik, zusammen gesehen internat. Politik (s. *Tabelle 2*). Die iB umfassen im Unterschied zur iP *alle* Beziehungen und Handlungen, die über den Staat hinausreichen. Zur iP gehören auch die Aktivitäten internat. Regierungsorganisationen (→ UNO, → Weltbank, → IWF,) sowie die multilaterale Konferenzdiplomatie und Verhandlungspolitik (Weltkonferenzen der Vereinten Nationen der 1990er Jahre und ihre Folge-Konferenzen), die ihrerseits zur Institutionenbildung führen können.

Häufig ist auch von supranat. Organisationen die Rede. Wenn diese Bezeichnung einen Sinn machen soll, bezieht sie sich auf internat. Einrichtungen, die gegenüber den Staaten weisungsberechtigt sind. Solche Organisationen gibt es zur Zeit nicht, wohl aber haben einzelne Organisationen auf bestimmten Gebieten supranat. Befugnisse. Dies gilt für die → EU z. B. im Rahmen der Außenhandels- und Wettbewerbspolitik und für die Welthandelsorganisation (→ WTO) im Rahmen ihres Streitschlichtungsverfahrens. Zu erwähnen sind in diesem Zusammenhang auch juristische Verfahren zum Schutz der Menschenrechte, wie sie z. B. auf europ. Ebene bestehen und die es einzelnen Personen erlauben, vor entsprechenden Gerichten gegen die Verletzung ihrer Menschenrechte durch den Staat, dem sie angehören, zu klagen. Damit wird das Prinzip durchbrochen, daß nur Staaten Völkerrechtssubjekte sein können.

Die Regierungen treten in ihrem Verhältnis zueinander als Träger des einzelstaatl. Anspruchs auf → Souveränität auf. Sie handeln jedoch keineswegs in völliger Unabhängigkeit, sondern in enger Wechselwirkung mit ihrem innenpolit., sozialen, wirtschaftl. und kulturellen Umfeld. Sie verfügen also nicht über einen beliebigen Handlungsspielraum, sondern werden durch die von ihnen vertretenen oder auf sie einwirkenden gesellschaftl. Kräfte auf bestimmte Bandbreiten ihres polit. Handelns festgelegt (innergesellschaftl. Begrenzung der Autonomie des Staates). Im Einzelfalle kommt diese Begrenzung staatl. Autonomie als gezielte Einwirkung auf bestimmte Entscheidungen zum Zuge (gesellschaftl. Einflußnahme auf die Außenpolitik). Mit Blick auf diesen Sachverhalt wird neuerdings die These vertreten, die Staaten würden sich in internat. Organisationen zusammenschließen, um ihre Autonomie gegenüber der eigenen Gesellschaft zu erweitern.

Zahlreiche gesellschaftl. Kräfte und wirtschaftl. Interessengruppen (→ Unternehmerverbände, → Gewerkschaften, Parteienzusammenschlüsse, Nichtregierungsorganisationen, Kirchen) versuchen als Teil einer internat. → Zivilgesellschaft nicht nur, die eigene Regierung zu beeinflussen, sondern auch auf einzelne Entscheidungen anderer Regierungen, wenn nicht auf die Entwicklung anderer Länder insgesamt und auf die Politik internat. Organisationen einzuwirken. Hier könnte man von transnat. Politik sprechen. Wenn hingegen Regierungen und von ihnen abhängige Einrichtungen gezielt auf die innere Entwicklung anderer Staaten Einfluß nehmen, handelt es sich um eine zwischenstaatl. Einmischung, die auch den Charakter einer (nach der UN-Charta nicht erlaubten) Intervention (durch ökonom. Druckausübung oder militärisches Eingreifen) annehmen kann. Wenn hingegen der Sicherheitsrat nach den Regeln der UN-Charta beschließt, daß gegen einen Staat, dessen Politik oder innere Entwicklung den internat. Frieden bedroht, Sanktionen (diplomatischer, wirtschaftl. oder militärischer Art) verhängt werden sollen, so handelt es sich hierbei nicht um eine (verbotene) Intervention, sondern um eine von der UN-Charta (Kapitel VII) gebotene Maßnahme zur Friedenssicherung (→ Humanitäre Intervention).

Zu den Akteuren, die es im Rahmen der iB/P zu berücksichtigen gilt, gehören neben den nat. Regierungen auch substaatl. Verwaltungseinheiten (Länder, Departements, Kommunen, Regionen), die in rasch zunehmendem Maße außerhalb des eigenen Staates tätig werden und sich mit Schwesterinstitutionen verbinden (Außenhandelsvertretungen US-amerikan. Gliedstaaten, → Europa der Regionen). Die entsprechenden Tätigkeiten könnte man im Unterschied zur transnat. Politik gesellschaftl. Akteure als transstaatl. Politik bezeichnen. Eine solche Politik betreiben auch Regierungsressorts (Ministerien), die mit Schwestereinrichtungen kooperieren (z. B. EU-Agrarminister), dabei einen gewissen Esprit de Corps gegenüber den anderen Fachressorts der nat. Regierungen entwickeln und nicht nur Anweisungen der Regierungen ausführen, sondern ihrerseits Regierungsentscheidungen beeinflussen.

III. Die hier vorgelegte terminologische Unterscheidung verschiedener Akteure, Interaktionsformen und Handlungsebenen zeigt an, daß die iB/P hoch komplex sind und daß ihre Komplexität zunimmt. Zumindest der erste Teil dieser Feststellung erscheint banal. Er verweist jedoch auf eine grundlegende Scheidelinie in der Theoriebildung, für deren Verlauf auch der zweite Teil der These (Zunahme der Komplexität) bedeutsam ist. Auf der einen Seite stehen diejenigen, die es als ihre Aufgabe ansehen, die Komplexität der Verhältnisse auf kognitiver Ebene so weit zu reduzieren, bis der Kern des Gegenstandsbereichs (in Gestalt einiger weniger Gesetzmäßigkeiten) zum Vorschein kommt. Auf der anderen Seite der Linie wird es als notwendig erachtet, die Komplexität der iB/P für die Theoriebildung konstitutiv werden zu lassen. Für die kognitive Reduzierung der Komplexität der internat. Beziehungen tritt die *Realistische Schule* ein.

Sie ist maßgeblich von *H. J. Morgenthau* (im Rückgriff auf historische Vordenker wie *Thukydides*, *Machiavelli* und *Hobbes*) Ende der 1940er Jahre, also im Frühstadium des → Ost-West-Konflikts, begründet worden. *Morgenthau* (dt. 1963) ging es nicht darum, einer Politik der Stärke das Wort zu reden, sondern einer Politik der Nüchternheit. Gegen den damals insbes. in den USA verbreiteten, auf idealistische Traditionen gestützten Kreuzfahrergeist (*McCarthyismus*) plädierte er dafür, den Gegner nicht zu verteufeln, sondern ihn insofern als seinesgleichen zu betrachten, als alle Außenpolitik, gleichgültig von wem sie betrieben werde, bestimmten Gesetzmäßigkeiten unterliege. Diese leitete *Morgenthau* aus der Natur des Menschen, vor allem dessen Selbsterhaltungsstreben, ab. Die Staaten, so argumentierte *Morgenthau*, würden sich so verhalten, wie die Menschen in Abwesenheit eines

Gewaltmonopols. Wie auch immer sie ihr Handeln begründeten, es handelte sich im Kern stets um eine auf Macht gestützte Politik der Selbstbehauptung. Der *Neo-Realismus*, den *K. Waltz* (1979) ins Leben rief, eliminierte *Morgenthaus* fragwürdigen Bezug auf die vermeintliche Natur des Menschen aus der Theorie und argumentierte, daß die Struktur des internat. Systems als System ohne Monopol legitimer Gewaltsamkeit völlig ausreiche, um den Kern der iB/P bloßzulegen. Die Abwesenheit des Gewaltmonopols bedeute, daß jegliches Verhalten, das sich prinzipiell (und nicht instrumentell) auf Kooperation festlege, dem kooperativen Staat letztlich schade und anderen nutze. Staaten würden in ihrem Verhalten zwar durch die Struktur des internat. Systems nicht determiniert, wohl aber dahingehend sozialisiert, daß sie lernten, die iB/P als Nullsummenspiel zu begreifen, bei dem der eine Staat verliere, was der andere gewinne. Die praktisch-polit. Implikationen dieses Denkansatzes liegen auf der Hand. Ein ihm folgendes (nicht-kooperatives) Verhalten schafft die Bedingungen, unter denen es rational ist: Die Theorie wird zu einer sich selbst erfüllenden Prophezeiung.

Der Widerstand gegen diese Theorie blieb nicht auf den von ihr gegeißelten Idealismus beschränkt, der sich auf die Befähigung des Menschen zu vernunftbegabtem Handeln berief und das Projekt eines „Weltfriedens durch ein Weltrecht" verfolgte. In den 1960er und 1970er Jahren traten zu diesem normativen Idealismus jene analytisch vorgehenden Ansätze hinzu, die den grundlegenden Befund des Realismus, nämlich die ausschließlich territorialstaatl. Strukturierung des internat. Systems, in Zweifel zu ziehen begannen. So arbeitete *K. W. Deutsch* (1957) als empirischen Befund die Möglichkeit stabiler Sicherheitsgemeinschaften heraus, die „englische Schule" entwickelte ihre Thesen von einer durch Regeln gesteuerten internat. Gesellschaft (*Bull* 1977), während andere im Vorgriff auf die Globalisierungsdebatte der 1990er Jahre auf den „Schwund" staatl. Souveränität im Zeitalter zunehmender wirtschaft. Verflechtung verwiesen (*Czempiel* 1969, *Vernon* 1971). *Keohane* und *Nye* (1977) gaben dieser Entwicklung der Forschung durch ihre vielzitierte Studie über → Interdependenz weiteren Auftrieb. Die damit angestoßene Forschung betonte die wachsenden Kosten der Kooperationsverweigerung in einer Welt zunehmender wechselseitiger Abhängigkeiten.

Aus der Auseinandersetzung mit der Frage, was der Zusammenbruch des *Bretton Woods*-Systems (1944 geschaffenes System der festen Wechselkurse mit Gold-Dollar-Standard) zu Beginn der 1970er Jahre für die Aufrechterhaltung von Stabilität und Ordnung in den (westl.) iB bedeute, entstand dann die Forschung über → Internationale Regime (*Hasenclever/Mayer/Rittberger* 1997). Sie trug auch dazu bei, über die Verunsicherung hinwegzukommen, welche durch die zwischenzeitliche Stagnation regionaler → Integration (insbes. in Westeuropa) entstanden war; denn diese Stagnation schien *realistische* Annahmen über die unaufhebbaren Gesetzmäßigkeiten der Staatenpolitik zu begünstigen. Die Regimeforschung erarbeitete ein Konzept, mit dessen Hilfe das Augenmerk auf Prozesse der Selbstbindung von Staaten durch die Regelung spezifischer Politikbereiche (z. B. Rüstung, Wirtschaft, Umwelt) gelenkt wurde. Als zentrale Erkenntnis der Regimeforschung kann gelten, daß die Instrumente (in Form von Regeln und Institutionen), die die Staaten für die Bearbeitung bestimmter Herausforderungen entwickeln, selbst zum Bestimmungsfaktor staatl. Politik werden können. Es ergeht den Staaten (fast) so wie dem Zauberlehrling, der sich letztlich seinem Besen fügen muß. Diese These ist im Rahmen des (liberalen) Institutionalismus dahingehend variiert worden, daß Institutionen helfen, Transaktionskosten zu senken, so daß es rational ist, zu kooperieren und Kooperationserwartungen aufrechtzuerhalten.

Bei all diesen Ansätzen mischen sich die Bemühungen, die iB/P in ihrer Komplexität neu und besser zu verstehen, mit dem Argument, daß die wachsende Komplexität der internat. Beziehungen mit den überkommenen Vorstellungen über das mit dem Westfälischen Frieden (1648) entstandene Staatensystem nicht mehr zu fassen sei.

Die Bemühungen, die iB/P neu zu verstehen und eine post-westfälische (post-internat.)

Entwicklungsperspektive zu eröffnen, haben wesentliche Impulse durch die eng miteinander verbundene postmoderne Erkenntniskritik, die Gender-Forschung (→ Feminismus) und den Konstruktivismus erhalten. Während das schon vorher abgeebbte Interesse an der Imperialismustheorie mit dem Ende des Realsozialismus praktisch ganz zum Erliegen kam, zog die in den 1980er Jahren aufgestiegene postmoderne Erkenntniskritik immer weitere Kreise. Sie ging über die der *Frankfurter Schule* eigene Ideologiekritik hinaus und stellte die Möglichkeit einer Theoriebildung, die sich selbst als Abbildung objektiv vorgegebener Sachverhalte versteht, überhaupt in Frage. Daraus ergaben sich entscheidende Anregungen für den Feminismus, der seinerseits Fragen aufwarf, die die postmoderne Erkenntniskritik in ihrer Bedeutung für die IB pointierten (*Zalweski* 1993). Der Realismus erschien nun als das Produkt *gender*spezifischer (männlicher) Vorstellungen über die Welt, deren Durchschlagskraft u. a. auf der vom Realismus in Anspruch genommenen ontologischen Evidenz seiner Annahmen beruhte. Gerade dieser Anspruch wurde vom Feminismus entschieden zurückgewiesen. Die Kritik am Realismus (Strukturalismus) wurde durch die Einführung des Sozialkonstruktivismus in die IB weitergetrieben, aber zum Teil auch wieder relativiert. *Wendt* (1992) entwickelte das in den IB einflußreiche Argument, daß die anarchische Ordnung des internat. Systems keine objektive Gegebenheit sei, auf die sich die Staaten einzustellen hätten. Die Anarchie sei vielmehr das, als was sie von den Staaten gesehen werde. Gleichzeitig würde die Wahrnehmung bestimmter Strukturen auf die Akteure zurückwirken nach dem Satz, daß, was als wirklich angenommen wird, in seinen Konsequenzen wirklich ist: Strukturen und Akteure konstituieren sich in diesem Sinne gegenseitig. Einen weiteren Beitrag zu einer poststrukturalistischen Sicht der iB/P lieferte die Einbeziehung von Überlegungen, die an *Habermas'* Theorie des kommunikativen Handelns anknüpften und vor allem auf die Eigendynamik von Kommunikationsprozessen als nicht-strategisches Handeln abzielten. Mit Hilfe dieses Ansatzes konnte das konstruktivistische Argument geschärft werden, daß Interessen nicht extern vorgegeben sind, sondern erst unter dem Einfluß (subjektiver) Ideen und Vorstellungen definiert werden. Diese aber verändern sich in Kommunikationsprozessen. Da Verhandlungen ohne Kommunikation nicht möglich sind, sind sie stets mehr als das bloße Abgleichen von vorher formulierten Interessen und festgelegten Prioritäten.

Die Überwindung ontologisch ansetzender Interpretationen der Geschichte und die Betonung der historischen Kontingenz der Nationalstaatenordnung (als Produkt wandelbarer Konstellationen) ließ die Frage nach einem grundlegenden Wandel der iB/P zu. Diese Frage wurde mit der These einer postinternat. Ordnung (*Rosenau*) aufgegriffen und in der Denkfigur einer Weltgesellschaft weiter ausgearbeitet. Als Schritte auf dem Weg zur Weltgesellschaft wurde die Denationalisierung sozialer Handlungszusammenhänge sowie die Veränderung der räumlichen Ordnung der Sozialbeziehungen in Wechselwirkung mit einem Funktionswandel des Staates (Entgrenzung) betrachtet. Diese Diskussion war eingebettet in die Debatte der 1990er Jahre über Globalisierung, brachte aber keine systematische Auseinandersetzung mit der Internat. Politischen Ökonomie (*Hettne* 1995), die nach dem Zusammenbruch des Realsozialismus und dem Verfall der klassischen Imperialismustheorien zur Hauptarena für die Kritik der weltwirtschaftl. Entwicklung wurde.

IV. Der Verweis auf die → Globalisierung spricht eine der zentralen Kontroversen der IB an der Schwelle zum 21. Jh. an: die Frage nach der Reichweite der Veränderungen, die sich gegenwärtig auf wirtschaftl., technologischem, sozialem und kulturellem Gebiet vollziehen. Einigkeit besteht weitgehend darin, daß es sich um einen globalen Wandel handelt.

Strittig ist jedoch, ob dieser Wandel zu einer Überwindung der mit dem Westfälischen Frieden entstandenen Staatenordnung führen wird und ob es überhaupt eine den europ. Vorstellungen entsprechende Staaten-

Tabelle 2: Mögliche terminologische Abgrenzung von Akteuren und Aktionsformen der iB

Akteure	Aktionsformen oder Transaktionsmuster	Beispiele
Alle folgenden Akteure	Internationale Beziehungen (einschließlich privater wirtschaftl., kultureller etc. Beziehungen)	Internat. polit., wirtschaftl., kulturelle Beziehungen
Supranat. Einrichtungen (einschl. Gerichte) mit Weisungs- und Strafbefugnis gegenüber Staaten (und Personen)	Supranat. Politik und Verfahren	Einzelbereiche der EU (z. B. Außenhandels- und Wettbewerbspolitik), Streitschlichtungsverfahren der WTO, Kriegstribunale, zukünftiger Internat. Strafgerichtshof
Staatengruppen, internat. Organisationen, Bündnisse	Internationale Politik	Gruppe der 7 (führenden Industrieländer) plus Rußland; Gruppe der 77 (Entwicklungsländer); UNO, Weltbank, IWF, OSZE; NATO, Rio-Pakt,
Einzelne Regierungen	Außenpolitik	Franz. Afrika-Politik, dt. Menschenrechtspolitik, englische NATO-Politik
Innergesellschaftl. Organisationen, Verbände und soziale Bewegungen (nat. Zivilgesellschaft)	außenpolit. Einflußnahme (im Rahmen einer prinzipiellen Begrenzung staatl. Autonomie)	Lobby-Arbeit von Gewerkschaften, Industrieverbänden, Kirchen in bestimmten Sachfragen, Mobilisierung von Öffentlichkeit durch Friedens- und Frauenbewegung
Parteien, Kirchen, Interessengruppen, soziale Bewegungen, als *externe Akteure*, die auf andere oder mehrere Regierungen, Internat. Organisationen, Staatengruppen etc. einzuwirken versuchen (internat. Zivilgesellschaft)	Transnat. Politik	Sozialistische Internationale, Internat. Bund freier Gewerkschaften, Internat. Industrie- und Handelskammer, Greenpeace, NGO-Netzwerk zur WTO, NGO-Gegenkonferenzen zu Wirtschaftsgipfeln etc.
Einzelressorts, substaatl. Verwaltungseinheiten	Transstaatl. Politik	EU-Fachministerräte, Europa der Regionen, Städtepartnerschaften, Außenhandelsvertretungen von Bundesländern und Kommunen

ordnung auf globaler Ebene (und in diesem Sinne eine Weltkultur des Politischen) gibt. In diesem Fragezusammenhang hat sich seit Mitte der 1980er Jahre eine breite Diskussion über die Rolle des Staates in der Weltwirtschaft herausgebildet. Das Spektrum der Auffassungen reicht von der Annahme, die Staatenorganisation sei eine Voraussetzung für das Funktionieren der (kapitalistischen) Weltwirtschaft, bis zu der Gegenthese, daß der Staat als Regulierungsinstanz marginalisiert werde. Strittig ist auch die Rolle der Kultur als Bestimmungsfaktor der Weltpolitik, vor allem mit Blick auf die Frage, ob mit neuen gefährlichen Polarisierungsprozessen zu rechnen ist oder eher mit einer Entschärfung von Differenzen im Prozeß der globalen Modernisierung, ob die Verhütung von Konflikten eher die Durchsetzung universalistischer Werte (Menschenrechte) verlangt oder die Anerkennung von Differenz. Strittig sind des weiteren die sicherheitspolit. Auswirkungen des globalen Wandels (Gefahr einer erneuten militärischen Destabilisierung) ebenso wie die ökolog. Auswirkungen (Gefahr einer dramatischen Ressourcenverknappung, vor allem beim Wasser) oder die sozialen (wachsende Konzentration von Reichtum). Umstritten ist schließlich die Bedeutung des globalen Wandels für die Zukunft der → Demokratie. Die einen halten eine → Demokratisierung polit. Räume jenseits des Staates (kosmopolit. Demokratie) durchaus für möglich, die anderen verneinen mit Blick auf die historische Symbiose von Nationalstaat und Demokratie eine solche Möglichkeit (zumindest für die absehbare Zeit).
Letztlich geht es bei all dem um die Frage, ob die historische Perspektive einer fortschreitenden Selbstaufklärung der Menschheit ins 21. Jh. gerettet bzw. in diesem neu belebt werden kann, oder ob sie im 20. Jh., das ein Jahrhundert der → Gewalt war, als Erwartungshorizont, in dem Politik gemacht werden kann, endgültig erledigt worden ist.

Lit.: *Bull, H.* 1977: The Anarchical Society, L./Basingstoke. *Czempiel, E.-O.* (Hrsg.) 1969: Die anachronistische Souveränität, Köln/Opl. *Czempiel, E.-O.* 1981: Internationale Politik, Paderborn. *Deutsch, K. W.* 1957: Political Community and the North Atlantic Area, Princeton. *Forschungsgruppe Weltgesellschaft* 1996: Weltgesellschaft, in: PVS, 37(1), 5–26. *Hasenclever, A./Mayer, P./Rittberger, V.* 1997: Theories of International Regimes, Camb. *Keohane, R. O/Nye, J. S.* 1977: Power and Interdependence, Boston/Toronto. *Knapp, M./Krell, G.* (Hrsg.) [3]1996: Einführung in die Internationale Politik, Mchn./Wien. *Krippendorff, E.* 1986: Internationale Politik, Ffm. *Lehmkuhl, U.* 1996: Theorien internationaler Politik, Mchn. *List, M.* u. a. 1995: Internationale Politik, Opl. *Meyers, R.* 1997: Grundbegriffe und theoretische Perspektiven der Internationalen Beziehungen, in: *Bundeszentrale für politische Bildung* (Hrsg.), Grundwissen Politik (3. Aufl.), Bonn, 229–333. *Morgenthau, H. J.* 1963: Macht und Frieden, Gütersloh. *Rittberger, V.* (Hrsg.) 1990: Theorien der Internationalen Beziehungen (PVS Sonderheft 21), Opl. *Ruggie, J. G.* 1998: Constructing the World Polity, L. *Waltz, K.* 1997: Theory of International Politics, Reading. *Wendt, A.* 1992: Anarchy Is What States Make of It, in: IO, 46, 391–425. *Zalewski, M.* 1993: Feminist Theory and International Relations, in: *Bowker M./Brown R.* (Hrsg.): From Cold War to Collapse, Camb., 115–144. *Zürn, M.* 1998: Regieren jenseits des Nationalstaates, Ffm.

Lothar Brock

Internationale Organisationen

I. Internationale Organisationen (i. O.) dienen dem Ziel, Rechts- und Arbeitsgrundlagen für die Zusammenarbeit der Staaten bzw. nationaler Akteure bei grenzüberschreitenden Transaktionen zu gewährleisten. Sie bilden eine besondere Form zur Steuerung des internat. Systems, die durch die zunehmende Verflechtung der Staaten in ökonom., polit. und gesellschaftl. Hinsicht erforderlich wurde.

An i. O. wird unterschieden zwischen *International Governmental Organzisations* (IGO) und *International Non-Governmental Organizations* (INGO). Gelegentlich wird auch der Begriff der *Business International Non-Governmental Organizations* (BINGO) gebraucht, worunter multinat. Konzerne mit privatwirtschaftl. Gewinnstreben als Ziel verstanden werden. Eine IGO ist eine durch multilateralen völkerrechtl. Vertrag geschaffene Staatenverbindung mit eigenen Organen und Kompetenzen, die sich als Ziel die Zusammenarbeit von mindestens zwei Staaten auf polit. und/oder ökonom., militärischem, kulturellem Gebiet gesetzt hat. Eine INGO ist ein Zusammenschluß von mindestens drei gesellschaftl. Akteuren (Parteien, Verbände etc.), der zur Ausübung seiner grenzüberschreitenden Zusammenarbeit Regelungsmechanismen aufstellt. I. O. traten im 19. Jh. neben → Nationalstaat und Territorialstaat. Am Ende des vorigen Jh.s gab es ca. 340 IGOs, mehr als 12. 000 INGOs und etwa 5.000 BINGOs.

II. IGO unterscheiden sich voneinander zunächst in zeitlicher Hinsicht, insofern sie für einen festgelegten oder unbestimmten Zeitraum Geltung haben können. Räumlich unterscheidet man IGO mit globalem Charakter von solchen, deren Geltungsbereich auf eine bestimmte Organisation begrenzt ist. Da regionale Organisationen nur eine limitierte Zahl von Staaten umfassen, weisen sie i. d. R. eine tendenziell zentralisierte Organisationsstruktur auf. Ein Beispiel für eine regionale Organisation ist der Nordische Rat. In räumlicher Hinsicht wird unterschieden zwischen IGO, die für einen Beitritt weiterer Staaten offen sind (z. B. → EU), und geschlossenen IGO (z. B. Benelux-Union).

In bezug auf die inhaltlichen Funktionen von IGO hat sich die leicht mißverständliche Unterscheidung zwischen „polit." und „unpolit." Organisationen eingeschlichen. Unter polit. IGO versteht man dabei solche Organisationen, die in einem umfassenden Sinn (*high politics*) an der Erhaltung oder Ausdehnung der Macht ihrer Mitglieder orientiert sind (z. B. Militärbündnisse wie → NATO), während funktional spezifische, zur technisch-administrativen Bewältigung von Sachproblemen geschaffene IGO (z. B. die Internat. Atomenergiekommission IAEA oder die Weltgesundheitsorganisation WHO) als unpolit. bezeichnet werden (*low politics*). In vielen Fällen ist freilich die Grenzziehung zwischen funktionaler Spezifizität und umfassender, Machtfragen berührender Politik problematisch. So etwa im Bereich der wirtschaftspolit. Organe der Vereinten Nationen (UN) wie → IWF und der → Weltbank, die man zwar den unpolit. IGO zurechnet, die aber mit zunehmender Bedeutung nicht nur technisch-administrative Funktionen haben, sondern in ihrer Organisationsstruktur und Arbeitsweise sowohl machtpolit. geprägt sind als auch in diesem Sinne wirken.

Ein weiteres Unterscheidungsmerkmal liegt im Kompetenztransfer der Mitgliedstaaten auf die i.O. Besitzt die IGO eigenständige Kompetenzen, so handelt es sich um eine supranat. IGO. So hat z. B. die EU bestimmte Kompetenzen, wodurch die von ihr getroffenen Entscheidungen für Mitgliedstaaten wie auch Einzelunternehmen direkt wirksam werden können.

Ein letztes Unterscheidungsmerkmal bildet die Binnenstruktur. Zwar gilt im → Völkerrecht das Prinzip der Gleichheit der Staaten in der internat. Politik; jedoch kann es innerhalb der IGO sowohl bei der Zusammensetzung von Führungs- und Entscheidungsorganen als auch in bezug auf das Stimmrecht durchaus zu Abweichungen kommen. Bekanntestes Beispiel ist der Sicherheitsrat der UN, in dem die Großmächte ständig vertreten sind, andere Staaten dagegen nur zeitweise Mitglied sind.

III. Funktionen der i. O. sind a) Bildung eines Kooperationsrahmens grenzüberschreitender Zusammenarbeit; b) Schaffung neuer Einflußmöglichkeit, insbes. schwacher Akteure, durch Zusammenschluß; c) Bündelung multilateraler Interessen; d) Förderung der Stabilität des internat. Systems; e) Schaffung von internat. Öffentlichkeit; f) Bildung von Verifikationsinstrumenten und g) Durchführung operativer Tätigkeiten wie z. B. bei Entwicklungszusammenarbeit oder Rüstungskontrolle.

Lit.: *Andersen, U./Woyke, W.* (Hrsg.) ²1995: Handwörterbuch Internationale Organisationen, Opl. *Archer C.* ²1992: International Organizations, L. *Armstrong, D.* u. a. 1996: From Versailles to Maastricht. International Organisations in the Twentieth Century, Basingtone Stoken. *Diehl, P. F.* (Hrsg.) 1997: The Politics of Global Governance, Boulder. *Feld, W./Jordan, R. S.* ³1994: International Organizations, Westport. *Keohane, R./Nye, J.* (Hrsg.) 1977: Power and interdependence: World Politics in Transition, Boston. *Rittberger, V.* 1994: Internationale Organisationen, Opl. *Woyke, W.* 1995: Organisationen in Europa, Mchn.

Wichard Woyke

Internationale Regime

Internationale Regime (i. R.) sind institutionalisierte Formen der Kooperation zwischen Staaten und anderen internat. Akteuren, die aus Prinzipien, Normen, Regeln, Entscheidungsverfahren sowie Programmaktivitäten bestehen und das Verhalten internat. Akteure in einem Problemfeld dauerhaft steuern. Sie sind zu unterscheiden sowohl von → Internationalen Organisationen, die im Gegensatz zu i. R. materielle Entitäten sind, als auch von konstitutiven und problemfeldübergreifenden Prinzipien der Staatengemeinschaft wie etwa → Souveränität.

Leitfragen der Regimeanalyse sind zum einen die Bedingungen der Entstehung und des Wandels von Regimen (R.). Dabei gehen realistische Ansätze davon aus, daß die Existenz von R. von einem Hegemon im internat. System abhängt, der zur Regeldurchsetzung willens und fähig ist. Den Fortbestand von einmal errichteten i. R. in Abwesenheit eines Hegemons erklären kontraktualistische Ansätze, die auf die Bereitstellung bestimmter Leistungen wie Erwartungsverläßlichkeit und reduzierte Transaktionskosten verweisen. Die rationalistische Regimetheorie hat zudem Typen von Interessenkonstellationen (Situationsstrukturen) und Konfliktgegenständen (Problemstrukturen) identifiziert, die die Möglichkeiten einer Regimebildung abstecken. Demgegenüber verweisen kognitive Ansätze insbes. auf die ideellen Überzeugungen und die Problemwahrnehmungen der beteiligten Akteure als zentrale Faktoren der Regimeentstehung.

Zum zweiten zielt die Regimeanalyse auf die Ermittlung der spezifischen Wirkungsmechanismen von i. R. sowie der Zusammenhänge zwischen institutioneller Beschaffenheit und Effektivität (Zielerreichung) der Regelung. So ist es gelungen, eine Reihe von „Kausalpfaden" zu ermitteln, über die R. einen Einfluß entwickeln und die bei der institutionellen Ausgestaltung eines effektiven R. berücksichtigt werden sollten. Zum dritten hat die Regimeanalyse gefragt, ob und inwieweit i. R. den anarchischen Grundcharakter des internat. Systems überwinden helfen und eine zivilisierende Wirkung entfalten können.

→ Internationale Beziehungen

Lit.: *Hasenclever, A.* u. a. 1997: Theories of International Regimes, Camb. *Keohane, R. O.* 1984: After Hegemony, Princeton. *Kitschelt, H.* 1992: Political Regime Change, in: APSR 86: 4, 1028–1034. *Wolf, K. D.* 1993: Regimeanalyse, in: *Boeckh, A.* (Hrsg.): Internationale Beziehungen (= Lexikon der Politik, Bd. 6), Mchn., 422–429. *Young, O. R.* 1994: International Governance, Ithaca. *Zürn, M.* 1992: Interessen und Institutionen in der internationalen Politik, Opl.

Michael Zürn

Internationales Recht → Völkerrecht

Internet und Politik

Ursprünglich aus einem militärischen US-Kommunikationsnetz hervorgegangen, hat das zivil genutzte Internet (*International Network*) in den 1990er

Jahren einen fulminanten Siegeszug angetreten. Im Juli 2000 wurden weltweit bereits rund 93 Mio. Internetzugangsrechner (*hosts*) gezählt (*Network Wizzard, Internet Domain Survey*). Die geschätzte Zahl der Internetnutzer liegt um ein Mehrfaches darüber. Erwartungsgemäß entfallen die allermeisten *hosts* und Internetnutzer auf entwickelte Industriestaaten und sind die Entwicklungsregionen Lateinamerikas, Asiens und vor allem Afrikas trotz aller Internetwachstumsraten stark unterrepräsentiert. Doch gibt es inzwischen kaum mehr ein Land, das nicht ans Internet angeschlossen ist. Mit der rasanten Ausbreitung und Kommerzialisierung des Internet vor allem ab der zweiten Hälfte der 1990er Jahre ist auch das öffentl. Bewußtsein um dessen gesellschaftspolit. und wirtschaftl. Bedeutung gestiegen. Ein offener und flächendeckender Zugang zum Internet gilt nicht nur als Voraussetzung für den Eintritt ins „Informationszeitalter", sondern mitunter sogar als Entwicklungsmotor in der → Dritten Welt (vgl. *ITU* 1999, *Weltbank* 1999).

1. *Regulierungsprobleme*: Entgegen landläufigen Annahmen ist der virtuelle Raum des Internet weder unregulierbar noch unreguliert und damit alles andere als eine anarchisch-machtfreie Sphäre. Neben Technikexperten versuchen weltweit internat. und nat. Akteure aus Politik, Wirtschaft und Gesellschaft, Einfluß auf die Entwicklung des Internet zu nehmen. Anlehnend an *Herzog* (2000) lassen sich hierbei verschiedene, interdependente Themenfelder der Internet-Regulierung unterscheiden: a) die Regulierung der Infrastrukturen und Nutzungsbedingungen des Internet sowie die Regulierung der b) gesellschaftlichen, c) wirtschaftlichen und d) politischen Internet-Nutzung:

Der erste Bereich betrifft vor allem die Frage, wie das Internet verwaltet wird und wer die Kontrolle über dessen technische Komponenten ausübt. Von großer Bedeutung sind hierbei die gegenwärtigen Konflikte um die Neustrukturierung der Internetverwaltung im Rahmen der *Internet Corporation for Assigned Names and Numbers* (ICANN) und, damit verbunden, die vieldiskutierte Vergabe der Internet-Domain-Namen. Völlig anders gelagert, aber auch von öffentl. oder privaten Regulierungsinstanzen und Förderinitiativen beeinflußt sind die materiellen und immateriellen Nutzungsvoraussetzungen des Internet (Telefon-, Computer- und Internetanschlüsse; Einkommens- und Bildungsvoraussetzungen etc.), die maßgeblich bestimmen, welche Bevölkerungsgruppen zu welchen Kosten und in welcher Weise das Internet nutzen können – ein Aspekt, der angesichts der wachsenden Kluft zwischen *information richs* und *information poors* zwischen und innerhalb der Länder von großer Bedeutung ist. Das weltweite Nord-Süd-Gefälle der Internetnutzung findet seine programmatische Entsprechung in internat. Forderungen, mehr Menschen in der Dritten Welt Zugang zum Internet und anderen Informationstechnologien zu verschaffen, wie es etwa die G-8-Staaten in der „Charta von Okinawa über die globale Informationsgesellschaft" (Juli 2000) als Ziel formuliert haben. Regulierungsprobleme der gesellschaftl. Internetnutzung beziehen sich u. a. auf den → Datenschutz und die Datensicherheit sowie auf den Schutz der Privatsphäre und den Schutz von Kindern, Jugendlichen und Minderheiten, jene der wirtschaftl. Internetnutzung u. a. auf die Regulierung des elektronischen Handels und Geschäftsverkehrs, auf die Wahrung des Urheberrechts, den Verbraucherschutz und die immer wieder angedachte Frage der Internet-Steuern. Die Diskussion um die polit. Internet-Nutzung kreist im wesentlichen um neue Beteiligungsformen der Bürger und das große Thema der „elektronischen Demokratie", beschäftigt sich aber in zunehmendem Maße auch damit, wie der Computerkriminalität, polit. Extremismus und Gewaltaufrufen im Internet zu begegnen ist (vgl. *Herzog* 2000).

Die Regelungsdichte hinsichtlich des Internet unterscheidet sich je nach Themenbereich beachtlich, und die verschiedenen Akteure internat. Organisationen wie →

OECD, → WTO, → EU oder der → Vereinten Nationen; nat. Regierungen; Wirtschaftskonzerne, gerade der Telekommunikations-, Computer-, Software- und Internetbranche; internat. und nat. Nichtregierungsorganisationen (NRO) etc. setzen sehr unterschiedliche Regulierungsprioritäten und -schwerpunkte. Nicht in allen Ländern hat sich bisher ein eigenständiges Politikfeld zu den neuen Informations- und Kommunikationstechnologien (NIKT) im allgemeinen und zum Internet im besonderen herausgebildet. Während einige Industriestaaten umfassende Internet-Initiativen eingeleitet haben und maßgeblich die sich herausbildenden internat. Leitlinien der Internet-Regulierung mitbestimmen, verhalten sich andernorts viele Regierungen eher passiv und übernehmen internat. Vorgaben weitgehend unverändert, ohne bei deren Umsetzung eigene Akzente zu setzen, die den Spezifika vor Ort Rechnung tragen. Dies gilt gerade für die unterentwickelten Länder des Südens. Auch gibt es eine Tendenz der etablierten Politik, die Bedeutung des Internet allzu sehr auf den wirtschaftl. Nutzen zu reduzieren.

2. *Internet und Demokratie*: Die Entwicklung und das Potential neuer Technologien nährte schon früh Spekulationen über Chancen und Risiken des Internet für das demokratische Gemeinwesen. Inzwischen ist abzusehen, daß durch das Internet weder ein „neues athenisches Zeitalter" anbrechen noch die repräsentative Demokratie zugrunde gehen wird (vgl. *Leggewie* 1998: 16). Die Illusionen über eine interaktive „elektronische Demokratie" sind im virtuellen Raum ebenso zerstoben wie die Furcht der etablierten Politik vor den „direktdemokratischen Gefahren" des Internet (vgl. *Hekker/Rilling* 1998: 14). Um vorschnelle Bewertungen zu vermeiden, ist daher bei der Diskussion um die polit. Folgen des Internet vom gegenwärtigen Zustand des demokratischen Gemeinwesens auszugehen, in das die neuen Technologien hineinwirken. Eine Schlüsselfrage lautet, wie sich das Internet auf die polit. Mitwirkung der Bürger und Bürgerinnen auswirkt. Die Antwort ist abhängig vom zugrundegelegten Begriff der polit. → Partizipation.

Einem engen, instrumentellen Verständnis zufolge umfaßt polit. Partizipation all jene Handlungen, die Bürger freiwillig mit dem Ziel unternehmen, Entscheidungen auf den verschiedenen Ebenen des → Politischen Systems zu beeinflussen. Ein solches Verständnis von polit. Partizipation ist entscheidungsbezogen, und zwar vor allem auf solche Entscheidungen, die im Rahmen des polit.-institutionellen Systems getroffen werden. In diesem Sinne ist die reale Bedeutung des Internet gegenwärtig gering. Bislang ist das Internet kein Ort polit. Entscheidungen. Noch werden keine bindenden polit. Internet-Abstimmungen von nennenswerter Bedeutung und mit nennenswerter Beteiligung durchgeführt. Allerdings kann es bereits jetzt zur Entscheidungsvorbereitung oder zur öffentl. Kritik und Kontrolle getroffener polit. Entscheidungen (und ihrer Umsetzung) dienen.

Durch das Internet können neue Kommunikationskanäle zwischen polit. Entscheidungsträgern, → Parteien, → Interessengruppen, sozialen Organisationen und Bürgern entstehen, die sich auf die verschiedenen Phasen des *policy*-Zyklus vom *Agenda-Setting* bis zur Evaluation auswirken. Dies gilt umso mehr, wenn durch das Internet tatsächlich Modernisierungsprozesse und nicht nur *Public-Relation*-Maßnahmen von Regierungs- und Verwaltungseinrichtungen vorangetrieben werden, die öffentl. Handeln effizienter, transparenter und partizipativer machen.

Darüber hinaus legt der Charakter des Internet als ein Medium, mittels dessen Informationen abgerufen, verteilt und ausgetauscht werden, nahe, dieses bei entsprechender Nutzung als einen Informations- und Deliberationsraum zu betrachten, der ähnliche polit. Funktionen ausüben kann wie „gewöhnliche" Massenmedien, die Informationen aufbereiten, an der öffentl. Meinungs- und Willensbildung mitwirken und den Herrschenden „auf die Finger schauen". Bislang kommt zwar dem Internet noch lange nicht die polit. Bedeutung zu wie traditionellen → Medien der → Massenkommunikation. Doch ist es zu einem wichtigen Sprachrohr sozialer Organisationen geworden und ermöglicht selbst den einzelnen (internet-kundigen) Bürgern und Bürgerinnen, ohne die Vermittlung mächtiger Medienredaktionen aus dem Informationsangebot auszuwählen und ohne größeren Aufwand eigene polit. Ansichten zur Diskussion zu stellen.

Letzteres weist über die Entscheidungsbezogenheit eines instrumentellen Partizipationsbegriffs hinaus auf ein weiter gefaßtes Partizipationsverständnis hin, das auch polit. Deliberation „zum Selbstzweck" umfaßt. Die Beteiligung an polit. Diskussionen im „interaktiven" Medium Internet und damit einhergehende Versuche, andere Menschen von der eigenen polit. Meinung zu überzeugen, schlagen die Brücke zwischen der oft als passiv verfemten, gerade beim Internetgebrauch aber durchaus aktiven polit. Informationsaufnahme und der polit. Beteiligung im engen Sinne. Die Mitwirkung an polit. Deliberationsformen bleibt zwar oft ohne entscheidungsrelevanten Bezug, stellt aber eine Form gesellschaftspolit. Teilnahme dar, die in einer demokratischen Kultur erwünscht ist (oder sein sollte). Allerdings ist einschränkend zu beachten, daß nur ein Bruchteil der Internet-Inhalte politisch ist. Das überwältigende Gros der Internet-Seiten dient dem Kommerz.

Mit Blick auf das Spektrum organisierter Interessen ist festzuhalten, daß sich die Bandbreite polit. Parteien, Interessenverbände und → Sozialer Bewegungen durch das Internet i. d. R. nicht merklich ausgeweitet hat. Auch paßt sich der Gebrauch des Internet inzwischen reibungslos in bestehende konventionelle wie unkonventionelle Formen der Politik ein. Zu den frühen Nutznießern gehörten hierbei NRO, etwa im Bereich des Umwelt- und Menschenrechtsschutzes. Durch das Internet haben sich die Möglichkeiten selbst kleiner NRO verbessert, sich über aktuelle Entwicklungen in ihrem Bereich zu informieren, soziale Netzwerke auszubilden, gesellschaftspolit. Interessen zu artikulieren und nat. wie internat. Unterstützung für ihre Belange einzuwerben. Ohne das Internet wäre der Auftritt globaler NRO-Gemeinschaften während der Weltkonferenzen der 1990er Jahre kaum möglich gewesen. Vereinzelt sind auch neue Formen sozialer Proteste und zivilen Ungehorsams (etwa die Blockierung von Web-Seiten) entstanden.

Noch ist der *Cyberspace* ein schwer kontrollierbarer öffentl. Raum, in dem (system-)oppositionelle Gruppen die Legitimationsgrundlagen polit. Regime oder Regierungen in Frage stellen und Gegenlegitimation aufbauen können. Dies ist nicht nur für Demokratien, sondern auch und gerade für → Autoritäre Regime von Bedeutung. Über den systemsprengenden, gleichsam subversiven Charakter des Internet wird von den Medien im Falle von Diktaturen à la Volksrepublik China gerne berichtet, wobei allerdings im Einzelfall zu prüfen wäre, wie groß tatsächlich die Demokratisierungseffekte sind. Auf alle Fälle stehen aber autoritäre Regime vor dem Dilemma, das wirtschaftl. Entwicklungspotenzial des Internet zu nutzen und gleichzeitig regimegefährdende polit. Auswirkungen zu vermeiden. Im Idealfall lassen sich nämlich durch das Internet autoritäre Herrschaftsinstrumente wie Zensur, Desinformation und Propaganda entwerten. Freilich kann bis zu einem gewissen Grade auch der Internetgebrauch zensiert und übers Internet gezielt Propaganda verbreitet werden. Aus diesem Grund setzen, wie im Falle des Kosovo-Konfliktes, Kriegsgegner gezielt das Medium Internet ein und führen Cyber-Attacken auf gegnerische Web-Seiten und Computernetze aus.

Schließlich ist zu betonen, daß der virtuelle Raum des Internet nicht losgelöst ist von der realen Welt. Entwicklung, Regulierung und Nutzung des Internet hängen maßgeblich von den gegebenen Machtverhältnissen und Interessenkonflikten auf nat. und internat. Ebene ab.

Lit.: *Brown, D.* (1997): Cyberdiktatur. Das Ende der Demokratie im Informationszeitalter, Bln. *Eisel, S./Scholl, M.* (Hrsg.) 1998: Internet und Politik, Sankt Augustin. *Hagen, M.* 1997: Elektronische Demokratie, Münster. *Hamelink, C. J.* (1999): ICTs and Social Development: The Global Policy Context (UNRISD Discussion Paper 116), Genf. *Hartmann, C./Hüttig, C.* (Hrsg.) 1998: Netzdiskurs. Loccumer Protokolle 67/97, Loccum. *Hecker, W./Rilling, R.* 1998: Politik im Internet, Köln. *Herzog, R.*

2000: Doppelgesichter der internationalen Internetregulierung. Zur Bedeutung transnationaler Akteure bei der Gestaltung der neuen Internet-Ordnung, in: Lateinamerika. Analysen – Daten – Dokumentation, 43, 58–90. *International Telecommunication Union* (ITU) 1999: Challenges to the Network. Internet for Development, Genf. *Jarren O.* 1998: Internet neue Chancen für die politische Kommunikation, in: APuZ, B40, 13–21. *Kleinsteuber, H. J.* 1997: Informationsgesellschaft: Entstehung und Wandel eines politischen Leitbegriffs der neunziger Jahre, in: Gegenwartskunde, 1, 41–52. *Leggewie, C./Maar, Ch.* (Hrsg.) 1998: Internet & Politik. Von der Zuschauer- zur Beteiligungsdemokratie, Köln. *Weltbank* 1999: Weltentwicklungsbericht 1998/99: Entwicklung durch Wissen, Ffm. *Zehnder, M. W.* 1998: Gefahr aus dem Cyberspace. Das Internet zwischen Freiheit und Zensur, Basel u. a.

Michael Krennerich

IWF

Der Internationale Währungsfonds (IWF) wurde mit dem Ziel einer Stabilisierung der internat. Währungsbeziehungen und einer Verstetigung des Welthandels gegründet. Seine zunächst 44 Mitgliedsländer (2000: 182) verpflichteten sich im ersten IWF-Übereinkommen vom 27. 12. 1945, innerhalb bestimmter Schwankungsbreiten feste Wechselkurse im Verhältnis zum US-Dollar einzuhalten bzw. darüber hinausgehende Änderungen einer Genehmigung des IWF zu unterziehen. Zahlungsbilanzprobleme, denen in der Vorkriegszeit viele Länder mit einer weltwirtschaftlich fatalen aggressiven Wechselkurspolitik begegnet waren, sollten künftig durch Ausgleichskredite des IWF überbrückt und der Abbau von Bilanzungleichgewichten mittels Konditionalität dieser Kredite durch den IWF mitgesteuert bzw. kontrolliert werden. 1973 ließ sich das *Bretton-Woods*-System der festen Wechselkurse nicht länger aufrechterhalten. Nachdem anschließende Versuche einer grundlegenden Reform des internat. Währungssystems erfolglos geblieben waren, wurde in einer Neufassung des Übereinkommens über den IWF 1978 das faktisch seit 1973 bestehende System prinzipiell freier Wechselkurse weitgehend festgeschrieben. Der IWF erhielt die Funktion eines Wächters über die Währungspolitik seiner Mitgliedsländer, die sich verpflichteten, starke plötzliche Schwankungen der Wechselkurse aufgrund eventueller Zahlungsbilanzprobleme zu vermeiden.

1. Die Mittel des IWF werden durch Beiträge der Mitgliedsländer nach einem Quotensystem festgelegt, das im Prinzip die nach einem bestimmten Schlüssel ermittelte Wirtschaftskraft der jeweiligen Länder reflektieren soll, faktisch aber zu einem erheblichen Teil auch durch macht- und prestigepolit. Faktoren bestimmt wird. Die Quote eines Landes bestimmt sowohl seine Kreditmöglichkeiten (Ziehung) als auch sein Gewicht in den Führungs- und Entscheidungsgremien des IWF. Anders als in den meisten Organen der → UN gilt hier also nicht das Prinzip der Stimmengleichheit der Mitgliedsländer. Durch ihre Anteile an der Gesamtquote des Fonds haben die führenden Industrieländer einen bestimmenden Einfluß auf die Politik des IWF; bei wichtigen Entscheidungen, die mit einem Quorum von 85 % der Stimmen getroffen werden müssen, verfügen sowohl die USA als auch die EU-Länder zusammen über eine Sperrminorität.

2. Seit Mitte der 1960er Jahre forderten die Entwicklungsländer eine Koppelung *(link)* zwischen den Krediten des IWF und der Entwicklungsfinanzierung. Sie wollten die Möglichkeit erhalten, im Verhältnis zu ihrer Quote überproportionale Kredite zu ziehen. Diese Verbindung wurde und wird von den Industrieländern jedoch stets abgelehnt. Durch die Einrichtung verschiedener sog. Sonderfazilitäten zur Bewältigung spezieller Zahlungsbilanzschwierigkeiten hat man seit Ende der 1960er Jahre zwar mehrfach auf

spezifische Probleme der Entwicklungsländer reagiert (so wurde z. B. 1986 eine Strukturanpassungsfazilität zur Unterstützung armer Länder mit langwierigen Zahlungsbilanzproblemen geschaffen), nach wie vor aber stellt die an die Quote der Mitgliedsländer gebundene Inanspruchnahme der allg. Kreditfazilität einen Herd ständiger Konflikte zwischen den Ländern der → Dritten Welt und dem IWF dar. Entwicklungsländer, die wegen ihrer oftmals chronischen Zahlungsbilanzschwierigkeiten diese Kreditfazilität in Anspruch nehmen müssen bzw. nach dem Versiegen der privaten Kapitalmärkte für Umschuldungsabkommen mit Gläubigerbanken auf ein sog. Beistandsabkommen mit dem Fonds angewiesen sind, müssen i. d. R. harte wirtschaftspolit. Auflagen zur Sanierung ihrer Zahlungsbilanz akzeptieren. Im Zusammenhang mit der → Verschuldungskrise der Entwicklungsländer in den 1980er Jahren kam es wegen der meist v. a. die armen Bevölkerungsgruppen treffenden sozialen Auswirkungen dieser Stabilisierungsprogramme in zahlreichen Ländern zu sozialen und polit. Unruhen. Erst relativ spät gingen IWF und → Weltbank dazu über, die sozialen Auswirkungen der Stabilisierung und → Strukturanpassung mit entsprechenden Begleitprogrammen wenigstens teilweise abzufedern. Die sozialen Auswirkungen der Strukturanpassungsprogramme (SAPs) blieben freilich in der Kritik, wie der Weltgipfel für soziale Entwicklung der UN in Kopenhagen im März 1995 (Weltsozialgipfel) deutlich machte. Um die Aufnahmefähigkeit von SAPs zu erhöhen, applizierte der IWF das von der Weltbank entwickelte Konzept verantwortlicher Regierungsführung (→ *Good Governance*) als zusätzliches Konditionalitätskriterium. Zusammen mit der Weltbank initierte er 1996 die bes. Schuldeninitiative für die sogen. HIPCs (*Heavily Indepted Poor Countries*).

3. Im Lauf des Schuldenkrisenmanagements der 1980er Jahre haben sich auch die Grenzen zwischen Zahlungsbilanzfinanzierung und Entwicklungshilfe, die Trennungslinien zwischen den Aufgabenbereichen des IWF und der Weltbank, verwischt. Bereits 1979 hat die Weltbank begonnen, Strukturanpassungskredite zu vergeben. Diese sind – ähnlich wie Bereitschaftskredite des Fonds – für Mitgliedsländer bestimmt, die mit ernsten Zahlungsbilanzschwierigkeiten zu kämpfen haben. Die zunehmende Überlappung der Aufgaben führte zu einem sich intensivierenden Erfahrungsaustausch zwischen Länderspezialisten beider Organisationen und der Koordinierung finanzieller Hilfen. Bei der Abstimmung von IWF- und Weltbankprogrammen gegenüber einzelnen Ländern soll zwar erklärtermaßen eine sog. Überkreuzkonditionalität i. S. einer wechselseitigen Vetomöglichkeit vermieden werden, doch liegt die Vermutung nahe, daß die engere Kooperation der *Bretton-Woods*-Institutionen ihre Verhandlungsmacht gegenüber Empfängerländern erhöht.

Lit.: *Dieter, H.* 1998: Die Asienkrise. Ursachen, Konsequenzen und die Rolle des Internationalen Währungsfonds, Marburg. *Haggard, S./Kaufman, R. R.* (Hrsg.) 1992: The Politics of Economic Adjustment, Princeton. *Körner, P.* u. a. 1985: Im Teufelskreis der Verschuldung. Der Internationale Währungsfonds und die Dritte Welt, Hamb. *Stubbs, R./Underhill, G. R. D.* (Hrsg.) 1994: Political Economy and the Changing Global Order, L. *Weltbank* 1989: Sub-Saharan Africa: From Crisis to Sustainable Growth: A Long-Term Perspective Study, Washington. *Willms, M.* [2]1995: Internationale Währungspolitik, Mchn.
Infos: www.imf.org

Bernhard Thibaut/Michael Windfuhr

Judikative → Rechtsprechende Gewalt

Justiz und Politik

I. Der Begriff Justiz umfaßt einmal die eine der drei Gewalten im demokratischen Rechtsstaat neben der Legislative und Exekutive. Zum anderen benennt der formelle Begriff die Binnenstruktur der staatl. Tätigkeit, die der Rechtspflege dient. Die Entwicklung einer eigenständigen Justiz ist untrennbar mit der Entstehung des neuzeitlichen Verfassungsstaates verbunden. Rechtsprechung war Jahrhunderte lang untrennbar mit dem Willen der jeweils Herrschenden verbunden. Sie sprachen nicht nur Recht, sondern schufen sich auch die Rechtsregeln, die dazu dienten, bestehende Machtverhältnisse auf allen gesellschaftl. Ebenen zu perpetuieren. Sie wählten auch in der Regel diejenigen aus, die bei Konflikten das bestehende Recht interpretierten. Dies galt sowohl für weltliche Herrscher als auch für die Kirche, in deren spezifischer Rechtsordnung nach wie vor Elemente dieses überkommenen Verhältnisses von Rechtsprechung und Herrschenden vorhanden sind. Diese untrennbare Verbindung des Rechts mit der Macht führte auch zu einer Symbiose von Justiz und Politik.

Die Menschen des Mittelalters nahmen es als gegeben hin, daß die Rechtsprechung der verlängerte Arm der Herrschenden war. → Staat und → Gesellschaft wurden von Gott abgeleitet als eine von Gott gewollte Ordnung. Zwar kannte auch das Mittelalter den Dualismus von Staat und Kirche, aber das geistliche und weltliche Schwert leiteten ihre Autorität und Legitimation aus der gleichen göttlichen Quelle ab. Alles geschah *ad Dei gloriam*. Das Recht und eine es anwendende eigenständige, gegenüber staatl. oder kirchlichen Gewalten als Kontrollinstanz auftretende Justiz gab es nicht. Bis heute kennt die katholische Kirche die Gewaltentrennung als ein dem Wesen ihrer Hierarchie fremdes Prinzip nicht und behält unangefochten ihren mittelalterlichen Jurisdiktionsbegriff bei. Das Ende der mittelalterlichen Kultur und der Zerfall eines einheitlichen Glaubens bewirkten zusammen mit dem Postulat der → Gleichheit des Menschen, daß das Individuum nicht mehr ohne weiteres daran glaubte, die Herrschenden würden das Recht auch gerecht anwenden. Die Forderung nach unabhängigen Richtern, deren Tätigkeit auf Wahrheitsfindung und gerechter Anwendung des Rechts beruht, wurde laut. Hinzu kam, daß die Wissenschaft, auch die der Jurisprudenz, sich von den Fesseln der Theologie befreite. Die Vernunft bestimmte mehr und mehr das Verhältnis zwischen Recht und den Herrschenden. Die Entdeckung eines auf Vernunft gegründeten Rechts, das allen zugänglich ist und im Naturrecht eine seiner wesentlichen Ausprägungen erfährt, setzt die Herrschenden und die ihnen mehr oder minder institutionell und ideologisch verbundenen Gerichte der Kritik aus. Die der Justiz unterworfenen Menschen glauben nicht mehr unbedingt von vornherein an die Gerechtigkeit und Vernünftigkeit der Urteile. Die Geburtsstunde einer unabhängigen Justiz hat geschlagen. In seinem Werk *»De l'esprit des Lois«* stellte *Montesquieu* kategorisch fest: *»Il n y a point encore de liberté, si la puissance de juger n'est pas séparée de la puissance législative et de la puissance exécutive«* (Es gibt noch keine Freiheit, wenn die rechtsprechende Gewalt nicht von der gesetzgebenden Gewalt und der ausführenden Gewalt getrennt ist; Buch XI, Kap. 6).

In Deutschland gewann der Staat mit der Abschaffung gutsherrlicher Gerichtsbarkeit in den Jahren nach 1848 ein Rechtspflegemonopol. In 75 der letztendlich nicht in Kraft getretenen Frankfurter Paulskirchenverfassung von 1849 heißt es: »Die richterliche Gewalt wird selbstständig von dem Gericht ausgeübt. Kabinetts und Ministerialjustiz ist unstatthaft". Preußen hatte schon als erstes deutsches Land die persönliche Unabhängigkeit der Richter in der Verfassung von 1848 gesichert. Die Justizhoheit lag in der Hand der Bundesstaaten und seit 1919 in den Ländern, die allerdings ab 1871 als Glieder des Reiches den durch die Reichsgesetzgebung geschaffenen Rahmen beachten mußten. Mit Wirkung vom 1. 10. 1879 galten im Bismarck-Reich einheitliche Normen für die Justizreform. Es wurde eine oberstrichterliche Rechtsprechung in Zivil- und Strafsachen eingeführt. Siebzig Jahre nach der Auflösung des Reichskammergerichts wurde mit dem Reichsgericht zu Leipzig ein neuer Wächter der deutschen Rechtseinheit geschaffen. Die an der Nahtstelle von Justiz und Politik angesiedelte Verwaltungsgerichtsbarkeit verblieb bei den Bundesstaaten. Voraussetzung für einen Ausbau der Verwaltungsgerichtsbarkeit war die

Trennung von Justiz und Verwaltung, die aber mehr als zögerlich erfolgte.

Heute ist die Justiz als Dritte Gewalt unumstritten verankert. Wie auch die beiden anderen Gewalten, die Legislative und die Exekutive, findet sie sich in einem System der → Gewaltenteilung, welches auf einem stets aufs neue zu gewährleistenden Balanceverhältnis beruht. In sich selbst ist die Justiz nicht per se statisch, sondern in ihrer Organisation und ihren Verfahren durchaus Änderungen, etwa durch eine Justizreform, zugänglich. Die Justiz ist im → Rechtsstaat mit der Legislative und Exekutive dadurch normativ und institutionell verbunden, daß jene ihr durch Normsetzung die Grundlage der Rechtsprechung zur Verfügung stellt. Ferner besitzen Exekutive und Legislative Einfluß auf die Auswahl der Richterschaft. So entscheidet gemäß Art. 95 Ziff. 2 GG über die Berufung der Richter der obersten Gerichtshöfe des Bundes der für das jeweilige Sachgebiet zuständige Bundesminister gemeinsam mit einem Richterwahlausschuß, der aus den für das jeweilige Sachgebiet zuständigen Ministern der Länder und einer gleichen Anzahl von Mitgliedern besteht, die vom Bundestag gewählt werden.

Diese Regelung ist nicht die einzig denkbare. Möglich wäre auch die Wahl der Richter durch das Volk, wie das etwa das Erfurter Programm der SPD aus dem Jahre 1891 forderte. In den Ländern bestehen differenzierte Regelungen zur Richterwahl und Richterbeförderung. Daß die Politik auch hier starken Einfluß nehmen kann, zeigt z. B. die Wahl der Präsidenten der obersten Landesgerichte im Lande Berlin durch das Abgeordnetenhaus. Die Möglichkeiten der Zusammensetzung der Richterwahlausschüsse in den Ländern reichen von einer rein parlamentarischen bis zu einer parlamentarisch-exekutiven Lösung.

Die Schaffung von Ausnahmegerichten ist unzulässig. Niemand darf auch etwa durch polit. Einfluß seinem gesetzmäßigen Richter entzogen werden (Art. 101 Ziff. 1 GG). Gerichte für besondere Sachgebiete können nur durch Gesetz errichtet werden. Dieser Gedanke wurde zum ersten Mal in der franz. Verfassung von 1791 erwähnt und war das Ergebnis des Kampfes gegen die Willkürjustiz absolutistischer Staatsgewalt.

II. In totalitären Regimen werden Recht und Justiz tendenziell zu bloßen Mitteln der Sicherung und Ausübung polit. Macht instrumentalisiert. Recht ist stets auch Politik, da diese jenes zur verbindlichen Regelung von Konflikten über die Verteilung knapper gesellschaftl. Güter benutzt. Auch die Rechtsprechung selbst besitzt einen polit. Charakter, da sie in diesem Sinn ebenfalls gestalterische Aufgaben wahrnimmt. Der wesentliche Unterschied zwischen Jurisdiktion und Politik liegt darin, daß erstere sich an enger vorgegebene Gestaltungsregeln (Rechtsvorschriften) zu halten hat als letztere (Verfassungsvorschriften). Aber im Rechtsstaat werden auch dem Gestaltungsspielraum der Politik Grenzen durch das Recht gesetzt, Grenzen, die im permanenten transparenten Diskurs ausgelotet werden müssen, wobei keine der beiden Seiten die sklavische Unterordnung der jeweils anderen erwarten kann. Dieser ständige Diskurs zwischen Recht und Politik unterscheidet den Rechtsstaat von totalitären Systemen, in denen die Kontrollmechanismen des Rechts gegenüber der Politik durch die jeweils Herrschenden weitgehend außer Kraft gesetzt sind. Da Politik mit Machterlangung und Machtausübung verbunden ist, wird sie zu allen Zeiten die Möglichkeit und Versuchung beinhalten, sich über die einengenden Regeln des Rechts hinwegzusetzen.

Das mag ganz offen geschehen, wie etwa als *Franz Gürtner,* der Reichsjustizminister *Hitlers,* höhnte, daß man auf Einhaltung der rechtlich-demokratischen Regeln nur so lange Wert legen müsse, wie sie dem Zwecke der Machtergreifung dienten. Es gibt keinerlei Patentrezept, wie rechtlose Politik verhindert werden kann – mag sie unter dem

Banner verblendeter Ideologie oder unter dem Herrschaftsanspruch religiösen Glaubens daherkommen.
Die Entwicklung zu einer unabhängigen Justiz ist in Systemen, in denen die Herrschenden beanspruchen, nicht nur Rechtsnormen zu setzen, sondern auch deren Anwendung durch die Rechtsprechung sowohl personell als auch inhaltlich zu kontrollieren, unmöglich. Dort, wo polit. Herrschaftswille und Rechtsinterpretation erzwungenermaßen zusammenfallen, wird die Justiz zur Magd der Herrschenden. Dies war der Fall im Dritten Reich. Das »vernünftige Recht« wurde zum großen Teil nicht nur durch die Gesetzgebung *ad absurdum* geführt, sondern auch die Justiz leistete einen kaum zu überschätzenden Beitrag zur Deformierung und zum Mißbrauch des Rechts durch die Politik. Grundlage der politisierten Justiz und ihrer Rechtsprechung wurde die nationalsozialistische Rechtslehre, die sich auf solche zentralen Begriffe wie den des »gesunden Volksempfindens« oder der »Rasse« gründete. Die Justiz und ihre Richter sollten nach den Worten von *Hans Frank,* dem Präsidenten der Akademie für Deutsches Recht, »Priester des deutschen Volksrechts« sein. Die Folge war für viele, daß die Justiz ihnen als Verfolgungsinstrument der politisch Herrschenden gegenübertrat. Institutionalisiert wurde solche Verfolgung in verschiedenen Ausprägungen von Sondergerichten, insb. der Sondergerichte in Strafsachen, die aufgrund der Gewaltverbrecherverordnung, der Heimtückeverordnung oder etwa der Kriegswirtschaftsordnung urteilten und Recht zum Instrument der Machterhaltung des Regimes pervertierten.
Wenn auch in anderer praktischer Realisierung, lag das gleiche Prinzip, daß die Justiz in erster Linie nicht Instrument eines gerechten Ausgleichs widerstreitender Interessen aufgrund vorliegender Normen, sondern Werkzeug der Herrschenden zur Durchsetzung der dem System zugrundeliegenden Ideologie sein sollte, der marxistisch/leninistischen Auffassung der Rolle der Justiz in einer Gesellschaft zugrunde. Unter Überwindung der »bürgerlichen Theorie« der Gewaltenteilung sollte beispielsweise die Justiz der DDR »zu einem festen Bestandteil der Verwirklichung der Staatspolitik der Arbeiterklasse« werden. Die Trennung von Exekutive, Legislative und Jurisdiktion ist in der Tat für ein Regime überflüssig, das von einer einheitlichen, unteilbaren Staatsmacht, welche lediglich den Willen einer Klasse durchsetzt, ausgeht. Das wichtigste Instrument zur Durchsetzung des polit. Willens der Arbeiterklasse im Bereich der Justiz und Rechtsprechung war in der DDR das Ministerium der Justiz. Es wurde zu einem zentralen Leitungsorgan und war verantwortlich für die Anleitung der Bezirks- und Kreisgerichte. Diese Leitung der Justiz durch die Politik bestand in allgemeinen und konkreten Vorgaben zur Rechtsprechung und nachfolgend in der Kontrolle der Erfüllung der übertragenen Aufgaben. Dabei war wirksamstes Kontroll- und Disziplinierungsinstrument die Auswahl, der Einsatz und die Weiterbeförderung des Justizpersonals.

III. Die Trennung des Politikbereichs von der Justiz im demokratischen Rechtsstaat ist so zu verstehen, daß die Politik auf legale und legitimierte Weise die gesellschaftl. Verhältnisse durch Festlegung von Normen gestaltet und die Justiz diese Normen im konkreten Fall anzuwenden und auszulegen hat. Dadurch wird ein Spannungsverhältnis zwischen Politik und Justiz konstituiert, denn daß diese Anwendung und Auslegung unpolitischen Charakter hat, war schon für den liberalen bürgerlichen Rechtsstaat eine Fiktion und ist es noch in sehr viel stärkerem Maße für den demokratisch-sozialen Rechtsstaat mit seinen immer komplexeren Regelungsgeflechten. Eine besondere Bedeutung kommt der Aufgabe zu, die Einhaltung der Grundnorm einer rechtsstaatl. Gesellschaft, ihrer Verfassung, bei Schaffung und Anwendung von Normen zu überwachen. Besonders letzteres hat zur Folge, daß die Justiz die Gestaltungsfreiheit der Politik insoweit begrenzen kann, wie sie zu verfassungswidrigen Normen oder

Handlungen führt. Selbst in der Gestaltung von Verfassungsnormen ist die Politik nicht immer frei, da die Justiz hier auf der freien Verfassungsgestaltung nicht zugängliche Bereiche verweisen kann.

Oberstes Justizorgan in Fragen verfassungsrechtl. Kontrolle polit. Gestaltungsmöglichkeiten ist das Bundesverfassungsgericht (→ Verfassungsgerichtsbarkeit). Die Balance zwischen der Kontrollfunktion der Justiz über den Bereich des Politischen wird durch Einflußmöglichkeiten der Politik bei der Besetzung richterlicher Funktionen gewahrt. In der Regel darf kein Richter abberufen werden. Die Richteranklage, die zur Abberufung führen kann und in den Verfassungen der Bundesländer und dem Grundgesetz vorgesehen ist, wird nur im Extremfall von Pflichtverletzungen eingeleitet. In den USA ist eine solche Abberufung durch das *Impeachment*-Verfahren (Art. 1, Sektion 2 Ziff. 5; Sektion 3 Ziff. 6) vorgesehen. Im Grundgesetz wird sie in Art. 98 Ziff. 2 und 5 geregelt. Danach soll die Möglichkeit, einen Richter abzuberufen, die »Gewähr dafür bieten, daß der Richter die ihm anvertraute ungewöhnliche und nach der fachlichen Seite nicht kontrollierbare Machtbefugnis im Sinne des Volkes, von dem er sie erhalten hat und in dessen Namen er sie ausübt, verwaltet« (Amtl. Bericht S. 49). Der Antrag auf Eröffnung eines Richteranklageverfahrens gegen einen Bundesrichter kann nur vom Bundestag gestellt werden. Entscheidungsbefugnis über den Antrag hat dann allein das Bundesverfassungsgericht. Die Richterwahlausschüsse der Parlamente gewährleisten jedoch, daß die Richterschaft grundsätzlich dem Gedanken des demokratischen Rechtsstaates und der damit verbundenen Respektierung der Gewaltenteilung verpflichtet ist. Voraussetzung dafür ist eine sorgfältige, diesen Vorstellungen gerecht werdende Ausbildung im juristischen Studium und in der juristischen Praxis. Die ständige Diskussion darum und das Scheitern der einstufigen Juristenausbildung unter Einbeziehung anderer Sozialwissenschaften machten die polit. Umstrittenheit der Funktionsträger des Justizbereiches deutlich. Der Streit gründet letztlich in unterschiedlichen Auffassungen zur Rolle des Rechts und der Justiz in einer demokratischen Gesellschaft. Dabei sollte klar sein, daß die Ausbildung junger Juristen zu reinen Rechtsanwendungstechnikern den tatsächlichen Bedingungen der justiziellen Rechtsfindung nicht genügt. Zwar kann ein Richter nie gegen den Wortlaut des Gesetzes urteilen, diesen jedoch auslegen und allein schon den entsprechenden Lebenssachverhalt selbst durch seine unabdingbare Subjektivität im Rahmen der Rechtsfindung in einer bestimmten Weise erfassen. Dies gilt besonders für Entscheidungen, die den Gestaltungsrahmen der Politik betreffen. Bei einer Verkennung der Grenzen dieser polit. Gestaltungsfreiheit der Legislativen und Exekutiven in der Anwendung oder Setzung von Recht wird letztlich das Bundesverfassungsgericht über die endgültige Grenzziehung entscheiden und im günstigsten Falle für den demokratischen Staat sich *»political selfrestraint«* auferlegen, d. h. in Hinblick auf den weiten polit. Gestaltungsraum insb. des Gesetzgebers die Rolle der Justiz im konkreten Fall eher restriktiv auslegen.

Die wichtigste Rolle der Justiz gegenüber der Politik muß im demokratischen Rechtsstaat der BRD darin gesehen werden, daß die Justiz die → Grundrechte der einzelnen Bürger gegen die Eingriffe der Politik oder auch mittelbar gegen Eingriffe Dritter schützt bzw. für deren Effektivierung sorgt. Gerade dieser justiziable Grundrechtsbereich bedarf der immerwährenden Neuinterpretation. Die vorliegenden Erfahrungen mit der Interpretationskunst auch oberster Gerichte wie der des *Supreme Court* der USA, des Bundesverfassungsgerichts oder des Reichsgerichts können für den demokratisch pluralistischen Rechtsstaat nur die Konsequenz haben, daß jede sei es auch mit noch so großer Überzeugungskraft als einzig richtige Rechtsauslegung dargestellte Interpretation nicht unkritisch akzeptiert werden kann, sondern sich genau wie die Politik dem kritischen Diskurs über das »warum« stellen muß. Hier gilt es noch einen langen Prozeß nicht nur zur offenen Gesellschaft der Verfassungsinterpreten *(Häberle)*, sondern zur offenen Gesellschaft der Rechtsinterpreten hin zu vollziehen.

Lit.: *Charven, R.* 1968: Justice et politique, Paris. *Görlitz, A.* 1985: Rechtspolitologie, Opl. *Bundesministerium der Justiz* (Hrsg.) 1994: Im Namen des Volkes? Über die Justiz im Staat der SED, Lpz. *Heuer, U.-J.* 1995 (Hrsg.): Die Rechtsordnung der DDR. Anspruch und Wirklichkeit, Baden-Baden. *Kirchheimer, O.* 1980: Politische Justiz. Verwendung juristischer Verfahrensweisen zu politischen Zwecken, Ffm. *Litten, R.* 1971: Politisierung der Justiz, Hamb. *Mengel, H.-J.* 1989: Recht und Politik. Zur Theorie eines Spannungsverhältnisses im demokratischen Staat, in: APuZ, B13–14, 30–38. *Schmid, R.* 1967: Justiz und Politik in der Bundesrepublik, Pfullingen. *Voigt, R.* (Hrsg.) 1986: Recht als Instrument der Politik, Opl. *Wassermann, R.* 1971: Der politische Richter, Mchn. *Wittkämper, G.* 1976: Politik und Recht, Kronberg/Ts.

Hans-Joachim Mengel

Kapitalismus

Der Begriff des Kapitalismus (K.) ist im allg. Sprachgebrauch ein unpräziser Sammelbegriff, unter dem meist das Wirtschaftssystem der westl. Industriestaaten nach der Ablösung des Feudalismus verstanden wird. Auch in der wissenschaftl. Verwendung leidet der seit mehr als 100 Jahren benutzte Begriff an einer Reihe von Unschärfen wie sachliche Reichweite (eng nur auf Wirtschaftssystem bezogen oder auch polit. und gesellschaftl. System umfassend), zeitliche Reichweite (unterschiedliche Periodisierungen), theoretischer Anspruch (am stärksten ausgeprägt in der marxistischen Kapitalismuskritik), ideologische Aufladung (z. B. negativ besetzter Kampfbegriff in marxistischer Tradition) und inhaltliche Merkmale. Konsens dürfte darüber bestehen, daß zum K. mindestens gehören (1) Koordination der dezentralen einzelwirtschaftlichen Entscheidungen über das Preissystem des Marktes, (2) Privateigentum auch an Produktionsmitteln, (3) Gewinn- bzw. Nutzenmaximierung als Wirtschaftsziel und -motivation. Auch wenn die genannten Elemente in der Realität nie vollständig umgesetzt worden sind und vereinzelt auch in nichtkapitalist. Systemen anzutreffen waren, wird der K. doch durch die Dominanz und strukturprägende Kraft dieser Merkmale charakterisiert.

1. *K. Marx* darf als der wohl wichtigste Popularisierer und Kritiker des K. gelten. In seiner mit dem Anspruch des wissenschaftl. Sozialismus verbundenen Geschichtsphilosophie mit stark voluntaristischer Komponente sieht er die Produktivkräfte als zentrales Bewegungsmoment der Geschichte und interpretiert den K. positiv als Gesellschaftsformation, die die Produktivkräfte auf ein vorher nie gekanntes Niveau entwickelte. Andererseits erwiesen sich die Produktionsverhältnisse, insbes. das Privateigentum an Produktionsmitteln, zunehmend als Fessel für die Weiterentwicklung der Produktivkräfte. Die Ausbeutung durch Aneignung des von den Arbeitern (Proletariat) geschaffenen Mehrwertes durch die Produktionsmittelbesitzer (Bourgeoisie; → Klasse) führe zwangsläufig (Unterkonsumptionstheorie) zu zyklischen Krisen. Schließlich würden in einer sozialistischen Revolution mit dem Proletariat als revolutionärem Subjekt die bestehenden kapitalist. Produktionsverhältnisse „aufgehoben“, insbes. werde das Eigentum an Produktionsmitteln sozialisiert.

Gegen die das Verhältnis prägende, wenn auch dialektisch relativierte Basis(Wirtschaft)-Überbau(z. B. Staat, Religion)-Vorstellung von *Marx* hat *M. Weber* die Entwicklung des kapitalist. „Geistes“, die Rolle der insbes. calvinistischen Überzeugung von innerweltlicher Askese und Bewährung durch wirtschaftl. Handeln betont und auch *J. A. Schumpeter* die Rolle des dynamischen Unternehmers herausgestellt.

Auf *W. Sombart* geht die einflußreiche Phaseneinteilung in Früh- (ab 15. bis 16. Jh.), Hoch- (meist Mitte des 18. Jh.s bis 70er Jahre des 19. Jh. oder bis I. Weltkrieg) und Spätkapitalismus zurück, auch wenn die konkrete zeitliche Festlegung u. a. nach Ländern variiert. *Lenin* hat die Phase vor dem

I. Weltkrieg als → Imperialismus abgegrenzt und ihn als „das monopolistische Stadium des K." definiert (Merkmale u. a. Entstehung einer herrschenden Finanzoligarchie und große Rolle des Finanzexports, wobei die Welt unter die Großmächte bereits aufgeteilt worden sei). Nach den Erfahrungen im I. Weltkrieg (starke staatl. Lenkung) hat *Lenin* als letzte Phase den „Staatsmonopolistischen K." unterschieden, der durch eine Verschmelzung von staatl. Administration und priv. Verbandsbürokratie das Überleben des K. verlängere. Mit der Oktoberrevolution in Rußland und der Etablierung eines sich auf den → Marxismus-Leninismus berufenden Systems wurde der K. zudem mit einer Alternative im praktischen Test konfrontiert.

2. Nach dem II. Weltkrieg verschärfte sich der Wettkampf der Systeme zwischen den kapitalist. Industriestaaten des Westens und den zahlenmäßig gewachsenen Staaten des real existierenden Sozialismus. Im Zuge des Entkolonisierungsprozesses wurde die → Dritte Welt zunehmend in die Auseinandersetzung einbezogen, in kritischer Perspektive überwiegend als „peripherer K." (*Senghaas* 1974) weiterhin dem ökonom. Diktat der kapitalist. Metropolen unterworfen. Innerhalb der kapitalist. Welt nahm die Differenzierung der Wirtschaftssysteme zu, wobei im Rahmen vorherrschender „wohlfahrtstaatl." Tendenzen Ansatzpunkte, Instrumente und Ausmaß staatl. Steuerungsversuche das Zentrum der Auseinandersetzung bildeten (z. B. Paradigmenwechsel zu → Keynesianismus in den 1960er und an *M. Friedman* orientierte „Gegenrevolution" des → Monetarismus in den 1970er Jahren). Seit dem Sieg im Systemwettkampf und den Transformationsversuchen der meisten Systeme des real existierenden Sozialismus dominiert der K. weltweit. Gleichzeitig hat die Variationsbreite zugenommen und sind spannungsreiche Hybridsysteme entstanden (z. B. VR China).

3. Als Vorzüge des K. werden insbes. seine Dynamik und Adaptionsfähigkeit sowie der zumindest in westl. Industriestaaten erreichte Massenwohlstand angeführt. Im Zeichen von → Globalisierung (insbes. eines hoch integrierten und reagiblen Weltkapitalmarktes, kritisch als Kasino-K. gebrandmarkt) und → *New Economy* hat sich einerseits der Standortwettbewerb sowie damit der Druck auf Strukturreformen und Flexibilisierung verschärft und ist andererseits der einzelstaatl. wirtschaftspolit. Handlungsspielraum geschrumpft. Für die Vielzahl nicht oder nur unzureichend gelöster Probleme und Herausforderungen seien als Stichworte genannt: unzulänglicher, da nur rudimentärer internat. Ordnungsrahmen („Integrationslücke"), Nord-Süd-Verteilungskonflikt (→ Nord-Süd-Konflikt), Unternehmenskonzentration (Wettbewerbseinschränkungen und Machtkontrolle) und Vermögenskonzentration (insbes. des Produktivvermögens), Massenarbeitslosigkeit, Verträglichkeit von Ökonomie und Ökologie (→ Umweltpolitik) unter der Perspektive zukunftsbeständiger Entwicklung (→ Entwicklungspolitik).

Lit.: *Eucken, W.* 9 1989: Die Grundlagen der Nationalökonomie, Bln. u. a. *Friedman, M.* 1984: Kapitalismus und Freiheit, Mchn. *Marx, K.* 1970, 1969: Das Kapital, Bd. 1–3, MEW, Bd. 23–25, Bln. *Lenin, W. I.* 1972: Staat und Revolution, Werke Bd. 25, Bln. *Schumpeter, J. A.* 7 1993: Kapitalismus, Sozialismus und Demokratie, Mchn. *Senghaas, D.* (Hrsg.) 1983: Peripherer Kapitalismus, Ffm. *Sombart, W.* 1987: Der moderne Kapitalismus, 3 Bde., Mchn. *Thurow, L. C.* 3 1998: Die Zukunft des Kapitalismus, Bln. u. a. *Weber, M.* 9 1988: Die protestantische Ethik und der Geist des Kapitalismus, in: *ders.*: Gesammelte Schriften zur Religionssoziologie, Bd. 1, Tüb., 17–206. *Weber, M.* 5 1990: Wirtschaft und Gesellschaft, Tüb.

Uwe Andersen

Kartellpartei → Parteitypen

Keynesianismus

Auf *J. M. Keynes* zurückgehende Richtung der → Wirtschaftspolitik. Mit seinem Hauptwerk „*The general theory of employment, interest and money*" (1936) gelang es *Keynes*, die spätestens seit der Weltwirtschaftskrise 1929/32 existierende lange und hohe → Arbeitslosigkeit als systemimmanent zu erklären: Der Zustand eines makroökonom. Gleichgewichts könne ebenso bei Unterbeschäftigung wie auch bei Vollbeschäftigung bestehen, womit das Theorem der herrschenden neoklassischen Ökonomie, Gleichgewicht und gesellschaftl. Optimum, verstanden als Verwirklichung der maximal möglichen Produktion, stimmten immer überein, widerlegt sei.

Dieser Nachweis führte *Keynes* zur Formulierung seiner zentralen wirtschaftspolit. Empfehlung. Wenn das reale Volkseinkommen und damit das Beschäftigungsniveau wegen der zu geringen priv. Nettoinvestitionen zu niedrig sind, wenn die Gewinnerwartungen durch Zins- und Geldmengenpolitik nicht optimistischer gestaltet werden können, bleibt nur ein Ausweg zur Wiederherstellung von Vollbeschäftigung: An die Stelle der priv. Unternehmen muß zeitweise und zur Wiederankurbelung der → Staat als öffentl. Investor treten. Öffentl. Aufträge, die nicht aus laufenden Steuereinnahmen, sondern aus Kreditaufnahme (*deficit spending* und antizyklische Finanzpolitik) finanziert werden, müssen über ihren Multiplikatoreffekt die Vollbeschäftigung zu verwirklichen versuchen helfen. Nach dem II. Weltkrieg wurde die bewußte Entscheidung für eine gesellschaftstheoretische Fundierung der Wirtschaftswissenschaften von ihren dominierenden Vertretern dann durch die sog. neoklassische Synthese wieder verwässert. Die makroökonom. Theorie soll das zur Sicherstellung von Vollbeschäftigung notwendige fiskalpolit. Wissen bereitstellen, während die Strukturen der einzelnen Märkte weiterhin anhand des – nun allerdings verfeinerten und um Wachstumstheorie erweiterten – neoklassischen Theoriekomplexes analysiert werden, den *Keynes* ja gerade hatte ablösen wollen.

Der K. hat in Form von systematisierter Fiskalpolitik bis hin zu Globalsteuerung und → Politischer Planung in allen entwickelten Industriegesellschaften des Westens bis Anfang der 1970er Jahre eine große praktische Bedeutung gehabt, unabhängig davon, ob konservative, christdemokratische oder sozialdemokratische Parteien die Regierungsmehrheiten stellten. Allerdings besitzen → Sozialdemokratie und → Gewerkschaften bis heute eine größere Sympathie für keynesianische Wirtschaftssteuerung, und ihnen nahestehende Wissenschaftler haben ihn zum Postkeynesianismus weiterentwickelt. Neue Stagnationstendenzen (Arbeitslosigkeit und → Inflation), die nach Ansicht seiner Kritiker vom K. erzeugt wurden, sowie seine wirtschaftspolit. Konzentration auf gesamtwirtschaftl. Aggregate bei Vernachlässigung der sektoralen Strukturen haben ebenso zu seinem Niedergang beigetragen wie der polit. Sieg neoliberaler und neokonservativer Parteienbündnisse, die in der → Staatsintervention das Problem und nicht die Lösung sehen (Präsident *R. Reagan*, 1981 in den USA) und statt dessen den → Monetarismus oder die Angebotspolitik favorisieren. Heute hat sich in der vergleichenden polit-ökonom. Forschung die Tendenz durchgesetzt, die durch jeweilige nat. soziopolit. Bündnisse und institutionelle Konfigurationen bestimmten wirtschafts- und sozialpolit. „*mixed economy-regimes*" zu analysieren, anstatt den Gegensatz K. und Neoklassik (Monetarismus) zum Ausgangspunkt zu wählen.

Lit.: *Berger, S./Dore, R.* (Hrsg.) 1996: National Diversity and Global Capitalims, L. *Bombach, G.* u. a. (Hrsg.) 1981–83: Der Keynesinanismus, Bln. *Boyer, R./Drache, D.* (Hrsg.) 1996: States Against Markets, L./NY. *Buci-Glucksmann, C./Therborn, G.* 1982: Der sozialdemokratische Staat, Hamb. *Hart, J.* 1992: Rival Capitalists, L. *Hunt, E. K./Sherman, H. J.* 1993: Volkswirtschaftslehre, Ffm./NY. *Keynes, J. M.* 71994: Allgemeine Theorie der Beschäftigung, des Zinses und des Geldes, Bln. (zuerst 1936). *Kromphardt, J.* 21987: Konzeptionen und Analysen des Kapitalismus, Gött. *Robinson, J.* 1965: Doktrinen der Wirtschaftswissenschaften, Mchn. *Wee, H. v. d.* 1984: Der gebremste Wohlstand. Wiederaufbau, Wachstum, Strukturwandel 1945–1980. Geschichte der Weltwirtschaft im 20. Jahrhundert, Bd. 6, Mchn.

Josef Esser

Klasse

Klasse (K.) ist eine seit dem 19. Jh. in den Geschichts- und Gesellschaftswissenschaften für die Analyse von Sozialstrukturen, → Macht und → Herrschaft sowie sozio-polit. → Konflikten bedeutsam gewordene Schlüsselkategorie, deren prominenteste und folgenreichste Vertreter *Karl Marx* und *Max Weber* wurden. Während für den Feudalismus der Begriff Stand als dominantes Strukturmerkmal gesellschaftl. Gliederung und Ungleichheit verwendet wurde, ist die Kategorie K. eng mit der Herausbildung industriekapitalistischer Vergesellschaftungsformen wie Markt, priv. Eigentum, Unternehmern und Lohnarbeitern verbunden.

1. Bei Marx erhielt K. einerseits eine überhistorische Bedeutung, indem jeder historisch-soziale Wandel als Kampf von jeweils zwei antagonistisch sich gegenüberstehenden K. interpretiert wurde. Andererseits spitzt sich erst im → Kapitalismus der zentrale Klassenkonflikt als Dauerkonflikt zweier feindlicher K., nämlich Bourgeoisie und Proletarier, zu. Grundlage der Klassenspaltung ist die jeweils unterschiedliche objektive soziale Stellung der Produktionsagenten zu den Produktionsmitteln, die sog. Produktionsverhältnisse.
Gemeint ist damit die Art und Weise, wie die Produktion und Verteilung des gesellschaftl. Reichtums organisiert ist, wer die Verfügungsgewalt über die Produktionsmittel innehat, ob und wie die Aneignung des gesellschaftl. Mehrprodukts funktioniert. Im Kapitalismus steht dem Kapital, das über die Produktionsmittel verfügt und sich den Mehrwert aneignet, das Proletariat gegenüber, das nicht nur von deren Verfügungsmacht getrennt ist, sondern in seiner Arbeit mit den stofflichen Produktionsmitteln den Mehrwert erzeugt, den der Kapitalist sich aneignet (Ausbeutung). *Marx* leugnet zwar nicht die Existenz anderer K. in der bürgerlich-kapitalistischen Gesellschaft wie Grundeigentümer, Kleinbürger oder Staatsbedienstete. Auch zeigen seine konkreten historischen Analysen der Klassenkämpfe in Frankreich eine sehr differenzierte Behandlung von Klassenfraktionen und -bündnissen. Insges. jedoch gruppieren sich andere K. immer um den für den Kapitalismus zentralen Grundkonflikt zwischen Lohnarbeit und Kapital.
2. Für *Weber*, der sich hierin von *Marx* kritisch absetzt, erlaubt es die Unterscheidung von Besitzklassen, Erwerbsklassen und sozialen Klassen, neben den weiterhin wichtigen Ständen und polit. Parteien, unterschiedliche Lebenschancen und polit. Machtzugänge von sozialen Gruppen konzeptionell zu erfassen. Diese Differenzierung resultiert aus unterschiedlichen Positionen auf dem Güter- und Arbeitsmarkt, unterschiedlichen Arten des zum Erwerb verwertbaren Besitzes, unterschiedlichen Chancen der auf dem Arbeitsmarkt anzubietenden Leistungen oder aber (bei sozialen K.) einer spezifischen Verknüpfung von ökonom. Lebenschancen und der sozio-kulturellen bis polit. gemeinsamen Deutung dieser Lagen.
3. Für die empirische Sozialstrukturanalyse haben sich die auch revolutionstheoretisch gewendeten Beiträge von *Marx*, abgesehen von ihrer teilweise kanonisierten Übernahme bei den kommunistischen Parteien, als weniger fruchtbar erwiesen als die *Webers*. Heute wird von feministischer Seite gegen *Marx* und *Weber* eingewandt, die Konfliktkategorie K. müsse um die Kategorie Geschlecht erweitert werden, während Theoretiker der → Postmoderne behaupten, vielfältige Individualisierungsschübe hätten die Klassenverhältnisse aufgelöst.

Lit.: *Beck, U.* 1986: Risikogesellschaft, Ffm. *Beer, U.* 1990: Geschlecht, Struktur, Geschichte, Ffm./NY. *Dahrendorf, R.* 1957: Soziale Klassen und Klassenkonflikt in der industriellen Gesellschaft, Stg. *Giddens, A.* 1983: Die Klassenstruktur fortgeschrittener Gesellschaften, Ffm. *Marx, K.* 1957 ff.: Lohnarbeit und Kapital, in: MEW, Bd. 6, Bln., 397–423 (zuerst 1849). *Marx, K.* 1957 ff.: Der achtzehnte Brumaire des Louis Bonaparte, in: MEW Bd. 8, Bln., 113–207 (zuerst 1852). *Poulanztas, N.* 1975: Klassen im Kapitalismus – heute, Bln. *Ritsert, J.* 1998: Soziale Klassen, Münster.

Weber, M. [5]1976: Wirtschaft und Gesellschaft, Tüb. (zuerst 1921). *Wright, E. O.* 1985: Classes, L.

Josef Esser

Klientelismus

Der polit. Klientelismus (K.) bezeichnet ein informelles Machtverhältnis in Form einer personalen Beziehung zwischen Akteuren oder Gruppen von Akteuren, die zum beiderseitigen Vorteil einen Tausch von Vergünstigungen vornehmen. I. d. R. befinden sich die in Tausch tretenden Personen oder Gruppen in ungleicher Position, verfügen über ungleiche Ressourcen, so daß „Ungleichheit und Asymmetrie, Gegenseitigkeit und Abhängigkeit" die wesentlichen Merkmale klientelistischer Beziehungen sind (*Caciagli* 1997: 292). In vielen Fällen sind diese Beziehungen allenfalls halblegal und stehen nicht selten sogar in Widerspruch zur offiziellen Gesetzgebung des betreffenden Landes. Besteht bei diesem Klientelverhältnis eine Abhängigkeit oder gar Ausbeutung des schwächeren durch den stärkeren Partner, so wird diese meist gemildert durch eine Verpflichtung des „Patrons" zu Hilfeleistung und Solidarität in Fällen einer gravierenden Notlage des „Klienten". Dieser vertikalen Klientelbeziehung wird heute bisweilen eine horizontale gegenübergestellt, in der sich die beiden Partner im Bedarfsfall Güter derselben Art zur Verfügung stellen (*Landé* 1983: 447).

Klientelstrukturen, die zuvor in erster Linie Anthropologen beschäftigten, rückten erst seit Ende der 1950er, Anfang der 60er Jahre ins Blickfeld der Sozialwissenschaftler. Die Untersuchungen erstreckten sich zunächst auf „politische Maschinen" und „*bossism*" in Industriegesellschaften, wurden dann auf Entwicklungsländer ausgedehnt und führten hier zu einer kaum mehr überschaubaren Flut von Studien (*Eisenstadt/Roniger* 1980: 43 ff.). In den 1980er Jahren wurden auch Staaten des real existierenden Sozialismus einer klientelismus-orientierten Analyse unterzogen (*Ionescu*, in: *Gellner/Waterbury* 1977; *Tarkowski*, in: *Eisenstadt/Lemarchand* 1981 und in: *Graziano* 1983). Die Hinwendung zur Untersuchung von Klientelverhältnissen war eng verbunden mit der Kritik an strukturfunktionalen und systemtheoretischen Ansätzen in den Sozialwissensch. (*Eisenstadt/Roniger* 1980: 47).

Mit der Zahl von deskriptiven Studien wuchs eine zunehmend beklagte Kluft zur „Dürftigkeit, ja Sterilität des Konzepts" (*Graziano* 1983: 425). Schwierigkeiten, dem Begriff K. eine ausreichende analytische Schärfe zu verleihen, entstehen, wenn er von interpersonalen Beziehungen auf regionale und/oder internat. Dependenzbeziehungen übertragen wird (*Graziano* 1983: 426). Zwar werden funktionale Aspekte des K. gut herausgearbeitet – etwa seine Fähigkeit, Leistungsdefizite von Institutionen zu mindern. Zu wenig berücksichtigt wird jedoch die Ebene der → Sozialstruktur, die nicht als eigene Determinante, sondern eher empirisch als Aggregat von Klientelbeziehungen gesehen wird (*Higgins*, in: *Clapham* 1982: 116). Schon 1974 hatte *Kaufman* (1974: 293) darauf hingewiesen, je größer die untersuchte Makroeinheit sei, desto notwendiger sei es, in die Analyse Eigenschaften und Annahmen einzuführen, die nicht vom Konzept „Patron-Klient" abgeleitet werden könnten.

Lit.: *Caciagli, M. 1996:* Clientelismo, corrupción y criminalidad organizada, Madrid. *Caciagli, M.* 1997: Klientelismus, in: *Nohlen, D./Waldmann, P./Ziemer, K.* (Hrsg.): Die östlichen und südlichen Länder (= Lexikon der Politik, Bd. 4), Mchn. 292–297. *Clapham, C.* (Hrsg.) 1982: Private Patronage and Public Power, L. *Eisenstadt, S. N./Lemarchand, R.* (Hrsg.) 1981: Political Clientelism, Patronage and Development, Beverly Hills. *Eisenstadt, S. N./Roniger, L.* 1980: Patron-Client-Relations as a Model of Structuring Social Exchange, in: Comparative Studies in Society and History, 22, 42–77. *Gellner, E./Waterbury, J.* (Hrsg.) 1977:

Patrons and Clients in Mediterranean Societies, L. *Graziano, L.* (Hrsg.) 1983: Political Clientelism and Comparative Perspectives, IPSR, 4, 421–560. *Kaufman, R.* 1974: The Patron-Client Concept and Macro-Politics, in: Comparative Studies in Society and History, 16, 284–308. *Landé, C. H.* 1983: Political Clientelism in Political Studies, in: *Graziano* 1983, 435–454. *Lemarchand, R.* 1981: Comparative Political Clientelism, in: *Eisenstadt, S. N./Lemarchand, R.* (Hrsg.), 7–32. *Weber Pazmiño, G.* (Hrsg.) 1991: Klientelismus, Zürich.

Klaus Ziemer

Koalition/Koalitionsbildung

Neben dem aus dem Arbeitsrecht stammenden Begriff der Koalition (K.) (Zusammenschlüsse von Arbeitnehmern oder Arbeitgebern) und jenem aus der Internationalen Politik (Zusammenschlüsse von Staaten) wird mit K. vor allem ein Parteienbündnis bezeichnet, das abgeschlossen wird, um eine → Regierung zu bilden und diese – zumeist für eine Legislaturperiode auf der Basis inhaltlicher und personeller Vereinbarungen – parlamentarisch zu unterstützen. Zwar trifft es zu, daß eine K. wahrscheinlich ist, wenn und insoweit keine Partei in den Parlamentswahlen eine absolute Mehrheit der Sitze erringt; dennoch muß eine K. nicht auf eine Mehrheitsbildung abzielen, sondern kann auch zu einer Minderheitsregierung von zwei oder mehr Partnern führen.

Ob K. gebildet werden und wie dies geschieht, hängt wesentlich vom Typus des → Regierungssystems, vom → Parteiensystem und vom → Wahlsystem des jeweiligen Landes ab. Proportionalwahlverfahren begünstigen z. B. die Herausbildung von Mehrparteiensystemen ohne absolute Mandatsmehrheit für eine Partei, was K. erforderlich macht; im präsidentiellen Regierungssystem ist das Parlament nicht für die Bildung und Bewahrung der Regierung verantwortlich (die sich sachpolit. *ad-hoc*-Mehrheiten besorgen kann), so daß hier keine K. gebildet werden muß. Allerdings wird in der Präsidentialismus-Kritik das Fehlen institutioneller Mehrheiten für den Präsidenten beklagt, und in den präsidentiellen Systemen Lateinamerikas hat sich die Praxis fester Koalitionsbildungen seit der Redemokratisierung verstärkt.

1. Gebräuchlichstes Kriterium für die Einteilung von K. ist die Zahl ihrer Teilnehmer, d. h. ihre Gesamtgröße: Neben der Minderheitskoalition, in der sich zwei oder mehrere Parteien zusammenfinden, die für ihre Regierungsfähigkeit der Tolerierung durch nicht-koalitionsangehörige Fraktionen bedürfen, werden K. unterschieden in (1) *minimal winning*-Koalitionen, (2) *surplus majority*-Koalitionen, (3) große Koalitionen sowie (4) Allparteienkoalitionen. Erstere umfassen nur gerade so viele Partner wie minimal nötig sind, um eine absolute Parlamentsmehrheit zu erreichen. K. nach dem *surplus majority*-Prinzip schließen mehr Teilnehmer ein, als mathematisch notwendig wäre, um eine solche Mehrheit zu gewährleisten. Große Koalitionen umfassen i. d. R. die größten Parteien, v. a. jene beiden polit. Parteien, die an sich als Kern rechts und links eines dualistisch angelegten Mehrparteiensystems begriffen werden, demnach eine von ihnen an sich die Regierungs-, die andere die Oppositionsfunktion ausübt. Unter Allparteien-K. werden nicht nur K. aller im Parlament vertretenen Parteien, sondern auch solche verstanden, die alle „relevanten" Fraktionen umfassen, wobei die Bestimmung von Relevanzkriterien große Schwierigkeiten aufwirft.

2. Spieltheoretisch inspirierte, stark formalisierte Koalitionstheorien gehen von rationalen, nur an der eigenen Nutzenmaximierung orientierten Akteuren aus und unterstellen dementsprechend die K. nach dem *minimal winning*-Prinzip als Normalfall.

An dieser bes. in den USA entwickelten Theorie zur Koalitionsbildung, die auf sozialpsychologischen und soziologischen Ansätzen fußt, wird aus europ. Sicht v. a. kritisiert, daß sie zu formal und zu abstrakt sei und ihre normativen Annahmen für die europ. → Parteiensysteme nicht zuträfen, da Ideologien und Interessen vernachlässigt würden. Es dürfe nicht nur Gewinnmaximierung als Erklärung für Koalitionsbildungen herangezogen werden, sondern auch ideologische Vereinbarkeit und das Ziel der Politikbeeinflussung der potenziellen Koalitionspartner. So bewirkt z. B. ideologische Polarisierung, daß nicht alle zahlenmäßig möglichen K. auch tatsächlich geschlossen werden können; die Dauer der K. hängt ebenso vom (rationalen) Kalkül der Partner ab wie von innerparteilichen oder -fraktionellen Strömungen; und das Teilen des Nutzens unter mehr Koalitionsteilnehmern als rechnerisch nötig erscheint im Hinblick auf Regierungsstabilität und Integrationseffekte (etwa in → Konkordanzdemokratien) strategisch oft rationaler, weil das Risiko des Mehrheitsverlustes beim Ausscheiden eines Partners verringert bzw. der Legitimitätsgrad und damit die Akzeptanz der polit. Entscheidungen erhöht wird.

3. In D waren bisher alle nach Bundestagswahlen formierten Regierungen K., sogar 1957, als die CDU/CSU die absolute Mehrheit der Sitze (und Stimmen) errang. Bis 1998, also in 49 Jahren, war die FDP nur acht Jahre (1956 bis 1961 und 1966 bis 1969) nicht als Juniorpartner in der Bundesregierung vertreten. Nach anfänglichen K. nach dem *surplus majority*-Prinzip, und mit der Ausnahme der Großen Koalition aus CDU/CSU und SPD (1966 bis 1969), ist seit 1961 die kleine K. der Normalfall, die aus je einer der beiden großen Fraktionen mit der bis 1983 einzigen im Bundestag verbliebenen kleinen Fraktion gebildet wurde. 1998 bildete die SPD mit Bündnis 90/Die Grünen die erste rot-grüne K. auf Bundesebene, eine Koalitionsoption, die in einigen Ländern bereits vorgetestet wurde. Die generelle Bemühung der Parteien um übereinstimmende Koalitionspräferenzen in Bund und Ländern, u. a. in der Absicht, Konflikte im Bundesrat zu vermeiden, wird durch die regional asymmetrische Entwicklung des Parteiensystems nach der → Deutschen Einheit erschwert.

Lit.: *Budge, I./Keman, H.* 1990: Parties and Democracy: Coalition Formation and Functioning in Twenty States, Ox. *Kropp, S./Sturm, R.* 1998: Koalitionen und Koalitionsvereinbarungen, Opl. *Laver, M./Schofield, N.* 1990: Multiparty Government, Ox. *Laver, M./Shepsle, K. A.* 1996: Making and Breaking Governments, Camb. *Müller, W./Stroem K.* (Hrsg.) 1997: Koalitionsregierungen in Westeuropa, Wien/Camb. *Nolte, D.* 1988: Ist die Koalitionstheorie am Ende?, in: PVS, 29, 230–251. *Rausch, H.* 1976: Ein neuer „Phönix aus der Asche"? Bemerkungen zur formalisierten Koalitionstheorie, in: Civitas, 14, 75–98. *Riker, W. H.* 1962: The Theory of Political Coalitions, New Haven. *Sturm, R./Kropp, S.* (Hrsg.) 1999: Hinter den Kulissen von Regierungsbündnissen, Baden-Baden. *Völk, J. A.* 1989: Regierungskoalitionen auf Bundesebene, Regensburg.

Suzanne S. Schüttemeyer

Kollektive Sicherheit → Sicherheit/Sicherheitspolitik

Kommunalpolitik

I. 1. Inhaltlich ist Kommunalpolitik (K.), auf den Raum einer Gemeinde (G.) bezogen, vor allem Daseinsvorsorge, Sozialpolitik, Infrastrukturpolitik, Wirtschaftsförderung, Kultur- und Freizeitpolitik – alles Bereiche, die nicht unter den an der äußeren und inneren Sicherheit orientierten Politikbegriff des 19. Jh. fallen. Ihrem Wesen nach ist K. projektbezogen und einzelfallorientiert, von daher fällt sie auch nicht unter einen Politikbegriff, der auf die Setzung allg. Normen abhebt und für den Einzelfallentscheidungen (unpolit.) Verwaltung darstellen. Von daher ist zu verstehen, daß sich in D anstelle von K. der Begriff Selbstverwaltung gehalten hat im Gegensatz zu *local government* und *self government* im angelsächsischen Sprachgebrauch.

Politik ist K. jedoch insofern, als auch hier zwischen programm- bzw. interessenbezogenen Handlungsalternativen entschieden werden muß, auch wenn im Normalfall die Entscheidung nicht unter Ausnutzung von

Mehrheiten, sondern einvernehmlich erfolgt (konkordanzdemokratische Entscheidungsmuster anstelle von konkurrenzdemokratischen).

2. Institutionell stellt K. die unterste Stufe öffentl., auf eine räumliche Einheit bezogener Aufgabenerledigung dar, und zwar nicht hoheitlich durch den → Staat, sondern genossenschaftlich-gemeinschaftlich durch die Menschen vor Ort in eigener Verantwortung, wie das Wort Gemeinde bzw. Kommune (lat.) bereits deutlich macht.

Überall in Europa steht historisch die genossenschaftliche Erledigung der Aufgaben von lokaler Bedeutung am Anfang, z. B. durch die gemeinsame Schaffung von Infrastruktur (z. B. Feldwege), Arbeitsregelungen (Flurzwang), gemeinsame Nutzung von Wald und Weide (Allmende), Flurschutz, Unterhalt eines zumindest rudimentären sozialen Netzes (Versorgung von Waisen und Unehelichen, Armen, unversorgten Alten und Invaliden), Schlichtung von Streitigkeiten, Abwehr der Übergriffe von außen (Nachbarn, Räuber, marodierende Soldaten, Gesindel etc.). Die Mitgliedschaft im Genossenschafts-Verband G. mußte streng und restriktiv gehandhabt werden, da sie Teilhaberechte und Versorgungsansprüche beinhaltete (heute noch in der Schweiz). Erst die Ablösung der Sozialpolitik von Familie und G., d. h. ihre Verstaatlichung, sowie die für die moderne Industriegesellschaft erforderliche Mobilität erlauben eine offenere Mitgliedschaft. Zugleich wurde eine Verhaltenskontrolle reklamiert, und zwar um so mehr, je konfliktanfälliger eine G. war: Fehlverhalten (z. B. Arbeitsscheu, Trunksucht, vor- und außerehelicher Verkehr) konnten Folgen haben, für die alle aufkommen mußten. Die soziale Kontrolle in kleineren G. auch heute noch hat hier ihren Ursprung.
Falsch wäre es, sich die herrschaftlich-staatl. Ordnung als der kommunal-genossenschaftlichen zu allen Zeiten als notwendigerweise übergeordnet vorzustellen. Beide standen in Europa jahrhundertelang in Konkurrenz zueinander. Mit der Schweizer Eidgenossenschaft gelang es sogar, das genossenschaftlich-kommunale Prinzip zum Strukturprinzip des Staates zu erheben, während in D ein solches Vorhaben gescheitert ist (Bauernkrieg 1525). Die Unterscheidung zwischen „Staatspolitik" und „kommunaler Selbstverwaltung", wie sie namentlich in der juristischen Literatur getroffen wird, ja zwischen Staat und Gesellschaft überhaupt, hat im historischen Gegensatz zwischen herrschaftlich und genossenschaftlich ihren Anknüpfungspunkt. Die Trennung beider Sphären erlaubte es im Zuge der Demokratisierung im 19. Jh., die bürgerschaftliche Mitwirkung auf der Ebene der G. zuzulassen und sie im staatl. Bereich weiterhin zu verwehren. Die Preußische Städteordnung des *Freiherrn vom Stein* (1808) ist in diesem Kontext zu sehen.

3. Gemeinde ist nicht gleich Gemeinde, weder begrifflich noch inhaltlich. So unterscheidet *A. Klönne* zwischen soziologischem (= Wir-Bewußtsein), staatsrechtl. (= Rechtstitel) und politikwissenschaftl. (= sinnvoller Rahmen von Planung und polit. Entscheidung auf unterster Ebene) Gemeindebegriff.

Der soziologische Begriff würdigt G. als Teil menschlicher Identität, als Gemeinschaft der Lebenden und Toten, sakral überhöht als Pfarrgemeinde, als Not- und Überlebensgemeinschaft, in der man bei allen internen Gegensätzen und Interessenkonflikten nach außen zusammenhält und genossenschaftlich alle örtlichen Aufgaben erledigt. Zentrale Einrichtungen wie Kirche, Friedhof, Rathaus, Gasthaus dienen nicht nur der Kommunikation und Interaktion, sondern sind Symbole, in denen sich die Angehörigen der G. wiederfinden.
Den staatsrechtl. und politikwissenschaftl. Begriff von G. zur Deckung zu bringen, hat die kommunale Gebietsreform in der BRD in den 1960er/70er Jahren in allen Bundesländern versucht; in den neuen Bundesländern ist dieser Prozeß noch nicht abgeschlossen. Die Kluft zwischen soziologischem und staatsrechtl. Gemeindebegriff wird dadurch jedoch um so schärfer, da jede neue Verwaltungseinheit mehrere G. im so-

ziologischen Sinne umfaßt. Dezentrale Verwaltungsstrukturen in den neu gebildeten G. (z. B. Bezirksverfassungen mit Ortschaftsrat und Ortsvorsteher) sollen diese Auswirkungen mildern. Ziel kommunaler Gebietsreform ist vorzugsweise, unter Berücksichtigung gehobener Ansprüche der Bürger und der zunehmenden Mobilität die planerische, verwaltungsmäßige und polit. Leistungsfähigkeit der G. zu stärken. Gegenwärtig (1. 12. 2000) weist D 13.854 G. im staatsrechtl. Sinne auf, davon 8.513 in den alten, 5.341 in den neuen Ländern. Im Vergleich zu der Zahl von G. vor der Reform sind damit in den alten Ländern zahlenmäßig nur noch ca. ein Drittel der G. vorhanden. Die alten Länder sind dabei sehr unterschiedlich weit gegangen: Nach wie vor herrschen in D die kleinen und mittleren G. vor, nur 84 weisen mehr als 100.000 Einw. auf, davon 30 allein in NRW, das bei der Gebietsreform am radikalsten vorgegangen ist: In diesem Land mit ca. so vielen Einw. wie in den fünf neuen Länder zusammen existieren heute nur noch 396 Gemeinden.

II. 1. G. sind Bestandteile des gesamten → Politischen Systems, in das sie eingebunden sind: rechtl., sozial, wirtschaftlich. Die Rechts-, Wirtschafts- und Sozialordnung geben damit die Rahmenbedingungen für K. vor, an deren Setzung die G. formell-institutionell nicht beteiligt sind, zumindest nicht bislang (im Rahmen der → EU sind sie allerdings seit Schaffung des Ausschusses der Regionen 1994 beteiligt).

Diese institutionellen Rahmenbedingungen für K. werden vom Staat (Bund, Land) gesetzt, der über sie zudem die Aufsicht führt. Die Besonderheiten der Wirtschaftsordnung (z. B. private Verfügung über Grund und Boden, privatwirtschaftl. Investitions- und Standortentscheidungen) spürt K. fast täglich. Die Beeinflussung staatl. Politik ist den G. weitgehend nur über Interessenverbände möglich (kommunale Spitzenverbände).

Für D konstitutiv ist die Verortung von G. und K. als Teil eines konsequent aufgebauten → Föderalismus, dessen unterste Ebene, zwar nicht staatsrechtl., aber faktisch, die G. sind. Kommunale Selbstverwaltung ist institutionell garantiert, durch Art. 28 GG sowie parallele Regelungen in den Landesverfassungen. Europaweit ist die kommunale Selbstverwaltung als Norm formuliert in der „Charta der lokalen Selbstverwaltung", die 1995 vom Europarat verabschiedet und inzwischen von 30 Staaten ratifiziert worden ist – ein Akt, der bei EU-Beitrittskandidaten als Indiz für deren „Europafähigkeit" gewertet wird.

2. Normativ wird kommunale Selbstverwaltung unter Berufung auf das → Subsidiaritätsprinzip begründet, wonach eine höhere Ebene nur dann tätig werden darf, wenn die untere überfordert wäre oder übergeordnete Zielsetzungen es rechtfertigen. Inhaltlich begründet wird die Existenz der kommunalen Ebene einerseits mit dem Effizienzargument als Entlastung der höheren Ebenen vom Informationsverarbeitungs-, Problem- und Entscheidungsdruck sowie als Chance für sachgerechtere Lösungen (Orts- und Gegenstandsnähe versus „grüner Tisch"), andererseits demokratietheoretisch als Chance zu mehr → Partizipation einschließlich der damit verbundenen Qualifikationsmöglichkeit für die höheren Ebenen („Schule der Demokratie" – elitentheoretisches Argument). In Verknüpfung dieser Argumente bringt kommunale Selbstverwaltung dem politischen System zudem legitimatorische Entlastung, einschließlich der Möglichkeit, daß Unzufriedenheit sich sowohl lokale Gestaltungsmöglichkeiten als auch Aggressionsobjekte sucht und höhere Instanzen verschont. Des weiteren kann die kommunale Ebene kleinkarierte Interessenpolitik und persönliche Querelen wegfiltern sowie ein als dysfunktional abgestempeltes Übermaß an Partizipationsbedürfnissen aufsaugen.

3. In bezug auf die höheren Ebenen des polit. Systems kann K. sowohl Dekonzentration als auch Dezentralisation bedeuten. Dekonzentration meint die Verlagerung von Zuständigkeiten auf untere Ebenen ohne Ausgliederung aus der Verwaltungshierarchie: Die jeweils untere Ebene wird also von oben angewiesen und in ihrer Aufgabenerledigung kontrolliert. G. werden hier als un-

terste staatl. Behörde tätig. Demgegenüber meint Dezentralisation die eigenverantwortliche Aufgabenerledigung durch selbständige Körperschaften oder andere Institutionen, wenn auch unter (Rechts-)Aufsicht der staatl. Ebene. Kommunalverwaltungen sind immer beides, nehmen Staatsaufgaben („Weisungsaufgaben") wie Selbstverwaltungsaufgaben wahr, doch internat. gesehen in unterschiedlichen Mischungsverhältnissen. Der franz. Verwaltungstyp (Frankreich, Italien, Spanien, Portugal, zumindest ursprünglich) ist gekennzeichnet durch Dekonzentration, der deutsche (D, Österreich, Schweiz, GB) durch Dezentralisiation. Für D gilt somit, daß alle lokalen Aufgaben von Hause aus Selbstverwaltungsaufgaben und mithin der K. zuzurechnen sind. Gemeindeverbände (Landkreise, in Bayern zudem auch Bezirke) übernehmen Aufgaben, die von einer einzelnen Gemeinde nicht mehr bewältigt werden können (z. B. Kreisstraßen, Krankenhäuser, Spezialschulen), wobei die Aufgaben Selbstverwaltungsaufgaben bleiben. Werden den G. (oder Gemeindeverbänden) aus übergeordneten Gründen Aufgaben entzogen („Höherzonung"), bedarf das unter Beachtung des Subsidiaritätsprinzips einer einschlägigen, richterlich nachprüfbaren Begründung, wie das BVerfG 1988 in seinem „Rastede-Urteil" (nach der niedersächs. G. Rastede) dargelegt hat.

4. Dezentralisation und mithin auch kommunale Selbstverwaltung muß ihren Niederschlag in der Finanzverfassung finden, d. h. jede Ebene muß sich im wesentlichen aus eigenen Einnahmen und nicht durch Zuweisungen anderer Ebenen finanzieren können. Die Reform der dt. Finanzverfassung von 1969 ersetzte zwar das bis dahin vorherrschende Trennsystem durch einen Steuerverbund, bei dem inzwischen ca. drei Viertel der gesamten Steuereinnahmen zusammenfließen. Doch sind den Ebenen feste Anteile an diesem Steueraufkommen garantiert.

Die kommunalen Haushalte werden im bundesweiten Durchschnitt gegenwärtig zu einem Drittel aus eigenen Steuereinnahmen finanziert (wovon ca. 85 % auf Gewerbesteuer und Einkommensteueranteil entfallen). Rund 15 % der Gesamteinnahmen der G. stammen aus eigenen Gebühren bzw. Beiträgen, denen eine aktuelle (= Gebühren; z. B. Verwaltungsgebühren oder Eintrittspreise) bzw. potenzielle (= Beiträge; z. B. Erschließungsbeiträge) Gegenleistung gegenübersteht. Etwa 30 % der Einnahmen der G. entfallen auf Zuweisungen des Bundes, des Landes und zum Teil auch der EU, wovon ca 55 % nicht zweckgebunden gegeben werden und damit wie eigene Einnahmen fließen. Zweckgebundene Zuweisungen sind insofern problematisch, als der Geber damit seine eigenen Zielsetzungen durchzusetzen versucht („goldene Zügel"), und zwar durchweg über den eigenen Anteil hinaus, da mit diesen Zuweisungen immer nur ein Teil der vorgesehenen Ausgaben finanziert wird (der andere Teil kommt aus den eigenen Einnahmen der G.). Der Rest der kommunalen Einnahmen stammt aus Verkäufen, Mieteinnahmen u. ä., aber auch aus Kreditaufnahmen mit der Folge der Verschuldung. Die Höhe der Schuldenaufnahme muß durch die finanzielle Leistungsfähigkeit der G. gedeckt sein, darüber wacht die staatl. Aufsicht, die den Haushalt der G. insgesamt zu genehmigen hat. Innerhalb von D gibt es erhebliche Unterschiede in der Zusammensetzung der Einnahmen, bedingt durch die recht unterschiedliche Finanzkraft der Gemeinden. Eine bes. krasse Linie trennt auch hier D West von D Ost, wo aufgrund der Strukturschwäche die eigenen Steuereinnahmen gering und im Schnitt rund 50 % der Einnahmen Zuweisungen sind. Der kommunale Finanzausgleich (in Form von Finanzzuweisungen) versucht, die Unterschiede zwischen den G. zum Teil auszugleichen. Doch je mehr Verteilungsgerechtigkeit angestrebt wird, desto komplizierter wird das System. Der kommunale Finanzausgleich zielt auch darauf ab, die Belastung durch zentralörtliche Funktionen in Rechnung zu stellen (Bereitstellung von Infrastruktur der Städte für das Umland, besondere Verkehrsbelastungen, die z. B. den Bau kostspieliger U-Bahnen erfordern usw.). Eine wichtige Orientierungsgröße für den Finanzausgleich stellt die Zahl der Einw. dar, was die K. dazu verführt, auf Wachsum zu setzen.

III. 1. Da G. im Rahmen des föderalistischen Systems in D staatsrechtl. zur

Ebene der Länder gehören, sind diese für die institutionellen Rahmenbedingungen (Gemeindeordnungen) zuständig. Nach Ende des II. Weltkriegs haben die Länder davon in sehr unterschiedlicher Weise Gebrauch gemacht, aufgrund unterschiedlicher regionaler Traditionen, aber auch unter Einfluß der Besatzungsmacht (insbes. in der brit. Zone: Niedersachsen, NRW).

2. Die kommunalen Verfassungssysteme ließen sich über Jahrzehnte hinweg zu vier Typen ordnen, die sich auf einem Kontinuum zwischen Ratsdominanz und exekutiver Führerschaft (Bürgermeister, BM) folgendermaßen einordnen lassen: (a) Norddt. Ratsverfassung mit einer angestrebten Trennung von Politik (Rat + BM als Ratsvorsitzender und Repräsentant der G.) und Verwaltung (mit Gemeindedirektor/Oberstadtdirektor als beamtetem Chef) in Niedersachsen und NRW, (b) Magistratsverfassung mit einer deutlichen Trennung von Rat und förmlicher Stadtregierung (Magistrat, kollegial organisiert mit dem BM als *primus inter pares*) in Hessen und in den Städten Schleswig-Holsteins, (c) Bürgermeisterverfassung mit einem BM, der sowohl Vorsitzender des Rats als auch Chef der Verwaltung ist, einschließlich Repräsentant und Rechtsvertreter der G., in Rheinland-Pfalz und im Saarland sowie in den kleineren G. in Schleswig-Holstein. Von der Bürgermeisterverfassung unterscheidet sich die (d) Süddt. Ratsverfassung in BW und Bayern im wesentlichen nur dadurch, daß der BM im ersten Fall vom Rat, im zweiten von den Bürgern direkt gewählt wird. Dadurch wird die Macht des BM jedoch erheblich gestärkt, indem er ziemlich unabhängig vom Rat agieren kann, unter Berufung auf seine direkte Legitimation. Er wird dadurch zu einem Wahlkönig auf Zeit.

Einen Sonderfall stellen die Stadtstaaten Berlin, Hamburg und Bremen dar, wo die Ebenen Land und Gemeinde in eins fallen (wobei Bremen ein Zwei-Städte-Stadtstaat ist mit Bremen und Bremerhaven).

3. Für die Jahre seit der dt. Vereinigung 1990 ist eine Entwicklung sichtbar, die sich überspitzt als Siegeszug der Süddt. Ratsverfassung kennzeichnen läßt, die – mit Modifizierungen – nun nahezu in allen Flächenstaaten von D gilt: mit einem starken, direkt gewählten BM an der Spitze. Dieser Reformprozeß läßt sich sowohl auf der theoretischen wie auf der (macht-) politisch-praktischen Ebene analysieren:

(1) Eine der Rechtfertigungen von Föderalismus ist sein innovatorisches Potenzial: Was sich in einem Land bewährt hat, wird von anderen übernommen. Das gilt sowohl für den *policy*- wie auch den *polity*-Bereich. Im Wettbewerb der unterschiedlichen Gemeindeordnungen setzt sich das leistungsfähigere Modell durch.

(2) Das geschieht nicht automatisch. Denn mit jeder institutionellen Regelung sind Interessen verbunden. Konkret heißt das z. B.: Wenn aus der „Zweiköpfigkeit" (BM + Oberstadtdirektor) einer kommunalen Verfassung ein „einköpfiges" System werden soll, muß ein „Kopf" abgeschlagen werden. Der Betroffene kann sich um so besser wehren, wenn er eine entsprechende Machtposition in der Partei und gegebenenfalls im entscheidenden Landtag besitzt. Das war in NRW der Fall, wo der Posten des ehrenamtlichen (aber mit guter Aufwandsentschädigung und erheblichen personellen und sachlichen Ressourcen ausgestatteten) und prestigeträchtigen BM am Ende einer parteipolit. kommunalen Karriere stand, nicht selten verbunden mit einem Landtagsmandat, das seine Möglichkeiten aus der kommunalen Ausstattung bezog. Um eine Reform durchzusetzen, bedarf es sowohl äußeren Drucks wie taktischer Perspektiven.

4. In den fünf neuen Bundesländern war von Anfang an unumstritten, in den Gemeindeordnungen mehr unmittelbare Entscheidungsmöglichkeiten für die Bürger vorzusehen – waren es doch, entsprechend der Eigenwahrnehmung, die Bürger selbst, die das Ende des SED-Regimes herbeigeführt („Wir sind das Volk!") und die → Deutsche Einheit erzwungen hatten („Wir sind ein Volk!"). Von da ging eine Sogwirkung nach mehr direkter Demokratie auf die alten Bundesländer aus, zumal sich nicht länger argu-

mentieren ließ, das Volk sei noch nicht reif dazu. Bedrängte Politiker wie der hessische Ministerpräsident *W. Wallmann* (CDU) setzten auf die Popularität einer solchen Forderung, die Volksabstimmung in Hessen am 20. 1. 1991 bestätigte das: 82 % der Abstimmenden sprachen sich für die Direktwahl von BM und Landräten aus. Von da ab war die Forderung nach mehr direkter Demokratie *das* Oppositionsthema in allen Bundesländern, dem sich die jeweils Regierenden nur schwer entziehen konnten. Die Schaffung eines starken hauptamtlichen BM nach dem Vorbild der Süddt. Ratsverfassung wurde damit gleichsam von hinten erzwungen, vom Wahlmodus her. Denn es machte wenig Sinn, den ehrenamtlichen BM in Niedersachsen und NRW mit seinen geringen Kompetenzen direkt wählen zu lassen. Um den Amtsinhabern die Zustimmung zu ermöglichen, wurde die Änderung nicht sofort wirksam, sondern nach der natürlichen Auslauffrist (Niedersachsen) bzw. erst fünf Jahre nach der Verabschiedung des Gesetzes (NRW, mit der Kommunalwahl vom 12. 9. 1999 ist die Änderung der Kommunalverfassung von 1994 in Kraft getreten). Inkonsequenzen in den gesetzlichen Regelungen, die die dominante Stellung der Parteien (oder der regierenden Partei) weiterhin sichern sollten, gerieten nach und nach in den Reformsog, so daß die neuen Regelungen ständig modifiziert werden (weitere rechtl. Stärkung des BM, Direktwahl auch nach vorzeitigem Ausscheiden, Einführung von Kumulieren und Panaschieren bei der Ratswahl u. a.).

5. Bürgerbegehren und -entscheid (Referendum) in der K. konnten sich unter der gleichen Konstellation bundesweit durchsetzen, nachdem zuvor über mehr als vier Jahrzehnte hinweg diese Möglichkeit ausschließlich in BW gegeben war. Bei den Modalitäten strittig sind hier vor allem das Zustimmungsquorum (welchen Prozentsatz der Abstimmungsberechtigten die Mehrheit ausmachen muß) sowie die Materien, die einem Bürgerentscheid zugänglich sind (Positivkatalog) oder für die ein Bürgerentscheid verboten ist (Negativkatalog, z. B. Haushalt, Rechtsverhältnisse von Gemeindebediensteten). Als letzes Land hat Bayern das Referendum eingeführt, erzwungen durch einen Volksentscheid nach der bayerischen Landesverfassung gegen Landesregierung und Landtagsmehrheit (1. 10. 1995). Dementsprechend großzügig sind die bayerischen Regelungen ausgefallen, während sie im Land mit der ältesten Regelung – BW – bislang am restriktivsten sind.

IV. Die Bedeutung von polit. → Parteien in der K. hängt im wesentlichen von drei der wichtigen Variablen ab, die K. bestimmen: von der Ortsgröße (Zahl der Einw.), den institutionellen Gegebenheiten (insbes. dem → Wahlsystem) und der (regionalen/lokalen) → Politischen Kultur.

(1) Je größer eine Gemeinde, desto größer die Rolle polit. Parteien: Denn Kandidaten zum Rat wie zum Amt des BM benötigen mit zunehmender Ortsgröße organisatorische Hilfe und finanzielle Unterstützung zum Wahlerfolg. Hinzu kommen die mit der Ortsgröße steigende Orientierungs-, Selektions- und Sozialisationsfunktion der Parteien. (2) Das Wahlsystem als zentrale institutionelle Variable ist in der Lage, die Bedeutung von polit. Parteien zurückzudrängen, wenn die Bürger das wollen: Bei der Möglichkeit zu kumulieren und panaschieren, d. h. auf einzelne Kandidaten Stimmen zu häufen (i. d. R. bis zu drei) sowie Kandidaten von einer Liste auf eine andere zu übertragen (diese Möglichkeiten sind inzwischen in nahezu allen Flächenstaaten gegeben, nachdem das jahrelang nur in BW und Bayern der Fall war; wichtigste Ausnahme ist noch? – NRW) folgen die Wähler ihren eigenen Auswahlkriterien, die stark vom sozialen und persönlichen Ansehen des Kandidaten bestimmt sind und weniger von dessen Parteizugehörigkeit. Mehr noch: Die Parteien versuchen, die Wählerpräferenzen zu antizipieren und bereits ein entsprechendes Angebot zu präsentieren, so daß der Effekt sich verdoppelt. Die Gemeinderäte als Gremien tendieren dadurch stärker in Richtung „Honoratiorenversammlung" mit abgeschwächter Fraktionsdisziplin, was einem parteilosen BM oder gar einem einer Minderheitspartei das Regieren erleichtert, weil er sich seine Mehrheiten leichter über die

Fraktionsgrenzen hinweg zusammensuchen kann. Mehr noch: Räte auf der Grundlage von Kumulieren und Panaschieren ermuntern „Primadonnen", da die eigene Profilierung auch gegen die Partei Presseaufmerksamkeit und damit Bekanntheit erzeugt: eine Voraussetzung dafür, vom Wähler identifiziert und mit Stimmen bedacht zu werden. Aufgrund desselben Mechanismus werden Parteispaltungen sowie der Erfolg Freier Wählerlisten begünstigt. Wenn man sich zum Amt des BM nur persönlich bewerben kann (bislang nur in BW gegeben) und nicht an eine Nominierung durch eine Partei gebunden ist, fördert das unabhängige Kandidaturen (auch von Parteimitgliedern). (3) Bestandteil der dt. polit. Kultur ist die Zuordnung von Politik zur staatl. Ebene, während die kommunale Ebene eher als unpolitisch-sachorientiert eingestuft wird. Von daher können auch die sich als „Rathausparteien" definierenden „Freien Wähler" auf kommunaler Ebene entsprechende Erfolge vorweisen (bes. deutlich in BW und Bayern). Aufgrund regionaler/lokaler Traditionen gibt es jedoch stärkere und weniger starke parteipolit. fragmentierte Regionen in D. Eine wichtige historische Einflußgröße stellen offensichtlich Ausmaß und Intensität des Kulturkampfes zwischen (liberalem) Staat und (katholischer) Kirche im 19. Jh. dar. Wenig untersucht sind die Wechselwirkungen der genannten drei Variablen untereinander.

V. Die Wahrnehmung von Interessen auf kommunaler Ebene obliegt weniger den überlokal orientierten → Interessengruppen als den lokalen Vereinen sowie den → Bürgerinitiativen, wobei bestimmte Interessen in der K. keiner ausdrücklichen Artikulationsform bedürfen: Wirtschafts- und Arbeitsplatzinteressen werden quasi automatisch berücksichtigt, unstrittig zwischen Arbeitgebern und Arbeitnehmern; der Gewerbesteuer sowie dem Gemeindeanteil an der Einkommensteuer kommt dabei eine vermittelnde Funktion zu.

Vereine und Bürgerinitiativen artikulieren demgegenüber vorzugsweise Interessen aus dem Reproduktionsbereich. Vereine sind im Vergleich zu Bürgerinitiativen traditionellere, dauerhaftere und formellere Organisationen mit fester Mitgliedschaft, die Interessenartikulation gegenüber der G. nur nebenbei – aber sehr wirkungsvoll – wahrnehmen, wohingegen Bürgerinitiativen *ad hoc* sich zu einem bestimmten polit. Ziel hin zusammenfinden, mit schwach ausgeprägten Strukturen, schwer zu fassender Mitgliedschaft und eher unkonventionellen Methoden, die benötigt werden, um die eigene Anhängerschaft zusammenhalten zu können. Vereine – weniger die Bürgerinitiativen – nehmen zudem in erheblichem Ausmaß Funktionen wahr, die auf höheren polit. Ebenen die klassischen Funktionen von Parteien sind: Rekrutierungs-, Sozialisations- und Orientierungsfunktion: Vereine also als kommunaler „Parteienersatz". Den Parteien haben sie zudem voraus, daß sie dem Bedürfnis nach Geselligkeit besser gerecht werden. Die zentrale Rolle der Vereine in der K. trägt nicht unerheblich dazu bei, daß K. eher konkordanz- als konkurrenzdemokratischen Mustern folgt.

Lit.: *Andersen, U.* (Hrsg.) 1998: Kommunalpolitik in Nordrhein-Westfalen im Umbruch, Düss. *Andersen, U.* (Hrsg.) 1998: Gemeinden im Reformprozeß, Schwalbach/Ts. *Arnim, H. H. v.* 1997: Auf dem Wege zur optimalen Gemeindeverfassung? in:- *Lüder, K.* (Hrsg.): Staat und Verwaltung. Bln, 217–329. *Gabriel, O. W./Brettschneider, F./Vetter, A.* (Hrsg.) 1997: Politische Kultur und Wahlverhalten in einer Großstadt, Opl. *Knemeyer, F. L.* [2]1995: Bürgerbeteiligung und Kommunalpolitik, Mchn. *Naßmacher, H./Naßmacher, K.-H.* 1999: Kommunalpolitik in Deutschland, Opl. *Pfizer, Th./Wehling, H.-G.* (Hrsg) [3]2000: Kommunalpolitik in Baden-Württemberg, Stg. *Wehling, H.-G.* (Hrsg.) 1994: Kommunalpolitik in Europa, Stg. *Wehling, H.-G./Siewert, H.-J.* [2]1987: Der Bürgermeister in Baden-Württemberg, Stg. *Wollmann, H./Roth, R.* (Hrsg.) [2]1998: Kommunalpolitik, Opl.

Hans-Georg Wehling

Kommunikationsforschung → Medienpolitik

Kommunikationspolitik → Medienpolitik

Kommunismus

Kommunismus (K.) wird begrifflich in unterschiedlichen Bedeutungszusammenhängen verwendet: als Gesellschaftsentwurf oder -utopie bestimmter → Soziale Bewegungen, als Herrschaftsform im sog. real existierenden Sozialismus sowjetmarxistischer Provenienz.

Lange vor *Marx* und *Engels* existierten in der Ideengeschichte kommunistische (k.) Gesellschaftsentwürfe, bei denen es immer um solidarische Gütergemeinschaften, kollektive Lebensformen, soziale Gleichheit ohne priv. Eigentum ging – vom Urchristentum über *T. Morus'* „Utopia" (1517), *T. Campanellas* „Sonnenstaat" (1623), *F. Bacons* „Neu-Atlantis" (1638) bis hin zu den sog. utopischen oder Frühsozialisten Ende des 18. und zu Beginn des 19. Jh. (u. a. *Babeuf, Fourier, Owen, Proudhon*).
Polit.-praktisch wirksam wird K. erst im modernen Industriekapitalismus mit seinen neuen Formen von Privateigentum, Klassenspaltung, proletarischen Massenbewegungen und Ausbeutungs- bzw. Abhängigkeitsstrukturen für die kolonialisierte oder imperialistisch beherrschte → Dritte Welt. In diesem Zusammenhang stehen die unterschiedlichen k. sozialen Bewegungen oder Parteien für eine Vielzahl von Konzepten und Strategien, die sich gegen die privatwirtschaftl. Organisation des → Kapitalismus wenden und in Abgrenzung und Konkurrenz zur Sozialdemokratie das Ziel einer klassenlosen und nichtentfremdeten Gesellschaft entweder durch zentrale Planwirtschaft oder durch rätedemokratische Verwaltung der Produktion (→ Anarchismus, → Räte, jugoslawischer Selbstverwaltungssozialismus, Eurokommunismus) erreichen wollen. Mit Ausnahme des Anarchismus liefert ihnen allen der von *Marx* formulierte „wissenschaftliche Sozialismus" die methodische Basis für die inhaltlichen Ziele ihrer k. Utopie. Für *Marx* ist K. „nicht ein Zustand, der hergestellt werden soll, ein Ideal, wonach die Wirklichkeit sich zu richten haben wird. Wir nennen Kommunismus die wirkliche Bewegung, welche den jetzigen Zustand aufhebt. Die Bedingungen dieser Bewegung ergeben sich aus der jetzt bestehenden Voraussetzung" (*Marx* 1969: 35, zuerst 1845). Da diese aufzuhebenden Bedingungen in keinem Land und zu keiner Zeit die gleichen sind, folgt daraus eine Fülle unterschiedlicher Theorien und Praxen zur Verwirklichung des „Reichs der Freiheit", wie *Marx* den K. auch nennt.
Realhistorisch beruhte freilich die Herrschaftsform des Sowjetkommunismus in der Sowjetunion nach 1917 und in den Staaten des real existierenden Sozialismus auf der führenden Rolle der Kommunistischen Partei, die über das hierarchische Prinzip des „Demokratischen Zentralismus" die staatl. und gesellschaftl. Aktivitäten gelenkt und die Wirtschaft dem Modus der zentral koordinierten Planung unterworfen hat. Diese Systeme sind im Laufe der 1980er Jahre aufgrund innerer Oppositonsbewegungen, der desolaten ökonom. Lage, der Ineffizienz der Planwirtschaften sowie durch den Anreiz der erfolgreicheren sozialstaatl. Modelle im Westen zusammengebrochen.
Trotzdem ist die urspr. k. Utopie weiterhin in sog. postkommunistischen Entwürfen präsent, allerdings wird jetzt die Funktion von Märkten als ökonom. Steuerungs- und Verteilungsmechanismen positiver beurteilt. Weiterhin spielen die Abschaffung zentraler staatl. Bürokratien, partizipatorische Demokratiekonzepte sowie die Aufteilung der Gesellschaft in viele kleine sozio-ökonom. Einheiten (Demarchie) eine wichtige Rolle.

Lit.: *Burnheim, J.* 1985: Die Möglichkeit der Demarchie, in: *ders.* (Hrsg.): Über Demokratie, Bln., 162–185. *Fetscher, I.* 1985: Politische Ideen in der jüngeren Geschichte, in: *Fetscher, I./Münkler, H.* (Hrsg.): Politikwissenschaft, Rbk., 25–68. *Lösche, P.* 1986: Anarchismus, in: *Fetscher, I./Münkler, H.* (Hrsg.): Pipers Handbuch der Politischen Ideen, Bd. 4, Mchn./Zürich, 415–447. *Marx, K./Engels, F.* 1957 ff.: Die deutsche Ideologie, in: MEW, Bd. 3, 13–539, (zuerst 1845). *Marx K./Engels, F.* 1957 ff.: Manifest der Kommunistischen Partei, in:

MEW, Bd. 4, 459–493 (zuerst 1848). *Schneider, W.* 1982: Kommunismus, in: *Brunner, O.* u. a. (Hrsg.): Geschichtliche Grundbegriffe, Bd. 3, Stg., 455–529. *Sotelo, I./Bambach, R.* 1986: Utopie, Frühsozialismus und Sozialreform, in: *Fetscher, I./Münkler, H.* (Hrsg.): Pipers Handbuch der Politischen Ideen, Bd. 4 Mchn./Zürich, 369–413. *Vranicki, P.* 1983: Geschichte des Marxismus, Ffm.

Josef Esser

Kommunistische Parteien
Sammelbezeichnung für diejenige parteipolit. Grundrichtung, die auf der Basis der marxistisch-leninistischen Lehre urspr. die Verwirklichung einer klassenlosen Gesellschaft anstrebte (→ Kommunismus). Von anderen Linksparteien unterschieden sich die kommunistischen Parteien (KP) bis Ende der 1980er Jahre nicht nur durch ihre strikt sozialrevolutionäre Ideologie, sondern auch durch das Organisationsprinzip des Demokratischen Zentralismus, welches die Machtkonzentration auf der Ebene der Parteieliten sowie (in den sozialistischen Ländern) das Führungsmonopol der Partei in Staat und Gesellschaft legitimierte. Der Zusammenbruch des Ostblocks 1989 markierte für die KP in beiden Teilen Europas den tiefgreifendsten Einschnitt in ihrer Entwicklungsgeschichte. Auch zu Beginn der 2000er Jahre ist eine genaue ideologisch-programmatische Positionsbestimmung vieler KP schwierig. Angesichts dieser Umbruchssituation spricht man insb. für die ehemaligen Staatsparteien Osteuropas häufig auch von *post*-kommunistischen Parteien.

1. Wie bei den anderen „klassischen Parteienfamilien" Europas reichen die organisatorischen Ursprünge der KP bis ins 19. Jh. zurück.

1869 gründeten *Wilhelm Liebknecht* und *August Bebel* die marxistisch orientierte *Sozialdemokratische Arbeiterpartei*, die 1875 mit dem *Allgemeinen Deutschen Arbeiterverein Ferdinand Lasalles* zur *Sozialdemokratischen Partei Deutschlands* (SPD) fusionierte. Nach dem Modell der SPD, die bis 1917 als Prototyp einer sozialrevolutionären Partei galt, formierten sich auch in anderen europ. Ländern ähnliche polit. Organisationen. Daß die seinerzeit geläufige Bezeichnung marxistischer Parteien als „sozialdemokratisch" durch den Begriff „kommunistisch" ersetzt wurde, geht im wesentlichen auf *Wladimir Iljitsch Lenin* zurück, der sich mit der Umbenennung der *Russischen Sozialdemokratischen Arbeiterpartei* in *Russische Kommunistische Partei (Bolschewiki)* 1918 von der „Burgfriedenspolitik" der SPD während des I. Weltkriegs distanzieren wollte.

Die Russische Revolution und die anschließende Etablierung des Sowjetregimes bewirkten eine weltweite Gründungswelle von KP, welche seit 1919 in der *Kommunistischen Internationale* (Komintern) zusammengeschlossen waren und den Demokratischen Zentralismus des *Lenin*schen „Erfolgsmodells" übernahmen. Durch den praktizierten „*Internationalismus*", d. h. die Unterordnung der jeweiligen nat. Interessen unter die Maßgaben des ersten komm. Regimes zum Ziel der Weltrevolution, hatte die Moskauer Führung auch in den folgenden drei Jahrzehnten großen Einfluß auf die europ. KP. Die konkrete polit.-strategische Ausrichtung war freilich situationsbedingten Veränderungen unterworfen: Auf die anfängliche Kooperation mit anderen Linksparteien (als „Vereinte Front") folgte Ende der 1920er Jahre eine strikte Distanzierung von den Sozialdemokraten. Angesichts des aufkommenden → Faschismus hielt die KPdSU seit Mitte der 1930er Jahre ihre westl. Schwesterorganisationen wiederum zur Zusammenarbeit mit den bürgerlich-demokratischen Parteien im Rahmen einer „Volksfront" an, was in Frankreich und Spanien zu (wenn auch kurzlebigen) Regierungsbeteiligungen der Kommunisten führte. Im Einklang mit den Direktiven *Stalins* verurteilten die jeweiligen KP 1939 zunächst den Kriegseintritt der Westmächte, beteiligten sich jedoch nach dem deutschen Überfall auf die Sowjetunion um so aktiver am antifaschistischen Widerstand.

2. Nach dem Ende des II. Weltkriegs erweiterte sich der sowjet. Machtbereich durch die Etablierung von komm. Einparteiregimen in ganz Osteuropa beträchtlich. Zugleich begann jedoch mit dem Bruch zwischen der KPdSU und anderen Staatsparteien (Jugoslawien, Albanien, China) eine zunehmende Differenzierung der komm. Weltbewegung.

Diese Entwicklung konnte auch die Errichtung des *Kommunistischen Informationsbüros* (Kominform), das 1948 von Moskau als Nachfolgeorganisation der Komintern geschaffen wurde, nicht aufhalten. Nach dem XX. Parteitag der KPdSU (1956), mit dem die post-stalinistische „Tauwetterperiode" anfing, wurde nicht nur das Kominform aufgelöst; zugleich vergrößerte sich dadurch die nat. Eigenständigkeit der westeurop. KP, welche auch durch den restaurativen Kurs der Sowjetführung unter *Breschnew* nicht mehr rückgängig zu machen war.
Die gewaltsame Niederschlagung des Prager Frühlings (1968) verschärfte den Konflikt zwischen moskautreuen und nationalkommunistischen Gruppierungen. Seit 1975 bekannten sich etliche KP in Westeuropa darunter der franz. PCF, der ital. PCI und der span. PCE zum sog. *Eurokommunismus*, der die Anpassung der marxistischen Ideologie an die jeweiligen nat. Kontextbedingungen propagierte und die Spielregeln der parlamentarischen → Demokratie grundsätzlich anerkannte. Diese Abkehr von den sozialrevolutionären Prinzipien vertiefte nicht nur den Gegensatz zwischen den Kommunisten in Ost und West, sondern führte auch innerhalb der westeurop. KP zu zahlreichen Abspaltungen pro-sowjetischer Gruppierungen. Im Zuge der *Perestrojka* akzeptierte schließlich auch die KPdSU auf ihrem XXVII. Parteitag (1986) die faktische Heterogenität innerhalb der komm. Weltbewegung. Mit dem Zusammenbruch der sozialistischen Systeme 1989 und der Auflösung der UdSSR 1991 war die internat. Hegemonialstellung der Moskauer Kommunisten endgültig beendet; damit verloren die anderen KP jedoch auch einen zentralen Orientierungspunkt, der 70 Jahre bestanden hatte.

3. Im Unterschied zur ideologisch-programmatischen Ebene, die bis Anfang der 1970er Jahre relativ uniform war, gab es hinsichtlich der polit. Stellung der KP in den westeurop. Nachkriegsdemokratien durchaus signifikante Unterschiede.

Besonders stark in der Wählerschaft verankert waren die Kommunisten in Süd- bzw. Westeuropa: Dies gilt nicht nur für den ital. PCI und den franz. PCF, welche bei den Parlamentswahlen bis Anfang der 1980er Jahre jeweils zwischen 20 % und 30 % der Stimmen erhielten; auch in Spanien, Portugal und Griechenland konnten die traditionell starken KP nach dem → Systemwechsel in den 1970er Jahren kontinuierlich etwa 10 % der Wählerstimmen auf sich vereinigen und in die dortigen Parlamente einziehen. In den meisten Ländern *Nord- und Mitteleuropas* hingegen überschritten die KP bei nationalen Wahlen seit Mitte der 1950er Jahre so gut wie nie die 2 %-Marke (BRD, Österreich, Schweiz, Belgien, Niederlande, GB, Irland und Skandinavien). In der BRD wurde die *Kommunstische Partei Deutschlands* (KPD) 1956 sogar gerichtlich verboten und konnte erst infolge der neuen Ostpolitik 1968 unter dem veränderten Namen *Deutsche Kommunistische Partei* (DKP) ihre legale Tätigkeit wieder aufnehmen. Die wichtigste Ausnahme unter den insgesamt schwachen mittel- und nordeurop. KP bildeten die finnischen Kommunisten (SKP), welche bis in die 1980er Jahre regelmäßig über 17 % der Wählerstimmen verbuchen konnten. Doch auch die stärkeren KP Südeuropas beteiligten sich bis 1989 entsprechend ihrer anti-parlamentarischen bzw. anti-bürgerlichen Ideologie nicht konstruktiv am polit. Prozeß, sondern nahmen nur über ihr „Drohpotential" Einfluß auf die Struktur und Dynamik des → Parteiensystems. Entsprechend kam es (abgesehen von der unmittelbaren Nachkriegszeit) nur selten zu komm. Regierungsbeteiligungen,

wie in Frankreich (1981), Portugal (1974) oder Finnland (1966–1971, 1977–1982).
Nach 1989 ist das Erscheinungsbild des westeurop. Kommunismus noch differenzierter geworden. In weit größerem Umfang als in der Hochphase des Eurokommunismus kam es nun zu Abspaltungen oder gar organisatorischen Neuformierungen von (post-)komm. Parteien.
Bedeutendster Fall war der ital. PCI, der 1991 komplett aufgelöst und in eine reformorientierte (*Partito Democratico della Sinistra*, PDS) und eine stärker traditionalistische Organisation (*Partito Rifondazione Comunista*, PRC) transformiert wurde. Zugleich war auch eine merkliche Abnahme in der Wählerunterstützung zu beobachten: In Griechenland z. B. hat sich der Stimmenanteil der orthodoxen KKE nach deren Austritt aus der komm. Linksallianz *Syaspismos* 1991 bei den folgenden Parlamentswahlen halbiert (1990: 10,3 %; 1993: 4,5 %; 1996: 5,6 %). Freilich haben die westeurop. KP auf diese strukturellen Veränderungen inzwischen reagiert, wenn auch in unterschiedlicher Weise und mit unterschiedlichem Erfolg. Auf der einen Seite stehen der ital. PRC und der franz. PCF, die trotz weitgehender Beibehaltung ihres ideologischen Inventars Mitte der 1990er Jahre jeweils einem breiten Linksbündnis beigetreten sind und nach dem Wahlsieg dieser Formationen sogar Regierungsverantwortung übernommen haben (in Italien im Rahmen des *Ulivo* 1996, in Frankreich unter der *Gauche Plurielle* 1997). Auf der anderen Seite haben die Kommunisten in Spanien und Portugal zwar auch polit. Allianzen gebildet und sich so bei den Parlamentswahlen auf niedrigerem Niveau relativ stabil halten können (der PCE bereits Ende der 1980er Jahre in Form der *Izquierda Unida* [IU], der portug. PCP Ende der 1990er Jahre in einer *Vereinigten Demokratischen Koalition* mit den Grünen); beide Parteien verweigern jedoch nach wie vor die pragmatische Kooperation mit den jeweiligen sozialistischen bzw. → sozialdemokratischen Parteien und verharren so in ihrer „klassischen" Rolle als fundamentale Linksopposition.
In ideologischer Hinsicht hält die überwiegende Mehrheit der „neuen" KP Westeuropas trotz (mehr oder minder scharfer) Distanzierung vom „realen Sozialismus" dato an ihren marxistischen Idealen fest. In der Regel bleiben die entsprechenden programmatischen Aussagen jedoch äußerst vage und werden kaum mit positiven polit. Inhalten gefüllt. Konkret faßbar wird die praktisch-polit. Haltung der meisten KP in ihrer Einstellung gegenüber der → Europäischen Integration, der sie aufgrund der als negativ perzipierten sozialen Folgen der Wirtschafts- und Währungsunion ablehnend gegenüberstehen. Diese Ausrichtung bietet den KP zwar einerseits die Möglichkeit, sich eine neue Wählerklientel zu erschließen und sich auf diese Weise im Parteienwettbewerb mittelfristig zu behaupten. Allerdings stehen sie damit nicht zuletzt in Konkurrenz zu → rechtspopulistischen bzw. → rechtsextremen Parteien, die u. U. bessere Chancen haben, dieses Protestpotential für sich zu mobilisieren.

4. Für die KP Osteuropas bedeutete die Epochenwende von 1989 einen noch grundlegenderen Einschnitt, mußten sie sich doch nach der Aufgabe ihres Führungsmonopols erstmals dem polit. Wettbewerb stellen. Die diesbezüglichen Erfolgsbedingungen der ehemaligen Staatsparteien waren grundsätzlich ambivalent: Einerseits wurden sie mit den sozialistischen Diktaturen identifiziert, welche in weiten Teilen der Bevölkerung mehr oder minder stark diskreditiert waren; andererseits verfügten sie – im Gegensatz zu den „neuen" Parteien der demokratischen Gegeneliten – über eine hochentwickelte Organisationsstruktur. Zehn Jahre nach dem Systemwechsel ist festzustellen, daß sich die wichtigsten KP-Nachfolgeorganisationen in allen post-sozialistischen Parteiensystemen fest etabliert haben. Ihre ideologischen Positionen und ihre realpolit. Bedeutung variieren allerdings entsprechend den nat. Kontextbedingungen beträchtlich.

Nach der ideologisch-programmatischen Ausrichtung und der elektoralen Stärke

ropa derzeit vier Typen
cher Parteien unterschie-

nokratisierte" Parteien mit
rschaft: Hierzu zählen vor al-
le... *igarische Sozialistische Partei* (MSZP) ...d die polnische *Demokratische Linksallianz* (SLD), die seit Mitte der 1990er Jahre (mit jeweils etwa 30 % der Wählerstimmen) zur führenden Formation des linken Spektrums geworden sind und bereits Regierungen gestellt haben (in Ungarn 1994–98, in Polen 1993–97).

(b) „Sozialdemokratisierte" Parteien mit schwächerem Rückhalt in der Wählerschaft: Dazu gehörten insb. die *Partei der Demokratischen Linken* (SDL) in der Slowakei, die über ein gewisses Wählerpotential (ca. 10 %–15 %) verfügt und ebenfalls an postsozialistischen Regierungen beteiligt war (1994 und wieder seit 1998). Allerdings hat diese Partei durch die Mitverantwortung für neoliberale Reformen, die in ihrer Regierungszeit durchgeführt wurden, seit Mitte der 1990er Jahre große Teile ihrer linkskonservativen Wählerklientel verloren.

(c) Orthodoxkommunistische Parteien mit breiter Wählerschaft bestehen etwa in Rußland (KPRF) und der Ukraine (KPU). Diese KP, die keinen ideologisch-programmatischen Kurswechsel vollzogen haben, sprechen vor allem die Verlierer der schwierigen sozioökonomischen Transformation an und sind mit ca. 25 % der Wählerstimmen die stärksten Formationen in den dortigen schwach institutionalisierten Parteiensystemen. Dennoch haben sie noch keine Regierungen gestellt, weil diese bislang von den jeweiligen Staatspräsidenten ernannt worden sind.

(d) Eine orthodoxkommunistische Partei mit schwächerem Rückhalt in der Wählerschaft findet sich schließlich in Tschechien mit der KM, die in den 1990er Jahren von ca. 10 % der Wähler unterstützt wurde und mittlerweile die einzige im Parlament vertretene Anti-System-Partei ist.

5. Mittelfristig hängen die Erfolgs- bzw. Überlebenschancen „orthodoxer" KP in Ost- und Westeuropa zum einen davon ab, inwieweit sie neben ideologischen Hardlinern auch ein breiteres Wählerspektrum anzusprechen vermögen, wie etwa im Fall der *Partei des Demokratischen Sozialismus* (PDS), die sich angesichts der post-sozialistischen Transformationsprobleme in den 1990er Jahren zu einer ostdeutschen Regionalpartei entwickelt hat. Zum anderen kann auch eine konstruktive Einbindung im Parteiensystem die polit. Bedeutung der Post-Kommunisten erhöhen, sei es durch die Tolerierung von linken Minderheitskabinetten (in D bekannt als „Magdeburger Modell") oder durch die explizite Beteiligung an Regierungskoalitionen. Bei der letzteren Strategie scheint es freilich nur eine Frage der Zeit, bis der Widerspruch zwischen (diffus-)marxistischer Programmatik und pragmatischem Elitenverhalten zu innerparteilichen Richtungsentscheiden zwingt.

Lit.: *Beyme, K. v.* 1984: Parteien in westlichen Demokratien, München. *East, R.* (Hrsg.) [2]1990: Communist and Marxist Parties of the World, Harlow. *Hirscher, G.* (Hrsg.) 2000: Kommunistische und postkommunistische Parteien in Osteuropa: ausgewählte Fallstudien, Mchn. *Ishiyama, J. T.* (Hrsg.) 1999: Communist Successor Parties in Post-Communist Politics, Commack/NY. *Moreau, P./Lang, J. P.* 1996: Linksextremismus: eine unterschätzte Gefahr, Bonn. *Moreau, P./Lazar, M./Hirscher, G.* (Hrsg.) 1998: Der Kommunismus in Westeuropa. Niedergang oder Mutation?, Landsberg. *Sturm, E.* 2000: „Und der Zukunft zugewandt"? Eine Untersuchung zur „Politikfähigkeit" der PDS, Opl. *Ziemer, K.* (Hrsg.) 1986: Sozialistische Systeme (Pipers Wörterbuch zur Politik, hrsg. v. *D. Nohlen*), München.

Florian Grotz

Kommunitarismus

Kommunitarismus (K.; engl. *communitarianism*) ist der Sammelbegriff für eine in Nordamerika seit Beginn der 1980er Jahre in Sozialwissenschaften

(*R. N. Bellah*; *A. Etzioni*) sowie Politischer Philosophie (*B. Barber*; *A. MacIntyre*; *M. Sandel*; *C. Taylor*; *M. Walzer*) identifizierbare Strömung und bezeichnet eine von kommunitären Ideen geprägte polit. Bewegung (*Etzioni* 1995). Der K. diagnostiziert (1) i. S. der → Postmoderne eine Krise moderner Gesellschaften (Entsolidarisierung; Werteverfall; Legitimitäts-, Identitäts- und Sinnkrise), als deren Ursache er (2) einen radikalen, von der Ideologie des → Neo-Liberalismus geförderten Individualismus ausmacht, um im Gegenzug (3) die notwendige Rückbesinnung auf Bedeutung und Wert von Gemeinschaft (*community*) zu fordern.

1. Der K. begreift den Menschen im Gegensatz zum atomistischen Menschenbild des → Liberalismus als soziales Wesen, das notwendig von Kultur und Tradition seines Gemeinwesens geprägt ist. Der Liberalismus gilt dem K. in seinem universellen, die eigenen kulturellen Voraussetzungen negierenden Anspruch als selbstzerstörerisch. In der einseitigen Betonung privater Selbstverwirklichung und ökonom. Nutzenmaximierung, durch die Überbetonung individueller Rechte auf Kosten des → Gemeinwohls wie durch eine die eigene nat. Identität verleugnende Neutralität des Staates untergrabe dieser die unverzichtbaren, → Freiheit und → Demokratie erst ermöglichenden, gemeinschaftlichen Grundlagen (Wertekonsens; Solidarität) seiner eigenen (liberalen) Kultur. Einer solchermaßen atomisierten Gesellschaft drohe mit der Tyrannei des Marktes oder im Verwaltungsdespotismus (*Alexis de Toqueville*) neue Abhängigkeit. Dagegen fordert der K. eine stärker gemeinwohlorientierte Politik, die Stärkung der → Zivilgesellschaft, mehr bürgerliches Engagement und eine Rückbesinnung auf die Bürgertugenden des Republikanismus. Zu erreichen sei dies insbes. durch Dezentralisierung staatl. Aufgaben zugunsten lokaler Gemeinschaften, Förderung direkter Demokratie und intensivierte → Politische Bildung.
2. Seit Ende der 1980er Jahre wird der K. auch in der BRD rezipiert. Der urspr. gegen den K. gehegte pauschale Verdacht des Neo-Konservatismus wurde inzwischen durch eine differenzierende, unterschiedliche Strömungen (aristotelisch-republikanischer K.; gemäßigter, liberaler K.) berücksichtigende Betrachtungsweise ersetzt. Doch erscheinen vor dem Hintergrund dt. Geschichte und → Politischer Kultur die Schwachstellen des K., sein Relativismus, sein Partikularismus und der von ihm ausgehende Konformitätsdruck bes. problematisch. Dennoch dienen kommunitäre Ideen in der öffentl. Diskussion um wohlfahrtsstaatl. und demokratische Reformen (Bürgerengagement; Bürgertugend; Werteerziehung usw.) als Ergänzung und Widerpart neo-liberaler Politik. Politisch-programmatisch beeinflussen kommunitäre Ansätze die Auseinandersetzung um den → Dritten Weg (*Giddens*). Politisch-praktisch wirken sie sich in den vielfältigen Bemühungen aus, freiwilliges, bürgerschaftliches Engagement mit dem Ziel einer „Wohlfahrts- oder Bürgergesellschaft" (*Dettling*) zu fördern.

→ Gemeinwohl

Lit.: *Dettling, W.* 1995: Politik und Lebenswelt, Gütersloh. *Giddens, A.* 1999: Der Dritte Weg, Ffm. *Etzioni, A.* 1995: Die Entdeckung des Gemeinwesens, Stg. (engl. zuerst 1993). *Etzioni, A.* 1997: Die Verantwortungsgesellschaft, Bln. (engl. zuerst 1997). *Honneth, A.* (Hrsg.) 1993: Kommunitarismus, Ffm. u. a. *Rieger, G.* 1993: Wieviel Gemeinsinn braucht die Demokratie?, in: ZfP, 40, 304–332. *Reese-Schäfer, W.* 1994: Was ist Kommunitarismus?, Ffm. u. a. *Zahlmann, C.* (Hrsg.) 1992: Kommunitarismus in der Diskussion, Bln.

Günter Rieger

Konflikt/Konflikttheorien

Konflikt (K.) ist als Streit oder Auseinandersetzung im gesellschaftl. Leben allgegenwärtig und ebenso bedeutsam wie → Konsens und Harmonie. K. können sich zwischen zwei Staaten ebenso ergeben wie zwischen Arbeitgeberverband und Gewerkschaft, Unternehmensleitung und Betriebsrat, Eltern und Kindern, aber auch zwischen dem Familien- und Berufsinteresse einer Person. K. unterscheiden sich daher nach ihrem Gegenstand, der Ursache, Ebene, Erscheinungsform, Intensität, Gewaltsamkeit und den Bewältigungs- bzw. Lösungsformen.

1. Gemeinsam ist sozialen K., daß ihnen Widersprüche oder spannungserzeugende Beziehungen zwischen den Elementen sozialer (und personeller) Systeme zugrunde liegen. (1) Die Konfliktursache ist vornehmlich in jenen Elementen der Struktur einer Gruppe, Organisation oder Gesellschaft zu sehen, „die einerseits mit der Setzung und Sanktionierung von Normen und andererseits mit der Kontrolle und Zuweisung von knappen Ressourcen wie Einkommen, Vermögen, Ansehen, Einfluß, Autorität usw. zu tun haben" (*Strasser/Randall* 1979: 55). Da in menschlichen Gesellschaften Güter erzeugt werden (z. B. Nahrungsmittel, Kleidung, Transportmittel, Prestige, Macht, Werterhaltungen), um die Bedürfnisse der Gesellschaftsmitglieder zu befriedigen, diese Ressourcen erwünscht, aber knapp sind, entsteht das Problem ihrer „effektiven" Erzeugung und „gerechten" Verteilung.
(2) Ein sozialer K. entsteht, wenn zwei oder mehrere Personen oder Gruppen unvereinbare Auffassungen über die Herstellung und Verteilung der knappen Ressourcen haben, wie das bei Tarifauseinandersetzungen oder im Parteienstreit über eine verteilungsgerechte Steuerreform der Fall ist. Es kann auch darum gehen, wie vorgegebene Ziele mit unterschiedlichen Mitteln am effektivsten zu verwirklichen sind (z. B. wirtschaftl. Wachstum, Abbau der → Arbeitslosigkeit). Es kann aber auch ein K. entstehen über die grundsätzliche → Legitimität von Bedürfnissen (z. B. Konsum, Sparen, Auslandsreisen) oder der Gültigkeit von Werthaltungen (z. B. Religionsfreiheit, demokratische Prinzipien, Asylrecht). Hier entspinnt sich eine Kontroverse über die Frage, was als erstrebenswertes Gut gelten soll, während Verteilungs- und Organisationskonflikte einen Konsens darüber voraussetzen (vgl. *Reimann* u. a. 1990: 208 ff.).
(3) Nach der sozialen Ebene, auf der K. ausbrechen, unterscheidet *Dahrendorf* (1972: 27) Rollen (Patienten gegen Kassen), Gruppen (Vater gegen Kinder), Sektoren (Kath. Kirche gegen Altkatholiken), Gesellschaften (Flamen gegen Wallonen) und übergesellschaftl. Verbindungen (Westen gegen Osten oder UN gegen Kongo). Diese K. erhalten ihren konkreten Ausdruck in der Form von Rollen-, industriellen, Klassen-, Partei- und internat. Konflikten. Innerhalb der sozialen Einheiten könnte man K. wiederum nach dem Rang der Beteiligten unterscheiden (Gleiche gegen Gleiche, Übergeordnete gegen Untergeordnete, Ganzes gegen Teil). Je nach dem Grad der Anteilnahme und der Wahl der Ausdrucksmittel sind Abstufungen nach der Intensität bzw. Gewaltsamkeit der K. denkbar. Diese K. können manifest (offen), latent (versteckt) oder indirekt (wenn sie auf ein Ersatzobjekt gerichtet sind) in Erscheinung treten.

2. Wenn K. in der Gesellschaft endemisch sind und jede soziale Beziehung auch als Konfliktsystem angesehen werden kann, stellen sich nicht nur Fragen nach den strukturellen Ursprüngen, dem Zeitpunkt des Ausbruchs und den variierenden Ausdrucksformen; dann treten vor allem die Formen der Konfliktbewältigung in den Vordergrund des gesellschaftspolit. und sozialwissenschaftl. Interesses. Zwei konflikttheoretische Grundpositionen werden dabei deutlich:

(1) In der marxistisch-kritischen Konflikttheorie (Kt.) wird der ökonom. Verteilungskonflikt als ein Wert- oder Ordnungskonflikt verstanden und deshalb ein unüberbrückbarer Dissens zwischen den Konfliktparteien angenommen. Der Klassenkonflikt führt über die Liquidation der „herrschenden Klasse" zur wahren Gemeinschaft. In der liberal-analytischen Kt. wird der „Herrschaftskonflikt" (*R. Dahrendorf*) bzw. „Statuskonflikt" (*L. A. Coser*) dagegen als Interessenkonflikt dargestellt. Er ist Mittel zum Interessensausgleich. Eine endgültige Lösung des K. ist für die Vertreter des liberalen Modells nicht erkennbar, weil die

Ursachen nicht zuverlässig ermittelt und schon gar nicht beseitigt werden können. Eine Unterdrückung des Konflikts würde Frustrationen aufstauen und Wandel verhindern. Sie ziehen daher die Strategie der Institutionalisierung des K. vor, und zwar durch Institutionen (Tarifparteien, Verbände, parlamentarische Demokratie) und Spielregeln (Tarifverhandlungen, -vereinbarungen, → Streik, → Rechtsstaat). Eine derartige Regulierung sozialer K. setzt gemeinsame Interessen (z. B. Produktivität, sozialer Friede) voraus, die ernsthafte Wert- oder Ordnungskonflikte nicht entstehen lassen. Im liberalen Modell ist der Konflikt universell, im marxistischen dagegen systemspezifisch, mit Klassenherrschaft in Zusammenhang stehend. „Der Historische Materialismus ist keine Theorie des sozialen Wandels im üblichen Sinn, sondern eine Theorie der Veränderung gesellschaftl. Verhältnisse" (*Krysmanski/Tjaden* 1979: 111).

(2) Die marxistisch inspirierte Kt. läuft daher auf eine Revolutionstheorie und die liberale Kt. auf eine Institutionalisierungstheorie des K. hinaus. Während erstere auf die Arbeiten von *Marx*, *Engels* und *Lenin* zurückgeht, stützt sich letztere vor allem auf *Max Weber* und *Georg Simmel*. Für *Weber* reichten die ökonom. Klassen nicht aus, um die Privilegierten und Mächtigen einer Gesellschaft zu identifizieren. *Simmel*, auf dem *Coser* seine Theorie sozialer K. aufbaut, verweist wiederum auf den K. als Quelle der Integration, indem er im internen Gruppenkonflikt ein Sicherheitsventil gegen sich akkumulierende Feindseligkeiten erkennt, überhaupt dem K. eine einigende Wirkung in Gruppen und Gesellschaften gegenüber Außenseitern zuschreibt. Ausgehend von einer Kritik an der *Marx*schen Klassen- und Konflikttheorie, verdankt *Dahrendorf* vor allem *Weber* sowohl die Einsicht, daß Eigentum ein Spezialfall von Herrschaft ist, als auch die These, daß die Gesellschaft durch Zwang zusammengehalten wird und soziale K. überall dort auftreten, wo Menschen sich in Organisationen („Herrschaftsverbänden") vom Verein über den Staat bis zu → EU und → UN zusammenschließen.

(3) Die Kt. haben sich zunächst in der Kritik am Funktionalismus profiliert, dessen Vertreter (z. B. *T. Parsons*) die Gesellschaft durch gemeinsame → Werte und Normen und nicht so sehr durch Zwang und Autorität zusammengehalten sahen. Folgerichtig stellte *Dahrendorf* (1957, 1967) dem funktionalistischen Integrations- das konflikttheoretische Zwangsmodell gegenüber. Nicht Integration durch normative Elemente (z. B. Rollenerwartungen), sondern Disharmonien in einer von Herrschaftsprinzipien durchwalteten Gesellschaft stünden im Zentrum der Konflikttheorien. Inzwischen lenkt die weiterentwickelte Theorie funktionaler Differenzierung das Augenmerk auch auf die Abstimmungskonflikte zwischen funktional differenzierten Teilsystemen, sind doch „in den Grenzzonen zwischen den Teilsystemen intensive Konflikte zu erwarten" (*Giegel* 1998: 11). Auch die moderne Systemtheorie stellt eine „Universalisierung und ubiquitäre Präsenz von Konflikten fest, wie sie aus der Steigerung von Negationschancen resultiert" (*Nollmann* 1997: 172 f.). Mit deutlichem Bezug auf *N. Luhmann* konzentriert sie sich auf Konflikte, „wie sie in subsystemspezifischen institutionellen Verfahren, z. B. im Rahmen wirtschaftl. und polit. Konkurrenz, ausgetragen und dort mit routinemäßigen Prozeduren verarbeitet werden" (*Giegel* 1998: 11).

Traditionelle → Konfliktlinien, oft in einem neuen Sprachgewand, werden auch in modernen Gesellschaften ausgemacht: (a) Konflikte, die sich aus der Ungleichverteilung von Lebenschancen ergeben, bleiben zentral; die Erscheinung kumulativer Exklusion als Folge einer Divergenz von objektiver Konfliktlage und der Fähigkeit, K. auszutragen, tritt in den Vordergrund; (b) quer zur funktionalen Differenzierung bestehen K. zwischen den Geschlechtern, Berufsgruppen und Ethnien fort, wobei Inklusion nicht selten durch Exklusion anderer erreicht wird; (c) dem *Habermas*schen K. zwischen System und Lebenswelt wird vermehrt Bedeutung beigemessen; (d) der Zusammenhang von Konfliktaustragung und sozialem Wandel, der für *Dahrendorf* u. a. so entscheidend war, wird gelöst, wo K. zu einer Sache eines wechselnden Deutungsprozesses auf der Grundlage spezifischer Konstellationen und nicht struktureller Verankerungen werden (vgl. *Giegel* 1998: 12 f.).

(4) Viele empirische Studien wurden von der konflikttheoretischen Perspektive inspiriert: *C. W. Mills'* Untersuchung über die amerikan. Machtelite und Angestelltenschaft ebenso wie *R. Collins'* Studie über das Funktionieren der *credential society* und die verschiedenen Studien über Geschlechter- und Ungleichheitsverhältnisse in vielen Ländern. Schließlich steht das Verhältnis von Unterentwicklung und Abhängigkeit, von Zentrum und Peripherie, von Herrschaft und Integration im Mittelpunkt von Dependenztheorie (z. B. *A. G. Frank, S. Amin*) und Weltsystemperspektive (z. B. *I. Wallerstein*), die unter dem Vorzeichen einer sich globalisierenden Ökonomie neue Relevanz erhalten.

Nach *Amin* (2000) kehrt der moderne → Kapitalismus nach einer Phase der sozialen Kompromisse zu seiner eigentlichen Mission zurück, das gesellschaftl. Leben der Logik des Marktes und der → Globalisierung zu unterwerfen. Alle Regionen der Erde müßten sich dieser Herausforderung gleichermaßen stellen, allerdings unter recht unterschiedlichen Ausgangsbedingungen. Auch wenn es weltweite Wirtschafts- und Herrschaftsräume schon seit etwa drei Jahrtausenden gibt und sich das kapitalistische Weltsystem im 16. Jh. herausgebildet hat, ging es dabei vor allem um die Zirkulation von Waren und Geld. Die Lebensweise der Menschen und die polit. Herrschaft bestimmten hingegen weiterhin die Umstände vor Ort. Mit dem Aufkommen der modernen Kommunikations- und Transportmöglichkeiten ist der Globus tendenziell zu einem Marktplatz geworden, nicht mehr nur für Waren und materielle Ressourcen, sondern auch für die menschliche Arbeitskraft, für Werte, Umgangsformen und Konsumgewohnheiten. Die einen sehen im globalen Wettbewerb zwischen den Wirtschaftsstandorten vor allem Chancen für den „flexiblen Menschen" (*R. Sennett*), den Verbraucher und das Zusammenwachsen der Welt, während die anderen im Umbau des Wohlfahrtsstaates und dem Erstarken der internat. Wirtschaftsmächte eine Gefahr für → Demokratie und → Frieden erblicken. Ausgehend von der amerikan. inspirierten „McDonaldisierung der Gesellschaft" (*G. Ritzer*) ist zunehmend von der „Zivilisierung wider Willen" und einem kulturellen Identitätsverlust die Rede. Autoren wie *S. Huntington* (1996) sehen gar aus dem Ende der westl. Vorherrschaft neue Konflikte globalen Ausmaßes erwachsen, nicht entlang polit. oder ökonom., sondern kultureller, nicht zuletzt religiöser Gegensätze (vgl. *Müller* 2000).

3. Die Kt. ist nicht ohne Einwände geblieben, vor allem was ihre Annahmen über Kontextunabhängigkeit, die Eindimensionalität und die Eindeutigkeit sozialer K. anbelangt. Weder sind alle K. reine Nullsummenspiele noch sind sie immer nur bipolar ausgerichtet oder gar durch eine Homogenität der Konfliktparteien gekennzeichnet (vgl. *Bühl* 1972).

Lit.: *Amin, S.* 2000: Die Zukunft des Weltsystems, Hamb. *Bühl, W. L.* (Hrsg.) 1972: Konflikt und Konfliktstrategie, Mchn. *Collins, R.* 1975: Conflict Sociology, NY. *Collins, R.* 1979: The Credential Society, NY. *Coser, L. A.* (1956) 1965: Theorie sozialer Konflikte, Neuwied. *Dahrendorf, R.* 1957: Soziale Klassen und Klassenkonflikt in der industriellen Gesellschaft, Stg. *Dahrendorf, R.* 1967: Pfade aus Utopia, Mchn. *Dahrendorf, R.* 1992: Der moderne soziale Konflikt, Stg. *Gates, B.* 1995: Der Weg nach vorn. Dic Zukunft der Informationsgesellschaft. Mchn. *Giegel, H.-J.* (Hrsg.) 1998: Konflikt in modernen Gesellschaften, Ffm. *Huntington, S.* (1996) 1998: Kampf der Kulturen, Mchn. *Krysmanski, H. J.* 1971: Soziologie des Konflikts, Rbk. *Krysmanski, H. J./Tjaden, K.-H.* 1979: Die historisch-materialisitische Theorie der gesellschaftlichen Entwicklung, in: *Strasser, H./Randall, S. C.:* Einführung in die Theorien des sozialen Wandels, Darmst., 111–156. *Mills, C. W.* 1956: The Power Elite, NY. *Müller, H.-P.* (Hrsg.) 2000: Weltsystem und kulturelles Erbe, Ffm. *Nollmann, G.* 1997: Konflikte in Interaktion, Gruppe und Organisation, Opl. *Reimann, H.* u. a. [4]1990: Basale Soziologie: Theoretische Modelle, Opl. *Rit-*

zer, G. (1993) ²1995: Die McDonaldisierung der Gesellschaft, Ffm. *Simmel, G.* (1908) 1923: „Der Streit" und „Die Kreuzung sozialer Kreise", in: *ders.*, Soziologie. Untersuchungen über die Formen der Vergesellschaftung, Lpz., 247–336, 403–453. *Strasser, H./Randall, S. R.* 1979: Einführung in die Theorien des sozialen Wandels, Darmst. *Wallerstein, I.* (1974) 1986: Das moderne Weltsystem, Hamb.

Hermann Strasser

Konfliktlinien

I. Konfliktlinien (K.; engl. *cleavages)* trennen bei jeder polit. Streitfrage Befürworter und Gegner einer Entscheidung. In der Wahlsoziologie haben insbes. soziale K. im Sinne dauerhafter Spaltungsstrukturen *(social cleavages)* Beachtung gefunden. Sie trennen soziale Gruppierungen (→ Klassen, Konfessionsgruppen, ethnische → Minderheiten etc.), deren ideelle oder materielle Interessen durch verschiedene → Parteien vertreten werden. In einer konkreten Konfliktsituation kann es zu einer Koalition zwischen einer sozialen Gruppierung bzw. ihren Repräsentanten und einer polit. Partei kommen. Diese Koalitionen sind i. d. R. dauerhaft und finden bei → Wahlen ihren Ausdruck in der überdurchschnittlichen Entscheidung der Gruppenangehörigen zugunsten der betreffenden Partei.

Bei der Analyse sozialer K. bzw. sozialer Spaltungen wird eine bestimmte sozialstrukturelle Gruppierung der Bevölkerung als Ausgangspunkt einer polit. K. betrachtet. Diese Art Fragestellung ist für die marxistische Sozialwissenschaft charakteristisch, die polit. Einstellungen und polit. Verhalten in Abhängigkeit von der Klassenlage sieht. *S. M. Lipset* (1963) hat diese Fragestellung auf die Wahlsoziologie übertragen; danach wäre die Hauptkonfliktlinie auf der polit. Ebene der Gegensatz zwischen rechten Parteien als Verteidigern des *Status quo* und linken Parteien als Befürwortern eines sozialen Wandels hin zu mehr sozialer → Gleichheit. Die Wahl einer linken oder rechten Partei werde von der Klassenlage weitgehend determiniert, so daß *Lipset* Wahlen als institutionalisierten Klassenkampf bezeichnet.

Der Konfliktcharakter sozialer Spaltungen äußert sich in gruppenspezifischen polit. Einstellungen, Verhaltensweisen oder Mitgliedschaften. Empirische Untersuchungen verwenden i. d. R. die Wahlentscheidung als die durch K. beeinflußte, abhängige Variable. Der empirische Nachweis einer überdurchschnittlichen Wahrscheinlichkeit zur Wahl einer bestimmten Partei reicht jedoch nicht aus, um eine soziale K. zu identifizieren. Es muß zusätzlich nachgewiesen werden, daß ein Minimum an gemeinsamen materiellen oder ideellen Interessen besteht und daß eine Partei als Vertreter der Gruppeninteressen wahrgenommen wird, wobei den Gruppenrepräsentanten und Parteieliten (→ Eliten) für die Verankerung einer K. eine wichtige Bedeutung zukommt.

II. 1. Polit. Modernisierung einer Gesellschaft bedeutet die Einbeziehung immer größerer Teile der erwachsenen Bevölkerung eines Staates in den polit. Prozeß. Diese Einbeziehung kann am besten an der Ausdehnung des → Wahlrechts studiert werden. In Europa waren für die polit. Modernisierung Konflikte zwischen sozialen Gruppierungen der Gesellschaft von ausschlaggebender Bedeutung. Dies gilt nicht nur für den seit Mitte des 19. Jh. auftretenden Konflikt zwischen dem neu entstehenden Proletariat und den Kapitaleignern, sondern auch für Interessengegensätze zwischen anderen Gruppierungen. *S. Rokkan* hat, zunächst in Zusammenarbeit mit *M. S. Lipset* (*Lipset/Rokkan* 1967), eine historische Genealogie der noch heute in den demokratischen europ. Ländern zu beobachtenden Konfliktstrukturen versucht. Zum Ausdruck kommen die Konflikte in den → Parteiensystemen der einzelnen Staaten, zurückführen lassen sie sich auf gesellschaftl. Probleme, die in der Folge von Nationwerdung und Industrialisierung entstanden sind.

Entscheidend für die Parteiensysteme der einzelnen Staaten war, welchen Gebrauch die herrschende Elite von ihren Wahlmöglichkeiten bei der Etablierung von Koalitionen mit sozialen Gruppen machte. Für die Nationwerdung war zunächst die Entscheidung für oder gegen die Durchführung der Reformation wichtig. Dabei geriet die Kirche, z. B. in England, den skandinavischen Ländern und Preußen, unter Staatseinfluß, die Gegner der herrschenden Elite waren die Nonkonformisten und Laizisten. In katholischen Ländern konnte die herrschende Elite entweder eine Koalition mit der Kirche eingehen wie in Belgien und Österreich oder Stellung gegen die Kirche beziehen wie im Frankreich nach der Französischen Revolution. Die nächste Wahlmöglichkeit der herrschenden Elite war, ob sie eine Koalition mit agrarischen Interessen, insbes. denen des Großgrundbesitzes, oder mit den Vertretern der Handelsinteressen der Städte eingehen sollte. Sowohl in England als auch in Preußen war die Entscheidung zuerst zugunsten einer protestantischen Staatskirche und dann zugunsten einer Koalition mit dem Landadel gefallen. Die Opposition zu diesem System wurde von städtischen, nicht kirchlich gebundenen Teilen des Bürgertums in der polit. Form liberaler Parteien ausgeübt (→ Bürgerliche Parteien). Dagegen war die Hauptopposition in Frankreich ein ländlicher klerikaler Konservatismus. Die letzte große historische Option für die Gestaltung des modernen Parteiensystems war die Koalitionsbildung im Hinblick auf die erstarkende Arbeiterbewegung. In D entschied sich die → Arbeiterbewegung sehr früh für einen autonomen Weg und schwächte damit den → Liberalismus, in anderen Staaten trat diese Entwicklung erst im 20. Jh. ein bzw. gar nicht wie in den USA.

2. Die Mobilisierung einer Gruppe ist ein zweiseitiger Prozeß, bei dem die herrschende Elite oder eine polit. Partei der fraglichen Gruppe polit. Angebote macht und Gruppenvertreter versuchen, die Gruppeninteressen möglichst vollständig durchzusetzen. Zu einem bestimmten historischen Zeitpunkt sind verschiedene Koalitionen möglich.

Eine Partei, die sich im Hinblick auf eine K. festgelegt hat, ist damit nicht im Hinblick auf eine andere K. gebunden. So konnten die Katholiken in den USA eine Koalition mit der eher linken Demokratischen Partei eingehen, während sie in Kontinental-Europa eher zu konservativen Parteien neigen. Daß auch Arbeiter ihre „natürliche" Interessenvertretung nicht unbedingt bei einer sozialistischen Partei finden müssen, zeigt das Beispiel der Demokratischen Partei in den USA, aber auch der Peronismus in Argentinien. Als empirische Verallgemeinerung gilt, daß die bei der ersten Mobilisierung einer Gruppe eingegangene Koalition dauerhaft ist. Diese Beobachtung führte *Lipset* und *Rokkan* (1967) zu der These von der Persistenz der Parteiensysteme westl. Demokratien seit Abschluß der polit. Mobilisierungsphase.

Faßt man soziale Spannungslinien als Ergebnis der Koalitionsbildung zwischen sozialen Gruppen und polit. Parteien auf, können eine Reihe von Gründen für die Stabilität einmal eingegangener Koalitionen genannt werden: 1) Möglichkeiten der gegenseitigen Einflußnahme, z. B. durch Abgeordnete, die die Gruppeninteressen innerhalb der Parlamentsfraktion vertreten, 2) Umsetzung von Gruppenforderungen in der Regierungspolitik, 3) Ausbildung einer gemeinsamen Ideologie und 4) knappe Mehrheitsverhältnisse, die die Partei auf die Gruppen angewiesen bleiben lassen. Alle diese Faktoren stabilisieren soziale K. gegenüber kurzfristigen Bewegungen auf dem Wählermarkt, denen zum einen eine Verankerung in der → Sozialstruktur fehlt und die zum anderen keine dauerhaften Institutionen im Rahmen des bestehenden Parteien- und Konfliktsystems ausbilden (*Stinchcombe* 1975).

Der größere theoretische Zusammenhang, innerhalb dessen *Rokkan* seine Konfliktgenealogie entwickelt hat, ist die Theorie der strukturellen Differenzierung *(Parsons, Smelser)*. Danach ist gesellschaftl. Modernisierung durch Auflösung partikularer Bindungen an traditionelle Gruppierungen wie ethnische Gruppen oder Sprachgemeinschaften der unterlegenen Kultur usw. gekennzeichnet, weil sich immer stärker universalistische Kriterien der Leistungsdifferenzierung durchsetzen. Die funktionale Achse der Differenzierung müßte demnach auf Kosten der territorialen Achse an Bedeutung gewinnen. Diese allg. Prognose ist durch die Entwicklung der Industriegesellschaften in den letzten 50 Jahren nicht bestätigt worden. Viele Länder mit sprachlichen und ethnischen Minderheiten erlebten eine Zunahme der Politisierung ethnischer Minderheiten (→ Regionalismus).

III. Eine weitverbreitete Diagnose lautet, daß soziale Konfliktpotentiale in westl. Industriegesellschaften an Bedeutung verlieren. Neue ideologische Spannungslinien wie der Gegensatz zwischen den traditionellen Parteien und ökolog. Bewegungen ließen sich nicht mehr auf Interessengegensätze zwischen bestimmten sozialen Gruppen zurückführen. Wenn Studenten und jüngere Akademiker überproportional Parteien wie die → Grünen wählen, verträten sie nicht wie in der traditionellen Interessengruppenpolitik partikulare Interessen ihrer eigenen Gruppe, sondern setzten sich für öffentl. Güter ein wie eine saubere Umwelt, von deren Genuß später niemand ausgeschlossen werden kann. Insofern sei hier auch die Vorstellung von der allmählichen polit. Mobilisierung einer latenten Interessengruppe nicht angebracht. Träger dieser neuen Bewegungen seien deshalb eher Wertgemeinschaften und nicht über ihre Interessenlage abgrenzbare sozialstrukturelle Gruppierungen.

Diesen neuen Ansätzen zufolge, die v. a. die Theorie des → Wertewandels zum Ausgangspunkt der Überlegungen zur Entwicklung der K. in den westl. Industrieländern machen, tritt zu der – v. a. wirtschafts- und sozialpolit. sich manifestierenden – Polarisierung zwischen den klassischen rechten und linken Parteien eine neue K. zwischen den „Materialisten" der neuen Rechten und den „Postmaterialisten" der neuen Linken. Diese schief zu der alten sozialökonom. K. verlaufende Polarisierung, bei der Themen wie Umweltschutz, → Frauenpolitik, einseitige → Abrüstung und Widerstand gegen die Atomkraft im Mittelpunkt der Auseinandersetzung stehen, verursacht für die etablierten Parteien, insbes. für die sozialistischen und sozialdemokratischen, das Problem, ihre traditionelle Wählerschaft zu halten und sich gleichzeitig in bezug auf die neuen K. mit einem wahlwirksamen Koalitionsangebot für die zunehmend an den neuen Themen orientierten Bevölkerungsteile zu positionieren. Sozialistische und sozialdemokratische Parteien sind auf der einen Seite von Abwanderungstendenzen zu den Grünen bedroht, auf der anderen Seite können materialistisch orientierte Arbeiter zu Parteien der neuen Rechten (etwa die bundesdt. Republikaner) abwandern, die auf der Wertachse den materialistischen Gegenpol zu den ökolog. Parteien bilden, welche postmaterialistische Orientierungen repräsentieren (*Inglehart* 1989: 342–357). Eine alternative Erklärung verbindet die alte Politik mit dem ideologischen Gegensatz zwischen → Sozialismus und → Kapitalismus und die neue Politik mit dem Gegensatz libertär versus autoritär (*Kitschelt* 1994).

Über den eben geschilderten, auf Querschnittsuntersuchungen basierenden Befund besteht in der Literatur weitgehend Einigkeit. Es werden aber verschiedene Auffassungen bezüglich der langfristigen Konsequenzen vertreten. *Ingleharts* Interpretation ist die der „stillen Revolution": Grundlegende Wertvorstellungen werden in den formativen Jahren der Primärsozialisation erworben, so daß sich der Wertewandel in der Bevölkerung durch den Prozeß des allmählichen Ersetzens älterer Kohorten durch nachwachsende jüngere Generationen ergibt. Andere Autoren interpretieren die Ergebnisse mit Bezug auf eine „neue Klasse" von akademisch gebildeten Fachkräften *(knowledge class)*. Allgemein haben sich für polit. Verhalten Generationserklärungen besser bewährt als Lebenszyklusthesen. Diese Aussage gilt auch für die Veränderungstendenzen der traditionalen sozialen K. im Wahlverhalten. Der allmähliche Abbau dieser Spaltungen erfolgt, wenn überhaupt, nur durch den Prozeß der Generationenfolge. So sind in der Bundesrepublik mit Ausnahme der jüngsten Wahlberechtigten, die in der zweiten Hälfte der 1960er Jahre geboren wurden, die konfessionellen K. nach wie vor präsent, selbst wenn die Häufigkeit des Kirchgangs bei allen Erwachsenen stark zurückgegangen ist. Letzteres schließt aber nicht aus, daß die Unterschiede im Wahlverhalten und in den polit. Einstellungen zwischen Kirchgängern und Nichtkirchgängern gleichgeblieben sind. Der Rückgang des Kirchgangs kann sich aber in Zukunft insofern auf die sozialen K. auswirken, als z. B. die CDU/CSU sich immer weniger an dem religiösen Teil ihrer Wählerschaft orientiert, so daß religiöse Fragen auch weniger thematisiert werden. Ohne eine gelegentliche Aktualisierung der polit. Inhalte sozialer Spaltungen können aber neue Generationen nicht mehr entsprechend sozialisiert werden (vgl. *Pappi/Mnich* 1990).

Die Entstehung neuer polit. und ideologischer K. muß nicht automatisch zur Folge haben, daß die sozialen Konfliktpotentiale an Bedeutung verlieren. Es muß mit der Möglichkeit gerechnet werden, daß die Träger der neuen Werte wieder bestimmte sozialstrukturell abgrenzbare Gruppen sind, die genauso wie früher die Arbeiterbewegung die eigenen Interessen vertreten, aber darüber hinaus auch Ziele anstreben, die Kollektivgutcharakter für alle Gruppen haben. Neben den akademisch ausgebildeten Fachkräften als Trägern postmaterialistischer Werte kommen andere soziale Gruppen als Träger neuer sozialer Spaltungen in Frage. So wird häufig angenommen, daß die traditionelle Berufsklassengliederung als soziale Spaltung abgelöst werde von einem Konflikt zwischen den in der Privatwirtschaft und den im öffentl. Sektor Beschäftigten.

Der Begriff der sozialen Spaltungen ist ein blasser Oberbegriff für den marxistischen Klassenbegriff auf der einen Seite und Konflikte zwischen ethnischen Gruppen auf der anderen Seite. Dieser Begriff hat sich hauptsächlich in deskriptiven Untersuchungen bewährt.

Lit.: *Inglehart, R.* 1989: Kultureller Umbruch, Ffm./NY. *Kitschelt, H.* 1994: The Transformation. The European Social Democracy, Camb. *Lipset, S. M.* 1963: Political Man, NY. *Lipset, S. M./Rokkan, S.* (Hrsg.) 1967: Party Systems and Voter Alignments, NY. *Pappi, F. U./Mnich, P.* 1992: Germany (BRD), in: *Franklin, M.* u. a. (Hrsg.): Electoral Change, Camb., 179–204. *Rokkan, S.* 2000: Staat, Nation und Demokratie in Europa, Ffm. *Stinchcombe, A.* 1975: Social Structure and Politics, in: *Greenstein, F. I./Polsby, N. W.* (Hrsg.): Macropolitical Theory, Handbook of Political Science, Bd. 3, Reading, 557–622.

Franz Urban Pappi

Konjunkturpolitik

I. Konjunkturpolitik (K.) bezeichnet den Einsatz wirtschaftspolit. Instrumente durch die wirtschaftspolit. Akteure zur Vermeidung und Glättung konjunktureller Schwankungen bzw. zur Verstetigung des Wirtschaftswachstums. Weiter gefaßt kann die K. auch als Bündel von Maßnahmen verstanden werden, die zur Erreichung gesamtwirtschaftl. Ziele eingesetzt werden, wie sie etwa im Stabilitätsgesetz vom Juni 1967 (StabG) festgelegt wurden: Preisniveaustabilität, hoher Beschäftigungsstand, außenwirtschaftl. Gleichgewicht sowie stetiges und angemessenes Wirtschaftswachstum. Dies wird im allgemeinen (weitgehend) synonym zur K. als → Stabilitätspolitik oder Stabilisierungspolitik bezeichnet. Bei den unterschiedlichen Zielen kann es zu Zielkonflikten (*trade-offs*) kommen, da Maßnahmen zur Erreichung eines Ziels (z. B. Vollbeschäftigung) die Verwirklichung eines anderen Ziels (z. B. Preisniveaustabilität) beeinträchtigen können (→ Geldpolitik).

Der Begriff der Konjunktur ist von dem des Wachstums abzugrenzen. Unter Konjunktur versteht man periodisch wiederkehrende, zyklische Schwankungen des Auslastungsgrades der gesamten Volkswirtschaft oder eines Wirtschaftssektors. Dabei kann man verschiedene Längen des Konjunkturzyklus unterscheiden, die aus empirischen Beobachtungen der wirtschaftl. Entwicklung „entdeckt“ und nach ihren Begründern benannt wurden: (1) Der Kitchin-Zyklus (3–4 Jahre) betrifft hauptsächlich Lagerbestandsveränderungen, (2) Juglar-Zyklen (7–10 Jahre) gelten als die eigentlichen Konjunkturzyklen, die Auswirkungen auf Produktion und Investition haben, (3) Kondratieff-Zyklen haben eine Länge von 45 bis 60 Jahren und beschreiben die „langen Wachstumswellen“, die von technologischen Innovationen ausgelöst werden (z. B. Eisenbahn, Auto, Computer). Dabei wird die Dauer eines Konjunkturzyklus als die Periode zwischen zwei aufeinanderfolgenden Hochpunkten definiert. Der Konjunkturzyklus kann – nach *J. Schumpeter* – weiter in vier Konjunkturphasen unterschieden werden: (1) Die Erholung beginnt am Tiefpunkt eines Konjunkturzyklus und führt zu einem beschleunigten Anstieg der Produktion, bis der Normalauslastungsgrad einer Ökonomie erreicht ist. (2) Anschließend geht die Ökonomie in die Prosperitätsphase (oder auch Boom bzw. Hochkonjunktur) über, die durch ein steigendes, jedoch verlangsamtes Wirtschaftswachstum gekennzeichnet ist, bei dem sich die Wirtschaft über dem „Normalauslastungsgrad“ befindet. Sie endet am oberen Wendepunkt des Konjunkturzyklus. (3) In der Phase der Rezession (Wirtschaftsabschwung) sinkt die Produktion, der Auslastungsgrad liegt jedoch noch oberhalb der Normalauslastung. (4) Ab dem Erreichen der Normalauslastung geht die Konjunktur in die Depressionsphase über, in der der Auslastungsgrad unterhalb der Normalauslastung liegt, so daß die Produktion weiter, jedoch langsamer zurückgeht. Zu beobachten ist eine oftmals alternative Verwendung der Begriffe Rezession und Depression und eine mitunter variierende Bezeichnung der Konjunkturphasen in der Literatur, bei der die dritte Phase als Konjunkturabschwächung und die vierte Phase als Rezession bezeichnet wird. Überdies verlaufen Konjunkturzyklen niemals gleich, sondern variieren in ihrer Dauer und Extensität.

Wirtschaftl. Wachstum ist dagegen der (anhaltende) Anstieg des Produktionspotenzials einer Volkswirtschaft bzw. die Nutzung des Produktionspotenzials, d. h. die tatsächliche Wertschöpfung. Dieses hängt von verschiedenen Faktoren ab: den Produktionsfaktoren (Arbeit, Kapital, Boden), der Technologie, der Faktorproduktivität, die wiederum vom Humankapital und vom Stand des technischen Wissens abhängig ist. Inzwischen hat sich in den Wirtschaftswissenschaften die Sicht durchgesetzt, daß langfristiges Wachstum wichtiger ist als die Glättung kurzfristiger Schwankungen, die jedoch in der Tagespolitik Priorität hat. In der Zeit zwischen 1870 und 1990 gab es in den westl. Industrienationen ein durchschnittl. Wachstum von knapp 2 % (*Barro/Sala-i-Martin* 1998), in D zwischen 1960 und 1999 im Durchschnitt sogar von 4,2 %. Je höher das Wirtschaftswachstum, desto größer ist langfristig der Wohlstand eines Landes, und selbst kleine Variationen bei den durchschnittl. Wachstumsraten bewirken bei einem langen Zeithorizont schon beachtliche Wohlstandsunterschiede.

Zwischen Wirtschaftswachstum und Konjunktur besteht trotzdem ein wechselseitiger Zusammenhang. Konjunkturelle Schwankungen fluktuieren um den langfristigen Wachstumspfad der Ökonomie. Überdies hat die Unterauslastung des Produktionspotenzials, vermittelt über zu geringe Investitionen, Auswirkungen auf das zukünftige Wachstum. Streitpunkt ist allerdings, ob die K. tatsächlich wirksam und notwendig ist, wie in keynesianischen Konjunkturtheorien behauptet, oder ob sie eher kontraproduktiv ist, wie in der Sichtweise der Neoklassik. Zur Abschätzung des Konjunkturverlaufs gibt es außerdem zahlreiche Konjunkturindikatoren, wobei man drei verschiedene Arten unterscheiden kann: vorlaufende (*leading*) Indikatoren, die schon frühzeitig – quasi im voraus – die Veränderungen anzeigen, gleichlaufende (*coinciding*) und nachlaufende (*lagging*) Indikatoren.

II. Bei den theoretischen Erklärungsangeboten kann man zwischen exogenen und endogenen Konjunkturtheorien unterscheiden. Exogene Konjunkturtheorien suchen die Ursachen der Wirtschaftsschwankungen außerhalb des Wirtschaftssystems, z. B. in → Kriegen, → Wahlen, → Revolutionen oder aber auch in Schocks durch Veränderungen von Faktorpreisen (z. B. Ölpreisschock). Zu den exogenen Faktoren sind außerdem die Bevölkerungsentwicklung, wie etwa die Änderung von Geburtenraten oder die Veränderung internat. Wanderungsströme, zu zählen. Ebenfalls gelten der technische Fortschritt (Produktinnovationen) und psychologische Stimmungsveränderungen (z. B. militärische Bedrohung, internat. Krisen) als mögliche exogene Auslöser von Konjunkturschwankungen.

(1) Rein-monetäre Konjunkturtheorien sehen in der Instabilität der Geldmenge und des Kreditangebots die Ursache für zyklische Konjunkturschwankungen. Vermieden werden kann ein solches Auf und Ab durch eine regelgebundene Geldpolitik. (2) Monetäre Überinvestitionstheorien (Hauptvertreter: *v. Hayek*) sehen als Ursache für konjunkturelle Schwankungen die Differenz zwischen dem „natürlichen Zins" (Ertragsrate einer Investition) und dem Geldzins (d. h. Zins für Kredite). (3) Die Unterkonsumtionstheorie (*Sismondi*, *Malthus*) sieht durch technischen Fortschritt und Kapitalakkumulation ein immer steigendes Produktionspotenzial, mit der Möglichkeit, durch Rationalisierung die Herstellungskosten zu senken. Da die Löhne nicht im selben Ausmaß wie die Preise steigen, da Arbeit freigesetzt wird und so ein Druck auf die Löhne stattfindet, und zudem eine ungleiche Einkommensverteilung vorliegt, kommt es zu einer ungenügenden Konsumnachfrage. (4) Die *Schumpeter*sche Konjunkturtheorie verknüpft verschiedene psychologische, soziologische und technologische Überlegungen. Im Mittelpunkt steht der „dynamische Unternehmer", der aufgrund seiner Risikobereitschaft neue Erfindungen wirtschaftlich nutzt und so technischen Fortschritt initiiert. Dieser Unternehmer streicht zunächst Monopolgewinne ein und lockt Nachahmer an, wodurch die Profite sinken. Diese sinkenden Gewinne führen zum Abschwung der Wirtschaft, die erst durch neuen technologischen Fortschritt und ihre Verwertung durch „dynamische Unternehmer" beendet wird. (5) Die *keynesianische* Konjunkturtheorie (die es als geschlossenes Gesamtmodell eigentlich nicht gibt) geht von einem instabilen privaten Sektor aus. Eine Marktwirtschaft kann sich in einem Unterbeschäftigungsgleichgewicht befinden, aus dem es ohne eigene Kräfte nicht herauskommt. Durch polit. Steuerung (*deficit spending*) kann der Staat als zusätzlicher Nachfrager auftreten, indem er die Fiskal- und Geldpolitik so einsetzt, daß das Vollbeschäftigungsgleichgewicht wieder erreicht wird. (6) Die neoklassische Sichtweise geht dagegen von einem stabilen privaten Sektor aus, in der staatl. Eingriffe schädlich sind und diese selbst die Konjunkturschwankungen auslösen. Eine K. wird deshalb auch (weitestgehend) abgelehnt.

Endogene Konjunkturtheorien suchen nach Ursachen für die selbstauslösenden Konjunkturzyklen innerhalb des Wirtschaftssystems. Diese z. T. mathematisch anspruchsvollen Modelle, wie das Mulitplikator-Akzeleratormodell von *P. Samuelson* und nicht-lineare Konjunkturmodelle, sind heute wichtige Bestandteile der konjunkturtheoretischen Diskussion in den Wirtschaftswissenschaften.

III. Gemessen an den verschiedenen konjunktur- und wachstumspolit. Zielen stellt sich die Frage, mit welchem Instrumentarium diese verwirklicht werden können und welche wirtschaftspolit. Akteure diese Instrumente einsetzen. Hinzu kommt die Problematik geeigneter Indikatoren für die Abschätzung der Wirksamkeit des Mitteleinsatzes. Folgenden vier wirtschaftspolit. Bereichen kann man die wichtigsten konjunkturpolit. Instrumente zuordnen: (1) der Fiskalpolitik, (2) der Geldpolitik, (3) der Außenwirtschafts- und Währungspolitik sowie (4) der Lohn- und Einkommenspolitik.

Innerhalb der keynesianischen Konjunkturtheorie wird der Fiskalpolitik von allen Instrumenten die höchste Wirksamkeit zugebilligt, wobei die Regierung als Akteur, der die Fiskalpolitik durchführt, über Variationen der staatl. Einnahmen (Steuern, Gebühren und Beiträge) entweder expansiv (z. B. Steuersenkung) oder restriktiv (z. B. Steuererhöhung) auf die Konjunktur einwirken kann, wobei eine antizyklische K. angestrebt wird. Besondere Bedeutung kommt den Krediten als weiterer Einnahmenart zu. Zusätzliche Staatsausgaben, z. B. für eine Vollbeschäftigungspolitik, werden durch Haushaltsdefizite finanziert, da Steuersenkungen Belastungen der Einnahmenseite darstellen (*deficit spending*). In Boomphasen sollen diese Defizite dann ausgeglichen werden, indem die Überschüsse in den Aufschwungphasen stillgelegt werden.

Als geldpolit. Instrumentarium (→ Geldpolitik) stehen der Notenbank, seit dem 1. 1. 1999 in der Verantwortung des *Europäischen Systems der Zentralbanken* (ESZB), die Offenmarktgeschäfte, die Refinanzierungspolitik über die ständigen Fazilitäten sowie die Mindestreservepolitik zur Verfügung. Da die geldpolit. Akteure, vor 1999 die Bundesbank, die Preisniveaustabilität als Zielverpflichtung haben, kann es zu Konflikten zwischen den unterschiedlichen Akteuren kommen, insb. wenn das Vollbeschäftigungs- und Wachstumsziel deutlich verfehlt wird und die Geldpolitik der Notenbank dafür verantwortlich gemacht wird.

Die Außenwirtschafts- und Währungspolitik obliegt der Bundesregierung und der Notenbank. Dabei ist für die Wirksamkeit der K. wichtig, ob feste oder flexible Wechselkurse herrschen, wobei das Ziel eines „außenwirtschaftlichen Gleichgewichts" besser bei flexiblen Wechselkursen zu erreichen ist. Auch die Effizienz von Fiskal- und Geldpolitik hängt von dem vorherrschenden Wechselkurssystem ab. Veränderungen der festen Wechselkurse innerhalb des EWS, die jedoch seit Januar 1999 „unwiderruflich" festgelegt wurden, obliegen der Bundesregierung und der am ESZB beteiligten Regierungen.

Die Einkommens- und Lohnpolitik wird in D von den Tarifvertragsparteien, aber in begrenztem Umfang auch durch die Bundesregierung durchgeführt. In anderen Industrieländern ist auf diesem Feld das Eingriffsrecht der Regierungen größer. Ziel ist die Vermeidung stabilitätswidriger Tarifabschlüsse. Dabei zeigt sich, daß langfristig in korporatistischen Ländern, d. h. dort wo es zu weitgehender Konzertierung zwischen Arbeitgebern, Arbeitnehmern und Staat kommt (Tripartismus), die größten Stabilisierungserfolge beobachtet werden können.

Die K. ist primär Aufgabe des Bundes, wobei – mit Zustimmung des Bundesrates – Bund, Länder und Gemeinden auf ein gemeinsames antizyklisches Handeln verpflichtet werden können (Art 109 [3] GG und 1, 14 StabG). Institutionell wurden über das Stabilitätsgesetz der Konjunkturrat (18 StabG) und die Konzertierte Aktion (3 StabG) geschaffen. Der Konjunkturrat, der sich aus dem Wirtschafts- und Finanzminister, Vertretern der Länder (jedes Land ein Vertreter) und der Gemeinden (insgesamt vier Vertreter) zusammensetzt, sollte die konjunkturpolitische Koordinierung übernehmen, wobei diese Institution heute keine Rolle mehr spielt. Auch die Konzertierte Aktion, in der die Gebietskörperschaften, die Gewerkschaften und Unternehmensverbände sich auf ein gemeinsames Verhalten auf freiwilliger Basis verständigen sollten, ist heute ohne Relevanz, da sie 1976 aufgelöst wurde. Von Bedeutung für die K. sind jedoch der Finanzplanungsrat (51 HGrG), der ähnlich wie der Konjunkturrat zusammengesetzt ist, und seit 1963 der Sachverständigenrat zur Begutachtung der gesamtwirtschaftlichen Entwicklung (SVR), der eine wichtige Beratungs- und Kontrollinstanz darstellt.

IV. In der Hochphase des Keynesianismus in der Zeit nach dem II. Weltkrieg bis Mitte der 1970er Jahre gab es einen Steuerungsoptimismus, der der K. eine hohe Wirksamkeit zubilligte. Die Erfolglosigkeit des Einsatzes der Fiskal- und Geldpolitik zur Überwindung der Wirtschaftskrisen seit der ersten Ölpreiskrise löste den Keynesianismus durch die Neoklassik als herrschendes wirtschaftspolit. Paradigma ab und ließ den Glauben an eine erfolgreiche K. schrumpfen.

Gleichwohl wird K. – allerdings in abgeschwächter Form – immer noch praktiziert, in der OECD-Welt in den 1990er Jahren wohl am stärksten in Japan unter einer konservativen Regierung. Der Erfolg von K. ist zudem durch zahlreiche wirtschaftl., polit. und institutionelle Restriktionen gefährdet bzw. heute nur noch eingeschränkt durchführbar. Das Instrumentarium der Fiskalpolitik ist inzwischen z. B. durch verfassungspolit. Hürden in vielen Ländern eingeschränkt (→ Staatsverschuldung).

Ferner kann die Geldpolitik für eine erfolgreiche K. nicht eingesetzt werden. Sowohl die Deutsche Bundesbank (bis 1999) als auch die Europäische Zentralbank haben als vorrangiges Ziel die Sicherung der Preisniveaustabilität. Da es zu Zielkonflikten mit der K. kommen kann (Wachstums- und Beschäftigungsziel), wird sich die Notenbank – wie auch die Vergangenheit immer wieder gezeigt hat – für die Wahrung der Preisniveaustabilität entscheiden (→ Geldpolitik).

Die Währungspolitik ist durch die → Europäische Währungsunion (EWU) ebenfalls weitestgehend ihrer Wirksamkeit beraubt. Innerhalb des Eurosystems, das die wichtigsten Handelspartner Deutschlands umfaßt, herrschen feste, unwiderrufliche Wechselkurse. Mit den anderen Handelspartnern bestehen entweder flexible Wechselkurse, die nur durch „schmutziges Floaten" der EZB beeinflußt werden könnten, oder aber quasi-feste Wechselkurse mit den Ländern, die noch nicht an der EWU teilnehmen.

Auch die Einkommens- und Lohnpolitik ist durch Regierungen kaum nennenswert zu beeinflussen, da die → Tarifautonomie staatl. Eingriffe hier verbietet. Auch Lohn- und Preisstopps sind – ebenso wie Lohnleitlinien – rechtlich nicht zulässig.

V. Bis zum Aufkommen der → Neuen Politischen Ökonomie herrschte in der Volkswirtschaftslehre, aber auch in der Politikwissenschaft größtenteils die Vorstellung von altruistischen Regierungen, die nur das Allgemeinwohl im Auge haben. Regierungen wurden als wohlwollende Diktatoren behandelt, die den Nutzen einer Volkswirtschaft und ihrer Bürger maximieren. Dies wurde bereits in den 1940er Jahren von Ökonomen (*Schumpeter, Kalecki)* kritisiert, die die Meinung vertraten, daß Regierungen makroökonom. Größen bewußt steuern. Die Theorie des polit. Konjunkturzyklus wurde von *W. D. Nordhaus* begründet (*Nordhaus* 1975), die seitdem eine der verbreitetsten Sichtweisen zur Erklärung von Staatstätigkeit und der Entstehung von Konjunkturzyklen ist.

Die Diskussion des polit. Konjunkturzyklus findet auf verschiedenen Ebenen statt. Nach Nordhaus orientieren sich die Regierungen per se nur an ihrer Wiederwahl und an Ämtern, d. h. er unterscheidet – je nach Couleur der Regierung – keine verschiedenen Interessenlagen von Links- oder Rechtsregierungen (opportunistische Konjunkturzyklen). *D. Hibbs* hat dagegen die parteipolit. Differenzhypothese eingeführt, d. h. unterschiedliche ideologische Färbungen der Regierungen bewirken unterschiedliche Politikergebnisse. Regierungen werden ihre Wählerklientel begünstigen, woraus sich eine unterschiedliche Präferenzordnung von bürgerlichen und sozialdemokratischen Regierungen ergibt, da die Wählerbasis der Parteienfamilien unterschiedlich ist (ideologische Konjunkturzyklen). Der zweite Diskussionsstrang bezieht sich auf die Erwartungsbildung der Wirtschaftssubjekte. Während *Nordhaus* und *Hibbs* in ihren Modellen von einer vergangenheitsbezogenen Erwartungsbildung der Wirtschaftssubjekte ausgehen, legen neuere Studien rationale Erwartungsbildungen zugrunde, die andere Ergebnisse hervorrufen können. Quintessenz der verschiedenen polit. Konjunkturzklustheorien ist jedoch, daß Regierungen ihre wirtschaftspolit. Instrumente zur Beeinflussung der Konjunktur so steuern, um ihre Wiederwahl zu erreichen.

In der Diskussion über die Existenz eines polit. Konjunkturzyklus nimmt die empirische Überprüfung einen breiten Raum ein. Zur Überprüfung dieser Theorie können unterschiedliche makroökonom. und finanzwirtschaftl. Größen herangezogen werden.

Gemäß der vorgestellten Zusammenhänge werden in der Literatur oft die Verläufe der Inflationsraten, der Arbeitslosenquoten und des verfügbaren Einkommens untersucht. Diese *Outcome*variablen können jedoch nicht direkt von der Regierung gesteuert werden, sondern nur über Variationen von *Output*variablen, also dem Geldmengenwachstum, den Staatsausgaben, der Zinssätze und der Haushaltsdefizite. Bewertet man die zahlreichen empirischen Studien, so lassen sich allerdings nur geringe substanzielle Beeinflussungen dieser Größen durch Regierungen im Hinblick auf den Wahltermin feststellen, was aber der Privilegierung bestimmter wichtiger Wählergruppen nicht entgegensteht. Sowohl opportunistische als auch ideologische Konjunkturzyklen sind somit kaum geeignet, die konjunkturelle Entwicklung zu erklären.

Lit.: *Barro, R. J./Sala-i-Martin, X.* 1998: Wirtschaftswachstum, Mchn./Wien. *Deutsche Bundesbank* monatlich: Monatsberichte der Deutschen Bundesbank, Ffm. *Glastetter, W.* 1993: Konjunktur- und Wachstumspolitik, Mannheim u. a. *Nordhaus, W. D.* 1995: The Political Business Cycle, in: Review of Economic Studies, 42, 169–190. *Sachverständigenrat zur Begutachtung der gesamtwirtschaftlichen Entwicklung*, jährlich: Jahresgutachten, Stg. *Teichmann, U.* 1997 Grundriß der Konjunkturpolitik; Mchn. *Tichy, G.* [4]1999: Konjunkturpolitik. Quantitative Stabilisierungspolitik bei Unsicherheit, Hdbg. u. a. *Wagner, H.* [5]1998: Stabilitätspolitik. Theoretische Grundlagen und institutionelle Alternativen, Mchn./ Wien.

Uwe Wagschal

Konkordanzdemokratie

Begriff (von lat. *concordancia* = Eintracht, Übereinstimmung) aus der Vergleichenden Regierungslehre für einen Typ von liberaler → Demokratie bzw. solche → Politischen Systeme, in denen (im Gegensatz zur → Konkurrenzdemokratie) die Konflikte nicht (primär) durch Parteienwettbewerb und Mehrheitsentscheid, sondern hauptsächlich durch Verhandlung, Kompromiß und Proporz geregelt werden.

Nach *A. Lijphart* (1984) sind Konkordanzdemokratien (K). von folgenden Merkmalen bestimmt: (1) geteilte Exekutivmacht durch Koalitionsregierungen (häufig Große Koalitionen); (2) formelle und informelle → Gewaltenteilung mit relativer Unabhängigkeit von Regierung und Parlament; (3) symmetrisches Zweikammersystem und Minderheitenrepräsentation; (4) Verhältniswahl; (5) Mehr-/Vielparteiensystem; (6) mehrdimensionales → Parteiensystem aufgrund sich überlagernder gesellschaftl. *Cleavages* (→ Konfliktlinien); (7) föderativer bzw. dezentraler Staatsaufbau; (8) geschriebene Verfassung mit erschwerten Bedingungen der Verfassungsänderung.

Tragende Prinzipien der K. sind damit Machtdiffusion und die angemessene Berücksichtigung aller wichtigen sozio-polit. Kräfte einer Gesellschaft im Prozeß der polit. Willensbildung und Entscheidung, im polit. System horizontal durch → Koalitionen und → Netzwerk-Bildung, vertikal durch → Föderalismus und → Politikverflechtung, zwischen Politik und Gesellschaft durch Arrangements und Verhandlungssysteme des → Korporatismus bzw. Neo-Korporatismus. K. schaffen so Möglichkeiten des Minderheitenschutzes und der → Integration in (durch kulturelle, sprachliche, konfessionelle Milieus, soziale Lager usw.) segmentierten Gesellschaften; sie weisen dadurch ein vielfach als überraschend angesehenes Maß an dauerhafter demokratischer Systemstabilität auf, i. d. R. mittels Elitenakkommodation über die Milieu- und Lagergrenzen hinweg. Paradebeispiele für K. sind oder waren Österreich, Belgien, Schweiz, Niederlande.

In ihrer (weil inklusionsorientierten, positiven) Bewertung der K. vernachlässigt die Politikwissenschaft indes zumeist die negativen Folgewirkungen der gesellschaftl. Versäulung und die hohen Konsensbildungskosten, die sich aus der anteiligen Berücksichtigung der Gruppeninteressen am gesamtgesellschaftl. Ergebnis wie aus den langwierigen Entscheidungsprozessen, den Minimalkonsensen auf der Basis des kleinsten gemeinsamen Nenners ergeben (können).

Lit.: *Lehmbruch, G.* 1967: Proporzdemokratie, Tüb. *Lijphart, A.* [2]1975: The Politics of Accommodation. Pluralism and Democracy in the Netherlands, Berkeley/LA (zuerst 1968). *Lijphart, A.* 1977: Democracy in Plural Societies, New Haven/L. *Lijphart, A.* 1984: Democracies, New Haven/L. *McRae, K. D.* (Hrsg.) 1974: Consociational Democracy, Tor. *Schultze, R.-O.* 1977: Politik und Gesellschaft in Kanada, Meisenheim.

Rainer-Olaf Schultze

Konkurrenzdemokratie

Begriff aus der Vergleichenden Regierungslehre (von lat. *concurrere* = zusammenlaufen, im Wettstreit stehen; auch: Wettbewerbs-, Mehrheitsdemokratie) für einen Typ von liberaler → Demokratie bzw. solche → Politischen Systeme, in denen (anders als in der → Konkordanzdemokratie) Konfliktregelungen und polit. Entscheidungen vom Mehrheitsprinzip und vom Wettbewerb der → Parteien um die polit. Macht dominiert werden.

Nach *A. Lijphart* (1984) sind Konkurrenzdemokratien (K.) von folgenden Merkmalen bestimmt: (1) konzentrierte Exekutivmacht; Einparteiregierung oder von der Mehrheitspartei bestimmte kleinstmögliche Koalitionsregierung; (2) Gewaltenverschränkung von Regierung und Parlamentsmehrheit; Dominanz der Regierung; (3) Einkammer- oder asymmetrisches Zweikammer-Parlament; (4) relative Mehrheitswahl; (5) Zweiparteiensystem; (6) eindimensionales → Parteiensystem aufgrund eines dominanten gesellschaftl. *cleavage* (→ Konfliktlinien); (7) unitarischer Staatsaufbau; (8) ungeschriebene Verfassung und Parlamentssouveränität; (9) strikt repräsentativ-demokratische Ordnung ohne direkt-demokratische Willensbildung.

Im Gegensatz zu Konzepten deliberativer Demokratie basieren Systeme der K. – wie alle Typen liberaler Demokratie – auf einem von individueller Interessendurchsetzung geleiteten, instrumentellen Verständnis von Politik. Demokratie wird als Methode und marktanalog als Wettbewerb zwischen konkurrierenden Parteien und Parteiführern verstanden, der Bürger weitgehend auf die Rolle des Wählers zwischen den alternativen Politikangeboten der Parteien reduziert (vgl. *Schumpeter* 1942). Ziele der repräsentativen Wettbewerbsdemokratie sind die Einsetzung verantwortungsbewußter → Eliten, die Bestellung einer stabilen und effizienten Mehrheitsregierung, der in der Form des Zweiparteiensystems eine starke → Opposition gegenübersteht, die sich als alternative Regierung im Wartestand begreift.

Als Musterbeispiel von K. gilt das brit. Regierungssystem, das sog. *Westminster-Modell*, auch bezeichnet als *cabinet government, prime ministerial government*. Als seine Vorzüge gelten Einfachheit, effiziente Konfliktregelung, klare Alternativen, die Chance des Regierungswechsels. Leicht übersehen wird allerdings, daß es dazu wichtiger Voraussetzungen bedarf: (1) gesellschaftl. eines hohen Maßes an sozio-kultureller Homogenität und der Polarisierung der Gesellschaft entlang *eines* Sozialkonfliktes; (2) polit.-kulturell eines Politikverständnisses, das von *adversary politics*, von Konflikt, Mehrheit und territorialer → Repräsentation bestimmt und in der Bev. fest verankert ist; (3) polit.-institutionell tatsächlicher Parlamentssouveränität und der unangefochtenen Praxis vertikal-hierarchischen Entscheidens. K. unterliegen dabei der Gefahr, daß (a) mit jedem Regierungs- zugleich ein so tiefgreifender Politikwechsel einhergeht, daß dessen möglicher Nutzen an Innovation in keinem Verhältnis zu den gesamtgesellschaftl. Kosten steht, oder daß (b) sich der Mehrheitswille verselbständigt und die unterlegene(n) Minderheit(en) dauerhaft ausgegrenzt werden (*A. de Tocqueville*: „Tyrannei der Mehrheit“).

Reine Formen von Konkurrenz- oder Konkordanzdemokratie kommen in der polit. Wirklichkeit indes nicht vor. Demokratien sind sämtlich von Konkurrenz *und* Konkordanz bestimmt und unterscheiden sich allein im Mehr oder Weniger an Wettbewerb und Aushandeln, wobei als Folge des Verlustes an → Souveränität nach außen und an Handlungsautonomie im Innern der Stellenwert von Verhandlungssystemen und Konsenslösungen in allen liberalen Demokratien (und zwar unabhängig vom Demokratietyp und selbst in so typischen K. wie der brit.) gewachsen ist und weiter zunehmen wird.

Lit.: *Lijphart, A.* 1984: Democracies: Patterns of Majoritarian and Consensus Government in Twenty-One Countries, New Haven/L. *Lijphart, A.* 1999: Patterns of Democracy, New Haven/L. *Scharpf, F. W.* 1975: Demokratietheorie zwischen Utopie und Anpassung, Kronberg/Ts. (zuerst 1970). *Schmidt, M. G.* [3]2000: Demokratietheorien, Opl. *Schumpeter, J. A.* [7]1992: Kapitalismus, Sozialismus und Demokratie, Tüb. (engl. zuerst 1942). *Tocqueville, A. de* 1987: Über die Demokratie in Amerika, Zürich (franz. zuerst 1835/40).

Rainer-Olaf Schultze

Konsens

Konsens (K.; von lat. *consensus* = Übereinstimmung, Verabredung) ist ein zentraler, aber nicht eindeutig abgrenzbarer Begriff in Gesellschaft und Politik, dessen Bedeutung darauf beruht, daß keine polit.-soziale Einheit ohne ein bestimmtes Maß an → Integration und Solidarität bestehen kann. Dies setzt ein Mindestmaß an sozialer Homogenität, an Sozial- und Systemintegration und damit auch die Übereinstimmung in den → Grundwerten und Hauptzielen der gemeinsamen gesellschaftlichen Existenz voraus.

Man kann unterscheiden (1) den Minimal- bzw. Fundamentalkonsens in den Spielregeln, insbes. den Spielregeln des → Politischen Systems, (2) den Basiskonsens in den normativen Grundlagen von Gesellschaft und Politik, im liberalen Verfassungsstaat v. a. die Geltung der bürgerlich-liberalen Grund- und → Menschenrechte, der Rechte demokratischer → Partizipation, der sozialen Wohlfahrtsrechte. In der → Demokratie schließt dies die Anerkennung von Dissens und → Opposition ein, so daß die offene demokratische Gesellschaft von K. *und* → Konflikt, von Konstanz *und* Wandel bestimmt ist, deren spezifische Mischungsverhältnisse nach den je konkreten gesellschaftl. Bedingungen polit. beständig neu auszutarieren sind.

Lit.: → Demokratie; Konflikt; Konfliktlinien

Rainer-Olaf Schultze

Konservatismus

Sammelbegriff für verschiedene ideologische Strömungen bzw. für Verhaltensdispositionen und Verhaltensweisen, die auf die Bewahrung des Bestehenden bzw. der Tradition hinzielen. Definitionen von Konservatismus (K.) fallen sehr heterogen aus. Als ein Begriff, der sich auf Veränderungsprozesse bezieht, muß er freilich offen bleiben für neue Konstellationen. Die Bezeichnung wird auch als Epochenbegriff (Europa im 19. Jh. im Gegensatz zum Liberalismus) verwandt sowie in bezug auf polit. Bewegungen (Parteien) und zur Kennzeichnung materieller Politik in der *policy*-Dimension.

1. Die ideengeschichtliche Dimension des Konservatismus ist äußerst diffus: Sie bezeichnet allgemein menschliche Verhaltensweisen, polit. Abwehrhaltungen gegen gesellschaftl. Veränderungen (Verteidigung des *status quo*, oft lehrformelhaft definiert als „Bewahrung des Bewahrenswerten") im Rückgriff auf die Etymologie (lat.: *conservare*: erhalten, bewahren). Als Epochenbegriff herrscht vor: das Verständnis als Geisteshaltung oder polit. Einstellung in der Zeit unmittelbar nach der Französischen Revolution, der Kritik an dieser und den ihr zugrundeliegenden rationalistischen und atheistischen Ideen (*Burke*: „Reflections on the Revolution in France", 1790). Abweichend hiervon wird die konservative Epoche auch rückverlagert auf die altständische Gesellschaft als die im Abwehrkampf gegen den Absolutismus eingesetzte Ideologie der *societas civilis* verstanden. Mit dem Untergang

des Adels als Träger dieser Gesellschaft ist nach diesem Verständnis auch der K. untergegangen (etwa bei *Kondylis* 1986).

Der französische Dichter *René Chateaubriand* verschaffte dem Begriff des K. in Frankreich Geltung durch die Gründung der Zeitschrift „*Le Conservateur*" (1818–20), in der er die konstitutionelle Monarchie verteidigte. 1833 führte der Brockhaus erstmals den Begriff im polit. Sinne auf, indem er mit „conservativen" die Gegner der Partei der Bewegung bezeichnete. 1842 führte das „*Dictionnaire de l'Académie Française*" im Ergänzungsband erstmals „*conservateur*" als politischen Parteienbegriff auf für eine Partei, welche das *Ancien Régime* verteidigt.

2. Versuche, einen Kanon (alt-)konservativen Gedankengutes auszumachen, unterstreichen folgende Gemeinsamkeiten: Tradition (als Vermittlungsinstanz des kollektiven Erfahrungsschatzes vergangener Traditionen), Religiosität (christlich) zur Verankerung einer Dimension absoluter Werte (Abwehr des Wertrelativismus) und mit integrativer Funktion als geistiges Band, Autorität (legitimierende Kraft freiwillig anerkannter Träger von Führungspositionen), Glaube an den Zusammenhang von autonomiesicherndem Privateigentum und konkreter (nicht negativ-abstrakt gefaßter), verantwortlicher Freiheit, Betonung der natürlichen Ungleichheit des Menschen (Abwehr des „unnatürlichen" Egalitarismus), Betonung der natürlichen Vorgegebenheit der sozialen Ordnung gegenüber dem Individuum bzw. dem Egalitarismus (Betonung der Institutionen).

3. Konservative Parteien gründeten sich zunächst in GB 1835 (Umformung des alten Toryismus in der Folge der *Reform Bill* 1832) sowie in Dänemark, Norwegen und Kanada. 1848 gründete sich eine (alt-)konservative Partei („Kreuzzeitungspartei") in Preußen durch die Gebrüder *von Gerlach*. Die 1866 abgespaltene frei-konservative Fraktion ging nach der Reichsgründung in der Deutschen Reichspartei auf. Die Alt-Konservativen fanden sich 1876 zur Deutsch-Konservativen Partei zusammen. In manchen Staaten wurde das konservative Spektrum von den katholischen bzw. gemischt-konfessionellen Parteien abgedeckt (Belgien, Österreich, Italien). Im ersten Drittel des 20. Jh. geriet der K. durch die Schwächung bzw. Eliminierung des Sozial-Konservatismus zugunsten eines wirtschaftsliberalen K. in Opposition zur → Arbeiterbewegung; in einigen Ländern, u. a. in D und Frankreich, radikalisierten sich die Konservativen und wandten sich zuweilen sogar gegen die Demokratie, so daß die Grenze zwischen → Rechtsextremismus und K. verwischte. Die gesellschaftl. Grundlagen des Alt-K., wie die Aristokratie, waren nach dem II. Weltkrieg zerstört. Der K. setzte sich nunmehr in den meisten Ländern, verschiedentlich in Form eines prononcierten Antikommunismus, für die Demokratie ein; christliche Orientierungen gewannen an Bedeutung (→ Christdemokratie). Auch Fragen der nat. Identität nahmen nach 1945 Einfluß auf konservative Parteien (Gaullismus, Fianna Fáil). Zwar kann der Staat konservativen Positionen zufolge durchaus (zunächst patrimonialistisch gedacht) in der Sozialpolitik kompensatorisch tätig werden, aber konservative Parteien forderten in den 1970er Jahren einen Abbau des → Staatsinterventionismus. Der nun aufkommende, überwiegend wirtschaftsliberal orientierte Neokonservatismus verlangte, Institutionen wie Familie und Kirche aufrechtzuerhalten, um Werte zu vermitteln, unterstrich die Notwendigkeit der Leistungsbereitschaft des einzelnen und rechtfertigte z. T. die soziale Ungleichheit mit dem Leistungsprinzip. Im Spannungsfeld Liberalkonservativer und „Neuer Rechter" befindet sich der K. heute wiederum im Wandel.

→ Bürgerliche Parteien

Lit.: *Ashford, N./Davies, S.* (Hrsg.) 1991: A Dictionary of Conservative and Libertarian Thought, L./NY. *Faber, R.* (Hrsg.) 1991: Konservatismus in Geschichte und Gegenwart, Würzburg. *Girvin, B.* (Hrsg.) 1988: The Transformation of Contemporary Conservatism, L. *Kondylis, P.* 1986: Konservativismus. Geschichtlicher Gehalt und Untergang, Stg. *Lenk, K.* 1989: Deutscher Konservatismus, Ffm./NY. *Schiller, T.* 1995: Konservatismus, in: *Nohlen, D./Schultze, R.-O.* (Hrsg.): Politische Theorien (= Lexikon der Politik, Bd. 1), 267–274. *Schoeps, J. H.* 1981: Konservatismus, in: *Schoeps, J. H./Knoll, J. H./Barsch, C.-E.* (Hrsg.) 1981: Konservatismus, Liberalismus, Sozialismus, Mchn., 11–46. *Schrenck-Notzing, C. von* (Hrsg.) 2000: Stand und Probleme der Erforschung des Konservatismus, Bln. *Schumann, H.-G.* (Hrsg.) 1974: Konservativismus, Köln. *Scruton, R.* 1980: The Meaning of Conservatism, L. *Tännsjö, T.* 1990: Conservatism for Our Time, L. *Veen, H.-J.* (Hrsg.) 1983: Christlich-demokratische und konservative Parteien in Westeuropa, Paderborn.

Petra Bendel

Koordination

I. Koordination (K.) – die gegenseitige Abstimmung verschiedener, eventuell konfligierender Vorhaben oder Maßnahmen – ist ein oftmals wenig trennscharf gebrauchter Schlüsselbegriff der Verwaltungswissenschaft und der *policy*-Forschung geworden. Mit dem Begriff verbindet sich das Ideal, → Konflikte und Störungen zu vermeiden und knappe Ressourcen möglichst effizient einzusetzen (*Ellwein* 1991: 99; *Fürst* 1991: 53 f.). Angesichts komplexer polit. Probleme, die im Rahmen territorial, organisatorisch und funktional ausdifferenzierter Planungs-, Entscheidungs- und Durchführungsprozesse bewältigt werden müssen, stellt K. ein allenthalben konstatierbares Manko ebenso dar wie eine allen ‚turbulenten Interdependenzen' zum Trotz erstaunlich häufige Realität (*Scharpf* 1993: 57).

Koordinationsbedarf entsteht in → Öffentlicher Verwaltung und Politik generell, (a) wenn sich bei verschiedenen Vorhaben vermeidbare Überschneidungen oder Doppelungen von Maßnahmen ergeben können, (b) wenn verschiedene Einheiten bzw. Akteure, die über eine gewisse Entscheidungs- und Handlungsautonomie verfügen, ihre Ziele mit Maßnahmen verfolgen, deren Auswirkungen auch andere Einheiten oder Akteure betreffen (externe Effekte: → Interdependenz), oder (c) wenn verschiedene Akteure zur Umsetzung eines Vorhabens Beiträge leisten müssen und sich Kosten und Nutzen ungleich verteilen. Virulent werden derartige Probleme zwar vorwiegend in dezentral ausgerichteten Systemen, doch tauchen sie auch in streng hierarchisch organisierten arbeitsteiligen Gebilden ständig auf.

II. Im Prinzip ist K. an kein bestimmtes Verfahren gebunden. Politik- und Verwaltungswissenschaft verstehen darunter i. d. R. jedoch kooperative, an die Stelle von ‚Führung' tretende Formen der wechselseitigen Abstimmung bei der Maßnahmenvorbereitung und -durchführung (vgl. *Ellwein* 1991: 113 ff.). Im Hinblick auf Entscheidungsprozesse im engeren Sinn wird K. im allg. von majoritären Verfahren abgegrenzt und oftmals mit Konsensfindung gleichgesetzt (→ Konsens).

Dabei ist jedoch zwischen freiwilliger und Zwangskoordination zu unterscheiden. Während freiwillige K. die Handlungsautonomie der Beteiligten im Prinzip unberührt läßt, diese also im Zweifelsfall ihre Vorhaben ‚ohne Rücksicht' auf Dritte durchführen können, impliziert Zwangskoordination eine Einigungsverpflichtung bzw. im Falle des Scheiterns entweder die Streichung strittiger Vorhaben oder eine hierarchische Entscheidung oder ein verbindliches Schiedsverfahren.

Auch im Hinblick auf Problembezug bzw. Zielsetzung sowie hinsichtlich strukturell-prozessualer Merkmale werden Formen der K. unterschieden. Von technischer oder administrativer K. spricht man, wenn es darum geht, beschlossene Maßnahmen unter möglichst rationellem Ressourceneinsatz zu planen und durchzuführen. Sofern zwischen alternativen Vorhaben entschieden werden muß oder die mit einem bestimmten Vorhaben verbundenen Nutzen und Kosten zu verteilen sind, erhält K. hingegen einen genuin polit. Charakter und wird zum Mechanismus der Konfliktregulierung. Freilich ist die Grenze zwischen technischer und polit. K. in der Praxis ebenso fließend wie jene zwischen ‚Verwaltung' und ‚Politik'.

Die von *F. W. Scharpf* eingeführte Unterscheidung zwischen negativer und positiver K. (vgl. *Scharpf* 1973) bezieht sich auf jene Fälle, in denen Vorhaben eines Akteurs externe Effekte für andere Akteure implizieren oder Kosten und Nutzen ungleich verteilt sind. Um negative K. handelt es sich, wenn einzelne Vorhaben Gegenstand meist bilateraler Verhandlungen sind, in denen einzelne Betroffene ihre Einwände geltend machen und eventuell eine Veto-Position einnehmen können. Zustimmung oder Ablehnung werden dabei typischerweise allein von den jeweils individuellen Kosten-Nutzen-Erwägungen abhängig gemacht. Negative K. stellt daher i. d. R. eher einen Verhinderungs- denn einen effektiven Problemlösungsmechanismus dar. Bei positiver K. stehen hingegen in multilateralen Verhandlungen die Ziele und Vorhaben aller Beteiligten zur Debatte, und innovative Problemlösungen bzw. Vergleiche oder Koppelgeschäfte werden möglich. Die ökonom. und polit. Kosten der K. drohen allerdings exponentiell mit der Zahl der beteiligten Verhandlungspartner zu steigen.

In der Wohlfahrtstheorie wird der K. durch den Markt (Preismechanismus) oder durch Hierarchie (Befehlsmechanismus) meist der Vorzug gegenüber der als ineffizient geltenden K. durch Verhandlungssysteme gegeben. Aber auch in hierarchisch nicht steuerbaren und nicht marktförmigen Interdependenzbeziehungen, wie sie für polit. Prozesse charakteristisch sind, lassen sich wohlfahrtstheoretisch befriedigende K.-Ergebnisse erzielen, da Verhandlungssysteme oftmals in hierachische oder in netzwerkartige Strukturen ‚eingebettet' sind (*Scharpf* 1993: 67ff.). Hierarchische Strukturen schränken die Opportunismus- und Egoismusneigung der einzelnen Verhandlungsteilnehmer vor allem durch die Vorgabe von Orientierungskriterien und durch die Prüfung der Verhandlungsergebnisse ein. Auch → Netzwerke bewirken eine Selbstbeschränkung der Akteure, die in einer Verhandlungsbeziehung Ergebnisse vermeiden werden, deren externe Effekte möglicherweise die Vertrauensbasis einer in anderen Zusammenhängen wichtigen Beziehung zu Dritten gefährden.

III. Im Regierungssystem der BRD entsteht polit. K.-Bedarf kontinuierlich in den Beziehungen zwischen den Ministerien von Bundes- bzw. Landesregierungen, zwischen Regierung und Parlament bzw. Opposition und in besonderer Weise im Rahmen der → Politikverflechtung auf und zwischen den verschiedenen Ebenen der Staatsorganisation: Kommunen, Länder, Bund und mit wachsender Bedeutung auch → Europäische Union. Politikbereiche mit besonders hohem K.-Bedarf sind z. B. Raum- und → Verkehrspolitik, → Finanzpolitik, → Bildungspolitik, → Energie- und → Umweltpolitik, → Medienpolitik.

Regierungsinterne K.-Prozesse sind in vielen Bereichen formalisiert, z. B. durch eine Informations- und Mitzeichnungspflicht bei Programmvorhaben, die mehr als ein Ressort betreffen, oder durch ein generelles Mitsprache- oder gar Widerstandsrecht sensibler Ressorts (Finanzministerium). Wenngleich hier im Zweifelsfall hierarchisch koordiniert werden kann, erfolgen die entsprechenden K.-Prozesse in aller Regel durch – häufig informelle – Absprachen unterhalb der Kabinettsebene, da andernfalls eine Entscheidungsüberlastung und Selbstblockade der Regierung drohte. In den Beziehungen zwischen Parlament und Regierung resultieren polit. bedeutsame K.-Mechanismen vor allem aus Oppositionsrechten (z. B. bei Personalentscheidungen im Bereich der Justiz). Der Bundesrat stellt die wichtigste Arena einer nicht-hierarchischen Zwangskoordination zwischen Bund und Ländern dar, die außerdem im Rahmen geteilter oder gemeinsamer Aufgaben, etwa in der Bildungspla-

nung, ständig zusammenwirken müssen (vgl. *Bull* 1991: 34–38).
Die in vielen Bereichen freiwillige K. im Rahmen der horizontalen Politikverflechtung, vor allem zwischen benachbarten Ländern, erweist sich häufig als problematisch, wenn Kosten und Nutzen einseitiger Maßnahmen oder nur gemeinsam realisierbarer Vorhaben ungleich verteilt sind (z. B. in der Verkehrswegeplanung, der Hochschulpolitik, der Umwelt- und Energiepolitik). Da derartige grenzüberschreitende K.-Erfordernisse um so größer werden, je kleiner die Länder sind, nähren allenthalben beklagte K.-Mängel immer wieder die Forderung nach einer Neugliederung des Bundesgebietes. Realistischer und vielversprechender erscheinen jedoch Vorschläge, die auf eine stärkere Institutionalisierung grenzüberschreitender Verhandlungssysteme abzielen (*Benz* u. a. 1992).

IV. In der internat. vergleichenden *Policy*-Forschung wird der K.-Begriff zur Erklärung von Unterschieden in der wirtschaftspolit. Erfolgsbilanz zwischen Ländern bzw. Ländergruppen herangezogen. Aus dem Verhältnis zwischen wirtschaftl. und gesellschaftl. Akteuren (→ Verbände, → Gewerkschaften) und → Staat entstehen in marktwirtschaftl. organisierten Gemeinwesen besondere Koordinationsprobleme, die unter Umständen erheblich auf die Entwicklung gesamtwirtschaftl. Zielgrößen einwirken.

Eine empirisch für die Jahrzehnte nach dem II. Weltkrieg gut belegte These besagt, daß sog. ‚koordinierte polit. Ökonomien', die institutionalisierte, auf einvernehmliche Konfliktregulierung angelegte Verhandlungsbeziehungen zwischen polit. und gesellschaftl. Akteuren aufweisen (→ Korporatismus, → Konkordanzdemokratie), vor allem in bezug auf Vermeidung von → Inflation und Begrenzung der → Arbeitslosigkeit bessere Ergebnisse erzielten als Länder mit majoritär strukturierten Entscheidungsprozessen (→ Konkurrenzdemokratie). Die Grundlage erfolgreicher, langfristig stabiler K. im nat. bzw. volkswirtschaftl. Maßstab war dabei i. d. R. eine institutionell oder polit.-strukturell abgesicherte Berechenbarkeit der Staatstätigkeit, sehr viel seltener spielten auf dem Verhandlungsweg abgesicherte Kurswechsel in der Regierungspolitik eine Rolle (vgl. *Schmidt* 1993: 384 f.). Diese Ergebnisse lassen sich als makroanalytische Begründung wohlfahrtstheoretischer und normativer Optionen zu Gunsten eher verhandelter denn majoritär durchgesetzter Problemlösungen interpretieren; allerdings beziehen sie sich auf Gesellschaften, in denen die Transaktionskosten solcher Verhandlungen unter relativ günstigen historischen und polit.-strukturellen Bedingungen (Nachkriegsprosperität westl. Industrieländer; moderate → Parteiensysteme; zentralisierte → Arbeitsbeziehungen) gering gehalten werden konnten.

Lit.: *Baars, B./Baum, K. B./Fiedler, J.* 1976: Politik und Koordinierung, Gött. *Benz, A./Scharpf, F. W./Zintl, R.* 1992: Horizontale Politikverflechtung, Ffm. *Bull, H.-P.* 1991: Koordination des Regierungshandelns – wieviel Öl braucht der Motor?, in: Jahrbuch zur Staats- und Verwaltungswissenschaft, 5, 29–52. *Ellwein, Th.* 1991: Koordination in der öffentlichen Verwaltung, in: Jahrbuch zur Staats- und Verwaltungswissenschaft, 5, 99–124. *Fürst, D.* 1991: Koordination in der Raumplanung, in: Jahrbuch zur Staats- und Verwaltungswissenschaft, 5, 53–76. *Heritier, A.* (Hrsg.) 1993: Policy-Analyse (PVS-Sonderheft 24), Opl. *König, Th.* 1995: Die Koordination in politischen Verhandlungssystemen, in: KZfSS 47(2), 268–294. *Messner, D.* 1995: Die Netzwerkgesellschaft, Köln. *Scharpf, F. W.* 1972: Planung als politischer Prozeß, Ffm. *Scharpf, F. W.* 1993: Positive und negative Koordination in Verhandlungssystemen, in: *Heritier, A.* (Hrsg.), 57–83. *Schmidt, M. G.* 1993: Theorien in der international vergleichenden Staatstätigkeitsforschung, in: *Heritier, A.* (Hrsg.), 371–393.

Bernhard Thibaut

Korporatismus

Korporatismus (K.; von lat. *corporativus* = einen Körper bildend; auch: Korporativismus, Neo-Korporatismus), politikwissenschaftl. Fachterminus zur Bezeichnung unterschiedlicher Formen der Beteiligung gesellschaftl. Gruppen an polit. Entscheidungsprozessen.

1. Zu unterscheiden sind einerseits historische Modelle und polit. Ordnungen, wie der autoritäre bzw. staatl. K., für die die erzwungene Einbindung wirtschaftl. und gesellschaftl. Organisationen in hierarchische und autoritäre Entscheidungsverfahren kennzeichnend sind (bspw. während des → Faschismus in Italien). Andererseits ist zwischen unterschiedlichen Formen des modernen, gesellschaftl. bzw. liberalen Neo-K. zu differenzieren, die auf der freiwilligen Beteiligung gesellschaftl. (Groß-)Organisationen beruhen (z. B. der → Unternehmerverbände und → Gewerkschaften bei wirtschaftspol. Entscheidungen). Charakteristisch für den demokratischen K. ist die Einbindung der wichtigsten → Interessengruppen sowohl bei der Formulierung polit. Ziele und den Entscheidungen darüber als auch bei der Erfüllung staatl. Aufgaben und Leistungen (wie z. B. während der Konzertierten Aktion in der BRD). Zentrale Elemente korporatistischer Interessenvermittlung sind daher die (möglichst objektive) gegenseitige Information sowie das Aushandeln multilateraler Vereinbarungen und kontrollierbarer Verpflichtungen, die von den beteiligten Akteuren ein hohes Maß an Rationalität, Überzeugungskraft, gegenseitigem Vertrauen und Bereitschaft zum → Konsens erfordern (→ Koordination).

2. Theoretisch knüpft die Mitte der 1970er Jahre ausgelöste Diskussion um den K. an vielfach praktizierte, mit der keynesianischen Wirtschaftspolitik verbundene Politikmuster an (→ Keynesianismus) und etabliert sich über eine vehemente Kritik an der pluralistischen Gruppentheorie. Die führenden Vertreter des Neo-Korporatismus, *P. C. Schmitter/G. Lehmbruch* (1979), greifen die bereits von *A. Shonfield* (1965) und *J. K. Galbraith* (1974) thematisierten Modi korporatistischer Interessenvermittlung auf und entwikkeln spezifische Theorien.

Schmitter betont die strukturellen Elemente und charakterisiert K. dadurch, daß (1) nur eine begrenzte Anzahl von Verbänden an polit. Entscheidungen beteiligt werden, diese (2) intern hierarchisch strukturiert und (3) deren Mitglieder zwangsweise organisiert sind; weiterhin die Verbände (4) funktional differenziert sind und sich (5) gegenüber anderen Verbänden nicht kompetitiv verhalten. Dabei werden sie (6) staatlicherseits anerkannt sowie (7) im Austausch für die Kontrolle der verbandlichen Führungsauslese und (8) der Interessenartikulation mit (9) einem Repräsentationsmonopol ausgestattet. *Lehmbruchs* Konzept ist dagegen als Modus der Politikabstimmung zu verstehen. Er setzt an der Aufgabenkomplexität des aktiven Staates an und erarbeitet folgende korporatistische Funktionsbedingungen: (1) Die Produzenteninteressen müssen in Dachverbänden organisiert, (2) die Parteien- und Verbändesysteme miteinander vernetzt und (3) die Beziehungen zwischen Verbänden und Regierungen institutionalisiert sein, wobei (4) die Gewerkschaften eine Schlüsselstellung einnehmen und (5) die Gewährsträgerschaft für die ausgehandelten Ergebnisse bei der Regierung liegt.

3. In der sich ausweitenden K.-Forschung wurde aufgrund empirischer Befunde die ursprüngliche Makroorientierung schrittweise aufgegeben und auf jegliche Form institutioneller Staat-Verbände-Beziehungen ausgedehnt. Die dadurch entstehende Vielfalt an Konzepten (Meso- und Mikro-K., sektoraler, regionaler, parzellierter, selektiver, inszenierter, situativer usw. K.) bewirkte, daß K. heute kaum mehr über die Struktur, sondern vielmehr über die auf Kooperation, Konsens

und Ausgleich der Interessen zwischen den beteiligten Akteuren gerichteten Verfahren zu bestimmen ist.

Neuere Definitionen zielen daher auf die „wohlgeordneten und dauerhaften Verknüpfungen von Staat und Verbänden" (*Czada* 1994:37) und die „institutionalisierte und gleichberechtigte Beteiligung gesellschaftl. Verbände an der Formulierung und Ausführung staatl. Politik" (*Czada* 1992: 218). Die ehemals konfrontative Abgrenzung → Pluralismus versus K. gilt heute als überholt. Im Zentrum der aktuellen Forschung stehen dagegen die verschiedenen Interessenvermittlungsmodi in polit. → Netzwerken und Multi-Akteur-Modelle polit. Entscheidung.

Lit.: *Czada, R.* 1992: Korporatismus, in: *Schmidt, M. G.* (Hrsg.): Die westlichen Länder (Lexikon der Politik Bd. 3), Mchn., 218–224. *Czada, R.* 1994: Konjunkturen des Korporatismus, in: *Streeck, W.* (Hrsg.): Verbände und Staat (PVS-Sonderheft 25), Opl., 37–64. *Galbraith, J. K.* 1974: Economics and the Public Purpose, Boston. *Schmitter, P. C./Lehmbruch, G.* (Hrsg.) 1979: Trends Toward Corporatist Intermediation, L./Beverly Hills. *Shonfield, A.* 1965: Modern Capitalism – The Changing Balance of Public and Private Power, L.

Klaus Schubert

Korruption

Korruption (K.), jedenfalls polit. K., wird allgemein definiert als *„misuse of public power for private profit"* (*J. A. Senturia*). Wenngleich die Übergänge fließend sein können, ist sie zu unterscheiden von Phänomenen wie Nepotismus (Vetternwirtschaft; Bevorzugung von Verwandten einflußreicher Leute für Ämter und Würden), → Klientelismus, Ämterpatronage (bevorzugte Einstellung von eigenen Anhängern im öffentl. Sektor) und Protektion (Bevorzugung und Begünstigung bestimmter Bewerber für Positionen oder Aufträge) einerseits und Lobbyismus (als Versuch, Abgeordnete, Regierungs- oder Verwaltungsmitglieder durch Information, Überzeugungsarbeit oder Gefälligkeiten im eigenen Interesse zu beeinflussen), Bestechung oder Erpressung andererseits. Definitorisch ausgeschlossen sind auch Vorteilsnahmen bei der Anbahnung von Geschäften oder Gefälligkeiten, soweit diese sich ausschließlich im privaten Sektor abspielen.

K. hat es zu allen Zeiten und in allen polit. Systemen gegeben. Aber auch wer die Anfälligkeit für K. für eine anthropologische Grundkonstante hält, muß erklären, warum es zu bestimmten Zeiten mehr und zu anderen weniger K. gibt und warum sie in bestimmten Systemen verbreiteter ist als in anderen. Monokausale Erklärungen reichen dafür nicht aus, von einer überzeugenden Theorie polit. K. sind wir noch weit entfernt. In der Regel ist schon der empirische Nachweis schwierig, ob es tatsächlich verstärkte K. gibt oder nur gerade (zufällig?) mehr Skandale aufgedeckt werden. Denn Heimlichkeit der Vorgänge ist – da K. meist gegen Rechtsnormen und/oder soziale Normen verstößt („Mißbrauch") – ein wichtiger Indikator für das Phänomen. Was das Licht der Öffentlichkeit nicht zu scheuen braucht, dürfte kaum als K. wahrgenommen werden. Aufgabe der Forschung ist es, K. empirisch zu erfassen, ihre sozialen, ökonomischen, polit. und kulturellen Ursachen herauszuarbeiten, die tatsächlichen Wirkungen in den untersuchten Gesellschaften zu belegen, sie normativ zu bewerten und gegebenenfalls Vorschläge zur Eindämmung oder Kontrolle zu entwickeln. Funktionalistische Erklärungen, wonach in relativ ineffektiven Plan- und Staatswirtschaften ein bißchen K. als Schmiermittel durchaus zur gemeinsamen Entwicklung beitragen könne, haben inzwischen wieder an Boden verloren. Das gilt auch für ökonom. Theorieansätze, die K. als eine – nicht immer nur negative – Form des sozialen Tausches unter anderen interpretieren. *G. Caiden*: *„No substancial evidence has ever been offered proving that corrupt officials contribute notably to economic de-*

velopment and social progress." Nach *C. J. Friedrich* kann K. „zwar funktional sein, aber sie bleibt es nur dadurch, daß man gegen sie vorgeht".

Erklärungen, die K. allein als „Pathologie der Politik" (*Friedrich*) sehen, ohne die Wechselbeziehungen zwischen Politik und Gesellschaft zu betrachten, greifen zu kurz. Das macht die Sache nicht einfacher, schützt aber vor voreiligen Deutungen. Unterschiedliche rechtliche und soziale Normen und → Werte, Gewohnheiten und → Politische Kulturen erschweren den internat. Vergleich ebenso wie die übliche Diskretion und verschieden investigative Medien und verschieden engagierte Behörden. Was hier mit Strafe bedroht ist, kann anderswo erlaubt sein; was dort von einer Mehrheit der Bevölkerung als Mißbrauch eines öffentl. Amtes oder Mandates eingestuft wird, mag anderswo gang und gäbe sein und gar nicht als K. wahrgenommen werden. Was eine Mehrheit in einem bestimmten Land noch akzeptiert und was sie als Mißbrauch wahrnimmt, ist wiederum eine empirische Frage. Insofern sollten die eigenen normativen Maßstäbe – und erst recht Vorurteile über einen vermeintlichen „Nationalcharakter" – zumindest nicht unreflektiert an andere Länder und Kulturen angelegt werden.

Da K. eine Blume ist, die bevorzugt im Verborgenen blüht, ist es sehr schwierig, sie empirisch zu erfassen. Die üblichen Methoden der Sozialwissenschaften (teilnehmende Beobachtung, Befragung etc.) versagen aus verständlichen Gründen, Kriminalitätsstatistiken – so sie Bestechung und Bestechlichkeit überhaupt enthalten – erfassen nur die offiziell gemeldeten Straftaten, so daß mehr oder weniger große Dunkelfelder bleiben. Einen Ausweg aus diesem methodischen Dilemma versucht seit einiger Zeit der Verein *Transparency International* mit seinem jährlichen *Corruption Perception Index* (PCI). Dieser Index will das „subjektiv empfundene Ausmaß der K. innerhalb eines Landes" darstellen und kombiniert dazu diverse Quellen bzw. Datensätze, die Selbsteinschätzungen von Inländern oder Einschätzungen von Geschäftsleuten, Experten und der Öffentlichkeit über die K. in diesem Lande enthalten, aus mehreren Jahren (Dokumentation von Methodologie und Resultaten unter: http://www.ifs.univie.ac.at/-uncjin/wcs.html). Diese Bewertung eines Landes durch Inländer und Fremde darf natürlich nicht mit der Realität verwechselt werden, ist aber der bisher ambitionierteste Versuch, K. zu messen und Staaten zu vergleichen. Beim Index 1998 belegte Deutschland Rang 15, nach einer Studie des Instituts der deutschen Wirtschaft gegenwärtig Rang 14 unter den „saubersten" Ländern.

Das Interesse an K. hat mit der Diskussion um → *Good Governance* als einer notwendigen Bedingung für gesellschaftl. Fortschritt zugenommen, ablesbar an der seit 1986 erscheinenden Zeitschrift *Corruption and Reform* und am PCI. Armut, schwache Institutionen und eine Planwirtschaft gelten als der wichtigste Nährboden für K., weniger Staat, klare und stabile Regeln sowie Transparenz als die wichtigsten Antikörper.

Lit.: *Borchert, J./Leitner, S./Stolz, K. (Red.)* 2000: Politische Korruption (Jahrbuch für Europa- und Nordamerika-Studien, Folge 3), Opl. *Brünner, Chr.* (Hrsg.) 1991: Korruption und Kontrolle, Graz. *Caiden, G.* 1988: Towards a General Theory of Official Corruption, in: Asian Journal of Public Administration, 1(10), 3–26. *Clarke, M.* (Hrsg.) 1983: Corruption: Causes, Consequences and Control, NY. *Della Porta, D./Mény, Y.* 1997: Democracy and Corruption in Europe, L. *Eigen, P.* 1995: Das Nord-Süd-Gefälle der Korruption, in: Kursbuch 120, 155–168. *Eigen, P.* 1996: Entwicklungsländer und Korruption. Die jüngste Entwicklung, in: *Friedrich-Ebert-Stiftung* (Hrsg.): Korruption in Deutschland, Bln., 27–36. *Eigen, P.* [2]1997: Bündnispartner im Kampf gegen internationale Korruption, in: *Friedrich-Ebert-Stiftung* (Hrsg.): Korruption in Deutschland. Ursachen, Erscheinungsformen, Bekämpfungsstrategien, Bln., 63–69. *Heidenheimer, A. J./Johnston, M./LeVine, V. T.* (Hrsg.) 1989: Political Corruption, New Brunswick/Ox. *Lambsdorff, J. Graf* 2000: Wie läßt sich Korruption messen? Der Korruptionsindex von Transparency International, in: *Borchert, J./Leitner, S./Stolz, K.* (Hrsg.). *Reischmann, H./Schlaffke, W./Then, W.* (Hrsg.) 1997: Korruption in Staat und Wirtschaft, Köln.

Göttrik Wewer

Krieg

I. Ob eine gewaltsame Auseinandersetzung zwischen Kollektiven als Krieg (K.) eingestuft wird oder nicht, bestimmen in der Praxis polit. Interessen, rechtl. Interpretationen und/oder ideologische Standpunkte, in der Wissenschaft hingegen Erkenntnisinteressen, fachliche Betrachtungsweisen und Untersuchungsmethoden. Für den rechtstheoretisch orientierten Definitionstyp kann *Q. Wright* (1965:8–13, 698) angeführt werden: Er bezeichnet K. als „den Rechtszustand, der es zwei oder mehr feindlichen Gruppen gleichermaßen zuläßt, einen Konflikt mit Waffengewalt auszutragen". Auf die polit. Funktion zielt der Begriff bei *von Clausewitz* (1980: 17). Seinem ureigenen Wesen nach sei der K. ein „Akt der Gewalt, um den Gegner zur Erfüllung unseres Willens zu zwingen". In dieser reinen Form würde die Kräfteanspannung beider Seiten zum Äußersten, zum absoluten beiderseitigen Vernichtungskrieg getrieben, womit der K. zwecklos würde. In der Realität würde diese Tendenz durch verschiedene Bedingungen gebrochen, v. a. durch den polit. Zweck. Daher rührt seine zweite, bekanntere Definition: K. ist „eine bloße Fortsetzung der Politik mit anderen Mitteln" (ebd. 34). *Clausewitz'* Definitionen, entwickelt vor dem Hintergrund der Napoleonischen Kriege, bleiben gültig, obwohl etliche Wissenschaftler sie als nicht mehr zeitgemäß oder als polit. untragbar mißverstehen und ablehnen und obwohl meistens keine praktischen polit. Konsequenzen aus seiner Theorie gezogen wurden.

Für empirische Analysen, v. a. für Vergleichs- und Trendstudien, bedarf es allerdings einer methodisch anwendbaren, hinreichend genauen und zugleich allg. Beschreibung des Gegenstands Krieg. Sie muß außerdem historischen Veränderungen und den ungleichen gesellschaftl. Entwicklungsniveaus auf der Welt gerecht werden. Man findet in der gesellschaftswissenschaftl. Forschung eine ganze Reihe unterschiedlicher Bestimmungen. Neben der Grundvoraussetzung, daß es sich um bewaffnete Auseinandersetzungen handeln muß, beruhen die Unterschiede auf der Definition der Akteure (K.-Parteien) und der Intensität der Auseinandersetzungen. Daß auf der einen Seite der Staat (die Regierung) zentral beteiligt sein muß, wie es die meisten Untersuchungen fordern, macht insofern (vielerorts noch utopischen) Sinn, als es in einer Gesellschaft im Prinzip eine Instanz geben muß, die die → Gewalt in einer legitimen Weise monopolisiert und kontrolliert und damit eine wesentliche Voraussetzung für die Überwindung willkürlichen Gewalthandelns schafft. Außerdem wird dadurch eine Überdehnung des K.-Begriffs vermieden, indem nicht jede Form von Gruppengewalt schon als K. eingestuft wird. Uneinheitlich sind allerdings die Definitionen von → Staat. Außerdem entstehen Abgrenzungsprobleme dort, wo ein Staat zerfällt. Hinsichtlich des Merkmals Intensität wird oft eine Mindestzahl von K.-Toten zugrunde gelegt, was jedoch enorme Informationsprobleme aufwirft und außerdem den K.-Verlauf bzw. die Eigendynamik des K. schon in die Abgrenzung des Gegenstands als solchen einbezieht, was in begrifflicher Hinsicht unlogisch ist.

Wie bei zahlreichen historisch-gesellschaftl. Phänomenen wird es auch bezüglich K. keine für empirische Zwecke absolut randscharfe und problemlose Begriffsbestimmung geben. Als sehr brauchbar hat sich die Definition erwiesen, die die *AKUF* (Arbeitsgemeinschaft Kriegsursachenforschung, Universität Hamburg) für ihre ständige Beobachtung und Registrierung der K. seit 1945 verwendet (vgl. *Gantzel/Schwinghammer* 1995: 31–48): Ihr zufolge ist K. ein gewaltsamer Massenkonflikt, in dem zwei oder mehr bewaffnete Streitkräfte an den Kämpfen unmittelbar beteiligt sind, dabei mindestens auf einer Seite reguläre Streitkräfte der Regierung; in dem ein Mindestmaß zentral gelenkter Organisation der Kriegführenden und des Kampfes auf beiden Seiten gegeben ist, selbst wenn sich dies auf organisierte Abwehr oder auf strategisch-taktische Überfälle (Guerilla-Aktionen, Partisanenkrieg) beschränkt; und in dem die bewaffneten Operationen eine gewisse Kontinuität aufweisen, d. h. daß beide Seiten nach einer planmäßigen Strategie vorgehen. Dabei ist gleichgültig, ob die Kämpfe auf dem Gebiet eines oder mehrerer Staaten stattfinden und wie lange sie dauern.

Im Rahmen dieser generellen Beschreibung von K. unterscheidet die AKUF folgende K.-Typen: den Antiregime-K. (Typ A), in dem innerhalb einer Gesellschaft um die Staatsmacht gekämpft wird; den Autonomie- oder Sezessions-K. (Typ B), in dem eine meist regional konzentrierte Bevölkerungsgruppe in einem Staat um Autonomie oder gar Loslösung aus dem Staatsverband kämpft; den zwischenstaatl. K. (Typ C); den Dekolonisations-K. gegen eine Kolonialmacht (Typ D), der jedoch auf eine bestimmte historische Periode beschränkt war; den sonstigen K. (Typ E). In einer Reihe von K. treten zwei, selten mehr Typen gleichzeitig auf oder gehen von einem in einen anderen Typ über (sog. Mischkriege). Außerdem wird erfaßt, ob jeweils eine unmittelbare Kampfbeteiligung von Drittparteien vorliegt.

II. Eine systematische, vergleichend empirische Erforschung des Kriegsgeschehens auf der Welt begann erst nach dem I. Weltkrieg. Aus den gegenwärtig betriebenen Forschungen sind zwei größere Projekte bes. hervorzuheben. Das eine ist das *Correlates-of-War Project* (COW), betrieben v. a. von *J. D. Singer* (Ann Arbor, Mich., USA). Auf der Grundlage einer sehr komplizierten, zugleich sehr angreifbaren Abgrenzung von K. werden Daten über die K. des Zeitraums von 1816 bis in die 1980er Jahre gesammelt (vgl. v. a. *Small/Singer* 1982) und mit Hilfe statistischer Korrelationsmethoden analysiert. D. h. es wird im wesentlichen versucht, Zusammenhänge zwischen einzelnen unterschiedlichen Faktoren wie Machtpotenzial, Zahl der Grenzen, → Staatsform usw. einerseits und Kriegsneigung andererseits daraufhin zu prüfen, ob sie nicht nur zufälliger Natur sind, sondern einen ursächlichen Zusammenhang vermuten lassen. Ungeachtet der Tatsache, daß einige Einzelergebnisse interessant sind, ist das Gesamtergebnis dieser rein induktiven, nur formalistisch konzipierten Forschungsstrategie enttäuschend. Nicht nur, daß die meisten der vielen Studien mit diesem Material sich auf zwischenstaatl. K. beschränken und daß etliche Berechnungen ambivalente Deutungen zulassen oder gar einander direkt widersprechen; v. a. ergibt sie insgesamt weder ein historisch angemessenes noch ein kohärentes und hier gerafft referierbares Bild, das sowohl für die Theoriebildung als auch für friedenspolit. Schlußfolgerungen von Nutzen wäre (vgl. zuletzt *Geller/Singer* 1997).

Das andere Projekt ist das der *AKUF*. Es beschränkt sich bisher auf die Epoche seit 1945, reicht mit seinen Kriegsdaten jedoch immer bis in die jüngste Vergangenheit (vgl. *Gantzel/Schwinghammer* 1995, zur alljährl. Aktualisierung zuletzt *AKUF* 2000). Die statistischen Methoden beschränken sich zwar auf sehr einfache Beschreibungen und dienen eher heuristischen Zwecken, die Auswertungen sind jedoch theoriegeleitet.

Die hervorstechendste Beobachtung ist zunächst die Tatsache, daß sich im Vergleich zum 19. und zur ersten Hälfte des 20. Jh. die Kriegsherde überwiegend in die → Dritte Welt verlagert haben, und zwar mit zunehmender Deutlichkeit. Der US-kanadische Raum ist kriegsfrei. In Europa fanden nur noch sehr wenige K. an seinen Rändern statt, woran auch die K. der 1990er Jahre auf dem Balkan nichts änderten. Lateinamerika nähert sich langsam dem europ. Zustand an. Die Hauptbrandherde wurden und sind Süd- und Südostasien, der sog. Vordere/Mittlere Orient (von Ägypten bis Afghanistan) und Afrika. Gegenwärtig hat Afrika, bes. südlich der Sahara, mit 58 % aller laufenden K. am stärksten zu leiden. Die regionale Kriegshäufigkeit enthüllt jedoch ihre volle Bedeutung erst bei Betrachtung der Kriegstypen. In signifikantem Unterschied zu den Perioden vor 1945 ist der innerstaatl. K. ab 1945 immer stärker zum vorherrschenden Typus geworden, wobei der A-Typ inzwischen über 40 % und mit steigender Tendenz der B-Typ über 30 % aller K. ausmacht. Der zuvor überwiegende zwischenstaatl., gleichsam klassische K. zwischen Staaten (C-Typ) ist weltweit nach Häufigkeit, Dauer und auch Zahl der Opfer in den Hintergrund getreten (aktuell nur noch 9 % aller Kriege, mit abnehmender Häufigkeit).

Für den starken Rückgang, in manchen Jahren gar für das völlige Fehlen eines K. vom C-Typ lassen sich zwei Bedingungskonstellationen festhalten: Zum einen ist im historischen Rückblick das Staatensystem territorial ziemlich festgezurrt, und sowohl das Völkerrecht als auch die *qua* → UN und anderen → internat. Organisationen sich institutionalisierende Staatenwelt haben das traditionelle Souveränitätsmerkmal des *ius ad bellum* immer mehr eingeschränkt. Hinzu kommen die im Prozeß der → Globalisierung wachsenden ökonom., polit. und sozialen → Interdependenzen. Zum anderen befindet sich mit der Dritten Welt der weitaus größte Teil der Welt noch mitten im Staatenbildungsprozeß. Zwar wurde den Gesellschaften dort im Zuge der Dekolonisation ein polit.-administratives Staatskorsett verpaßt, doch die sozioökonom. → Integration der Gesellschaft war und ist nur in sehr wenigen Ländern der Dritten Welt gegeben. Auch in Europa hat es jahrhundertelang blutiger Ausscheidungskämpfe bedurft, bis über Absolutismus, bürgerliche → Revolution zu verschiedenen Zeitpunkten und → Demokratisierung relativ friedfertige Strukturen entstanden (vgl. *Elias* 1980, bes. Bd. 2). Zwischen → Demokratien finden keine K. mehr statt. „Die Konkurrenz der Ökonomien hat den Krieg der Mächte abgelöst" (*Siegelberg* 1994: 126).

In weiten Teilen der Dritten Welt hingegen sind diese Ausscheidungskämpfe in vollem Gange, und zwar um so intensiver, je geringer der zeitliche Abstand zur Dekolonisierung, zur „Verstaatlichung" ist. Allerdings finden diese Ausscheidungskämpfe im Vergleich zur europ. Geschichte unter veränderten Bedingungen statt: Den → Eliten fehlt sowohl die Möglichkeit relativ autonomer Akkumulation durch Wirtschaftstätigkeit (der Kolonialismus hat keine breite bürgerliche Schicht hochkommen lassen) als auch die Macht- und Einkommenserweiterung durch territoriale Expansion. Also bleibt den Staatsklassen nur die Bereicherung über Staatspfründen und ein anhängendes Klientel- und Korruptionssystem, d. h. über die Eroberung der Staatsmacht in instabilen, neopatrimonialen, wenig durchrationalisierten Staatsapparaten. Dies ist der Hintergrund der Tatsache, daß der innere K. vom Typ A oder B das Kriegsgeschehen bestimmt und das Hauptsicherheitsproblem unserer Zeit darstellt, das durch Flüchtlingsbewegungen (→ Flüchtlinge), Hungerkatastrophen usw. auch die industrialisierte Welt berührt.

Noch weiter verallgemeinert läßt sich behaupten: Wo immer der → Kapitalismus bzw. die bürgerliche Gesellschaftsformation sich durchsetzte, geschah dies mit viel Gewalt. Wo sie sich aber erst einmal durchgesetzt hatte (wie nunmehr in Europa und im überseeischen angelsächsischen Raum), entfaltete sie ihre pazifizierende Kraft. Weltgeschichtlich gesehen ist es also kein Zufall, daß sich die Linie kriegerisch ausgetragener Konflikte weitgehend deckt mit der Bruchlinie, an der das kapitalistische System auf traditionale Formen der Vergesellschaftung in ökonom., polit. und kultureller Hinsicht stößt und diese auflöst bzw. kraft der der → Moderne innewohnenden Dynamik aufzulösen gezwungen ist (vgl. *Siegelberg* 1994, *Jung* 1995, *Schlichte* 1996).

Zur Erklärung der Kriegsursachen unserer Epoche stellen die skizzierten Umstände zwar einen notwendigen, aber noch keinen hinreichenden Bedingungszusammenhang dar; denn offensichtlich führt nicht jeder

Konflikt an der genannten Bruchlinie zum Krieg. Mit Hilfe eines systematischen Kategorienrasters, das Vergleiche zwischen verschiedenen Fällen erlaubt, muß also untersucht werden, wie sich jene allg. Bedingungen im Einzelfall konkret ausformen und auswirken. Dafür gibt die sog. „Grammatik des Krieges" (*Siegelberg* 1994: 179–193) den Rahmen ab, der von *Jung* (1995) anwendungsorientiert weiterentwickelt und differenziert worden ist. Demnach sind zunächst zur Kategorie „Widerspruch" die objektiven gesellschaftl. Verhältnisse (Gegensätze, Probleme) herauszuarbeiten. Sodann muß zur Kategorie „Krise" herausgefunden werden, welche dieser Widersprüche von den Akteuren wie wahrgenommen und gedeutet werden. Sodann kommt es unter der Kategorie „Konflikt" darauf an, wie Wahrnehmung und Deutung in Handeln umgesetzt werden, d. h. wie die Akteure ihre Konfliktfähigkeit herstellen (Rekrutierung von Kämpfern, Beschaffung von Waffen, strategische Planung usw.). Am Ende steht dann der K., wobei zu berücksichtigen ist, daß er sich eigendynamisch verselbständigen kann, d. h. sich von dem eigentl. Konflikt ablöst. Das ist bes. häufig bei inneren K. zu beobachten (z. B. Myanmar [Burma], Afghanistan, Tschad, Peru, Nordirland). Bei dieser sog. Grammatik handelt es sich zugleich um einen systematischen Zusammenhang und um eine Stufenfolge. Sie hat zwei große Vorteile gegenüber bisheriger Kriegsursachenforschung: Erstens erlaubt sie die Integration von Einzelerkenntnissen verschiedener Disziplinen wie Ökonomie, Soziologie, Politologie, Sozialpsychologie, Ethnologie usw. Zweitens ist im Hinblick sowohl auf Analyse als auch praxeologisch auf Früherkennung gewaltsamer Auseinandersetzungen und auf → Friedenspolitik entscheidend, daß die Eskalationssequenz auf jeder Stufe abbrechen kann, aus welchen Gründen auch immer; es gibt keine Zwangsläufigkeit vom Widerspruch zum Krieg.

Lit.: *AKUF* 2000: Das Kriegsgeschehen 1999, hrsg. von *Th. Rabehl*, Opl. *Böge, V.* 1998: Bergbau, Umweltzerstörung, Gewalt. Der Krieg auf Bougainville im Kontext der Geschichte ökologisch induzierter Modernisierungskonflikte, Hamb. *Clausewitz, K. v.* 1980 ([1]1832): Vom Kriege, Ffm. u. a. *Elias, N.* [3]1980: Über den Prozeß der Zivilisation, 2 Bde., Ffm. *Gantzel, K. J./Schwinghammer, T.* 1995: Die Kriege nach dem Zweiten Weltkrieg, 1945 bis 1992. Daten und Tendenzen, Münster. *Geller, D. S./Singer, J. D.* 1997: Nations at War, Camb./NY/Melbourne. *Jung, D.* 1995: Tradition – Moderne – Krieg, Münster. *Kurtenbach, S.* 1991: Staatliche Organisation und Krieg in Lateinamerika, Münster/Hamb. *Schlichte, K.* 1996: Krieg und Vergesellschaftung in Afrika, Münster. *Siegelberg, J.* 1994: Kapitalismus und Krieg, Münster/Hamb. *Small, M./Singer, J. D.* 1982: Resort to Arms, Beverly Hills/L./New Delhi. *Wright, Q.* [2]1965 ([1]1942): A Study of War, Chicago/L.

Klaus Jürgen Gantzel

Kritischer Rationalismus → Politische Theorie

KSZE → OSZE

Kulturstaat/Kulturpolitik

Ist bereits der Begriff der Kultur vieldeutig und selbst kulturindiziert, so sind es nicht weniger seine Wortverbindungen. Unter Kultur wurden in der Antike, basierend auf der Unterscheidung zwischen Natur und Kultur, alle Hervorbringungen des Menschen als Vernunftwesen begriffen. Während im Mittelalter dieser weite Begriff aufrechterhalten blieb und der Unterschied zwischen Natur und Kultur an Kausalität im Naturgeschehen und Freiheit in der Schaffung von Kultur festgemacht wurde, bei *Kant* sich dann ein aus der Autonomie des Menschen gedachtes Kulturverständnis entfaltete und schließlich im Gedanken der Autonomie der Kultur mündete, trennte sich der Begriff in der frühen → Moderne von Staat, Recht und Politik und engte sich auf jene Art von Phänomenen ein, die nicht schon unter Begriffen wie → Demokratie und → Rechtsstaat angesprochen werden. Im Vokabular der Politikwissenschaft ist Kultur anders als in der Wendung → Politische Kultur fast nicht präsent. Kulturstaat und zumal Kulturpolitik (K.) sind in der Forschung Gegenstand interdisziplinärer Bemühungen.

1. Der Kulturstaat der Moderne gilt als durch folgende Merkmale gekennzeichnet: (1) die Autonomie der Kultur vom Staat, (2) die dementsprechende Neutralität des Staates gegenüber der Kultur, (3) die Förderung der Kultur durch den Staat im Sinne (a) des Schutzes und der Pflege des Kulturguts (traditionaler Aspekt) und (b) des Kulturgeschehens bzw. der Künstler (innovativer Aspekt) sowie schließlich (4) die Teilhabe der Bevölkerung an der Kultur. Im industriegesellschaftl. Kulturstaat nimmt folglich die Beziehung zwischen Kultur und Staat eine spezifische Form an.

Im Grundgesetz wird die BRD als Demokratie, als Bundestaat, Rechtsstaat und Sozialstaat definiert. Von Kulturstaat ist keine Rede. Hingegen enthält Art. 5 die Verfassungsgarantie der Freiheit von Kunst und Wissenschaft. Daraus ist einerseits die Autonomie der Kultur vom Staate abgeleitet worden, andererseits die Förderung der Kultur durch den Staat, wenn „das Gedeihen von Kultur auch und gerade in voller Autonomie anders als durch den Staat nicht zu erreichen wäre" (*Maihofer* 1983: 954). Empirisch wird die Kulturstaatlichkeit am Volumen der staatl. Förderungsleistung festzumachen versucht. Doch internat. Vergleiche sind aufgrund der unterschiedlichen nat. Förderungskulturen schwer zu erstellen, direkte staatl. Unterstützung durch Zuwendungen und indirekte Unterstützung etwa durch steuerliche Begünstigungen ist kaum aussagekräftig gegeneinander aufrechenbar (vgl. *von Beyme* 1998). Welchen Umfang die von staatl. Unterstützungen teilweise in partnerschaftlichen Unternehmungen angeregten privaten Fördermittel erreichen, ist ebenso schwer zu ermitteln und komparativ abzuschätzen.

2. Die K. läßt sich nach *W. Maihofer* (1983: 977) in vier Hauptbereiche unterscheiden, wobei einige von ihnen in der polit. und politikwissenschaftl. Bearbeitung in jeweils eigene Politikfelder überführt wurden: (a) Bildung, einschließlich des Schulwesens und der Erwachsenenbildung (→ Bildungspolitik); (b) Wissenschaft, einschließlich des Hochschulwesens und der Forschung (→ Wissenschaftspolitik); (c) Kunst (Literatur und Musik, Malerei und Plastik, Theater und Film), einschließlich des Schutzes und der Pflege von Kulturgütern; (d) Religion, einschließlich des Verhältnisses von Staat und Kirche und den übrigen Religionsgemeinschaften (→ Religion und Politik). Hinzuzuzählen sind angrenzende Sachbereiche wie Presse und Rundfunk (→ Massenmedien), Jugend und Sport, Bibliotheks- und Archivwesen, Architektur und Städtebau sowie auch Naturschutz und Landschaftspflege.

Was in D zu den Sachbereichen der K. und damit zur Kultur gerechnet wird, hängt von der Ebene der kulturpolit. Entscheidungsträger ab bzw. von den Kulturbereichen, die ihnen im Verbund der kulturpolit. Arbeitsteilung zwischen Bund, Ländern und Gemeinden zugewiesen werden. *A. J. Wiesand* (2000: 265) hat folgende Hauptformen der Kulturförderung unterschieden: (a) Unterhalt öffentl. Institutionen wie Theater, Museen, Bibliotheken; (b) Schaffung günstiger rechtlich-sozialer Rahmenbedingungen, z. B. im Steuer-, Sozial- und Medienrecht; (c) wirtschaftl. Hilfen, etwa durch Zuschüsse bei der Produktion von Filmen oder durch Druckkostenzuschüsse bei der Herstellung von Publikationen; (d) Preise und Stipendien für Künstler und Autoren, Unterstützung privater Theater und Kunstvereine.

3. Im Gegensatz zum zentralistischen Frankreich, mit dem D hinsichtlich der

staatl. kulturpolit. Aufwendungen an der Spitze in Europa liegt, ist die K. der BRD föderal organisiert. In keinem Traktat über den bundesdt. → Föderalismus fehlt, seit das Bundesverfassungsgericht in seiner Entscheidung vom 28. 2. 1961 eine vom Bund getragene Fernsehanstalt zu errichten untersagte, die Rede von der Kulturhoheit der Länder. Dieser Vorstellung entspricht die Verfassungswirklichkeit keineswegs. Vielmehr herrscht eine eindrucksvolle Vielfalt staatl. K. auf allen Ebenen des → Politischen Systems vor. In der Praxis sind die öffentl. kulturellen Angelegenheiten auf Bund, Länder und Gemeinden verteilt, wobei freilich die jeweiligen finanziellen Aufwendungen sehr unterschiedlich sind. Die Ebenen ergänzen sich gegenseitig, ihre Summe ergibt die kulturpol. Tätigkeit des Staates. In den verschiedenen Kulturbereichen spricht nur die Anfangsvermutung für die Zuständigkeit der Länder. Begrenzungen und Ausnahmen sind die Regel.

Der Bund hat beispielsweise die ausschließliche Gesetzgebungsbefugnis in auswärtigen Angelegenheiten und damit über die auswärtige Kulturpolitik (dt. Kulturinstitute wie die Goethe-Institute, die Deutschen Historischen Institute in London, Paris, Rom, Warschau und Washington D. C., dt. Schulen im Ausland). Der Bund versieht die nat. kulturelle Repräsentation nach außen, steht damit auch im internat. Dialog und Wettbewerb mit anderen Nationen, verantwortet zugleich auch den dt. Beitrag zur europ. Kulturpolitik. Der Bund wirkt kulturpol. ebenfalls nach innen, etwa durch Bestimmung nat. Symbole, die Festlegung nat. Gedenk- und Festtage. Er verfügt über eine bundesunmittelbare Stiftung, die Stiftung Preußischer Kulturbesitz, und erfüllt in fast sämtlichen Ministerien kulturpolit. Aufgaben (etwa im Ministerium der Justiz das Urheberrecht, der Finanzen das Spenden- und Stiftungssteuerrecht, für Arbeit und Soziales die Künstlersozialversicherung). Im Prozeß der → Deutschen Einheit hat der Bund erhebliche finanzielle Leistungen zur ostdt. Kultur erbracht. Die kulturpolit. Bedeutung des Bundes wird seit 1998 sichtbarer, indem nach 40 Jahren der Kulturausschuß im Deutschen Bundestag wiedergeschaffen wurde und zur Bündelung der kulturellen Aufgaben des Bundes das Amt des „Beauftragten der Bundesregierung für Angelegenheiten der Kultur und der Medien" im Range eines Staatsministers im Bundeskanzleramt eingerichtet wurde. Der Kulturbeauftragte hat vor allem die bisherigen kulturpol. Aufgaben des Innenministeriums übernommen (Unterstützung von Stiftungen, Verbänden, Festspielen und nat. Kulturfonds, die Denkmalpflege etc.).

Auf kommunaler Ebene sind die kulturpolit. Aktivitäten noch vielgestaltiger, ist der Kulturbegriff noch schillernder, insofern als neben die traditionelle K. in Form der Förderung des Theaters, der Museen, der Musik, der Bibliotheken, der Archive und der Volkshochschulen die Förderung der sog. Soziokultur und deren Ausdrucksformen tritt: Kulturläden, Kulturhäuser, Treffpunkte junger Kulturszenen, freie Theater und Kabaretts, Stadtteilkulturen, Senioren-, Kinder-, Jugend- und Ausländerkulturarbeit etc.

Lit.: *Beyme, K. von* 1998: Kulturpolitik und nationale Identität, Wiesb. *Deutscher Kulturrat* (Hrsg.) 1994: Zweiter Bericht zur Kulturpolitik, Bonn. *Fuchs, M.* 1998: Kulturpolitik als gesellschaftliche Aufgabe, Wiesb. *Geis., M.-E.* 1990: Kulturstaat und kulturelle Freiheit, Baden-Baden. *Glaser, H./Goldmann, M./Sievers, N.* (Hrsg.) Zukunft Kulturpolitik, Hagen. *Hoffmann, H.* 1991: Kultur für alle, 2. Aufl., Ffm. *Maihofer, W.* 1983: Kulturelle Aufgaben des modernen Staates, in: *Benda, E./Maihofer, W./Vogel, H.-J.*(Hrsg.): Handbuch des Verfassungsrechts der Bundesrepublik Deutschland, Teil 2, Bln./NY, 953–997. *Oppermann, Th.* 1969: Kulturverwaltungsrecht, Tüb. *Stemmler, K.* 1999: Kulturpolitik in der Ära Kohl, Bonn. *Wiesand, A. J.* 2000: Kulturpolitik, in: *Andersen, U./Woyke, W.* (Hrsg.): Handbuch des politischen Systems der Bundesrepublik Deutschland, Opl., 262–266.

Dieter Nohlen

Legalität/Legalitätsprinzip
Legalität (aus lat. *lex* = Gesetz), allg. die Gesetzmäßigkeit eines Handelns oder Zustandes. Seit der Aufklärung meint Legalität (L.) die äußere, bloß formale Übereinstimmung des Handelns eines einzelnen oder des → Staates mit einer konkreten Rechtsordnung, ohne die Motive und innere Einstellung des Handelnden zum Recht zu berücksichtigen.

Immanuel Kant stellte der L. die Moralität (Sittlichkeit) gegenüber, die aus positiver sittlicher Gesinnung hervorgeht. Anfang des 19. Jh. erhoben → Politische Philosophie und polit. Praxis L. zu einer Forderung gegen die Monarchie: In Freiheit und Eigentum der Bürger eingreifende staatl. Maßnahmen sollten nur noch auf der Grundlage von Gesetzen möglich sein. Damit war ein bes. Gesetzestyp gemeint: das generelle und abstrakte Gesetz. Mit ihm verband sich die Vorstellung einer grundlegenden, dauerhaften und gerechten Regelung im Gegensatz zum fürstlichen Befehl. Die Gesetze sollten nicht von den vom Adel dominierten Ständevertretungen, sondern von Parlamenten beschlossen werden, die aus allg. → Wahlen hervorzugehen hätten. Grundidee war die Forderung, die → Herrschaft von Menschen (Landesherren, Adel) über Menschen (Untertanen) abzulösen durch die Herrschaft von Gesetzen, an deren Zustandekommen jeder Bürger (wenn auch nur mittelbar) mitwirken kann. Die gesamte Staatsverwaltung sollte an Parlamentsgesetze gebunden sein; dies war von unabhängigen Gerichten zu überwachen. Mit der Durchsetzung dieser rechtsstaatl. Forderungen in der zweiten Hälfte des 19. Jh. war zugleich eine demokratische Legitimation des staatl. Handelns geschaffen.

Im demokratischen Verfassungsstaat kommt dem verfassungsmäßigen Gesetz ohne weiteres → Legitimität zu. L. sichert die → Gleichheit vor dem Gesetz, schließt willkürliche Behandlung durch Verwaltung und Rechtsprechung aus und schafft Rechts- und Orientierungssicherheit für den Bürger. Er kann belastende Eingriffe in seinen Rechtskreis durch den Staat oder Dritte voraussehen und sein Verhalten darauf einstellen; bei seiner persönlichen Lebensgestaltung und wirtschaftl. Planung darf er sich auf die gesetzliche Ordnung verlassen und gewinnt so ein Stück Freiheit i. S. von Selbstbestimmung über den eigenen Lebensentwurf und seinen Vollzug. Aber auch für die → Öffentliche Verwaltung ist L. wichtig: Sie hilft durch ihre Regelhaftigkeit, auch massenhaft anfallende Vorgänge zu bewältigen. Zudem kann L. vor unerwünschter polit. Einflußnahme schützen.

Im dt. Strafverfahren bezeichnet das Legalitätsprinzip den Grundsatz, wonach die Strafverfolgungsbehörden (z. B. Staatsanwaltschaft, Polizei, Finanzamt) bei zureichendem Verdacht einer Straftat von Amts wegen, d. h. auch ohne Anzeige, Antrag oder Zweckmäßigkeitserwägung, einschreiten müssen (152, 160 163 Strafprozessordnung). Durchbrochen wird das Legalitätsprinzip vom Opportunitätsprinzip, das die Möglichkeit eröffnet, von einer Strafverfolgung abzusehen, z. B. wenn der Schaden oder die Schuld geringfügig ist.

Lit.: *Quaritsch, H.* 1987: Legalität, Legitimität, in: *Evangelisches Staatslexikon*, Bd. 1, 1989–1992. *Schmitt, C.* 1932: Legalität und Legitimität, Bln. *Winckelmann, J.* 1956: Die verfassungsrechtliche Unterscheidung von Legitimität und Legalität, in: ZGS, 164–175. *Würtenberger, T.* 1987: Legalität, Legitimität, in: *Staatslexikon*, Bd. 3, 873–878.

Friedrich G. Schwegmann

Legitimität
Legitimität (L.; von lat. *legitimitas* = Rechtmäßigkeit) ist ein mehrdeutig verwandter Grundbegriff der Politik und Politikwissenschaft: Er kann sich beziehen auf den Legitimitätsanspruch einer polit. oder gesellschaftl. Ord-

nung, auf den Legitimitätsglauben der Herrschaftsunterworfenen oder auf beides zugleich und in Wechselwirkung aufeinander.

1. Der Legitimitätsanspruch einer Herrschaftsordnung zielt auf einen normativen Begriff von Legitimität. Er kann entweder als objektive Eigenschaft eines gesellschaftl. oder → Politischen Systems begriffen werden (etwa die L., die einem demokratischen polit. System im Rahmen entspr. Ideenhorizonte als inhärent unterstellt wird, oder die L. verstanden als die Wahrung der → Legalität) oder auf externen normativen Maßstäben fußen, an denen dieser Anspruch gemessen wird.

Dementsprechend kann L. definiert werden entweder als (1) die Rechtmäßigkeit einer polit. Ordnung, in der die Verwirklichung bestimmter Prinzipien (in der → Demokratie polit. → Pluralismus, demokratische Beteiligungsrechte, Rechtsstaatlichkeit etc.) garantiert sind, oder (2) als Anerkennungswürdigkeit einer polit. Ordnung, als deren Folge der Anspruch eines polit. Systems auf L. nur besteht, wenn die zur Norm erhobenen Verhaltenserwartungen verallgemeinerungsfähige Interessen zum Ausdruck bringen (vgl. *Habermas* 1973).

2. Der Legitimitätsglaube verweist eher auf einen empirischen Begriff der Legitimität. Nach *Max Weber* (1992) bezeichnet L. die innere Anerkennung, das Einverständnis, das Gelten-Sollen einer Herrschaftsordnung, das die Beherrschten und insbes. die polit. Handelnden dieser zuschreiben.

Hinsichtlich des Legitimitätsglaubens hat *Weber* bekanntlich drei Formen legitimer → Herrschaft unterschieden: die traditionale (Geltung des immer so Gewesenen), die charismatische (Geltung kraft außeralltäglicher, affektiver Hingabe an die Heiligkeit, Heldenkraft oder Vorbildlichkeit einer Person und der durch sie geschaffenen Ordnungen) und die legale (Geltung kraft gesatzter-paktierter oder oktroyierter-rationaler Regeln). *D. Sternberger* (1967) hinterfragte den Typus legaler Herrschaftsanerkennung, erblickte in der Vereinbarung den wahren Legitimitätsgrund bürgerlicher (demokratischer) Herrschaft und grenzte diese gegen alle anderen Gründe ab, die er der Kategorie numinose L. zuordnete.

3. Legitimitätsanspruch und Legitimitätsglaube sind freilich im empirischen Zugriff auf das Legitimitätsproblem eng miteinander verknüpft. So definierte *S. M. Lipset* (1960: 64) L. als „die Fähigkeit des Systems, die Überzeugung herzustellen und aufrechtzuerhalten, daß die existierenden polit. Institutionen, die für die Gesellschaft angemessensten sind". Polit. Systeme können also aktiv zu ihrer Anerkennung als legitim beitragen, was darauf verweist, daß L. kein (normativ) statisches, sondern ein (empirisch) dynamisches Konzept ist.

Im empirischen Verständnis ist entgegen der Formalisierung des Konzepts, wie sie in *N. Luhmanns* (1993) „Legitimation durch Verfahren" erfolgte, die Anbindung der Legitimitätsüberzeugungen der Bev. an deren normative und materielle Erwartungshorizonte gegenüber der Institutionenordnung von großer Bedeutung. So definierte *D. Easton* (1979) L. als die Überzeugung von Mitgliedern einer Gesellschaft, daß die Funktionsweise der polit. Ordnung weitestgehend mit ihren „persönlichen moralischen Prinzipien" und Ansichten von dem, was richtig oder falsch sei, übereinstimmt. *Easton* unterschied dabei zwischen „diffuser" Unterstützung einer polit. Ordnung unabhängig von ihrer Effektivität und den Politikergebnissen und „spezifischer", kurzfristiger und eher auf die Politikergebnisse bezogener Unterstützung, die hauptsächlich im Falle von Systemleistungen gewährt wird, die ihrerseits relativ zu den jeweiligen Leistungserwartungen zu betrachten sind. Der Versuch, diffuse L. als Massenloyalität abwertend umzudeuten, verkennt vollends deren entscheidende Funktion für polit. Ordnungen, deren Bestand gefährdet wäre, wenn Unterstützung lediglich als Reaktion auf Leistungen gewährt würde. Langfristige polit. Stabilität ist an Loyalität gegenüber dem polit. System gebunden, die ihrerseits als das Resultat einer Vielzahl von L. stiftenden Faktoren angesehen werden muß.

Für die empirische Erforschung der Legitimitätsüberzeugungen, insbes. der → Politischen Kultur, sind diese Differenzierungen von großer Bedeutung gewesen. U. a. konnten für die in den 1970er Jahren auf der Ebene des normativen Diskurses signalisierte Legitimitätskrise westlicher Demokratien, d. h. die Infragestellung der Rechtmäßigkeit polit. Herrschaft (vgl. *Habermas* 1973), kaum empirische Anhaltspunkte gefunden werden (*Kaase* 1979). Der Legitimitätsglaube einer Bev. gründet sich nicht auf der Basis eines absolut gesetzten normativen Standards, sondern pluralistisch auf der Basis durchaus heterogener Sinnwelten und relational im Vergleich zu historisch vorausgegangenen oder zeitgleichen gesellschaftlichen Wirklichkeiten (vgl. *Heidorn* 1982).

Lit.: *Easton, D.* ³1979: A Systems Analysis of Political Life, NY (zuerst 1965). *Habermas, J.* 1973: Legitimationsprobleme im Spätkapitalismus, Ffm. *Heidorn, J.* 1982: Legitimität und Regierbarkeit, Bln. *Hirschmann, A. O.* 1984: Leidenschaften und Interessen, Ffm. *Jänicke, M.* (Hrsg.) 1973: Politische Systemkrisen, Köln. *Kaase, M.* 1979: Legitimitätskrise in westlichen Industriegesellschaften: Mythos oder Realität?, in: *Klages, H./Kmieciak, P.* (Hrsg.): Wertwandel und gesellschaftlicher Wandel, Ffm./NY, 328–350. *Kielmannsegg, P. Graf* (Hrsg.) 1976: Legitimationsprobleme politischer Systeme, Opl. *Lipset, S. M.* 1960: Soziologie der Demokratie, Neuwied. *Luhmann, N.* ³1993: Legitimation durch Verfahren, Darmst. u. a. (zuerst 1969). *Sternberger, D.* 1967: Max Webers Lehre von der Legitimität, in: *Röhrich, W.* (Hrsg.): Macht und Ohnmacht des Politischen, Köln, 11–126. *Weber, M.* ⁶1992: Die drei Typen der legitimen Herrschaft, in: *ders.*: Soziologie, weltgeschichtliche Analysen, Politik, Stg., 151–166. *Westle, B.* 1989: Politische Legitimität. Theorien, Konzepte, empirische Befunde, Baden-Baden.

Dieter Nohlen

Leninismus

Unter Leninismus (L.) versteht man zum einen die Theorie und Praxis der Bolschewiki in der Sozialdemokratischen Arbeiterpartei Rußlands unter Führung *W. I. Lenins* vor und nach der Russischen Oktoberrevolution, zum anderen die Kanonisierung dieser Praxis in der kommunistischen Weltbewegung als Marxismus-Leninismus, v. a. durch *J. Stalin.*

Zwar begreift sich der L. als Weiterentwicklung der Theorie von *Karl Marx*, ist aber v. a. eine systematisierte Anleitung zum revolutionären Handeln in einem rückständigen (nicht-kapitalistischen) Land zur Verwirklichung des Sozialismus. Die wesentlichen Elemente sind: philosophisch die materialistische Erkenntnistheorie (Widerspiegelung); parteitheoretisch die kommunistische Partei als Avantgarde; staatstheoretisch die Diktatur des Proletariats und die Theorie des staatsmonopolistischen Kapitalismus (STAMOKAP); revolutionstheoretisch der weltweite Niedergang des → Imperialismus als Voraussetzung erfolgreicher sozialistischer Revolutionen.

Lit.: *Claudin, F.* 1977: Die Krise der Kommunistischen Bewegung, 2 Bde., Bln. *Fritzsche, K.* 1996: Sozialismus: Geschichte und Perspektiven gesellschaftlicher Egalität, in: *Neumann, F.* (Hrsg.): Handbuch Politische Theorien und Ideologien 2, Opl., 1–74. *Lenin, W. I.* 1928: Ausgewählte Werke in 12 Bänden. Wien/Bln. *Stalin, J.* 1950–55: Werke, Bln. *Vranicki, P.* 1983: Geschichte des Marxismus, Ffm., 385–481, 568–667.

Josef Esser

Liberalismus

I. Liberalismus (L.) kennzeichnet eine der großen polit. Strömungen (Ideen, → Ideologien) der letzten zwei bis drei Jahrhunderte mit Schwerpunkt im 19. Jh., die mit den anderen großen Ideologierichtungen → Konservatismus und → Sozialismus, aber auch → Anarchismus und → Faschismus in

Entstehungs-, Wirkungs-, Interaktions-, Spannungs- und Ablösungszusammenhängen steht und daher analytisch stets in diesem Gesamtumfeld der polit. Ideologien gesehen werden muß. Definitorisch verstehen wir unter L. jenen polit. Ideenkomplex, der durch die Postulate der Selbstbestimmungsfähigkeit der Individuen durch Vernunft, der Individualfreiheit gegenüber dem Staat (Menschen- und Bürgerrechte), der Bändigung polit. → Herrschaft durch → Verfassung und der Selbstregulierung der Ökonomie durch Gesetzmäßigkeiten von Markt und Wettbewerb abgesteckt ist, in eine Evolutionsvorstellung geschichtlichen Fortschritts mündet und zumindest in der Entstehungs- und Blütezeit vom Bürgertum mit seinen Eigentums- und Erwerbsinteressen und seinen daraus erwachsenden Machtansprüchen getragen wurde. Der L. darf wohl als erste umfassende polit. Ideologie im modernen Sinne gelten, weil er erstmals einen systematischen Ordnungs- und Entwicklungsentwurf im wesentlichen nicht-religiös begründet und auch nicht bloß faktische Machtstrukturen untermauert, sondern eine Bewegung in bessere Zukünfte auslobt und die Kraft dazu aus den Fähigkeiten und Interessen aller einzelnen selbst schöpft. Die Erscheinungsformen, Begriffsmuster und Bedeutungsgehalte von L. als theoretischem Entwurf und polit. Praxis variieren sehr stark im zeitlichen Verlauf einerseits, im internat. Vergleich andererseits, und schließlich auch noch durch innere soziale und inhaltliche Differenzierungen.

Häufig als epochaler Begriff in zeitlicher und systematischer Verknüpfung mit Bürgertum, → Kapitalismus und Verfassungsstaat verwendet, erscheint L. tendenziell als historisch zwar wirkungsmächtig, aber abgeschlossen; die Relevanz für die Gegenwart zu Beginn des 21. Jh. gilt daher als diffus und umstritten. Ein Blick auf die Entwicklungsperioden verdeutlicht das Problem:

1. Herausbildung und Durchsetzung des L. („Frühliberalismus", „revolutionärer L.", im allgemeinen ca. 1750–1850); Forschungsschwerpunkte betreffen a) das liberale Weltbild rationalistischer Aufklärung, des Individualismus, ökonom. Gesetzesdenkens und der Verfassungstheorie, b) empirische Strukturen und Verläufe der Verfassungsbewegungen und c) Industrialisierungsprozesse, soziale Umstrukturierung und gestufte Klassenpolarisierung von Adel, Bürgertum und Proletariat (mit zunehmender Differenzierung des Begriffs Bürgertum). Im liberalen Ideal einer klasssenlosen Bürgergesellschaft suchte *L. Gall* (1976) die Handlungshorizonte des L. zu integrieren.

2. Der L. des etablierten Bürgertums (zweite Hälfte des 19. Jh.) ist bereits von Bruchpunkten durchzogen, an denen sich auch die Strukturvarianten in D, Italien, Frankreich, England und den USA ausbilden: Verfassungsideal versus „Realpolitik", Freihandel versus Protektionismus und → Imperialismus; Eigentum versus Arbeiterfrage/Gewerkschaftsfreiheit (→ Arbeiterbewegung); Konzentration versus Wettbewerb; das Problem → Wahlrecht und → Demokratie. Die Ausbildung polit. → Parteien bringt zugleich die neue dreigliedrige (partei)polit. Kräftekonstellation von L., Konserativismus und Sozialdemokratie auf den Weg.

3. Niedergang und Krise des L. (zwischen den 1890er und 1930er Jahren) sind mit Klassenpolarisierung und organisiertem Kapitalismus, sozialem Reform- und Demokratisierungsdruck, Schrumpfung der „mittelständisch"-kleinbürgerlichen ökonom. und sozialen Basis, verbandlich organisiertem → Pluralismus, sozialen Entwurzelungsprozessen in Weltkrieg und → Inflation und dem trotz (umstrittener) Zunahme an → Staatsinterventionismus unzureichenden staatlich-polit. Steuerungspotential gegenüber der Weltwirtschaftskrise verknüpft. (Allerdings gab es auch die sozialliberale Wendung in England, USA und Kanada, z. T. in Frankreich.)

4. Erneuerungsversuche des L. nach 1945 wurden vor dem durch Weltwirtschaftskri-

se, → Nationalsozialismus/Faschismus, → Stalinismus, II. Weltkrieg und → Ost-West-Konflikt wesentlich veränderten weltgeschichtl. Hintergrund unternommen. Theoretische Neuansätze vor allem im wirtschaftstheoretischen Kontext entwickelten Autoren des „Neo-Liberalismus" und „Ordo-Liberalismus" (*W. Eucken*, *W. Röpke*, *F. A. von Hayek*). Im polit. Raum trat der L. nach 1945 weniger als tragfähige Bewegung oder Partei, sondern eher als wiederbelebte Systemstruktur in Erscheinung, mit allen anderen Aspekten der Wirtschafts-, Gesellschafts- und Staatsordnung verwoben und daher als polit. Kraft, als Idee und Ordnungsvorstellung so schwer identifizierbar.

II. In systematischer Betrachtung sind vor allem folgende Problembereiche von Interesse:

1. Ideen-, Theorie- und Ideologiegeschichte. Die meisten der klassischen liberalen Theoretiker und viele Autoren des 19. Jh. (*Hobbes*, *Locke*, *Montesquieu*, *Rousseau*, *Adam Smith*, *Kant*, *Hegel*, *Bentham*, *Lorenz von Stein*, *John Stuart Mill*) gehören zum allg. Kanon der polit. Ideen- und Theoriegeschichte. Thematisiert werden vor allem Herrschaftsprobleme, Ordnungsentwürfe, Interessenimplikationen, Legitimationsmuster und theoriegeschichtliche Wirkungslinien; exemplarisch sei nur *C. B. Macphersons* Deutung der sozialökonom. Sinn- und Bedingungszusammenhänge bei *Hobbes* und *Locke* (Besitzindvidualismus) oder die Vergegenwärtigung der moralphilosophischen Grundlagen bei *Adam Smith* und der schottischen Schule durch *Medick* erwähnt. Da in der zweiten Hälfte des 19. Jh. die Autorenzahl wächst, aber der Systemanspruch zurücktritt (bedeutsam noch *L. Brentano*) und konzeptionelle Verzerrungen und Richtungsdifferenzierungen einsetzen (z. B. Bezüge zum Sozialdarwinismus, Konservativismus, aber auch zum Sozialismus), gewinnen systematisierende Problemstudien an Gewicht, so z. B. in Typologisierungsversuchen liberaler Theorietraditionen zum wirtschaftspolit. Interventionsproblem (*Müller* 1978). Während ein englischer oder US-amerikan. Sozialliberalismus auch theoretisch expliziert wurde (*Hobhouse* bis *Keynes* und *Beveridge*), fehlt in D ein Pendant (vgl. *Holl/Trautmann/Vorländer* 1986).

2. Verfassungsgeschichte. Nach den zentralen Entscheidungsthemen des etablierten L. (→ Parlamentarismus, Wahlrecht und Demokratie) ist für D vor allem die Haltung zur Ausgestaltung des demokratischen Systems und der Wirtschaftsordnung in der Weimarer Verfassung von 1919 bedeutsam, aber auch die Rolle von Liberalen im Niedergang der Weimarer Demokratie 1930–33. Zur Entstehung der BRD und des Grundgesetzes ist die Forschungsgrundlage durch neuere Arbeiten zur FDP-Entstehung (auch im LDPD-Vergleich) verbessert, doch steht eine Gesamtstudie zur liberalen Verfassungspolitik 1945–1949 aus. Auch die Entwicklung bis zur Gegenwart ist nicht systematisch untersucht.

3. Parteiengeschichte und -soziologie. Die Vielfalt der Einzeldarstellungen spiegelt zugleich einige Grundmuster: den Übergang von der Honoratiorenpartei zu Parteien als polit. Massenorganisationen mit Konkurrenznachteilen für den bürgerlichen L.; die aufkommende Neigung zu → Eliten-Orientierung; die teils begrenzten, teils wenig erfolgreichen Versuche, die soziale Basis zu erweitern bzw. ihren Verfall aufzuhalten; die Ansätze zur Verklammerung mit → Interessengruppen als zweitem Strukturelement pluralistischer Politikorganisation (z. B. zur Weimarer DVP und DDP). Untersuchungen zur FDP sind, bes. für die Entstehungszeit, stark organisations-, personen- und programmgeschichtlich orientiert (etwa *Gutscher* 1967); im übrigen dominieren die Fragen nach der koalitionspolit. Stellung und nach Größe und Strukturmerkmalen des Wählerpotentials, während der Zusammenhang zwischen polit. Entscheidungspraxis, programmatischer Darstellung und realer gesellschaftl. Interessenvertretung der FDP noch wenig erforscht ist (zum Überblick *Albertin* 1980; *Schiller* 1993). Die dauerhafte Existenzgefährdung einer liberalen Partei scheint die Inhalts- und Funktionsprobleme zu überlagern (vgl. *Vorländer* 1987).

4. Herrschaftssoziologische und interessenanalytische Aspekte. An die inhaltliche Kontur und Verlaufsform des Niedergangspro-

zesses und seiner Faschismus-Folgen (D, Italien) werden Überlegungen zur Entwicklungslogik und Interessenkontinuität angeschlossen. *H. Marcuse* (1965) sieht eine inhärente Selbstaufhebungstendenz des L. durch kapitalistische Konzentration, andere werten selbst den Sozialliberalismus als (massenintegrative) Herrschaftsstrategie des Monopolkapitals (z. B. *Opitz*). Als systematisches Interpretationskonzept verknüpft *L. Döhn* (^{2}1998) den L. prinzipiell mit der Funktion ideologischer Herrschaftssicherung für das bürgerlich-kapitalistische Privateigentum, was aber weiterer Klärungen zum Verhältnis von L. und Konservativismus und zu den nicht-liberalen Orientierungen bei kleinbürgerlichen Eigentümerschichten bedürfte. Diametral entgegengesetzt lautet die neo-liberale These (*von Hayek*), nur Privateigentum und Wettbewerb biete Schutz gegen totalitäre polit. → Herrschaft.

III. Theoretische Liberalismus-Konzepte wurden nach 1945 von recht unterschiedlichen Ansatzpunkten aus entwickelt:

1. Der Neo-Liberalismus der Neuordnungsperiode am Ende von NS-Diktatur und II. Weltkrieg formulierte kein umfassendes polit. Programm, sondern im Kern eine politische Wirtschaftslehre, allerdings mit gesellschaftspolit. Grundlagenanspruch. Die wichtigsten Vertreter *W. Eucken* (Grundlagen der Nationalökonomie, 1939; Grundsätze der Wirtschaftspolitik, 1952), *W. Röpke*, *A. Rüstow*, *F. A. von Hayek* propagieren für die Stabilisierung der Wettbewerbsordnung gegenüber dem traditionellen „*Laisser-faire*"-Liberalismus die Notwendigkeit eines staatlich normierten Ordnungsrahmens und geeignete Verwaltungsmechanismen der Monopolverhinderung bzw. -kontrolle („Ordnungspolitik", „Ordo"-L.). Diese wettbewerbspolit. Rahmensetzung durch ein starkes staatlich-polit. Entscheidungszentrum soll zugleich prozeßbezogene Staatsinterventionen der Wirtschaftssteuerung (etwa im Sinne von *Keynes*) ausschließen und unnötig machen. Ungeklärt blieb jedoch die Generierung jener staatl. Ordnungsmacht, die zugleich anderweitige Interventionsinteressen zurückweisen könnte. Das modifizierte Konzept einer „sozialen Marktwirtschaft" (*A. Müller-Armack, L. Erhard*) konnte mit einer begrenzten Umverteilungsprogrammatik ansatzweise zusätzliche Legitimationsquellen einbauen. In der bundesdt. Praxis verblaßten die neoliberalen Konzepte zugunsten keynesianischer Globalsteuerung, als in den 1960er Jahren Konzentrationsprozesse, soziale Ungleichheiten, erste Strukturkrisen und allg. Zeichen der Krisenhaftigkeit markant hervortraten. Die Mißerfolge des Interventionismus in der Wirtschaftskrise von 1973/75 und auch Anfang der 1980er Jahre begünstigten dann jedoch einen zweiten Aufschwung neoliberaler Wirtschaftstheorien, vor allem repräsentiert durch *M. Friedman* (→ Monetarismus, „angebotsorientierte" Wirtschaftspolitik). Mit ihrer Stoßrichtung gegen „Monopolstellungen" des Staates und der → Gewerkschaften wurde trotz aller theoretischen Radikalität das privatkapitalistische Monopolproblem praktisch relativiert. Die konzeptionellen Grenzlinien zwischen diesem „Neoliberalismus II" und dem Neo-Konservatismus erweisen sich seit den 1980er Jahren als fließend.

2. Deutlich andere Akzente setzte *R. Dahrendorf* mit seiner soziologischen Wettbewerbs- und Konfliktkonzeption, um angesichts gesellschafts- und sozialstruktureller Machtverfestigungen Chancen für eine „Verfassung der Freiheit" und eine Kultur der offenen Gesellschaft zurückzugewinnen. Gegenüber Eigentums- und Klassenpolarisierung sieht er über pluralistische Vielfalt und Optionen, Mobilität, Marktalternativen zu Staat, → Bürokratie und Organisation, Chancengleichheit über Bildungsausstattung und andere Lebenschancen, erweiterte demokratische → Partizipation, vor allem aber über strukturelle und kulturelle Offenheit für Konflikte Wege für neue Freiheiten des Individuums gegenüber der Verdichtung des „Gehäuses der Hörigkeit" (*Max Weber*). In Strukturveränderungen zu einer „Dienstklassengesellschaft" erhoffte sich *Dahrendorf* zugleich neue Tendenzen für eine soziale Basis des L., wobei er freilich die Gefahren einer neuerlichen Polarisierung der Lebenschancen kritisch thematisierte

(z. B. *Dahrendorf* 1987). Obwohl vergleichsweise komplex und publizistisch effektiv, war die liberalismustheoretische und -praktische Resonanz auf *Dahrendorfs* Ansatz leider eher gering.

3. Noch geringere Bezüge zu politisch-programmatischen, gar parteipolit., Ideologien des L. weisen normative Reflexionen individueller Freiheitsprobleme unter Systembedingungen der Gegenwart auf. Aus dem breiten generalisierten Diskussionsspektrum, bes. zu *Hegel*, *Marx*, *Kant*, Kritischer Theorie und Kritischem Rationalismus, wurden nur zögernd systematisch-praktische Perspektiven expliziert. Wichtige Impulse erhielt diese sozialphilosophische Debatte aus dem angelsächsischen Westen (insbes. aus den USA), vor allem durch *John Rawls*, der in seiner „Theorie der Gerechtigkeit" und weiteren Arbeiten zur Idee des Liberalismus (zusammenfassend 1998) eine vertragstheoretische Begründung liberaler Ordnungen neu konzipiert hat (zur Rezeption und Diskussion im deutschsprachigen Raum vgl. *Höffe*). Eine ähnlich große Bedeutung hat inzwischen die von *K. O. Apel* und von *J. Habermas* entwickelte diskursethische Konzeption sozialer und polit. Normenbegründung für die Klärung der Grundlagenprobleme liberaler Demokratie gewonnen.

IV. Heute gilt L. kaum noch als tragfähige programmatisch-ideologische Basis für polit. Parteien oder anderweitig identifizierbare organisierte polit. Kräfte. Gleichwohl wird L. durchgängig für ein wesentliches Element gegenwärtiger (westl.) Systemstrukturen gehalten (→ Rechtsstaat, Demokratie), so daß man vom strukturellen L. der Gegenwart sprechen kann. Probleme des L. rücken damit zugleich in das Zentrum systematischer und polit.-soziologischer Anstrengungen der Demokratietheorie und der Verfassungssoziologie (vgl. *Shell* 1981), wozu auch neuere Theorien einer gestaltungs- und beteiligungsoffenen → Zivilgesellschaft gehören.

Daß sich am Ende des Ost-West-Konflikts 1989/91 das kapitalistisch/liberal-demokratische Grundmodell des Westens als überlegen erwiesen hat, wird nur von wenigen als liberales „Ende der Geschichte" (*Fukuyama*) gesehen, sondern stellt zwei neue Herausforderungen: Eine liegt darin, daß in Osteuropa und der ehemaligen Sowjetunion Marktökonomie und polit. Demokratie bei unzureichenden kulturellen Grundlagen in komplexen Transformationsprozessen kurzfristig und gleichzeitig etabliert werden sollten und dabei die ohnehin überhöhten Erwartungen starken Enttäuschungen ausgesetzt sind. Auch in dieser „Erfolgskrise" des L. erweisen sich praktisch und in der theoretischen Begleitreflexion die Dimensionen der Wirtschaftsordnung und der liberal-demokratischen polit. Verfassung erneut als nicht hinreichend integriert.

Die andere Herausforderung ergibt sich aus dem in den 1980er und 90er Jahren voll durchschlagenden Prozeß wirtschaftl. → Globalisierung, der selbst durch die Privatisierungs- und Deregulierungsgrundsätze des Neoliberalismus II (und die neokonservative Praxis *Reagans* und *Thatchers*) vorangetrieben wurde. Die Marktkonkurrenz der Wirtschaftsunternehmen ist damit weitgehend nationalstaatl. Steuerung entzogen (modifiziert im europ. Ordnungsrahmen), ohne daß jedoch das Problem der Monopolkontrolle auf globaler Ebene ernsthaft geklärt wäre. Zugleich laufen die liberal-demokratischen Institutionen und die mit ihnen verbundenen Funktionen zunehmend leer.

Insgesamt ist derzeit noch offen, ob nach dem Wegfall des sowjetkommunistischen Gegenmodells die Ent-Ideologisierung der westl. (globalisierten) Systemstrukturen weitergeht, oder ob ein verstärkter inhärenter Bedarf an systematischer Ideologiebildung und Legitimation dem L. zu theoretisch und programmatisch klareren Konturen verhilft. Bes. schwer dürfte dabei die Kluft zu schließen sein, die traditionell zwischen einem systemisch praktizierten Wirtschaftsliberalismus und der theoretisch diskutierten Vereinbarkeit von → Freiheit, → Gleichheit und Eigentum im normativen politischen L. besteht.

Lit.: *Albertin, L.* (Hrsg.) 1980: Politischer Liberalismus in der Bundesrepublik

Deutschland, Gött./Zürich. *Dahrendorf, R.* 1987: Fragmente eines neuen Liberalismus, Stg. *Döhn, L.* ²1998: Liberalismus, in: *Neumann, F.* (Hrsg.): Politische Theorien und Ideologien, Baden-Baden, Bd. 1, 159–234. *Friedman, M.* 1962: Capitalism and Freedom, Chicago/L. (dt. Stg. 1971). *Gall, L.* (Hrsg.) 1976: Liberalismus, Köln. *Gall, L./Koch, R.* (Hrsg.) 1981: Der europäische Liberalismus im 19. Jahrhundert, 4 Bde., Ffm. u. a. *Gutscher, J. M.* 1967: Die Entwicklung der FDP von ihren Anfängen bis 1961, Meisenheim. *Hayek, F. A. v.* 1979: Liberalismus, Tüb. *Hess, J. C./van Stensaal von der Aa, E.* 1981: Bibliographie zum deutschen Liberalismus, Gött. *Holl, K.* u. a. (Hrsg.) 1986: Sozialer Liberalismus, Gött. *Jahrbuch zur Liberalismusforschung,* Bd. 1 (1989) ff., Baden-Baden. *Langewiesche, D.* (Hrsg.) 1988: Liberalismus im 19. Jahrhundert. Deutschland im europäischen Vergleich, Gött. *Müller, J. B.* 1978: Liberalismus und Demokratie, Stg. *Rawls, J.* 1998: Politischer Liberalismus, Ffm. *Schiller, Th.* 1993: Stand, Defizite und Perspektiven der FDP-Forschung, in: *Niedermayer, O./Stöss, R.* (Hrsg.): Stand und Perspektiven der Parteienforschung in Deutschland, Opl., 119–146. *Vorländer, H.* (Hrsg.) 1987: Verfall oder Renaissance des Liberalismus, Mchn.

Theo Schiller

Machiavellismus

Machiavellismus (M.) bezeichnet eine Machtpolitik nach innen und außen, wobei Politik und Moral zugunsten einer völligen Autonomie der ersteren entkoppelt und der skrupellose Einsatz aller möglichen Mittel – konzentriert um die Pole Täuschung und → Gewalt – durch den Erfolgszweck gerechtfertigt wird.

Die Identifizierung dieses Bedeutungskomplexes mit *N. Machiavelli* entstammt einer einseitigen Lektüre, in welcher der Problemrahmen und die Reichweite von *Machiavellis* polit. Theorie – die Schaffung einer polit. Ordnung aus dem Chaos im *„Principe"*, das Ziel einer republikanischen Politik in den *„Discorsi"* – nicht zur Kenntnis genommen und die Optik auf einschlägige Aspekte des *„Principe"* verengt wird. Der Begriff des M. löste sich von seinem Ursprung und wurde – selbst im Mißverständnis wirksam – zum universalen Kampfbegriff, der beliebig adressiert werden konnte (im 17. Jh. an Jesuiten, Royalisten, aber auch an *Cromwell*), eine Bedeutungsinflation zum Amoralischen und Bösen schlechthin (17. und 18. Jh.) oder zum cleveren Egoismus (so heute) durchmachte, aber auch mit Blick auf polit. Handeln gemäß der Staatsräson eine Wendung zum Realistischen erfuhr. Mit Bezug auf die fundamentale Krise der Politik im → Totalitarismus des 20. Jh. kann der M. zur epochalen Zeitdiagnose werden (*Faul* 1961). Er verweist auf den Untergang des Normativen in der Technik der → Macht und ihrer zynischen Faktizität. So verstanden ist der Bezug auf *Machiavelli* immer noch ein Mißverständnis, doch zumindest ein produktives.

Lit.: *Faul, E.* 1961: Der moderne Machiavellismus, Köln u. a. *Gerschmann, K.-H.* 1980: Machiavellismus, in: *Ritter, J./Gründer, K.* (Hrsg.): Historisches Wörterbuch der Philosophie, Bd. 5, Basel, 579–583. *Gilbert, F.* 1973: Machiavellism, in: *Wiener, P. P.* (Hrsg.): Dictionary of the History of Ideas, Bd. III, NY, 116–126. *Meinecke, F.* ⁴1976: Die Idee der Staatsräson in der neueren Geschichte, hrsg. von *W. Hofer*, Mchn. u. a. (zuerst 1924).

Ulrich Weiß

Macht

Macht (M.) ist einer der Grundbegriffe von Politik, → Politikwissenschaft und → Politischer Theorie. Gleichwohl entzieht er sich der eindeutigen Fassung, da er nicht nur kontrovers bewertet, sondern auch deskriptiv-analytisch von höchst unterschiedlichen Rahmenperspektiven aus entwickelt wird.

1. Dem Alltagsverständnis am nächsten kommt der handlungstheoretische Begriff von M. als instrumentell verstärkte praktisch-technische Wirkmöglichkeit. In diesem Rahmen bewegt sich die Definition von M. als Inbegriff

an „gegenwärtigen Mitteln zur Erlangung eines zukünftigen anscheinenden Guts" (*Hobbes*: „Leviathan", Kap. 10) und als „jede Chance, innerhalb einer sozialen Beziehung den eigenen Willen auch gegen Widerstreben durchzusetzen, gleichviel worauf diese Chance beruht" (*Weber* 1980: 28).

Mit Bezug auf einzelmenschliche, Gruppen- oder staatl. Akteure ergeben sich folgende Charakteristika: Die soziale Machtrelation impliziert eine Asymmetrie zwischen Machthaber und Machtunterworfenen. M. ist wesentlich Möglichkeit, und zwar reale oder zumindest als real fingierte; M. ist wohl dann am größten, wenn sie allein aufgrund der Möglichkeit eines effektiven Handelns wirksam wird (ein Moment dauerhafter Herrschaftsbeziehungen). Die Machtmittel sind konkret beliebig besetzbar; unter dem Bezugsgesichtspunkt ihrer Verwertung als M. werden Dinge, Eigenschaften, Menschen, Beziehungen zu äquivalenten Machtressourcen. Zu diesen Mitteln gehören reale (z. B. Gewaltmittel) ebenso wie fiktive („Im Ruf von M. stehen ist Macht." *Hobbes*: „Leviathan", Kap. 10).

2. Innerhalb eines funktional-strategischen Paradigmas haben sich verschiedene Machttheorien ausgebildet. Im Gegensatz zu bisherigen hierarchischen Konzepten einer herrschenden und unterdrückenden Instanz (in der Politik der Souverän) diagnostiziert *M. Foucault* (1978) in der → Moderne dynamische und bewegliche → Netzwerke der Macht. Diese „Dispositive" (Sexualität, Pädagogik, Psychiatrie, polit. organisierte Bevölkerungskörper, der Apparat der Wissenschaften) durchdringen die einzelnen Menschen und bestimmen deren Existenzweise, ja Identität. M. funktioniert in den Dispositiven nicht mehr repressiv, sondern v. a. produktiv.

Was hier im großen Rahmen einer Kulturgenealogie entwickelt wird, das wird tendenziell auch von system- und kommunikationstheoretischen Modellen thematisiert. *K. W. Deutsch* (1973) unterscheidet zwischen einer rein auf Außenwirkung orientierten lernunfähigen *„gross power"* und einer sich im Informationsaustausch entfaltenden lernfähigen *„net power"*. *N. Luhmann* entwickelt eine Theorie der M. als „symbolisch generalisiertes Medium der Kommunikation" (*Luhmann* 1975: 3), das Kommunikationsprozesse und deren Selektionsleistungen mit dem Effekt steuert, „die Wahrscheinlichkeit des Zustandekommens unwahrscheinlicher Selektionszusammenhänge zu steigern" (*ebd.*: 12). Machttheorien des funktionalen Paradigmas verbreitern das unilineare Kausalmodell der Einwirkung eines Akteurs gegenüber anderen auf Modelle der → Interdependenz, deren Netzwerke Verhandlungsprozeduren und Koalitionsbildungen implizieren und M. in eine Theorie sozialer Steuerung integrieren. In diesem Zusammenhang gewinnen „weiche" Arten von M. wie kompensatorische Belohnungen oder Konditionierungen durch kulturelle Standards, Verhaltensnormen und Überzeugungen ideologischer und moralischer Art an Bedeutung (*Galbraith* 1987). Im funktionalen Paradigma kann auch die dynamische Logik der M. erfaßt werden, die das individuelle Wollen übersteigt: M. als ein (bereits von *Hobbes* und *Nietzsche* beschriebener) selbstreferentieller Prozeß mit selbststeigernder Tendenz.

Lit.: *Deutsch, K. W.* ³1973: Politische Kybernetik, Freib. (zuerst engl. 1963). *Faber, K.-G.* 1982: Macht, Gewalt, in: *Brunner, O.* u. a. (Hrsg.): Geschichtliche Grundbegriffe, Bd. 3, Stg., 817–935. *Foucault, M.* 1978: Dispositive der Macht, Bln. *Galbraith, J. K.* 1987: Anatomie der Macht, Mchn. (zuerst engl. 1983). *Gebhardt, J./Münkler, H.* (Hrsg.) 1993: Bürgerschaft und Herrschaft. Zum Verhältnis von Macht und Demokratie im antiken und neuzeitlichen politischen Denken, Baden-Baden. *Imbusch, P.* (Hrsg.) 1998: Macht und Herrschaft, Opl. *Luhmann, N.* 1975: Macht, Stg. *Röttgers, K.* 1990: Spuren der Macht, Freib. u. a. *Sandner, K.* ²1992: Prozesse der Macht, Hdbg. *Weber, M.* ⁵1980: Wirtschaft und Gesellschaft, Tüb. (zuerst 1921/22).

Zelger, J. 1975: Konzepte zur Messung der Macht, Bln.

Ulrich Weiß

Magisches Viereck → Stabilitätspolitik

Marktwirtschaft

Bezeichnung für eine Wirtschaftsordnung mit dezentralen Planentscheidungen der am Wirtschaftsprozeß Beteiligten, bei der der Markt mit seinem Preissystem als Informations- und Koordinationsinstrument genutzt wird. M. wird sowohl als Idealtypus als auch als Realtypus verwendet, und teilweise werden die Begriffe Verkehrswirtschaft und → Kapitalismus synonym benutzt.

1. Die klassische Theorie der M. (insbes. *A. Smith*) ist eng mit der Gesellschaftslehre des → Liberalismus verbunden. Von sozialistischen und marxistischen Positionen aus wird die „anarchistische" M. als Kapitalismus einer Fundamentalkritik unterzogen. Die praktischen Krisenerfahrungen, insbes. die Weltwirtschaftskrise 1929, führten aber auch zu verstärkten Diskussionen und Ausdifferenzierungen der Leitbilder (z. B. → Soziale Marktwirtschaft) und Positionen (z. B. Ordoliberalismus) innerhalb der Verfechter der Marktwirtschaft. Ein zentraler Streitpunkt ist die Rolle des Staates in der M. und damit verbunden die Frage der Interdependenz zwischen polit. und wirtschaftl. Ordnung.

Zu den wichtigsten Kritikpunkten zählen Einschränkungen des Wettbewerbs durch Vermachtung der Märkte (unterschiedliche Aspekte wie Monopol, Ausbeutung der Verbraucher, Manipulation der Bedürfnisse durch Werbung, größenbedingte Asymmetrien, „Sozialisierung" der Verluste bei Großunternehmen, Herrschaft der Manager), krisenträchtige gesamtwirtschaftl. Instabilitäten mit Massenarbeitslosigkeit und → Inflation (→ Arbeitslosigkeit, → Konjunkturpolitik, → Monetarismus), ungerechte Verteilung der Ergebnisse (Einkommen und Vermögen) sowie zunehmend das Verhältnis von M. und Ökologie (→ Umweltpolitik).

2. Ungeachtet der vielfältigen Kritikansätze sind die mit der Nutzung des Marktes als kostengünstiges Informations- und Koordinierungsinstrument verbundenen ökonom. Vorteile so überzeugend, daß die Diskussion spätestens nach dem Offenbarungseid des real existierenden Sozialismus im „Wettkampf der Systeme" fast ausschließlich um die Optimierung und bestmögliche Variante innerhalb der prinzipiellen Option M. kreist. Die schwierigen Transformationsversuche früherer sozialistischer Planwirtschaften haben aber unterstrichen, wie stark funktionsfähige M. insbes. von der Eigentumsordnung, der Motivationsstruktur der Wirtschaftssubjekte und der Fähigkeit des Staates, für einen angemessenen ordnungspolit. Rahmen zu sorgen, abhängig sind.

3. Auch auf der Ebene der Weltwirtschaft herrscht prinzipiell ein dezentral gesteuertes System der M., das schon mangels eines Weltstaates als polit. Träger einer zentralen weltweiten Wirtschaftsplanung ohne Alternative ist. Der unter dem Stichwort → Globalisierung diskutierte Trend zu einer intensiven weltweiten privatwirtschaftl. → Integration ist bisher aber verbunden mit einer nur sehr begrenzten polit. Rahmensetzung mittels → Internationaler Organisationen (insbes. → IWF, → WTO, → Weltbank). Auch wenn die in den 1970er Jahren forcierte Forderung der Entwicklungsländer nach einer Neuen Weltwirtschaftsordnung nicht zuletzt wegen planwirtschaftl. Elemente gescheitert ist, bleibt gerade angesichts der Globalisierungstendenz der Ausbau eines ordnungspolit. Rahmens für eine internat. M. auf der weltpolit. Tagesordnung (→ Global Governance).

Lit.: *Eucken, W.* [9]1989: Die Grundlagen der Nationalökonomie, Bln. u. a. *Hayek, F. A. v.* [3]1991: Die Verfassung der Freiheit, Tüb. *Hensel, K. P.* [4]1992: Grundformen der Wirtschaftsordnung: Marktwirtschaft – Zentralverwaltungswirtschaft, Mchn. *Jens, U.* (Hrsg.) 1991: Der Umbau – Von der Kommandowirtschaft zur öko-sozialen Marktwirtschaft, Baden-Baden. *Leipold, H.* [5]1988: Wirtschafts- und Gesellschaftssysteme im Vergleich, Stg. *Recktenwald, H. C.* 1980: Markt und Staat, Gött. *Smith, A.*

[7]1996: Der Wohlstand der Nationen, Mchn. *Schumpeter, J. A.* [7]1993: Kapitalismus, Sozialismus und Demokratie, Tüb. *Streißler, E./Watrin, Chr.* (Hrsg.) 1980: Zur Theorie marktwirtschaftlicher Ordnungen, Tüb. *Vaubel, R./Barbier, H. D.* (Hrsg.) 1986: Handbuch Marktwirtschaft, Pfullingen.

Uwe Andersen

Marxismus

Von Marxismus (M.) zu reden ergibt eigentlich keinen Sinn, da der Begriff heute eher als wissenschaftspolit. Kampfbegriff denn als Charakterisierung einer gesellschafts- oder politikwissenschaftl. Theorie Verwendung findet und eine heterogene und in sich widersprüchliche Vielzahl theoretischer Ansätze und darauf gegründeter polit. Positionen zusammenzufassen sucht. Als Minimalkonsens läßt sich festhalten, daß mit M. all die Ansätze gemeint sind, die sich irgendwie positiv auf die Lehre von *Karl Marx* und *Friedrich Engels* berufen, und zwar auf deren theoretisch-methodische Konzepte „Historischer Materialismus" und „Kritik der Politischen Ökonomie". Darin werden (1) eine bestimmte Konzeptualisierung der jeweiligen Beziehungen oder Vermittlungen zwischen Wirtschaft, Gesellschaft, polit. Herrschaftsformen und ideologischen Deutungsmustern formuliert, (2) die historisch-dialektische Methode zur Analyse dieser Zusammenhänge vorgestellt.

Auf dieser Grundlage entwickelt *Marx* seine Theorie der bürgerlich-kapitalistischen Gesellschaft, und zwar nicht nur als Voraussetzung für deren jeweilige historische Analyse und Kritik, sondern auch als Grundlage für ihre revolutionäre Überwindung durch das Proletariat. Da der M. sich so bewußt als wissenschaftl. Reflex und Anleitung zur gesellschaftsverändernden Praxis versteht, resultieren Differenzen zwischen sog. Marxisten aus unterschiedlichen historischen, nat. und polit. Erfahrungen sowie deren unterschiedlicher Verarbeitung und Umsetzung.

Historisch-systematisch lassen sich eher praktisch gewordene Marxismen wie die der I., der II. (Demokratischer Sozialismus) und der III. Internationale (Marxismus-Leninismus, Maoismus, jugoslawischer Selbstverwaltungssozialismus) von eher theoretisch-reflexiv gebliebenen unterscheiden, wofür in der Zwischenkriegszeit die bedeutsamsten Beispiele der Austromarxismus in Österreich (*Max Adler, Rudolf Hilferding, Karl Renner, Otto Bauer), Antonio Gramsci und Arturo Labriola* in Italien, *Rosa Luxemburg, Karl Korsch, Georg Lukác, Ernst Bloch* und die Kritische Theorie (*Theodor W. Adorno, Max Horkheimer, Herbert Marcuse, Franz Neumann, Ernst Fromm*) in D sind. Nach dem II. Weltkrieg erlebt der sog. westl. M. in weiterhin kritischer Absetzung von Vulgärmarxismus, Marxismus-Leninismus und reformerischer Sozialdemokratie neue Höhepunkte im existentialistischen (*Jean Paul Sartre*) und strukturalistischen M. (*Louis Althusser, Nicos Poulantzas*) in Frankreich, im historischen der USA und GBs (*Maurice Dobb, Paul Baran, Paul Sweezy, Christopher Hill, Edward Thompson, Eric Hobsbawn*) sowie in verschiedenen Strömungen der Außerparlamentarischen Opposition von 1968. Als aktuellste Varianten gelten der „analytische Marxismus", der vor allem im angelsächsischen Sprachraum mit abstrakten theoretischen Modellen und spieltheoretischen *rational choice*-Annahmen der marxistischen Theoriebildung ein neues Fundament zu geben versucht, und die franz. „*Théorie de la régulation*" mit ihrer historischen Phasenunterscheidung von Fordismus und Postfordismus.

Aus all diesen Reflexionen sind wichtige Weiterentwicklungen und Modifikationen der Methodik, der Kapitalismus- und Klassenanalyse und der → Staatstheorie ebenso hervorgegangen wie weitreichende Angriffe auf „maskulines und patriarchalisches Denken" bei *Marx* und dessen unkritische Technik- und Fortschrittsgläubigkeit, weshalb heute eher von der „Krise des M." oder dem Postmarxismus die Rede ist. Als geschichtsmächtig hat sich auch die in den Ländern des real existierenden Sozialismus von kritischen Marxisten ausgearbeitete Kritik am sog. Marxismus-Leninismus für die Erosion und den Zusammenbruch dieser Variante des → Kommunismus erwiesen. Für die sozialwissenschaftl. Forschung liegt die Bedeutung der unterschiedlichen kritischen Marxismen in ihrem Angriff auf zu enge einzelwiss. Professionalisierung und dem Zerreißen des Zusammenhangs zwischen gesellschaftl. Produktionsverhältnissen und Herrschaftsformen; für die Politikwissenschaft i. e. S. in der Forderung, bei der Untersuchung politisch-institutioneller Gegebenheiten und normativen Zielen, die Bedeutung von Ökonomie und sozialen Kräfteverhältnissen nicht zu vernachlässigen.

Lit.: *Aglietta, M.* 1979: A Theory of Capitalist Regulation, L. *Anderson, P.* 1978: Über den westlichen Marxismus, Ffm. *Beer, U.* 1990: Geschlecht, Struktur, Geschichte. Soziale Konstituierung des Geschlechterverhältnisses, Ffm./NY. *Fetscher, I.* [4]1985: Karl Marx und der Marxismus, Mchn. *Haug, W. F.* (Hrsg.) 1983: Kritisches Wörterbuch des Marxismus, Bln. *Korsch K.* 1969: Karl Marx, Ffm. *Kraiker, G.* 1996: Theorie von Karl Marx/Friedrich Engels, in: *Neumann, F.* (Hrsg.): Handbuch Politische Theorien und Ideologien 2, Opl., 75–110. *Marx, K./Engels F.* 1957 ff.: MEW, 42 Bde., Bln. *Roemer, J.* 1986: Analytical Marxism, Camb./NY. *Vranicki, P.* 1983: Geschichte des Marxismus, erweiterte Ausgabe, Ffm.

Josef Esser

Massenkommunikation

I. Flächenstaaten gleich welcher polit. Verfaßtheit haben sich seit jeher zur Herstellung und Sicherung ihrer Herrschaftsorganisation der Notwendigkeit gegenübergesehen, große Distanzen überwindende Kommunikationsstrukturen zu schaffen. Die Demokratisierungsprozesse in Europa, die überwiegend in der zweiten Hälfte des 19. Jh. begannen und die systematische Einbeziehung der gesamten rechtsfähigen Bevölkerung in den polit. Entscheidungsprozeß durch allg., freie und gleiche Wahlen anstrebten, haben jedoch den Blick für den Umstand geschärft, daß eine fundierte polit. Beteiligung aller Bürger, soll sie nicht zur Farce werden, einer von den polit. Akteuren unabhängigen, regelmäßigen und zuverlässigen Berichterstattung zur Information über Politik und zur Herstellung von → Öffentlichkeit bedarf. Der Logik der arbeitsteiligen Verfaßtheit moderner demokratischer Gesellschaft entspricht daher zur Wahrnehmung dieser Integrations- und Vermittlungsfunktion mit dem Ziel der Information die Ausdifferenzierung eines gesellschaftl. Subsystems Massenkommunikation (*Luhmann* 1996: 9–52).

In der mittlerweile klassischen Definition von *G. Maletzke* (1976: 4) handelt es sich bei Massenkommunikation (M.) um Aussagen, die „öffentlich durch technische Verbreitungsmittel indirekt und einseitig an ein disperses Publikum vermittelt werden". Es liegt auf der Hand, daß von dieser Begriffsbestimmung vor allem die gängigen Massenmedien Tageszeitung und Zeitschriften (Printmedien) sowie Radio und Fernsehen (elektronische Medien) erfaßt werden, deren Verbreitung sämtlich dem einseitigen Prinzip des „einer an viele" folgt.

Immer schon ist die Entwicklung eines Mediensystems entscheidend von den gegebenen technischen Rahmenbedingungen geprägt gewesen. In der Massenkommunikationsforschung wird daher seit einigen Jahren intensiv diskutiert, in welchem Maße technische Innovationen (z. B. Digitalisierung, Glasfaser- und Breitbandtechnik) eine Neukonzeptualisierung von M. erforderlich machen. Dabei geht es insbes. um das Problem, daß durch die Fusion von Telekommunikation und computergesteuerten Netzen, wie sie durch das Internet verkörpert wird, neue, interaktive Kommunikationsmedien entstehen, welche „die Einbahnstraßen ‚herkömmlicher Massenkommunikation' in nutzerfreundliche Datenautobahnen mit ‚Zwei-Wege-Kommunikation' transformieren werden" (*Wehner* 1997: 97). Damit wird die prinzipielle Frage der Abgrenzung zwischen Massen- und Individualkommunikation (einer an einen) aufgeworfen, zumal angesichts der großen Geschwindigkeit, mit der sich die Bevölkerung der BRD, bei immer noch deutlichem Rückstand zu Ländern wie den USA, das Internet erschließt: So ist im zweiten Halbjahr 1999 die Zahl der Internet-Nutzer von 9,9 Mio. auf 15,9 Mio., d. h. um rund 60 % gestiegen; 30 % der Bevölkerung im Alter zwischen 14 und 69 Jahren verfügen inzwischen über einen Internet-Zugang. Nicht unerwartet verändert sich mit dessen Ausbreitung auch das klare sozialstrukturelle Profil der frühen Internet-Nutzer (wohlhabend, städtisch, männlich, jung, gebildet) in Richtung des Bevölkerungsdurchschnitts. So ist es nicht übertrieben, das Internet als Verkörperung der neuen elektronischen Kommunikationsformen als Herausforderung nicht nur der „klassischen" Massenmedien, sondern auch der Kommunikationsforschung zu begreifen.

Selbst bei etwas distanzierterer Betrachtung wird offensichtlich, daß die postindustrielle → Gesellschaft sämtlich bereits mehr oder weniger weit auf diesem technologieinduzierten Weg in die Informations- bzw. Wissensgesellschaft fortgeschritten ist (zu diesen Begriffen siehe *Kaase* 1999). Zwar handelt es sich dabei und bei ähnlichen Begriffen (etwa Datenautobahn, Teledemokratie, *Cyberspace*) noch um Metaphern, die erst mit analytischem wie empirischem Gehalt gefüllt werden müssen. Dennoch liegen dem Übergang von der Telematik als Konvergenz von Telekommunikation und Computertechnik zur Mediamatik als Ausdehnung der Telematik auf breitbandige Kommunikation unter dem besonderen Aspekt der Verflechtung mit dem Rundfunk (*Latzer* 1997: 60–84) ganz reale Veränderungen zentraler wirtschaftl. und technologischer Strukturen zugrunde, die bei künftigen Analysen des Systems der M. zunehmend Beachtung finden müssen. Multimedia ist in diesem Zusammenhang eines der einschlägigen Stichworte.

II. In D hat ein langer Weg von der Zeitungskunde zur modernen Publizistik- und Kommunikationswissenschaft geführt. In seiner frühesten Phase ist die Forschungsagenda dieses Faches sehr stark durch die heuristische *Lasswell*-Formel aus dem Jahre 1948 geprägt worden: „Wer sagt was in welchem Kanal zu wem und mit welcher Wirkung?" (*Lasswell* 1964 [1948]: 37). Diese Formel, so allgemein sie auch ist, besitzt zwei wichtige Vorzüge: Sie verweist auf die Ganzheitlichkeit des Kommunikationsprozesses, und sie gestattet gleichzeitig die konzeptionell angeleitete Fokussierung auf bestimmte Teilaspekte des Kommunikationsgeschehens. Kommunikator-, Inhalts- und Wirkungs-/Rezeptionsanalyse sind Beispiele für wichtige Teilbereichsorientierungen in der Betrachtung von Massenkommunikation.

Unter diesen Schwerpunkten hat insbes. die Wirkungsanalyse lange Zeit die Aufmerksamkeit der Forschung und der Öffentlichkeit, nicht zuletzt unter dem Aspekt der Gewaltdarstellungen im Fernsehen, gefunden. Mit der Einführung des privaten Rundfunks in vielen europ. Ländern, die lange Zeit durch die Dominanz des öffentl.-rechtl. Rundfunks gekennzeichnet waren, gewinnen jedoch auch Probleme der Medienökonomie, etwa in Gestalt von z. T. grenzüberschreitenden großen Medienkonglomeraten, zunehmend an Bedeutung. Hier sind auch Probleme anzusiedeln, die bei den elektronischen Medien aus der Aufhebung der in der Vergangenheit systemkonstitutiven Trennung von Programmanbietern, Netzbetreibern und Produzenten von Endgeräten folgen.

Insgesamt dürften diese Entwicklungen zu einer Differenzierung und z. T. Veränderung der substantiellen wie theoretischen Perspektiven der Massenkommunikationsforschung (für Einzelheiten siehe die Beiträge in *Publizistik* 1997) sowie der von ihr verwendeten Forschungsdesigns und -methoden führen. Damit hat sie sich weit von ihrer Jugendphase entfernt, in der sie durch relativ einfache, zeitlich begrenzte dominante Paradigmen gekennzeichnet war. Dazu gehörten im Bereich der Wirkungsforschung in den 1930er und 1940er Jahren das Konzept der mächtigen Medien, das unter dem Eindruck der sich durch die Verbreitung des Radios neu eröffnenden Propagandachancen entstand und dem durch die psychologische Theorie der engen Verbindung von Stimulus und Reaktion Vorschub geleistet wurde. In den 1950er und 60er Jahren führten nicht zuletzt die Ergebnisse der wahlsoziologischen Studien der Gruppe um *Paul F. Lazarsfeld*, die erstmals die These eines über Meinungsführer (*opinion leaders*) vermittelten Kommunikationsflusses (*two step flow of communication*) formulierten, zu der Interpretation der machtlosen, weil lediglich vorhandene Einstellungen verstärkenden Medien. Die 1970er und frühen 1980er Jahre werden dann wiederum, wesentlich auf der Grundlage der flächendeckenden Verbreitung des Fernsehens und einer Vielzahl von Forschungsbefunden zu mittel- und langfristigen Medienwirkungen, als Rückkehr zum Konzept der mächtigen Medien charakterisiert.

III. Betrachtet man die Entstehung des Mediensystems nach 1945 in D, so ist in bes. Maße auf die Rolle der Besatzungsmächte hinzuweisen. Gemeinsam war den vier Alliierten bezüglich der Printmedien die Entscheidung, zum Zwecke des Bruches mit dem → Nationalsozialismus über eine je nach Besatzungsphilosophie im Detail unterschiedlich strukturierte Lizensierungspolitik demokratisch bzw. kommunistisch fundierte polit. Resozialisierungsstrategien zu institutionalisieren. Auch der Aufbau des dt. Rundfunksystems (von Rundfunk und Fernsehen) nach 1945 wurde entscheidend durch die Vorgaben der Besatzungsmächte bestimmt.

Der Konsens der Westalliierten, den dt. Rundfunk staatsfern zu organisieren, resultierte neben der Entscheidung zur Erhebung von Nutzungsgebühren in einer Gremienstruktur, in der neben dem Intendanten als verantwortlichem Anstaltsleiter und dem Verwaltungsrat als administrativem Aufsichtsgremium der Rundfunkrat die zentrale gesellschaftspolit. Funktion innehatte. Der Wunsch der Westalliierten nach Staatsunabhängigkeit des Rundfunks hat ebenfalls dazu geführt, daß es immer wieder Kontroversen über die Auslegung des in Art. 73 GG festgelegten Post- und Fernmeldemonopols des Bundes gab. Die laut Verfassung wesentlich eingeschränkte Rolle des Bundes bei Entscheidungen über den Rundfunk mündete 1960 in einen großen Verfassungskonflikt zwischen den Ländern und dem Bund, als die Bundesregierung unter *Konrad Adenauer* die *Deutschland-Fernsehen-GmbH* mit dem Ziel der Ausstrahlung eines vom Bund kontrollierten nat. Fernsehprogramms gründete. Dieser Konflikt wurde durch das Bundesverfassungsgericht letztlich zugunsten der Länder entschieden.

IV. Die nach den Turbulenzen der 1960er Jahre zu beobachtende Strukturstabilität des dt. Rundfunksystems erfuhr durch zwei zunächst getrennte, sich jedoch später verbindende Entwicklungen schon in den 1970er Jahren wieder eine Herausforderung. Die das Rundfunkmonopol des öffentl.-rechtl. Rundfunks absichernde Frequenzknappheit geriet mit der Entwicklung neuer Verbreitungstechniken (Kabel, Satelliten) unter polit. Druck.

Mit der folgenden Debatte über die Erweiterung des bundesdt. Rundfunksystems durch private Anbieter, einer Frage, in der die zwischen 1969 und 1982 regierende SPD und die CDU/CSU-Opposition ganz unterschiedliche Positionen vertraten, war nach der Bundestagswahl 1976 auch die Problematik der parteipolit. Beeinflussung der Bürger durch das öffentl.-rechtl. Fernsehen verknüpft worden. Gestützt durch von

E. Noelle-Neumann vorgelegte Befunde, mit denen sie ihre These von der Schweigespirale öffentlichkeitswirksam vortrug, vertrat die CDU/CSU die Auffassung, sie habe die Bundestagswahl mit 48,6 % der Zweitstimmen letztlich nur wegen einer polit. Einflußnahme des Fernsehens auf die Wähler zugunsten der sozialliberalen Koalition („das doppelte Meinungsklima") verloren, und knüpfte daran Forderungen zur Zulassung privater Rundfunkveranstalter mit dem Ziel der Herstellung von mehr externer Programmvielfalt.

Der so technisch wie polit. induzierte, wegen der föderalen Struktur der BRD jedoch äußerst langwierige Entscheidungsprozeß zur Neuordnung des dt. Rundfunkwesens mündete, nicht zuletzt auf der Grundlage des vierten „Rundfunkurteils" des Bundesverfassungsgerichts vom 4. 11. 1986, in dem die rechtl. Rahmenbedingungen für die Einführung des privaten Rundfunks und die Aufgabe der Grundversorgung der Bevölkerung durch den öffentl.-rechtl. Rundfunk bestimmt wurden, in den „Staatsvertrag zur Neuordnung des Rundfunkwesens" (Rundfunkstaatsvertrag), der am 31. 12. 1987 in Kraft trat. Es schuf die wesentlichen Voraussetzungen für die Dualisierung des bundesdt. Rundfunkwesens. Seither ist das dt. Rundfunksystem nicht nur föderalistisch verfaßt und verflochten, sondern in seinen zwei Hauptpfeilern dual organisiert. Später beschlossene Dritte (1996) und Vierte (2000) Rundfunkänderungsstaatsverträge beließen diese Struktur.

V. Bis 1987 besaßen die öffentl.-rechtl. Rundfunksender faktisch ein Angebotsmonopol für Fernsehprogramme; mit der zunehmenden Zahl privater Programme hat sich bis 1998 die mit öffentl.-rechtl. Fernsehen verbrachte Zeit auf durchschnittlich 41 % (alte Länder: 43 %, neue Länder: 37 %) vermindert. Diese Zahlen offenbaren eine gravierende Umschichtung der Sehgewohnheiten.

Die Öffnung des Fernsehmarktes hat auch enorme wirtschaftl. Implikationen. Zwar ist laut geltendem Staatsvertrag der zur ausschließlichen Finanzierung der Veranstalter dienende Programmanteil von Werbung nach wie vor bei 20 % festgeschrieben, doch hat die zunehmende Zahl und Verbreitung privater Programme insgesamt zu einem Anstieg der Nettoumsätze aus Werbung von rund 640 Mio. DM 1989 auf rund 7,9 Mrd. DM 1998 geführt. In etwa demselben Zeitraum sind die Netto-Werbeumsätze der ARD von rund 730 Mio. DM bzw. dem ZDF von rund 710 Mio. DM auf rund 350 Mio. DM bzw. 312 Mio. DM zurückgegangen. Diese Zahlen sind ein aufschlußreicher Hinweis auf das wachsende Gewicht wirtschaftl. Gesichtspunkte im Rundfunksystem insgesamt.

In den alten Bundesländern hat sich die von Erwachsenen mit Fernsehen genutzte Zeit zwischen 1985 und 1999 um fast eine Stunde erhöht (*Berg/Kiefer* 1996). Diesen Anstieg wird neben strukturellen Faktoren wie dem Zuwachs an frei verfügbarer Zeit auch die wachsende Zahl von Anbietern und Programmen im Rundfunk sowie die Diversifizierung des Zeitschriftenmarktes erklären helfen.

Die Folgen der Dualisierung des Rundfunksystems auf die Weltsichten, polit. Orientierungen und allg. Lebensweisen der Bürger sind angesichts des Umstandes, daß die Dualisierung erst seit 1989 in nennenswertem Umfang greift, noch nicht verläßlich auszumachen. Zumindest für den Bereich der Politik ist jedoch festzuhalten, daß die öffentl.-rechtl. und privaten Veranstalter sich darin unterscheiden, in welchem Verhältnis Information und Unterhaltung angeboten werden (*Media Perspektiven* 1999: 24–25). Allerdings haben sich die zunächst erheblich divergierenden Stile der polit. Berichterstattung beider Systeme inzwischen stark angenähert, wobei beide Seiten zu dieser Konvergenz beigetragen haben. Solche Befunde können helfen, die Depolitisierungstendenzen in der Wahlbevölkerung zu erklären, die z. B. *W. Schulz* (1997) gefunden hat.

VI. Die zunehmende Durchdringung zeitgenössischer postindustrieller Gesellschaften durch etablierte wie neuartige Kommunikationssysteme mag zwar auf längere Sicht tatsächlich zu der erwarteten multimedialen Aufhebung der Trennung von Massen- und Individualkommunikation führen. Sie dürfte damit jedoch vor allem den Komplexitätsgrad diesbezüglicher Forschung erhöhen, ohne eine analytisch fundierte Trennung dieser unterschiedlichen Kommunikationsformen obsolet zu machen. Daß die technikinduzierte Dynamik des Übergangs in die Informations- bzw. Wissensgesellschaft (oder welche sonstige Metapher man für diesen künftigen Gesellschaftstyp wählen mag) auch die Strukturen des Systems der M. nachhaltig verändern wird, ist weniger die Frage als vielmehr, mit welchem Zeithorizont dieser Prozeß ablaufen wird. Nicht zuletzt stellt sich daher für die Forschung die Aufgabe, diese Entwicklungen begleitend zu analysieren und dabei auch die Folgen und Wirkungen in den Blick zu nehmen, die sich daraus für die Lebenswelt der Menschen und für die polit. Ordnungsform der Demokratie, etwa im Kontext der Debatten über die Teledemokratie und die wachsende Bedeutung des strategischen Kommunikationsmanagements durch polit. Akteure, ergeben (dazu *Publizistik* 1997).

→ Internet und Politik; Medienpolitik; Medien und Politik

Lit.: *Berg, K.*/Kiefer, M.-L. (Hrsg.) 1996: Massenkommunikation V. Eine Langzeitstudie zur Mediennutzung 1964–1995, Baden-Baden. *Kaase, M.* 1999: Deutschland als Informations- und Wissensgesellschaft, in: *Kaase, M./Schmid, G.* (Hrsg.): Eine lernende Demokratie. 50 Jahre Bundesrepublik Deutschland, WZB-Jahrbuch 1999, Berlin, 529–559. *Lasswell, H. D.* 1964: The Structure and Function of Communication in Society, in: *Lyman B.* (Hrsg.): The Communication of Ideas, NY (zuerst 1948), 37–51. *Latzer, M.* 1997: Mediamatik. Die Konvergenz von Telekommunikation, Computer und Rundfunk, Opl. *Luhmann, N.* [2]1996: Die Realität der Massenmedien, Opl. *Maletzke, G.* 1976: Ziele und Wirkungen der Massenkommunikation, Hamb. *Media Perspektiven* (Hrsg.) 1999: Basisdaten. Daten zur Mediensituation in Deutschland 1999, hrsg. im Auftrag der Arbeitsgemeinschaft der ARD-Werbegesellschaften, Ffm. *Publizistik* 1997, Schwerpunktheft Medien- und Gesellschaftswandel – Wandel der Forschung?, 42(1). *Schulz, W.* 1997: Politische Kommunikation: Theoretische Ansätze und Ergebnisse empirischer Forschung, Opl./Wsb. *Wehner, J.* 1997: Interaktive Medien Ende der Massenkommunikation, in: ZfS, 26, 96–114.

Max Kaase

Mediation

Mediation (M.; engl. für Vermittlung), Fachterminus für solche Formen friedlichen Konfliktmanagements, bei denen eine dritte Partei einen Konflikt beizulegen oder seine Eskalation zu verhindern sucht. M. wird in unterschiedlichen Konflikten angwandt, etwa bei Familienkonflikten oder Tarifauseinandersetzungen. In den → Internationalen Beziehungen bezieht sich der Begriff auf die friedliche Intervention externer Parteien in internat. oder innerstaatl. Krisen und Kriegen. M. wurde im → Völkerrecht Ende des 19. Jh. institutionalisiert. Nach 1945 etablierten sich zunächst die → UN als internat. Vermittlungsinstitution, doch mittlerweile haben auch regionale Organisationen (z. B. OAU, OAS, → OSZE), Nichtregierungsorganisationen und Privatpersonen in zahlreichen Konflikten und Kriegen vermittelt.

Der als Oberbegriff gebräuchliche Terminus M. umfaßt ein breites Handlungsspektrum. Die Stille Diplomatie versucht, bei einem Kommunikationsstillstand durch das Übermitteln von Informationen wieder indirekte Kontakte herzustellen. Gute Dienste stellen logistische Voraussetzungen für direkte Gespräche zwischen den Konfliktparteien bereit. Bei Verhandlungen kann die dritte Partei die Kommunikation erleichtern, indem sie hilft, die verschiedenen Standpunkte deutlicher herauszuarbeiten. Beraten die Vermittler die Parteien, etwa über Verhandlungstechniken, so spricht man von Konsultation, bringen sie eigene Problemlösungsvorschläge ein, von Mediation i. e. S. Bei der Schiedsgerichtsbarkeit entscheidet ein unabhängiges Gericht oder eine Kommission über den Konflikt. Ziel der meisten Aktivitäten im Bereich der M. ist das Aushandeln eines Waffenstillstandes oder Friedensvertrages.

Lit.: *Bercovitch, J.* (Hrsg.) 1998: Resolving International Conflict. The Theory and Practice of Mediation, Boulder. *Hoffmann-Riem, W.* (Hrsg.) 1990: Konfliktbewältigung durch Verhandlungen, Baden-Baden. *Kleiboer, M.* 1998: The Multiple Realities of International Mediation, Boulder. *Webb, K.* 1995: International Mediation in Perspective, L.

Andrea Liese

Medien und Politik

I. In demokratischen Systemen stehen Medien und Politik in einem engen Austauschverhältnis, das von gegenseitiger Abhängigkeit gekennzeichnet ist. Die Medien aggregieren und selektieren die Erwartungen der Bevölkerung an die Politik und sie informieren über polit. Prozesse und interpretieren und bewerten diese für die Bevölkerung und ermöglichen so polit. → Öffentlichkeit. Das → Politische System bedarf dieser Vermittlungsleistung der Medien auf der Input- und der Outputseite für seine Legitimation und um Unterstützung für sein Handeln zu generieren (→ Legitimität). Die Medien wiederum brauchen die Informationen aus der Politik, um ihrer öffentl. Aufgabe, die eine Informations-, Meinungsbildungs- sowie eine Kritik- und Kontrollfunktion umfaßt, nachkommen zu können. Wenngleich sich Mediensystem und polit. System in ihren Zielen also überschneiden, arbeiten beide jedoch nach je unterschiedlichen Regeln. Sammeln, Auswahl, Bearbeitung und Darstellung von Informationen durch die Medien geschehen nach ihren spezifischen Aufmerksamkeitsregeln. Das polit. System, auf die Hervorbringung verbindlicher Entscheidungen gerichtet, hat dafür eigene Regeln. Zur Deckung kommen die Aufmerksamkeitsregeln der Medien und der Politik unter Umständen da, wo der Politik an einer wirksamen Darstellung ihrer Entscheidungen gelegen ist.

II. Um die Chance zu erhöhen, in den Medien Berücksichtigung zu finden, und dies möglichst in einer ihr zuträglichen Weise, bemüht sich die Politik, Einfluß auf die Berichterstattung zu gewinnen. Das geschieht zum einen durch Abstimmung ihrer Informationsangebote auf die Auswahl- und Bearbeitungsroutinen der in den Medienorganisationen Tätigen. Solche Art der aktiven Kommunikationsarbeit polit. Akteure versucht, Aufmerksamkeit für die Politik zu schaffen, sie auf solche Themen zu lenken, die die Politik selbst für opportun hält, und jedes Thema mit einem geeigneten Bezugsrahmen zu versehen (*Agenda Setting, Framing*). Diese wird dabei zunehmend von Experten aus der *Public Relation*- und Werbebranche unterstützt. Als polit. Marketing sind solche Strategien insbes. zu Wahlkampfzeiten evident. Zum anderen bieten sich den polit. Akteuren formelle und informelle Wege, um die Medienberichterstattung in ihrem Sinne zu konditionieren.

So verfügen Parteien, Parlamente und Regierungen als „gesellschaftlich relevante Gruppen" über Sitze in den Aufsichtsgremien der öffentlich-rechtl. Rundfunkanstalten. Die Rundfunkräte bzw. beim ZDF der Fernsehrat haben eine Kontroll- und Beratungsfunktion hinsichtlich des Programms; die Verwaltungsräte prüfen den Haushalt und überwachen die Geschäftsführung des Intendanten. Wiewohl die Mitglieder der Rundfunkräte nach einem Urteil des Bundesverfassungsgerichts („WDR-Urteil", 1991) zur Sicherung der Meinungsvielfalt Vertreter der Allgemeinheit und nicht Interessenvertreter der sie entsendenden Gruppen sind, bleibt eine parteipolit. Orientierung auch der nicht aus der Politik entsandten Mitglieder meist offensichtlich („Freundeskreise"). Da die Intendanten von den Rundfunkräten gewählt werden und einige Rundfunkgesetze diesem Gremium auch Mitspracherechte bei der Besetzung anderer Leitungspositionen einräumen, ist so der unmittelbare Einfluß auf die Personalpolitik gegeben. Darüber hinaus eröffnen die „Beratung in Programmfragen" sowie persönliche Bekanntschaften durch die Zusammenarbeit den Vertretern der Politik Möglichkeiten zur Wahrung eigener Interessen. Ähnlich wie in den Kontrollgremien der öffentlich-rechtl. Rundfunkanstalten sind Repräsentanten der Politik auch in den Aufsichtsgremien für den privaten Rundfunk vertreten. Diese haben jedoch keinen Einfluß auf die Personalpolitik der Sender.

Auf informellem Wege sucht die Politik ihre Interessen durch Informationsaustausch mit Medienvertretern in sog. Hintergrundgesprächen sowie durch direkte persönliche Kontakte mit Journalistinnen und Journalisten zu sichern. Hier treffen die Interessen beider Seiten unmittelbar aufeinander: Während die Akteure der Politik nach Öffentlichkeit für sich persönlich sowie für ihre polit. Positionen und damit nach Prestige- und Machtgewinn streben, versprechen sich die Journalisten Zugang zu möglichst exklusiven Informationen und durch die Nähe zur Macht auch persönliches Prestige bei Kollegen und Publikum. Dieses enge Verhältnis zwischen Politikern und Journalisten wird daher häufig als symbiotische Beziehung bezeichnet.

III. Der tiefgreifende Wandel, der das deutsche Mediensystem etwa seit Beginn der 1980er Jahre erfaßt hat, hat auch die Bedingungen für die Berichterstattung über Politik verändert. Die Einführung privaten Rundfunks ab 1984 zog eine Vervielfältigung der Hörfunk- und Fernsehsender nach sich. Die verschärfte Konkurrenz hat auch die öffentlich-rechtl. Sender ergriffen und insgesamt eine Kommerzialisierung des Medienmarktes bewirkt. Mit der Vielzahl der Kanäle und einer entsprechenden Fragmentierung der Zuschauer in potentiell unterschiedliche Teilöffentlichkeiten, was die Integrationsfunktion der Massenmedien in Frage stellen könnte, wird es für die Politik schwieriger, das Publikum anzusprechen. Zudem erleichtert die große Zahl konkurrierender Programme dem Publikum das Ausweichen vor der Politik. Da solche Angebote, die primär die Unterhaltungserwartungen der Zuschauer bedienen, größeren Zuspruch (Einschaltquoten) erfahren, droht Politik nach Umfang und Sendezeit zu einem peripheren Thema oder aber zu einem Spezialthema (Nachrichtenkanäle) zu werden. Politik, die sich in der Angebotskonkurrenz bewähren soll, weist daher zunehmend solche Charakteristika auf, die sich bei anderen Angeboten als attraktiv für das Publikum erwiesen haben.

In bezug auf Wahlkämpfe als Phasen intensivierter polit. Kommunikation ist diese Entwicklung immer wieder als Amerikanisierung bezeichnet worden. Gemeint ist die Professionalisierung der polit. Kommunikation als Reaktion auf gesellschaftl. Wandel, der zu einer größeren Unberechenbarkeit der Wählerschaft geführt hat (labilere Parteibindungen), schrumpfende Entscheidungsspielräume der Politik sowie auf die beschriebenen Veränderungen des Mediensystems. Mit der Professionalisierung der Politikvermittlung kommt es zur Entideologisierung, zur Personalisierung einschließlich einer stärkeren Betonung des Privaten und zum aktiven Kommunikationsmanagement, das auf Anpassungs-, Aufmerksamkeits- und Ablenkungsstrategien setzt. Dieses richtet sich vorrangig auf das Fernsehen, das als audiovisuelles Medium in besonderer Weise auch die emotionale Ansprache des Publikums erlaubt. Wegen der höheren Glaubwürdigkeit zielt die Politik dabei bevorzugt auf diejenigen redaktionellen Angebote, die von den Medien selbst verantwortet werden. Daneben gewinnen solche Formate bzw. andere Kommunikationskanäle an Bedeutung, die für die polit. Akteure besser kalkulierbar sind und ihnen mehr Raum für die Selbstdarstellung lassen. Das betrifft z. B. *Talk Shows*, Formen polit. Werbung, für die die Massenmedien nur als Träger fungieren, sowie neuerdings das → Internet, das der Politik den direkten Weg zu ihrem Publikum öffnet. Die Vermittlung von Politik nach den Gesetzen des Marketings sowie die Fokussierung auf das Fernsehen erfordern auch einen (neuen) Politikertyp mit entsprechenden Eigenschaften bzw. der Fähigkeit zur Anpassung an die Regeln professionalisierter Politikvermittlung.

IV. Da Politik in der Massengesellschaft für den einzelnen nur sehr bedingt direkt erfahrbar ist, spielen die Medien eine wichtige Rolle in der Konstruktion der polit. Realität. Das enge Verhältnis von Politik und Medien, der Inszenierungscharakter der Politikdarstellung sowie die damit wachsende Neigung der Medien, die Strategien der Politik zu thematisieren, haben immer wieder Anlaß zu der Befürchtung gegeben, diese Entwicklungen könnten zu einer Entfremdung der Bürgerinnen und Bürger von der Politik führen. Zudem wird generell die Orientierung für den einzelnen in Anbetracht der wachsenden Menge täglich angebotener und jegliche Grenzen überschreitender Informationen immer schwieriger. Wenigstens bei denjenigen, die für den sinnvollen Umgang mit den Medien unzureichend ausgebildet sind (Medienkompetenz), dürfte dies den Rückzug auf eindeutige und weniger anspruchsvolle Medienangebote fördern.

→ Massenkommunikation; Medienpolitik

Lit.: *Donsbach, W.* u. a. 1993: Beziehungsspiele – Medien und Politik in der öffentlichen Diskussion, Gütersloh. *Luhmann, N.* 1996: Die Realität der Massenmedien, Opl. *Holtz-Bacha, C.* 1997: Das fragmentierte Medien-Publikum, in: APuZ, B42, 13–21. *Schulz, W.* 1997: Politische Kommunikation, Opl./Wsb. *Jarren, O.* u. a. (Hrsg.) 1998: Politische Kommunikation in der demokratischen Gesellschaft, Opl./Wsb. *Sarcinelli, U.* (Hrsg.) 1998: Politikvermittlung und Demokratie in der Mediengesellschaft, Opl./Wsb.

Christina Holtz-Bacha

Medienpolitik

I. Im wissenschaftl. Sprachgebrauch benennt Medienpolitik (M.) ein polit. motiviertes und intendiertes Handeln, das sich auf die Organisation, die Funktionsweise, die Ausgestaltung und die materielle sowie personelle Seite der Massenmedien bezieht. M. stellt die Massenmedien Presse und Rundfunk in den Mittelpunkt, weitere Medien (z. B. Film und Filmförderung, fallen dagegen zumeist unter die → Kulturpolitik). Derzeit unterliegen Medien einer umfassenden Umstrukturierung angesichts von Digitalisierung und Vernetzung, die neue Angebotsformen (Online-Zeitung, Internet-Radio etc.) entstehen ließ, die sich vor allem durch Interaktivierung und Individualisierung auszeichnen. In der Konvergenz von Computertechniken, Telekommunikation und herkömmlichen Medien lösen sich viele Grenzlinien auf, weshalb dafür plädiert wurde, mit Kommunikationspolitik einen weiteren Begriff einzuführen (ein Terminus, wie er schon seit vielen Jahren zur Beschreibung des Politikfeldes in der Kommunikationswissenschaft verwandt wird).

Der Bereich der Medien stellt sich als ein altes Feld polit. Handelns dar. Zu den frühen Praktiken zählt, daß Zeitungen „staatlich privilegiert" wurden, also einer Lizenz bedurften und landesherrlicher Zensur unterlagen. Der Kampf des Bürgertums gegen diese Eingriffe in die Freiheit der Presse verband sich mit der Forderung nach eigener → Öffentlichkeit, in der unkontrollierte Diskurse über das polit. Geschehen geführt werden können. Eine Freiheit der Presse entstand erst allmählich, erstmals wurde sie in der US-Verfassung umfassend garantiert (im *First Amendment*), darauf wurden Medien- und Meinungsfreiheit zum festen Bestand moderner Grundrechtskataloge. Als Freiheit vom Staat war sie in D im wesentlichen mit dem ersten Reichspressegesetz (1874) gesichert. Im GG wird sie im Art. 5 garantiert, allerdings unter Gesetzesvorbehalt gestellt. Während ein Presserechtsrahmengesetz angesichts zu unterschiedlicher Vorstellungen der Interessierten nie verabschiedet wurde, werden zentrale Prinzipien in ähnlich lautenden Pressegesetzen der Länder normiert (etwa: Impressum, Zeugnisverweigerungsrecht, Gegendarstellung).

Presse bezeichnet in diesem Zusammenhang regelmäßig erscheinende Publikationen, insb. Zeitungen und Zeitschriften. Vergleichbare rechtl. Rahmenbedingungen gelten auch für Publizistik im Bereich der elektronischen Medien (Hörfunk und Fernsehen). Anders als bei der privatwirtschaft. verfaßten Presse hat sich bei letzteren ein duales System entwickelt, bestehend aus öffentlich-rechtl. Anstalten und privat-kommerziellen Unternehmen. In (recht freier) Interpretation des GG hat das Bundesverfassungsgericht entschieden, daß die rechtl. Belange des Rundfunks in die ausschließliche Kompetenz der Länder fallen. Daher wurden hier für den öffentl. Bereich Rundfunkgesetze, für den kommerziellen Bereich Landesmediengesetze erlassen und als Aufsichtsorgane Landesmedienanstalten geschaffen. Das resultierende duale System ist typisch für Europa, in den USA ist dagegen das kommerzielle Prinzip vorherrschend, ergänzt um kleine nicht-kommerzielle Sender.

Obwohl Medien schon immer Gegenstand staatl. Handelns waren, entstand der Begriff M. erst in den 1970er Jahren, als Parteien und andere Akteure begannen, medienpolit. Programme vorzulegen und sich zu engagieren. In diesem Jahrzehnt entzweiten sich die großen Akteure vor allem über Fragen der Zulassung kommerzieller Anbieter und der Einführung neuer Medien.

II. Legen wir die geläufige Dreiteilung in *polity*, *politics* und *policies* zugrunde, so fallen in die erste Kategorie Fragen der Kommunikationsverfassung in D. Charakteristisch ist hier, daß die Bestimmungen der Verfassung sehr allgemein gehalten sind, was dazu führte, daß das Bundesverfassungericht zu einem zentralen Akteur werden konnte, insbes. mit den sog. Fernsehurteilen (das erste 1961), in denen dem öffentlich-rechtl. Bereich eine besondere, quasi konstitutive Rolle zugedacht wird (Grundversorgung).

Politics ist vor allem *input*-orientiert: Hier fällt auf, daß viele Akteure auch ausserhalb der Parteien sich medienpolit. positioniert haben, z.B. Kirchen, Wirtschaftsverbände und Gewerkschaften, Sport-, Umwelt-, ja sogar (im CDU-Umfeld) Vertriebenenverbände. Hintergrund ist, daß diese Organisationen in vielen Rundfunkräten als „gesellschaftlich relevante Gruppen" vertreten und damit medienpolit. eingebunden sind. Allerdings operieren die meisten von ihnen im Umfeld einer der beiden großen Parteien, mit denen sie sich in informellen „Freundeskreisen" treffen und Personalentscheidungen gemeinsam entscheiden. Im Ergebnis ist ein stark vom Proporz der beiden großen Parteien gekennzeichetes System entstanden, nach dem Spitzen der Anstalten besetzt werden, aber auch Standorte verteilt sind (die zwei „Senderfamilien" verteilen sich auf Bayern (*Kirch*) und Nordrhein-Westfalen (*Bertelsmann*).

Im *policy*-Bereich ist auffällig, daß es in einer Mehrebenen-Struktur Entscheidungsträger auf nahezu allen Ebenen gibt, von der EU (etwa Richtlinie „Fernsehen ohne Grenzen", zuerst 1989) über die Bundesebene (Multimediagesetz, Regulierungsbehörde für Telekommunikation und Post, RegTP) bis zu den Ländern (siehe oben); dazu tritt die Zwischenebene der Staatsverträge aller Länder (ZDF-Staatsvertrag, Rundfunkstaatsvertrag).

Neben dieser Makroebene sollte die Mikroebene nicht übersehen werden, auf der z. B. das Wechselverhältnis zwischen Politikern und Journalisten von Interesse ist. Es wird meist als spannungsvoll interpretiert (in den USA der Politiker als *adversary* der Journalisten), kann aber auch von Vertraulichkeit geprägt sein (→ Medien und Politik). Erklärungsansätze schwanken zwischen einer Dependenz- und einer Funktionalisierungsthese, gern wird auch die Spieltheorie zur Beschreibung zitiert. Dazu treten die Belange der Medienrezipienten, traditionell wurden sie als passiv und konsumorientiert gesehen (parallel zum Modus des apathischen Bürgers). Mit Ausbreitung des sehr viel dialogischer arbeitenden und interaktiven Internet verbindet sich die Hoffnung, daß es den sich engagierenden Aktivbürger quasi technisch bestärkt. Die Chancen und Risiken dieser Form polit. Mobilisierung werden unter Schlagworten wie „elektronische Demokratie" diskutiert, welche dann wieder auf die Makroebene zurückführen.

III. In der internat. Dimension hat es medienpolit. Kontroversen vor allem auf der Ebene der UNESCO im Rahmen der → Vereinten Nationen gegeben. Dort standen sich in den 1970er Jahren das westl.-liberale Modell eines *Free Flow of Communications* und die Forderung nach stärkerer Steuerung zur Behebung von Ungleichheiten in einer *New International Information Order* unversöhnlich gegenüber. Ein Streit, der im Zeitalter von globalen Techniken wie Satelliten und Internet inzwischen faktisch zugunsten ersterer Position entschieden wurde.

IV. Im internat. Vergleich setzten sich vor allem zwei Rundfunkmodelle durch, die sich als Säulen einer dualen Struktur auch in D wiederfinden. Die Idee eines *Public Service*, eines öffentl. gestalteten, überwiegend über Gebühren finanzierten Rundfunks, der einem der Allgemeinheit verpflichteten Programmauftrag folgt, wurde in Europa (zuerst BBC) entwickelt. Das Modell eines kommerziellen Rundfunks, produziert in Erwerbsunternehmen, finanziert überwiegend durch Werbung und an Gewinn orientiert, kam aus den USA. Auch in der Rundfunkaufsicht finden sich differierende Modelle. In Nordamerika (FCC in USA, CRTC in Kanada) wurde eine integrierte Kommunikationsaufsicht etabliert, die Medien und Telekommunikation unter einem Dach vereint; in Europa herrschen geteilte Modelle vor, etwa in GB die ITC für den Rundfunk, Oftel für Telekommunikation. Im Sonderfall D agiert die RegTP auf Bundesebene, die Rundfunkaufsicht liegt bei den Ländern.

Wenn es richtig, ist, daß derzeit Medien, Kommunikation und Information in digitalisierten Netzen miteinander verschmelzen, dann wird über eine Neuordnung der Aufsicht nachzudenken sein (für D wurde ein integrierter Bund-Länder-Kommunikationsrat vorgeschlagen). Die Politik hat auch medienpolit. Visionen entwickelt, wie es mit der durch technischen Wandel forcierten Entwicklung weitergehen soll. In Europa und D dominieren Leitvorstellungen einer „Informationsgesellschaft" (etwa in den Berichten der Bangemann-Gruppe 1994 und der Enquete-Kommission des Deutschen Bundestages 1998), in den USA wurde eine *National Information Infrastructure* vorgeschlagen (popularisiert 1993 vom damaligen Vizepräsidenten Al Gore als *Information Superhighway*).

Lit.: *Donges, P./Jarren, O./Schatz, H.* (Hrsg.) 1999: Globalisierung der Medien?, Wsb. *Jarren, O./Sarcinelli, U./Saxer, U.* (Hrsg.) 1998: Politische Kommunikation in der demokratischen Gesellschaft, Wsb. *Kleinsteuber, H. J.* (Hrsg.) 1996: Der Information Superhighway, Opl. *Meyn, H.* 1999: Massenmedien in der Bundesrepublik Deutschland, Konstanz. *Sarcinelli, U.* (Hrsg.) 1998: Politikvermittlung und Demokratie in der Mediengesellschaft, Bonn. *Schütz, W. J.* (Hrsg.) 1999: Medienpolitik. Konstanz. *Schulz, W.* 1997: Politische Kommunikation. Opl. *Schwarzkopf, D.* (Hrsg.) 1999: Rundfunkpolitik in Deutschland, 2 Bde., Mchn. *Tonnemacher, J.* 1996: Kommunikationspolitik in Deutschland, Konstanz. *Wittkämper, G. W.* (Hrsg.) 1996: Kommunikationspolitik. Darmst.

Hans J. Kleinsteuber

Mehrheit/Mehrheitsprinzip → Verfassungsgrundsätze

Menschenrechte

Unter Menschenrechten (M.) versteht man Rechte der Individuen, die ihnen unabhängig von ihrer Zugehörigkeit zu Staaten von „Natur aus" zukommen.

1. Erste Vorstellungen eines allen Menschen als Menschen zukommenden Rechts finden sich in der Antike bei der Stoa und im römischen Recht. Die Lehre von den M. wird vom aufstrebenden Bürgertum als Mittel zur Durchsetzung von → Freiheit und → Gleichheit gegenüber der feudalen und absolutistischen Ständegesellschaft eingesetzt. Die naturrechtl. Konstruktion eines Gesellschaftsvertrages – bei *Hobbes, Locke, Rousseau* usw. – geht davon aus, daß Menschen im vorstaatl. „Naturzustand" ein „Recht auf alles" haben, was zu ihrer Selbsterhaltung notwendig ist. Um des friedlichen Zusammenlebens und des gemeinsamen Überlebens (im Kampf gegen die Natur und potentielle Feinde) willen müssen sie in einem Vertrag auf einen Teil dieses umfassenden, absoluten Rechts verzichten. Der Vertrag wäre aber sinnlos und unverbindlich, wenn er mit einem Totalverzicht auf die angeborenen Rechte jedes Menschen verbunden wäre. Selbst für *Thomas Hobbes,* der doch einen absoluten Souverän im Interesse der Verhinderung des lebensbedrohenden Bürgerkrieges postuliert, gibt es eine Grenze des Verzichts: Sobald der Souverän nicht mehr imstande ist, das Recht auf Leben und dessen Verteidigung zu garantieren, entfällt die Gehorsamspflicht ihm gegenüber.

2. Die M. gehören in die Tradition der liberalen Auffassung von Freiheit. Sie berufen sich in England auf die vertraglichen Vereinbarungen zwischen dem Adel und der Krone (*Magna Charta Libertarum,* 1215), in der allerdings diesem allein das Recht zuerkannt wurde, nur durch ein Gericht von Gleichrangigen verurteilt zu werden, und der König sich zur Respektierung der Adelsprivilegien verpflichten mußte. Die 1689 dem vom Parlament auf den englischen Thron berufenen König *William I.* abgenötigte *Bill of Rights* dehnt die Rechte auf größere Teile der brit. Bevölkerung aus, ohne daß man schon von „allgemeinen M." sprechen könnte. In England haben sich die M. faktisch durch allmähliche Ausweitung der ursprünglich allein dem Adel vorbehaltenen Privilegien durchgesetzt.

John Locke unterstellt als vorstaatl. Rechte jedes Individuums ein Recht auf Leben, Freiheit und Eigentum. Damit geht er in der Theorie weit über *Hobbes* hinaus, der lediglich das Leben als vorstaatl. Naturrecht annahm. Unter Eigentum versteht *Locke* neben dem materiellen Besitz auch das Recht zur Ausübung einer speziellen Religion. Die Kehrseite der Verknüpfung von Naturrecht und Eigentum ist allerdings, daß die polit. Rechte (die Bürgerrechte, wie sie seit der Französischen Revolution im Unterschied zu den M. genannt werden) auf die Eigentümer beschränkt bleiben. Nur wer über eigene Produktionsmittel verfügt, kann auch im Staat frei sein und an der polit. Willensbildung durch passives und aktives Wahlrecht teilnehmen. Dieser Gedanke von *Locke* hat dazu beigetragen, daß das → Wahlrecht in England erst schrittweise von den Beziehern hoher Einkommen (aus Besitztiteln) auf weniger Wohlhabende und schließlich auf die Gesamtheit der Erwachsenen ausgedehnt wurde (zwischen 1831 und 1918/28).

3. *Karl Marx* hat in seiner Schrift „Zur Judenfrage“ ein inneres Spannungsverhältnis zwischen M. und Bürgerrechten in den Verfassungen der Französischen Republik wie nordamerikan. Einzelstaaten aufgewiesen. Die M., so zeigt er, sind letztlich Rechte des Privatmannes, dem die freie Verfügung über sein Eigentum (im Rahmen der Gesetze) garantiert wird. Während sich alle M. – Freiheit des Kaufs und Verkaufs, Freizügigkeit, Meinungsfreiheit, Sicherheit usw. – auf Privatrechte der Eigentümer zurückführen lassen, die ihre Mitbürger als ebenso viele (leider unvermeidliche) Beschränkungen ihrer Freiheit ansehen, sind die Bürgerrechte *(droits du citoyen)* Rechte des mit dem Gemeinwesen verbundenen sozialen Menschen, die man auch Teilhaber-Rechte nennen kann. Der *citoyen* muß bereit sein, sein Eigentum und selbst sein Leben für das Gemeinwesen hinzugeben, der auf seine „M.“ pochende *bourgeois* ist nur an der Bewahrung seines Eigentums interessiert.

Daß M. und Bürgerrechte miteinander in Konflikt geraten können, hat auch die Geschichte gezeigt: Wenn das „Vaterland in Gefahr“ ist, verlangt die Regierung der Republik die Zurückstellung der egoistischen Eigentümerinteressen (und daher der M., soweit sie das Eigentum schützen) zugunsten der „*levée en masse*“ und der Versorgung der Truppen. Der Wille des *citoyen,* der seine Rechte auf Teilhabe an der Gesetzgebung und Regierung wahrnimmt, geht über die Wünsche des *bourgeois,* der sich auf die M. beruft, im Notfall hinweg. *Hegel,* dessen Staatsbürger eine Art vergeistigter *citoyen* ist, hat daher nicht zufällig davon gesprochen, daß erst im Krieg sich die Wahrheit der Bedeutung des Staates offenbare, weil dann mit den „erbaulichen Reden“ vom „Opfern des Eigennutzes für das → Gemeinwohl“ wirklich „ernst gemacht“ werde.

Während der *Marx*sche → Sozialismus an eine Zukunftsgesellschaft glaubte, in der beide „Arten von Rechten“ überflüssig geworden sind, weil alle Individuen sich allseitig entfalten können und jede staatl. Zwangsordnung überflüssig geworden wäre, hat der neuzeitliche Sozialstaat den Katalog der M. um eine Reihe von sozialen Rechten erweitert.

4. Die ursprünglichen M. waren Abwehrrechte zugunsten des Individuums. Die sozialen Rechte sind Anspruchsrechte der Individuen an den Staat. Das M. auf Leben (Unversehrtheit) wird ausgeweitet zu einem Recht auf Gewährleistung des Existenzminimums, das M. der Meinungsfreiheit zu einem Recht auf Bildung (Schulbildung, Zugang zu allen Bildungseinrichtungen), das Recht auf körperliche Unversehrtheit zu einem Recht auf Gesundheitsfürsorge und Erholung, das Recht auf freie Berufswahl zu einem Recht auf Arbeit.

→ Grundrechte, → Menschenrechtspolitik

Lit.: *Brugger, W.* 1980: Menschenrechtsethos und Verantwortungspolitik, Freib./Mchn. *Hoffmann, J.* (Hrsg.) 1991: Begründung von Menschenrechten aus der Sicht unterschiedlicher Kulturen, Ffm. *Kühnhardt, L.* ²1992: Die Universalität der Menschenrechte, Bonn. *Tetzlaff, R.* (Hrsg.) 1993: Menschenrecht und Entwicklung, Bonn.

Iring Fetscher

Menschenrechtspolitik

I. Unter Menschenrechtspolitik (M.) wird die gezielte Förderung der Schaffung und Durchsetzung von internat. Menschenrechtsnormen verstanden. Erst im 20. Jh. – und hier besonders nach dem II. Weltkrieg – wird der Menschenrechtsschutz als eine internat. Verantwortung erkannt und damit M. ein Thema der internat. Politik.

Als Gründe dafür sind im wesentlichen vier Entwicklungen auf nat. und internat. Ebene zu nennen: (1) Ganz allgemein gerät das Individuum aufgrund einer wachsenden transnat. Mobilität als internat. Akteur stärker in das Blickfeld; (2) die bereits nach dem I. Weltkrieg auftretenden Probleme der Anerkennung und Durchsetzung von menschenrechtlich begründeten Ansprüchen auf nat. Selbstbestimmung; (3) die zunehmende faktische und später auch rechtliche Internationalisierung der → Sozialen Frage (z. B. Internat. Arbeitsorganisation, ILO); und (4) die verheerenden Auswirkungen einer menschenverachtenden rassistischen Vernichtungspolitik des Dritten Reiches sowie die verschiedenen Formen rassistischer Politik, die immer wieder einzelne nat. Gesellschaften prägen, wie bisher die Apartheidpolitik, haben das Bewußtsein für die Notwendigkeit eines internat. verantworteten Menschenrechtsschutzes geweckt. Rechtsdogmatisch war die Öffnung des → Völkerrechts hin zur Anerkennung des Individuums als Träger völkerrechtlich begründeter Rechte und damit als zumindest teilweise rechts- und prozeßfähiges Subjekt des Völkerrechts durch völkerrechtliche Verträge und die Rechtsprechung des Ständigen Internat. Gerichtshofes in der Zwischenkriegszeit vorbereitet worden.

Auf dieser Basis kommt es nach dem II. Weltkrieg vornehmlich im Bereich der → Vereinten Nationen (UN), aber auch regional zu zahlreichen internat. Menschenrechtskodifikationen. Neben der Charta der UN, die eine Verpflichtung der Mitgliedstaaten zur Achtung der Menschenrechte enthält, sind Marksteine für die Internationalisierung der Menschenrechte die Allgemeine Erklärung der Menschenrechte von 1948, die Pakte der UN über bürgerliche und polit. Rechte und über wirtschaftl., soziale und kulturelle Rechte von 1966 sowie die Konventionen über das Verbot der Rassendiskriminierung (1966), der Diskriminierung in Beschäftigung und Beruf (1958), im Erziehungswesen (1960) und der Diskriminierung der Frau (1979), die Konvention zum Schutz der Rechte des Kindes (1989). Eine weitere universale Spezialkonvention von großer Bedeutung ist das UN-Übereinkommen gegen Folter und andere grausame, unmenschliche oder erniedrigende Behandlung oder Strafe von 1984, ergänzt durch die Verfahrensordnung des Überwachungsausschusses von 1997. Auf regionaler Ebene sind als die bisher bedeutendsten Fortschritte die Europ. Menschenrechtskonvention von 1950 (EMRK) und die Amerikan. Menschenrechtskonvention von 1969 zu nennen. Mit dem Beitritt der ehemaligen Ostblockstaaten zur EMRK ist die Bedeutung der KSZE-Schlußakte als Standard menschenrechtl. Verhaltens für den europ. Raum zurückgegangen. Eine neue Dimension regionaler Menschenrechtskodifikation ist mit der Annahme der Afrikanischen Charta der Menschenrechte und Rechte der Völker (1981) eröffnet worden, welche die spezifischen kulturellen und sozialen Bedingungen der Vertragsstaaten in der Kodifikation widerspiegelt. Ein Beispiel einer nicht regions-, sondern religionsbezogenen Kodifikation der M. bilden die Allgemeine Islamische Menschenrechtserklärung von 1981 und die jüngere Islamische Menschenrechtserklärung von Kairo (1990). Als ein neues Feld der Entwicklung des internat. Menschenrechtsschutzes steht heute der Schutz der Rechte der Ureinwohner/Urbevölkerungen (*indigenous people*, z. B. Indianer, Inuit) auf der Tagesordnung.

II. Die Skala der internat. Verfahren zur Durchsetzung der Menschenrechte reicht von Formen gerichtlicher Entscheidung bis zu polit. Sanktionsmechanismen in Gestalt öffent. Diskussionen internat. Gremien über Stand und Wirksamkeit der Menschenrechte in einzelnen Staaten oder in Gestalt der Anwendung polit. und wirtschaftl. Sanktionen gegen menschenrechtsverletzende Staaten. Auf universaler Ebene (UN, Sonderorganisationen der UN) sind Verfahren nicht-judiziärer Art zur Durchsetzung der Menschenrechtsprüfung von Staatenberichten über den Stand der Verwirklichung der Menschenrechte – Behandlung von Individualbeschwerden über Menschenrechtsverletzungen durch unabhängige Expertenausschüsse – am verbreitetsten. Die gerichtsförmige Durchsetzung der Menschenrechte ist bisher am weitesten im Rahmen der EMRK verwirklicht. Auf der Ebene der UN zeigte sich seit dem Ende des → Ost-West-Konflikts eine wachsende Bereitschaft, schweren Verletzungen der Menschenrechte mit Zwangsmaßnahmen nach Kapitel VII der Charta der UN zu begegnen (z. B. Somalia, Bosnien-Herzegowina; → Humanitäre Intervention). Trotz der unleugbaren Fortschritte in der Entwicklung und Anwendung der verschiedenen Durchsetzungsverfahren ist kritisch anzumerken, daß insgesamt die internat. verantwortete Durchsetzung der Menschenrechte bisher mit der raschen Entwicklung des internat. Bestandes an verbindlichen Menschenrechtsnormen nicht Schritt gehalten hat. Doch ist die erhebliche Erweiterung der Zahl der EMRK-Vertragsstaaten, die sich mit dem Beitritt aufgrund des 11. Protokolls *ipso iure* der Zuständigkeit des Gerichtshofes (EMRGH) unterwerfen, ein positives Zeichen. Dennoch kommt der nichtjudiziären und polit. Menschenrechtsdurchsetzung weiterhin ein hoher Stellenwert zu.

III. M. wird im gegenwärtigen internat. System auf zwei Ebenen verfolgt. Zum einen sind Träger einer M., die im eigentlichen Sinne als „international" bezeichnet werden kann, eine Vielzahl internat. und regionaler Organisationen, unter denen die UN selbst, die ILO, die UNESCO sowie → Europarat und → Europäische Union hervorzuheben sind. Letztere hat mit ihrer neuen Praxis, sog. Menschenrechtsklauseln in Verträge mit Dritten aufzunehmen, ein Signal gesetzt. Eine wachsende Rolle in der M. spielen auch nichtstaatl. Organisationen wie *Amnesty International*. Zum anderen sind es die Staaten, die in ihrer nat. → Außenpolitik immer wieder menschenrechtl. Ziele durchzusetzen suchen.

Die wesentlichen Elemente der M. internat. Organisationen sind die Fortentwicklung des einschlägigen Normenbestandes, die Förderung der materiellen und ideellen Voraussetzungen für eine Menschenrechtsdurchsetzung, vor allem im wirtschaftl. und sozialen Bereich, und schließlich die Gestalt annehmende Ahndung von Menschenrechtsverletzungen durch internat. Strafgerichte. Nat. M. zielen vorrangig auf die Sicherung der Einhaltung internat. und nat. Menschenrechtsverbürgungen innerhalb solcher Staaten, die strukturell oder auch nur *ad hoc* Menschenrechtsverletzungen begehen. Instrumente solcher Politik sind u. a. die Vorenthaltung oder Gewährung wirtschaftl. Vorteile. Die Bereitschaft der Staaten zu einer Koppelung von Einhaltung der Menschenrechte und Gewährung wirtschaftl. Vorteile oder *vice versa* ist allerdings noch immer uneinheitlich. Während auf internat. und nat. Ebene die M. Erfolge aufweist, bestehen weiter Gefahren für den Menschenrechtsschutz. Trotz dem Ende des Ost-West-Konflikts besteht weiterhin kein weltweiter Konsens über Inhalt und Reichweite der zu schützenden Menschenrechte. So gerät M. immer wieder in den ideologischen und damit auch den machtpolit. Streit der Staaten. Namentlich die Frage der Einschränkung des Interventionsverbots zugunsten eines effektiveren internat. Schutzes bleibt streitig.

Lit.: *Amnesty International* 1993: Menschenrechte vor der Jahrhundertwende, Ffm. *Baum, G./Riedel, E./Schaefer, M.* 1998, Menschenrechtsschutz in der Praxis der Vereinten Nationen, Baden-Baden. *Delbrück, J.* 1993: Die Universalisierung des Menschenrechtsschutzes: Aspekte der Begründung und Durchsetzbarkeit, in: *Zunker, A.* (Hrsg.): Weltordnung oder Chaos?, Baden-Baden, 551–566. *Dicke, K.* 1992: Die der Person innewohnende Würde und die Frage der Universalität der Menschenrechte, in: *Bielefeldt, H./Brugger, W./Dicke, K.* (Hrsg.): Würde und Recht des Menschen, Würzburg, 161–182. *Gading* 1996, Der Schutz grundlegender Menschenrechte durch militärische Maßnahmen des Sicherheitsrates – das Ende staatlicher Souveränität?, Bln.

Kerber, W. (Hrsg.) 1991: Menschenrechte und kulturelle Identität, Mchn. *Tomuschat, Ch.* 1991: Bewahrung, Stärkung, Ausgestaltung. Zur künftigen Menschenrechtspolitik Deutschlands in der Weltorganisation, in: Vereinte Nationen, 39, 6–10. *Tomuschat, Ch.* (Hrsg.), Modern Law of Self-Determination, Dordrecht u. a. *United Nations*, General Assembly Doc. A/44/668 (1989): Effective Implementation of International Instruments on Human Rights, including Reporting Obligations under International Instruments on Human Rights, NY. *Wolfrum, R.* 1993: Die Entwicklung des internationalen Menschenrechtsschutzes. Perspektiven nach der Weltmenschenrechtskonferenz von Wien, in: EA, 48, 681–690.

Jost Delbrück

Migration/Migrationspolitik

Migration umfaßt alle Wanderungsbewegungen von Menschen, seien es Individuen oder Gruppen, die ihren bisherigen Wohnsitz längerfristig oder dauerhaft wechseln, unabhängig von den Motiven oder Ursachen, welche der Verlagerung des Wohnsitzes zugrunde liegen. Migrationspolitik (M.) ist der gezielte Versuch, von staatl. bzw. suprastaatl. Seite auf die räumliche → Mobilität Einfluß zu nehmen. Die Richtung der Wanderungsbewegung, die Motive, die Ursachen sowie die polit. Intentionen, die mit der M. verfolgt werden, sind ihrerseits kennzeichnend für die Typen von Migration, zwischen denen unterschieden werden kann. In den westl. Industrieländern herrscht der Typus der Zuwanderung von Ausländern vor. Die M. versucht, Ausmaß und Merkmale dieses Prozesses zu steuern.

1. In allen europ. Ländern wird die M. kontrovers diskutiert, wenn auch die Ausgangslagen in den verschiedenen Ländern zum Teil erhebliche Unterschiede aufweisen. Während die ausländerpolit. Diskussion in der BRD und den meisten ihrer unmittelbaren Nachbarländer lange Zeit von Fragen der Arbeitskräftezuwanderung bestimmt war, führte der Wegfall des „Eisernen Vorhangs“ zu einer für D spezifischen Zuwanderung: die der Aussiedler, v. a. zunächst aus Polen und später aus den GUS-Staaten. In den mediterranen Ländern (Frankreich, Griechenland, Italien, Spanien) ist die polit. Diskussion stark durch die illegale Einwanderung geprägt, ein Phänomen, das auch in D v. a. in bezug auf seine östlichen Grenzen, die hinsichtlich Polens und Tschechiens zugleich Schengen-Außengrenzen sind, erheblich an Bedeutung gewann. In den Ländern mit kolonialer Vergangenheit (GB, Frankreich, Spanien, Portugal und die Niederlande) ist auch die Zuwanderung aus den ehem. Kolonialgebieten von Bedeutung.

Aufgrund der stark gewachsenen Asylbewerberzahlen zu Beginn der 1990er Jahre (→ Asylpolitik) war die Politik in den europ. Staaten durch Maßnahmen der Zuwanderungsbegrenzung gekennzeichnet. Nachdem sich zum einen die Zugangszahlen sowohl der Asylsuchenden (als auch für D die der Aussiedler) deutlich verringert haben, findet derzeit auch aufgrund der Entwicklungen auf dem Arbeitsmarkt ein Überdenken der bisherigen Politik statt mit dem Ziel, die bestehenden restriktiven Zuwanderungsregelungen für Nicht-EU-Staatsangehörige entsprechend den Bedürfnissen des Arbeitsmarktes zu überdenken (vgl. z. B. *Greencard* für IT-Fachkräfte aus Drittstaaten). Für D arbeitet eine Zuwanderungskommission entsprechende Vorschläge aus, die noch in der 14. Legislaturperiode politisch umgesetzt werden sollen.

Für das Jahr 1999 ergaben sich für D folgende Zuwanderungszahlen: 507.496 (Höchststand 1992: 1.207.602) Ausländer reisten nach D ein. Im gleichen Zeitraum verließen 400.730 (1992: 592.855) Ausländer das Bundesgebiet. Somit ergab sich ein Wanderungssaldo von 106.766 (1992:

592.855) Personen. In dieser Zahl sind 95.113 (1992: 438.191) Asylbewerber enthalten. Die Zuwanderung der Aussiedler betrug 1999 104.916 (Höchststand 1990: 397.073). In dieser Zahl ist ein nicht näher quantifizierbarer, in den vergangenen Jahren jedoch signifikant angestiegener Anteil ausländ. Familienangehöriger von Aussiedlern enthalten, die bereits in der Ausländer-Zuwanderungsstatistik erfaßt sind. Die Gesamtzahl der zwischen 1988 und 1999 zugewanderten Aussiedler beläuft sich auf 2.211.801 Personen, die Gesamtzahl der in D lebenden Ausländer lag Ende 1999 bei 7.343.591 und entsprach damit einem Bevölkerungsanteil von 8,9 %.
Die polit. Diskussion über die seit Beginn der 1990er Jahre gestiegenen Zuwanderungszahlen und die fehlende Bereitschaft, Migration als dauerhafte gesellschaftl. Realität anzuerkennen, hatte Rückwirkungen auf die gesamte Einstellung gegenüber den Fremden im Land. Besonders erschreckend ist die nach wie vor hohe Zahl ausländerfeindlich motivierter Straftaten (1998: 2.648). Trotz geringer Ausländerzahlen (zwischen 1,3 und 2,3 %) ist der Anteil der ausländerfeindlichen Straftaten in den neuen Bundesländern mit über 20 % auffällig hoch. Je größer der Anteil der ausländ. Wohnbevölkerung ist, desto weniger ausländerfeindlich motivierte Straftaten werden begangen.

2. Ausgangspunkt der Arbeitsmigration in der Nachkriegszeit waren die von der BRD geschlossenen bilateralen Anwerbeverträge, und zwar mit Italien (1955 – es gab damals 1 Mio. Arbeitslose in der BRD), Griechenland und Spanien (1960), Türkei (1961), Portugal (1964), Tunesien und Marokko (1965) und Jugoslawien (1968). Zusätzlich geplante Anwerbevereinbarungen mit weiteren afrikan. Staaten wurden aufgrund der Rezession 1966–68 nicht mehr realisiert. Die Anwerbung ausländ. Arbeitskräfte gewann insb. an Bedeutung, als nach dem Bau der Berliner Mauer (→ Deutsche Einheit) der Zuzug von Facharbeitern aus dem östlichen Teil Deutschlands zum Erliegen kam und daher eine Weiterqualifizierung dt. Arbeitnehmer notwendig wurde. Auch die forcierte Förderung zu qualifizierten Ausbildungsgängen im Rahmen der → Bildungspolitik steigerte den Bedarf an un- bzw. angelernten ausländ. Arbeitnehmern. Der Höchststand der Ausländerbeschäftigung in der BRD wurde 1973 mit 2,6 Mio. ausländ. Arbeitnehmern bei einer ausländ. Wohnbevölkerung von knapp 4 Mio. erreicht.

Über viele Jahre hinweg wurde die Ausländerbeschäftigung als ein vorübergehendes Phänomen begriffen, was sich in dem Begriff „Gastarbeiter“ und der bereits früh geprägten Formel „Die Bundesrepublik ist kein Einwanderungsland“ ausdrückte. Folglich wurde keine umfassende Migrations- und Einwanderungspolitik formuliert. Auch Fragen der Eingliederung ausländ. Arbeitskräfte und ihrer Familienangehörigen erörterte man angesichts der vermeintlichen Vorläufigkeit der Arbeitsmigration in den ersten Jahren kaum; eine ausführliche gesellschaftl. Diskussion über die Ausländerpolitik fand allenfalls punktuell statt. Zu Beginn der 1970er Jahre forderten jedoch die in der Ausländerarbeit engagierten Kirchen und Wohlfahrtsverbände, der erfolgten Einwanderung in den Bereichen Aufenthaltsrecht, → Partizipation, Bildung und sozialer Infrastruktur Rechnung zu tragen. Die → Gewerkschaften schlossen sich diesen Forderungen Ende der 1970er Jahre an. Unter dem Eindruck der ersten Ölkrise 1973 wurde am 23. 11. 1973 ein Anwerbestopp verhängt. Seither dürfen Angehörige aus Nicht-EG-Staaten grundsätzlich nicht mehr zur Arbeitsaufnahme einreisen. Lediglich Familienangehörige (Ehegatten und Kinder) bereits ansässiger ausländ. Arbeitnehmer können nach bestimmten Wartezeiten eine Arbeit aufnehmen. Diese Politik der „Grenzschließung“ nach Jahren stürmischer Anwerbung und vielfach unkontrollierter Einreise angesichts eines nahezu unbegrenzt erscheinenden Arbeitsmarktes führte in der Folge bei vielen Familien zu einer „Verfestigung" ihres Aufenthalts: Wer ursprünglich vorgehabt hatte, zurückzukehren, verschob dies immer wieder, da eine erneute Einreise nicht mehr möglich war. Als 1978 das Kindergeld für die in den Herkunftsländern verbliebenen Kinder erheblich reduziert wurde, holten viele Arbeitsmigranten ihre Kinder nach. Dies trug langfristig zu einem Daueraufenthalt der Familien in D bei.

Seit Ende der 1980er Jahre war wieder eine Tendenz zur Öffnung des Arbeitsmarktes – hauptsächlich bei sog. Saisonarbeiten und Werkvertragsarbeitnehmern (aufgrund von Vereinbarungen mit MOE-Staaten), die besonders im Baubereich eingesetzt wurden – zu verzeichnen. Das Arbeitsverbot für Asylbewerber wurde auf maximal drei Monate reduziert, wobei eine Erlaubnis nur dann gewährt wurde, wenn keine vorrangig Berechtigten (v. a. Deutsche und EU-Angehörige) zur Verfügung standen. Aufgrund befürchteter weiterer Zuwanderung insb. aus Mittel- und Osteuropa wurde 1997 jedoch wieder das generelle Arbeitsverbot für Asylbewerber verfügt, über dessen Lockerung derzeit erneut kontrovers diskutiert wird.

D wurde zunehmend zum faktischen Einwanderungsland, auch wenn dies politisch bis ins Jahr 2000 hinein verneint wurde. Allerdings setzte sich in den 1980er Jahren die Erkenntnis durch, daß das Ausländergesetz von 1965, das die Entscheidungen über den Aufenthalt von Ausländern weitgehend dem Ermessen der Verwaltung überlassen hatte, nicht mehr zeitgemäß war. Deshalb wurde 1991 ein „modernes" Ausländergesetz erlassen, das u. a. bei Vorliegen der entsprechenden Voraussetzungen Rechtsansprüche auf Aufenthaltsverfestigung, Familiennachzug und Einbürgerung vorsah. Damit wurde den ehem. Gastarbeitern faktisch ein Einwanderungsstatus gegeben. Das Ausländergesetz enthielt klare Regelungen, die zu mehr Rechtssicherheit führten. Neu war auch die Anspruchseinbürgerung, die bes. für die Kinder von Migranten eine wesentliche Verbesserung der bisherigen Rechtslage darstellte. Kritisiert wurden im einzelnen der mangelnde Ausweisungsschutz, besonders der in D Geborenen, die eingeschränkten Regelungen des Familiennachzugs, insb. für Kinder über 16 Jahren und Ehegatten, und die Regelungen zum eigenständigen Aufenthaltsrecht der Ehegatten.

Diese erste Reform des aus dem Jahre 1913 stammenden Staatsangehörigkeitsrechts wurde insb. von den Migranten lediglich als ein erster Schritt begrüßt. Die Notwendigkeit einer generellen Reform des Staatsangehörigkeitsrechts wurde gesellschaftlich allgemein angemahnt. Die rot-grüne Bundesregierung nahm dieses Reformvorhaben unmittelbar nach dem Regierungswechsel in Angriff. Nach dem zum 1. 1. 2000 in Kraft getretenen Gesetz erwerben in D geborene Kinder von Ausländern unter bestimmten Voraussetzungen die deutsche Staatsangehörigkeit bei Geburt. Damit wurde als wesentlicher Bestandteil der Reform das *ius-soli*-Prinzip für diesen Personenkreis eingeführt. Eine entsprechende Altfallregelung gilt während des Jahres 2000 für in D lebende ausländ. Kinder, sofern sie das 10. Lebensjahr noch nicht beendet haben. In der Regel erwerben diese Kinder aufgrund des Abstammungsprinzips gleichzeitig die Staatsangehörigkeit ihrer Eltern, so daß hieraus regelmäßig Doppelstaatsangehörigkeit resultiert. Jedoch spätestens bis zum 23. Lebensjahr muß für eine der beiden Staatsangehörigkeiten optiert werden. Die rechtl. Gleichstellung v. a. der hier aufwachsenden Kinder ausländ. Eltern soll wesentlich zu einer stärkeren gesellschaftl. Integration beitragen und diese absichern. Die Doppelstaatsangehörigkeit wurde entgegen der ursprünglichen Absicht aufgrund von weitreichenden Protesten nicht generell zugelassen.

Die für die erste Ausländergeneration eingeführte Erleichterung bei der Aufenthaltsdauer (8 anstatt bisher 15 Jahren) ging einher mit erweiterten bzw. neuen Überprüfungsverfahren u. a. für Kenntnisse der dt. Sprache und Verfassungstreue.

Angesichts der Entwicklung vom vorübergehenden zum dauernden Aufenthalt und wachsender Ausländeranteile in Kindergärten und Schulen v. a. in den Ballungsgebieten kommt der Integrationspolitik eine besondere Bedeutung zu. Die Ausländerbeauftragte der Bundesregierung hat 1999 Leitlinien formuliert, deren Ziel es ist, Ausländern eine gleichberechtigte Teilhabe am ökonom., sozialen, polit. und kulturellen Leben zu ermöglichen – eine Voraussetzung, fremdenfeindlicher Ausgrenzung entgegenzuwirken.

3. Innerhalb der → Europäischen Union besteht Freizügigkeit der Arbeitnehmer. Jeder EU-Bürger hat das Recht, sich in einen anderen Mitgliedstaat zu begeben, um dort zu arbeiten. Dies gilt entsprechend für Selbständige. Das Gemeinschaftsrecht verbietet eine unterschiedliche Behandlung aus Gründen der Staatsangehörigkeit, d. h. EU-Arbeitnehmer und Selbständige dürfen in D nicht benachteiligt werden. Dieser Status erleichtert auch die soziale Integration. Allerdings wurde das Ziel einer generellen Freizügigkeit mit einem uneingeschränkten Aufenthaltsrecht für alle EU-Bürger (ohne Beschäftigung) nicht erreicht. Sonderregelungen bestehen für Studenten, Nichterwerbstätige und Rentner, die sich in einem anderen Mitgliedstaat aufhalten können, sofern sie über einen Krankenversicherungsschutz verfügen und nicht sozialhilfebedürftig sind.

Nach einer Entscheidung des Bundesverfassungsgerichts vom 31. 10. 1990 haben Ausländer in D kein Recht, auf kommunaler Ebene zu wählen. Auf EU-Ebene wurde jedoch ein kommunales Wahlrecht für Unionsbürger eingeführt. Unionsbürger konnten in D erstmals am 22. 10. 1995 in Berlin an einer Kommunalwahl teilnehmen. Durch das Abkommen zum Europäischen Wirtschaftsraum (EWR) gilt das Freizügigkeitsrecht der EU seit 1. 1. 1994 auch für die EFTA-Länder (mit Ausnahme der Schweiz) und damit für 17 Staaten.

4. Mit dem Inkrafttreten des Vertrags von Amsterdam zum 1. Mai 1999 hat die EU eine Kompetenz für den Bereich „Visa, Asyl, Einwanderung, und andere Politiken betreffend den freien Personenverkehr" erhalten. Die Mitgliedstaaten sollen zu diesen Bereichen innerhalb von fünf Jahren entsprechende Regelungen treffen. Dies bedeutet, daß in Zukunft der Rat die visapflichtigen Drittstaaten bestimmt, daß das Asylrecht sowie die Rechtsstellung der Drittstaatsangehörigen europäisch geregelt sein werden. Dies führt längerfristig zu einer Europäisierung der Migrationspolitik. Derzeit wird beispielsweise auf EU-Ebene eine Richtlinie zum Familiennachzug diskutiert, durch die einheitliche Regelungen geschaffen werden sollen.

Die EU-Migrationspolitik dürfte sich in drei Dimensionen entwickeln. Erstens in Richtung auf Verstärkung der Kontrolle der gemeinsamen Außengrenzen mit dem Ziel, die Einschleusung illegaler Einwanderer zu unterbinden. Der Abschottung dienen bereits die vorausgegangenen Regelungswerke wie das Schengener Abkommen (1985 zwischen der BRD, Frankreich und den Benelux-Staaten sowie später Italien, Spanien, Portugal und Griechenland geschlossen) und das Schengener Zusatzabkommen (Schengen II) von 1990 u. a. durch den Informationsaustausch im Rahmen des im Aufbau befindlichen Schengener Informationssystems (SIS). Die Zahl der visapflichtigen Staaten wurde seitens der 15 Mitgliedsstaaten drastisch erhöht. Im Ergebnis haben damit die weit überwiegende Zahl von Drittstaatsangehörigen ohne Visum zum EU-Gebiet nur noch einen sehr erschwerten Zugang. Zweitens eine gezielte oder selektive Zuwendung, deren Notwendigkeit sich aufgrund der Bevölkerungsentwicklung (→ Bevölkerungspolitik) und des → Arbeitsmarktes ergibt. Drittens eine verstärkte Integrationspolitik. Innerhalb der EU sollen auch die Drittstaatsangehörigen integriert werden, nicht zuletzt um die Ausgrenzung dieser Migranten zu verhindern. Darauf deuten die polit. Erklärungen des Europäischen Rates von Tampere (1999) hin, denen zufolge die Integrationspolitik gegenüber Drittstaatsangehörigen das Ziel habe, diese möglichst mit den eigenen Staatsangehörigen gleichzustellen, so wie dies schon aufgrund des Assoziationsratsbeschlusses Nr. 1/80 EWG/Türkei für türkische Arbeitnehmer gilt. Sie können nach der Rechtsprechung des EuGH u. a. nach einem Jahr ordnungsgemäßer Beschäftigung in einem Mitgliedstaat weitgehende Gleichstellung für sich und ihre Familienangehörigen mit EG-Bürgern beanspruchen.

5. Die Politik der Aufnahme von deutschstämmigen Zuwanderern aus den ehem. deutschen Ostgebieten und Osteuropa gliedert sich in drei große Phasen:

(1) In der unmittelbaren Nachkriegszeit mußten über acht Millionen Heimatvertriebene unter äußerst schwierigen Bedingungen versuchen, in Westdeutschland (und 4 Mio. in der damaligen DDR) einen Ersatz für ihre verlorene Heimat zu finden.
(2) In der Ära des Kalten Krieges und in den ersten Jahren nach dem Umbruch in Osteuropa und den damit einhergehenden Ausreiseerleichterungen nahm die BRD über zwei Millionen Aussiedler auf.
(3) Nach der Wende 1989/1990 versucht die dt. Aussiedlerpolitik, sich an die gewandelten Bedingungen in Osteuropa anzupassen. Seit 1993 kommen die als Spätaussiedler bezeichneten Angehörigen dt. Minderheiten (mittlerweile zu mehr als 98 % aus den Nachfolgestaaten der Sowjetunion) innerhalb eines kontingentierten Verfahrens (jährlich zunächst zwischen 200.000 und 250.000) nach Deutschland. Etwa drei Millionen Angehörige leben derzeit noch in Osteuropa.

Die rechtl. Grundlagen dieser Zuwanderung gehen auf das Jahr 1949 zurück. Der Parlamentarische Rat löste die Frage der Staatsangehörigkeit mit der Schaffung von Art. 116 I GG, der den Deutschen „im Sinne des Grundgesetzes" schuf. Darunter fällt, wer entweder „die deutsche Staatsangehörigkeit besitzt oder als Flüchtling oder als Vertriebener deutscher Volkszugehörigkeit oder als dessen Ehegatte oder Abkömmling in dem Gebiete des Deutschen Reiches nach dem Stande vom 31. 12. 1937 Aufnahme gefunden hat". Das Grundgesetz unterscheidet somit zwischen dt. Staatsangehörigen und anderen Personen dt. Volkszugehörigkeit – den sog. Statusdeutschen –, denen nach der Aufnahme in D ebenfalls alle in der Verfassung garantierten Rechte zustehen. Im Bundesvertriebenen- und Flüchtlingsgesetz von 1953 (BFVG) als dem zentralen Gesetz zur Eingliederung der Heimatvertriebenen wurde der Gesamtrahmen für Eingliederung und Entschädigungsfragen festgelegt. Verfolgungen und Diskriminierungen der dt. Minderheiten in der Zeit des Kalten Krieges wurden im Aussiedlerrecht als Spätfolgen des Krieges und der allg. Vertreibung angesehen. Die Aussiedler verließen „als Nachzügler einer allgemeinen Vertreibung" (BVerwGE Bd. 51: 309) ihre Siedlungsgebiete aufgrund eines fortdauernden, gegen die dt. Bevölkerung gerichteten Vertreibungsdrucks.

Im Verfahren der Aussiedleranerkennung wurden (und werden) zwei Tatbestände geprüft: (a) die dt. Staatsangehörigkeit bzw. Volkszugehörigkeit; (b) das Vorliegen eines gegen die dt. Bevölkerung gerichteten Vertreibungsdrucks, dessen Folge die Aussiedlung ist.

Während sich die Zahl der Aussiedler zwischen 1983 und 1985 relativ konstant auf rund 38.000 Personen pro Jahr belief, stieg sie von 1986 42.788 auf 1987 78.532 und auf 1988 202.673. Als eine Reaktion auf die gestiegenen Zugangszahlen regelte das sog. Aussiedleraufnahmegesetz das Aufnahmeverfahren komplett neu. Seit dem 1. Juli 1990 müssen die Aussiedlungswilligen von ihrem jeweiligen Herkunftsland aus einen Aufnahmeantrag stellen und den positiven Bescheid abwarten. Nach Einreise erfolgt eine Verteilung der Antragsteller auf die Bundesländer. Im Rahmen des Kriegsfolgenbereinigungsgesetzes (1. 1. 1993) wurde die Kontingentierung der Aufnahme auf jährlich 200.000–250.000 Deutschstämmige geregelt. Diese Zahl wurde zum 1. 1. 2000 auf 100.000 weiter reduziert. Der für die Anerkennung obligatorische Sprachtest wurde ins Herkunftsland verlagert.

Lit.: *Bade, K. J.* 1994: Ausländer – Aussiedler – Asyl. Eine Bestandsaufnahme, Mchn. *Bade, K. J.* 2000: Europa in Bewegung. Migration vom späten 18. Jahrhundert bis zur Gegenwart, Mchn. *Barwig, K. u. a.* (Hrsg.) 1994: Vom Ausländer zum Bürger. Zum

Status der eingewanderten Minderheiten in Deutschland, Baden-Baden. *Bericht* der Beauftragten der Bundesregierung für Ausländerfragen über die Lage der Ausländer in der Bundesrepublik Deutschland, 2000, Bln. *Böke, K./Niehr, Th.* (Hrsg.) 1999: Einwanderungsdiskurse im internationalen Vergleich, Wsb. *Herbert, U.* 1986: Geschichte der Ausländerbeschäftigung in Deutschland 1880–1980. Saisonarbeiter – Zwangsarbeiter – Gastarbeiter, Bln./Bonn. *Renner, G.* [7]1999: Ausländerrecht. Kommentar, Mchn. *Schulte, A.* 1998: Multikulturelle Einwanderungsgesellschaften in Westeuropa: Soziale Konflikte und Integrationspolitiken, hrsg. v. Forschungsinstitut der Friedrich-Ebert-Stiftung, Bonn. *Ursachen und Formen der Fremdenfeindlichkeit in der Bundesrepublik Deutschland* 1998: Hrsg. vom Forschungsinstitut der Friedrich Ebert-Stiftung, Bonn. *Hailbronner, K./Renner G.* [2]1998: Staatsangehörigkeitsrecht. Kommentar, Mchn. *Weiß, W.* [2]1999: Eingliederungshilfen für Spätaussiedler. Rechte und Leistungen auf gesetzlicher Grundlage, Bln.

Klaus Barwig/Christoph Schumacher

Militärpolitik

Die Begriffe Sicherheits-, Verteidigungs- und Militärpolitik (M.) werden sehr oft synonym verwandt, unterscheiden sich jedoch voneinander. Äußere Sicherheitspolitik muß Gewähr leisten für das Überleben des Staates und seiner Bürger, wobei Überleben im weitesten Sinne aufzufassen ist – physisch, polit., sozial und moralisch. „Sicherheit wird nicht mehr prioritär als militärisches Problem wahrgenommen, sondern es wird im Rahmen eines mehrdimensionalen Sicherheitsbegriffs von einem sicherheitspolit. Gesamtkonzept ausgegangen, bei dem Außen-, Wirtschafts-, Finanz-, Umwelt-, Entwicklungs- und Verteidigungspolitik wechselseitig optimiert werden" (*Varwick* 1998: 46). Bei der M. geht es vor allem um die verteidigungspolit. Mittel, Aufwendungen und Aktivitäten, die eine Gesellschaft zu ihrer Verteidigung bereitstellt. Kriterien für die militärpolit. Aufwendungen, vor allem rüstungspolit. Mittel, sind der Grad der perzipierten Bedrohung eines Staates sowie der Stellenwert des Faktors Militär in der Gesellschaft.

In der Zeit des → Ost-West-Konflikts wurde eine wechselseitige Bedrohung von den in den Bündnissen → NATO und Warschauer Pakt zusammengeschlossenen Staaten wahrgenommen, die zu enormen Rüstungsausgaben in dieser Zeit führte. So gab die Sowjetunion in Spitzenzeiten bis zu 22 % ihres BSP für den Militärisch-industriellen Komplex aus, während er in den USA in der Spitze bei 8 % lag. 1985 gab die NATO noch knapp 585 Mrd. US-$ für Verteidigung aus, während sich der Betrag der Sowjetunion auf 343 Mrd. US-$ belief. Insgesamt wurden in der Welt 1985 Ausgaben von 1.213 Mrd. US-$ getätigt. 1997 hatte sich der Betrag auf 804 Mrd. US-$ verringert. Diese Reduzierung ist vor allem auf das massive Zurückfahren der Militärausgaben in der Sowjetunion und dem Nachfolgestaat Rußland zurückzuführen. 1997 wurden für Rußland Ausgaben in Höhe von nur noch 64 Mrd. US-$ ausgewiesen. Allerdings bedeuten diese Ausgaben immer noch 5,8 % des BSP. Dagegen ist der Anteil in der NATO von 3,3 % (1985) auf 2,2 % im Jahr 1997 zurückgefahren worden.

Auch das Volumen des internat. Waffenhandels ist von 88,5 Mrd. US-$ im Jahr 1987 auf 46,3 Mrd. US-$ im Jahr 1997 zurückgegangen. Dabei sind die USA mit 45 %, GB mit 18,5 % und Frankreich mit 16 % die größten Rüstungsexporteure. Rußland mit 5,4 %, Israel mit 3,3 %, China mit 2,2 % sowie D mit 1,2 % sind die nächstfolgenden Staaten. Auf Westeuropa entfielen etwa 40 % aller Rüstungsverkäufe. Größter Rüstungsimporteur war 1997 abermals Saudi-Arabien, das Rüstungsgüter allein im Wert von 11 Mrd. US-$ kaufte.

Hinsichtlich der Rüstungsausgaben ist in den westl. Industrieländern ein deutlicher Rückgang festzustellen, der zu einer spürbaren Reduzierung am jeweiligen Staatshaushalt führte. Nach dem Ende des Ost-West-

Konflikts wurden auch Verteidigungshaushalte bei den allg. Kürzungen nicht mehr ausgespart. Im Zusammenhang der Veränderung von Militärstrukturen – zu denken ist an die Abschaffung der Wehrpflicht wie auch den Auftragswandel zu hauptsächlich Krisenreaktionsstreitkräften, die „*out of area*“ operieren – ist eine neue Diskussion über die M. entbrannt, die vor allem die Ausstattung der Armeen für die zukünftigen Aufgaben zum Gegenstand hat.

Lit.: *Dettke, D.* 2000: Militärpolitik/Sicherheitspolitik, in: *Woyke, W.* (Hrsg.): Handwörterbuch Internationale Politik, Opl., 291–300. *Larsen, J. A./Rattray, G. J.* (Hrsg.) 1996: Arms Control, Boulder. *SIPRI* (Stockholm International Peace Research Institute) 1998: World Armaments and Disarmament, SIPRI Yearbook 1998, L. *Stiftung Entwicklung und Frieden* (Hrsg.) 2000: Globale Trends 2000, Ffm. *Varwick, J.* 1998: Sicherheit und Integration in Europa. Zur Renaissance der Westeuropäischen Union, Opl.

Wichard Woyke

Minderheit/Minderheitenrechte

Minderheit (M.) ist ein mehrdeutig verwandter Begriff. Er bedeutet ganz allg. (und umgangssprachlich) die zahlenmäßig geringere Gruppe. Im polit. Prozeß meint M. die der Mehrheit gegenüberstehende Gruppierung in der Wählerschaft, in repräsentativen Körperschaften (→ Opposition), in Verbänden und → Parteien etc., eine Position, die im Prinzip dem Wechsel unterworfen ist, gelegentlich auch recht dauerhaft sein kann (auf der Ebene von → Parteiensystemen etwa die Minderheitsposition einer polit. Partei infolge des Einfrierens der *cleavages*). Im soziologischen Sinne bezeichnet M. sich benachteiligt fühlende gesellschaftl. und i. d. R. effektiv sozial benachteiligte Gruppen, die rein zahlenmäßig durchaus eine Mehrheit bilden können (etwa allgemein die Frauen oder die Farbigen in der Republik Südafrika); meistens meint man jedoch Randgruppen (etwa Obdachlose, Ausländer). Schließlich wird M. begriffen als beständige Gruppe von Menschen, die sich rassisch, kulturell(-sprachlich) oder religiös-konfessionell von der Mehrheit der Population oder anderen Bevölkerungsteilen eines Landes unterscheidet.

Diesem Verständnis folgend, definierte ein Untersuchungsausschuß der Kommission für Menschenrechte der → Vereinten Nationen 1950 (unter Einbeziehung von Forderungen, von deren Erfüllung die polit. Anerkennung als M. abhängig gemacht wird): „Der Ausdruck M. erfaßt (1) nur jene nicht herrschenden Gruppen einer Bevölkerung, die stabile ethnische, religiöse oder sprachliche Traditionen aufweisen und zu erhalten wünschen, welche sich von denen der übrigen Bevölkerung deutlich unterscheiden; (2) solche M. sollen eine Anzahl von Personen umfassen, die genügend groß ist, um die Entwicklung solcher Merkmale zu ermöglichen, (3) Angehörige solcher M. müssen dem Staat gegenüber, dessen Bürger sie sind, loyal sein.“

1. Unter den M. wurde den stabilen, ethnisch, religiös oder sprachlich definierten M. die größte polit. und gesellschaftl. Aufmerksamkeit zuteil: Probleme ihrer Integration/Assimilation aus der Sicht der Mehrheit, ihre Bestandserhaltung/Separierung aus der Sicht der nicht integrations-/assimilationsbereiten Minderheiten. Diese erhoben Forderungen nach Anerkennung als ethnische/religiöse/nationale M. und Rechtsschutz, nach Aufrechterhaltung oder Gewährung von Sonderrechten (Gebrauch der eigenen Sprache, entspr. Spracherziehung, Ausübung der Religion, Pflege der Tradition), gegebenenfalls nach polit. Selbstverwaltung, nach Schutz vor Majorisierung (etwa durch → Migration), nach sozialer Gleichstellung etc.

Die in diesen Forderungen beschlossene Minderheitenproblematik trat insbes. im Zusammenhang der Bildung der → Nationalstaaten im 19. Jh. auf und verschärfte sich mit der → Demokratisierung des Wahlrechts (v. a. im Vielvölkerstaat Österreich-Ungarn). Die Veränderungen der polit. Landkarte nach dem I. Weltkrieg und die Dekolonisation in Afrika und Asien auf der Grundlage der territorialen Grenzziehung von seiten der Kolonialmächte, die ohne Rücksichtnahme auf die Siedlungsräume der Völkerschaften erfolgt war, weitete die Problematik erheblich aus. Nach dem Umbruch von 1989/90 in Osteuropa und der nachfolgenden Auflösung der Sowjetunion wurde auch in der dortigen Staatenwelt und insbes. im ehem. Jugoslawien die Minderheitenproblematik virulent.

2. Der Rechtsbegriff der M. basiert zwar, ebenso wie das Selbstbestimmungsrecht der Völker, auf dem subjektiven Identitätsbewußtsein, im Gegensatz zu letzterem aber weist er keinen Territorialbezug auf, sondern hebt auf das kulturelle Selbstverständnis einer Gruppe ab. Im Rahmen der Vereinten Nationen wurde im Hinblick auf den Minderheitenschutz zunächst eine Gewährleistung der Individualrechte im Rahmen einer rechtsstaatl. Ordnung für ausreichend gehalten. Auch die Europäische Konvention zum Schutz der Menschenrechte und Grundfreiheiten (EMRK) garantiert nur die Rechte von Individuen, die wegen ihrer Zugehörigkeit zu einer M. diskriminiert werden könnten, nicht aber die kollektiven Rechte von Minderheiten. Der Minderheitenschutz soll die territoriale Integrität und nat. → Souveränität der Staaten achten.

Diese Zurückhaltung in der Anerkennung von Minderheitsrechten hat mit der historischen Erfahrung zu tun, daß Minderheitenprobleme häufig Anlaß zur Einmischung in die inneren Angelegenheiten fremder Staaten gaben. Die explosive Kraft der Minderheitenrechte hinsichtlich der nat. und internat. Sicherheit ist wohlbekannt. Dabei ist bemerkenswert, daß in jungen → Demokratien die Minderheitenproblematik nicht nur als Folge der Unterdrückung von M. in den → Autoritären Regimen aufbrechen und zu – wie im Falle der Sowjetunion im wesentlichen friedlichen, im Falle Jugoslawiens kriegerisch sich vollziehenden – Sezessionen führen kann, sondern auch strukturell im Konzept der Demokratie als Mehrheitsherrschaft mitunter nicht zur Ruhe kommt. Trotz dieses komplexen Problemgeflechts konzentriert sich die aktuelle Debatte um M. zunehmend auf die Garantie von Gruppenrechten (Wiener Menschenrechtskonferenz 1993; Rechte für indigene Völker).

Lit.: *Brunner, G.* 1993: Nationalitätenprobleme und Minderheitskonflikte in Osteuropa, Gütersloh. *Ermacora. F.* 1964: Minderheitenschutz in der Arbeit der Vereinten Nationen, Wien. *Gurr, T. R.* 1993: Minorities at Risk, Washington, D. C. *Heintze, H.-J.* (Hrsg.) 1997: Selbstbestimmung der Völker Herausforderung für die Staatenwelt, Bonn. *Heintze, H.-J.* (Hrsg.) 1998: Moderner Minderheitenschutz, Bonn. *Kraus, P. A.* 1997: Minderheiten, in: *Nohlen, D./Waldmann, P./Ziemer, K.* (Hrsg.): Die östlichen und südlichen Länder (= Lexikon der Politik, Bd. 4), Mchn., 369–379. *Volger, H.* 1994: Reform des Minderheitenschutzes in den Vereinten Nationen, in: *Hüfner, K.* (Hrsg.): Die Reform der Vereinten Nationten, Opl., 173–204.

Dieter Nohlen

Ministerialbürokratie → Regierung, → Öffentliche Verwaltung

Mitbestimmung/Mitbestimmungspolitik

Mitbestimmung (M.) ist allg. eine wirksame Beteiligung der von wirtschaftl. oder polit. Entscheidungen Betroffenen am Zustandekommen dieser Entscheidungen, etwa durch eine (eventuell mit Veto-Rechten ausgestattete) Vertretung in Leitungs- und/oder Kontrollgremien. Unter Mitbestimmungspolitik versteht man Maßnahmen, die auf eine Regelung der Formen und des sachlichen Bereichs der M. abzielen.

1. In der Arbeits- und Sozialordnung der BRD bezeichnet M. die institutionalisierte Beteiligung der Arbeitnehmer an betrieblichen Entscheidungen als „strukturelle Begrenzung der unternehmerischen Dispositionsbefugnisse über die Arbeitskraft" (*Keller* 1997: 79). Über den Aspekt der Mitwirkung innerhalb eines einzelnen Wirtschaftsbetriebes hinaus ist die Idee der M. auf eine „Teilhabe der Arbeitnehmer an der Leitung und Gestaltung des Wirtschaftsprozesses" (*Andersen* 2000: 385) bezogen. Die Bandbreite der möglichen Bezugsebenen von M. innerhalb des Wirtschaftslebens reicht somit vom einzelnen Arbeitsplatz über den Betrieb und das Unternehmen bis hin zur Gesamtwirtschaft. Der inhaltliche Geltungsbereich von M. kann innerhalb eines breiten Spektrums von der Gestaltung und sozialpolit. Einbettung von individuellen Arbeitsabläufen und -bedingungen bis hin zur strategischen Steuerung eines Unternehmens oder ganzer Wirtschaftsbereiche reichen.

Seit den Anfängen der Debatte um M. im 19. Jh. betonten die Forderungskataloge der organisierten → Arbeiterbewegung den Anspruch auf eine umfassende Beteiligung der Arbeitnehmer an wirtschaftl. Entscheidungen auf allen Ebenen, um eine Demokratisierung der Wirtschaft, eine effektive Machtbalance zwischen Kapital und Arbeit und eine Humanisierung der Arbeitswelt zu erreichen. Die Durchsetzungskraft dieser Forderungen sowie die Konkretisierung der institutionellen Formen und des Geltungsbereichs der M. variiert im historischen ebenso wie im internat. Vergleich in starker Abhängigkeit von der Stärke und organisatorischen Ausrichtung der → Gewerkschaften und der sozialistischen bzw. sozialdemokratischen → Parteien.

2. Unter dem Leitbild ‚Wirtschaftsdemokratie' wurden in einigen europ. Ländern unter sozialdemokratischer Dominanz im Kontext des Neokorporatismus (→ Korporatismus) gesamtwirtschaftlich orienierte Gremien der M. eingerichtet (z. B. Schweden, Österreich). Der damit verbunde Anspruch auf eine wirksame Beteiligung der Arbeitnehmer bzw. der Gewerkschaften an einer gesamtgesellschaftl. Investitionslenkung konnte auf die Dauer nicht eingelöst werden, das damit meist verbundene weitreichende unternehmerische Engagement des Staates erwies sich als gesamtwirtschaftl. inneffektiv und wurde seit den 1980er Jahren allenthalben zurückgedrängt. Allerdings werden die Erfolge wirtschafts- und sozialpolit. Reformen in Ländern wie Schweden oder den Niederlanden auch auf den Umstand zurückgeführt, daß diese Reformen im Rahmen nat. Verhandlungsgremien unter Beteiligung von Gewerkschafts- und Wirtschaftsvertretern formuliert und durch entsprechende tarifpolit. Vereinbarungen abgestützt wurden.

3. In D wird die M. auf der betrieblichen Ebene, die als eines der herausragenden Elemente der im internat. Vergleich kooperativen → Arbeitsbeziehungen in der BRD gilt, durch das seit 1952 bestehende Betriebsverfassungsgesetzes mit Reformen von 1972 und 1988 geregelt. Es sieht die verbindliche Einrichtung eines Betriebsrates in allen privatwirtschaftl. Unternehmen mit mehr als fünf abhängig Beschäftigten vor. Der alle vier Jahre durch die Arbeitnehmer (mit Ausnahme der leitenden Angestellten, die seit 1988 über eine eigenständige Interessenvertretung verfügen) gewählte Betriebsrat ist ein reines Repräsentationsorgan, an Weisungen der Wähler also nicht gebunden. Seine Mitwirkungs- und Kontrollrechte erstrecken sich v. a. auf soziale und personelle Aspekte (Arbeitszeitregelung, Arbeitsschutz, Weiterbildung etc.), in zentralen wirtschaftl. Fragen der Unternehmensführung sind sie nur schwach ausgeprägt. Das Postulat einer vertrauensvollen Zusammenarbeit zwischen Arbeitgebern und Betriebsräten „zum Wohle der Arbeitnehmer und des Betriebes" (2 BetrVG) verpflichtet die Sozialpartner auf Kompromißbereitschaft und die Wahrung des Arbeitsfriedens und betont auch insoweit die Integrationsfunktionen des Betriebsrates gegenüber dem Aspekt der Bildung einer „Gegenmacht".

Eine spezifische, nämlich paritätische Ausprägung der M. wurde in D nach dem II. Weltkrieg in Großunternehmen (mehr als 1000 Mitarbeiter) des Bergbaus sowie der

Eisen und Stahl erzeugenden Industrie eingerichtet (Montanmitbestimmungsgesetz von 1951). In den Aufsichtsräten der betreffenden Unternehmen sind Kapital und Arbeit paritätisch vertreten, wobei beide Seiten sich auf die Wahl eines zusätzlichen Neutralen verständigen, um in Pattsituationen die Entscheidungsfähigkeit des Gremiums sicherzustellen. Der für Sozial- und Personalwesen zuständige Arbeitsdirektor im dreiköpfigen Vorstand der Unternehmen kann nur mit Zustimmung der Arbeitnehmervertreter im Aufsichtsrat berufen werden. Die Montanmitbestimmung, die bei den Gewerkschaften als modellhafte Ausprägung der M. gilt, wurde ungeachtet insgesamt positiver Erfahrungen nicht auf andere Branchen übertragen. In anderen europ. Ländern scheiterte eine Übernahme des Modells auch an anders gelagerten Interessen der dortigen Gewerkschaften, die gesamtwirtschaftl. orientierten polit. Gremien der M. und einem damit leichter verknüpfbaren Vertretungsmonopol eine höhere Priorität einräumten. In D selbst ist die Bedeutung der Montanmitbestimmung auch aufgrund des wirtschaftl. Strukturwandels zu Lasten der Montanindustrie stark im Rückgang begriffen.

4. Im Kontext der klassischen Industriegesellschaft war die Trennung der beiden zentralen Produktionsfaktoren Kapital und Arbeit grundlegend für die Entwicklung der M. und deren Prägung durch eine gewerkschaftliche Interessenvertretung in betrieblichen oder überbetrieblichen Gremien. In den für die Informationsgesellschaft charakteristischen Unternehmen der → *New Economy* fügt sich hingegen die Bedeutung des Produktionsfaktors Humankapital nicht ohne weiteres in die alte Dichotomie zwischen Arbeit und Kapital ein. Dies und die bislang vorherrschende Skepsis vieler Beschäftigter in den entsprechenden Branchen gegenüber organisierten Interessenvertretungen stellen etablierte Formen der M. in Frage wenngleich in einem noch deutlich begrenzten Bereich der Wirtschaft. Hingegen haben die → Globalisierung der Wirtschaft und die damit verbundene Tendenz zur Herausbildung immer größerer internat. Konzerne durch Fusionen oder Übernahmen die dt. Konzeption einer stark betrieblich o… tierten M. weder merklich geschwächt, noch hat die M. die Position dt. Unternehmen im internat. Wettbewerb spürbar beeinträchtigt.

Lit.: *Abelshauser, W.*, 1998: Vom wirtschaftlichen Wert der Mitbestimmung: neue Perspektiven ihrer Geschichte in Deutschland, Gütersloh. *Andersen, U.* 2000: Mitbestimmung, in: Handbuch des politischen Systems der Bundesrepublik Deutschland, Opl., 385–390. *Bertelsmann-Stiftung/Hans-Böckler-Stiftung* (Hrsg.) 1998: Mitbestimmung und neue Unternehmenskulturen. Bilanz und Perspektiven, Gütersloh. *Keller, B.* [5]1997: Arbeitspolitik, Mchn. *Kißler, L.* 1985: Industrielle Demokratie in Frankreich, Ffm. *Lampert, H.* [13]1997: Die Wirtschafts- und Sozialordnung der Bundesrepublik Deutschland, Mchn. *Müller-Jentsch, W.* [3]1999: Konfliktpartnerschaft, Akteure und Institutionen der industriellen Beziehungen, Mchn. *Naphtali, F.* [4]1977: Wirtschaftsdemokratie. *Niedenhoff, H.-U.* 2000: Mitbestimmung in der Bundesrepublik Deutschland, Köln. *Streeck, W./Kluge, N.* (Hrsg.) 1999: Mitbestimmung in Deutschland: Tradition und Effizienz, Ffm./NY. *Széll, G.* (Hrsg.) 1992: Concise Enzyclopedia of Participation and Co-Management, Bln.

Bernhard Thibaut

Mobilität

Der Begriff Mobilität (M.) wird in vielerlei Verständnissen verwandt. Er bezeichnet allg. die Bewegung von Personen oder Personengruppen aus einer gesellschaftl. Position in eine andere. Dabei geht es allerdings meist nicht um die M. ganzer gesellschaftl. Gruppen, also um die Positionsveränderung von Kollektiven oder um kollektive M., sondern i. d. R. um die M. von Einzelpersonen, also um individuelle Mobilität. Je nach Art der Positionen kann man unterscheiden zwischen Berufs-, Arbeitsstellen-, Einkommens- und Vermögensmobilität. Um räumliche/geographische/regionale M. handelt es

…ewegung oder Wande- …gration) von Individuen, …anzen Bev., wirtschaftl. …it der der zeitweilige oder … Wechsel des Standortes verbunden ist. Sie bildet den wichtigsten Aspekt der horizontalen M., unter der man jedwede Positionsveränderung versteht, mit der keine Statusveränderung verknüpft ist. Soziale M. im engeren Sinn meint jedoch vertikale M. und damit die mit Statuswechsel verbundene Positionsveränderung.

Vorrangig untersucht werden zwei Mobilitätsarten: (1) Intergenerationale M., also die Positionsveränderungen zwischen den Generationen, i. d. R. von Eltern und Kindern, indem z. B. beider Bildungsniveau, Berufsposition, Parteiidentifikation in Abstrom (*outflow*, aus der Perspektive der Eltern) und Zustrom (*inflow*, aus der Perspektive der Kinder) verglichen werden; (2) intragenerationale M., die sich mit den Positionswechseln innerhalb einer Generation befaßt und u. a. individuelle (z. B. Berufs-)Karrieren untersucht (deshalb auch Karrieremobilität). In beiden Fällen interessiert insbes. der Aspekt des sozialen Auf- bzw. Abstiegs.

Die polit. Relevanz sozialer M. resultiert insbes. aus den folgenden Tatbeständen: (1) Soziale M. dient nicht allein als analytisches Konzept. Sie zielt nicht nur darauf, das Ausmaß an sozialer Dynamik oder Statik, an Offenheit oder Geschlossenheit zu bestimmen. Sie ist zugleich deren Kriterium. (2) Soziale M. und Klassenstruktur gelten dabei nicht nur im marxistischen Verständnis als Gegensatz. Einerseits behindert soziale M. die Klassenformierung (und zwar der „Klasse an sich" wie der „Klasse für sich"). Andererseits geht nach liberaler Auffassung mit steigender M. eine Abnahme der Klassenauseinandersetzungen einher, ist hohe M. ein Zeichen geringer Klassenstrukturen und folgt die Klassenbildung aus fehlender Mobilität. (3) Kontrovers beurteilt wird auch das Verhältnis von sozialer M. und gesellschaftl. Stabilität. So folgt für die einen aus steigender M. ein höheres Maß an gesellschaftl. → Integration und polit. Identifikation, während andere in zu starker M. Gefahren für den notwendigen Zusammenhalt gesellschaftl. (Sub-)Gruppen und damit auch für die gesamtgesellschaftl. Solidarität und Stabilität sehen. (4) Auf jeden Fall aber stellt soziale M. ein zentrales Element im Selbstverständnis von Gesellschaften dar, deren Existenz sich auf Markt, Arbeitsteilung und industrielle Produktion gründet. Sie ist Bestandteil der (materiellen) Legitimation, deren je konkrete Ausprägung demokratisch bestellte Regierungen in ihren polit. Entscheidungen berücksichtigen müssen.

→ Elite; Klasse

Lit.: *Bolte, K. M./Recker, H.* [2]1976: Vertikale Mobilität, in: *König, R.* (Hrsg.): Handbuch der empirischen Sozialforschung, Bd. 5, Stg., 40–103. *Erikson, R./Goldthorpe, J. H.* 1992: The Constant Flux. A Study of Class Mobility in Industrial Societies, Ox. *Giddens, A.* 1973: The Class Structure of Advanced Societies, L. *Herzog, D.* 1982: Politische Führungsgruppen, Darmst. *Kaelble, H.* 1978: Historische Mobilitätsforschung, Darmst. *Lipset, S. M./Zetterberg, L.* 1968: Eine Theorie der sozialen Mobilität, in: *Seidel, B./Jenkner, S.* (Hrsg.): Klassenbildung und Sozialschichtung, Darmst. (engl. zuerst 1956), 330–366. *Müller, W.* 1986: Soziale Mobilität, in: *Kaase, M.* (Hrsg.): Politische Wissenschaft und politische Ordnung. Analysen zu Theorie und Empirie demokratischer Regierungsweise, Opl., 339–354. *Parkin, F.* 1979: Marxism and Class Theory: A Bourgeois Critique, L.

Rainer-Olaf Schultze

Moderne

Die unmittelbaren Bedeutungen von Moderne (M.) schwanken zwischen gegenwärtig (im Gegensatz zu vorherig), neu (im Gegensatz zu alt) und vorübergehend (im Gegensatz zu ewig) (*Gumbrecht* 1978).

1. Was modern heißt, hängt ab vom zeitlichen Rahmen und dem qualitativen Verhältnis von Alt und Neu. Modern kann heißen, (1) dem jeweils Neuen vor dem bisherigen Alten den

Vorzug zu geben (s. die zeitlose Reihe der Moden), (2) das Neue als Fortsetzung des Alten und zugleich als Fortschritt über das Alte hinaus aufzufassen (so die *moderni* des 12. Jh.), (3) dann aber auch – gegen alles Alte – das Neue als Anfang überhaupt und von Grund auf zu begreifen (so das neuzeitliche Selbstbewußtsein seit dem 17. Jh.).

Seit diesem epochalen Bruch entfaltet die M. eine selbstbezügliche Dynamik – ihr zentrales Charakteristikum, das sich in immer neuen programmatischen Entwürfen ausdrückt. Die M. wendet sich reflexiv auf sich selbst zurück, um daraus neue Modernitätsschübe zu gewinnen. Solche Selbstthematisierungen dienen einerseits der affirmativen Selbstvergewisserung; andererseits stellen sie das bisherige Modernisierungsniveau immer radikaler in Frage, wobei auch Rückgriffe auf „vormoderne" Positionen in das Kritikpotential einbezogen werden können. Ein Beispiel liefert *Rousseau*, der – in einer „zweiten Welle" der M. (*Strauss* 1975) – die neuzeitlichen Leitprinzipien von Wissen, Macht und Eigentum einer radikalen Kulturkritik unterzog, sich aber bewußt war, das beschworene Gegenmodell römischer Bürgertugenden und die ganzheitliche Existenzform eines „natürlichen" Menschen nur im Medium moderner Reflexivität gewinnen zu können.

2. Damit profilieren sich zwei einander überlagernde Annäherungen an die M.: (1) Eine erste Strategie beschreibt M. als einen Prozeß fortschreitender Entfaltung von modernitätsspezifischen Tendenzen (*Münch* 1986): (a) Rationalisierung (Szientifizierung, Technisierung, Säkularisierung, funktionale Ausdifferenzierung autonomer Subsysteme), (b) Universalisierung (für alle Menschen gleichermaßen gültige ethische Normen und → Menschenrechte), (c) Individualisierung (freie Verfügung jedes einzelnen über sein Denken und Handeln) und (d) ein Aktivismus der Welt- und menschlichen Selbstveränderung. Für die moderne Politik bedeuten diese Merkmale: Legalisierung, Formalisierung, Bürokratisierung und Professionalisierung; Grundrechte; Potentiale reformerischer und revolutionärer Art. Das Konzept der Modernisierung im Rahmen der Entwicklungs(länder)theorie ist in seiner Orientierung am technisch-ökonom. Fortschritt eher als Engführung der umfassenden Thematik der M. zu betrachten. (2) Die andere Strategie arbeitet aus den konkreten Erfahrungen mit dem Projekt der M. dessen Widersprüche und Zerstörungspotential heraus. Können die Widersprüche – etwa in dialektischen Theorien – noch als Triebkräfte zu fortschrittlichen Lösungen interpretiert werden, so führen Katastrophenerfahrungen ökolog. und moralisch-polit. Art zur Einsicht in die fundamentale, abgründige Ambivalenz der M. (*Bauman* 1992).

Diese Begrenzungen erzwingen eine „postmoderne" Dekonstruktion der urspr. Ansprüche von universaler Vernunft, normativem Humanismus, universalgeschichtlichem Fortschritt. Freilich erweist sich die → Postmoderne selbst als höchst modern, indem sie das Potential der M. um das Plurale, das Diskontinuierliche, die Brüche und Antinomien erweitert. Diese arbeiten sich geschichtlich als revolutionäre Veränderungen inmitten der Normalität der Modernisierung heraus. So produziert der technisch-ökonom. Fortschritt Risiken, die zu einer gemeinsamen Risikogesellschaft jenseits traditioneller Unterscheidungen in Klassen, Nationen etc. führen (*Beck* 1986, 1993). Diese „reflexive Modernisierung" – eine sich schleichend vollziehende, gleichwohl revolutionäre Änderung der Industriegesellschaft, ihrer Handlungsmuster und Systembildungen – weist Wege in andere nichtprognostizierbare Modernen, mobilisiert aber auch eine „Gegenmodernisierung" (etwa in fundamentalistischen Bewegungen) (*Beck* 1993).

3. „Moderne" Politik beinhaltet internat. gegenläufige und ineinander verschlungene Tendenzen zur → Globalisierung und Partikularisierung. Innerstaatl. wird der → Staat als überlegene Instanz allgemeinverbindlicher Entscheidungen zugunsten einer Pluralität sozialer Systeme in Frage gestellt. Einer Entpolitisierung des Staates entspricht eine Neuerfindung des Politischen in einer „Subpolitik" (*Beck* 1993: 162f.), wo neue soziale und individuelle Akteure zum Spiel der staatl. und korporatistischen Politik hinzukommen (→ Korporatismus, → Soziale Bewegungen). In diesem laufenden Realexperiment (dessen Ausgang wir weder beeinflussen noch prognostizieren können – vgl. *Giddens* 1996) wird „das Politische" innerstaatl., zwischenstaatl. und weltgesellschaftl. neu zu bestimmen sein.

Lit.: *Bauman, Z.* 1992: Moderne und Ambivalenz, Hamb. (zuerst engl. 1991). *Beck, U.* 1986: Risikogesellschaft, Ffm. *Beck, U.* 1993: Die Erfindung des Politischen, Ffm. *Giddens, A.* 1996: Konsequenzen der Moderne, Ffm. (zuerst engl. 1990). *Gumbrecht, H. U.* 1978: Modern, Modernität, Moderne, in: *Brunner, O.* u. a. (Hrsg.): Geschichtliche Grundbegriffe, Bd. 4, Stg., 93–131. *Lefebvre, H.* 1978: Einführung in die Modernität, Ffm. (zuerst frz. 1962). *Luhmann, N.* 1992: Beobachtungen der Moderne, Opl. *Münch, R.* 1986: Die Kultur der Moderne, 2 Bde., Ffm. *Strauss, L.* 1975: The Three Waves of Modernity, in: *Gildin, H.* (Hrsg.): Political Philosophy. Six Essays by Leo Strauss, Indianapolis u. a., 81–98. *Welsch, W.* [4]1993: Unsere postmoderne Moderne, Weinheim (zuerst 1985). *Vattimo, G.* 1990: Das Ende der Moderne, Stg. (zuerst ital. 1985).

Ulrich Weiß

Monetarismus

Der Monetarismus (M.; von engl. *monetarism*, Theorie der Geldmengensteuerung) bildet eine wirtschaftswissenschaftl. Gegenposition zur „keynesianischen Revolution" und deren nachfrageorientierter → Wirtschaftspolitik (→ Keynesianismus). Ihre Verfechter wie *M. Friedman* halten den Versuch einer antizyklischen → Konjunkturpolitik für einen krisenauslösenden bzw. -verschärfenden Faktor und sehen im Gegensatz zu *J. M. Keynes* nicht in der Fiskalpolitik, sondern in der → Geldpolitik den entscheidenden Faktor der wirtschaftl. Entwicklung.

Die Skepsis der Monetaristen gegenüber einer diskretionären → Wirtschaftspolitik, die sich auch auf ein ausgeprägtes Vertrauen in die inhärente Stabilität einer → Marktwirtschaft stützt, macht allerdings auch vor der Geldpolitik nicht halt. Sie plädieren daher für eine Regelbindung und empfehlen eine mittelfristig ausgerichtete Geldmengensteuerung, die sich am Wachstumspotential einer Volkswirtschaft orientiert und für eine entsprechend konstant wachsende Geldmenge sorgt. Die „monetaristische Gegenrevolution" hat nicht nur die Wirtschaftswissenschaften, sondern auch die Wirtschaftspolitik stark beeinflußt. So hat z. B. die Deutsche Bundesbank seit 1974 ihr jährl. Geldmengenziel vorab bekannt gemacht, lehnt allerdings eine strikte Regelbindung ab.

Lit.: *Ehrlicher, W./Becker, W.-D.* 1978: Die Monetarismus-Kontroverse. Eine Zwischenbilanz, in: Beihefte zu Kredit und Kapital, H. 4, Bln. *Friedman, M.* 1970: Die optimale Geldmenge und andere Essays, Mchn. *Kalmbach, P.* (Hrsg.) 1973: Der neue Monetarismus, Mchn.

Uwe Andersen

Multikulturalismus

Theoriegeleitete Reflexion wie polit.-praktische Umsetzung alternativer Integrations- und Ordnungsmodelle für moderne Einwanderungsgesellschaften jenseits der Ideologie des *melting pot*. Grundanliegen des Multikulturalismus

(M.) ist die Frage, wie das Zusammenleben in rassisch, ethnisch, kulturell wie religiös pluralen Gesellschaften bei Abwesenheit eines allg. anerkannten Wertekanons gleichberechtigt und friedlich, in wechselseitiger Anerkennung zu gestalten ist.

Prinzipiell können zwei Formen des M. unterschieden werden: (1) Der liberale M. fordert die Beseitigung rechtlicher, polit. und sozialer Diskriminierung und unterstützt die jeweiligen Gruppen in ihrem Bemühen, die eigene kulturelle Identität zu bewahren; er betont aber gleichzeitig, daß (a) eine funktionierende Gesellschaft auf eine gemeinsame → Politische Kultur angewiesen bleibt, (b) der M. allein mit dem Wohlergehen der Individuen zu rechtfertigen ist und er deshalb (c) auf die Bürger- bzw. → Menschenrechte verpflichtet sein muß. (2) Der radikale M. behauptet dagegen die existentielle Bedeutung der je unterschiedlichen Gruppenidentitäten. Er will das Überleben spezifischer Kulturen garantieren und fordert hierzu die Anerkennung von Gruppenrechten im öffentlich-polit. Raum sowie weitgehende polit. Selbstbestimmung.
Chancen und Gefahren einer Multikulturalismuspolitik sind am Beispiel Kanada und Australien zu studieren. Die dort seit den 1970er Jahren verabschiedeten Regierungsprogramme sind i. S. eines liberalen M. an der Trennung zwischen priv. und öffentl. Bereich ausgerichtet. Antidiskriminierungsgesetze und die Förderung individueller Chancengleicheit gelten als wichtige Instrumente dieser Politik. Es zeigt sich jedoch, daß die Multikulturalismuspolitik bei einem Teil der autochthonen Bevölkerung wie der Einwanderungsminderheiten im Verteilungskampf um knappe Ressourcen eine Eigendynamik zugunsten separatistischer Tendenzen entfaltet, so daß es zunehmend schwerfällt, den für alle Gruppen verbindlichen Minimalkonsens festzuschreiben.

Lit.: *Bade, K. J.* (Hrsg.) 1996: Die multikulturelle Herausforderung, Mchn. *Fleras, A./Elliott, J. L.* 1992: Multiculturalism in Canada, Scarborough. *Gutmann, A.* 1995: Das Problem des Multikulturalismus in der politischen Ethik, in: Deutsche Zeitschrift für Philosophie, 43, 273–305 (engl. zuerst 1994). *Hawkins, F.* 1989: Critical Years in Immigration. Canada and Australia, Kingston u. a. *Kymlicka, W.* 1999: Multikulturalismus und Demokratie, Bln. *Mintzel, A.* 1997: Multikulturelle Gesellschaften in Europa und Nordamerika, Passau. *Raz, J.* 1995: Multikulturalismus: eine liberale Perspektive, in: Deutsche Zeitschrift für Philosophie, 43, 307–327 (engl. zuerst 1994). *Schulte, A.* 1990: Multikulturelle Gesellschaft: Chance, Ideologie oder Bedrohung?, in: APuZ, B23–24, 3–15. *Taylor, C.* 1993: Multikulturalismus und die Politik der Anerkennung, Ffm. (engl. zuerst 1992).

Günter Rieger

Nachhaltige Entwicklung → Entwicklung

Nation

Nation (N.; von lat. natio = Geburt, Geschlecht, Art, Volk) bezeichnet eine Gemeinschaft von Menschen, die sich aus ethnischen/sprachlichen/kulturellen und/oder polit. Gründen zusammengehörig und von anderen unterschieden fühlen. Die verschiedenen Definitionskriterien einer N. entspringen ihrem jeweils konkreten historisch-polit. Bezugsrahmen und daraus resultierend unterschiedlichen Interpretationsmustern.

1. *Abbé Sièyes* definierte 1789 die französische N. als die Gemeinschaft, die unter einem Gesetz steht und durch die gleiche gesetzgebende Versammlung repräsentiert wird. N. konstituiert sich hier durch den polit. Willen und das Streben des Dritten Standes nach → Souveränität in einem bereits vorhandenen Staatsgebiet. Nach *E. Renan* (1882) erfordert diese polit. Willensgemeinschaft täglich neu das Bekenntnis zu nat. Identität (*plébiscite de tous les jours*). In D dagegen verstand sich das Bildungsbürgertum als Kulturnation in einem territorial zersplitterten Land und erhob Sprache, Volkstum und Dichtung zum nat. Kriterium

(*J. G. Herder*), das nach der napoleonischen Herrschaft zu einem polit. Bestimmungsmerkmal wurde. In den mittel- und osteurop. Staaten greifen die nat. Bewegungen nach dem Zusammenbruch des real existierenden Sozialismus auf die konstituierenden Merkmale zurück, die für sie vor der kommunistischen Herrschaft bestimmend waren und die sie hinreichend von anderen Großgruppen abgrenzen: ethnische Zugehörigkeit, Geschichte, Religion und Europaphilie. 2. Die im 19. Jh. eingeführte analytische Trennung von Willens- und Kulturnation ist damit ein zu enges und zu situatives Bestimmungsmerkmal von Nation. Heute überwiegen in den Sozialwissensch. abstrahierende Kriterien: In der weitesten Beschreibung kann die N. als ein System von Wertorientierungen gesehen werden, das den Mitgliedern eines sozialen Systems gemeinsam ist (*T. Parsons*). *M. R. Lepsius* (1982) definiert N. als gedachte Ordnungsvorstellung mit unterschiedlichen, nicht immer verhaltensrelevanten, aber aktivierbaren Zurechnungskriterien, die in ihrer Binnenwirkung Teilhabe (Wir-Gefühl) und in ihrer Außenwirkung Abgrenzung vermitteln. *K. W. Deutsch* (1972) und *E. Gellner* (1991) sehen die N. als eine Funktion moderner Gesellschaften im Prozeß der Transformation eines Volkes oder einiger ethnischer Elemente innerhalb eines sozialen Mobilisierungsprozesses: Die Industriegesellschaft setzt die Individuen frei aus ständischen, verwandtschaftlichen und lokalen Zugehörigkeiten, atomisiert und mobilisiert sie. Die polit. N. und das auf sie bezogene Nationalbewußtsein verbinden diese wieder zu einer polit. handlungsfähigen Einheit. Diese polit. Bedeutung der N. kam auch marxistischen Bewegungen und Staaten zu, die dazu neigten, sich in Form und Inhalt nat. zu organisieren (*E. Hobsbawm* 1990). Die N. ist damit ein universal legitimierter Wert (*B. Anderson* 1996), der auch am Ende des 20. Jh. polit. und gesellschaftlich relevant ist.

Lit.: *Anderson, B.* ³1996: Die Erfindung der Nation, Ffm. u. a (engl. zuerst 1983). *Deutsch, K. W.* 1972: Nationenbildung, Nationalstaat, Integration, Düss. *Gellner, E.* 1991: Nationalismus und Moderne, Berlin. *Hobsbawm, E. J.* ²1990: Nations and Nationalisms since 1780, Camb. *Lepsius, M. R.* 1982: Nation und Nationalismus heute, in: *Winkle, H. A.* (Hrsg.): Nationalismus in der Welt von heute, Gött., 12–27. *Renan, E.* 1996: Was ist eine Nation, Hamb. (frz. zuerst 1882).

Gisela Riescher

Nationalismus

Ideologie und/oder soziale Bewegung, die territorial und werteorientiert auf die → Nation bzw. den → Nationalstaat ausgerichtet ist und eine bewußte Identifikation und Solidarisierung mit der nat. Gemeinschaft voraussetzt.

Zu unterscheiden sind ein inklusiver und ein exklusiver Nationalismus (N.). (1) Inklusiver N. bezeichnet jene moderate Form von Nationalbewußtsein oder Patriotismus, die alle polit.-kulturellen Gruppen einschließt und damit für das → Politische System eine in hohem Maße integrierende und legitimierende Wirkung entfaltet. Die republikanische Tradition, die freiheitliche Verfassung und demokratische polit. Institutionen sind ebenso wie Sozialstaatlichkeit, wirtschaftspolit. Erfolge und internat. Reputation Bezugspunkte des Nationalbewußtseins. (2) Exklusiver N. ist gekennzeichnet durch ein übersteigertes Wertgefühl, das in Abgrenzung zu anderen Staaten oder Nationen die eigenen nat. Eigenschaften überhöht bzw. sie anderen gegenüber als höherrangig ansieht. Die Forderung nach Übereinstimmung von ethnischen und polit. Grenzen korreliert mit der Ausgrenzung anderer Ethnien und der radikalen Ablehnung von „Fremdherrschaft". Brutale Übersteigerungen mit Vertreibung und Vernichtung ethnischer Minderheiten sind u. a. der dt. → Nationalsozialismus, der italienische → Faschismus und die ethnischen Säuberungen in den sowjetischen und jugoslawischen Nachfolgestaaten.

Lit.: *Berlin, I.* 1990: Der Nationalismus, Ffm. *Gellner, E.* 1991: Nationalismus und Moderne, Bln. *Oberndörfer, D.* 1993: Der Wahn des Nationalen, Freib. *Winkler, H. A.*

(Hrsg.) 1982: Nationalismus in der Welt von heute, Gött.

Gisela Riescher

Nationalsozialismus

Bezeichnung für Bewegung und Ideologie der Nationalsozialistischen Deutschen Arbeiterpartei (NSDAP) sowie die Zeit ihrer Herrschaft von 1933–1945 in Deutschland.

1. (1) Der Nationalsozialismus (NS) entsteht in der ökonom. und sozialen Krisensituation nach der Niederlage des Kaiserreichs im I. Weltkrieg und in Gegnerschaft zur neugegründeten Weimarer Republik. Organisiert in der 1919 gegründeten, am Modell des italienischen → Faschismus orientierten NSDAP, ist die polit. Strömung des NS zunächst ein Sammelbecken für Revanchisten, Deklassierte und Unzufriedene, erlangt aber in den Wahlen der 1920er und 30er Jahre, wie die Studien von *J. W. Falter* zum Wählerverhalten in der Weimarer Republik gezeigt haben, eine weit über den Mittelstand und das abstiegsbedrohte Kleinbürgertum hinausreichende, auch die Arbeiterschaft erreichende Massenbasis. (2) Dem eigenen Anspruch nach stellt die → Ideologie des NS eine Synthese zwischen → Nationalismus und Sozialismus dar. Allerdings zeigen Analysen von *Hitlers* „Mein Kampf" (1925/27) als Programmschrift des NS und entspr. Propagandamaterials, daß nur schwer von einer einheitlichen Ideologie des NS ausgegangen werden kann. Dieser ist vielmehr eine eklektische, auf die doppelte Gegnerschaft zu Bolschewismus/Marxismus und demokratisch-parlamentarischem Kapitalismus zielende Mischung aus (a) einem zum → Rassismus übersteigerten Nationalismus, (b) dem zum Holocaust gesteigerten Antisemitismus sowie (c) sozialromantischen Vorstellungen von Volksgemeinschaft, bei (d) gleichzeitiger Propagierung modernen technologischen Fortschritts. (3) Mit der Machtergreifung *Hitlers* (1933) beginnt die Uniformierung und Kontrolle aller gesellschaftl. Kräfte im Rahmen einer Politik der Gleichschaltung, eine revanchistische, imperialistische Außen- und Militärpolitik, eine auf Kriegswirtschaft hinzielende Wirtschafts- und Arbeitsmarktpolitik, die kurzfristig zur Bewältigung der Arbeitslosigkeit führt, und eine Politik der Ausgrenzung und des Terrors gegen Regimefeinde, Randgruppen und v. a. gegen die Juden.

2. Wissenschaftl. umstritten bleibt, ob die Herrschaft des NS i. S. des → Totalitarismus über einen streng hierarchisch geordneten, auf den Führer ausgerichteten Staats- und Parteiapparat erfolgte (Führerstaat; Hitlerismus) oder ob der NS eher als polykratische Herrschaftsstruktur eines ungeordneten Nebeneinander konkurrierender Institutionen von Partei und Staat, Wirtschaft und Militär zu begreifen ist. Offen ist dann jedoch, ob – so *E. Fraenkel* und *F. L. Neumann* – das Kompetenzchaos vom „Führer" bewußt zur Machtstabilisierung instrumentalisiert wurde oder ob – so *M. Broszat* und *H. Mommsen* – die Eigendynamik der Polykratie ausschlaggebend war.
Die Einzigartigkeit der vom NS verübten Verbrechen überschattet bis heute die wissenschaftl. Analyse des Phänomens. Dies zeigte die im „Historikerstreit" emotional geführte Debatte um die relativierende These *E. Noltes*, der NS sei lediglich eine Reaktion auf die zeitlich wie qualitativ originäre Entwicklung des Bolschewismus in Rußland gewesen, ebenso wie die von *D. Goldhagen* wiederbelebte Debatte um die nun zeitgemäß kulturanthropologisch unterlegte These vom deutschen Sonderweg.

Lit.: *Benz, W.* u. a. (Hrsg.) 1997: Enzyklopädie des Nationalsozialismus, Stg. *Broszat, M.* [9]1981: Der Staat Hitlers, Mchn. (zuerst 1969). *Falter, J. W.* 1991: Hitlers Wähler, Mchn. *Fraenkel, E.* 1941: The Dual State, NY. *Frei, N.* 1996: Vergangenheitspolitik. Die Anfänge der Bundesrepublik und die NS-Vergangenheit, Mchn. *Goldhagen, D.* 1996: Hitlers willige Vollstrecker, Bln. *Kershaw, I.* 1998/2000: Hitler, Bd. 1 (1889–1936) und Bd. 2 (1936–1945), Stg. *Mommsen, H.* 1966: Beamtentum im Dritten Reich, Stg. *Neumann, F. L.* 1994: Behemoth, Ffm. (engl. zuerst 1942/44). *Nolte, E.* [5]1997: Der europäische Bürgerkrieg 1917–1945, Mchn. (zuerst 1987).

Günter Rieger

Nationalstaat

Nationalstaat (N.) meint die territoriale Übereinstimmung von → Nation und → Politischem System oder in *Max Webers* Definition „die weltliche Machtorganisation der Nation" (*Weber* 1993: 561). Der nationalstaatl. Strukturbegriff verbindet somit die Idee der historisch, ethnisch, kulturell oder polit. definierten Solidaritätsgemeinschaft Nation mit dem Prinzip territorialer Herrschaftsausübung, der Anerkennung des staatl. Gewaltmonopols und gesamtgesellschaftl. wirkender Konfliktregelungsmuster. Ausgehend von Westeuropa im 18. und 19. Jh. wird der N. die vorherrschende Staatsform sich entwickelnder, moderner Gesellschaften.

1. Historisch lassen sich mindestens drei Entstehungsmuster unterscheiden: (1) durch innerstaatl. Revolutionen (England, Frankreich) als Willensgemeinschaft durch die Selbstbestimmung der Staatsbürger, (2) als Staatsneugründung aus getrennten Gebiets- und Bevölkerungsteilen, die sich vor der Staatsgründung durch eine gemeinsame Sprache, Geschichte und Kultur als Nation fühlten (Deutschland, Italien), (3) durch Zerfall von Großreichen (Osteuropa nach dem I. Weltkrieg und seit 1990).
2. Mit der Verankerung des Selbstbestimmungsrechts der Völker in der Charta des Völkerbundes 1919 wurde das Nationalstaatsprinzip zum vorrangigen Strukturmerkmal der neu gegründeten Staaten Mitteleuropas, ohne die drängenden Nationalitätenfragen lösen zu können. Sie bestimmen nach dem Zerfall der Sowjetunion und Jugoslawiens mehr denn je in kriegerischen Arrondierungskämpfen und brutalen ethnischen Säuberungen das polit. Geschehen.
3. In den westl. Demokratien vollzog sich nach 1945 in der Verbindung von parlamentarischer Demokratie, Rechts- und Sozialstaatlichkeit und zunehmenden ökonom. und ökolog. Regulierungsanforderungen ein Wandel des Nationalstaates. Nicht nationalistische Abgrenzung oder Aggression nach außen, sondern die Identifikation mit dem polit. und sozialökonom. Erreichten wurden zur Legitimationsgrundlage. Gleichwohl lassen die dt. Wiedervereinigung, die fortschreitende europ. Integration (→ EU) und die zunehmende → Globalisierung das Modell des N. heute unter zwei gegensätzlichen Prämissen erscheinen: (1) als überkommene Staatsform, deren Steuerungs- und Regelungskompetenzen nicht mehr ausreichen und die sinnvoll durch supranat. Organisationen bei gleichzeitiger föderaler und/oder regionaler Binnengliederung ersetzt werden kann; (2) als auch künftig wirkungsvolle Form polit. Herrschaftsorganisation, die weltweites intergouvernementales Handeln erst ermöglicht (→ Global Governance).

Lit.: *Deutsch, K. W.* 1972: Nationenbildung, Nationalstaat, Integration, Düss. *Habermas, J.* 1996: Hat der Nationalstaat eine Zukunft?, in: *ders.*: Die Einbeziehung des Anderen, Ffm., 128–191. *Schieder, T.* 1991: Nationalismus und Nationalstaat, Gött. *Weber, M.* 1993: Der Nationalstaat und die Volkswirtschaftspolitik, in: *ders.*: Gesamtausgabe, Bd. 4, 2, hrsg. von *H. Baier* u. a., Tüb. (zuerst 1921), 543–574.

Gisela Riescher

NATO

Die NATO (*North Atlantic Treaty Organization*) entwickelte sich im Verlauf von fünf Jahrzehnten aufgrund des polit., ökon. und militärischen Potentials seiner Mitgliedsländer zum bedeutendsten Militärbündnis der Welt.

1. Die NATO entstand 1949 im Zuge der Verschärfung des → Ost-West-Konflikts. Der NATO-Vertrag definiert als wichtigste Aufgabe den Schutz sämtlicher NATO-Partner gegen eine mögliche Aggression. Ein bewaffneter Angriff gegen einen oder mehrere von ihnen in Europa oder Nordamerika wird als Angriff gegen alle Mitglieder gesehen. Allerdings enthält der Vertrag keine automatische militärische Beistandspflicht, da es jedem Mitgliedstaat überlassen bleibt, unverzüglich und im Zusammenwirken mit den anderen Partnern die Maßnahmen zu treffen, einschließlich der Anwendung von

Waffengewalt, die er für notwendig hält. Somit wird durch die NATO die Möglichkeit unterschiedlicher Unterstützung in einem Konfliktfall gegeben. Damit geht die Beistandsverpflichtung hinter die Regelung des Brüsseler Paktes zurück, in dem die automatische militärische Unterstützung niedergelegt wurde. Ein in der Geschichte der Bündnissysteme neues Phänomen ist die Tatsache, daß der NATO-Vertrag neben der militärischen auch die polit., soziale, ökonom. und kulturelle Zusammenarbeit vorsieht und sich somit die Verteidigung einer Lebensform zum Ziel setzt. Alle zwölf Gründungsmitglieder anerkannten das Prinzip der „westl. Demokratie", wenngleich sie in einigen Mitgliedsländern wie Griechenland und Portugal lange Zeit nicht praktiziert wurde und in der Türkei seit 1981 nicht praktiziert wird. In allen Allianz-Staaten sollten zwar trotz unterschiedlicher polit. Ordnungsformen grundsätzliche Gemeinsamkeiten existieren wie Anerkennung des kapitalistischen Wirtschaftssystems mit der Garantie des Privateigentums an Produktionsmitteln; Anerkennung der Herrschaft des Rechts und des → Völkerrechts; Anerkennung des Prinzips der → Vereinten Nationen. Es wurde somit bereits in der Gründungsphase der NATO deutlich, daß ein Ziel die Konsolidierung der bürgerlich-liberalen Gesellschaftsordnung ist.

2. Die NATO gliedert sich in eine polit. und eine militärische Organisation. Mitglied der polit. Organisation sind alle 19 Mitgliedsländer, während der militärischen Organisation Frankreich und Island aus unterschiedlichen Gründen nicht angehören. Oberstes Entscheidungsorgan ist der NATO-Rat, der durch die Vertreter der Mitgliedsregierungen gebildet wird und seine Entscheidungen im Konsens trifft. Dieses Beschlußverfahren ermöglicht gerade den kleineren Staaten ein erhebliches Mitbestimmungspotenzial im Entscheidungsprozeß der NATO über die grundlegende Politik der Allianz.

Fragen der Verteidigung werden im Verteidigungsplanungausschuß (DPC) beraten, dem alle Mitgliedstaaten außer Frankreich angehören. Seit 1967 werden Nuklearfragen des Bündnisses in der Nuklearen Planungsgruppe behandelt, der ebenfalls alle Mitgliedstaaten außer Frankreich angehören. Exekutivorgan der NATO ist das Generalsekretariat, dem der auf fünf Jahre gewählte Generalsekretär vorsteht.

In der militärischen Organisation bildet seit 1966 der Militärausschuß, bestehend aus den Stabschefs aller Bündnispartner mit Ausnahme Frankreichs und Islands, die höchste Instanz. Er erarbeitet die Maßnahmen zur gemeinsamen Verteidigung des NATO-Gebiets. Um die Funktionsfähigkeit der militärischen Organisation zu gewährleisten, wurden ab 1993 zwei regionale Kommandobehörden gebildet, das *Allied Command Atlantic* (ACLANT) mit dem *Supreme Allied Commander Atlantic* = SACLANT (Atlantik) und das *Allied Command Europe* (ACE) mit dem Oberbefehlshaber *Supreme Allied Commander Europe* = SACEUR.

3. Die Geschichte der NATO ist durch oftmalige Krisen gekennzeichnet, die das Bündnis in seinem Bestand mehrfach gefährdeten. Sechs Entwicklungsabschnitte kennzeichnen die Geschichte der NATO.

Der 1949 begonnenen Aufbau- und Ausbauphase, die 1955 mit dem Beitritt der Bundesrepublik Deutschland endete, schloß sich die Konsolidierungsphase der NATO an, die während der Berlin-Krise von 1961 und der Kuba-Krise von 1962 ihren Höhepunkt erfuhr. Zwar kam es auch in dieser Zeit zu schweren Intraallianzkonflikten, als Großbritannien und Frankreich 1956 im Suez-Konflikt versuchten, ihre „kolonialen Restbestände" aufrechtzuerhalten, und die USA die beiden Staaten zur Beendigung ihres Vorgehens in Nahost zwangen. Die Konsolidierungsphase endete mit dem Auszug Frankreichs aus der Militärorganisation (1966), der eine militärische und polit. Strukturreform der Allianz folgte.

Die dritte Phase der NATO wurde durch die internat. → Entspannungspolitik gekennzeichnet. 1967 erhielt die NATO in dem vom NATO-Rat verabschiedeten *Harmel*-Bericht den Auftrag, neben der militärischen Verteidigung auch mit Hilfe polit. Maßnahmen die Sicherheit in Europa zu gewährleisten. Ihr höchstes polit. Ziel wurde nun die Suche nach „einer gerechten und dauerhaften Friedensordnung in Europa mit geeigneten Sicherheitsgarantien", so daß das neue NATO-Selbstverständnis von nun an in der Kurzformel „Sicherheit = Verteidigung plus Entspannung" zum Ausdruck kam.

Die vierte Phase der NATO setzte Mitte der 1970er Jahre ein und kann als Phase der verstärkten intraatlantischen Konfrontation, bes. zwischen Westeuropa und den USA, bezeichnet werden. Nicht zuletzt wurde die NATO durch den aktiven sowjetisch-amerikan. Bilateralismus zu Beginn der 1970er Jahre, die US-Politik in Südostasien und die zunehmenden Differenzen zwischen Westeuropa und den USA schwer belastet. Besonders konfliktreich wurden aber die Auseinandersetzungen im Gefolge des NATO-Doppelbeschlusses, als einzelne europ. Regierungen und Politiker sowie große Teile der westeurop. Bevölkerung den Doppelbeschluß der NATO nicht unterstützten. Der 1979 vom NATO-Rat verabschiedete Doppelbeschluß sah als Antwort auf die sowjet. Mittelstreckenraketenaufrüstung zum einen ein Verhandlungsangebot an die UdSSR, zum anderen, falls es bis Ende 1983 zu keinem befriedigenden Verhandlungsergebnis käme, die Aufstellung von 108 Pershing-II-Raketen und 464 Marschflugkörpern in Westeuropa vor. Jedoch wurde trotz heftiger Proteste in einzelnen westeurop. Ländern, vor allem der Bundesrepublik Deutschland, den Niederlanden, Belgien und Dänemark, der Stationierungsplan eingehalten, da die amerikanisch-sowjetischen Verhandlungen über die Mittelstreckenraketen 1983 scheiterten. Trotz der verstärkten intraatlantischen Konfrontation war die NATO attraktiv genug, um Spanien 1982 als 16. Mitglied aufzunehmen.

Die fünfte Phase bildet eine kurze Übergangszeit vom Amtsantritt *Gorbatschows* bis zur Auflösung der Sowjetunion. Für die NATO stellte die neue sowjet. Außenpolitik eine ungewohnte Herausforderung dar, da zwischen den NATO-Partnern keine Einigkeit über die Reaktion auf diese neue Politik zu erzielen war. So wurde das NATO-Kommuniqué vom Mai 1989 ein Kompromißpapier, das eine Modernisierung der nuklearen Kurzstreckenraketen von der weiteren Entwicklung in der Sowjetunion und Osteuropa sowie dem Verlauf der Verhandlungen über vertrauens- und sicherheitsbildende Maßnahmen in Europa abhängig machte. Ab 1989 wird diese Phase durch Umwälzungen und Revolutionen in Osteuropa sowie den Zusammenbruch des real existierenden Sozialismus gekennzeichnet. Dadurch wurde dem Warschauer Pakt die Grundlage entzogen, sein Zusammenbruch vorprogrammiert und die NATO vor eine vollkommen neue internat. Konstellation gestellt. Der tiefgreifende Wandel in und der Zusammenbruch der Sowjetunion, die bedeutsamen Fortschritte bei den Verhandlungen über die konventionelle Rüstungskontrolle, die fortschreitende → Demokratisierung in Mitteleuropa sowie die dt. Wiedervereinigung (→ Deutsche Einheit) mit der daraus folgenden Mitgliedschaft des vereinten Deutschland in der NATO veränderten die sicherheitspolit. Rahmendaten vollkommen zugunsten der NATO.

Die sechste Phase begann 1991 nach dem Zusammenbruch der Sowjetunion mit einer Aufgabenerweiterung. Nachdem eine direkte Bedrohung des Bündnisses nicht mehr gegeben war, nahm die NATO auch eine Veränderung ihrer Strategie vor. Die NATO geht nicht länger von einer allumfassenden Bedrohung aus, auch das bipolare Bedrohungsdenken wurde aufgegeben. Die Allianz sieht das Territorium von Bündnispartnern eher an der Peripherie gefährdet. Als grundlegende Prinzipien gelten eine rein defensive Ausrüstung sowie die Hinlänglichkeit des Militärpotenzials, die strategische Einheit des Bündnisgebietes und die Solidarität der Bündnismitglieder, Kollektivität der Verteidigung und integrierte Militärstrukturen sowie das Zusammenwirken von nuklearen und konventionellen Streitkräften. Es erfolgt eine Abkehr von der umfassenden, präsenten und linearen Verteidigungsstruktur, insbes. in Mitteleuropa.

Die NATO begreift sich zunehmend als eher polit. Bündnis. Dialog und Kooperation mit den anderen Staaten Europas wie mit den Vereinten Nationen und der → OSZE sollen zu einer neuen Sicherheitsarchitektur in Europa führen. Die NATO bietet den Vereinten Nationen wie auch der OSZE an, Friedensmissionen in ihrem Auftrag durchzuführen. Neben der Fähigkeit zur Bündnisverteidigung sollen die Streitkräfte auch die Fähigkeit zur Krisen- und Konfliktbewältigung besitzen. Dadurch werden zwei unterschiedliche Arten von Streitkräften geschaffen, nämlich die Hauptverteidigungskräfte, die in ihrer Einsatzbereitschaft herabgesetzt sind und erst nach einer längeren Vorbereitungszeit zur Bündnisverteidigung eingesetzt werden können. Daneben gibt es die zahlenmäßig kleineren Krisenreaktionskräfte, die aufgrund ihrer hohen Mobilität und Flexibilität sowie hohen Einsatzbereitschaft zur Krisen- und Konfliktbewältigung des Bündnisses bereitstehen. Aus diesen Kontingenten können für die Friedensmissionen der UNO und der OSZE Streitkräfte zur Verfügung gestellt werden. Auch bleibt die Präsenz nordamerikan. konventioneller Streitkräfte und nuklearer Streitkräfte der USA in Europa für die Sicherheit Europas lebenswichtig, da die Sicherheit Europas weiterhin untrennbar mit der Sicherheit Amerikas verbunden ist.

Einen zentralen Stellenwert wird den Schnell- und Soforteingreifverbänden zugewiesen. Auch ist ein Teil der neuen Strategie die wachsende Bedeutung integrierter Militärstrukturen und multinat. Verbände. Auf der Berliner NATO-Rats-Konferenz wurde im Juni 1996 das *Combined Joint Task Force*-Konzept verabschiedet, das u. a. auch die europ. Verteidigungsidentität innerhalb der NATO zu erhöhen sucht. Die CJTF – Alliierte-Streitkräfte-Kommandos aus multinationalen (*combined*), je nach Aufgabe speziell zusammengestezten Einheiten (*task forces*) verschiedener, für den gemeinsamen Einsatz koordinierter Waffengattungen (*joint*) – sollen es den europ. NATO-Staaten ermöglichen, Maßnahmen zur Aufrechterhaltung der Stabilität in Europa an der Peripherie der NATO auch ohne die USA, aber mit dem Material und der Logistik des Bündnisses zu nutzen. Mit dem CJTF-Konzept sollen militärische Operationen mit unterschiedlicher Beteiligung der NATO-Partner jenseits der Artikel–5-Verpflichtungen und außerhalb des NATO-Bündnisgebiets durchgeführt werden und Streitkräfte der Allianzpartner sowohl unter dem Kommando der NATO als auch der WEU eingesetzt werden können. Schließlich soll mit diesem Konzept Nicht-Mitgliedern der NATO, insbes. im Rahmen von Partnerschaft für den Frieden (PfF), ermöglicht werden, sich aktiv an militärischen Maßnahmen der NATO zum Krisenmangement und zur Konfliktbewältigung zu beteiligen.

4. Da eine direkte Bedrohung – wie sie vier Jahrzehnte perzipiert wurde – nicht mehr vorhanden war, stellte sich die Frage nach der Funktion des Bündnisses, ja nach der Existenzberechtigung der NATO. Das Bündnis wird weiterhin als erforderlich betrachtet (1) als Stabilitätsanker einer euro-atlantischen Sicherheitsordnung; (2) als transatlantisches Bindeglied; (3) als Versicherungsgemeinschaft gegen verbleibende militärische Risiken. Darüber werden der NATO nach der Auflösung des Warschauer Pakts neue Aufgaben zugeschrieben (1) als Instrument des Krisenmanagements; (2) als Verifikations- und Durchsetzungsinstrument der Rüstungskontrolle und (3) als intaktes Militärbündnis, das für *peace-keeping*-Aktionen der Vereinten Nationen sowie der OSZE, der die NATO Gerät, Soldaten und notfalls auch Waffen zur Verfügung stellt, wenn *peace-keeping* in *peace-enforcement* übergeht.

Die bedeutsamste Maßnahme zur Aufrechterhaltung der Stabilität ist die Schaffung des NATO-Kooperationsrats (NAKK), der sich im Dezember 1991 konstituierte. Er wurde auf der NATO-Gipfelkonferenz im Juli 1997 in den Euro-Atlantischen Rat (EAR) umgewandelt, dem inzwischen 46 Mitglieder angehören. Mit NAKK und EAR wie auch mit der PfP übt die NATO eine gestalterische Funktion der Sicherheitsordnung in Europa aus, hat gleichzeitig auch ein Instrumentarium geschaffen, durch das sie vor allem Informationen über die Kernwaffen, die in den einzelnen GUS-Staaten wie Ukraine und Kasachstan noch stationiert sind, erhält und so eine gewisse Kontrolle ausüben kann. Sowohl der EAR als auch die PfP bewirken keine Sicherheitsgarantien, ermöglichen aber die militärpolit. Zusammenarbeit der ehemaligen Gegner. NAKK und PfP wurden in Mittel- und Osteuropa als Vorstufe für die NATO-Mitgliedschaft perzipiert. Im Mai 1997 wurde die „Grundakte über gegenseitige Beziehungen, Zusammenarbeit und Sicherheit zwischen der NATO und der Russischen Föderation" vereinbart. Rußland und die NATO bezeichnen sich darin nicht länger als Gegner. Mit der Grundakte wird Rußland zum gleichberechtigten Partner hinsichtlich der Konsultation, Koordination und Kooperation über die europ. Sicherheit. Die Grundakte bildete eine Voraussetzung für die Osterweiterung der NATO.

Neben der NATO-Osterweiterung stellt die Bereitschaft der NATO, den Vereinten Nationen bzw. der OSZE Einheiten für *peace-keeping*-Maßnahmen zur Verfügung zu stellen, die dramatischste Veränderung im Aufgabenfeld der NATO dar. Seit 1992 hat sich die NATO im Bosnienkrieg engagiert, indem das UN-Embargo zunächst durch NATO-Flugzeuge und anschließend von NATO-Seestreitkräften in Zusammenarbeit mit der WEU überwacht wurde. Seit Februar 1994 beteiligte sich die NATO auch mit Luftwaffenkampfeinsätzen zur Durchsetzung von UN-Sanktionen im Bosnienkrieg. Im Dezember 1995 ermächtigte der UN-Sicherheitsrat die NATO, mit einer etwa 60.000 Mann starken Truppe das Dayton-Friedensabkommen umzusetzen. Die IFOR (*Implementation Force*) genannte Einheit sollte die Überwachung der Einhaltung des Waffenstillstands und der Truppenentflechtung, notfalls auch unter Einsatz von militärischer Gewalt, übernehmen. Die IFOR, gebildet aus Soldaten aus 27 Ländern, stand unter NATO-Kommando. Im Dezember 1996 wurde die IFOR durch die SFOR (*Stabilization Force*) abgelöst, die, aus 30.000 Soldaten bestehend, ein sicheres Umfeld für die Friedenserhaltung in Bosnien-Herzegowina schaffen soll. Mit Beginn der Luftschläge gegen Serbien im März 1999 befand sich die NATO in einem Krieg gegen die Bundesrepublik Jugoslawien, der ohne das ausdrückliche Mandat des UN-Sicherheitsrates erfolgte. Die NATO begründete den Einsatz, daß bei schweren Menschenrechtsverletzungen → Humanitäre Interventionen, selbst wenn sie zu einem → Krieg führten, gerechtfertigt seien. Damit ist die NATO von ihrem eigentlichen Auftrag, nämlich die Verteidigung ihrer Mitglieder gegen eine Bedrohung von außen, abgewichen. Die Zukunft muß zeigen, ob es sich bei dieser Aktion um eine Ausnahme gehandelt hat.

Hatten in den ersten Dekaden Strukturprobleme wie die heterogene Mitgliedschaft, die nukleare Mitbestimmung, die unterschiedliche Lastenteilung im Bündnis, die Strategieauslegung usw. die Beziehungen der Allianzpartner gekennzeichnet, so stellt sich das Ende des Ost-West-Konflikts als Weichenstellung für die weitere Entwicklung der NATO dar.

Trotz neuer, mehr polit. Aufgaben befindet sich die NATO in einem Dilemma. Der Außendruck, vier Jahrzehnte das Bindeglied zwischen den Mitgliedstaaten, ist entfallen. Dies könnte zu Konsequenzen seitens der Mitgliedstaaten gegenüber der multinat. Organisation führen, nämlich dann, wenn eine weitere absolute Notwendigkeit der Mitgliedschaft nicht mehr als zwingend erforderlich angesehen wird. Die Kosten des Bündnisses könnten höher als der Nutzen eingeschätzt werden. Die Ausbildung einer europ. Verteidigungsidentität wird zwar in offiziellen NATO-Kommuniqués begrüßt. Sie beinhaltet aber einen Sprengsatz. Entweder gibt es eine vollkommen europ. Identität, dann stellt sich nicht mehr die Frage der militärischen Kooperation mit den Amerikanern, oder es gibt eine verstärkte europ. Identität. In diesem Fall käme es zu einem europ. Block innerhalb der NATO und ebenfalls einer Minderung des US-Einflusses. Die NATO ist damit gewissermaßen zu einem Opfer ihres eigenen Erfolgs geworden. Die Vergrößerung der NATO um zunächst Polen, Ungarn und die Tschechische Republik wird die innere Struktur der NATO verändern und könnte den Entscheidungsprozeß im Bündnis erschweren. Auch die der NATO neu zugewiesenen polit. Aufgaben werden die Kohärenz der Organisation nicht in dem Maße gewährleisten, wie es die über vier Jahrzehnte perzipierte Bedrohung durch die Sowjetunion getan hat. Allenfalls ein erneuter Außendruck, der die noch nicht mit einem ausreichenden Sicherheitsdispositiv versehenen Europäer träfe, könnte zu einer Revitalisierung der Atlantischen Allianz führen.

Lit.: *Bayerische Landeszentrale für politische Bildung* (Hrsg.) 1984: Nordatlantik-pakt – Warschauer Pakt. Ein Vergleich zweier Bündnisse, Mchn. *Buteux, P.* 1983: The Politics of Nuclear Consultation in NATO 1965–1980, NY. *Clesse, A./Ruehl, L.* (Hrsg.) 1990: Beyond East-West-Confrontation. Searching for a New Security in Europe, Baden-Baden. *Daalder, I. H.* 1991: The Nature and Practice of Flexible Response, NY. *Hahn, W. F./Pfaltzgraff, R. L.* (Hrsg.) 1982: Die atlantische Gemeinschaft in der Krise, Stg. *Meiers, F.-J.* 1996: NATO's Peacekeeping Dilemma (Arbeitspapiere des Forschungsinstituts der DGAP), Bonn. *Myers, K.* (Hrsg.) 1981: NATO. The next thirty years, Boulder. *NATO* 1995: Study on Enlargement, Brüssel. *NATO-Presse- und Informationsdienst* 1998: NATO-Handbuch, Brüssel. *Palin, R. H.* 1995: Multinational Military Forces (Adelphi Paper IISS), L. *Pradetto, A.* (Hrsg.) 1997: Ostmitteleuropa. Rußland und die Osterweiterung der NATO, Opl. *Schwartz, D. N.* 1983: NATOs Nuclear Dilemmas, Washington. *Sloan, S. R.* 1989: NATO in the 1990s, Ox. *Stromseth, J. E.* 1988: The Origins of Flexible Response, L. *Varwick, J./Woyke, W.* 2000: Die Zukunft der NATO. Transatlantische Sicherheit im Wandel, Opl. *Walt, S. M.* 1987: The Origins of Alliances, Ithaca.

Wichard Woyke

Neoliberalismus

Ursprünglich als Wirtschaftslehre entwickelt, reicht der Neoliberalismus (N.) weit in Politik und Gesellschaft hinein. Kernstück neoliberaler (n.) Auffassungen ist der Marktwettbewerb. Er soll wirtschaftl. Effizienz, zugleich aber auch individuelle Freiheiten gewährleisten und auf deren Basis eine sich spontan entwickelnde, nicht koordinierte soziale Solidarität unter freien Individuen schaffen, die jeweils nach ihrem eigenen Antrieb handeln. Der N. wendet sich im Prinzip gegen den → Staatsinterventionismus in der Wirtschaft. Aufgabe des Staates sei es lediglich, den allg. Ordnungsrahmen und effiziente Verwaltungsstrukturen zu stellen, so v. a. die sog. „Ordo-Liberalen" (u. a. *Eucken, Röpke, Rüstow, von Hayek*), solange dieser einen möglichst freien Wettbewerb garantiere und die Freiheit der Marktsubjekte wahre. Der „schlanke Staat", von seiner so gesehenen bürokratischen Ineffizienz befreit, ist für die Vertreter des N. zugleich der Schlüssel zur → Demokratie. Staatl. Interventionen zur „Korrektur" der Marktkräfte wie z. B. im → Keynesianismus werden abgelehnt, da sie aus n. Perspektive Freiheiten unterdrücken, die erst durch die Kräfte des Marktes zutage gefördert werden. Allenfalls die Version der → Sozialen Marktwirtschaft (*Erhard, Müller-Armack*) ließ staatl. gesteuerte Umverteilung zu, welche dem polit. System zusätzliche → Legitimität verleihen sollte. Die u. a. von *Milton Friedman* entwickelte Wirtschaftstheorie des → Monetarismus bzw. die angebotsorientierte Wirtschaftspolitik brachte dem N. in den 1980er und 90er Jahren ein Revival. Seit die Mißerfolge des Interventionismus in den 1970er und 80er Jahren deutlich wurden und der real existierende → Sozialismus zusammenbrach, setzte sich der N. als Paradigma der Wirtschaftspolitik der meisten Staaten durch.

Die den Entwicklungsländern in der Praxis von → IWF, → Weltbank und den Entwicklungsbanken wie der Interamerikan. Entwicklungsbank (IDB) angetragenen, häufig als n. subsumierten Reformen werden insb. von der polit. Linken harsch kritisiert, da Privatisierung (→ Privatisierungspolitik) und Deregulierung zu einer Neudefinition der Beziehungen zwischen Markt, Staat und Gesellschaft geführt hätten, die letztlich auf Kosten der sozialen Sicherungssysteme ginge. Auch in den westl. Industrienationen kritisieren Gegner des N. aus den Wirtschafts- und Sozialwissenschaften, aber auch aus der Politik, daß die wirtschaftl. Reformen in der Praxis die gesellschaftl. Spaltung zwischen

Arm und Reich vertieften und das Primat der Ökonomie zum Selbstzweck gerate.

Lit.: *Barets, P./Bourdieu, P.* 1997: Mobilisierung gegen den Neoliberalismus: das Tagebuch der Streiks in Frankreich November/Dezember 1995, Hamb. *Boreus, K.* 1997: The Shift to the Right: Neo-Liberalism in Arguments, in: EJPR, 31(3), 257–286. *Chomsky, N.* 2000: Profit over People. Neoliberalismus und globale Weltordnung, Hamb. *Eucken, W.* 1952: Grundsätze der Wirtschaftspolitik, Tüb. *Friedman, M./Friedman, R.* 1980: Free to Choose, L. *Friedman, M./Friedman, R.* 1985: Die Tyrannei des Status quo, Mchn. *Hayek, F. A. v.* 1973: Rules and Order, L. *Hayek, F. A. v.* 1973: Eonomic freedom and representative government, L. *Hayek, F. A. v.* 1996: Die verhängnisvolle Anmaßung, Tüb. *Müller-Armack, A.* 1974: Genealogie der sozialen Marktwirtschaft, Bern u. a. *Schmid, F.* (Red.) 1994: Alternativen zum Neoliberalismus, Mchn.

Petra Bendel

Netzwerk/Netzwerkanalyse

Bezeichnung für ein Geflecht sozialer, wirtschaftl. und/oder polit. Beziehungen, das mehr oder weniger auf Kontinuität angelegt ist und auf Freiwilligkeit und Gegenseitigkeit beruht. Netzwerk (N.) ist somit ein polit.-soziologischer Begriff, der (neben den freien, i. d. R. anonymen Marktbeziehungen und den hierarchischen, auf Über- und Unterordnung beruhenden Beziehungen) auf eine dritte Kategorie von Beziehungen verweist: Personen oder Organisationen unterhalten oder streben Beziehungen zu anderen Personen oder Organisationen an, mit dem Ziel der Kooperation, der Unterstützung, des Austausches etc.

Netzwerkanalyse ist ein polit.-soziologisches Forschungsprogramm, das postuliert, daß Eigenschaften des N. (unabhängige Variablen) maßgeblich zur Erklärung des Verhaltens der Netzwerkakteure und/oder des Ergebnisses ihrer Interaktion (abhängige Variablen) beitragen. Es wird zwischen einer empirisch-analytischen und einer eher metaphorischen Verwendung des Begriffes unterschieden. Die (sowohl quantitativ als auch qualitativ arbeitende) empirisch-analytische Forschung erhebt relationale Daten, die (*ex post*) über die Struktur von N. Auskunft geben und insofern die (objektiven) Handlungsbedingungen der Akteure abstecken. In diesem Sinne werden auch andere Termini (z. B. → Politikverflechtung, Mehrebenenanalyse) verwendet. In einem metaphorischen Sinne wird der Begriff z. B. dann gebraucht, wenn sich die apriorische, an sachlich-inhaltlichen Zielen orientierte Handlungslogik der Netzwerkakteure auf mögliche Optionen richtet, d. h. auf das Knüpfen von neuen N., das Verändern gegebener Strukturen etc. (positiv: neue Kooperationsformen, strategische Allianzen; negativ: Seilschaften).

Lit.: *Jansen, D.* 1999: Methoden der Netzwerkanalyse, Opl. *Jansen, D./Schubert, K.* 1995: Netzwerke und Politikproduktion, Marburg. *Jordan, A. G./Schubert, K.* (Hrsg.) 1992: Policy Networks, EPJS, 21 (1–2, Special Issue), Dordrecht. *Knoke, D./Kuklinski, J. H.* 1982: Network Analysis, Beverly Hills. *Messner, D.* 1995: Die Netzwerkgesellschaft, Köln.

Klaus Schubert

Neue Politische Ökonomie

Auch: Ökonomische Theorie der Politik (engl. *public choice*). Die seit den 1950er Jahren entwickelte Neue Politische Ökonomie (NPÖ) wendet das Verhaltensmodell und das methodische Instrumentarium der Wirtschaftswissenschaften auf polit. Entscheidungsverfahren und Institutionen an. Indem sie den Einfluß polit. Akteure auf die Wirtschaft analysiert, verläßt sie den Rahmen der neoklassischen Ökonomie und knüpft an die klassische, nichtmarxistische → Politische Ökonomie an. Sie befaßt sich mit den Mechanismen der kollektiven Entscheidungsfindung und bildet insofern eine moderne

Nachfolgerin der Wohlfahrtsökonomie. Dabei gibt sie aber deren Annahme auf, daß polit. Entscheidungsträger eine gesamtgesellschaftl. Wohlfahrtsfunktion maximieren. Wähler, Parteien, Regierungen, Verwaltungen und Verbände werden in der NPÖ als rational handelnde, d. i. den eigenen Nutzen maximierende Akteure aufgefaßt.

In verschiedenen Teilgebieten untersucht die NPÖ die grundlegenden, nicht-marktlichen, gesellschaftl. Entscheidungsmechanismen Abstimmungen und Wahlen, Verhandlungen und Hierarchie sowie die Entstehung und Auswirkungen von Institutionen: 1) Hauptergebnis der Theorie der Präferenzenaggregation ist, daß demokratische Abstimmungen und Wahlen auch bei widerspruchsfreien individuellen Präferenzen keineswegs notwendig zu einem widerspruchsfreien kollektiven Ergebnis führen (sog. Arrow-Paradoxon). 2) In der von *A. Downs* entwickelten Theorie der → Demokratie wird Demokratie in Anlehnung an den Marktmechanismus aufgefaßt als Konkurrenz der Parteien um die Stimmen der Wähler. Im Ergebnis gleichen sich die Parteiprogramme an die Position des Medianwählers an. 3) Als Träger gesellschaftl. Verhandlungsentscheidungen werden die Verbände gesehen. Verbände bieten ihren Mitgliedern Kollektivgüter an und haben deshalb mit Freifahrerproblemen zu kämpfen. Nach *M. Olson* wird die Politik am stärksten von speziellen Interessen gut organisierbarer Gruppen beeinflußt, während allgemeinere und schwer organisierbare Interessen unterrepräsentiert bleiben. Dies steht im Gegensatz zur → Pluralismustheorie, die von einer gegenseitigen Beschränkung der Verbände ausgeht. 4) Hierarchische Entscheidungen werden in der ökonom. Bürokratietheorie behandelt. Am einflußreichsten wurde das Modell von *W. Niskanen*, das die → Öffentliche Verwaltung als staatl. Monopol auffaßt und ihr das Ziel der Budgetmaximierung unterstellt. Aufgrund dieser Merkmale werde eine zu hohe Menge an öffentl. Gütern produziert. 5) Die Neue Institutionelle Ökonomie befaßt sich mit Verfügungsrechten, Verträgen und anderen Institutionen und deren Auswirkungen auf gesellschaftl. Entscheidungen. *O. E. Williamsen* erklärt die Entstehung und Entwicklung von Institutionen aus dem Wunsch nach Einsparung von Transaktionskosten, die bei Tauschhandlungen entstehen.

Lit.: *Arrow, K.* 1951: Social Choice and Individual Values, New Haven. *Downs, A.* 1968: Ökonomische Theorie der Demokratie, Tüb. *Lehner, F.* 1981: Einführung in die Neue Politische Ökonomie, Königstein/Ts. *Niskanen, W. A.* 1971: Bureaucracy and Representative Government, Chicago. *Olson, M.* 1968: Die Logik des kollektiven Handelns, Tüb. *Williamson, O. E.* 1990: Die ökonomischen Institutionen des Kapitalismus, Tüb.

Katharina Holzinger

New Economy

Das Schlagwort *New Economy* (N. E.) taucht in der wirtschaftspolit. Debatte seit den späten 1990er Jahren auf und bezeichnet die Annahme, derzufolge eine neue ökonom. Phase begonnen hat. Entstehungskontext der N. E.-Diskussion ist die wirtschaftl. Entwicklung der USA in der zweiten Hälfte der 1990er Jahre, als ein erwarteter zyklischer Abschwung sich nicht einstellte und statt dessen kontinuierliches Wirtschaftswachstum, ansteigende Produktivität und konstant niedrige Inflationsraten zu beobachten waren.

1. Die Verfechter der N. E. führen dies auf eine Reihe von Entwicklungen zurück, die die ökonom. Bedingungen grundsätzlich verändert hätten. So sei durch die globale Verbreitung der → Marktwirtschaft seit Anfang der 1990er Jahre der internat. Handel stark belebt worden. Vor allem aber hätten technologische Entwicklungen die Grundlagen wirtschaftl. Handelns verändert. Diese trügen revolutionäre Züge, vor allem in den Bereichen Telekommunikation und Informationstechnologie.
Die zum Wachstumsmotor werdenden dies-

bezüglichen Industrien seien zudem gekennzeichnet durch sog. Netzwerkeffekte bzw. steigende Skalenerträge und ermöglichten damit (im Gegensatz zu „traditionellen" Industrien mit sinkenden Skalenerträgen) ein kontinuierliches Wachstum. Die bevorstehende radikale Restrukturierung der Wirtschaft werde daher eine Rückkehr zu den kontinuierlichen hohen Wachstumsraten bei niedriger → Inflation bewirken, wie sie für die 1960er Jahre typisch gewesen seien. Der anhaltende Börsenboom seit Mitte der 1990er Jahre wird als bestätigendes Indiz für diese Position interpretiert. Als wirtschaftspolit. Konsequenz wird insbes. eine lockerere → Geldpolitik gefordert, um das neue Wachstumspotenzial realisieren zu können.

2. Viele akademische Ökonomen stehen der primär aus dem journalistischen Bereich kommenden These der N. E. skeptisch gegenüber. Sie argumentieren zum einen, daß die Datenbasis seit Mitte der 1990er Jahre viel zu schmal sei, um die behauptete Veränderung langfristiger Trends zuverlässig beurteilen zu können. Zum anderen wird betont, daß sich die günstigen Daten der zweiten Hälfte der 1990er Jahre ebensogut durch konventionelle Theorien und temporäre Sondereinflüsse erklären ließen.
Hier seien insbes. zu nennen: sinkende Energiepreise in Verbindung mit sinkenden Importpreisen als Folge eines starken US-Dollar; eine relativ günstige Arbeitsmarktentwicklung, die die Entstehung von Lohninflation verhindert habe; schließlich technische Korrekturen bei der Inflationsmessung, durch die die reale Wachstumsrate des → Sozialprodukts vorübergehend erhöht worden sei. Die behauptete systematische Erhöhung der Wachstumsrate durch vermehrten Einsatz von Computer- und Informationstechnologie wird ebenfalls skeptisch beurteilt und als Beleg auf den langen Zeitraum verwiesen, der verging, bis die Einführung der Elektrizität sich in einer höheren volkswirtschaftl. Produktivität niederschlug.

3. Das Schlagwort von der N. E. hat bisher lediglich den Charakter einer Hypothese. Erst über längere Zeiträume kann sie gründlich getestet werden. Dennoch ist ihr Einfluß in der öffentl. Diskussion nicht unbeträchtlich, sowohl in polit. wie wirtschaftl. Hinsicht. Aus den USA kommend, hat diese Diskussion mittlerweile auch auf die europ. Staaten übergegriffen. Dies ist nicht zuletzt deshalb erstaunlich, weil hier keinesfalls jene ungewöhnlich positiven Wirtschaftsdaten zu beobachten sind, wie sie in den USA die Diskussion ausgelöst haben. Ob die Hypothese von der N. E. einen eventuellen ökonom. Abschwung überstehen wird, bleibt abzuwarten.

Lit.: *Blinder, A.* 1997: The Speed Limit: Fact and Fancy in the Growth Debate, in: American Prospect, September/October. *Bluestone, B./Harrison, B.* 1997: Why we can grow faster, in: American Prospect, September/October. *David, P.* 1990: The dynamo and the computer: An historical perspective on the modern productivity paradox, in: AER, May, 345–361. *Deckstein, D./Felixberger, P.* 2000: Arbeit neu denken, Ffm. *Funk, L.* 2000: Ein New Economy-Effekt für Deutschland? in: Wirtschaftsdienst, V/2000, 271–276. *Kelly, K.* 1999: NetEconomy: zehn radikale Strategien für die Wirtschaft der Zukunft, Mchn./Düss. (zuerst engl. 1998). *Krugman, P.* 1997: How fast can the U. S. economy grow? in: Harvard Business Review, July/August, 123–129.

Andreas Busch

NGO

Der Begriff NRO (Nicht-Regierungsorganisationen) bzw. englisch NGO (*Non-Governmental Organization*) bezeichnet zivilgesellschaftl. angebundene Organisationen, die sich in Abgrenzung zu Staat und Markt verstehen. Ihr wesentliches Merkmal besteht darin, daß sie nicht regierungsabhängig, also gegenüber dem Staat autonom sind und nicht profitorientiert arbeiten, also nicht von kommerziellen Interessen geleitet werden. Diese gesellschaftl. Organisationen des sog. Dritten Sektors umfassen Gruppierungen, Vereine, Gesellschaften, Organisationen, juristische Personen etc., die auf private Initiative gegründet werden und sich von → Bürgerinitiativen und → Sozialen Bewegungen, die inhaltlich vielfach ähnliche oder gleiche Interessen verfolgen, dadurch unterscheiden, daß sie konkrete Organisationsstrukturen ausbilden. Hinsichtlich weiterer Merkmale herrscht eine derartige Vielfalt vor, daß sie nicht als konstitutive Elemente von NGOs gelten können, sondern ihrer internen Ausdifferenzierung bzw. Klassifikation dienen.

Als Kriterien der Klassifikation kommen etwa in Betracht: (a) die Mitgliedschaft (etwa offen, voraussetzungsgebunden); (b) die innere Strukur (etwa hierarchische und zentrale Leitung, demokratisch-selbstkoordinierender Verbund); (c) das territoriale Wirkungsfeld (lokal, regional, staatl., supranat., universell); (d) das Problemfeld (etwa → Umwelt oder → Menschenrechte, sektoral oder umfassend) (e); die Interessenlage (Schutz oder Erweiterung von Rechten; Bewahrung oder Veränderung); (f) die Aktionsformen (etwa mehr *lobby*mäßige oder direkte Aktionen); (g) die Funktionen (Herstellung von → Öffentlichkeit, allg. Interessenvertretung, Dienstleistungen gegenüber Mitgliedern, Vermittlung zwischen Konfliktparteien bzw. → Mediation). Mit Hilfe dieser und gegebenenfalls weiterer Kriterien lassen sich einzelne NGOs von anderen unterscheiden.

Die NGOs arbeiten primär auf sozialem, humanitärem, ökolog. und entwicklungspolit. Feld. Sie haben in den letzten Jahrzehnten an Zahl und Bedeutung enorm zugenommen. Die Zahl der internat. NGOs dürfte sich auf mehrere 10.000 belaufen. Nat. ist jeweils im Schnitt mit ebensovielen NGOs zu rechnen. Besonders intensiv werden NGOs als neue Akteure der Weltpolitik auf Weltkonferenzen wahrgenommen, da die Zahl der NGO-Vertreter in Vor- oder Parallel-Konferenzen häufig ein Mehrfaches der offiziellen Teilnehmer der Länder übersteigt. Im politikwissenschaftl. Diskurs wurde den NGOs in den Prozessen des → Systemwechsels in Osteuropa sowie in der → Dritten Welt (gelegentlich übertrieben) große Bedeutung zugeschrieben. Der gewachsene Einfluß von NGOs auf die polit. Entscheidungen nat. Regierungen wird medienwirksam am stärksten von *Greenpeace* in Szene gesetzt. All dies führt zu einem Verständnis der NGOs als neue gesellschaftl. Akteure.

Dabei wird leicht vergessen, daß ihre Geschichte bis ins frühe 19. Jh. zurückreicht. Nicht untypisch ist, daß die Britische und Ausländische Anti-Sklaverei-Gesellschaft von 1823 zu den ersten NGOs zählt. Auch bezog sich der Begriff zunächst auf internat. und supranat. Organisationen. Davon zeugt noch die Charta der → Vereinten Nationen, die es dem Wirtschafts- und Sozialrat (ECOSOC) erlaubt, geeignete Abmachungen mit NGOs zu treffen. Hauptsächlich im 20. Jh. wurde der Begriff auf nat. operierende Organisationen ausgedehnt, in jüngster Zeit in die Nähe sozialer Bewegungen gerückt und in zivilgesellschaftl. Theorien zum Inbegriff demokratischer Erneuerung (→ Zivilgesellschaft). Zugleich wurde das, was unter NGO gefaßt wurde, immer heterogener; selbst das Merkmal der Nichtstaatlichkeit wurde fließend. Besonders auffällig ist dies im Wandel der Finanzierung der NGOs: Lag die finanzielle Basis ursprünglich in Spenden, so stellen für eine Vielzahl von NGOs, vor allem für solche im Felde der → Entwicklungspolitik (etwa kirchliche Entwicklungshilfe, politische Stiftungen) staatl. Mittel die Haupteinnahmequelle dar. Für die Fälle fast 100 %iger Fremdfinanzierung wurde die Kategorie der Quangos (*Quasi Nongovernmental Organization*) eingeführt.

NGOs haben sich in der Entwicklungspolitik zu einem vom Staat gesuchten Partner entwickelt, sowohl in den Geber- als auch in den Entwicklungsländern, zum einen wegen der Basisnähe der NGOs und zum anderen wegen der Chance, ineffiziente und teils korrupte Staatseliten in den Entwicklungsländern umgehen zu können. Keine → Internationale Organisation verschließt sich mehr der Beratung durch internat. NGOs; an Formulierung und teilweise sogar Umsetzung der Politik der UN-Organisationen sind die NGOs in wachsendem Maße beteiligt. Der Entwicklungshilfe-Ausschuß (DAC) der → OECD hat die folgenden Kriterien für die

Anerkennung von NGOs in der entwicklungspolit. Zusammenarbeit aufgestellt: (a) Unabhängigkeit vom Staat, (b) demokratische und transparente Organisationsstruktur, (c) breite Basis in der Bevölkerung, (d) verantwortliches, leistungsfähiges Management, (e) klare und konkrete Ziele, (f) Bereitschaft zur Zusammenarbeit und zur Mitwirkung an Reformen. In den → Internationalen Beziehungen bilden die NGOs einen wesentlichen Teil jenes Bereichs internat. Verflechtungen, die mit dem Konzept der Gesellschaftswelt (*Czempiel* 1992) belegt und den klassischen internat. Beziehungen der Staatenwelt gegenübergestellt wurden.

Lit.: *Altvater, E.* u. a. (Hrsg.) 1997: Vernetzt und verstrickt. Nicht-Regierungsorganisationen als gesellschaftliche Produktivkraft, Münster. *Czempiel, E.-O.* ²1992: Weltpolitik im Umbruch, Mchn. *Friedrich-Ebert-Stiftung* (Hrsg.) 1996: Globale Trends und internationale Zivilgesellschaft oder: Die NGOisierung der Welt-Politik, Bonn. *Glagow, M.* 1993: Die Nicht-Regierungsorganisationen in der internationalen Entwicklungszusammenarbeit, in: *Nohlen, D./Nuscheler, F.* (Hrsg.): Handbuch der Dritten Welt, Bd. 1, Bonn, 304–326. *Windfuhr, M.* 1999: Der Einfluß von NGOs auf die Demokratie, in: *Merkel, W./Busch, A.* (Hrsg.): Demokratie in Ost und West, Ffm., 520–548.

Dieter Nohlen

Nord-Süd-Konflikt

Der Nord-Süd-Konflikt bezeichnet jenes strukturelle Konfliktverhältnis, das sich aus den unterschiedlichen wirtschaftl., sozialen und polit. Entwicklungschancen von Entwicklungsländern (EL) einerseits und Industrieländern (IL) andererseits ergibt und das zu einem der zentralen Probleme der → Internationalen Beziehungen im letzten Drittel des 20. Jh. geworden ist. Es handelt sich zunächst und ursprünglich um einen außenwirtschaftl. und verteilungspolit. Interessenkonflikt. Zunehmend ins Blickfeld rückten seit den 1990er Jahren auch ökolog., demographische und sicherheitspolit. Aspekte der Nord-Süd-Beziehungen.

1. Die Perzeption der Konfrontation zwischen IL und EL als Nord-Süd-Konflikt drang mit der sog. Erdölkrise zu Beginn der 1970er Jahren ins öffentl. Bewußtsein. Die Erdölkrise ging von einer einseitigen Erhöhung der Erdölpreise durch die Erzeugerländer in der → Dritten Welt aus, die sich in der OPEC zusammengeschlossen hatten. Die polit. bedingte Knappheit der bedeutenden Energieressource führte den IL ihre Rohstoffabhängigkeit drastisch vor Augen und wurde von vielen Ländern der Dritten Welt als Beispiel für die Erfolgsträchtigkeit einer auf der Solidarität der Rohstofflieferanten beruhenden Drohstrategie wahrgenommen. In der Ölkrise manifestierte sich der konfliktive Charakter der Nord-Süd-Beziehungen. In der Folgezeit rückte die Forderung nach einer Neuen Weltwirtschaftsordnung (NWWO) in den Mittelpunkt der Auseinandersetzungen zwischen EL und IL im Rahmen des UN-Systems. Im NWWO-Konzept kulminierten zahlreiche Einzelforderungen der Drittweltstaaten nach Reformen der internat. Wirtschaftsbeziehungen in bezug auf Handelsfragen (u. a. Abbau von Handelshemmnissen seitens der IL), die Rohstoffpolitik (u. a. Förderung von Rohstoffkartellen, Einrichtung eines Fonds zur Stabilisierung der Rohstoffpreise auf „gerechtem" Niveau), den finanziellen und technologischen Ressourcentransfer (u. a. Steigerung der Entwicklungshilfe, Schuldenerleichterungen, Vorzugsbedingungen beim Technologietransfer, Industrieförderung) sowie in bezug auf die Entscheidungsprozesse in jenen Organisationen (vor allem → IWF und → Weltbank), die Steuerungsfunktionen in den internat. Wirtschafts- und Finanzbeziehungen wahrnehmen (mehr Mitbestimmungsrechte für die EL; stärkere Berücksichtigung des Entwicklungsaspekts). Generell zielten die Forderungen darauf ab, marktorientierte Verteilungsmechanismen in den internat. Austauschbeziehungen durch stärker polit.-regulative Mechanismen zu ersetzen, um die Ressourcenströme zugunsten der Länder des Südens zu stabilisieren.

1974 verabschiedete die UN-Vollversammlung eine Erklärung und ein Aktionsprogramm zur Errichtung einer Neuen Weltwirtschaftsordnung (9. 5. 1974) sowie die Charta über die wirtschaftl. Rechte und Pflichten der Staaten (12. 12. 1974). Ungeachtet kleiner Fortschritte in Teilbereichen scheiterten in der Folgezeit jedoch die Versuche, die Weltwirtschaft zugunsten der Dritten Welt neu zu ordnen. Der Nord-Süd-Gipfel in Cancun 1981 und die sechste UN-Konferenz für Handel und Entwicklung (UNCTAD) in Belgrad 1983 zogen faktisch einen Schlußstrich unter das Konzept der NWWO, und auch auf den anderen Ebenen des Nord-Süd-Konfliktes erreichten die EL ihre Reformziele nicht oder nur sehr unvollständig (*Brock* 1992).

2. Die weltwirtschaftl. und polit. Entwicklungen der 1980er Jahre brachten im Nord-Süd-Verhältnis die Wiederherstellung der Dominanz der IL. Unter den zahlreichen Gründen für diese Trendwende ragen die → Verschuldung zahlreicher EL und die damit z. T. verknüpfte sozioökonom. Differenzierung und politisch-organisatorische Schwächung der Dritten Welt heraus.

Die bereits seit den 1960er Jahren zunehmende sozioökonom. Differenzierung des Südens spaltete die Dritte Welt in den 1980er Jahren in Wachstums- und Krisenregionen und löste die Aktionseinheit der EL gegenüber den IL auf. Während die große Mehrheit der EL, insbes. in Afrika und Lateinamerika, eine schwere Rezession erlebte, konnten vor allem die südostasiatischen Schwellenländer weitere Wachstumserfolge verbuchen. An die Stelle des Mythos einer durchsetzungsstarken Solidargemeinschaft der EL trat die nat., allenfalls subregionale Interessenwahrnehmung. Der dramatische Verfall der Rohstoffpreise und die Verschuldungskrise führten einerseits zu einer unfreiwilligen Abkopplung zahlreicher EL vom Weltmarkt und andererseits dazu, daß die individuelle Anpassung an die Bedingungen des Weltmarkts als einzige entwicklungsstrategische Option übrig blieb. Die Verschuldungskrise nahm den EL nicht nur den machtpolit. Hebel aus der Hand, die internat. Wirtschaftsorganisationen im Sinne ihrer polit. und wirtschaftl. Interessen zu reformieren, sondern steigerte umgekehrt den Einfluß dieser Organisationen auf die Wirtschaftspolitik der Drittweltländer. Konträr zur Grundidee des NWWO-Konzepts mußten die einzelnen Schuldnerländer sich darauf verpflichten, ihre Volkswirtschaften entsprechend den von Weltbank und IWF vorgegebenen Richtlinien an die Bedingungen des Weltmarktes anzupassen.

3. Die Verschärfung der Entwicklungsprobleme in weiten Teilen der Dritten Welt und das Ende des → Ost-West-Konflikts erweiterten den Themenkatalog der Nord-Süd-Beziehungen seit Beginn der 1990er Jahre. Die mit der Auflösung des ehem. Ostblocks verbundenen Veränderungen im internat. System drückten sich für die Dritte Welt insbes. darin aus, daß sie ihre Bedeutung als Austragungsort des Systemwettkampfes verlor. Viele EL wurden auf ihre wirtschaftl. Funktion innerhalb des Weltmarktes zurückgeworfen und hatten keine Möglichkeit mehr, ihre geostrategische Lage in ökonom. Vorteile umzumünzen.

Eine andere Folge war, daß sich die Regierungen der Länder des Südens im Hinblick auf die Einhaltung der → Menschenrechte und die Anerkennung demokratischer → Verfassungsgrundsätze einem zunehmenden polit. Druck seitens der westl. IL ausgesetzt sahen.

Der konfliktive Charakter dieses Themas offenbarte sich inbes. bei der UN-Menschenrechtskonferenz im Juni 1993 in Wien. In der Perspektive des Nord-Süd-Verhältnisses stand dabei der individualistischen, stark auf demokratische Normen abhebenden Konzeption der westl. Länder vor allem die Forderung der Dritten Welt nach einem „Recht auf Entwicklung“ gegenüber. Regierungsvertreter der westl. Länder betonten – in einem kaum übersehbaren Kontrast zur eigenen Praxis polit. und wirtschaftl. Beziehungen mit Dritte-Welt-Staaten –, daß die Gewährleistung individueller Freiheitsrechte im Rahmen demokratischer Institutionen eine notwendige Voraussetzung und Bedingung von → Entwicklung sei. Dieser Position stellten Regierungsvertreter von Dritte-Welt-Staaten die Auffassung entgegen, daß → Armut und Unterentwicklung eine inhärente Verletzung der Menschenrechte der

Völker des Südens bedeuteten, ihre Überwindung also vordringlichste Aufgabe einer an den Menschrechten orientierten Politik sei. Insbes. südost- und ostasiatische Staaten (VR China, Singapur) – bemüht, Menschenrechtsverletzungen im eigenen Land zu kaschieren oder zu legitimieren – beharrten auch darauf, daß individuelle Freiheitsrechte den Imperativen des Fortschritts und der jeweiligen kulturellen Ordnung untergeordnet werden müßten (→ Menschenrechtspolitik).

4. Neue Themen im Nord-Süd-Verhältnis zeichnen sich durch ihre globalen Folgeprobleme aus:

(1) Migrations- und Flüchtlingsbewegungen haben in den letzten beiden Jahrzehnten vor allem in Regionen der Dritten Welt enorm zugenommen (→ Flüchtlinge). Die Flüchtlingsströme bewegen sich bislang zu über 90 % innerhalb des Südens. Gleichwohl nimmt der Migrationsdruck auf die IL zu. Die Bekämpfung der Migrationsursachen in den Ursprungsländern und -regionen avanciert vor diesem Hintergrund im Prinzip zum genuinen Eigeninteresse der IL. Bislang besteht die vorherrschende Reaktion des Nordens auf die demographische „Bedrohung" aus dem Süden allerdings darin, die Zuwanderungsmöglichkeiten zu beschränken (→ Migrationspolitik).

(2) Eine Verallgemeinerung der heutigen industriegellschaftl. Lebensweise im Sinne einer nachholenden Entwicklung in der Dritten Welt überfordert die ökolog. Belastungsfähigkeit der Erde. Die aus dieser Erkenntnis resultierenden Versuche der IL, internat. Umweltstandards durchzusetzen, werden von den Ländern der Dritten Welt als Einschränkung ihrer eigenen Entwicklungsoptionen begriffen (z. B. FCKW-Produktion). Dementsprechend weisen Vertreter der Dritten Welt den IL die Hauptverantwortung für den globalen Umweltschutz zu und fordern eine umfassende finanzielle und technologische Unterstützung entsprechender Maßnahmen in den EL ein. Die Glaubwürdigkeit der IL im Streit um internat. Umweltstandards leidet auch darunter, daß viele von ihnen (darunter auch D) die auf der Weltumweltkonferenz in Rio de Janeiro 1992 gemachten Zusagen, den eigenen Schadstoffausstoß in definierten Schritten zu reduzieren, nicht einhalten.

Auch die regional begrenzten Umweltzerstörungen in der Dritten Welt sind in mancher Hinsicht strukturell mit dem Nord-Süd-Verhältnis verknüpft. Oftmals handelt es sich um armutsbedingte Umweltzerstörungen (z. B. Erosionsschäden infolge des Holzeinschlags zur Brennstoffgewinnung) oder um Schäden, die von den IL (in ihrer Eigenschaft als Kapitalgeber, als Konsumenten im Raubbau gewonnener Produkte, als Lieferanten von Giftmüll usw.) direkt mitverursacht werden. Der Raubbau natürlicher Ressourcen wird in einigen EL auch durch die Art der Weltmarkteinbindung und den verschuldungsbedingten Zwang zur Steigerung der Exporterlöse verstärkt. Wenngleich die jeweils nat. Verantwortlichkeiten für Umweltzerstörungen in der internat. Debatte allzu häufig unterschlagen werden, läßt sich die enge Verbindung globaler wie regionaler ökolog. Probleme mit den wirtschaftl. Ungleichgewichten im Nord-Süd-Verhältnis nicht leugnen.

(3) Auf sicherheitspolit. Ebene wurde das Nord-Süd-Verhältnis in den letzten Jahren vor allem von Befürchtungen der IL bezüglich der (weiteren) Verbreitung von Massenvernichtungswaffen und modernen Trägersystemen in der Dritten Welt bestimmt. Teilweise im Schatten des Ost-West-Konflikts sind eine ganze Reihe von EL zu gewichtigen Militärmächten herangewachsen. Dem nicht zuletzt auf ökonom.-strategischen Interessen (z. B. im Nahen Osten) beruhenden Verlangen der westl. IL nach einer strikten Kontrolle der Rüstungsprozesse stehen die Souveränitäts- und Machtansprüche dieser EL entgegen. Gleichzeitig sind die IL an den auch unter entwicklungspolit. Gesichtspunkten beklagten Hochrüstungen in der Dritten Welt als Waffenexporteure in erheblichem Umfang selbst beteiligt. Mit der Auflösung der Sowjetunion hat sich die Problematik der Kontrolle von Exporten und des Technologietransfers vor allem in bezug auf Nuklearwaffen erheblich verschärft (→ Abrüstung).

Die Behandlung der neuen Themenfelder im Nord-Süd-Verhältnis hat bislang kaum die Form manifester Konflikte angenommen, und es ist unwahrscheinlich, daß dies in absehbarer Zeit geschieht. Dafür lassen sich mehrere Gründe ausmachen. Die aus den neuen Globalproblemen resultierende „Chaos-Macht" des Südens gegenüber dem Norden (*Senghaas* 1988: 170) bedeutet kaum eine Steigerung der Konfliktfähigkeit der Dritten Welt. Weder Bevölkerungswachstum und Migration noch ökolog. Gefahren sind gezielt einsetzbare Druckmittel, zumal die direkten Folgen von Problemverschärfungen in beiden Bereichen international ungleich, und zwar zu Lasten der EL verteilt sind. Die Rüstungstendenzen laufen eher auf verstärkte Regionalkonflikte innerhalb des Südens hinaus als auf eine militärische Machtverschiebung im Nord-Süd-Verhältnis (→ Krieg). Hinzu kommt zum einen die anhaltende organisatorische und programmatische Schwäche der Aktionseinheit der EL und zum anderen die relative Verhandlungsstärke, die den IL aus den weltwirtschaftl. und weltpolit. Veränderungen der vergangenen Jahre erwachsen ist.

Lit.: *Braun, G.* 1985: Nord-Süd-Konflikt und Entwicklungspolitik, Opl. *Brock, L.* 1993: Die Dritte Welt im internationalen System, in: Handbuch der Dritten Welt, Bd. 1, Bonn, 446–466. *Elsenhans, H.* ²1987: Nord-Süd-Beziehungen, Stg. *Matthies, V.* (Hrsg.) 1992: Kreuzzug oder Dialog. Die Zukunft der Nord-Süd-Beziehungen, Bonn. *Messner, D./Nuscheler, F.* (Hrsg.) 1996: Weltkonferenzen und Weltberichte, Bonn. *Nohlen, D.* (Hrsg.) ¹¹2000: Lexikon Dritte Welt, Rbk. *Nuscheler, F.* ⁴1995, Lern- und Arbeitsbuch Entwicklungspolitik, Bonn. *Senghaas, D.* 1988: Konfliktformationen im internationalen System, Ffm. *Wöhlcke, M.* 1992: Der ökologische Nord-Süd-Konflikt, Ebenhausen.

Dieter Nohlen/Bernhard Thibaut

OECD

Die Organisation für wirtschaftliche Zusammenarbeit und Entwicklung OECD (für engl. *Organization for Economic Cooperation and Development*) ist die → Internationale Organisation der westl. Industrieländer, die Sept. 1961 aus der 1948 gegründeten Organisation für Europäische Zusammenarbeit (OEEC) hervorging. Deren Ziel war die polit. Stabilisierung Westeuropas vor dem Hintergrund des sich verschärfenden → Ost-West-Konflikts und vereinte die Empfängerländer der zu diesem Zweck von den USA bereitgestellten *Marshall*-Plan-Hilfe für den wirtschaftl. Wiederaufbau. Im Zuge der raschen wirtschaftl. Erholung Westeuropas, der Entkolonisierung und der wachsenden internat. Arbeitsteilung wurde die auf Europa begrenzte OEEC mit der Gründung der OECD in eine weltweit agierende Organisation für wirtschaftl. Zusammenarbeit und Entwicklung der westl. Industrieländer verwandelt.

Gründungsmitglieder waren: Belgien, BRD, Dänemark, Frankreich, Griechenland, GB, Irland, Island, Italien, Kanada, Luxemburg, die Niederlande, Norwegen, Österreich, Portugal, Spanien, Schweden, die Schweiz, die Türkei und die USA. Später traten Japan (1964), Finnland (1969), Australien (1971) und Neuseeland (1973) bei. Daneben erhielten Länder einen Sonderstatus (das ehem. Jugoslawien 1961) oder Beobachterstatus (Mexiko, Polen, Ungarn, ehem. Tschechoslowakei). Mit Mexiko wurde 1994 der Reigen weiterer Beitritte eröffnet: Tschechische Republik (1995), Südkorea, Polen, Ungarn (1996), Slowakei (2000). Im Jahr 2000 zählte die OECD 30 Mitglieder. Die Kommission der → EU ist an den Aktivitäten der OECD beteiligt.

Die Ziele der OECD bestehen in: (1) Förderung des Wirtschaftswachstums und des allg. Wohlstands in den Mitgliedsländern unter Wahrung der finanziellen Stabilität; (2) Förderung von Wachstum und → Entwicklung in den Entwicklungsländern; (3) Ausweitung des Welthandels. Dazu dienen die Zusammenarbeit in der allg. Wirtschafts- und Währungspolitik, die Koordinierung und Bewertung der Entwicklungshilfe, die Erörterung und Untersuchung polit. und technischer Probleme in fast allen wirtschaftl. Politikfeldern. Aus dem breiten Aufgabenspektrum der OECD ragen hervor: (1) Politische Expertise und Beratung. Die OECD sammelt statistische Informationen und Dokumente und publiziert u. a. jährliche Berichte über die wirtschaftl. Lage und Entwicklung in den Mitgliedsländern (*OECD Economic Surveys*). Als kompetenzschwache Organisation beschränkt sie sich bei anerkannt hoher fachlicher Qualität ihrer Analysen primär auf Empfehlungen. Entscheidungen trifft sie u. a. bei der Einrichtung von Institutionen wie etwa der Internationalen Energieagentur (IEA), die sich seit 1974 um eine abgestimmte → Energiepolitik der Mitgliedsländer bemüht. Für Empfehlungen und Entscheidungen herrscht das Konsensprinzip vor. (2) Koordination, Förderung und Bewertung der Entwicklungshilfe der westl. Geberländer. Dazu wurde 1961 der Entwicklungshilfeausschuß (DAC) geschaffen. Empfehlungen des DAC betrafen u. a. die Entwicklungshilfekonditionen (Grad der Vergünstigung der Darlehen bzw. der *grant element*; Höhe der Lieferbindung) sowie Lösungen der → Verschuldungskrise. Die Erweiterung der Mitgliedschaft nach Ende des Ost-West-Konflikts in Richtung Osteuropa macht deutlich, wie die OECD sich flexibel den jeweiligen polit. Herausforderungen zu stellen vermag. Freilich konnte sie im Nord-Süd-Konflikt den Ressourcentransfer, festgemacht am 0,7%-Ziel öffentl. Hilfe am jeweiligen Bruttosozialprodukt, im Schnitt der DAC-Länder nicht steigern und kaum einen Abbau des Protektionismus der OECD-Länder bewirken.

Lit.: *Andersen, U.* 1996: Organisation für Wirtschaftliche Zusammenarbeit und Entwicklung, in: *Kohler-Koch, B./Woyke, W.* (Hrsg.): Die Europäische Union (= Lexikon der Politik, Bd. 5), Mchn., 208–212. *Hahn, H. J./Weber, A.* 1976: Die OECD. Baden-Baden. *Klenk, J.* 1973: Organization for Economic Cooperation and Development, in: *Boeckh, A.* (Hrsg.): Internationale Beziehungen (= Lexikon der Politik, Bd. 6), Mchn., 355–361. *OECD* 2000: OECD Key Publications Catalogue, Paris.
Infos: www.oecd.org/sourceoecd; Statistiken: www.oecd.org/std; Entwicklung: www.oecd.org/dev/

Dieter Nohlen

Öffentliche Haushalte → Staatsausgaben

Öffentliche Meinung
Der Begriff der öffentlichen Meinung (ö. M.) bezieht sich auf Meinungsbildung in Räumen, die allen Bürgern zugänglich, also weder privat noch geheim sind. Meinung bezeichnet in diesem Falle eine (nach *Kant*) objektive bzw. subjektive (d. h. richtige oder falsche) Fürwahrhaltung, der die Sicherheit des Wissens fehlt. Meinungen können also wahr, irrig oder auch widersprüchlich sein. Ö. M. steht als Schlüsselbegriff zwischen der polit. Ideengeschichte, der Kommunikationswissenschaft und der polit. Alltagssprache. Ein geschlossenes Konzept der ö. M. gibt es nicht, vielmehr begegnen wir einem Panorama von Deutungen, bei denen sich ideengeschichtliche, theoretische, empirische und normative Elemente verweben. Allerdings sollte er klar vom Begriff der → Öffentlichkeit geschieden werden.

Der Begriff *l'opinion publique* wurde bereits bei *Montaigne* (1588) nachgewiesen, wobei ältere Wurzeln unverkennbar sind, etwa in der *vox populi* des Altertums. *Locke* entwarf ein *law of opinion*, eine eigenständige Macht, vor der sich Herrscher und Herrschende gleichermaßen fürchten sollen. Bei *Rousseau* wird die ö. M. zur Sittenwächterin für das Gemeinwesen; sie wendet sich gegen das Individuum, verbindet sich mit der *volonté générale*, den die Gesetzgebung inspirierenden allgemeinen Willen.
In der moderneren Politikwissenschaft erhält der Universalbegriff ö. M. neue Inhalte, in der → Pluralismustheorie gilt ö. M. als Schiedsrichter im Interessenkonflikt, ihr sei die zentrale Aufgabe überantwortet zu klären, wer regieren solle (*Fraenkel* 1979). In

eher elitentheoretisch orientierten Ansätzen gilt diejenige Meinung als öffentliche, die eine sich besonders verantwortlich verstehende Gruppe polit. informierter, rational eine Meinung bildender und dem → Gemeinwohl verpflichteter Bürger vertritt. Ihr steht dann die „gemeine" Meinung der Massen gegenüber, die als wankelmütig und stimmungsgeladen gilt (*Hennis* 1957).

In diesen Ansätzen wird ö. M. vor allem über die Einstellungen von Parteirepräsentanten, Politikern und interessierten Bürgern geprägt, Massenmedien als „veröffentlichte" Meinung kommen nur am Rande vor. Andere Ansätze stellen die Rolle der Medien in den Mittelpunkt, interpretieren ö. M. als über die Medien hergestellte Realität, die von medienspezifischen (z. B. stereotypen) oder medienfremden Einflüssen (z. B. externen Interessen) getragen wird (*Lippmann* 1922). Im Rahmen eines systemtheoretischen Verständnisses wird der ö. M. dagegen die Aufgabe zugewiesen, der öffentl. → Massenkommunikation in einer hochkomplexen Gesellschaft eine thematische Struktur zu geben, sinnvolle Erwartungen zu artikulieren und die Bedürfnisse der Gesellschaft in polit. entscheidbare Probleme zu übersetzen (*Luhmann* 1990). In einer sozialpsychologisch argumentierenden Theorie der Schweigespirale wird besonders der Konformitätsdruck betont, den die von Isolationsfurcht geprägten Menschen verspüren, wenn sie aus ö. M. ihre Vorstellungen beziehen, belohnt wird die Konformität, bestraft der Verstoß (*Noelle-Neumann* 1982). In der wissenschaftl. Debatte wird durchgängig betont, daß die ö. M. nicht als eine Addition von Einzelmeinungen zu begreifen ist, sondern als Ort der Reflexion über öffentl. Themen, wie er für ein funktionierendes demokratisches Gemeinwesen konstitutiv erscheint. In einer ganz anderen Tradition bewegen sich Ansätze des *Public Opinion Research*, der demoskopisch meßbare Einstellungen in der Bevölkerung zu gängigen Themen in den Mittelpunkt stellt. In den 1930er Jahren in den USA entstanden, basiert dieses Verständnis von ö. M. auf der Auswertung systematischer Umfragen unter einer repräsentativen Auswahl von Bürgern. Der Begründer dieser Methode, *George Gallup*, argumentierte, sie sei zutiefst demokratisch, weil sie auch den „kleinen Leuten" ein Sprachrohr gebe. → Meinungsforschung bzw. Demoskopie wird heute in großem Umfang betrieben, organisiert von Unternehmen mit prinzipiell kommerzieller Orientierung und stark orientiert an den Fragestellungen der Marktforschung. Demoskopische Daten sind heute in der Politik unentbehrlich, sie begleiten Wahlvorgänge, informieren Regierende über die Reaktionen auf ihre Politik in der Bevölkerung und geben ein Bild von den allg. Einstellungen der Bürger zur Politik (sind deshalb Grundlage der Erforschung → Politischer Kultur). Da viele Ergebnisse nicht öffentlich gemacht werden, kann der demokratische Gehalt bezweifelt werden.

Lit.: *Fraenkel, E.* 1979: Demokratie und öffentliche Meinung, in: *ders.*: Deutschland und die westlichen Demokratien, Stg., 131–154. *Gallup, G./Forbes, S.* 1940: The Pulse of Democracy. The Public Opinon Poll and How it Works, NY. *Hennis, W. 1957*: Meinungsforschung und repräsentative Demokratie, Tüb. *Lippmann, W. 1922*: Public Opinion, NY. *Luhmann, N.* 1990: Gesellschaftliche Komplexität und öffentliche Meinung, in: *ders.*: Soziologische Aufklärung 5, Opl. 170–182. *Noelle-Neumann, E.* 1982: Die Schweigespirale, Ffm. *Wilke, J. (Hrsg.)* 1992: Öffentliche Meinung, Freib.

Hans J. Kleinsteuber

Öffentliche Verwaltung

I. Der Begriff öffentliche Verwaltung (ö. V.) ist mehrdeutig. So wird unter ö. V. sowohl die Verwaltungstätigkeit als auch die Verwaltung als Organisation verstanden. Knüpft man an die jeweils dominierenden Aufgaben oder Funktionen an, lassen sich mit *Hesse* und *Ellwein* ([8]1997: 343 f.) die folgenden Verwaltungstypen unterscheiden:

a) Ordnungsverwaltung: Sie vollzieht Gesetze und untergesetzliche Vorschriften und kontrolliert deren Einhaltung durch die Betroffenen.

b) Dienstleistungsverwaltung: Diese erbringt technische oder personale Dienstleistungen auf der Grundlage von gesetzlichen und untergesetzlichen Vorschriften und polit. Weisungen. Im Gegensatz zum klassischen Typus der Ordnungsverwaltung, bei der ein vergleichsweise geringer Ermessensspielraum besteht, ist die Dienstleistungsverwaltung durch einen Dualismus von rechtl. und fachlichen Bezugssystemen gekennzeichnet, was einen gewissen Entscheidungs- und Handlungsspielraum bei der Aufgabenerledigung impliziert.

c) Wirtschaftsverwaltung*:* Sie umfaßt die Bereiche der Einnahmen der öffentl. Hand, der Verteilung von Ausgaben zwischen deren einzelnen Sektoren sowie der V. des bestehenden Vermögens. Grundlage ihrer Tätigkeit ist dabei einerseits eine strenge Bindung an geltende Rechtsvorschriften; andererseits spielen auch ökonom. Kriterien wie Zweckmäßigkeit, Wirtschaftlichkeit, Effektivität und Ertrag eine wichtige Rolle.

d) Organisationsverwaltung*:* Ihren Tätigkeitsschwerpunkt bildet die Verwaltung der V., d. h. jene Querschnittsaufgaben wie z. B. Personaleinstellung und Fortbildung, Besoldung und Organisationsentwicklung, welche für die Funktionsfähigkeit der V. grundlegend sind.

e) Polit. Verwaltung*:* Sie umfaßt jene Bereiche, in denen programmorientierte Entscheidungsvorbereitung und → Planung sowie die inhaltliche Zuarbeit für die jeweilige polit. Führung von Verwaltungseinheiten (z. B. Ministerien) erfolgt. Polit. Verwaltung ist damit gekennzeichnet durch eine große Nähe zur Politik. Während die klassische Ordnungsverwaltung in ihrem Arbeitsstil einer eher konditionalen Programmierung unterliegt (Wenn-dann-Beziehungen unter Anwendung von abstrakt-generellen Rechtsnormen), ist die polit. V. eher durch eine Zweckprogrammierung (beschränkte Freiheit bei der Wahl geeigneter Mittel zur Erreichung eines Ziels) gekennzeichnet, welche im Gegensatz zur Konditionalprogrammierung dem jeweiligen Entscheider wesentlich größere Freiräume läßt.

II. Die Anfänge der ö. V. reichen ins Zeitalter des Absolutismus zurück; hier entwickelte sich eine Absonderung der ö. V. als eigenständige Funktion und Organisation insbes. in Abgrenzung zur Justiz.

Der Aufbau eines professionalisierten Verwaltungskorps – im Gegensatz zur bis dahin vorherrschenden Wahrnehmung von hoheitlichen Aufgaben durch den adeligen Amtmann in norddt. Territorien und den bürgerlichen Amtmann und Schreiber in süddt. Landen – sowie der sich Ende des 18. Jh. vollziehende Wandel von Zentralkollegien der fürstlichen Kammern zu dem bis heute vorherrschenden Ministerialsystem markieren den Beginn der neuzeitlichen Verwaltung. Das monokratisch geführte zentrale Ressortsystem umfaßte mit den fünf klassischen Ministerien alle wichtigen Aufgabenbereiche des absolutistischen Staates. Diese waren zuständig für: Äußere Sicherheit (Außenministerium und Kriegsministerium), Innere Sicherheit (Innenministerium und Justizministerium) und Steuern und Finanzen (Finanzministerium).

Innerhalb der ö. V. wurde das Hierarchieprinzip als gestaffeltes System von Weisungs- und Kontrollbefugnissen bzw. Gehorsams- und Berichtspflichten zum tragenden Strukturmerkmal des vertikalen Verwaltungsaufbaus. Horizontal läßt sich eine zunehmende Ausdifferenzierung der Staatsaufgaben mit dem Ergebnis einer wachsenden Spezialisierung der ö. V. feststellen. Mit der zunehmenden Professionalisierung, Hierarchisierung und Ausdifferenzierung der modernen V. erfolgte auch eine moderne Kodifikation, mit der allmählich das auf örtlichen und regionalen Besonderheiten beruhende und folglich auch zersplitterte Recht ersetzt wurde. Gleichfalls erfolgte eine nach verhältnismäßig rationalen Kriterien (Fläche, Einwohnerzahl, Erreichbarkeit des Behördensitzes) vorgenommene territoriale Neuorganisation der Verwaltung.

In allen europ. Ländern ergab sich seit dem Übergang zum konstitutionellen liberalen → Rechtsstaat eine zusätzliche Übernahme von Aufgaben im Bereich der Versorgungs- und Dienstleistungen sowie der Planung und Steuerung. Organisatorisch vollzog sich dieser Prozeß einer zunehmenden Aufgabenerweiterung des Staates durch eine Ausdifferenzierung und Absonderung immer neuer Aufgabenbereiche vor allem aus dem Innenressort (etwa Wirtschafts- und Agrarpolitik, öffentl. Bildungs- und Sozialwesen), um damit die Folgeprobleme der beginnenden Industrialisierung und der mit ihr einhergehenden Urbanisierung abzufangen. Kennzeichnend für die gesamte Entwicklung ist eine Schwerpunktverlagerung weg von der klassischen Hoheits- und Ordnungsverwaltung hin zur modernen Dienstleistungsverwaltung, die in immer weitere gesellschaftl. Bereiche steuernd eingreift (*Ellwein* 1993: 263 ff.).

Durch das Anwachsen von Verwaltungsaufgaben und der sich damit für die ö. V. stellenden Anforderung, der bestehenden Komplexität und → Interdependenz von Problemen immer stärker mit politikfeldübergreifenden, d. h. nicht mehr isoliert ansetzenden Lösungsstrategien gerecht zu werden, gewann die längerfristige Planung von Verwaltungsaufgaben eine zunehmende Bedeutung. Der ab Mitte der 1960er Jahre zunehmende Aufbau von regierungsweiten Aufgaben- und Finanzplanungssystemen in zahlreichen europ. Ländern stellte den mittlerweile weitgehend eingestellten Versuch dar, nicht mehr nur auf vorgegebene Probleme im Nachhinein reagieren zu wollen (reaktive Politik), sondern mittels einer aktiven, längerfristig orientierten Politik schon die gesellschaftl. und ökonom. Ursachen dieser Probleme steuernd und regulierend zu beeinflussen. Der Typus der Dienstleistungsverwaltung wurde durch diesen aktiven Politikverwirklichungsanspruch immer stärker auch zur planenden Verwaltung. Auf den zentralstaatl. Ebenen wuchs dieser planenden V. in Gestalt der Ministerialorganisation eine immer stärkere Rolle im polit. Gesamtprozeß zu: Aufgrund ihres angesammelten Fachwissens und ihrer hohen Kontinuität (im Gegensatz zum polit. Bereich) ist die planende Ministerialverwaltung ein wichtiger Aktionspartner bei der Planung und Entscheidung von staatl. Programmen und Maßnahmen. Dies führt – gerade bei polit. vergleichsweise instabilen parlamentarischen Strukturen (wie z. B. lange Zeit in Italien) – zu einer wachsenden Dominanz des bürokratischen Sektors. Die zunehmende Komplexität staatl. Regelungsmaterien bewirkt, dass Programme und Gesetze immer mehr innerhalb der planenden Ministerialorganisation entwickelt werden und das Parlament die überwiegende Zahl dieser Maßnahmen wegen eigener Kapazitätsmängel nur noch ratifizieren kann. Ergebnis dieses Prozesses ist eine zunehmende Politisierung der planenden V. und eine zumindest partielle Entpolitisierung des eigentlich polit. Sektors, d. h. des Parlaments. Damit hat die u. a. dem Parlament obliegende Kontrolle der Verwaltung zunehmend an Wirksamkeit verloren. Sie wird darüber hinaus durch die Umsetzung von EU-Richtlinien in nat. Recht geschwächt. Denn an der Formulierung der ursprünglichen Richtlinien und an deren Umsetzung sind wiederum die jeweils zuständigen V. maßgeblich beteiligt, ohne daß die Parlamente nennenswerte faktische Mitwirkungsmöglichkeiten haben.

III. Der zum Teil auch historisch bedingte äußere Aufbau der modernen ö. V. findet seine rechtl. Basis in der Verfassung und in organisationsrechtl. Vorschriften. Bereits durch die Verfassung vorgegeben sind die drei Ebenen der ö. V.: die Bundesverwaltung, die Landesverwaltung und die Kommunalverwaltung (Gemeinden und Kreise).

1. Sichtbarster Teil der Bundesverwaltung sind das Kanzleramt und die Bundesministerien. Sie sind hauptsächlich mit Planung und die → Gesetzgebung vorbereitenden Tätigkeiten betraut und besitzen bis auf einige in der Verfassung ausdrücklich genannte Ausnahmen keinen eigenen Verwaltungsunterbau. Die wichtigsten Ausnahmen betreffen den Auswärtigen Dienst, die Bundesfinanz- und die Bundeswehrverwaltung. Die meisten Bundesgesetze werden von den Ländern und den Kommunen ausgeführt. Auch auf der Landesebene sind die Staatskanzleien und Ministerien i. d. R. mit konzeptionellen, in Rechtsetzung einmündenden Arbeiten betraut. Reiner Gesetzesvollzug sowohl des Bundesrechtes als auch des Landesrechtes sollte im wesentlichen der nachgeordneten V. überlassen bleiben. Daß Ministerien den-

noch immer wieder mit Vollzugsaufgaben belastet sind, ist Gegenstand gelegentlicher Kritik. Unterhalb der Landesministerien finden sich ähnlich wie unterhalb der Bundesministerien eine Reihe von Landesoberbehörden. Solche Landesämter sind einem Minister unmittelbar nachgeordnet und für einen festgelegten Aufgabenbereich für das gesamte Landesgebiet zuständig (z. B. das Statistische Landesamt oder das Landesgesundheitsamt).

2. Bekannter sind die auf der Mittelstufe angesiedelten Regierungspräsidien. Sie nehmen i. d. R. alle Verwaltungsaufgaben eines Regierungsbezirkes wahr, haben also eine gewisse sachliche Bündelungsfunktion für einen Teil des Landesgebietes. Einige kleinere oder nur dünn besiedelte Bundesländer haben sich gegen die Einrichtung von Regierungspräsidien entschieden (Brandenburg, Mecklenburg-Vorpommern, Saarland, Schleswig-Holstein und Thüringen). Schleswig-Holstein und Thüringen haben statt dessen ein für das gesamte Landesgebiet zuständiges Landesverwaltungsamt. In Rheinland-Pfalz wurden die Regierungspräsidien abgeschafft und an ihre Stelle vier neue Behörden gesetzt. Zwei von ihnen sind innerhalb festgelegter Aufgabenbereiche räumlich für das gesamte Landesgebiet zuständig. Bei zwei weiteren Behörden, die für Struktur- und Genehmigungsfragen verantwortlich sind, wurde die räumliche Zuständigkeit auf zwei neu geschaffene Bezirke aufgeteilt. Darüber hinaus wurde die räumliche Konzentration durch die Integration von 30 Sonderbehörden erhöht. Eine regionale Komponente blieb allerdings durch die Einrichtung von Außenstellen erhalten. Auch sind die neuen Behörden auf verschiedene Standorte verteilt. Voraussetzung für eine solche Verteilung einer Behörde auf verschiedene Standorte ist ein schnelles Datenübertragungsnetz zwischen den verschiedenen Häusern. Auch in Hessen wurden Sonderbehörden in die bestehenden Regierungspräsidien integriert.

3. Untere staatl. Behörde der allgemeinen V. ist außer in den Stadtstaaten das Landratsamt bzw. die Kreisverwaltungsbehörde. In kreisfreien Städten und Großen Kreisstädten werden die Aufgaben der allg. staatl. V. in der Regel als übertragene Aufgaben wahrgenommen. Neben der allg. V. gibt es auf der unteren staatl. Ebene eine Reihe von Sonderbehörden (Gewerbeaufsichtsämter, Ämter für Arbeitsschutz und Sicherheitstechnik, Immissionsschutzämter, Wasserwirtschaftsämter usw.). Zu einem kleineren Teil sind die Zuständigkeiten der unteren staatl. Sonderbehörden in die Kreisverwaltungsbehörden integriert worden, und zum Teil werden sie neuerdings in die Regierungspräsidien bzw. deren Ersatzbehörden hochgezont.

Zur Kommunalverwaltung zählen sowohl die V. der Gemeinden als auch der nichtstaatl. Teil der V. der Kreise, kreisfreien Städte und Großen Kreisstädte. Landräten kommt damit eine Doppelstellung zu. Sie sind Verwaltungsorgan sowohl eines Landkreises als auch des Staates. Auf der Gemeindeebene lassen sich die Aufgaben danach unterscheiden, ob sie in den Bereich der Selbstverwaltungsangelegenheiten oder in den der Auftragsangelegenheiten fallen. Die Selbstverwaltungsangelegenheiten ergeben sich aus der örtlichen Gemeinschaft und beziehen sich auch auf diese. Soweit sich die Aufgaben auf den örtlichen Wirkungskreis beziehen, benötigen die Gemeinden keine besondere Zuweisung, um sie wahrnehmen zu können. Bei diesen eigenen Angelegenheiten kommt ihnen damit eine Allzuständigkeit zu. Da die Gemeinden in der Realität jedoch zur Wahrnehmung einer ganzen Reihe von Aufgaben verpflichtet sind, wird im Bereich der Selbstverwaltungsangelegenheiten nochmals zwischen freiwilligen Aufgaben (Errichten und Betreiben von Verkehrsbetrieben, Freibädern, Sportplätzen, Krankenhäusern usw.) und Pflichtaufgaben (Unterhaltung von Grund- und Hauptschulen, Bauleitplanung, Feuerwehr usw.) unterschieden. Selbstverwaltungsangelegenheiten betreffen vor allem Aufgaben der Daseinsvorsorge und die Förderung des sozialen, kulturellen und wirtschaftl. Lebens einer Gemeinde. Hiervon sind die Aufgaben aus dem Bereich der Auftragsangelegenheiten zu unterscheiden. Sie sind überörtlicher Natur und der Gemeindeverwaltung von der staatl. Ebene zur Erledigung zugewiesen. Insbes. obrigkeitliche Aufgaben wie das Paß- und Meldewesen, die Bauaufsicht und die Wehrerfassung fallen in diesen Bereich. Aus der Unterscheidung zwischen Selbstverwaltungsangelegenheiten und Auftragsangelegenheiten ergeben sich unterschiedlich ausgeprägte Zugriffsmöglichkeiten der staatl. Ebene auf die Gemeinden. So unterliegen die Gemeinden im Bereich der Selbstverwaltungsangelegenheiten lediglich der Rechtsaufsicht. Hingegen üben die staatl. Aufsichtsbehörden bei Auftragsangelegenheiten die Fachaufsicht aus. Sie können also sowohl die Rechtmäßigkeit als auch die Zweckmäßigkeit des jeweiligen Verwaltungshandelns überprüfen. Während den Gemeinden im Bereich der Selbstverwaltungsangelegenheiten Rechtsschutzmöglichkeiten gegen staatl. Eingriffe gegeben sind, scheiden diese im Bereich der Auftragsangelegenheiten aus.

4. Nimmt der Staat Aufgaben mit eigenen Behörden wahr, spricht man von unmittelbarer Staatsverwaltung. Wird die Aufgabenwahrnehmung auf rechtsfähige Organisationseinheiten wie die Gemeinden und Landkreise als Gebietskörperschaften, auf rechtsfähige Personenkörperschaften des öffentl. Rechts (Handwerkskammern, Architektenkammern, AOK, Landesversicherungsanstalten, Universitäten usw.), auf rechtsfähige Anstalten des öffentl. Rechts (ZDF, Landesrundfunkanstalten, Sparkassen usw.), auf rechtsfähige Stiftungen des öffentl. Rechts (z. B. Stiftung Preußischer Kulturbesitz) oder auf Beliehene (z. B. Bezirksschornsteinfeger) übertragen, spricht man von mittelbarer Staatsverwaltung (*Maurer* [12]1999: 499 ff.).

IV. Der innere Aufbau der ö. V. weist unabhängig von der jeweiligen Behörde eine ähnliche Grundstruktur auf. Prägend ist die sogenannte Linienorganisation mit eindeutigen Über-/Unterordnungsverhältnissen der Organisationseinheiten, mit festen Kompetenzbereichen und mit Weisungsrecht des jeweiligen Vorgesetzen. Bei klassischen Linienorganisationen ist der Weg durch die Linie, konkreter der Dienstweg, Informationskanal und Entscheidungsweg. Die Informationen bewegen sich dabei häufig von unten nach oben und werden auf dem Weg durch die Hierarchie verdichtet. Auf diese Weise soll eine Informationsüberlastung der Spitze vermieden werden. Von oben werden spezifische Akzente gesetzt und Weisungen erteilt.

Die Linienorganisation einer Behörde besteht meist aus drei oder vier Organisationsebenen. Dabei werden die Organisationseinheiten je nach Verwaltungsebene (äußerer Aufbau) unterschiedlich benannt. So heißen beispielsweise die Basiseinheiten eines Ministeriums Referate, bei der nachgeordneten staatl. V. werden sie Dezernate und bei der Kommunalverwaltung Ämter genannt. Die Basiseinheiten werden in Abteilungen bzw. teilweise auch in Unterabteilungen zusammengefaßt. In der Kommunalverwaltung heißen die Abteilungen Dezernate. An der Spitze einer Behörde steht der Behördenleiter (Minister, Regierungspräsident, Landrat, [Ober-]Bürgermeister).

Insbes. die Ministerialverwaltung weist zusätzlich zu dieser Grundstruktur dem Minister direkt zugeordnete Pressereferenten und persönliche Referenten auf. Für Planungs- und Koordinierungsaufgaben gibt es nicht selten zusätzlich eine Planungs- und Steuerungsgruppe sowie Beauftragte für verschiedene polit. wichtige Fragen (für Ausländer, Behinderte, Sozialangelegenheiten usw.), die i. d. R. außerhalb der Hierarchie stehen. Darüber hinaus verfügen Ministerien i. d. R. über mindestens einen beamteten Staatssekretär, der das Haus führt, und auf Bundesebene über einen parlamentarischen Staatssekretär, der den Minister in parlamentarischen und polit. Angelegenheiten vertritt, teilweise aber auch Aufgaben im Innenverhältnis des Ministeriums wahrnimmt.

Die hier skizzierte Aufbauorganisation der ö. V. sagt noch nichts über die Ablauforganisation aus, wie sie sich in der täglichen Praxis erweist. Der konkrete Ablauf der Arbeit der ö. V. wird neben den organisatorischen Vorgaben durch eine Vielzahl von Regelungen bestimmt, wie sie beispielsweise in der gemeinsamen Geschäftsordnung der Bundesministerien enthalten sind (Behandlung von Eingängen, Mitzeichnungsregelungen, Heranziehung von Sachverständigen usw.). Darüber hinaus ist der Verwaltungsalltag durch vielschichtige informelle Prozesse geprägt, die für das polit.-administrative Geschäft nicht selten die größere Prägekraft entwickeln (*König/Siedentopf* 1996/97).

V. Der öffentl. Dienst umfaßt das Personal, welches mit den Trägern der ö. V. (Bund, Land, Kreis oder Gemeinde) ein Dienstverhältnis eingegangen ist und sich der Wahrnehmung von öffentl. Aufgaben widmet. Es wird in die drei Gruppen Beamte/Richter, Angestellte sowie Arbeiter unterteilt.

Ursprünglich traf die Beamten im Gegensatz zu Angestellten und Arbeitern eine besondere Dienst- und Treuepflicht dem Dienstherrn gegenüber, der hierfür besonderen Schutz zu gewähren hatte, so z. B. die i. d. R. lebenslange Versorgung. Der Unterschied zwischen den Gruppen hat sich jedoch mittlerweile stark verringert. So kann über 40jährigen Angestellten nach 15 Jahren Beschäftigungsdauer aus betrieblichen Gründen nicht gekündigt werden (53 Abs. 3 BAT). Auch unterliegen Angestellte mittlerweile ähnlich strengen Vorschriften wie Beamte. Ein merklicher Unterschied besteht noch im Streikrecht, das den Beamten nicht zusteht. Darüber hinaus ist den Beamten die Wahrnehmung rein hoheitlicher Aufgaben vorbehalten (Art. 33 Abs. 4 GG). Allerdings herrscht weitgehende Uneinigkeit darüber, was im Grenzfall als hoheitliche Aufgabe zu betrachten ist, so daß die Zahl der Angestellten im Öffentl. Dienst kontinuierlich überproportional zunehmen konnte. So stieg die Zahl der Angestellten im Öffentl. Dienst der alten Bundesländer von ca. 0,6 Mio. im Jahre 1950 um ca. 125 % auf ca. 1,36 Mio. im Jahre 1990. Bei den Beamten/Richtern betrug die Steigerungsrate ca. 109 % (von knapp 0,8 Mio. im Jahre 1950 auf knapp 1,66 Mio. im Jahre 1990).

Die einzelnen Beamtendienstverhältnisse lassen sich einer von vier Laufbahngruppen zuordnen. Je nach formalem Bildungsabschluß gehören Beamte dem einfachen, mittleren, gehobenen oder höheren Dienst an. Für den gehobenen Dienst ist in aller Regel ein Fachhochschulabschluß und für den höheren Dienst ein Universitätsabschluß notwendig. Trotz gewisser Öffnungen wird der höhere Dienst nach wie vor von Juristen dominiert. Insgesamt sind Kenntnisse des öffentl. Rechts eine wichtige Qualifikation für den Öffentl. Dienst (*Becker* 1989: 808 ff.; *König/Siedentopf* 1996/97).

Probleme bereiten zunehmend die finanziellen Lasten des Öffentl. Dienstes. Infolge der demographischen Entwicklung wird sich unter der Annahme gleichbleibender Trends der Anteil am Bruttoinlandsprodukt, den die Gebietskörperschaften der alten BRD für Personalausgaben aufwenden müssen, von 10,5 % im Jahre 1986 auf 16,2 % im Jahre 2030 erhöhen. Bei angenommener konstanter Steuerquote werden nicht mehr – wie derzeit – ca. 45 %, sondern etwa 65 % der Steuereinnahmen für Personalausgaben veranschlagt werden müssen (*Färber* [3]1995: 42).

VI. Die gesetzesvorbereitende Ministerialverwaltung muß ihre Tätigkeit an der verfassungsmäßigen Ordnung ausrichten. Sollten Gesetzentwürfe der Regierung trotz gegebener Verfassungswidrigkeit vom Gesetzgeber verabschiedet werden, besteht u. a. die Möglichkeit, diese im Zuge eines Normenkontrollverfahrens vom Bundesverfassungsgericht überprüfen zu lassen (Art. 93 Abs. 1 GG). Die ö. V. ist darüber hinaus an Recht und Gesetz gebunden (Art. 20 Abs. 3 GG). Sie ist in ihrem Handeln also nicht frei, sondern von einer Vielzahl von Normen geleitet. Diese programmieren das Verwaltungshandeln mehr oder weniger detailliert. Neben Gesetzen und Rechtsverordnungen, die auch unmittelbar für jeden einzelnen Bürger eine rechtl. Wirkung entfalten, ist für die ö. V. darüber hinaus ein umfangreicher Bestand an Verwaltungsvorschriften bindend. Der Vorschriftenbestand wird für den Bürger häufig erst durch die sogenannten individuell-konkreten Handlungsformen der ö. V. erfahrbar.

Die wichtigsten sind der Verwaltungsakt und der subordinationsrechtl. Verwaltungsvertrag. Gegen sie steht dem Bürger Rechtsschutz zu, d. h. er kann gegen beispielsweise einen ihn belastenden Verwaltungsakt Widerspruch einlegen. So etwa, wenn einem Unternehmen auferlegt wird, seinen Betrieb entsprechend bestehender immissionsschutzrechtl. oder arbeitsschutzrechtl. Vorschriften zu sanieren. Wird der Widerspruch zurückgewiesen, besteht die Möglichkeit einer verwaltungsgerichtlichen Klage, und nach Ausschöpfung dieses Rechtsweges kann sogar eine Verfassungsbeschwerde beim Bundesverfassungsgericht eingebracht werden. Auch auf Erlaß eines begünstigenden Verwaltungsaktes, z. B. einer Baugenehmigung, kann geklagt werden (*König/Dose* 1993; *Maurer* [12]1999: 178 ff.).

Das tatsächliche Verwaltungshandeln wird durch diese rechtlich geprägte Betrachtung nur unzureichend beschrieben. Parallel und teilweise auch vorgelagert zu den rechtl. Formen des Verwaltungshandelns gibt es den weiten Bereich des kooperativen Verwaltungshandelns. Es entspricht so gar nicht dem Bild einer hoheitlich-bürokratisch agierenden ö. V. und ist gekennzeichnet von frühzeitiger Beteiligung der Betroffenen, von weitreichender Beratung, von Prozessen des gegenseitigen Gebens und Nehmens und teilweise sogar von der Mißachtung von Verwaltungsvorschriften mit dem Ziel und häufig auch dem Erfolg, den übergeordneten Gesetzeszweck schneller und/oder in einem umfassenderen Sinne zu verwirklichen (*Dose* 1997).

VII. Versuche, die ö. V. zur reformieren bzw. neuerdings zu modernisieren, sind seit dem Bestehen der BRD zu verzeichnen.

Nachdem die Zeit unmittelbar nach dem Krieg vom Wiederaufbau geprägt war, setzte schon bald danach eine Diskussion darüber ein, wie die ö. V. an die veränderten demographischen und sozio-ökonom. Bedingungen angepaßt werden könnte. Hierzu wurden sowohl vom Bund als auch von der Ländern eine Reihe von Gutachten in Auftrag gegeben und Pläne vorgelegt. Mitte der 1960er Jahre intensivierten sich die Bemühungen von Regierung und Verwaltung um innere Reformen. Ziel war eine aktive Politik, die vorausschauend und intelligent gesellschaftl. und wirtschaftl. Probleme löste. Hierzu mußte die ö. V. erst einmal in die Lage versetzt werden: durch den Aufbau eines Planungssystems, durch eine Finanzreform, durch eine Gebiets- und Funktionalreform, durch eine Reform der Ministerialverwaltung und durch eine Dienstrechtsreform. Von den entsprechenden Bemühungen war im Urteil von Fachleuten nur die Gebietsreform wirklich erfolgreich. Nachdem sich die anfängliche Planungseuphorie rasch verflüchtigt hatte, wandte sich das verwaltungsreformerische Interesse Mitte der 1970er Jahre der Entbürokratisierung und Entstaatlichung zu. Der Bürger sollte von der Eigeninitiative tötenden Bevormundung und Gängelung durch die staatl. → Bürokratie befreit werden. So wurde der Umfang staatl. Aufgabenwahrnehmung und der Bestand an Vorschriften kritisch durchleuchtet. Wieder wurden zahlreiche Kommissionen eingerichtet, die jedoch in aller Regel – auch im Urteil von Beteiligten – nicht mehr als eine Rechtsbereinigung bewirkten. Die einsetzende allg. verwaltungsreformerische „Ermattung“ (*Jann* 1999: 530) geriet dann in den Sog der dt. Vereinigung, die es erforderlich machte, innerhalb kürzester Zeit eine realsozialistische Kaderverwaltung in eine rechtsstaatl. geprägte kontinentaleurop. V. zu verwandeln. Dies konnte nur bei großer Kraftanstrengung der Bediensteten der neuen Bundesländer, die vollständig umlernen mußten, und durch Einsatz einer Vielzahl engagierter westl. Verwaltungshelfer gelingen. Allerdings wurde dabei das westdt. Verwaltungssystem weitgehend ohne substantielle Anpassungen und ohne die Situation zu grundlegenden Reformen des Systems zu nutzen auf die neuen Bundesländer übertragen. Dabei mußte sich die V. der ehemaligen DDR selbstverständlich grundlegenden Reformen unterziehen, von denen die bereits frühzeitig durchgeführte Kreisgebietsreform wohl zu den erfolgreicheren zählt.

Der Vereinigungsprozeß und die zunehmend leeren öffentl. Kassen rückten bereits Anfang der 1990er Jahre wirkungsvolle Verwaltungsreformen wieder stärker ins öffentl. Interesse. Eine wichtige Initiative ging dabei von der Kommunalen Gemeinschaftsstelle für Verwaltungsvereinfachung aus, die niederländische Erfahrungen der Stadt Tilburg aufarbeitete und für dt. Kommunen das „Neue Steuerungsmodell" entwickelte. Es findet sich mittlerweile in recht unterschiedlichen Spielarten in fast jeder größeren dt. Stadt.

Kennzeichen dieses in die international geführte Diskussion um das *New Public Management* einzuordnenden Ansatzes ist die Abkehr von der hierarchisch integrierten Verwaltung. Hingegen werden Anleihen bei der Privatwirtschaft und der Betriebswirtschaftslehre genommen. So sollen Ressourcen- und Fachverantwortung dezentral zusammengeführt, das starre Haushaltsrecht flexibel gemacht, auf der Ebene der einzelnen Ämter ein Gesamtbudget geschaffen, eine Kostenrechnung mit Controllingsystem und eine leistungsgerechte Entlohnung eingeführt, die Inputsteuerung durch eine ziel- und ergebnisorientierte Steuerung abgelöst und eine Verantwortungstrennung zwischen Gemeinderat und V. vorgenommen werden, bei der sich der Rat auf das „Was" der Politik beschränkt und die V. alleine für das „Wie" zuständig ist (*Reichard* [5]1996: 33 ff.).

Während die kommunale Ebene in dieser Phase der Verwaltungsmodernisierung eindeutig die Führungsrolle übernahm, zeigten sich Bund und Länder zunächst eher zögerlich. Mittlerweile haben jedoch auch die Länder zahlreiche Initiativen ergriffen, und auch auf Bundesebene wird im Rahmen der Bemühungen um den aktivierenden Staat an einer Verwaltungsmodernisierung gearbeitet. Dabei haben sich auch Ansätze und Komponenten entwickelt, die über die rein betriebswirtschaftl. Herangehensweise hinausgehen und stärker die Qualität von dezentral zu erbringenden Dienstleistungen in den Vordergrund rücken. Dies geschieht beispielsweise in Bürgerbüros, in denen zahlreiche publikumsintensive Leistungen der Kommunalverwaltung gebündelt in einem Büro angeboten werden. Durch informationstechnische Vernetzungen der Arbeitsplätze mit den im Hintergrund agierenden Fachämtern können nun das Paß- und Meldewesen, die Sozialhilfe, das Wohngeld, das Abfallwesen und die Kfz-Zulassung usw. in einer einzigen Anlaufstelle von den Bürgern in Anspruch genommen werden. In größeren Städten wie Heidelberg finden sich verteilt über das Stadtgebiet mehrerer solcher Bürgerbüros, um dem Motto „Die Verwaltung kommt zum Bürger" gerechter zu werden (*König/Beck* 1997: 72 ff.).

Aufmerksame Beobachter der Entwicklung kritisieren, daß die jüngsten Modernisierungsbemühungen vielfach Rhetorik seien, ohne wirklich etwas verändert zu haben. Es werde übersehen, daß die ö. V. kein von Machtaspekten freier Raum sei. So sei es unrealistisch zu erwarten, daß Kommunalpolitiker es sich nehmen ließen, auch die Details der Umsetzung von Politik mitzubestimmen. Ferner würde die Dezentralisierung von Ressourcenverantwortung nicht die bestehenden Verteilungskonflikte lösen. Ob diese Konflikte dann innerhalb des jeweiligen Amtes gelöst werden könnten, bleibe eine offene Frage. Möglicherweise seien die dezentral verantwortlich gemachten Einheiten mit der gleichzeitigen Wahrnehmung der Fach- und Ressourcenverantwortung überfordert. Hierbei verschärfe die Tendenz, Budgetierung häufig auch mit Einsparungen zu verbinden, die Entscheidungssituation zusätzlich. Grundsätzlicher noch ist die Kritik, daß dort, wo sich betriebswirtschaftl. Effizienz tatsächlich durchgesetzt habe, dies häufig auf Kosten der Gleichheit der Bürger geschehen sei (*Reichard* [5]1996: 81 ff.; *König/Beck* 1997: 108 ff.).

Lit.: *Becker, B.* 1989: Öffentliche Verwaltung, Percha u. a. *Dose, N.* 1997: Die verhandelnde Verwaltung, Baden-Baden. *Ellwein, T.* 1993: Der Staat als Zufall und als Notwendigkeit, Opl. *Färber, G.* [3]1995: Revision der Personalausgabenprojektion der Gebietskörperschaften bis 2030, Speyer. *Hesse, J. J./Ellwein, T.* [8]1997: Das Regierungssystem der Bundesrepublik Deutschland, Opl./Wsb. *Jann, W.* 1999: Zur Entwicklung der öffentlichen Verwaltung, in: *Ellwein, T./Holtmann, E.* (Hrsg.), 50 Jahre Bundesrepublik Deutschland, Opl./Wsb.,

520–543. *König, K./Beck, J.* 1997: Modernisierung von Staat und Verwaltung, Baden-Baden. *König, K./Dose, N.* (Hrsg.) 1993: Instrumente und Formen staatlichen Handelns, Köln u. a. *König, K./Siedentopf, H.* (Hrsg.) 1996/97: Öffentliche Verwaltung in Deutschland, Baden-Baden. *Maurer, H.* [12]1999: Allgemeines Verwaltungsrecht, Mchn. *Reichard, C.* [5]1996: Umdenken im Rathaus, Bln.

Nicolai Dose/Wolfgang Bruder

Öffentlicher Dienst → Öffentliche Verwaltung

Öffentlichkeit

Öffentlichkeit (Ö.) knüpft (wie auch der Begriff → Öffentliche Meinung) an das Prinzip Offenheit an, betont also, daß etwas weder geheim noch privat ist. Hinter dem Wort Ö. verbergen sich zwei prinzipiell zu unterscheidende Inhalte. Der erste zielt auf einen Sachverhalt, also eine Situationsbeschreibung, der zweite auf einen Begriff, präziser theoretische und wertende Aussagen zur Ö. (*Hölscher* 1979).

Als Sachverhalt bezeichnet Ö. die allg. Zugänglichkeit eines Ortes. Im polit. Bereich wurde dies abgeleitet aus der historisch älteren Ö. von Gerichtsverhandlungen, das auf parlamentarische Verhandlungen übertragen wurde. Heute gilt: „Der Bundestag verhandelt öffentlich." (Art. 42 GG) Weitere Regelungen sind gestuft, z. B. tagen Ausschüsse und andere Untergliederungen des Bundestages (laut Geschäftsordnung) i. d. R. nichtöffentlich (aber nicht geheim, weitere Teilnehmer sind möglich und es wird eine Mitschrift erstellt). In vielen anderen Staaten (und z. B. auch in Bayern) tagen Ausschüsse generell öffentlich. Die Ö. der parlamentarischen Verfahren unterscheidet sich vom Regierungshandeln (der Exekutive), das generell unter Ausschluß der Ö. (im Arkanbereich) erfolgt.

Ö. als Begriff bezieht sich auf die historische Erfahrung, daß im 18. Jh. ein selbstbewußter werdendes Bürgertum forderte, das polit. Handeln der Herrschenden öffentlich diskutieren und kommentieren zu können. Es entstand eine Art Idealvorstellung des Strukturwandels von Ö. (*Habermas* 1962) beginnend in der Aufklärung, der sowohl Höhen wie Niedergänge umfaßt. Insbes. wird beklagt, daß zunehmend eine „hergestellte" Ö. den offenen Diskurs ersetzt, die sich auf kommerziell agierende Medien richtet und die bisherige Ö. durch Verfahren einer staatl. Öffentlichkeitsarbeit und Einsatz der *Public Relations* in der polit. Kommunikation überformt. Aus dem Verlust an Diskursen zur Politik wird die Notwendigkeit abgeleitet, an der Herstellung einer „Gegenöffentlichkeit" zu arbeiten (*Negt/Kluge* 1972). Im Zusammenhang mit dem europ. Einigungsprojekt wird derzeit diskutiert, wie der Integrations- und Parlamentarisierungsprozeß durch Etablierung einer europ. Ö. abgerundet werden kann. Daran wird deutlich, wie normativ die enge Wechselbeziehung zwischen → Demokratie und begleitender Ö. betont wird.

Ö. in der ersten Bedeutung korrespondiert weitgehend mit dem englischen Wort *public*, womit Brücken geschlagen werden, etwa zu öffentl. Angelegenheiten oder dem republikanischen Gedanken (*res publica*). Die zweite Bedeutung basiert dagegen auf dt. Traditionen und wurde erst in den letzten Jahren durch Übersetzungen (als *public sphere*) internat. bekannt.

Lit.: *Bentele, G.* (Hrsg.) 1997: Aktuelle Entstehung von Öffentlichkeit, Konstanz. *Brettschneider, F.* 1995: Öffentliche Meinung und Politik, Wsb. *Neidhardt, F.* (Hrsg.) 1994: Öffentlichkeit, öffentliche Meinung, soziale Bewegungen, KZfSS (Sonderheft 34). *Göhler, G.* (Hrsg.) 1995: Macht der Öffentlichkeit – Öffentlichkeit der Macht, Baden-Baden. *Habermas, J.* 1962: Strukturwandel der Öffentlichkeit, Neuwied. *Hohendahl, P. U.* (Hrsg.): Öffentlichkeit. Geschichte eines kritischen Begriffs, Stg. *Hölscher, L. 1979*: Öffentlichkeit und Geheimnis, Stg. *Negt, O./Kluge A.* 1972: Öffentlichkeit und Erfahrung, Ffm. *Neidhardt, F.* (Hrsg.) 1994: Öffentlichkeit, öffentliche Meinung, soziale Bewegungen (Sonderheft 34 der KZfSS), Opl. *Weßler, H. 1999*: Öffentlichkeit als Prozess, Opl.

Hans J. Kleinsteuber

Opposition

Opposition (O.) (von lat. *opponere* = entgegenstellen), i. w. S. der gegen Autoritäten gerichtete → Widerstand; im strikten politischen, an seiner Entstehungsgeschichte orientierten Begriffsverständnis bedeutet O. den innerhalb des Grundkonsenses einer Gesellschaft sich entfaltenden organisierten und institutionalisierten Widerspruch gegen die Regierung und ihre Parlamentsmehrheit.

1. Bereits in der Mitte des 18. Jh. wurde in England auf dem Hintergrund der polit.-parlamentarischen Praxis der theoretische Grundstein gelegt für ein Oppositionsverständnis, das den Dualismus Krone *versus* Parlament zugunsten desjenigen von parlamentarischer Mehrheit und Minderheit aufgab.

Aus der über zwei Jahrzehnte dauernden Herrschaft der *Whigs* unter *Walpole* und der damit einhergehenden → Korruption zog *Bolingbroke* den Schluß, daß die nach zu langer Amtsdauer nur noch Eigeninteressen befriedigende Mehrheit durch Kräfte abgelöst werden müßte, die das Allgemeine und die Vernunft des Ganzen vertreten. Dies könne nur die von Ämtern und Pensionen ausgeschlossene parlamentarische Minderheit leisten, bis diese – selbst zur Mehrheit geworden – wieder dem Eigeninteresse erliege und ihrerseits abgelöst werden müsse. Damit wurde O. als die wahre „patriotische" Kraft konzipiert, Regierungswechsel in angemessener Frist als Notwendigkeit begriffen. Als Funktionen der nicht die Regierung stützenden, dieser gegenüber – *opposite* – stehenden parlamentarischen Minderheit galten fortan Kritik, Kontrolle und Alternative innerhalb des bestehenden Herrschaftssystems. Um Kritik und Kontrolle der Amtsinhaber mit dem Ziel ihrer Ersetzung üben zu können, reichte nicht punktuelles oder sporadisches Opponieren, sondern es bedurfte des planvoll koordinierten Gegenprogramms. Als ständige Alternative zur Regierung ist O. „die Regierung von morgen" (*Carlo Schmid).* Das essentielle, den Typus parlamentarisches Regierungssystem begründende Merkmal der Frontstellung von Regierungsmehrheit und O. und zugleich die Aufgabe des klassischen Gewaltenteilungsschemas war hiermit angelegt und wurde schon zu Anfang des 19. Jh. hinsichtlich der O. auf den Begriff gebracht als „*his Majesty's opposition*".

Voraussetzung für die Praktizierung solcher institutionalisierter O. und für ihre Akzeptanz als legitim war neben der Ablösung des monarchischen durch das demokratische Prinzip die Entwicklung pluralistischer Vorstellungen: Erst wenn offene Konkurrenz von Interessen auch und gerade als Prozeß zur Findung des → Gemeinwohls akzeptiert und dieses nicht als *a priori* gesetzt und durch die Obrigkeit vertreten angenommen wird, gewinnt O. ihren Zweck als ein Kernelement freiheitlich demokratischer Staatsordnung und verliert ihren Charakter als Widerstand und Systemfeindlichkeit. Auf diese Bedeutungen hat sich jedoch inzwischen der polit. und politikwissenschaftl. Sprachgebrauch ausgedehnt, so daß unter O. auch Fundamentalopposition, also eine die geltende Ordnung prinzipiell ablehnende Haltung, verstanden wird, ebenso wie mit dem parlamentarischen Raum gar nicht verbundene und auch nicht auf diesen zielende Bewegungen kritischer → Öffentlichkeit.

2. Diese begriffliche Bandbreite versuchen Oppositionstypologien einzufangen. So unterscheidet *W. Steffani* (1978) O. nach Systemintention (loyal, systemimmanent *versus* fundamental, systemkonträr), Wirkungsebenen (parlamentarisch *versus* vor- oder außerparlamentarisch) und Aktionskonsistenz (systematisch *versus* situationsorientiert). *O. Kirchheimer* (1969) teilt ein in O. aus Prinzip, loyale O. und polit.-ideologisch konturlose O. zwischen Allerweltsparteien, deren bes. Anwendungsfall in Österreich (Bereichsopposition) er später als „Ausschaltung der hauptsächlichen polit. O. mittels der Regierungsausübung durch ein Parteienkartell" bezeichnete (1969: 416). Wegen der Vielzahl der oppositionelles Verhalten determinierenden Variablen (Regierungssystem, → Parteiensystem, gesellschaftliche → Konfliktlinien, Konfliktregelungsmuster, → Polititische Kultur etc.) empfiehlt *H. Oberreuter*, an einem engen

Oppositionsbegriff festzuhalten, und entwickelt eine (an *R. Dahl* angelehnte), primär auf O. im Parlament abstellende Typologie: *Issue*-orientierte *Ad-hoc*-Opposition, worunter bes. die fallweise zustandekommende Gegnerschaft im Parlament des präsidentiellen Regierungssystems subsumiert wird sowie die „gelegentlichen Ausbruchserscheinungen aus dem Kartell von Proporzsystemen" (*Oberreuter* 1975: 20); kompetitive O., die v. a. in auf Regierungsalternanz im Zweiparteiensystem ausgelegten Mehrheitsdemokratien des *Westminster*-Modells – wenn auch nicht ausschließlich – betrieben wird; kooperative O., die im parlamentarischen Regierungssystem zwar die Alternativfunktion reduziert, der O. aber Möglichkeiten der Einflußnahme eröffnet und legitimitätssteigernd wirkt.

Lit.: *Dahl, R. A.* (Hrsg.) 1966: Political Oppositions in Western Democracies, New Haven/L. *Euchner, W.* (Hrsg.) 1993: Politische Opposition in Deutschland und im internationalen Vergleich, Gött. *Jäger, W.* 1978: Opposition, in: *Brunner, O.* u. a. (Hrsg.): Geschichtliche Grundbegriffe, Bd. 4, Stg., 469–517. *Kirchheimer, O.* 1957: Vom Wandel der politischen Opposition, in: Archiv für Rechts- und Sozialphilosophie, 59–86. *Kirchheimer, O.* [2]1969: Wandlungen der politischen Opposition, in: *Kluxen, K.* (Hrsg.): Parlamentarismus, Köln/Bln., 410–424. *Kluxen, K.* 1956: Das Problem der Opposition, Freib./Mchn. *Oberreuter, H.* (Hrsg.) 1975: Parlamentarische Opposition, Hamb. *Oberreuter, H.* [4]1992: Opposition, in: *Nohlen, D./Schultze, R.-O.* (Hrsg.): Politikwissenschaft, Mchn./Zürich, 637–642. *Steffani, W.* [2]1978: Opposition, in: *Sontheimer, K./Röhring, H. H.* (Hrsg.): Handbuch des politischen Systems der Bundesrepublik Deutschland, Mchn., 427–433. *Steffani, W./Gabriel, J. P.* 1991: Regierungsmehrheit und Opposition in den Staaten der EG, Opl.

Suzanne S. Schüttemeyer

Ordnungspolitik → Wirtschaftspolitik

Organisation für Sicherheit und Zusammenarbeit in Europa → OSZE

Organisierte Kriminalität

Seit Beginn der 1990er Jahre hat die organisierte Kriminalität (o. K.) quantitativ wie qualitativ sprunghaft zugenommen. Regionale Schwerpunkte dieser globalen Entwicklung sind der Europ. Binnenmarkt (→ EU), die mittel- und osteurop. Transformationsländer sowie der amerikanische Doppelkontinent. Dies manifestiert sich als steigender Anteil organisierter Straftaten an den insgesamt begangenen Verbrechen. Die systematische und quasi „geschäftsmäßige" Verdunkelung der Gesetzesverstöße, die als eines der wichtigsten Definitionskriterien für o. K. gilt, erschwert freilich die Datenerhebung. Weitere Definitionsmerkmale umfassen die Planmäßigkeit des Vorgehens, die auf eine bestimmte Dauer angelegte Arbeitsteiligkeit in der Durchführung, die Verwendung geschäftsähnlicher Mechanismen und die gezielte Einflußnahme auf Politik, Medien, → Öffentliche Verwaltung und Justiz sowie die Anwendung von → Gewalt, die wie im Falle der ital. Mafia die physische Liquidierung des Gegners einschließt (*Caciagli* 1996). Die transnat. Dimension ergibt sich dabei aus der grenzüberschreitenden Vernetzung der Organisationen und der Verteilung unterschiedlicher Phasen des Verbrechens (Tatvorbereitung, Tatbegehung und Tatvertuschung) auf mehrere Länder.

1. Kriminologisch wird nach Ruhe- und Aktionsräumen unterschieden, wobei diese Charakterisierungen für spezifische Regionen jeweils nur zeitweise gelten. Deliktfelder umfassen Drogen- und Waffenhandel, Glücksspiel, illegale Migrationshilfe, Prostitution, Finanzdienstleistungen etc. Die Tätigkeitsbereiche der o. K. erweitern sich dabei tendenziell und schließen zunehmend aufwendigere Verfahren der Vertuschung wie z. B. Geldwäsche als eigenständiges Aktionsfeld mit ein. Die Art und Weise der Ablösung jeweils dominierender Organisatio-

nen durch andere sowie die geographische Aufteilung von Aktionsräumen weisen sowohl kooperative als auch konfrontativ-gewaltsame Muster auf. Strukturmerkmale der o. K. verbinden die analog zu legalen Unternehmen funktionierenden Mechanismen der Gewinnmaximierung mit militärischer Hierarchie und ethnisch-familial organisierten Beziehungsnetzen. Empirische Bestandsaufnahmen verweisen freilich darauf, daß die Bedeutung ethnischer → Netzwerke geringer ist als vielfach angenommen (*Meier-Walser et al.* 1999: 41). Neue Formen effektiver Organisation setzen auf ethnisch heterogene Zusammensetzungen.

2. Die Ähnlichkeit wirtschaftl. Organisation der o. K. mit der konventionellen kapitalistischen Ökonomie findet in der Literatur besondere Beachtung und wird mitunter auch zur Erklärung herangezogen. Im schwierigen Übergang von der Staatswirtschaft zu marktzentrierten Formen des → Kapitalismus wird einer der Ursachenkomplexe für den enormen Bedeutungszuwachs der o. K. in den postkommunistischen Staaten gesehen. Die Neudefinition der → Legalität und der charakteristische Mangel an Rechtssicherheit in Phasen der Transition zwischen unterschiedlichen polit. Regimetypen tragen zu einer Etablierung nicht-legaler, kapitalistisch orientierter Unternehmen bei.

Globalere Erklärungsansätze betonen zusätzlich, daß die organisierte transnat. Kriminalität im Prinzip derselben Rationalität folgt wie transnat. Unternehmen: Die Senkung der Transaktionskosten, die Nutzung komparativer Vorteile und die Überwindung von Marktzutrittsschranken dienen der konsequenten Verbesserung des Verhältnisses von Kosten zu Gewinnen. Somit nutzen auch die in illegalen Aktionsfeldern operierenden Netzwerke globale Veränderungen wie eine fortgesetzte Handelsliberalisierung oder die Erhöhung der Freizügigkeit im regionalen Rahmen *(Schengener Abkommen)* sowie die neuen Technologien in der Kommunikation und Datenverarbeitung. Umstrittener ist der kausale Zusammenhang zwischen der Entstehung von o. K. und → Migration. Hierbei wird vermutet, daß Einwanderergruppen in der Zielgesellschaft soziale Exklusion erfahren und deshalb darauf angewiesen seien, besondere, der Tendenz nach illegale Nischen der kapitalistischen Ökonomie ausfindig zu machen (*Meier-Walser et al.* 1999: 294 ff.). Sprachliche und kulturelle Identität diene sowohl der Abschottung, der Rekrutierung von Mitgliedern als auch der Verdunkelung. Ein mangelndes Bewußtsein für die Rechtsnormen der Zielgesellschaft bzw. eine fehlende Verinnerlichung dieser Normen seien hierbei eine begünstigende Kontextbedingung. Die hier festzustellenden enormen Varianzen nach Ländern und Gruppen, die strukturelle Ähnlichkeit vieler nicht-ethnisch definierter krimineller Organisationen und die Zunahme ethnisch heterogener Zusammenschlüsse lassen aber diese auf den ersten Blick plausible Erklärung zweifelhaft erscheinen.

3. Aus der Perspektive des → Nationalstaates ergibt sich die besondere Bedrohung durch die o. K. in der tendenziellen Unterhöhlung des staatl. Anspruchs auf das Monopol legitimer physischer Gewaltsamkeit. Die Kombination von wirtschaftl. Einfluß- und gewaltsamen Sanktionsmöglichkeiten sowie die gezielte Infiltrierung staatl. Institutionen lassen die o. K. zur Konkurrenz des Staates werden, indem seine Normen und Steuerungsmechanismen konterkariert, auf lange Sicht möglicherweise außer Kraft gesetzt und in letzter Konsequenz durch andere Normen und Verhaltensmaximen ersetzt werden. Das Erreichen einer kritischen Masse an Machtpotential durch die o. K. scheint hier entscheidend für die Bedrohungsperzeption seitens staatl. Akteure zu sein, die sich in der Prävention schwer tun. Mit dem Überschreiten dieser Schwelle durch die o. K. ist jedoch bereits eine erhebliche Einschränkung staatl. Handlungsmöglichkeiten verbunden. Erfolgversprechender als der verspätete, reaktive Einsatz staatl. Machtmittel ist die internat. Zusammenarbeit, die dem transnat. Charakter der o. K. Rechnung trägt und die Organisationsstrukturen selbst aufbrechen soll.

4. Im Rahmen der UN wird bereits seit 1975, besonders intensiv seit der Ministerkonferenz von Neapel 1994 versucht, die nationalstaatl. Instrumentarien von Präven-

tion und Bekämpfung zu harmonisieren. Innerhalb der EU übernahm 1998 die gemeinsame Polizeibehörde *Europol* die Zuständigkeit für die Aktionsfelder der o. K. Neben den Kompetenzen von Informationsaustausch und → Koordination erhielt sie auf der Grundlage des Amsterdamer Vertrages auch operative Aufgaben. Außerhalb des Schengener Vertragsgebietes liegende europ. Staaten werden verstärkt in die polizeiliche Zusammenarbeit einbezogen. Seit 1997 wird ferner die → OSZE zunehmend als Kooperationsforum gegen die o. K. genutzt.

Lit.: *Caciagli, M.* 1996: Clientelismo, corrupción y criminalidad organizada, Madrid. *Farer, T.* (Hrsg.) 1999: Transnational Crime in the Americas, NY/L. *Frevel, B.* 1999: Kriminalität. Gefährdungen der Inneren Sicherheit?, Opl. *Lange, K.* 1997: Transnationale organisierte Kriminalität, Mchn. *Lupsha, P. A.* 1996: Transnational Organized Crime versus the Nation-State, in: Transnational organized Crime, 1, 21–48. *Meier-Walser, R. C./Hirscher, G./Lange, K./Palumbo, E.* (Hrsg.) 1999: Organisierte Kriminalität, Mchn. *Reiners, C.* 1991: Erscheinungsformen und Ursachen organisierter Kriminalität in Italien, den USA und der Bundesrepublik Deutschland, Ffm. *Zachert, H.* 1995: Internationalisierung des Verbrechens, in: *Kaiser, K./Schwarz, H.-P.* (Hrsg.): Die neue Weltpolitik, Bonn, 133–139. *Ziegler, J.* 1998: Die Barbaren kommen: Kapitalismus und organisiertes Verbrechen, Gütersloh.

Harald Barrios

Ostpolitik → Deutsche Einheit

Ost-West-Konflikt

Weltweit geführter ideologischer und machtpolit. Konflikt zwischen der UdSSR und den USA, der mit der Selbstauflösung der Sowjetunion am 21. 12. 1991 zu einem Ende kam. Ausgangspunkt war die Ausbreitung des kommunistischen Herrschaftssystems nach dem II. Weltkrieg in Osteuropa, die zur Blockbildung und Militarisierung der Ost-West-Beziehungen führte. So trat an die Stelle der von den USA ursprünglich angestrebten kollektiven Weltführung im Rahmen der → Vereinten Nationen die globale, vor allem militärisch betriebene Eindämmung der Sowjetunion. Dazu zählte auch die Deutschlandpolitik der Westmächte, die mit Hilfe des US-Marschall-Plans für Westeuropa zum beschleunigten Wiederaufbau in den westl. Besatzungszonen Deutschlands und politisch zur Gründung der BRD führte (→ Deutsche Einheit). Sicherheitspolitisch mündete die *Containment*-Politik in die Gründung der → NATO (4. 4. 1949) bzw. des Warschauer Paktes (14. 5. 1955). Durch konventionelle und atomare Aufrüstung verschärften sich die Spannungen zwischen Ost und West, insbes. im Zuge der Stationierung sowjet. Raketen auf Kuba 1962. Nach der Kuba-Krise kam es zu ersten polit. Annäherungsschritten zwischen den Supermächten, die ab 1969 zu einer Ära der Entspannung führten, für die der 1972 abgeschlossene SALT I-Vertrag über die Begrenzung der nuklearstrategischen Offensivwaffen und der ABM-Vertrag über Raketenabwehrsysteme standen. Ab Mitte der 1970er Jahre folgte eine Krise der Entspannung, die ihren Ursprung erstens in der ungebremsten Aufrüstungspolitik der Sowjetunion, zweitens in deren Machtausdehnung in der → Dritten Welt und drittens in der inneramerikan. Entspannungskritik hatte. Diese Krise mündete Ende der 1970er/Anfang der 80er Jahre in eine neuerliche militärische Konfrontationspolitik, in deren Mittelpunkt die Stationierung amerikan. Mittelstreckenraketen in Europa (NATO-Doppelbeschluß) stand. Im Zuge der Reformpolitik unter *Michail Gorbatschow* und aufgrund des Entspannungsdrucks in der amerikan. Gesellschaft kam es dann zum INF- (1987) und START-Abrüstungsvertrag (1991; → Abrüstung). Nach dem gescheiterten Militärputsch in Moskau im August 1991 löste sich die Sowjetunion im Dezember 1991 mit der Gründung der Gemeinschaft Unabhängiger Staaten (GUS) auf (→ Systemwechsel).

Lit.: *Czempiel, E.-O.* 1989: Machtprobe. Die USA und die Sowjetunion in den achtziger Jahren, Mchn. *Efinger, M./List, M.*

1993: Ost-West-Beziehungen, in: *Boeckh, A.* (Hrsg.): Internationale Beziehungen (= Lexikon der Politik, Bd. 6), Mchn., 381–396. *Gaddis, J. L.* 1982: Strategies of Containment: A Critical Appraisal of Postwar American National Security Policy, NY. *Link, W.* ^{2}1988: Der Ost-West-Konflikt. Die Organisation der internationalen Beziehungen im 20. Jahrundert, Stg. *Loth, W.* ^{8}1990: Die Teilung der Welt: Geschichte des Kalten Krieges 1941–1955, Mchn. *Leffler, M. P.* 1992: A Preponderance of Power. National Security, the Truman Administration, and the Cold War, Stanford. *Wilzewski, J.* 1999: Triumph der Legislative. Zum Wandel der amerikanischen Sicherheitspolitik 1981–1991, Ffm./NY.

Jürgen Wilzewski

OSZE

Die Organisation für Sicherheit und Zusammenarbeit in Europa (OSZE) ist eine → Internationale Organisation, deren Ziel die Gewährleistung bzw. Förderung von innerer und äußerer → Sicherheit im euro-asiatischen Raum ist. Zu ihren 55 Mitgliedern zählen sämtliche europ. Länder, die USA, Kanada sowie die asiatischen Nachfolgestaaten der Sowjetunion. Die Bundesrepublik Jugoslawien (Serbien und Montenegro) war von Juli 1992 bis November 2000 von der Mitarbeit in der OSZE suspendiert.

1. Unmittelbarer Vorläufer der OSZE war die *Konferenz über Sicherheit und Zusammenarbeit in Europa* (KSZE), welche 1973 als diplomatisches Forum zwischen den beiden Blöcken des → Ost-West-Konflikts etabliert wurde und deren Beschlüsse erstmals in der sog. Schlußakte von Helsinki (1. 8. 1975) niedergelegt wurden. Polit. bedeutete diese (völkerrechtl. unverbindliche) Vereinbarung den kleinsten gemeinsamen Nenner zwischen den kommunistischen Staaten, welche primär um eine Anerkennung der territorialen Nachkriegsordnung seitens des Westens bemüht waren, und den westl. Ländern, die sich von einem Dialog mit der Sowjetunion u. a. „freiere Bewegungsmöglichkeiten für Menschen und Ideen in Europa" (*Schlotter* 1997: 69) versprachen. Unter einer derart heterogenen Interessenkonstellation konnte die KSZE bis Ende der 1980er Jahre weder feste Organisationsstrukturen ausbilden noch polit. weitreichende Entscheidungen herbeiführen. Allerdings verfestigte sich der „KSZE-Prozeß" durch die regelmäßige Abhaltung von Folgekonferenzen (Belgrad 1977/78, Madrid 1980–83, Wien 1986–89) zu einem → Internationalen Regime, das zum zeitweise einzigen Gesprächsforum zwischen Ost und West wurde.

Mit dem Zusammenbruch des Ostblocks wurde auch die KSZE tiefgreifenden Veränderungen unterzogen. Zum einen konnten sich die Teilnehmerstaaten nun mit der „Pariser Charta" (1990) auf einen gemeinsamen Wertekanon verständigen, dessen Kern das Bekenntnis zu → Demokratie, → Rechtsstaatlichkeit und → Marktwirtschaft bildete. Zum anderen entstanden im Zuge der staatl. Auflösung Jugoslawiens und der Sowjetunion zahlreiche bewaffnete Konflikte, welche für die „neue KSZE" eine bislang unbekannte praktisch-polit. Herausforderung darstellten. Angesichts der erweiterten Handlungsmöglichkeiten und des zugleich gestiegenen Handlungsbedarfs wurde innerhalb der KSZE in wenigen Jahren ein differenziertes Set an Institutionen geschaffen. Diesem grundlegenden Wandel trug dann der Budapester Gipfel von 1994 mit der Umbenennung der „Konferenz" in „OSZE" Rechnung, welche zum 1. 1. 1995 in Kraft trat.

2. Normative Grundlage der OSZE-Tätigkeit ist ein umfassendes Verständnis von Sicherheit und Stabilität im innerstaatl. wie zwischenstaatl. Bereich. Realisiert werden soll diese Zielsetzung durch eine Vielzahl unterschiedlicher Maßnahmen, welche von der Überwachung der Menschenrechtslage über Rüstungskontrollen bis zu friedenserhaltenden Einsätzen reichen. Entsprechend dem breiten Aufgabenspektrum ist das Institutionensystem der OSZE stark ausdifferenziert.

Auf der polit. Entscheidungsebene sind die wichtigsten Gremien die *Gipfeltreffen* der Staats- und Regierungschefs (zweijährlich), der *Ministerrat* (jährliches Treffen der OSZE-Außenminister), der *Hohe Rat* (Direktoren der Außenministerien, Treffen mindestens dreimal jährlich) sowie der *Ständige Rat* (wöchentliches Treffen der OSZE-Botschafter). Koordiniert werden die genannten Organe durch den *Amtierenden Vorsitzenden*, eine Funktion, die vom Außenminister eines Mitgliedsstaats für ein Jahr ausgeübt wird. Polit. Entscheidungen erfolgen grundsätzlich nach dem Konsensprinzip. Ausgenommen davon sind Maßnahmen, die sich gegen „klare, massive und inkorrekte Verstöße" eines Staates gegen die OSZE-Vereinbarungen richten (sog. „Konsens-minus-Eins"-Klausel, welche 1992 die Suspendierung Jugoslawiens ermöglichte). Zur Klärung von Rechtsstreitigkeiten zwischen Mitgliedsstaaten kann ein *Vergleichs- und Schiedsgerichtshof* (Genf) einberufen werden, was jedoch bislang nicht erfolgt ist. Das organisatorische Zentrum der OSZE liegt im Wiener Sekretariat unter Leitung des *Generalsekretärs*, der vom Ministerrat für drei Jahre ernannt wird. Zu weiteren wichtigen Exekutivorganen zählt neben einem *Hohen Kommissar für nationale Minderheiten* (Den Haag) und einem *Repräsentanten für Medienfreiheit* (Wien) vor allem das *Büro für demokratische Institutionen und Menschenrechte* (meist in der engl. Abkürzung ODIHR; Warschau), das sich vorrangig mit der Demokratieförderung in den osteurop. Transformationsstaaten befaßt (z. B. in Form von Wahlbeobachtung oder technisch-administrativer Unterstützung beim Aufbau rechtsstaatl. Strukturen). Daneben führt die OSZE zahlreiche *ad-hoc*-Maßnahmen durch, unter denen die sog. Langzeitmissionen (mit mehr als sechsmonatiger Dauer) in Krisengebieten wie Bosnien-Herzegowina oder dem Kosovo von besonderer Bedeutung sind.

3. Seit Mitte der 1990er Jahre haben die OSZE-Aktivitäten zur Demokratie- und Friedensförderung sowohl der Zahl als auch dem Umfang nach stark zugenommen, wovon nicht zuletzt der sprunghafte Anstieg der Haushaltsmittel zeugt (1995: 23,5 Mio. Euro; 2000: 207,9 Mio. Euro). Eine Bilanz dieser bisherigen Tätigkeit fällt notwendigerweise differenziert aus: Einerseits konnte die OSZE dank ihres multidimensionalen Ansatzes auf neu entstehende Problemlagen relativ rasch reagieren und insbes. im Bereich der Demokratieförderung und des Minderheitenschutzes beachtliche Erfolge erzielen (*Lutz/ Tudyka* 2000). Andererseits unterliegen all ihre Maßnahmen dem → Souveränitätsprinzip, d. h. sie hängen prinzipiell von der Zustimmung der Mitgliedsstaaten ab. Daher sind die Erfolgsaussichten von OSZE-Missionen gerade bei Konflikten, in denen wichtige Staaten wie Rußland direkt involviert sind (wie in Tschetschenien) oder spezifische Eigeninteressen verfolgen (wie in Tadschikistan), bereits *a priori* stark begrenzt.

Lit.: *Fastenrath, U.* (Hrsg.) 1992 ff.: KSZE. Dokumente der Konferenz über Sicherheit und Zusammenarbeit in Europa, Neuwied (Loseblattsammlung 1973 ff.). *Institut für Friedensforschung und Sicherheitspolitik an der Universität Hamburg* (Hrsg.) 1995 ff.: OSZE-Jahrbuch, Baden-Baden (jährlich). *Lutz, D. S./Tudyka, K. P.* (Hrsg.) 2000: Perspektiven und Defizite der OSZE, Baden-Baden. *Organization for Security and Co-operation in Europe* (Hrsg.) 2000: OSCE Handbook (regelmäßig aktualisierte Version im Internet unter http://www.osce.org). *Schlotter, P.* 1997: Die KSZE im Ost-West-Konflikt, Ffm./NY. *Tudyka, K. P.* ²2000: Das OSZE-Handbuch, Opl.

Florian Grotz

Parlamentarismus

I. Parlamentarismus (P.) bezeichnet eine der Grundformen repräsentativer Demokratie, die sich durch die Zuordnung der Institutionen Parlament, Regierung und Staatsoberhaupt (Monarch oder Präsident) unterscheiden. Im P. ist es das Parlament, das – heute in allgemeinen → Wahlen gewählt – die → Regierung bestellt, kontrolliert und die → Gesetzgebung ausübt.

Dieses engere Verständnis von P. setzt über die bloße Existenz eines Parlaments auch seine gestaltende Kompetenz voraus. Auch in nicht parlamentarisierten Monarchien oder in → Autoritären Regimen kann es

Parlamente im weiteren Sinne geben. Spielen solche Volksvertretungen aber politisch keine zentrale Rolle, kann höchstens von einem „autoritären" oder gar „totalitären" P. gesprochen werden. Das enge Verständnis von P. grenzt sich auch gegenüber dem → Präsidentialismus ab. Es ist identisch mit dem des parlamentarischen (Regierungs-)Systems, in welchem die Regierung aus dem Parlament hervorgeht, in ihrer Amtsführung und der Amtsdauer vom Vertrauen des Parlaments bzw. einer Parlamentsmehrheit abhängig ist und dergestalt die klassische → Gewaltenteilung, nicht aber – wie *Montesquieu* unterstellte – die → Freiheit aufgehoben ist. Die weit überwiegende Zahl der westl. → Industriegesellschaften wird parlamentarisch regiert. Die USA (präsidentiell), Frankreich (semipräsidentiell), die Schweiz (kollegial) sind die vielzitierten Ausnahmen. In den Entwicklungsländern halten sich freilich P. und Präsidentialismus die Waage. In den Demokratien des ehemaligen brit. Kolonialreiches überwiegen parlamentarische Systeme, in Lateinamerika dominieren Präsidialsysteme. In den postkommunistischen Staaten Mittel- und Osteuropas haben sich teilweise parlamentarische, teilweise semipräsidentielle Regime gebildet.

II. Die historische Herausbildung des P. wird in besonderem Maße von Sprüngen, Widersprüchen und ungewollten Folgen polit. Entscheidungen gekennzeichnet. Sie erfolgte in manchen Ländern Schritt für Schritt seit Mitte des 19. Jh. bis zum Ende des I. Weltkrieges, so in GB, in den „weißen" überseeischen *Commonwealth*-Staaten oder in Skandinavien und den Niederlanden; in anderen abrupt nach revolutionären Erhebungen oder Regimewechseln, besonders in Frankreich (1793, 1830, 1848, 1875) oder in D (1848, 1918, 1945), in Spanien und Portugal in den 1970er Jahren und jüngst in den osteurop. Staaten. Die Parlamentarisierungen des 19. und beginnenden 20. Jh. haben gemeinsame Ursprünge in der sozialen und ökonom. → Emanzipation des Bürgertums, die zur polit. Emanzipation von feudalen und spätabsolutistischen Zwängen drängte.

1. In England wird die Zeit von der Glorreichen Revolution (1688) bis zur bürgerlichen Wahlreform von 1832 als die goldene Zeit des britischen P. gefeiert. Mitnichten kann für diese Zeit aber von einer Vorherrschaft des Parlaments gesprochen werden. Erst zu Beginn des 19. Jh. löste sich das Kabinett mehr und mehr vom unmittelbaren Einfluß des Königs und wurde abhängig vom Vertrauen des Unterhauses. Noch weniger kann nach der Wahlreform von 1832 bereits von einer demokratisch gewählten Volksvertretung die Rede sein. Aber unter diesen Bedingungen gelang die Parlamentarisierung des Regierungssystems. „Das Unterhaus war kein Abbild des Volkes als Summe aller Schichten, sondern Repräsentant der bestimmenden gesellschaftlichen Kräfte. Das war die soziologische Voraussetzung für die parlamentarische Souveränität, der gegenüber die Regierung lediglich als erstes Komitee des Hauses erschien" (*Kluxen* 1967: 114 f.). In GB erfolgte die Demokratisierung des → Wahlrechts zeitlich lange nach der Parlamentarisierung der Verantwortlichkeit der Regierung, die sich schließlich bis zum heutigen Tage mit dem *prime ministerial government* wieder zu einem guten Teil von der Prädominanz des Parlaments emanzipieren konnte.

2. Frankreich verkörpert in mancher Hinsicht den idealtypischen Gegenpol zur brit. Entwicklung. Zum einen verlief der Prozeß sprunghaft, zum anderen ging die Demokratisierung des Wahlrechts der Parlamentarisierung voraus. Schon die revolutionäre Konventsverfassung von 1793 sollte eine Versammlungsregierung konstituieren, statt sich auf Gesetzgebung, Regierungskontrolle und Budgetrecht zu beschränken, wie die klassische Gewaltenteilungslehre von *Montesquieu,* die sich am (mißverstandenen) brit. Vorbild orientierte, vorsah. 1830, 1848 und schließlich mit der Verfassung der III. Republik von 1875 mußte das Bürgertum immer wieder neu die Rechte des Parlaments erkämpfen.

3. Der politische P. des 19. Jh. fußte überall in Europa auf den wirtschaftl. und polit. Interessen des Bürgertums. Liberaler P. war deshalb ohne weiteres mit strikten Wahlrechtsbeschränkungen auf die besitzenden Klassen vereinbar, gemäß der Umkehrung der klassischen Formel zur Durchsetzung des P. – *„no taxation without representation"* – in das Prinzip *„no representation without taxation"*. Die Herausforderung durch die unterprivilegierten Klassen der Arbeiter oder auch der Dienstboten und natürlich der Frauen wurde ganz unterschiedlich beantwortet. Taktischen Wahlrechtserweiterungen der bürgerlichen → Parteien zur schrittweisen Integration der Arbeiterschaft, wie in England, standen harte Repressionsmaßnahmen (Sozialistengesetze) mit sozialpolit. Abfederung unter *Bismarck* in Deutschland gegenüber. Obwohl die europ. → Arbeiterbewegung im bürgerlichen P. einen Hauptfeind identifizierte, wurde die Demokratisierung des Wahlrechts schließlich zu einem Instrument der polit. Integration weiter Teile der sozialistischen Massenparteien. Diese Entwicklung führte in der Arbeiterbewegung zu einer Abspaltung eines radikalen, kommunistischen Flügels, der an der prinzipiellen Ablehnung einer parlamentarisch errungenen Herrschaft festhielt. Erst in den letzten Jahrzehnten ist dieser Gegensatz zunächst in westeurop. → Kommunistischen Parteien abgeschwächt und aufgehoben worden. Seit Ende der 1980er Jahre sind die mittel- und osteurop. Staaten dieser Entwicklung gefolgt.

III. Zur Abgrenzung des parlamentarischen von anderen Regierungssystemen, die ebenfalls eine Volksvertretung, d. h. ein Parlament im weitesten Sinne des Wortes, kennen, können folgende institutionelle und polit. Merkmale gelten (vgl. *von Beyme* 1999: 42 ff.):

Institutionelle Kriterien: (1) Enge Verbindung zwischen Legislative und Exekutive als Kompatibilität von Abgeordnetenparlament und Ministerposten. (2) Premierminister und Minister stammen i. d. R. aus dem Parlament. (3) Die Regierung hat die Pflicht zu demissionieren, wenn die Parlamentsmehrheit ihr das Vertrauen entzieht. (4) Das Parlament hat das Recht, die Regierung durch Interpellation zu kontrollieren. (5) Nicht immer hat das Parlament auch das Recht, die Regierung durch eine förmliche Vertrauensabstimmung zu investieren. (6) Auch das Recht der Regierung, das Staatsoberhaupt um eine Parlamenstauflösung zu bitten, ist ein umstrittenes Wesensmerkmal parlamentarischer Regierung.

Sozialkulturelle Kriterien: (7) Die Existenz organisierter Parteien als Klammer zwischen Parlament und Regierung. (8) Ein hoher Grad von Homogenität und solidarischem Verhalten im Kabinett. (9) Die herausgehobene Stellung des Premierministers, der die „Richtlinien der Politik" formuliert. (10) Die Existenz einer loyalen Opposition. (11) Die Existenz einer dem P. günstigen → Politischen Kultur.

IV. Die Unterschiede zwischen den parlamentarischen Demokratien der Bundesrepublik oder Großbritanniens, Kanadas oder Österreichs, Schwedens oder Italiens bleiben beträchtlich. Die polit. Kultur dieser Länder, der durch historische → Politische Sozialisation gewonnene Arbeitsstil der Institutionen und die demokratischen Überzeugungen und Haltungen in der Bevölkerung sind für die polit. Wirklichkeit prägender als einzelne institutionelle Kriterien.

1. Neben der eigentlichen verfassungsrechtl. Ausgestaltung des parlamentarischen Prozesses bestimmen weitere institutionelle Merkmale die jeweilige Stellung und Bedeutung der Volksvertretung. Zweikammersysteme, in denen ein ernanntes Oberhaus, wie noch immer in GB, neben das demokratisch gewählte Parlament tritt, haben als Relikt des Ständestaates bisweilen überlebt. Versuche, neben der politisch-egalitären Repräsentation im Parlament mit allgemeinem Wahlrecht mittels funktionaler Repräsentation aus Berufs- und Interessengruppen einen Senat, wie früher in Bayern, zu etablieren, haben mehr symbolische Funktion und

scheitern ebenso wie Versuche, Wirtschafts- und Sozialräte neben dem Parlament einzurichten, oft schon am kaum lösbaren Dilemma, über einen „gerechten" Schlüssel die Interessen der Gesellschaft abzubilden. Die zweite Kammer bleibt deshalb heute meistens in föderalen Systemen den regionalen Vertretungen vorbehalten, häufig mit minderen Rechten ausgestattet (→ Föderalismus). Deshalb ist der Bundesrat des Grundgesetzes, weil er nicht durch Volkswahl eingesetzt, sondern nur durch Beauftragte der Landesregierungen besetzt und mit minderen Rechten als der Bundestag ausgestattet ist, nicht als eine echte zweite Kammer anzusehen.

2. Erst recht prägt die innere Ausstattung des parlamentarischen Verhandlungsprozesses den polit. Stil eines Systems. Das wichtigste Element der internen Parlamentsstruktur ist die Geschäftsordnung. Sie regelt entscheidende Details der Rolle des einzelnen Abgeordneten, die Organisation der Ausschüsse und die Rolle der Fraktionen. Die Geschäftsordnung bietet oft für den Charakter der parlamentarischen Arbeit mehr Aufschluß als die Verfassung selbst. Die Machtverteilung zwischen Plenum, Ausschuß und Fraktion kann sehr unterschiedlich gewichtet sein. Das brit. Unterhaus stellt die Plenumsdebatte in den Vordergrund, den Schlagabtausch der kompetitiven Konstellation von Regierung und Opposition, von den Fraktionsgeschäftsführern, den *whips*, recht streng moderiert. Jede Vorlage wird hier von *ad-hoc*-Ausschüssen behandelt, die lediglich nach den Anfangsbuchstaben des Alphabets benannt sind. Erst in jüngerer Zeit gibt es einige ständige Ausschüsse. Diese polit. Arbeitsteilung ist als „Redeparlament" apostrophiert worden, dem als Idealtypus das „Arbeitsparlament" mit hochspezialisiertem Ausschußsystem und voll ausgebautem wissenschaftl. Hilfsapparat als Gegengewicht zur → Bürokratie der Exekutive gegenübersteht – Beispiel US-amerikanischer Kongreß. Der dt. Bundestag nimmt zwischen diesen Extremen eine Mittelstellung ein.

V. Die bundesrepublikanische Variante des P. ist durch teilweise kurzsichtige Verarbeitung des Scheiterns der Weimarer Republik geprägt.

Die Mitglieder des Parlamentarischen Rates waren davon überzeugt, daß die Machtergreifung durch den → Nationalsozialismus wesentlich durch Mängel der Weimarer Reichsverfassung – Notverordnungsrecht, Präsidentenvorrechte bei Regierungsbildung und Parlamentsauflösung, Parteienzersplitterung durch Verhältniswahl, Volksentscheid – mitverursacht worden sei. In großen Teilen wurde deshalb das Grundgesetz als eine Gegenverfassung zu Weimar konstruiert: Schwächung der Stellung des Bundespräsidenten; Stärkung des Kanzlers durch Richtlinienkompetenz und konstruktives Mißtrauensvotum, das die Abwahl des Kanzlers nur bei gleichzeitiger Neuwahl eines Nachfolgers erlaubt; Stärkung der Verbindlichkeit der → Grundrechte; Garantie eines unveränderlichen Kernbestandes der Verfassung (→ Verfassungsgerichtsbarkeit), der von keiner Mehrheit suspendiert werden kann; positive Würdigung der Rolle der Parteien bei der polit. Willensbildung; Schwächung aller plebiszitären Möglichkeiten auf Bundesebene zugunsten der repräsentativen Elemente. Der Parlamentarische Rat hat die institutionellen Schwächen der Weimarer Republik allerdings bei weitem gegenüber den ökonom. Kräften und der obrigkeitsstaatlich geprägten polit. Kultur überbewertet.

Eine neue institutionalistische Überinterpretation geschah in den ersten Jahrzehnten der BRD, als aufgrund des autoritären Regierungsstils *Adenauers* gemeint wurde, daß es sich beim bundesrepublikanischen parlamentarischen System um ein „demo-autoritäres" System handele und man sich Stabilität um den Preis polit. Stagnation ohne die Möglichkeit des Alternierens in der Regierungsausübung eingehandelt habe. Seit ab 1966 vier unterschiedliche Machtkonstellationen – 1966 Große Koalition CDU/CSU-SPD, 1969 Sozialliberale Koalition SPD-FDP, 1982 Konservativ-liberale Koalition CDU/CSU-FDP und 1998 Rot-Grün aus SPD und Grünen – den „CDU-Staat" der 1950er Jahre abgelöst haben, seit Studentenbewegung, → Bürgerinitiativen, → Soziale Bewegungen und neue Parlamentsparteien wie die Grünen (→ Grüne Parteien) und die PDS für einigen polit. Wandel gesorgt haben, hat sich gezeigt, daß auch das parlamentarische System des Grundgesetzes dem polit. Wechsel offensteht und über einige Anpassungsfähigkeit verfügt. Trotz der vielfachen institutionellen Veränderungen des Grundgesetzes seit 1949 – Wehrverfassung, Notstandsgesetzgebung, Kompetenzerweiterung des Bundes in Finanzplanung, Bildungsplanung usw. –, die durchweg den Zentralismus stärkten und die Bürgerrechte begrenzten, geriet der Kernbestand eines im internat. Vergleich akzeptablen und recht flexiblen demokratisch verfaßten polit. Systems nicht in Gefahr. Sogar der epochale Einschnitt der → Deutschen Einheit 1990 brachte keine grundlegende Revision des parlamentarischen Systems. Obwohl in der Öffentlichkeit kurzfristig eine alternative neue Verfassung diskutiert wurde, blieb die Verfassungskommission sogar hinter Reformvorschlägen einer Enquête-Kommission aus den 1970er Jahren zurück.

Dieses Urteil über die Stabilität des dt. Parlamentarismus soll nicht zur Selbstzufriedenheit aufrufen, sondern eher institutionellen Optimismus in der progressiven und in der konservativen Variante relativieren. Die radikale Kritik am P. als bürgerlicher Klassenherrschaft wird heute wohl nur noch vom radikalen Flügel der PDS vertreten. Bei rechtsextremen Gruppierungen existiert ein diffuser Systemprotest. Im übrigen trifft aber eine breite Politikverdrossenheit in der Bevölkerung nicht nur die Parteien (→ Parteienverdrossenheit), sondern auch die Parlamente. Die Herausforderungen an das parlamentarische System verlangen nach mehr Transparenz des parlamentarischen Prozesses, Ergänzungen des P. durch Formen direkter Demokratie und Volksentscheide sowie auch eine klarere parlamentarische Verantwortlichkeit der Politik auf europ. Ebene. Der frühere vermeintliche Gegensatz zwischen repräsentativer und plebiszitärer Demokratie scheint aufgehoben. Volksentscheide können erstarrte Formen parlamentarischer Demokratie durchaus auflockern. Parlamentsreform ist eine Daueraufgabe (vgl. *Marschall* 1999).

VI. Die insgesamt erfolgreichen Demokratiegründungen in Europa auf der Grundlage parlamentarischer Systeme haben im Systemvergleich von P. und Präsidentialismus zu der Politikempfehlung geführt, auch in traditionell präsidial regierten Ländern wie in Lateinamerika zwecks Konsolidierung der Demokratie die Verfassung im Sinne parlamentarischer Systeme zu reformieren (*Linz/Valenzuela* 1994). Dabei ist es erneut zu Überbewertungen der Institutionen entsprechend dem älteren institutionellen Ansatz gekommen (*Nohlen/Fernández* 1998). Eher freilich als Lateinamerika, wo in Brasilien die Hoffnungen auf einen Übergang vom Präsidentialismus zum P. im Referendum vom April 1993 zunächst enttäuscht wurden, ist Mittel- und Osteuropa ein neues Experimentierfeld des P. geworden.

→ Konkordanzdemokratie, → Konkurrenzdemokratie, → Korporatismus

Lit.: *Alemann, U. v.* 1973: Parteiensysteme im Parlamentarismus, Düss. *Bellers, J./Westphalen, R. v. Graf* (Hrsg.) 1993: Parlamentslehre, Mchn./Wien. *Beyme, K. v.* 1999: Die parlamentarische Demokratie, Opl./Wsb. *Enquête-Kommission Verfassungsreform des Deutschen Bundestages* 1976, Bonn. *Hofmann, W./Riescher, G.* 1999: Einführung in die Parlamentarismustheorie, Darmst. *Ismayr, W.* 1999: Der Deutsche Bundestag, Opl. *Kluxen, K.* (Hrsg.) 1967: Parlamentarismus, Köln. *Liebert, U./Cotta, M.* (Hrsg.) 1990: Parliament and Democratic Consolidation in Southern Europe, L./NY. *Linz, J. J./Valenzuela, A.* (Hrsg.) 1994: The Failure of Presidential Democracy, Baltimore/L. *Loewenberg, G.* 1969: Parlamentarismus im politischen System der Bundesrepublik Deutschland, Tüb. *Marschall, S.* 1999: Parlamentsreform, Opl. *Nohlen, D./Fernández, M.* (Hrsg.) 1998: El presidencialismo renovado, Caracas. *Schindler, P.* 1999: Datenhandbuch zur Geschichte des Deutschen Bundestages 1949 bis 1999, Bonn. *Schneider, H. P./Zeh, W.*

(Hrsg.) 1989: Parlamentsrecht und Parlamentspraxis in der Bundesrepublik Deutschland, Bln./NY. *Schütt-Wetschky, E.* 1994: Grundtypen parlamentarischer Demokratie, Freib./Mchn. *Steffani, W./Thaysen, U.* (Hrsg.) 1995: Demokratie in Europa: Zur Rolle der Parlamente, Opl.

Ulrich von Alemann

Partei

Partei (P.; von lat. *pars* = Teil, Abteilung) meint im allgemeinsten Begriffsverständnis eine Gruppe gleichgesinnter Bürger, die sich die Durchsetzung gemeinsamer polit. Vorstellungen zum Ziel gesetzt haben.

1. Diese Minimaldefinition beruht auf zwei eng miteinander verknüpften Prämissen: Sie unterstellt als Voraussetzung für die Formierung und Existenz von P., daß in einer (gruppenmäßig) differenzierten Gesellschaft Interessenverhältnisse vorhanden sind, und sieht die P. definiert durch die Dialektik von Teil und Ganzem. P. repräsentieren Teilinteressen und streben doch nach Totalität, indem sie ihr Partikularinteresse als allgemeines durchzusetzen versuchen. P. sind einerseits umso schlagkräftiger, je homogener sie sind und je authentischer sie ihr Partikularinteresse vertreten können; zur Verwirklichung ihrer Ziele bedürfen sie andererseits einer möglichst breiten Unterstützung (in Wettbewerbsdemokratien der parlamentarischen Mehrheit), was zu Kompromissen und zur Verwässerung ihrer Ziele zwingt sowie geringere Kohäsion und verminderte Schlagkraft zur Folge hat. Diese gleich dreifache Dialektik zwischen Teil und Ganzem, Besonderem und Allgemeinem, binnenstruktureller Kohäsion und außengerichteter Koalitionsfähigkeit ist es, die das Spezifikum politischer P. in den jeweiligen gesellschaftsgeschichtlichen Kontexten ausmacht. P. sind also Ausdruck von Interessenskonflikten, die sie artikulieren und politisch organisieren, die sie gleichzeitig aber auch „aufzuheben" trachten.

Während im → Marxismus sich die Interessenverhältnisse immer als Klassenverhältnisse darstellen und P. dementsprechend definiert wird als „polit. Organisation, in der sich Gruppen von Menschen zusammenschließen, um die Interessen einer Klasse oder Klassenfraktion polit.-ideologisch zum Ausdruck zu bringen und durch den Kampf um die Teilnahme an der Staatsmacht gegenüber anderen Klassen und Klassenfraktionen in der Gesellschaft durchzusetzen" (*Klaus/Buhr* 1975: 911), bilden im liberalen Gesellschaftsverständnis neben dem Klassengegensatz von Kapital und Arbeit weitere Interessenkonflikte die Grundlage der Parteiformierung: nat./territoriale, kulturelle (sprachlich, konfessionell), ethnische/rassische, polit. *cleavages* (→ Konfliktlinien). P. können vornehmlich *ein* Konfliktinteresse repräsentieren, aber auch verschiedene Konflikte innerparteilich zu akkommodieren versuchen.

2. Zur Erklärung der Entstehung von modernen P. kann man mit *K. von Beyme* (1984: 26 ff.) drei Ansätze unterscheiden: institutionelle Theorien, historische Krisensituationstheorien und Theorien der Modernisierung/des sozialen Wandels. Allen drei ist gemeinsam, daß sie die Genese der P. interessen- und konfliktdefiniert interpretieren, ihre Entstehung (sieht man von wenigen konservativen P. ab) aus abweichendem Verhalten und → Opposition gegenüber dem jeweiligen institutionellen, (national-)staatl., verfassungspolit. und/oder sozialen *Status quo* erklären und mit Forderungen nach qualitativer Reform bzw. revolutionärer Veränderung in Verbindung bringen, u. a. mit Forderungen nach Parlamentarisierung und → Demokratisierung der polit. Institutionen, nach territorialer Neuordnung, nach Umverteilung, sozialer Teilhabe etc.

S. M. Lipset/S. Rokkan (1967) haben für die Geschichte der westeurop. P. vier *cleavages* hervorgehoben; im Prozeß der „nat. Revolution" den Konflikt zwischen (1) dominanter *versus* unterworfener Kultur (ethnische, sprachliche Konflikte) und (2) Staat *versus* Kirche; im Prozeß der „industriellen Revolution" den Konflikt zwischen (3) Agrarinteressen *versus* Industrieinteressen und (4) Kapital *versus* Arbeit. Unter Hinzufügung des Ökologie-Konfliktes hat *K. von Beyme* (1984: 36 ff.) hieraus das folgende Schema der Ausdifferenzierung europ. P. abgeleitet:

(1) Liberalismus gegen das alte Regime; (2) Konservative; (3) Arbeiterparteien gegen das bürgerliche System; (4) Agrarparteien gegen das industrielle System; (5) regionale P. gegen das zentralistische System; (6) christliche P. gegen das laizistische System; (7) kommunistische P. gegen den Sozialdemokratismus; (8) faschistische P. gegen demokratische Systeme; (9) Protestparteien gegen das bürokratisch-wohlfahrtsstaatl. System; (10) ökolog. Bewegung gegen die Wachstumsgesellschaft.

3. P. unterscheiden sich von anderen Formen der Interessenorganisation. Geht es den → Interessengruppen vornehmlich um die Artikulation der Interessen ihrer Mitglieder, so nehmen die P. neben dieser Funktion zugleich und im Unterschied zu allen anderen intermediären Gruppen (u. a. auch den → Bürgerinitiativen) auch die Funktion der Interessenaggregation/Interessenintegration wahr. P. sind also (maßgeblich) direkt oder indirekt (als Regierung bzw. Opposition) an den autoritativen Allokations-Entscheidungen des → Politischen Systems beteiligt bzw. streben eine solche Beteiligung mindestens an.

Max Weber hat dies klassisch wie folgt formuliert: „Parteien sollen heißen auf (formal) freier Werbung beruhende Vergesellschaftungen mit dem Zweck, ihren Leitern innerhalb eines Verbandes Macht und ihren aktiven Teilnehmern dadurch (ideelle oder materielle) Chancen (der Durchsetzung von sachlichen Zielen oder der Erlangung von persönlichen Vorteilen oder beides) zuzuwenden (...). Parteien sind begrifflich nur innerhalb eines Verbandes möglich, dessen Leitung sie beeinflussen oder erobern wollen (...). (Sie) können alle Mittel zur Erlangung der Macht anwenden. Da wo die Leitung durch (formal) freie Wahl besetzt wird (...), sind sie primär Organisationen für die Werbung von Wahlstimmen" (*Weber* 1976: 167).

Im Gefolge von *Max Weber,* auf dessen Definition die meisten Autoren (häufig mehr im- als explizit) rekurrieren, ist in Definitionen, die politisch systemneutral angelegt sind, der Herrschafts-, Regierungs- und Machtaspekt herausgestrichen worden. Mit Blick auf den Parteienpluralismus im liberalen Verfassungsstaat sind vor allem der Wettbewerbs- und Werbungsaspekt und die Kandidatur bei Wahlen als Kernbestandteile des Parteienbegriffs betont und P. insbes. vor dem Hintergrund US-amerikan. Parteiengeschichte stets und zuallererst als Wähler- und Regierungsparteien begriffen worden. *L. Epstein* (1967:9) definierte als P.: „*Any group however loosely organized, seeking to elect governmental officeholders under a given label*". Für *R. Rose* (1976: 2 f.) ist eine politische P. „*an organization concerned with the expression of popular preferences and contesting control of the chief policy making offices of government*". Auch das Parteiengesetz der Bundesrepublik sieht die P. durch das Element der Kandidatur bei (Parlaments-)Wahlen von Interessengruppen und außerparlamentarischen → Sozialen Bewegungen abgegrenzt, durch die Merkmale dauerhafter Organisation und übergreifender Programmatik von Wählervereinigungen und Bürgerinitiativen unterschieden. Zudem ist der Begriff auf den repräsentativ-demokratischen Charakter des Bonner Grundgesetzes zugeschnitten. Nach 2 des Parteiengesetzes sind P. „Vereinigungen von Bürgern, die dauernd oder für längere Zeit für den Bereich des Bundes oder eines Landes auf die polit. Willensbildung Einfluß nehmen und an der Vertretung des Volkes im Dt. Bundestag oder einem Landtag mitwirken wollen, wenn sie nach dem Gesamtbild der tatsächlichen Verhältnisse, insbes. nach Umfang und Festigkeit ihrer Organisation, nach der Zahl ihrer Mitglieder und nach ihrem Hervortreten in der Öffentlichkeit eine ausreichende Gewähr für die Ernsthaftigkeit dieser Zielsetzung bieten".

4. Analog zum Parteibegriff sind auch die Funktionen der P. bestimmt durch das Spannungsverhältnis von Teil und Ganzem, Besonderem und Allgemeinem (vgl. die Funktionskataloge u. a. bei *Wiesendahl* 1980: 184 ff.; *von Beyme* 1984: 25): So haben die P. einerseits ihre Spezialinteressen im Auge zu behalten, andererseits für die Interessenintegration zu sorgen. Auf der Mitglieder- und Wählerebene muß es ihnen sowohl um Interessenrepräsentation als auch um Stimmen- (wie Mitglieder-)maximierung gehen.

Auf der Programmebene wird einerseits die gesellschaftsverändernde Programminnovation gefordert, andererseits unterliegen die P. je nach Gesellschaftsstruktur und polit. System bestimmten systematischen Handlungsimperativen, wobei von ihnen systemfunktionale Problemlösungen verlangt werden.

Analog verhält es sich bei weiteren Funktionen: Einerseits zielen die P. darauf, Anhänger wie Wähler für die eigene Programmatik zu mobilisieren. Andererseits sind sie wichtige Sozialisationsagenten, bestimmen sie polit. Einstellungen und Verhaltensmuster mit, integrieren sie Mitglieder und Bürger in das bestehende polit. System. Die P. bilden sodann die Rekrutierungsbasis für das polit. Personal: ihnen fällt dabei v. a. die Regierungs- und Oppositionsbildungsfunktion zu. Zu ihren Aufgaben gehört es aber auch, ihre Führer und Mitglieder zu alimentieren und für individuelle Gratifikationen zu sorgen. Polit. P. handeln damit stets im Spannungsfeld folgender Funktionsgegensätze: (1) Interessenartikulation *versus* Interessenaggregation bzw. –integration; (2) Interessenrepräsentation *versus* Stimmenmaximierung; (3) Programmformulierung und –realisierung *versus* systemfunktionale Problemlösung; (4) Mobilisierung *versus* Sozialisation; (5) Realisierung von Eigen- und Gefolgschaftsinteressen *versus* Rekrutierung des polit. Personals.

Die Konflikte, die hieraus notwendig resultieren, sind nicht einseitig aufhebbar. Wird dies versucht, sind schwerwiegende Funktionsstörungen und Legitimationsprobleme im Parteien- und polit. System die Folge, wie die spätestens seit Ende der 1970er Jahre in den industriellen Demokratien, insbes. auch in der BRD beobachtbaren Tendenzen wachsender Integrationsprobleme, steigender Parteien- und → Politikverdrossenheit belegen. Sie können darauf zurückgeführt werden, daß die Wähler- und → Volksparteien (a) Mobilisierung und Interessenrepräsentation zugunsten der Stimmenmaximierung vernachlässigten, (b) Programmformulierung und –realisierung durchweg den Versuch systemfunktionaler Problemlösung unterordneten, (c) in Anbetracht reduzierter Steuerungs- und Problemlösungskapazität materielle Politiken zusehends durch Symbolik ersetzten und schließlich (d) ihre Elitenpositionen im polit.-administrativen System vielfach und allzu schamlos zur Befriedigung ihrer Eigen- und Gefolgschaftsinteressen, zu Patronage und Vorteilsnahme mißbrauchten (→ Parteitypen). Kumulieren sich derartige, aus einseitiger Funktionserfüllung resultierenden Handlungsdefizite, geraten über kurz oder lang Parteien und Parteiensystem in existenzielle Gefahr, das polit. System in Legitimationsprobleme.

Lit.: *Alemann, U. v.* 1995. Parteien, Rbk. *Beyme, K. v.* ²1984: Parteien in den westlichen Demokratien, Mchn. *Beyme, K. v.* 1995: Die politische Klasse im Parteienstaat, Ffm. *Epstein, L. D.* ²1980: Political Parties in Western Democracies, L. (zuerst 1967). *Janda, K.* 1980: Political Parties. A Cross-National Survey, NY u. a. *Klaus, G./Buhr, M.* (Hrsg.) ¹¹1975: Philosophisches Wörterbuch, 2 Bde., Bln. (West), Lizenzausgabe (zuerst Lpz. 1964). *Lipset, S. M./Rokkan, S.* 1967: Party Systems and Voter Alignments, NY. *Lösche, P.* 1993: Kleine Geschichte der deutschen Parteien, Stg. u. a. *Mintzel, A.* 1984: Die Volkspartei, Opl. *Mintzel, A./Oberreuter, H.* (Hrsg.) ²1992: Parteien in der Bundesrepublik Deutschland, Bonn. *Niedermayer, O./Stöss, R.* (Hrsg.) 1993: Stand und Perspektiven der Parteienforschung in Deutschland, Opl. *Rose, R.* 1976: The Problem of Party Government, Harmondsworth, Middlesex (zuerst 1974). *Walter, F.* 1998: Die Bonner Parteien auf dem Weg in die Berliner Republik. Hamb. *Weber, M.* 1976: Wirtschaft und Gesellschaft, Tüb. *Wiesendahl, E.* 1980: Parteien und Demokratie, Opl. *Wiesendahl, E.* 1998: Parteien in Perspektive. Theoretische Ansichten der Organisationswirklichkeit politischer Parteien, Opl.

Rainer-Olaf Schultze

Parteienfinanzierung

I. Der Begriff Parteienfinanzierung (P.) umfaßt alle Einnahmen der → Parteien a) von privater Seite (Beiträge, Spenden, einschließlich Sammlungen und unentgeltlicher oder verbilligter Bereitstellung von Sachmitteln und Dienstleistungen), b) aus wirtschaftl. Betätigung (Unternehmungen, Vermietungen, Zinserträge u. ä.) und c) aus öffentl. Haushalten.

Die staatl. Förderung kann: a) indirekt (als steuerliche Anreize und Angebot an die Bürger) oder direkt (an die Parteien, ihre Untergliederungen oder Nebenorganisationen) erfolgen; b) an Zwecke (wie polit. Bildung, Presseförderung oder Wahlkampfausgaben) gebunden sein oder pauschal gegeben werden; c) in Finanzzuweisungen oder in Serviceleistungen (wie unentgeltliche Bereitstellung von Stellschildern, Versammlungsräumen oder Sendezeiten in Rundfunk und Fernsehen, Erlaß bestimmter Telefonkosten oder verbilligter Versand von Wahlpropaganda) bestehen; d) relativ offen (wie im Fall der dt. „Parteistiftungen") oder verdeckt erfolgen (etwa als systematische Überbezahlung von Abgeordneten und Fraktionen zugunsten von Parteikassen).
Für die empirische Erfassung der P. spielt ferner keine Rolle, ob die Parteien öffentl. Subventionen oder private Zuwendungen legal oder illegal erwerben. Mit den Einnahmen bestreiten die Parteien Ausgaben für Personal, Organisation, Öffentlichkeitsarbeit und Wahlkampagnen u. a. m. Bei den europ. „Apparatparteien" sind die Kosten für den laufenden Betrieb meist höher als die für Wahlkämpfe; in den USA hat die Präsenz in den Medien zu einer Explosion der Wahlkampfkosten geführt.

II. In allen westl. Demokratien ruht die P. heute, wenn auch in sehr unterschiedlicher Gewichtung, auf drei Säulen: Mitgliedsbeiträgen, privaten Spenden und öffentl. → Subventionen. Die idealtypische Gegenüberstellung von Beitragsparteien und Spendenparteien ist damit weitgehend überholt. Jedoch verlangen „linke" Parteien in der Regel höhere Beiträge und können „rechte" Parteien deutlich mehr Spenden mobilisieren. Während Beiträge und Kleinspenden als unproblematische Einnahmequelle gelten, stehen Großspender und Sammelvereine (wie etwa die „PACs" in den USA) unter dem Verdacht unzulässiger Einflußnahme.

1. Das polit. Ideal der reinen Beitragspartei ist hoffnungslos antiquiert, und auch die Versuche primär linker Parteien, eine ökonom.-publizistische Gegenmacht aufzubauen, sind sämtlich gescheitert. Zwar haben es insbes. auch konservative bzw. christlich-demokratische Parteien (→ Bürgerliche Parteien) in den vergangenen Jahrzehnten vermocht, ihre Mitgliederzahlen und Beitragseinnahmen teilweise beträchtlich zu steigern, aber diese Mittel reichen nirgendwo aus, die Wahlkampagnen und einen modernen Dienstleistungsapparat zu finanzieren. Eine weitere Steigerung stößt zudem an materielle und psychologische Zumutbarkeitsgrenzen.
2. Die kurzfristige Mobilisierung von Spenden Dritter stellt für die Praktiker das einzig flexible Instrument bei Anbohrung der drei Hauptquellen dar. Daraus, und weniger aus ihrem absoluten und relativen Volumen, ergibt sich ihre anhaltende Relevanz für ungedeckte Grenzkosten. Die strategische Bedeutung einiger weniger *fat cats* geht dabei überall zurück, auch wenn das massenhafte Einsammeln von Kleinspenden über *direct mail* bisher nur in den USA gelang.
Der → Staat kann hier durch hohe steuerliche Abzugsfähigkeit besondere Anreize für vermögende Interessenten schaffen oder aber ein vielfältiges Einwerben von kleineren Zuwendungen durch Kandidaten oder Parteien mit eigenen Zuschlägen belohnen *(matching grants)*. Für alle Versuche, den Spendenfluß durch rechtl. Auflagen zu kontrollieren, gilt: Je enger die Grenzen für steuerliche Abzugsfähigkeit und je rigider die Vorschriften für Rechenschaft und Offenlegung, desto mehr verlagern sich die Geldströme in andere Kanäle und in Grauzonen zwischen → Legalität und Illegalität.
3. Was die öffentl. Subventionen angeht, so kann man nach wie vor zwischen kandidaten-orientierten Finanzierungssystemen (wie in Japan, Kanada oder den USA) und parteien-orientierten unterscheiden. Den Vorreiter beim säkularen Trend hin zu staatl. Fördermitteln machten gerade nicht die

Länder mit einer ungebrochenen demokratischen Tradition, sondern Staaten wie Costa Rica (1954), Argentinien (1955), Puerto Rico (1957) und die BRD (1959). Die Ehre, historisch als erste eine staatl. P. eingeführt zu haben, dürfte freilich der Sowjetunion gebühren. Diesem Beispiel sind nach dem II. Weltkrieg die kommunistischen Parteien im übrigen real existierenden Sozialismus gefolgt.

Die Akzeptanz der öffentl. Parteienförderung ist in allen Ländern eher begrenzt. Das hindert Parteien nicht unbedingt, die Mittelansätze aufzustocken, verleitet sie aber bisweilen dazu, Umwege zu wählen und Subventionen zu verschleiern – was nach Bekanntwerden wiederum die Aversionen bekräftigt. *H. Kaack* nannte dies einen „Kreislauf der Entfremdung" zwischen Parteien und Bürgern.

Ist man nicht prinzipiell gegen jegliche Unterstützung (zumal der Staat ohnehin niemals völlig neutral ist), dann sind – neben Höhe und Form der indirekten Förderung – in den westl. Demokratien inzwischen die Verteilungsschlüssel für direkte Hilfen das Kernproblem.

III. Eine vergleichende Momentaufnahme zeigt bei den rechtl. Regelungen, dem Volumen der Subventionen und dem Anteil der Staatsmittel an den Gesamteinnahmen der Parteien eine erhebliche Bandbreite.

1. Eine Alimentation der Abgeordneten und Zuschüsse für die Fraktionen sind in gewissem Umfang inzwischen in allen westl. Demokratien üblich. Diese Praxis sollte heute nur dort zur eigentlichen P. gezählt werden, wo sie offen beabsichtigt und zulässig ist oder entgegen einer anderslautenden Zweckbindung heimlich betrieben wird.

2. Beiträge und Spenden sind – legal – noch längst nicht überall von der Steuer abzugsfähig. Wo diese Möglichkeit besteht, gibt es in der Regel als Gegengewicht Höchstgrenzen.

Seit 1994 sind in der BRD (wieder) nur relativ geringe Beträge abzugsfähig (6.000 DM für Ledige, 12.000 DM für Verheiratete). In den Niederlanden können zwar Beiträge von Privatpersonen, die mindestens ein und höchstens zehn Prozent ihres Bruttoeinkommens ausmachen, und von Unternehmen bis zu sechs Prozent des Gesamtgewinns abgesetzt werden, doch gelten Großspenden an Parteien in der dortigen → Politischen Kultur als unanständig. In Belgien dürfen die Parteien selbst keine Spenden annehmen; es können aber Zuwendungen an ihnen nahestehende Stiftungen steuerlich abgesetzt werden. Manche Spenden sind in einigen Ländern generell verboten.

Die Offenlegung von Parteispenden in der BRD ist zwar wieder auf 20.000 DM gesenkt worden, im internat. Vergleich ist diese Publizitätsgrenze aber immer noch relativ großzügig. In anderen Ländern müssen schon wesentlich kleinere Zuwendungen offengelegt werden.

3. Öffentl. Subventionen sind zumeist, aber nicht in jedem Fall an die Bedingung gebunden, einen bestimmten Stimmenanteil bzw. eine gewisse Anzahl Parlamentsmandate zu erreichen. Die Höhe des Quorums schwankt dabei. Die meisten Länder praktizieren eine proportionale Mittelverteilung, einige arbeiten mit gleichmäßigen Sockelbeträgen.

Pauschale Zuschüsse für laufende Ausgaben erhalten Parteien u. a. in Griechenland, Italien, Portugal und Spanien. Die Zweckbindung für die seit 1984 in Luxemburg gewährten Mittel ist so allgemein, daß man sie ebenfalls dazuzählen kann. Eine ausdrückliche Erstattung von Wahlkampfkosten kennen neben der BRD noch vier weitere Mitgliedsstaaten der → Europäischen Union, u. a. Österreich. Wo detaillierte Verwendungsnachweise nicht verlangt und kontrolliert werden, nähern sich solche Erstattungen pauschalen Subventionen an.

4. Vom relativen Anteil der Subventionen an den Gesamteinnahmen her sind es spanische Parteien, die sich heute am stärksten aus dem Staatshaushalt finanzieren, während sie in der Schweiz – relativ und absolut – am knappsten gehalten werden. Fehlte in Spanien in der *Franco*-Ära die Chance, starke und moderne Organisationen aufzubauen, so zögern die Parteien in der Schweiz wegen des Referendums, sich entschiedener zu subventionieren. Keine unmittelbaren Zuschüsse erhalten allerdings nach wie vor die eng-

lischen Parteien, während man in Frankreich 1988 begonnen hat, die heimliche Mittelnahme in offene Zuwendungen umzuwandeln.
5. Gemessen an der Vielfalt der kumulativen Subventionen und nach den absoluten Summen, die an die Parteien ausgeschüttet werden, liegt die BRD in der westl. Welt mit an der Spitze. Die staatl. Ausstattung der dt. Parteistiftungen ist weltweit einzigartig, und auch die Erstattung der Wahlkosten ist durchaus großzügig. Auch die österreichische P. bewegt sich im internat. Vergleich auf sehr hohem Niveau. Dort machen im übrigen die Zuschüsse auf Länderebene faktisch den größeren Anteil aus, während im „skandinavischen Modell" (Schweden, Norwegen) ganz bewußt eine Stärkung der kommunalen Ebene vorgesehen ist. Die Zentralen bekommen zwar auch Zuwendungen, müssen aber ihre Untergliederungen überzeugen, wenn sie einen weitergehenden internen Finanzausgleich anstreben.

IV. Die öffentl. Förderung sollte die Parteien in die Lage versetzen, ihre Aufgaben auch zwischen den Wahlkämpfen besser wahrnehmen zu können, bestimmte Gruppierungen von Abhängigkeiten befreien und insgesamt mehr Chancengleichheit im polit. Wettbewerb bringen. Als Risiken galten eine Verselbständigung der Führungsspitzen, die nicht mehr in gleicher Weise auf Beiträge und Mitglieder angewiesen wären, nach innen und nach außen eine Absicherung der Arrivierten, also das „staatlich proportionierte Parteienoligopol als Endstufe" (*U. Dübber*).

Empirisch gesichert ist, daß in allen westl. Demokratien – wenig erstaunlich – die größten Parteien in der Regel von den öffentl. Subventionen überproportional profitieren. Das ist eine Frage der Zugangshürden und der Verteilungsschlüssel. Trotzdem sind die „eingefrorenen" → Parteiensysteme vielerorts in Bewegung geraten und zum Teil neue Kräfte in die Parlamente gelangt. Das verweist darauf, daß finanzielle Ressourcen nur ein Erklärungsfaktor für polit. Erfolg sind und ihr Anteil daran zudem unsicher ist. Die Hypothese, mit zunehmenden Staatsmitteln würden sich die Parteispitzen verselbständigen und die Mitgliederzahlen zurückgehen, ließ sich empirisch nicht halten. Auch hier gibt es keine eindeutige Korrelation. Nicht bestätigt hat sich freilich auch die Hoffnung, die Abhängigkeit von Spendengeldern werde abnehmen und die P. vollkommen transparent. Aus der Sicht der Parteien ist die öffentl. Rechenschaftslegung die häßliche Schwester der geliebten Subventionen und wird häufig umgangen. Ähnliches gilt für Versuche, Wahlkampfkosten zu begrenzen.
Einflußtheoretische Erklärungsansätze nach dem Motto: „Wes' Brot ich eß, des' Lied ich sing" haben mit Aufkommen und Ausdehnung der öffentl. Subventionen zugunsten von interaktionistischen bzw. tauschtheoretischen Deutungsmodellen an Zugkraft verloren. Moderne Parteien werden nicht gekauft und von wenigen Finanziers im Hintergrund gesteuert, sondern bekommen mehr Spenden als andere, wenn und weil sie ohnehin bestimmte Interessen vertreten und um diese anderen von der Macht fernzuhalten. Damit werden auch einfache Rückschlüsse von der Art und Weise ihrer Finanzierung auf die von den einzelnen Parteien praktizierte materielle Politik fragwürdig. Diese „klassische" Hypothese kann man geradezu umdrehen: Ein bestimmter Zustand der Parteifinanzen ist danach „eher Indikator polit.-gesellschaftlicher Verhältnisse als deren Ursache" (*U. Schleth*).

Lit.: *Boyken, F.* 1998: Die neue Parteienfinanzierung, Baden-Baden. *Gunlicks, A. B.* (Hrsg.) 1993: Campaign and Party Finance in North America and Western Europe, Boulder. Empfehlungen der vom Bundespräsidenten berufenen *Kommission unabhängiger Sachverständiger zur Finanzierung der Parteien* 1993, Bonn (Ms.). *Landfried, Ch.* 1990: Parteifinanzen und politische Macht, Baden-Baden. *Naßmacher, K.-H.* 1987: Öffentliche Parteifinanzierung in Westeuropa, in: PVS, 28, 101–125. *Naßmacher, K.-H.* 1997: Parteienfinanzierung in Deutschland, in: *Gabriel, O. W./Niedermayer, O.* (Hrsg.):

Parteiendemokratie in Deutschland, Opl., 157–176. *Schleth, U.* 1973: Parteifinanzen, Meisenheim. *Sickinger, H.* 1997: Politikfinanzierung in Österreich ein Handbuch, Thaur u. a. *Tsatsos, A. Th.* (Hrsg.) 1992: Parteienfinanzierung im europäischen Vergleich, Baden-Baden. *Wewer, G.* 1990 (Hrsg.): Parteienfinanzierung und politischer Wettbewerb, Opl.

Göttrik Wewer

Parteienstaat

1. Der Begriff Parteienstaat (P.) war zu Beginn der Weimarer Republik in der polit. Polemik als Schlagwort gegen die Parteiendemokratie von Weimar gerichtet. Der neue P. galt als schlechtes Gegenstück zum überkommenen Ämter- und Beamtenstaat der konstitutionellen Monarchie. In der Staatsrechtslehre der Weimarer Zeit diente der Begriff P. zur Kennzeichnung des allg., jedoch kontrovers bewerteten Prozesses der gegenseitigen Durchdringung von Gesellschaft und Staat durch den Doppelcharakter der politischen → Parteien als gesellschaftlich-partikulare (Interessen-)Organisationen und als polit. Institutionen des parlamentarischen Systems.

Carl Schmitt (1931: 79, 71) zufolge fungierten die polit. Parteien als zum „Parteienstaat gewordene Gesellschaft selbst", und zwar in der Weise, daß sie „sich als solche der staatlichen Willensbildung bemächtigen, ohne aufzuhören, nur soziale (nicht-staatliche) Gebilde zu sein". Aus dualistischer Sicht begriff er den Staat als eine polit. Größe *sui generis,* die im P. einem „zerstörerischen politischen Pluralismus" ausgeliefert war. *G. Leibholz* betonte 1931 hingegen in seiner Auseinandersetzung mit *C. Schmitt, O. Koellreuther* u. a. die unaufhaltsame „Entwicklung zum massendemokratischen Parteienstaat". Die „liberal-repräsentative Demokratie" des 19. Jh. werde unwiderruflich vom massendemokratischen Parteienstaat des 20. Jh. abgelöst. Das Parlament der Massendemokratie sei „zum Zwischenbau von Staat und Gesellschaft geworden" (*Leibholz* [2]1964: 25).

2. Auf die Strukturprobleme der modernen Demokratie nach 1945 bezogen, lauteten die Hauptthesen von *G. Leibholz* ([2]1964:146 ff.): „Der moderne demokratische Parteienstaat ist seinem Wesen wie seiner Form nach nichts anderes wie eine rationalisierte Erscheinungsform der plebiszitären Demokratie im modernen Flächenstaat ... Aus dieser Einsicht ergibt sich, daß der durch die Parteien gebildete Volks- und Gemeinwille in der parteienstaatlichen Demokratie nicht mit Hilfe des Prinzips gebildet wird, das auch in der plebiszitären Demokratie zur *volonté générale* führt. Der Gemeinwille kommt in der parteienstaatlichen Demokratie des 20. Jh. mit Hilfe des Identitätsprinzips ohne Beimischung repräsentativer Strukturelemente zur Geltung."

In seiner Theorie-Konstruktion ging *Leibholz* davon aus, daß die staatl. Willensbildung in Parlament und Regierung heute nur noch auf parteipolit. Grundlage organisierbar sei. Aus dieser Grundthese leitete er das Postulat der innerparteilichen Demokratie ab. Nur sie könne verhindern, „daß die Parteien in der Demokratie zum Selbstzweck und damit zu Fremdkörpern mit eigenen selbständigen Zielen und Interessen innerhalb des Volksganzen und so zu einem Staat im Staate werden" (ebd.: 124).

3. An der Theorie von *Leibholz* wurde sowohl theoretisch als auch empirisch zum Teil scharfe Kritik geübt. Obschon das parteienstaatl. Funktions- und Integrationsmodell als empiriefeindliche Fiktion (*Saage* 1969: 185), als Zerrbild der Wirklichkeit *(Haungs* 1980: 13) und als → Ideologie kritisiert und zurückgewiesen wurde, setzte sich der Begriff P. als deutender Hilfsbegriff weitgehend durch.

Nach *K. Sontheimer* ([7]1979: 100) drückt „die Formel vom Parteienstaat nichts anderes aus als die empirisch nachweisbare Wahrheit, daß der moderne demokratische Staat durch die politischen Parteien regiert wird". In dieser deutenden Vagheit wurde der Begriff P. mitunter sinnverwandt mit dem ebenso unspezifischen Begriff Parteiendemokratie *(party government)* gebraucht. Ganz im Gegensatz zur abwertend polemischen Verwendung in der Weimarer Republik erfuhr der Begriff P. in der BRD eine positive Wertung. Dies hängt in hohem Maße mit der Entwicklung der → Volksparteien in der Bundesrepublik zusammen. Mit ihnen entwickelte sich ein → Parteitypus von hoher Problemlösungskapazität und Anpassungsfähigkeit. Selbst ihre Kritiker bezeichnen die Volksparteien als machtbewußte, oligopolistische Kartellparteien und Superstrukturen, die eine den polit. Markt beherrschende Stellung einnähmen und den P. der Bundesrepublik charakterisierten.

In der in den 1990er Jahren wiederbelebten Kritik an den polit. Parteien schimmert freilich die alte dt. Parteienfeindschaft durch; sie erinnert fatal an die Weimarer Republik mit ihrer Abneigung gegenüber den Parteiungen des „Systems". Besonders kraß wird sie in den Schriften des Staatsrechtlers *Hans Herbert von Arnim*: „Der Staat als Beute", „Staat ohne Diener", „Demokratie ohne Volk" oder „Vom schönen Schein der Demokratie" – alle Titel verweisen auf das Argumentationsmuster, das im Kern gegen die repräsentative Demokratie gerichtet ist, wenn „die Mängel ganz überwiegend [als] struktur- und systembedingt" begriffen werden (*von Arnim* 1993: 15). So heißt es denn: „Wenn das Volk [durch die Parteien] entmündigt ist, kann es nichts Wertvolles ausbilden, bleibt es dumpfe Masse, politisch apathisch und uninteressiert. Unsere Demokratie ist kritikwürdig, weil sie in Wahrheit keine Demokratie ist. Die Pseudodemokratie muß erst zur wirklichen Demokratie gemacht werden" (ebd.: 60). Die Systemveränderer von rechts sind dabei Teil eines Chores von Parteienkritikern in Medien, Wissenschaft und Politik, der ihrer maßlosen Parteienschelte scheinbare Berechtigung verleiht. *Richard von Weizsäcker* (1992: 140) warf während seiner Amtszeit als Bundespräsident den Parteien vor, daß sie sich zu einem „ungeschriebenen sechsten Verfassungsorgan entwickelt (haben), das auf die anderen fünf einen immer weitergehenden, zum Teil völlig beherrschenden Einfluß" ausübt. Durch diese überzogene Parteienkritik geraten die Macht der Medien, der Verbände, der Wirtschaft sowie der nat. und internat. Bürokratien aus dem Blick. Wie sagte doch *Otto Heinrich von der Gablentz* (1952): „Man kann sich heute kaum leichter Beifall holen, als wenn man auf die Parteien schimpft." Die Konsequenzen der Kritik sollten mitbedacht werden, z. B. durch einen Blick auf Italien. Nicht populistische Alternativen zu den Parteien, sondern deren Reform ist wichtig. Durch die Parteienfinanzierungsaffäre der CDU im Winter 1999/2000 sind manche Grundlagen des Parteienstaates erneut ins Rampenlicht gerückt: die Arbeitsteilung zwischen Parteien(finanzierung) und Fraktion(sfinanzierung), der ungeklärte Vorwurf, durch Parteispenden seien politische Entscheidungen „gekauft" worden, oder die Frage, ob ein ehemaliger Bundeskanzler sein Ehrenwort gegenüber Parteispendern höher achten darf als die Achtung des Parteiengesetzes. Es ist zu hoffen, daß die „Selbststeuerungsmechanismen des Parteienstaates" (*Stöss* 1997: 35) eine reinigende Wirkung entfalten.

4. Bisher ist kein politiksoziologisches, analytisches Konzept des P. entwickelt worden. Eine relative Zentralität und Dominanz besitzen polit. Parteien im P. der Bundesrepublik in folgenden intermediären (gesellschaftlich-polit.) und gouvernementalen Funktionsbereichen: (1) Intermediärer Bereich: a) bei der Organisation von allgemeinen, freien und geheimen Wahlen, b) bei der Rekrutierung und Selektion polit. Personals, c) bei der Artikulation gesellschaftlicher Interessen, d) bei der Aggregation gesellschaftl. Interessen und e) bei der Organisierung von Unterstützung und Loyalität für Entscheidungen des → Politischen Systems; (2) Gouvernementaler Bereich: a) bei der Regierungsbildung, b) bei der Pro-

grammsetzung, Politikformulierung und Politikexekution, c) bei der Politikkoordination, d) bei der Selektion von öffentl. Amts- und Mandatsträgern und e) als Adressat von gesellschaftl. und polit. Anforderungen. Erst auf der Grundlage systematisch erarbeiteter empirischer Befunde ließen sich über den vorläufig nur modellhaft gedachten Funktions- und Normenzusammenhang „Parteienstaat" präzise Aussagen machen.

Lit.: *Alemann, U. v.* 2000: Das Parteiensystem der Bundesrepublik Deutschland, Opladen. *Arnim, H. H. v.* 1993: Demokratie ohne Volk, Mchn. *Beyme, K. v.* 1993: Die politische Klasse im Parteienstaat, Ffm. *Haungs, P.* 1980: Parteiendemokratie in der Bundesrepublik, Bln. *Leibholz, G.* ²1964: Strukturprobleme der modernen Demokratie, Karlsruhe (zuerst 1958). *Saage, R.* 1969: Zum Begriff der Parteien und des Parlaments bei Carl Schmitt und Gerhard Leibholz, in: Das Argument, 50. *Schmitt, C.* 1931: Der Hüter der Verfassung, Tüb. *Sontheimer, K.* ⁷1979: Grundzüge des Politischen Systems der Bundesrepublik Deutschland, Mchn. *Stöss, R.*: Parteienstaat oder Parteiendemokratie?, in: *Gabriel, O./Niedermayer, O./Stöss, R.* (Hrsg.) 1997: Parteiendemokratie in Deutschland, Opl./Wsb. *Weizsäcker, R. v.* 1992: Richard von Weizsäcker im Gespräch, Ffm. *Wiesendahl, E.* 1998: Parteien in Perspektive, Opl.

Ulrich von Alemann

Parteiensystem

Unter Parteiensystem (P.) ist das „strukturelle Gefüge der Gesamtheit der politischen Parteien in einem Staat zu verstehen" (*Nohlen* ³2000: 65). Merkmale von P. sind (a) die Zahl der Parteien, (b) ihre Größenverhältnisse (bzw. der Grad der Fragmentierung), (c) ihre ideologischen Entfernungsbeziehungen (bzw. der Grad der Polarisierung), (d) ihre Interaktionsmuster (beispielsweise → Koalitionen), (e) ihre Beziehung zur Gesellschaft, (f) ihre Stellung zum → Politischen System, (g) der Grad der Institutionalisierung des Parteiensystems. Wurden in der Parteiensystemforschung lange Zeit fast ausschließlich Fragmentierung und Polarisierung thematisiert, so werden neuerdings auch weitere Merkmalsebenen beachtet, Folge u. a. der Ausdehnung des Forschungsfeldes auf Staaten der → Dritten Welt und auf die osteurop. Transformationsländer.

1. Die Klassifikation von P. nach der bloßen Anzahl von Parteien (Ein-, Zwei-, Vielparteiensysteme) wurde von *J. LaPalombara* und *M. Weiner* (1966) durch die Unterscheidung von kompetitiven und nichtkompetitiven P. ersetzt, und spätestens seit *G. Sartori* (1976) um qualitative Kriterien ergänzt. Zu dem von ihm eingeführten, quantitativen Kriterium der für die Regierungs- oder Koalitionsbildung „relevanten" Parteien kamen in qualitativer Hinsicht Fragen nach dem zwischenparteilichen Wettbewerb, namentlich dem Grad der Fragmentierung und ideologischen Polarisierung anhand von → Konfliktlinien (*Cleavage*-Struktur) sowie dem Grad und der Richtung des Wettbewerbs (zentrifugal, zentripetal) hinzu. Diese mündeten in eine durch *K. von Beyme* (1984) verfeinerte Klassifikation. Unterschieden wird zwischen (1) Einparteisystemen, (2) hegemonialen P., (3) Prädominanzsystemen, (4) Zweiparteiensystemen, (5) gemäßigtem Pluralismus mit drei Untertypen: ohne Koalition, mit Koalition, häufig Koalitionsreg. der Mitte oder große Koalitionen, (6) polarisiertem Pluralismus mit zwei Untertypen: mit Fundamentalopposition von rechts und links, in der die Mitte nicht mehr regierungsfähig ist; mit regierungsfähigen Mitteparteien.

Für jüngere P. in Ländern außerhalb der klassischen Untersuchungsfälle Westeuropas ist jüngst das Kriterium der Institutionalisierung von P. fruchtbar gemacht worden (*Mainwaring* 1995, 1999; *Bendel* 1993 und 1996; *Grotz* 2000). Dieses bezieht sich auf den Grad der Verfestigung des parteipolit. Wettbewerbs und der einzelnen Parteien im

System. Anders als in Westeuropa, wo die P. meist als entlang einer bestimmten Konfliktlinie „eingefroren" galten, sind die Parteien und P. außerhalb Westeuropas oftmals noch „im Fluß", verfügen kaum über ein klares programmatisches Profil oder über fest etablierte Verbindungen zu Wählerschaft oder Interessengruppen. Sie sind häufig (noch) nicht die Hauptakteure für die Verteilung polit. Macht, sondern konkurrieren mit anderen (Veto-)Mächten wie dem Militär. Entsprechend sind Art und Muster des zwischenparteilichen Wettbewerbs noch nicht fest gefügt.

2. Die Erforschung von P. konzentriert sich auf Strukturanalysen, die den Wandel von P. und ihre Periodisierung einbeziehen. So wird der Wandel des bundesdeutschen P. vom fragmentierten P. der 1950er Jahre über das alternierende „Zweieinhalb-Parteiensystem" mit Koalitionszwang während der 1960er und 70er Jahre zum gemäßigten Pluralismus in den 1980er und 90er Jahren beschrieben. Als abhängige Variable wird die Konfiguration von P. im Hinblick auf ihre Entstehungsbedingungen und Struktur untersucht. Als unabhängige Variable gewandt, läßt sich nach der Funktion von P. für gesellschaftl. und polit. Systemprobleme fragen. Das Ergebnis ist zumeist ein „gängiger und ehrlicher Kompromiß" zwischen Theorie und Deskription: „die vorsichtige Verallgemeinerung auf der Grundlage von Typologien" (*von Beyme* 1984: 19 f.). Nicht nur der rasche Wandel von P. zwingt zur ständigen Anpassung der Klassifikationen und Typologien, sondern auch die Tatsache, daß die Forschung von der bisherigen Konzentration auf westl., konsolidierte Demokratien, deren P. durch hohe Stabilität gekennzeichnet sind (Ausnahme: Italien), in jüngerer Zeit auf die der P. in Prozessen des Systemwechsels ausgedehnt wurde. In der Transitionsforschung gelten P. als partielle Systeme, deren Konsolidierung die Stabilisierung demokratischer Regime insgesamt tangiert.

3. Erklärungsvariablen für die Entstehung und Entwicklung von P. lassen sich grob in politische (Regimetyp, Regierungsform, → Wahlrecht, → Wahlsystem, → Parteienfinanzierung, Struktur der Parteiorganisation) und sozioökonom.-soziokulturelle Variablen (Konfliktlinien, Krisensituationen) unterteilen. Die Annahme, daß Wahlsysteme als prägender Faktor auf P. einwirken (*Duverger* 1954, *Lijphart* 1994), muß mit Einschränkungen versehen werden (Nohlen ^{3}2000). Die Behauptung, daß präsidentielle Regierungssysteme zur Polarisierung des zwischenparteilichen Wettbewerbs beitrügen und eher die Deinstitutionalisierung von P. förderten (*Lijphart* 1994), hat sich empirisch nicht bestätigt. Die Existenz und Ausprägung von Konfliktlinien (*Lipset/Rokkan* 1967), prominenter Erklärungsfaktor für die Stabilität westeuropäischer P., ist für andere Ländergruppen nur begrenzt aussagekräftig. In Osteuropa werden soziale *cleavages* von ethnisch begründeten Konflikten überlappt. Klientelistische Strukturen haben sich insbes. dort als funktionales Äquivalent herausgebildet, das die P. statt des „Einfrierens" (*freezing*) entlang soziostruktureller Konfliktlinien stabilisiert, wo die sozioökonom. Entwicklung noch nicht weit fortgeschritten ist (Zentralamerika, Afrika, einige Länder Ostasiens; → Klientelismus).

4. Zusammenhänge zwischen einer spezifischen Konfiguration von P. und demokratischer Stabilität sind vielfach losgelöst von empirischen Befunden hergestellt worden. Das britische Zweiparteiensystem oder aber der gemäßigte Pluralismus wurden in der Forschung gelegentlich als demokratieförderlich glorifiziert. In der Regel wird jedoch ein (geringer) Grad an Polarisierung und → Extremismus ebenso als Schlüsselfaktor für die Stabilität eines P. und der demokratischen Ordnung insgesamt gesehen wie eine relativ geringe Fragmentierung (*Sartori* 1976, *Linz/Stepan* 1978). P. mit geringer oder mittlerer Volatilität (d. h. Umfang des Wechsels in der Parteienpräferenz von Wahl zu Wahl) gelten ebenso als stabilitäts- bzw. konsolidierungsfördernd für demokratische Systeme wie ein geringer Faktionalismus und die Herausbildung realistischer Alternativen zwischen Regierung und Opposition (*von Beyme* 1997). Die Empirie zeigt jedoch, daß ähnliche Konfigurationen von P. abhängig von der jeweiligen gesellschaftl. Konfliktstruktur ganz verschiedene Wirkungen entfalten können (*Nohlen* ^{3}2000).

Lit.: *Bendel, P.* 1993: Partidos políticos y sistemas de partidos en Centroamérica, in: *Nohlen, D.* (Hrsg.): Elecciones y sistemas de partidos en América Latina, San José/Costa Rica, 315–355. *Bendel, P.* 1996: Parteiensysteme in Zentralamerika, Opl. *Bendel, P./Grotz, F.* 2000: Parteiensysteme in jungen Demokratien der Dritten Welt, in: Jahrbuch Dritte Welt 2001, Mchn. *Beyme, K. v.* ²1984: Parteien in westlichen Demokratien, Mchn. *Beyme, K. v.* 1997: Parteien im Prozeß der demokratischen Konsolidierung, in: *Merkel, W./Sandschneider, E.* (Hrsg.): Systemwechsel 3. Parteien im Transformationsprozeß, Opl., 23–56. *Daalder, H./Mair, P.* (Hrsg.) 1983: Western European Party Systems, L. *Duverger, M.* 1959: Die politischen Parteien, Tüb. *Gabriel, O. W./Niedermayer, O./Stöss, R.* (Hrsg.) 1997: Parteiendemokratie in Deutschland, Opl. *Grotz, F.* 2000: Politische Institutionen und post-sozialistische Parteiensysteme in Ostmitteleuropa, Opl. *LaPalombara, J./Weiner, M.* (Hrsg.) 1966: Political Parties and Political Development, Princeton. *Lijphart, A.* 1994: Electoral Systems and Party Systems, Ox. *Lipset, S. M./Rokkan, S.* (Hrsg.) 1967: Party Systems and Voter Alignments, NY. *Mainwaring, S./Scully, T. M.* (Hrsg.) 1995: Building Democratic Institutions: Party Systems in Latin America, Stanford u. a. *Mainwaring, S.* 1999: Rethinking Party Systems in the Third Wave of Democratization, Stanford. *Mair, P.* (Hrsg.) 1990: The West European Party System, Ox. *Nohlen, D.* ³2000: Wahlrecht und Parteiensystem, Opl. *Sartori, G.* 1976: Parties and Party Systems, Camb. *Stöss, R./Niedermayer, O.* (Hrsg.) 1993: Stand und Perspektiven der Parteienforschung in Deutschland, Opl.

Petra Bendel

Parteienverdrossenheit

P. wird häufig synonym gebraucht mit Schlagworten wie Politiker- und Politikverdrossenheit, die Assoziation mit Demokratieverdrossenheit liegt nahe. Will man dieses bundesrepublikanische Modewort der 1990er Jahre jedoch begrifflich präzis verwenden, sollten zwei Ebenen unterschieden werden: (1) die pauschale, häufig vorurteilsgeladene Verurteilung von → Parteien seitens der Bürger; (2) die zunehmende bzw. klar erkennbare Entfernung, Distanz und Distanzierung der Bürger von den Parteien. P. ist eine internat. Erscheinung, die in den → Politischen Kulturen westl. Industriestaaten nicht zuletzt in der der Bundesrepublik spätestens seit Anfang der 1980er Jahre zu beobachten war.

1. In Deutschland ist versucht worden, dieses Phänomen anhand folgender Kriterien empirisch festzumachen: (1) geringes Vertrauen in Parteien generell bzw. in die Problemlösungskompetenz von Parteien speziell, wie sich in Meinungsumfragen zeigt; (2) nachlassender Zentralisierungsgrad des → Parteiensystems in dem Sinn, daß der Anteil der Stimmen, die die beiden großen Parteien CDU/CSU und SPD bei → Wahlen auf sich vereinigen können, abnimmt; (3) parallel dazu gewinnen kleinere Parteien, die „Zwerge am Rande", darunter Protestparteien, relativ und absolut Stimmen hinzu; (4) Erosion sozialmoralischer Milieus wie des katholischen und sozialdemokratischen, auf denen nicht zuletzt die beiden Großparteien basierten; (5) die Identifikation der Bürger mit einer bestimmten Partei schwächt sich ab, der Anteil der Stammwähler fällt, der der → Wechselwähler steigt; (6) nachlassende → Wahlbeteiligung, die „Partei der Nichtwähler" gewinnt hinzu; (7) die Zahl der Mitglieder aller Parteien nimmt ab, insbesondere haben Parteien Schwierigkeiten, Mitglieder aus den Alterskohorten der Jüngeren zu gewinnen.

2. Gründe für P. sind vielschichtig. Nur oberflächlich sind Parteifinanzierungsskandale, Filz und → Korruption verantwortlich zu machen. Tieferliegend erweist sich, daß Parteien Funktionsdefizite aufweisen, nämlich Schwierigkeiten haben, zwischen Gesellschaft und polit. System zu vermitteln, divergierende Interessen in sich zu aggregieren und zu fokussieren und auf diese Weise polit. Legitimation zu schaffen. Die Ursachen hierfür liegen wiederum in bestimmten gesellschaftl. und ökonom. Veränderungen,

so in der Heterogenisierung der Lebensstile, Individualisierungsschüben, neuem „antiinstitutionellen“ Organisationsverhalten von Jungbürgern, vor allem in der Europäisierung und Internationalisierung der Politik sowie dem, was weltwirtschaftl. unter dem Stichwort → Globalisierung gefaßt wird. Zunehmende Komplexität anstehender polit. Probleme korrespondiert mit nachlassender Problemlösungskompetenz von Parteien, Regierungen und Politikern, was angesichts steigender Erwartungen in diese auf seiten der Wähler wiederum P. wachsen läßt.

Zur P. tragen auch in der deutschen polit. Kultur aus dem obrigkeitsstaatl. 19. Jh. kommende latent vorhandene Elemente bei wie Antipluralismus, Konfliktscheu, Harmoniestreben sowie Unverständnis über die Funktionsweise des parlamentarischen Regierungssystems, in dem sich Regierungsmehrheit (nämlich Parlamentsmehrheit und Kabinett) und → Opposition gegenüberstehen und nicht (wie im *Bismarck*schen Konstitutionalismus) Herrscher/Regierung und Parlament.

Lit.: *Arnim, H. H. v.* 1993: Ist die Kritik an den politischen Parteien berechtigt? In: APuZ, B11, 14–23. *Lösche, P.* 1995: Parteienverdrossenheit ohne Ende?, in: ZParl, 1, 149–159. *Rattinger, H.* 1993: Abkehr von den Parteien? In: APuZ, B11, 24–35. *Weinacht, P.-L.* (Hrsg.) 1994: Wege aus der Parteienverdrossenheit, Würzburg.

Peter Lösche

Parteitypen

Parteitypen (P.) dienen dazu, die reale Parteienvielfalt zu vereinfachen und auf charakteristische Erscheinungsformen hin zu ordnen. Dies geschieht dadurch, daß einige wichtige Erkennungsmerkmale hervorgekehrt und dafür andere vernachlässigt werden. Jeder Typus bildet insofern ein vereinfachtes Abbildungsmodell der Realität, das diese niemals vollständig und dekkungsgleich erfaßt, aber eine Annäherung an die Wirklichkeit und Vergleiche ermöglicht. Parteitypen gehen gewöhnlich aus einem Klassifikationsschema hervor. Anhand von ausgewählten Vergleichskriterien wird ermittelt, wie sich Parteien typologisch unterscheiden und in ein Ordnungsschema einpassen lassen. Nimmt man beispielsweise das Kriterium des ideologischen Standorts, läßt sich nach „ideologischen Familien“ (*v. Beyme*) bzw. nach Links-, Mitte- und Rechtsparteien klassifizieren. Unterscheidet man dagegen nach Arbeiter-, Bauern-, Mittelstands- und Unternehmerparteien, liegt dieser Klassifikation das Kriterium der gesellschaftl. Gruppenverankerung zugrunde. Am interessantesten sind Entwicklungstypologien, weil sie den Wandel nachzeichnen, den Parteien über mehrere Epochen hinweg durchmachen (*Grabow* 2000: 11 ff.).

So herrschen nach allgemeiner Ansicht in der Frühzeit des Parteiwesens geschützt durch das Klassenwahlrecht (1) Honoratiorenparteien vor. Sie setzten sich aus unverbundenen und unabhängig voneinander operierenden Komitees zusammen, die im wesentlichen mit den lokalen Notablen und einigen Besitzbürgern identisch waren. Ihre Aufgabe bestand darin, den Wahlkampf eines Parlamentariers bzw. Wahlkreiskandidaten zu organisieren, um dann die Parteiarbeit einschlafen zu lassen. Dieser rudimentären Wahlvereinsform von Partei kommen die frühen bürgerlich-liberalen Parteien nahe. Honoratiorenparteien sind auch auf den Begriff der „Komiteepartei“ (*Duverger* 1959) und den der „liberalen Repräsentationspartei“ (*Neumann* ^{3}1973) gebracht worden.

Aus der Einführung des Massenwahlrechts sind dann die (2) Massenparteien hervorgegangen, für die die SPD der Jahrhundertwende typologisch Pate stand. Massenparteien organisieren Hunderttausende von beitragsleistenden Mitgliedern in einem flächendekkenden Netz von Ortgruppen (*Duverger*) und betreuen sie dauerhaft über ein aktives Parteileben. Redner, Agitatoren und eine vielfältige Parteipresse wirken auf die Mitglieder ideologisch ein. Auch soziales Umfeld und Anhänger werden weltanschaulich und sozial über ein dichtes Geflecht von Vorfeldvereinigungen erfaßt und an die Partei gebunden. Dies brachte *S. Neumann* dazu, von Integrationsparteien zu sprechen. Ohne einen besoldeten Parteiapparat lassen sich diese weitläufigen Propaganda-, Mobilisierungs- und Integrationsaufgaben nicht erfüllen. Klassiker der Parteienforschung wie *M. Weber*, *R. Michels* und *M. Duverger* bewunderten die ideologische Geschlossenheit, Disziplin und straffe Führung der Partei, woraus auf deren flexible Schlag- und Kampfkraft geschlossen wurde. Dies ist aber nach *Michels* auch der Grund, warum demokratische Parteien unweigerlich dem „ehernen Gesetz der Oligarchie" anheimfallen würden.

Mit der aufkommenden Wohlstands- und Konsumgesellschaft nach dem II. Weltkrieg begann das Zeitalter der (3) → Volksparteien. Parteien älteren Typs blieb nichts anderes übrig, als sich ideologisch zu entschlakken und sich über ihre Stammmilieus hinaus ungebundenen Wählergruppen zuzuwenden.

Seit geraumer Zeit diskutieren Parteienforscher darüber, inwieweit Parteien seit den 1970er Jahren erneut einen Strukturwandel durchmachen. Für *Katz* und *Mair* (1995) ist dies der Fall, und sie sehen die (4) Kartellpartei heraufziehen. Kartellparteien bilden für sie das Endstadium einer Entwicklung, bei der sich die Parteien Westeuropas gesellschaftlich losgelöst haben, um in den Staat einzudringen und schließlich von ihm als *„semi-state agencies"* absorbiert zu werden. Im Vollbesitz staatl. Regelungsmacht hätten sie sich – deshalb der Begriff Kartellpartei – über Regierungs- und Oppositionsgrenzen hinweg zusammengetan, um sich öffentl. Privilegien und Subventionen zuzuschanzen und um gleichzeitig Neuparteien am Zugriff auf dieses Selbstbegünstigungssystem zu hindern. Infolgedessen würde Parteienherrschaft selbstreferent und an gesellschaftl. Legitimationsbasis verlieren.

Auf die Entwicklung in D übertragen deutet manches beim Ausbau staatl. Parteienfinanzierung in der Tat auf ein Kartell hin (*Wiesendahl* 1999). Doch spricht der Erfolg der Grünen auch dafür, daß es mit den Abschottungshürden des Parteienoligopols aus CDU, CSU, FDP und SPD nicht so weit her gewesen sein konnte.

In der Wandlungsdebatte setzt *K. v. Beyme* (1997) den typologischen Akzent mehr auf die (5) Berufspolitiker- oder auch „Profi-Partei", die aus der Volkspartei hervorgehe. Wie schon der Name besagt, werde sie von der Dominanz der Berufspolitiker geprägt, die die Parteiressourcen für ihre Zwecke instrumentalisierten. Hauptaufgabe der Profi-Partei sei die Durchführung kapitalintensiver, hochspezialisierter Kampagnen, wozu das Spendenwesen und die Staatsfinanzierung weiter ausgebaut würden. Parteiaktive würden dagegen nicht mehr gebraucht. Den Berufspolitikern gelänge es, über enge Beziehungen zu öffentl. und privaten Medien an der Partei vorbei direkt mit den Wählern zu kommunizieren. Deren Verhältnis zu den Parteien sei bindungsschwach, während umgekehrt sich die Parteien und die aus ihnen hervorgehende polit. Klasse „selbstreferentiell" von den Bürgern entfernen würden.

Erwähnenswert ist in diesem Zusammenhang schließlich noch der internat. breiter diskutierte Typ der *„electoral-professional party"* von *A. Panebianco* (1988: 264 f.). Er konzentriert sich auf den Aspekt, daß der alte Funktionärsapparat der Massenpartei mittlerweile von einer Gruppe von Wahlkampf- und Kommunikationsexperten verdrängt worden sei, was zu einer Umwandlung der älteren Massen- zu einer Wählerpartei geführt habe. Nur, so ist einzuwenden, wird die Rolle des Parteimanagements bei diesem Prozeß wohl erheblich überschätzt, weil in solchen strategischen Fragen nicht die Experten, sondern die gewählten Parteispitzen in Gestalt der Berufspolitiker das Sagen haben.

Auffallend an der gegenwärtigen Wandlungsdebatte ist, daß sie von Parteitypen beherrscht wird, die jeweils nur einen speziellen Aspekt (Eindringen in den Staat, Kartellbildung, Dominanz der Berufspolitiker, Aufstieg von professionellen Experten) herausgreifen und damit typologisch verabsolutieren. Besser wäre es, wenn die isolierten Einzelaspekte in einem komplexeren Parteityp aufgehen würden. Hierfür spricht auch die bemerkenswert große Schnittmenge zwischen dem Merkmalsprofil der Kartell-, Berufspolitiker- und Wählerpartei, was bei *v. Beyme* (2000: 34 ff.) so weit geht, daß er die letzten beiden begrifflich gleichsetzt. Gemeinsam ist allen dreien die Prämisse, daß sich Parteien gesellschaftlich losgelöst und unter dem Einfluß der aus ihnen hervorgehenden polit. Klasse verselbständigt hätten. Unter diesem Blickwinkel wäre das Ende der hergebrachten Mitglieder- und Programmparteien wirklich nicht mehr weit, was auf einen einschneidenden Bruch mit dem bisherigen Parteiwesen hinauslaufen würde.

Lit.: *Beyme, K. v.* 1997: Funktionswandel der Parteien in der Entwicklung von der Massenmitgliederpartei zur Partei der Berufspolitiker, in: *Gabriel, O. W./Niedermayer, O./Stöss, R.* (Hrsg.), Parteiendemokratie in Deutschland, Bonn, 359–383. *Beyme, K. v.* 2000: Parteien im Wandel. Von den Volksparteien zu den professionalisierten Wählerparteien, Wiesbaden. *Duverger, M.* 1959: Die politischen Parteien, Tüb. *Grabow, K.* 2000: Abschied von der Massenpartei, Wiesbaden. *Katz, R. S./Mair, P.* 1995: Changing Models of Party Organization and Party Democracy. The Emergence of The Cartel Party, in: Party Politics 1, 5–28. *Michels, R.* ³1970: Zur Soziologie des Parteiwesens in der modernen Demokratie, Stg. *Neumann, S.* ³1973: Die Parteien der Weimarer Republik, Stg. *Panebianco, A.* 1988: Political Parties: Organization and Power, Camb. *Weber, M.* ³1971: Gesammelte politische Schriften, hrsg. v. *J. Winkelmann*, Tüb. *Wiesendahl, E.* 1999: Die Parteien in Deutschland auf dem Weg zu Kartellparteien? in: *Arnim, H. H. v.* (Hrsg.): Adäquate Institutionen: Voraussetzungen für „gute" und bürgernahe Politik? Bln., 49–73.

Elmar Wiesendahl

Partizipation

Partizipation (P.; von spätlat. *participatio*), meint Beteiligung i. S. von Teilnahme wie Teilhabe, wobei (unterschiedlichen Demokratiemodellen bzw. Politikbegriffen folgend) ein instrumentelles und ein normatives Verständnis polit. P. unterschieden werden kann:

1. (1) Instrumentell bzw. zweckrational sind alle diejenigen Formen polit. Beteiligung, die Bürger freiwillig, individuell und/oder kollektiv im Verbund mit anderen unternehmen, um polit. Entscheidungen direkt oder indirekt zu ihren Gunsten zu beeinflussen. Es geht um Teilnahme, Wertberücksichtigung und Interessendurchsetzung. Adressaten sind, zumal in den repräsentativen → Demokratien und unter den Bedingungen der *mass politics*, die polit. Entscheidungsträger in Regierung/Bürokratie, Parlament und Parteien auf den verschiedenen Ebenen des → Politischen Systems. (2) Im normativen Verständnis ist P. nicht nur Mittel zum Zweck, sondern auch Ziel und Wert an sich. Es geht nicht nur um Einflußnahme und Interessendurchsetzung, sondern um Selbstverwirklichung im Prozeß des direkt-demokratischen Zusammenhandelns und um polit.-soziale Teilhabe in möglichst vielen Bereichen der Gesellschaft. Ein solcher normativer Begriff von P. ist konsensorientiert, kommunitär und expressiv, der instrumentelle Partizipationsbegriff, dem marktliberalen Rationalitätsverständnis eng verwandt, hingegen konfliktorientiert.

2. Die Formen polit. P. sind vielfältig; sie reichen von der Teilnahme bei → Wahlen über Hausbesetzungen bis hin zur → Gewalt gegen Personen und Sachen, von der Wahrnehmung von Mandaten in → Parteien bis zum zivilen Ungehorsam, z. B. in *Greenpeace*-Aktionen. Sie können typologisierend danach unterschieden werden, ob es sich um (a) verfaßte oder nicht-verfaßte, (b) repräsentativ-demokratische oder direkt-demokratische, (c) konventionelle oder unkonventionelle Formen der Beteiligung am polit. Entscheidungsprozeß handelt (u. a. *von Alemann* 1975; *Kaase* 1992; *Parry/Moyser/Day* 1992); einen Überblick vermittelt *Tabelle 3*.

Die verschiedenen Formen stellen höchst unterschiedliche Anforderungen an den Bürger; sie variieren hinsichtlich der Komplexität, des Aufwandes und der Kosten, die mit

Tabelle 3: Formen politischer Partizipation

Partizipationsform	Beispiele
verfaßt/repräsentativ/konventionell	Wahl, Parteiaktivität
verfaßt/direkt/konventionell	Referendum, Streik
nicht-verfaßt/repräsentativ/konventionell	Bürger-/Sachverständigenbeirat
nicht-verfaßt/direkt/konventionell	Bürgerinitiative
nicht-verfaßt/direkt/unkonventionell	wilder Streik/Hausbesetzung

dem Partizipationsakt verbunden sind, aber auch hinsichtlich der Betroffenheit und der Intensität, mit der ein polit. Ziel vertreten werden kann. Die Formen der Beteiligung unterscheiden sich auch darin, ob mit dem Partizipationsakt eher konkrete oder abstrakte, eher sachliche oder personelle Entscheidungen verbunden sind, ob er eher materiellen oder symbolisch-rituellen Zielen dient, ob er eher system- oder sozialintegrierend wirkt. Deutlich werden diese Unterschiede, vergleicht man die Beteiligung bei Wahlen mit der P. in Bürgerinitiativen:

(1) Unter den Bedingungen allg. Wahlrechts ist die (gleiche, direkte, geheime) Stimmabgabe bei Wahlen nicht nur die allgemeinste Form politischer P.; die Wahl ist zugleich der einfachste Akt und die egalitärste Form polit. Beteiligung, mit welcher der geringste Aufwand verbunden ist. Der Wahlakt ist bezogen auf eine diffuse Vielfalt von Themen, wenig konkret und läßt eine nach Engagement und Intensität abgestufte P. nicht zu. Wahlen sind folglich eher abstrakt auf Generalisierung und Formalisierung der Willensbildung gerichtet. Inhaltlich ist dadurch die Mitwirkung des Bürgers stark vorstrukturiert und seine Beteiligungsmöglichkeiten sind auf die periodische Stimmabgabe beschränkt. Allerdings erlauben Wahlen den ansonsten nur gering organisierten und nur wenig konfliktfähigen oder auch neuen Interessen einen vergleichsweise einfachen Zugang zur polit. Macht. Im Wahlakt geht es also primär um die Übertragung bzw. den Entzug von Handlungsvollmacht an die polit. Eliten, um die Einsetzung, Bestätigung oder Abwahl von Regierungen sowie die Einsetzung von Opposition.

(2) Die Mitarbeit in → Bürgerinitiativen entsteht hingegen meist aufgrund individueller Betroffenheit; sie ist auf ein konkretes Problem oder Thema bezogen, wenig symbolisch, aber engagiert und intensiv, damit auch zeit- und kostenintensiv; sie ist sowohl ein Akt sozialer Integration in bestimmte Umwelten, Milieus, → Netzwerke, → Soziale/polit. Bewegungen und ein Akt ideologischer Identifikation mit polit. Programmen und/oder normativen Zielen als auch instrumentelles und systemintegratives Handeln in allerdings kommunitärer Selbstbeschränkung. Steht bei Wahlen der instrumentelle Aspekt der P. im Vordergrund, ist es bei der direkt-demokratischen P. in Bürgerinitiativen der normative Aspekt des Zusammenhandelns.

3. In den industriellen Demokratien bestehen dabei trotz aller länderspezifischen Unterschiede vielfältige Ähnlichkeiten im Partizipationsverhalten der Bürger. Zu den gesicherten Ergebnissen der vergleichenden Partizipationsforschung zählen:

(1) Polit. P., v. a. die Teilnahme an Wahlen, wird zwar je nach polit. Kultur unterschiedlich, doch generell und unverändert mehrheitlich als staatsbürgerliche Pflicht begriffen (→ Wahlbeteiligung).

(2) Gleichfalls deutliche Mehrheiten sehen ihre P. primär oder ausschließlich als instrumentellen Akt. Was *Parry/Moyser/Day* (1992) für GB gezeigt haben, gilt generell: Die polit. Beteiligung des Bürgers bleibt in erster Linie reaktiv und defensiv. Erst in zweiter Linie setzen die Bürger, zudem nur Minderheiten, ihre partizipatorischen Möglichkeiten gezielt ein, um ihre Interessen aktiv zu verfolgen oder um für wichtig erachtete Themen einzutreten.

(3) Die Beteiligung ist in hohem Maße vom

jeweiligen sozial-ökonom. Status abhängig: Je höher der soziale Status, desto größer ist das Partizipationsinteresse, desto vielfältiger sind die Partizipationsformen und Partizipationskanäle, die individuell zur Verfügung stehen, desto leichter und erfolgreicher können die Partizipationschancen wahrgenommen werden (*Verba* u. a. 1978).

(4) Dieses empirisch vielfach bestätigte, sog. Standardmodell politischer P. gilt für konventionelle wie unkonventionelle Partizipationsformen (*Barnes/Kaase* 1979; *Kaase* 1992). Insbes. durch diese Befunde sehen sich die elitären Demokratietheoretiker in ihrer partizipationsskeptischen Sicht bestätigt. Aufgrund des geringen polit. Interesses wie der begrenzten Informationen und Kenntnisse der Bürger seien vernünftige Entscheidungen bei direkt-demokratischer P. wenig wahrscheinlich und die Politik insgesamt unkalkulierbar. Durch die ungleichen Partizipationschancen verschärften sich die polit. und gesellschaftl. → Ungleichheit wechselseitig. Begegnen könne man diesen Tendenzen zur polit. Irrationalität und zur polit. Ungleichheit – so die Schlußfolgerungen – nur durch starke gesellschaftl. Interessenorganisation, durch repräsentative Institutionen und verantwortungsbewußte Elitenkonkurrenz.

Seit der partizipatorischen Revolution der 1960er Jahre veränderten sich diese Partizipationsmuster zumindest graduell: (a) Im Kontext des sozialen Wandels lockern sich strukturelle Determinanten und Milieubindungen der Partizipation. (b) Bessere Information und größeres Interesse gehen einher mit wachsender Partizipationsbereitschaft, führen zu größerer Entscheidungskompetenz und Kosten-Nutzen-orientiertem individuellen Entscheiden; dazu gehört auch die kurzfristige und situationsbezogene Abwägung, ob man überhaupt politisch partizipiert, welche Formen für welches Ziel eingesetzt werden, für welche Themen und polit. Akteure das Engagement lohnt. Hieraus resultiert ein deutlicher Rückgang konventioneller P., während unkonventionelle und direkt-demokratische Formen verstärkt praktiziert werden.

Zudem scheint es Zyklen im Partizipationsverhalten zu geben: Auf Phasen großen öffentl. Engagements folgt bei vielen der Rückzug ins Private. Diese Veränderungen kennzeichnen auch das Partizpationsverhalten in der BRD, das bestimmt ist von der Zunahme an unkonventioneller und direktdemokratischer P. seit den 1970er Jahren und starkem Rückgang konventioneller P. seit den 1980er Jahren, insbes. bei Wahlbeteiligung, Parteiidentifikation und -mitgliedschaft.

Lit.: *Alemann, U. v.* (Hrsg.) 1975: Partizipation – Demokratisierung – Mitbestimmung, Opl. *Barber, B.* 1984: Strong Democracy, Berkeley (deutsch 1994). *Barnes, S. H./Kaase, M.* u. a. 1979: Political Action. Mass Participation in Five Western Democracies, Beverly Hills. *Hirschman, A. O.* 1984: Engagement und Enttäuschung, Ffm. (engl. zuerst 1982). *Kaase, M.* 1992: Politische Beteiligung, in: *Schmidt, M. G.* (Hrsg.): Die westlichen Länder (Lexikon der Politik, Bd. 3, hrsg. von *D. Nohlen*), Mchn., 339–346. *Kleinhenz, T.* 1995: Die Nichtwähler. Ursachen der sinkenden Wahlbeteiligung in Deutschland, Opl. *Klingemann, H.-D./Fuchs, D.* (Hrsg.) 1995: Citizens and the State, Ox. *Milbrath, L. W./Goel, M. L.* [2]1977: Political Participation, Chicago. *Parry, G.* u. a. 1992: Political Participation and Democracy in Britain, Camb. *Schultze, R.-O.* 1995: Voting and Non-voting in German Elections, in: *Font, J./Virós, J.* (Hrsg.): Electoral Abstention in Europe, Barcelona, 85–112. *Uehlinger, H.-M.* 1988: Politische Partizipation in der Bundesrepublik, Opl. *Verba, S.* u. a. 1978: Participation and Political Equality, Camb. *Verba, S.* u. a. 1995: Voice and Equality. Civic Voluntarism in American Politics, Camb./Mass. u. a.

Rainer-Olaf Schultze

Pazifismus

Bezeichnung für polit. Bewegungen, deren utopische Ideologie seit dem 19. Jh. die gewaltlose Verwirklichung einer inner- wie zwischenstaatlichen Friedensordnung zum obersten Prinzip erhebt.

Die unterschiedlichen Strömungen des Pazifismus (P.) – von den religiösen Sekten der

Mennoniten und Quäker über die Lehren *Albert Schweitzers*, *Mahatma Gandhis* und *Martin L. Kings* bis zur Friedensbewegung der 1980er Jahre – berufen sich auf die christliche Tradition der Bergpredigt wie auf idealistische und humanistische Inhalte der Aufklärung. Gemeinsam ist ihnen die Ablehnung jeglicher individueller wie staatlicher Gewaltanwendung. Noch die Vorbereitung zur Selbstverteidigung unterliegt dem Verdikt potentieller Gewalttätigkeit. Denn das Ziel, → Krieg und → Gewalt aus der Welt zu schaffen, ist für den P. keinesfalls durch den Einsatz militärischer und polizeistaatl. Mittel, sondern allein über die individuelle Tugend der Gewaltlosigkeit zu erreichen. Als legitime polit. Aktionsformen gelten Demonstration und ziviler Ungehorsam. Die Gesinnungsethik des P. scheitert aber – wie die Friedensbewegung im Zusammenhang des Golfkrieges wie des Bürgerkrieges in Ex-Jugoslawien erkennen mußte – in ihrem humanitären Anliegen, den Menschen → Frieden und → Sicherheit zu bescheren, angesichts ihrer Ohnmacht gegenüber rücksichtslosen Aggressoren.

Lit.: *Brock, P./Young, N.* 1999: Pacifism in the Twentieth Century, Syracus, NY. *Holl, K.* 1988: Pazifismus in Deutschland, Ffm. *Narr, W.-D.* 1991: Streitbarer Pazifismus! Friedenspolitik und Friedensbewegung nach dem Golfkrieg, Sensbachtal.

Günter Rieger

Planung/Planungspolitik

I. Versteht man unter Planung (P.) ein bewußtes, zielgerichtetes Denken und methodisch-systematisches Vorgehen zum Zwecke einer gedanklichen Vorwegnahme jener Handlungsabfolgen, die eine bestmögliche Zielerreichung erwarten lassen, wird deutlich, daß P. in Unternehmen, Verbänden, → Parteien und im Bereich von → Regierung und → Öffentlicher Verwaltung heute eine nicht mehr wegzudenkende Rolle spielt. Neben der Zielgerichtetheit bildet die Zweckrationalität ein weiteres Charakteristikum von Planung. Diese ist gegeben, wenn der Planungsakteur in seinem Handeln Zwecke, Mittel und Nebenfolgen gegeneinander abwägt und dergestalt zu einer gegenüber normalen Entscheidungsfindungsverfahren (z. B. *ad-hoc*-Entscheidungen nach Plausibilitätsüberlegungen) verbesserten Zielverwirklichung gelangt (*Lau* 1975).

Polit. P. besitzt die folgenden grundlegenden Funktionen. Sie soll helfen: a) den Handlungsspielraum von Regierung und Verwaltung gegenüber einer komplexer gewordenen Umwelt mit ihren oftmals widersprüchlichen Funktionsanforderungen an den → Staat zu sichern und zu erweitern, sowie b) die Rationalität des polit.-administrativen Entscheidungsprozesses mit Hilfe des Aufbaus von verwaltungsinternen Aufgaben-, Ziel- und Programmplanungssystemen nachhaltig zu steigern.

P. läßt sich neben der Differenzierung nach der Planungsebene hinsichtlich des Zeithorizontes (kurz-, mittel- und langfristig) und hinsichtlich des Planungsgegenstandes *(Input*planung der Ressourcen wie Finanzen, Personal und sächliche Mittel; *Output*planung bzw. Aufgabenplanung in der Form der Fachplanung oder der alle Verwaltungsaufgaben umfassenden integrierten Entwicklungsplanung) unterscheiden. Von P. im strengen Sinne kann man allerdings nur sprechen, wenn nicht lediglich einseitig die Ressourcen festgelegt werden, sondern wenn zunächst die Ziele von P. offengelegt werden (Aufgaben) und dann die möglichen Handlungsschritte erarbeitet werden, die im Rahmen der zur Verfügung stehenden Ressourcen zur Zielerreichung beitragen können (*Freudenberg* 1983: 104 ff.; *Becker* 1989: 479 ff.). Schließlich können Pläne danach unterschieden werden, ob sie sich vornehmlich auf das Binnenverhältnis von Regierung und Verwaltung beziehen, wie etwa Haushaltspläne oder Schulentwicklungspläne, oder ob sie auch im Außenverhältnis deutlich rechtl. Wirkung entfalten, wie dies beispielsweise bei Planfeststellungsbeschlüssen der Fall sein kann. Greift Außenplanung in Rechte der Bürger ein, müssen aus ihr resultierende Pläne als Gesetz oder auf Grund eines Gesetzes ergehen.

II. P. spielte in D im Zeitverlauf eine recht unterschiedliche Rolle. Im einzelnen lassen sich sechs Phasen unterscheiden:

1. Vor dem Hintergrund beachtlicher gesamtwirtschaftl. Wachstumsraten sowie des Wirtschaftswunders der 1950er Jahre waren die staatl. Aktivitäten durch eine Politik der „Nicht-Planung" gekennzeichnet. Eine ressortübergreifende, längerfristig orientierte polit. Handlungsstrategie spielte vor dem Hintergrund der offensichtlichen Erfolge einer ordoliberalen Wirtschaftsphilosophie und der gleichzeitig bestehenden Erfolglosigkeit der zentral verwalteten Planwirtschaft in der damaligen DDR kaum eine Rolle.
2. Mit dem ersten größeren Konjunktureinbruch in der Geschichte der noch jungen BRD im Jahre 1965/66 wurde das bis dahin vorherrschende eher passive Staatsverständnis in Frage gestellt. Polit. P. entwickelte sich zum Schlüsselwort für die neue Rolle des Staates. So wurde in der → Wirtschaftspolitik eine aktive, intervenierende Funktion von Regierung und Verwaltung gefordert. Die nach der Bildung der Großen Koalition 1966 eingeführten neuartigen wirtschafts- und finanzpolit. Instrumente (Globalsteuerung, mittelfristige Finanzplanung, antizyklische Konjunkturpolitik) waren sichtbarster Ausdruck des sich damals einstellenden, auch qualitativ veränderten Staatsverhaltens. In der Binnenperspektive des polit.-administrativen Systems brachte diese Veränderung von staatl. Aufgaben neuartige Funktionsanforderungen für den Regierungs- und Verwaltungsapparat: Staatskanzleien und Bundeskanzleramt wurden in ihren Koordinations- und Planungsfunktionen aufgewertet (*Ellwein* 1968). Die Einsetzung einer „Projektgruppe für Regierungs- und Verwaltungsreform" auf Bundesebene verwies auf die Notwendigkeit, tradierte Strukturen und Prozesse im Regierungs- und Verwaltungsbereich den neuartigen staatl. Aufgabenstellungen anzupassen, um damit die Voraussetzungen für einen neuen Typus der aktiven, längerfristig ausgerichteten Politik schaffen zu können (*Mayntz/Scharpf* 1973).
3. Nach Bildung der sozial-liberalen Koalition 1969 wurde polit. P. im Rahmen der angekündigten Politik der inneren Reformen zu einem wesentlichen Motor staatl. Aktivitäten auf Bundesebene. Der Aufbau einer großen Planungsabteilung im Bundeskanzleramt sowie die Einrichtung von Planungsbeauftragten in den einzelnen Ministerien bildeten äußere Zeichen für einen polit. Paradigmenwechsel. Neben die herkömmlichen sektoralen Fachplanungen trat verstärkt der Aufbau von neuen Planungssystemen (Frühkoordinationssystem der Bundesregierung; Entwicklungsplanungen in den Ländern; Rahmenplanungen zwischen Bund und Ländern), die eine Rationalitätssteigerung der vorherrschenden, eher reaktiv und inkremental angelegten Politik intendierten. Diese hatte bis dahin infolge des weitgehenden Fehlens von politikfeld- und ebenenübergreifenden Relevanzkriterien nur in Ausnahmen ein aktives, längerfristig orientiertes Vorgehen ermöglicht. Der Aufbau einer regierungsweiten Aufgaben- und Zielplanung sowie der Versuch des Aufbaus von integrierten Planungssystemen (Koordinierung der mittelfristigen Aufgaben- und Finanzplanung) ließen ein reformtechnokratisches Politikverständnis erkennen, welches von der prinzipiellen Steuerbarkeit polit.-gesellschaftl. Entwicklungsprozesse ausging, wenn hierfür nur die notwendigen personellen, technisch-instrumentellen und finanziellen Voraussetzungen vorhanden wären.
4. Die Auswirkungen der weltweiten Energiekrise 1973/74 lösten das Scheitern solcher reformeuphorischer Planungsbemühungen aus. Diese waren in ihren Rationalitätskalkülen von einem weitgehenden Automatismus des wirtschaftl. Wachstums ausgegangen und sahen sich nun unter veränderten weltwirtschaftl. Rahmenbedingungen unvermittelt mit einer weitgehenden Wirkungslosigkeit bestehender Instrumentenbündel sowie dem Scheitern der meisten, auf inzwischen überholten Prämissen fußenden Langfristplanungen konfrontiert. Neben diesen externen Ursachen für das Scheitern der polit. P. spielte eine Reihe binnenbezogener Faktoren des polit.-administrativen Systems ebenfalls eine wichtige Rolle. Ein zentrales Ursachenbündel dürfte in dem starken Beharrungsvermögen der öffentlichen Verwaltung gegenüber

jenen weitreichenden Struktur- und Funktionsreformen liegen, welche im Zusammenhang mit dem Aufbau von regierungsweiten Planungssystemen auf der Ebene der Bundesministerien durchgeführt wurden. So scheiterte das Frühkoordinationssystem der Bundesregierung spätestens dann, als die beteiligten Ressorts antizipierten, daß sie durch eine vom Bundeskanzleramt aus gesteuerte regierungsweite Aufgabenplanung in substantiellen Bereichen ihre originäre Programm- und Planungshoheit verlieren würden. Polit. motivierte Informationsverweigerungsstrategien gegenüber einer drohenden Übermacht der Regierungszentrale bildeten deshalb das folgerichtige Reaktionsverhalten eines auf Macht- und *Status-quo*-Sicherung bedachten Verwaltungsapparates. Die Konzentration auf technisch-instrumentelle Fragen bei der Konzipierung des regierungsweiten Planungssystems und die gleichzeitige Vernachlässigung von Konsensbildungsprozessen müssen als interne Ursachen für das Scheitern der angestrebten weitreichenden Strukturreform betrachtet werden.

5. Mitte/Ende der 1970er Jahre spaltete sich die Planungs- und Steuerungsdebatte in zwei Bereiche: in einen steuerungsorientierten, eher gesellschaftspolit. ausgerichteten und in einen zweiten praxisorientierten, eher technokratisch-planerischen Bereich. Der erste, an staatl. Steuerung und Regulierung ausgerichtete Zweig setzte zunächst an der Evaluations- und Implementationsforschung an, um die Diskussion dann im Rahmen der sich entwickelnden polit. Steuerungsforschung weiterzuführen. Gegenstand der Evaluationsforschung (→ Politikevaluierung) war die Bewertung verschiedenster polit. Programme anhand eines Soll-Ist-Vergleichs. Bei der Implementationsforschung wurde zusätzlich gefragt, welche Faktoren (Quantität und Qualität des Verwaltungspersonals, Programmfehler, Verwaltungsstruktur, gesellschaftl. Widerstände usw.) dazu geführt hätten, daß ein Programmziel nicht oder nur in unbefriedigender Weise erreicht wurde. Darüber hinaus wurde das Augenmerk auf Nebenfolgen polit. Maßnahmen gerichtet. Während die amerikan. Implementationsforschung stärker auf explizite Variablenmodelle setzte, mit denen die relative Erklärungskraft der verschiedenen Faktoren systematisch analysiert wurde, war die dt. Implementationsforschung stärker programmorientiert. Dabei wurde davon ausgegangen, daß das jeweils in einem Programm dominierende Instrument in Hinblick auf den Implementationserfolg besonders erklärungskräftig ist. Die von diesem Ansatz angeleitete empirische Forschung brachte eine Reihe von Erkenntnissen im Hinblick auf notwendige Differenzierungen, Funktionsvoraussetzungen und spezifische Probleme der Programmsteuerung hervor (*Mayntz* 1983). Sie sind eine wichtige Grundlage für die heutige Steuerungsdiskussion, die nach einer mittlerweile weitgehend überwundenen Phase des systemtheoretisch begründeten Steuerungspessimismus um Lösungen gesellschaftl. und wirtschaftl. Probleme bemüht ist. Neu zu berücksichtigen sind dabei Schwierigkeiten, die sich aus der wirtschaftlichen, aber auch aus der als immer bedeutsamer erkannten ökologischen → Globalisierung ergeben. Mit ihr werden rein nationalstaatl. Problemlösungen zunehmend wirkungsloser, was nach vielfältigen Formen des Regierens jenseits des Nationalstaats verlangt (*Zürn* 1999).

6. Parallel zur Implementations- und Steuerungsforschung entwickelte sich der andere Bereich. Nachdem die Zeit der großen Theorieentwürfe vorbei war, wurde die engere Planungsdiskussion und vor allem die –praxis von Pragmatismus geprägt. Es galt unter Berücksichtigung von Sachzwängen auf akute Probleme zu reagieren. P. zielte nun diesseits gesamtgesellschaftl. P. auf inkrementale Veränderungen. Nicht mehr die technisch beste Lösung war Ziel der Planer, sondern die Mobilisierung solidarischen Handelns. Es ging nicht mehr um gesellschaftl. Gesamtsteuerung, sondern um eine Rahmensetzung für dezentral ablaufende, meist sektorale Selbststeuerungsprozesse. Die Fortschrittsgläubigkeit wich dem Versuch, die Risiken der modernen Gesellschaft zu begrenzen. Ein Interesse an geschlossenen, ausdifferenzierten Planungsmodellen war damit nicht mehr gegeben. Aus dem Bedürfnis der Praxis wurden von dieser die bestehenden Konzepte in inhaltlicher, metho-

disch-technischer und verfahrensinstitutioneller Hinsicht weiterentwickelt. Dabei fällt insbesondere die Stärkung des Prozesshaften ins Auge. Konfliktmanagement und Mediationsverfahren (→ Meditation), aber auch *Public-Private Partnerships* ließen die Grenzen zwischen Staat und Gesellschaft verschwimmen. Die Sozialwissenschaft spielte keine Vorreiterrolle mehr. Hingegen wuchs der Beitrag der Ingenieur- und Planungswissenschaften, die mit den neuen Möglichkeiten der Informationstechnologie die analytischen Grundlagen der P. wesentlich verbessern konnten. P. wurde damit entpolitisiert und technokratischer, bei gleichzeitiger Kritik der Werte der Industriegesellschaft (*Fürst* 1990). Insbesondere durch die Zunahme von Fachplänen (Umweltpläne, Luftreinhaltepläne, Lärmminderungspläne, Abwasserbeseitigungspläne, Wasserwirtschaftspläne, Landschaftspläne, Entsorgungspläne, Wegepläne, Entwicklungs- und Bedarfspläne für Schulen, Kindergärten, Krankenhäuser, Bundesfernstraßen usw.) ist die Bedeutung von P. auch in den Zeiten eher unaufgeregter P. nicht zu unterschätzen. Hierbei muß man sich zusätzlich verdeutlichen, daß auch die Haushalte des Bundes, der Länder und der Gemeinden in Form von Plänen aufgestellt werden.

III. In ihrer institutionellen Ausprägung ist P. in der Regel als ein ineinandergreifendes System zunehmend konkreter werdender Pläne zu verstehen. So weist die Raum- und Bauleitplanung insgesamt fünf Planungsebenen auf: (1) die Raumordnungsgrundsätze nach 2 Raumordnungsgesetz, (2) Landesraumordnungspläne, (3) regionale Raumordnungspläne, (4) Flächennutzungspläne und (5) Bebauungspläne, wobei jeder Plan von den Vorgaben der übergeordneten Pläne beeinflußt wird. Allerdings finden nicht alle Planungsbemühungen des Bundes ihre Fortsetzung in konkretisierenden P. der nachgeordneten Gebietskörperschaften. So brachte etwa die mittlerweile nicht mehr weiterverfolgte Bildungsplanung lediglich einen gesamtstaatl. Bildungsgesamtplan (→ Bildungspolitik) hervor.

Da sich die Wirkungen gesellschaftl. Probleme häufig nicht mit den Problemverarbeitungskapazitäten und –räumen der Gebietskörperschaften in Deckung bringen lassen, wird auf vielfältige Planungsverbünde und auch auf großräumige Planungskooperationen zurückgegriffen (*Becker* 1989: 359 ff.). Bedeutung erlangten hierbei Überlegungen zu Stadt-Umland-Problemen, die sich aus dem doppelten Ungleichgewicht zwischen Großstädten und den sie umgebenden Gemeinden hinsichtlich ihrer finanziellen Möglichkeiten und der Übernahme zentralörtlicher Funktionen ergaben. Da dies insb. für die Stadtstaaten ein Problem ist, werden auch immer wieder Bemühungen um eine Weiterentwicklung der Gemeinsamen Landesplanung unternommen. Hierbei stehen neben Aspekten der Infrastrukturplanung Fragen der Siedlungs- und Freiraumentwicklung sowie der Abfall- und Wasserwirtschaftsplanung im Vordergrund.

IV. Vom Bürger werden Pläne vor allem dann wahrgenommen, wenn ihnen konkrete Maßnahmen wie etwa der Bau einer Straße oder einer Eisenbahnlinie folgen. Ähnliche Bedeutung erlangen Bebauungspläne, mit denen raumwirksame Nutzungen vorgezeichnet werden. So macht es für den einzelnen Bürger einen Unterschied, ob er in der Nähe eines Wohngebietes oder eines Industriegebietes wohnt. Probleme, die sich aus der Gemengelage von Wohn- und Industriegebieten ergeben, sind häufig auf entsprechende Planungsfehler bei der Flächennutzungsplanung zurückzuführen.

Gegen Pläne, die in bestehende Rechte eingreifen oder Pflichten begründen, besteht Rechtsschutz. Diejenigen Pläne, die das Binnenverhältnis zwischen Gebietskörperschaften oder anderen selbständigen Planungsträgern betreffen, wie beispielsweise Raumordnungspläne, können von diesen gegebenenfalls mit einer kommunalen Verfassungsbeschwerde, mit einem verwaltungsgerichtlichen Normenkontrollverfahren oder mit einer Feststellungsklage abgewehrt werden. Da Binnenplanung nicht unmittelbar in die Rechte einzelner Bürger eingreift, besteht für den Bürger keine Möglichkeit, gegen diese unmittelbaren Rechtsschutz zu erlangen. Allerdings lassen sich solche Pläne mittelbar überprüfen, wenn Rechtsmittel gegen Verwaltungsakte eingelegt werden, die aufgrund eines solchen Planes ergangen sind (*Fürst/Ritter* [2]1993: 175 ff.). Gegen Pläne, die Bindungswirkung auch im Außenverhältnis entwickeln und die in Rechte eingreifen oder Pflichten begründen, stehen dem Bürger jedoch unmittelbar einsetzbare Rechtsmittel zur Verfügung (→ Öffentliche Verwaltung). So etwa gegen einen als Verwaltungsakt ergehenden Planfeststellungsbeschluß, der dem Bau beispielsweise einer Straße, eines Flugplatzes oder einer Abfallbeseitigungsanlage vorausgehen muß.

Zunehmende Widerstände gegen raumwirksame P. und Bemühungen um einen zügigen Ausbau der Infrastruktur in den neuen Ländern führten zu vielfältigen Initiativen zur Beschleunigung entsprechender Planungen. So enthält beispielsweise das Verkehrswegebeschleunigungsgesetz aus dem Jahre 1991 eine Reihe von Normierungen, die einerseits das Verfahren vereinfachen, andererseits jedoch als massiv in den Rechtsschutz der Bürger eingreifend kritisiert wurden. Auf der Basis der in den neuen Ländern gemachten Erfahrungen wurden die entsprechenden Neuregelungen zunehmend auch für die gesamte Republik eingeführt, so etwa mit dem Ende 1993 verkündeten Planungsvereinfachungsgesetz. An ihm wurde jedoch kritisiert, daß eine Verkürzung von Rechtsschutzmöglichkeiten in den alten Ländern nicht mehr – wie für die neuen Länder – mit dem schlechten Zustand der Infrastruktur legitimiert werden kann (*Dose/Holznagel/Weber* 1994).

V. Polit. P. hat in D mittlerweile eine beachtliche Tradition. Infolge weiter wachsender und sich qualitativ verändernder Problemlösungsanforderungen an das polit.-administrative System sind auch weiterhin umfangreiche Steuerungs- und Regulierungsleistungen zu erbringen. Dabei wird es in Zukunft darauf ankommen, sich weiter um den längerfristigen Bezug von P. zu bemühen. Angesichts der in aller Regel kurzfristigen, an Legislaturperioden ausgerichteten Politikorientierung wird dies genau wie in der Vergangenheit nur in den weniger politisierten Bereichen gelingen. P. wird weiterhin, insbes. wenn sie langfristig angelegt ist, Angelegenheit von Experten bleiben. Gegenüber ihnen sind Bürger und Politiker schon allein wegen ihrer schlechteren Informationsbasis sowie angesichts ständig zunehmender Komplexität und Vernaturwissenschaftlichung der Planungsmaterien stets im Nachteil. Einen gewissen Ausgleich schaffen hier die „Gegen-Experten", die von betroffenen Gruppen mobilisiert werden. Kritisch ist jedoch zu fragen, wer die Konkordanz der Experten kontrolliert. Mitunter sind nämlich auch die Fachleute ähnlich wie die Politiker überfordert, die notwendigen komplexen Abwägungen vorzunehmen (*Fürst* 1990: 522 ff.).

Lit.: *Becker, B.* 1989: Öffentliche Verwaltung, Percha u. a. *Dose, N./Holznagel, B./Weber, V.* (Hrsg.) 1994: Langwierige Genehmigungsverfahren – Eine Gefahr für den Industriestandort Deutschland?, Bonn. *Ellwein, T.* 1968: Politik und Planung, Stg. *Freudenberg, D.* 1983: Planen und Entscheiden in der öffentlichen Verwaltung, Herford. *Fürst, D.* 1990: Neuere theoretische Ansätze in Raum- und Umweltplanung, in: Staatswissenschaften und Staatspraxis, 1(4), 512–528. *Fürst, D./Ritter, E.-H.* [2]1993: Landesentwicklungsplanung und Regionalplanung, Düss. *Institut Wohnen und Umwelt* (Hrsg.) [4]2000: Planungslexikon, Opl./Wsb. *Lau, C.* 1975: Theorien gesellschaftlicher Planung, Stg. u. a. *Mayntz, R.* (Hrsg.) 1983: Implementation politischer

Programme II, Opl. *Mayntz, R./Scharpf, F. W.* (Hrsg.) 1973: Planungsorganisation, Mchn. *Zürn, M.* 1998: Regieren jenseits des Nationalstaates, Ffm.

Nicolai Dose/Wolfgang Bruder

Pluralismus/Pluralismustheorien

Der Begriff Pluralismus (P.) kennzeichnet zum einen die Existenz gesellschaftlicher Interessen- und Organisations-(Gruppen-, Verbands-)Vielfalt sowie deren Einwirkung auf die polit. Prozesse demokratisch verfaßter Gemeinwesen. Im Mittelpunkt entsprechender pluralistischer (p.) Theorien standen und stehen neben der *policy*-bezogenen Analyse derartiger Einwirkungen die Folgen der – unterschiedlich bewerteten – ungleichen Durchsetzungsfähigkeit (→ Macht) solcher gesellschaftlicher Interessen, und zwar einerseits für polit. → Partizipation, andererseits im Hinblick auf die nachweisbaren „Schieflagen“ staatsinterventionistischen Handelns. Des weiteren beschreibt der Begriff P. jene ethnisch-kulturelle Diversität, die infolge regionaler wie globaler Migrationsbewegungen effektiv voranschreitet (*Connolly* 1995: „Pluralisierung des Pluralismus“), sowie die daraus sich ergebenden Fragen nach Beschaffenheit und Reichweite einer *politics of inclusion*, die zwischen kultureller Fragmentierung und erzwungener Assimilation zu vermitteln trachtet. Im Mittelpunkt dazu entwickelter Konzeptionen stehen Fragen des Bürgerrechtserwerbs, der gezielten Gruppenförderung (*affirmative action*) sowie der polit. Systemgestaltung im Spannungsfeld zwischen majoritären und konsensuellen Lösungen (*consociational democracy*, → Konkordanzdemokratie).

Unter *politics of inclusion* ist, mit einem Wort *W. E. Gladstones*, die Akzeptierung des Anspruchs zu verstehen, „in den Bereich der Verfassung einzutreten“, Zuerkennung polit. Rechte. *Gl* einer Unterhausrede geäußerte 1864 bezog sich noch auf die br schaft. Daran wird deutlich, daß es beim einen wie beim anderen Begriffsverständnis, trotz unterschiedlicher Akzentsetzungen, im Kern um das identische Ziel geht, die Einbeziehung möglichst sämtlicher vorhandener Interessen in die Inhalte polit. Gestaltung zu gewährleisten. Insoweit besteht Übereinstimmung, die jedoch über einen wesentlichen Unterschied nicht hinwegtäuschen darf: Bildet die Reduzierung der polit. Macht sozio-ökonomischer → Minderheiten Dreh- und Angelpunkt der einen Pluralismusdebatte, so ist es der anderen um die Begrenzung der entsprechenden Macht ethnisch-kultureller → Mehrheiten zu tun. Für beide gilt, daß sie lange Zeit durch zwei theoretische Hauptrichtungen geprägt wurden, eine liberale und eine radikale (i. S. des angelsächsischen Begriffs *radical* = auf einschneidende polit. und soziale Veränderungen gerichtet):

Liberale P.-Theorien setzen auf den Wettbewerb sozialer Gruppen bzw. Machtzentren statt, wie in einer früheren historischen Phase, auf die Konkurrenz einzelner Individuen (*Th. J. Lowi*: „Interessengruppenliberalismus“). Allgemeingültige individuelle Rechte sowie unverrückbare Spielregeln der polit. Auseinandersetzung sollen diesen Wettbewerb gewährleisten. Der Maßstab heißt also formale Chancengleichheit.

In radikalen P.-Theorien schlägt sich demgegenüber die Auffassung nieder, daß die Beschränkung auf derartige Regelungen der einseitigen Interessendurchsetzung unzureichend kontrollierter Führungseliten, wirtschaftl. Machtgruppen sowie ethnisch-kultureller Mehrheiten strukturell Vorschub leiste. Daraus werden Forderungen abgeleitet nach der Schaffung umfassender wirtschaftl.-sozialer Mitwirkungs- und Kontrollrechte (Partizipation), größerer Verteilungsgerechtigkeit (→ Wohlfahrtsstaat) sowie gezielter Förderung ethnischer Minoritäten. Der Maßstab heißt folglich größtmögliche Annäherung an effektive Gleichheit polit. Ressourcen.

Nachstehend wird die Entwicklung p. Konzeptionen zunächst (I) im Rahmen des polit.-sozialen, anschl. (II) im Rahmen des ethnisch-kulturellen Begriffsverständnisses dargestellt.

I. Die Ursprünge p. Welt- und Gesellschaftsdeutung finden sich in der deutschen und angelsächsischen Philosophie und Staatsrechtslehre:

1. Gegen den vorherrschenden idealistischen Monismus (insbes. *Hegels*) gerichtet, der die Gesamtheit aller Seinserfahrungen auf ein universales Grundprinzip zurückführte, entwarf der amerikan. Philosoph *W. James* 1909 das Konzept eines pluralistischen „Multiversums". Danach existiert die Wirklichkeit „föderativ", weder als massives „Block-Universum" noch atomistisch zersplittert. Jede Erfahrung ist vielmehr mit anderen wechselseitig verschränkt. Einheit in der Vielheit bleibt damit nicht ausgeschlossen (vgl. *James* 1914).
2. Im von oben geeinten D des ausgehenden 19. Jh. hatte der Jurist *O. von Gierke* schon vorher versucht, die für den monarchischen Obrigkeitsstaat typische Spannung zwischen Einheit und Freiheit zu überwinden durch die Genossenschaftsidee als Grundlage für „ein System sich mannigfach überkreuzender Verbände". Gemäß seinem Ziel, „den Staat in die bürgerliche Gesellschaft zurückzuverlegen", definierte *Gierke* menschliche → Genossenschaften, ob Staat, Kommunen oder Vereine, als wesensgleich und wies letzteren die Aufgabe zu, umfassende Staatseinheit mit „tätige[r] bürgerliche[r] Freiheit, mit der Selbstverwaltung zu vereinen" (*Gierke* 1954: 3, 654, 833).
3. Die genossenschaftstheoretische Einstufung menschlicher Verbände kam der im englischen *Common Law* angelegten Verschränkung von Verbands- mit staatl. Strukturen, von öffentl. und privatem Recht, in einer Weise entgegen, die für rasche Rezeption sorgte. Sie verband sich dort mit dem Rechtsinstitut des *trust*, das die Entwicklung von Vereinigungen kraft Eigenrechts erlaubt und ein juristisches Dach geliefert hatte, unter dem sich Handelskompanien ebenso entfalten konnten wie philanthropische Vereine oder religiöse Sekten. Parallel dazu war *James*' Konzept einer föderativen Wirklichkeit, deren einzelnen Elementen weitgehende Autonomie zukam, dem Trachten nach einer Aufwertung der zunehmenden Vielfalt sozialer Verbände förderlich.
Konflikte nonkonformistischer Kirchen und → Gewerkschaften mit dem englischen Staat wirkten in dieselbe Richtung. Mit dem Erstarken der Gewerkschaften rückte neben der Frage ihrer sozialen Rechte außerdem diejenige ihrer kollektiven Pflichten auf die Tagesordnung. Das gleiche Problem stellte sich mit zunehmender wirtschaftl. Konzentration im Falle der großen Konzerne, nachdem die Einzelunternehmung als dominierende Unternehmensform durch die Kapitalgesellschaft abgelöst worden war (vgl. *Laski* 1921: 273 ff.).
4. Der frühe P. zog aus diesen vielfältigen Entwicklungen die systematische Konsequenz. *J. N. Figgis* sprach den Kirchen und im weiteren jedem Verband eine Autonomie zu, die der Staat zu respektieren habe. *A. D. Lindsay* und *E. Barker* kontrastierten die liberale Entgegensetzung von Individuum und Staat mit der eingetretenen „Vergesellschaftung" des einzelnen. Beide wiesen auf die Notwendigkeit einer neuen Regierungstheorie hin, die den veränderten und wachsenden Regulierungsaufgaben des Staates entspreche. *H. J. Laski* war es, der zwischen 1915 und 1925 die neue Theorie am detailliertesten ausarbeitete und den staatl. Anspruch auf → Souveränität zunächst am radikalsten verwarf. Zwar endete sein erster theoretischer Anlauf, Staat und Gesellschaft durch Einführung eines „funktionellen Föderalismus" (die polit. Demokratie als Konsumenten-, die wirtschaftl. als Produzentenverband gedacht) zu demokratisieren, in der Sackgasse ständestaatl. Vorstellungen (vgl. *Laski* 1919: 273 ff.). Als wichtiger erwies sich jedoch, daß *Laski* nicht bei der Kritik am formalen Souveränitätsanspruch des Staates stehen blieb, sondern die Frage nach den gesellschaftl. Machtverhältnissen aufwarf:
Wenn individuelle Anlagen sich erst in Gruppen und Verbänden verwirklichen können (die folglich der Freiheit ebenso bedürfen wie der einzelne) und wenn Individuen, Gruppen und Verbände zum Kräftespiel

der Interessenartikulation und polit. Willensbildung beitragen, dann, so *Laski*, folgt daraus unausweichlich die Aufgabe, die egalitären Grundlagen dieses Prozesses erst herzustellen. Dazu entwickelte der frühe P. ein Konzept der Kontrolle wirtschaftl. Macht, bei dem das Industriekapital auf die Rolle einer unter mehreren Komponenten des Produktionsprozesses reduziert wurde. Entsprechend seiner „beigesteuerte [n] Dienstleistung" sollte ihm zwar eine angemessene Entlohnung zustehen, jedoch keine besondere Dispositionsbefugnis: „Die gegenwärtige Privateigentumsordnung schließt die derzeit angewendete Methode der Unternehmensführung in keiner Weise ein" (*Laski* 1977: 113). Dieses sozialistische Element bereitete die Hinwendung *Laskis* zum → Marxismus während der 1930er Jahre vor, ohne daß er seine p. Position damit aufgegeben hätte: Erst als klassenlose erschien ihm jetzt eine p. Gesellschaft möglich (vgl. *Laski* 1977: XII).

5. Teilweise an *Laskis* radikale P.-Theorie knüpften seit den 1960er Jahren diejenigen Entwürfe an, die P. als demokratisches Partizipationskonzept auszugestalten suchten. Solche Ansätze interpretierten die moderne Kapitalgesellschaft (erst recht in der Form multinationaler Konzerne) infolge ihrer Beschäftigtenzahl und Umsatzhöhe, der weitreichenden Auswirkungen ihrer Preis- und Investitionspolitik als polit. System *sui generis*. Sie forderten deshalb eine durchgreifende Binnendemokratisierung nicht nur der Verbände und Parteien, sondern auch großer Unternehmen durch Einführung der Angestellten- und Arbeiterselbstverwaltung, verbunden mit einer einschneidenden Stärkung der Verbraucherrechte und -verbände (vgl. *Nuscheler* 1980; *Dahl* 1982; *Eisfeld* 1996).

Die Entwicklung radikaler P.-Theorien aus der Kritik am „vermachteten" Oligopolkapitalismus fiel zusammen mit dem Hervorgehen verwandter Konzeptionen aus der Infragestellung der Herrschaftsstrukturen des real existierenden Monopolsozialismus. Die Forderung nach P. als „innerem Bedürfnis des Sozialismus" (*Lombardo-Radice*) prägte 1968 das kurzlebige reformkommunistische Experiment in der CSSR. „Sozialistischer P." hieß auch das Ziel, das nach dem Sturz der *Caetano*-Diktatur zeitweise Eingang in die 1976 verabschiedete, 1982 jedoch revidierte portugiesische Verfassung fand (vgl. *Eisfeld* 1984). Das jugoslawische Konzept der „sozialistischen Selbstverwaltungsdemokratie" visierte eine derartige Perspektive seit 1950 am deutlichsten an. Die fortdauernde Einparteiherrschaft des Bundes der Kommunisten hatte es freilich längst diskreditiert, ehe die dezentralisierte jugoslawische Spielart des real existierenden Sozialismus blutig scheiterte.

Unabhängig davon bleibt für Theorie wie Praxis der Demokratie die Schaffung größtmöglicher Ressourcengleichheit als Voraussetzung für wirksame polit. Beteiligung auf der Tagesordnung. Radikale P.-Theorien behalten ihre Bedeutung als Konzepte einer entfalteten partizipativen Demokratie einer „demokratischen Transformation" (*Dahl* 1989) nicht allein durch Einbeziehung der sozioökonom. Ebene, sondern mehr und mehr auch transnationaler Bereiche: In der Ära zunehmender Regionalisierung und → Globalisierung kommt Denkansätzen zur Inangriffnahme einer „kosmopolitischen Demokratie" (*Held* 1995) durch ein vielschichtiges Netz grenzüberschreitender Regulierungsbehörden, Gerichtsinstanzen, gewählter Körperschaften sowie Interessenverbände (*multilayered governance*) radikal-pluralistischer Charakter zu.

6. Fast zeitgleich mit *Laskis* Konzeption erfolgte in den USA die Formulierung einer liberalen P.-Theorie zur Analyse jener *pressure groups*, deren frühe Formen bereits *Tocquevilles* Aufmerksamkeit auf sich gezogen hatten. 1908 argumentierte *A. F. Bentley*, jegliches gesellschaftl. Handeln lasse sich einerseits als individuelle, andererseits als Gruppen- bzw. Verbandsaktivität darstellen. Die zweite Form der Darstellung sei dabei „die Hauptsache (...) zu Beginn, am Schluß und durchweg" (*Bentley* 1949: 215). Die Anwendung dieses Konzepts auf die Beschreibung polit. Prozesse des *bargaining*, des Aushandelns organisierter Interessen, wurde nach dem II. Weltkrieg insb. von *D. Truman* (1951) der auch *E. Fraenkel* beeinflußte – sowie *E. Latham* ausgebaut und verfeinert. Im Mittelpunkt steht dabei die

Vorstellung, die Solidaritäten des einzelnen überkreuzten sich in dem Maße, wie er in Privatleben und Beruf ganz unterschiedlichen Gruppen angehöre. Das Widerspiel dieser einander überlappenden Gruppenmitgliedschaften wirke sowohl systemintegrierend, wie es letztlich die Autonomie des Individuums gewährleiste.

R. A. Dahl fügte einen wichtigen Schlußstein in das Argumentationsgebäude: In den USA existiere „eine Menge unterschiedlicher Führungsgruppen, deren jede sich auf eine andere Kombination polit.", durch „unterschiedlichste Kategorien von Bürgern" mobilisierbarer Ressourcen gründe. Damit werde „dem theoretische[n] und praktische[n] Grundaxiom des P." Genüge getan (*Dahl* 1963: 86, 228: ders. 1967: 23).

7. Im Gegensatz zur deskriptiven Akzentuierung der Gruppentheorie nahm in der BRD der Neo-P. den normativen Anspruch des frühen P. wieder auf, kehrte ihn jedoch gegen den „totalitären" anstelle des souveränen Staates und konstruierte den Idealtyp einer „autonom-pluralistisch-soziale[n]-rechtsstattliche[n] Demokratie diesseits der Mauer" als Gegenstück zu einer „heteronom-monistisch-totalitären Diktatur jenseits der Mauer" (*Fraenkel* 1964: 7). Für den Neo-P. stehen im Mittelpunkt die autonome Organisierbarkeit sozialer Interessen und die Bildung des → Gemeinwohls als Resultante aus dem Konflikt der organisierten Gruppen, soweit diese bei ihrer Auseinandersetzung sozial akzeptierte und rechtlich normierte Verfahrensregeln einhalten.

E. Fraenkel, der den Begriff Neo-P. prägte, merkte später selbstkritisch an, der Kalte Krieg habe, als er seinen Entwurf vorlegte, „auch das innenpolit. Denken der westlichen Welt" beherrscht. Er schlug vor, den (Neo-)P. als „Staatstheorie des Reformismus" zu verstehen (*Fraenkel* 1969: 23). Andere Vertreter des neo-pluralistischen Ansatzes griffen den Hinweis auf: Die „Relevanz der sozioökonomischen Rahmenbedingungen pluralistischer Demokratien" müsse stärker beachtet, der Auseinandersetzung mit dem eigenen „schlecht proportionierten gesellschaftlichen Machtsystem" mehr Aufmerksamkeit gewidmet werden (*Steffani* 1972: 33; *Sontheimer* 1972: 126). Auch der amerikan. Gruppentheorie wurde ihre Orientierung am gesellschaftl. und polit. *Status quo* vorgehalten. Die Konsistenz der Theorie wurde bestritten, ihrem „Interessengruppenliberalismus" zur Last gelegt, er konzentriere sich auf die Konflikte und Kompromisse der Führungen organisierter Gruppen, faktisch also herrschender → Eliten. *Dahl* selbst hatte bereits eingeräumt, das polit. System biete „ungewöhnliche Möglichkeiten" zum Auftürmen sozialer Macht-"Pyramiden" (*Dahl* 1963: 227). Nun zog er daraus die Konsequenz: Solange derartige Ungleichverteilungen bestünden, müsse „dem demokratischen P. eine Ausschöpfung der Möglichkeiten ausgedehnter Demokratie misslingen". Wirtschaftsdemokratie könnte einen entscheidenden Schritt zur Verringerung sozioökonomischer Disparitäten bedeuten (*Dahl* 1982: 107, 199 ff.). Die gleichfalls normativ akzentuierte Position eines sozialstaatl., „öffentlichen" P. entwickelte *W. A. Kelso*: Die Exekutive solle sich bei der Umverteilung polit. Macht zugunsten sozial benachteiligter Gruppen engagieren (*Kelso* 1978: 28 ff., 125).

Die ursprüngliche scharfe Trennung zwischen liberal und radikal akzentuierten Ansätzen hat sich damit verwischt. Was liberale Demokratie bedeutet, welche Institutionen, welches Ausmaß an Partizipation sie erfordert, ist heute strittiger denn je.

II. Als Folge sowohl des faktischen Übergangs der BRD zu einer Einwanderungsgesellschaft (→ Migrationspolitik) als auch, damit verschränkt, der Erweiterung und Vertiefung der → Europäischen Union rückt zunehmend ein ethnisch-kulturelles neben ein politisch-soziales Begriffsverständnis (selbstredend keineswegs an seine Stelle). Die Diskussion reicht ebenso weit zurück wie die Versuche, solchem P. konzeptionell gerecht zu werden. Sie hat ihre Ursprünge in der multiethnischen Gesellschaft der USA. Auch sie wendet sich im Namen der „Vielheit in der Einheit" gegen die theoretische und praktische Verabsolutierung eines einzigen (hier: kulturellen) Prinzips gegen einen „monistischen Assimilationismus" (*Mintzel* 1997: 151).

1. Ebenfalls durch *W. James* beeinflußt, entwarf *H. M. Kallen* zwischen 1915 und 1924 die Grundgedanken eines „nicht nur geographischen und administrativen, sondern auch kulturellen Bundesstaats", eines *Commonwealth* gleichberechtigter Kulturen kurz, eines kulturellen P. (*Kallen* 1924: 11, 116). *Kallen* verurteilte den Konformitätsdruck des Einschmelzungsprozesses, dem Einwanderer mit dem Ziel ihrer „Amerikanisierung" unterworfen wurden, als undemokratisch: Erst die freie kulturelle Entfaltung ethnischer Gruppen sichere sowohl dem einzelnen seine vollständige Identität als auch der Kultur der Gesamtbevölkerung ihre aus heterogenen Quellen gespeiste Kreativität. *M. M. Gordon* erweiterte *Kallens* Ansatz: Auf Dauer erfordert kultureller P. ein bestimmtes Maß an strukturellem Pluralismus. Ethnische Gruppen müssen, mindestens in gewissem Umfang, innerhalb derselben Gesellschaft getrennt voneinander fortbestehen (vgl. *Gordon* 1964).

2. Zur Untermauerung seines Konzepts berief sich *Kallen* vor wie nach dem II. Weltkrieg (vgl. *Kallen* 1956) auf das liberale Menschen- und Bürgerrechtsverständnis der amerikan. Revolution. Einen liberalen P. sah *Gordon* jedoch nur unter der Voraussetzung gewährleistet, daß die Politik Neutralität gegenüber ethnischen Gruppen übe, indem sie Diskriminierungen ebenso unterbinde wie auf eine gezielte Förderung verzichte (vgl. *Gordon* 1975; ders. 1981). *Affirmative action*-Maßnahmen (z. B. Quoten) in Ausbildung und Beschäftigung, spezifische Lehrpläne, die Einführung mehrerer Amtssprachen oder die Berücksichtigung ethnischer Kriterien bei der Zusammensetzung polit. Gremien definierte *Gordon* als Merkmale eines radikalen (von ihm als *corporate* bezeichneten) Pluralismus.

Auch hier hat sich der Versuch einer reinlichen Scheidung zweier Modelle nicht durchgesetzt. Dies hat mit den anhaltenden Schwierigkeiten zu tun, zur Formulierung eines zeitgemässen Liberalismusverständnisses zu gelangen, wie sie die Werke von *J. Rawls*, *R. Dworkin* oder *M. Walzer* offenbaren. Eine wesentliche Rolle spielt aber auch das Bemühen um die Erarbeitung systematisch-theoretischer Grundlagen für praktische Kompromisse zwischen liberalen Prinzipien und der Forderung ethnischer Gruppen nach *politics of recognition*, d. h. polit. Akzeptanz ihrer kulturellen Verschiedenheiten (vgl. *Taylor* 1992; *Bellamy/Hollis* 1999). Nicht ausgeschlossen werden kann, daß bei der Suche nach einer „fairen" (*Rawls*) Austarierung beider Ebenen das p. Dilemma umgekehrter Diskriminierungen auftritt, substantielle Grundwerte eines liberalen Demokratieverständnisses mithin in Frage gestellt werden.

Auf der institutionellen Ebene läßt sich absehen, daß zur Milderung ethnisch-kultureller → Konfliktlinien konkordanzdemokratische Modelle an Bedeutung gewinnen dürften (→ Konkordanzdemokratie). Die Probleme derartiger Akkommodationsstrategien sind erheblich: Mangel an Flexibilität, herausragende Rolle der jeweiligen Führungsgruppen, Verkümmern der Oppositionsfunktion, ausgeprägtes Patronagesystem. Wie weit diese Mängel sich reduzieren lassen bzw. durch die erzielten Integrationsvorteile aufgewogen werden, läßt sich nicht generell beantworten. Jedenfalls bedeutet ethnisch-kulturelle „Pluralisierung des P.", daß die Integrationsanforderungen an demokratische polit. Systeme steigen werden.

Lit.: *Bellamy, R./Hollis, M.* (Hrsg.) 1999: Pluralism and Liberal Neutrality, L./Portland. *Bentley, A. F.* 1949: The Process of Government, Evanston. *Dahl, R. A.* 1963: Who Governs?, New Haven. *Dahl, R. A.* 1982: Dilemmas of Pluralist Democracy, New Haven. *Eisfeld, R.* 1996: The Emergence and Meaning of Socialist Pluralism, in: IPSR, 17, 267–280. *Fraenkel, E.* 1964: Der Pluralismus als Strukturelement der freiheitlich-rechtsstaatlichen Demokratie, Mchn./Bln. *Gierke, O. v.* 1954: Das deutsche Genossenschaftsrecht, 1. Bd., Darmst. *Gordon, M. M.* 1981: Models of Pluralism, in: Annals AAPSS, 454, 178–188. *Held, D.* 1995: Democracy and the Global Order, Stanford. *James, W.* 1914: Das pluralistische Universum, Lpz. *Kallen, H. M.* 1924: Culture and Democracy in the United States, NY. *Kelso, W. A.* 1978: American Democratic Theory Pluralism and its Critics, Westport. *Laski, H. J.* 1919: Authority in the Modern State, New Haven. *Laski, H. J.* 1977: A Grammar of Politics, L. *Lijphart, A.* 1984: Democracies: Patterns of Majoritarian and Consensus Government, New Haven/L. *Mintzel, A.* 1997: Multikulturelle Gesellschaften in Europa und Nordamerika, Passau. *Steffani, W.* 1980: Pluralistische Demokratie, Opl. *Taylor, Ch.* 1992: Multiculturalism and the Politics of Recognition, Princeton. *Truman, D. B.* 1951: The Governmental Process, NY.

Rainer Eisfeld

Political correctness

Eine von den Hochschulen Nordamerikas ausgehende, in sich heterogene Bewegung. Sie fordert, als späte Spielart der Bürgerrechtsbewegung, die Benachteiligung von Minderheiten zu beseitigen, konzentriert sich dabei aber, orientiert an einem postmodernen Weltbild, auf sprachlich-kulturelle Phänomene. Die existierende Ordnung wird als Ausdruck europ. männlicher Hegemonie begriffen; alle abweichenden Gruppen, definiert über beliebige Merkmale wie Geschlecht, Rasse, Ethnie, sexuelle Orientierung, körperliche oder seelische Behinderungen usw., werden zu Opfern kultureller Unterdrückung stilisiert. „Anderssein" wird zum Wert an sich. Ziel ist deshalb nicht die gleichberechtigte → Integration in die Mehrheitsgesellschaft, sondern die im Rahmen sog. Identitätspolitik zu verwirklichende kulturelle Selbstbestimmung eines radikalen → Multikulturalismus.

Als polit. korrekt gelten individuelle Handlungen wie polit. Maßnahmen, die Diskriminierung vermeiden und die Selbstbehauptung von Minderheiten fördern. Im Kampf um die Curricula gilt es, den Kanon der *dead white males* (von *Platon* über *W. Shakespeare* bis *S. Freud*) durch Werke der afrikanischen, asiatischen usw. Kultur zu ergänzen. Mit Hilfe von *speech* und *conduct codes*, deren moralischer Rigorismus die puritanische Tradition Nordamerikas spiegelt, sind Sprache und Verhalten so zu normieren, daß Minderheiten vor Herabsetzung und Mißachtung geschützt werden: Schwarze sind als „*African-Americans*" anzusprechen, Behinderte werden zu „anders Befähigten", kleine Menschen gelten als „*vertically challenged*". Gefahren der *p. c.* liegen in der Einschränkung des Grundrechts auf Meinungsfreiheit, den ambivalenten Wirkungen positiver Diskriminierung und einer sich beschleunigenden Segregation, weil die Selbstdefinition als Opfer zunehmend Positionsvorteile im wohlfahrtsstaatl. Verteilungskampf verspricht.

Lit.: *Berman, P.* (Hrsg.) 1992: Debating Political Correctness, NY. *Choi, J. M./Murphy, J. W.* 1992: The Politics and Philosophy of Political Correctness, Westport. *Haselbach, D.* 1995: Political Correctness, in: NPL, 40, 116–133. *Hughes, R.* 1994: Nachrichten aus dem Jammmertal. Wie sich die Amerikaner in political correctness verstrickt haben, Mchn. (engl. zuerst 1993). *Levitt, C.* u. a. (Hrsg.) 1999: Mistaken Identities. The Second Wave of Controversy over „Political Correctness", NY u. a. *Schenz, V.* 1994: Political Correctness, Ffm. u. a.

Günter Rieger

Politikberatung

Unter Politikberatung (P.) ist das Verfügbarmachen von Informationen und Handlungsempfehlungen für polit. Handelnde und Entscheidende durch Wissenschaftler (wissenschaftl. P.) sowie durch Fachleute aus Wirtschaft und Gesellschaft zu verstehen. Von interner P. wird gesprochen, wenn die polit. Entscheidungsträger von verwaltungseigenen Dienststellen und Fachleuten beraten werden.

I. Das Verhältnis von Politik und Wissenschaft war in Deutschland bis in jüngere Zeit davon geprägt, daß auf die Entwicklung von → Staat, → Gesellschaft und Wissenschaft im 19. Jh. zurückverfolgbar sich der Staat und seine → Bürokratie für seine Aufgabenbewältigung fast ausschließlich auf die administrativ-professionelle Kompetenz seiner (von Gesellschaft und Wissenschaft elitär distanzierten) Beamtenschaft verließ, während geradezu spiegelbildlich die universitäre Wissenschaft in ihrer Ablehnung von Anwendungsbezug und Praxisnähe („Elfenbeinturm") eine unverzichtbare Voraussetzung für die Gewinnung von wissenschaftl. Autonomie und Legitimität erblickte. So waren denn auch die berufliche → Mobilität und der Karrierewechsel zwischen Staatsverwaltung, Wissenschaft und Gesellschaft außerordentlich gering. Das Muster zweier Welten, hier die polit. Rationalität dezisionistischen Entscheidens und Handelns, dort die wissenschaftl. Rationalität autonomen „Strebens nach Wahrheit", bestimmte das Verhältnis von Politik und Wissenschaft in seinen Grundzügen bis in die 1960er Jahre in markantem Unterschied zu anderen Ländern, wo sich das Verständnis und die Praxis anwendungsbezogener und politikberatender Sozialforschung teilweise bereits in den 1920er Jahren (bahnbrechend in den USA) oder in den 1930er Jahren (beispielsweise in Schweden) durchsetzten (vgl. *Wagner/Wollmann* 1986).

Im Verlauf der 1960er Jahre hat sich das Verhältnis von Politik und Wissenschaft auch in der Bundesrepublik umstürzend verändert. Im Einklang mit einem internat. (wiederum wesentlich von den USA angestoßenen) polit. Diskurs- und Strategiewechsel wurde die Phase sozial- und interventionsstaatl. Reformpolitiken von der Vorstellung einer „rationalen" Politik begleitet, wonach eine wesentliche Voraussetzung für modernes Regieren zum einen in der Schaffung verwaltungsinterner Planungs-, Informations-, Analyse- und Beratungskapazitäten und zum anderen in der Vergabe und Nutzung wissenschaftlicher Analyse-, Evaluierungs- und Beratungsleistungen durch externe Forschungseinrichtungen und Forscher verbunden mit einer entsprechenden Rekrutierung und Neuorientierung des Verwaltungspersonals gesehen wurde (→ Politische Planung; Öffentliche Verwaltung). Gleichzeitig zeigte eine rasch wachsende Zahl von Wissenschaftlern das Interesse und die Bereitschaft, die sich eröffnenden Chancen anwendungsbezogener Forschung und der P. zu ergreifen und an dem Projekt „verwissenschaftlichter Politik" mitzuwirken.

Der in der deutschen Politik- und Wissenschaftsgeschichte beispiellose Einschnitt und Umschwung der 1960er und 1970er Jahre kam in der breiten Reformkoalition aus Politikern, Ministerialbeamten und Wissenschaftlern sowie in der neuartigen Flut von (Wissenschaftler einbeziehenden) Reformkommissionen und Gutachter- und Forschungsaufträgen zum Ausdruck.

Mit den fortschreitenden 1970er Jahren lösten die (zumal unter der einsetzenden Wirtschafts- und Budgetkrise) rasch sichtbar werdenden Grenzen des Modells rationaler Politik und wissenschaftszentrierter P. bei Politikern ebenso wie bei Wissenschaftlern Ernüchterung aus. Während jene von dem wissenschaftsgläubigen Vertrauen in die politikleitende Prognose- und Analysekraft der Wissenschaft abrückten und wissenschaftl. Erkenntnisse nur noch als *eine* (durch ihren Objektivitätsanspruch freilich nach wie vor geadelte) Informationsquelle unter anderen (Informationen durch Berufs- und Interessenverbände, Medien usw.) betrachteten, wurden sich die (Sozial-)Wissenschaftler der in den Macht- und Interessenstrukturen steckenden Barrieren für wissenschaftl. P. und zugleich unter dem Eindruck der konstruktivistischen Kritik am neo-positivistischen Wissenschaftsmodell der (epistemologischen) Bedingtheit und Relativierung wissenschaftl. Erkenntnis durch deren normative und kognitive Prämissen vermehrt bewußt. Damit eröffnete sich für das Verhältnis von

Politik und Wissenschaft und die Rolle von P. eine neue realistische (polit. wie wissenschaftstheoretische) Geschäftsgrundlage, in der einerseits die um Machtgewinnung und -erhaltung, Interessenberücksichtigung, Konsens- und Kompromißfindung kreisende polit. Rationalität als eine der pluralistischen Demokratie (empirisch wie politiknormativ) eigentümliche Prämisse und Struktur akzeptiert wird und andererseits der wissenschaftl. P. die Funktion zugeschrieben wird, analytische Transparenz und Aufklärung in den polit. Willensbildungs- und Entscheidungsprozeß zu bringen und den Druck auf die gesellschaftlich-polit. Interessenpositionen und ihre Verfechter (*stakeholders*) zu verstärken, ihre Ansprüche argumentativ zu explizieren und zu begründen. Hierbei soll und kann sich wissenschaftl. P. in der Kontroverse als ihrem entscheidenden Medium beweisen und bewähren, indem sie ihre Erkenntnisse zunächst der innerwissenschaftl. Kontroverse (*peer review* – zur Überprüfung ihrer methodischen Kompetenz und inhaltlichen Validität) unterzieht und sodann und insb. der politisch-gesellschaftl. Kontroverse mit möglichen rivalisierenden wissenschaftl. Erkenntnissen sowie mit konkurrierenden Informationen und Deutungen anderer gesellschaftl. und wirtschaftl. Akteure (→ Interessengruppen) aussetzt.

Als Gelegenheitsstruktur für diese analytische, diskursive, Kontroverse-zentrierte („adversielle“, *adversarial*) und in gewissem Sinne auch „advokatorische“ Rolle von P. ist zum einen auf das Repertoire institutionalisierter Formen und Verfahren zu verweisen, die inzwischen in unterschiedlichen Varianten der (wissenschaftl., aber auch gesellschaftl.) Informationsübermittlung (aber auch Interessenvermittlung) auf Bundes- und Landesebene mit überwiegender Ausrichtung auf die Regierung/Exekutive und schwächerer auf das Parlament etabliert worden sind (vgl. unten II). Daneben hat sich inzwischen eine vielgestaltige Forschungslandschaft (mit einer wachsenden Zahl von in den angelsächsischen Ländern als *think tanks* bezeichneten Stiftungen und Instituten) mit politikberatendem und -gestaltendem Anspruch und Einfluß entwikkelt (vgl. unten III). Schließlich ist daran zu erinnern, daß die polit. Entscheidungen in den einzelnen Politikfeldern vielfach in deren spezifischen Politikgemeinden (*policy communities)* und -netzwerken (*policy networks*) vorbereitet und vorstrukturiert werden, die von den zuständigen Politikern und Verwaltungsexperten sowie von fachlich zuständigen Wissenschaftlern und Vertretern der Berufs- und Interessenverbände gebildet werden. In diesen informellen Zirkeln sind überaus wichtige Foren der P. zu erkennen.

II. An institutionalisierten Formen und Verfahren der P. (auf Bundesebene) sind zu unterscheiden:

1. Im Bereich der Bundesregierung: Verwaltungsinterne Beratungsinstitutionen: (a) Beraterstäbe. Dem Regierungs- bzw. Behördenchef formell zugeordnete eigene Beraterstäbe sind (im Unterschied zur französischen Organisationstradition mit ihrem dem Verwaltungschef zugeordneten *cabinet*) der deutschen Ministerialorganisation unbekannt. Allerdings nutzen die Regierungschefs und Minister informelle (gelegentlich etwas abschätzig „Küchenkabinette“ genannte) Zirkel von Beratern (aus Wissenschaft, Wirtschaft und Gesellschaft). (b) Grundsatz-, Planungs-, Forschungsabteilungen bzw. – referate: interne P. sowie Initiierung,Verarbeitung usw. der externen P. (c) Den Fachministerien unterstellte bundeseigene Forschungseinrichtungen (z. B. Bundesforschungsanstalten, Bundesumweltamt): Durchführung eigener und Auswertung, Weiterverarbeitung externer Forschungsarbeiten.

Verwaltungsexterne Organisationsformen und Verfahren: (a) Von Bundesministerien berufene (teils allein Wissenschaftler, teils auch Verbandsexperten umfassende) ständige fachpolitikspezifische Beiräte und Kommissionen (die älteste, in das 19. Jh. zurückgehende regierungsnahe Politikberatungs- und Interessenvermittlungsform); (b) Von der Bundesregierung berufene (aus Wissenschaftlern zusammengesetzte) unabhängige ständige Sachverständigenräte (insb. Sachverständigenrat zur Beurteilung der gesamtwirtschaftl. Lage [seit 1956]; Sachverständigenrat für Umweltfragen [seit 1974]: Erstellung von Jahresgutachten. (c) Von der BReg zu bestimmten Fragen einmalig (*ad hoc*) berufene (aus Politikern, Wissenschaftlern und Interessenvertretern zusammengesetzte) Sachverständigenkommissionen. (d) (Konsultative) Beteiligung der Interessenverbände und der Kommunalen Spitzenverbände (seit den mittleren 1970er Jahren) an der Ausarbeitung von Gesetzentwürfen („Referentenentwürfe").

2. Im Bereich des Bundestags (BT): (a) Wissenschaftlicher Dienst, Büro für Technikfolgenabschätzung, Ausschußsekretariate, Fraktionsstäbe: Durchführung eigener und Auswertung, Weiterverarbeitung externer Analysen. (b) Einsetzung von (einmaligen, Parlamentarier, Fachvertreter, Wissenschaftler umfassenden) Enquêtekommissionen zur Analyse gesellschaftl. und polit. Problemfelder: Enquêteberichte. (c) Von den BT-Ausschüssen veranstaltete öffentl. Anhörungen (*hearings*) (von Interessenvertretern und Wissenschaftlern) zu Gesetzentwürfen.

Innerhalb eines inzwischen bemerkenswert breiten Repertoires institutionalisierter P. (und Interessenvermittlung) zeigte die Politikwelt der Bundesrepublik bislang eine Vorliebe für die Installierung von (vorrangig auf die Regierung ausgerichteten) Beiräten und Sachverständigengremien. Inzwischen zeichnet sich eine verstärkte Parlamentarisierung der Beratungskanäle (durch Enquêtekommissionen und parlamentarische Anhörungen) ab.

III. Im Wissenschaftssystem der BRD hat sich ein weites Spektrum von Forschungseinrichtungen entwickelt, die insbesondere hinsichtlich Finanzierung und Themenstellung unterschiedliche Profile zeigen (vgl. *Thunert* 1999; *Wollmann* 2001):

1. Auftragsforschung: Beauftragung und Finanzierung von externen Forschungsleistungen (Gutachten, Prognosen, Evaluierungsuntersuchungen usw.) in der Regel durch öffentl. Dienststellen (Ministerien, → Europäische Union usw.). Akquisition und Durchführung der Auftragsforschung überwiegend durch den Sektor der privatwirtschaftl. operierenden (kommerziellen) Forschungs- und *Consulting*-Unternehmen (z. B. PROGNOS), zum geringeren Teil durch Hochschuleinrichtungen (z. B. „An"-Institute). Zur Auftragsforschung ist die Beauftragung der Wirtschaftsforschungsinstitute (u. a. Deutsches Institut für Wirtschaftsforschung) mit jährl. Gemeinschaftsgutachten und Strukturberichterstattung zu rechnen.

2. Akademische Forschung. Überwiegend öffentl. finanzierte Forschung an Hochschulen und eigenständigen Forschungseinrichtungen (z. B. Wissenschaftszentrum Berlin), teilweise mit explizitem Praxisbezug (anwendungsbezogene Grundlagenforschung) und Politikberatungsanspruch.

3. Parteien- und interessenverbandsnahe Forschungseinrichtungen. Teils aus Steuermitteln, teils aus Mitteln ihrer Mutterorganisation finanziert, verfolgen parteinahe (z. B. Konrad-Adenauer-, Friedrich-Ebert-Stiftung usw.) oder verbandsnahe Forschungsinstitute (so das gewerkschaftsnahe WSI und das unternehmernahe IW) Forschungsarbeiten insb. (als *brain trusts*) im Politik- und Beratungskontext ihrer Mutterorganisation.

4. Advokatorische Forschungseinrichtungen. Überwiegend aus (privatunternehmerischen) Stiftungsmitteln, Mitgliedsbeiträgen, Spenden, teilweise aus öffentl. Mitteln finanziert, versuchen (eine wachsende Zahl von) Stiftungen (z. B. Bertelsmann-, Hans-Böckler-Stiftung) und Institute (z. B. Institut Wirtschaft und Gesellschaft) über Forschungsthemen auf den Politikdiskurs einzuwirken.

In den 1970er und 1980er Jahren stand die politikberatungsorientierte Forschungslandschaft zunächst unter dem Bann der expandierenden Auftragsforschung und der hierauf reagierenden Ausbildung des Sektors privatwirtschaftl. Forschungs- und *Consulting*-Unternehmen. In der letzten Zeit gewinnen die dem (angelsächsischen) Typus der *think tanks* (Denkfabriken) zurechenbaren (advokatorischen) Stiftungen und (partei- und verbandsnahen) Institute (*brain trusts*) mit ihrem Anspruch, über Forschungsthemen politik- und medienwirksam Themen zu besetzen (*agenda setting*), wachsende Bedeutung, ohne bislang allerdings den Einfluß der (den seinerzeitigen neo-liberalen bzw. neo-konservativen Strategiewechsel ideologisch und konzeptionell maßgeblich steuernden) *think tanks* in den USA und in GB zu erreichen.

Lit.: *Friedrich, H.* 1970: Staatliche Verwaltung und Wissenschaft, Ffm. *Krevert, P.* 1993: Funktionswandel der wissenschaftlichen Politikberatung in der Bundesrepublik Deutschland, Münster/Hamb. *Lompe, K.* 1966: Wissenschaftliche Beratung der Politik, Gött. *Lieske, J.* 2000: Forschung als Geschäft, Ffm. *Murswieck, A.* (Hrsg.) 1994: Regieren und Politikberatung, Opl. *Nathan, R. P.* 2000: Social Science in Government, Albany. *Ritter, E.-H.* 1982, Perspektiven für die wissenschaftliche Politikberatung, in: PVS-Sonderheft 13, 458–464. *Thunert, M.* 1999: Think Tanks als Ressourcen der Politikberatung, in: Forschungsjournal Neue Soziale Bewegungen, 12(3), 10–15. *Wagner, P./Wollmann, H.* 1986: Social Scientists in Policy Research and Consulting, in: ISSJ, 601–617. *Wagner, P.* u. a. (Hrsg.) 1991: Social Sciences and Modern States, Camb. *Wissenschaftszentrum Berlin* (Hrsg.) 1977: Interaktion von Wissenschaft und Politik, Ffm. *Wollmann, H.* 2001: Contractual research, in: International Encyclopedia of Social and Behavioral Sciences, vol. 5.

Hellmut Wollmann

Politikevaluierung/Evaluierungsforschung

Unter Politikevaluierung (P.; engl.: *policy evaluation*) Programmevaluierung (engl.: *program evaluation*) – sind Analyseverfahren zu verstehen, die darauf gerichtet sind, die Zielerreichung und Wirkungen staatl. Politik bzw. polit.-administrativen Handelns zu erfassen und zu bewerten. Demnach kann Evaluierungsforschung (E.) als die systematische, sich sozialwissenschaftl. Methoden bedienende Konzipierung und Durchführung von Evaluierung bezeichnet und insofern als Variante angewandter Sozialforschung eingestuft werden. Zur Abgrenzung von konzeptionell und gegenständlich verwandten Fragestellungen und Ansätzen mag der in der *Policy*forschung gebräuchliche Politikzyklus (*policy cycle*): Politikformulierung, Politikimplementation/-realisierung, Politikbeendigung/Wirkungen dienen: Während die *Policy*forschung auf eine umfassende Analyse des *Policy*-Zyklus angelegt ist (und gewissermaßen als Oberbegriff gelten kann), hebt die Implementationsforschung in erster Linie auf den Realisierungsprozeß von Politik und dessen Verknüpfung mit der Politikformulierung ab (→ Politische Planung), während die E. auf die Wirkungen und deren Bedingtheit durch die vorherigen *Policy*-Phasen fokussiert ist.

I. Je nach Durchführungsphase und Aufgabenstellung werden gebräuchlich mehrere Untersuchungsvarianten und –typen unterschieden:

Ex-ante Evaluierung zielt darauf, die Wirkungen einer künftigen Politik/Programm/Maßnahme vorab abzuschätzen (*pre-assessment*). Evaluierbarkeitsabschätzung *(evaluability assessment)* soll vorab klären, ob die fragliche Politik/Programm/Maßnahme evaluierbar ist. Formative (oder in neuerer Diktion *on-going*) Evaluierung setzt während der Programm-/Maßnahmenrealisierung, nach Möglichkeit von deren Anfang an ein; sie dient der früh- und rechtzeitigen Rückkopplung (*feedback*) von (Zwischen-)Ergebnissen an die relevanten (polit., administrativen und gesellschaftl.) Akteure, um etwaige Korrekturen noch während der laufenden Programm-/Maßnahmenrealisierung zu ermöglichen. Der formativen Evaluierung steht die Begleitforschung nahe, innerhalb derer wiederum zwischen a) einer (distanziert) analytischen, b) einer (zusätzlich) kommunikativen und interaktiven (z. B. die Lernprozesse innerhalb und außerhalb des laufenden Realisierungsprozesses aktivierenden) und c) einer sich in diesen aktiv einmischenden (intervenierenden) Begleitforschung unterschieden werden kann; die letztere weist Übergänge zur Aktionsforschung auf. Als Monitoring kann eine (laufende)

Beobachtung bezeichnet werden, die die interessierenden Veränderungen und Wirkungen deskriptiv-analytisch zu erfassen sucht. *Ex-post* oder *summative* Evaluierung wird erst nach Abschluß des polit. Programms/ der Maßnahme durchgeführt. Hat sie vor allem die Aufgabe, den Zielerreichungsgrad zu ermitteln, ist vielfach von Erfolgskontrolle die Rede. Ist sie darauf gerichtet, die Wirkungen (intendierte Wirkungen des Handlungsprogramms = Ziele ebenso wie nichtintendierte Wirkungen) zu erfassen und zu ermitteln, ob und inwieweit die beobachtbaren Veränderungen auf das Handlungsprogramm (kausal) zurückzuführen sind, wird von Wirkungsanalysen gesprochen. Konzeptionelle Verwandtschaft weist die mit der Wirksamkeit/tatsächlichen Geltung von Gesetzen befaßte (meist der Rechtssoziologie zugeschriebene) Rechtstatsachenforschung auf. Effektivitätsuntersuchungen fragen (im Wege eines Soll-Ist-Vergleichs) nach dem Zielerreichungsgrad (*Erfolgskontrolle*) eines Programms/einer Maßnahme. Demgegenüber sind Effizienz- (oder Wirtschaftlichkeits-) Analysen von Programmen/Maßnahmen darauf gerichtet, das Verhältnis von *input* (d. h. den aufgewandten organisatorischen, personellen, finanziellen usw. Ressourcen) und *output* (d. h. den erreichten Zielen, Handlungserträgen usw.), also (insoweit den Kosten-Nutzen-Analysen verwandt) die Relation von Kosten und Nutzen zu ermitteln sei es, ob mit gegebenen Mitteln ein maximales Ergebnis erzielt worden ist (sog. Maximumsprinzip) oder ein bestimmtes Ergebnis mit einem möglichst geringen Aufwand und Mitteleinsatz erreicht worden ist (Minimumsprinzip).

II. Die P. erlebte in den 1960er Jahren (zunächst in den USA, dann in einer Reihe europ. Länder, darunter auch D) ihren Aufschwung und eine erste Welle (*Wagner/Wollmann* 1986, *Derlien* 1990), als diese Länder in eine Phase (sozialdemokratischer) interventions- und wohlfahrtsstaatl. Reformpolitik eintraten und hierbei die Vorstellung einer geplanten und rationalistischen Politik Geltung beanspruchte, in der der P. eine zentrale Erkenntnis- und Lernfunktion für Politik beigemessen wurde und dies in einem Schub experimenteller Politik, auch in der BRD, ihren beredten Ausdruck fand (*Hellstern/Wollmann* 1983). Rasch entwikkelte sich die E. zu einer regelrechten „Wachstumsindustrie" (*H. Freeman*). Hatte E. in ihrer ersten Phase als Reflex ihres reformpolit. Entstehungskontextes vor allem die Verbesserung der Wirksamkeit (*output*) staatl. Politik im Auge, so nimmt sie in ihrer zweiten Welle seit den 1980er Jahren unter den Vorzeichen der (neoliberalen) Wohlfahrtsstaatskritik und der Haushaltskonsolidierung vornehmlich deren Kosten-*input*-Reduzierung in den Blick. Im Prozeß der → Deutschen Einheit wurde das gesamte von der DDR hinterlassene Hochschul- und Forschungssystem Gegenstand einer umfassenden über die Weiterführung oder Abwicklung von Forschungseinrichtungen und Wissenschaftlern entscheidenden – Evaluierung. In Widerspiegelung der Dringlichkeit der Politikfelder sind derzeit Schwerpunkte der P. in der → Arbeitsmarktpolitik, in der Hochschul- und Forschungspolitik und in der EU-Strukturfondsförderung (gemäß dem in deren Programm ausdrücklich festgelegten Evaluierungsauftrag) zu beobachten.

Als Spielart angewandter Sozialforschung macht die E. vom gesamten sozialwissenschaftl. Methodenrepertoire Gebrauch. Hierbei spiegelt sie die in den (vor allem US-amerikan.) Sozialwissenschaften ausgetragenen wissenschaftstheoretischen und methodischen Kontroversen in geradezu exemplarischer Weise wider. Waren Diskurs und Praxis der E. in den 1960er und 1970er Jahren vom neo-positivistisch-nomologischen Wissenschaftsmodell und dementsprechend von experimentellen, quasi-experimentellen und quantitativen Analyseverfahren und -methoden dominiert, so haben in den letzten Jahren ein post-positivistisches, konstruktivistisches und relativistisches Wissenschaftsverständnis und in dessen Gefolge qualitativ-hermeneutische Methoden wachsende Anhängerschaft gefunden (vgl. *Guba/Lincoln* 1989: *fourth generation evaluation*). Gegenwärtig finden in der E. ein (dem Wissenschaftstheoretiker *I. Lakatos* folgendes) realistisches, am Objektivitätsanspruch und -streben der Wissenschaft grundsätzlich festhaltendes Wissenschaftsverständnis (*Pawson/Tilley* 1997) und ein (pragmatischer) Methodenpluralismus („Methodenmix", *Wollmann/Hellstern* 1977) offenkundig verbreitete Anerkennung und Gefolgschaft; dieser beruht auf der Einsicht, daß es den *einen* methodischen Königsweg nicht gibt, sondern eine dem jeweiligen Gegenstandsbereich, der Fragestellung und den verfügbaren finanziellen, zeitlichen usw. Ressourcen Rechnung tragende Methodenkombination, insb. aus qualitativen (v. a. Fallstudien) und quantitativen Methoden, anzuwenden ist.

III. Das rasche Vordringen der Evaluierungsfunktion schlug sich seit den 1960er Jahren einerseits im vehementen Auf- und Ausbau von mit der Durchführung, Vergabe und Auswertung von Evaluierungsuntersuchungen befaßten Verwaltungsteilen innerhalb der → Öffentlichen Verwaltung (*in house*-Evaluierung) nieder (*Derlien* 1976). Andererseits gingen Politik und Verwaltung zunehmend dazu über, externe Forschungseinrichtungen (vielfach im Wege offener und beschränkter Ausschreibungen oder aber auch freihändiger Vergabe) mit der Durchführung von Evaluierungsuntersuchungen zu beauftragen (Auftragsforschung) und zu finanzieren (Ressortforschungsmittel).

Der größte Teil der Auftragsforschung wird vom Sektor der privatwirtschaftlich operierenden Forschungseinrichtungen, ein geringerer Teil von universitären Forschungseinrichtungen bzw. deren „An-"Instituten bearbeitet. Angesichts dessen, daß die Fragestellung von E. in der Regel von der auftraggebenden (und finanzierenden) Politik- und Verwaltungseinheit den Wissenschaftlern vorgegeben wird und die Auftragsfinanzierung eine Abhängigkeit der (zudem an weiteren Forschungsaufträgen interessierten) Forscher bedingen kann, wird vor allem aus der Sicht der um die Unabhängigkeit wissenschaftl. Forschung und Erkenntnis besorgten Hochschul- und Grundlagenforscher nicht selten die Gefahr einer Kolonialisierung der Wissenschaft durch Politik und Verwaltung und einer Verschiebung und Trübung des Erkenntnisfokus (*epistemic drift*, *A. Elzinga*) beschworen. Diese ist vor allem dann nicht von der Hand zu weisen, solange, wie dies noch immer verbreitet der Fall ist, die Ergebnisberichte von E. unveröffentlicht und somit sowohl der inner-wissenschaftlichen Kritik (*peer review*) und der öffentl. polit. Debatte entzogen bleiben.

Um diese methodischen und forschungsethischen Probleme sowie Fragen der Professionalisierung der P. als eines neuen (nicht zuletzt sozialwissenschaftl.) Berufsbildes kreisen derzeit die Diskussionen in einer sich nat. wie internat. konstituierenden Evaluierungsgemeinde (*evaluation community*) eine Entwicklung, die in der Gründung (1994) der *European Evaluation Society* (www.europeanevaluation. org) und von nat. Evaluierungsvereinigungen, u. a. (1998) der *Deutschen Gesellschaft für Evaluierung* (www.degeval.de) ihren Ausdruck fand.

IV. In einem (befremdlichen) Widerspruch dazu, daß E. nunmehr seit über 30 Jahren in erheblichem Umfange unter Aufwendung hoher Finanz- und Forschungsressourcen betrieben wird, zeigt sich in der Politik- und Verwaltungspraxis – und dies wird von der sog. Verwendungsforschung (*knowledge utilization research*, vgl. *Weiss* 1991, *Wittrock* 1991, *Beck/Bonß* 1990, *Krautzberger/Wollmann* 1988) hinlänglich belegt –, daß eine unmittelbare (instrumentelle) Übernahme und Verwendung von Evaluierungsergebnissen wie von sozialwissenschaftl. generiertem Wissen insgesamt eher die Ausnahme als die Regel bildet. Vielmehr erweist sich die Verwendung (bestenfalls) als ein eher langsamer und verwickelter (auch über Interessenvertreter und Medien laufender und vermittelter) Interaktions- und Lernprozeß, in dem die Informationen, Konzepte und Argumente (*Weiss* 1991) in den polit. Willensbildungs- und Entscheidungsprozeß einsickern.

Lit.: *Beck, U./Bonß,W.* (Hrsg.) 1990: Verwendung, Verwandlung, Verwissenschaftlichung, Ffm. *Bussmann, W.* u. a. (Hrsg.) 1997: Einführung in die Politikevaluation, Basel/Ffm. *Derlien, H.-U.* 1976: Die Erfolgskontrolle staatlicher Planung, Baden-Baden. *Derlien, H.-U.* 1990: Genesis and Structure of Evaluation Efforts in Comparative Perspective, in: *Rist, R. C.* (Hrsg.) 1990: Program Evaluation and the Management of Government, New Brunswick/L., 147–176. *Guba, Y./Lincoln E.* 1989: Fourth Generation Evaluation, L. *Hellstern, G.-M./Wollmann, H.* (Hrsg.) 1983: Experimentelle Politik. Reformstrohfeuer oder Lernstrategie?, Opl. *Hellstern, G.-M./Wollmann, H.* (Hrsg.), 1984: Handbuch zur Evaluierungsforschung. Bd. 1, Opl. *Krautzberger, M./Wollmann, H.* 1988: Verwendung sozialwissenschaftlichen Wissens in der Gesetzgebung, in: Zeitschrift für Rechtssoziologie, 177–192. *Pawson, R./Tilley, N.* 1997: Realistic Evaluation, L. u. a. *Stockmann, R.* (Hrsg.) 2000: Evaluationsforschung, Opl. *Vedung, E.* 1999: Evaluation im öffentlichen Sektor, Wien u. a. *Wagner, P./Wollmann, H.* 1986: Fluctuations in the development of evaluation research, in: ISSJ, 205–218. *Weiss, C. H.* 1991: Policy research: data, ideas or arguments?, in: *Wagner, P. u. a.* (Hrsg.): Social Sciences and Modern States, Cam., 290–306. *Wittrock, B.* 1991: Social knowledge and public policy: eight models of interaction, in: *Wagner, P.* u. a. (Hrsg.): Social Sciences and Modern States, Camb., 333–354. *Wollmann, H./Hellstern, G.-M.* 1977: Sozialwissenschaftliche Untersuchungsregeln und Wirkungsforschung, in: *Haungs, P.* (Hrsg.): Res Publica, Mchn, 415–466.

Hellmut Wollmann

Politikverflechtung

Politikverflechtung (P.), auf *F. W. Scharpf* (1976) zurückgehender Fachterminus der Föderalismus-Forschung für ein → Politisches System, in dem alle wesentlichen polit. Entscheidungen nur im Verbund der verschiedenen Systemebenen, mittels Verhandlungslösungen unter den beteiligten Akteuren getroffen, und in dem die meisten öffentl. Aufgaben nicht autonom und getrennt von Zentral- und Gliedstaaten ausgeführt, sondern überhaupt nur in der Zusammenarbeit der Gebietskörperschaften wahrgenommen werden können: horizontal durch die Kooperation der Länder untereinander, vertikal durch die Kooperation von Bund und Ländern, von → EU, Bund, Ländern und Kommunen in Systemen der Mehrebenen-Verflechtung.

1. Charakteristikum der P. ist folglich die institutionelle Fragmentierung des polit.-administrativen Systems bei gleichzeitiger Wiederverflechtung. Sie ist im → Föderalismus der BRD bes. ausgeprägt, immer dichter und intensiver geworden und resultiert aus:
(1) Verfassungsgrundsätzen, u. a.: Homogenitätsgebot (Art. 28GG); Bundesrecht bricht Landesrecht; Erfordernis der Bundestreue der Länder (Art. 37GG); Eingriffsrecht des Bundes bei (a) fehlender Landesregelung; (b) Beeinträchtigung von Gesamtstaats- bzw. anderer Länderinteressen; zur (c) Wahrung der Rechts- und Wirtschaftseinheit des Bundes. Das Prinzip von der „Einheitlichkeit der Lebensverhältnisse“ (Art. 72GG) ist im Gefolge der Föderalismus-Reform von 1994 mit der Formel von der „Gleichwertigkeit“ nur unwesentlich abgeschwächt worden. (2) Einer → Politischen Kultur, die konfliktfeindlich, *output*-definiert und etatistisch auf Aushandeln und Ausgleich der polit. Eliten ausgerichtet ist (Akkommmodation). (3) Einem Regierungssystem, das auf funktionaler Aufgabenteilung und Gewaltenverschränkung basiert (intrastaatlicher Föderalismus), mit: (a) Aufgabendifferenzierung nach Kompetenzarten, d. h. der → Gesetz-

gebung weitgehend beim Bund und der → Öffentlichen Verwaltung bei den Ländern (und Kommunen; Auftragsverwaltung); (b) Mitwirkung der Länderregierungen an der Gesetzgebung des Bundes durch den Bundesrat (Einspruchs-, Zustimmungsgesetze); (c) Verbundsteuersystem seit der Einführung des „Großen Steuerverbundes" 1969 (vertikaler, horizontaler Finanzausgleich, „goldener Zügel"); (d) Beteiligungsföderalismus, v. a. durch die Mitfinanzierung von Aufgaben der Länder durch den Bund in der Form der Gemeinschaftsaufgaben, der Finanzhilfen nach Art. 104a GG, durch die Mitwirkung der Länder mittels des Bundesrates in der EU (doppelte P.); (e) Koordination von Fachpolitiken zwischen Bundes- und Länderexekutiven. (4) Sachlichen Anforderungen, die den Trend zur P. unterstrichen haben: (a) Unterschiede der Länder in Größe, Struktur (Flächen- und Stadtstaaten), Ressourcenausstattung und Finanzkraft, die (wenngleich in der Vergangenheit vergleichsweise gering) die polit. Akteure unter dem Einfluß einer auf gesellschaftl. Homogenität fixierten polit. Kultur zum Ausbau der Kooperation veranlaßten. Durch die Vereinigung haben die demographischen, sozio-ökonomischen, kulturellen Asymmetrien an Bedeutung gewonnen. (b) Der Wandel der Staatsaufgaben wie der Funktionsverlust des National- bzw. Zentralstaates, durch die der Koordinationsbedarf wuchs. (5) Eigeninteresse der Akteure von Regierungen und Verwaltungen an Bestand wie Vertiefung der P., indem Bund wie Länder ihren Verlust an eigenständigen Kompetenzen durch die Mitwirkung auf der jeweils anderen polit. Systemebene kompensieren, Politikprogramme mit Hinweis auf die Beteiligung von Bund bzw. Land aufrechterhalten oder neu durchsetzen sowie polit. Erfolge vervielfacht, Mißerfolge auf den jeweils anderen abgeschoben werden können.

2. Die Wirkungen der P. in der BRD sind widersprüchlich: Sie erleichtert einerseits den Zugang zum polit. System, dämpft den Problemdruck, fördert → Koordination wie → Integration und veranlaßt die polit. → Eliten zu einer Politik der Mitte und der Mäßigung. Andererseits führt sie durchweg zu suboptimalen Politikergebnissen, erlaubt bestenfalls Anpassungsreformen, aber keinen polit. Zielwechsel, benötigt langwierige Aushandlungsprozesse, unterstreicht den Einflußverlust der Parlamente (Exekutivföderalismus) und trägt zu Innovationsstau, Partizipations- und Legitimationsdefiziten bei, u. a. als Folge der Selbstblockade des Parteienwettbewerbs, v. a., aber nicht nur, bei gegenläufigen Partei-/Koalitionsmehrheiten in Bundestag und Bundesrat. Zudem ist ein Entkommen aus der „Politikverflechtungsfalle" (*Scharpf*) nur schwer möglich. Nicht von ungefähr sind Versuche wirklicher Entflechtung oder die Länderneugliederung bislang von den polit. Akteuren nicht ernsthaft betrieben worden.

Lit.: *Benz, A.* u. a. 1992: Horizontale Politikverflechtung, Ffm. *Hrbek, R.* 1986: Doppelte Politikverflechtung: Deutscher Föderalismus und Europäische Integration, in: *Hrbek, R./Thaysen, U.* (Hrsg.): Die deutschen Länder und die Europäischen Gemeinschaften, Baden-Baden, 17–36. *Kilper, H./Lhotta, R.* 1996: Föderalismus in der Bundesrepublik Deutschland, Opl. *Lehmbruch, G.* 2000: Parteienwettbewerb im Bundesstaat, Wsb. *Münch, U.* 1997: Sozialpolitik und Föderalismus, Opl. *Scharpf, F. W.* u. a. 1976: Politikverflechtung, Kronberg. *Scharpf, F. W.* 1994: Optionen des Föderalismus in Deutschland, Ffm./NY. *Scharpf, F. W.* 1999: Regieren in Europa, Ffm./NY. *Schultze, R.-O.* 1993: Statt Subsidiarität und Entscheidungsautonomie – Politikverflechtung und kein Ende: Der Deutsche Föderalismus nach der Vereinigung, in: Staatswissenschaften und Staatspraxis, 4, 225–255. *Schultze, R.-O.* 1999: Föderalismusreform in Deutschland, in: ZfP, 46, 173–194.

Rainer-Olaf Schultze

Politikwissenschaft

Politikwissenschaft (P.; auch Politische Wissenschaft, Wissenschaft von der Politik, Politologie), eine Disziplin der Sozialwissenschaften, die mitunter auch den Geisteswissenschaften zugeordnet wird. Darin drückt sich jeweils ein unterschiedliches Verständnis des Faches aus, das sich, methodisch betrachtet, mehr den Naturwissenschaften oder den Geisteswissenschaften zugehörig fühlen kann. P. befaßt sich mit dem Zusammenleben der Menschen als Bürger, mit der Frage, wie dieses Zusammenleben unter institutionellen (*polity*), prozeduralen (*politics*) und sachlich-materiellen Gesichtspunkten (*policy*) normativ allgemeinverbindlich geregelt werden soll und empirisch geregelt ist. Erkenntnistheoretisch und methodisch folgt sie den allg. Entwicklungen in den Geistes- und Sozialwissenschaften, in den gegenstandsbezogenen Theorien besitzt sie ihr eigenes Profil. Der Gegenstandsbereich der P. hat sich angesichts des Wandels dessen, was als polit. begriffen wird, ausgedehnt, und zugleich hat aus wissenschaftsinternen Gründen eine erhebliche Ausdifferenzierung stattgefunden.

Für einen Überblick über die Entwicklung der Disziplin ist nach wie vor die traditionelle Dreiteilung in → Politische Theorie, die Lehre von den → Politischen Systemen und die → Internationalen Beziehungen (darin die → Außenpolitik) sinnvoll. Sie dient weiterhin der Strukturierung des Faches in der Lehre. Der wissenschaftl. Diskurs findet hingegen in begrenzteren Forschungsfeldern statt, deren Entwicklung spezifischen wissenschaftl. Erkenntnisinteressen, polit. Veränderungen bzw. Nachfragen nach politikwissenschaftl. Beratung folgt: z. B. Wahlforschung, Friedens- und Konfliktforschung, Transitionsforschung, usw.

Das vorliegende Lexikon bietet einen Einblick in die vielfältigen Gegenstandsbereiche der P., wobei die Politikfelder oder *policies* im Mittelpunkt stehen, die philosophisch-ideengeschichtlichen, institutionellen und prozeduralen Dimensionen der Politik jedoch ebenfalls repräsentativ vertreten sind. Kurzum: Das Kleine Lexikon der Politik stellt dar, was P. ist, womit sie sich befaßt, was sie leistet und welche Art von Einsichten in das Politische sie zu vermitteln vermag. Angesichts der hochgradigen Spezialisierung des Faches bieten Lexika der Politik, auch wenn ihre Benutzer zunächst an spezieller Information zu einem ausgeworfenen Stichwort interessiert sein dürften, so etwas wie eine Gesamtschau der wissenschaftl. Disziplin ähnlich der Leistungsschau, die eine Messe vollbringt. Fehlte es in den ersten Jahrzehnten der Entwicklung der P. in der BRD an Einführungen in das Fach, so kann davon heute keine Rede mehr sein. Die Literaturangaben verweisen auf Lexika, Einführungen und Darstellungen der Entwicklung der P. in D.

Lit.: *Berg-Schlosser, D./Stammen, T.* 61995: Einführung in die Politikwissenschaft, Mchn. *Beyme, K. von* (Hrsg.) 1986: Politikwissenschaft in der Bundesrepublik Deutschland. Entwicklungsprobleme einer Disziplin, Opl. *Beyme, K. von* u. a. (Hrsg.) 1987: Politikwissenschaft. Eine Grundlegung, 3 Bde., Stg. u. a. *Beyme, K. v.* u. a. 1987 a: Funkkolleg Politik, 2 Bde., Ffm. *Fetscher, I./Münkler, H.* (Hrsg.) 1985: Politikwissenschaft. Begriffe, Analysen, Theorien. Ein Grundkurs, Rbk. *Hartmann, J.* 1995: Politikwissenschaft, Dresden. *Kress, G./Senghaas, D.* (Hrsg.) 1969: Politikwissenschaft, Ffm. *Lauth, H.-J.* (Hrsg.) 2001: Vergleichende Regierungslehre. Eine Einführung, Wsb. *Lehmbruch, G.* 41997: Einführung in die Politikwissenschaft, Stg. u. a. *Nohlen, D.* (Hrsg.) 1983–87: Pipers Wörterbuch zur Politik, 6 Bde., Mchn. *Nohlen, D.* (Hrsg.) 1992–98: Lexikon der Politik, 7 Bde., Mchn. *Nohlen, D./Schultze R.-O.* (Hrsg.) 52001 (zuerst 1985): Politikwissenschaft. Theorien, Methoden, Begriffe, Mchn. *Patzelt, W. J.* 31997: Einführung in die Politikwissenschaft, Passau. *Schmidt, M. G.* 1995: Wörterbuch zur Politik, Stg. *Schneider, H.* (Hrsg.) 1967: Aufgabe und Selbstverständnis der politischen Wissenschaft, Darmst.

Dieter Nohlen

Politische Bildung

I. Politische Bildung (p. B.) geht davon aus, daß jeder Mensch als ein *zoon po-*

litikon (Platon, Aristoteles) in ein Geflecht von sozialen Beziehungen (z. B. Familie, Nachbarschaft, Gemeinde, Kirche, Schule, Betrieb, Vereine, Parteien, Berufsverbände usw.) in Gesellschaft und Staat eingebunden ist. Auf dem Wege seiner (polit.) Sozialisation und Erziehung wird das Individuum zum Aufbau eigener Positionen und schließlich zu dezidierten Stellungnahmen gegenüber seiner gesellschaftl. und polit. Umwelt veranlaßt.

So wird p. B. zum Sammelbegriff für ein schulisches oder außerschulisches, institutionalisiertes oder freies, intentionales oder funktionales, aktives oder passives, verbales oder non-verbales, interaktionales Einwirken des Umfeldes auf den (Mit-)Menschen, um polit. Verhalten, Handlungsbereitschaft und -kompetenz, demokratische Spielregeln und Grundwerte, Problembewußtsein und Urteilsfähigkeit usw. zu vermitteln. Die theoretische und praktische Reichweite hängt von dem zugrundegelegten Politikbegriff ab, der sich auf einer zwischen einem legalistischen, auf die polit. Institutionen bezogenen (statischen) (*polity*) und einer auch die gesellschaftl. Bereiche einschließenden partizipatorisch-dynamischen Skala (*politics*) bewegt, der sich inhaltlich entweder stark an die Systematik der Politikwissenschaft als Leitwissenschaft anlehnt oder die übrigen Sozialwissenschaften mit einbezieht.

Die Inhalte p. B. hängen u. a. davon ab, welche der drei metatheoretischen Positionen man als Ausgangspunkt wählt: 1) die normativ-ontologische (auf die mittelalterliche Philosophie zurückgehende), 2) die empirisch-analytische (auf die Methoden der Sozialwissenschaften bezogene) und 3) die dialektisch-kritische (neo-marxistische). Sie führen zu einer Praxis p. B., die sich entweder a) an einem konservativen, *status-quo*-orientierten, obrigkeitlichen und staatszentrierten, b) an einem liberal-demokratischen, offenen, alle öffentl. Bereiche einbeziehenden oder c) an einem sozialstaatl., systemverändernden, an sozialer Gleichheit interessierten Gesellschaftsmodell ausrichtet. Alle Positionen behaupten ihre Konformität mit der Verfassung der BRD. In der Praxis treten sie häufig als Mischformen auf bzw. werden ihre methodischen Ansätze nebeneinander zur Problemlösung eingesetzt, z. B. ist eine dialektische oder kritisch-analytische Gesellschaftsanalyse auf die Berücksichtigung der historischen Dimension angewiesen, wird der normative Ansatz auch die Ergebnisse faktenbestimmter analytischer Bemühungen aufnehmen. Aus den Resultaten werden je unterschiedliche Folgerungen zu ziehen sein.

Da p. B. keine bloß theoretische Veranstaltung ist und innerhalb der Zeit verläuft, die sie in ihren präteritalen, präsentischen und futuristischen Aspekten erläutern, erkennen und beurteilen will, korrelieren ihre Schwerpunkte, Perspektiven, Intentionen usw. mit dem „Zeitgeist" der aktuellen, konkreten Politik. Dies geschieht – je nach theoretischer Grundlage – entweder affirmativ-evolutionär zum Zwecke der (relativen) Systemstabilisierung oder – während der Studentenbewegung Ende der 1960er/Anfang der 1970er Jahre – teilweise revolutionär-progressiv mit dem Ziel einer Systemtransformation. Zwischen diesen Polen sind eine Reihe von gesellschaftspolit. Varianten möglich (gewesen), die die Entwicklung der p. B. in der BRD gestaltet haben und jede für sich eine eigene kritische Auseinandersetzung mit dem polit. und gesellschaftl. System unseres Landes sowie mit dessen Platz in der Staatenwelt darstellen.

II. Eine chronologische Phaseneinteilung der p. B. in der BRD ergibt – an zentralen inhaltlichen Kriterien festgemacht – ein abwechslungsreiches Bild, dem die jeweiligen politisch-gesellschaftl. Trends korrespondieren.

Es handelt(e) sich um eine Erziehung 1) zur Gemeinschaft und Partnerschaft ab 1945 (dazu *Oetinger* 1951) als zeitdiagnostischer Reflex auf die damalige Situation in Westdeutschland: Aufbau neuer menschlicher Beziehungen, Institutionen, Werthaltungen und Befriedigung von Grundbedürfnissen nach dem totalen Zusammenbruch; Denaturierung des Staatlichen und Rückgriff auf die Gemeinschaftsideologie; 2) zum Staatsbürger seit der Mitte der 1950er Jahre (vgl. *Litt* 1953) nach der schrittweisen Etablierung des westdeutschen Staates; beschleunigt durch den Ausbruch des Kalten Krieges, den raschen Fortschritt des westeurop. Bündnissystems (→ Internationale Beziehungen) und die Eingliederung Westdeutschlands, die Blockbildung in Ost und West usw. In diesem Zusammenhang bildete der innere Aufbau des Staatswesens und einer demokratischen Gesellschaft das Zentralthema aller polit. Bemühungen, nachdem die materiellen Verhältnisse sich durch den Erfolg der → Sozialen Marktwirtschaft nachhaltig gebessert hatten; 3) zur Gesellschaftskritik ab Mitte der 1960er Jahre. Die alten gesellschaftl. Strukturen aus der Weimarer Zeit waren nach 1945 beinahe kritiklos übernommen, die Sinnfrage menschlichen Lebens war nicht gestellt, die NS-Vergangenheit nicht aufgearbeitet worden. Dies führte zu einer in die Protestbewegung gegen Ende der 1960er Jahre mündenden, konfliktorientierten Grundsatzkritik an der bestehenden Gesellschaft; 4) zu (unpolit.) neuen Werthaltungen wie das emotionale Eintreten für Tradition und Erbe, Heimat, Opfer, Pflicht, gegen Wohlstand und praktischen Materialismus, für Selbstwert und Selbstbestimmung usw. seit der Mitte der 1970er Jahre nach dem Ende der sog. Reformpolitik, schließlich nach dem Auseinanderfallen der sozial-liberalen und dem Beginn der christlich-liberalen Koalition (1982) für Verfassungspatriotismus (vgl. *Behrmann/Schiele* 1993), europ. Integration und → Globalisierung (sog. pragmatische Wende; Zukunftsdidaktik). Das dazugehörige didaktische Feld wird charakterisiert durch die jeweils dominierende Konzeption: harmonisierende Partnerschaftsdidaktik, Staatspädagogik, Kritische (Politik-)Didaktik, Konfliktdidaktik, Wertpädagogik (vgl. *Gagel* 1994).

Seit der Wende 1989/90 befindet die p. B. sich auf der Suche nach einem neuen Paradigma. Von der ideologisierten, marxistisch-leninistischen Staatsbürgerkunde der DDR war nichts für eine Übernahme oder Adaptation geeignet. Die Politikdidaktik beschäftigt sich inzwischen stärker mit Unterrichtsforschung und Methodenproblemen.

III. P. B. ist inhaltlich und konzeptionell vielfältig. Sie visiert den mündigen Bürger an, der – in Fortführung der Freiheitsgarantien der Aufklärung, der Französischen Revolution und vor allem des Grundgesetzes der BRD – in positiv-kritischer Weise am demokratischen Ausbau von Staat und Gesellschaft aktiv teilnimmt, dabei seine Interessen und Bedürfnisse verfolgt, Konflikten nicht ausweicht, auf Mitbestimmung drängt (→ Partizipation), sich dem → Gemeinwohl verpflichtet weiß, Herrschafts- und Abhängigkeitsverhältnisse kritisch analysiert und, wo möglich, zugunsten demokratischer Strukturen zu minimieren versucht. Zu diesem Zwecke sollte polit. Bewußtseins- und Willensbildung betrieben, kritisches Prüfen, Analysieren und Urteilen sowie begründetes Handeln eingeübt werden, damit weder blinder Dezisionismus noch einseitiger Aktionismus entstehen können. Inwieweit all dies gelingen und somit p. B. als effektiv bezeichnet werden kann (es gibt Staaten mit einer hohen demokratisch-polit. Kultur, aber ohne intentionale und institutionalisierte p. B.), hängt von dem Maßstab ab, den man an sie anlegt, und nicht zuletzt von den erreichten und erwünschten polit. Verhältnissen im Lande selbst. Für die BRD läßt sich eine internat. erstaunliche Stabilität des polit. Nachkriegssystems feststellen.

Lit.: *Behrmann, G. C./Schiele, S.* (Hrsg.) 1993: Verfassungspatriotismus als Ziel politischer Bildung?, Schwalbach/Ts. *Gagel, W.* 1994: Geschichte der politischen Bildung in der BRD 1945–1989, Opl. *Kuhn, H.-W.*

u. a. (Hrsg.) 1993: Politische Bildung in Deutschland, Opl. *Litt, T.* 1953: Die politische Selbsterziehung des deutschen Volkes, Bonn. *Massing, P./Weißeno, G.* (Hrsg.) 1994: Politik als Kern der politischen Bildung, Opl. *Mickel, W.* (Hrsg.) 1999: Handbuch zur politischen Bildung, Bonn/Schwalbach/Ts. *Oetinger, F.* 1951: Partnerschaft, Stg. *Weißeno, G.* (Hrsg.) 2000: Lexikon der politischen Bildung, 3 Bde., Schwalbach/Ts.

Wolfgang W. Mickel

Politische Ethik

Die politische Ethik (p. E.) bemüht sich um die Festlegung und Formulierung allgemeingültiger Normen des polit. Handelns, die als Kriterien bei der Bestimmung polit. Ziele, der Wahl angemessener Mittel zur Erreichung dieser Ziele sowie der Beurteilung der → Legitimität polit. Institutionen dienen können.

Als eigenständige Disziplin entsteht die p. E. in der frühen Neuzeit, nachdem sich die für das antike und mittelalterliche europ. Denken bestimmende Einheit von Politik und E. als Gegenstand einer allg. Philosophie des Handelns vom Gegenstand wie von der Methode her aufgelöst hatte. *Machiavelli* trennt Politik, die in erster Linie auf der klugen Ausübung von Macht beruht, von der christlichen E., wenn er Glück (*fortuna*) und Tüchtigkeit (*virtú*) zu den Faktoren erklärt, die dem Staatsmann, der bei der Erneuerung eines im Niedergang begriffenen → Staats keine Rücksicht auf moralische Bewertungskriterien nehmen darf, seine Arbeit ermöglichen. Endgültig löst *Hobbes* die Politikwissenschaft von der Moralphilosophie, wenn er die Forderung erhebt, ihren Aussagen durch die Anwendung naturwissenschaftl.-mathematischer Methoden den gleichen Exaktheitsgrad zu verleihen wie denen der Geometrie und der Physik. In der Politiktheorie der *Utilitaristen* wird traditionelle Tugendlehre als Basis der p. E. durch das Prinzip der Nützlichkeit ersetzt, nach dem jede Handlung als erlaubt gilt, die das höchste erreichbare Maß an Glück für alle Betroffenen zur Folge hat. Kriterium für die Berechnung des jeweils entstehenden Glücks ist das durch eine Handlung bewirkte Ausmaß an Freude unter Berücksichtigung des mit ihr verbundenen Leids. Allerdings bleibt es hierbei den subjektiven Zielvorstellungen des einzelnen überlassen, seine jeweiligen Glücksvorstellungen inhaltlich zu bestimmen; ein Korrekturmoment gegen die Verfälschung des Glückskalküls durch egoistische Einzelinteressen bietet allenfalls die Forderung, daß der Handelnde auf das allgemeine Wohlergehen Rücksicht zu nehmen habe.

Von zentraler Bedeutung für die Frage der Anwendbarkeit moralischer Kategorien bei der Beurteilung polit. Handelns ist die auf *Scheler* zurückgehende, von *Max Weber* weiterentwickelte Unterscheidung zwischen Gesinnungsethik und Verantwortungsethik. Gesinnungsethik beruft sich hier ausschließlich auf den Anspruch des Gewissens, das Gute erkennen zu können und es zu wollen, ohne Rücksicht auf die Konsequenzen ethisch gebotenen Handelns in der sozialen Realität zu nehmen. Verantwortungsethik mißt den Wert der moralischen Entscheidung nicht an der Qualität des subjektiven Wollens, sondern an der Verfolgung von Zielen, deren wünschenswerte Auswirkungen empirisch vorhersehbar sind. Die neueren Aufrufe zur Rückkehr zu den gemeinschaftsbezogenen Werten der amerikan. → Zivilgesellschaft, wie sie in verschiedenartiger Form bei den Vertretern des → Kommunitarismus auftreten, beruhen bisher eher auf einem Appell an eine wiederherzustellende Tradition als auf systematischer philosophischer Neubegründung. Vielversprechender scheinen hier die Versuche zu einer pragmatischen Rekonstruktion der p. E., wie sie von *J. Rawls, R. Rorty* und *R. Nozick* unternommen worden sind.

Lit.: *Burns, J. H.* (Hrsg.) 1988: The Cambridge History of Medieval Political Thought, Camb. u. a. *Burns, J. H.* (Hrsg.) 1991: The Cambridge History of Political Thought. 1450–1700, Camb. u. a. *Höffe, O.* 1979: Politik und Ethik, Ffm. *Konegen, N.* (Hrsg.) 1992: Politikwissenschaft IV: Politische Philosophie und Erkenntnistheorie, Münster u. a. *Oelmüller, W./Dölle, R./Piep-*

meier, R. (Hrsg.) 1977: Diskurs Politik, Paderborn. *Reding, M.* 1982: Politische Ethik, Freib. *Weber-Schäfer, P.* (Hrsg.) 1969: Das politische Denken der Griechen, Mchn.

Peter Weber-Schäfer

Politische Kultur

Bezeichnung für die subjektive Dimension der gesellschaftl. Grundlagen → Politischer Systeme. Politische Kultur (p. K.) bezieht sich auf unterschiedliche polit. Bewußtseinslagen, „Mentalitäten", „typische", bestimmten Gruppen oder ganzen Gesellschaften zugeschriebene Denk- und Verhaltensweisen. Sie umfaßt alle polit. relevanten individuellen Persönlichkeitsmerkmale, latente in Einstellungen und Werten verankerte Prädispositionen zu polit. Handeln, auch in ihren symbolhaften Ausprägungen, und konkretes polit. Verhalten. Solche Prädispositionen zu polit. Handlungen können als Meinungen (*beliefs*), Einstellungen (*attitudes*) und → Werte (*values*) auf einer zentral-peripheren Achse liegend angesehen werden, wobei Werte die intensivsten und beständigsten und Meinungen die oberflächlichsten Prädispositionen darstellen. Eine weitere analytische Unterscheidung bezieht sich auf unterschiedliche Komponenten einer Einstellung. So kann man gefühlsmäßige (affektive), wissensmäßige (kognitive) und wertende (evaluative) Aspekte unterscheiden.

Der analytische Status des Konzepts ist, je nach wissenschaftstheoretischer Ausrichtung der Autoren, umstritten. Von behavioralistisch orientierten Theoretikern wird ihm ein eigenständiger erklärender Stellenwert zugeschrieben. Im Gegensatz hierzu sehen orthodox-marxistische Autoren p. K. als bloß abgeleitetes, von den jeweiligen Produktionsverhältnissen determiniertes „Überbau"-Phänomen an. Neo-marxistische Autoren in der Nachfolge *Gramscis* betrachten allerdings auch jeweils anzutreffende „hegemoniale" Bewußtseinslagen als erklärungsbedürftig. Eine dritte Gruppe von Autoren behandelt p. K. als intervenierende Variable. Hieraus kann sich dann auch wieder eine Rückkopplung auf den objektiven Sachverhalt ergeben.

P. K. erfaßt als wesentliche Bestimmungsfaktoren Aspekte individueller → Politischer Sozialisation in Familie, Schule, Gruppen Gleichaltriger, sozialen Vereinigungen, Arbeitsorganisationen usw. Zu diesen individuellen Einflüssen kommt die konkrete ökonom. Interessenlage einer Person im arbeitsteiligen Gefüge einer Gesellschaft hinzu. Darüber hinaus wirken auch kollektive Erfahrungen prägend auf p. K. ein. Beispiele hierfür sind starke gesellschaftl. Erschütterungen wie → Revolutionen, → Kriege, schwerwiegende polit. Krisen u. a., die oft noch nach Generationen einstellungs- und verhaltenswirksam bleiben.

Wesentliche Inhalte von p. K. sind Aspekte nat., ethnischer usw. Identität, zentrale soziale und polit. Werthaltungen, z. B. eher autoritärer oder demokratischer Art, und letztlich die → Legitimität des polit. Systems selbst. Neben der auf die Gesamtgesellschaft bezogenen „Soziokultur" ist aber auch die auf diese einwirkende „Deutungskultur" ihrer wichtigsten Interpreten, z. B. von religiösen Führern, Politikern, Wissenschaftlern usw., zu berücksichtigen. Untersuchungen von p. K. haben in den letzten Jahrzehnten insbes. im Bereich der empirischen Demokratieforschung, gerade auch bezogen auf den vielschichtigen und wechselhaften dt. Fall, die Umbrüche in Osteuropa und in der allg. „Wertewandel"-Forschung eine Rolle gespielt.

→ Demokratie; → Politische Theorie

Lit.: *Almond, G. A./Verba, S.* 1963: The Civic Culture, Princeton. *Almond, G. A./Verba, S.* (Hrsg.) 1980: The Civic Culture Revisited, Boston. *Berg-Schlosser, D./Rytlewski, R.* (Hrsg.) 1993: Political Culture in Germany, L. *Berg-Schlosser, D./Schissler, J.* (Hrsg.) 1987: Politische Kultur in Deutschland, Opl. *Inglehart, R.* 1997: Modernisation and Postmodernisation, Princeton. *Putman, R. D.* 1993: Making Democracy Work, Princeton. *Rose, R./Mishler, W./Haerpfer, Ch.* 1998: Democracy and its Alternatives, Camb. *Thompson,* M. u. a. 1990: Cultural Theory, Boulder.

Dirk Berg-Schlosser

Politische Ökonomie

Politische Ökonomie (p. Ö.; engl. *political economy*), Bezeichnung für die wissenschaftl. Analyse von → Interdependenzen zwischen Wirtschaft und Politik, die sehr viele Strömungen umfaßt, so daß eine allg. Definition kaum möglich ist.

1. Der Begriff p. Ö. entstand Anfang des 17. Jh. und bezog sich ursprüngl. sowohl auf die Wirtschaft und Wirtschaftspolitik eines Staates als auch auf die theoretische Reflexion darüber. Die p. Ö. als wissenschaftl. Disziplin beginnt mit der Wirtschaftsliteratur in der Phase des Merkantilismus, die Handlungsanweisungen für die praktische Wirtschaftspolitik der absolutistischen Fürsten formulierte. Durch Zentralismus, Staatsmonopolismus und Protektionismus wurde der → Staat zum beherrschenden wirtschaftl. Akteur.

2. Klassische p. Ö.: Als Reaktion auf den Merkantilismus wurden beginnend mit der franz. Physiokratischen Schule Forderungen nach wirtschaftl. Freiheit erhoben (*laissez faire*-Doktrin). Die von der schottischen Moralphilosophie beeinflußte klassische engl. Nationalökonomie (*John Stuart Mill, Adam Smith, David Ricardo*) betrachtete zwar Staat und Wirtschaft als Einheit und befaßte sich auch mit ethischen Aspekten. Wesentlich war aber das Plädoyer für die wirtschaftspolit. Abstinenz des Staates: Durch die Konkurrenz in einem „System der natürlichen Freiheit" werden die auf ihr Eigeninteresse bedachten Individuen wie durch eine „unsichtbare Hand" zur größtmöglichen allgemeinen Wohlfahrt gelenkt (*Smith*). Absolute und komparative Kostenvorteile der Produktion können nur in einem Freihandelssystem voll genutzt werden (*Ricardo*). Polit. Prozesse fanden in der klassischen p. Ö. kaum Berücksichtigung. Die sozialpolit. Kritiker der klassischen Nationalökonomie, insb. die deutsche historische Schule und die sog. Kathedersozialisten, bezeichneten ihre Schriften ebenfalls als Politische Ökonomie. In der Neoklassik spielt der Begriff p. Ö. keine Rolle mehr.

3. Marxistische p. Ö. (Politökonomie): Eine erste systematische Theorie über die Interdependenz von Gesellschaft, Wirtschaft und Staat legten *Karl Marx* und *Friedrich Engels* vor. Das polit. System wird als eine sich historisch wandelnde Form der Herrschaft über die Produktionsmittel begriffen. Im → Kapitalismus dient der Staat den Kapitaleignern als Instrument zur Unterdrückung der Arbeiterklasse. Die dem Kapitalismus inhärenten Kräfte der Selbstzerstörung (Konzentration, tendenzieller Fall der Profitrate) führen aber letztlich zur Aufhebung der Ausbeutung der Arbeiterklasse und zur Auflösung des Staates. In der Zwischenstufe des → Sozialismus übernimmt der Staat als Instrument der herrschenden Arbeiterklasse die wirtschaftl. Versorgung der Bevölkerung.

4. Neomarxistische p. Ö.: Während die realsozialistische p. Ö. des 20. Jh. die marxistische Analyse im wesentlichen beibehielt, vollzogen der Reformsozialismus und neomarxistische Ansätze westl. Prägung („Neue Linke", „*Radical Economics*") eine Abkehr vom Staat als zentraler Planungsinstanz, die eine an den Bedürfnissen der Bevölkerung orientierte Versorgung mit Gütern und Dienstleistungen vorzunehmen hat. Im Zentrum der Analyse der Beziehungen zwischen Wirtschaft und Politik steht meist die Ungleichheit der Einkommens- und Vermögensverteilung im Kapitalismus, die als Ursache ungleicher polit. Macht gesehen wird. Die neomarxistische p. Ö. ist jedoch äußerst heterogen. Die Verflechtung von Politik und Wirtschaft ist auch Thema nicht-marxistischer, aber kritisch-unorthodoxer ökonom. Theorien (*J. K. Galbraith*).

5. Neue p. Ö. (Ökonomische Theorie der Politik): Aufgrund seiner Geschichte hat der Begriff p. Ö. eine anti-kapitalistische Konnotation, wogegen sich die Vertreter der → Neuen Politischen Ökonomie mit dem Wort „Neu" abzugrenzen suchten. Dieser seit den 1950er Jahren entstandene Ansatz zur Analyse der → Interdependenz von Wirtschaft und Politik bedient sich des Instrumentariums der modernen Wirtschaftstheorie, insb. der Mikroökonomie und der Spieltheorie.

Ausgehend vom ökonom. Verhaltensmodell und der Annahme der Nutzenmaximierung analysiert die Neue p. Ö. einerseits polit. Prozesse und Institutionen an sich, andererseits auch deren Einfluß auf das Wirtschaftsgeschehen im Rahmen von politisch-ökonom. Gesamtmodellen. Als „Political Economy" bezeichnen sich neuerdings auch einige nicht der Neuen p. Ö. im engeren Sinne zuzurechnende Ansätze der Wirtschafts- und Politikwissenschaft, deren Gemeinsamkeit im Interesse an polit. und ökonom. Institutionen und in den verwendeten Methoden liegt.

Lit.: *Bernholz, P./Breyer, F.* 1984: Grundlagen der Politischen Ökonomie, Tüb. *Eynern, G. v.* u. a. (Hrsg.) 1977: Wörterbuch zur Politischen Ökonomie, Opl. *Frey, B. S.* 1977: Moderne Politische Ökonomie, Mchn.. *Frey, B. S./Meißner, W.* (Hrsg.) 1973: Zwei Ansätze der Politischen Ökonomie, Ffm. *Kramm, L.* 1979: Politische Ökonomie, Mchn. *Zinn, K. G.* 1987: Politische Ökonomie, Opl.

Katharina Holzinger

Politische Philosophie

Die politische Philosophie (p. P.) thematisiert Wesen, Grund und Realisierungsformen des Politischen sowie dessen kategoriale Erschließungsweisen. Dies geschieht in systematischen Überlegungen und unter Rückgriff auf die polit. Ideengeschichte.

1. Stellenwert und Sachprofil der p. P. können reflexionslogisch im Verhältnis zur Politikwissenschaft auf zweierlei Weise bestimmt werden. (1) I. e. S. liefert sie eine wissenschaftstheoretische Analyse der empirischen Politikwissenschaft. (2) I. w. S. unternimmt sie eine philosophische, d. h. erkenntnistheoretische, ontologische und normative Reflexion. Fragen der → Politischen Ethik, der polit. Ordnung, der → Legitimität von → Herrschaft und der anthropologischen Voraussetzungen von Politik werden in unterschiedliche Welt- und Selbstverständnisse eingebunden. Dabei kommt der p. P. eine Reihe von Funktionen zu: Sie analysiert Begriffe, baut Begründungen auf, öffnet Perspektiven auf die Wirklichkeit des Politischen in der Spannweite zwischen Faktizität und Norm, artikuliert begründete Kritik. Von der polit. Religion unterscheidet sich die p. P. durch ihre skeptische, sich nicht an letzte Überzeugungen bindende Grundhaltung, vom polit. Mythos durch ihren Denkstil kontrollierter rationaler Begrifflichkeit. Konkurrierend zur polit. Weltanschauung und → Ideologie sucht auch die p. P. das umgreifende Ganze zu denken, im Gegensatz zu beiden freilich in undogmatischer Offenheit und mit der Reserve reflexiver Distanz. P. P. macht auch diese konkurrierenden Weisen umfassender Deutung zum Gegenstand, und sie thematisiert nicht zuletzt selbstbezüglich den Status einer → Politischen Theorie, die sich nicht in empirische Sozialforschung auflöst.

2. Es liegt zunächst nahe, p. P. als Teilgebiet der Philosophie zu betrachten, das deren Logik, Methoden und Deutungspotentiale übernimmt. Diese werden in der polit. Ideengeschichte aufbewahrt, re- und dekonstruiert. Dabei werden die selbstkritische Denkbewegung der → Moderne, ihre „Wenden" (transzendentale, pragmatische, linguistische) und Zeitdiagnosen (z. B. vom Ende des Menschen, der Metaphysik, der Politik) aufgenommen. In diesem Zusammenhang, der auch die Weise des Denkens selbst betrifft (etwa in der kritischen Diagnose der Dominanz technisch-funktionaler Rationalität), wird auch das Zentralthema der p. P. – das Politische – fragwürdig (normatives *versus* deskriptives Politikverständnis, Politik als technische Funktionsweise des → Staates oder als Dimension menschlicher Existenz etc.).

3. Gegenüber der Anwendung allg. philosophischer Deutungsmuster auf das spezielle Feld der Politik ergibt sich ein ganz anderer Zugang, wenn p. P. sich aus der Eigenart ihres Gegenstandes selbst bestimmt. Eine solche genuin p. P. läuft zwar Gefahr, als Moment polit. Strukturen und Prozesse in die Nähe zur Ideologie zu geraten. Sie eröffnet aber auch originäre Denkwege, indem sie die Ideengeschichte mit der soziopolit. Geschichte verbindet, zu Erfahrungen religiöser und existentieller Art in Beziehung setzt und in der Aufnahme von Traditionen des Erfahrungswissens, des Klugheits- und *Common-*

Sense-Denkens eine spezifisch praktische, d. h. aus dem Handeln kommende und auf Handeln abzielende Rationalität wiederbelebt. Die Spannung zwischen den beiden Strategien der p. P. wird oftmals nicht nur bei ein und demselben Autor der Ideengeschichte wirksam; sie bildet geradezu einen Grundzug des polit. Denkens.

Lit.: *Brecht, A.* 1961: Polit. Theorie. Die Grundlagen polit. Denkens im 20. Jahrhundert, Tüb. *Ferry, L.* 1984–85: Philosophie politique, 3 Bde. (Bd. 2 zusammen mit *A. Renaut*), Paris. *Gerhardt, V.* (Hrsg.) 1990: Der Begriff der Politik. Bedingungen und Gründe polit. Handelns, Stg. *Hartmann, K.* 1981: Polit. Philosophie, Freib. u. a. *Hennis, W.* 1963: Politik und praktische Philosophie, Neuwied u. a. *Kuhn, H.* 1967: Der Staat. Eine philosophische Darstellung, Mchn. *Strauss, L.* ²1989: What is Political Philosophy?, Glencoe/Ill. (zuerst 1959). *Vollrath, E.* 1987: Grundlegung einer philosophischen Theorie des Politischen, Würzburg.

Ulrich Weiß

Politische Psychologie

Bereits in der Philosophie der Antike wurden vereinzelt Themen bearbeitet, die wir heute dem Bereich der politischen Psychologie (p. P.) zuordnen würden. Allerdings drängte sich die Notwendigkeit einer systematischen Untersuchung der Wechselwirkungen zwischen Individualität einerseits und Kollektivität andererseits erst in der zweiten Hälfte des 19. Jh. auf. Durch die Ausdifferenzierung von Gesellschaft, bedingt u. a. durch den Einfluß der Industrialisierung verbunden mit Verstädterung, dem Übergang von der Groß- zur Kleinfamilie oder Anfängen der → Demokratisierung, begannen alte Normen- und Wertesysteme, kurz: Traditionen, ihre sinnstiftenden und handlungsorientierenden Funktionen zu verlieren. Das hatte zur Folge, daß die → Gesellschaft und ihre Institutionen diese Funktionen übernehmen mußten und daß der einzelne den Wegfall der Kollektivität sowie die Diskrepanz zwischen Individualisierung und Massengesellschaft psycho-sozial verarbeiten mußte. Mit dieser Problematik befaßten sich z. B. *Gustave LeBon* in seiner Studie „La Psychologie des foules“ (1895), *Vilfredo Pareto* in „Les Systèmes socialistes“ (1902), der Elemente „nonlogischer Aktionen“ untersuchte und eine Synthese zwischen Wertrelativismus und Sozialrelativismus herstellte oder *Sigmund Freud* in seinem Werk „Massenpsychologie und Ich-Analyse“ (1921).

Allerdings liegt der eigentliche Beginn der p. P. als Unterdisziplin an der Schnittstelle zwischen Psychologie, Soziologie, Verwaltung, Ökonomie und Politikwissenschaft in der Zeit zwischen den beiden Weltkriegen – bedingt durch Kriegserfahrung und Modernisierungsschub.

In den USA waren seinerzeit der Verlust an polit. Loyalität und die Möglichkeiten der kontrollierenden Einflußnahme zentrale Gegenstände der Psychologie. *Harold D. Lasswell* (1930) stellte in diesem Zusammenhang die Kontrolle der Kommunikation als wichtigste Kontrollmaßnahme heraus. Er gilt als der erste polit. Psychologe in den USA. In D entstand die p. P. einerseits als Ergebnis der Entwicklung von → Faschismus und → Nationalsozialismus, nämlich als Hilfsmittel, um die faschistische Massenmanipulation voranzutreiben. Andererseits entstand sie als kritische Reaktion auf diese neuen polit. Entwicklungen: so z. B. die Arbeiten zu „Studien über Autorität und Familie“ (*Horkheimer* 1936) oder „The Authoritarian Personality. Studies in Prejudice“ (*Adorno* u. a. 1950). Nach dem II. Weltkrieg war die Faschismusforschung der primäre Bereich der p. P. mit dem erkenntnisleitenden Interesse, Mechanismen des Faschismus aufzudecken, um Maßnahmen zu entwickeln, die eine Wiederholung der NS-Vergangenheit verhindern können.

I. P. P. ist mehr als die Untersuchung polit. Problemfelder mit den Mitteln der psychologischen Methode und Theorie. Sie ist vielmehr ein transdisziplinärer Ansatz, mit dem Wechselwirkungen zwischen gesellschaftlich vermitteltem individuellem Verhalten und den von Menschen geschaffenen polit. Prozessen und gesellschaftl. Strukturen untersucht werden. Polit. Prozesse werden grundsätzlich als Ergebnis der sozialen Konstruktion von Wirklichkeit (*Berger/Luckmann* 1966) betrachtet, die unter Einbezug der historischen Perspektive und des „subjektiven Faktors" analysiert werden. Die Berücksichtigung der kollektiven und individuellen Subjektivität bei der Erklärung sozialen und polit. Handelns ist das große Verdienst der polit. Psychologie. Genau hier unterscheidet sie sich von der Sozialpsychologie, die individuelles und Gruppenverhalten aufgrund von intrapersonellen Befindlichkeiten und Mikroprozessen erklärt, jedoch gesamtgesellschaftl. Einflußfaktoren ausklammert, und von der Politikwissenschaft, die in ihrer Tradition den Einfluß des Subjekts unberücksichtigt läßt. Kurz: Das Feld der p. P. ist die Dialektik zwischen individuellen Mikro- und gesellschaftlichen Makroprozessen.

Die p. P. ist in zweifacher Sicht eine wissenschaftl. Reaktion auf gesellschaftliche Krisen: Einerseits wurde aufgrund gesellschaftl. Ausdifferenzierung die Planung und Voraussagbarkeit von Verhalten für das → Politische System und dessen Akteure immer schwieriger, was die Erforschung von → Wählerverhalten, → Parteienverdrossenheit, sozialem und polit. Wandel, → Terrorismus oder Oppositionsbewegungen erforderte. In diesem Bereich sind polit. Psychologen auch politikberatend tätig. Andererseits etablierte sich die kritische Wissenschaft als „Wissenschaft von unten", deren Erkenntnisinteresse die Kritik am *Status quo* sowie am Handeln polit. Verantwortlicher ist. *M. Horkheimer* hat bereits 1932 die p. P. als Krisenwissenschaft, heute noch zutreffend, folgendermaßen beschrieben: „Je weniger das Handeln aber der Einsicht in die Wirklichkeit entspringt, ja dieser Einsicht widerspricht, desto notwendiger ist es, die irrationalen, zwangsmäßig die Menschen bestimmenden Mächte psychologisch aufzudecken" (*Horkheimer* 1968, Bd. I: 20).

Das Themenspektrum der p. P. ist breit: so z. B. Faschismusforschung, der Umgang der Deutschen mit ihrer Vergangenheit, polit. Führer, polit. Beeinflussung und Manipulation, Medienforschung, Wahlforschung und Wählerverhalten, → Politische Kultur, Technologiefolgenabschätzung, Mensch und Umwelt, psychologische Dimensionen der Kriegsursachenforschung, Militarismus, Angst und polit. Apathie. Darüber hinaus ist der Bereich der „Psychologie des Friedens" ein wichtiges Forschungsfeld. Arbeiten dazu wurden vor allem nach Kriegen (Weltkriege), während der Kriege (Vietnamkrieg) oder in Antizipation von Kriegen geschrieben: Während der 1980er Jahre entstanden viele Arbeiten zu Kriegsangst, atomarer Kriegsgefahr, Psychologie der Abschreckungslogik. Selbstredend stand auch die p. P. unter dem Zeichen des → Ost-West-Konflikts, weshalb → Internationale Beziehungen (*Birckenbach* 1988) und Feindbilder zwischen Staaten (*Frei* 1985) unter dem Blickwinkel der p. P. untersucht wurden. Nicht aber die Themen sind das Spezifische der p. P., sondern das o. g. Erkenntnisinteresse und die zugrundegelegte Methodologie.

II. Die Methodologie ist die der einzelnen wissenschaftl. Methode übergeordnete Wissenschaftstheorie, aus welcher sich die Bevorzugung der einen oder anderen Methode in den meisten Fällen ableitet. Es gibt in der p. P. keine einheitliche Methodologie; hier unterscheiden sich die unterschiedlichen Schulen. Demzufolge ist auch innerhalb der p. P. die gesamte Bandbreite der üblichen sozialwissenschaftl. Methoden vorzufinden.

Gibt es in der Politikwissenschaft die traditionelle Trias der Metatheorien – normativontologisch, empirisch-analytisch, kritischdialektisch –, so gibt es im Bereich der p. P. das „Traditionelle Wissenschaftsverständnis", die „Kritische Psychologie", die „Kritische Theorie des Subjekts" (*Moser* 1979). Die dem kritischen Rationalismus nahestehenden Vertreter des „Traditionellen Wissenschaftsverständnisses" (*W. Jacobsen, Th. Herrmann*) erkennen nur die Theorienformulierung und -überprüfung (Begründungszusammenhang) als wissenschaftlich an, nicht aber den Entdeckungs- und Verwertungszusammenhang, den sie als moralisierend und subjektivistisch bezeichnen. Diese Wissenschaftsauffassung provozierte die Kritik der Vertreter der „Kritischen Psychologie": „Ein positivistisches Selbstverständnis der nomologischen Wissenschaften leistet vielmehr dem Ersatz aufgeklärten Handelns durch Technik Vorschub" (*Habermas* 1971: 350). Die „Kritische Psychologie" stellt im Gegensatz dazu den Entdeckungs- und Verwertungszusammenhang in den Vordergrund. Ihre Vertreter (z. B. *K. H. Braun; K. Holzkamp*) kritisieren „unkritische" Forschung, da diese zur Entmündigung des Menschen und zur Aufrechterhaltung von Herrschaft beitrage. Vielmehr müsse die Wissenschaft normativ, d. h. herrschaftskritisch sein. Die Grundlage dafür ist die historisch-materialistische Gesellschaftstheorie. Die „Kritische Theorie des Subjekts" steht in der Tradition der „Frankfurter Schule" und geht über den Ansatz der „Kritischen Psychologie" hinaus, die aus dieser Sicht das Subjekt zugunsten der gesamtgesellschaftl. Analyse vernachlässige. Die Vertreter dieser Richtung (z. B. *K. Horn; A. Lorenzer*) verbinden Marxismus und Psychoanalyse, um der „Subjektivierung gesellschaftlicher Probleme" gerecht zu werden, wobei beide Theorien in grundlegend kritisierter und damit auch abgeänderter Form in die „Kritische Theorie des Subjekts" eingearbeitet werden. Auch schließt diese Forschungsrichtung die ständige Selbstreflexion des Wissenschaftlers mit ein: seinen Handlungsbezug, seine Subjektivität, seine Ziele. Mit Nachdruck werden naturwissenschaftl. Methoden abgelehnt, da menschliches Bewußtsein und Handeln nur mittels der interpretativen Methode, der Hermeneutik, analysiert werden könnten. Verbunden mit diesen unterschiedlichen Auffassungen gibt es in der p. P. auch den „Methodenstreit". Der amerikanischen p. P. wird vorgeworfen, zu behavioristisch orientiert zu sein, weshalb diese sozialstrukturelle Einflußgrößen ausblende. Oder quantitativ angelegten Untersuchungen wird entgegengehalten, daß sie sich durch ihre „(1) Nähe zum Betrieb, (2) Verwandtschaft mit dem Geist der Administration, (3) Neigung zum Moralisieren und Anthropologisieren, (4) Geschichts-, Gesellschafts- und Subjektblindheit" auszeichnen (*König* 1988, 39) Diese Kritik findet ihr Pendant in der Gegenkritik, die den Hermeneutikern vorwirft, daß ihre Untersuchungen zu wenig wissenschaftlich, zu subjektiv und damit nicht überprüfbar seien. Insgesamt unterscheidet sich die p. P. bezüglich des Methodenpluralismus und der damit zusammenhängenden Auseindersetzungen in nichts von anderen sozialwissenschaftlichen Bereichen.

III. Die p. P. als transdisziplinärer Ansatz hat sich inzwischen zwar in Form von Sektionen in den entsprechenden Berufsvereinigungen oder im Rahmen der „*International Society of Political Psychology*" organisatorisch etabliert, aber sie wird nur an wenigen Fachbereichen gelehrt, da sie nach wie vor lediglich als Unterbereich der Psychologie bzw. der Politikwissenschaft betrachtet wird. Doch ihr Beitrag – insbes. die Analyse des Subjekts – ist unverzichtbar, soll polit. Handeln nicht nur teilweise verstanden werden. Doch auch die p. P. ist gefordert, sich mit völlig neuen polit. Rahmenbedingungen und damit einer gründlichen Überarbeitung ihrer Theoriebildung zu befassen.

So ergeben sich neue Themen durch die Transformation des Ost-West-Konflikts und den damit verbundenen polit. und sozialen Wandel in den entsprechenden Regionen, der den Menschen die völlige Umorientierung und deren psycho-soziale Verarbeitung abverlangte und weiterhin abverlangt (*Maaz* 1990). Oder man betrachte weltweit neue (alte) ethnonationale Konflikte; die Bildung einer neuen Weltordnung, mit der ein neuer Chauvinismus und → Nationalismus entstehen mag; die Tatsache, daß → Kriege wieder führbar werden. Besondere Relevanz bekommt die p. P. erneut in einem ihrer angestammten Felder: der Antisemitismus- (*Rensmann* 1998), der Faschismus- und der Rechtsextremismusforschung (*Dollase* 1999). Diese Politik- und Problemfelder lassen sich nur analysieren unter Berücksichtigung der psycho-sozialen Einflußgrößen der Subjektivität von Kollektiven und konkreten Akteuren.

Lit.: *Adorno, T.* u. a. 1950: The Authoritarian Personality. Studies in Prejudice (deutsch 1973), NY. *Berger, P./Luckmann, Th.* 1966: Die gesellschaftliche Konstruktion der Wirklichkeit, Ffm. *Birckenbach, H.-M.* 1988: Die Überwindung von Feindschaft im Ost-West-Konflikt – zur politischen Psychologie einer Streitkultur. *Busch, H.-J.* 1999: Politische Psychologie, Gießen. *Dollase, R.* 1999: Politische Psychologie der Fremdenfeindlichkeit: Opfer, Täter, Mittäter, Weinheim. *Frei, D.* 1985: Feindbilder und Abrüstung. Die gegenseitige Einschätzung der UdSSR und der USA, Mchn. *Habermas, J.* (1965) 1971: Erkenntnis und Interesse, in: *Albert, H./Topitsch, E.* (Hrsg.): Werturteilsstreit, Darmst., 334–352. *Horkheimer, M.* (1932) 1968: Geschichte und Psychologie, in: *Horkheimer, M.*: Kritische Theorie. Eine Dokumentation (2 Bde.; hrsg. von A. Schmidt), Ffm. *Horkheimer, M.* (Hrsg.) 1936: Studien über Autorität und Familie, Paris. *Horn, K.* 1988: Gewalt – Aggression – Krieg. Studien zu einer psychoanalytisch orientierten Sozialpsychologie des Friedens, Baden-Baden. *Horn, K.* 1989: Politische Psychologie (hrsg. von H.-J. Busch), Ffm. *König, H.* (Hrsg.) 1988: Politische Psychologie heute (Leviathan-Sonderheft 9), Opl., 36–52. *Klingemann, H.-D./Kaase, M.* (Hrsg.): Politische Psychologie (PVS Sonderheft 12), Opl. *Lasswell, H. D.* (1930) 1966: Psychopathology and Politics. *Maaz, H.-J.* 1990: Der Gefühlsstau. Ein Psychogramm der DDR, Bln. *Moser, H.* (Hrsg.)1979: Politische Psychologie, Weinheim/Basel, 19–52. *Moser, H.* 1999: Sozialisation und Identitäten – politische Kultur im Umbruch?, Norderstedt. *Lippert, E./Wakenhut, R.* (Hrsg.) 1983: Handwörterbuch der Politischen Psychologie, Opl. *Rensmann, L.* 1998: Kritische Theorie über den Antisemitismus, Berlin.

Ulrike C. Wasmuht

Politische Sozialisation

Mit Sozialisation werden jene sozialen Prozesse bezeichnet, durch welche der Mensch die Normen, Werte, Regeln, Einstellungen, Denk- und Verhaltensmuster der Gruppe und Gesellschaft kennen- und übernehmen lernt, in die er hineingeboren wurde. Einerseits muß das Individuum Traditionen internalisieren, um überleben zu können, andererseits gibt es die Möglichkeit der individuellen Entäußerung (Externalisation). Ziel einer gelungenen primären und sekundären Sozialisation sollte die ausbalancierte Ich-Identität sein, die in der Lage ist, sich sowohl anzupassen als auch sich und die eigenen Interessen einzubringen und durchzusetzen. Die politische Sozialisation (p. S.) umfaßt einen wesentlichen Teilbereich dieses lebenslangen Lernprozesses: nämlich die Interaktion zwischen Individuum und dem Politischen des sozialen Lebens, wozu neben der polit. Organisation und Struktur des Staates, in den der Mensch hineingeboren wurde, auch polit. Einstellungs- und Verhaltensmuster der nächsten Bezugspersonen und -gruppen zählen.

Es gibt unterschiedliche Aspekte von p. S., was sich auch in der Schwerpunktsetzung entsprechender Forschungsarbeiten niederschlägt: ihre Art und Funktion, der Prozeß dieses lebenslangen Lernens oder ihre Orte, Akteure und Instanzen p. Sozialisation. Ein Grund für eine Kontroverse war und ist die

Rolle der Familie für die p. S. der Mitglieder einer Gesellschaft: Ging man früher von der „Allmacht der Familie" aus, so wurde diese Prämisse später, insb. in den 1960er Jahren relativiert. Die Erforschung p. S. birgt eine Verantwortung in sich, denn damit ist auch ein normativer Ansatz verbunden: Das Ziel sollte der politisch mündige Mensch sein, der aufgrund von Ich-Stärke neben Anpassungs- auch polit. Innovationsleistungen übernehmen kann. Das wiederum ist eine grundlegende Voraussetzung für nicht nur formal-demokratische Strukturen einer Gesellschaft, eines Staates, sondern auch für die Herausbildung zivilisatorischer Strukturen, womit vor allem die Eingrenzung von struktureller und aktueller → Gewalt verbunden ist.

→ Familienpolitik

Lit.: *Almond, G./Verba, S.* 1963: The Civic Culture: Political Attitudes on Democracy in Five Nations, Princeton. *Claußen, B./Geißler, R.* (Hrsg.) 1996: Die Politisierung des Menschen. Instanzen der politischen Sozialisation. Ein Handbuch, Opl. *Geulen, D.* 1998: Politische Sozialisation in der DDR, Opl. *Hopf, Ch./Hopf, W.* 1997: Familie, Persönlickeit, Politik. Eine Einführung in die politische Sozialisation, Weinheim u. a. *Hyman, H.* 1959: Political Socialisation, NY. *Moser, H.* 1999: Sozialisation und Identitäten – politische Kultur im Umbruch, Bonn. *Regenbogen, A.* 1998: Sozialisation in den 90er Jahren, Opl.

Ulrike C. Wasmuht

Politische Soziologie

Die Politische Soziologie (P. S.) untersucht die Beziehungen zwischen Politik und Gesellschaft, und zwar (1) als Problem der gesellschaftlichen Bedingungen polit. Verhaltens und polit. Ordnungen, (2) als Problem der Einwirkungen der Politik auf die Gesellschaft und (3) als Problem der Struktur polit. Institutionen und des Ablaufs polit. Prozesse. Die Überschneidungen mit Fragestellungen der Politikwissenschaft sind vielfältig und haben seit dem II. Weltkrieg in dem Maße zugenommen, in dem sich die P. S. immer weniger auf die erste Problemstellung beschränkte und die Politikwissenschaft über die Institutionenlehre und die → Politische Philosophie hinaus empirisch/analytische Fragestellungen im Mikrobereich (verhaltenswissenschaftl. Ansätze) und im Makrobereich (*comparative politics*) aufgriff.

Die Hauptarbeitsgebiete der heutigen P. S. sind Wählerforschung, Parteiensoziologie, → Soziale Bewegungen, Verbändeforschung und damit schwerpunktmäßig Untersuchungen der *input*-Strukturen in das → Politische System. Daneben beschäftigt sich die P. S. auf der Makroebene mit der Transformation polit. Systeme auf evolutionären und revolutionären Wegen (Transitionsforschung: Forschung zu → Systemwechseln und zu Transformationen).

Lit.: *Coser, L. A.* (Hrsg.) 1967: Political Sociology, NY./L. *Ebbighausen, R.* 1981: Politische Soziologie, Opl. *Pappi, F. U.* 1994: Politische Soziologie, in: *Kriz, J./Nohlen, D./Schultze, R.-O.* (Hrsg.): Politikwissenschaftliche Methoden (= Lexikon der Politik, Bd. 2), Mchn., 381–388.

Franz Urban Pappi

Politische Theorie

I. Politikwissenschaft ist im Vergleich zu anderen Sozialwissenschaften relativ wenig theoriebeladen. Es ist kein Zufall, daß neue theoretische Ansätze in den 1960er Jahren aus den Nachbardisziplinen kamen: Systemtheorie, Kybernetik, Hermeneutik, Strukturalismus, Funktionalismus sind nicht von Politologen entwickelt worden, sondern von ihnen nur mit einer gewissen Verspätung rezipiert worden. Nicht nur genetisch, sondern auch methodisch steht die Politikwissenschaft noch immer weitgehend zwischen stark generalisierenden Vorgehensweisen, wie sie in der Soziologie dominieren, und der individualisierenden Methode der Historiker oder der kasuistischen Methode der Juristen, die vor allem im *policy*-Bereich sogar wieder an Gelände gewinnt. Als Formen der Abstraktion sind die selektive Deskription neben der Typologie und schließlich der Systemanalyse in der politikwissenschaftl. Forschung nebeneinander akzeptiert worden *(Apter* 1977: 27).

In immer neuen Wellen gab es im Fach Politikwissenschaft Bestrebungen, Politik zur Wissenschaft nach naturwissenschaftl. Vorbild zu erheben. Die Differenzmethode des Vergleichs ist schon von *J. S. Mill* (1959: 256) im 19. Jh. als eine Methode des künstlichen Experiments aufgefaßt worden, das im Bereich sozialer Vorgänge wenig anwendbar ist. Die Übereinstimmungsmethode wird daher nicht zufällig viel häufiger angewandt, weil Experimente in der Politikwissenschaft allenfalls im Mikrobereich möglich sind. Die Bewegung für eine *New Science of Politics* in der Chicago-Schule, der Behavioralismus, der Kritische Rationalismus haben Impulse gegeben, aus der polit. Theoriebildung exakte wissenschaftl. Theorie (T.) zu machen. Der Kritische Rationalismus will deduktiv vorgehen und sich hauptsächlich der Theorieüberprüfung widmen. Der rigorose Falsifikationismus hat sich jedoch vielfach als unfruchtbar erwiesen. Der Behavioralismus – vielfach zu Unrecht mit dem, was salopp als „Neo-Positivismus" bezeichnet wird, identifiziert – ist empirienäher und eher induktiv orientiert *(Falter* 1982: 185). Seine T. enden in der Regel als Bereichstheorien. Zu T. über gesamte → Politische Systeme stoßen eher deduktiv-empirische Ansätze, funktionalistische T. oder die T. der dialektischen Schule mit zahlreichen Varianten vor.
Innerhalb des *mainstream* der Wissenschaftler, die sich empirisch-analytisch verstehen, gibt es zwei Haupttraditionen in bezug auf die angestrebte Ansatzhöhe, die man mit den beiden Soziologen *Emile Durkheim* und *Max Weber* veranschaulichen kann. Der erste Ansatz führt eher zur Modellbildung mit starkem Interesse an Prognosen, der zweite Ansatz eher zur Typologie, die mehr historische Komplexität in ihren theoretischen Aussagen bewahrt (*von Beyme* 1984). Da die metatheoretische Forschung stark ausdifferenziert ist und allenfalls von einigen Spezialisten in den Sozialwissenschaften verfolgt wird, gibt es unterschiedliche Mischungsverhältnisse der Ansätze in der polit. Theoriebildung. Ein Teil der Empiristen vertritt nach wie vor eine instrumentalistische Auffassung von T., in der T. als Werkzeuge der Erkenntnisse aufgefaßt werden, im Gegensatz zur realistischen Theorieauffassung *Poppers* und seiner Schule.

II. Ansatzhöhe und Methode sind anders als die zugrundegelegte T. instrumentell und können dem Gegenstand angemessen ausgewählt werden. Der Pluralismus der Methoden ist unverzichtbar. Anders als beim Pluralismus der T. und metatheoretischen Positionen kann der Pluralismus der Methoden auch innerhalb eines Versuchs der Theoriebildung zum Tragen kommen.

In der modernen sozialwissenschaftl. Theoriebildung wird zunehmend zwischen T. und Methode geschieden, obwohl einige Denkansätze – wie der Funktionalismus oder die dialektischen T. – immer wieder dazu neigen, beides zu vermischen. T. und Methode sind aufeinander angewiesen. Eine T. ohne methodische Überprüfung und Erweiterung bleibt nutzlos, eine Methode ohne T., welche die Entscheidung über den sinnvollen Einsatz von Methoden lenkt, bleibt steril. Methoden wirken auf die Theoriebildung zurück, aber die beschränkte Anzahl der Methoden in der Politikwissenschaft hat eine gewisse Unabhängigkeit gegenüber der Vielzahl von T., deren Gültigkeit von relativ wenigen Methoden überprüft werden muß. T. müssen falsifizierbar sein, und sie sind mit ihrer Falsifikation erledigt. Methoden sind durch die Falsifikation von T., die sie hervorgebracht haben, vielleicht diskreditiert, aber keineswegs verworfen, da eine Methode nacheinander und nebeneinander gleichzeitig viele T. erzeugen kann (*N. Luhmann*).

III. Der Wandel von T. vollzieht sich

nicht beliebig. Er ist auch von außerwissenschaftl. Faktoren beeinflußt. Die generellste Erklärung des Theoriewandels erklärt den Wandel mit dem Wandel des Paradigmas, das der Wissenschaft zugrunde liegt. Paradigma wird von *Kuhn (*1976: 187) definiert als „das, was den Mitgliedern einer wissenschaftlichen Gemeinschaft gemeinsam ist", eine „Konstellation von Meinungen, Wertungen und Methoden". Die Konflikte zwischen den metatheoretischen Positionen in den Sozialwissenschaften haben den Blick dafür geschärft, daß die Frage nach dem Fortschritt in der Wissenschaft nicht als Prozeß der Kumulation erfaßt werden kann, wie der Kritische Rationalismus mit seiner *trial-and-error*-Methode nahelegt.

Die Dynamik des Theorienwandels ist für die Sozialwissenschaften bisher kaum erforscht worden. Soweit es um die ideologischen Grundlagen der Metatheorien ging, hat man versucht, Wellen der Theoriebildung auf der Grundlage von Generationen herauszuarbeiten. Nach der Durchsetzung einer Lehre kommt es zur Entzweiung der Flügel und nach Entideologisierungsbestrebungen zu einer neuen Generationsrevolte (*Feuer* 1978). Für die wissenschaftl. Theoriebildung im engeren Sinne kann diese Dialektik des Ideologiewandels wenig erklären, und sie ist auf sie bisher auch nicht systematisch angewandt worden. Die Politikwissenschaft ist zudem als Wissenschaft zu jung, um schon sinnvolle Generalisierungen zu ermöglichen. Die Darstellungen der Geschichte der Politikwissenschaft haben entweder mit den konkreten polit. Ereignissen in dem betreffenden Land argumentiert (*Kastendiek* 1977: 245) oder ziehen sich auf eine vage Generationenhypothese zurück.

T. S. Kuhn relativiert den wiss. Fortschrittsgedanken und versucht zu zeigen, daß die Entwicklung nicht rational und kumulativ vor sich geht, sondern in Revolutionen. Das eigentlich Studierenswerte an der Geschichte einer Wissenschaft ist danach weniger die Konkurrenz der T. als der Kampf der Paradigmen, wenn plötzlich – als Antwort auf Krisen, die von den herkömmlichen und etablierten T. nicht mehr geistig gemeistert werden können – eine neue Weltanschauung aufkommt. Mit dem älteren Falsifikationismus im Kritischen Rationalismus teilt *Kuhn* noch die Annahme, daß überholte T. gleichsam zu den Akten gelegt werden. Das siegreiche Paradigma versucht sich jedoch eher kraft wissenschaftspolit. Machtpositionen als durch bloße intellektuelle Überzeugungskraft als Sieger zu definieren und das unterlegene Paradigma zu eliminieren. Kritische Rationalisten, die den Pluralismusgedanken *Poppers* ernst nehmen, haben an diesem Punkt ihre Bedenken angemeldet und lassen einen Minderheitenschutz für die unterlegenen Paradigmen zu: „Um sich bewähren zu können, müssen Theorien zunächst bewahrt werden", und: „Durch das pluralistische Bewahrungsprinzip soll der Mord an vielversprechenden neugeborenen Ideen verhindert werden, um den vorläufig unterlegenen Standpunkten die Chance zu erhalten, den Wettbewerb schließlich doch noch zu gewinnen" (*Spinner* 1974: 91). In *P. Feyerabends* (1976) anarchistischer Erkenntnistheorie schließlich kommt es sogar zur Forderung nach Gleichberechtigung für jede *prima vista* absurd erscheinende Lehre, auch wenn sich die Mehrzahl der Konfliktgegner im Paradigmenstreit über die „Unwissenschaftlichkeit" einer T. einig zu sein scheint. Der Paradigmenbegriff, der zu einer Erforschung der sozialen Grundlagen des Wissenschaftsfortschritts beitragen sollte, erscheint bisher allzu vieldeutig. Die Parallele zu *K. Mannheims* vager Kategorie der „Denkstile" drängt sich auf (*Ludz* 1978: 218). Das Verhältnis von Paradigma und T. bleibt weitgehend ungeklärt. Der Fall, daß eine T. das umfassende Phänomen darstellt, innerhalb dessen mehrere Paradigmen verschiedene Bilder für das Explanandum bereitstellen, ist nicht vorgesehen (*Hondrich/Matthes* 1978: 315). Es wird gerade in der Politikwissenschaft die polit. Dimension der sozialen in der Erforschung der Theoriedynamik hinzugefügt werden müssen.

Machiavelli und *Hobbes* haben *Aristoteles* nicht im gleichen Maß „überholt" wie *Ko-*

pernikus das Ptolemäische Weltbild. Der Aristotelismus in der polit. T. hatte ein zähes Weiterleben, zum Teil durch die Macht abgestützt. Auch die Konflikte der 1960er und 70er Jahre in der deutschen Politikwissenschaft zeigten, daß ein Paradigmenwechsel administrativ behindert werden kann. Das Bündnis der alten Erzfeinde „Normativisten" und „Neo-Positivisten" unter dem Druck des Neo-Marxismus hat in den Fakultäten und in der Hochschulpolitik ein anscheinend unterliegendes Paradigma am Leben halten können.

Wenn die *Kuhnsche* These richtig ist, haben Theorievergleiche, um die sich die deutsche Soziologie zunehmend bemüht, eigentlich keinen Sinn. Paradigmen stehen sich fremd und gesprächsunbereit gegenüber. *De facto* zeigt sich jedoch, daß die wirklich angewandten Methoden und ihre Ergebnisse viel mehr Übereinstimmungen – bis in die Relevanz- und Beurteilungskriterien hinein – aufweisen, als die von den Vordenkern der jeweiligen metatheoretischen Position proklamierten Grundsätze vermuten lassen. Nach ersten konfliktreichen Jahren, die der *Kuhn*schen These ähnlich sahen, ist zu bestreiten, daß sich die T. weiter gleichsam sozialdarwinistisch zueinander verhalten und die siegreiche nicht rastet, ehe alle anderen ausgerottet sind. Paradigmen bewegen sich nach Zeiten nutzloser Streitereien auch häufig aufeinander zu und befruchten einander trotz sattsamen Aneinandervorbeiredens wie im Positivismusstreit, in der *Habermas-Luhmann*-Debatte oder in der französischen Kontroverse zwischen Strukturalisten und Marxisten.

Stärker auf die Konstanten der Theoriebildung hebt ein Ansatz ab, der die alte soziologische Debatte um die Denkstile fortführt. *J. Galtung* (1983) etwa hat vier dominante intellektuelle Stile in den Sozialwissenschaften unterschieden. Um sie nicht allzu sehr mit einzelnen Ländern zu identifizieren, sind ihnen verfremdete Namen gegeben worden: „saxonisch", „teutonisch", „gallisch" und „nipponisch". Außer dem letzten Typ umfassen alle mehrere Länder. Der gallische Stil wird für die romanischen Länder schlechthin für typisch erklärt. Der teutonische Stil scheint nicht nur in den deutschsprachigen Ländern zu überwiegen, sondern breitete sich aufgrund kultureller Einflüsse seit dem 19. Jh. und marxistischer Denkweisen nach dem Krieg in ganz Osteuropa aus. *Galtung* sah in diesen Stilen „Idealtypen", nicht deskriptive empirische Kategorien. Die Typologie intellektueller Stile könnte als weitere Modifikation dieser These benutzt werden, weil sie Konstanten im Verhalten von Wissenschaftlern und in der Theoriebildung annimmt, die nur selten einem revolutionären Paradigmawandel ausgesetzt sind.

Wendet man *Galtungs* Typen auf die Politikwissenschaft an, so gibt es kein angelsächsisches Muster mit allen Aspekten, die *Galtung* erwähnt. Die USA und Großbritannien sind vor allem in der Interaktion von Sozialwissenschaften, Gesellschaft und Politik ziemlich unterschiedlich. Trotz einer gewissen Neigung zur Vorherrschaft des deduktiven Denkens in Deutschland und in der Sowjetunion haben beide Länder im Wissenschaftsstil im übrigen nur wenig gemeinsam. → Sozialismus und → Marktwirtschaft erklären die Varianz. Auch die drei wichtigsten romanischen Länder, Frankreich, Italien und Spanien, zeigen starke Abweichungen aufgrund unterschiedlicher historischer Traditionen. Dennoch sind diese Idealtypen nicht wertlos bei der Suche nach dem Einfluß außerwissenschaftl. Faktoren, welche die Theorieentwicklung im Fach Politikwissenschaft in verschiedenen Systemen mitgeprägt haben. Die wichtigsten von ihnen sind: a) der Einfluß langfristiger polit. Trends auf die Theoriebildung, vor allem in der Mobilisierungsphase der 1960er und 70er Jahre; b) institutionelle Faktoren wie das Erziehungssystem, in dem die Disziplin verankert ist; c) typische professionelle Hürden für Politologen in einzelnen Systemen und die Relevanz dieser Wissenschaft im polit. Prozeß; d) das intellektuelle Klima verschiedener Länder.

Angesichts der Dominanz amerikanischer sozialwissenschaftl. T. sollte man jedoch die Stile vorherrschender Theoriebildung nicht allzu wörtlich nehmen. In einigen Ländern sind sie allenfalls noch Enklaven der nat. Tradition im Meer einer szientistisch uniformierten Wissenschaftskultur, gegen die immer neue Wellen eines konservativen oder radikalen Normativismus viele Schlachten gewinnen, aber auf die Dauer jeden Krieg verlieren.

IV. Die polit. T. der Gegenwart wird die konsequente Fortführung der Ideen der klassischen → Moderne durch das postmoderne Denken verarbeiten müssen, vor allem im Bereich neuer radikalerer → Pluralismustheorien. → Postmoderne und Autopoiese schärfen den Blick für die Fragmentiertheit der Gesellschaft und für den Eigensinn, mit dem Teilbereiche sich der polit. Intervention entziehen. Die Geschichte des polit. Denkens im 20. Jh. scheint wie eine wachsende Bescheidenheit der Steuerungsansprüche des polit. Systems. Aber es spricht wenig dafür, daß die Entwicklung der polit. T. der Zukunft darin bestehen wird, die theoretische Entzauberung des Staates immer weiter zu treiben.

Polit. T. entwickeln sich nicht im luftleeren Raum. Sie sind Antworten auf soziale und polit. Probleme. Die Intentionen von postmodernem Denken und T. der selbststeuernden Systeme waren nach einer Phase der Planungs- und Lenkungseuphorie (→ Planung) auch in westl. Demokratien auf Demontage übertriebener Erwartungen gerichtet. Nur mit Demontage kann dauerhaft jedoch nicht polit. T. entwickelt werden. Die bisherige Nachmoderne erscheint in vieler Hinsicht als geistiges Produkt der Schönwetterperiode der 1980er Jahre, in denen sich die westl. Demokratien erstaunlich rasch aus dem Ölkrisenschock erholten, während der reale Sozialismus sein eigenes Grab zu schaufeln begann. Kommende Herausforderungen der realen Politik, Katastrophen, Migrationswellen ungekannten Ausmaßes, wirtschaftliche Einbrüche können rasch den Bedarf an Steuerungstheorien wieder wecken. Selbst in das Arsenal des totgesagten Sozialismus wird wieder gegriffen werden, hoffentlich ohne den Ruf nach seinen autoritären Zügen.

Die nachmodernen Steuerungsskeptiker sind durch das bloße Aufkommen eines neuen Steuerungsbedarfs nicht falsifiziert, aber erfahrungsgemäß hört ihnen in einem solchen Augenblick niemand zu. Andere, stärker handlungsorientierte T. erleben ein Comeback und werden sich bis zu einem gewissen Grade bewähren.

Es gibt auch aus wissenschaftstheoretischen Gründen wenig Veranlassung für Sozialwissenschaftler, die in ihrer Arbeit mit Handlungstheorien eine Chance von Erkenntnisgewinn und praktischem gesellschaftl. Nutzen sehen, sich von einigen Theoretikern ins Bockshorn jagen zu lassen, die das Prinzip der selbststeuernden Systeme ontologisch überhöhen. Das nachmoderne Denken wird aus dem Selbstreflexivitätsgeschwätz erst heraustreten, wenn es seine Grundsätze nicht nur auf kritisierte Altmoderne, sondern wirklich auch auf sich selbst anwendet. Auch wenn *Luhmann* mit dem radikalen Konstruktivismus nicht völlig einig ist, weil seine Systeme nicht nur als Konstrukte angesehen werden, hat er wenig Möglichkeiten, von den Prämissen seiner Lehre einen Schritt auf die alte Abbildtheorie zuzumachen. Theorien sind – nach einer unschönen englischen Übersetzung – niemals ein Abbild der wirklichen Welt *(v. Glasersfeld* 1987: 141), sondern nur „viabel". Sie können sich bewähren. Ihre Bewährung ist kein Beweis für ihre volle Wahrheit. Andere Konstrukte können ebenfalls viabel sein. Für die Politikwissenschaft, die schon in ihrer Entstehung eklektisch war, ist diese Botschaft leichter zu akzeptieren als für Disziplinen, die noch mit dem monistischen Anspruch: „eine Wissenschaft – eine Methode – eine richtige Theorie" großgeworden sind. Im Mikrobereich werden behavioralistische Ansätze ihren Zweck weiterhin erfüllen. Marktuntersuchungen und polit. Marktanalysen sichern die Viabilität des Ansatzes ohnehin, trotz – oder gerade wegen – seiner theoretischen Dürftigkeit. Der *mainstream* der Politikwissenschaft kann viable T. im Mesobereich der Kollektivakteure auch weiterhin produzieren. Folgte man *Luhmanns* rigoroser Ansicht, so ließe sich nur noch metatheoretische Evolutionstheorie treiben. Gewiß, eine

nützliche Beschäftigung, aber nicht die einzig mögliche und ganz sicher nicht die viabelste im Sinne von Anwendbarkeit und praktischem Erfolg. Die raschen Modetrends verbergen, daß sich ganz altmoderne Ansätze noch immer bewähren. Lebensweltliche Ansätze verdrängen daher nicht die behavioralistische *Survey*forschung. Kein Ansatz ist auf eine Mikroebene festgelegt. Theorien des → Wertewandels zeigten nicht weniger einen eschatologischen Zug als Lebenswelttheorien, die von vornherein makroorientiert waren.
Zu den neueren Entwicklungen der polit. T. gehört die unerwartete Rückkehr der normativen Theorie der Politik. Der Neo-Kontraktualismus ist zivilgesellschaftlich geworden und verzichtet zunehmend auf ethnische oder staatl. souveränitätstheoretische Stützungslehren. Der postmoderne Konstruktivismus erlaubt es, die Vertragstheorie als gedankenexperimentelles Testverfahren einzusetzen, ohne historische Realitätsannahmen oder metaphayische Rechtfertigungslehren zu bemühen. In Konzeptionen der deliberativen und reflexiven → Demokratie wird von einem individualistischen Ausgangspunkt die wechselseitige Anerkennung von Rechten und Pflichten der Bürger konstituiert. Die gegenseitige Verpflichtungsleistung ist dabei nicht nur prozeduralkonventionalistisch abgesteckt. Seit *Rawls* sind minimale Vorstellungen einer materialen → Gerechtigkeit mit dem Vertragsgedanken verbunden. Empirie und „normativ-prozedurale(s) Ideal" nähern sich einander an, wenn die normativen Annahmen mit den Regeln der *Rational-Choice*-Theorie oder gar der Spieltheorie zunehmend verbunden werden.
Vor einer zu geringen Distanz zwischen normativem Sollen und analytisch aufbereitetem Sein kann auch im Licht der Erfahrungen der Wissenschaftsgeschichte gewarnt werden. Empiriker beneiden zunehmend die Langlebigkeit der normativen Theorie. Nachdem die empirisch-analytische Wissenschaftstheorie jahrzehntelang die These ausgegeben hatte, die polit. Philosophie sei tot, entdeckte sie die immer auffälligere Kurzlebigkeit der empirischen Forschung. Immer rascher veralten die Ergebnisse der Forschung, und in noch rascher gewandelten Theorie- und Terminologiemoden wird selbst das noch nicht veraltete Wissen in die Flaschen neuer Begriffshülsen gefüllt.

Lit.: *Apter, D. E.* 1977: Introduction to Political Analysis, Camb./Mass. *Benz, A./Seibel, W.* 1997: Theorieentwicklung in der Politikwissenschaft, Baden-Baden. *Beyme, K. v.* [3]1996: Theorie der Politik im 20. Jahrhundert, Ffm. *Beyme, K. v.* [8]2000: Die politischen Theorien der Gegenwart, Mchn. *Beyme, K. v./Offe, C.* 1996: Politische Theorien in der Ära der Transformation (PVS-Sonderheft 26), Opl. *Druwe, U.* 1993: Politische Theorie, Mchn. *Falter, J. W.* 1982: Der „Positivismusstreit" in der amerikanischen Politikwissenschaft, Opl. *Falter, J. W.* u. a. 1990: Politische Theorie in den USA, Opl. *Feuer, L. S.* 1978: Die autoritäre Vermessenheit, Graz. *Feyerabend, P.* 1976: Wider den Methodenzwang, Ffm. *Galtung, J.* 1983: Struktur, Kultur und intellektueller Stil, in: Leviathan, 11, 303–338. *Glasersfeld, E. v.* 1987: Wissen, Sprache und Wirklichkeit, Braunschweig. *Greven, M. Th./Schmalz-Bruns, R.* (Hrsg) 1999: Politische Theorie heute, Baden-Baden. *Gunnell, J. G.* 1986: Between Philosophy and Politics, Amherst. *Hondrich, K. O./Matthes, J.* (Hrsg.) 1978: Theorienvergleich in den Sozialwissenschaften, Darmst. *Johnson, N.* 1989: The Limits of Political Science, Ox. *Kastendiek, H.* 1977: Die Entwicklung der westdeutschen Politikwissenschaft, Ffm. *Kuhn, T. S.* [2]1976: Die Struktur wissenschaftlicher Revolutionen, Ffm. *Ludz, P. C.* 1978: Thomas S. Kuhns Paradigmathese: eine ideologiekritische Untersuchung, in: Sozialphilosophie als Aufklärung. Festschrift für Ernst Topitsch, Tüb., 217–246. *Mill, J. S.* 1959: A System of Logic, L. *Peters, E. J.* 1990: The Tragedy of Political Theory, Princeton. *Spinner, H.* 1974: Pluralismus als Erkenntnismodell, Ffm. *Stammen, T.* 1976: Theoriedynamik in der Politikwissenschaft, Mchn. *Waschkuhn, A.* 1999: Kritischer Rationalismus, Mchn. *Wolin, S. S.* 1968: Paradigmas and Political Theory, in: *King, P./Parekh, B. C.* (Hrsg.): Politics and Experience, Camb./Mass., 125–152.

Klaus von Beyme

Politische Utopie

Utopie (von griech. *ou tópos* = kein Ort, Nirgendwo), wird vom Namen einer Inselzivilisation im gleichnamigen Werk des *Thomas Morus* (1516) zum allg. Begriff der klassischen politischen Utopie (p. U.): Fiktion von einem Gemeinwesen als Muster einer ideal guten und vernünftigen Politik und eines tugendhaften sozialen Lebens. Obgleich Nichtexistentes fingierend, sind p. U. Kinder ihrer Zeit; sie diagnostizieren reale Mißstände und konfrontieren sie mit idealen Alternativen. Daran knüpft sich die Verwendung von U. als Kampfbegriff: positiv als ideales Modell, negativ als wirklichkeitsfremde Phantasterei. Die inhaltliche Bandbreite von p. U. reicht von qualitativ anderen Wirtschaftsweisen (oft ohne Privateigentum) über den Staat als zentrale Instanz der Güterverteilung und kollektiven Neuorganisation bis zur staatsfreien sozialen Selbststeuerung.

Das fingierte Ideal, zunächst im Raum angesiedelt, wird ab der Aufklärung v. a. in die Zeit verlagert. In Verbindung mit dem modernen Fortschrittsglauben wird die utopische Zukunft, im Wunschtraum antizipiert, zusehends als machbar betrachtet. Den Extremfall bilden utopische Totalentwürfe einer perfekten Zukunftsgesellschaft und sogar (meist durch ein Erziehungssystem vermittelt) eines neuen Menschen (wie z. B. im → Marxismus), die ihre eigene Realisierung beinhalten (im Marxismus die Ablaufsgesetzlichkeit des Historischen Materialismus und ein klassenkämpferisches Aktionsprogramm). Der praktische Extremfall ist eine „holistische Sozialtechnik" (*K. R. Popper*), die den utopischen Totalentwurf in einem großen Plan rücksichtslos zu realisieren sucht.

In beiden (freilich nicht zwangsläufigen) Extremen verbindet sich die p. U. mit dem modernen → Totalitarismus. Fiktiv vorweggenommen bzw. gespiegelt wird diese Gefahr in den „schwarzen" U. des 20. Jh.s (*Samjatin, Huxley, Orwell*). Die Erfahrung des totalitären Terrors und das Scheitern utopischer Sozialexperimente führte zur skeptischen These vom Ende aller Utopien. Zugleich zeigt sich die anhaltende Vitalität der U. in der Entfaltung von neuen bereichsweisen U. ökologischer, feministischer, libertär-anarchischer (*R. Nozick* 1976) oder liberal-multikultureller (*R. Rorty* 1992) Art.

Lit.: *Braun, H.-J.* (Hrsg.) [2]1989: Utopien – Die Möglichkeit des Unmöglichen, Zürich (zuerst 1987). *Fest, J.* [5]1991: Der zerstörte Traum. Vom Ende des utopischen Zeitalters, Bln. *Hölscher, L.* 1990: Utopie, in: *Brunner, O.* u. a. (Hrsg.): Geschichtliche Grundbegriffe, Bd. 6, Stg., 733–788. *Manuel, F. E.* (Hrsg.) 1970: Wunschtraum und Experiment. Vom Nutzen und Nachteil utopischen Denkens, Freib. *Nozick, R.* 1976: Anarchie, Staat, Utopia, Mchn. (zuerst engl. 1974). *Rorty, R.* 1992: Kontingenz, Ironie und Solidarität, Ffm. (zuerst engl. 1989). *Saage, R.* (Hrsg.) 1992: Hat die politische Utopie eine Zukunft?, Darmst. *Saage, R.* 1997: Utopieforschung, Darmst. *Seibt, F.* 1972: Utopica. Modelle totaler Sozialplanung, Düss. *Servier, J.* 1971: Der Traum von der großen Harmonie, Mchn. (zuerst frz. 1967). *Voßkamp, W.* (Hrsg.) 1985: Utopieforschung, 3 Bde., Ffm. *Winter, M.* 1992: Ende eines Traums. Blick zurück auf das utopische Zeitalter Europas, Stg. u. a.

Ulrich Weiß

Politisches System

Im allg. politikwissenschaftl. Verständnis ist das politische System (p. S.) ein für die Analyse des Politischen grundlegender Terminus, der entspr. dem dreidimensionalen → Politikbegriff die Gesamtheit der polit. Institutionen (Strukturen), der polit. Prozesse und der Inhalte polit. Entscheidungen umfaßt.

1. Der Begriff des p. S. wurde in den 1950er Jahren in Abgrenzung zu den als zu formalistisch bzw. legalistisch empfundenen Leitbegriffen der klassischen vergleichenden Regierungslehre entwickelt und markierte im folgenden

Jahrzehnt durch das Aufkommen von Struktur- und Funktionsanalysen des p. S. den Beginn der vergleichenden Analyse räumlich und zeitlich weit auseinanderliegender polit. Syteme.

Umrissen wird das allg. Verständnis von p. S. durch Abgrenzungen gegenüber anderen Phänomenen und Abstraktionen, etwa gegenüber → Staat, → Verfassung und Regierungssystem. Vom Staat verschieden ist das p. S. dadurch, daß der Staat eine viel abstraktere Kategorie ist, andere konstituierende Bedingungen kennt (Territorium, Bevölkerung, Monopol physischer Gewaltanwendung etc.), auf (größere) Dauer angelegt ist und sich mit ihm umfassendere Fragen verbinden nach den (Staats-)Zielen und (Staats-)Funktionen, nach den Produktions- und Eigentumsverhältnissen bzw. nach dem gesellschaftl. System (Kapitalismus vs. Sozialismus). Der Begriff des p. S. ist enger festgelegt, u. a. auf Herrschaftsformen, Regimetypen (→ Demokratie, → Diktatur), polit. Systemtypen (→ Präsidentialismus, → Parlamentarismus), Machtverhältnisse (→ Parteien, → Regierung) und Formen gesellschaftl. und polit. → Repräsentation (→ Pluralismus, → Korporatismus) in einem Staat, sämtlich Phänomene, die dem Wandel unterliegen. Von Verfassung ist das p. S. verschieden, dadurch daß die institutionellen Einrichtungen und verfahrensmäßigen Regelungen, die eine zumeist geschriebene Verfassung vornimmt, zwar für den polit. Prozeß von Bedeutung sind, ihn aber weder vollends strukturieren noch real erfassen. Der Begriff Verfassung hebt auf das Juristisch-Normative, der Begriff p. S. auf das Empirisch-Tatsächliche ab (→ Verfassungswirklichkeit). Von Regierungssystem ist p. S. dadurch verschieden, daß nicht nur die polit. Institutionen, sondern auch Gegebenheiten und Entwicklungen des gesellschaftl. Umfeldes in den Blick genommen werden und der Wirkungszusammenhang zwischen dem Institutionengefüge, die Interaktion der Institutionen und der Gesellschaft mit erforscht wird. Die Vorstellung, daß es im p. S. zu einem Verhältnis gegenseitiger Abhängigkeit von Institutionensystem und gesellschaftlich-politischen Prozessen kommt, führt in Richtung auf eine Präzisierung des polit. Systembegriffs, wie sie von der Systemtheorie herbeigeführt wurde.

2. Im Verständnis der Systemtheorie ist das p. S. ganz allg. dasjenige gesellschaftl. Teilsystem, das für die Produktion kollektiv verbindlicher Entscheidungen zuständig ist. Der Systembegriff impliziert die Vorstellung einer zum Gleichgewicht tendierenden, intern in eine Vielzahl interdependenter Elemente, Rollen und Prozesse differenzierten Einheit, die von einer sozialen, kulturellen, ökonom. und physischen Umwelt unterscheidbar, mit dieser aber durch wechselseitige Austauschprozesse verbunden ist.

D. Easton (^{2}1971, zuerst 1953) bestimmte das p. S. als Adressat gesellschaftl. Forderungen und Unterstützungsleistungen (*inputs*) einerseits und als Lieferant verbindlicher Entscheidungen und Maßnahmen (*outputs*) andererseits. *Input-* und *Output-*Funktionen sind in einem dynamischen Regelkreislauf miteinander verbunden. Im Anschluß an die allg. Systemtheorie von *T. Parsons* und an die polit. Kybernetik von *K. W. Deutsch* zielte das Modell *Eastons* auf die Frage, durch welche Organisations-, Differenzierungs-, Kommunikations- und Steuerungsprozesse ein p. S. die auf der *Input-*Seite entstehenden gesellschaftl. Forderungen in *Output-*Leistungen zu übersetzen vermag, die ihrerseits wiederum die gesellschaftl. Unterstützung des p. S. und damit dessen Fortbestand sichern. Die Bedingungen der Stabilität bzw. Anpassungsfähigkeit p. S. sollten in das Zentrum der politikwissenschaftl. Theoriebildung gerückt werden (*Easton* 1971: 575).

Die vergleichende Forschung wurde freilich mehr durch das von *G. A. Almond* entwikkelte, teilweise auf *Easton* aufbauende Konzept des p. S. beeinflußt. Ebenfalls von einem Regelkreismodell ausgehend, zeichnet sich das *Almond*sche Konzept durch eine differenzierende Konkretisierung der das p. S. bestimmenden Funktionen und durch die Einführung des Begriffs der polit. Struktur aus. In Weiterentwicklung des ursprünglichen Konzepts werden folgende Funktionen unterschieden: (1) die Prozeßfunktionen Interessenartikulation, Interessenaggregation, Politikformulierung (*policy-making*) sowie Politikimplementation und Anpassung; (2) die Systemfunktionen → Politische Sozialisation, Rekrutierung und Kommunikation und (3) die *Policy*-Funktionen Ressourcennutzung (*extraction*), effektive Regeldurchsetzung (*regulation*) und Verteilung (*distribution*). Die Systemfunktionen lassen sich wesentlich dem *Input*-Bereich zuordnen, die Prozeßfunktionen beziehen sich auf Abläufe innerhalb des p. S., also auf die Umsetzung von *inputs* in *outputs*, und die *Policy*-Funktionen konstituieren den eigentlichen *Output*-Bereich, die von p. S. ausgehenden „substantiellen" Einflüsse auf Gesellschaft, Wirtschaft und Kultur (*Almond* u. a. 1993: 11).

Im ursprünglichen Modell war der *output* mit der Unterscheidung von Regelsetzung, Anwendung und Auslegung (*Almond/Coleman* 1960: 17) noch stark an der klassischen Trias der → Gewaltenteilung (Legislative, Exekutive, Judikative) orientiert gewesen. Polit. Strukturen sind all jene Institutionen (Organisationen, Verfahrensordnungen, Normen und Rollensets), die einen Beitrag zur Erfüllung der einzelnen Funktionen bzw. Funktionsgruppen leisten. Das empirische Forschungsinteresse der dem Systembegriff verpflichteten Politikwissenschaft richtet sich zunächst auf die System- und Prozeßfunktionen, die dabei maßgeblichen Neuerungen, das Paradigma der polit. Entwicklung und das Konzept der → Politischen Kultur, nährten den nur bedingt gerechtfertigten Vorwurf, der Systemansatz erhebe in ethnozentrischer Weise spezifische polit.-strukturelle und kulturelle Merkmale westl. industriegesellschaftl. Demokratien (z. B. die Ausbildung von Mehrparteiensystemen und Verbändepluralismus, die Säkularisierung und Individualisierung von Wertvorstellungen) zum universalen Ziel polit.-gesellschaftlicher → Entwicklung und damit zu einem normativen Maßstab der vergleichenden Forschung. Dieser Eindruck konnte auch deswegen entstehen, weil in der Praxis nur wenige Studien eine tatsächlich nach funktionalen Äquivalenten suchende, vergleichende Strukturanalyse räumlich oder zeitlich auseinanderliegender p. S. leisteten. Bis heute orientieren sich zahlreiche Untersuchungen am typischen Institutionensystem westl. Industriegesellschaften (z. B. Regierung, Parlament, kompetitive Wahlen, Parteiensystem, Interessengruppen) wie an einer *Check*liste und bringen wenig Gespür für die Bedeutung genuiner polit. Strukturen der jeweiligen Vergleichsgesellschaften auf. Seit den 1970er Jahren kamen die *output*-bezogenen Funktionen in den Blickpunkt der Forschung, damit wurde auch ein – allerdings selten gesuchter – Anschluß der empirischen polit. Systemanalyse an die Steuerungsdebatten der neueren Systemtheorie möglich, die den Steuerungsoptimismus vieler Empiriker längst abgelegt hat. Die deskriptiven und analytischen Leistungen der mit dem Begriff des p. S. operierenden empirischen Forschung erscheinen zunehmend entkoppelt von den Entwicklungen in der Systemtheorie selbst, die ihrerseits nur wenig Interesse für die Erträge der vergleichenden Politikwissenschaft aufbringt.

3. Nach Wiederbegründung der → Politikwissenschaft in D nach dem II. Weltkrieg hat es lange gebraucht, ehe Gesamtdarstellungen der Bonner Demokratie vorgelegt wurden. Mit „dem Ellwein" wurde 1963 der Bann gebrochen. Seither wurden etliche Beschreibungen des deutschen polit. Systems verfaßt, einige aktualisiert viele Male aufgelegt. In der Lit. wird auf diese Werke verwiesen.

Lit.: *Almond, G./Coleman, J. S.* (Hrsg.) 1960: The Politics of Developing Areas, Princeton. *Almond, G./Powell, G. B.* [2]1978: Comparative Politics. System, Process, and Politics, Boston u. a. *Almond, G. A.* u. a. 1993: Comparative Politics. A Theoretical Framework, NY. *Andersen, U./Woyke, W.* (Hrsg.) [4]2000: Handbuch des politischen Systems der Bundesrepublik Deutschland, Opl. *Berg-Schlosser, D./Müller-Rommel, F.* (Hrsg.) [3]1997: Vergleichende Politikwissenschaft, Opl. *Beyme, K. von* [9]1999: Das politische System der Bundesrepublik Deutschland,

Opl./Wsb. *Deutsch, K. W.* 1963: The Nerves of Government, NY. *Easton, D.* ³1979: A Systems Analysis of Political Life, NY u. a. (zuerst 1965). *Easton, D.* ²1971: The Political System. An Inquiry into the State of Political Science, NY (zuerst 1953). *Hartmann, J.* 2000: Westliche Regierungssysteme, Opl. *Hesse, J. J./Ellwein, T.* ⁸1997: Das Regierungssystem der Bundesrepublik Deutschland, Wsb. *Ismayr, W.* (Hrsg.) 1997: Die politischen Systeme Westeuropas, Opl. *Parsons, T.* 1969: Politics and Social Structure, NY. *Lauth, H.-G.* (Hrsg.) 2001: Vergleichende Regierungslehre. Eine Einführung, Wsb. *Rudzio, W.* ⁴1996: Das politische System der Bundesrepublik Deutschland, Opl. *Sontheimer, K./Bleek, W.* ¹⁰1998: Grundzüge des politischen Systems der Bundesrepublik Deutschland, Mchn.

Dieter Nohlen/Bernhard Thibaut

Populismus

Populismus (P.; von lat. *populus* = Volk) ist ein mehrdeutig verwendeter Begriff extrem unterschiedlicher Bewertung. Er dient allg. als Bezeichnung für eine negativ bewertete Politik, die sich in der Gier nach Zustimmung von seiten des Volkes demagogischer Parolen bedient, dem Volke nach dem Munde redet, an Instinkte appelliert und einfache Lösungen propagiert sowie verantwortungsethische Gesichtspunkte weitestgehend außer acht läßt. Positiv bewertet, eine Politik, die die Probleme der „kleinen Leute" ernst nimmt, sie artikuliert und sich in direkter Kommunikation mit dem Volk vollzieht.

P. wird auch als Mobilisierungs- und Konsenssicherungsstrategie polit. Eliten und einzelner Führungspersonen begriffen. „Zentraler Bestandteil dieser Strategie ist die Reklamation polit. relevanter Gewißheiten, existentieller Befindlichkeiten und Selbstverständlichkeiten nationaler, moralischer oder ökon. Art, von denen unterstellt wird, daß sie im unmittelbaren Alltagsbewußtsein der Masse der Bev. bereits unverfälscht zutage liegen und deshalb der öffentl. Erörterung und Begründung nicht bedürfen. Typische Versatzstücke dieser Mobilisierungsstrategie sind die semantische Kodierung der ‚einfachen Leute' versus ‚die bürokratischen oder verbandlichen Machtstrukturen', ‚konkrete und verständliche' versus ‚abstrakte und undurchsichtige' Aussagen sowie der unausgesetzte Appell an *‚popular morality'*, *‚our way of life'* und die *‚instincts of ordinary people'*" (*Offe* 1996: 322).

In der → Dritten Welt, speziell Lateinamerika, bezeichnet P. eine soziopolit. Bewegung mit Massenbasis und Zentrierung auf polit. Personen (Personalismus). Populistische Bewegungen entstehen in Phasen raschen gesellschaftl. Wandels, in denen sich die bisherigen traditionellen und/oder autoritären Herrschaftsstrukturen auflösen bzw. zumindest in die Krise geraten. Ihre soziale Basis besteht aus Angehörigen bzw. Sektoren verschiedener unterer sozialer Schichten, deren Gewicht wechseln kann (städtisch *versus* ländlich, Mittelschichten *versus* Proletariat). Trägergruppen sind jedoch i. d. R. solche sozialen Schichten, die durch die bestehende gesellschaftl. und polit. Ordnung benachteiligt sind, sowie Angehörige höherer Schichten, vielfach als Führer und Kader. Die Forderungen populistischer Bewegungen lassen sich auf → Nationalismus (deshalb häufig Nationalpopulismus), wirtschaftl. Entwicklung und eine ihrer (wachsenden) wirtschaftl. Bedeutung angemessene Beteiligung unterer Schichten an den polit. Entscheidungsprozessen reduzieren. Nach dem → Systemwechsel treten neopopulistische Führer in teils enger Verbindung mit dem → Neoliberalismus auf, um als Folge des Scheiterns staatszentrierter Entwicklungsmodelle und der bestehenden gesellschaftl. und polit. Institutionen einen grundlegenden sozialen Wandel in Zielrichtung sozialer → Gerechtigkeit herbeizuführen.

→ Rechtspopulismus

Lit.: *Connif, M. L.* (Hrsg.) 1999: Populism in Latin America, Tuscaloosa/Alabama. *Dubiel, H.* (Hrsg.) 1986: Populismus und Aufklärung, Ffm. *Hentschke, J. R.* 1998: Populismus. Bedeutungsebenen eines umstrittenen theoretischen Konzepts, Arbeitspapier

Universität Münster. *Jessop, R. U. A.* 1988: Thatcherism. A Tale of Two Nations, Ox. *Offe, C.* 1996: Die Aufgabe von staatlichen Aufgaben: Thatcherismus und die populistische Kritik der Staatstätigkeit, in: *Grimm, D.* (Hrsg.): Staatsaufgaben, Ffm., 317–325. *Panizza, F.* (Hrsg.): 2000: Old and New Populism in Latin America, Bulletin of Latin American Research, Special Issue.

Dieter Nohlen

Post-industrielle Gesellschaft → Gesellschaft

Postmoderne

Aus Literaturwissenschaft und Architektur stammender Begriff, der (1) die jüngste Epoche gesellschaftl. Entwicklung markiert und (2) als Sammelbegriff einer philosophischen Strömung dient. (1) Als Epochenbegriff findet P. ihren Anlaß in den ökolog., ökonom. und sozialen Krisen bei der Ablösung der klassischen Industriegesellschaft. Gemeinsam mit anderen Versuchen, die sich abzeichnende, neue gesellschaftl. Wirklichkeit auf den Begriff zu bringen (postindustrielle Gesellschaft, Risikogesellschaft, Wissensgesellschaft usw.; → Gesellschaft), beobachtet die P. den Wandel hin zur Dienstleistungsgesellschaft, die gestiegene Bedeutung wissenschaftl. technischen Wissens sowie die Individualisierung und Pluralisierung der Lebensformen. (2) Die philosophische Kritik der P. richtet sich gegen Universalitätsanspruch und Fortschrittsparadigma modernen Denkens. Alle → Ideologien (→ Kapitalismus, → Liberalismus, → Sozialismus usw.) gelten ihr als potentiell totalitär. Der abendländische Rationalisierungsprozeß erscheint i. S. der „Dialektik der Aufklärung“ (*T. W. Adorno*) selbstwidersprüchlich. Ein hybrider Vernunftanspruch verfehlt das menschliche Maß, immunisiert sich gegen Kritik und unterdrückt Abweichendes. Der Fortschritt der Vernunft wird selbst unvernünftig. In ihrer Enttäuschung über die Aufklärung behauptet die P. das Ende aller „Metaerzählungen“ und begründet statt dessen die Unvereinbarkeit von Sprachspielen, Lebenswelten oder Kulturen.

Das postmoderne polit. Denken ist charakterisiert durch (a) den „Kampf gegen die → Technokratie“, (b) die „Radikalisierung des → Pluralismus“ und (c) die „Skepsis gegenüber Mehrheiten und die Aufwertung der → Minderheiten“ (*von Beyme* 1989: 220). Dabei lassen sich radikale und liberal gemäßigte, progressive und neokonservative Positionen ausmachen. Als anschlußfähig erweist sich ein anarchisch revolutionärer Widerstand, der sich in Konsumverweigerung, Hausbesetzungen und *Happenings* ausdrückt, ebenso wie zivilgesellschaftlich orientierte Subpolitik (→ Zivilgesellschaft), der potentielle → Rassismus eines Ethnopluralismus ebenso wie ein liberaler → Kommunitarismus.

Die Politikwissenschaft wird in mehrfacher Hinsicht von postmodernem Denken beeinflußt: (1) Wissenschaftstheoretisch unterstützt die postmoderne Wissenschaftskritik das in der Politikwissenschaft ohnehin verbreitete Bekenntnis zur Paradigmenvielfalt, zum Methoden- und Theorienpluralismus. (2) Forschungspraktisch lenkt die P. das Interesse auf (a) ausgegrenzte, unterdrückte Minderheiten, (b) die Grenzen und Nebenfolgen → Politischer Planungs- und Steuerungsversuche und (c) die Bedeutung von Dezentralisierung, → Subsidiarität und → Demokratisierung. Politikwissenschaft als praktische Wissenschaft kommt aber nicht umhin, ihrerseits die Selbstwidersprüchlichkeit radikaler Pluralität und Beliebigkeit produktiv zu überwinden, indem sie auf unverzichtbare Minimalkonsense verweist: denn wissenschaftl. Erkenntnisse müssen jenseits der Inkommensurabilität von Sprachspielen intersubjektiv vermittelbar bleiben, und auch postmoderne Kritik entfaltet sich erst im Rahmen universalistischer Freiheitsrechte. Die P. erweist sich letztlich als aufgeklärte Spielart der Moderne (*Welsch* 1993).

Lit.: *Beyme, K. v.* 1989: Postmoderne und politische Theorie, in: PVS, 30, 209–229. *Beyme, K. v.* [3]1997: Theorie und Politik im 20. Jahrhundert, Ffm. (zuerst 1991). *Fechner, F.* 1990: Politik und Postmoderne, Wien. *Lyotard, J.-F.* [4]1999: Das Postmoderne Wissen, Graz u. a. (franz. zuerst 1979). *Schönherr-Mann, H.-M.* 1996: Postmoderne Theorien des Politischen. Pragmatismus, Kommunitarismus, Pluralismus, Mchn. *Welsch, W.* [4]1993: Unsere postmoderne Moderne, Weinheim (zuerst 1985). *Welsch, W.* (Hrsg.) [2]1994: Wege aus der Moderne, Weinheim (zuerst 1988). *White, S. K.* 1991: Political Theory and Postmodernism, Camb.

Günter Rieger

Präsidentialismus/Präsidialsystem

I. Der Präsidentialismus (P.) stellt ebenso wie der → Parlamentarismus und das in der Schweiz beheimatete Direktorialsystem eine Ausprägungsform repräsentativer Demokratie dar (*Steffani* 1983). Ein Präsidialsystem zeichnet sich im Gegensatz zu einem parlamentarischen System, in dem eine enge Verbindung zwischen der parlamentarischen Mehrheit und der → Regierung vorliegt (schließlich geht dort die Regierung aus dem Parlament hervor), durch eine relativ starke Trennung von Parlament und Regierung aus. Der Präsident, der die Funktionen des Regierungschefs und des Staatsoberhauptes in sich vereinigt, darf auf keinen Fall dem Parlament angehören. Die Regierung erhält ihre Legitimation durch die Volkswahl des Präsidenten. Ungeachtet der Mehrheitsverhältnisse im Parlament ist der Präsident für die Dauer seiner Amtszeit von ihm nicht absetzbar. Kennzeichen des P. sind mithin: weitgehende Trennung von Legislative und Exekutive; monistische Exekutive; Volkswahl des Präsidenten; keine Abberufbarkeit der Exekutive während der Amtsperiode; keine Auflösung des Parlaments durch den Präsidenten (vgl. *Loewenstein* [2]1959; *Brunner* 1979).

II. Den Prototyp eines Präsidialsystems sieht die Vergleichende Regierungslehre im → Politischen System der USA verkörpert. Vielfach werden für den P. noch weitere Kriterien geltend gemacht, die unmittelbar den US-amerikan. Verhältnissen entlehnt sind.

Dies gilt beispielsweise für die in den USA schwach ausgeprägte Fraktionsdisziplin. Bei der → Gesetzgebung bilden sich im Kongreß häufig „*ad-hoc*-Mehrheiten". Der Präsident hat sich des öfteren mit der parlamentarischen Mehrheit einer Partei auseinanderzusetzen, der er nicht angehört. Er muß mit dem Parlament zusammenarbeiten, da er es nicht auflösen kann. Um Funktionsstörungen klein zu halten, ist das Präsidialsystem viel eher durch eine Koordinierung und Verschränkung der Gewalten geprägt (System der *checks and balances*) als durch eine strikte → Gewaltenteilung (*separation of powers*).

Der Kongreß (Repräsentantenhaus und Senat) figuriert als Gegenspieler des vom Volke gewählten Präsidenten, der sein Amt nur durch ein *impeachment* verlieren kann. *R. Nixon* kam im Jahre 1974 dieser Staatsanklage durch Rücktritt zuvor. Der Kongreß ist ein „Arbeitsparlament", das eine Fülle von Ausschüssen hat. Gegenüber den vom Kongreß verabschiedeten Gesetzesbeschlüssen besitzt der Präsident ein Veto. Weisen beide Häuser mit einer Zweidrittelmehrheit das Veto des Präsidenten zurück, ist das Gesetz zustande gekommen – eine seltene Konstellation. Der Präsident kann meistens ein ihm unliebsames Gesetz verhindern.

III. Der P. hat jedoch eine über die USA weit hinausgehende Verbreitung gefunden. In Lateinamerika ist der P. traditionellerweise der bevorzugte polit. Systemtyp. In anderen *areas* hat sich der P. nicht so verbreiten können wie das parlamentarische System. Im Zuge der Redemokratisierung der polit. Systeme Lateinamerikas in den 1980er Jahren wurden überall wieder präsidentielle Systeme eingeführt, obwohl in einigen Ländern Funktionsschwächen des P. aufgezeigt und Reformalternativen lebhaft diskutiert worden sind.

Der Übergang lateinamerikan. Präsidialdemokratien zu autoritären Militärdiktaturen (→ Autoritäre Regime) in den 1960er und 70er Jahren mag durch das präsidentielle Element erleichtert worden sein, ursächlich hervorgerufen wurde er dadurch jedoch nicht. Trotzdem ist von einigen Politikwissenschaftlern *(Linz, Lijphart)* den lateinamerikan. Ländern nach der → Demokratisierung ein Wechsel zum Parlamentarismus dringend angeraten worden (*Linz/Valenzuela* 1994). Die Aussichten dafür waren jedoch gering (s. *Nohlen/Fernández* 1991). Nur in Brasilien schien eine entsprechende Reform möglich (s. *Lamounier/Nohlen* 1993), wurde aber per Referendum 1993 verworfen.
Die Gründe für das Festhalten am P. liegen in der lateinamerikan. → Politischen Kultur, Tradition, historischen Erfahrung, polit. Struktur. Vor diesem Hintergrund ist die Bilanz des P. nicht derart negativ, wie seine Kritiker behaupten. Schwerer wiegt das Argument, daß der Parlamentarismus keine höhere Funktionsfähigkeit verspricht (*Thibaut* 1996). Im Gegenteil: Angesichts der wenig strukturierten → Parteiensysteme, ihres Mangels an gesellschaftl. Verankerung und Repräsentativität, des geringen Ansehens der Parlamente nebst ihrer Neigung zu budgetpolit. Unverantwortlichkeit, des hohen Bedarfs an wirtschaftl. und sozialer Reformpolitik würde ein in der polit. Kultur kaum verankerter polit. Systemtyp unkalkulierbare Risiken hervorrufen. Im übrigen hat sich die Regierungsweise im P. gewandelt, etwa in Form der Bildung von → Koalitionen, die dem Präsidenten eine stabile Parlamentsmehrheit bescheren (*Nohlen/Fernández* 1998).

IV. Die Anwendung der unter I. genannten Merkmale des P. führt nicht immer zu eindeutigen Ergebnissen. Manche Staaten (Frankreich, Finnland, Portugal) scheinen Ausprägungen parlamentarisch-präsidentieller Mischsysteme darzustellen. In einem derartigen System gibt es neben dem vom Volk gewählten Staatspräsidenten einen Ministerpräsidenten, der sowohl vom Staatspräsidenten abhängig ist wie vom Parlament. Ob in diesen Staaten stärker die präsidentielle oder die parlamentarische Komponente in den Vordergrund tritt, hängt von zahlreichen – nicht nur institutionellen – Faktoren ab.

Auch die Weimarer Republik stellte ein „Mischsystem" dar. Dabei wurde *H. Preuß* von der Theorie *R. Redslobs* beeinflußt. Nach *Redslob,* der den britischen Parlamentarismus fehlerhaft rezipierte, handelt es sich um einen „echten" Parlamentarismus nur dann, wenn das Parlament einen Gegenspieler in Form des (volksgewählten) Präsidenen aufweise *(Redslob* 1918) – eine verfassungsrechtl. Konstruktion, die angesichts der historischen Vorbelastungen die Funktionsweise des Weimarer Parlamentarismus erschwerte.
Wer wie W. *Steffani* (1979: 38) ein einziges Merkmal als Unterscheidungskriterium zugrunde legt, kommt ohne „Mischformen" aus. Entweder sind es parlamentarische oder präsidentielle Regierungssysteme. Zentrales Kriterium ist für ihn die Abberufbarkeit der Regierung. Kann die Regierung vom Parlament nicht abgesetzt werden, so handelt es sich um P.; Frankreich gehört hiernach also zu den parlamentarischen Regierungssystemen. *Steffani* fügt dem primären Unterscheidungsmerkmal supplementäre an. In diesem Sinne zählt Frankreich zu den parlamentarischen Regierungssystemen mit Präsidialhegemonie.
In der Tat hat sich im Falle Frankreichs und auch Portugals gezeigt, daß der Charakter

des polit. Systems vom → Parteiensystem und dessen Wandel abhängig ist. Als der französische Präsident eine parlamentarische Mehrheit einbüßte und als in Portugal eine Partei über die parlamentarische Mehrheit verfügte, nahm das polit. System den Charakter eines parlamentarischen Systems an. Damit bestätigten sich die Analysen von *M. Duverger* (1980) und *R. Aron* (1981), die den Semipräsidentialismus nicht als eine Synthese von P. und Parlamentarismus verstehen, sondern als System alternativer Phasen, präsidentieller und parlamentarischer, je nach parteipolit. Bedingungen.

Lit.: *Aron, R.* 1981: Alternation in Government in the Industrialized Countries, in: Government and Opposition 27, 2, 3–21. *Brunner, G.* 1979: Vergleichende Regierungslehre, Paderborn. *Diamond, L./Linz, J. H./Lipset, S. M.* (Hrsg.) 1988/1989: Democracy in Developing Countries, 4 Bde., Boulder. *Duverger, M.* 1980: A New Political System Model: Semipresidential Government, in: EJPR 8, 165–178. *Fraenkel, E.* ^{3}1976: Das amerikanische Regierungssystem, Opl. *Lamounier, B./Nohlen, D.* (Hrsg.) 1993: Presidencialismo ou parlamentarismo, Sao Paulo. *Lijphart, A.* (Hrsg.) 1992: Parliamentary versus Presidential Government, Ox. *Linz, J. J./Valenzuela, A.* (Hrsg.) 1994: The Failure of Presidential Democracy, 2 Bde., Baltimore/ L. *Lipset, S. M./Nohlen, D./Sartori, G.* 1996: Apuntes para una reflexion sobre la democracia, San José. *Loewenstein, K.* ^{2}1959: Verfassungslehre, Tüb. *Mainwaring, S./Shugart, M. S.* (Hrsg.) 1997: Presidentialism and Democracy in Latin America, Camb. *Nohlen, D./Fernández, M.* (Hrsg.) 1991: Presidencialismo vs. parlamentarismo en América Latina, Caracas. *Nohlen, D./Fernández, M.* (Hrsg.) 1998: El presidencialismo renovado, Caracas. *Redslob, R.* 1918: Die parlamentarische Regierung in ihrer wahren und unechten Form, Tüb. *Shugart, M. S./Carey, J. M.* 1992: Presidents and Assemblies, Camb./ NY. *Steffani, W.* 1979: Parlamentarische und präsidentielle Demokratie, Opl. *Thibaut, B.* 1996: Präsidentialismus und parlamentarische Demokratie in Lateinamerika, Opl.

Eckhard Jesse/Dieter Nohlen

Privatisierungspolitik

I. Privatisierung meint die Übertragung von Vermögen und Aufgaben des Staates und der Gemeinden in die Hand privater Eigentümer und Leistungsträger. Dazu gehört – im Vorfeld – die Umwandlung von öffentlich-rechtl. in privatrechtliche Eigentumsformen, die Einführung privatwirtschaftl. Managementmethoden in staatseigenen Unternehmen sowie die Liberalisierung und Deregulierung von Wirtschaftsbereichen. Der Begriff Privatisierungspolitik (P.) hat eine engere, eigentumsrechtl., und eine weitere, auf die Förderung marktwirtschaftl. Wettbewerbs abhebende Bedeutung. In diesen Zusammenhang fallen auch Bemühungen um eine „Modernisierung des Staates“ (*Naschold/Bogumil* 2000), die mit der Einführung eines neuen Steuerungsmodells (*New Public Management*) im kommunalen Bereich verbunden sind. Hier steht nicht die Veräußerung öffentl. Unternehmen, sondern die Aufgabentransformation der → Öffentlichen Verwaltung im Vordergrund. Durch polit. und rechtl. Vorgaben, die mittels der europ. Wettbewerbs- und P. in allen EU-Mitgliedsländern Gültigkeit erlangen, werden Städte und Gemeinden außerhalb ihrer hoheitlichen Funktionen zunehmend wie private Unternehmen behandelt.

P. zielt im Kern auf Effizienzsteigerung durch Wettbewerb. Fiskalpolit., ideologische und wahlpolit. Motive sind neben der → Globalisierung der Wirtschaft und Vorgaben der Europ. Union (→ EU) weitere verursachende und auslösende Faktoren der Privatisierungspolitik. Nicht zuletzt hängt die P. eines Landes auch davon ab, wie stark der öffentl. Unternehmenssektor aufgrund vorangegangener Sozialisierungspolitiken entwickelt ist und welche Wirtschaftszweige er umfaßt.

Staatl. und kommunale Unternehmen und Kapitalbeteiligungen finden sich traditionell im Bereich „natürlicher Monopole“ des Verkehrs-, Energie- und Kommunikationswesens (Eisenbahn, Luftverkehr, Post, Elektrizitätserzeugung und -verteilung). Zudem sind kommunale Versorgungseinrichtungen (Gaswerke, Verkehrsbetriebe, Schlachthöfe etc.) sowie spezielle Finanzierungsinstitute der öffentl. Haushalte und öffentl. Kapitalmarkteinrichtungen weit verbreitet (Sparkassen, Landesbanken, Spezialkreditinstitute, Girozentralen, Börsen). Hinzu kommen in einigen Ländern beachtliche Staatsanteile im Bereich der Großindustrie (Bergwerke, industrielle Staatskonzerne). Eine Sonderstellung nehmen die ehemals staatssozialistischen Länder Ost- und Mitteleuropas ein, in denen nahezu die gesamte Wirtschaft in öffentl. Besitz war. Mit Einführung der → Marktwirtschaft seit Beginn der 1990er Jahre wurden dort Privatisierungsprogramme zu wesentlichen Bestandteilen der → Wirtschaftspolitik.

II. Die 1980er und 90er Jahre waren von umfangreichen Privatisierungen öffentl. Unternehmen gekennzeichnet. In Westeuropa fiel der Anteil der in öffentl. Unternehmen Beschäftigten von 1982 12,8 % auf 1995 8 %. Die Unterschiede zwischen den Ländern blieben indessen beträchtlich: Finnland (14,7), Griechenland (12,0), Frankreich (11,9), Italien (11,5), Schweden (11,4) und Österreich (10) gehören nach wie vor zu den Ländern mit einem großen öffentl. Unternehmenssektor. Auch in Belgien (9,7), Irland (9,7) und D (8,0) hat die öffentl. Wirtschaft noch beträchtliche Beschäftigungsanteile. Dänemark (7,8), Spanien (6,0), die Niederlande (3,4) und GB (2,3) beschließen die Rangfolge (alle Zahlenabgaben für 1995 in Prozent der Gesamtbeschäftigung, ohne Agrarsektor, CEEP 1997: 13). Am stärksten war die Privatisierung in GB. Dort fiel der Beschäftigungsanteil öffentl. Unternehmen zwischen 1985 und 1995 von 9 auf 2,3 %.

Die Energieproduktion und -verteilung (Strom und Gas) sind in Österreich, Griechenland, Frankreich, Irland und Italien noch ganz in öffentl. Hand (Staat und Kommunen). In Frankreich und Italien liegt nach einigen Bankenprivatisierungen das Schwergewicht staatl. Wirtschaftstätigkeit auf öffentl. Industriebeteiligungen und Unternehmen der Kommunikations- und Verkehrsinfrastruktur. Vielerorts wurden öffentl. Unternehmen in privatrechtl. Aktiengesellschaften umgewandelt und teilprivatisiert. Die beim Staat verbliebenen Aktienanteile führten aber dazu, daß zum Beispiel in D Bahn, Post und Telekommunikation neben öffentl. Finanzmarktinstitutionen – Landesbanken, Sparkassen, Kreditanstalt für Wiederaufbau – weiterhin den Löwenanteil öffentl. Unternehmen bilden (→ Verkehrspolitik).

P. der 1980er Jahre gehen auf ökonom. Anpassungs- und Produktivitätsprobleme sowie das vorhergehende rapide Wachstum von Staatsaktivitäten zurück (*Hemming/Mansoor* 1988). Meist waren sie Teil neoliberaler Strategiewechsel in der Wirtschaftspolitik. Ihre Ziele waren Effizienzsteigerung, private Vermögensbildung und die Belebung von Aktienmärkten sowie vor allem in GB die Schwächung gewerkschaftlicher Positionen im öffentl. Sektor. Die Sanierung der Staatsfinanzen gilt als weiterer Grund für Privatisierungen, das gute Börsenklima bis 1987 als günstiger Anlaß. In den 1980er Jahren erbrachte der Verkauf von Staatsunternehmen in GB 75 Mrd. DM, in Frankreich 20 Mrd. DM, in der BRD 9,4 Mrd. DM, in Italien 5,9 Mrd. DM und in Österreich 5,7 Mrd. DM. Zwischen 1985 und 1995 haben die Regierungen von elf westeurop. Ländern knapp 300 Mrd. DM an Privatisierungserlösen eingenommen (*Financial Times* v. 14. 6. 1996: 26). Davon entfiel gut die Hälfte auf GB, ein Fünftel auf Frankreich und ein Zehntel auf Italien.

In Frankreich, Spanien, Schweden, Portugal und Italien dominierten fiskalische Überlegungen die P., während in GB, D und Holland das Bekenntnis zur Marktwirtschaft und die nat. Kapitalmarktentwicklung und Finanzplatzförderung im Vordergrund standen. Außerhalb Europas waren in den 1980er Jahren Chile, Malaysia und Niger Vorreiter der Privatisierungspolitik. Die Privatisierungswelle der 1980er Jahre ebbte mit dem „Börsenkrach“ vom Oktober 1987 ab. Regierungen begannen Privatisierungspläne aufzuschieben, weil sie in der *Baisse* ihre Industrien nicht „verschleudern“ wollten. Ein neuer, anhaltender Börsenaufschwung sollte aber schon wenige Jahre später den Verkauf von Staatsunternehmen zu neuen Rekorden führen. Zwischen 1990 und 1997 erzielten die OECD-Länder Privatisierungserlöse von insgesamt 200 Mrd. DM. Zu den größten Einzelprivatisierungen gehörten zwischen 1996 und 2000 drei Börsengänge der Deutschen Telekom AG mit einem Gesamterlös von über 50 Mrd. DM.

Ursprünglich vorhandene vermögenspolit. Ziele sind nicht immer erreicht worden. In GB gingen viele der an Kleinanleger veräußerten Unternehmensanteile mit Aufschlägen sofort an Großinvestoren und an monopolistisch interessierte Industriegruppen weiter. In Frankreich hatte man die Streuung und den Weiterverkauf von Aktien gesetzlich begrenzt. Dies sollte den weiteren Einfluß des Staates sowie ihm genehmer Großaktionäre sicherstellen und „unfreundliche“ Übernahmen verhindern. In GB führte die Privatisierung „natürlicher Monopole“ (Telekommunikation, Gas-, Elektrizitäts- und Wasserversorgung) nicht im gewünschten Maße zu freien Märkten und oft auch nicht zu einer besseren und preisgünstigeren Versorgung. Zur Stärkung des Wettbewerbs haben die Privatisierungen der 1980er Jahre weniger beigetragen, als die begleitende polit. Rhetorik erwarten ließ. Wo in den 1990er Jahren tatsächlich einschneidende Preissenkungen eintraten, sind diese vielfach auch auf kostensparende technologische Innovationen und auf Größeneffekte wachsender Märkte zurückzuführen.

Nachhaltige Auswirkungen hatten P. auf nat. Finanz- und Aktienmärkte. So wurden die Finanzplätze London, Paris und – mit relativer Verspätung – Frankfurt durch sie aufgewertet und auf eine breitere Basis gestellt. Gleichzeitig kam es zu Finanz- und Politikinnovationen, die öffentl. Kontrolle, Privatbesitz, marktwirtschaftl. Unternehmensführung und das Ziel attraktiver Kapitalmärkte unter einen Hut bringen sollten.

III. Ein besonderes Problem stellte sich mit dem marktwirtschaftl. Umbau ehemals „sozialistischer“ Volkswirtschaften in Mittel- und Osteuropa. Der anfängliche Optimismus, wonach die dortigen Staatsunternehmen nach dem westeurop. Muster der 1980er Jahre einfach verkauft werden könnten, erwies sich als Irrtum. Die Vielzahl und Größe der Transaktionen, gravierende Produktivitätsrückstände bzw. Sanierungserfordernisse, die Knappheit von Expertise und unternehmerischem Engagement, schwach entwickelte Aktienmärkte und arbeitsmarktpolit. Konsequenzen standen einer raschen Privatisierung oft entgegen. Sie erschwerten die Übertragung des sozialistischen Volksvermögens auf das Volk ebenso wie marktwirtschaftl. Radikallösungen, etwa den raschen Verkauf an Meistbietende (Auktionsmodell). P. mußten planwirtschaftl. Leitungsstrukturen zerstören und an deren Stelle neue Institutionen ökonom. → Koordination setzen. Dabei erwies sich die institutionelle Einbettung der Marktteilnehmer und mit ihr die Bildung sektoraler und regionalökonom. Austauschnetzwerke als zentrales Problem. Das Erbe planwirtschaftl. Sektorzuschnitte und bestehende soziale → Netzwerke – „alte Seilschaften“ der Planökonomie – prägten vor diesem Hintergrund den marktwirtschaftl. Transformationsprozeß. Es ergab sich ein Wechselspiel von polit. Gestaltungsversuchen und unkontrollierbarer institutioneller Eigendynamik, das häufig zur Erklärung unterschiedlich erfolgreicher Prozesse der Marktschaffung herangezogen wurde (*Nelson/Tilly/Walker* 1998).

Im vereinigten D unterlag die P. angesichts gravierender Produktivitätsunterschiede zwischen Ost und West einem besonderen Zielkonflikt. Je mehr die ostdeutsche Wirtschaft privatisiert und mit öffentl. Subventionen aus dem Westen modernisiert wurde, desto höher stieg die → Arbeitslosigkeit. Die Strategie der als staatl. Privatisierungsagentur fungierenden Berliner Treuhandanstalt bestand in einer verhandelten Privatisierung, bei der private Investoren zuerst ihre unternehmerische Kompetenz glaubhaft machen mußten. Die von ihnen verlangten Unternehmenskonzepte sollten nachhaltig rentierliche Investitionen und sichere Arbeitsplätze garantieren können. In solchen Fällen war die Treuhandanstalt bereit, negative Kaufpreise und mehrjährige Verlustübernahmen durch den Staat zugunsten einer raschen, erfolgversprechenden Privatisierung hinzunehmen (*Czada* 2000, *Fischer et. al.* 1993). Sie hat mit diesem „Verkauf", der eigentlich ein Kauf von Unternehmenskonzepten war, ein Schuldenkonto von 250 Mrd. DM angehäuft (davon sind 70 Mrd. DM Altschulden von DDR-Betrieben).

P. erwies sich beim Übergang von der Planökonomie zur Marktwirtschaft als hochgradig polyvalent: Ziele der Vermögensbildung, des Schutzes gegen Überfremdung der nat. Wirtschaft, der Währungsstabilisierung durch Kaufkraftabschöpfung und der Institutionalisierung von Kapitalmärkten spielen gleichermaßen eine Rolle (*Brabant* 1994, *Targetti* 1992). Eine für die postsozialistischen Ökonomien überwiegend problematische Variante der Privatisierung bestand in der Rückgabe von Unternehmen an Alteigentümer bzw. deren Erben. Diese Form der Reprivatisierung älterer Eigentumsrechte wirft in den Reformstaaten Ost- und Mitteleuropas nicht nur das Problem der → Legitimität und weiteren Gültigkeit früherer Reformpolitiken auf – etwa von Bodenreformen, Enteignung der Kirchen, der Bodenschätze oder der Grundstoffindustrien. Sie geriet zunehmend auch in Gegensatz zu marktwirtschaftl. Entwicklungsinteressen, besonders dort, wo kompetente und finanzkräftige Neuinvestoren die besseren Unternehmenskonzepte vorweisen konnten, während Alteigentümer lediglich ihren Besitz beanspruchten, ohne sich am Wirtschaftsaufbau zu beteiligen. In D hatte sich das zunächst verfolgte Prinzip der Rückgabe vor Entschädigung im Verlauf des marktwirtschaftl. Transformationsprozesses umgekehrt. Mit Verabschiedung des „Investitionsvorranggesetzes" wurde die Treuhandanstalt in die Lage versetzt, in Fällen, in denen Alteigentümer produktive Neuinvestitionen behinderten, durch Feststellung des Investitionsvorranges das Recht auf Restitution in einen Entschädigungsanspruch umzuwandeln (*Czada* 2000).

IV. Privatisierungspolitiken waren noch in den 1980er Jahren stark ideologisch befrachtet. Gewerkschaften und Sozialdemokraten sahen darin einen Angriff auf den → Wohlfahrtsstaat. Bis heute rührt die Gegnerschaft etwa in Italien, Österreich, Frankreich oder der kanadischen Provinz Quebec auch daher, daß mit der Privatisierung von Staatsunternehmen beschäftigungspolit. Eingriffstellen, nicht zuletzt Möglichkeiten der Versorgung von Politikern mit industriellen Leitungspositionen, verloren gehen. Auch wenn die Frage „Markt oder Staat" insb. nach dem Zusammenbruch der sozialistischen Staatenwelt grundsätzlich geklärt scheint, bieten P. häufig Anlaß zu polit. Polarisierung. Da Verteilungsfragen zwischen öffentl. Gebietskörperschaften (Bund, Länder, Gemeinden), staatl. Ressorts, Parteien, Interessengruppen und Gewerkschaften unmittelbar berührt sind, bleiben Art und Tempo der Politik oft umstritten. Besonders umstritten sind zwischenzeitlich öffentl. Banken und Sparkassen. Den ihnen gewährten unbegrenzten Anlegerschutz und eine vollkommene Konkurssicherung werten die europ. Wettbewerbsbehörde und die privaten Banken als unzulässige, wettbewerbsverzerrende Beihilfe. Landesbanken, Sparkassen, die Kreditanstalt für Wiederaufbau und Öffentliche Grundkreditanstalten hatten 1998 einen Marktanteil von nahezu 40 % an der dt. Kreditwirtschaft.

In den Reformstaaten Ost- und Mitteleuropas haben sich spezifische Privatisierungsregime herausgebildet, die nicht selten dem polit. Machterhalt mehr dienen als der Bildung effizienter Eigentumsrechte. Neben polit. sind rechtl. Schranken zu überwinden: Zwischenstaatl. Verträge sowie fehlende oder unzureichende Gesetze, etwa des Eigentums- und Gesellschaftsrechts, verzögern Privatisierungen in den nachsozialistischen Reformstaaten und in den neuen dt. Bundesländern. Ökonom. Risiken ergänzen bestehende polit. Konflikte und rechtl. Unsicherheiten. Sie sind durch turbulente Finanz- und Aktienmärkte sowie konjunkturelle Unwägbarkeiten verursacht. P. ist vor diesem Hintergrund mit erheblichen Ausführungsproblemen belastet. Sie kann nicht selbst als privatwirtschaftl. Projekt betrieben werden, sondern erfordert eine entscheidungsfähige Politik, eindeutige Rechtsgrundlagen und funktionierende Verwaltungen.

Während die ökonom. Effizienzgewinne von P. umstritten sind, stehen ihre nachhaltigen polit.-institutionellen Folgen außer Zweifel. P. verändert staatl. Strukturen und Aufgaben und das Verhältnis von Staat, Wirtschaft und Gesellschaft. „Eine paradox erscheinende Folge der Privatisierung ist der Ausbau indirekter staatl. Kontrolle privatisierter Industrien durch Regulierungsbehörden“ (*Wright/Perotti* 2000: xxii, vgl. *König/Benz* 1997, *Majone* 1994). Letztlich besteht zwischen den westeurop. und osteurop., postsozialistischen P. nur ein gradueller Unterschied. Beide greifen mehr oder weniger in staatl. und gesellschaftl. Strukturen ein und transformieren so die polit. Ökonomie eines Landes (*Czada/Lütz* 2000). Privatisierung hat sich in den 1990er Jahren als ein „vielschichtiges Phänomen“ erwiesen (*Wright/Perotti* 2000: xv). Die Parole „Mehr Markt und weniger Staat“, mit der noch in den 1980er Jahren dafür geworben wurde, hat, wie wir heute wissen, die Ursachen, Folgen und Erscheinungsformen von P. in hohem Maße vereinfacht.

Lit.: *Brabant, J. M. v.* 1994: Industrial Policy in Eastern Europe. Governing the Transition, Dordrecht/Boston. *Bolton, P./Gérard, R.* 1992: Privatization in Central and Eastern Europe, in: Economic Policy, 15, 275–309. *CEEP – Centre Européenne de l'Enterprise Public* 1997: Mutations in the European Public Sector since 1992, Brüssel. *Czada, R.* 2000: The Treuhandanstalt and the Transition from Socialism to Capitalism, in: *Wright, V./Perrotti, S.* (Hrsg.), 27–51. *Czada, R./Lütz, S.* (Hrsg.) 2000: Die politische Konstitution von Märkten, Wsb. *Fischer, W./Hax, H./Schneider, H-K.* (Hrsg.) 1993: Treuhandanstalt. Das Unmögliche wagen, Bln. *König, K./Benz, A.* (Hrsg.) 1997: Privatisierung und staatliche Regulierung, Baden-Baden. *Majone, G.* 1994: Paradoxes of Privatization and Deregulation. Journal of European Public Policy, 1, 53–69. *Naschold, F./Bogumil, J.* 2000: Modernisierung des Staates, Opl. *Nelson, J. M./Tilly, Ch./Walker, L.* (Hrsg.) 1998: Tranforming Post-Communist Political Economies, Washington/L. *Targetti, F.* (Hrsg.) 1992: Privatization in Europe. West and East Experiences, Aldershot. *Wright, V./Perotti, S.* (Hrsg.) 2000: Privatization and Public Policy, 2 Bde., Cheltenham.

Roland Czada

Prozeßpolitik → Wirtschaftspolitik

Rassismus

Ideologie, die eine prinzipielle, mit biologischen Argumenten begründete Ungleichheit zwischen Menschen unterschiedlicher Abstammung behauptet, daraus den Überlegenheitsanspruch der jeweils eigenen Rasse oder Gruppe ableitet und aggressives, diskriminierendes Verhalten gegenüber Fremden fördert.

Gemeinsames Kennzeichen des seit dem 18. Jh. zu beobachtenden theoretischen R. ist der Versuch, soziale Phänomene mit Hilfe pseudowissenschaftl. Analogieschlüsse aus der Biologie zu erklären. Kultur, Begabung und Charakter gelten als genetisch determiniert, und soziale Konflikte werden zum Überlebenskampf im Rahmen natürlicher Selektionsprozesse umgedeutet. Zwar gelten heute alle Rassenlehren von *J. A. de Gobineaus* Rassentheorie (1853/55) über den Sozialdarwinismus bis hin zum Rassenwahn des → Nationalsozialismus als ebenso unwissenschaftl. wie gefährlich, doch ist rassistisches Verhalten weiterhin zu beobachten und bleibt die Grundstruktur rassistischer Argumentation in kulturrelativistischen und biologistischen Ansätzen erhalten.

→ Rechtspopulismus, Rechtsradikalismus

Lit.: *Butterwege, Chr.* 1996: Rechtsextremismus, Rassismus und Gewalt, Darmst. *Castles, S.* u. a. 1987: Migration und Rassismus in Westeuropa, Bln. *Geiss, I.* 1988: Geschichte des Rassismus, Ffm. *Miles, R.* ^{3}1999: Rassismus. Einführung in Geschichte und Theorie eines Begriffs, Hamb. (zuerst 1991). *Zur Mühlen, P. v.* 1977: Rassenideologien. Geschichte und Hintergründe, Bonn.

Günter Rieger

Räte

Idealtypisch können Räte (R.) aufgrund bestimmter organisatorischer Elemente und gesellschaftl. Prinzipien folgendermaßen beschrieben werden: (1) Die Urwählerschaft organisiert sich in Basisgruppen im Betrieb oder im Wohnbezirk. Da die Urwähler die Vermutung totaler Kompetenzzuständigkeit für sich haben, sollen alle relevanten Entscheidungen soweit organisatorisch und funktional irgend möglich in den Basisgruppen fallen. (2) Über den Basisgruppen erhebt sich pyramidenförmig und jeweils indirekt von unten nach oben gewählt (und jederzeit abwählbar) ein System von Delegiertenkörperschaften, nämlich Räte. (3) R. haben ein imperatives Mandat. Durch Öffentlichkeit der Sitzungen und jederzeit möglichen Rückruf (*recall*) unterliegen sie der permanenten Kontrolle der Basis. Alle öffentl. Positionen, einschließlich die der Verwaltung und Judikative, werden durch Wahl besetzt. Ämterrotation soll Machtkonzentration, Bürokratisierung und → Korruption verhindern. Auf diese Weise soll die Identität von Wählern und Delegierten, Basis und R. hergestellt werden und erhalten bleiben. → Parteien und Verbände (→ Interessengruppen) erübrigen sich mithin als Institutionen, in denen partikulare (Klassen-)Interessen vertreten werden. (4) → Gewaltenteilung wird aufgehoben. Basisgruppen und R. üben legislative, exekutive und judikative Gewalt aus. Sie tagen „in Permanenz". Dadurch verlieren die bisherigen polit. Institutionen ihre Qualität als Herrschaftsinstrumente, und an die Stelle der → Herrschaft von Menschen über Menschen tritt die Verwaltung von Sachen (*Marx*). (5) Die R. arbeiten grundsätzlich ehrenamtlich. Die Verwirklichung der Prinzipien des „reinen" Rätesystems wäre mit der einer herrschaftsfreien, sozialistischen Gesellschaft identisch. Sie hätte ein Höchstmaß sozialer Homogenität zur Voraussetzung und zum Inhalt.

Nach ihrer Funktion können drei Erscheinungsformen von R. in der Geschichte unterschieden werden: (1) R. als spontan sich bildende revolutionäre Kampforgane unterprivilegierter Schichten oder Klassen, zumeist der Arbeiterschaft, aber auch des Kleinbürgertums und der Bauern. (2) R. als Klassenorganisationen des Proletariats im Übergang von der kapitalistischen zur sozialistischen Gesellschaft. (3) R. als wirtschaftl. und sozialpolit. Interessenvertretungen, zumeist der Arbeiterschaft, aber auch der Angestellten und Beamten gegenüber den Arbeitgebern.

Lit.: *Bermbach, U.* (Hrsg.) 1973: Theorie und Praxis der direkten Demokratie, Opl. *Blidon, H.* 1984: Voraussetzungen und Anfänge der Räte- und Betriebsrätebildung in Deutschland, (Diss.) Bremen. *Faul, E.* (Hrsg.) 1970: Räte als politisches Organisationsprinzip, in: Probleme der Demokratie heute (PVS-Sonderheft 2), Opl., 53–152. *Oertzen, P. v.* 1963: Betriebsräte in der Novemberrevolution, Diss., Düss. *Tschudi, L.* 1952: Kritische Grundlegung der Idee der direkten Rätedemokratie im Marxismus, Basel.

Peter Lösche

Rechtspopulismus

Die polit. Erfolge von *Jörg Haider* in Österreich und *Christoph Blocher* in der Schweiz, von *Pia Kjæsgaard* in Dänemark und *Carl Ivar Hagen* in Norwegen oder auch von *Charles Pasqua* in Frankreich werfen die Frage auf, ob Europas Parteienlandschaft von einer ernstzunehmenden neuen polit. Strömung umgestaltet wird. Die nat. Erneuerer in diesen auffälligerweise wohlhabenderen europ. Ländern haben sicherlich keinen Anlaß, aus wirtschaftl. Gründen sich zum Anwalt der Nöte ihrer Länder zu machen. Sie sehen sich aber in einer prinzipiell ähnlichen Verteidigerrolle. Sie begreifen sich als Anwälte unterdrückter Interessen gerade nicht von Minderheiten, sondern der „schweigenden Mehrheit". Ihr bieten sie das Versprechen, die Verkrustungen des polit. Tagesgeschäftes aufzubrechen, die Alltagsthemen, Sorgen und Nöte der „schweigenden Mehrheit" zu artikulieren und die Koordinatensysteme des polit. Diskurses wieder zurechtzurücken, die aus der Sicht der nat. Erneuerer durch Moden „politischer Korrektheit" (→ Political Correctness) bzw. durch Wirklichkeitsverdrängung auf Kosten des eigenen Volkes aus dem Lot geraten sind.

1. Der Begriff des Rechtspopulismus (R.), der für die Charakterisierung solcher polit. Strömungen häufig benutzt wird, ist plakativ-polemisch, aber ohne viel Substanz. Es fällt den Sozialwissenschaften konzeptionell schwer, demokratische Regierungsformen, zumal solche, die sich – und das ist die große Mehrheit – als repräsentative Demokratien verstehen, mit Erscheinungsformen des → Populismus zu versöhnen. Der historische Populismus war dort, wo er als Regierungsform erfolgreich wurde, extrem institutionenfeindlich. Der europ. R. lehnt hingegen die bestehenden Institutionen eines Landes nicht ab. Hier unterscheidet er sich deutlich vom Rechtsextremismus, der demokratische Verfahren und Institutionen in Zweifel sieht, ja sie zur Wurzel allen Übels erklärt. Die Thesen des R. bleiben aber schillernd, weil sie ihre Legitimation zum Teil auch aus dem Mißtrauen gegenüber Institutionen beziehen.

Hier greift der R. ein weitverbreitetes Unbehagen gegenüber staatl. Schlüsselinstitutionen auf. *Ronald Inglehart* (1998: 410) bemerkte dazu: „Das schwindende Vertrauen in die Regierung scheint ein Teilbereich eines breiter angelegten Abbröckelns des Respekts vor Autoritäten zu sein, der mit den Prozessen der Modernisierung und Postmodernisierung verbunden ist. Schneller Wandel führt zu starker Unsicherheit und führt zu einem autoritären Reflex, der zu fundamentalistischen und fremdenfeindlichen Reaktionen oder zur Verehrung starker Führer verleitet." Der R. bietet scheinbare Sicherheiten, bietet Orientierung nicht zuletzt auch, weil er als Bewegung auftritt, die die Lösungen von Problemen „personalisiert" Rechtspopulisten beanspruchen für sich, alleine dem Volk „authentisch" „aufs Maul schauen zu können", wobei das Volk dann nicht selten mit dem „anständigen Bürger" gleichgesetzt wird.

Dieses „Interpretationsmonopol" des Volkswillens erlaubt es dem rechtspopulistischen Parteiführer, sich thematisch rasch an Stimmungen anzupassen. Der Populismus kann nur von der Spitze der „Stimmungsdemokratie" führen, er hat keine gefestigte detaillierte programmatische Substanz. Dies schließt nicht die Existenz von Parteiprogrammen aus. Sie stehen aber bei einer von der Parteiführung als erforderlich angesehenen Umorientierung zum Einfangen des letzten Stimmenumschwungs jederzeit zur Disposition. Die Illusion des Interpretationsmonopols des Volkswillens erlaubt den Rechtspopulisten nicht nur taktische Flexibilität, sie erweitert auch Handlungsspielräume bzw. erschwert es, populistische Positionen im polit. Meinungskampf zu verorten.

2. In einigen Politikfeldern legt sich aber auch der R. zumindest in der Tendenz fest, nämlich in solchen, die seine Volksnähe, seine grundsätzliche Bezogenheit auf den Erhalt der Substanz nat. Interessen demon-

strieren sollen. Einige dieser Inhalte, die die Rechtspopulisten glauben nach ihrer Innenschau auf die Tagesordnung der Politik setzen zu müssen, sind durchaus besorgniserregend.

In der Schweiz und in Österreich hatten die Rechtspopulisten Probleme damit, sich von beschönigenden Äußerungen im Hinblick auf die Zeit des → Nationalsozialismus zu distanzieren. Der Kontext der Äußerungen und die konkreten Anlässe waren keineswegs ähnlich. In Österreich spielte beispielsweise eine Rolle, daß *Jörg Haider* auch eine Klientel vertritt, die für solche Äußerungen dankbar ist, in der Schweiz meinte *Christoph Blocher* sich wohl im Einklang mit Volkes Stimme auf dem Höhepunkt der Debatte über das Nazigold und die herrenlosen Vermögen von Holocaust-Opfern.

Auch ohne solche historischen Entgleisungen scheint für den R. der Einsatz für die „wahren Interessen" des eigenen Volkes nicht ohne die dezidierte Grenzziehung zu den „Anderen", den Fremden, den Ausländern, möglich. So fordert beispielsweise der Parteiführer der norwegischen Fortschrittspartei, *Carl Ivar Hagen*, eine „homogene Bevölkerung", die nicht durch sprachlichen oder religiösen → Pluralismus zerfällt. Zuwanderungskontrolle, Ablehnung des → Multikulturalismus nicht als Themen, die polit. kontrovers zu diskutieren sind, wie dies konservative Parteien in Europa durchaus tun, sondern als Abwehrreflex einer bedrohten nat. Gemeinschaft beherrschen die Rhetorik des R. Das Urteil steht vor dem Argument, denn über Bedrohungen läßt sich nicht diskutieren. Bedrohungen sind abzuwehren.

Eine weitere dieser Bedrohungen scheinen aus der Perspektive des R. Europa bzw. Fortschritte der europ. Integration zu sein. Nur in Ländern wie der Schweiz oder Norwegen lassen sich mit einer Fundamentalopposition zur → EU polit. Punkte machen, ohne gleichzeitig in großem Stile und mit negativen innenpolit. Konsequenzen außenpolit. Porzellan zu zerschlagen. Der R. innerhalb der EU mutiert trotz aller Anti-EU-Rhetorik zum zahmeren Euroskeptizismus.

Mit diesen wenigen Hinweisen auf die gemeinsame Programmatik des europ. R. ist allerdings das entsprechende Tableau bereits erschöpft. Zu wenig für eine gemeinsame polit. Stoßrichtung. Zudem geht es den Rechtspopulisten, dort wo sie sich im Bezug auf polit. Inhalte über Grenzen hinweg einig sind, immer nur um die Abwehr gegenüber Zumutungen an den *Status quo*, die von außen kommen. Mehr als Inhalte ist den Rechtspopulisten in Europa das polemisch-provozierende Aufgreifen von Themen gemeinsam, für das sie ohne Umstand Patentlösungen produzieren. Dies erklärt aber gerade, weshalb der R. eher ein nat. als ein europ. Phänomen ist. Seine Mobilisierungskraft und Popularität schöpft er aus den Spezifika des Unwillens vor Ort, der zeit- und kontextgebunden ist. Nicht jedes Land hat zur gleichen Zeit die gleichen Probleme. Der Populismus kann nur *einen* Diskurs erfolgreich auswerten. Rechtspopulisten sind um so erfolgreicher, je mehr sie sich auf nat. Unzufriedenheit spezifisch und ganzheitlich einlassen. Ein internationalistischer Populismus ist eine *contradictio in adjecto*.

3. Die soziale Basis des R. ist relativ wenig schichtenspezifisch. Für sie viel entscheidender als das objektive Element sozialer Zugehörigkeit ist das subjektive des Umgangs mit sozialem Wandel. Die Soziologen *Peter L. Berger* und *Thomas Luckmann* (1995: 66 f.) haben darauf hingewiesen, daß es zwei extrem entgegengesetzte und einseitige Reaktionen auf die sich immer rascher beschleunigende Modernisierung unserer Gesellschaften gibt. „Man könnte sagen", so haben sie argumentiert, „wo die einen versuchen, die Lücken im Schutzzaun verzweifelt wieder zu schließen", versuchen „die anderen auch noch die restlichen Latten niederzureißen". Rechtspopulisten versuchen in polemischer und polit.-strategischer Absicht den Eindruck zu erwecken, als seien alle anderen Parteien die willigen Vollstrekker von Prozessen der Modernisierung und → Globalisierung, also vor allem damit beschäftigt, noch rascher, als dies bisher geschah, aus dem Schutzzaun um unsere Gemeinwesen (also z. B. aus unseren nat. Traditionen, Kulturen, Institutionen) Kleinholz zu machen. Sich selbst stilisieren die Rechtspopulisten als die wahren Hüter der Gesellschaft, als die Meisterarchitekten der

Schutzzäune. Ja sie suggerieren allen, die Angst vor Veränderungen haben, daß die Antwort auf alle Zukunftsfragen nur in einer Schutzzaunpolitik liegen könne. Fremde, die EU oder Minderheiten, die Rechte einfordern, sind aus dieser Sicht immer nur eine Bedrohung und nie eine Chance für eine Gesellschaft.

Lit.: *Berger, P. L./Luckmann, T.* 1995: Modernität, Pluralismus und Sinnkrise, Gütersloh. *Betz, H.-G./Immerfall, S.* (Hrsg.) 1998: The New Politics of the Right, NY/L. *Fach, W.* 1996: Volkes Stimmen. Populismus im Ländervergleich, in: Blätter, 10, 1263–1269. *Heitmeyer, W.* 2000: Schattenseiten der Globalisierung, Ffm. *Inglehart, R.* 1998: Modernisierung und Postmodernisierung, Ffm./NY.

Roland Sturm

Rechtsradikalismus/Rechtsextremismus

I. Im Gegensatz zu → Liberalismus oder → Sozialismus gibt es keinen Rechtsradikalismus (R.), der sich als eigenständige ideologische Strömung etabliert und in Parteiform verfestigt hat. Definitionen des R. variieren daher enorm, von abstrakt räumlichen Positionierungen über unterschiedliche ideologische Umschreibungen bis hin zu soziostrukturellen Charakterisierungen („Extremismus der Mitte"). In der dt. wie internat. Diskussion haben sich die oft synonym verwendeten Bezeichnungen R. und Rechtsextremismus als Sammelbegriffe für eine Vielzahl nat. und ideologischer Phänomene in industriellen Gesellschaften durchgesetzt.

R. bezeichnet im allg. eine polit. Ideologie oder Strömung, die auf ultranationalistischen Vorstellungen basiert und sich gegen die liberale Demokratie und deren zugrundeliegende Werte von → Freiheit und → Gleichheit sowie die Kategorien von Individualismus und Universalismus richtet. Der ultranationalistische Kern im rechtsradikalen Denken besteht darin, daß in der Konstruktion nat. Zugehörigkeit spezifische ethnische, kulturelle oder religiöse Ausgrenzungskriterien verschärft, zu kollektiven Homogenitätsvorstellungen verdichtet und mit autoritären Politikmodellen verknüpft werden. Das im dt. → Extremismusbegriff enthaltene Element der Verfassungsgegnerschaft beinhaltet allerdings eine staatlich-normative Deutung und Ausgrenzung, die sich ebenso wie die parteiensoziologische Forschung lediglich auf Parteien, Gruppen und deren Programme bezieht. Der gesellschaftliche Ort des R. findet sich jedoch in Organisationen ebenso sehr wie in Einstellungen, Orientierungen und subkulturellen Milieus der Bevölkerung. Dabei muß der organisierte R. noch einmal hinsichtlich seiner parteiförmigen und nicht-parteiförmigen (d. h. bewegungs- oder kleingruppenförmigen) Ausprägung unterschieden werden. Seine öffentliche Resonanz und Mobilisierung wird oft als Resultat intensiver Modernisierungsschübe in entwickelten Industriegesellschaften angesehen.

II. Sozialwissenschaftl. Erklärungsversuche des R. unterscheiden sich hinsichtlich ihrer Analyseebene von Individuum, Staat und Gesellschaft.

Zu den klassischen Ansätzen gehören die psychologisch orientierte und aus der Frankfurter Schule hervorgegangene Studie vom „autoritären Charakter" (*T. W. Adorno*) und der eher institutionelle Ansatz der Totalitarismustheorie (*H. Arendt, C. J. Friedrich/Z. Brzezinski*). Sozialstrukturelle Ansätze erklären den R. als Ausdruck einer „Anomie", d. h. ein Resultat der Atomisierung und Radikalisierung der Menschen in der Massengesellschaft (*W. Kornhauser*), oder als Ausdruck von „Statusinkonsistenz", d. h. eine Reaktion der in Krisenzeiten statusbedrohten Mittelschichten (*S. M.*

Lipset). Allerdings bezogen sich diese Theorien weitgehend auf den → Faschismus der Zwischenkriegszeit. Sie wurden Ende der 1960er Jahre fortentwickelt in einem Modell, das R. als „normale Pathologie westlicher Industriegesellschaften" in Zeiten raschen sozialen Wandels auffaßt (*E. Scheuch/ H.-D. Klingemann*). Bestimmte Individuen entwikkeln als Antwort auf die zunehmende Komplexität ihrer Umwelt rigide Orientierungen und können von Parteien und Bewegungen mobilisiert werden, die eine Auflösung der Widersprüche und Konflikte anbieten, indem sie eine Wiederherstellung vergangener Werte und Ordnungen versprechen.
Diese Vorarbeiten flossen in den 1980er und 90er Jahren in verschiedene Erklärungsansätze ein, welche überwiegend der Jugendsoziologie, Parteienforschung und der Bewegungsforschung entstammen und den Gedanken eines Übergangs westl. Gesellschaften in eine Phase des post-industriellen Kapitalismus und der Auflösung traditioneller sozialer und polit. Bindungen zugrunde legen. Im Mittelpunkt soziologischer Analysen steht die „Desintegrationsthese", d. h. die zentrale Rolle von Individualisierungsschüben, aus welchen sich dann Handlungsunsicherheiten und Ohnmachtserfahrungen ergeben, die den R. attraktiv machen (*W. Heitmeyer*). Auch die Parteienforschung macht den Erfolg neuer rechtsradikaler Parteien an der Individualisierung von Risiken und den davon besonders betroffenen Modernisierungsverlierern (*H. G. Betz*) bzw. einer daraus hervorgehenden neuen postindustriellen → Konfliktlinie mit linkslibertären (Grünen) Parteien an einem Ende, rechtsautoritären Parteien am anderen Ende (*H. Kitschelt*) fest. Neuere von der Erforschung → Sozialer Bewegungen inspirierte Ansätze beziehen neben den institutionellen auch die polit.-kulturellen Gelegenheitsstrukturen sowie die Interaktion zwischen dem bewegungsförmigen und parteiförmigen R. und dessen gesellschaftl. Kontext historischvergleichend in die Analyse mit ein (*H.-G. Jaschke; M. Minkenberg*).

III. In der zweiten Hälfte des 20. Jh. lassen sich für viele westl. Demokratien drei Phasen rechtsradikaler Mobilisierung unterscheiden: 1) die unmittelbare Nachkriegsära (McCarthyismus in den USA, Poujadismus in F, SRP und DRP in der BRD, MSI in I), 2) die 1960er und frühen 1970er Jahre (Wallace-Bewegung in den USA, NPD in der BRD, Powellism und National Front in GB), 3) die 1980er und 1990er Jahre, in denen sich in fast allen Demokratien rechtsradikale Parteien (r. P.) und Bewegungen etabliert haben. Man kann in diesem Zusammenhang von einer Erneuerung des R. nach 1968 sprechen.

Diese Erneuerung läßt sich sowohl auf der ideologischen als auch auf der organisatorischen Ebene beobachten. In den USA ging mit der polit. Emanzipation der Schwarzen und dem Ende des „alten Südens" eine Diskreditierung des offenen → Rassismus einher, es fand eine Verschiebung hin zum religiösen → Fundamentalismus und zu einem abgeschwächten symbolischen Rassismus bzw. Ethnozentrismus statt. In Westeuropa hat sich die Idee und das Konzept des „Ethnopluralismus" verbreitet, das sich von der traditionellen, biologistisch begründeten Hierarchie der Rassenunterschiede abhebt, gleichwohl aber die Unvereinbarkeiten von Kulturen und Ethnien hervorstreicht. Es ist somit eine modernisierte Abwehrstrategie gegen Immigration und → Integration. Auf der Ebene des Parteiendiskurses ist hervorzuheben, daß kaum eine der r. P. noch eindeutig diktatorische oder autokratische Politikkonzepte vertritt. Sie wollen die Demokratie nicht abschaffen, aber im Sinne von „Ethnokratie" umdeuten. Bei dieser ideologischen Erneuerung haben die Denkzirkel, Intellektuellengruppen, Politunternehmer und *think tanks* der „Neuen Rechten" eine besondere Rolle gespielt. In den USA sind vor allem *Paul Weyrich* und die von ihm geleiteten *Free Congress Foundation* und *Institute for Cultural Conservatism* zu nennen, in Westeuropa die frz. *Nouvelle Droite* mit den Gruppierungen *GRECE* um *Alain de Benoist* und *Club de l'Horloge*, die ital. *Nouva Destra* sowie die dt. *Neue Rechte* um *Armin Mohler*, den *Deutschlandrat* und die

Zeitschriften *criticón* und *Junge Freiheit*. Diese Neue Rechte bildet ein „Scharnier" (*W. Gessenharter*) zwischen einem traditionellen → Konservatismus und dem organisierten Rechtsradikalismus. Sie tritt durch ihr Bemühen hervor, einen Gegendiskurs zu den „Ideen von 1968" zu entwerfen. In diesem sog. *framing*-Prozeß steht der Versuch, einen „Kulturkampf von rechts" zu initiieren und eine kulturelle Hegemonie im vorpolitischen Raum herzustellen, im Mittelpunkt. Diese ideologische Entwicklung wurde vom Auftreten einer Vielzahl neuer r. P. und Bewegungen begleitet.

In den USA gibt es keine nennenswerten r. P., dafür existiert ein vielschichtiger bewegungsförmiger R. Hierzu zählen vor allem die *Moral Majority* (1979–1989) und die 1990 aus der Wahlkampforganisation des TV-Predigers *Pat Robertson* hervorgegangene *Christian Coalition*. Sie bilden den Kern der als christliche Neue Rechte bezeichneten Bewegung und dienen v. a. der Mobilisierung des protestantischen Fundamentalismus. In den 1990er Jahren trat die fremdenfeindliche Bewegung von *Pat Buchanan* hinzu, dessen Positionen zum großen Teil mit der kulturnationalistischen Agenda der Neuen Rechten verschmelzen. Beide Bewegungen verfügen über eine in die Millionen gehende Anhängerschaft und verzeichnen eine wachsende Einflußnahme auf die Republikanische Partei. Mitte der 1990er Jahre standen 18 ihrer 50 Einzelstaatenorganisationen unter der Kontrolle der Neuen Rechten, während in den republikanischen Vorwahlkämpfen von 1992 und 1996 *Pat Buchanan* jeweils ca. 3 Mio. Stimmen erhielt, davon einen Großteil von protestantischen Fundamentalisten. Daneben gewinnen die gewaltbereiten und offen rassistischen, z. T. pronazistischen Gruppen wie *Aryan Nations* oder die Milizen (mit mehreren Zehntausend Mitgliedern) zunehmende Bedeutung. Im Parteienwettbewerb spielen sie allerdings keine Rolle.

In Westeuropa wurden zwischen 1965 und 1995 19 r. P. gegründet, die Hälfte von ihnen erzielte ab Anfang der 1980er Jahre durchschnittlich vier oder mehr Prozent in nat. Wahlen. Dabei variieren die Mobilisierungserfolge einzelner Parteien je nach polit. Kultur der Länder und den Gelegenheitsstrukturen, insbes. der Struktur des Parteienwettbewerbs, z. T. erheblich (vgl. *Tabelle 4*).

Das dt. Lager r. P. zeichnet sich durch eine Fragmentierung und eine anhaltende Randständigkeit mit punktuellen Wahlerfolgen und leichtem Aufwärtstrend aus. Hier spielen drei Parteien eine Rolle: die 1964 gegründete völkisch-autoritäre *Nationaldemokratische Partei Deutschlands* (NPD), die seit ihrem Spitzenergebnis von 4,3 % in den Bundestagswahlen 1969 in einem stetigen Niedergang begriffen ist und sich seit der dt. Vereinigung vor allem in den neuen Ländern zunehmend als Bewegungsorganisation zur Mobilisierung der Straße betätigt; die seit 1987 als Partei auftretende ebenfalls völkische *Deutsche Volksunion* (DVU), die als Ein-Mann-Partei unter der Führung von *Gerhard Frey* in Nord- und zuletzt in Ostdtl. einige Wahlerfolge in Landtagswahlen zu verzeichnen hatte; und die fremdenfeindlichen *Republikaner* (REP), 1983 gegründet und bis 1994 unter der Führung von *Franz Schönhuber* (danach *Rolf Schlierer*), die 1989–1994 im Europaparlament vertreten waren und vor allem in Süddtl. ihre Hochburgen haben (1996: Wiedereinzug in den Stuttgarter Landtag mit 9,1 %). Bei allen drei Parteien findet sich zudem Antisemitismus und die Verharmlosung des NS-Regimes. Ihre Wählerschaft ist weitgehend austauschbar, bei den Bundestagswahlen 1998 erzielten sie zus. 3,3 % (im Osten 5,0 %).

In Frankreich gelang dem fremdenfeindlichen FN, 1972 gegründet und seitdem unter der Führung von *Jean-Marie Le Pen*, erst Mitte der 1980er Jahre der Durchbruch, nachdem er eine ideologische Neuorientierung vorgenommen hatte (Abschied vom Antikapitalismus) und auf eine polit. Konstellation traf, die durch eine fragmentierte rechte Opposition und eine Politisierung der Immigration gekennzeichnet war. Obwohl er in der Nationalversammlung nicht vertreten ist (Ausnahme: 1986–1988), gelingt es ihm seit 1988 immer wieder, in nat. Wahlen zwischen 10 und 15 % zu erzielen, ins Europaparlament einzuziehen und in vielen Regional- und Lokalparlamenten vertreten

Tabelle 4: Wahlergebnisse rechtsradikaler Parteien (in %) in nationalen Parlamentswahlen in Europa, 1980–1999 (Durchschnittswerte)

	1980–1984	1985–1989	1990–1994	1995–1999
Belgien (B)	1,1	1,7	6,6	10,9
Dänemark (DK)	6,4	6,9	6,4	9,8
Deutschland (Bundesrep)(D)	0,2	0,6	2,3	3,3
Frankreich (F)	0,4	9,9	12,7	14,9
Großbritannien (GB)	–,–	0,6	0,9	–,–
Italien (I)	6,8	5,9	9,5	15,7
Norwegen (N)	4,5	8,4	6,0	15,3
Österreich (A)	5,0	9,7	19,6	24,4
Polen (PL)	–,–	–,–	14,1	8,0*
Rumänien (RO)	–,–	–,–	5,8	9,2
Rußland (R)	–,–	–,–	22,9	9,0
Schweden (S)	–,–	–,–	4,0	–,–
Schweiz (CH)	3,8	6,3	10,9	9,3
Tschechische Rep. (CS)	–,–	–,–	6,8**	6,0
Ungarn (H)	–,–	–,–	0,8	5,5

Folgende Parteien wurden in die Berechnung einbezogen: Belgien: VB, FN; Dänemark: FP, DF; Deutschland: REP, DVU, NPD; Frankreich: FN; Großbritannien: BNP, NF; Italien: MSI/AN; Norwegen: FP; Österreich: FPÖ; Polen: KPN, ZChN; Rumänien: PUNR, PRM; Rußland: LDPR; Schweden: ND; Schweiz: AP, SD, Lega; Tschechische Rep.: SPR-RSC; Ungarn: MIÉP.

*) geschätzter Anteil der ZChN und KPN, die 1997 als Partner im Wahlbündnis *Solidarnosc AWS* antraten (Gesamtergebnis 33,8 %)

**) Tschechischer Nationalrat

zu sein. Im Süden stellt er seit 1997 vier Bürgermeister. Durch die Abspaltung des *Mouvement national* unter dem *Le Pen*-Rivalen *Bruno Mégret* Anfang 1999 verlor er in den Europawahlen 1999 allerdings einen Teil seiner Wählerschaft. Einen ähnlichen Aufstieg verzeichnete in Belgien der völkisch orientierte *Vlaams Blok* (VB), der für die Unabhängigkeit Flanderns eintritt und dort besonders hohe Wahlergebnisse erzielt (28 % in 1994). Daneben existiert im wallonischen Teil des Landes der nur mäßig erfolgreiche *Front National* (FN). In Österreich profitierte die FPÖ nach *Jörg Haiders* Übernahme der Führung 1986 und der Neuausrichtung der Partei als zugleich fremdenfeindlich und sozialstaatskritisch vom Parteienproporz der beiden Altparteien ÖVP und SPÖ und der Großen Koalition. *Haider* gelang es, seine Partei über die 20 %-Schwelle und zuletzt sogar, nach der Wahl im Okt. 1999 (26,9 %), in die Regierungsverantwortung zu führen. In seinem Stammland Kärnten erzielt die rechtspopulistische Partei weit über 30 %, dort war bzw. ist *Haider* von 1989–1991 und seit 1999 Landeshauptmann.

Der ital. Fall ist durch die Besonderheit einer dauerhaften Präsenz des faschistischen *Movimento Sociale Italiano* (MSI) seit dem II. Weltkrieg gekennzeichnet. Nach seiner Umbenennung in *Alleanza Nazionale* (AN) 1994 erzielte er zweistellige Werte und war 1994 sogar Teil der Regierung in Rom. Die ebenfalls in dem Jahr an der Regierung beteiligte regionalpopulistische Lega Nord entstand erst Ende der 1980er Jahre, kann jedoch aufgrund ihrer betont wirtschaftsliberalen und föderalistischen Ideologie kaum zum Lager der r. P. in Europa gerechnet werden (im Schnitt 9 % der Stimmen bei nat. Parlamentswahlen). Auch die inzwischen xenophoben skandinavischen *Fortschrittsparteien* (FP) verdanken ihren Aufstieg in den 1970er Jahren v. a. einer effektiven Anti-Steuer- und Anti-Bürokratiekampagne. In DK ist neuerdings die ethnozentrische *Dansk Folkeparti* (DF) hinzugekommen, während die 1991 gegr. schwedische *Ny Demokrit* (ND) nur ein vorübergehendes Phänomen war. In der Schweiz ist das Lager der r. P. durch die liberalnationalistische *Autopartei* (AP), die sozialnationalistischen *Schweizer Demokraten* (SD) und kleinere Splitterparteien (FDU, Lega dei Ticinesi) charakterisiert.

In den Niederlanden scheiterten bislang alle Versuche fremdenfeindlicher Parteien (wie der *Centrumspartij*, CP bzw. CP'86, und der *Centrumsdemocraten*, CD), Fuß zu fassen, am Fehlen einer ausgeprägten nationalistischen Tradition, an einer polit. Kultur der Toleranz und an einem funktionierenden und integrierenden → Sozialstaat. In GB endete der Aufstieg der pronazistischen *National Front* (NF), später *British National Party* (BNP) jäh mit der Politik *Margaret Thatchers* und der Wirkung der Mehrheitswahl in Einerwahlkreisen. Dagegen standen in den postautoritären Demokratien Südeuropas (Spanien, Portugal, Griechenland) die unmittelbare Vergangenheit, die positive wirtschaftl. Entwicklung und der rasche Ausbau des Sozialstaates bislang der Etablierung r. P. im Wege.

Seit 1989 sind auch in Ost- und Ostmitteleuropa r. P. zu beobachten, wie in Tschechien die *Republikaner* (SPR-RSC), in Ungarn die *Gerechtigkeits- und Lebenspartei* unter *Istvan Czurka* (MIÉP), in Polen die ultrakatholische *Christlich-nationale Union* (ZChN) und die *Nationalistische Konföderation für ein unabhängiges Polen* (KPN), in Rumänien die fremdenfeindliche *Partei der nationalen Einheit Rumäniens* (PUNR) und die *Partei für Großrumänien* (PRM) sowie in Rußland die *Liberaldemokratische Partei Wladimir Schirinowskis* (LDPR). Von diesen sind derzeit mit Ausnahme der SPR-RSC alle in den nat. Parlamenten vertreten, ihr Aufstieg ist jedoch trotz günstiger gesellschaftl. Bedingungen durch die Volatilität der Wähler und den Nationalismus anderer Parteien der Rechten und der Mitte, z. T. auch der Linken, blockiert.

Generell läßt sich in westl. Demokratien beobachten, daß dort, wo r. P. stark sind (A, B, F, I, N), vergleichsweise wenig bewegungsförmiger und gewalttätiger R. vorzufinden ist, wohingegen in Ländern, wo r. P. bedeutungslos oder fragmentiert sind (D, GB, NL, S, USA), die rechtsradikalen Bewegungen und Gewalt stärker ausgeprägt sind. Außerdem ist festzustellen, daß r. P. oder Bewegungen dort erfolgreich waren, wo es ihnen gelang, durch eine Modernisierung ihrer Ideologie und Strategie (Abschied von Faschismus und offenem Rassismus) sowie durch Anpassung an die Gelegenheitsstrukturen und Wahrung von Anschlußmöglichkeiten an nationalist. Traditionen ein eigenes Profil in Abgrenzung zu anderen polit. Akteuren zu entwickeln und sich gesellschaftl. zu verankern.

IV. Organisatorisch korrespondieren r. P. meist mit Verfassungsprinzipien und Strukturen des jeweiligen polit. Systems (z. B. → Föderalismus), jedoch findet sich überall ein auf eine prominente Führerfigur zugeschnittenes hierarchisches Organisationsprinzip. Statt innerparteilicher Demokratie dominieren ein im rechtsradikalen Denken verwurzeltes autoritäres Politikverständnis und ein Willensbildungsprozeß von oben nach unten.

Besonders charismatische Führer (*Buchanan, Le Pen, Haider*) haben zweifellos zu den Erfolgen einzelner r. P. oder Bewegungen beigetragen, ebenso der Aufbau eines Netzwerks von Vorfeldorganisationen und innerparteilichen Gruppen (Jugendgruppen, Frauenverbände, Gewerkschaften, Bildungsvereine) wie v. a. beim frz. FN, belg. VB oder der FPÖ. Der Organisationsgrad einzelner Parteien entspricht deren Wahlerfolgen. Mit über 40.000 Mitgliedern ist die FPÖ die im Verhältnis zur Bevölkerungszahl stärkste der europ. r. P., dicht gefolgt von der ital. AN (ca. 200.000). Dahinter stehen mit einigem Abstand der frz. FN (ca. 70.000 bis zur Spaltung) und der VB (ca. 7000). Die dt. r. P. kommen zus. auf 37.000 Mitglieder (1999), davon ist die DVU mit 17.000 die größte (NPD: 6000).

V. Bei der Analyse der Unterstützung r. P. spricht die Wahlforschung von Protestwählern und Modernisierungsverlierern. Ein wichtiger Indikator ist die polit. Unzufriedenheit, dazu kommen die Dimensionen der Ideologie und der polit. Vermittlung. Aber weder die aktuelle Höhe der Arbeitslosigkeit noch die Präsenz von Zuwanderern stehen in einem direkten Zusammenhang mit einem Anwachsen rechtsradikalen Wahlverhaltens.

Sozialstrukturell handelt es sich eher um Angehörige der Arbeiterschaft und unteren Mittelschichten mit geringerer formaler Bildung; so liegt der Arbeiteranteil an den Wählern r. P. in vielen Ländern derzeit um die 30 %. Zudem sind diese Wähler häufig überdurchschnittlich jung und männlich. Bei den r. P. hat sich im Laufe der Zeit eine Wählerkoalition herauskristallisiert, die weder quer durch alle sozialen Schichten verläuft noch das untere Ende der sozialen Leiter darstellt. Diese Wähler sind nicht Opfer eines sozialen Abstiegs, sondern eher als „Verlierer" in einem Prozeß der Ausdifferenzierung neuer Lebenschancen und Gegner einer weiteren Pluralisierung der Gesellschaft zu betrachten. I. d. R. treffen geringe Bildung, rigides Denken und traditionelle Werte aufeinander und verstärken sich gegenseitig. Man müßte daher besser von Modernisierungsverlierern in einem subjektiven Sinne oder Gegnern der Modernisierung reden.

Lit.: *Betz, H.-G.* 1994: Radical Right-Wing Populism in Western Europe, NY. *Betz, H.-G./Immerfall, S.* 1998: The New Politics of the Right, NY. *Diamond, S.* 1995: Roads to Dominion. Right-wing Movements and Political Power in the United States, NY/L. *Falter, J./Jaschke, H.-G./Winkler, J.* (Hrsg.) 1996: Rechtsextremismus (PVS Sonderheft 27), Opl. *Heitmeyer, W.* u. a. 1992: Die Bielefelder Rechtsextremismus-Studie. Erste Langzeituntersuchung zur politischen Sozialisation männlicher Jugendlicher, Weinheim/Mchn. *Jaschke, H.-G.* 1994: Rechtsextremismus und Fremdenfeindlichkeit, Opl. *Kitschelt, H.* 1995: The Radical Right in Western Europe, mit *A. McGann*, Ann Arbor. *Minkenberg, M.* 1998: Die neue radikale Rechte im Vergleich. USA, Frankreich, Deutschland, Opl./Wsb. *Stöss, R.* 1999: Rechtsextremismus im vereinten Deutschland, Bonn.

Michael Minkenberg

Rechtsprechende Gewalt

Rechtsprechende Gewalt (r. G.), die neben der gesetzgebenden und vollziehenden Gewalt stehende, ausschließlich den Richtern anvertraute Staatsfunktion; sie zielt v. a. auf die Kontrolle der vollziehenden Gewalt ab und stellt so sicher, daß das von den Parlamenten gesetzte Recht verwirklicht wird. Sie wird in der BRD durch das Bundesverfassungsgericht, die im GG abschließend aufgeführten fünf obersten und (bisher) zwei einfachen Bundesgerichte sowie durch über 1100 Gerichte der Länder ausgeübt (Art. 92 GG).

1. Abgesehen von der Verfassungsgerichtsbarkeit und den weniger bedeutsamen bes. Gerichtsbarkeiten (für den gewerblichen Rechtsschutz sowie für Beamte, Richter und Soldaten) sind fünf selbständige Gerichtszweige zu unterscheiden: die ordentliche Gerichtsbarkeit für die Zivil- und Strafrechtspflege sowie die Verwaltungs-, Finanz-, Arbeits- und Sozialgerichtsbarkeit. Für diese fünf Bereiche hat der Bund gemäß Art. 95 GG oberste Gerichtshöfe errichtet: den Bundesgerichtshof in Karlsruhe (1950), das Bundesverwaltungsgericht in Berlin (1953), den Bundesfinanzhof in München (1950) sowie das Bundesarbeits- und Bundessozialgericht in Kassel (beide 1954). Im Rahmen

der Neuverteilung der obersten Bundesbehörden und -gerichte nach der Wiedervereinigung wird das Bundesverwaltungsgericht bis spätestens 2003 nach Leipzig, dem Sitz des früheren Reichsgerichts, umziehen. Das Bundesarbeitsgericht ist bereits nach Erfurt übergesiedelt. Jeder der fünf Gerichtszweige ist in mehrere Ebenen oder Instanzen gegliedert: die ordentlichen Gerichte in vier (Amtsgericht, Landgericht, Oberlandesgericht, Bundesgerichtshof), die Verwaltungs-, Arbeits- und Sozialgerichte in drei und die Finanzgerichte in zwei. Die Spruchkörper der Gerichte bestehen entw. aus Einzelrichtern oder Richterkollegien (Kammern, Senate). In den Kollegialgerichten wirken häufig ehrenamtliche Richter mit, auf der unteren Ebene i. d. R. Laien. In der Verwaltungs- und absehbar auch in der Zivilgerichtsbarkeit wird auf der erstinstanzlichen Ebene das Kollegialprinzip zunehmend zugunsten einer erweiterten Zuständigkeit der Einzelrichter aufgegeben, um die Gerichte personell zu entlasten.

2. Unter den acht Bundesgerichten hat das (aus zwei Senaten zu je acht Richtern bestehende) Bundesverfassungsgericht als „Hüter der Verfassung“ bes. Bedeutung: Es ist nicht nur Gericht, sondern zugleich auch Verfassungsorgan; es besitzt umfassende Zuständigkeiten; seine Entscheidungen binden alle übrigen Verfassungsorgane des Bundes und der Länder sowie alle Gerichte und Behörden (1, 13, 31 Bundesverfassungsgerichtsgesetz). Umstritten ist die der öffentl. Kontrolle entzogene Wahl der sechzehn Richter des Bundesverfassungsgerichts; sie werden mit Zweidrittelmehrheit je zur Hälfte von Bundesrat und Bundestag (Wahlausschuß) für eine höchstens zwölfjährige Amtszeit bestellt; Wiederwahl ist ausgeschlossen. Erörtert werden ferner Maßnahmen gegen die Überlastung des Gerichts; im Jahre 1999 wurden 4885 neue Verfahren anhängig, davon 4729 Verfassungsbeschwerden (→ Verfassungsgerichtsbarkeit).

Lit.: *Böckenförde, E.-W.* 1996: Die Überlastung des BVerfG, in: ZRP, 281–284. *Däubler-Gmelin, H.* 2000: Reform des Zivilprozesses, in: ZRP, 33–38. *Ehlers, D.* 1998: Verfassungsrechtliche Fragen der Richterwahl, Bln. *Kirchhof, P.* 1996: Die Aufgaben des Bundesverfassungsgerichts in Zeiten des Umbruchs, in: NJW, 1497–1505. *Koch, S.* 1996: Die Wahl der Richter des BVerfG, in: ZRP, 41–44. *Schulte, M.* 1996: Zur Lage und Entwicklung der Verfassungsgerichtsbarkeit, in: Deutsches Verwaltungsblatt, 1009–1020.

Friedrich G. Schwegmann

Rechtsstaat

I. Der Begriff des Rechtsstaats (R.) entzieht sich einer einfachen und formelhaften Umschreibung. Sein Ziel ist die Rechtsgebundenheit des → Staates. Da auf die Frage nach dem Verhältnis von Recht und Politik stets nur eine zeitgebundene, nicht aber eine abschließende Antwort gegeben werden kann, bleibt der Rechtsstaatsbegriff für die jeweiligen gesellschaftspolit. Verhältnisse und Auffassungen offen. Die übliche Übersetzung des R. als *„rule of law“* benennt die Zielsetzung, erfaßt aber nicht die hierfür wesentlichen Begriffselemente.

II. Der heutige Rechtsstaatsbegriff kam erst im Frühliberalismus des 19. Jh. auf (*Welcker, von Mohl*). Das aufstrebende Bürgertum setzte ihn dem absolutistischen Polizeistaat entgegen (→ Liberalismus).

1. Zentraler Staatszweck des absolutistischen Staates war die Sorge für das Wohl der Untertanen. Sie umfaßte nicht nur den Schutz der öffentl. Sicherheit und Ordnung, sondern auch das körperliche und geistige Wohl des einzelnen. So wurde der einzelne zum Objekt staatl. Handelns, das seinem Wohle dienen sollte, aber hierfür schrankenlose Eingriffe erlaubte. Der liberale R. setzte gegen diesen Zwangswohlfahrtsstaat das Selbstbestimmungsrecht des Individuums: Der Mensch soll nicht dem von Gott eingesetzten Souverän nach Gutdünken unterworfen sein, sondern einer nicht willkürlichen natürlichen Gesetzlichkeit. Der Bürger beansprucht Autonomie, d. h. die Befreiung von staatl. Bevormundung; er will auch

Freiräume für private Selbstverwirklichung haben. Ihm kommen von Natur aus → Grundrechte zu, mit denen er staatl. Eingriffe abwehren kann. Grundrechte sind die im polit. Kampf errungenen Freiheitsrechte. Wichtigste Grundrechte sind die Freiheit der Person, die Glaubens- und Bekenntnisfreiheit, Meinungsfreiheit, Vereins- und Versammlungsfreiheit sowie die Garantie des Privateigentums.

Mittel zur Sicherung der → Freiheit ist die Trennung und Balance der Gewalten (*Locke, Montesquieu;* → Gewaltenteilung), vor allem aber das allg. und auch den Staat bindende Gesetz. „Frei ist der Mensch erst, wenn er nicht mehr Menschen, sondern nur noch Gesetzen gehorchen muß" (*Cusanus*). Der Inhalt der Gesetze soll sich aus den Prinzipien der vernunftrechtlichen → Staatstheorie ergeben, die (ohne den Begriff zu verwenden) wesentliche Rechtsstaatselemente entwickelte, wie das Verständnis des Staates als „Vereinigung von Menschen unter Rechtsgesetzen" (*Kant*).

Ideengeschichtlicher Ausgangspunkt des R. ist, auf dem Boden vernunftrechtlicher Staatstheorie, der Autonomieanspruch des Individuums, das nicht mehr Untertan, sondern Bürger sein will. Die Staatszwecke werden auf den öffentl. Bereich beschränkt; das Wohlergehen des einzelnen ist seine Sache, nicht die des Staates. Das Streben nach Ausdehnung der individuellen Freiheit und nach einer Limitierung der Staatszwecke entspricht den Bedürfnissen der im 19. Jh. aufkommenden arbeitsteiligen Wirtschaft und der Industrialisierung. Der R., der Ziel und Inhalt staatl. Betätigung beschreibt und begrenzt, ist in diesem ursprünglichen Verständnis nicht nur eine besondere Staats- oder Regierungsform, sondern eine vom Absolutismus scharf abgegrenzte eigene Staatsgattung.

2. Die polit. durchgesetzten Freiheitsrechte, die auch in die Texte geschriebener → Verfassungen aufgenommen wurden, sollten nun auch für das Verhältnis zwischen Staat und Bürger im Alltag maßgeblich werden. Damit rückt die Rolle der Öffentlichen Verwaltung in den Mittelpunkt der Überlegungen: Es ist vor allem der administrative Bereich, in dem die erworbenen Freiheiten umgesetzt werden. Der Rechtsstaatsbegriff konzentriert – und verengt – sich dadurch auf die Gesetzmäßigkeit der Verwaltung. R. ist „der Staat des wohlgeordneten Verwaltungsrechts" (*Mayer*), „er bedeutet überhaupt nicht Ziel und Inhalt des Staates, sondern nur Art und Charakter, dieselben zu verwirklichen" (*Stahl*).

In diesem verengten, formalen Verständnis ist der R. nicht mehr eine eigene Staatsgattung, sondern bezeichnet nur eine besondere Art, in welcher der Staat tätig wird. Der formelle Rechtsstaatsbegriff, der bis zum Ende der Weimarer Republik vorherrscht, wurzelt in dem Glauben an die Unfehlbarkeit der *volonté générale (Rousseau)*. Wenn der mehrheitliche Wille des zum Gesetzgeber gewordenen Volkes als richtig anzusehen ist, so genügt es, Form und Verfahren festzulegen, in denen dieser Wille umgesetzt wird. Unter dieser Voraussetzung ist jeder Rechtssatz unbeschadet seines Inhalts als verbindlich anzusehen. Der Konsens der Mehrheit führt zum Wertrelativismus, erhält aber die Einheit der Staatswillensbildung. Die sozial und weltanschaulich nicht mehr homogene Gesellschaft, die sich nicht mehr auf allseits für verbindlich gehaltene → Werte verständigen kann, nimmt Zuflucht zu der Verbindlichkeit des Mehrheitsentscheids ohne Rücksicht auf seine inhaltliche Richtigkeit. Damit wird der R. auf seine formalen Inhalte reduziert. Inhaltlich kann er dabei selbst totalitär werden. Die Erfahrungen der Weimarer Zeit und vor allem der nationalsozialistischen → Diktatur haben gezeigt, daß die Bindung der Staatstätigkeit an bestimmte Formen und Verfahren keine hinreichende Garantie für die Geltung und Durchsetzung des Rechts ist.

3. Das Rechtsstaatsverhältnis des Grundgesetzes der Bundesrepublik beschränkt sich nicht auf solche nur formalen Sicherungen, sondern enthält inhaltliche Aussagen über die Staatstätigkeit, die an oberste Rechtsgrundsät-

ze gebunden wird. Im materialen R. wird auch der Staat selbst vom Recht beherrscht und so die Freiheit des einzelnen gesichert. Alle staatl. Gewalt ist an die Grundrechte gebunden, die auch gegenüber Entscheidungen der parlamentarischen Mehrheit durchgesetzt werden können. Grundrechte sind nicht nur eine Schranke gesetzlicher Entscheidung, sondern zugleich auch Zielbestimmungen aller Staatstätigkeit. Das materiale Grundprinzip des R. ist die Garantie der Menschenwürde, aus der sich wesentliche inhaltliche Festlegungen der Staatstätigkeit ergeben. Zu den Elementen des Rechtsstaatsprinzips in seinem heutigen materialen Verständnis gehören insbesondere: die Bindung aller Staatstätigkeit an die Verfassung als die ranghöchste Norm (→ Verfassungsgerichtsbarkeit), Rechtsbindung der Gewalten in Gesetzgebung, Verwaltung und Rechtsprechung, die Trennung und Ausbalancierung der Gewalten (auch im Verhältnis des Bundes zu den Ländern; → Föderalismus), der Grundrechtsschutz als materiale Seite des R., die Garantie des effektiven Rechtsschutzes des einzelnen gegenüber jeglicher ihn betreffenden Staatstätigkeit. Zusammen mit den anderen tragenden Prinzipien der Verfassung führen diese Grundentscheidungen zu der Chance einer ausgeglichenen Ordnung zwischen dem Freiheitsanspruch des einzelnen und den Bedürfnissen der Gemeinschaft, deren Glied er ist.

Auch vom liberalen R. des 19. Jh. unterscheidet sich der heutige soziale Rechtsstaat. Die Forderung nach einer Begrenzung der Staatstätigkeit zugunsten der individuellen Freiheit beruhte auf der Vorstellung der Gleichheit freier Menschen, wie sie auch dem heutigen Verfassungsverständnis zugrunde liegt. Hinzugetreten ist aber die Überzeugung, daß die tatsächlichen Ungleichheiten bei der Verteilung von Lebenschancen und die gesellschaftl. Machtverhältnisse des regulierenden Staatseingriffs bedürfen, um die rechtlich allen garantierte → Gleichheit herzustellen. Freiheit kann nicht allein durch die bloße Abwesenheit von Staatseingriffen in geschützte Lebensbereiche des Bürgers bewirkt werden (*status negativus*); vielmehr ist der Staat zu sozialgestaltender Aktivität berechtigt und, soweit es um die elementaren Voraussetzungen menschenwürdiger Existenz geht, auch verpflichtet. Dies entspricht der Entwicklung zum Leistungs- und Wohlfahrtsstaat.

Die Ausweitung der Staatstätigkeit bewirkt aber auch immer erhöhte Anforderungen an seine Bürger, die durch steuerliche und andere Leistungen zunehmend belastet werden. Werden hier Grenzen des dem einzelnen Zumutbaren überschritten, so verringert sich der Freiheitsraum des Bürgers. Der überzogene → Wohlfahrtsstaat bedeutete eine Rückkehr zu dem Zustand der Unmündigkeit des einzelnen, dem entgegenzuwirken das Ringen um den R. zum Ziele hatte. Heute stellt sich daher die Aufgabe, den sozialen R. in seinen beiden Elementen zu erfüllen, also die Achtung und den Schutz der Freiheit des einzelnen mit der Sorge für das Wohl aller Bürger zum Ausgleich zu bringen. Weder ein Zwangswohlfahrtsstaat gleich welcher ideologischer Prägung noch ein dem liberalistischen Verständnis des 19. Jh. verhafteter „Nachtwächterstaat" wäre der soziale R., den das Grundgesetz heute fordert.

Lit.: *Baretta, A.* 1979: Zur Entwicklung des modernen Rechtsstaatsbegriffs, in: Liber amicorum *B. C. H. Aubin*, Straßburg, 1–14. *Benda, E.* ²1994: Der soziale Rechtsstaat, in: *Benda, E./Maihofer, W./Vogel, H. J.*: Handbuch des Verfassungsrechts der Bundesrepublik Deutschland, Bln./NY, 719–798. *Böckenförde, E.-W.* 1969: Entstehung und Wandel des Rechtsstaatsbegriffs, in: Festschrift für *A. Arndt*, Ffm., 53–76. *Heller, H.* 1930: Rechtsstaat oder Diktatur?, Tüb. *Hesse, K.* 1962: Der Rechtsstaat im Verfassungssystem des Grundgesetzes, in: Festgabe für *R. Smend*, Tüb., 71–95. *Huber, H.* 1953: Niedergang des Rechts und Krise des Rechtsstaats, in: Demokratie und

Rechtsstaat, Festgabe für *Z. Giacometti*, Zürich, 59–88. *Kägi, W.* 1953: Rechtsstaat und Demokratie, in: Demokratie und Rechtsstaat, Festgabe für *Z. Giacometti*, Zürich, 107–142. *Schambeck, H.* 1970: Vom Sinnwandel des Rechtsstaates, Bln. *Stern, K.* 1984: Das rechtsstaatliche Prinzip, in: Das Staatsrecht der Bundesrepublik Deutschland, Bd. 1, Mchn, 759–871.

Ernst Benda

Referendum → Direkte Demokratie

Regierbarkeit

Regierbarkeit (R.; von lat. *regere* = lenken, leiten, regeln), bezeichnet [1] im allgemeinsten Verständnis: die Fähigkeit zu regieren, d. h. zielorientiert gesellschaftl. verbindliche Entscheidungen durchzusetzen, um dadurch die Handlungsfähigkeit des → Politischen Systems, nach innen wie außen, insbes. gegenüber Wirtschaft und Gesellschaft, und damit seine → Legitimität aufrechtzuerhalten; [2] i. e. S.: Politische Steuerung, die Ausübung hoheitlicher (staatl.) Gewalt, die Funktionen des Regierens usw.

1. R. hängt von einer Vielzahl von Faktoren ab. Sie ist abhängig vom polit. Systemtyp, vom Verhältnis von Politik und Gesellschaft, von den materiellen wie immateriellen Ressourcen, die einem polit. System in konkreten Situationen zur Verfügung stehen. So sind R. und polit. Steuerung „in offenen, konkurrenzorientierten und verschiedene Machtzentren akzeptierenden pluralen Demokratien von offensichtlich anderer Qualität als in jenen Systemen, welche die Fügsamkeit ihrer Bürger rigide einfordern (...). Faßt man die komplementären Begriffe ‚Unregierbarkeit' und ‚Schwerregierbarkeit' ins Auge, so ist eine gewisse ‚Schwerregierbarkeit' für Demokratien geradezu systemtypisch" (*Oberreuter* 1992: 849). Polit.-institutionell wird R. zudem bestimmt von (1) der Qualität und Effizienz der Ministerialbürokratie und des Öffentlichen Dienstes, (2) der Neutralität des Beamtenapparates bzw. der Bereitschaft, polit. Entscheidungen administrativ umzusetzen, (3) der polit. Elitenbildung wie der Kapazität von Parteien und Parteiensystem usw.

2. Probleme des Regierens resultieren aber v. a. aus der wechselseitigen Durchdringung von Politik, Wirtschaft und Gesellschaft, zumal im Wohlfahrtsstaat mit seiner primär *output*-definierten Legitimation, die sich mißt an den materiellen Leistungen der Staatstätigkeit, insbes. ihren konkreten Gleich- bzw. Ungleichverteilungen (→ Soziale Ungleichheit). Die Handlungsautonomie der Politik wird dabei beschränkt u. a. durch: (1) die Entgrenzung von Politik und die Souveränitätsverluste des → Nationalstaates als Folge von → Globalisierung und Kontinentalisierung; (2) Wachstum und Wandel der Staatsaufgaben, verbunden mit erhöhten Anspruchs- und Erwartungshaltungen der Bürger an staatl. Leistungen, mit der Konsequenz abnehmender Leistungsfähigkeit der Politik bei wachsender Staatstätigkeit; (3) Strukturprobleme der → Demokratie, die u. a. aus Rekrutierungsproblemen, aus der Kurzfristigkeit polit. Perspektiven als Folge der Periodizität von → Wahlen, aus der Vetomacht korporatistischer Interessenvermittlung, selektiver Organisations- und Konfliktfähigkeit von Interessen resultieren; (4) → Wertewandel und direkt-demokratische → Partizipation im Kontext postmaterialistischer Befindlichkeit und postmoderner Beliebigkeit (→ Postmoderne).

3. Welchen der Faktoren eine bes. Bedeutung für die Handlungs- und Leistungsdefizite der Politik zugemessen wird, unterscheidet sich je nach gesellschaftstheoretischem Standort:

(1) → Neo-Konservatismus und → Neo-Liberalismus machen die Anspruchsinflation im → Wohlfahrtsstaat dafür verantwortlich.

(2) Sozialdemokratische und neo-marxistische Theorien verweisen auf die nur selektiven Handlungsspielräume von Politik, die

sie kapitalismuskritisch aus den Widersprüchen zwischen den Imperativen der Kapitalverwertung und der Notwendigkeit der Sicherung demokratischer Massenloyalität herleiten und folglich der Politik „eine staatl. Politik der Staatsentlastung anempfehlen (vgl. *Offe* 1987). (3) Von *N. Luhmann* (1984) inspirierte systemtheoretische Erklärungen bezweifeln grundsätzlich jegliche Erfolgsaussichten direkter Steuerung der Gesellschaft durch Politik, da diese an der von Autopoiesis und Selbstreferentialität begründeten Subsystemautonomie ohnehin scheitern würde (*Willke* 1992; 1997).

Unstrittig ist, daß die Politik als Folge ihrer Souveränitätsverluste im Innern wie nach außen mehr denn je in die Rolle des Verhandlungspartners gerät. Unter solchen Bedingungen wird hierarchisch-majoritäres Entscheiden entweder unmöglich oder es führt in die Irre; Voraussetzung für Handlungsfähigkeit und R. sind vielmehr (1) die Zurückverlagerung staatl. Aufgaben in die Gesellschaft, (2) Prozesse der Dezentralisierung und indirekten Steuerung, (3) Netzwerkarrangements, Konsensbildung und Verhandlungslösungen.

Lit.: *Crozier, M.* u. a. 1975: The Crisis of Democracy, NY. *Frei Ruiz-Tagle, E.* 1997: Foundations for Democratic Governability, Washington D.C. *Hartwich, H.-H./Wewer, G.* (Hrsg.) 1990 ff.: Regieren in der Bundesrepublik Deutschland, 5 Bde., Opl. *Hennis, W.* u. a. 1977/79: Regierbarkeit, 2 Bde., Stg. *Lehner, F.* 1979: Grenzen des Regierens, Königstein/Ts. *Luhmann, N.* (1984): Soziale Systeme, Ffm. *Oberreuter, H.* [4]1992: Regierbarkeit, in: *Nohlen, D./Schultze, R.-O.* (Hrsg.): Politikwissenschaft, Mchn., 848–851. *Offe, C.* 1979: „Unregierbarkeit", in: *Habermas, J.* (Hrsg.): Stichworte zur „Geistigen Situation der Zeit", Bd. 1, Ffm., 294–318. *Offe, C.* 1987: Die Staatstheorie auf der Suche nach ihrem Gegenstand, in: Jahrbuch für Staats- und Verwaltungswissenschaft, 1, 309–320. *Schmidt, M. G.* 1992: Regieren in der Bundesrepublik Deutschland, Opl. *Willke, H.* 1992: Ironie des Staates, Ffm. *Willke, H.* 1997: Supervision des Staates, Ffm.

Rainer-Olaf Schultze

Regierung/Regierungsorganisation

Der Begriff Regierung (R.) kann unterschiedlich verstanden werden. Im weiteren Sinne umfaßt er die Verfassungsorgane eines Staates, die insgesamt das Regierungssystem bilden, also Parlament und Regierung. Der englische Begriff *government* steht für ein solches Verständnis. Im engeren Sinne bezeichnet R. jene Institution, der in Abgrenzung von anderen öffentl. Gewalten (→ Gewaltenteilung) und polit. Funktionen (→ Opposition) das Regieren obliegt. Die R. bildet das polit. Leitungszentrum eines Landes: Sie leitet die Politik (Herbeiführung polit. Entscheidungen) und die → Öffentliche Verwaltung (Durchführung polit. Entscheidungen). Die Frage, wie ein Land regiert wird, findet meistens eine Antwort in der Beschreibung des → Politischen Systems bzw. einer Zuordnung zu Grundtypen polit. Systeme, etwa → Parlamentarismus oder → Präsidentialismus. Wird mit der Frage auf eine Bewertung der Politik (*policies*) hingezielt, die eine R. betreibt, so tritt i. d. R. die parteipolit. Zusammensetzung der R. in den Blick. Sie erklärt in der Tat inhaltliche Seiten der Regierungsentscheidungen. Die Frage, wie regiert wird, kann aber auch technische Aspekte des Regierens meinen, insbes. die Regierungsorganisation, ein häufig vernachlässigter Aspekt.

I. Zur Regierungsorganisation (Rego.) auf zentralstaatl. Ebene gehören das Kabinett, die Ministerien und eine dem Regierungschef zugeordnete Regierungszentrale. Dieser Kernbereich kann durch vielfache Sondereinrichtungen (Ausschüsse, Beratungsgremien, Sonderbehörden) ergänzt werden. Die konkrete Ausprägung der R. hinsichtlich der organisatorischen und personellen Strukturen sowie in bezug auf ihre Rolle für das Regierungshandeln ergibt sich aus Verfassungsbestimmungen, Konventionen, Geschäftsordnungen und der Regierungspraxis selbst. Die R. ermöglicht, begrenzt aber auch das Regieren. Für die Regierungsforschung steht daher die Frage im Mittelpunkt, ob und wie es R. gelingt, ihren Anspruch auf polit. Führung gegenüber der Rego. einzulösen, d. h. ihre Nutzung für die Regierungspolitik sicherstellen zu können.

II. Die Rego. ist durch einen hierarchisch-bürokratischen Aufbau geprägt. Die Gliederung der Ministerien und Ämter gehorcht dem klassischen Muster der Zuständigkeitsverwaltung. Die Mitarbeiter sind i. d. R. erfahrene Berufsbeamte. Beamtentum und die Formalisierung von Kompetenzverteilungen und Verfahrensregeln sollen Kontinuität und Verläßlichkeit in der Aufgabenwahrnehmung verbürgen. Für wechselnde R. schafft das Sicherheit. Die Rego. mit den beschriebenen Merkmalen garantiert als „institutionalisiertes Gedächtnis" den für die Regierungsgeschäfte unabdingbaren Sachverstand. Dazu gehört, neben dem Fachwissen, auch das prozedurale Wissen, das nicht nur nach innen, sondern auch nach außen gerichtet ist. Die Rego. ist eingewoben in ein vielfältiges externes Kommunikations- und Kontaktnetz (Interessengruppen, Expertengremien, polit. Institutionen und Organisationen). Daraus ergeben sich mannigfaltige weitere formale, aber auch informale Organisationsstrukturen, die über den Kernbereich der Rego. hinausreichen. Der Begriff der „polit. Netzwerke" *(„policy-networks"; „issue-networks")* wird häufig zur Charakterisierung derartiger extra-gouvernementaler Organisationserweiterungen benutzt. Die Gefahr einer Eigenmacht der Rego. ist damit angedeutet. R. stehen vor der Aufgabe, durch die Gestaltung desjenigen Teils der Rego., der ihr politisch zur Disposition steht, ihren Führungsanspruch zu verwirklichen. Die Organisationsgewalt des Regierungschefs, die personalpolit. Entscheidungen einschließt, ist damit angesprochen.

Auch wenn formal durch die Organisationsgewalt die dominierende Stellung des Regierungschefs gegenüber der Rego. begründet wird, gibt es wichtige Einschränkungen dieses Handlungsspielraums. Dazu gehören etwa verfassungsrechtl. Bestimmungen, wie im dt. Fall die Dynamik zwischen Kanzler-, Kabinetts- und Ressortprinzip. Ferner der Einfluß der Parteien, insbes. bei Koalitionsregierungen, sowie die Mitbeteiligung des Parlaments, die im präsidentiellen System der USA durch den Senat am stärksten gegeben ist, während in parlamentarischen Systemen das Mittel der Budgetbewilligung heute nur noch eine untergeordnete Rolle spielt. Ferner ist der Umfang des Karrierebeamtentums von Bedeutung, d. h. die Zahl der politisch besetzbaren Stellen. Diese Faktoren bilden einen Rahmen, sie entscheiden aber nicht über das polit. Gewicht einer R. gegenüber der Rego., die, und das ist heute kaum umstritten, als Staatsverwaltung an der Politikgestaltung mitwirkt.

III. Ein dt. Bundeskanzler steht in der Organisations- und Personalpolitik vor der Aufgabe, polit. Akzente zu setzen. Er kann und braucht nicht wie der amerikan. Präsident ca. 3.900 Spitzenpositionen zu besetzen oder ein neues Bundeskanzleramt als Regierungszentrale aufzubauen. Ihm steht die Ministerialbürokratie als permanenter Regierungsapparat zur Verfügung. Die Ministerien insgesamt sind die Fachexperten und polit. Berater der Regierung. Die Erwartung ist gegeben, daß das Regierungsprogramm in sachlich-polit. Kompetenz umgesetzt werden kann. Viel hängt davon ab, ob die polit. Führung in der Rego. gewährleistet werden kann. Hier wird die Auswahl (Zahlen 2000) der Minister (14), der Parlamentarischen Staatssekretäre (22) und der polit. Beamten (ca. 135) wichtig. Polit. Beamte (beamtete Staatssekretäre und Ministerialdirektoren) können jederzeit in den einstweiligen Ruhestand versetzt werden. Minister und parlamentarische Staatssekretäre sind vorwiegend Berufspolitiker mit Parteien- und Parlamentskarrieren. So ist sichergestellt, daß die Regierungspolitik nicht in Händen von „Außenseitern" oder „polit. Amateuren" liegt. Die parteipolit. vermittelte Ministerselektion, ähnlich wie in GB, gruppiert dt. Minister zwischen den amerikan. „Amateurtyp" und den franz. „Technokratentyp". Sowohl die Gefahr der Vereinnahmung des Ministers in das ministerialbürokratische Klientelgefecht als auch die Gefahr der Einbindung in ein technokratisch-professionalisiertes Politikmanagement sind minimiert. Insgesamt sind die Voraussetzungen einer polit. → Koordination im Kontext regierungsprogrammatischer Leitlinien als relativ günstig anzusehen. So wie einerseits die Parteiorientierung der polit. Stellen sich positiv auf die polit. Koordination auswirken kann, besteht andererseits bei einer zu starken Parteipolitisierung die Gefahr kontraproduktiver Auswirkungen, wenn zu sehr am Sachverstand der Rego. vorbeiregiert wird. Diese Konstellation im polit. Leitungsbereich ist aber nicht mit einer Politisierung der Ministerialbürokratie (im Sinne von Parteipatronage) gleichzusetzen.

Insgesamt bleibt der Umfang der personalpolit. Sicherstellung des Regierungsmandats aus verfassungs-, beamten- und haushaltsrechtl. Gründen gering, so daß eine politisch-loyale Nutzung der Regierungsorganisationen von jeder R. erneut zu bewerkstelligen ist. Regierungszentralen erhalten in dieser Hinsicht eine zunehmende Bedeutung.

IV. Zur Durchsetzung eines Führungsanspruchs steht dem Kanzler das Bundeskanzleramt in seiner Doppelrolle als Beratungsorgan und als Koordinationsinstanz der Regierungsarbeit zur Verfügung. Es hat einen fest etablierten organisatorischen Unterbau (Spiegelreferate zu den Fachministerien) mit einem personellen Sockel an Berufsbeamten. Es gibt ca. 500 Mitarbeiter mit sechs polit. Beamtenstellen. Hinsichtlich seiner polit. Koordinations- und Einflußfunktion gegenüber der Rego. ist es im Vergleich zum franz. Äquivalent *(Secrétariat Général de la Présidence, Secrétariat Général du Gouvernement)* als schwächer, aber im Vergleich zum amerikan. Äquivalent *(White House Office)* als stärker einzuschätzen. In Annäherung ähnelt es eher dem brit. *Prime Ministers Office*. Die stark hierarchisch formalisierte Organisation des Kanzleramtes ist relativ indifferent gegenüber dem Führungsstil des Regierungschefs, so daß die Herausbildung informaler Strukturen verständlich wird. Alle Kanzler haben sich nicht auf die alleinige Nutzung des Amtes beschränkt, sondern wie der brit. Premier auf externe Berater aus dem parteipolit. und gesellschaftl. Bereich zurückgegriffen. Insgesamt ist aber sein Führungspotenzial weniger weitreichend.

Neben dem Kanzleramt ist das Kabinett ungleich zum amerikanischen (wo es kaum eine Rolle spielt) und französischen Fall (hier steht die Rolle als Beschlußorgan im Vordergrund) ein zentrales Koordinationsinstrument, das durch vorgelagerte Entscheidungsgremien ergänzt wird. Aber auch das Kabinett läßt sich ohne die parteipolit. Komponente und die ressortbezogene Gewichtung der Ministerpositionen nicht denken, die den Kanzler tendenziell in die Rolle des *primus inter pares* verweist, während im brit. Fall eine stärkere Instrumentalisierung durch den *Prime Minister* leichter möglich ist.

Die in modernen Rego. vollzogene Trennung von Amt und Person garantiert ein Fundament von formalisierter Rationalität und polit. Loyalität. R. bleibt dennoch ein genügender Spielraum, um ihren polit. Führungsstil und polit. Führungsanspruch durchsetzbar zu machen. Stechen zwar die Variationen in parlamentarisch-westl. Demokratien ins Auge, so ist jedoch allen Ländern gemeinsam, daß Rego. keine ungebundene, autonome Machtposition besitzen, sondern in das jeweils konstitutionell vorgegebene System der Gewaltentrennung und -verschränkung eingebunden sind und nur auf dieser Grundlage den jeweiligen R. an der Macht zur Verfügung stehen.

Lit.: *Achterberg, N.* 1987: Innere Ordnung der Bundesregierung, in: *Isensee, I./Kirchhof, P.* (Hrsg.): Handbuch des Staatsrechts der Bundesrepublik Deutschland, Bd. 3, Hdbg., 629–664. *Hartwich, H.-H.* (Hrsg.) 1990: Regieren in der Bundesrepublik Deutschland 1: Konzeptionelle Grundlagen und Perspektiven der Forschung, Opl. *Hartwich, H.-H./Wewer, G.* (Hrsg.) 1991: Regieren in der Bundesrepublik Deutschland 2: Formale und informale Komponenten in den Bereichen Führung, Entscheidung, Personal und Organisation, Opl. *Haungs, P.* 1989: Kanzlerprinzip und Regierungstechnik im Vergleich. Adenauers Nachfolger, in: APuZ, B1-/2, 28–39. *König, K.* 1991: Formalisierung und Informalisierung im Regierungszentrum, in: *Hartwich, H.-H./Wewer, G.* (Hrsg.), 203–220. *Murswieck, A.* 1991: Führungsstile in der Politik in vergleichender Perspektive, in: *Hartwich, H.-H./Wewer, G.* (Hrsg.), 81–95. *Murswieck, A.* (Hrsg.) 1994: Regieren und Politikberatung, Opl. *Niclauß, K.* 1988: Kanzlerdemokratie, Stg. *Peters, B. G./Rhodes, R. A. W./Wright, V.* (Hrsg.) 2000: Administering the Summit. Administration of the Core Executive in Developed Countries, L.

Axel Murswieck

Regionalismus

Regionalismus (R.) ist ein auf intrastaatl. und suprastaatl. Ebene verwendeter Begriff, der in beiden Verständnissen sehr weit gefaßt ist und kulturelle, wirtschaftl., soziale und polit. Phänomene, Ideen/Identitäten, Bestrebungen/Bewegungen, Prozesse und Organisationen umschließt.

1. Innerstaatl. basiert R. auf der internen Differenzierung von Einheiten in homogene abgrenzbare regionale Räume, der Betonung der regionalen Unterschiedlichkeit und der Teilfunktion regionaler Sonderstellungen in kulturellen, wirtschaftl. und polit. Angelegenheiten (etwa in Form von → Autonomie. „R. bezeichnet eine polit. Bewegung, die auf der Basis regional abgrenzbarer Kulturbezüge, einer spezifischen polit. Regionalgeschichte und materiell-ökonom. Interessenkonflikte mit anderen Regionen oder → Nationalstaaten entweder Protest gegen fremdbestimmte Benachteiligungen oder Autonomiebestrebungen gegenüber einer übergeordneten Entscheidungsebene ausdrücken will" (*Fürst*, 1995: 540). Mit anderen Worten: Regionalistische Bewegungen machen die Territorialität subnationaler Einheiten in Dimensionen → Sozialer Ungleichheit zu einem polit. kontroversen Thema, laden es ideologisch (durch Rekurs auf Ethnie, Sprache, Tradition) auf, mobilisieren regionale Protesthaltungen und fordern die maßgeblichen Akteuere des polit. Zentrums heraus, auf diesen virulent gewordenen Konflikt zu reagieren. Dieses am Konzept einer → Sozialen Bewegung orientierte Verständnis von R. grenzt sich gegenüber dem der Regionalisierung ab, welches die Dezentralisierung oder *devolution* von Entscheidungskompetenzen meint.

2. Suprastaatl. kann R. bedeuten: (1) im Sinne von Regionalisierung den (staatl. nicht gesteuerten) zunehmenden Austausch von Ideen, Kapital, Gütern und Dienstleistungen in einer Region; (2) regionales Bewußtsein bzw. regionale Identität; (3) regionale zwischenstaatl. Kooperation; (4) regionale Wirtschaftsintegration; (5) regionales Zusammenwachsen zu einer neuen Einheit.

Lit.: *Duwe, K.* (Hrsg.) 1987: Regionalismus in Europa, Ffm. *Gerdes, D.* 1985: Regionalismus als soziale Bewegung, Ffm./NY. *Hechter, M.* 1975: Internal Colonialism, Berkeley/Los Angeles. *Fawcett, L./Hurrell, A. (Hrsg.)* 1995: Regionalism in World Politics, Ox. *Fürst, D.* 1993: Raum – die politikwissenschaftliche Sicht, in: Staatswissenschaften und Staatspraxis 4, 293–315. *Fürst, D.* 1994: Region/Regionalismus, in *Nohlen, D./Schultze, R.-O.* (Hrsg.): Politische Theorien (= Lexikon der Politik, Bd. 1), Mchn, 539–543. *Pretzell, K.-A. et al.* 1994: Regionale Kooperation und wirtschaftliche Integration: Afrika, Asien und Pazifik, Lateinamerika, in: *Boeckh, A.* (Hrsg.): Internationale Beziehungen (= Lexikon der Politik, Bd. 6), Mchn., 429–449. *Schultze, R.-O./Sturm, R.* 1992: Regionalismus, in: *Schmidt, M. G.*: Die westlichen Länder (= Lexikon der Politik, Bd. 3), Mchn, 404–416.

Dieter Nohlen

Regionalpolitik

Regionalpolitik (R.) kennzeichnet die organisierten bzw. institutionalisierten Prozesse der Definition, Durchsetzung und Implementation räumlicher Entwicklungsziele durch staatl. und gesellschaftl. Akteure. Gegenüber der herkömmlichen, gesamtwirtschaftl. oder wohlfahrtsstaatl. Systemzielen (z. B. Mobilisierung von Wachstumsreserven, Ausgleich regionaler Disparitäten) verpflichteten regionalen → Strukturpolitik „von oben" stehen in den sich in den 1990er Jahren durchsetzenden

Ansätzen regionaler Modernisierungspolitik die dezentralen bzw. dezentralisierten Prozesse und Verfahren von Regionalentwicklung im Mittelpunkt.

Das faktische Scheitern der „klassischen" regionalen Strukturpolitik (vgl. *Bruder/Ellwein* 1979, zusammenfassend: *Krafft/Ulrich* 1993: 17ff.) hatte in den 1980er Jahren zu intensiven Kontroversen über die der R. zugrundeliegenden gesellschaftl. Leitbilder und Entwicklungsziele geführt. Dem aus der Regionalgeographie (*Christaller*) und sozialwissenschaftl. Modernisierungstheorien übernommenen zentralistischen Paradigma einer funktionalen R. wurde eine territoriale (*Friedman/Weaver* 1979) bzw. regionale (*Mettler-Meibom* 1980) R. gegenübergestellt. Diese setzte, angestoßen von der dependenztheoretischen Entwicklungsdiskussion *(vgl. Nohlen/Schultze* 1985) und von der Belebung regionalistischer Konflikte (→ Regionalismus), auf die Mobilisierung endogener, auch kultureller, Potentiale (vgl. *Bundesforschungsanstalt für Landeskunde und Raumordnung* 1987; *Bassand et al.* 1986) sowie auf regionale Selbstorganisation (*Fürst* 1996). Elemente einer dezentralisierten, eigenständigen Regionalentwicklung zeigen sich in der Einrichtung regionaler Strukturkonferenzen (*Krafft/Ulrich* 1997), im Konzept der integrierten Regionalentwicklung der → EU seit 1988 („Prinzip der Partnerschaft", vgl. *Keating/Loughlin* 1997) und in den regionalen Netzwerkbildungen staatl. und gesellschaftl. Modernisierungseliten (vgl. *Bullmann/Heinze* 1997, *Danielzyk* 1999). Das Nebeneinander und die Überschneidung von → Netzwerken unterschiedlichster Reichweite (Mehrebenenpolitik) verstärken allerdings noch die Defizite der → Politikverflechtung. Sie machen auf die notwendige zivilgesellschaftliche Fundierung und Verstetigung kollektiver Kooperations- und Handlungslogiken auch im regionalen Rahmen aufmerksam (vgl. *Gerdes* 1999).

→ Europäische Regionalpolitik

Lit.: *Bruder, W./Ellwein, Th.* (Hrsg.) 1979: Raumordnung und staatliche Steuerungsfähigkeit (PVS-Sonderheft 10), Opl. *Bullmann, U./Heinze, R. G.* (Hrsg.) 1997: Regionale Modernisierungspolitik, Opl. *Bundesforschungsanstalt für Landeskunde und Raumordnung* (Hrsg.) 1987: Regionalbewußtsein und Regionalentwicklung (Informationen zur Raumentwicklung 7/8), Bonn. *Danielzyk, R.* 1999: Regionale Kooperationsformen, in: *Bundesamt für Bauwesen und Raumordnung* (Hrsg.): Perspektiven für die Region als Planungs- und Handlungsebene (Informationen zur Raumentwicklung 9/10), Bonn, 577–586. *Friedman, J./Weaver, C. E.* 1979: Territory and Function. The Evolution of Regional Planning, L. *Fürst, D.* 1996: Raumordnungs- und Infrastrukturpolitik, in: *Ellwein, Th./Mittelstraß, J.* (Hrsg.): Regionen, Regionalismus, Regionalentwicklung, Oldenburg, 93–108. *Gerdes, D.* 1999: Regionalismus in Europa, in: *Klein, A./Legrand, H.-J./Leif, T.* (Hrsg.): Neue Soziale Bewegungen, Opl./Wsb., 292–305. *Keating, M./Loughlin, J.* (Hrsg.) 1997: The Political Economy of Regionalism, L., 1–13 *Krafft, A./Ulrich, G.* 1993: Chancen und Risiken regionaler Selbstorganisation, Opl. *Mettler-Meibom, B.* 1980: Grundzüge einer regionalen Regionalpolitik, in: *Bundesforschungsanstalt für Landeskunde und Raumordnung* (Hrsg.): Regionalismus und Regionalpolitik (Informationen zur Raumentwicklung 5), Bonn, 273–282. *Nohlen, D./Schultze, R.-O.* (Hrsg.) 1985: Ungleiche Entwicklung und Regionalpolitik in Südeuropa, Bochum.

Dirk Gerdes

Religion und Politik

I. Eine Definition von Religion (R.) soll und kann hier nicht versucht werden. Ebenso ist es unzulässig, die „reine" oder „richtige" R. von „Pseudoreligion" zu unterscheiden oder den christlichen „Glauben" von R. als „Unglauben", als „Angelegenheit des gottlosen Menschen" (*Karl Barth*) abzugrenzen. Als R. sei hier alles verstanden, was sinnstiftend und gemeinschaftsbildend (Kult) den Menschen einen emotional verankerten Sinn ihres Tuns und Lebens zu erkennen sowie Ängste, Not und Gefahren zu bannen verheißt.

II. Von dem Augenblick an, da von → Politik (P.) gesprochen werden kann, legitimiert die (nun institutionalisierte) R. → Herrschaft. Demgemäß sind im Mythos R. und P. nicht unterscheidbar: Alles ist von der Götter Fluch und Segen erfüllt.

Die Symbiose priesterlicher und herrschaftlicher Funktionen in frühen patrimonial organisierten Verbänden ist an persönliche oder förmliche Herrschaftsrechte gebunden. Die Vergöttlichung der Pharaonen, die Übergabe der gottgeschaffenen Gesetze an die Stadtkönige des Zweistromlandes, des Dekalogs durch Moses an das Volk ebenso wie die tödliche Beschuldigung des Sokrates, er lehre Gottloses, verweisen auf selbstreferentielle Legitimationsmechanismen. Der Kult der bestimmenden Gottheiten ist öffentlich und eminent politisch. Das schließt die Existenz „privater" Kulte keineswegs aus, zeigt vielmehr deren vorpolit. Charakter und die Eignung des Religiösen für polit. Gebrauch. Die Idee des Priesterreichs Tibets mystifiziert und verbindet in nicht zu übertreffender Weise P. mit R.
Kultgründungen markieren überall in (Vorder-)Asien und Europa die Ausbreitung polit. Herrschaft. Die (spätere) Ausgliederung der (hohen-)priesterlichen Funktionen aus der einen königlichen Herrschaft stellt in der Regel polit. Emanzipationsbestrebungen dar, das Machtmonopol des „Königs" aufzubrechen (etwa Übergang vom Königtum zur Republik in Rom). Destruktion der alten wie Konstruktion neuer Kulte gehören stets zu polit. Umbrüchen. Darum ist es nicht verwunderlich, wenn mit polit. → Revolutionen stets auch relig. Veränderungen einhergehen (Französische Revolution) bzw. umgekehrt, wenn relig. Revolten für Veränderungen des polit. Systems genutzt werden (Reformation im Europa des 16. Jh./Rußland 1917 und 1991/Iran des 20. Jh.).
Relig. Vorstellungen dienen (überall) zur Begründung und Legitimation polit. Herrschaft(sansprüche). Die diokletianische Reichs- und Kultreform (297) zeigen dies ebenso wie die galerianisch-maximianische und konstantinische Religionspolitik (311) und der Versuch Julians (361/362), die alte Religion wieder zur Grundlage römischer Verfassungspolitik zu machen.
Auch in den polit. Umbrüchen Armeniens, Georgiens und des Iran zu Ende des römischen Reiches erwies sich die (jeweilige) R. als polit. Instrument zur Stabilisierung der dominierenden Ethnie. Die sassanidische Verfolgung der Christen um 340 sollte in erster Linie die polit. Einflüsse der byzantisch-hellenistischen Kultur zurückdrängen, galten also polit. (Macht-)Positionen.

III. Das Verhältnis von R. und dem, was wir heute P. nennen, ist im mediterranen Raum erst mit dem Auftreten des Christentums zu einem polit.-relig. und gesellschaftl. Problem geworden (*J. Neumann*, 1979). Nun erst traten beide Bereiche, jeweils um die Vormachtsstellung ringend, auseinander, blieben jedoch weithin durch die Klammer gemeinsamer Rechtstradition und das Bemühen, den (gemeinsamen) Machtbestand zu erhalten, geeint.

Sowohl in den islamischen Eroberungskriegen als auch später bei den Kreuzzügen ist das relig.-missionarische Element vom polit. kaum zu unterscheiden; für die Zeitgenossen war das eine ohne das andere nicht vorstellbar. Auch wenn häufig der geistliche Auftrag vordergründig wirkte („Gott will es!"), dürften Bereicherungsabsicht, territoriale Eroberung und Machtwillen (mit-)bestimmend gewesen sein. Relig. Glaube und polit. Pragmatik sind nicht nur damals kaum (eindeutig) zu trennen. (Fast) allen polit. bedeutsamen Begriffen wohnt eine relig. Komponente inne. So wandeln sich beispielsweise *sacramentum* (Unterpfand/Fahneneid), *fides* (Versprechen, Loyalität, Ehrerbietung) u. a. von vornehmlich polit. zu relig. Begriffen.

IV. Je nachdem, ob das weltlich-polit. oder das religiöse System dominiert, spricht man in der abendländisch-europ. Tradition von staatskirchlichem oder kirchenstaatshoheitlichem Regime.

Im staatskirchlichen System bedient sich die „weltliche" (kaiserliche) Macht der relig. Legitimation; im kirchenstaatlichen funktionalisiert die religiöse Gewalt (Bischof bzw. Papst) die weltliche Herrschaft für ihre Interessen. In beiden Fällen geht es um polit. Dominanz und um die Verzweckung des jeweils anderen Systems für die Aufrechterhaltung der eigenen (Ober-)Hoheit.

Idealtypisch für ein staatskirchenhoheitliches Verhältnis ist der sog. *Cäsaropapismus*, in dem der Kaiser Herr nicht nur der weltlichen, sondern auch der geistlichen Angelegenheiten ist: Die Bischöfe sind lediglich seine Stellvertreter in religiösen Belangen. Den Höhepunkt erreichte diese Auffassung bei *Justinian* (527–565), dem Kaiserbischof, der Bischöfe ein- und absetzt, der die Dinge der Religion als Angelegenheiten des Imperiums betrachtete. Im 13. Jh. erlebte diese Idee in den Vorstellungen eines *Marsilius von Padua* (1275 – ca. 1342) eine kurzfristige und wenig erfolgreiche Wiederbelebung: Die christliche Gesellschaft leitet danach alle ihre Herrschaftsgewalt zwar von Gott ab, doch liege alle irdisch-polit. Gewalt beim Herrscher, der die Priester und den Papst bestelle.

Das kirchenstaatshoheitliche System, am reinsten ausgeprägt in den Ansprüchen der Päpste Gregor *VII.* (1073–1085) und *Innozenz III.* (1198–1216), der sich als „wirklicher Kaiser" verstand (*Gervasius von Tilbury*) und der *„ratione peccati"* (Dekretale *Novit ille* von 1204) auch in polit. Fragen das Letztentscheidungsrecht beanspruchte. Und schließlich bei *Bonifaz VIII.* (1294–1303), der in der Bulle *Unam sanctam* von 1302 behauptete, alle polit. Gewalt sei der höchsten relig. Autorität des Papstes unterworfen. Gewissermaßen als Glaubenssatz postulierte *Bonifaz VIII.*, Gott habe allein dem Papst die Fülle aller Macht gegeben. Aus dieser Vollgewalt habe der Kaiser die polit. Gewalt und das weltliche Schwert lediglich zu Lehen erhalten, denn die Christenheit habe nur ein Haupt, den Papst (Bulle *Apostolica sedes* von 1300). Durch diese Überziehung des geistlichen Anspruchs wurde in Europa die Emanzipation des Politischen vom Religiös-Kirchlichen eingeleitet.

V. In dem Bemühen der *Reformation* des 16. Jh., die Gewalt des Papstes, als Manifestation des Antichrist, zu brechen, wurde anstelle der päpstlichen Gewalt den Fürsten unmittelbare Kompetenz über die geistlichen Angelegenheiten zugesprochen (*Summespiskopat*). In dieser Landeskirchenhoheit war die Identifikation beider Herrschaftsbereiche total: Der moderne absolute Staat entstand. Die Zugehörigkeit zu einem polit. Verband bestimmte gleichzeitig über die geistliche: *„cuius regio, eius religio"*. Beide Bereiche waren, wenn auch auf neue Weise, nicht mehr unterscheidbar. Da nach den unvorstellbaren Schrecknissen des relig. begründeten, aber um machtpolit. Ziele willen geführten Dreißigjährigen Krieges im verfassungsrechtlichen Rahmen des Deutschen Reiches Katholiken und Protestanten augsburgischer und helvetischer Konfession miteinander leben mußten, bemühte man sich, den Bereich des Religiösen und des Politischen formal zu trennen. Zwar verstand sich der Staat als konfessionell geprägt, aber er sah sich zunehmend gezwungen, die Wahrnehmung polit. Rechte und die Logik polit. Handelns von der Religion abzukoppeln.

In Frankreich und England dagegen führte die rigoros durchgesetzte Identifikation von polit. Herrschaft und religiösem Machtanspruch zur massenhaften Vertreibung Andersgläubiger (Hugenotten bzw. Dissidenten). Darum kam die Idee der Trennung der staatl.-polit. Rechte vom relig.-konfessionellen Glauben auf und gewann unter dem Einfluß der Aufklärung an polit. Wirksamkeit. Die Revolutionen in Nordamerika und Frankreich erhoben die Trennung des polit. Bereichs vom religiös-konfessionellen zum Verfassungsprinzip, ohne jedoch beide gänzlich zu entflechten: Blieb in der amerikanischen Gesellschaft der Zwang, *eine* Religion, egal welche, zu haben, so versuchte in Frankreich eine kleine Gruppe kurzzeitig die alte Religion durch eine neue, die der „Göttin Vernunft" (1793), zu ersetzen. Noch Jahrzehnte später schwebte *August Comte* eine neue universelle „positivistische Religion der Menschheit" vor, um die polit. Ordnung vor dem Verfall zu bewahren. Die

Trennung von P. und R. schien nach wie vor undenkbar; R. galt nach wie vor als Garant der Ordnung.

VI. Aus aufgeklärter, vernünftiger Erwägung und polit. Rationalität entwickelte sich schließlich zeitlich und räumlich sehr unterschiedlich im Kontext der Ideen der → Menschenrechte das Prinzip einer grundsätzlichen Trennung beider Bereiche (Bill of Rights of Viginia von 1776 Absch. 16; Französische Verfassung von 1793, Art 7; „Paulskirchen-Verfassung" von 1849, Art. V §§ 144–147).

Obwohl die Weimarer Reichsverfassung von 1919 feststellte: „Es besteht keine Staatskirche" (Art 137 Abs.1), waren damit R. und P., Thron und Altar noch keineswegs entflochten. Im Gegenteil: Im Mythos von Rasse und Volk, von Blut und Boden feierte die Kohabitation von religiös-irrationalem Pathos und polit. Allmachtsanspruch im → Nationalsozialismus neue Triumphe. Im Deutschland jener Tage verkörperte zweifellos *Carl Schmitt* die polit. Dimension des Religiösen in ihrer extremen katholischen Form. In seiner „Politischen Theologie" (2. Aufl. 1933) erkennt er „das Politische als das Totale": Der Katholizismus ist für ihn das Paradigma des Politischen selbst. Darum ist der polit. Kampf zugleich immer auch ein religiöser. *Schmitt* ist gewissermaßen die katholisch begründete Ausprägung des „Übermenschentums" und eines unergründlichen Antisemitismus, ein selbsternannter „Reichstheologe" in der Linie christlich abendländischer Eschatologie. Er verficht noch einmal die Einheit des „Römischen Katholizismus" und der „polit. Form (1923; Neudruck der 2. Aufl. von 1925 1984), der notwendigen Identifikation von R. und P., um dem russischen Bolschewismus und dem Judentum zu widerstehen.

Dieses brisante Amalgam aus polit. Ideologie und relig. Glauben wurde auch von manchen christl. Theologen vertreten, ließ sich doch auf diese Weise zeigen, daß das Christentum „nicht Übernatur, nicht Geist allein, nicht mystischer Spiritualismus, sondern Geist und Blut oder vielmehr Blut und Geist" sei (*Adam* 1933). Darum fiel es Nazi-Deutschland und dem Vatikan im Juni 1933 auch nicht schwer, nun endlich das vom Vatikan seit 1921 angestrebte Reichskonkordat zu schließen, das letztlich die Einheit von R. und P. in subtiler Form wiederherstellen wollte. Modell dafür war das Konkordat mit dem faschistischen Italien von 1929, das Prälat *Ludwig Kaas* (Vorsitzender der Zentrumspartei 1928–1933), der geistliche und polit. Promotor des Reichskonkordates, emphatisch als Vorbild aller künftigen Kooperation zwischen „totalitärer" P. und R. pries: „So drängte alles: Volksstimmung und Führerüberlegung, (...) eigenes Lebensgesetz des Faschismus (...) zu einem neuen Typ positiver Verständigung und umfassender Grenzbereinigung" zwischen R. und P. (*Kaas* 1933, 514). Die mittelalterliche papale Geschichtstheologie konnte somit auch dieser polit. Ideologie angepaßt werden.

VII. Nach dem Zusammenbruch von 1945 stellte die gleiche religiöse Sprachregelung die christl. R. als die eigentliche Siegerin wider die Tyrannei dar. Trotz der behaupteten und beklagten „Trennung von P. und R." – durch die Verfassung(en) – kam es zu einer engen Verfilzung relig. und polit. Interessen.

Ehe und Familie wurden nach traditionell relig.-kirchl. Muster rekonstruiert, der Religionsunterricht zum ordentlichen Lehrfach erhoben, Kirchensteuer und Militärseelsorge als polit.-staatl. Gemeinschaftsaufgaben ebenso etabliert, wie den Kirchen als „Körperschaften des öffentl. Rechts" eine Vielzahl von Privilegien, wie beispielsweise die Freistellung vom allg. Arbeitsrecht und milliardenschwere → Subventionen, zugebilligt wurden. In Konkordaten und Kirchenverträgen sind seither die Grenzen zwischen R. und P. in D bis zur Unkenntlichkeit ver-

wischt worden: so in der Rede vom polit. „Wächteramt" der R. und von ihrer Zuständigkeit für die in der Politik. wirksamen allg. Grundwerte (*Schmidt* 1977 u. a.). Zwar ist die „Dominanz der kirchlichen Religion in der Bundesrepublik (...) vor allem eine organisatorische, die durch die polit. Protektion begründet ist" (*Kehrer* 195), doch verweist gerade letztere auf die vielfältigen gegenseitigen Abhängigkeiten (*Faber* 1997). Im Streit um die Schwangerschaftskonfliktberatung und die prekären Folgen der Bemessung der Kirchensteuern an der Höhe des staatl. Steuersatzes wird dies deutlich.
Wenn auch in den meisten westl. Demokratien die Verflechtung zwischen R. und P. nicht so eng ist wie in D, kann doch sowohl an den USA, die sich einer strikten Trennung zwischen P. und R. rühmen, als erst recht etwa an GB und Griechenland gezeigt werden, daß beide Bereiche auch heute noch tiefreichend miteinander verwoben sind. Das Phänomen der *civil religion* (*Kodalle* 1988) vornehmlich in den USA belegt diese These ebenso wie das Überhandnehmen fundamentalistischer Vorstellungen in vielen Ländern der Erde (→ Fundamentalismus).

VIII. Die immer wieder erwähnte Trennung von P. und R. hat allen Beteuerungen zum Trotz weitgehend noch nicht stattgefunden.

Die seit den 1970er Jahren von den kirchl. Sektenbeauftragten geschürte Phobie in Gesellschaft und Politik führte 1996 zur Einsetzung einer Enquête-Kommission des Deutschen Bundestages. Ihr Schlußbericht muß zwar die gesellschaftl.-polit. Gefährlichkeit kleiner relig. Gruppierungen verneinen, doch wird gleichwohl die Errichtung einer „Stiftung" zur Erforschung neuer relig. Gruppen ebenso gefordert wie eines Bundesverwaltungsamtes für „Neue religiöse und ideologische Gemeinschaften und Psychogruppen" (Bundestagsdrucksache 13/10950). Diejenigen Religions- und Weltanschauungsgemeinschaften, die nicht den Charakter einer Körperschaft des öffentl. Rechts erhalten haben, werden von Gesetzgebung, Verwaltung und Justiz deutlich benachteiligt. Neuere bzw. kleine relig.-weltanschauliche Gruppen müssen sich den Zutritt zur Schule (BVerwG v. 23.02.00), die freie Religionsausübung (ergebnislos: BVerwG v. 23.11.00), steuerliche Gleichstellung (BFH September 1999) und Zuerkennung des Charakters einer Körperschaft des öffentl. Rechts (Zeugen Jehovas) gerichtlich erkämpfen. Das BVerfG hat am 19.12.00 festgestellt: Der Charakter einer Körperschaft des öffentl. Rechts gibt den Religionsgesellschaften keinen Anteil an Staatsaufgaben und bindet sie nicht in die Staatsorganisation ein. Die dadurch gewährten Vergünstigungen sollen ihnen ermöglich, ihre Organisation und ihr Wirken nach den Grundsätzen ihres relig. Selbstverständnisses zu gestalten. Dieser Status sei ein Mittel zur Erleichterung und Entfaltung der Religionsfreiheit und dürfe die Freiheitlichkeit des Religionsverfassungsrechts nicht schmälern. Ob dieser Status im konkreten Fall gewährt werden dürfe, richte sich also nicht nach dem Glauben, sondern nach dem Verhalten der betreffenden Gemeinschaft. Deshalb sei der Körperschaftscharakter (nur) dann zu versagen, wenn die Voraussetzungen erfüllt sind, unter denen eine private Vereinigung nach Art. 9 Abs. 2 GG zu verbieten wäre. Eine über die allgemeinen Anforderungen hinausgehende „Loyalität zum Staat" dürfe nicht gefordert werden.
Nichts belegt eindringlicher, wie wenig sachangemessen zwischen relig.-kirchlichen und gesellschaftl.-polit. Interessen differenziert wird. Die weltweiten ökonom. und polit. Krisen lassen die Protagonisten einer relig. begründeten P. auch in Deutschland wieder lauter werden. Relig. motivierte und politisch gerechtfertigte Genozide sowie die Forderung nach relig. Fundierung polit. Ordnungen haben gegenwärtig vielerorts Konjunktur. Dabei ist es gleichgültig, welcher Bereich sich des anderen bedient.

Lit.: *Abromeit, H.* (Hrsg.) 1989: Die Kirchen und die Politik, Opl. *Adam, K.* 1933: Deutsches Volkstum und katholisches Christentum, in: Theologische Quartalschrift, 114, 40–63. *Besier, G./Scheuch, E. K.* (Hrsg.) 1999: Die neuen Inquisitoren. Religionsfreiheit und Glaubensneid, 2 Bde., Zürich. *Bielefeldt, H./Heitmeyer, W.* 1998: Politisierte Religion, Ffm. *Böckenförde, E.-W.*

1973: Kirchlicher Auftrag und politische Entscheidung, Freib. *Czermak, G.* 1993: Staat und Weltanschauung, Bln./Aschaffenburg. *Faber, R.* (Hrsg.), 1997: Politische Religion religiöse Politik, Würzburg (Festschrift für *H. Cancik*). *Kaas, L.* 1933: Der Konkordatstyp des faschistischen Italien, in: ZaöRV, 3(1), 488–522. *Kallscheuer, O.* (Hrsg.) 1996: Das Europa der Religionen, Ffm. *Kleine, M.* 1993: Institutionalisierte Verfassungswidrigkeiten im Verhältnis von Staat und Kirchen unterm Grundgesetz, Baden-Baden. *Kodalle, K.-M.* (Hrsg.) 1988: Gott und Politik in den USA, Ffm. *Meyer, Th.* 1989 (Hrsg.): Fundamentalismus in der modernen Welt, Ffm. *Meyer, H.-D./Minkenberg, M.* 2000: Religion und Politik, Opl. *Müller, J. B.* 1997: Religion und Politik, Bln. *Neumann, J.* 1979: Typologie der Staat-Kirche-Beziehung, in: Beiträge zur historischen Sozialkunde, 9, 75–81. *Quaritsch, H.* ^{3}1995: Positionen und Begriffe *Carl Schmitts*, Bln. *Schmitt, C.* ^{2}1984: Römischer Katholizismus als politische Form (Neudruck der 2. Aufl. von 1925), Stg. (zuerst 1923). *Schmitt, C.* ^{2}1933: Politische Theologie, Mchn./Leipzig (zuerst 1922).

Johannes Neumann

Rentenpolitik

Als Renten werden regelmäßig aufgrund von Rechtsansprüchen zu zahlende Geldbeträge bezeichnet, denen zeitlich keine unmittelbare Gegenleistung des Empfängers gegenübersteht. Verschiedene Arten von Renten ergeben sich v. a. aus der Unterschiedlichkeit der Rechtsansprüche hinsichtlich Höhe, Dauer und sachlicher Grundlage des Rentenbezugs (z. B. Altersrente, Invalidenrente, Witwen- und Waisenrente, betriebliche Rente, Rente aufgrund einer Abtretung von Nutzungsrechten etc.). Im allg. Sprachgebrauch, der auch in der Politikwissenschaft überwiegt, bezieht sich der Begriff auf die Altersversorgung von Arbeitnehmern und Angestellten auf der Grundlage von Rechtsansprüchen an die → Sozialversicherung. Rentenpolitik (R.) stellt demzufolge einen Teilbereich der → Sozialpolitik dar, der Entscheidungsprozesse, Regelungen und Maßnahmen umfaßt, welche die gesetzliche Altersversorgung betreffen.

Grundsätzlich lassen sich in der rentenpolit. Diskussion mehrere Modelle unterscheiden, die mit divergierenden Vorstellungen über die Funktion des Staates bei der Alterssicherung verbunden sind. Einem liberalen Minimalkonzept zufolge ist es im wesentlichen Aufgabe der Bürger, durch private Vorsorge und Spartätigkeit für eine Sicherung ihrer Lebensgrundlagen im Alter Sorge zu tragen. Demnach kann sich die R. darauf beschränken, allenfalls gesetzliche Rahmenbedingungen der privaten Alterssicherung festzulegen. Dem gegenüber steht ein wohlfahrtsstaatl. Konzept, das eine weitgehend egalitäre Altersversorgung auf der Basis gleicher Staatsbürgerrechte anstrebt, in Form einer Grundrente wie in GB nach dem ursprünglichen *Beveridge*-Modell oder in Form einer großzügigen Bürgerrente wie etwa in Schweden. Das für die R. der BRD maßgebliche Modell der Statussicherung knüpft Rentenansprüche an Pflichtbeiträge der Erwerbstätigen zur gesetzlichen Rentenversicherung, die eine weitgehende Aufrechterhaltung des im Berufsleben erzielten Lebensstandards ermöglichen sollen.
In der BRD zählte die R. meist zu den Politikfeldern, die zwischen den großen → Parteien kaum umstritten sind (Rentenkonsens). Die zunehmenden Strukturprobleme der gesetzlichen Altersversorgung aufgrund demographischer, wirtschaftl. und gesellschaftl.-kultureller Veränderungen brachten in den 1990er Jahren zunehmend Debatten und Konflikte um eine grundlegende Rentenreform mit sich, die diesen weitreichenden Konsens in Frage stellten. In der Praxis der R. zeichnet sich seit dem Regierungswechsel von 1998 eine deutliche Verschiebung zu einer verstärkten privaten Eigenvorsorge in Verbindung mit einer spürbaren Absenkung des durchschnittlichen Rentenniveaus ab. Einer nach Auffassung aller wissenschaftl. Rentenexperten unumgänglichen einschneidenden Reform auf der Basis eines

breiten Konsenses der polit. Parteien stand dabei das enorme wahlpolit. Gewicht der Bezieher von Renteneinkünften in der Bundesrepublik entgegen.

Lit.: *Burger, A.* 1996: Deregulierungspotentiale in der Gesetzlichen Rentenversicherung, Ffm. *Schmähl, W.* 1997: Alterssicherung zwischen Vorsorge und Versorgung, in: *Hradil, S.* (Hrsg.): Differenz und Integration, Ffm./NY, 1006–1020. *Neumann, W.* 2000: Die Zukunft unserer Renten: Reformdebatten in Frankreich und Deutschland, Ludwigsburg.

Bernhard Thibaut

Repräsentation

I. Wie bei anderen polit. Grundbegriffen ist auch die inhaltliche Bedeutung von Repräsentation (R.) umstritten. Viel zitiert wird die Definition von *E. Fraenkel:* „Repräsentation ist die rechtlich autorisierte Ausübung von Herrschaftsfunktionen durch verfassungsmäßig bestellte, im Namen des Volkes, jedoch ohne dessen bindenden Auftrag handelnde Organe eines Staates oder sonstigen Trägers öffentlicher Gewalt, die ihre Autorität mittelbar oder unmittelbar vom Volk ableiten und mit dem Anspruch legitimieren, dem Gesamtinteresse des Volkes zu dienen und dergestalt dessen wahren Willen zu vollziehen" (*Fraenkel* 1964: 81). Das wegweisende Buch von *H. Pitkin* nähert sich dem Begriff R. dagegen zunächst so: „Repräsentation bedeutet ganz allgemein das Gegenwärtigmachen in einer bestimmten Weise von etwas, das nichtsdestoweniger im wörtlichen Sinn oder tatsächlich nicht gegenwärtig ist. Daß etwas gleichzeitig sowohl gegenwärtig als auch nicht gegenwärtig sei, dies zu sagen scheint äußerst paradox. Deshalb ist ein fundamentaler Dualismus in die Bedeutung von Repräsentation eingebunden" (*Pitkin* 1967: 8 f.). Diese beiden unterschiedlichen Annäherungen an den Begriff, konkret au[f] sentativverfassung konzen[...] *Fraenkel,* recht weit gespan[...] Dialektik von R. orientiert b[...] verweisen auf die historischen Wurzeln, die es freizulegen gilt.

II. 1. Politische R. ist so alt wie politische → Herrschaft. Das absolutistische *„l'état c'est moi"* von *Ludwig XIV.* forderte in später Zuspitzung die schon archaisch beanspruchte Verkörperung von Staat und Volk im Monarchen. Aber noch im 19. Jh. plädierten monarchistische Souveränitätslehren für die R. aller Staatsgewalt durch den König. Es war ein weiter Weg von der feudalen → Souveränität, die das Volk zu repräsentieren beansprucht, über die Volksrepräsentation, die den Monarchen beschränkt, bis zur Volkssouveränität, die den Volkswillen repräsentiert. Der Durchbruch der Lehre von der Volkssouveränität ist eng mit der Verwirklichung von Repräsentativsystem und Repräsentativverfassung verknüpft. Die bürgerlichen → Revolutionen in England, Frankreich und Nordamerika verwirklichten zum Ende des 18. Jh. die liberalen Ideen der → Emanzipation von Feudalismus und Absolutismus, die besonders von englischen und franz. Theoretikern und polit. Praktikern formuliert worden waren (→ Liberalismus).

2. Das englische Parlament des 18. Jh. besaß noch eine Zwischenstellung zwischen Ständevertretung und Repräsentativversammlung. Das von Parlament und König *(King in Parliament)* gemeinsam repräsentierte Volk bestand nur aus einer kleinen Zahl wahlberechtigter, d. h. steuerzahlender Bürger und damit im wesentlichen aus Vertretern von Aristokratie und Besitzbürgertum. Die Delegierten beanspruchten, das ganze Königreich „virtuell" zu vertreten, auch die nordamerikan. Kolonien. Über die Parole *„no taxation without representation"* brach mit der Amerikanischen Revolution (1776–

1783) das Prinzip der „aktuellen" R. erstmals zur gesellschaftl. Wirklichkeit durch. Die Französische Revolution verwirklichte auf dem europ. Kontinent als erste den Sieg des → Bürgertums gegen den Feudalismus. In der franz. Verfassung von 1791 findet sich im Titel III Art. 2, Abs. 2 die klassische Formel einer Repräsentativverfassung: „Die Nation, von der alle Gewalten ausgehen, kann sie nur durch Übertragung ausüben." Freilich waren mit der liberalen Repräsentativverfassung des Bürgertums, ob in den USA, England oder Frankreich, drastische Wahlrechtsbeschränkungen noch durch das ganze 19. Jh. vereinbar. Die auf die Interessen des Bürgertums orientierte Verfassung sollte die Grundlagen einer Gesellschaft selbständiger Privateigentümer garantieren, durch Eigentumsrechte, Vertrags- und Gewerbefreiheit, aber auch Versammlungs- und Meinungsfreiheit. Liberaler → Rechtsstaat und ökonom. → Kapitalismus gingen eine enge Bindung ein.

3. In D war der Durchbruch zum liberalen Repräsentativsystem schwerer und langsamer als in den meisten anderen europ. Staaten. Da der aufgeklärte preußische Absolutismus schon Rechtsstaat zu sein beanspruchte, ohne Volkssouveränität zu gewähren, entwickelte sich hier trotz der Episode der Frankfurter Paulskirche ein Bündnis von Besitzbürgertum und Adel, das sich schließlich seit *Bismarck* auch noch sozialpolitisch gegen Herausforderungen durch die Arbeiterschaft (→ Arbeiterbewegung) absicherte und so bis 1918 durchstehen konnte. Mit dem Deutschen Reichstag seit 1871 – direkt, allgemein (ohne Frauen allerdings) und geheim gewählt – existierte auch in D eine klassische repräsentative Versammlung, insofern sie nicht die Volksherrschaft verkörperte, sondern das Volk gegenüber dem Souverän vertrat. Dies entsprach auch der klassischen → Gewaltenteilungs-Lehre von *Montesquieu.*

4. Die konservative und liberale polit. Theorie betonte in der R. im Gegensatz zum Ständesystem insbesondere das freie Mandat, das den Abgeordneten vom Boten zum freien Mandatsträger machte. Der brit. Konservative *E. Burke* ging mit seiner berühmten Dankesrede an die Wähler seines Wahlkreises Bristol 1774 auf diese Unterscheidung ein: „Ein Parlament ist kein Kongreß von Gesandten verschiedener und miteinander verfeindeter Interessen, deren unterschiedliche Interessen jeder als dessen Agent und Anwalt gegenüber anderen Agenten und Anwälten zu verteidigen hat. Ein Parlament ist vielmehr die beratend-abwägende Versammlung einer Nation, mit einem Interesse, dem des Ganzen" (zit. bei *Steffani* 1981: 113 f.). Der Parlamentarier als freier Repräsentant des ganzen Volkes, als *„trustee"*, als Treuhänder des Volkswillens, der sich von lokalen und partikularen Interessen freihält, das ist die klassische Figur des bürgerlich-liberalen → Parlamentarismus bis heute geblieben. Demgegenüber vertrat der unterlegene Gegenkandidat *Burkes* die Position des *„delegate"*, des Delegierten seiner Wähler, der deren wohlverstandene Interessen im nat. Parlament vertrat. Die frühe radikaldemokratische Theorie schon der franz. und nordamerikan. bürgerlichen Revolution und auch die sich später entwickelnde sozialistische Demokratietheorie haben auf dieser Position der eindeutigen Interessenvertretung beharrt. Denn entgegen aller Repräsentationstheorie bliebe auch der bürgerliche Abgeordnete immer an die Interessen seiner Klasse gebunden. *Trustee* oder *delegate:* diese Kontroverse bestimmt bis heute Theorie und Praxis, Norm und Empirie der Repräsentation.

III. 1. „Die Bundesrepublik Deutschland ist nach Verfassungsordnung und polit. Praxis ausschließlich repräsentative Demokratie" *(Ellwein* 1983: 251). Dies gibt die damals herrschende Meinung der Staatsrechtslehre zutreffend wieder, stößt aber in der Politikwissenschaft auf gravierende Zweifel.

Das GG orientiert sich tatsächlich stark an der altliberalen Figur der klassischen R.: „Die Abgeordneten des Deutschen Bundestages werden in allgemeiner, unmittelbarer, freier, gleicher und geheimer Wahl gewählt. Sie sind Vertreter des ganzen Volkes, an Aufträge und Weisungen nicht gebunden und nur ihrem Gewissen unterworfen" (Art. 38, Abs. 1 GG). Zusammen mit Art. 20,2 GG –

„Alle Staatsgewalt geht vom Volke aus. Sie wird vom Volke in Wahlen und Abstimmungen und durch besondere Organe der Gesetzgebung, der vollziehenden Gewalt und der Rechtsprechung ausgeübt" – wird dieses klare Votum des Grundgesetzes für das freie Mandat des Abgeordneten und für die Ausübung der Volkssouveränität durch „besondere Organe der Gesetzgebung" einschließlich des Fehlens fast aller plebiszitären Elemente auf Bundesebene als eine eindeutige Entscheidung zugunsten des klassischen Repräsentativsystems interpretiert. Die Erfahrungen der Weimarer Verfassung mit Volksentscheid, also plebiszitären Elementen, haben diese eindeutige Festlegung auf die R. verursacht, obwohl die wenigen Volksbegehren und -entscheide kaum den Untergang der ersten dt. Demokratie verursacht haben.

2. Diese enge Koppelung der Verfassung an die repräsentative Demokratie kann allerdings mit nicht wenigen Argumenten in Zweifel gezogen werden. a) Nach Art. 21 GG wirken die Parteien, also auch die Fraktionen im Parlament, „bei der politischen Willensbildung des Volkes" mit. *G. Leibholz* geht so weit, im Art. 38 GG nur noch das papierne Relikt eines veralteten Repräsentationsgedankens zu sehen, der durch die Parteien verdrängt worden sei. „Dieser moderne Parteienstaat ist in Wirklichkeit seinem Wesen wie seiner Form nach eine rationalisierte Erscheinungsform der plebiszitären Demokratie" (*Leibholz* 1975: 2198). b) Nach einer mehr vermittelnden Argumentation wird ein Spannungsverhältnis zwischen Art. 21 GG und Art. 38 GG konstatiert, das als ein „korrespektives Gegenseitigkeitsverhältnis" (*Maunz-Düring,* GGkommentar Art. 38, Randnotiz 27) verstanden wird und die repräsentative Komponente abschwäche, aber nicht negiere. c) Nicht allein Wahlen gemäß dem repräsentativen Prinzip, sondern „Wahlen *und* Abstimmungen" gebe der Art. 20,2 GG vor. Außerdem ermögliche Art. 28,1 GG sogar: „In Gemeinden kann an die Stelle einer gewählten Körperschaft die Gemeindeversammlung treten." d) Schließlich müssen neben dem GG auch die Landesverfassungen und Gemeindeordnungen herangezogen werden, die sehr unterschiedliche und vielfältige Formen → Direkter Demokratie durch Bürger- und Volksentscheid kennen (→ Kommunalpolitik; Föderalismus) und in den letzten Jahren ausgebaut haben.

Die Verfassungsordnung der BRD kann deshalb nicht eindeutig als ausschließlich der repräsentativen Demokratie verpflichtet angesehen werden, insb. nicht einem altliberalen Repräsentationsprinzip des völlig freien Abgeordneten gewidmet sein, der von Parteibindungen und Fraktionsdisziplin nicht berührt wird – wenn es denn je diesen Typus überhaupt gegeben hat. Die polit. Praxis entspricht erst recht nicht allein dem Prinzip der repräsentativen Demokratie, wenn auch viele Positionsinhaber in Regierungen, Verwaltung und Parlament es gerne so sähen. Die Öffentlichkeit der → Parteien, Organisationen und → Interessenverbände und in den letzten Jahren zunehmend der spontanen Initiativen und → Sozialen Bewegungen weiß trotz aller Gegentendenzen sich zu artikulieren und die repräsentativen Schranken der Verfassung zu heben.

IV. Hinsichtlich der Geschichte und Theorie der R. (s. *Rausch* 1968) und jüngerer Debatten scheint es sinnvoll, sechs verschiedene Ansätze der politikwissenschaftl. Repräsentationsforschung hervorzuheben:

1. Gerade in D ist eine phänomenologische Betrachtung, die nach „dem Wesen" von R. fragt, tief verwurzelt. Die klassische Schrift von *Leibholz* (1929) „Das Wesen der Repräsentation" ist für dieses methodische Vorgehen typisch; aber auch *Fraenkel,* wie das Eingangszitat zeigt, versucht die „wahren" Interessen zu ergründen, obwohl er sehr viel intensiver vergleichende Analysen der Verfassungswirklichkeit in seine Argumentation einbezieht. Eine solche, wie *Pitkin* kritisiert, mystifizierende Schau der R. zeigt sich besonders deutlich bei *Landshut* (1964: 495): „Weil alle Repräsentation sich von einer dem Repräsentanten vorgegebenen, verpflichtenden (sittlichen) Idee des Ganzen herleitet, deshalb ist auch eine Mehrzahl von Repräsentanten möglich."

2. Solche „aristokratischen" Funktionen

von R. im Parlamentarismus fordern zur Kritik heraus. Am schärfsten wurde sie auf marxistischer Grundlage mit einem Schuß → Anarchismus von *Agnoli* (1968) in seiner bekannten Streitschrift „Die Transformation der Demokratie" formuliert. Die dort vorgenommene Identifizierung von → Kapitalismus, bürgerlicher Gesellschaft, R. und Parlamentarismus wischt grandios alle Widersprüche, Ungleichzeitigkeiten und Differenzierungen beiseite.

3. Eine pragmatisch-kritische Politiktheorie der R. (vgl. *Pitkin* 1967) sieht R. als eine Vertretungstheorie, nicht mehr und nicht weniger. Auch die Verfassungstheorie hat eine differenzierte Sicht der R. übernommen, die sich von der „Wesensschau" eines *G. Leibholz* völlig abgesetzt hat. Dabei werden auch verstärkt die Probleme des Mehrheitsprinzips und des Minderheitenschutzes mit einbezogen.

4. Ein politiksoziologischer Ansatz zur R. hat sich insb. in der US-amerikan. Forschung über *„legislative behavior"* entwikkelt. Intensive Untersuchungen über Parlamentarierverhalten werden dort durch niedrige Parteibindung und Fraktionsdisziplin sowie häufige namentliche Abstimmungen (*roll calls*) zu polit. Entscheidungen erleichtert. Idealtypische Rollen des Repräsentanten als *trustee, delegate* oder als beide kombinierender *politico* sind konzipiert und analysiert worden *(Eulau/Wahlke* 1967). Vergleichbare Untersuchungen sind in der BRD erst spät aufgenommen und in jüngerer Zeit durch *Herzog* (1993) und *Patzelt* (1993) intensiviert worden.

5. Jüngere Analysen von gesellschaftl. → Korporatismus haben den Begriff der „funktionalen R." aktiviert. Bereits im 19. Jh. und wieder zwischen beiden Weltkriegen waren berufsständische Vertretungen oder Wirtschafts- und Sozialräte als Alternative oder Ergänzungen zum Parlamentarismus diskutiert und gefordert worden. Der Begriff funktionale R. sollte aber für tatsächlich verfaßte Vertretungsorgane (z. B. den früheren bayerischen Senat) reserviert und nicht auf alle Formen der Interessenvertretung ausgedehnt werden (vgl. *von Alemann* 1981). Jüngere politologische Vorschläge eines „kybernetischen" Repräsentationsbegriffes sind bisher folgenlos geblieben (*Mirbach* 1992).

6. Seit den 1990er Jahren ist die Ergänzung repräsentativer Demokratie durch konsultive Konsensformen („Runde Tische") sowie durch direktdemokratische Mechanismen wieder stärker diskutiert worden. In der polit. Wirklichkeit der dt. Verfassungsdebatte nach der Einigung hat sich davon allerdings wenig niedergeschlagen – außer einigen stärkeren plebiszitären Elementen in den Verfassungen der neuen Bundesländer.

→ Demokratietheorie, → Parlamentarismus

Lit.: *Agnoli, J./Brückner, P.* 1968: Die Transformation der Demokratie, Ffm. *Alemann, U. v.* (Hrsg.) 1981: Neokorporatismus, Ffm. *Ellwein, T.* [5]1983: Das Regierungssystem der Bundesrepublik Deutschland, Opl. *Eulau, H./Wahlke, J. C.* (Hrsg.) 1967: The Politics of Representation, Beverly Hills. *Fraenkel, E.* 1964: Die repräsentative und die plebiszitäre Komponente im demokratischen Verfassungsstaat, in: *ders.:* Deutschland und die westlichen Demokratien, Stg. 81–119. *Herzog, D.* u. a. (Hrsg.) 1993: Parlament und Gesellschaft, Opl. *Landshut, S.* 1968: Der politische Begriff der Repräsentation, in: *Rausch, H.* (Hrsg.): 482–497. *Leibholz, G.* 1929: Das Wesen der Repräsentation und der Gestaltwandel der Demokratie im 20. Jahrhundert, Bln. *Leibholz, G.* [2]1975: Art. Repräsentation, in: Evangelisches Staatslexikon, Stg., 2194–2199. *Mirbach, T.* 1992: Eine kybernetische Auflösung des Repräsentationsproblems?, in: Zparl, 4, 658–672. *Patzelt, W.* 1993: Abgeordnete und Repräsentation, Passau. *Pitkin, H. F.* 1967: The Concept of Representation, Berkeley. *Rausch, H.* (Hrsg.) 1968: Zur Theorie und Geschichte der Repräsentation und Repräsentativverfassung, Darmst. *Steffani, W.* 1981: Edmund Burke: Zur Vereinbarkeit von freiem Mandat und Fraktionsdisziplin, in: Zpar, 12, 109–122.

Ulrich von Alemann

Revolution

Unter Revolution (R.; von lat. *revolutio* = Zurückwälzen, Umdrehung, Umwälzung) versteht man die grundlegende und dauerhafte strukturelle Veränderung eines oder mehrerer Systeme. Entspr. gibt es ökonom., technische, soziale, polit., wissenschaftl. Revolutionen.

1. Unter polit. R. wird – im Gegensatz zu Staatsstreich oder Revolte – eine grundlegende Umgestaltung der polit. Institutionen mit einem Austausch der → Eliten verstanden. Die statt eines allmählichen Übergangs vergleichsweise abrupte Veränderung kann friedlich oder gewaltsam erfolgen. Zum Erfolg ist ab einem bestimmten Stadium eine breite Bevölkerungskoalition nötig. Die empirisch-sozialwissenschaftl. Revolutionsforschung hat neben diesen Kriterien Verlaufsmuster nach charakteristischen Phasenabfolgen oder nach Verschiebungen in der lokalen Machtverteilung herausgearbeitet und die Kausalität von R. nach exogenen (z. B. → Kriege, wirtschaftl. Abhängigkeiten) und endogenen Faktoren (verbreitete Unzufriedenheit, Modernisierungsprozesse und ihre Folgen, → Wertewandel, → Ideologien) ausdifferenziert.

Ein engeres Set kausaler Faktoren wird von der marxistischen Erklärung von R. aus ökonom. Bedingungen bevorzugt. Aus der Perspektive effektiven Handelns ist neben den Trägern (nach denen man bürgerliche, bäuerliche, proletarische etc. R. unterscheidet) vor allem der Aspekt der Organisation und Ressourcenmobilisierung einer revolutionären Bewegung von Bedeutung. Die vorwissenschaftl. Erfahrung, daß revolutionäres Handeln („subjektiver Faktor") ohne prozeßhafte Vorbedingungen („objektiver Faktor") ein erfolgloser Aktionismus bleibt, geht in das zentrale Problem der Revolutionstheorie ein, handlungs- und prozeßorientierte, individualistische und strukturalistische Ansätze miteinander zu verbinden.

2. Dem steigenden Einfluß des philosophischen und ideologischen Moments in den großen R. der europ. Neuzeit (englische R. von 1689, US-amerikanische R. von 1776, Französische R. von 1789, russische Oktober-R. von 1917) entspricht die Einbeziehung geisteswissenschaftl. Methoden. Vor dem Hintergrund einer als Fortschritt begriffenen Geschichte und des neuzeitlichen Bewußtseins eines radikalen Neuanfangs wird ein zugespitztes Revolutionsverständnis in einem zweifachen Sinnrahmen deutlich. (1) Zum einen erfolgt zumindest dem Selbstverständnis und Anspruch nach eine universale Ausweitung; R. wird zur Welt-Revolution. Das gilt für die demokratische (erstmals in der Französischen R.) wie auch für die marxistisch-proletarische R.: Beide verstehen sich als menschheitliche, weltgeschichtliche Tat, deren regional begrenzter Vollzug stellvertretend für die gesamte Menschheit erfolgt. (2) Der zweite Aspekt greift das in der astronomischen Bedeutung von R. als Planetenumdrehung präsente Moment natürlicher Gesetzlichkeit auf. In der R. trifft sich das menschliche Handeln – R. geschehen nicht einfach, sie müssen gemacht werden – mit der geschichtlichen Notwendigkeit. Die Identität von Theorie und Praxis, Freiheit und Notwendigkeit, an die sich der Anfang einer neuen nachrevolutionären Geschichte heftet, hat sich – zuletzt in der russischen Oktober-R. – als Mythos und Utopie herausgestellt. Sie ist gleichwohl praktisch kaum zu unterschätzen, indem → Gewalt und Terror als Mittel der geschichtlichen Notwendigkeit und „Geburtshelfer" (*Marx*: Das Kapital, MEW 23, 779) des neuen Anfangs gerechtfertigt werden.

3. Eine sich selbstkritisch reflektierende → Moderne revidiert dieses Bild der großen R. auf zweierlei Weise. (1) Die empirische Revolutionsforschung beschreibt „neue" R. (in den Entwicklungsländern, in Osteuropa, im islamischen Bereich), bei denen der universalistische Fortschrittsanspruch und seine philosophische Fundierung wenig aussagekräftig wären. (2) Sodann gehört die Feststellung der Unmöglichkeit der echten R. zur Zeitdiagnose der rezenten Moderne (von der „Dialektik der Aufklärung" [*Adorno/Horkheimer*] der Kritischen Theorie über *Elluls* These von der Ablösung der großen R. durch viele Revolten bis zur postmodernen Skepsis gegenüber den Großen Theorien). Anspruch und Selbstbewußtsein der großen R. werden dekonstruiert (etwa indem die vermeintliche historische Zäsur und der absolute Neuanfang als Mythen erwiesen werden), ihre Folgelasten – v. a. der Opferaspekt – kritisch erinnert. Es ergeben

sich Möglichkeiten einer Kooperation zwischen empirisch-sozialwissenschftl. und rekonstruktiv-hermeneutischer Forschung, die für den Begriff der R. eine größere dimensionale und inhaltliche Komplexität erwarten lassen.

Lit.: *Arendt, H.* [4]1994: Über die Revolution, Mchn. (zuerst engl. 1963). *Beyme, K. v.* (Hrsg.) 1973: Empirische Revolutionsforschung, Opl. *Ellul, J.* 1974: Von der Revolution zur Revolte, Hamb. *Goldstone, J. A.* (Hrsg.) 1986: Revolutions, San Diego. *Griewank, K.* [2]1969: Der neuzeitliche Revolutionsbegriff, Ffm. *Harth, D./Assmann, J.* (Hrsg.) 1992: Revolution und Mythos, Ffm. *Huntington, S. P.* 1968: Political Order in Changing Societies, New Haven. *Johnson, Ch.* 1971: Revolutionstheorie, Köln u. a. (zuerst engl. 1966). *Koselleck, R./Meier, C./Fisch, J./Bulst, N.* 1984: Revolution, in: *Brunner, O.* u. a. (Hrsg.): Geschichtliche Grundbegriffe, Bd. 5, Stg., 653–788. *Schieder, T.* 1972: Revolution, in: *Kernig, C. D.* (Hrsg.): Sowjetsystem und demokratische Gesellschaft, Bd. V, Freib. u. a., 692–721. *Zimmermann, E.* 1990: Protest, Revolt and Revolution, Boulder.

Ulrich Weiß

Schattenwirtschaft

Mit dem Begriff Schattenwirtschaft (S.) werden diejenigen privatwirtschaftl. Aktivitäten bezeichnet, die zur gesamtwirtschaftl. Wertschöpfung beitragen, aber (im Gegensatz zur Tätigkeit im sichtbaren öffentl. und privaten Wirtschaftssektor) nicht in bestehende offizielle Statistiken wie die Berechnung des → Sozialprodukts eingehen, weil sie entweder nichtmarktlich oder geheim abgewickelt werden. Unter das erste Kriterium fällt der Bereich der Selbstversorgungswirtschaft (Hausarbeit, Eigenarbeit, ehrenamtliche Tätigkeit etc.), während das zweite Kriterium als Untergrundwirtschaft bezeichnet werden kann und Bereiche von der Schwarzarbeit bis zur kriminellen Tätigkeit umfaßt. Alternativbezeichnungen für die S. sind Parallelökonomie und informelle Ökonomie.

S. ist vor allem in der Erscheinungsform der Untergrundwirtschaft aus einer Reihe von Gründen problematisch. So werden aus dieser Tätigkeit keine Steuern und Sozialabgaben gezahlt, was für Staat und Parafisci je nach Ausmaß der S. erhebliche Verluste bedeuten kann. Durch Abwanderung in die S. kann Arbeitskraft billiger angeboten werden und somit eventuell zum Anstieg der → Arbeitslosigkeit beitragen. Und schließlich findet eine Mißachtung staatl. Regulierungen statt, die auch jenseits des kriminellen Teils der S. problematisch ist.

1. Definitionsgemäß kann man bei empirischen Aussagen über die S. nicht auf direkte statistische Quellen zurückgreifen, weshalb alle diesbezüglichen Schätzungen mit großen Irrtumswahrscheinlichkeiten behaftet sind. Solche Schätzungen basieren direkt auf (zumeist anonymen) Befragungen oder Hochrechnungen auf der Basis von aufgedeckten Steuerhinterziehungen oder indirekt auf Berechnungen auf Basis der Volkswirtschaftlichen Gesamtrechnung wie der Erfassung von Unterschieden zwischen dem deklarierten Einkommen und den tatsächlichen Ausgaben anhand der Wirtschafts- und Konsumstatistik und der Diskrepanz zwischen tatsächlicher und offiziell ausgewiesener Erwerbsquote. Daneben existieren monetäre Ansätze zur Erfassung der S., die von der Prämisse ausgehen, daß Transaktionen in diesem Sektor ausschließlich über Bargeld abgewickelt werden, um möglichst wenig Spuren zu hinterlassen. Aus der Entwicklung der tatsächlichen Bargeldhaltung und der zur Abwicklung des offiziell ermittelten Sozialproduktes eigentlich benötigten Bargeldmenge lassen sich über statistische Verfahren Schätzungen über den Umfang der S. ableiten. Dies ist heute das international gebräuchlichste Verfahren.

Schätzungen über den Umfang der S. schwanken aufgrund der unterschiedlichen Berechnungsverfahren sehr stark. Für die BRD wurden für das Jahr 1980 Zahlen zwischen 4 % und 27 % des offiziellen Sozialprodukts genannt, für die Vereinigten Staaten (1977/78) zwischen 4 % und 33 %

(*Gretschmann* u. a. 1984: 29). In den 1990er Jahren schwanken Schätzungen für die Bundesrepublik Deutschland zwischen 12 % und 15 %, für GB rangieren Schätzungen in den 1980er Jahren zwischen 8 % und 16 % und für die 1990er Jahre um die 13 % (*Schneider/Pöll* 1998: 32).

Systematische Untersuchungen nach dem Bargeldansatz für 20 Länder der OECD (*Johnson* u. a. 1998) sehen in der Periode 1990–1993 die größten S. in den südeurop. Ländern: Griechenland 27,2 %, Italien 20,4 %, Spanien 16,1 %, Portugal 15,3 % des offiziellen Sozialprodukts. Die USA (13,9 %), Australien (13,1 %), die Niederlande (11,8 %), Schweden (10,6 %) und die Bundesrepublik (10,5 %) liegen im Mittelfeld. Die kleinsten S. existieren in der Schweiz (6,9 %), Norwegen (5,9 %) und Österreich (5,8 %). Im → OECD-Bereich ist aber, mit einem Durchschnittswert von 12 %, das Ausmaß der S. noch am geringsten, verglichen mit anderen Regionen der Welt: Hier rangieren die Schätzungen von 20 % (Mittel- und Osteuropa) über 35 % (Asien) bis zu 44 % (Afrika) (Schneider/Enste 2000: 33). Schätzungen über die Entwicklung der S. im Zeitverlauf liegen bisher lediglich für die OECD-Länder vor. Sie deuten auf einen Anstieg der Tätigkeit in der S. hin (ebd.: 34).

2. Erklärungsansätze für die S. setzen aus ökonom. Perspektive beim Staatsversagen an (*Schneider/Enste* 2000: 101). Aus dieser (dem → Wohlfahrtsstaat gegenüber kritisch eingestellten) Perspektive sind die zunehmende Belastung mit → Steuern und (Sozialversicherungs-)Abgaben sowie die zunehmende Regulierungsdichte wichtige Gründe für die Abwanderung in die S. Hinzu kommen Faktoren wie Arbeitszeitverkürzung (die ein zunehmendes Schwarzarbeitspotenzial schafft), sinkende Steuermoral und geringere Loyalität zum Staat. Operationalisiert man diesen Ansatz, so ergibt sich die Hypothese, daß die Größe der S. neben den eben angeführten Faktoren invers mit der Erwerbsquote im regulären Wirtschaftssektor und mit dem Arbeitszeit-Volumen variiert und direkt mit der Höhe der Arbeitslosenquote (*Weck-Hannemann* 1984: 177).

Die empirische Ermittlung des Einflusses verschiedener Faktoren auf den Umfang der S. ist aufgrund der Komplexität der Zusammenhänge schwierig. Während es für die USA und Kanada Untersuchungen gibt, die den Einfluß von Steuerbelastungen, Grenzsteuersätzen, Steuerprüfungen und Bestrafungen auf den Umfang der S. bestätigen (*Schneider/Enste* 2000: 140), weisen Untersuchungen für andere Länder, unter ihnen die BRD und Italien, auf eine erhebliche Abhängigkeit der Ergebnisse von jeweiligen Gewichtungen bei der Analyse hin, so daß keine eindeutigen Aussagen gemacht werden können (*Weck-Hannemann* 1984: 182–183).

Aber nicht nur die Hypothesen und die empirisch gestützten Aussagen zur Größe und Veränderungsdynamik der S. sind umstritten (vgl. z. B. die Kritik an *Weck-Hannemann* u. a. bei *Helberger/Knepel* 1988). Kontrovers diskutiert werden auch Art und angemessene Gewichtung von Kosten und Nutzen der informellen Ökonomie. Zweifellos unterlaufen viele Tätigkeiten innerhalb der S. die Spielregeln und die Funktionsweise der formellen Ökonomie. Das geht auf Kosten der Steuereinnahmen und zu Lasten der Moral. Andererseits sehen manche in der S. ein Sicherheitsventil, das den Schaden staatl. Mißwirtschaft reduziert – so *M. Friedman* (in: Der Spiegel 3/1982: 116) –, und einen Mechanismus, der gegen den Wirtschaftsbankrott schütze.

Angesichts des begrenzten Wissens über Umfang, Entwicklung und Kosten-Nutzen-Relationen der S. sind notwendigerweise alle Versuche, ihre Größe zu erklären, spekulativ. Historiographisch ansetzende Studien legen nahe, die oben angeführte sozialökon. Perspektive mit sozialen und politisch-kulturellen Größen zu konfrontieren. Eine Determinante der Größe des hauswirtschaftl. Teils der S. beispielsweise liegt in der kulturell definierten Rolle, die vor allem der weiblichen Hausarbeit zugeschrieben wird. Eine weitere soziale Größe ist im Wertewandel zu suchen, der die Suche nach alternativen nichtprofitorientierten Wirtschaftsweisen attraktiver macht. Für Steuermoral, Steuerhinterziehung und offenen Steuerprotest sind Determinanten wichtig, die sich erst historischen, soziologischen, politologischen und verwaltungswissenschaftl. Analysen erschließen. Die italienische S. beispielweise basiert auf der Tradition anarchistischer Einstellungen gegenüber dem Staat. Auch spielen hier die geringe Effektivität und der geringe Einschaltungsgrad der Steuerverwaltung, die ihrerseits in der Tradition einer klientel-spezifischen Politik der Regierungen stehen, gewichtige Rollen.

Lit.: *Gretschmann, K./Heinze, R. G./Mettelsiefen, B.* 1984: Schattenwirtschaft: Wirtschafts- und sozialwissenschaftliche Aspekte, internationale Erfahrungen, Göttingen. *Johnson, S./Kaufmann, D./Zoido-Lobatán, P.* 1998: Regulatory Discretion and the Unofficial Economy, in: American Economic Review, 88(2), 387–392. *Schneider, F./Pöll, G.* 1998: Schattenwirtschaft, Linz. *Schneider, F./Enste, D.* 2000: Schattenwirtschaft und Schwarzarbeit, Mchn./Wien. *Weck-Hannemann, H.* 1984: „Weiche Modellierung" der Schattenwirtschaft – Ein internationaler Vergleich, in: *Gretschmann, K./Heinze, R. G./Mettelsiefen, B.* (Hrsg.), 167–186. *Werner, Chr.* 1990: Die Beschäftigungswirkungen der Schattenwirtschaft, Pfaffenweiler.

Andreas Busch

Schwellenländer → Dritte Welt

Selbstbestimmungsrecht

Der Anspruch von Individuen, Gruppen oder Nationen, eigene Angelegenheiten eigenverantwortlich, ohne äußeren Zwang zu regeln. (1) Dem individuellen Selbstbestimmungsrecht (S.) liegt die Idee der → Freiheit und → Gleichheit aller Menschen zugrunde. Entspr. garantieren die in liberalen Verfassungen verankterten → Grundrechte einen von staatl. Einmischung freien Bereich, in dem der einzelne Staatsbürger allein oder im Zusammenwirken mit anderen seine Interessen verfolgen kann. (2) → Kommunitarismus und → Multikulturalismus postulieren ein kollektives S. kultureller, religiöser oder ethnischer Gemeinschaften als Voraussetzung für individuelle Selbstbestimmung. Solche Gruppenrechte stehen aber unvermeidlich in einem Spannungsverhältnis zu individuellem S. und staatl. Souveränität. (3) Das S. der Völker beinhaltet, ausgehend von der Idee der Volkssouveränität, die Vorstellung, daß jedes Volk ein Recht hat, seine eigenen kulturellen, wirtschaftl. und polit. Verhältnisse ohne Einmischung von außen zu gestalten.

Ein entspr. S. der Nationen wurde nach dem I. Weltkrieg durch die Vierzehn-Punkte-Erklärung des amerikan. Präsidenten *W. Wilson* (1918) für eine neue europ. Friedenordnung propagiert und nach dem II. Weltkrieg von den Kolonien im Rahmen ihrer Unabhängigkeitskämpfe eingefordert. Das S. gehört heute zu den allg. anerkannten Grundsätzen des → Völkerrechts. Als problematisch gilt weiterhin: (a) wer sich als Volk qualifiziert (Sezession), (b) welche Rechte nat. → Minderheiten einzuräumen sind (föderale Selbstbestimmung; begrenzte Autonomie) und (c) wie die → Menschenrechte als Ausdruck individueller S. zu schützen sind.

Lit.: *Gerhardt, V.* 1999: Selbstbestimmung. Das Prinzip der Individualität, Stg. *Kymlicka, W.* 1995: Multicultural Citizenship. A Liberal Theory of Minority Rights, Ox. *Tomuschat, C.* (Hrsg.) 1993: Modern Law of Self-Determination, Dordrecht u. a.

Günter Rieger

Separatismus

Separatismus (von lat. *separatus* = gesondert, getrennt, einzeln), das Streben subnationaler Einheiten nach Gebietsabtrennung, staatlicher Selbständigkeit oder Eingliederung in ein anderes → Politisches System. Als Begründungsmuster lassen sich vor allem historische und ethnische → Konfliktlinien (*cleavages*) korrelierend mit polit., kulturellen und ökonom. Benachteiligungen erkennen.

Die Handlungsformen separatistischer Bewegungen reichen von verbalen Artikulationsformen, der Organisation von Protestaktionen und der Gründung polit. Parteien bis hin zu → Gewalt und Terror (→ Terrorismus); ihre Forderungen richten sich an die nationalstaatl. Ebene, während die (Gewalt-)Aktionen auch die weniger radikalen Bevölkerungsgruppen der Region treffen. Hier konkurrieren separatistische Bestrebungen häufig mit weniger radikalen Formen der Selbstverwaltung wie Autonomie und → Föderalismus. In dezentralisierten und stärker noch in föderativen Systemen Westeuropas bieten sich institutionalisierte Lösungsmöglichkeiten an („Paketverhandlungen" in Südtirol, Volksabstimmungen im französischsprachigen Teil des Schweizer Jura, Sonderstatut für Korsika). Problematische Ausnahmen sind die Forderungen der ETA im Baskenland und der IRA in Nordirland. Im Transformations- und Zerfallsprozeß der mittel- und osteurop. Staaten dagegen entluden sich die separatistischen Forderungen in Bürgerkriegen (GUS, Jugoslawien), die in ihrer radikalsten Erscheinungsform in der Vertreibung und/oder der Vernichtung anderer ethnischer Gruppen gipfelten.

Lit.: *Buchanan, A.* 1991: Secession, Boulder. *Waldmann, P.* 1989. Ethnischer Radikalismus, Opl.

Gisela Riescher

Sicherheit/Internationale Sicherheitspolitik

I. Unter Sicherheit (S.) wird in der Regel die Abwesenheit von (bzw. der Schutz vor) Gefahren und Bedrohungen verstanden (negativer Sicherheitsbegriff). Von objektiver S. kann gesprochen werden, wenn Gefahren real nicht existieren; subjektive S. bezeichnet dagegen lediglich die Abwesenheit von Furcht vor Gefährdungen. → Innere Sicherheit bezieht sich auf Gefahren, die von innen auf eine Gesellschaft oder einen Staat einwirken; äußere S. definiert sich entsprechend aus der Abwesenheit von (bzw. aus der Vorsorge gegen) Eingriffe(n) von außen. Werden in das Gefahrenspektrum neben militärischen Elementen auch ökonom., ökolog. und technologische Entwicklungen einbezogen oder nicht-militärische Einzelprobleme wie → Terrorismus oder Drogenhandel berücksichtigt, so liegen Begriff und Verständnis einer erweiterten bzw. umfassenden S. zugrunde.

II. In hochindustrialisierten bzw. technologisch hochentwickelten und damit in besonderer Weise gefährdeten Staaten wie den USA, aber auch in multinat. Sicherheitsorganisationen wie der → NATO oder der → OSZE wird in den letzten Jahren dem Gefahrenspektrum des erweiterten Sicherheitsverständnisses zunehmende Aufmerksamkeit geschenkt.

Beispiele, die offiziell besondere Sorge bereiten, sind die → Organisierte Kriminalität oder der Cyber-Terrorismus. Gemessen an den aktuellen Finanzaufwendungen wird derzeit gleichwohl noch immer der Vorsorge gegen Eingriffe „von außen" mit „militärischen Mitteln" das sicherheitspolit. größte Gewicht zugesprochen. Verhindert werden sollen entsprechend Aktivitäten, die von außen unter Androhung oder Anwendung insbes. militärischer Gewalt die Entschlußfähigkeit der Regierung, die Entscheidungsfreiheit des Parlaments, die eigenständige Entwicklung der Gesellschaft oder die Existenz des Staates und der ihm angehörenden Menschen gefährden. Gewahrt werden sollen die polit. Unabhängigkeit, die territoriale Integrität, die Lebensfähigkeit des Landes sowie die Existenz und Existenzentfaltung seiner Bürger.

Auch die (Gegen-)Mittel, die der äußeren S. dienen (sollen), sind – zumindest bislang – vorrangig militärischer Natur (→ Militärpolitik). Selbst im beginnenden 21. Jh. ist kein größerer Staat bereit – auch nicht die Bundesrepublik Deutschland –, auf militärische Vorsorge als Standbein der äußeren S. zu verzichten. Das System der gegenseitigen Abschreckung auf der Basis militärischer Pakte, das ein halbes Jahrhundert lang die Sicherheitsordnung Europas, ja der Welt prägte, ist dagegen seit Beginn der 1990er

Jahre, d. h. seit Ende des → Ost-West-Konfliktes, beseitigt.

Ob die Abschreckung in den vergangenen Jahrzehnten tatsächlich ihre Aufgabe erfüllt hat, d. h. kriegsverhütend gewirkt hat, ist nicht unbestritten, mag aber dahingestellt bleiben. In jedem Fall darf nicht übersehen werden, daß sowohl zu den Voraussetzungen als auch zu den Nebenfolgen des Ost-West-Abschreckungssystems der vergangenen Jahre eine Reihe destabilisierender Faktoren und Mechanismen gehörte, darunter z. B. a) die Identifizierung des potentiellen Gegners als tatsächlichen Feind, b) die ständige Vorbereitung auf den schlimmsten Fall (*worst case*), c) die irrationale Drohung mit der Vernichtung des Gegners unter Inkaufnahme der letztendlichen Selbstvernichtung, d) die Schaffung von (vermeintlicher) S. unter Inkaufnahme von Unsicherheitsgefühlen und Bedrohungswahrnehmungen auf der gegnerischen Seite (Sicherheitsdilemma), e) die Reproduktion von Instabilitäten durch die Versuche der Bewältigung eben dieser Instabilitäten über die laufende numerische Erweiterung und qualitative Perfektionierung bzw. Modernisierung der militärischen Offensivmittel.

Nicht anders ist am Ende des Ost-West-Abschreckungssystems 1989/90 die ungeheure Zusammenballung von Destruktionsmitteln in NATO und (vormaliger) WVO (Warschauer Pakt), darunter ca. 100.000 Panzer, 12.000 Kampfflugzeuge und 10 bis 11 Mio. Soldaten, denkbar; nicht anders ist auch die vielfache Übertötungskapazität (*overkill*) von 50.000 bis 60.000 nuklearen Gefechtsköpfen „begreifbar"; und nicht anders schließlich ist die irrationale Summe der Weltrüstungsausgaben von wahrscheinlich 1000 bis 1200 Mrd. US-$ pro Jahr „erklärbar".

III. Spätestens seit dem zivilen Kernreaktorunfall in Tschernobyl ist klar, daß in einer Zeit, in der nicht nur die ökonom., polit., kulturellen und militärischen Verflechtungen und Abhängigkeiten ständig zunehmen, sondern auch Gefahren und Krisen – gewollt oder ungewollt – grenzüberschreitend wirken (Wirtschaftskrise, Umweltverschmutzung, radioaktive Folgen eines zivilen Reaktorunglücks ebenso wie eines Atomkrieges etc.), S. nicht länger einseitig erlangt werden kann. Eigene S. muß vielmehr stets auch die S. des Nachbarn und des Gegenübers berücksichtigen. Kurz: S. ist nicht mehr gegen-, sondern nur noch miteinander zu haben. S. ist gemeinsame Sicherheit.

Auf Kernelementen dieser Einsicht ruhten zwar bereits die → Entspannungspolitik der 1960er und 70er Jahre sowie die bundesdeutsche Ostpolitik. Politiker wie *Egon Bahr* und *Olof Palme* haben sie aber erst zu Ende der 1970er/Anfang der 80er Jahre auf den Schlüsselbegriff der gemeinsamen S. gebracht und als Ausgangspunkt der längst überfälligen Suche nach einer sicherheitspolit. Konzeption genommen. Was gemeinsame S. militär- und rüstungspolit. meint, hat sich sogar erst in den Diskussionen der zweiten Hälfte der 1980er Jahre herausgeschält: Sie will Kriegsverhütung auf der Basis struktureller Angriffsunfähigkeit, d. h. auf der Basis von Streitkräften, die der militärischen Abhaltung und gegebenenfalls der effizienten Verteidigung dienen, nach Organisation, Struktur, Bewaffnung und Strategie aber eine erfolgreiche militärische Aggression nicht zulassen. Mit anderen Worten: Die Kriegsverhütungsfunktion gemeinsamer S. verlangt, daß die Verteidigungsfähigkeit eines Kontrahenten (auf eigenem Boden) größer ist als die Angriffsfähigkeit des Gegenübers. Ihre Optimierung erreicht sie dann, wenn die wechselseitige Verteidigungsfähigkeit beider Kontrahenten größer ist als ihre jeweiligen Angriffsfähigkeiten.

Der Logik dieser Überlegungen haben sich zu Ende des Ost-West-Konfliktes die damals 23 Staaten der beiden Militärbündnisse NATO und WVO offiziell mit dem Beginn der Wiener Verhandlungen über Konventionelle Streitkräfte in Europa (VKSE) im März 1989 unterworfen. Ziel des Vertrages, der im November 1990 unterzeichnet wurde und am 9. November 1992 endgültig in Kraft trat, war es, die Stabilität und S. in Europa durch Abbau von Ungleichgewichten (Asymmetrien), ferner durch → Abrüstung, Rüstungsbegrenzungen und Umdislozierungen sowie insbes. durch die Beseitigung von Angriffsfähigkeiten zu festigen.

IV. Hatte gemeinsame S. als konzeptionelle und polit. Alternative zur Abschreckung ihre konzeptionelle Funktion erfüllt, als der Ost-West-Konflikt überwunden und die Ablösung der Pakte und Blöcke erreicht war, so geht kollektive S. einen entscheidenden Schritt weiter.
Was kollektive S. beinhaltet, ist nicht gänzlich neu. Zumindest findet sich die Idee der kollektiven S. seit langem in einer Reihe von Verträgen und Rechtsnormen. Zu ihnen gehören die Art. 52 ff. der Charta der → Vereinten Nationen, der Art. 11 des vormaligen Paktes der WVO, aber auch Art. 24 des Grundgesetzes der Bundesrepublik Deutschland.

Neben der gemeinsamen S. ist kollektive S. insb. von einer weiteren – zumindest auf den ersten Blick – terminologisch ähnlichen Konzeption zu unterscheiden: der Konzeption „kollektiver Verteidigung". Während gemeinsame S. allein auf die Bewältigung der Bedrohung und Gefährdung des → Friedens im Frieden abzielt, begreifen kollektive S. und kollektive Verteidigung auch die Friedenserhaltung bzw. -wiederherstellung im Konflikt- bzw. Kriegsfall (unter Einschluß kollektiver militärischer Maßnahmen gegen Friedensbrecher) als gemeinsames Problem. Anders als die herkömmlichen Systeme kollektiver Selbstverteidigung in Form von Militärallianzen (z. B. NATO, WVO) kann und darf sich das System Kollektiver S. (SKS) aber nicht nur gegen einen oder bestimmte potentielle Angreifer richten. Ferner verpflichten sich die Mitglieder des SKS ausdrücklich zum automatischen Beistand untereinander; und schließlich tritt die Schutzwirkung des Systems unabhängig davon ein, ob ein Nicht-Mitglied der Aggressor ist oder ein Mitgliedstaat.
Das relative Versagen der Idee der kollektiven S. in den Vereinten Nationen der vergangenen Jahrzehnte ist sicherlich nicht zu leugnen. Der „Kosovo-Krieg" der 19 NATO-Staaten im Frühjahr 1999 ohne Mandat der Vereinten Nationen ist hierfür nur der jüngste Beleg. Gleichwohl wäre es falsch, von einem endgültigen Versagen der Idee zu sprechen. Vielmehr muß für eine wohl unbestimmte Zeit des Übergangs nach Zwischenlösungen gesucht werden.
Als eine solche Zwischenlösung auf dem Weg zu einem universalen System kollektiver S. wurde bereits in den 1950er Jahren die – im übrigen auch nach Grundgesetz und UN-Charta zulässige – Möglichkeit regionaler SKS diskutiert.

V. Zu den Paradoxien des gegenwärtigen europ. Sicherheitssystems gehört, daß in den Jahren nach 1989/90 die Jahrhundertchance bestand und auch heute noch besteht, eine stabile und dauerhafte Friedens- und Sicherheitsordnung in und für Europa im Sinne eines regionalen SKS zu schaffen. Diese Chance wurde bislang nicht genutzt.

Mit der revolutionären Wende von 1989/90 sind zwar Ost-West-Gegensatz und Abschreckungssystem beseitigt bzw. verschwunden. Mehr als zehn Jahre nach der Zeitenwende ist die Gestalt der künftigen Sicherheitsordnung Europas aber noch immer nicht geklärt, geschweige denn die Ordnung selbst gebaut. Die Folgen sind → Kriege und gewaltsame Konflikte – auch mitten in Europa – mit Hunderttausenden von Toten, Verwundeten und → Flüchtlingen.
Auch nach dem Ende des Abschreckungssystems und nach der Auflösung des Warschauer Paktes sind für Europa so wichtige Staaten wie insb. GB und die USA weit davon entfernt, Souveränitätsabstriche zugunsten einer effektiven und funktionierenden Sicherheitsordnung hinzunehmen. „Jugoslawien" ist eine der Folgen, nicht die Ursache dieser Realität.
1990 noch haben die damaligen Außenminister *Eduard Schewardnadse* und *Jiri Dienstbier* vorgeschlagen, die KSZE und spätere → OSZE zu einem SKS auszubauen. Die Eigendynamik der Tagespolitik und die Selbsterhaltungskraft insb. der militärischen Bürokratien, Apparate und Organisationen des Westens waren und sind bis heute stär-

ker. Flankiert wurden sie – und mag es noch so zynisch klingen – durch das barbarische Morden im vormaligen Jugoslawien. Dieses beendete sowohl die Phase der Suche nach neuen Funktionen für die NATO nach der Auflösung des Warschauer Paktes als auch die Orientierungslosigkeit der Streitkräfte nach dem „Verlust des Feindes" im Osten. Der Krieg in Bosnien-Herzegowina dagegen fand erst ein Ende, als die Kriegstreiber ihre Kriegsziele mehr oder weniger erreicht hatten.

Auf dem Madrider Gipfel vom 7. und 8. Juli 1997 hat die NATO beschlossen, sich nach Osten auszudehnen. Für sich genommen, kann die Fortführung der NATO, verbunden mit ihrer Osterweiterung, positive Funktionen erfüllen. Genannt werden immer wieder die → Demokratisierung der jeweiligen Länder und ihre Heranführung an Europa. Diese Aussagen sind richtig, wenn und soweit die Fortführung der NATO alternativlos ist. Gemessen an der Jahrhundertchance nach dem Epochenbruch von 1989/90 ist die bloße Fortführung der NATO gleichwohl ungenügend. Militärbündnisse wie die NATO oder die Westeurop. Union (WEU) umschließen – mit oder ohne Osterweiterung – immer nur einen Teil des europ. Kontinents. Sie führen die Spaltung Europas in sichere und unsichere, stabile und instabile Zonen fort. Konflikte außerhalb ihrer Grenzen können sie nicht präventiv bearbeiten, wie das Beispiel des vormaligen Jugoslawien zeigt. Aber selbst Probleme zwischen den Partnern sind von Militärbündnissen kaum in den Griff zu bekommen, wie der Ägäis-Konflikt zwischen Türkei und Griechenland oder der seit Jahrzehnten fortdauernde Zypern-Konflikt illustrieren. Militärbündnisse sind dafür weder geschaffen noch ausgelegt. Darüber hinaus sind sie selbst ein latenter Faktor für Isolierungs- oder gar Bedrohungswahrnehmungen der von der Mitgliedschaft ausgeschlossenen Staaten. Gegen-Bündnisse, Rüstungseskalationen und Abschreckungsdenken können die Folge sein. Und wie die Realität zeigt: immer wieder Krieg. Ein System kollektiver Verteidigung kann ein SKS nicht ersetzen. Es genügt auch nicht, wie es das Bundesverfassungsgericht in einer paradoxen Fehlentscheidung vom 12. Juli 1994 getan hat, die NATO einfach in ein SKS umzudeklarieren. Positiv formuliert heißt diese Kritik: Wer das *obiter dictum* des Bundesverfassungsgerichtes als Auftrag versteht, wer die Pariser „Charta für ein neues Europa" von 1990 und die ihr nachfolgenden Diskussionen ernst nimmt, wer schließlich den Epochenbruch von 1989 als einmalige Chance für die S. Europas begreift, muß für Europa mehr wollen als das NATO-Europa in der bisherigen Form.

Soll die historische Chance, die sich mit der „Zeitenwende" von 1989/90 ergeben hat, nicht völlig verspielt werden, muß die europ. Friedens- und Sicherheitsordnung endlich vom Kopf auf Füße gestellt werden. Die Militärallianz NATO, deren Mitglieder nur ein Zehntel der Staatengemeinschaft dieser Welt ausmachen, geben mit ca. 500 Mrd. US-$ jährlich etwa fünf Achtel der Weltmilitärausgaben aus. Es gelingt ihr gleichwohl nicht, Völkermord und Krieg in Europa zu verhüten. Was Europa dringend braucht, ist ein regionales SKS, wie es auch das deutsche Grundgesetz in Artikel 24 GG will und wie es auch die UN-Charta als regionale Einrichtung vorsieht. Die europ. Sicherheitsordnung ruht dann auf einer Rechtsordnung, die im Ordnungsfall keiner weiteren Mandatierung bedarf, sie besitzt ausreichende und effiziente Instrumente der vorbeugenden Krisenprävention und der friedlichen und zivilen Streitbeilegung, sie kann Aggressoren und Kriegsverbrecher verfolgen und vor Gericht stellen und sie besitzt militärische Erzwingungsmittel, die als *ultima ratio* nicht der polit. Willkür Tür und Tor öffnen, sondern Ordnungsrecht folgen und dieses gegebenenfalls wiederherstellen.

Lit.: *Bahr, E./Lutz, D.* (Hrsg.) 1986: Gemeinsame Sicherheit Bd. I: Idee und Konzept, Baden-Baden. *Lutz, D.* 1993: Deutschland und die kollektive Sicherheit, Opl. *Der Palme-Bericht* 1982: Bericht der Unabhängigen Kommission für Abrüstung und Sicherheit „Common Security", Bln. *McNamara, R. S.* 1969: Die Sicherheit des Westens, Wien u. a. *Senghaas, D.* 1969: Abschreckung und Frieden, Ffm. *Varwick, J./Woyke, W.* 1999: NATO 2000. Transatlantische Sicherheit im Wandel, Opl. *Institut für Friedensforschung und Sicherheitspolitik an der Universität Hamburg/IFSH* (Hrsg.) erscheint jährlich, OSZE-Jahrbuch, Baden-Baden. *International Institute for Strategic Studies (IISS)* erscheint jährlich, The Military Balance, L. *Stockholm International Peace Research Institute (SIPRI)* erscheint jährlich, SIPRI Yearbook, Stockholm. *IFSH/HSFK/FEST* (Hrsg.) erscheint jährlich, Friedensgutachten, Hamb./Münster. *NATO-Presse- und Informationsamt* erscheint jährlich, NATO-Handbuch, Brüssel.

Dieter S. Lutz

Souveränität

Unter Souveränität (S.) verstehen Staatslehre und → Völkerrecht den modernen Staat nach innen und außen konstituierenden Herrschaftsanspruch. Der souveräne → Staat ist das unabhängige, territorial definierte, gleiche und freie Subjekt von staats- und völkerrechtl. Akten. Bei der Herausbildung des modernen Staates diente der Souveränitätsbegriff auf der einen Seite der Abwehr von Ansprüchen von außen, d. h. von Kirche und Reich, und innen, d. h. von Adel, Ständen und Städten. Mit ihm konzentrierte sich die Staatsgewalt rechtlich und faktisch in erster Linie in der Hand des Monarchen, der später durch parlamentarische Regierungen ersetzt wurde (→ Parlamentarismus). Die Säkularisierung und Zentralisierung von Herrschaft im Territorialstaat führt mit der bürgerlichen → Revolution zum Nationalprinzip, mit dem der Konsens- und Integrationsbedarf des modernen Nationalstaates abgedeckt wurde. Mit dem Übergang vom Territorial- zum → Nationalstaat erhält der Souveränitätsbegriff eine neue Bedeutung. In dem Maße, wie der sich selbst absolut setzende → Nationalismus oder weltordnende Großmächte die Eigenständigkeit, Entwicklung und Entfaltung anderer Nationen bedrohen, wird der Souveränitätsbegriff zur Schutzklausel der schwächeren gegenüber den stärkeren Staaten. Verteidigungskriege, Verstaatlichungen und Schutz vor wirtschaftl. Penetration und die Schaffung → Internationaler Organisationen sollen S. bewahren bzw. in der → Dritten Welt auch erst schaffen.

Im Gegensatz zu den realen Machtverhältnissen im internat. System postuliert der Souveränitätsbegriff die Gleichheit aller Staaten. Dies hat Auswirkungen auf internat. Entscheidungsprozesse z. B. in Internat. Organisationen, Konferenzen und im Völkerrecht. Deshalb gilt hier i. d. R. nicht das Mehrheits-, sondern das Konsensprinzip – *de facto* ein Minderheitenschutz für die kleinen Staaten. Gleichberechtigung wird darüber hinaus z. B. von der Dritten Welt auch als Zugangs- und Beteiligungsberechtigung bei der Gestaltung internat. Politik einschließlich ihrer wirtschaftl. Dimensionen verstanden (z. B. Forderung nach neuer Weltwirtschaftsordnung).

In den → Internationalen Beziehungen wird der Souveränitätsbegriff im Gegensatz zum Völkerrecht kaum mehr verwendet. Er gilt als ordnungs- und realpolitisch überholt. Man wirft seinen Befürwortern vor, ein nationalstaatl. Modell internat. Politik zu unterstützen, das eben aufgrund seiner Struktur nicht in der Lage ist, die strukturellen (z. B. Rüstungswettlauf, Unterentwicklung, Domination, ökolog. Bedrohung) und aktuellen Probleme (z. B. regionale Konflikte, Protektionismus, → Verschuldung, → Rassismus) zu lösen. S. von Nationalstaaten wird dabei nicht nur als nicht wünschenswert, sondern auch als real nicht vorhanden bezeichnet. Neben der Rolle transnat. Konzerne und des privaten Kapitalverkehrs wird auf die zunehmende militärische, wirtschaftl. und polit. Interdependenz, die → Globalisierung von Information und die leichte Internationalisierung selbst lokaler und innerer Konflikte (z. B. Nahost) verwiesen. Die polit. Realanalyse geht vielmehr von Handlungsspielräumen, Abhängigkeitsbilanzen und Verflechtungshierarchien aus, innerhalb derer der Nationalstaat die Inhalte, Instrumente, Strategien und auch die Reichweite seiner Politik bestimmen kann. Der Souveränitätsbegriff ist also durch ein in sich differenziertes und gradualistisches Konzept von Einflußmöglichkeiten bzw. → *Global Governance* im und auf das internat. System abgelöst worden. Unabhängigkeit – wenn sie je für den Nationalstaat bestanden hat – ist demnach eine Fiktion oder höchstens eine taktisch bedingte Forderung. Staatl. Entfaltung sollte weniger auf eine ohnehin nicht realisierbare nationale S. als auf die bewußte polit. Gestaltung der wechselseitigen Abhängigkeiten abstellen und Internationalisierung, Koordinierung, → Integration und Kompetenzverlagerung – d. h. kontrollierte „Entsouveränisierung" – anstreben. Im Zusammenhang mit der Diskussion über eine Neue Weltordnung bzw. über ein neues Verständnis der Rolle der → Vereinten Nationen setzt sich im Völkerrecht wie in der Praxis internat. Politik der Begriff der „begrenzten" S. durch, mit dem früher unzulässige „Einmischungen in die inneren Angelegenheiten" in bestimmten Fällen (grobe Menschenrechtsverstöße, Gefahr für den Weltfrieden) legitimiert werden.

→ Außenpolitik; Humanitäre Intervention

Lit.: *Bodin, J.* 1576: La République, Paris. *Camilleri, J. A./Falk, J.* 1992: The End of Sovereignty? The Politics of a Shrinking and Fragmenting World, Cheltenham. *Czempiel, E. O.* (Hrsg.) 1969: Die anachronistische Souveränität (PVS-Sonderheft 1), Opl. *Heller, H.* 1927: Die Souveränität, Bln. *Hofmann, H. H.* (Hrsg.) 1967: Die Entstehung des modernen Staates, Köln.

Reimund Seidelmann

Sozialausgaben → Staatsausgaben

Sozialdemokratische Parteien

I. Obwohl sie sporadisch schon in den ersten zwei Dekaden (Australien, Neuseeland, Finnland) oder in den 1920er wie 30er Jahren (z. B. GB, D, Österreich, Schweden) Regierungsverantwortung übernehmen konnten, begann die eigentliche Blütezeit sozialdemokratischer Parteien (s. P.) erst nach 1945. Noch mehr als in den Jahrzehnten davor erforderte nun der Zugang zur Macht in den sich sozialstrukturell ausdifferenzierenden Industriegesellschaften Westeuropas polit. Mäßigung und Kompromißbereitschaft. So war es die jeweils besondere strategische Wahl zwischen reiner Lehre und Machterwerb, die die Entwicklung s. P. nach dem II. Weltkrieg prägte. Diese Dialektik von ideologischer Mäßigung und Regierungsfähigkeit führte zwar zu unterschiedlichen Strategien und programmatischen Profilen unter den s. P., hat aber bei allen zu einer prinzipiellen Akzeptanz der Grundstrukturen und Funktionsweisen der kapitalistischen → Marktwirtschaft geführt. Das Endziel sozialistische Gesellschaft verblaßte, und auch der metaphorisch beschworene „dritte Weg" zwischen → Kapitalismus und Sozialismus wich realpolitisch bald dem Konzept des wohlfahrtsstaatlich kompensierenden und keynesianisch gesteuerten Kapitalismus. Dieser Prozeß verlief ungleichzeitig und setzte sich bezeichnenderweise am raschesten in den sozialdemokratischen (s.) „Regierungs"parteien durch, während die sozialistischen „Oppositions"parteien Südeuropas noch bis in die 1970er Jahre der Symbolik der reinen Lehre den Vorzug vor einem pragmatischen Regierungsprogramm gaben.

Die berühmte Formel des Godesberger Programms der SPD von 1959, „Wettbewerb soweit wie möglich – Planung soweit wie nötig" beschreibt nicht nur für die dt. Sozialdemokratie paradigmatisch den Abschied von Sozialismuszielen jenseits des Marktes. Auch in den meisten anderen s. P. hatte sich mit dem Übergang von der Klassen- zur (linken) → Volkspartei die Erkenntnis durchgesetzt, daß für die Überwindung des Kapitalismus in westl. Demokratien keine Wählermehrheiten zu finden sind. Deshalb verfolgten die s. P. Ziele, die politisch durch-

Tabelle 5: Wähleranteile (in %) der sozialdemokratischen Parteien Westeuropas bei nationalen Parlamentswahlen (Durchschnittswerte)

	1950–1973	1974–1989	1990–1999
Belgien	32,6	27,2	23,2
BRD	37,4	40,2	36,9
Dänemark	38,0	32,7	36,0
Finnland	24,5	24,9	24,4
Frankreich	15,9	32,1	20,7
Griechenland	–	34,4	42,3
Großbritannien	45,7	33,6	38,8
Irland	12,9	9,5	14,9
Italien	12,9	14,9	19,3
Niederlande	27,9	31,5	26,5
Norwegen	44,5	38,6	36,0
Österreich	44,9	48,1	37,3
Portugal	–	28,9	39,1
Schweden	46,4	43,9	39,8
Schweiz	25,5	22,7	20,8
Spanien	–	39,3	38,0
Durchschnitt	31,5	31,4	30,9

Anm.: Folgende Parteien wurden in die Berechnung einbezogen: Belgien: BSP/PSB; BRD: SPD; Dänemark: SD; Finnland: SDP; Frankreich: PS; Griechenland: PASOK; Großbritannien: LP; Irland: ILP; Italien: PSI/PSDI resp. PDS; Niederlande: PvdA; Norwegen: DNA; Österreich: SPÖ; Portugal: PSB; Schweden: SAP, Schweiz: SPS; Spanien: PSOE.
Quellen: Gabriel, O. (Hrsg.): Die EU-Staaten im Vergleich. Opladen 1994. Ismayr, W. (Hrsg.): Die politischen Systeme Westeuropas. Opladen 1997. http://www-public.rz.uni-düsseldorf.de/~nordsiew

setzbar schienen: Vollbeschäftigung, soziale Sicherheit, Chancengleichheit und den Abbau materieller Ungleichheit (→ Soziale Ungleichheit).
Dabei waren es erst die ökonom. Ideen der „Stockholm Schule“ (noch vor *Keynes*) und die „General Theory“ (1936) des Liberalen *John Maynard Keynes,* die den Sozialdemokraten eine wirtschaftpolit. Strategie an die Hand gaben, die es ihnen ermöglichte, unmittelbare Reformziele innerhalb des Kapitalismus zu realisieren. Nach 1945 nahmen die meisten s. P. den → Keynesianismus in unterschiedlichen Versionen und Synthesen in ihre → Wirtschaftspolitik auf. Insb. die keynesianische Betonung des Lohnes als wichtigem Faktor der volkswirtschaftl. Gesamtnachfrage und das Instrument staatl. Fiskalsteuerung als bevorzugtes Mittel zur Verstetigung des Konjunkturverlaufes ermöglichten es den s. P., Politikpräferenzen wie Vollbeschäftigung und lohnpolit. Umverteilung zu realisieren, ohne die Akkumulationsfähigkeit des Kapitals zu gefährden. Das alte s. Dilemma von egalitären Umverteilungszielen und marktwirtschaftl. Funktionserfordernissen schien sich in dem Maße aufzulösen, wie das partikuläre Interesse der Arbeiter an Konsum mit dem allg. Interesse an Produktion zusammenfiel.

II. Auffallend sind die erheblichen Unterschiede der sozialdemokratischen Stimmenanteile in den einzelnen Ländern Westeuropas. Sie reichen von 12 % (berechnet jeweils für den Zeitraum von 1950–1999) der irischen *Labour Party* bis zu den 43 % der s. P. Schwedens (SAP) und Österreichs (SPÖ).

Die Durchschnittswerte aller westeurop. und sozialistischen Parteien liegen für die Perioden 1950–1973, 1974–1989 sowie 1990–1999 bei 31,5 %, 31,4 % und 30,9 %. An diesen fast identischen Wahlergebnissen für das sogenannte goldene Zeitalter der Sozialdemokratie (1950–1973) und für die vermeintliche Niedergangsphase danach läßt sich im westeurop. Gesamtdurchschnitt eine enorme Stabilität s. Wählerpräferenz nachweisen. Hinter dieser Durchschnittsstabilität verbergen sich jedoch, verstärkt seit 1980, sichtbare (Netto-) Wählerfluktuationen (*volatility*) bei den einzelnen Parteien, die auch gruppenspezifische Muster erkennen lassen. Verluste erlitten zwei Gruppen: zum einen die beiden *Labour Parties* in GB und Irland, zum anderen die Gruppe der stärksten und politisch erfolgreichsten sozialdemokratischen Parteien Skandinaviens (Schweden, Norwegen, Dänemark) und Österreichs, die eine leichte Abschmelzung ihres außergewöhnlich hohen Stimmenniveaus hinnehmen mußten.

Kompensiert wurden die Wählerverluste der beiden Gruppen durch die sozialistischen Nachzügler Südeuropas, von denen zu Beginn der 1980er Jahre die Sozialisten Frankreichs, Griechenlands und Spaniens zu den dominanten Parteien ihrer Länder aufstiegen. Stabil blieb der Anteil jener moderaten s. P., die immer auf Koalitionspartner angewiesen waren und in der Regel unter der 40 % Wählermarke blieben (Belgien, BRD, Finnland, Niederlande, Schweiz).

Allgemein läßt sich feststellen, daß die s. P. in jenen Ländern am stärksten sind, in denen 1) die Konfliktlinie von Kapital und Arbeit nicht durch konkurrierende religiöse, ethnische, regionalistische *clevages* (→ Konfliktlinien) durchschnitten oder überlagert wird, 2) ein ausgeprägter Industriesektor vorhanden ist, 3) sich keine relevante → Kommunistische oder linkssozialistische Partei etablieren konnte und 4) ein starker → Wohlfahrtsstaat mit universalistischen Elementen aufgebaut wurde. Dies gilt insbesondere für die s. P. Schwedens, Norwegens und mit Abstrichen auch für Österreich und GB. Von diesem Muster weichen die sozialistischen Nachzügler Südeuropas ab. Ihr Erfolg gründet weniger in dem geringeren Rückhalt in einer vergleichsweise kleinen Arbeiterschaft, sondern vor allem auf ihrem bis weit in die Mittelschichten reichenden Wähler-*Appeal* als Demokratisierungs- und Modernisierungsagenturen ihrer Länder.

III. Mitte der 1970er Jahre schien das „goldene Zeitalter" der Sozialdemokratie zu Ende zu gehen. Denn als sich wirtschaftl. Wachstum, zweifellos der zentrale Parameter des sozialdemokratisch-wohlfahrtsstaatl. Kompromisses, nicht mehr ohne verschärfte Verteilungskonflikte und negative außenwirtschaftl. Folgen über eine globale Nachfragesteuerung herstellen ließ, verloren die keynesianischen Konzepte an Attraktivität. Der einstige Erfolgszusammenhang von Keynesianismus und Sozialdemokratie schien sich zu verkehren, die Krise des Keynesianismus drohte, die Krise der Sozialdemokratie nach sich zu ziehen. Die zeitweise Blockierung der Keynesianischen → Koordination, die Heterogenisierung der → Sozialstruktur und der Lebensstile westl. Industriegesellschaften, die Auflösung proletarischer Lebensmilieus, die Schrumpfung der Arbeiterschaft, → Wertewandel und postmaterielle Forderungen sowie geänderte gesellschaftl. Diskurse schienen die Erfolgsbedingungen sozialdemokratischer Politik aufzulösen. Als würden all diese Entwicklungen gleichzeitig und unabhängig von spezifischen nationalen Kontexten auftreten und sich synergetisch verdichten, fanden Sozialwissenschaftler – Konservative, Liberale, Marxisten – für die Sozialdemokratie eine universell gültige Krisentheorie und sprachen vom „Ende des sozialdemokratischen Jahrhunderts" (*Dahrendorf*). Die Prognose erwies sich als falsch. Sie unterschätzte die „revisionistische" Fähigkeit der Sozialdemokratie, Strategien, Ziele und Politiken im Lichte des ökonom. Wandels zu überprüfen und gegebenenfalls zu revidieren, um die Bedingungen ihres polit. Überlebens und ihres Erfolges aktiv zu beeinflussen. Empirisch gesättigte Vergleiche zeigen denn auch, daß weder auf der Ebene der Wählerschaft und Regierungsmacht noch auf der Ebene der *policies* von einem generellen Niedergang der Sozialdemokratie die Rede sein kann.

Die Widerstands- und Anpassungsfähigkeit und damit der Erfolg sozialdemokratischer Politik seit Mitte der 1970er Jahre variierte stark und war von mindestens vier Kontextvariablen abhängig.

(1) Ökonomische Variablen. Je höher das Entwicklungsniveau und die internat. Konkurrenzfähigkeit der nat. Wirtschaft, desto erfolgreicher konnten s. P. ihre prioritären Ziele der Vollbeschäftigung und des Ausbaus bzw. der Erhaltung des Wohlfahrtsstaates verfolgen.

(2) Sozio-institutionelle Variablen. Je zentralisierter, repräsentativer und kooperativer die → Arbeitsbeziehungen organisiert waren, um so strategiefähiger waren s. Regierungen in der Durchsetzung ihrer Politik. Je umfangreicher, universeller und beschäftigungsintensiver der wohlfahrtsstaatliche Sektor ausgebaut war, als um so attraktiver erwies sich s. Politik für die Mittelschichten und als um so resistenter erwiesen sich s. Errungenschaften gegen (neo-)liberale Attacken des Sozialstaatsabbaus.

(3) Politische Variablen. Je fragmentierter das Lager der → Bürgerlichen Parteien, je geringer die Relevanz konkurrierender kommunistischer, linkssozialistischer und ökoliberaler (→ Grüner) Parteien, um so stärker waren s. Parteien.

(4) Variable Zeit. Je früher und je länger sich s. P. in den prosperierenden Jahrzehnten nach 1945 in der Regierung etablierten und staatl. Institutionen wie gesellschaftl. Werte prägen konnten, um so widerstandsfähiger erwies sich ihre Politik gegen die angebotsökonom. Versuchungen der 1980er Jahre (→ Monetarismus).

IV. Spätestens seit Mitte der 1990er Jahre kam es zu einer erneuten Renaissance der Sozialdemokratie in Europa. Am Ende des 20. Jh. regierten in elf Staaten der Europäischen Union Sozialdemokraten alleine oder als dominanter Koalitionspartner. In dieser Phase eröffneten der Soziologe *Anthony Giddens* und der britische Premier *Tony Blair* mit dem Konzept des „dritten Weges" den wichtigsten polit. Reformdiskurs am Ende der 1990er Jahre.

Der dritte Weg soll nun nicht mehr zwischen Kapitalismus und Kommunismus führen, sondern den wesentlich enger gewordenen Pfad zwischen dem radikalen Neoliberalismus der 1980er Jahre und der alten etatistisch-korporatistischen Sozialdemokratie der ersten Nachkriegsjahrzehnte markieren. Dies bedeutet: Akzeptanz der → Globalisierung der → Finanz- und Gütermärkte, restriktive Finanzpolitik, Inklusion in den Arbeitsmarkt, Betonung der → Bildungspolitik sowie die Transformation des passiv alimentierenden Sozialstaats in einen aktivierenden „Sozialinvestitionsstaat". Gegenüber traditionellen etatistischen Neigungen des sozialdemokratischen Sozialstaats betonen die Vertreter des dritten Weges nun stärker die individuelle Verantwortlichkeit und die wichtige Rolle der → Zivilgesellschaft. In diesem Sinne bedeutet der dritte Weg einen weiteren Schritt zur Entstaatlichung sozialdemokratischer Politik.

Allerdings signalisiert auch der dritte Weg keinen gemeinsamen Paradigmenwandel der Strategien, Programme und Politiken sozialdemokratischer Parteien in Europa. Zu Beginn des 21. Jh. lassen sich vielmehr, wie auch im 20. Jh., unterschiedliche polit. Konzepte erkennen. Realtypisch können diese Unterschiede folgendermaßen gefaßt werden: der hierarchisch dekretierte marktorientierte Weg von *New Labour,* der konsensorientierte Weg zu mehr Markt, wie er von den holländischen und dänischen Sozialdemokraten verfolgt wird, die vorsichtige De-Universalisierung des Wohlfahrtsstaates in Schweden und das immer noch traditionelle und stark etatistische Politikverständis der französischen Sozialisten. Es sind vor allem die national unterschiedlichen Werte, Traditionen und Institutionen in Wirtschaft, Politik und Gesellschaft, die den sozialdemokratischen Parteien bestimmte Pfadabhängigkeiten vorzeichnen. Der Paradigmenstreit um den besten Weg innerhalb der europ. Sozialdemokratie geht trotz der allgemein zunehmenden positiven Bewertung von Markt, Zivilgesellschaft, Individuum und Wahlfreiheit auch im 21. Jh. weiter.

Lit.: *Castles, F.* 1978: The Social Democratic Image of Society, L. *Esping-Andersen, G.* 1985: Politics Against Markets, Princeton. *Giddens, A.* 1999: Der dritte Weg, Ffm. *Korpi, W.* 1983: The Democratic Class Struggle, L. *Merkel, W.* 1993: Ende der Sozialdemokratie? Machtressourcen und Regierungspolitik im westeuropäischen Vergleich, Ffm./NY. *Merkel W.* 2000: Die dritten Wege der Sozialdemokratie ins 21. Jahrhundert, in: Berliner Journal für Soziologie, 1, 99–124. *Padgett, St./Paterson, W. E.* 1991: A History of Social Democracy in Postwar Europe, L./NY. *Paterson, W./Thomas, A. H.* (Hrsg.) 1986: The Future of Social Democracy, Ox. *Pelinka, A.* 1980: Sozialdemokratie in Europa, Mchn. *Przeworski, A.* 1985: Capitalism and Social Democracy, Camb. *Przeworski, A./Spraque, J.* 1986: Paper Stones. A History of Electoral Socialism, Chicago u. a. *Scharpf, F. W.* 1987: Soziademokratische Krisenpolitik in Europa, Ffm./NY.

Wolfgang Merkel

Soziale Bewegung/Neue soziale Bewegungen

Der Begriff soziale Bewegung (s. B.) bezeichnet in der polit. Soziologie einen organisatorisch nicht kontrollierten Prozeß der kollektiven Abwendung von gesellschaftl. institutionalisierten → Werten, Normen oder Zwecksetzungen, dessen Träger bzw. Akteure (grundlegende) Veränderungen (in) der bestehenden Gesellschaft anstreben. S. B. werden also durch vier Elemente gekennzeichnet: (1) eine vergleichsweise geringe organisatorische Strukturierung, (2) die prozessuale Offenheit bzw. Unbestimmtheit ihrer Entwicklungsdynamik, (3) die zwischen Lebenswelt und System oszillierende Reichweite ihrer oppositionellen Handlungsorientierungen und (4) ihr voluntaristisches Handlungsmodell. Diese Elemente bezeichnen zugleich die thematische Spannweite, in der die sozialwissenschaftl. Literatur das Spezifische s. B. herauszuarbeiten versucht.

1. Die paradigmatische Dominanz von gesamtgesellschaftl.-strukturalistischen Modellen sozialen Wandels hat etwa seit der Jahrhundertwende eine Ausrichtung sozialwissenschaftl. Forschungsinteressen auf institutionalisierte, organisierte oder bürokratische Handlungssysteme befördert.
In der Politikwissenschaft zeigt sich dieses Interesse in der überwiegenden Beschäftigung mit regelhaften Prozessen der Willensbildung (→ Wahlen, → Parlamentarismus), organisierten Formen der Interessenvermittlung (→ Verbände, → Parteien) sowie institutionalisierter Politikformulierung und Implementation (→ Regierung, Öffentliche Verwaltung). Sofern s. B., dieser Orientierung folgend, nicht von vornherein nur als unspezifischer Unterfall des Verbandswesens angesehen wurden, betonte die ältere Literatur vor dem Hintergrund einer Dichotomisierung zwischen kollektivem und institutionellem Verhalten einerseits die mangelnde Stabilisierung durch formale Organisiertheit als Charakteristikum und andererseits den Zwang zu Organisation und Institutionalisierung als unausweichliche Perspektive gesellschaftl. und polit. relevanter s. B. (vgl. *Rammstedt* 1978).

Die Beschäftigung mit den neuen s. B., die im Gefolge der Studentenbewegung gegen Ende der 1960er Jahre auftraten (Bürgerinitiativ-B., Anti-AKW-B., Ökologie-B., Friedens-B., Frauen-B. etc.), hat die definitorische Festlegung s. B. auf das Konstitutionsprinzip informeller Interaktion relativiert (vgl. *Rucht et al.* 1997). Zur Kennzeichnung der organisationssoziologischen Distanz zwischen s. B. und Verbänden/Parteien läßt sich gleichwohl *R. Heberles* klassische Präzisierung beibehalten, daß s. B. zwar organisierte Bewegungsteile umfassen können, aber nicht in einer formalen Organisation aufgehen (vgl. *Raschke* 1999: 69 ff.).

2. Umstritten ist in der Forschung insb. die teleologische Perspektive, die die gesellschaftl. Wirksamkeit einer s. B. letztlich von einem erfolgreich bewältigten Prozeß der organisatorischen Konsolidierung und institutionellen Integration „abweichenden Verhaltens" abhängig macht.

Die Parteienforschung unterstrich diese Hypothese mit dem Hinweis auf die Bewegungsursprünge des heutigen → Parteiensystems. Bewegungsnahe Sozialforscher beharrten demgegenüber auf der selbstreflexiven Kontrollierbarkeit von Institutionalisierungsprozessen: Die neuen s. B. seien, anders als ihre historischen Vorgänger, auch bei wachsender gesellschaftl. Resonanz kaum durch das Hervortreten charismatischer Führungspersönlichkeiten und durch programmatische Vereinheitlichung als Vorstufe organisatorischer Zentralisierung und gesellschaftl. Institutionalisierung gekennzeichnet.

Eben diese Unentschiedenheit zwischen Kultur- und Machtorientierung, ihre anti-hierarchische Organisationsweise und ihre Abhängigkeit von Medieneffekten werden andererseits als Ursachen für ein eingeschränktes strategisches Handlungspotential neuer s. B. gesehen (*Raschke* 1999: 70). Die Kontrolle moderner, zweckrational organisierter Gesellschaften sei nur begrenzt im Rahmen dezentraler, basisdemokratischer Handlungszusammenhänge aufzubrechen. Die Auflösung der in diesen Kontroversen zum Ausdruck kommenden Differenz zwischen handlungs- und strukturtheoretischen Analysen s. B. durch prozeßorientierte Analysen der Produktion und Reproduktion sozialer Strukturen (*Gerdes* 1984; *Roth* 1999: 60) kann in diesem Zusammenhang als wissenschaftl. Fortschritt gewertet werden.

3. Die Wechselwirkungen zwischen kommunikativem Handeln und gesellschaftl. Strukturwandel wurden in der Bewegungsforschung lange Zeit vernachlässigt. In Anknüpfung an frühe massenpsychologische (*G. Le Bon*), kultursoziologische (*A. Weber*) und elitentheoretische (*R. Michels*) Ansätze (→ Elite) unterstrich die Forschung in einseitig systemrationaler Perspektive zunächst den anomischen Spontaneismus (*collective-behavior*-Forschung), den mythisch-chiliastischen Irrationalismus (*W. Mühlmann*) oder den ideologischen → Totalitarismus (*H. Arendt, R. Heberle*) sozialer Bewegungen.

Entproblematisiert wurde die Dialektik von Produktion und Reproduktion sozialer Strukturen jedoch auch in Ansätzen, die die neuen s. B. lediglich aus der systemischen Perspektive eines gesamtgesellschaftl. → Wertewandels oder als kollektive Reaktion auf strukturelle Widersprüche des gesellschaftl. Modernisierungsprozesses zu begreifen versuchten (*Hellmann* 1999: 96 ff.). Die Zwecksetzungen der neuen s. B. werden auf diesem Abstraktionsniveau schlüssig, aber plakativ und wenig aussagekräftig, in die gängigen Konstrukte sozialen Wandels eingepaßt (zur Kritik dieser und anderer „rationalistische(r) Metadeutungen": *Rucht* 1994: 137 f.).

Sowohl die prozessuale Entwicklungsdynamik s. B. generell als auch die in empirischen Untersuchungen wiederholt nachgezeichnete Heterogenität der (programmatischen) Motivationsbasis neuer s. B. machen es dagegen plausibler, zumindest so lange von einer Gleichzeitigkeit lebensweltlicher Handlungsrationalisierungen und organisierter Zweckbestimmungen unterschiedlichster gesellschaftl. Reichweite auszugehen, wie sich eine vereinheitlichende Zweckbestimmung programmatisch (noch) nicht durchgesetzt und organisatorisch (noch) nicht ausdifferenziert hat (vgl. *Gerdes* 1984). Ist dieses Stadium jedoch erreicht, so wird nicht mehr von einer s. B., sondern von einer formalen

Organisation (Verband, Partei) zu sprechen sein (vgl. *Rammstedt* 1978).
4. Der v. a. den neuen s. B. zugeschriebene polit. Voluntarismus ist die logische Entsprechung der engen Rückkopplung organisatorischer Zweckbestimmungen an die heterogene individuelle Motivationsbasis der in vielfältig vernetzten Einzelgruppen gebundenen Bewegungsakteure. Diese verstehen sich nicht (mehr) als Vollzugshelfer scheinbar unausweichlicher gesamtgesellschaftl. Entwicklungsprozesse, sondern als in konkreten Situationen jenseits und gegen organisierte(r) und machtbesetzte(r) Entwicklungslogiken Handelnde. Hierin glaubten strukturalistisch oder politökonomisch orientierte Sozialforscher Theoriefeindlichkeit und die Wiederbelebung rechter (romantisch-gemeinschaftlicher), linker (anarchistischer) oder radikal subjektorientierter Verweigerungstraditionen entdecken zu können (vgl. u. a. *Evers/Szankay* 1981; *Brand* 1989).
Inzwischen wird weithin eingeräumt, daß der thematisch fluide, situative polit. Voluntarismus neuer s. B. mit strukturellen Transformationen „postfordistischer" Industriegesellschaften einhergeht, deren Eigentümlichkeit erst von den neuen s. B., nicht aber von ihren traditionalistisch theoretisierenden Kritikern ins öffentl. Bewußtsein gerückt wurde. Die Auseinandersetzung mit diesen Wandlungsprozessen sprengt den engen Rahmen herkömmlicher polit. Interessenvermittlung und konzentriert sich auf polit. relevante (*Roth* 1999 ff.), jedoch vielfach latent bleibende dezentrale → Netzwerke und soziokulturelle Handlungskontexte.

→ Bürgerinitiativen

Lit.: *Brand, K.-W.* 1989: Neue soziale Bewegungen – Ein neoromantischer Protest?, in: *Wasmuth, U. C.* (Hrsg.), 125–139. *Evers, A./Szankay, Z.* 1981: Das gerissene Band – Überlegungen zum neueren Verhältnis von sozialem Wissen und sozialer Bewegung, in: PROKLA, 11, 43–60. *Gerdes, D.* 1984: „Verhalten" oder „Handeln"? – Thesen zur sozialwissenschaftlichen Analyse sozialer Bewegungen, in: *Falter, J.* u. a. (Hrsg.): Politische Willensbildung und Interessenvermittlung, Opl., 645–654. *Hellmann, K.-U.* 1999: Paradigmen der Bewegungsforschung, in: *Klein, A.* et al. (Hrsg.), 91–113. *Huber, J.* 1980: Wer soll das alles ändern? Die Alternativen der Alternativbewegung, Bln. *Klein, A.* et al. (Hrsg.) 1999: Neue soziale Bewegungen, Opl./Wiesb. *Probst, L.* 1993: Ostdeutsche Bürgerbewegungen und Perspektiven der Demokratie, Köln. *Rammstedt, O.* 1978: Soziale Bewegung, Ffm. *Raschke, J.* 1985: Soziale Bewegungen, Ffm./NY. *Raschke, J.* 1999: Machtwechsel und soziale Bewegungen, in: *Klein, A.* et al. (Hrsg.): Neue Soziale Bewegungen, Opl./Wsb., 64–88. *Roth, R.* 1999: Neue soziale Bewegungen und liberale Demokratie, in: *Klein, A./Legrand, H.-J./Leif, T.* (Hrsg.): Neue Soziale Bewegungen, Opl./Wsb., 47–63. *Roth, R./Rucht, D.* (Hrsg.) 1987: Neue soziale Bewegungen in der Bundesrepublik Deutschland, Bonn. *Rucht, D.* (Hrsg.) 1991: Research on Social Movements, Ffm. *Rucht, D.* 1994: Modernisierung und neue soziale Bewegungen, Ffm. *Rucht, D./Blattert, B./Rink, D.* 1997: Soziale Bewegungen auf dem Weg zur Institutionalisierung, Ffm. *Wasmuth, U. C.* (Hrsg.) 1989: Alternativen zur alten Politik? Neue soziale Bewegungen in der Diskussion, Darmst.

Dirk Gerdes

Soziale Frage

Allg. Bezeichnung für ein gesellschafts- bzw. sozialpolit. Reformproblem, das sich daraus ergibt, daß eine kraß ungleiche Verteilung von wirtschaftl., sozialen und polit. Rechten, Verfügungsmöglichkeiten und Einflußchancen sowie massive existentielle Risiken für erhebliche Teile der Gesellschaft als Bedrohung für die soziale Integration und die Stabilität der staatl. Ordnung wahrgenommen oder als unvereinbar mit geltenden Normen sozialer → Gerechtigkeit begriffen werden.

1. Der Begriff bezog sich im 19. Jh. im wesentlichen auf die mit Bevölkerungswachstum, Industrialisierung und Urbanisierung verbundenen Tendenzen zur Verelendung bzw. Proletarisierung breiter Bevölkerungs-

schichten und die daraus resultierenden sozialen und polit. Konflikte (Arbeiterfrage, Agrarfrage, Handwerkerfrage).
In der Perspektive der → Arbeiterbewegung war die soziale Frage (s. F.) im Kern ein Ergebnis des für den → Kapitalismus grundlegenden Gegensatzes zwischen Arbeit und Kapital. Mit der organisatorischen Formierung der Arbeiterschaft in → Gewerkschaften und sozialistischen bzw. sozialdemokratischen → Parteien sowie mit der Ausdehnung des → Wahlrechts gewann die s. F. polit. Brisanz und begründete in autoritären Systemen wie demokratischen Verfassungsstaaten die moderne staatliche → Sozialpolitik. Der Auf- und Ausbau sozialer Sicherungssysteme und die polit. Regulierung der → Arbeitsbeziehungen zielten auf eine Entschärfung des Konflikt- und Destabilisierungspotentials der s. F., ohne die Grundprinzipien der bürgerlich-kapitalistischen Gesellschaftsordnung in Frage zu stellen.
Die sozialpolit. Mäßigung und arbeitspolit. Institutionalisierung des Klassenkonflikts im Zusammenhang mit der → Demokratisierung der → Politischen Systeme sowie nicht zuletzt die deutliche Anhebung des allg. Wohlstandsniveaus im Zuge der wirtschaftl. Entwicklung trugen dazu bei, daß die s. F. als Arbeiterfrage in den marktwirtschaftl. Industrieländern spätestens in der zweiten Hälfte des 20. Jh. als gelöst gelten konnte.
2. In den 1970er Jahren wurden in D unter dem Stichwort der „Neuen Sozialen Frage" neuartige Phänomene der Ungleichverteilung wirtschaftl., sozialer und polit. Chancen diskutiert und von liberalen, konservativen und progressiven Kritikern der Sozialpolitik als eine Folge der spezifischen Lösung der „alten" s. F. interpretiert.
Thematisiert wurden insbes. die aus der tendenziell korporatistischen Organisation polit. Entscheidungsprozesse im → Wohlfahrtsstaat resultierenden Gefahren einer strukturellen Benachteiligung von nicht bzw. schwach organisierten und wenig konfliktfähigen gesellschaftl. Gruppen (z. B. alte bzw. erwerbsunfähige Menschen, Mütter mit ihren Kindern) gegenüber etablierten → Interessengruppen.
3. Ungeachtet der z. T. anhaltenden Brisanz der Probleme, die ergänzt werden durch die seit den 1980er Jahren forcierte Pluralisierung individueller Lebenslagen und Bedingungen → Sozialer Sicherheit, blieben die praktischen sozialpolit. Folgen der Debatte um die neue s. F. begrenzt. Hingegen drängen unter dem Eindruck von Massenarbeitslosigkeit und → Armut auch unter Erwerbstätigen (*working poor*) in einer Reihe von Industrieländern wieder Phänomene sozialer Ausgrenzung an die Oberfläche, welche die nachhaltige Bewältigung der alten s. F. zweifelhaft erscheinen lassen und als Gefährdung der gesellschaftl. Integrationsfähigkeit und polit. Stabilität wahrgenommen werden.

Lit.: *Brakelmann, G.* [5]1975: Die soziale Frage des neunzehnten Jahrhunderts, Bielefeld. *Geißler, H.* 1976: Die neue soziale Frage, Freib. *Lambert, H.* [4]1996: Lehrbuch der Sozialpolitik, Bln. u. a. *Tönnies, F.* 1907: Die Entwicklung der sozialen Frage, Lpz. *Wehler, H.-U.* 1987/1995: Deutsche Gesellschaftsgeschichte, Bd. 2 (1815–1849) und 3 (1849–1914), Mchn.

Bernhard Thibaut

Soziale Marktwirtschaft

Der Begriff soziale Marktwirtschaft (s. M.) wird mit zwei verschiedenen Inhalten verknüpft: zum einen mit der realen Wirtschafts- und Sozialordnung der BRD; zum andern mit einem Leitbild der Wirtschafts- und Gesellschaftspolitik, dem die reale Entwicklung gegenübergestellt werden kann. Diese Unterscheidung eröffnet Perspektiven des zeitlichen Vergleichs und der Entwicklungsdynamik von Realität und Leitbild, der Analyse konkurrierender Leitbilder, des internat. Vergleichs von Ordnungen und Leitbildern und der Umsetzung eines Leitbildes in wirtschaftspolit. Entscheidungen.

1. Die wissenschaftl. Wirtschaftspolitik betont den Leitbildcharakter der s. M.: „Die soziale Marktwirtschaft ist das vom Neoliberalismus inspirierte Leitbild der westdeut-

schen Wirtschaftspolitik nach 1948. Es unterscheidet sich vom Ordoliberalismus durch größere Wirklichkeitsnähe und stärkere Betonung sozialpolitischer Ziele und verlangt von den Trägern ökonomischer Macht soziales Verantwortungsbewußtsein" (*Giersch* 1960: 188). Eine Verkürzung des Leitbildes auf eine politisch erfolgreiche Formel oder bloß pragmatische Abwandlung des Ordoliberalismus nach dem Motto Marktwirtschaft plus Umverteilung würde allerdings der breiten, vor allem vom Schöpfer des Begriffes, *A. Müller-Armack*, geleisteten, sozialanthropologischen, ideengeschichtlichen und wirtschaftstheoretischen Verankerung des Leitbildes nicht gerecht (*Katterle* 2000).

Nach *Müller-Armack* ist die s. M. eine „neuartige Synthese" und friedenstiftende Formel, deren Sinn darin liegt, „das Prinzip der Freiheit auf dem Markte mit dem des sozialen Ausgleichs zu verbinden" (*Müller-Armack* 1956: 390). Zentrale Elemente sind Privateigentum und staatl. geordneter Wettbewerb, Preisstabilität durch eine unabhängige Notenbank, Sozialpartnerschaft in → Tarifautonomie und → Mitbestimmung, konjunktur- und sozialpolit. Verantwortung des Staates. Staatl. Interventionen werden durch die Prinzipien der Marktkonformität und der → Subsidiarität begrenzt.

2. Die wissenschaftl. Auseinandersetzung mit Leitbild und Realität der s. M. wird von verschiedenen Disziplinen mit unterschiedlichen Akzenten geführt. In der wissenschaftl. Wirtschaftspolitik spielt nach wie vor die Klärung des Konzeptes und des Verhältnisses von Marktwirtschaft und Sozialordnung eine zentrale Rolle (*Peters* 1997; *Hampe/Weber* 1999). Die polit. Realisierungsbedingungen der s. M. werden in der *Public-Choice*-Tradition (*Rauhut* 2000) analysiert. *H.-H. Hartwich* (1998) sieht die s. M. in historisch-politikwissenschaftl. Perspektive als ein in den 1950er Jahren erfolgreiches Konzept, das den neuen europ. und weltwirtschaftl. Realitäten nicht gerecht werde. Verfassungsrechtlich mußte die Frage, ob das Grundgesetz den Gesetzgeber auf das Leitbild der s. M. verpflichte, große Aufmerksamkeit beanspruchen. Das Bundesverfassungsgericht hat sie verneint und die Gestaltungsspielräume des Gesetzgebers betont, soweit er sich im Rahmen des Grundgesetzes bewege.

War die s. M. als Leitbild in der unmittelbaren Nachkriegszeit 1945–1949 noch kontrovers und setzte sich erst in einem komplexen Zusammenspiel von Besatzungsmächten, Wirtschaftsverwaltung, Parteien, Wissenschaft und Öffentlichkeit durch (*Ambrosius* 1977), bestand bei der Schaffung einer Währungs-, Wirtschafts- und Sozialunion zwischen DDR und BRD 1990 kein Zweifel über die s. M. als gemeinsame Wirtschaftsordnung der Vertragspartner. Kontrovers waren dagegen die Modalitäten des → Systemwechsels, und unvermindert aktuell sind die Probleme des Transformationsprozesses.

Lit.: *Ambrosius, G.* 1977: Die Durchsetzung der Sozialen Marktwirtschaft in Westdeutschland 1945–1949, Stg. *Giersch, H.* 1960: Allgemeine Wirtschaftspolitik, Wsb. *Hampe, P./Weber, J.* (Hrsg.) 1999: 50 Jahre Soziale Mark(t)wirtschaft, Mchn. *Hartwich, H.-H.* 1998: Die Europäisierung des deutschen Wirtschaftssystems, Opl. *Katterle, S.* 2000: Alfred Müller-Armacks Soziale Marktwirtschaft als Wirtschaftsordnung des Dritten Weges, in: *Jens, U./Romahn, H.* (Hrsg.): Sozialpolitik und Sozialökonomik, Marburg, 217–245. *Lampert, H.* [13]1997: Die Wirtschafts- und Sozialordnung der Bundesrepublik Deutschland, Mchn. *Ludwig-Erhard-Stiftung* 1981 ff: Grundtexte zur Sozialen Marktwirtschaft Bd. 1–3, Stg. *Müller-Armack, A.* 1956: Soziale Marktwirtschaft, in: HdSW, Bd. 9, 390–392. *Peters, H.-R.* [3]1997: Wirtschaftssystemtheorie und allgemeine Ordnungspolitik, Mchn. *Rauhut, S.* 2000: Soziale Marktwirtschaft und parlamentarische Demokratie, Bln. *Zinn, K.-G.* 1992: Soziale Marktwirtschaft, Mannheim.

Manfred Groser

Soziale Ungleichheit

[I.] Menschen sind ungleich gestellt. Dies betrifft nicht nur natürliche Verschiedenartigkeiten (beispielsweise des Charakters, des Aussehens, der Intelligenz, der Talente und Kräfte), sondern auch soziale Unterschiede in bezug auf ökonom. Ressourcen (Einkommen, Besitz, Vermögen) und soziale Positionen (Über- und Unterordnung in Systemen polit. → Herrschaft oder in der → Sozialstruktur: Klassenlage, Status). Soziale Ungleichheit (s. U.) ist ein allg. Begriff für gesellschaftlich bedingte und dauerhafte Unterschiede zwischen Personen oder Familien in der Teilhabe an materiellen Gütern und immateriellen Ressourcen. Sie manifestiert sich in Verteilungsunterschieden, in Beziehungsmustern und in Unterschieden im sozialen Bewußtsein. Ausdrucksformen bzw. Komponenten der s. U. haben i. d. R. einen kumulierenden oder sich gegenseitig verstärkenden Effekt. Beispielsweise mindert ungleicher Zugang zu höherer Bildung aufgrund sozialer Herkunft die soziale Mobilität und stabilisiert das Muster der Zuweisung von Gütern und Ressourcen. Die mit sozialen Vorteilen häufig positiv korrelierende Fähigkeit zur polit. → Partizipation und Interessendurchsetzung verfestigt ebenfalls die s. U. (*Verba* u. a. 1993, *Scholzman* u. a. 1999). Über Ausmaß und Struktur von s. U. entscheiden eine Vielzahl von Faktoren, deren Bedeutung nach Zeit und Raum unterschiedlich ist. Die soziale Stellung eines Individuums oder einer Gruppe von Menschen wird nicht nur innergesellschaftlich durch Geschlecht, Klassen- oder Schichtzugehörigkeit, formalen Bildungsgrad, Erwerbstätigkeit und ausgeübten Beruf bestimmt, sondern auch durch den ökonom. Entwicklungsstand der jeweiligen Gesellschaft und nicht zuletzt durch externe Faktoren wie die Position eines Landes im Weltsystem und seine geographische Lage.

Die Politikwissenschaft beschäftigt sich mit der Frage nach dem Zusammenhang zwischen Ungleichheit und Politik: (1) Welche Folgen hat s. U. für das polit. System? (2) In welchem Maße verstärkt, stabilisiert oder verringert Politik also die verbindliche Regelung gesellschaftl. Konflikte über → Werte soziale Ungleichheiten? Wie stark ist hierbei der anteilige Einfluß polit. und institutioneller Variablen im Vergleich zu ökonom., sozialstrukturellen und kulturellen Erklärungsgrößen? Die empirische Ungleichheitsforschung hat vor allem die Einkommensungleichheit und die Ungleichheit der Geschlechter behandelt. Darüber hinaus bildete der Zusammenhang zwischen Schicht- und Klassenzugehörigkeit und der polit. Partizipation einen wichtigen Forschungsschwerpunkt. Schließlich wurden Argumente angeführt, denen zufolge geringe soziale Ungleichheit eine Voraussetzung für eine stabile Demokratie sei.

1. Internat. Vergleiche von Einkommensungleichheit profitieren von zwei wichtigen Datensammlungen. Die Weltbank veröffentlicht in ihren *World Development Reports* für eine große Zahl von Ländern Indikatoren der Einkommensungleichheit. Eine internat. Forschungsgruppe re-analysierte und standardisierte nat. Einkommensverteilungsdaten für den internat. Vergleich (*OECD* 1995). Diese *Luxembourg Income Study* liefert für die OECD-Länder die derzeit wohl besten, vergleichbaren Daten zur Einkommensungleichheit.

Die vergleichende Forschung über Einkommensungleichheit hat u. a. zu folgenden, häufig kontrovers diskutierten Ergebnissen geführt:

(1) Die Einkommensungleichheit in der langfristigen Entwicklung in den Industriegesellschaften hat abgenommen. Die stärksten Veränderungen vollzogen sich bis zum Ende des II. Weltkrieges. Vor allem Haushalte mit sehr hohem Einkommen näherten sich den Durchschnittseinkommen an (*Kraus* 1981; 204–206).

(2) Der ökonom. Entwicklungsstand hat bedeutsame Auswirkungen auf den Grad der Einkommensgleichheit. *S. Kuznets* (1955) argumentierte, zu Beginn der Industrialisierung wachse die Einkommensungleichheit, weil ein großer Teil der Erwerbstätigen vom traditionellen Sektor mit geringem Einkom-

men in den modernen Sektor mit hohen Einkommen überwechsle. Je umfangreicher dieser werde, desto weniger schwer wiegen im Aggregat die sektoralen Einkommensunterschiede. Die Kurve, die das Ausmaß der Ungleichheit im Verlauf der wirtschaftl. Entwicklung beschreibe, flache ab und sinke dann später sogar, weil auch innerhalb des modernen Sektors die Einkommensunterschiede zurückgehen. Die Beziehung zwischen ökonom. Entwicklungsstand und Einkommensungleichheit hat die Form einer umgekehrten U-Kurve. Diese Hypothese hat sich in zahlreichen Studien bewährt. Allerdings erklärt sie nur einen Teil der Variation: Abweichungen müssen mit anderen Variablen erklärt werden.

(3) *Lenski* (1966) hat darauf hingewiesen, daß soziale und polit. Machtverteilungen eine gewichtige Erklärungsgröße für das Ausmaß der s. U. seien. Demokratische und hochindustrialisierte Gesellschaften hätten ein größeres Ausmaß an Einkommensgleichheit als vormoderne Gesellschaften. Ein Grund dafür sei das allg. und gleiche → Wahlrecht, das bei polit. Umverteilung dazu führe, daß die Interessen der einkommensschwachen Wählerschichten nicht ignoriert werden könnten. Diese Hypothese hat sich in zahlreichen, aber nicht allen vergleichenden Studien bewährt.

(4) Linke Parteien haben die soziale Gleichheit zu einem wichtigen Teil ihres Programms gemacht. Weniger Ungleichheit soll insbes. über den Wohlfahrtsstaat und durch die Steuerpolitik erreicht werden (*Esping-Andersen* 1990, *Muller* 1989, *Schmidt* 1996). Sind Linksparteien über längere Zeit in der Regierung vertreten, so verringert sich Ungleichheit, und zwar insbes. dann, wenn keine anderen politisch-kulturellen Spaltungslinien in der Gesellschaft vorhanden sind. Dagegen bilden liberale und konservative Regierungsparteien einen Damm gegen Egalisierungsbemühungen. Christdemokratische Zentrumsparteien haben zwar ebenfalls den Ausbau des → Wohlfahrtsstaates betrieben (*Kersbergen* 1995), jedoch keine redistributiven Ziele verfolgt. Sie trugen insofern auch in den OECD-Ländern nicht zur Verringerung der Einkommensungleichheit bei.

(5) Die Zentralisierung der Lohnbildung ist eine wichtige Bestimmungsgröße der Lohnungleichheit. Je stärker ein System der Lohnbestimmung zentralisiert ist, desto geringer fallen die Lohnunterschiede aus (*Wallerstein* 1999).

(6) Die beobachtete Einkommensegalisierung in korporatistischen Ländern steht damit in Zusammenhang. In diesen Systemen der Arbeitsbeziehungen trägt die (häufig zentralisierte) Lohnverhandlung zwischen Gewerkschaften, Arbeitgebern und Staat zu weniger Einkommensungleichheit bei als in Ländern, in denen Arbeitnehmer oder ihre schwachen oder dezentral organisierten Verbände abhängig von der Wirtschaftslage der betreffenden Firma Lohnerhöhungen fordern und durchsetzen.

(7) In Ländern mit einer starken Tradition der gütlichen Einigung zwischen unterschiedlichen sozio-kulturellen Segmenten der Gesellschaft (→ Konkordanzdemokratie, → Konsens) sind Einkommen weniger ungleich verteilt. Man kann dies mit der Tendenz dieser polit. Systeme erklären, große gesellschaftl. Minderheiten politisch zu integrieren (*Lijphart* 1999, *Birchfeld/Crepaz* 1998).

(8) Je höher das Niveau der → Wahlbeteiligung ist, desto geringer ist die Einkommensungleichheit. Eine höhere Wahlbeteiligung kommt i. d. R. durch die stärkere Mobilisierung der unteren sozialen Schichten zustande. Politiker können ihre Wiederwahlchancen verbessern, wenn sie die Interessen dieser Bevölkerungsgruppen aufnehmen und redistributive (Steuer- und Sozial-) Politiken praktizieren.

(9) Je stärker die außenwirtschaftl. Einbindung (→ Globalisierung) eines Landes ist, desto geringer ist die Einkommensungleichheit. Zur Erklärung dieses Zusammenhanges hat beispielsweise *Cameron* (1978) argumentiert, der Grad der außenwirtschaftl. „Offenheit" einer Volkswirtschaft beeinflusse den Interventionsgrad der jeweiligen Regierung. Bei großer außenwirtschaftl. Abhängigkeit müßten negative Einflüsse der Weltmarktentwicklung durch distributive Maßnahmen kompensiert werden.

(10) Je größer der öffentl. Sektor ist, desto kleiner sei die Einkommensungleichheit,

weil die politisch bestimmten Lohnstrukturen egalitärer seien als jene in der Privatindustrie, die in marktförmigen Prozessen bestimmt werden.
(11) Ob Einkommensungleichheit ein wesentlicher Grund von polit. → Gewalt ist, ist in der Literatur offen. *Weede* (1987) entdeckte keinen Zusammenhang. Für die Stabilität der Demokratie ist das Maß an Einkommensungleichheit wichtig. Je stärker ausgeprägt die Einkommensungleichheit, desto größer ist die Wahrscheinlichkeit, daß ein demokratisches Regime zusammenbricht.

Klaus Armingeon

[II.] Die Geschlechtszugehörigkeit ist ein besonders wichtiger Bestimmungsfaktor gesellschaftlicher, wirtschaftlicher und politischer Ungleichheit (*Norris* 1987). In mancherlei Hinsicht sind die Teilhabechancen von Frauen tendenziell geringer als die der Gruppe der Männer. Dieser Tatbestand ist unterschiedlich erklärt worden. Die Argumente reichen von naturgegebenen Unterschieden über die These unterschiedlicher Organisations- und Konfliktfähigkeit bis zur These, daß geschlechtsspezifische Ungleichheit das unausweichliche Ergebnis kapitalistischer Entwicklung und patriarchalischer Herrschaftsordnung sei. Dieser Sicht zufolge gehören Frauen zur „Reservearmee des Arbeitsmarktes" und zugleich zur „flexiblen Reservearmee der Reproduktion" (*Kickbusch* 1981: 29), mit Hauptzuständigkeit für die familiäre Haus- und Erziehungsarbeit.

1. Die traditionellen Erklärungen geschlechtsspezifischer Ungleichheit bedürfen allerdings der Korrektur. Sie können nämlich die erheblichen Unterschiede des Ausmaßes geschlechtsspezifischer Teilhabechancen nicht erklären, die sich dem historischen und dem internat. Vergleich erschließen. Der historische Vergleich zeigt, daß die Benachteiligung von Frauen in den westl. Ländern vor allem im 20. Jh. beträchtlich vermindert und in nicht wenigen Bereichen beseitigt wurde. Fünf Entwicklungen sind besonders erwähnenswert. (1) In allen westl. Ländern wurde im ausgehenden 19. und 20. Jh. das allgemeine, freie und gleiche → Wahlrecht eingeführt und somit die Männervorherrschaft beim Wählen beseitigt. (2) Das patriarchalische Familienrecht wurde allmählich zugunsten gleichberechtigter individualisierter Rechtsbeziehungen abgebaut. (3) Die Einführung der allgemeinen Schulpflicht und die Öffnung des höheren Bildungswesens für vormals ausgeschlossene soziale Gruppen erweiterten auch die Bildungschancen von Frauen. (4) Die Erwerbstätigkeit von Frauen nahm in allen westl. Ländern erheblich zu, gemessen an der absoluten Zahl und an der Erwerbsquote. 5) Die Expansion des → Wohlfahrtsstaates erfaßte zunehmend auch die zunächst von der sozialen Sicherung weitgehend ausgeklammerten erwerbstätigen Frauen und seit der zweiten Hälfte des 20. Jh. meist auch nichterwerbstätige Frauen.

2. Auch der interkulturelle Vergleich deckt große Unterschiede der geschlechtsspezifischen Teilhabechancen auf. Beispielsweise waren die Teilnahme von Frauen am Erwerbsleben in den sozialistischen Ländern meist größer als in den westl. Staaten. Ferner sind die Chancen der Erwerbsbeteiligung von Frauen vor allem in den nordeurop. und den meisten angloamerikan. Ländern höher als in Südeuropa und den meisten mitteleurop. Nationen.
Die interkulturellen Unterschiede der Teilhabechancen von Frauen und Männern sind unterschiedlich erklärt worden. Einer These zufolge ist der Abbau geschlechtsspezifischer Ungleichheit „Folge bewußter, kollektiver Aktionen, die nicht zuletzt von den Frauenbewegungen getragen wurden" (*Greven-Aschoff* 1981: 329). Dem steht die Modernisierungsthese gegenüber (*Giele* 1977). Sie greift *Lenskis* Schichtungstheorie auf, der zufolge die Ungleichheit mit dem Niveau der gesellschaftl. Komplexität in einem kurvilinearen Zusammenhang steht: Vergleichsweise geringe Ungleichheit gebe es auf niedrigem und auf sehr hohem Komplexitätsniveau; bei mittlerem Komplexitätsniveau müsse jedoch mit krasser Ungleichheit gerechnet werden.

3. Besonders fruchtbar zur Erklärung geschlechtsspezifischer Teilhabechancen sind politisch-institutionelle, politisch-kulturelle und politisch-ökonom. Thesen. So sind die Teilhabechancen von Frauen vor allem in den Ländern im Niveau höher (und seit den 1950er Jahren stärker ausgebaut worden), die folgendes gemeinsam haben: (1) kräftiges Wirtschaftswachstum, das mit relativ geringer Arbeitslosigkeit einherging und Mobilisierung von Arbeitskraftreserven erforderte (einschließlich der Mobilisierung von bislang nicht erwerbswirtschaftlich tätigen Frauen); (2) ein großer, expansiver (privater oder öffentl.) Dienstleistungssektor, wodurch eine für Frauenerwerbstätigkeit günstige Beschäftigungsstruktur geschaffen wurde; (3) eine → Politische Kultur, die Chancengleichheit und sozialen Ausgleich betont, wodurch die Diskriminierung von Frauen weniger wahrscheinlich wird; (4) Regierungsparteien, die ebenfalls auf sozialen Ausgleich einschließlich der Umverteilung von Chancen zugunsten von Frauen setzen, insbes. Linksparteien und grüne Parteien, bisweilen auch christdemokratische Parteien, und (5) eine aktive staatl. Politik der Bekämpfung geschlechtsspezifischer Ungleichheit durch → Bildungs-, → Sozial-, → Beschäftigungs- und → Steuerpolitik sowie attraktive staatl. Angebote zu Kinderbetreuung, Krankenversorgung und Altenpflege. Hierdurch wachsen die ökonom. Anreize und Möglichkeiten der Qualifizierung und Erwerbsbeteiligung von Frauen zu Lohnsätzen, die denen der erwerbstätigen Männer entsprechen. Zu dieser Ländergruppe gehörten lange Zeit vor allem die skandinavischen Länder, mittlerweile aber auch mitteleurop. Länder mit starken Links- und Mitteparteien wie den christdemokratischen Parteien. Umgekehrt gilt: Die relative Benachteiligung von Frauen im Vergleich zu Männern ist tendenziell größer, je weniger die oben genannten Bedingungen erfüllt sind.

Manfred G. Schmidt

Lit. zu [I.]: *Birchfeld, V./Crepaz, M. M. L.* 1998: The Impact of Constitutional Structures and Collective and Competitive Veto Points on Income Inequality in Industrialized Democracies, in: EJPR, 34, 175–200. *Cameron, D. R.* 1978: The Expansion of the Public Economy. A Comparative Analysis, in: APSR, 72, 1243–1261. *Esping-Andersen, G.* 1990: The Three Worlds of Welfare Capitalism, Princeton. *Kersbergen, K. v.* 1995: Social Capitalism. A Study of Christian Democracy and the Welfare State, L./NY. *Kraus, F.* 1981: The Historical Development of Income Inequality in Western Europe and the United States, in: *P. Flora/Heidenheimer, A. J.* (Hrsg.): The Development of Welfare States in Europe and America, New Brunswick/L., 187–236. *Kuznets, S.* 1955: Economic Growth and Income Inequality, in: AER, 45, 1–28. *Lenski, G.* 1966: Power and Privilege. A Theory of Social Stratification, NY. *Lijphart, A.* 1999: Patterns of Democracy: Government Form and Performance in Thirty-Six Countries, New Haven. *Muller, E. N.* 1989: Distribution of Income in Advanced Capitalist States: Political Parties, Labour Unions, and the International Economy, in: EJRP, 17, 367–400. *OECD, O. f. E. C.–O. a. D.* 1995: Income Distribution in OECD Countries, Paris. *Schlozman, K. L./Burns, N./Verba , S.* 1999: What Happened at Work Today?: A Multistage Model of Gender, Employment, and Political Participation, in: JuP, 61, 29–53. *Schmidt, M. G.* 1996: When Parties Matter: A Review of the Possibilities and Limits of Partisan Influence on Public Policy, in: EJPR, 30, 155–183. *Verba, S./Schlozman, K. L./Brady, H./Nie, N. N.* 1993: Citizen Activity: Who Participates? What Do They Say?, in: APSR, 87, 303–318. *Wallerstein, M.* 1999: Wage-Setting Institutions and Pay Inequality in Advanced Industrial Societies, in: AJPS, 43, 649–680. *Weede, E.* 1987: Some New Evidence on Correlates of Political Violence: Income Inequality, Regime Repressivness, and Economic Development, ESR, 3, 97–108. **zu [II.]:** *Gardiner, F.* (Hrsg.) 1997: Sex Equality Policy in Western Europe, L./NY. *Giele, J. Z./Smock, A. C.* (Hrsg.) 1977: Women. Roles and Status in Eight Countries, NY/L./Sydney. *Gottschall, K.* 2000: Soziale Ungleichheit und Geschlecht, Opl. *Greven-Aschoff, B.* 1981: Sozialer Wandel und Frauenbewegung, in: GuG, 7, 238–246.

Kickbusch, I. 1981: Die Familiarisierung der weiblichen Arbeit, Konstanz (Diss.). *Kolinsky, E.* 1989: Women in West Germany, Ox./NY/Mchn. *Lenski, G.* 1977: Macht und Privileg, Ffm. *Norris, P.* 1987: Politics and Sexual Equality, Boulder. *Sainsbury, D.* 1996: Gendering Welfare States, L. *Schmidt, M. G.* 1993: Erwerbsbeteiligung von Frauen und Männern im Industrieländervergleich, Opl. *Weltbank* 1999: Weltentwicklungsbericht, Bonn/Ffm. M. *Wolchik, S. L.* 1981: Ideology and Equality. The Status of Women in Eastern and Western Europe, in: CPS, 13, 445–476.

Klaus Armingeon/
Manfred G. Schmidt

Sozialhilfe

I. Die Sozialhilfe (S.) bildet in D das ‚unterste' Auffangnetz im System sozialer Sicherheit (→ Sozialversicherung). Sie soll Menschen, die ihren Lebensunterhalt nicht alleine durch Erwerbstätigkeit, mit Hilfe sonstiger Transfereinkommen oder durch Unterstützung seitens ihrer Familienangehörigen bestreiten können, die „Führung eines Lebens (...) ermöglichen, das der Würde des Menschen entspricht" (1 Abs. 2 BSHG). Dem Anspruch nach soll sie mithin das Postulat der Unantastbarkeit der Menschenwürde (Art. 1 GG) sowie das Sozialstaatsgebot (Art. 20, 28 GG) im Grundgesetz sozialpolit. umsetzen und einen entscheidenden Beitrag zur Vermeidung bzw. Beseitigung von Armut leisten.

Die S. wurde 1961 im Zuge des Ausbaus des sozialstaatl. Institutionengefüges der BRD durch das Bundessozialhilfegesetz (BSHG) geschaffen (vgl. *Schmidt* 1988: 77), mit dem erklärten Ziel, individuelle Notlagen aufzuspüren, mittels eines differenzierten Instrumentariums nach dem Grundsatz ‚Hilfe zur Selbsthilfe' rasch zu beheben und somit ein dauerhaftes Abgleiten einzelner in die → Armut zu verhindern. Einen wesentlichen Fortschritt gegenüber der bis dato geltenden Fürsorgeregelung bedeutete insbes. die Etablierung eines Rechtsanspruchs auf S., die jedoch nicht frei von hergebrachten Elementen einer stigmatisierenden Armenpolitik blieb (vgl. *Adamy/Naegele* 1985: 97 ff.).

Die Grundsätze der Leistungsgewährung und die Art der Finanzierung der S. folgen dem Fürsorgeprinzip. Anders als bei der beitragsfinanzierten Sozialversicherung, die einen Schutz gegen standardisierte Risiken wie Krankheit, Invalidität, Alter gewährt (Versicherungsprinzip), ist der Bezug von S., die aus Steuermitteln im wesentlichen über die Haushalte der Kommunen finanziert wird, nicht von Vorleistungen abhängig. Auch die Ursachen der Bedürftigkeit spielen keine Rolle – anders als in jenen Fällen, in denen der Staat Personen entschädigt, deren Notlage aus einem Dienst an der Allgemeinheit resultiert (Versorgungsprinzip). Zudem sind die Sozialhilfeträger gehalten, S. zu gewähren, wenn sie eine entsprechende Notlage erkennen, also nicht nur auf Antrag aktiv zu werden.

Der Umstand, daß die S. für vermeintliche ‚Ausnahmefälle' konzipiert wurde, in denen vorgelagerte öffentl. oder private Instanzen des sozialen Schutzes nicht oder nur unzulänglich greifen, schlägt sich in den Leitprinzipien sowie in der administrativen Praxis der Leistungsgewährung in tendenziell restriktiver Weise nieder. Art und Ausmaß der Hilfe sollen sich stets an den Besonderheiten des Einzelfalls orientieren, um auf die jeweils individuelle Notlage flexibel und gezielt einwirken zu können (Indiviualisierungsgrundsatz und Bedarfsprinzip). Daraus ergibt sich eine strenge Prüfung der Bedürftigkeit potentieller Sozialhilfeempfänger, die auch die Überprüfung der Einkommens- und Vermögensverhältnisse eventuell unterhaltspflichtiger Angehöriger umfaßt (Prinzip der → Subsidiarität). Um einem Mißbrauch des Rechtsanspruches auf S. entgegenzuwirken, sind Hilfesuchende prinzipiell zur Arbeit verpflichtet, wobei eventuelle Arbeitseinkommen in vollem Umfang mit der S. verrechnet werden. In dieselbe Richtung zielt auch der Grundsatz, daß die Höhe der Sozialhilfeleistungen nicht den ortsüblichen niedrigsten Tariflohn überschreiten darf (Abstandsgebot).

Die Leistungen der S. bestehen aus Geld-

und Sachleistungen sowie persönlichen Hilfen. Ihrer Funktion nach gliedern sie sich in die ‚Hilfe zum Lebensunterhalt' und ‚Hilfe in besonderen Lebenslagen'. Die finanzielle Hilfe zum Lebensunterhalt wird nach Maßgabe eines behördlich festgelegten ‚Regelsatzes' gewährt, der den regelmäßigen monatl. Grundbedarf abdecken soll, wobei Unterkunfts- und Heizkosten gesondert übernommen werden. Der volle Regelsatz steht nur dem Haushaltsvorstand zu, die übrigen Haushaltsmitglieder erhalten einen altersabhängig reduzierten Satz. Bis 1990 wurde der Regelsatz auf der Grundlage eines von Experten erstellten Warenkorbes berechnet, der die für ein menschenwürdiges Leben notwendigen Waren und Dienstleistungen enthalten sollte und insbes. deshalb umstritten war, weil er lediglich in großen Zeitabständen der allg. Entwicklung des Lebensstandards und des Konsumverhaltens angepaßt worden war (seit Einführung der S. nur 1971 und 1985). Seit 1990 wird der Regelsatz über die Einkommensstatistik anhand des Haushaltsverbrauchs unterer Einkommensgruppen ermittelt (sog. Statistikregelsatz). Auch das neue Verfahren, das nicht zuletzt auf Wunsch der Kostenträger der S. eingeführt wurde, blieb umstritten. Das grundsätzlich polit. Problem einer Bestimmung der materiellen Voraussetzungen eines menschenwürdigen Lebens, das zu garantieren ja die Leitmaxime des BSHG ist, wurde mit der Änderung des Berechnungsverfahrens von der normativen (Zusammensetzung des Warenkorbes) auf die nur scheinbar objektive Ebene der Statistik verlagert. Gemessen am Verhältnis des Regelsatzes zu den durchschnittl. Nettoeinkommen, das in den 1970er und 1980er Jahren weniger als ein Fünftel betrug, wurde das Niveau der S. seither eher noch weiter abgesenkt, insbes. aufgrund der tendenziell steigenden Spreizung der Arbeitseinkommen bei unterdurchschnittlichen Zuwächsen im Niedriglohnsektor.

II. In der Armutsforschung wird der Regelsatz der S. als ein Instrument (unter anderen) zur Messung von Einkommensarmut verwendet. Die Quantifizierung der Armutsbevölkerung, die in D (anders als etwa in den USA) nicht offiziell anhand einer festgelegten Einkommensgrenze ermittelt wird, orientiert sich dabei an den Daten der Sozialhilfestatistik und an Schätzungen über die Dunkelziffer derer, die objektiv sozialhilfeberechtigt sind, aber ihren Anspruch nicht geltend machen (*Hauser/Neuman* 1992: 236 f.). Schätzungen zufolge entspricht diese Dunkelziffer der ‚nicht-bekämpften Armut' in etwa der Zahl der tatsächlichen Sozialhilfeempfänger, d. h. die S. erreicht nur etwa die Hälfte derer, die ihrer eigentlich bedürfen (vgl. *Alber* 1989: 173).

Die Frage, warum der Anspruch auf S. so häufig nicht realisiert wird, verweist sowohl auf Informationsprobleme als auch darauf, daß die Inanspruchnahme von S. von vielen Betroffen als entwürdigend empfunden wird. Das liegt neben der gesellschaftl. Stigmatisierung der Sozialhilfeabhängigkeit auch an den oben angesprochenen restriktiven Elementen der Leistungsgewährung. Beispielsweise hält das relativ umfassende Subsidiaritätsverständnis im BSHG und die daraus resultierende Prüfung der Einkommens- und Vermögensverhältnisse von Familienmitgliedern viele ältere Menschen davon ab, S. zu beantragen, weil sie befürchten, die Beziehung zu ihren Kindern zu belasten (*Hanesch* u. a. 1994: 116). Hinzu kommen schließlich ein oftmals eher abwartend-reaktives Verhalten und die vor allem in Zeiten fiskalischer Sparzwänge enge Auslegung der Ermessensspielräume seitens der Behörden.

III. In der alten BRD waren bis Mitte der 1970er Jahre relativ konstant etwa 2,5 % der Bevölkerung auf S. angewiesen. Im Zuge der steigenden Langzeitarbeitslosigkeit stieg dieser Anteil über 3,5 % (1980) auf knapp 6 % Anfang der 1990er Jahre (vgl. *Alber* 1989: 169 f.; *Statistisches Bundesamt* 1992: 504). Mit dieser Entwicklung waren signifikante Strukturveränderungen verbunden. Waren bis Anfang der 1980er Jahre vor allem ältere Menschen und alleinerziehende Frauen auf S. angewiesen, so gehörten nun überdurchschnittlich viele Kinder und Jugendliche und zunehmend auch Männer zu den Betroffenen, ein Trend, der sich auch im Gefolge der dt. Einheit und den damit verbundenen Arbeitsmarktproblemen in den neuen Bundesländern fortsetzen sollte.

Mit der → Deutschen Einheit wurde das bundesdt. Sozialhilfesystem Mitte 1990 als Teil des umfassenden West-Ost-Institutionentransfers auf die neuen Bundesländer übertragen. Allerdings galten dabei einige Einschränkungen, wie z. B. eine niedrigere Bemessung der Regelsätze und die Nicht-Gewährleistung bestimmter Zuschläge bei besonderen Bedarfslagen. Aufgrund der großzügen Übertragung des westdt. Rentensystems, das für eine Begrenzung der Altersarmut sorgte, nahm die Sozialhilfebedürftigkeit in Ostdeutschland zunächst ein geringeres Ausmaß an als im alten Bundesgebiet (1991: ca. 0,5 Mio. bzw. 3,1 %; 1992: 0,67 Mio. bzw. 4,8 %, *Hanesch* u. a. 1994: 220 f.). Insgesamt blieb die steigende Tendenz bei der Sozialhilfebedürftigkeit jedoch auch in den 1990er Jahren bestehen, wenngleich die Einführung der Pflegeversicherung sowie die Trennung (und die damit gleichzeitig erfolgte Reduzierung) der Leistungen für Asylbewerber von der S. die Statistik entlasteten. 1998 bezogen im gesamten Bundesgebiet knapp 2,9 Mio. Menschen laufende Hilfe zum Lebensunterhalt (1996: 2,7 Mio.). Die Ausgaben für S. beliefen sich auf rund 45 Mrd. DM, 1996 waren es noch 49,8 Mrd. DM gewesen.

Vor dem Hintergrund fiskalischer Konsolidierungszwänge auf Bundes- und kommunaler Ebene sowie einer immer wieder aufflackernden Debatte über den angeblich massenhaften Mißbrauch der S. wurden in den 1990er Jahren mehrfach Regelungen getroffen (Deckelung des Anstiegs der Regelsätze, Ausdehnung des Lohnabstandsgebots, restriktivere Gewährleistung einmaliger Sozialhilfeleistungen, *Hanesch* u. a. 1994: 118 f.), die auf einen massiven Wandel der Interpretation des im BSHG verankerten Bedarfsprinzips hinausliefen. Die Realität der S. hat dementsprechend nur noch wenig mit der ihr ursprünglich zugedachten Aufgabe zu tun, bei individuellen und eher zufälligen Notlagen gewissermaßen als ‚Ausfallbürge' einzuspringen. Eine wachsende Zahl von Menschen ist dauerhaft auf S. angewiesen, so daß sie zunehmend eine Art Grundversorgungssystem darstellt – eine Funktion, die verläßlich auszufüllen sie weder unter Finanzierungs- noch unter Verwaltungsgesichtspunkten in der Lage ist.

Lit.: *Adamy, W./Naegele, G.* 1985: Armenpolitik in der Krise. Bestandsaufnahme und Entwicklungstrends, in: *Leibfried/Tennstedt*, 94–121. *Alber, J.* 1989: Der Sozialstaat in der Bundesrepublik 1950–1983, Ffm. *Hanesch, W.* u. a. 1994: Armut in Deutschland. Der Armutsbericht des DGB und des Deutschen Paritätischen Wohlfahrtsverbandes, Rbk. *Hartmann, H.* 1981: Sozialhilfebedürftigkeit und ‚Dunkelziffer der Armut', Stg. u. a. *Hauser, R./Neumann, U.* 1992: Armut in der Bundesrepublik, in: *Leibfried, S./Voges, W.* (Hrsg.), 237–271. *Leibfried, S./Tennstedt, F.* (Hrsg.) 1985: Politik der Armut und die Spaltung des Sozialstaates, Ffm. *Leibfried, S./Voges, W.* (Hrsg.) 1992: Armut im modernen Wohlfahrtstaat (KZfSS-Sonderheft 32), Opl. *Sachße, C./Tennstedt, F.* 1980: Geschichte der Armenfürsorge in Deutschland, Stg. u. a. *Panke, H.* 1994: Unsere Sozialhilfe nach dem Bundessozialhilfegesetz (hrsg. von der Friedrich-Ebert-Stiftung), Bonn. *Schellhorn, W.* 1993: Das Bundessozialhilfegesetz, Bln. *Scharpf, F. W.* 1993: Von der Finanzierung der Arbeitslosigkeit zur Subventionierung niedriger Erwerbseinkommen, in: GM, 44(7), 433–443. *Schmidt, M. G.* 1988: Sozialpolitik, Opl. *Statistisches Bundesamt*:

Statistisches Jahrbuch für die Bundesrepublik Deutschland, Wsb. (erscheint jährlich).
Vobruba, G. (Hrsg.) 1990: Strukturwandel der Sozialpolitik, Ffm.

Bernhard Thibaut

Sozialismus/Sozialdemokratie

I. Sozialismus/Sozialdemokratie (S.) kennzeichnen große politische Strömungen (Ideen, → Ideologien) des 19. und 20. Jh.; ihr Kern liegt in der Neugestaltung der Wirtschaftsordnung durch Überwindung kapitalistischer Eigentums-, Ausbeutungs- und Klassenverhältnisse zugunsten einer gesellschaftlich rational gesteuerten und egalitär geordneten Ökonomie als Grundlage einer umfassend gedachten gesellschaftl. und polit. → Emanzipation. Mit den anderen großen Ideologien → Liberalismus und → Konservatismus bestehen enge Entstehungs-, Konkurrenz- und Wirkungszusammenhänge, zum Teil auch (eng begrenzte) sachliche Ähnlichkeiten (mit konservativer Kapitalismuskritik bzw. liberaler Staatskritik). S. tritt in drei hauptsächlichen Dimensionen in Erscheinung: 1) als Idee bzw. als theoretische Konzeption, 2) als programmatisch angeleitetes polit. Handeln in Gestalt einer Bewegung oder Parteiorganisation und 3) als realisierte gesellschaftl. und polit. Struktur eines sozialistischen Systems. Für alle drei Dimensionen ist die Frage nach gesellschaftl. Entstehungsgrundlagen, sozialer Trägergruppe(n), Konkurrenz- und Wirkungsbedingungen, Ausprägungsvielfalt, innersozialistischer Rivalität, Spaltung usw. bedeutsam.

Als Entwicklungsperioden werden im allgemeinen abgegrenzt: (1) der „Frühsozialismus" (auch „utopischer" S. genannt) bis ca. 1848; (2) die Herausbildung organisierter Arbeiterbewegungen in Europa, der Aufbau und das Wachstum sozialdemokratischer/sozialistischer Parteien bis zum I. Weltkrieg; (3) die Zeit der Spaltung zwischen Sozialdemokratien und → Kommunistischen Parteien nach 1917/18 bis 1945, verknüpft mit der ersten bolschewistischen Systemumwälzung in der UdSSR; (4) die Zeit des globalisierten Systemgegensatzes im → Ost-West-Konflikt nach 1945 mit starker Ausbreitung realer Systemstrukturen mit Sozialismusanspruch. Die neueste Periode (5) nach dem Zusammenbruch des sowjetischen Sozialismusmodells 1989/91 ist hinsichtlich der Auswirkungen auf Ideologiemuster und Theoriekonzepte des (demokratischen) Sozialismus nur ansatzweise reflektiert.

II. Auch wenn kommunistisch-egalitäre Ideen eine jahrtausendealte Tradition aufweisen (vgl. *Droz* 1974), ist die Entstehung und Entwicklung des S. mit der kapitalistisch-industriellen Umwälzung seit Mitte des 18. Jh. eng verknüpft; trotz mancher Ähnlichkeiten mit frühneuzeitlichen Utopien (z. B. *Morus*) tritt bei *Babeuf*, *Buonarotti*, *Fourier*, *Owen*, *Saint-Simon* und *Proudhon* die aufklärungsphilosophische Grundlage in der Form rationalistisch konstruierter egalitärer Funktionsordnungen deutlich hervor. In dem Maße, in dem die kapitalistisch-industrielle Transformation sozialhistorisch und gesellschaftstheoretisch als sozialökonom., sozio-kultureller und polit. Gesamtprozeß aufgearbeitet wird, wird S. in umfassender Weise als konzeptioneller Rahmen einer subkulturellen Gegenbewegung proletarisierter Unterklassen gedeutet (vgl. *Kernig* 1979).

Der Übergang vom Arbeiterprotest zu organisierter Arbeiterbewegung (um und nach 1848, besonders seit den 1860er Jahren) erfolgte nicht ausschließlich im sozialistischen Ideenkontext; vielmehr konkurrierten unterschiedliche Strömungen und Strategien in verschiedenen Ländern mit unterschiedlichen Ausgangslagen, Rahmenbedingungen, Erfolgen und Entwicklungstrends, neben sozialistischen Organisationen/Arbeiterparteien insb. → Anarchismus, revolutionärer Syndikalismus, Berufsgewerkschaften, liberale Bildungsvereine, → Genossenschaften, christliche Sozialreformansätze und → Gewerkschaften u. ä. Sozialhistoriker und Politikwissenschaftler versuchten in unzähligen Studien, die komplexe Herausbildung der jeweiligen nat. spezifischen Strategien und Ideologienmuster zu beschreiben und zu erklären (z. B. Schwäche des Liberalismus und frühe Entstehung einer s. Arbeiterpartei in D mit zwei an *Marx* bzw. *Lassalle* orientierten Flügeln; lange Dominanz der *Trade Unions* in England, auch in der *Labour Party* nach 1900); syndikalistische Akzentuierung in Frankreich, späte, reformsozialistische Parteientwicklung; geringe Bedeutung sozialistischer Gruppen/Parteien in den USA; starkes Gewicht christlich-katholischer Orientierungen in einigen Ländern und Regionen wie Italien, Frankreich, Belgien, Ruhrgebiet; ländliche Herrschafts- und Kulturprägung im „volkstümlichen" S. Rußlands (vgl. *Abendroth* 1965; *Droz* 1974 ff.; *Kocka* 1983). Anders als die kurzlebige I. Internationale war die II. Internationale (nach 1890) stark geprägt von der dt. Sozialdemokratie (SPD), in ihrem Vereinheitlichungsversuch vorübergehend erfolgreicher und verbunden mit einem starken Aufschwung des parteipolit. S. 1890–1914 (vgl. *Braunthal* 1974 ff.).

Auch wenn der → Marxismus in der dt. Sozialdemokratie deutlich stärkeres Gewicht hatte als in anderen Ländern (außer später in Rußland), so gilt doch die dt. Revisionismusdebatte als exemplarisch für den Riß in der sozialistischen Bewegung (ablesbar an der Vielzahl ausländischer Beiträge zu diesem Thema). Während „Revisionismus" eine theorieimmanente Neubesinnung nahelegt (so auch der Ausgangspunkt *E. Bernsteins*), verbindet sich damit in der historischen Wirkung doch die Gesamtdynamik sozialdemokratischer Abwendung vom Marxismus. Theoretisch liegt der Kern des *Bernstein*schen Ansatzes bei der (empirischen) Analyse der ökonom. Entwicklungstendenzen (Relativierung von Krisenzyklus, Konzentration, Proletarisierung), Einschränkungen der Geschichts-, Entwicklungs- und Revolutionstheorie, daraus folgend einer Neubewertung reformistischer Transformationsschritte, des entsprechenden (auch staatl.) Handlungsrahmens und der subjektiven Handlungsbedingungen sowie der Möglichkeit ethischer Begründungszugänge (*Kant*-Rezeption). Die Forschung hat (1) die Diskussionsstruktur aufgearbeitet, insb. die Rolle *Kautskys*, aber auch *Luxemburgs*, *Vollmar/Auers* usw.; (2) Erklärungen für Auftreten und Erfolg des S. gesucht (Entwicklung zur Massenpartei, Einfluß der Gewerkschaften, Parlamentsfraktionen in Reich und Einzelstaaten, Differenzierungen in der Arbeiterschaft, ausländische Einflüsse, z. B. *Fabier*; aber auch gegenwirkende Faktoren, bes. die manifeste Klassenpolitik des Reiches; vgl. *Ritter* 1964); (3) das Verhältnis zu anderen Konflikt- und Spaltungsdimensionen analysiert und (4) die Zusammenhänge langfristiger Diskussionslinien und theoretischer Traditionsbildung aufgehellt (*Friedemann* 1978). Daß die spätere Spaltung der SPD durch den Revisionismus mitmotiviert war, sich aber real an kriegsbezogenen Konflikten ab 1914 auf der radikalen Linken vollzogen hat (Spartakus, USPD), nimmt in der Literatur breiten Raum ein.

III. Weder im Rückblick noch in der Gegenwartsbilanz ergibt sich ein eindeutiger Begriff und Konsens von Sozialismus-Konzeptionen; im Gegenteil, die Richtungsdifferenzierung ist ausgeprägter denn je. Die Differenzierungsmuster haben sich in historischen Stufen entwickelt und verschoben:

(1) Nach dem Frühsozialismus wurde das Debattendreieck zunächst durch anarchistische, marxistische und lassalleanische Positionen bestimmt. (2) Nach 1890 gruppierten sich um den Kernkonflikt von Reformismus/Revisionismus und marxistischer Orthodoxie Positionen der radikalen (parteirevolutionären) Linken sowie des (Anarcho-) Syndikalismus, im weiteren Umkreis fanden sich aber auch eher randständige Schattierungen wie ein (konservativer) „Staats-S.", „religiöser S." „liberaler S." (*F. Oppenheimer*), schließlich ein (kantianischer) „ethischer S." (*L. Nelson*); der I. Weltkrieg be-

günstigte durch „kriegssozialistische", gemeinschafts- und organismusideologische Tendenzen die Inflationierung der Sozialismusrhetorik, an die auch der „Nationalsozialismus" anknüpfte. (3) Mit der russischen Revolution 1917 kam es endgültig zur grundlegenden Spaltung zwischen kommunistischen (marxistisch-leninistischen) Parteien und (westl.) Sozialdemokratie, eine bis in die 1950er Jahre strukturbestimmende Richtungspolarisierung, die unmittelbar nach 1945 vorübergehend gelockert und ergänzt wurde (religiöser/christlicher S., liberaler S.). (4) Im Systemgegensatz nach 1945 weltweit verfestigt, hat der Konflikt um die Sozialismusvorstellung eine wesentlich differenziertere Struktur angenommen. Mindestens sechs Grundrichtungen müssen unterschieden (und in sich weiter aufgeschlüsselt) werden: a) westl. Sozialdemokratie/demokratischer Sozialismus; b) sowjet. marxistisch-leninistische Orthodoxie; c) chinesischer Entwicklungssozialismus (zwischen maoistischen und „revisionistischen" Kommunismusvarianten oszillierend); d) reformkommunistische Konzeptionen (Jugoslawien, „Prager Frühling" Eurokommunismus); e) S. in Ländern der Dritten Welt (z. B. Algerien, Tansania, Irak, Angola) als häufig ausgeprägt kulturspezifisches Konzept postkolonialer Entwicklungsstrategie, nat. Gemeinschaftsbildung und polit.-institutioneller Modernisierung; f) neo-marxistische Strömungen der westl. intellektuellen Neuen Linken im Umkreis von Kritischer Theorie, (jugoslawischer) „Praxis"-Gruppe, *Gramsci*-Rezeption, Existentialismus, kritischer Soziologie etwa eines *C. Wright Mills* und neo-anarchistischen bzw. -libertären Strömungen in und nach der Studentenbewegung. In dieser auch machtpolitisch durchgeformten Richtungskonstellation ist S. Gegenstand theoretischer, aber mehr noch polit.-praktischer Kontroversen und zum Teil existentieller Machtkämpfe. Besonders strittig sind Revisionismusdebatte und Spaltung, die Deutung der sozialdemokratisch beschränkten Revolution in D 1918/19 und der parteidiktatorisch verformten russ. Revolution von 1917, die Politik von Sozialdemokraten und Kommunisten gegenüber dem → Faschismus, die Konflikte der Neuordnungsphase 1945–49 und insgesamt die stalinistische Perversion (→ Stalinismus) einerseits, die wohlfahrtskapitalistische Anpassung andererseits. Zu den Richtungskontroversen querliegende Diskussionsrichtungen und Themen betreffen z. B. historisch-strukturelle Bedingungsgefüge für die Entwicklungschancen bestimmter Sozialismus-Modelle (z. B. *Wittvogels* Thesen zur „asiatischen Produktionsweise"), S. als Entwicklungskonzeption für „nachholende Entwicklung", Systemvarianten und Leistungspotentiale ökonom. Steuerung im S., polit. Systemstrukturen zwischen Herrschaftszentralismus, Bürokratie, Parteistrukturen, Partizipationsansprüchen und Demokratieprinzipien (*Bermbach/Nuscheler* 1973); die mit S. nach wie vor verbundene geschichtsphilosophische Entwicklungsvorstellung findet zum Teil eine utopietheoretische, zum Teil eine grundsätzlich ideologiekritische Deutung. Von prinzipieller Bedeutung bezüglich der philosophischen/wissenschaftstheoretischen/methodologischen Grundlagen der Sozialismusdiskussion erweist sich immer wieder der Disput über die hegelianische/marxsche und die kantische Tradition.

IV. Der weltpolit. Systemgegensatz nach 1945 steckte die Handlungsbedingungen sozialdemokratischer Parteien auch über Europa hinaus ab. Für das Bild der Sozialdemokratie sind seitdem bestimmend: endgültige Abwendung von allen sozialistisch-revolutionären Traditionen zugunsten des evolutionären Reformismus; weltanschaulicher Begründungspluralismus unter weitgehender Zurückdrängung marxistischer Theorie und scharfer Abgrenzung gegenüber kommunistischen Positionen; demokratisch-freiheitliche Prinzipienorientierung, verbunden mit Totalitarismuskritik gegenüber kommunistischen Parteien; Wirtschaftskonzeptionen eines „Dritten Weges" (gemischte Wirtschaftssysteme, Gemeinwirtschaft, Wirtschaftsdemokratie) zunächst als realpolit.

Kompromiß, aber zunehmend aus Überzeugung in die Funktionstüchtigkeit eines wohlfahrtsstaatlich modifizierten, keynesianisch-rational gesteuerten → Kapitalismus; endgültige Abwendung von Traditionen und Konzepten einer Klassenpartei zugunsten einer unideologischen, regierungsfähigen linken → Volkspartei; das Godesberger Programm der SPD steht exemplarisch für dieses Selbstverständnis weit über die BRD hinaus (*Lösche/Walter* 1992).

V. Seit Beginn der 1980er Jahre sah sich die westl. Sozialdemokratie mit der Prognose vom „Ende des sozialdemokratischen Jahrhunderts" (*R. Dahrendorf*) konfrontiert. Sozialstrukturelle Verschiebungen (Individualisierung neuer Mittelschichten), Grenzen staatl. Wirtschaftssteuerung und sozialstaatl. Umverteilung sowie neue sozio-polit. Konfliktlinien (Ökologie) sprechen auf dem Hintergrund limitierten Wachstums, technologischer Umwälzungen und ökonom. → Globalisierung in der Tat gegen eine Fortschreibung sozialdemokratischer Stabilitäts- oder Fortschrittsannahmen (zur Diskussion vgl. *Scharpf* 1987; *Merkel* 1993). Inzwischen wurden diese Entwicklungen, die gleichwohl weiterwirken werden, allerdings durch spektakuläre weltpolit. Ereignisse überlagert.

Der Zusammenbruch des sowjetkommunistischen Herrschaftsmodells in der ehemaligen UdSSR, in Osteuropa und der DDR 1989/91 markiert mit dem Ende des Ost-West-Systemgegensatzes einen tiefen historischen Einschnitt. Damit sind drei verschiedenartige Implikationen des angeblich „real existierenden Sozialismus" entfallen: die vermeintliche Existenz einer realisierten Variante sozialistischer Wirtschafts- und Gesellschaftsordnung; die diktatorische Perversion und Diskreditierung der Sozialismus-Idee; und die disparaten Hoffnungen auf „reformsozialistische" Entwicklungen auf der alten Basis. Traditionell kommunistische Strategien, aber auch im weiteren Sinne sozialistische Konzepte mit dem Ziel einer umfassenden Umwälzung der Wirtschaftsordnung sind damit weltweit auf lange Sicht unmöglich geworden. Westl. → Sozialdemokratische Parteien, die im Sowjetsozialismus ohnehin nicht ihr Vorbild sahen, dürften davon mittelfristig nicht ernsthaft betroffen sein. Allerdings hat auch die Hoffnung getrogen, sozialdemokratische „dritte Wege" könnten in Osteuropa und Rußland unmittelbar besonders attraktiv sein; angesichts der polarisierten Systemumstellungen war eine so differenzierte Position offenbar im polit. Organisierungs- und Kommunikationsprozeß nicht vermittlungsfähig. Nachdem die hohen Erwartungen an System- und Wohlstandsimporte enttäuscht wurden, wächst aber offenbar das Bedürfnis nach sozialen Auffangnetzen im Reformprozeß (vgl. die „neo"-reformsozialistischen Wahlerfolge in Polen, Ungarn und baltischen Staaten, so daß sozialdemokratische Entwicklungen denkbar werden (vgl. *von Beyme* 1994). Der pragmatische, von externen Bedingungen abhängige Handlungsdruck wird indessen weiterhin so stark sein, daß neue theoretisch-systematische Konzeptionen zunächst kaum zu erwarten sind.

Die Frage nach polit. Kontrollen und sozialen Sicherungen gegenüber künftigen Kapitalismusentwicklungen wird sich gleichwohl in Ost und West auf mittlere Sicht theoretisch erneut stellen. Parteien und Theoretiker des „demokratischen Sozialismus" werden klären müssen, ob weiterhin umfassende Ordnungskonzepte des „Sozialismus" für Wirtschaft und Gesellschaft formuliert werden können oder ob die künftige Sozialdemokratie gemäß der Gesamttendenz der letzten Jahrzehnte im wesentlichen auf die Organisierung sozialer Solidarität als Systemkorrektiv ausgerichtet sein wird. Mit dem in den späten 1990er Jahren (exemplarisch von *Blairs „New Labour"*) erneut propagierten → Dritten Weg reagiert eine letztlich sozialliberale Sozialdemokratie auch darauf, daß der globalisierte Kapitalismus nur noch begrenzt nationalstaatlich reguliert werden kann. Relevante Steuerungsebenen wie die → Europäische Union oder transnat. Regulierungsregimes hingegen eignen sich kaum für eine Programmierung in parteipolit. Bahnen, zumal auch organisatorische Strukturzusammenhänge sozialdemokratischer Tradition (gewerkschaftliches Umfeld, Kommunikationsmilieus etc.) auf diesen Ebenen jenseits des Nationalstaates kaum wirksam sind.

Lit.: *Abendroth, W.* 1965: Sozialgeschichte der europäischen Arbeiterbewegung, Ffm. *Bermbach, U./Nuscheler, F.* (Hrsg.) 1973: Sozialistischer Pluralismus, Hamb. *Beyme, K. v.* 1994: Systemwechsel in Osteuropa, Ffm. *Braunthal, J.* 1974 ff.: Geschichte der Internationale, 3 Bde., Hannover. *Dowe, D./Klotzbach, K.* (Hrsg.) ³1990: Programmatische Dokumente der deutschen Sozialdemokratie, Bonn. *Droz, J.* (Hrsg.) 1974 ff.: Geschichte des Sozialismus, versch. Bde., Ffm. u. a. *Friedemann, P.* (Hrsg.) 1978: Materialien zum politischen Richtungsstreit in der deutschen Sozialdemokratie 1890–1917, 2 Bde., Ffm. u. a. *Kernig, C. D.* 1979: Sozialismus. Ein Handbuch. Bd. 1: Von den Anfängen bis zum Kommunistischen Manifest, Stg. *Kocka, J.* (Hrsg.): Europäische Arbeiterbewegungen im 19. Jahrhundert, Gött. *Lösche, P./Walter, F.* 1992: Die SPD. Klassenpartei – Volkspartei – Quotenpartei, Darmst. *Merkel, W.* 1993: Ende der Sozialdemokratie? Machtressourcen und Regierungspolitik im westeuropäischen Vergleich, Ffm. *Przeworski, A.* 1985: Capitalism and Social Democracy, Camb. *Ritter, G. A.* ²1964: Die Arbeiterbewegung im Wilhelminischen Reich, Bln. *Scharpf, F. W.* 1987: Sozialdemokratische Krisenpolitik in Europa, Ffm./NY. *Theimer, W.* 1988: Geschichte des Sozialismus, Tüb.

Theo Schiller

Sozialpolitik

I. Sozialpolitik (S.) hat sich in dem Maße entwickelt, wie mit der Industrialisierung soziale Sicherung und soziokulturelle Integration nicht mehr naturwüchsiger Bestandteil traditionaler Gesellschafts- und Gemeinschaftsformen sind, sondern mehr und mehr durch die polit. Intervention des Staates hergestellt werden müssen. In der Debatte um theoretische Paradigmen der S. spiegeln sich dabei die unterschiedlichen Zugänge der allgemeineren Debatte um die Rolle von Politik und den Status des Politischen im Spannungsverhältnis zu → Zivilgesellschaft und → Marktwirtschaft. Während die einen Politik und speziell (sozial)staatl. Handeln eher im Hinblick auf seine funktionale Entsprechung zu kapitalistischer Wirtschaftsentwicklung thematisieren, betonen andere den historisch kontingenten Möglichkeitsraum von (Sozial-)Politik allgemein und dessen, was sich davon in sozialstaatl. Handlungs- und Regulationsformen auskristallisiert (*Skocpol/Amenta* 1986). Für D lassen sich drei Phasen der Entwicklung von S. unterscheiden:

1. Die Geburtsstunde der modernen S. fällt in die Epoche der gewaltigen sozialen Umschichtungen, Zwänge zur Neuorientierung und Modernisierung, die der Prozeß der Industrialisierung mit sich brachte. Mit der Herausbildung der industriellen Klassen und der → Sozialen Frage entstand eine neue Herausforderung an das traditionelle System der öffentl. Fürsorge. Immer mehr Mitglieder der Gesellschaft traten aus traditionellen Formen der sozialen Sicherung, Sinngebung und Einbindung (z. B. dörfliche Gemeinschaft) heraus und mußten als industrielle Produzenten auf neue Weise gesellschaftlich integriert und abgesichert werden. So wandelte sich S. von der „Armenpolitik" (Armenfürsorge) zur „Arbeiterpolitik". Sozialistengesetz und die staatl. Sozialversicherungen unter *Bismarck* bezeichnen die Doppeldeutigkeit der Anerkennung dieser Bewegung – ein Knotenpunkt in der Entwicklung des modernen Sozialstaates.

Als Gegenstand der Wissenschaften entwickelte S. sich in Abgrenzung zum Manchester-Liberalismus, für den sich soziale Wohlfahrt aus der ungehinderten Entfaltung von Markt und Industrialisierung ergeben sollte, und in Auseinandersetzung mit dem → Marxismus. Intellektuelle Verfechter der S. finden sich in dieser Zeit v. a. unter den bürgerlichen Sozialreformern, die der bloßen autoritären Unterordnung das Ziel der sozialpolit. (s.) Integration der „arbeitenden Klassen“ entgegenhalten. Zu nennen sind hier neben den Vertretern der christlichen Soziallehre v. a. die Vertreter der Historischen Schule in der dt. Nationalökonomie (z. B. *Schmoller*) und die sog. Katheder- und Staatssozialisten im *Verein für Socialpolitik* (vgl. *Schmidt* 1998).

2. Mit der Übernahme polit. Verantwortung durch die Sozialdemokratie wurden in der Weimarer Republik Grundelemente moderner S., wie z. B. das System der Tarifverträge (→ Tarifautonomie/Tarifpolitik), staatlich anerkannt; zum Ausbau der Sozialversicherungen (Arbeitslosenversicherung, Arbeitsschutzrecht) gesellte sich die Erweiterung sozialer Dienste und Einrichtungen wie Krankenversorgung, Bildung, → Wohnungspolitik. Ein organisierter Austausch und eine Vernetzung zwischen Wissenschaft und Politik fanden in Institutionen wie dem *Verein für Socialpolitik* oder der *Internationalen Vereinigung für sozialen Fortschritt* statt. Mit der Wendung der Sozialdemokratie zur pragmatischen Reformpolitik verstärkte sich auch ihr Einfluß auf die s. Diskussion. Theoretiker wie *Heimann* prägten das wohl ambitionierteste Verständnis von S.: Sie sollte als Bestandteil einer umfassenden gesellschaftl. Reformpolitik die kapitalistische Ökonomie als zentrales Gestaltungsrinzip zurückdrängen und ablösen. Demgegenüber kam es den Theoretikern der bürgerlichen Sozialreform darauf an, die soziale Frage im Rahmen der Ordnungsprinzipien der gegebenen Gesellschaft zu beantworten.

3. Nach dem Zusammenbruch großer Teile des sozialen Sicherungssystems in der Weltwirtschaftskrise und der autoritären Stillegung der sozialpolit. Entwicklung im Dritten Reich knüpfte S. in der BRD nach dem II. Weltkrieg in vieler Hinsicht wieder an der Weimarer Entwicklung an. Der soziale → Rechtsstaat als Verfassungsauftrag bestätigte ordnungspolit. Grundelemente der S., und auf der Basis eines beispiellosen Wirtschaftsaufschwungs weitete sich die materielle Bedeutung von S. durch den Ausbau sozialer Sicherung mit ihren monetären Leistungen (z. B. Einführung der sog. dynamischen Rente), aber auch der sozialen Einrichtungen und Dienste in starkem Maße aus. In der Phase der „inneren Reformen“ verstärkte sich zudem nicht nur der Trend zum Ausbau der personellen Dienstleistungen (z. B. in der Sozialarbeit), sondern es entwickelte sich auch der politisch-programmatische Anspruch auf ein umfassendes und planmäßiges System staatl. Daseinsvorsorge. Ein weitreichender gesellschaftspolit. Konsens für den Ausbau von Sozialstaat und → Sozialer Marktwirtschaft führte auch in der wissenschaftl. Auseinandersetzung eher zu einem Zurücktreten politisch-ideologischer Fragen.

II. Auf der Ebene der gesellschaftspolit. und wissenschaftl. Auseinandersetzungen um S. begann sich diese Sachlage in den 1970er Jahren im Kontext neuer ökonom., finanzieller und kultureller Rahmenbedingungen zu ändern. Gleichwohl steht heute, an der Schwelle eines neuen Millenniums, ein komplexes historisch gewachsenes System sozialpolit. Einrichtungen und Leistungsgarantien (vgl. als Überblick *Bäcker* u. a. 1989) in seinem Kern den neuen internat. (EU) und nat. Herausforderungen (Einbeziehung der ehemaligen DDR) noch unverändert gegenüber. Auch die Kürzungen bei den sozialpolit. Leistungssystemen sind in D moderater ausgefallen als in vielen anderen westl. Industrieländern. Die polit. und sozialwissenschaftl. Debatten zur S. haben sich internationalisiert, und eine internat. vergleichende Sozialpolitikforschung, die nat. Politiken vor dem Hintergrund der Koexistenz verschiedener „Wohlfahrtsregimes“ (*Esping-Andersen* 1990) untersucht, hat an Bedeutung gewonnen. Die Thematisierung materialer Problemlagen wie → Arbeitslosigkeit, → Sozialer Ungleichheit,

Ausgrenzung u. a. m. wird damit von veränderten theoretischen und polit. Aufmerksamkeiten geprägt. Vier davon sollen im folgenden hervorgehoben werden:

Die politikwissenschaftl. Diskussion hat sich speziell mit Rückgriff auf illustrative Handlungsfelder der S. in den letzen Jahren der Frage zugewandt, welchen Einfluß im Schatten der Globalisierung nat. wie transnat. polit. Kultur und polit. Institutionensysteme auf polit. Meinungsbildung einerseits und Möglichkeiten nachhaltiger Korrekturen durch S. haben.

Im nationalstaatl. Rahmen speziell auch Deutschlands stellen sich dabei Fragen nach der zukünftigen Rolle der dt. Tradition des → Korporatismus mit seinen Aushandlungsprozessen zwischen Staat, Sozialpartnern und Wohlfahrtsverbänden und der spezifischen → Politikverflechtung zwischen Bund, Ländern und Gemeinden. Angesichts der → Globalisierung werden die Möglichkeiten von S. auf nat. wie internat. Ebene etwa im Rahmen der → EU (*Leibfried/Pierson* 1998) konträr diskutiert. Das betrifft nicht nur die Frage von Souveränitätseinbußen nat. S. durch Globalisierungsprozesse, sondern auch die Frage, inwieweit europ. Institutionen (der S.) hier kompensatorisch wirken können. Optimistischen Argumenten stehen skeptische gegenüber: Aufgrund eines Mangels an europ. kollektiver Identität, an europaweiten Diskursen und polit. Parteien seien auf EU-Ebene nur markterweiternde, kaum aber marktkorrigierende Interventionen umsetzbar gewesen (*Scharpf* 1999).

Gleichzeitig hat sich angesichts materialer Problemlagen wie der Massenarbeitslosigkeit, im Gefolge der Auflösung traditioneller ideologischer Koordinatensysteme und der Suche nach Neuorientierungen, speziell bei den → Sozialdemokratischen Parteien mit ihrer bes. engen Beziehung zum traditionellen Sozialstaat, auch die Debatte um zentrale Ziele und Maßstäbe von S. aktualisiert (vgl. *Giddens* 1999). Die Imperative wirtschaftl. Modernisierung und internat. Wettbewerbs, aber auch Veränderungen bei den maßgeblichen ideologischen Strömungen (z. B. → Kommunitarismus und → Neoliberalismus) tragen dazu bei, Fragen sozialer → Gerechtigkeit neu zu stellen (*Blaschke/Döring* 1998). Insbes. für die dt. Sozialstaatskonstruktion stellt sich z. B. die Frage, inwieweit die mit der Lohnarbeitszentrierung klassischer S. einhergehende Dominanz von Leistungsgerechtigkeit in ihrem Verhältnis zur Bedarfsgerechtigkeit neu zu gewichten ist.

Eine weitere das Selbstverständnis von S. berührende Debatte betrifft den Status sozialer Rechte angesichts veränderter Konzepte und Formen staatl. S., wie sie internat. unter dem Signum des aktivierenden Staates diskutiert und speziell im Bereich von → Sozialhilfe und Arbeitsbeschaffungsmaßnahmen als „*workfare*“ erprobt werden.

Einig ist man sich darüber, daß derartige Formen der S. weniger auf Absicherung und Versorgung und stärker als bisher auf Fragen des „*empowerment*“ von Nutzern und Klienten, der „Hilfe zur Selbsthilfe“, gerichtet sind. Umstritten hingegen ist die Bedeutung solcher Veränderungen von S. für den Status sozialer Rechte, die herkömmlich mit persönlichen und polit. Bürgerrechten zus. als eine Trias verstanden werden (die klassische Konzeption von *Marshall*). Was bedeutet es, wenn eine derart veränderte S. soziale Rechte stärker konditional und situativ konzipiert, an Gegenleistungen bindet und auf spezielle Ziel- und Problemgruppen einschränkt (vgl. *Jessop* 1999)?

War die s. Diskussion bislang stark von einer etatistischen Perspektive bestimmt gewesen, so tritt in den letzten Jahren insbes. die Frage danach stärker hervor, welche Rolle zukünftig privatwirtschaftl. Akteure, die traditionellen freien Träger der Wohlfahrtspflege und darüber hinaus neue Formen individueller und kollektiver Selbsthilfe in der Bürgergesellschaft in der S. spielen könnten. Mit Blick auf die Bedeutung und die Möglichkeiten einer zivilgesellschaftl. Fundierung von S. durch die stärkere Einbeziehung der polit. Entscheidungs- und sozialen Leistungsbeteiligung der Bürger relativieren sich die klassischen, ausschließlich um die Alternativen von Verstaatlichung oder Reprivatisierung kreisenden Kontroversen. S. würde mehr als bisher die Frage nach einem angemessenen, koordinierten „Wohlfahrtspluralismus“ (*Evers/Olk* 1995) sein. In einer solchen Perspektive kann auch der häufig vorgenommenen Reduktion von S. auf sozialstaatl. Handeln entgegengewirkt werden; sie könnte dazu beitragen, Fragen nach der Rolle von Politik und des Politischen mehr Gewicht gegenüber einer bisher stark soziologisch und ökonom. geprägten Sozialstaatsdebatte zu geben.

→ Bildungspolitik; Gesundheitspolitik

Lit.: *Bäcker, G./Bispinck, R./Hofemann, K./Naegele, G.* 1998: Sozialpolitik und soziale Lage in der Bundesrepublik Deutschland, 2 Bde., Köln. *Blaschke, S./Döring, D.* (Hrsg.) 1998: Sozialpolitik und Gerechtigkeit. Ffm./NY. *Esping-Andersen, G.* 1990: The Three Worlds of Welfare Capitalism, Camb. *Evers, A./Olk, Th.* (Hrsg.) 1995: Wohlfahrtspluralismus, Opl. *Giddens, A.* 1999: Der dritte Weg. Die Erneuerung der sozialen Demokratie, Ffm. *Jessop, B.* 1999: The Changing Governance of Welfare: Recent Trends in its Primary Functions, Scale and Modes of Coordination, in: Social Policy & Administration, 33, 348–359. *Leibfried, S./Pierson, P.* (Hrsg.) 1998: Standort Europa. Sozialpolitik zwischen Nationalstaat und Europäischer Integration, Ffm. *Scharpf, F. W.* 1999: Regieren in Europa. Effektiv und demokratisch?, Ffm./NY. *Schmidt, M. G* ²1998: Sozialpolitik in Deutschland. Historische Entwicklung und internationaler Vergleich, Opl. *Skocpol, T./Amenta, E.* 1986: States and Social Policies, in: Annual Review of Sociology, 12, 131–157.

Adalbert Evers

Sozialprodukte

Aus der volkswirtschaftl. Gesamtrechnung stammende Meßgrößen der gesamtwirtschaftl. Produktion von Gütern und Dienstleistungen einer Volkswirtschaft in einer Periode. Zu unterscheiden sind zum einen die Messung nach dem Inlandskonzept (Inlandsprodukt) und nach dem Inländerkonzept (Sozialprodukt), zum anderen die Messung des Bruttoprodukts und des Nettoprodukts (bei letzterem werden die Abschreibungen abgezogen, um den Kapitalstock konstant zu halten). S. können auf drei Arten berechnet werden, wobei die Ergebnisse definitionsgemäß identisch sind: nach der Entstehung der Produktion, nach der Verteilung der Einkommen und nach der Verwendung der Einkommen.

Von der Verwendungsseite ergibt sich beispielsweise das Bruttosozialprodukt aus der Summe von Konsumausgaben der privaten Haushalte, Staatskonsum, privaten und staatl. Bruttoinvestitionen (Gebäude, Ausrüstungen + Veränderung der Lagerhaltung) sowie der Differenz zwischen Export und Import von Waren und Dienstleistungen. Es belief sich für die BRD 1998 auf 3768,6 Mrd. DM. Das (um den Preisanstieg bereinigte) reale Wachstum des S. (→ Wirtschaftswachstum) wird oft als Ziel und Erfolgsmaßstab staatl. Wirtschaftspolitik sowie als Wohlfahrtsindikator verwendet. Dies kann kritisiert werden: Zum einen erfaßt das S. nur über Märkte abgewickelte Transaktionen, aber nicht unentgeltliche Tätigkeiten (Hausarbeit, Erziehungsarbeit oder Eigenarbeit), die für die Wohlfahrt – zudem von Land zu Land unterschiedlich – wichtig sind; zum anderen werden Umweltschäden nicht berücksichtigt und die Kosten zu ihrer Behebung („defensive Kosten“) paradoxerweise als weiteres Wirtschaftswachstum verbucht.

Lit.: *Leipert, Chr.* 1989: Die heimlichen Kosten des Fortschritts: wie Umweltzerstörung das Wirtschaftswachstum fördert, Ffm. *Reich, U.-P/Braakmann, A.* 1995: Das Sozialprodukt einer Volkswirtschaft: Grundsätze, Berechnung, Bedeutung, Stg.

Andreas Busch

Sozialstaat → Wohlfahrtsstaat

Sozialstruktur

Wie die Struktur ein wissenschaftl. Instrument ist, um Aufbau und Zusammensetzung eines Phänomens zu analysieren, so sprechen Sozialwissenschaftler von der Sozialstruktur (S.),

um die Gesellschaft in ihre relevanten Bestandteile zu zerlegen sowie die Wechselbeziehungen und Wirkungszusammenhänge zwischen ihnen zu untersuchen. In Anlehnung an die Vertreter des amerikan. Strukturfunktionalismus gilt der Begriff seit den 1960er Jahren auch in der deutschsprachigen Soziologie als „Schlüsselbegriff der Gesellschaftsanalyse".
Es gibt eine weite und eine enge Definition von S.: Im weiteren Sinne werden alle möglichen Merkmale herangezogen, die eine Gesellschaft nach Gruppen zu „strukturieren" vermögen (z. B. Klassen, Schichten, Einkommen, Alter, Geschlecht, Bildung, aber auch das Familien-, polit. und soziale Sicherheitssystem). Im engeren Sinne hat die S. mit den „vertikalen" Ungleichheiten zu tun (Klassen, Schichten, Einkommen, Prestige, Vermögen). Theorien der S. von *Marx*, *Durkheim* und *Weber* bis *Bell*, *Hradil*, *Beck* und *Fürstenberg* heben meist ein bestimmtes Strukturmerkmal, das frühere oder moderne Gesellschaften prägten, hervor.

Die Sozialstrukturanalyse umfaßt daher die gesamte Bandbreite von der Demographie über die traditionelle Klassen-, Schichtungs- und Mobilitätsforschung bis zur modernen Lebensstilanalyse. Gelegentlich wird die Analyse → Sozialer Ungleichheit mit der Sozialstrukturanalyse gleichgesetzt. Ungleichheit ist aber nur eine Möglichkeit, wie man eine Gesellschaft gliedern kann. S. ist immer relativ, eine Sache des Grades, weil alle Arten von Strukturen in dem Maße variieren, in dem sie sich formieren. Das Konzept der S. geht von einer in der Gesellschaft mehr oder weniger vorfindbaren „objektiven" Ordnung aus, deren Bestandteile durch einen Wirkungszusammenhang und als relativ dauerhafte gesellschaftl. Phänomene charakterisiert sind.

Lit.: *Band, H./Müller, H-P.* 1998: Lebensbedingungen, Lebensformen und Lebensstile, in: *Schäfers, B./Zapf, W.* (Hrsg.), Handwörterbuch zur Gesellschaft Deutschlands, Opl., 419–426. *Berger, P. A.* 1996: Individualisierung: Statusunsicherheit und Erfahrungsvielfalt, Opl. *Geiger, T.* 1972: Die soziale Schichtung des deutschen Volkes, Darmst. (zuerst 1932). *Geißler, R.* 1996: Kein Abschied von Klasse und Schicht. Ideologische Gefahren der deutschen Sozialstrukturanalyse, in: KZfSS, 48, 319–338. *Geißler, R.* ²1996: Die Sozialstruktur Deutschlands, Opl. *Hradil, S.* 1987: Sozialstrukturanalyse in einer fortgeschrittenen Gesellschaft, Opl. *Kerbo, H./Strasser, H.* 2000: Modern Germany, NY. *Strasser, H./Dederichs, A. M.* 2000: Die Restrukturierung der Klassengesellschaft: Elemente einer zeitgenössischen Ungleichheitstheorie, in: Berliner Journal für Soziologie, 10, 79–98.

Hermann Strasser

Sozialversicherung/Soziale Sicherheit

Die Sozialversicherung (S.) ist der wichtigste Bereich staatlicher → Sozialpolitik. Sie bildet den institutionellen Kern des umfassenderen Systems der Sozialen Sicherheit (oder Sicherung). Durch die S. wird Vorsorge für Lebenslagen getroffen, die als typische Risiken die soziale Sicherheit des einzelnen oder bestimmter Gruppen gefährden. Der S. als Institution stehen als Alternativen die unmittelbare Staatsfinanzierung aus → Steuern einerseits und andererseits die Individualversicherung gegenüber. Für die S. gibt es weder eine begrifflich-abstrakte Definition noch eine allgemein akzeptierte theoretische Begründung.

Die deutsche S. hat folgende typische Merkmale: Sie ist (1) eine Zwangsversicherung (Versicherungspflicht bei bestimmten Versicherungsträgern), die zu einer Zwangssolidarisierung führt. Auf diese Weise wird (2) der beabsichtigte Solidarausgleich gewährleistet. Die Beiträge werden (3) entsprechend dem Einkommen bis zu einer Beitragsbemessungsgrenze erhoben (keine Berücksichtigung von Alter und Gesundheitszustand, beitragsfreie Mitversicherung von nicht erwerbstätigen Familienangehörigen). Zu den typischen Merkmalen der S. gehört nach vorherrschender Auffassung (4) auch die Teilfinanzierung aus allg. Steuermitteln (Staatszuschuß) in einigen Versicherungszweigen und die Übertragung allg. Staatszwecke auf die Versicherungsträger. Neben der Versicherung obliegt der S. als spezifisches Tätigkeitsfeld (5) die Schadenverhütung in den einzelnen Risikobereichen. Zur Absicherung der typischen Risiken wurden in D schrittweise vier Versicherungszweige institutionalisiert: Kranken-, Unfall-, Renten- (ursprünglich Invaliden-) und Arbeitslosenversicherung. Einen fünften Zweig, die Pflegeversicherung, gibt es seit 1995.

(a) Gesetzliche Krankenversicherung (GKV). Pflichtversichert sind alle Arbeitnehmer, deren Einkommen unterhalb einer dynamisierten Versicherungspflichtgrenze liegt, sowie Auszubildende und Landwirte. Sie ist ausschließlich beitragsfinanziert (Arbeitnehmer/Arbeitgeber). Geldleistungen (Krankengeld) treten hinter den Sachleistungen weit zurück. In der Vergangenheit wurden die Vorsorgemaßnahmen und die Rehabilitation ausgebaut. Seit Jahren stehen indessen Maßnahmen zur Kostendämpfung im Vordergrund, um die Beitragssteigerungen angesichts der Kostenexplosion in Grenzen zu halten (→ Gesundheitspolitik).

(b) Gesetzliche Unfallversicherung (UV). Die Unfallversicherung umfaßt heute die Risiken Arbeitsunfall, (Arbeits-)Wegeunfall und Berufskrankheit. Pflichtversichert sind alle unselbständigen Arbeitnehmer, einige weitere kleine Personengruppen sowie Kinder in Kindergärten, Schüler und Studenten. Die UV wird im Umlageverfahren aus Beiträgen der Arbeitgeber oder aus allg. Steuermitteln (Kinder-, Schüler-, Studentenversicherung) finanziert. Die Träger sind zahlreiche Berufsgenossenschaften, Bund, Länder und Gemeinden. Besondere Bedeutung kommt in der Unfallversicherung der Schadenvorsorge (Unfallverhütung, Arbeitsschutz/-sicherheit) und der Rehabilitation zu.

(c) Rentenversicherung der Arbeiter und Angestellten (RV). Pflichtversichert sind alle Arbeitnehmer und die Mehrzahl der Selbständigen. Organisiert in Landesanstalten (Arbeiter) und einer Bundesanstalt (Angestellte), ist sie für die nach dem Finanzvolumen umfangreichsten Leistungen zuständig: Alters- und Hinterbliebenen-, Erwerbsunfähigkeits- und Berufsunfähigkeitsrenten bzw. Rehabilitationsmaßnahmen. Die Finanzierung erfolgt durch lohnbezogene Beiträge (Arbeitnehmer und Arbeitgeber je zur Hälfte) bis zu einer dynamisierten Beitragsbemessungsgrenze und einen Staatszuschuß. Das seit der Rentenreform 1957 geltende Ziel der Lebensstandardsicherung wird zukünftig zugunsten einer Grundsicherung, über deren Höhe noch keine Einigkeit besteht, aufgegeben. Damit sollen die Beitragslasten angesichts demographischer Veränderungen (steigende Lebenserwartung; sinkende Geburtenrate) begrenzt werden. Weitere Eingriffe in das bisherige System sind wahrscheinlich.

(d) Gesetzliche Arbeitslosenversicherung (AFG). Nach dem Arbeitsförderungsgesetz von 1969 sind alle Arbeitnehmer sowie einige andere, ihnen gleichgestellte Gruppen, nicht aber die Beamten, versicherungspflichtig. Die Beiträge werden nach demselben Verfahren wie in der RV erhoben. Der Staat gibt einen Zuschuß und trägt anfallende Defizite. Träger ist die Bundesanstalt für Arbeit mit den Landes- und weiteren örtlichen Arbeitsämtern. Neben der Einkommensausfallversicherung bei → Arbeitslosigkeit und Arbeitsausfall (Kurzarbeit) bietet das Arbeitsförderungsgesetz Beratung und Vermittlung, Förderung beruflicher Bildung (Berufsausbildungsbeihilfe, Unterhaltsgeld) sowie Leistungen zur Erhaltung und Schaffung von Arbeitsplätzen (Zuschüsse, Darlehen, Mehrkostenzuschüsse, Kurzarbeitergeld u. a.). Besteht kein Anspruch auf Arbeitslosengeld (mehr) (Mindestversicherungszeit; Leistungsdauer), kann Arbeitslosenhilfe beantragt werden.

Mit jedem Ansteigen der Arbeitslosigkeit ist die Bundesanstalt für Arbeit sehr schnell in finanzielle Bedrängnis geraten. Um den Zuschußbedarf aus dem Staatshaushalt herabzusetzen, hat der Gesetzgeber mehrfach die Leistungen gemindert, die Leistungsvoraussetzungen verschärft und die Beiträge erhöht.

e) Gesetzliche Pflegeversicherung/Pflegepflichtversicherung. Mitglieder der Pflegeversicherung sind alle gesetzlich und privat krankenversicherten Personen. Erstmals wurde hier der privaten Krankenversicherung die Organisation einer Pflichtversicherung für ihre Versicherten übertragen. Die hälftige Beitragszahlung durch Versicherte und Arbeitgeber konnte erst nach langer Diskussion und nicht durchgehend durchgesetzt werden. Die Versicherung gewährt Sach- und Geldleistungen, die die Kosten der Pflege nur teilweise und nach strengen Regeln abdecken. Die Beiträge dürften schon mittelfristig steigen, wenn die Leistungen nicht absolut oder gar nominell sinken sollen.

Lit.: *Alber, J.* 1982: Vom Armenhaus zum Wohlfahrtsstaat. Analysen zur Entwicklung der Sozialversicherung in Westeuropa, Ffm./NY. *Alber, J.* 1989: Der Sozialstaat in der Bundesrepublik 1950–1983, Ffm./NY. *Kleinhenz, G.* u. a. (Hrsg.) 1997: Sozialstaat Deutschland, Jahrbücher für Nationalökonomie und Statistik, Bd. 216, Hefte 4 und 5. *Köhler, P. A./Zacher, H. F.* (Hrsg.) 1983: Beiträge zu Geschichte und aktueller Situation der Sozialversicherung, Bln. *Lampert, H.* ⁵1998: Lehrbuch der Sozialpolitik, Bln. u. a. *Schmidt, M. G.* ²1998: Sozialpolitik. Historische Entwicklung und internationaler Vergleich, Opl. *Weber, A./Leienbach, V.* ⁴2000: Die Systeme der sozialen Sicherung in der Europäischen Union, Baden-Baden. *Zöllner, D.* 1997: Soziale Sicherung, Mchn./Wien.

Helga Michalsky

Staat

Der Staat (S.) (von lat. *status* = Stand, Zustand, Verfassung; franz. *état*; engl. *state*) kennt viele Begriffsverständnisse. (1) I. w. S. bezeichnet er die Gesamtheit der öffentl. Institutionen, die das Zusammenleben der Menschen in einem Gemeinwesen gewährleistet bzw. gewährleisten soll. (2) Traditionellerweise wird der Staat definiert durch drei Elemente: Staatsgebiet, Staatsvolk (Staatsbürgerschaft) und Staatsgewalt. Die Staatsgewalt wird dabei rechtsförmig ausgeübt durch den Staatsapparat, wobei der Staatsapparat (bzw. das polit.-administrative System) in eine Mehr- bzw. Vielzahl von Institutionen ausdifferenziert ist.

1. Der S., verstanden als Organisationsform des Politischen, kann höchst unterschiedlich aufgebaut und strukturiert sein (→ Staatsformen). Zu unterscheiden ist insbes. zwischen Autokratie und Konstitutionalismus, also zwischen S. mit absoluter, nicht begrenzter → Macht und solchen S., in denen die polit. Macht durch → Verfassung, → Rechtsstaat und → Gewaltenteilung (in Exekutive, Legislative und Judikative) begrenzt ist; zwischen Einheits- bzw. Zentralstaat und föderal gegliedertem Bundesstaat oder auch Staatenbund und Staatenverbund; zwischen Typen (v. a. im polit.-administrativen System der Exekutive bzw. der Regierung i. e. S.), die sich aus dem Wandel der Staatsaufgaben ergeben.

2. Systemtheoretisch formuliert ist der S. das (Sub-)System der → Gesellschaft, in dem (1) die gesamtgesellschaftlich verbindlichen Entscheidungen gefällt werden, das (2) als → Öffentliche Verwaltung die Entscheidungen implementiert und administriert und (3) als Rechtssystem die Konflikte reguliert, die aus den getroffenen Entscheidungen folgen (vgl. *Willke* 1996: 686 ff.; → Politisches System). Zur Durchsetzung seiner Entscheidungen verfügt der S. im Staatsgebiet nach innen über das Gewaltmonopol gegenüber allen Bürgern und über die Kontrolle über alle anderen Verbände sowie über die → Souveränität nach außen. Allerdings sind die verschiedenen Sphären der Gesellschaft in der → Moderne funktional oder dialektisch aufeinander bezogen, nicht jedoch hierarchisch über- bzw. untergeordnet. Gewaltmonopol und Souveränität sind zudem vielfach beschränkt, fragmentiert, ausgehöhlt und/oder durch Interdependenzen aufgehoben.

In einer modernen, systemtheoretisch inspirierten Sicht folgt die Staatstätigkeit weder einem oder mehreren abstrakten Staatszwecken, noch ist der S. gar Selbstzweck. Die Staatsaufgaben sind vielmehr von Raum und Zeit abhängig; sie können zugeschrieben, gefordert oder induktiv ermittelt, nicht jedoch staatstheoretisch abgeleitet werden; über sie wird polit. entschieden (vgl. *Kaufmann* 1996: 15 ff.). Dennoch lassen sich zentrale Staatsaufgaben benennen: (1) die Gewährleistung innerer und äußerer Sicherheit (→ Innere Sicherheit; Sicherheit), Schutz individueller Bürgerrechte, Friedensstiftung (→ Rechtsstaat); (2) die Gewährleistung der polit. Beteiligung und kulturellen Integration der Bürger; (3) die Setzung der ökon. Rahmenbedingungen für die friedliche Konkurrenz der Wirtschaftssubjekte, einschl. der Bereitstellung der erforderlichen Infrastruktur und der Wettbewerbsgarantie (Minimalstaat; Ordoliberalismus); (4) die Schaffung der sozialen Voraussetzungen individueller Freiheit durch sozialstaatliche Sicherungssysteme (soziale Inklusion; → Sozialstaat); (5) die Erhaltung der natürlichen Lebensgrundlagen und nachhaltige → Entwicklung (*Sustainable development*); (6) die Schaffung einer wissensbasierten Infrastruktur zur Vermeidung nicht mehr kontrollierbarer (technologischer) Risiken (vgl. *Willke* 1996: 702 ff.).

3. Staat und Gesellschaft sind heute weder klar voneinander abgegrenzt (sondern von vielfach komplexen Interdependenzen charakterisiert und durch → Netzwerke und Verhandlungssysteme miteinander vermittelt), noch ist der S. im Innern homogen und allein von hierarischem Entscheiden bestimmt (sondern entspr. der Aufgabenfülle stark spezialisiert und horizontal wie vertikal fragmentiert). Dies hat Konsequenzen für die Handlungsmöglichkeiten des Staates. Mit der beständigen Erweiterung der Staatstätigkeit drohen Überforderung, Unregierbarkeit, Staatsversagen und Machtverlust durch Funktionszuwachs. Interne Differenzierung, Entgrenzung und Verflechtung beschränken die Handlungsspielräume und verändern die Aufgabenstellungen. An die Stelle politischer Steuerung durch autoritatives Entscheiden treten zunehmend Aufgaben der → Koordination, Moderation und Integration durch indirekte und dezentrale Kontextsteuerung.

→ Staatstheorie

Lit.: *Bärsch, C.-E.* 1974: Der Staatsbegriff in der neueren deutschen Staatslehre und seine theoretischen Implikationen, Bln. *Beyme, K. v.* 7 1992: Die politischen Theorien der Gegenwart, Opl. *Grimm, D.* (Hrsg.) 1996: Staatsaufgaben, Ffm. (zuerst 1994). *Kaufmann, F.-X.* 1996: Diskurse über Staatsaufgaben, in: *Grimm, D.* (Hrsg.), 15–41. *Ronge, V.* 4 1992: Staatstheorie, in: *Nohlen,D./Schultze, R.-O.* (Hrsg.): Politikwissenschaft, Mchn. u. a., 973–977. *Scharpf, F. W.* 1991: Die Handlungsfähigkeit des Staates am Ende des zwanzigsten Jahrhunderts, in: PVS, 32, 621–634. *Weber, M.* 5 1988: Gesammelte politische Schriften, Tüb. (zuerst 1921). *Weber, M.* 5 1972: Wirtschaft und Gesellschaft, Tüb. (zuerst 1921). *Willke, H.* 1992: Ironie des Staates, Ffm. *Willke, H.* 1996: Die Steuerungsfunktion des Staates aus systemtheoretischer Sicht, in: *Grimm, D.* (Hrsg.), 685–711. *Willke, H.* 1997: Supervision des Staates, Ffm.

Rainer-Olaf Schultze

Staatsausgaben

I. Wachstum und Strukturveränderungen des öffentl. Sektors gehören zu den signifikantesten Entwicklungsmerkmalen der westl. Industriegesellschaften des 20. Jh. Seit *Adolph Wagner* vor gut 100 Jahren das „Gesetz der zunehmenden Staatstätigkeit“ formulierte, ist es üblich geworden – trotz zahlreicher methodischer Probleme –, die Entwicklung der Staatsausgaben (S.) als einen wesentlichen Indikator zur Charakterisierung des öffentl. Sektors heranzuziehen. In der jeweiligen Höhe und Struktur der S. reflektiert und konkretisiert sich zum guten Teil die materielle Staatstätigkeit, in ihren Veränderungen wird der Wandel polit. Prioritäten erkennbar.

Die sozialwissenschaftl. Diskussion zu diesem Thema hat eine eher deskriptive und eine analytische Seite: Zum einen geht es um die Messung und empirisch-statistische Rekonstruktion des Wachstums des öffentl. Sektors, zum anderen um Erklärungen für diesen Tatbestand im Kontext der ökonom. und polit. Entwicklung. Für den folgenden

Überblick wird eine breite Definition des öffentl. Sektors zugrunde gelegt, die alle Ebenen der staatl. Organisation einschließlich der Institutionen der → Sozialversicherung umfaßt. Dies ermöglicht es, den im internat. Vergleich stark differierenden Kompetenzregelungen und Organisationsformen für im Prinzip gleichartige öffentl. Ausgaben besser Rechnung zu tragen.

II. 1. Der Anteil des Staates am volkswirtschaftl. Gesamtprodukt hat sich in allen westeurop. Ländern in den letzten 100 Jahren nicht nur erhöht, sondern vervielfacht (*Littmann* 1977; *Recktenwald* 1977; vgl. *Tabelle* 6). Dies trifft für die gesamten öffentl. Ausgaben ebenso zu wie für diejenigen der Zentralregierung. Die säkulare Expansion der S. ist begleitet von einem Wandel in der funktionalen Ausgabenstruktur. Darin dokumentieren sich auch qualitative Veränderungen der Staatstätigkeit, die unter Formeln wie „vom → Rechtsstaat zum Sozialstaat" (→ Wohlfahrtsstaat) zwar häufig thematisiert, aber seltener empirisch untersucht wurden. Allerdings gebieten das diskontinuierliche, auch zeitweise von gegenläufigen Tendenzen geprägte zeitliche Entwicklungsmuster sowie die erheblichen Unterschiede zwischen den westeurop. Ländern Vorsicht bei generalisierenden Erklärungen dieser Tatbestände (*Kohl* 1985).

In der zweiten Hälfte des 19. Jh. bis etwa zum I. Weltkrieg bewegt sich das Niveau der gesamten S. im internat. Vergleich zwischen einer unteren Grenze von ca. 7 % des → Sozialprodukts und einer etwa doppelt so hohen oberen Grenze, wobei das Niveau in den kontinentaleurop. Ländern (D, Frankreich, Italien, Schweiz) deutlich höher liegt als in GB und den skandinavischen Ländern. Nur in den stark zentralisierten Ländern Frankreich und Italien betragen indes die Ausgaben der Zentralregierung vor dem I. Weltkrieg bereits mehr als 10 % des Volkseinkommens, während sie in den föderalistischen Systemen der Schweiz und des Deutschen Reiches bei etwa 5 % oder darunter bleiben. Nur in wenigen Ländern (vor allem D) ist während dieser Periode bereits eine deutliche Steigerungstendenz zu erkennen; in mehreren Ländern (beispielsweise GB, Frankreich, Schweiz) geht der Staatsanteil sogar phasenweise zurück.

In der Zwischenkriegszeit setzen insbes. in den vom I. Weltkrieg und seinen polit.-sozialen Folgewirkungen am härtesten betroffenen Ländern (D, Frankreich, Italien, GB) die S. auf einem gegenüber der Vorkriegszeit deutlich höheren Niveau ein. Aber auch in den übrigen Ländern (z. B. Schweiz, Dänemark, Norwegen, Schweden) setzt sich mittelfristig, d. h. bis zum Ausbruch des II. Weltkrieges, eine Tendenz zur Erhöhung des Staatsanteils durch. Zu beachten ist jedoch, daß dieser Anstieg der Staatsquote nicht unwesentlich durch den Rückgang des Volkseinkommens infolge der Weltwirtschaftskrise bedingt ist. Generell ist die Ausgabenentwicklung in der Zwischenkriegszeit durch starke, aber von Land zu Land sehr unterschiedliche Fluktuationen und durch ein häufiges Auseinanderklaffen von Einnahmen und Ausgaben charakterisiert, zuerst infolge der Auswirkungen des I. Weltkrieges, sodann zur Bewältigung der Wirtschaftskrise Anfang der 1930er Jahre. Im Vergleich dazu läßt sich die Entwicklung nach dem II. Weltkrieg durch eine relativ stetige weitere Expansion des öffentl. Sektors kennzeichnen, und dies bei anhaltender wirtschaftl. Prosperität.

Die meisten Länder zeigen sowohl in der Zwischenkriegszeit wie nach dem II. Weltkrieg im Trend steigende und keineswegs stabile Ausgabenniveaus. Die Modellvorstellung müßte demnach so differenziert werden, daß Kriege sowohl Verschiebungen des Niveaus wie auch Veränderungen des Trends bewirken können. Da dies aber auch für jene Länder gilt, die nicht unmittelbar in die Weltkriege involviert waren, bleibt eine kausale Zurechnung auf Kriegseinflüsse problematisch.

Die zentralstaatl. Ausgaben machen gegenwärtig, mit Ausnahme der Bundesstaaten (D, Schweiz, Österreich), ca. 30 % des Sozialprodukts aus. Der Anteil des Zentralstaats an den Gesamtausgaben ist heute in keinem westeurop. Land geringer als vor 100 Jahren. Insofern bestätigt sich eine Konzentrationstendenz der öffentl. Ausgaben zugunsten des zentralstaatl. Etats. Doch gibt es mittelfristig auch ausgedehnte Perioden relativer Konstanz in der Ausgabenverteilung und sogar zunehmender Dezentralisierung. So sind in der Nachkriegszeit in den meisten westeurop. Ländern die Ausgaben auf der kommunalen und regionalen Ebene stärker gestiegen als die der Zentralregierung. Zentralisierung scheint demgegenüber wesentlich ein Effekt der Kriege gewesen zu sein. Da die Aufgaben- und Steuerverteilung auf die Gebietskörperschaften meist gesetzlich oder sogar verfassungsmäßig geregelt ist, erscheint es plausibel, daß in normalen (Friedens-)Zeiten auch die Ausgabenverteilung weitgehend festgeschrieben ist. Die mit den Kriegen oft koinzidierenden soziopolit. Umwälzungen (Machtverschiebungen, Wahlrechts- und Verfassungsänderungen) führen dagegen zu strukturellen Brüchen, d. h. zu größeren Reorganisationen in der gesamtstaatl. Aufgabenverteilung.

Wenn die für Wohlfahrtszwecke (einschließlich Bildung) verwendeten Ressourcen jene für die klassischen Staatsfunktionen (Ausgaben für die → Öffentliche Verwaltung und für Verteidigung) übersteigen, kann man dies als eine operationale Definition für den Beginn des modernen Wohlfahrtsstaates bezeichnen. In bezug auf den öffentl. Gesamthaushalt wurde diese Schwelle kurz nach dem I. Weltkrieg überschritten, und zwar sowohl in den ökonom. und polit. führenden Ländern wie in den Nachzüglern bei der Industrialisierung und den polit. weniger exponierten Ländern – in GB und D ebenso wie in den kleineren skandinavischen Ländern. In bezug auf die zentralstaatl. Ausgaben wurde diese Marke etwas später erreicht, was sich aus der staatl. Aufgabenverteilung erklärt – in GB, D und den skandinavischen Ländern bereits in der Zwischenkriegsperiode, in den Niederlanden und Belgien, Italien und Frankreich erst in den 1950er Jahren. In der Gegenwart wendet kein Staat in Westeuropa weniger als die Hälfte seiner Gesamtausgaben für Sozialausgaben im weiteren Sinne auf. Auf der anderen Seite ist der Anteil der Verteidigungsausgaben auf durchschnittlich weniger als 10 % zurückgegangen; in den größeren liegt er etwas höher als in den kleineren europ. Staaten.

Diese Strukturveränderungen in den öffentl. Haushalten haben sich in einem Kontext vollzogen, der durch langfristig steigende Ausgabenniveaus charakterisiert ist. Dies bedeutet, daß polit. Prioritätsveränderungen primär durch zusätzliche Ausgaben für neue Aufgaben bewirkt worden sind und weniger durch Reduzierungen des Ausgabenvolumens für bereits bestehende Aufgabenfelder. Gemessen am Sozialprodukt sind die Ausgaben für die „konstitutiven" Staatsfunktionen also nicht notwendigerweise reduziert worden, obwohl ihre relative Bedeutung im Rahmen des Budgets erheblich abgenommen hat. Andererseits haben Wohlfahrts- und Bildungsausgaben nicht nur in den Haushalten an Bedeutung gewonnen, sondern auch gesamtwirtschaftlich. Während sie vor 100 Jahren allenfalls etwa 1 % des Sozialprodukts ausmachten (ca. 10 % eines Budgets, das nicht mehr als 10 % des BSP entsprach), beträgt ihr Anteil heute nicht selten die Hälfte eines Budgets, welches selber fast die Hälfte des Sozialprodukts umfaßt, bzw. ca. 20 % bis 25 % des BSP.

2. Auf der Basis eines im Hinblick auf internat. Vergleichbarkeit wesentlich verbesserten Datenmaterials (*OECD* 1999 a, b; *Saunders/Klau* 1985) kann zunächst für die Nachkriegszeit die enorme Expansion der gesamten S. in allen westl. Industriegesellschaften ohne Ausnahme bestätigt werden (vgl. *Tabelle 6*). Dieses Faktum ist um so erstaunlicher, als fast alle Länder in den vergangenen fünf Jahrzehnten ein kräftiges reales Wirtschaftswachstum von mehr als 2 % jährlich zu verzeichnen haben. Dadurch hätten sich auch bei einem konstanten Staatsanteil die zur Verfügung stehenden Ressourcen mehr als verdoppelt.

Zugleich zeigt sich eine erhebliche Variationsbreite zwischen den Ländern, was das Ausgabenniveau und das Wachstumstempo betrifft. Anfang der 1950er Jahre belief sich die Gesamtausgabenquote auf ca. 20 % bis 30 %, wobei der letzte Wert nur von den europ. „Großmächten" (GB, Frankreich, D) erreicht wurde. In der Mitte der 1990er Jahre wird in ungefähr der Hälfte der OECD-Länder bereits mehr als 50 % des Sozialprodukts über die öffentlichen Haushalte ausgegeben bzw. umverteilt, wobei zu den Spitzenreitern heute die skandinavischen Länder sowie die Niederlande und Belgien zählen. Allerdings ist seit der zweiten Hälfte der 1980er Jahre in einer Reihe von Ländern auch eine gegenläufige Tendenz, d. h. ein leichter Rückgang der Staatsquote, zu beobachten. Auffallend ist das gegenüber dem westeurop. Durchschnitt deutlich niedrigere Ausgabenniveau in den überseeischen Ländern des OECD-Bereichs (USA, Kanada, Japan, Australien). Diese gravierenden Unterschiede im Querschnittsvergleich lassen die Vermutung eines generell positiven Zusammenhangs zwischen der Höhe der Staatsquote und dem allg. Wohlstandsniveau zweifelhaft erscheinen und verweisen vielmehr auf Determinanten, die im → Politischen System und in der → Politischen Kultur der Länder liegen.

Öffentl. Konsumausgaben (zur Bereitstellung öffentl. Güter) und Transferausgaben (zur Umverteilung von Geldeinkommen) bilden die beiden bei weitem umfangreichsten und ungefähr gleich großen Komponenten der öffentl. Haushalte. Bei genauerer Analyse (wobei einerseits die Verteidigungsausgaben, andererseits andere als soziale Transferausgaben ausgeklammert werden) können jedoch zwei Muster unterschieden werden:

In den skandinavischen, aber auch – auf niedrigerem Niveau – in den angelsächsischen Ländern überwiegen tendenziell die zivilen öffentl. Konsumausgaben, während in Frankreich, Italien und den Benelux-Ländern der größere Teil der Ressourcen für soziale Transferausgaben verwendet wird. D nimmt eine Mittelposition ein, scheint sich aber in den letzten Jahren dem skandinavischen Muster anzunähern. Diese Muster legen die Hypothese nahe, daß dahinter unterschiedliche Konzeptionen gesellschaftspolit. Intervention stehen. Das „kontinentale" Muster betont die Umverteilung von Geldeinkommen zum Zweck der Einkommenssicherung, überläßt aber die Entscheidungen über die Verwendung dieses Einkommens den privaten Konsumpräferenzen und begünstigt so die marktwirtschaftl. Produktion von Gütern und Dienstleistungen. Das „skandinavische" Muster auf der anderen Seite gibt der öffentl. Bereitstellung von Gütern und Leistungen den Vorzug, was besonders geeignet erscheint, Nachteile marktmäßiger Erbringung auszugleichen und durch polit. Entscheidungen die Struktur und Qualität des Angebots zu beeinflussen. Dieser Hinweis mag auch verdeutlichen, daß internat. Vergleiche der Sozialausgaben, die sich allein auf soziale Transferausgaben beschränken würden, ein unvollständiges und daher verzerrendes Bild vermitteln würden. Ein umfassenderes Konzept, das die Sozialausgaben unabhängig von ihrem ökonom. Charakter nach ihrer funktionalen Zweckbestimmung gliedert (*OECD* 1996), zeigt, daß die so gemessenen Sozialausgaben wesentlich höher liegen als die Sozialtransfers und daß die Unterschiede zwischen den Ländern weniger ausgeprägt, aber doch noch deutlich wahrnehmbar sind. Gliedert man die OECD-Länder nach wohlfahrtsstaatl. Regimetypen (*Esping-Andersen* 1990) und greift die für den jeweiligen Regimetyp prototypischen Fälle heraus, so ergibt sich ein klares Profil: Im langjährigen Durchschnitt 1983–1994 beträgt das Niveau der Sozialausgaben (in % des BIP) ca. 15 % beim liberalen Regimetyp (USA, Australien, Kanada), ca. 25 % beim konservativen (D, Frankreich, Italien), und ca. 30 % beim sozialdemokratischen (Schweden, Dänemark, Norwegen). Das bedeutet, daß sowohl beim sozialdemokratischen als auch beim konservativen Regimetyp etwa die Hälfte aller Staatsausgaben auf Sozialausgaben entfällt, während beim liberalen Regimetyp der Anteil lediglich (aber immerhin!) bei ca. 40 % liegt.

Die Entwicklung der Steuereinnahmen folgt im allgemeinen relativ eng der Ausgabenentwicklung. Lediglich im Gefolge der Weltwirtschaftskrise Mitte der 1970er Jahre ist ein stärkeres Auseinanderdriften, ein sprunghafter Anstieg der Haushaltsdefizite festzustellen, was zu einer kumulativen Zunahme der Staatsverschuldung in vielen Ländern geführt hat. Bezüglich der Struktur des Steueraufkommens ist längerfristig ein wachsen-

Tabelle 6: Öffentliche Ausgaben in 15 OECD-Ländern[a]

Jahr	Belgien	Däne-mark	Deutsch-land/BRD	Finn-land	Frank-reich	GB	Irland	Italien	Kanada	Nieder-lande	Norwe-gen	Öster-reich	Schwe-den	Schweiz	USA
1850						11,1									
1855		8,4													
1860		9,4				10,7									
1865		11,2									5,8				
1870		9,2	13,3[e]		11,6[e]	8,7					5,9				
1875		8,3													
1880		8,9	9,9[c]		15,4	9,1					6,8			16,5	
1885		10,0													
1890		10,6	12,9[c]		15,0	9,2					7,4			15,0	7,1
1895		10,3				10,4									
1900		10,8	14,2[c]		15,2	14,9				8,9	9,9			11,1	7,9[e]
1905		10,0	15,1[e]		14,6[c]	12,4				8,8					
1910		12,3			14,4[b]	12,7				8,8	9,3				
1915		11,5[b]	17,0[d]			12,7[d]				9,1[b]			11,1[b]	14,0[d]	8,5[d]
1920		15,3[c]			34,2	27,4				18,5[c]	12,8		10,9		12,6[e]
1925		13,4	22,4		21,9[c]	23,6	21,5[e]			14,9			14,1[c]	17,0[b]	11,7[e]
1930		13,5	29,4		22,1[b]	24,7	20,8			15,2	17,4		14,0	17,4	21,3[e]
1935		17,5	29,8		35,4	23,7	27,8			18,0	18,1		17,1[b]	23,7[b]	
1940		19,2[b]	36,9[d]		29,2[d]	33,4[b]	26,8			18,3[b]	19,1[b]		17,7[d]	23,9[d]	22,2
1945		20,0[e]			37,2[e]	45,5[c]	22,6				29,3[c]		19,3[c]	29,3[c]	
1950	22,6	19,4	30,8		28,4	30,4	27,4[d]			27,0	25,5	25,0	23,5	19,8	23,0[d]
1955	24,7	23,6	30,0		32,2	30,2	27,5	27,8	27,1	28,5	26,8	27,5	26,4	17,4	24,9
1960	30,3	24,8	32,0	26,7	34,6	32,6	28,0	30,1	28,9	33,7	29,9	32,1	31,1	17,2	27,8
1965	32,3	29,9	36,3	31,3	38,4	36,4	33,1	34,3	29,1	38,7	34,2	37,9	36,0	19,7	28,0
1970	36,5	40,2	38,6	30,5	38,5	38,8	39,6	34,2	34,8	43,9	41,0	39,2	43,3	21,3	31,6
1975	45,7	48,2	48,4	35,1	43,4	44,4	45,7	41,6	38,5	51,2	45,4	45,3	48,4	28,7	33,5
1980	51,9	56,2	47,9	35,5	46,1	43,0	48,9	41,9	38,8	54,9	47,5	48,1	60,1	29,3	31,8
1985	61,0	59,3	47,0	42,2	52,1	44,0	51,0	51,3	46,0	57,1	41,5	50,4	63,3	31,0	35,5
1990	53,5	56,0	45,1	44,5	49,8	41,8	39,0	54,0	46,7	54,1	49,7	48,6	59,1	30,9	35,2
1995	53,6	59,3	49,8	55,1	54,3	44,4	37,6	52,7	46,4	51,3	47,6	52,6	65,6	36,7	34,9
1998	51,0	55,1	46,9	49,1	54,3	40,2	33,1	49,1	42,1	47,2	46,9	49,4	60,8		32,8

[a] in % des Bruttosozialprodukts; [b] Abweichung vom Bezugsjahr: –1 Jahr; [c] +1 Jahr; [d] –2 Jahre; [e] +2 Jahre.
Quellen: Kohl 1985; vor 1950 nationale finanzstatistische Quellen, ab 1950 vor allem OECD-National Accounts; Schweiz (bis 1910), Frankreich (bis 1910), Niederlande (bis 1940) mit Bezugsgröße Nettosozialprodukt; Schweiz (ab 1950) nur lfd. Ausgaben.

der Anteil der direkten Steuern, vor allem aber der Sozialbeiträge, zu beobachten; die nat. Strukturunterschiede sind jedoch hier sehr groß.

III. Die Unterschiede in Niveau und Struktur der S., aber auch in der Steuerstruktur, werfen die Frage auf, durch welche Faktoren die unterschiedlichen Entwicklungsmuster erklärt werden können. In der polit. Diskussion wird häufig den sozialistischen bzw. → Sozialdemokratischen Parteien eine Tendenz zur Ausdehnung staatl. Interventionen und zur Ausweitung der Staatsaufgaben und -ausgaben unterstellt. Demgegenüber seien konservative und liberale Parteien bestrebt, die Staatsaktivitäten zu beschränken und zumindest den Ausgabenzuwachs so gering wie möglich zu halten. Die gerade in Westeuropa stark vertretenen christlich-demokratischen (→ Bürgerlichen) Parteien sind in ihrem ideologischen Profil in dieser Hinsicht schwierig einzuschätzen: Viel hängt davon ab, ob traditionalistische oder sozialreformerische Tendenzen überwiegen.

Ergebnisse empirischer Untersuchungen (zusammenfassend *Kohl* 1987; *Castles* 1998) bestätigen zwar übereinstimmend die Bedeutung parteipolit. Unterschiede, modifizieren diese landläufigen Vorstellungen aber zugleich, indem sie auf deren Zusammenwirken mit weiteren Faktoren hinweisen. So bestätigt sich einerseits, daß die Tendenz zur Expansion des öffentl. Sektors stark ausgeprägt ist, wenn der Stimmen- bzw. Mandatsanteil linker Parteien hoch ist, und insbesondere, wenn diese an der Regierung beteiligt sind. Dies ist jedoch keine notwendige Bedingung: Auch ein annäherndes Machtgleichgewicht zwischen dem linken und dem bürgerlichen Lager sowie Koalitionsregierungen der Mitte führen zu ähnlichen Ergebnissen. Links-Rechts-Differenzierungen im polit. Spektrum werden hier überlagert durch die Dynamik von Koalitionsbildungen mit ihrem Zwang zu Kompromissen (→ Koalition). Die Finanzpolitik mag sich da gut zur Befriedigung konkurrierender Ansprüche der einzelnen Koalitionspartner eignen, aber um den Preis verstärkten Ausgabenwachstums. Eine weitere Erklärungsvariante liefert der Nachweis, daß starke linke ebenso wie starke katholische (christdemokratische) Parteien die Herausbildung korporatistischer Strukturen fördern, die ihrerseits ein überdurchschnittl. Wachstum bes. der Sozialausgaben begünstigen (→ Korporatismus).

Daneben belegen die empirischen Studien die Bedeutung institutioneller Faktoren für die Ausgabenentwicklung. So weisen föderalistisch organisierte Staaten sowohl ein durchschnittl. niedrigeres Niveau als auch ein geringeres Wachstum der S. auf als solche mit unitarischer Struktur und einem hohen Grad fiskalischer Zentralisierung (→ Föderalismus). Entgegen der Hypothese der „fiskalischen Illusion" durch indirekte Steuern und Sozialabgaben ist die Steuerquote tendenziell höher bei einem hohen Anteil direkter Steuern.

Ein bislang nicht hinreichend beachteter Erklärungsfaktor ist schließlich das Ausmaß der Weltmarktintegration eines Landes. Regierungen in Ländern mit hoher außenwirtschaftl. Verflechtung sind offenbar bestrebt, die externe Abhängigkeit vom Weltmarkt durch Ausdehnung ihrer Kontrolle über den Binnenmarkt und die Verwendung des Sozialprodukts zu kompensieren. Vertiefende Analysen konnten zeigen, daß ein systematischer Zusammenhang zwischen diesem auf den ersten Blick rein ökonom. Faktor und verschiedenen soziopolit. Strukturmerkmalen wie dem Grad der industriellen Konzentration, dem Organisationsgrad der → Gewerkschaften, der Dominanz korporatistischer Arrangements und schließlich der Stärke linksorientierter Parteien besteht.

Das hohe Maß an Variabilität – trotz mancher gemeinsamer Entwicklungstendenzen – unter den westl. Industriegesellschaften macht die Schwierigkeiten evident, etwa funktionale Obergrenzen der Staatstätigkeit, der Steuerbelastung oder „Grenzen des Sozialstaats" quantifizierend zu bestimmen. Die Behauptung solcher Grenzen bzw. die Kritik an ihrer angeblichen Mißachtung ist zwar alt, aber in der Realität haben sich diese Grenzen als erstaunlich variabel und die polit. Strukturen als bemerkenswert flexibel erwiesen. Untersuchungen über die Konsequenzen wachsender S. haben auch gezeigt, daß der Zusammenhang zwischen allg. Ausgabenwachstum, Wachstum der Sozialausgaben und öffentl. Verschuldung weniger eindeutig ist, als oft polemisch behauptet wird. Auch hat es nicht den Anschein, als seien durchgängig die ökonom. Probleme (→ Inflation, → Arbeitslosigkeit) oder auch der polit.-psychologische Steuerwiderstand dort am größten, wo das erreichte Ausgabenniveau am höchsten ist. Um die polit. Akzeptanz höchst unterschiedlicher Ausgabenniveaus angemessen zu verstehen, erscheint es darum notwendig, stärker zu disaggregieren und der inhaltlichen Gestaltung der *policies* mehr Aufmerksamkeit zu widmen (*Rose* 1984).

→ Haushaltspolitik; → Keynesianismus; → Soziale Marktwirtschaft; → Steuerpolitik

Lit.: *Castles, F. G.* 1998: Comparative Public Policy. Patterns of Post-war Transformation, Cheltenham, U. K., bes. Kap. 4 u. 5. *Esping-Andersen, G.* 1990: The Three Worlds of Welfare Capitalism, Princeton, N. J. *Kohl, J.* 1985: Staatsausgaben in Westeuropa, Frankfurt/M. *Kohl, J.* 1987: Ökonomische und politische Determinanten der Entwicklung der Staatsausgaben, in: *Heinemann, K.* (Hrsg.): Soziologie wirtschaftlichen Handelns, Opl. 1987, 234–262. *Kohl, J.* 1992: Die öffentlichen Ausgaben, ihre Finanzierung und die Entwicklung des Staatssektors, in: *Gabriel, O. W./Brettschneider, F.* (Hrsg.) 1994: Die EU-Staaten im Vergleich, Opl., 359–383. *Littmann, K.* 1977: Ausgaben, öffentliche: Die „Gesetze" ihrer langfristigen Entwicklung, in: HdWW, Bd. 1, 349–363. *OECD* 1996: Social Expenditure Statistics of OECD Member Countries (Labour Market and Social Policy Occasional Papers, No. 17), Paris. *OECD* 1999 a: Historical Statistics, versch. Jgg., zuletzt 1999, Paris. *OECD* 1999 b: Economic Outlook, versch. Jgg. zuletzt 1999, Paris. *Recktenwald, H. C.* 1977: Umfang und Struktur der öffentlichen Ausgaben in säkularer Entwicklung, in: Handbuch der Finanzwissenschaft, 3. Aufl., Bd. I, Tüb., 713–752. *Rose, R.* 1984: Understanding Big Government. The Programme Approach, L. *Saunders, P./Klau, F.* 1985: The Role of the Public Sector. Causes and Consequences of the Growth of Government, in: OECD Economic Studies, No. 4 (Special issue). *Taylor, C. L.* (Hrsg.) 1983: Why Governments Grow, Beverly Hills/L.

Jürgen Kohl

Staatsform(en)

Institutionen-Aufbau, Struktur und Handlungsmuster polit. → Herrschaft, deren Vielfalt sehr unterschiedlich klassifiziert werden kann. Die Vergleichende Regierungslehre unterscheidet u. a. nach:

(1) Zahl und Zweck von Herrschaft: nach der Zahl zwischen der Herrschaft (a) einer Person, (b) weniger, (c) vieler bzw. der Mehrzahl, nach dem Zweck (in Anlehnung an *Aristoteles*) zwischen der am → Gemeinwohl orientierten „guten" und der am Eigennutz ausgerichteten „entarteten" Herrschaftsform. Aus der Kombination ergibt sich folgende Typologie guter und schlechter Herrschaftsformen: (a) Monarchie – Tyrannis, (b) Aristokratie – Oligarchie; (c) im Aristotelischen Begriffsverständnis: Politie – → Demokratie, im modernen Begriffsverständnis: Demokratie – Ochlokratie.

(2) Staatsform i. e. S.: zwischen Monarchie und Republik, im traditionalen Begriffverständnis zwischen (a) der von Gott abgeleiteten (meist erblichen und absoluten oder höchstens ständisch-feudalistisch begrenzten) Einherrschaft des Monarchen und (b) der sich auf Vereinbarung gründenden Herrschaft der Bürger bzw. vielen in der Republik, im modernen Verständnis seit der Parlamentarisierung und → Demokratisierung von Herrschaft (ab dem 17./18. Jh.) reduziert auf die Unterscheidung zwischen dem Monarchen als (c) erblichem und dem Präsidenten der Republik als (d) gewähltem Staatsoberhaupt.

(3) Form und Begrenzung der Herrschaftsausübung: (a) zwischen Autokratie und Konstitutionalismus, also zwischen Herr-

schaftssystemen mit absoluter, nicht begrenzter → Macht des oder der Herrschaftsträger (u. a. absolute Monarchie, die vielfältigen Erscheinungsformen der → Diktatur, des sich polit.-ideologisch begründenden → Totalitarismus) und solchen Formen der Herrschaft, in denen die polit. Macht durch Vereinbarung und Verfassung begrenzt ist, insbes. durch → Grundrechte, → Rechtsstaat, bürgerliche → Freiheiten, durch umfassende → Partizipation(srechte) des Bürgers sowie durch → Gewaltenteilung und andere Formen der *checks and balances* im polit.-administrativen System; (b) zwischen monistischer Herrschaft, z. B. in der Form identitärer Demokratie, und pluralistischer Herrschaft in der Form der Polyarchie.

(4) Innerem Aufbau und Ausdifferenzierung: (a) horizontal entsprechend dem Grad von Gewaltenteilung bzw. Gewaltenverschränkung zwischen → Präsidentialismus – Parlamentarischem Regierungssystem (→ Parlamentarismus) – Westminster-Modell; (b) vertikal zwischen Zentralismus/Einheitsstaat mit seinen Varianten und → Föderalismus/Bundesstaat mit seinen Varianten des Intra-/Interstaatlichen Föderalismus, der → Politikverflechtung.

(5) Entscheidungsmuster und Politikstil: zwischen (a) hierarchisch-majoritärem Entscheiden, u. a. in der Form der → Konkurrenzdemokratie, und (b) konsensorientiertem Aushandeln und indirekter Steuerung, u. a. in der Form von → Konkordanz-/Proporzdemokratie und durch vertikale wie horizontale Verhandlungssysteme innerhalb des polit. Systems wie zwischen Politik und Gesellschaft (→ Korporatismus).

Lit.: *Aristoteles* [6]1989: Politik, Mchn. *Dahl, R. A.* 1971: Polyarchy, New Haven/L. *Jesse, E.* [2]1993: Typologie polit. Systeme der Gegenwart, in: *Stammen, T.* u. a. (Hrsg.): Grundwissen Politik, Bonn, 165–227. *Loewenstein, K.* [2]1969: Verfassungslehre, Tüb. (engl. zuerst 1957).

Rainer-Olaf Schultze

Staatsinterventionismus

Im polit. und fachwissenschaftl. Sprachgebrauch bezeichnet Staatsinterventionismus (S.) die Theorie oder Praxis selektiver oder gesellschaftsweit einheitlicher Eingriffe des Staates (oder einzelner mit Hoheitsgewalt betrauter Institutionen) in gesellschaftl. und wirtschaftl. Ordnungen und Abläufe, die mit Anspruch auf gesamtgesellschaftl. Verbindlichkeit erfolgen.

1. Zu den Instrumenten des S. gehören vor allem Gebote und Verbote, Befehl und Überzeugungsstrategien, Anreiz und Abschreckung sowie Verweigerung oder Bereitstellung materieller oder immaterieller Ressourcen. Eingesetzt werden diese Instrumente auf dem Weg direkter oder indirekt-prozeduraler Steuerung, per Kontextsteuerung oder durch Delegation öffentl. Aufgaben auf gesellschaftl. Assoziationen wie Verbände, Kammern und Sozialversicherungsträger. Mit dem S. werden bestimmte Ziele angestrebt, wie Festlegung und Überwachung von Regeln, Schutz vor Willkür, Mehrung wirtschaftl. Wohlfahrt oder Gewinnung von Gefolgschaft. Ob diese Ziele erreicht werden und welche Folgen und Nebenfolgen damit verknüpft sind, ist strittig. Diese Fragen stehen im Zentrum eines Schulenstreits zwischen liberalen, konservativen und radikalen Theorien.

2. Kennzeichen der liberalen Theorie – ein Hauptvertreter ist *Adam Smith* (1723–90) – ist die kritisch-distanzierte Einstellung zum S., sofern dieser über eine Grenze hinausreicht, die markiert wird durch Gewährleistung innerstaatl. Friedens und Eigentumsschutz, militärische Verteidigung und Bereitstellung bestimmter allg. Produktionsvoraussetzungen, vor allem eines Wegenetzes und Elementarbildung der Arbeitskräfte. Kritisch bewertet wird der S. auch von den Vertretern der radikalen Theorien, beispielsweise *Karl Marx* (1818–83) und *Friedrich Engels* (1820–95). Von ihnen erhielt der S., sofern er auf kapitalismusimmanenter Grundlage erfolgte, im Prinzip schlechte Noten. Beförderte die Staatsintervention jedoch die Produktivkräfte und führte sie insoweit schneller an den Zeitpunkt heran, an dem die „kapitalistische Hülle" (*Marx*) gesprengt würde, fiel das Urteil von *Marx* und *Engels* (und nachfolgenden Marxisten) beträchtlich milder aus.

Die klassisch-konservative Lehre des S., für

die vor allem *Lorenz von Stein* (1815–90) in Weiterführung von *G. W. F. Hegel* (1770–1831) den Weg wies, betonte demgegenüber die grundsätzliche Notwendigkeit des sozialpolit. gezielten Staatseingriffs. Für sie war derjenige Staatseingriff, der die → Soziale Frage einzudämmen oder zu bewältigen vermochte, eine Politik, die zugleich dem Gesamtwohl dient, von Nutzen für die Regierenden war und die einzige Möglichkeit verkörperte, den infolge von Industrialisierung und Klassenspaltung anschwellenden sozialrevolutionären Bestrebungen zuvorzukommen. Der Träger des konservativ-reformerischen Staatseingriffs müßte freilich, so *L. von Stein*, stark und unabhängig genug sein, um als Schiedsrichter im Klassenkonflikt handeln zu können. Diese Funktion würde am besten, so *von Stein*, von einem aufgeklärt-absolutistischen sozialen Königtum erfüllt.

3. Der Streit zwischen den liberalen, konservativen und radikalen Schulen lebt in abgewandelter Form in Theorien des S. im 20. und 21. Jh. weiter. Die liberale Tradition dominiert vor allem Ansätze, die der → Neuen Politischen Ökonomie oder der Lehre vom liberalen Rechtsstaat verpflichtet sind. Die radikale Richtung wird hauptsächlich vom Neomarxismus und anderen gesellschaftskritischen Theorien weitergeführt, so in der polit. Krisentheorie von *C. Offe*. Die konservative Lehre vom S. fand Neuauflagen im Kathedersozialismus, in der vom → Keynesianismus inspirierten Wirtschaftspolitik, aber mitunter auch in Gestalt moderner wohlfahrtsstaatsfreundlicher Theorien.

→ Staatstheorie; Wohlfahrtsstaat

Lit.: *Castles, F. G.* (Hrsg.) 1989: The Comparative History of Public Policy, Camb. *Esping-Andersen, G.* 1990: The Three Worlds of Welfare Capitalism, Camb. *Hegel, G. W. F.* 1956 (zuerst 1821): Grundlinien der Philosophie des Rechts, Bln. u. a. *Keynes, J. M.* 1936: The General Theory of Employment, Intererst and Money, L. *Mayer, H.* 1966: Die ältere deutsche Staats- und Verwaltungslehre, Mchn. *Offe, C.* 1972: Politische Herrschaft und Klassenstrukturen, in: *Kress, G./Senghaas, D.* (Hrsg.): Politikwissenschaft, Ffm., 135–164. *Olson, M.* 1982: The Rise and Decline of Nations, New Haven/L. *Marx, K./Engels, F.* 1974: Staatstheorie, hrsg. von *E. Hennig* u. a., Berlin u. a. *Schmidt, M. G.* (Hrsg.) 2001: Wohlfahrtsstaatliche Politik, Opl. *Smith, A.* [6]1993: Der Wohlstand der Nationen, Mchn. (zuerst engl. 1776). *Stein, L. v.* 1972: Gesellschaft – Staat – Recht, hrsg. von *E. Forsthoff*, Ffm.

Manfred G. Schmidt

Staatstheorie(n)

Staatstheorien (S.) haben die Entstehung, den inneren Aufbau, Sinn, Zweck, Funktionen, Rechtfertigung und Kritik des → Staates zum Gegenstand. Dabei geht es immer auch um Analyse und Bestimmung des Verhältnisses von Staat/Politik und → Gesellschaft.

1. Allg. Staatszwecklehren stehen machtzentrierten bzw. instrumentellen S. gegenüber. (1) Erstere sind normativ, gehen von apriorischen Vorstellungen von der guten Ordnung aus und zielen darauf, die dem Wesen des Menschen angemessene → Staatsform zu bestimmen, etwa die polit. Theorien der griech. Antike, christliche Gottesstaatslehren oder auch rationalistische Staats- und Gesellschaftslehren, normative Demokratietheorien. (2) Im Gefolge von *Niccolò Machiavelli*, *Jean Bodin*, *Thomas Hobbes* und von *Max Weber* klassisch auf den Begriff gebracht, definiert die überwiegende Zahl der Staatstheoretiker der → Moderne hingegen den Staat aposteriorisch und empirisch sowie technisch und instrumentell über die Macht- und Herrschaftsmittel, über die er verfügt bzw. verfügen muß, um nach innen sein Gewaltmonopol und nach außen seine → Souveränität auch tatsächlich ausüben zu können. Beides ist zumindest in der Theorie nur ihm spezifisch und unterscheidet ihn damit von allen anderen Verbänden (vgl. *Weber* 1988).

2. S. sind heute durchweg systemtheoretisch inspiriert und zumeist als Teil- bzw. Bereichstheorien konzipiert. (1) Dies gilt auch für die modernen Varianten der Staatsformenlehren wie für die institutionellen Theo-

rien, die sich mit den Binnenstrukturen des Staates und den Handlungs- und Entscheidungsmustern in und zwischen den staatl. Institutionen beschäftigen, ja selbst für (neo-)-marxistische S.; zu nennen sind u. a.: Theorien des (demokratischen) Verfassungsstaates, des Staates in → Autoritären Regimen und im → Totalitarismus/Faschismus, des Staates im Entwicklungsprozeß, im Prozeß der Nationenbildung; Verwaltungs-, Organisations- und Planungstheorien des Staates; Theorien des → Staatsversagens, der Unregierbarkeit, des Staates als Beschaffer von Massenloyalität. (2) S. befassen sich zudem schwerpunktmäßig mit Analyse und Bestimmung der Staatsaufgaben, wobei idealtypisch zu unterscheiden sind Theorien des Minimalstaates (Ordoliberalismus; Rechtsstaat, Sicherheitsstaat) von solchen des aktiven Staates (→ Staatsinterventionismus; → Sozialstaat); die Vielzahl der einzelnen Teiltheorien folgt dabei der kontextabhängigen und sich folglich wandelnden Aufgabenstellung des Staates, die nicht abstrakt definiert werden kann oder gar vorgegeben ist, sondern über die polit. entschieden wird.

3. Mit Blick auf das Verhältnis von Staat und Gesellschaft können unterschieden werden: (1) Theorien, die vom Primat des Staates gegenüber der Gesellschaft ausgehen, von solchen, in denen der Staat *vice versa* in der Gesellschaft aufgeht; (2) Theorien struktureller Abhängigkeit des Staates von gesellschaftl. Interessen, etwa die verschiedenen Varianten marxistischer S., die den Staat in Abhängigkeit von den Klassenverhältnissen und als Instrument der jeweils dominanten Klasse begreifen (→ Marxismus); (3) Theorien, die von der Interdependenz von Staat und Gesellschaft und einem mehr oder minder hohen Maß an Autonomie des Staates ausgehen, seien sie (neo-)pluralistischer, (neo-)korporatistischer, (neo-) marxistischer Provenienz. Dazu gehören auch Ansätze, die das Verhältnis von Staat und Gesellschaft als Ergebnis von Prozessen des sozialen Tausches interpretieren, wobei die Akteure des polit.-administrativen Systems ihre Staatstätigkeit zugunsten bestimmter gesellschaftl. → Interessen(gruppen) gegen deren polit. Unterstützung eintauschen; (4) Theorien, die (der Systemtheorie N. *Luhmanns* [1984] verpflichtet) von der Autopoiesis der einzelnen Systeme der Gesellschaft ausgehen, welche voneinander abgeschottet sind, selbstreferenziell je eigenen Logiken folgen und von anderen Systemen nicht direkt gesteuert werden können. In einer solchen Sicht sind die Handlungsmöglichkeiten des Staates, seiner Subsysteme und Akteure weitgehend auf indirekte Steuerungsformen wie dezentrale Kontextsteuerung, → Koordination und Moderation beschränkt. Die S. der Gegenwart haben sich mit diesem Tatbestand ebenso auseinandersetzen wie mit der sich wandelnden „Architektur der Staatlichkeit“, wie sie sich aus den Globalisierungs- und kontinentalen Integrationsprozessen ergibt (→ Globalisierung, → Integration).

Lit.: *Kriele, M.* [4]1990: Einführung in die Staatslehre, Opl. *Luhmann, N.* 1984: Soziale Systeme, Ffm. *Offe, C.* 1987: Die Staatstheorie auf der Suche nach ihrem Gegenstand, in: Jahrbuch zur Staats- und Verwaltungswissenschaft 1, 309–320. *Ronge, V./Esser, J.* [4]1992: Staatstheorie, in: *Nohlen, D./Schultze, R.-O.* (Hrsg.): Politikwissenschaft, Mchn./Zürich, 973–982. *Weber, M.* [5]1988: Gesammelte politische Schriften, Tüb. (zuerst 1921). *Willke, H.* 1983: Entzauberung des Staates, Königstein/Ts. *Willke, H.* 1997: Supervision des Staates, Ffm.

Rainer-Olaf Schultze

Staatsversagen

Unscharfer, zudem uneinheitlich verwandter Begriff für strukturelle Handlungs- und Leistungsdefizite des Staates. Politikwissenschaftl. ist Staatsversagen (S.) bestimmt worden als die strukturell verursachte unzulängliche „Versorgung eines Landes mit öffentl. Gütern, (da) deren Preis zu hoch und deren Qualität zu niedrig ist „sowie als die“ gleichfalls nicht zufällige Unfähigkeit, Entscheidungen zu fällen, deren Notwendigkeit weithin unbestritten ist“ (*Jänicke* 1986: 11).

Die Begründungen für S. fallen je nach den zugrundegelegten Theorien des → Staatsinterventionimus unterschiedlich aus: Während Neo-Konservatismus und → Neo-Liberalismus S. als Unregierbarkeit definieren, als Überlastung (*government overload*) mit der Anspruchsinflation im Sozial- und Leistungsstaat begründen und daraus die Forderungen nach Deregulierung, Abbau von Staatstätigkeit – v. a. die Notwendigkeit des Rückzugs des Staates aus der Wirtschaft – ableiten, führen sozialdemokratische und neo-marxistische Theoretiker das S. kapitalismuskritisch auf die nur selektiven Handlungsmöglichkeiten des Staates zurück, die begrenzt seien durch den unaufhebbaren Widerspruch zwischen den Imperativen der Kapitalverwertung einerseits und der Notwendigkeit der Sicherung demokratischer Massenloyalität andererseits.

→ Kapitalismus; Staatstheorie

Lit.: *Decker, F.* 1994: Umweltschutz und Staatsversagen, Opl. *Jänicke, M.* 1986: Staatsversagen. Die Ohnmacht der Politik in der Industriegesellschaft, Mchn.

Rainer-Olaf Schultze

Staatsverschuldung

I. Staatsverschuldung (S.) bezeichnet die bestehenden oder jährlich neu entstehenden Verbindlichkeiten eines Staates und ist ein Instrument der staatl. Einnahmenerzielung. Zur Abgrenzung der S. gibt es zahlreiche Indikatoren (*Wagschal* 1996). Die wichtigste Schlüsselgröße ist der Schuldenstand, der eine Bestandsgröße ist und die Verbindlichkeiten des Staates zu einem bestimmten Zeitpunkt angibt.

In D betrug der Schuldenstand des Bundes 1999 1504 Mrd. DM und der aller öffentl. Haushalte 2313 Mrd. DM. Da der nominale Schuldenstand nur bedingt aussagekräftig ist, wird i. d. R. für Vergleichszwecke auf das BIP bezogen: Für den Bund (nach der Abgrenzung des Finanzministeriums) ergibt sich daher 1999 eine Schuldenquote von 38,8 % und für alle öffentl. Haushalte (Bund, Länder, Gemeinden, Sondervermögen des Bundes) von 59,7 % des BIP.

Daneben gibt es die Nettokreditaufnahme (= Nettoneuverschuldung), die der Differenz zwischen den Staatsausgaben und den Staatseinnahmen (Steuereinnahmen und Sonstige Einnahmen, → Steuerpolitik) entspricht. Von der Bruttokreditaufnahme, d. h. sämtlichen innerhalb eines Jahres von der öffentl. Hand aufgenommenen Krediten, gelangt man zur Nettokreditaufnahme, indem man die Tilgungen auf früher aufgenommene Kredite von der Bruttokreditaufnahme subtrahiert. Die Bruttokreditaufnahme ist gleichsam der gesamte Kreditbedarf der öffentl. Hand bzw. der betreffenden Haushaltsebene.

1999 betrug die Bruttokreditaufnahme des Bundes 302 Mrd. DM. Vom Schuldenstand wurden 248,5 Mrd. DM getilgt, so daß eine Nettokreditaufnahme von 53,5 Mrd. DM getätigt wurde. Das gesamtstaatl. Defizit (Nettokreditaufnahme aller öffentl. Haushalte) betrug 1999 49,4 Mrd. DM (= 1,3 % des BIP). Seit 1962 kam es in jedem Jahr zu einer Nettokreditaufnahme des Bundes, während von 1950 bis 1961 in immerhin acht Jahren eine Nettotilgung der Bundesschuld stattfand.

Neben den Steuereinnahmen und der Nettokreditaufnahme sind die Sonstigen Einnahmen die dritte große Einnahmenkategorie. In D zählen zu den Sonstigen Einnahmen des Bundes Verwaltungseinnahmen, die Einnahmen aus wirtschaftl. Tätigkeit und Vermögen und die Erlöse aus Vermögensveräußerung. Diese Sonstigen Einnahmen werden – wie schon in der Vergangenheit – immer wichtiger und machten 1999 immerhin 60,5 Mrd. DM aus, rund 12,4 % der Gesamteinnahmen. Ihr Anstieg entlastet die Erfordernis zur Nettokreditaufnahme. In Zukunft soll die Nettokreditaufnahme des Bundes bis 2006 auf Null zurückgefahren werden, d. h. der Haushalt soll ausgeglichen werden. D folgt damit dem Vorbild anderer Industrienationen, in denen sich das Politikziel eines ausgeglichenen Haushalts durchgesetzt hat (z. B. USA, Kanada und GB).

Durch den Anstieg der Staatsschuldenquote von 18,5 % im Jahre 1960 auf rund 60 % sind gleichzeitig die Zinslasten angewachsen. Für den Bund zog dies allein 1999 Zinszahlungen in Höhe von 81,7 Mrd. DM nach sich, d. h. die Zinslastquote (Zinsausgaben in % der Gesamtausgaben) betrug 16,8 % –

mit steigender Tendenz. Dies schränkt den zukünftigen finanzpolit. Spielraum deutlich ein. Auf Bundesländerebene liegt diese Zinslastquote in einigen Bundesländern sogar deutlich darüber (z. B. Bremen und Berlin). Ein weiterer Vergleichsindikator ist der Schuldenstand je Einwohner: Für den öffentl. Gesamthaushalt bestand 1999 eine Pro-Kopf-Verschuldung von 28.188 DM (davon für den Bund 16.876 DM). In den Bundesländern variiert die Pro-Kopf-Verschuldung stark, wobei Bayern (1999) mit 5.209 DM die niedrigste Verschuldung und Bremen mit 23.672 DM die höchste Schuldenlast aufweist.

Ein wesentlicher Teil des Anstiegs der S. seit 1990 ist auf die → Deutsche Einheit zurückzuführen (*Weltring* 1997). Bei der Finanzierung der Vereinigungsfolgen griffen die öffentl. Haushalte, insbes. der Bund, vor allem auf das Schuldeninstrumentarium zurück. Länder und Gemeinden beteiligten sich dagegen in weit geringerem Umfang als der Bund an den Kosten, der Schuldenanteil von Ländern und Gemeinden sank sogar nach 1990. Ein weiteres Kennzeichen war die Finanzierung über Nebenhaushalte i. e. S. (Fonds „Deutsche Einheit" [FDE], ERP-Sondervermögen, Kreditabwicklungsfonds) sowie über Nebenhaushalte i. w. S. (Treuhandanstalt, Entschädigungsfonds, Förderbanken des Bundes wie etwa die Kreditanstalt für Wiederaufbau und die Deutsche Ausgleichsbank), was mitunter als „Flucht aus dem Budget" kritisiert wurde. Im Erblastentilgungsfonds (ELF) wird seit 1995 ein Großteil der finanziellen Verbindlichkeiten der ehemaligen DDR zusammengefaßt. Anfang 1999 summierten sich diese Verbindlichkeiten auf rund 353,7 Mrd. DM. Durch das Schuldeneingliederungsgesetz vom 1. Juli 1999 übernahm der Bund die Zins- und Tilgungsverbindlichkeiten dreier Sondervermögen: des ELF, des Verstromungsfonds und des Bundeseisenbahnvermögens, was zur Haushaltsklarheit beitrug. Der FDE (160,7 Mrd. DM) wurde durch Bund (49,6 Mrd. DM), Länder (16,1 Mrd. DM) sowie eigene Kredite (95 Mrd. DM) finanziert. Über ihn wurden wesentliche Vereinigungsaufgaben zur Angleichung der Lebensverhältnisse bestritten. Seit 1995 wird der Fonds nur noch getilgt, bis 2014 soll er vollständig getilgt werden.

Der Staat kann nicht in unbegrenzter Höhe Schulden machen. Zunächst besteht bei der Kreditaufnahme der Parlamentsvorbehalt, in Art. 115 (1) GG heißt es: „Die Aufnahme von Krediten sowie die Übernahme von Bürgschaften (...) bedürfen einer der Höhe nach bestimmten oder bestimmbaren Ermächtigung durch Bundesgesetz." Für den Bund enthält Art. 115 (1) auch eine inhaltliche Begrenzungsregel, nach der die Kredite nicht die Summe der Investitionen übersteigen dürfen. Ausnahmen von dieser Regel sind nur zulässig zur Abwehr einer Störung des gesamtwirtschaftlichen Gleichgewichts. De jure wirken auch die im Vertrag von Maastricht (1992) festgelegten Konvergenzkriterien als Verschuldungsgrenzen. Demnach darf das gesamtwirtschaftl. Defizit nicht über 3 % des BIP und der gesamtstaatl. Schuldenstand über 60 % des BIP steigen. Für Länder, die an der europ. Wirtschafts- und Währungsunion teilnehmen, gibt es bei Verletzung dieser Grenzen Sanktionsmechanismen.

II. Der Einsatz der S. als wirtschaftspolit. Instrument ist äußerst umstritten. Zur Legitimation und Ablehnung konkurrieren zahlreiche wirtschaftswissenschaftl. Schulen. Betrachtet man historische Aussagen bedeutender Ökonomen zur Staatsverschuldung, so wurde diese meistens – normativ begründet – negativ bewertet.

Wie *David Ricardo* („die Staatsverschuldung ist eine der schrecklichsten Geißeln, die jemals zur Plage einer Nation erfunden wurden") kritisierte auch *Adam Smith* als zweiter bedeutender Vertreter der „Klassik" die Verschuldung, da sie zu Systemzusammenbrüchen führt und es den Herrschenden ermöglicht, das Steuerbewilligungsrecht der Parlamente zu umgehen. Zudem wirkt sie negativ auf die Leistungsmotivation. Neben den meisten Repräsentanten des *public choice*-Ansatzes (z. B. *James Buchanan*) lehnen auch Monetaristen (z. B. *Milton Friedman*), da die Verschuldungspolitik ein Störfaktor für das Funktionieren der Märkte sei (*stop-*

Tabelle 7: Gesamtstaatliche Verschuldung in % des BIP in 21 OECD-Ländern

	1999	1990	1980	1970	Veränderung 1970–1999	Rangplatz Δ 1970–1999
Australien	26,2	22,6	25,1	41,7	–15,5	2
Norwegen	34,6	32,4	47,5	41,8	– 7,2	5
Neuseeland	37,7	61,3	45,0	50,2	–12,5	4
Schweiz	51,2	31,2	45,3	40,1	11,1	6
Irland	51,9	92,6	72,7	66,8	–14,9	3
UK	53,0	39,1	54,0	77,1	–24,1	1
Dänemark	55,4	65,8	43,7	11,3	44,1	13
Portugal	58,3	65,3	32,8	19,0	39,3	11
Finnland	63,4	14,3	11,8	12,0	51,4	17
Deutschland	63,5	42,0	31,1	18,1	45,4	14
Niederlande	63,7	75,6	46,9	51,5	12,2	7
Österreich	64,9	56,8	36,6	18,9	46,0	15
Frankreich	65,0	39,5	30,9	29,4	35,6	9
USA	65,1	66,6	37,0	41,5	23,6	8
Spanien	67,6	48,5	18,3	14,4	53,2	18
Schweden	68,3	42,7	44,3	30,5	37,8	10
Kanada	93,0	74,5	43,3	52,1	40,9	12
Griechenland	104,4	89,0	22,9	17,6	86,8	20
Japan	105,3	61,5	49,6	10,9	94,4	21
Belgien	114,3	124,9	77,5	63,7	50,6	16
Italien	116,6	103,7	58,1	38,1	78,5	19
Mittelwert	67,8	59,5	41,6	35,6	32,2	

Anm.: Dargestellt sind die Schulden aller öffentl. Haushalte in Prozent des BIP. *Quellen*: OECD-Economic Outlook (verschiedene Jahre) sowie nationale Statistiken. Δ = Veränderung. Die Tabelle ist nach der Schuldenquote des Jahres 1999 sortiert.

and-go-Politik), sowie Neoklassiker, die ein Zurückdrängen der privaten Investition und Nachfrage identifizieren (*crowding-out*), die Verschuldung ab. Aber auch neomarxistische Autoren (z. B. *O'Connor*) kritisieren die Verschuldung als kapitalistisches Herrschaftsinstrument, das es Regierungen ermöglicht, sich polit. Legitimation zu erkaufen.

Aber der S. werden auch positive Effekte zugeschrieben: Sie kann Liquiditätsschwankungen im Staatshaushalt überbrücken (Überbrückungsfunktion), sie kann konjunkturelle Zyklen ausgleichen (Stabilisierungsfunktion) und sie kann die finanzielle Last von öffentl. Ausgaben zeitlich verteilen (Lastverschiebungsfunktion). Letzteres hat bereits die dt. Finanzklassik erkannt: „Ein Staat ohne Staatsschuld tut entweder zuwenig für seine Zukunft, oder er fordert zuviel von seiner Gegenwart", so *Lorenz von Stein*. Die Entwicklung der Industriestaaten zu „Kultur- und Wohlfahrtsstaaten" (*Adolph Wagner*) führte zu einer differenzierten Betrachtung der Verschuldung. Defizite werden nun gerechtfertigt, weil der Staat investive Maßnahmen vornehmen soll. Daneben sollte sich der Staat auch in Notzeiten verschulden dürfen, z. B. im Krieg, was allerdings auch von der klassischen Schule toleriert wurde. Die bekannteste und populärste Rechtfertigung für eine verstärkte Verschuldung, vor allem in Zeiten nachlassenden wirtschaftl. Wachstums (*deficit spending*), lieferte der → Keynesianismus.

III. Die S. ist im historischen Vergleich von einem Auf und Ab gekennzeichnet, wobei Kriege, Wirtschaftskrisen und Verschwendungssucht absolutistischer Herrscher die wesentlichen Antriebskräfte für steigende Verschuldung waren.

In der Zeit nach dem II. Weltkrieg war zunächst ein längerer Schuldenabbau in den wichtigsten Industrienationen zu beobachten, der durch ein langanhaltendes Wirtschaftswachstum der „*Golden Age*"-Phase bis Anfang der 1970er Jahre begünstigt wurde. Die durchschnittl. Entwicklung seit 1970 ist von einem – in Friedenszeiten – bisher nicht gekannten Verschuldungsanstieg geprägt: Bis 1996, dem Jahr des absoluten Höchststandes (74,1 %) für die in *Tabelle* 7 dargestellten 21 OECD-Länder, hatten sich die Schuldenquoten mehr als verdoppelt, seitdem sinken die Schuldenquoten wieder leicht; sie lagen 1999 im Durchschnitt bei 67,8 %.
Allerdings sind die Schuldenquoten nicht in allen Ländern gestiegen, in GB, Australien, Irland, Neuseeland und Norwegen sind diese seit 1970 sogar gesunken, jedoch aus unterschiedlichen Gründen und mit unterschiedlichen Verläufen. Beispielsweise trugen länderspezifische Gründe wie Erdöleinnahmen oder Privatisierungserlöse in GB und Norwegen besonders zur Verbesserung der Haushaltslage bei. Besonders stark ist die Verschuldung seit 1970 in Japan, Griechenland, Italien, Spanien und Finnland gestiegen.
Im Hinblick auf das Niveau der Verschuldung lassen sich unterschiedliche Rangfolgen zu den einzelnen Zeitpunkten beobachten. Einige der Länder, die 1970 die niedrigsten Schuldenquoten aufwiesen, finden sich mittlerweile in der Gruppe der hochverschuldeten OECD-Länder wieder (z. B. Japan und Griechenland). 1999 waren Italien, Belgien, Japan, Griechenland und Kanada am höchsten verschuldet, während in Australien, Norwegen, Neuseeland, der Schweiz und Irland die niedrigste Verschuldung vorlag.
Als Strategien zur Haushaltssanierung sind in der OECD vor allem ausgabenseitige Maßnahmen zu beobachten, da die Steuerquote seit Anfang der 1990er Jahre – im Durchschnitt – nur noch gering angestiegen ist. Dort, wo konsolidiert wurde, erfolgte dies in mehreren Staatstätigkeitsbereichen, insbes. aber wurde der weitere Anstieg der Sozial- und Militärausgaben sowie der öffentl. Dienste begrenzt. Hinzu kommen ein allg. Subventionsabbau und eine Privatisierung öffentl. Aufgaben.
Die finanzwirtschaftl. Konvergenzkriterien des Vertrages von Maastricht (3 % Defizitquote, 60 % Schuldenquote), der 1991 verabschiedet wurde, sollten den weiteren Schuldenanstieg bis zur Gründung der europ. Wirtschafts- und Währungsunion verhindern. Tatsächlich wurde damit zunächst ein Verschuldungsprozeß in Gang gesetzt, der sich erst 1996 umkehrte. Erst seitdem liegt die Defizitquote unter dem 3 %-Kriterium, und es ist auch eine Konvergenz dieser beiden Schuldenindikatoren im Euroraum zu beobachten.
Verschuldung ist allerdings nicht nur ein Problem westl. Industrienationen, sondern auch der Entwicklungsländer. Hiervon zeugen die Schuldenkrisen in den 1980er Jahren in Lateinamerika, aber auch in den 1990er Jahren führten die → Verschuldungskrisen einzelner Länder und Wirtschaftsräume (Rußland, Mexiko, Asien, osteurop. Transformationsländer) zu Spannungen auf den Weltfinanzmärkten.

IV. S. war in der Vergangenheit oft für das Scheitern von Regierungen und für Regimewechsel verantwortlich. Für die westl. Industrieländer lassen sich – ermittelt durch empirische Untersuchungen (*Wagschal* 1996) – Faktoren angeben, die einen Ausbau und eine Begrenzung der S. bewirken.

Neben den klassischen Verschuldungsursachen wie → Kriege und → Systemwechsel (z. B. die dt. Einheit) sind es vor allem sozio-ökonom. Faktoren, die die S. beeinflussen. Ein starkes Wirtschaftswachstum bremst über verschiedene Einflußkanäle (z. B. mehr Steuereinnahmen, weniger Arbeitslosigkeit) den Anstieg der Verschuldung. Hinzu kommt die Bedeutung der → Arbeitslosigkeit, die selbst zu einer wichtigen Verschuldungsursache wird. Ein eher moderater Einfluß ist der Inflation zuzuschreiben, die als sog. Inflationssteuer die Last der Verschuldung vermindern kann. Schließlich wirkt sich noch eine positive Handelsbilanz verschuldungsbegrenzend aus.

Politisch-institutionelle Faktoren, die verschuldungsbegrenzend wirken, sind eine hohe polit. Stabilität und ein geringes gesellschaftl. Konfliktniveau. Polit. Stabilität hängt eng mit dem Grad des sozialen Friedens in einer Gesellschaft zusammen, und es ist nicht verwunderlich, daß eine niedrige Streikaktivität sowie ein hoher Grad an → Korporatismus und → Konsens gleichfalls verschuldungsbegrenzend wirken. Einen eher geringen verschuldungshemmenden Einfluß übt der Grad der Unabhängigkeit von Zentralbanken aus.

Wie der Fall der Schweiz und Kaliforniens zeigen, können direktdemokratische Elemente den Umfang der Staatstätigkeit und insbes. auch der Verschuldung begrenzen. Der → Föderalismus, der lange Zeit als besonders wirksame Hürde gegen die Verschuldung angesehen wurde, ist in Wirklichkeit nur eine mäßige Barriere, denn mit Belgien, Kanada und Spanien gibt es Gegenbeispiele. Insofern ist die Kausalität des Föderalismus zu modifizieren, denn sobald es starke zentrifugale Kräfte in den föderativen Ländern gibt, treibt dies die Verschuldung, da einerseits austrittswillige Gliedstaaten finanziell eher gefördert werden (um diese „ruhig" zu halten) und andererseits der Verteilungskampf zwischen den Gliedstaaten härter wird, so daß es zu Kompensationen seitens des Zentralstaates kommt. Allerdings wirkt die Finanzautonomie der nachgelagerten öffentl. Haushalte, deren Kleinräumigkeit die Verschuldungsneigung bremst. Ein äußerst wirksamer Bremsklotz gegen die Verschuldung sind Verfassungs- und Gesetzeshürden (*Ostheim* 1998), die auf den unterschiedlichen staatl. Ebenen existieren können und zudem unterschiedlich ausgestaltet sind. Die Erfahrungen in den USA, der Schweiz und in D zeigen jedoch eine eindeutige Wirkung, und auch die Maastrichter Verschuldungshürden, die quasi Verfassungsrang besitzen, beginnen seit 1996 ihre Bremskraft auf die Verschuldung in der Eurozone auszuüben.

Machen Parteien einen Unterschied bei der Verschuldung? Gemeinhin wird angenommen, daß sich linke Regierungen stärker als rechte Regierungen verschulden. Dies trifft jedoch für die Zeit von 1960 bis Mitte der 1990er Jahre nicht zu. Es waren bürgerliche Regierungen, die sich stärker verschuldeten. Die Erklärung für dieses überraschende Ergebnis liegt in den unterschiedlichen „Ideologiezielen" der bürgerlichen Parteien, die einerseits die Steuern senken wollen und andererseits den Haushalt ausgleichen möchten. In diesem Zielkonflikt entschieden sich bürgerlich-konservative Regierungen eher zu einem Abbau der Steuerlasten als einer Reduktion des Haushaltsdefizits. Linksregierungen geben demgegenüber zwar mehr Geld aus, sorgen aber gleichzeitig für höhere Einnahmen, so daß die Verschuldung tendenziell geringer ausfällt. Die Erklärung für dieses Verhalten liefert die „parteipolitische Steuerglättungshypothese", bei der die Interessenlagen der jeweiligen Kernwählerschaft als treibende Kraft wirkten. Die Wählerbasis linker Parteien wird zwar auch von höheren Steuern betroffen, aber relativ geringer als die höheren Einkommensschichten, die tendenziell bürgerliche Parteien wählen. Mit der höheren Steuerquote bei Links-Regierungen geht gleichzeitig ein höheres Ausgabenniveau (Umverteilungsziel) einher, so daß der Nettonutzen für die Begünstigten, also die Einkommensschwachen, eher positiv sein wird. Hierzu paßt, daß in einigen Ländern unter linken Regierungen die Haushalte stärker konsolidiert wurden als unter bürgerlichen Regierungen. Von der Globalisierung scheinen kaum signifikante und bedeutende Effekte auf die Verschuldung auszugehen. Plausibel wäre, wenn infolge des internat. Steuerwettbewerbs die Handlungsfähigkeit der Nationalstaaten und damit die Fähigkeit, genügend finanzielle Ressourcen einzuheben, zurückginge. Bei einem gegebenen Ausgabenniveau müßte dann die Verschuldung steigen. Diese ist zwar in den vergangenen Jahrzehnten drastisch gestiegen. Aber Studien zum Steuerwettbewerb zeigen, daß die nat. Autonomie hier noch weitgehend intakt ist. Allerdings könnte man – entgegengesetzt – auch argumentieren, daß die Verschuldung durch den Druck der internat. Finanzmärkte sinken müßte, da eine hohe Staatsschuld gleichzeitig eine größere Risikoprämie erfordert. Aber auch hier ist die Fähigkeit der westl. Industriestaaten selbst bei hoher Verschuldung noch gegeben, sich zu relativ günstigen Konditionen am Kapitalmarkt zu verschulden.

In der polit.-ökonomischen Literatur werden noch verschiedene andere Determinanten genannt, die einen möglichen Verschuldungseffekt aufweisen, was aber den statistischen Untersuchungen für die OECD-Länder nicht standhält. Ein polit. Konjunkturzyklus kann nicht festgestellt werden (→ Konjunktur). Ein direkter Zusammenhang mit dem Wahltermin kann zwar nicht beobachtet werden, doch langfristig kann im internat. Querschnitt – mit Hilfe des Indikators der Wahlhäufigkeit – eine Beziehung zwischen Wahlen (d. h. der Wahlhäufigkeit) und höheren Defiziten hergestellt werden. Ein strategischer Einsatz der Verschuldung (*Alesina/Tabellini* 1990, *Persson/Svennsson* 1989), um die Handlungsoptionen einer nachfolgenden Regierung einzuengen, ist ebenfalls nicht auszumachen. Auch die Stärke der Regierung (gemessen über die Größe und die Exekutivmacht) hält einer empirischen Überprüfung als einer Verschuldungsbarriere nicht stand, sondern ist insignifikant.

Lit.: Alesina, A./Tabellini G. 1990: A Positive Theory of Fiscal Deficits and Government Debt, in: Review of Economic Studies, 57, 403–414. *Ostheim, T.* 1998: Verfassungsschranken gegen Staatsverschuldung im internationalen Vergleich (Ms.), Hdbg. *Persson, T./Svensson, L. E.* 1989: Why a Stubborn Conservative Would Run a Deficit: Policy with Time-Inconsistent Preferences, in: Quarterly Journal of Economics, 104, 325–345. *Roubini, N./Sachs, J.* 1989: Political and Economic Determinants of Budget Deficits in the Industrial Democracies, in: European Economic Review, 33, 903–933. *Weltring, S.* 1997: Staatsverschuldung als Finanzierungsinstrument des deutschen Vereinigungsprozesses, Ffm. *Wagschal, U.* 1996: Staatsverschuldung. Ursachen im internationalen Vergleich, Opl.

Uwe Wagschal

Stabilitätspolitik

Bezeichnung für staatl. Bemühungen, die → Konjunktur so zu beeinflussen, daß ein gesamtwirtschaftl. → Gleichgewicht realisiert wird und die Ziele des Magischen Vierecks (Wachstum, Preisniveaustabilität, hohes Beschäftigungsniveau, außenwirtschaftl. Gleichgewicht; → Wirtschaftspolitik) erreicht werden. Die S. orientiert sich an den gesamtwirtschaftl. Größen (Globalsteuerung) und stützt sich instrumentell auf die → Geld-, die → Finanz-, die → Außenwirtschafts- und die → Einkommenspolitik, wobei die Zuordnung zu unterschiedlichen wirtschaftspolit. Akteuren einen komplexen wirtschaftspolit. Entscheidungsprozeß bedingt.

In der BRD wurde das 1967 verabschiedete Stabilitäts- und Wachstumsgesetz (StWG) als „Magna Charta der modernen Konjunkturpolitik" (*F. Neumark*) mit großen Vorschußlorbeeren bedacht. Die Neuerungen lagen v. a. bei institutionellen Vorkehrungen für eine bessere Koordination der Fiskalpolitik durch die verschiedenen staatl. Akteure im föderalistischen Staat (z. B. Konjunkturrat für die öffentl. Hand, später auch Finanzplanungsrat), bei einer Erweiterung des fiskalpolit. Instrumentariums und bei dem Versuch der Einbindung der Verbände als wichtigste Akteure der Einkommenspolitik (Konzertierte Aktion). Die Erfahrungen mit dem StWG haben zu einer starken Ernüchterung und teilweise anderen Akzenten geführt (→ Monetarismus). Als Schwachstellen sind hervorzuheben: Unsicherheiten bei der zeitgerechten Konjunkturdiagnose und den Wirkungen eingesetzter Instrumente (Wissenslücke); polit. Blockaden beim Einsatz der Instrumente (Entscheidungslücke); interessenbedingte Abstimmungsdefizite zwischen den wirtschaftspolit. Akteuren (Koordinierungslücke), wobei offene Flanken v. a. die internat. Verflechtung und die von den Tarifparteien dominierte Einkommenspolitik bilden.

Lit.: *Adam, H.* [3]1995: Wirtschaftspolitik und Regierungssystem der Bundesrepublik Deutschland, Opl. *Grosser, D.* (Hrsg.) 1985: Der Staat in der Wirtschaft der Bundesrepublik, Opl. *Pätzold, J.* [6]1998: Stabilisierungspolitik, Bern. *Scharpf, F. W.* 1987: Sozialdemokratische Krisenpolitik in Europa, Ffm. u. a. *Schiller, K.* 1966: Preisstabilität durch globale Steuerung der Marktwirtschaft (Walter-Eucken-Institut, Vorträge und Aufsätze 15) Tüb. *Tichy, G.* [4]1999: Konjunkturpolitik – Quantitative Stabilisierungspolitik bei Unsicherheit, Bln. *Wagner, H.* [5]1998: Stabilitätspolitik, Mchn. u. a.

Uwe Andersen

Stalinismus

1. Polit. Doktrin, durch die *J. W. Stalin* (KP-Chef der Sowjetunion von 1922 bis 1953) Aussagen von *Marx* und *Lenin* als Marxismus-Leninismus zu einer dogmatisierten Lehre kodifizierte, in der die Herrschaft der KP und *Stalins* persönlich festgeschrieben wurde.

Entgegen den Aussagen von *Marx* und *Engels* wurde der Aufbau einer sozialistischen Ordnung nicht nur in einem industriell rückständigen Land wie Rußland für möglich erklärt, sondern auch, daß dieser Aufbau nur in einem einzigen Land (ohne Weltrevolution) möglich sei.

2. Durch willkürlichen Terror größten Ausmaßes (viele Millionen Todesopfer) gegen Individuen wie Gruppen (z. B. Kulaken, nichtrussische Nationalitäten) gekennzeichnetes totalitäres Regime (→ Totalitarismus). Die nach dem Tode *Stalins* von *Chruschtschow* 1956 eingeleitete Entstalinisierung blieb Stückwerk. Als stalinistisch werden heute diejenigen → Kommunistischen Parteien bezeichnet, die *Stalins* Ideologie und Programmatik verteidigen und fortführen wollen.

→ Leninismus; Marxismus

Lit.: *Elleinstein, J.* [2]1977: Geschichte des Stalinismus, Hamb./Bln. *Tucker, R. C.* (Hrsg.) 1977: Stalinism, NY.

Klaus Ziemer

Standortpolitik

(1) Standortpolitik (S.) umfaßt betriebswirtschaftlich betrachtet die Ziel- und Mittelentscheidungen über den geographischen Ort, an dem ein Unternehmen Produktionsfaktoren einsetzt, um Leistungen zu erstellen. Die für eine Standortwahl bedeutsamen Faktoren variieren je nachdem, ob die Unternehmensleistungen material-, arbeits- oder absatzorientiert, auf besondere infrastrukturelle Einrichtungen (z. B. Technologien, Energie, Verkehr) angewiesen oder von bestimmten Abgaben, Steuer- bzw. Subventionsvorteilen abhängig sind. (2) Im polit.-ökonom. Sinne bezeichnet S. staatl. Maßnahmen, die geeignet erscheinen, die Ansiedlung neuer Unternehmen zu fördern bzw. die Attraktivität der vorhandenen Standorte zu erhalten und ggf. zu verbessern.

Die zunehmende Bedeutung polit. Maßnahmen zur Verbesserung von Standortqualitäten reflektiert einerseits den enormen internat., regionalen und kommunalen Wettbewerb um Unternehmen als Anbieter von Arbeitsplätzen und Einkommen, als Steuerzahler etc. Andererseits wird angesichts des Mangels an neuen (volks-)wirtschaftl. Modellen und Leitbildern deutlich, daß Innovationsdynamik und permanenter Strukturwandel moderner Gesellschaften zunehmend als polit.-ökonom. Aufgabe angesehen werden, die von unten nach oben zu leisten ist.

→ Wirtschaftspolitik

Lit.: *Dierkes, M./Zimmermann, K.* (Hrsg.) 1990: Wirtschaftsstandort Bundesrepublik. Leistungsfähigkeit und Zukunftsperspektiven, Ffm./NY. *Klemmer, P./Schubert, K.* (Hrsg.) 1992: Politische Maßnahmen zur Verbesserung von Standortqualitäten, Bln.

Klaus Schubert

Steuern/Steuerpolitik

Steuern werden im dt. Steuerrecht in 3 (1) der Abgabenordnung definiert: „Steuern sind Geldleistungen, die nicht eine Gegenleistung für eine besondere Leistung darstellen und von einem öffentlich-rechtlichen Gemeinwesen zur Erzielung von Einnahmen allen auferlegt werden, bei denen der Tatbestand zutrifft, an den das Gesetz die Leistungspflicht knüpft; die Erzielung von Einnahmen kann Nebenzweck sein. Zölle und Abschöpfungen sind Steuern im Sinne dieses Gesetzes." Gebühren und vor allem Beiträge sind zwar rein definitorisch keine Steuern, haben aber Steuercharakter, da Kaufkraft entzogen wird und ein Zwangschrakter oft ebenfalls besteht.

Die historische Unterscheidung zwischen direkten und indirekten Steuern ist in der Finanzwissenschaft nur noch von untergeordneter Bedeutung. Im Jahr 2000 betrug der Anteil der direkten Steuern 51,8 % und der indirekten Steuern 48,2 %. Über die Jahre kann eine Verschiebung hin zu den indirekten Steuern beobachtet werden.

Abgaben können über zwei Besteuerungsgrundsätze begründet werden. Nach dem Äquivalenzprinzip (*benefit principle*) gibt es eine direkte Beziehung zwischen den gezahlten Steuern und den vom Staat empfangenen Leistungen (z. B. bei Gebühren und Beiträgen). Bei dem Leistungsfähigkeitsprinzip (*ability to pay principle*) bestimmt sich die Steuerlast nach der individuellen wirtschaftl. Leistungsfähigkeit (z. B. Einkommensteuer).

Es bestehen vier Hauptfunktionen von Steuern. Die fiskalisch, administrative Funktion von Steuern besteht in der Beschaffung ausreichender Finanzmittel zur Finanzierung der Staatstätigkeit. Die ökonomisch-allokative Funktion zielt auf eine Änderung von Marktpreisen (Lenkungssteuern) ab, z. B. zur Verringerung der Umweltbelastung durch Ökosteuern. Die redistributive, sozialpolit. Funktion von Steuern dient zur Abschöpfung von Markteinkommen zur Umverteilung, damit sozial schwache Bevölkerungsgruppen abgesichert werden. Die allgemein-polit. Funktion besteht in der Information über die Höhe des Staatsanteils, damit der Wähler im polit. Wettbewerb über die Staatstätigkeit entscheiden kann.

Das Steuersystem in D ist im Wesentlichen durch das Verhältnis der öffentl. Gebietskörperschaften (Bund, Länder und Gemeinden) zueinander und in jüngerer Zeit noch durch die → Europäische Union mit bestimmt. Dabei ist zwischen der Gesetzgebungs-, der Ertrags- und der Verwaltungskompetenz der einzelnen Ebenen zu unterscheiden.

Die Gesetzgebungskompetenz ist das Recht, Steuergesetze zu erlassen. Dieses ist in Art. 105 GG geregelt. Die Steuerertragskompetenz ist in Art. 106 geregelt und weist den Gebietskörperschaften die Steuern nach einem Trenn- und Verbundsystem zu. Dem Bund stehen beispielsweise ausschließlich die Mineralöl-, die Tabak- und die Versicherungssteuer zu. Die Zölle (seit 1975) und Agrarabgaben (seit 1971) fließen voll, abzüglich der Erhebungskosten, der EU zu. Die Kraftfahrzeug-, die Bier- sowie die Wettsteuern stehen ausschließlich den Ländern zu. Den Gemeinden stehen vor allem die Grund- und die Gewerbeertragssteuer zu. Vom Umfang her bedeutender sind die Verbundsteuern, vor allem die Lohn- und die veranlagte Einkommensteuer mit einem Aufkommen (1998) von rund 270 Mrd. DM (Verteilung im Jahr 2000: Bund 42,5 %, Länder 42,5 %, Gemeinden 15 %) sowie die Umsatz- und die Einfuhrumsatzsteuer mit zusammen rund 250 Mrd. DM.

Tabelle 8: Gesamtabgaben- und Steuerbelastung im Ländervergleich

	Gesamt-abgabenquote 1997	Veränderung der Abgabenquote zwischen 1997 und 1965	Steuerquote 1997
Schweden	51,9	16,9	36,7
Dänemark	49,5	19,6	47,9
Finnland	46,5	16,2	34,8
Belgien	46,0	14,8	31,4
Frankreich	45,1	10,6	26,8
Italien	44,4	18,9	29,6
Österreich	44,3	9,6	29,1
Norwegen	42,6	9,3	33,1
Niederlande	41,9	9,2	24,7
Deutschland	37,2	5,6	21,7
Kanada	36,8	10,9	31,9
Neuseeland	36,4	11,7	36,4
Großbritannien	35,4	5,0	29,3
Portugal	34,2	18,0	25,3
Schweiz	33,8	13,1	21,3
Spanien	33,7	19,0	21,9
Griechenland	33,7	11,7	23,1
Irland	32,8	6,9	28,6
Australien	29,8	6,6	29,8
USA	29,7	5,4	22,5
Japan	28,8	10,5	18,2
Durchschnitt	38,8	11,9	28,8

Quelle: OECD-Revenue Statistics (verschiedene Ausgaben).

Das gesamte Steueraufkommen betrug 1998 rund 833 Mrd. DM, wobei die Steuerquote bei rund 22 % des BIP lag. Die ertragreichsten Steuern sind die Lohn- und Einkommensteuern, die Umsatzsteuer und die Mineralölsteuer. Die Abgabenquote, also Steuern sowie Gebühren und Sozialbeiträge, lag 1998 bei 40,1 % des BIP (in der Abgrenzung des Bundesfinanzministeriums).

Die Verteilung der Umsatzsteuer wird jedes Jahr neu bestimmt. Nach der Vorabverteilung eines Teils der Umsatzsteuer, um finanzschwache Länder auf 92 % der länderdurchschnittlichen Finanzkraft anzuheben, stehen dem Bund im Jahr 2000 52 %, den Ländern 45,9 % und den Gemeinden 2,1 % der Umsatzsteuer zu. Den Finanztransfer an die EU trägt ausschließlich der Bund, der im Jahr 2000 rund 45,3 Mrd. DM beträgt, neben den Zöllen und Agrarabgaben erhält die EU noch sog. MWSt-Eigenmittel (aus dem Bundesanteil der Umsatzsteuer) sowie BSP-Eigenmittel. Im Zeitablauf seit 1970 ging der Anteil des Bundes am Gesamtsteueraufkommen kontinuierlich zurück. Im Jahr 2000 hat der Bund einen Anteil von 42,5 %, die Länder von 40,3 %, die Gemeinden von 12,3 % und die EU von 4,9 % am Gesamtsteueraufkommen.

3. Beim Vergleich sämtlicher Steuern und Abgaben im Verhältnis zum BIP liegt D im Mittelfeld von 21 untersuchten OECD-Ländern (1997), wobei die Gesamtabgabenquote (nach der OECD-Abgrenzung) mit rund 37 % des BIP unterhalb des OECD-Durchschnittes (38,8 %) liegt. Die Hochsteuerländer sind – nach dieser Schlüsselgröße zur Messung des Umfanges des Steuerstaates – vor allem die skandinavischen Länder (Schweden, Dänemark und Finnland), während in Japan, den USA sowie in Australien die Wirtschaftsleistung am wenigsten mit Steuern und Sozialabgaben belastet wird. Die Veränderung der Gesamtabgabenquote zwischen 1965 und 1997 verdeutlicht, daß D sich in diesem Zeitraum keineswegs auf den Marsch in einen übergroßen „Steuerstaat" befand. Der Zuwachs der Gesamtabgabenlast ist der drittniedrigste in der OECD-Ländergruppe und beträgt weniger als die Hälfte des OECD-Durchschnittswertes (vgl. *Tabelle 8*), und dies trotz des Abgabenanstiegs in Folge der → Deutschen Einheit.

Klammert man zudem die Sozialabgaben aus der Berechnung aus und analysiert nur die reine Steuerquote, dann ist diese in D zwischen 1965 von 23,1 % auf 21,7 % (1997) gesunken (vgl. *Tabelle 8*). D ist das einzige Land, in dem eine Reduzierung der Steuerquote stattfand, lediglich in den USA blieb die Steuerquote ebenfalls annähernd konstant. Dabei wies D 1965 eine überdurchschnittlich hohe Steuerquote auf, während diese 1997 deutlich unterhalb des OECD-Durchschnitts lag. Der Zuwachs der Abgabenlast hierzulande ist daher im wesentlichen auf die gestiegenen Sozialabgaben und somit auf die Erhöhung der Beitragssätze für die Kranken-, Renten- und Arbeitslosenversicherung zurückzuführen beziehungsweise auf die Einführung eines neuen Versicherungszweiges, der Pflegeversicherung (1995).

4. Aus politikwissenschaftl. Sicht ist die Frage bedeutsam, was die Höhe der Besteuerung bestimmt und welche Faktoren auf die Steuerpolitik (S.) einwirken. Wichtige Faktoren zur Erklärung des Besteuerungsniveaus sind sozioökonom. Faktoren wie die Seniorenquote und das Wirtschaftswachstum. Eine hohe Senioren- und Arbeitslosenquote birgt großen Nachfragedruck nach staatl. Leistungen und damit einen hohen Finanzbedarf, dagegen entlastet das Wirtschaftswachstum – über mehr Steuereinnahmen – die Staatskasse. Aber auch institutionelle Vetospieler haben eine eindeutige Prägekraft (z. B. Verfassungsgerichte, die Direktdemokratie, eine unabhängige Notenbank, verfassungsrechtl. Steuergrenzen), da sie den Steuerstaat bremsen können. Die Wirkung der Vetospieler zeigt sich vor allem auch bei der Erklärung der Steuerreformtätigkeit nach 1980: Länder mit vielen institutionellen *checks and balances* führen signifikant weniger Steuerreformen durch. In der BRD hat gerade das Verfassungsgericht in neuerer Zeit bei seinen Entscheidungen zum steuerfreien Existenzminimum, zur Zinsbesteuerung sowie zur Vermögens- und Erbschaftssteuer die S. mit determiniert.

Ferner ist der ökonom. Problemdruck für die Durchführung von Steuerreformen relevant: Länder, die sich in der Wirtschaftskrise befinden, führen mehr Steuerreformen durch. Besonders wichtig ist die parteipolit. Zusammensetzung der Regierung als eine Schlüsselgröße zur Erklärung des Besteuerungsniveaus: Linksparteien bringen eine höhere Besteuerung als konservative Parteien hervor, die dagegen steuerbremsend wirken. Bemerkenswert ist auch die Privilegierung der Institution Familie durch die christdemokratischen Parteien in den jeweiligen Steuersystemen, was an der Differenz der Besteuerung von Familien und Alleinstehenden gezeigt werden kann. In D ist diese Bevorzugung der Familie am stärksten von allen OECD-Ländern. Zudem wirken nicht nur die Parteien, sondern auch die Machtressourcen gesellschaftl. Kräfte, wie etwa die Gewerkschaftsstärke oder der Korporatismusgrad. Teilweise erklärt auch die These von der Politik-Erblast die S. (*Rose/Karran* 1987). Steuerpolitik ist nach dieser Sichtweise eine Politik der *„non-decisions"*, da die Kosten einer Steuersystemänderung größer sind als der für verantwortliche Politiker zu erwartende mögliche polit. Gewinn. Uneindeutiger fallen die Befunde der Globalisierungsthese aus. Zwar scheint der Wettbewerbsdruck durch die → Globalisierung die nat. Besteuerungsgewalt einzuschränken, doch gibt es immer noch hinreichend Variation zwischen den Industrienationen, und es fand kein Absinken der Besteuerungsniveaus auf breiter Front statt. Ebenso können die Zahl und der Umfang der Steuerreformen nicht durch Globalisierungsprozesse erklärt werden.

Seit 1945 lassen sich in den OECD-Ländern sechs Steuerreformwellen identifizieren. Die erste Welle betraf die Einführung von Lohnsummensteuern mit einem zeitlichen Schwerpunkt vor 1965 (*Messere* 1993). Die zweite Welle hatte die Ausweitung der Sozialversicherungsabgaben zum Gegenstand, sowohl für die Arbeitnehmer als auch für die Unternehmer (allerdings nicht immer paritätisch), wobei der Schwerpunkt überwiegend bei den kontinentaleurop. Ländern mit einem ausgebauten Sozialversicherungssystem lag. Die dritte Welle der Steuerreformen führte zu einer Hinwendung auf eine indirekte Besteuerung, insbes. zur Einführung von Mehrwertsteuern. Die Einführung der Mehrwertsteuer mit einem Vorsteuerabzug (*Value Added Tax*) erfolgte im Zeitraum zwischen 1968 und 1975 in mehr als der Hälfte der OECD-Mitgliedstaaten, vor allem in den Mitgliedsländern der EG. Dazu zählt auch eine zweite Phase der Einführung der Mehrwertsteuer im Zeitraum von 1985 bis 1991. Die vierte Welle internat. Steuerreformen, die Einführung von Umweltsteuern und die Durchführung ökolog. Steuerreformen, setzte Mitte der 1980er Jahre ein. Vereinzelt wurden aber bereits in den 1970er Jahren erste Umweltsteuern eingeführt. Spitzenreiter waren hierbei die skandinavischen Wohlfahrtsstaaten, die am weitesten Umweltsteuern, z. B. auf Kraftstoffe und Energie (CO_2-Steuer), einführten. Die fünfte Steuerreformwelle begann Anfang/Mitte der 1980er Jahre und dauert bis in die Gegenwart an. Diese Reformen reduzierten die Einkommensteuern, aber auch die Unternehmenssteuern in teilweise beträchtlichem Umfang. Hervorstechende Merkmale waren einerseits im wesentlichen die Reduzierung der Steuersätze und andererseits die Erweiterung der Bemessungsgrundlage, also der Steuerbasis. Die aktuellste Steuerreformwelle betrifft die Harmonisierung der Zinsbesteuerung in der EU. Durch teilweisen unlauteren Steuerwettbewerb gelingt es einigen Staaten, hier Wettbewerbsvorteile zu erzielen, indem – bedingt durch die hohe Kapitalmobilität – Kapital in Länder mit großem Bankgeheimnis und/oder niedrigen Steuersätzen transferiert wird (z. B. Luxemburg, Österreich, GB, Schweiz). Dadurch erodiert die Steuerhoheit der Nationalstaaten über seine Bürger. Zu einer Einigung im Hinblick auf die Zinsbesteuerung kam es auf dem EU-Gipfel (Juni 2000) von Feira (Portugal). Ziel ist eine einheitliche Abgeltungssteuer für Kapitalerträge sowie eine Informationspflicht über ausländische EU-Steuerbürger.

Lit.: *Bundesministerium für Finanzen* 1999: Finanzbereicht 2000, Bonn. *Messere, K. C.* 1993: Tax Policy in OECD Countries, Amsterdam. *Peters, G. B.* 1991: The Politics of Taxation. A Comparative Perspective, Camb./Ox. *Rose, R./Karran, T.* 1987: Taxation by Political Inertia. Financing the Growth of Government in Britain, L. *Wagschal, U.* 2001: Deutschlands Steuerstaat und die vier Welten der Besteuerung, in: *Schmidt, M. G.* (Hrsg.): Wohlfahrtsstaatliche Politik: Institutionen – Prozesse – Leistungsprofil, Opl.

Uwe Wagschal

Streik

[I] Streik (S.; von engl. *to strike work* = Arbeitsniederlegung), die gemeinsame und planmäßig durchgeführte Arbeitseinstellung einer größeren Zahl von Arbeitnehmern (ungeachtet, ob sie gewerkschaftlich organisiert sind oder nicht) innerhalb eines Berufs, Betriebs oder einer Wirtschaftsbranche zur Durchsetzung eines bestimmten Ziels mit dem Willen zur Fortsetzung des Arbeitsverhältnisses nach Beendigung des Streiks. S. gehört (neben Aussperrung und Boykott) zu den Arbeitskampfmaßnahmen. S. und Unterstützung für einen voraussehbaren S. waren der Anlaß zum ersten solidarischen Zusammenschluß von Arbeitern, zur Bildung der ersten → Gewerkschaften.

1. In gesellschaftspolit. Interpretationen und Theorien wird der S. je verschieden beurteilt: (1) Für *Marx* und *Engels* war der S. sowohl ein Mittel zur Behauptung der Arbeiterklasse und ihrer Interessen im → Kapitalismus als auch eine revolutionäre Schule zur Vorbereitung auf die vollständige → Emanzipation der Arbeiterklasse und der Menschheit überhaupt. (2) *F. Lassalle* hat dem S. (wie auch den Gewerkschaften) wenig Bedeutung beigemessen, da wegen des ehernen Lohngesetzes die Verbesserung der wirtschaftl. Lage der Arbeit objektiv nicht möglich sei. (3) Für Anarchisten und Syndikalisten ist der S. Ausdruck der sozialen Revolte. (4) In der dt. Sozialdemokratie war der S. als Mittel, höhere Löhne und bessere Arbeitsbedingungen zu erkämpfen, immer unumstritten. (5) In der katholischen Soziallehre wird prinzipiell der wirtschaftl. S. als legitimes Mittel der Arbeitnehmer anerkannt. (6) Im orthodoxen Marxismus-Leninismus ist S. als Arbeitsniederlegung begriffen worden, die nur im Kapitalismus möglich sei, da es sich beim S. um eine Form des proletarischen Klassenkampfes gegen kapitalistische Ausbeutung und Unterdrückung handle.

2. Es können verschiedene Typen von S. nach deren jeweiliger Zielsetzung und angewandten Methoden unterschieden werden. So der Sympathie- und Solidaritätsstreik, der Warn- bzw. Demonstrationsstreik, der Proteststreik und der aktive Kampfstreik, aber auch der „Bummelstreik“ und der Dienst nach Vorschrift. Während S., die sich auf die konkreten Beziehungen zwischen Arbeitnehmern und ihrem Arbeitgeber beziehen, prinzipiell zulässig sind, ist die Berechtigung von polit. S., also solchen Arbeitskampfmaßnahmen, die polit. Ziele haben, umstritten.

3. Das Recht, Gewerkschaften zu bilden, und das Streikrecht können als Prinzipien des → Sozialstaates angesehen werden. Dem gewerkschaftlichen S. steht als wichtigstes Arbeitskampfmittel der Arbeitgeber die Aussperrung gegenüber, die in westl. Demokratien unterschiedlich als legitim oder illegitim angesehen wird.

Peter Lösche

[II] Benutzt man die durch S. in einem bestimmten Zeitraum ausgefallenen Arbeitstage als Indikator, so zeigen sich große Unterschiede zwischen den westl. Industrieländern. Datenmaterial, das insbes. die beträchtlichen Variationen in Hinsicht auf Dauer, Häufigkeit und Streikbeteiligte im internat. Vergleich zeigt, findet sich beispielsweise bei *Flora* u. a. (1987). Aktuelle Daten können dem *Year Book of Labour Statistics* der ILO entnommen werden.

1. Finnland, Italien, Kanada, Spanien, Griechenland und Island gehören zu den wirtschaftlich hochentwickelten OECD-Ländern, in denen vergleichsweise viel gestreikt wird. In der ersten Hälfte der 1990er Jahre fielen in diesen Ländern zwischen 150 (Italien) und 1600 (Griechenland) Arbeitstage pro 1000 zivilen Erwerbspersonen aus. Demgegenüber gibt es in Ländern wie der Schweiz, Österreich, den Niederlanden, Frankreich oder auch in D relativ wenige streikbedingte Arbeitsausfälle. In der Schweiz ging zu Beginn der 1990er Jahre jahresdurchschnittlich je 1000 Arbeitnehmer lediglich ein Arbeitstag verloren (D: 15). Tendenzielle Ähnlichkeiten zwischen den westl. Industrieländern zeigt eine langfristige Betrachtung der Streikentwicklung in den einzelnen Ländern. Bis in die 1920er Jahre stieg das Streikvolumen zunächst an. In den 1950er und 60er Jahren gab es relativ wenige Arbeitsausfälle durch Streiks. In der Periode von 1968 bis 1972 nahm das durchschnittl. Streikvolumen in den westl. Industrieländern stark zu. Dieses große Ausmaß industrieller Militanz ging bis zu den 1980er Jahren langsam zurück. In der ersten Hälfte der 1990er wurde nach einem ausgeprägten Rückgang wieder ein Streikniveau erreicht, das niedriger als jenes in den 1960er Jahren war (1960er Jahre: 168, 1970er Jahre: 313, 1980er Jahre: 221, erste Hälfte der 1990er

Jahre: 141 verlorene Arbeitstage durch S. und Aussperrung pro 1000 zivile Erwerbspersonen). In der sozialwissenschaftl. Forschung der 1970er und 80er Jahre wurde angesichts der gerade beobachteten Streikwelle die These geäußert, es würde ein relativ dauerhaftes Wiederaufflammen des Klassenkonflikts geben, das sich im Ausmaß industrieller Konflikte zeige. Dies ist, wie wir inzwischen wissen, ebenso unrichtig wie die Gegenthese, der Arbeitskampf sei ein Relikt der → Arbeitsbeziehungen vor dem II. Weltkrieg und würde in der modernen Gesellschaft verschwinden. Angemessener ist die These, der S. gehöre zur modernen Gesellschaft, allerdings nur als *ultima ratio* und nicht als regelmäßig eingesetztes Mittel der → Tarifpolitik. Im internat. und zeitlichen Vergleich fällt ferner auf, daß einige Länder – Schweiz, Österreich, D, Niederlande – durchgängig Nationen mit geringer Streikaktivität sind. Zudem korrelieren die Streikniveaus zwischen den einzelnen Perioden. Dies weist auf zeitlich sich kaum verändernde Eigentümlichkeiten der Systeme der Arbeitsbeziehungen hin, die für den Einsatz von Konfliktregulierungstechniken wichtig sind. Dazu gehören die Struktur und → Ideologie der → Gewerkschaften sowie die rechtl. Grundlagen der Arbeitsbeziehungen, wie z. B. Betriebsverfassungen und Tarifvertragsgesetze. Die starken zeitlichen Variationen der Streikaktivität in der Nachkriegsperiode warnen vor schnellen Generalisierungen. Die Daten für die Entwicklung in den 1990er Jahren legen es zwar nahe, daß alle wirtschaftl. hochentwickelten OECD-Länder mit Ausnahme Griechenlands nunmehr ein auch im internat. Vergleich niedriges oder mäßiges Niveau des Arbeitskonfliktes erreicht haben. Dies schließt jedoch prinzipiell eine Streikwelle nicht aus, wie sie die westl. Länder zwischen 1968 und Mitte der 1980er Jahre bereits einmal erschüttert hat.

2. Zur Erklärung von S. existieren zwei konkurrierende Argumente. Den einen Autoren zufolge ist S. ein Ausdruck struktureller Konflikte zwischen Arbeitnehmern und Arbeitgebern in kapitalistischen Gesellschaften. S. sind in dieser Sichtweise grundsätzlich nicht vermeidbar. Am pointiertesten wurde diese Position in marxistisch orientierten Analysen vertreten. Die gegensätzliche Position geht davon aus, daß entweder ein Machtgleichgewicht zwischen den Arbeitsmarktparteien besteht oder daß keine strukturellen Konflikte vorliegen.

In dieser Perspektive entstehen S., wenn andere Konfliktregulierungsverfahren nicht vorhanden sind oder nicht funktionieren. Demnach wären S. eine Konfliktregulierungstechnik des Arbeitslebens und grundsätzlich vermeidbar, sobald es effizientere Verhandlungstechniken gibt. Solche Positionen werden bes. in ökonomisch-sozialpsychologischen und in institutionellen Analysen vertreten. Dazu gehören Studien über den Zusammenhang von sozialer Isolation, Lohnerwartungen und Frustrationen über ausgebliebene Lohnerhöhungen; über das Ausloten von Konzessionsspielräumen oder über den S. als Mittel der Anpassung der Erwartung der Arbeitnehmer an die durch Verhandlungsführer erzielbaren Vereinbarungen. Ferner zählen dazu auch Erklärungen, die die Streikaktivität auf Art und Ausmaß der Institutionalisierung der Konfliktregulierungsmechanismen zurückführen.

Vergleichende sozial- und insbes. politikwissenschaftl. Forschung über Arbeitskämpfe ist in den 1980er und 90er Jahren selten geworden, nachdem die Streikzahlen wieder stark rückläufig geworden sind. Deshalb stammen die wichtigsten Beiträge zu diesem Thema aus dem Zeitraum zwischen 1960 und 1983. Für die politikwissenschaftl. Forschung, die eher an internat. Unterschieden und an langfristigen Entwicklungen des Streikniveaus interessiert ist, sind besonders vier vergleichende Studien wichtig gewesen: *Ross* und *Hartmann* (1960) führten in einem internat. Vergleich unterschiedliche Streikniveaus auf folgende Variablen zurück: (1) Organisatorische Stabilität der Gewerkschaften. Je größer diese ist, desto weniger wahrscheinlich sind dezentrale und häufige Streiks. (2) Führungskonflikte in der Gewerkschaftsbewegung. Je geringer diese Konflikte sind, desto weniger wird zum S. gegriffen. (3) Art der Arbeitgeber-Arbeitnehmer-Beziehungen. Wenn die Unternehmer die gewerkschaftliche Interessenvertretung akzeptiert haben und überbetriebliche Verhandlungsstrukturen aufgebaut sind, dann ist die Streikwahrscheinlichkeit geringer. (4) Polit. Aktivität der Gewerkschaften. Wenn es eine starke Arbeiterpartei gibt und diese gar noch in der Regierung vertreten ist, werden Gewerkschaften weniger streiken, um deren Arbeitsbedingungen und Erfolgschancen nicht zu verschlechtern. (5) Rolle des Staates. Je stärker der Staat in die Arbeitsbeziehungen einbezogen ist, desto geringer ist das Streikniveau. Dies hängt mit staatl. Umverteilungsaktivitäten, der Bedeutung des Staates als Arbeitgeber und der staatl. Konfliktregulierung zusammen. Aufgrund der Entwicklung dieser unabhängigen Variablen nahm das Autorenteam Ende der 1950er Jahre an, der S. würde in westl. Industriegesellschaften langfristig verschwinden. Diese klare Fehlprognose bedeutet noch nicht, daß die zugrundeliegende Theorie falsch sein muß. *Batsone* (1985) argumentierte, die unabhängigen Variablen hätten sich nicht so wie erwartet entwickelt und deshalb sei auch der S. nicht verschwunden. Im Grunde enthalte die Analyse von *Ross* und *Hartmann* bereits die Synthese der Arbeiten der Institutionalisten (*Clegg* 1976) und der Klassen- und Parteienkonfliktstheoretiker (*Shorter* und *Tilly* 1974; *Korpi* 1983).

Clegg (1976: 68–82) wies in einem internat. Vergleich darauf hin, daß Arbeitsbeziehungen mit industrieweiten oder regionalen Tarifverhandlungen eine geringere Streikaktivität aufweisen als Systeme industrieller Beziehungen mit betrieblichen Kollektivverhandlungen. Seiner Analyse zufolge tragen auch umfassende und wirkungsvolle Konfliktregulierungsverfahren zu einem geringeren Streikvolumen bei.

Auf der Basis einer Untersuchung der franz. Streikentwicklung zwischen 1830 und 1968 und einem internat. Vergleich vertraten *Shorter* und *Tilly* (1974) die These, daß S. als polit. Mittel der Arbeiterschaft verstanden werden müssen. Eine Voraussetzung für S. sei die gewerkschaftliche Organisation. Der S. selber sei ein Instrument der Politik der Arbeiterschaft, das auf mindestens drei Arten eingesetzt wird: (1) Da die Arbeiterschaft nicht stark genug ist, gegenüber den Arbeitgebern ihre Ziele durchzusetzen, wird gestreikt, um das staatl. Eingreifen zugunsten der Arbeitnehmerschaft zu erzwingen. (2) Der S. dient als Demonstration. (3) Der S. ist Druckmittel, um das polit. System zu spezifischen Politiken zu veranlassen.

Ähnlich argumentiert auch *Korpi* (1983). Abgesehen von Randbedingungen (internat. wirtschaftl. Lage des Landes, wirtschaftl. Wachstum) sei die Höhe des Streikniveaus von der ökonom. und polit. Machtverteilung abhängig. Streiks sind demnach dort besonders selten, wo Arbeitnehmer alternativ zu Konflikten und Aushandeln mit Unternehmern die Möglichkeit haben, ihre Ziele über Parlament und Regierung zu verwirklichen. Dort jedoch, wo die Gewerkschaften stark sind, aber aufgrund der Regierungszusammensetzung wenig Chancen haben, sich politisch mit ihren Wünschen durchzusetzen, sei das Streikniveau hoch.

Die Erklärungen von *Clegg*, *Shorter/Tilly* und *Korpi* schließen sich nicht gegenseitig aus. *Korpi* sieht Institutionen, die die „geronnene" Verteilung von gesellschaftl. Machtressourcen darstellten, als wichtige handlungsleitende Elemente der Arbeitsbeziehungen. *Clegg* betont, daß er mit einer institutionellen Erklärung nur langfristige Niveauunterschiede in den Griff bekomme; wichtig seien auch ökonom. Randbedingungen und die Beziehungen zwischen Gewerkschaften und Regierungen. Im Anschluß an diese Autoren und in Übereinstimmung mit *Ross* und *Hartmann* lassen sich somit Extremkonstellationen angeben, die zu bes. hohen oder niedrigen Streikniveaus führen: (1) Geringes Streikausmaß: mitgliederstarke, zentrale Gewerkschaften ohne große ideologische oder materielle interne Interessenkonflikte zwischen Mitgliedergruppen; hoher Grad der Institutionalisierung der Konfliktregulierung; große Wahrscheinlichkeit, Arbeitnehmerziele in der staatl. Arena zu verwirklichen, da eine gewerkschaftsnahe Partei über mehrere Jahre hinweg ununterbrochen an der Regierung beteiligt ist. (2) Großes Streikausmaß: mitgliederstarke, dezentrale Gewerkschaften mit großen ideologischen und materiellen internen Interessenkonflikten; geringer Institutionalisierungsgrad der Konfliktregulierung, keine Chance der Verwirklichung von Arbeitnehmerzielen in der staatlich-polit. Arena; gewerkschaftsnahe Parteien sind nicht oder nur kurzfristig mit jeweiligen Unterbrechungen an der Regierung beteiligt.

Klaus Armingeon

Lit. zu [I]: *Bieback, K.-J./Zechlin, L.* (Hrsg.) 1989: Ende des Arbeitskampfes?, Hamb. *Clarke, R. O.* 1987: Industrial Conflict: Prospectives and Trends, in: *Blanpain, R.* (Hrsg.): Comparative Labour Law and Industrial Relations, Deventer, 383–399. *Boll, F.* 1992: Arbeitskämpfe und Gewerkschaften in Deutschland, England und Frankreich, Bonn. *Schneider, D.* (Hrsg.) 1971: Zur Theorie und Praxis des Streiks, Ffm. *Stützel, W.* (Hrsg.) 1994: Streik im Strukturwandel, Ffm. **zu [II]:** *Batstone, E.* 1985: International Variations in Strike Activity, ESR, 1, 46–64. *Clegg, H.* 1976: Trade Unionism under Collective Bargaining, Ox. *Flora, P./Kraus, F./Pfenning, W.* 1987: State, Economy, and Society in Western Europe. 1815–1975. Bd. 2. The Growth of Industrial Societies and Capitalist Economies, Ffm./L./Chicago. *Korpi, W.* 1983: The Democratic Class Struggle, L. *Ross, A./Hartmann, P. T.* 1960: Changing Patterns of Industrial Conflict, NY/L. *Shorter, E./Tilly, C.* 1974: Strikes in France 1830–1968, Camb.

Peter Lösche/Klaus Armingeon

Strukturanpassung

Der Begriff der Strukturanpassung (S.) steht für die wirtschafts- und finanzpolit. Maßnahmen, die in etlichen Ländern der → Dritten Welt als Folge der → Verschuldungskrise und im Zeichen des → Neoliberalismus ergriffen wurden, um die Zahlungsfähigkeit und Kreditwürdigkeit eines Schuldnerlandes wiederherzustellen.

Als dazu erforderliche interne Reformen wurden vom → IWF und von der → Weltbank, die Strukturanpassungsprogramme (SAPs) häufig mitkonzipierten und gelegentlich zu implementieren erzwangen, drei Maßnahmenbündel betrachtet: (1) Stabilisierung der Staatsfinanzen durch Einsparungen in den öffentl. Haushalten, etwa durch Personalentlassungen im Öffentl. Dienst, Abbau von → Subventionen, Kürzung von Sozialausgaben (vor allem im Bildungs- und Gesundheitsbereich) und staatl. Investitionen sowie Erhöhung der Preise für öffentl. Dienstleistungen (Energie, Transport, Bildung, Gesundheit); (2) Reduzierung der Staatsaufgaben mittels Rückzug aus der Wirtschaft durch Privatisierung bisher staatl. Unternehmen; Deregulierung und Liberalisierung der Märkte, etwa durch Aufhebung der Preiskontrollen; (3) Öffnung der nat. Ökonomien gegenüber dem Weltmarkt, Einführung realistischer Wechselkurse (d. h. Abwertung der jeweiligen Standardwährung), Lockerung der Import- und Kapitalverkehrskontrollen, Schaffung von Investitionsanreizen für inländ. und vor allem ausländ. Kapital. Die S. war von Anfang an wegen der befürchteten sozialen Kosten umstritten. In der Tat wurden mit den SAPs i. d. R. das makroökonom. Gleichgewicht wiederhergestellt und das wirtschaftl. Wachstum gefördert. Zugleich damit erlitten große Teile der Bevölkerung empfindliche Einbußen im Lebensstandard; die → Armut nahm ebenso zu wie die → Soziale Ungleichheit, da das neue Wachstum mit einer erheblichen Einkommenskonzentration einherging. Die nat. Regierungen sahen sich zur Bekämpfung der Armut zu kompensatorischen Sozialmaßnahmen gezwungen, unterstützt von der Weltbank, die für die Länder südlich der Sahara SDA-Programme (*Social Dimensions of Adjustment Programs*) auflegte. Die Qualität des Wachstums (nicht neu in der → Entwicklungstheorie) wurde wieder thematisiert; die Wirtschaftskommission der → UN für Lateinamerika (CEPAL) propagierte ein Wachstum mit sozialer Gerechtigkeit (*desarrollo con equidad*). Im Zuge der Konzentration auf die sozialen Kosten der S. wurde die → Sozialpolitik insgesamt durch die zielgruppenorientierte Umschichtung der Sozialausgaben und die (Teil-) Privatisierung der Versicherung gegen soziale Risiken neu konzipiert.

Lit.: *Hauff, M. von/Heinicke, W.* (Hrsg.) 1992: Strukturanpassungspolitik der Weltbank, Ludwigsburg/Bln. *Sottoli, S.* 1999: Sozialpolitik und entwicklungspolitischer Wandel in Lateinamerika, Opl. *Tetzlaff, R.*

1993: Strukturanpassung – das kontroverse entwicklungspolitische Paradigma in den Nord-Süd-Beziehungen, in: *Nohlen, D./Nuscheler, F.* (Hrsg.): Handbuch der Dritten Welt, Bd. 1, Bonn, 420–445.

Dieter Nohlen

Strukturelle Gewalt → Gewalt

Strukturpolitik

Unter Strukturpolitik (S.) versteht man die Gesamtheit aller Maßnahmen staatl. Akteure, die auf eine Beeinflussung und Veränderung gegebener Wirtschaftsstrukturen abzielen. Die angestrebte Veränderung, Modernisierung oder Anpassung kann sich beziehen auf: 1) einzelne Branchen und Industrien (sektorale S. bzw. Industriepolitik), 2) bestimmte Regionen (regionale S. bzw. → Regionalpolitik); sie kann zielen auf: 3) die Verbesserung der Infrastruktur (Telekommunikation, Verkehr), 4) zukunftsorientiert auf die Verbesserung von Forschung, Bildung und Ausbildung. Die wichtigsten Instrumente sind gezielte Auftragsvergabe der öffentl. Hand, Steuererleichterungen, → Subventionen, Ge- und Verbote, die finanzielle Förderung von Forschung und Bildung. Zu unterscheiden sind: a) Entwicklungsziele, die auf eine Verringerung der regionalen oder sektoralen Disparitäten gerichtet sind; b) Umverteilungsziele, die durch Unterstützung armer Regionen (z. B. mittels horizontaler oder vertikaler Transferleistungen) angestrebt werden und c) Kompensationsziele, die durch (i. d. R. finanziellen) Ausgleich für polit. induzierte Benachteiligungen bestimmter Regionen oder Sektoren erreicht werden.

Aus neo-klassischer Sicht erzeugt aktive S. Wettbewerbsverzerrungen und behindert insb. die Mobilität der Produktionsfaktoren. Diesen ordnungspolit. Bedenken stehen polit.-praktische Erwägungen gegenüber, die davon ausgehen, daß entwickelte Regionen über (Informations- und Transaktions-)-Vorteile verfügen, die ohne strukturpolit. Maßnahmen zu weiteren Benachteiligungen der weniger entwickelten Regionen führen würden. Darüber hinaus sind strukturpolit. Maßnahmen gelegentlich auch als polit. Kosten von Einigungs- und Entscheidungsprozessen (z. B. auf der Ebene der → EU) zu betrachten, bei denen die Zustimmung abweichender Interessen, Regionen oder Länder ausgeglichen werden muß.

→ Forschungs- und Technologiepolitik, Verkehrspolitik, Steuerpolitik

Lit.: *Czada, R.* 1990: Wirtschaftsstrukturpolitik: Institutionen, Strategien, Konfliktlinien, in: *Beyme, K. v./Schmidt, M. G.* (Hrsg.): Politik in der Bundesrepublik Deutschland, Opl., 283–308. *Hödl, E./Weida, A.* 1997: Die Strukturpolitik der Europäischen Union, Ffm.

Klaus Schubert

Subsidiarität/Subsidiaritätsprinzip

Subsidiarität (S.; von lat. *subsidium* = Hilfeleistung, Unterstützung, Förderung) ist ein sozialethisches, verfassungsrechtl. und gesellschaftspolit. Prinzip, das nach den Kriterien der Erforderlichkeit und der besseren Erfüllbarkeit den kleineren Einheiten (Individuum, Familie, Gemeinde, Region, Teilstaat) Handlungspriorität vor den nächst höheren gibt. Die übergeordnete Gemeinschaft soll nur tätig werden und ist aber dann auch zur Hilfe verpflichtet, wenn die untergeordnete Ebene der sozialen oder polit. Unterstützung bedarf.

Von wachsender Bedeutung ist das Subsidiaritätsprinzip in der Gesellschaftstheorie, in der Sozialstaatsdiskussion und in der Europapolitik, in denen es um die Neubestimmung der Verantwortlichkeiten von Individuen, Gesellschaft und Staat geht, für die S. die Blickrichtung vorgibt (*Groser* 1995: 624f.).

(1) Urspr. in der katholischen → Soziallehre

verankert, betont S. in der → Sozialpolitik die familiär-gesellschaftl. Leistungen vor der staatl. Fürsorge und findet damit als Prinzip der *civil society* (→ Zivilgesellschaft) neuerdings auch Eingang in die Gemeinschaftsethik der Kommunitarier (→ Kommunitarismus). (2) Als regulative Idee dezentralisierter und föderativer → Politischer Systeme stärkt das Subsidiaritätsprinzip die Kompetenzen der subnat. Ebenen vor der staatlichen (→ Föderalismus). (3) Mit dem Maastrichter Vertrag (1993) wird es zu einem supranat. Handlungsprinzip. Die Verankerung in der Präambel und in Art. 3 b EU-V setzt zwar der juristischen Interpretation und der polit. Konkretisierung weite Grenzen. Doch die Anwendung von subsidiären Prüfungskriterien, die alle Maßnahmen nach mitgliedstaatl. Handlungsvermögen und gemeinschaftlicher Effizenz untersuchen, gehört bereits zum festen Bestandteil des Rechtssetzungsverfahrens der → Europäischen Union.

Lit.: *Groser, M.* 1995: Subsidiarität, in: *Nohlen, D./Schultze, R. O.* (Hrsg.): Politische Theorien (= Lexikon der Politik, Bd. 1), Mchn., 622–625. *Hilz, W.* 1999: Bedeutung und Instrumentalisierung des Subsidiaritätsprinzips für den europäischen Integrationsprozeß, in: ApuZ, B21–22, 28–38. *Pieper, S. U.* 1994: Subsidiarität. Ein Beitrag zur Begrenzung der Gemeinschaftskompetenzen, Köln. *Hrbek, R.* (Hrsg.) 1995: Das Subsidiaritätsprinzip in der Europäischen Union, Baden-Baden. *Waschkuhn, A.* 1995: Was ist Subsidiarität?, Opl.

Gerda Riescher

Subventionen/Subventionspolitik

I. In der Finanzwissenschaft gelten Subventionen (S.) als „Geldzahlungen oder geldwerte Leistungen der öffentl. Hand an Unternehmen, von denen anstelle einer marktwirtschaftl. Gegenleistung bestimmte Verhaltensweisen gefordert oder erwartet werden, die dazu führen sollen, die marktwirtschaftl. Allokations- und/oder Distributionsergebnisse nach polit. Zielen zu korrigieren" (*Hansmeyer* 1977: 963). Dabei können S. in Form direkter Zahlungen aus öffentl. Budgets (Zuschüsse, Darlehen, Schuldendiensthilfen, Bürgschaften) oder als Verzicht auf staatl. Einnahmen auftreten (Steuervergünstigungen, Gebühren- und Beitragsermäßigungen und -verzichte). Des weiteren können staatl. Käufe zu Preisen oberhalb des Marktpreises entgolten (Beschaffungssubvention) oder staatl. Waren, Dienstleistungen oder Vermögensgegenstände unter Marktpreis abgegeben werden (Abgabesubventionen). Schließlich kann die öffentl. Hand Verbindlichkeiten von Unternehmen in ihren Schuldenstand übernehmen.

Subventionsbegriffe lassen sich in formale und wirkungsorientierte Abgrenzungen einteilen. Dem formalen, geschlossenen Definitionsrahmen der Volkswirtschaftlichen Gesamtrechnung (VGR) folgt der dort verwandte Subventionsbegriff, der die Zuschüsse des Staatssektors (Gebietskörperschaften, → Sozialversicherungen, → Europäische Union) für laufende Produktionszwecke, aber weder Steuervergünstigungen noch Preissubventionen noch Vermögenstransaktionen erfaßt.

Wirkungsorientierte Abgrenzungen gehen von der angestrebten Wirkung, der Begünstigung privater Unternehmen oder Aktivitäten, aus. Sie definieren damit offener, aber auch unschärfer und werden in der Praxis mit Hilfe formaler Merkmale konkretisiert. In D sind derzeit drei Abgrenzungen von besonderer Bedeutung:

1. Die Abgrenzung nach dem Subventionsbericht der Bundesregierung: Nach 12 StWG sind S. „Bundesmittel, die für bestimmte Zwecke an Stellen außerhalb der Bundesverwaltung vergeben werden", und umfassen Finanzhilfen und Steuervergünstigungen. Sie werden weiter in Erhaltungs-, Anpassungs- sowie Produktivität und Wachstum fördernde Hilfen und schließlich „sonstige" untergliedert. Außer Betrieben und Wirtschaftszweigen können auch private Haushalte Subventionsempfänger sein (z. B. Spar- und Wohnungsbauförderung).

Ausgewiesen werden die Ausgaben und Einnahmeverzichte des jeweils laufenden Haushalts.

2. Die Abgrenzung der fünf Wirtschaftsforschungsinstitute im Rahmen der Strukturberichterstattung: 1987 einigten sich die fünf an der Strukturberichterstattung beteiligten Wirtschaftsforschungsinstitute auf einen gemeinsamen, erweiterten Subventionsbegriff. Seine Zielsetzung ist, „die sektorale Einflußnahme des Staates möglichst präzise abzubilden und die haushaltswirksamen staatl. Eingriffe in möglichst tiefer sektoraler Differenzierung (...) zu erfassen" *(Fritzsche* u. a. 1988: 16f.). Danach sind S. budgetäre Hilfen des Staates an Unternehmen (Subventionskern) sowie an private Haushalte, wenn sie als indirekte Lohnkostenzuschüsse oder für den Kauf bestimmter Produkte gewährt werden (Transfers mit Subventionscharakter). Ebenfalls erfaßt wird die kassenmäßige Haushaltsbelastung der Subventionsgeber.

3. Der Beihilfenbegriff der EU-Kommission: Unter ihrem sehr weiten, offenen Subventionsbegriff – im EU-Vertrag als Beihilfe bezeichnet – faßt die EU-Kommission „staatl. oder aus staatl. Mitteln stammende Beihilfen gleich welcher Art, die durch die Begünstigung bestimmter Unternehmen oder Produktionszweige den Wettbewerb verfälschen oder zu verfälschen drohen". Subventionszahler sind alle öffentl. Haushalte, Beihilfenempfänger ausschließlich Unternehmen. Öffentl. Unternehmen zählen zum Unternehmenssektor. Kapitaleinlagen der öffentl. Hand, die über ein privatwirtschaftl. übliches Verhalten hinausgehen, sind ebenfalls Beihilfen, während S., die sie aus eigenen Mitteln gewähren, nicht als Beihilfen angesehen werden. Die EU-Kommission unterscheidet in Zuschüsse, Steuerreduzierungen, Kapitalbeteiligungen, zinsgünstige Darlehen, Steueraufschübe und Bürgschaften. In den Beihilfenberichten quantifiziert die EU-Kommission Beihilfenäquivalente, d. h. die monetären Werte der durch die Beihilfen bedingten Begünstigungen. Empirisch werden bis heute nur Beihilfen an das verarbeitende Gewerbe, Landwirtschaft, Fischerei, Kohle, Schienenverkehr und Binnenwasserwege erfaßt.

II. Für die BRD ergeben sich je nach Abgrenzung sehr unterschiedliche Subventionsvolumina: Nach der VGR wurden 1999 S. in Höhe von 71,2 Mrd. DM bzw. 1,84 % des → Bruttoinlandsprodukts (BIP) gezahlt. Nach dem 17. Subventionsbericht der Bundesregierung waren es im gleichen Jahr 115,6 Mrd. DM (2,99 % des BIP). In der Abgrenzung der Wirtschaftsforschungsinstitute beliefen sie sich 1998 auf mehr als 303 Mrd. DM. (5,12 % des BIP). Nach dem 8. EU-Beihilfenbericht betrugen die erfaßten Beihilfen 1998 47,4 Mrd., etwa 2,5 % des BIP.

Bei den vom Beihilfenbericht der EU erfaßten nat. Beihilfen (ohne Landwirtschaft, welche inzwischen gesondert bewertet werden, weil die Mitgliedstaaten in merklich wachsendem Umfang EU-Subventionen aus ihren Haushalten bezahlen) ist D der absolut größte Subventionszahler, gefolgt von Italien und Frankreich. Unter Berücksichtigung der Ländergröße hält D mit 327 Euro je Einw. weiterhin den Spitzenplatz gefolgt von Italien (276), Dänemark, Belgien und Frankreich (257, 249 bzw. 237 je Einw.). Relativ zur Wirtschaftskraft führt Portugal (1,63 % des BIP im Durchschnitt der Jahre 1996–98) vor Italien (1,57 % des BIP) und D (1,45 %).

Beträchtliche S. werden auch von der EU gezahlt. Insb. die Fondsausgaben und hier die Ausgaben des Europ. Ausrichtungs- und Garantiefonds für die Landwirtschaft (EAGFL) bereiten im Vorfeld der Osterweiterung erhebliche Probleme. Die Agrarsubventionen sind allerdings lt. 8. Beihilfenbericht 1998 erstmals absolut gesunken.

Hinsichtlich der eingesetzten Beihilfenformen gibt es ebenfalls bedeutende Unterschiede. Außerdem ist ein Wandel festzustellen. Es überwiegen eindeutig Zuschüsse, Finanzhilfen und Zinsverbilligungen. Steuervergünstigungen sind in einigen Ländern, wo sie traditionell eingesetzt waren (D und Portugal) anteilsmäßig stark zurückgegangen. Dafür dominieren sie nunmehr in Frankreich (47 % des gesamten Beihilfevolumens), in Italien, Dänemark, Irland und

Belgien betragen sie etwa ein Drittel aller Beihilfen. Subventionen über Kapitalbeteiligungen des Staates sind mit Ausnahme Frankreichs weitgehend abgebaut. Die Bedeutung von Bürgschaften zur Förderung von Unternehmen ist gesunken. Selbst in Frankreich, wo sie noch 1986–88 etwa 19 % des Beihilfenvolumens betrugen, hatten sie zehn Jahre später nur noch einen Anteil von 3 %.

Hinsichtlich der Förderzwecke werden in Österreich, Dänemark, Finnland und Frankreich zwischen 25 und 35 % des gesamten Beihilfevolumens für → Forschung und Entwicklung aufgewandt, Umwelt und Energieeinsparung werden in Österreich, Dänemark, den Niederlanden und Schweden überdurchschnittlich gefördert, klein- und mittelständische Unternehmen (KMU) in Österreich, Belgien, Spanien, Finnland, Luxemburg, Schweden und GB. Regionalbeihilfen machen inzwischen im Durchschnitt der Mitgliedstaaten 58 % aller nat. Beihilfen aus. Sie absorbieren in D, Griechenland, Italien, Luxemburg und Italien mehr als zwei Drittel, in Irland, Schweden und GB mehr als die Hälfte des erfaßten Gesamtvolumens, wobei in D 63 % aller Beihilfen auf die Förderung der neuen Länder und Berlins entfielen. Sektorale Beihilfen lagen im Durchschnitt der Jahre 1996–98 noch bei 7,8 % des gesamten Beihilfenvolumens und sind nur in Portugal (17,4 %), Finnland (10,8 %) und in Spanien (52,2 %!) überhaupt noch von Bedeutung.

III. Seit der Währungsreform 1948 lassen sich fünf große Abschnitte in der dt. Subventionspolitik unterscheiden: (1) die marktwirtschaftlich orientierte Wiederaufbauphase nach dem Krieg, (2) die Periode von Globalsteuerung und Verteilungsaktivitäten unter der großen und der sozial-liberalen Koalition, (3) eine Phase allokativer Renaissance in den 1980er Jahren, welche im Rahmen des zusammenwachsenden europ. Binnenmarktes auch von der Beihilfenaufsicht der EU forciert wurde, (4) Subventionen im Zusammenhang mit dem Strukturwandel der ehemaligen DDR-Wirtschaft sowie (5) vorsichtige Anzeichen einer Neujustierung der Subventionspolitik unter der „rot-grünen" Bundesregierung.

1. Die BRD wurde mit einem – gemessen an der damaligen Wirtschaftskraft – immensen Subventionsprogramm, dem Marshallplan, gestartet. Das Ziel, eine strikt marktwirtschaftl., dezentral gesteuerte Wirtschaftsordnung einzurichten, war angesichts der Vielzahl der Probleme beim Übergang von der Kriegs- zur Friedenswirtschaft nur mit gezielten staatl. Eingriffen zu erreichen. Während des staatl. Lenkungsabbaus der hochregulierten Kriegswirtschaftsordnung wurden die indirekten Investitionslenkungen durch S. und Steuervergünstigungen als wichtige Möglichkeit wirtschaftspolit. Steuerung angesehen. In den 1950er Jahren wurden auch die Systeme der Spar- und der Wohnungsbauförderung sowie die Subventionierung der Landwirtschaft grundsätzlich angelegt. Insgesamt wurden S. als zielkonform mit strikt marktwirtschaftl. Grundsätzen angesehen. Einzelne Versuche, gewährte Vergünstigungen wieder abzuschaffen, lehrten aber bereits damals die Schwierigkeiten derartiger Vorhaben.

2. Mitte der 1960er Jahre wurden S. von der Großen Koalition ausdrücklich in den Dienst einer aktiv steuernden *fiscal policy* und der Korrektur der Einkommens- und Vermögensverteilung gestellt. Mit dem StabWG eröffnete sich die Möglichkeit des Einsatzes von Finanzhilfen und Steuervergünstigungen für die Konjunktursteuerung (→ Keynesianismus); sie wurde 1967/69 und 1974–77 auch in beträchtlichem Umfang wahrgenommen. Spar- und Wohnungsbauförderung wurden insb. in den 1970er Jahren mit Einkommensgrenzen, Kinderkomponenten u. ä. zu verteilungspolit. Instrumenten umgebaut, und ihr finanzielles Volumen wurde stark ausgeweitet. Des weiteren wurden S. in zunehmendem Maße für die Lösung von Strukturproblemen einzelner Branchen und zum Abbau regionaler Disparitäten der Wirtschaftsentwicklung eingesetzt. Die Gemeinschaftsaufgaben „Agrarstruktur und Küstenschutz" und „Förderung der regionalen Wirtschaftsstruktur"

sowie die Hilfen für den Steinkohlenbergbau sind die wichtigsten Beispiele dieser Subventions-Strukturpolitik.

3. Die anhaltende Wirtschaftskrise Mitte der 1970er Jahre und der erneute Wachstumseinbruch mit einem weiteren Anstieg der Massenarbeitslosigkeit zu Beginn der 1980er Jahre zwangen die sozialliberale Koalition zur Konsolidierung, bei der sowohl 1978/79 als auch 1982 die S. des Bundes absolut zurückgingen. Die konservativ-liberale Regierung trat 1982 mit angebotspolit. Vorstellungen für die Wirtschaftspolitik an. Staatl. S. wurden insb. aus liberaler Sicht als eines der stärksten Hindernisse dynamischer → Marktwirtschaft angesehen und für die hohe → Arbeitslosigkeit verantwortlich gemacht. Entgegen den Ankündigungen eines Subventionsabbaus stiegen die Finanzhilfen und Steuervergünstigungen weiter. Zwar verschob sich die innere Struktur, weil Sparförderung und Vermögensbildung zurückgefahren wurden, dafür wuchsen insb. die S. an die Landwirtschaft und an die neu hinzugekommenen Krisenbranchen Werften und Stahl. Mit Sonderabschreibungen, Programmen für Klein- und mittelständische Unternehmen sowie Forschungs- und Entwicklungs-Förderung sollte überdies die Investitions- und Innovativkraft der deutschen Wirtschaft gestärkt werden. Auch um dem wachsenden Druck einer schärfer werdenden Beihilfenaufsicht seitens der EG-Kommission auszuweichen, wurden S. zunehmend überhaupt nicht mehr im Subventionsbericht ausgewiesen, oder es wurden „diskretere" Formen der Subventionierung gewählt und massiv gesteigert.

4. Die überaus mangelhafte Wettbewerbsfähigkeit der Wirtschaft der neuen Länder, deren Produktivität anfangs bei durchschnittlich etwa 1/3 des Westniveaus lag, machte S. und insbes. Steuervergünstigungen und Investitionszulagen wegen ihrer Eigenschaft, daß Länder und Gemeinden sie im Rahmen der Steuerertragsteilung mitfinanzierten, zum Mittel der Wahl, um die Investitionstätigkeit in den neuen Ländern zu fördern. Bis Ende 1994 wurden S. in immensem Umfang in Schattenhaushalten (z. B. über die Treuhandanstalt, aber auch über die Kreditanstalt für Wiederaufbau und das von ihr verwaltete ERP-Sondervermögen), danach aus den offiziellen öffentl. Haushalten getätigt. Zwei weitere Entwicklungen haben die Subventionspolitik in den 1990er Jahren beeinflußt. Die Flucht aus dem Budget wurde von der EU durch eine immer weitere, funktionale Auslegung des Beihilfenbegriffs sowie durch Urteile des Bundesverfassungsgerichtes z. B. zum sog. Kohlepfennig unterbunden. Gleichzeitig bewirkte der internat. ausgelöste Wettbewerb nun die Senkung der Staatsquote, so daß die steuerliche Förderung des privaten Wohnungsbaus als Abzug von der Steuerschuld gestaltet wurde.

IV. Die Politik der Bundesregierung steht nach dem Regierungswechsel im Herbst 1998 und dem Amtswechsel im Finanzministerium im Frühjahr 1999 im Zeichen notwendiger Reformen angesichts des fortschreitenden Globalisierungsdrucks, welchem auch mit einer umfassenden Reform bei der Einkommen- und Körperschaftsteuer entgegengetreten werden soll. Die mit der Steuerreform verbundenen Steuerausfälle sowie ein immer stärker werdender Druck der EU auf wettbewerbskonforme Beihilfen (z. B. bezüglich der Holzmann-Hilfen oder in Form der Klageerhebung gegen die unterwertige Übertragung des Landeswohnungsbauvermögens des Landes Nordrhein-Westfalen an die landeseigene WestLB) beschränken die Möglichkeiten der Politik, spezielle Interventionen zugunsten „ihrer" Unternehmen vorzunehmen. Der fortdauernde Konsolidierungsdruck auf Bundesebene führt außerdem dazu, daß ein vorsichtiges Interesse an einer Evaluierung auch der Subventionsprogramme im Bereich der Mischfinanzierungen zu erkennen ist. Außerdem beginnt eine Debatte, inwieweit ein Wechsel von der Objekt- zur Subjektförderung nicht Steuerungspotenziale und Finanzierungsspielräume zugunsten einer ziel- und adressatengenaueren Politik freisetzen könnte. Inwieweit derartige Ansätze gelingen, ist u. a. auch vom polit. Willen und vom Durchhaltevermögen abhängig.

Lit.: *Andel, N.* 1977: Subventionen, in: *Albers, W.* u. a. (Hrsg.): Handwörterbuch der Wirtschaftswissenschaft Bd. 7, Stg. u. a., 491–510. *Boss, A./Rosenschon, A.* 2000: Subventionen in Deutschland: Eine Aktualisierung, Kiel. *Bundesminister der Finanzen:* Subventionsberichte, Bonn, versch. Jahre. *Färber, G.* 1995: Binnenmarktgerechte Subventionspolitik in der EG. Strukturen, Normen, Defizite, Ffm. u. a. *Fritzsche, B.* u. a. 1988: Subventionen – Probleme der Abgrenzung und Erfassung, Mchn. *Hansmeyer, K.-H.* 1977: Transferzahlungen an Unternehmen (Subventionen), in: *Neumark, F.* (Hrsg.): Handbuch der Finanzwissenschaft Bd. 1, Tüb., 959–996. *Europäische Kommission:* Berichte über die Wettbewerbspolitik, Brüssel/Luxemburg, versch. Jahre. *Europäische Kommission*: Bericht über staatliche Beihilfen in der Europäischen Union (früher: in der Europäischen Gemeinschaft), Luxemburg, versch. Jahre. *Zacher, H. F.* 1967: Verwaltung durch Subventionen, Veröffentlichungen der Vereinigung der Deutschen Staatsrechtslehrer, Heft 25, Bln., 308–400.

Gisela Färber

Sustainable Development → Entwicklung

Systemwechsel

Mit Systemwechsel (S.) wird der allg. Prozeß des Übergangs von einem Regimetyp zu einem anderen bezeichnet, insbes. jener von einer → Diktatur, von einem → Autoritären Regime oder vom → Totalitarismus (als Regimetyp) zur → Demokratie. In der Literatur sind für denselben Vorgang auch die Begriffe Transition, Regimewechsel, Transformation und → Demokratisierung gebräuchlich, wobei letzterer eindeutig die Entwicklungsrichtung angibt. Für den *vice versa*-Prozeß hingegen wurde der Terminus Zusammenbruch der Demokratie (*breakdown of democracy*) geläufig. Historisch-konkret werden unter S. primär die demokratischen Transitionen in Südeuropa, Lateinamerika, Afrika und Asien im letzten Viertel des 20. Jh. verstanden, die auch unter dem *label* der „dritten Welle der Demokratisierung" (*Huntington* 1991) geführt werden. Der S. ist vollzogen, wenn die Institutionen der repräsentativen Demokratie errichtet sind und das → Politische System in freien Wahlen und pluralistischem Parteienwettbewerb, also entsprechend den Minimalkriterien des Demokratiebegriffs von *R. Dahl* (1971), funktioniert.

1. In den 1970er Jahren gelang die Rückkehr zur Demokratie in den → OECD-Ländern Griechenland, Portugal und Spanien. Seit Ende der 1970er Jahre, aber hauptsächlich in den 1980er Jahren, wurden in Lateinamerika bis auf Kuba die autoritären Regime überwunden. Seit Ende der 1980er Jahre brach sich in Mittel-, Ost- und Südosteuropa (kurz Osteuropa) die Demokratie Bahn. Etliche Fälle von S. konnten auch in Afrika und in Asien beobachtet werden. Nicht alle der für die Jahre zwischen 1974 und 1998 gezählten 78 S. sind jedoch in die Errichtung einer Demokratie gemündet.

Der S. war in den meisten Fällen gekennzeichnet durch eine beachtliche Uniformität in der Zielvorstellung polit. Entwicklung: die Etablierung einer pluralistischen Demokratie. In diesen Fällen vollzog er sich über allg. → Wahlen und einen offenen Parteienwettbewerb um die Besetzung der öffentl. Ämter. Nicht überall wurde der Übergang zur Demokratie angestrebt, mitunter gelang er einfach nicht. In Afrika und Asien blieb es häufig bei Wahlen, die manipuliert wurden und der Verschleierung weiterbestehender oder neuer autoritärer Herrschaftsverhältnisse dienten. Auch Lateinamerika blieb von Involutionen nicht verschont. In Peru wurde 1992 durch Selbstputsch des Präsidenten *Fujimori* ein neoautoritäres Regime etabliert, das zwar in Wahlen bestätigt wurde, nicht aber als Demokratie. Ganz unterschiedlich waren die wirtschaftl., sozialen und polit. Ausgangsbedingungen und Begleitprozesse; vor allem umfaßte der S. nach Ländergruppen unterschiedlich viele Dimensionen. In Südeuropa betraf er eigentlich nur die polit.-institutionelle Ebene mitsamt der Wiederherstellung der Rechtsstaatlichkeit. Die damit erreichte Annäherung an und letztlich Integration in die → Europäische Union verschaffte den Ländern die von der Demokratisierung erhofften wirtschaftl. Vorteile. In Lateinamerika wurde der S. auf der polit.-institutionellen Ebene von der Notwendigkeit begleitet, einen Wechsel in der Entwicklungsstrategie vorzunehmen. Im Jahrzehnt der → Verschuldungskrise hatte die seit den 1930er Jahren verfolgte Entwicklungsstrategie importsubstituierender Industrialisierung sich endgültig erschöpft. Die jungen Demokratien standen unter dem Druck, das makroökonomische Gleichgewicht wiederzugewinnen, und setzten auf → Strukturanpassung und → Neoliberalismus. Eine weitere, kaum zur Kenntnis genommene Dimension bestand und besteht hier in der Reform des Staates, seines Verhältnisses zur Gesellschaft, in der Überwindung vormoderner Strukturen und Verhaltensmuster von Paternalismus und → Klientelismus. In Osteuropa umfaßte der S. konsubstantiell die polit. und die sozioökonom. Ebene. Nicht nur das polit. System, sondern auch das durch spezifische Produktions- und Eigentumsverhältnisse bestimmte Gesellschaftssystem mußte transformiert werden. Hier war der Doppelcharakter des S. für jedermann sichtbar. Für Afrika und Asien ergab sich hinsichtlich der Dimensionen des Transformationsprozesses regional keine Uniformität, vielmehr verteilten sich die vorher genannten Modelle auf einzelne Länder.

2. Die Politikwissenschaft hat in dem sich rasch etablierenden Forschungszweig der Transitionsforschung zunächst eine Phasenunterteilung des Prozesses in Liberalisierung, Demokratisierung (Transition) und Konsolidierung vorgenommen und die jeweiligen spezifischen polit. Bedingungen und Kräftekonstellationen untersucht. Verschiedene Transitionstypen wurden an der Sequenz von Liberalisierung und Demokratisierung, vor allem aber am Kriterium des Kräfteverhältnisses zwischen Regimeeliten und Reformkräften im Transitionsprozeß entwickelt: S. als Ergebnis (a) einer Steuerung von oben, durch die alten polit. Eliten, (b) eines Kompromisses zwischen alten und neuen polit. Eliten, und (c) der Implosion des autoritären Regimes und der Ersetzung der alten polit. Eliten durch jene der demokratischen Opposition (*Huntington* 1991, *von Beyme* 1994).

Hinsichtlich der Erklärung der S. erlangten akteurszentrierte Ansätze bes. Aufmerksamkeit, letztendlich auch deshalb, weil sich die in der Theorie polit. Entwicklung als Vorbedingungen (*prerequisites*) für Demokratie genannten sozio-ökonom. Verhältnisse nirgends eingestellt hatten (Ausnahme: Spanien). Dominant waren die internen Akteure; nur für Afrika und auch für Osteuropa (dort jedoch in der bisherigen Forschung kaum thematisiert) erlangten die externen Faktoren Gewicht, freilich stets vermittelt über interne Akteure (*Hartmann* 1999). Allg. wurde der → Zivilgesellschaft große Bedeutung für den S. zugewiesen, vor allem im Zusammenhang mit Fragen der → Menschenrechte, mit denen die autoritären Regime seit der Menschenrechtspolitik des US-Präsidenten *J. Carter* konfrontiert wurden. Im Transitionsprozeß selbst, vor allem dort, wo er verhandelt wurde, übernahmen die Parteien wieder die Führerschaft. Schon früh wurde die Relevanz des Typs des autoritären Regimes für den S. erkannt (*Nohlen* 1982). Die wirtschaftl. Depression (→ Verschuldungskrise) ist ein weiterer struktureller Faktor, dessen Bedeutung insofern hoch zu veranschlagen ist, als allg. festgestellt werden kann, daß ökonom. Krisen S. in jedweder Richtung begünstigen (*Linz/Stepan* 1996). Große Aufmerksamkeit wurde auch den institutionellen Wahlentscheidungen (*institutional choices*) der polit. Akteure in den Alternativen von → Präsidentialismus und → Parlamentarismus einerseits und Mehrheitswahl und Verhältniswahl (→ Wahlsysteme) andererseits zuteil, insofern als gemutmaßt wurde, von ihnen würde die Konsolidierung der jungen Demokratien abhängen. Die Erwartung einflußreicher → Politikberatung wurde – von wenigen Ausnahmen (u. a. Republik Südafrika) abgesehen – enttäuscht. In der Praxis waren die institutionellen Entscheidungen häufig von eben jenen Kräftekonstellationen und Machtperspektiven der polit. Akteure abhängig, die sich im Transitionstypus widerspiegelten (vgl. *Nohlen/Kasapovic* 1996). Im übrigen wurde sehr viel taxonomisch, d. h. an Begriffssystemen und Klassifizierungskriterien gearbeitet; die vergleichende empirische Analyse, welche die Komplexität und Individualität der Fälle berücksichtigt, kam vielfach zu kurz.

3. War der S. in der Phase der Transition von viel Euphorie begleitet, so stellten sich anschließend bald Skeptizismus und auf Distanz zu den jungen Entwicklungen gehende Kritik ein. Es wurde wahrgenommen, daß hinsichtlich der Konsolidierung der Demokratie wieder jene strukturellen wirtschaftl., sozialen und soziokulturellen Hemmnisse zählen, die der Verwirklichung der Demokratie in einem nun weiter gefaßten Verständnis (*Lauga* 1998) im Wege stehen. Dabei wurden gelegentlich normative Maßstäbe an die jungen Demokratien angelegt, denen selbst Industriestaaten kaum genügen.

In dem konzeptionell noch wenig geordneten Gelände lassen sich grob zwei Ansätze unterscheiden: Der erste bezieht sich praktisch auf alle S., differenziert also nicht zwischen nicht-demokratischen und demokratischen Systemen und versieht den Begriff Demokratie mit verschiedenen Adjektiven (etwa delegative oder defekte Demokratie), um die nicht-demokratischen Systeme zugleich mit jenen, die Mängel in der Qualität demokratischen Regierens aufweisen, typologisch zu erfassen (vgl. *Linz* 2000: XL). Dabei werden sowohl institutionelle Strukturprobleme thematisiert (etwa mangelnde horizontale Gewaltenkontrolle und *accountability* von Regierung und Verwaltung) als auch die den jungen Demokratien als inhärent betrachtete mangelnde Rechtsstaatlichkeit. Insgesamt wird die Qualität der Demokratie in Frage gestellt und damit in Formulierungen wie „ohne Rechtsstaat keine Demokratie", mit denen gewiß auch etwas Richtiges ausgesagt wird, die Demokratie selbst. Dies bewirkt letztendlich die Hinzufügung von Adjektiven. Der zweite Ansatz unterscheidet zwischen nicht-demokratischen und demokratischen Systemen; er anerkennt letztere als Demokratien ohne Adjektiv, wenn sie die *Dahl*schen Minimalkriterien erfüllen (also Wahlergebnisse vorweisen, die rechtsstaatlich zustande gekommen sind), und thematisiert die Qualität des Regierens unter den spezifischen Bedingungen der Entwicklungsländer. Er verkennt nicht institutionelle Strukturprobleme in den jungen Demokratien, sieht manche Probleme jedoch entwicklungsgeschichtlich bedingt (etwa das Nachhinken in der Durchsetzung des Rechtsstaats), und betont die Tatsache, daß die polit.-institutionelle Entwicklung meist weiter vorangeschritten ist als die sozio-ökonomische Entwicklung und die → Politische Kultur. Verwaltung, Justiz, Militär, Polizei reagieren kaum auf die polit. Vorgaben der demokratischen Regierungen, ihnen fehlt es häufig an einem positiven Verhältnis zu liberalen Werten. Rechtsstaatl. Anspruch und Rechtswirklichkeit klaffen weit auseinander. Aufgrund dieser und anderer Qualitätsmängel des „anomischen Staates" (*P. Waldmann*) erblickt der zweite Ansatz deshalb das Konsolidierungsproblem primär in der Konfrontation der Demokratie mit demokratiewidrigen Umweltbedingungen. Als wichtiges weiteres Konsolidierungshemmnis sieht er die mangelnde soziale Entwicklung und den damit einhergehenden Legitimitätsverlust demokratischer Institutionen an.

Lit.: *Beyme, K. von* 1994: Systemwechsel in Osteuropa, Ffm. *Beyme, K. von/Nohlen, D.* [4]1996: Systemwechsel, in: *Nohlen, D.* (Hrsg.): Wörterbuch Staat und Politik, Mchn., 765–776. *Dahl, R. A.* 1971: Polyarchie. Participation and Opposition, New Haven. *Diamond, L. et al.* (Hrsg.): Consolidating the Third Wave Democracies, Baltimore/L. *Hartmann, Ch.* 1999: Externe Faktoren im Demokratisierungsprozeß, Opl. *Huntington, S. P.* 1991: The Third Wave. Democratization in the Late Twentieth Century, Norman/L. *Lauga, M.* 1998: Demokratietehorie in Lateinamerika, Opl. *Linz, J. J.* 2000: Totalitäre und autoritäre Regime, Bln. *Linz, J. J./Stepan, A.* 1996: Problems of Democratic Transition and Consolidation, Baltimore. *Merkel, W.* 1999: Systemtransformation, Opl. *Merkel, W. et al.* (Hrsg.) 1994–2000: Systemwechsel, 5 Bde., Opl. *Nohlen, D.* 1982: Regimewechsel in Lateinamerika, in: *Lindenberg, K.* (Hrsg.): Lateinamerika, Bonn, 63–86. *Nohlen, D./Kasapovic, M.* 1996: Wahlsysteme und Systemwechsel in Osteuropa, Opl. *O'Donnell, G. et al.* (Hrsg.) 1986: Transitions from Authoritarian Rule, Baltimore/L. *Whitehead, L.* 1996: Comparative Politics: Democratization Studies, in: *Goodin, R. E./Klingemann, H. D.* (Hrsg.): A New Handbook of Political Science, Ox. u. a., 353–371.

Dieter Nohlen

Tarifautonomie/Tarifpolitik

Der Begriff Tarifautonomie (T.) wurde durch den Arbeitsrechtler *H. Sinzheimer* eingeführt und bezeichnet den durch das Grundgesetz (Art. 9 Abs. 3) und das Tarifvertragsgesetz von 1949 gewährleisteten staatsfreien Raum zur rechtlich verbindlichen Regelung der → Arbeitsbeziehungen durch die Tarifpartner (→ Gewerkschaften, Arbeitgeber und Arbeitgeberverbände). T. ist Ausdruck gesellschaftl. Selbstbestimmung und gelungener Institutionalisierung des Klassenkonflikts. T. und → Mitbestimmung bilden gemeinsam das duale System der Arbeitsbeziehungen in der BRD. Historisch haben sich T. und Mitbestimmung voneinander unabhängig entwickelt, stehen jedoch in einer engen Wechselbeziehung, die sich zunehmend als Spannungsfeld zwischen flächendeckenden Tarifverträgen und betrieblichen Differenzierungen darstellt (*Leminsky* 1997). Wesentliche Elemente der T. sind die Arbeitskampffreiheit (→ Streik und Aussperrung) und die Abwesenheit einer staatlichen Zwangsschlichtung. Das für den Verhandlungsprozeß bedeutsame Schlichtungsverfahren wird durch freiwillige Vereinbarungen normiert. Für die Arbeitnehmer erfüllt die T. Schutz-, Verteilungs- und Partizipationsfunktionen, für die Arbeitgeber Kartell-, Ordnungs- und Befriedungsfunktionen, für den Staat Entlastungs- und Legitimationsfunktionen (*Müller-Jentsch* 1997). Die Möglichkeit, Tarifverträge durch den Bundesarbeitsminister für allgemeinverbindlich zu erklären, ist nur für wenige Branchen (Bauwirtschaft und Einzelhandel) von praktischer Bedeutung.

Die wissenschaftl. Beschäftigung mit der T./Tarifpolitik in D hat zunehmend Anschluß an die ursprünglich angelsächsisch dominierte und interdisziplinär orientierte Forschung zum *Collective Bargaining* und zu den Arbeitsbeziehungen gefunden. T. wird als integraler Bestandteil des Politikfeldes Arbeitspolitik (*Keller* 1997) im Zusammenhang mit Mitbestimmung und → Arbeitsmarktpolitik unter veränderten wirtschaftl. und gesellschaftl. Bedingungen thematisiert. Ein zentrales Thema ist die Zukunft des Flächentarifvertrages, dessen Grundlagen durch technologische, organisatorische und verbandliche Entwicklungen bedroht erscheinen (*Hartwich* 1997). Einwänden, der Flächentarifvertrag sei zu unflexibel und erweise sich als Anpassungshindernis und Standortnachteil, ist entgegenzuhalten, daß die tarifpolit. Praxis sich als durchaus innovationsfähig erwiesen hat. Die Notwendigkeit dieser Innovationen ergab sich aus den Erfordernissen der Flexibilität und der Ausweitung der Regelungsinhalte (qualitative Tarifpolitik, z. B. Arbeitszeitregelungen, Altersteilzeit), die eine engere Verknüpfung zwischen T. und Mitbestimmung erzwingen. Trotz der bestehenden Tendenzen zur Verbetrieblichung der Arbeitsbeziehungen werden die Löhne in den meisten Ländern der → EU durch Flächentarife geregelt, mit GB als gewichtiger Ausnahme und einem Bedeutungsverlust branchenbezogener Tarifverträge in Frankreich. In mehreren EU-Staaten gibt es sog. soziale Bündnisse von Staat, Gewerkschaften und Arbeitgebern, in denen unter Wahrung der T. die Verbesserung der Wettbewerbsfähigkeit und der Beschäftigung angestrebt wird. Analysen dieser Bündnisse knüpfen an die Korporatismusdiskussion (*Streeck* 1999) und spieltheoretische Kooperationsmodelle an (*Schaper* 2000).

Auf europ. Ebene bietet der Vertrag von Maastricht (→ EU) erste Ansätze für supranat. Kollektivverträge zwischen den europ. Dachorganisationen der Tarifparteien. Vereinbarungen können von der Europ. Kommission in Ersatz eigener Richtlinien per Verordnung zur nat. Implementierung gebracht werden. Von den Gewerkschaften in Ländern mit T. wird freilich befürchtet, daß die Sozialpartner-Vereinbarungen auf EU-Ebene korporatistische Züge annehmen (→ Korporatismus). Angesichts der großen Unterschiede in den nat. Arbeitsbeziehungen ist eine Europäisierung der Tarifpolitik jenseits begrenzter Regelungsbereiche eher unwahrscheinlich (*Lechner* 1996: 39 ff.).

Lit.: *Bispinck, R./Lechner, W.* 1993: Tarifpolitik und Tarifsysteme in Europa, Köln. *Hartwich, H.-H.* 1997: Der Flächentarifvertrag, in: Gegenwartskunde 46, 101–134. *Keller, B.* ⁵1997: Einführung in die Arbeitspolitik, Mchn. *Lechner, W.* 1996: Supranationale Tarifpolitik in der EU, in: IPG 1, 36–46. *Leminsky, G.* 1997: Mitbestimmung und Tarifautonomie, Gütersloh. *Müller-Jentsch, W.* ²1997: Soziologie der Industriellen Beziehungen, Ffm. *Schaper, K.* 2000: Das Bündnis für Arbeit in spieltheoretischer und keynesianischer Sicht, in: *Jens, U./Romahn, H.* (Hrsg.): Sozialpolitik und Sozialökonomik, Marburg, 309–328. Schlachter, M. (Hrsg.) 1998: Tarifautonomie für ein neues Jahrhundert, Mchn. *Streeck, W.* 1999: Korporatismus in Deutschland, Ffm.

Manfred Groser

Technokratie

Das Wort Technokratie (T.) ist aus den griechischen Wörtern *techne* (Kunstfertigkeit) und *kratein* (herrschen) zusammengesetzt. Als sozialwissenschaftl. Begriff hat T. verschiedene Bedeutungen erlangt (vgl. *Lenk* 1973: 12), jedoch sind es im wesentlichen drei Probleme, auf die sich der Begriff bezieht: 1. auf eine politische → Herrschaft durch wissenschaftl. ausgebildete Fachleute, insb. durch Techniker und Ingenieure; 2. auf eine Verlagerung des Machtzentrums von polit. Institutionen (Parlamenten, Regierungen, Partei- und Verbandsführungen) auf fachlich spezialisierte Gremien (→ Bürokratien, Planungsstäbe); 3. auf eine allg. Rationalisierung und „Verwissenschaftlichung" staatl. wie auch ökonom. und verbandlicher Entscheidungsprozesse.

Während in der ersten Bedeutung eine bestimmte Struktur der herrschenden → Klasse gemeint ist, geht es bei dem zweiten Problembereich um die Frage der institutionellen Machtverteilung. In der dritten Bedeutung bezeichnet der Technokratiebegriff eine besondere Art der Herrschaftsausübung (Vorrang von Effizienzgesichtspunkten und rationaler Planung vor Interessenberücksichtigung, Wertkonflikten und *Ad-hoc*-Kompromissen). Neben seiner Verwendung für die sozialwissenschaftl. Analyse und Theorie hat der Technokratiebegriff auch als polit. Programm, z. B. in der US-amerikan. Technokratiebewegung der 1920er und 30er Jahre, gedient (*Koch/Senghaas* 1970: 282 ff.). Außerdem wird er zur Herrschafts-

und Ideologiekritik benutzt (*Habermas* 1968).

1. Historisch gesehen hängt die Technokratiediskussion auf das engste mit dem Aufkommen, den Krisen und den Wandlungen der modernen Industriegesellschaft zusammen.

Zu den ersten Theoretikern zählt der französische Soziologe *Saint-Simon*. In mehreren Veröffentlichungen (z. B. *Du système industriel*, 1821) prognostizierte er das Entstehen einer neuen politischen Klasse der Industriellen, Techniker und Ingenieure. Sie lösen die herrschenden Schichten des *Ancien régime* (Adel, Politiker, Geistliche, Rentiers) ab, da nur sie das heraufkommende Industriesystem als produktive Leistungs- und Wohlfahrtsgesellschaft rational-planend zu gestalten vermögen.

Etwa hundert Jahre später haben *T. Veblen* (1921) und die Bewegung der *technocrats* mit ähnlichen Ideen die Krisen der nun bereits entwickelten Industriegesellschaft zu überwinden versucht. Mittels wissenschaftl.-technologischer Planung sollten die Fehlentwicklungen eines *Laisser-faire*-Kapitalismus (Korruption, Elend, Verbrechen, Vergeudung) bewältigt werden. Anstelle des traditionellen Staatsapparates wurde eine Art syndikalistischer Selbstverwaltung der industriellen Organisationen durch ein Direktoriat der Ingenieure vorgesehen. *K. Mannheim* (1950) erweiterte das Programm im Sinne einer Wirtschaft und Gesellschaft umfassenden „demokratischen Planung" in der Verantwortung von „Gesellschaftsingenieuren". In den 1960er und 70er Jahren gewann der Technokratiebegriff erneute Bedeutung, insbesondere zur Analyse der sozioökonom. Wandlungen zur → Postindustriellen Gesellschaft (*Bell* 1973).

2. Zu den Fragen der Technokratieforschung gehört, ob entsprechend der Bedeutung von Wissenschaft und Technologie in den modernen Industriegesellschaften auch die politisch-gesellschaftl. Führungspositionen zunehmend von Technokraten besetzt werden. Tatsächlich ist eine Tendenz zur Rekrutierung wissenschaftl. qualifizierten Führungspersonals festzustellen. Jedoch sind die nat. und sektoralen Unterschiede groß. In der franz. Ministerialbürokratie haben naturwissenschaftl. technologische Qualifikationen traditionell eine wesentliche Bedeutung (*Meynaud* 1964), während in anderen Ländern, z. B. in der BRD, die juristische und geisteswissenschaftl. Ausbildung überwiegt. Zudem scheinen Einstellungen und Rollenverhalten moderner Bürokraten eher einem Prozeß zunehmender „Politisierung" zu unterliegen. Auch läßt sich allgemein unter der „technologischen Intelligenz" ein Anwachsen polit. und „sozialethischen" Bewußtseins feststellen (*Kogon* 1976). Von einer einheitlich technokratisch orientierten herrschenden Klasse kann nicht gesprochen werden (*Putnam* 1976: 203 ff.). Dagegen wächst der Einfluß wissenschaftl.-technischen Wissens auf wirtschaftl. und staatl. Entscheidungen (*Galbraith* 1967). Ein Machtzuwachs spezialisierter Forschungs-, Planungs- und Beratungsstäbe und -institutionen kennzeichnet westliche politische Systeme (*Krauch* 1970) und wurde auch für die ehemals „sozialistischen" Industriegesellschaften konstatiert (vgl. *Richta* 1971; → Politikberatung). Ob damit langfristig ein Wandel moderner Herrschaft verknüpft ist, wird von einigen Autoren behauptet, von anderen verneint.

Nach *H. Schelskys* Theorie des „technischen Staates" wird „durch die Konstruktion der wissenschaftl.-technischen Zivilisation ein neues Grundverhältnis von Mensch zu Mensch geschaffen, in welchem das Herrschaftsverhältnis seine alte persönliche Beziehung der Macht von Personen über Personen verliert, anstelle der polit. Normen und Gesetze aber Sachgesetzlichkeiten (...) treten, die nicht als polit. Entscheidungen setzbar und als Gesinnungs- oder Weltanschauungsnormen nicht verstehbar sind" (*Schelsky* 1965: passim). Dagegen wird eingewandt, daß gerade in entwickelten Industriegesellschaften neue „Disparitäten" und Interessenkonflikte entstehen, deren Lösung sich technokratischer Regulierung entziehe (*Offe* 1970). Auch wissenschaftl. vorbereitete Planungsprozesse können ohne Beteiligung der Betroffenen nur dysfunktionale Konsequenzen haben. Die zunehmende Notwendigkeit, komplexe politische Probleme durch Verhandlungen zwischen oft zahlreichen staatl. und gesellschaftl. Akteuren zu lösen (*Czada/Schmidt* 1993), macht die Herausbildung eines technokratischen Staates unwahrscheinlich (→ Koordination).

→ Elite.

Lit.: *Bell, D.* 1973: The Coming of Post-Industrial Society, NY. *Fischer, F.* 1990: Technocracy and the Politics of Expertise, L./NY. *Galbraith, J. K.* 1967: The New Industrial State, L. *Habermas, J.* 1968: Technik und Wissenschaft als „Ideologie", Ffm. *Koch, C./Senghaas, D.* (Hrsg.) 1970: Texte zur Technokratiediskussion, Ffm. *Kogon, E.* 1976: Die Stunde der Ingenieure, Düss. *Krauch, H.* 1970: Die organisierte Forschung, Neuwied. *Lenk, H.* (Hrsg.) 1973: Technokratie als Ideologie, Stg. *Mannheim, K.* 1950: Freedom, Power and Democratic Planning, L. (dt. 1970). *Meynaud, J.* 1960: Technocratie et politique, Lausanne. *Meynaud, J.* 1964: La technocratie. Mythe ou réalité, Paris. *Offe, C.* 1970: Das politische Dilemma der Technokratie, in: *Koch, C./Senghaas, D.* (Hrsg.), 156–171. *Putnam, R. D.* 1976: The Comparative Study of Political Elites, Englewood Cliffs. *Richta, R.* 1971: Richta-Report. Politische Ökonomie des 20. Jahrhunderts. Die Auswirkungen der technisch-wissenschaftlichen Revolution auf die Produktionsverhältnisse, Ffm. *Schelsky, H.* 1965: Der Mensch in der wissenschaftlichen Zivilisation, in *ders.*: Auf der Suche nach der Wirklichkeit, Düss., 439–471. *Veblen, T.* 1921: The Engineers and the Price System, NY.

Dietrich Herzog

Technologiepolitik

Unter Technologiepolitik (T.) versteht man die Gesamtheit aller staatl. Maßnahmen, die auf die Entwicklung, Verbreitung, Anwendung und die Beherrschung der Folgen neuer Technologien gerichtet sind. Technologien sind Methoden und Verfahren sowie die Entwicklung des notwendigen Wissens zum Aufbau von (umfassenden) Systemen oder (einzelnen) Produktionsprozessen, die auf die Verwirklichung vorgegebener Ziele ausgerichtet sind. Die wichtigsten Ziele der klassischen T. betreffen die Erhöhung des materiellen Wohlstandes und die Stärkung der regionalen oder nat. Wettbewerbsfähigkeit. Die Ende der 1980er Jahre propagierte moderne T. soll darüber hinaus auch der Sicherung der Sozial- und Umweltverträglichkeit sowie der Verbraucherfreundlichkeit dienen. Sie hat sich damit aus dem engeren Bezug zur → Wirtschaftspolitik gelöst und zu einem eigenständigen Politikfeld entwickelt.

Die polit.-administrativen (horizontalen) Zuständigkeiten in der T. sind üblicherweise auf unterschiedliche Ressorts verteilt. Darüber hinaus sind an technologiepolit. Entscheidungen i. d. R. eine Vielzahl von Akteuren mit häufig divergierenden Interessen und Zeithorizonten beteiligt. Fragmentierung und Blockaden in verflochtenen Entscheidungssituationen führten bisher dazu, daß das Steuerungspotenzial klassischer nationaler T. (finanzielle Förderung von Spitzentechnologien und deren Anwendung; regulative Maßnahmen) deutlich abgenommen hat. Zudem bleiben (vertikal) weder Förderung noch Lenkung technologiepolit. Entwicklungen und Anwendungen auf die Bundes- bzw. Landesebene begrenzbar, sondern vollziehen sich zunehmend auf europ. (→ EU) und internat. Ebene (→ OECD).

→ Forschung und Entwicklung, Forschungs- und Technologiepolitik

Lit.: *Aichholzer, G./Schienstock, G.* (Hrsg.) 1994: Technology Policy – Toward an Integration of Social and Ecological Concerns, Bln./NY. *Kuhlmann, S.* 1998: Politikmoderation. Evaluationsverfahren in der Forschungs- und Technologiepolitik, Baden-Baden. *Martinsen, R.* (Hrsg.) 1997: Politik und Biotechnologie – Die Zumutung der Zukunft, Baden-Baden. *Martinsen, R./Simonis, G.* (Hrsg.) 1995: Paradigmenwechsel in der Technologiepolitik? Opl. *Rosenberg, N./Landau, R./Mowey, D. C.* (Hrsg.) 1992: Technology and the Wealth of Nations, Stanford.

Klaus Schubert

Terrorismus

I. In der Literatur werden „Terror" und „Terrorismus" (T.) häufig synonym verwendet. Es erscheint jedoch zweckmäßig, den Begriff Terror der vom → Staat ausgehenden, willkürlich und systematisch zur Einschüchterung der Bürger ausgeübten Gewalt vorzubehalten. Dementsprechend ist T. spiegelbildlich als eine Gewaltstrategie zu definieren, die primär durch die Verbreitung von Furcht und Schrecken (daneben bei einigen Gruppen auch durch das Werben um Schadenfreude und Sympathie) das bestehende Herrschaftssystem auszuhöhlen und eine mehr oder weniger grundlegende politisch-gesellschaftl. Umwälzung herbeizuführen sucht.

T. kann sowohl der Ausgangspunkt einer beginnenden als auch das Endstadium einer gescheiterten, ausklingenden Guerillakampagne sein; dennoch sind beide Vorgehensweisen analytisch klar voneinander zu trennen. Handelt es sich bei der Guerilla um eine militärische Strategie, die, nicht anders als ein regulärer → Krieg, letztlich auf die physische Vernichtung des Feindes abzielt, so müssen sich terroristische Gruppen, die aus dem Untergrund heraus agieren, mit einer symbolischen Strategie begnügen. Oder wie es *F. Wördemann* ausgedrückt hat: Guerilla muß den Raum besetzen, Terroristen wollen dagegen das Denken besetzen (*Wördemann* 1977: 53). Ihre Aktionen versuchen, einen allg. Zustand der Angst, Nervosität und Hysterie zu erzeugen, so daß der angegriffene Staat in einer Überreaktion dazu verleitet wird, das zu tun, was die Terroristen außerstande sind selbst zu tun, nämlich einen allg. Aufstand zu provozieren.

Gewaltanschläge auf despotische Herrscher hat es immer gegeben. Die Entstehung des T. als kontinuierliches Phänomen und systematischer Angriff auf Regierungen hängt jedoch zum einen mit der Verbreitung demokratischen und nationalistischen Ideengutes seit der Französischen Revolution, zum anderen mit der Erfindung des Dynamits und dem Aufkommen der Massenpresse ab Mitte des 19. Jh. zusammen. Unter den terroristischen Bewegungen der zweiten Hälfte des 19. Jh. sind vor allem die russischen Sozialrevolutionäre (*Narodnaja Volja*, Volkswille) und die über ganz Europa verbreiteten anarchistischen Gewalttäter erwähnenswert („Propaganda der Tat"; → Anarchismus). Es gibt keine Variante terroristischer Anschläge, die zu jener Zeit nicht bereits gedanklich durchgespielt und praktisch erprobt worden wäre. Zwischen den Weltkriegen schwenkte das Pendel vom Links- zum Rechtsterrorismus (man denke etwa an die Freikorps zu Beginn der Weimarer Republik), dieser blieb jedoch im Schatten der polit. Massenmobilisierungen ein untergeordnetes Phänomen. Nach dem II. Weltkrieg gingen entscheidende Impulse für die Wiederentdeckung des T. als Waffe der Schwachen gegen mächtige Regierungen von der → Dritten Welt, insb. Lateinamerika, aus. Dort gewann nach dem Scheitern der Landguerilla in mehreren Ländern ab Mitte der 1960er Jahre die eng mit dem T. verschwisterte Stadtguerilla an Bedeutung. Diese lieferte das Vorbild für bes. militante Gruppen der Studentenbewegung in Nordamerika und Westeuropa („Tupamaros"). Zugleich führten Palästinensergruppen wie etwa „Schwarzer September" vor, wie man durch äußerst wagemutige und geschickt geplante Gewaltaktionen mit einem Schlag die gesamte Weltöffentlichkeit auf sich aufmerksam machen kann.

II. Legt man die Motivation und die unterschiedlichen Zielsetzungen der Gewaltgruppen zugrunde, so lassen sich vier Hauptformen des T. erkennen, zwischen denen es allerdings Überschneidungen gibt (*Waldmann* 1998: Kap. 5 u. 6).

1. Sozialrevolutionärer T. (*RAF; Bewegung 2. Juni; Rote Brigaden; Action directe*). Durchweg in der zweiten Hälfte der 1960er

Jahre im geistigen Umfeld der „Neuen Linken“ entstanden, stellten sozialrevolutionäre Terrorgruppen nicht nur eine ernsthafte Herausforderung für die jeweiligen Regierungen, sondern darüber hinaus auch eine Bewährungsprobe für die gesamte rechtsstaatl. Ordnung der betroffenen Länder dar. Ihre Anschläge sollten einer grundlegenden Umwälzung der Besitz- und Herrschaftsverhältnisse, vor allem in den hochindustrialisierten Ländern, den Weg bereiten, ein Ziel, das sie durchweg verfehlten. In den 1980er Jahren merklich geschwächt, büßten sie nach dem Zusammenbruch des sozialistischen Blocks jegliche Bedeutung ein. Gegenwärtig gibt es nur noch in Lateinamerika marxistisch inspirierten Terrorismus.

2. Ethnisch-nationalistischer Terrorismus. Hinter ihm stehen militante Organisationen von Minderheitspopulationen, die sich oft durch eine eigene Tradition und Sprache, vor allem jedoch durch ein spezifisches Identitätsbewußtsein, das mit dem Anspruch auf ein bestimmtes Gebiet gekoppelt ist, von der jeweiligen Mehrheitsbevölkerung des betreffenden → Nationalstaates abheben. Wie in Europa das Beispiel der Basken und Nordiren, der Korsen, Südtiroler, Bretonen und vieler anderer beweist, haben → Regionalismus und Minderheitenprobleme trotz Modernisierung nichts von ihrer Virulenz eingebüßt. Nach dem Zusammenbruch des realen Sozialismus sind auch im Osten → Separatismus und → Nationalismus zu sprengenden kollektiven Kräften geworden. Sie verdanken ihre Bedeutung nicht zuletzt dem Fehlen zugkräftiger alternativer Formeln polit. Mobilisierung und Organisation.

3. Religiöser Terrorismus. In den vergangenen eineinhalb Jahrzehnten hat vor allem der durch fundamentalistische Strömungen gespeiste religiöse T. von sich reden gemacht. Man begegnet ihm sowohl bei radikalen protestantischen Sekten (Anschlag von Oklahoma, 1995) als auch von seiten islamischer Splittergruppen in Algerien, im Libanon und bei den Palästinensern. Einige Experten schätzen diese jüngste (und zugleich älteste) Variante terroristischer Bewegungen als bes. gefährlich ein. Unter Verweis auf die japanische Aum-Sekte, die durch das Versprühen von Giftgas in der Untergrundbahn von Tokio 1995 zehn Menschen tötete und vielen weiteren ernsthafte Gesundheitsschäden zufügte, argumentieren sie, religiöse Terroristen schreckten vor nichts zurück, auch nicht vor dem Einsatz sog. ABC-Waffen (= atomar, biologisch, chemisch). Denn sie hätten aufgrund ihres religiösen Fanatismus bereits die Brükken zu dieser Welt abgebrochen, weshalb sie sich nicht scheuten, diese dem Untergang preiszugeben. Bei solchen Überlegungen handelt es sich zunächst nur um Spekulationen, da man viel zu wenig über Hintergründe und Ziele des religiösen T. weiß. So beeindruckend und „effizient“ einerseits religiös motivierte Selbstmordattentate (etwa der palästinensischen Hamas) nach außen hin erscheinen, so wäre es andererseits voreilig zu glauben, sie entbehrten jeglichen Maßes und jeglicher Kontrolle.

4. Vigilantistischer Terrorismus. Hier handelt es sich um keine genuine Form des T., sondern um eine Mischform von „Terror“ (von oben) und „Terrorismus“ (von unten). Der vigilantistische T. zielt mit seinen Gewaltaktionen nicht darauf ab, die staatl. Autorität zu untergraben, sondern will diese im Gegenteil stärken. Allerdings auf eine spezifische Art und Weise, nämlich indem er die Gesetze verletzt, auf denen staatl. Autorität und Ordnung beruhen. Beispiele für vigilantistischen T. sind die Ku-Klux-Klan-Bewegungen in den USA, die parapolizeilichen und paramilitärischen Todesschwadronen in einigen lateinamerikanischen Staaten (etwa in Kolumbien und Guatemala), aber auch die neuen Formen des aggressiven → Rechtsextremismus in der BRD. Der zunehmende Einwanderungsdruck aus den armen Regionen des Südens, verbunden mit dem nicht mehr unangefochtenen Gewaltmonopol des Staates, läßt befürchten, daß Europa zum Dauerszenario vigilantistischer Gruppen werden könnte.

Keine eigenständige Form des T. stellt der sog. internat. T. dar. Der reichlich schillernde Begriff bezieht sich weniger auf eine bestimmte Motivation als auf ein spezifisches Procedere. Der Bedeutungsgehalt von „international“ reicht vom Ausweichen einer terroristischen Organisation auf externes

Territorium über ihre Unterstützung durch externe Quellen bis hin zu generell transnat. agierenden terroristischen Verbänden oder der Entstehung einer internat. Koordinationsstelle terroristischer Aktivitäten. Wenngleich letzteres wiederholt geplant wurde, konnte es doch nie effektiv in die Praxis umgesetzt werden, so daß Verschwörungstheorien, die von einer Weltzentrale des T. ausgehen, bislang jeglicher konkreter Basis entbehren. Die Überschätzung sowohl der numerischen Bedeutung als auch der Gefährlichkeit des internat. T. dürfte damit zusammenhängen, daß dieser sich überwiegend gegen Angehörige der Industrienationen, insbes. US-Amerikaner, richtet. Dabei darf nicht übersehen werden, daß nach Schätzungen allenfalls 10 % aller Anschläge dieser Kategorie zuzuordnen sind, während der Rest auf innerstaatl. Anschläge entfällt. Gemeinsames Merkmal der meisten Terroristen ist ihr jugendliches Alter; Über-30jährige sind in ihren Reihen selten, so daß die Charakterisierung terroristischer Gruppen als Jugendbewegungen durchaus einen wahren Kern enthält (*Laqueur* 1977: 115; 170). Im übrigen lassen sich jedoch beträchtliche Unterschiede zwischen den einzelnen Untertypen des T. beobachten, wie beispielsweise aus einer Gegenüberstellung von ethnischem T. einerseits mit Linksterrorismus andererseits hervorgeht: Nationalistische bzw. autonomistische Gewaltgruppen setzen sich nur aus Männern zusammen, bei linksextremen stellen Frauen ein Drittel oder mehr der Mitglieder. Erstere rekrutieren sich vorwiegend aus der unteren Mittel- und Unterschicht, während die Mehrzahl der Linksterroristen nach sozialer Herkunft und Bildungsstand der gehobenen und höheren Mittelschicht zuzuordnen ist. Erhalten nationalistische Organisationen vor allem Zulauf aus ländlichen und kleinstädtischen Gebieten, so sind die meisten Linksterroristen in Großstädten geboren; nehmen in ersteren oft Geistliche Schlüsselpositionen ein, so sind Linksterroristen demgegenüber häufig konfessionslos (*Jäger* u. a. 1981: 31).

III. Was auch immer die motivationale und personelle Ausgangsbasis einer terroristischen Organisation sein mag, sobald diese einen gewissen Konsolidierungsgrad erreicht hat (was bei sozialrevolutionären und separatistischen Vereinigungen häufiger der Fall ist als bei vigilantistischen Verbänden, die häufig bloße Cliquen bleiben), übt sie einen beträchtlichen Konformitätsdruck auf ihre Mitglieder aus. Die Mechanismen, mit deren Hilfe dies geschieht, sind bei den verschiedenen Organisationen im wesentlichen stets die gleichen (*Della Porta* 1992). Dazu zählen u. a. die weitgehende Isolierung von Außenkontakten und Drittbindungen, der schrittweise Aufbau eines rigiden Freund-Feind-Bildes, die vollständige emotionale und kognitive Unterwerfung unter die Gruppengemeinschaft, die Entwicklung eines eigenen Lebens- und Sprachstils, die Fixierung auf bestimmte symbolische Bezüge und Riten (Märtyrerkult, Racheschwüre), schließlich eine Pseudogerichtsbarkeit, die nicht nur gegenüber Feinden, sondern auch gegenüber „Verrätern" aus den eigenen Reihen zur Anwendung gelangt. Die „Subkultur" des T., die ihre besonderen, mit den gesamtgesellschaftlichen teilweise kollidierenden Normen und Leistungskriterien kennt, läßt ein Statusgefüge eigener Art mit einer aus der subversiven Aufgabenstellung hergeleiteten Rollendifferenzierung entstehen. Besondere Aufmerksamkeit verdienen in diesem Zusammenhang die Führer dieser Untergrundverbände. Ihre herausragende Machtposition, die (negative) Publizität, die sie in den Medien genießen, die kaum überwindbaren Schwierigkeiten einer Rückkehr in ein „normales" bürgerliches Leben, all dies läßt heftige Widerstände von ihrer Seite gegen alle Versuche erwarten, diese Gruppen aufzulösen oder zu befrieden.

Das Angriffsrepertoire terroristischer Gruppen reicht von der einfachen Sachbeschädigung über Banküberfälle und gezielte Attentate bis hin zu generalstabsmäßig geplanten Großaktionen wie der Besetzung von Botschaften und sonstigen öffentl. Gebäuden, Flugzeugentführungen, die Gefangennahme wichtiger Persönlichkeiten des öffentl. Lebens und dgl. Dabei folgt ihr Vorgehen der Taktik der Provokation bzw., in der Sprache der baskischen ETA, der „Aktions-Repressionsspirale". Durch die spektakulären Anschläge soll zum einen der breiten Bevölkerung signalisiert werden, daß der angestrebte radikale Wandel, von dem angenommen wird, sie sehne ihn herbei, nicht mehr fern sei. Zum anderen soll der in seinem Anspruch auf Wahrung der öffentl. Sicherheit unglaubwürdig gewordene Staat zu exzessiver Repression verleitetet werden. Seine übertrieben harten Maßnahmen, so das Kalkül, würden auch unschuldige Bürger treffen und ihm entfremden. Auf diese Weise käme ein Prozeß kumulativer Delegitimierung der Staatsmacht in Gang, bis schließlich deren Reste durch die terroristische Avantgarde besetzt und zerstört oder in einem breiten Volksaufstand hinweggefegt würden.

Daß dergleichen weitreichende Zielvorstellungen nicht von vornherein abwegig sind, ist nicht zuletzt der modernen Technik zuzuschreiben, die den Intentionen der Terroristen in mehrfacher Weise entgegenkommt (*Waldmann* 1998, Kap. 4). Erstens verleiht die Störanfälligkeit des modernen Verkehrs- und Nachrichtenwesens schon einer kleinen Zahl entschlossener Gewaltakteure eine Macht, gemeinschaftsnotwendige Funktionsabläufe zu unterbrechen, die ihnen in einfacher strukturierten Gesellschaften nie zufallen würde. Zweitens hat der technische Fortschritt Waffensysteme hervorgebracht, die Leichtigkeit und mühelose Transportierbarkeit mit einer ungeheuren Steigerung der Zerstörungskraft verbinden (wie bereits erwähnt, ist selbst der Einsatz atomarer und bakteriologischer Waffen durch Terroristen für die Zukunft nicht auszuschließen). Derselbe Fortschritt hat drittens Möglichkeiten rapider Fortbewegung geschaffen, welche eine erhöhte Mobilität der Terroristen begünstigen und somit ihre Verfolgung erschweren. Schließlich ist zu bedenken, daß die Technik in der Form der Massenmedien den Terroristen ein in seiner Effektivität kaum überbietbares Instrument und Forum zur Verbreitung ihrer Ideen und Ziele zur Verfügung stellt.

IV. Was die Ursachen des T. angeht, so muß man sich vor simplifizierenden Erklärungen hüten. Terroristische Zellen bilden aufgrund ihrer geringen Mitgliederzahl keinen repräsentativen Spiegel der gesamtgesellschaftl. Situation und Probleme. Andererseits läßt sich jedoch das Auftreten solcher Gruppen auch nicht allein auf historische Zufälle oder transnat. geistig-polit. Modeströmungen zurückführen. Man begegnet ihnen zwar in sämtlichen Großregionen und unter allen denkbaren polit. Regimen (totalitäre Systeme ausgenommen); wenn man vor kurzem durchgeführten quantitativen Analysen Glauben schenken darf, sind jedoch Demokratien in überdurchschnittlichem Maße von terroristischen Anschlägen und Gruppen bedroht (*Eubank/Weinberg* 1994).

Die Gründe hierfür werden in den extensiven Grund- und Freiheitsrechten gesehen, welche Demokratien ihren Bürgern gewähren: dem Recht auf individuelle Freizügigkeit, dem Schutz der Privatsphäre, dem Assoziationsrecht und dem Recht auf polit. Opposition. All diese Rechte könnten auch von Individuen und Gruppen in Anspruch genommen und evtl. mißbraucht werden, die, mit den bestehenden Verhältnissen unzufrieden, auf einen polit. Umsturz hinarbeiten. Vor allem das Recht auf Demonstrationen und Protest ist ein wichtiger Entstehungsgrund für Terrorismus. Zu diesem letzten Mittel greifen polit. Engagierte vorzugsweise in der Abschwungphase einer Protestbewegung, wenn sie vor der Alternative stehen, ihre Hoffnungen auf weitreichende polit. Veränderungen entweder aufzugeben oder mit dem ganzen Einsatz ihrer Existenz, aus dem Untergrund heraus, weiter zu verfolgen (*Neidhardt* 1988).

Terroristen erzielen zwar kurz- und mittelfristig nicht selten eine erhebliche Wirkung, d. h. sie verbreiten eine Atmosphäre der Angst und des Schreckens und können den von ihnen bekämpften Staat vorübergehend in die Defensive treiben. Im einen oder anderen Fall (Beispiel: das *Franco*-Regime) trugen sie entscheidend zum Sturz einer Diktatur bei. Insgesamt fällt die Bilanz ihrer Erfolge aber eher negativ aus, und zwar im wesentlichen aus zwei Gründen. Zum einen, weil sie es meist versäumen, die Gewaltaktionen in eine militärisch-polit. Gesamtstrategie einzubinden, zum anderen aufgrund der Unfähigkeit, auf weitere Gewaltanwendung zu verzichten, wenn diese Methode das nach Lage der Dinge optimale Resultat erbracht hat.
Diese Unfähigkeit zum Einlenken hängt freilich nicht zuletzt mit den anspruchsvollen Zielen vieler terroristischer Gruppen zusammen, die etwa im Falle der RAF und der Bewegung 2. Juni auf nicht weniger als eine fundamentale Umgestaltung der westdeutschen Wirtschaft, Gesellschaft und Politik hinausliefen. Dagegen konnten autonomistische Bewegungen, die begrenztere und konkretere Ziele verfolgten (Beispiel: die Franco-Kanadier in Kanada), dem Zentralstaat durch gewaltsame Auflehnung teilweise beträchtliche Zugeständnisse abtrotzen. Doch ist auch hier die Gefahr nicht zu übersehen, daß bei Fortführung des T. die gewonnenen Rechte erneut aufs Spiel gesetzt werden.

Lit.: *Crenshaw, M.* (Hrsg). 1995: Terrorism in Context, University Park. *Della Porta, D.* (Hrsg). 1992: Social Movements and Violence: Participation in Underground Organization, Greenwich/L. *Eubank, L./Weinberg, L.* 1994: Does Democracy encourage Terrorism?, in: Terrorism and Political Violence, 6(4), 417–443. *Fromkin, D.* 1977: Die Strategie des Terrorismus, in: *M. Funke* (Hrsg): Terrorismus. Untersuchungen zur Strategie und Struktur revolutionärer Gruppengewalt, Bonn, 83–99. *Guelke, A.* 1995: The Age of Terrorism and the International Political System, L./NY. *Jäger, H.* u. a. 1981: Lebenslaufanalysen, Opl. *Hirschmann, K./Gerhard, P.* (Hrsg). 2000: Terrorismus als weltweites Phänomen, Bln. *Laqueur, W.* 1977: Terrorismus, Kronberg. *Neidhardt, F.* 1988: Gewalt und Terrorismus. Studien zur Soziologie militanter Konflikte, Bln. *Rapoport, D. C.* 1984: Fear and Trembling. Terrorism in three religious traditions, in: APSR, 78(3), 658–677. *Taylor, M.* 1988: The Terrorist, L. *Waldmann P.* (Hrsg). 1993: Beruf: Terrorist. Lebensläufe im Untergrund, Mchn. *Waldmann, P.* 1998: Terrorismus. Provokation der Macht, Mchn. *Wördemann, F.* 1977: Terrorismus. Motive, Täter, Strategien, Mchn.

Peter Waldmann

Totalitarismus

Bezeichnung für eine Form der → Herrschaft, die Gesellschaft und Individuen einer totalen, weder durch → Grundrechte noch durch → Gewaltenteilung beschränkten Kontrolle unterwerfen will. Idealtypisch charakterisiert den T. (1) eine umfassende, alle Lebensbereiche vereinnahmende → Ideologie, (2) ein hierarchisch aufgebauter, auf einen Führer ausgerichteter Staatsapparat, der (3) von einer Einheitspartei beherrscht wird, (4) eine von Staat und Partei gelenkte Wirtschaft, (5) die Steuerung und Zensur der Medien, (6) Militarisierung der Gesellschaft und (7) Ausgrenzung und systematischer Terror gegen angeblich systemzersetzende Kräfte (die Juden; die Bourgeoisie; vgl. *Friedrich/Brzezinski* 1956).

1. Der Begriff des T. diente urspr. als Kampfbegriff gegen den vom italienischen → Faschismus propagierten totalen Staat (*stato totalitario*). Bereits in den 1930er Jahren wird er aber verwandt, um in vergleichender Absicht den totalitären Charakter des → Nationalsozialismus wie des → Kommunismus hervorzuheben. Schließlich erlebt er in der Zeit des Kalten Krieges eine Renaissance, um die westl. liberalen Demokratien gegen das Einparteienregime des Systemgegners Sowjetunion abzugrenzen.
Die Entwicklung der Totalitarismustheorien weist deutliche Parallelen zu den Konjunk-

turen des T. als Kampfbegriff auf, ist aber nicht auf dessen polit. propagandistischen Inhalt zu reduzieren. Die Totalitarismustheorien leisten (a) eine Aufarbeitung der ideengeschichtlichen Grundlagen totalitärer Herrschaft, beschreiben (b) in historischer Perspektive spezifische Phänomene der Politik in modernen, industriellen Massengesellschaften (Massenbewegungen; Manipulation durch die Medien; die Zerstörung der Trennung zwischen priv. und öffentl. Bereich), bieten (c) der vergleichenden Politikwissenschaft ein idealtypisches Modell totalitärer Staaten und erlauben es damit, (d) die Mindestanforderungen an freiheitliche polit. Ordnungen gegen rechte wie linke, technokratische, ökolog. und religiöse Utopien und Ideologien abzugrenzen. Allerdings verführt die für die Totalitarismusforschung prägende Suche nach Ähnlichkeiten zwischen kommunistischen und faschistischen Systemen dazu, daß (a) bestimmte, nicht zum Grundmuster des T. passende Phänomene, wie die Reformfähigkeit des Sowjetsystems oder die Polykratie des nationalsozialistischen Herrschaftssystems, systematisch unterschätzt werden, daß (b) die grundsätzlichen Unterschiede zwischen der nationalsozialistischen Rassenideologie und dem Marxismus verwischt werden und (c) in normativer Hinsicht, wie zuletzt im Zusammenhang des Historikerstreits (1987), die Singularität des Holocausts im Rahmen einer fragwürdigen Vergangenheitsbewältigung relativiert wird.

2. Die erneute Renaissance des Totalitarismusbegriffs seit Ende der 1980er Jahre wurde einerseits ausgelöst durch die Beschäftigung mit den Phänomenen des → Fundamentalismus und des → Extremismus sowie durch die Notwendigkeit der Aufarbeitung der Geschichte der ehemaligen DDR und anderer postkommunistischer Staaten. Andererseits hat die Totalitarismustheorie insbes. durch die Kritik der → Postmoderne an der potentiell totalitären Schattenseite der → Moderne neue theoretische Impulse erhalten.

Lit.: *Friedrich, C. J./Brzezinski, Z.* 1956: Totalitarian Dictatorship and Autocracy, Camb. *Jesse, E.* (Hrsg.) ²1999: Totalitarismus im 20. Jahrhundert, Bonn (zuerst 1996). *Siegel, A.* (Hrsg.) 1998: Totalitarismustheorien nach dem Ende des Kommunismus, Köln/Weimar. *Söllner, A.* 1997: Totalitarismus, Bln. *Wippermann, W.* 1997: Totalitarismustheorien, Darmst.

Günter Rieger

Transnationale Politik

In den → Internationalen Beziehungen die grenzüberschreitende Politik vornehmlich nichtstaatl. Akteure. Der Terminus der transnationalen Politik (t. P.) wurde zu Beginn der 1970er Jahre maßgeblich von *Kaiser* und *Nye/Keohane* geprägt. Ansatzpunkt war die Kluft zwischen den Realitäten internat. Politik und den Erklärungsmodellen der Lehre von den Internat. Beziehungen. Vor dem Hintergrund der Lokalisierung von → Außenpolitik bzw. der Internationalisierung von Innenpolitik (*intermestic politics*) mußte das Nationalstaats-Paradigma revidiert werden.

1. *Kaiser* unterstrich die Existenz der transnat. Gesellschaft als Vorbedingung für t. Politik. Die transnat. Gesellschaft entsteht durch Interaktion zwischen mehreren Gesellschaften in bestimmten Sachbereichen. Diese Interaktion ist rein funktionell und in ihrem Spannungsverhältnis zur nationalstaatl. → Souveränität zu sehen. T. P. wird vor diesem Hintergrund definiert als „jene polit. Prozesse zwischen nationalstaatl. Regierungen und/oder zwischen transnat. Gesellschaft und Regierung(en), deren Anstoß von Interaktionen in der transnat. Gesellschaft gegeben wurde“. Nach *Kaiser* hatte es t. P. im Sinne gesellschaftl. Interaktion schon früher gegeben, doch waren die horizontale (Transport- und Nachrichtenwesen) und vertikale Kommunikation (Durchdringung der Gesellschaft durch die Politik) im

20. Jh. besonders förderlich. 2. *Nye* und *Keohane* definierten t. P. hingegen enger als „*contacts, coalitions, and interactions across state boundaries that are not controlled by the central foreign policy organs of government*". Dieser Ansatz unterscheidet t. P. als grenzüberschreitendes Engagement nicht-staatl. Akteure (kath. Kirche, revolutionäre Bewegungen) von internat. Politik als zwischenstaatl. Politik im Rahmen von internat. Organisationen (→ NATO, → EU). *Nye* und *Keohane* konzentrierten sich v. a. auf die Aktivitäten transnat. Organisationen (transnationale Konzerne, internat. Gewerkschaften) und auf *transgovernmental relations*, die grenzüberschreitende Zusammenarbeit zwischen gouvernementalen Akteuren unterhalb der nationalstaatl. Ebene (Ministerien). 3. Beiden Ansätzen gemein war die Untersuchung der Reaktion des → Nationalstaats auf T. und das Phänomen der → Interdependenz. Während *Kaiser* drei Typen nationalstaatl. Reaktion unterschied: nat. Reaktion, Abkapselung und multilaterale Regularisierung, insistierten *Nye* und *Keohane* darauf, daß allenfalls die dritte Variante wirklich eine Option für den modernen Staat darstellen könnte. Gleichzeitig unterstrichen sie, daß Nationalstaaten beim Versuch, im Rahmen von t. P. eine aktive Rolle zu spielen, nur um so stärker in transnat. Interaktionen involviert würden. 4. Das Verdienst des Konzepts der T. besteht v. a. darin, den Kontrollverlust nationalstaatl. Politik und seine Ursachen in einem konsistenten Modell nachgewiesen zu haben. Gleichzeitig liegt ein grundlegender Mangel des Theorems darin, das internat. Engagement gliedstaatl. Regierungen (im Unterschied zu transgouvernementalen Interaktionen) nicht einzubeziehen.

Lit.: *Bühl, W. L.* 1978: Transnationale Politik. Internationale Beziehungen zwischen Hegemonie und Interdependenz, Stg. *Duchacek, I. D./Latouche, D./Stevenson, G.* (Hrsg.), 1988: Perforated Sovereignties and International Relations, NY. *Kaiser, K.* 1969: Transnationale Politik, in: *Czempiel, E.-O.* (Hrsg.): Die anachronistische Souveränität (PVS-Sonderheft 1), Opl., 80–109. *Keohane, R. O./Nye, J. S. Jr.* (Hrsg.) 1971: Transnational Relations and World Politics, IO, 25(3), 329–349; 721–748.

Ulrike Rausch

Umweltpolitik

I. In der wissenschaftl. Literatur und in Gesetzestexten finden sich mehrere Versuche, den Begriff Umweltpolitik (U.) näher zu bestimmen. Eine relativ umfassende Definition enthält das erste Umweltprogramm der Bundesregierung von 1971: „Umweltpolitik ist die Gesamtheit aller Maßnahmen, die notwendig sind, um dem Menschen eine Umwelt zu sichern, wie er sie für seine Gesundheit und für ein menschenwürdiges Dasein braucht, um Boden, Luft und Wasser, Pflanzen- und Tierwelt vor nachteiligen Wirkungen menschlicher Eingriffe zu schützen und um Schäden und Nachteile aus menschlichen Eingriffen zu beseitigen". Auch wenn man sich eine weniger anthropozentrische Definition vorstellen könnte, sind gesundheitliche Vorsorge, Schutz der Umweltgüter und Schadensbehebung noch immer höchst wichtige Ziele, auf die hin Maßnahmen, Instrumente und Institutionen der aktuellen U. ausgerichtet sind.

Das Umweltprogramm von 1971, das 1976 überprüft und fortgeschrieben wurde, hatte den Charakter eines Umweltaktionsplans: Über 100 Gesetze und Verordnungen wurden geplant, die meisten von ihnen budgetiert, das Verursacherprinzip, das Gemeinlastprinzip, das Vorsorge- und Kooperationsprinzip und auch das Integrationsprinzip (U. als Querschnittsaufgabe) wurden propagiert. Auf Bundesebene wurde ein Kabinettsausschuß für Umweltfragen bestellt und Beratungs- und Koordinierungsgremien wurden eingerichtet, wie der Sachverständigenrat für Umweltfragen (1971), die Umweltministerkonferenz der Länder (1972) und das Umweltbundesamt (1974). Nach der Atomkatastrophe von Tschernobyl (1986) wurde dann ein eigenständiges Umweltministerium geschaffen, kurz vor der UN-Konferenz über Umwelt und Entwicklung (1992) der Wissenschaftliche Beirat Globale Umweltveränderungen berufen. Auf Gesetzesebene wurde die Stärkung der Bundeskompetenz durch entsprechende Änderungen des Grundgesetzes vorangetrieben: Die konkurrierende → Gesetzgebung wurde auf die Bereiche Luftreinhaltung, Lärmbekämpfung und Abfallbeseitigung ausgedehnt; beginnend mit dem Benzin-Blei-Gesetz (1971), dem Abfallbeseitigungsgesetz (1972) und dem Bundes-Immissionsschutzgesetz (BImSchG, 1994) kam es zum raschen Aufbau eines stark medial (auf die Umweltmedien) ausgerichteten Rechtsinstrumentariums.

In der Amtszeit des ersten Bundesumweltministers (1987ff.) wurde die BRD zu einem Vorreiter in der U., insbes. mit der Großfeuerungsanlagen-Verordnung (GFA-VO), der Technischen Anleitung zur Reinhaltung der Luft (TA Luft) und später dann mit dem Kreislaufwirtschafts- und Abfallgesetz (Krw/AbfG, 1994). Die seit 1987 durch eine Enquete-Kommission des Deutschen Bundestages vorbereitete Klimaschutzpolitik setzte international neue Maßstäbe, mit einem höchst ambitiösen CO_2-Reduzierungsprogramm.

Im Koalitionsvertrag der 1998 gebildeten rot-grünen Bundesregierung wurden dann neue Zeichen gesetzt: Einleitung eines längerfristig angelegten Ausstiegs aus der Atomenergie, Einstieg in die ökolog. Steuerreform, Vorbereitung einer nat. Nachhaltigkeitsstrategie (sog. Zukunftsrat), Inkrafttreten des Erneuerbare-Energien-Gesetzes (EnEG).

II. Zentrale Akteure der U. sind im allgemeinen die staatl. Umweltschutzinstitutionen, in D insbes. das Bundesumweltministerium (BMU), das Umweltbundesamt (UBA) und das Bundesamt für Naturschutz (BfN). Zusammen mit den übergeordneten EU-Einrichtungen, den Landes- und Kommunalbehörden des Umwelt- und Naturschutzes bilden sie ein ausdifferenziertes Mehrebenensystem, das eine große Handlungskapazität aufweist, allerdings auch erhebliche, vertikale wie horizontale Koordinierungsleistungen erfordert (→ Koordination).

Bei Naturschutz, Landschaftsplanung und Wasserhaushalt kann der Bund beispielsweise nur Rahmenrichtlinien erlassen, die durch Landesgesetze ausgeführt werden müssen. Die Länder verfügen faktisch über ein Vollzugsmonopol im Umweltrecht, und die Kommunen besitzen mit ihrer Selbstverwaltungsgarantie eigene umweltrelevante Kompetenzen, insbes. für die Abfall- und Abwasserentsorgung, die Bauleitplanung und die Energie- und Wasserversorgung, deren Finanzierung überwiegend durch Beiträge und Gebühren erfolgt.

Mit mehr als vier Millionen Mitgliedern repräsentieren die Umweltverbände in D einen hohen Organisationsgrad des gesellschaftl. Umweltinteresses, mit entsprechender organisatorischer, wirtschaftlicher und publizistischer Kapazität. Mit der Umweltbewegung im weiteren Sinne sind sie ein anerkannt wichtiger umweltpolit. Akteur.

Mehr als in den meisten anderen Industrieländern ist der Umweltschutz in D zu einem beachtlichen Wirtschaftssektor geworden, mit etwa einer Million direkt oder indirekt Beschäftigten und einem hohen Anteil am Exportvolumen. Die Industrie ist deshalb nicht mehr nur als monolithischer Block von Gegnern des Umweltschutzes zu sehen; für zunehmend größere Teile haben sich ökonom. und ökolog. Interessen miteinander vereinbaren lassen. Dies zeigt sich u. a. daran, daß es inzwischen mehrere Unternehmensvereinigungen gibt, die sich der ökolog. Modernisierung von Produkten und Techniken verpflichtet fühlen und sich aktiv am öffentl. Umweltdiskurs beteiligen.

III. Zur Durchsetzung einer effektiven U. bedarf es der Auswahl und Anwendung geeigneter Instrumente. Angesichts der Unterschiedlichkeit der Aufgaben (Schadensbehebung, Schutz der Umweltgüter, gesundheitliche Vorsorge), der medialen Einsatzbereiche, der divergierenden Akteursinteressen und der Kreativität von Politik im allgemeinen, ist das Spektrum möglicher umweltpolit. Instrumente breit gefächert.

Huppes (1993), der hierzu eine systematische Analyse vorgelegt hat, differenziert nach drei Akteurs-Relationen, sieben Instrumentenmechanismen, sieben Zielobjekten und acht operationalen Ebenen, woraus in der Kombination mehr als tausend Instrumententypen unterschieden werden könnten. Nicht alle Kombinationen sind indes relevant, und die praktische Politik erfordert ohnehin eine reduzierte Komplexität an Instrumenten. Üblich ist daher die Trennung in Auflagen oder Standards, Steuern und Sonderabgaben, Zertifikate, Verhandlungslösungen und Umwelthaftung.

Unter Auflagen versteht man die Vorgabe bestimmter Normen, deren Nicht-Einhaltung zu Sanktionen, vor allem zu Zahlungen an die öffentl. Hand führt. Auflagen sind also dem Ordnungsrecht zuzurechnen und treten in der U. aller Länder in vielen Varianten auf, insbes. als Emissions- und Immissionsbeschränkungen oder als Produkt- und Prozeßstandards.

Steuern und Sonderabgaben sind marktorientierte Instrumente, die derzeit wichtigste Alternative zur traditionellen Auflagenpolitik. Mit → Steuern oder Sonderabgaben wird für die Nutzung von Umweltressourcen ein Preis vorgegeben bzw. verändert (daher auch Preislösung), der das Verhalten der Akteure beeinflussen soll. Während Sonderabgaben zweckgebunden zur Behandlung oder Beseitigung von Umweltschäden eingesetzt werden, unterliegen Steuern im allgemeinen dem Non-Affektationsprinzip, d. h. daß ihre Verwendung in keiner Beziehung zu ihrer Erhebung stehen muß; sie können und sollen aber dazu verwendet werden, andere Steuern zu ersetzen. So besteht der Grundgedanke der ökolog. Steuerreform darin, die Lenkungsfunktion von Abgaben und die Finanzierungsfunktion von Steuern miteinander zu verbinden. Bei der Einführung der „Öko-Steuer" in D spielte dabei die Idee der „doppelten Dividende" eine wichtige Rolle: Durch Anhebung der Preise ökologisch sensibler Produkte (wie Benzin und Heizöl) soll einerseits die von ihrer Verwendung ausgehende Umweltbelastung verringert werden, andererseits sollen die damit erzielten Steuereinnahmen dazu verwendet werden, ökonomisch sensible Abgaben (wie die Lohnnebenkosten) zu reduzieren, um so zu mehr Beschäftigung beizutragen.

Der Grundgedanke von Zertifikaten besteht darin, ein insgesamt als zulässig angesehenes und vereinbartes Maß an Umweltbelastung für einen bestimmten Bereich (beispielsweise die zulässigen CO_2-Emissionen eines Landes oder die Menge der Einweg-Flaschen in einem bestimmten Zeitraum) vorzugeben und auf handelbare Zertifikate aufzuteilen. Im Gegensatz zur Preislösung (Steuern und Sonderabgaben) stellen Zertifikate daher eine Mengenlösung dar. Preis- und Mengenlösungen sind die beiden idealtypischen Ausprägungen marktwirtschaftl. Umweltpolitik: Entweder werden die Preise bestimmter Umweltnutzungen festgelegt, und es wird dem Markt überlassen, wieviele Emissionen sich bei solchen Preisen noch rechnen (= Preislösung), oder es werden die insgesamt zulässigen Emissionsmengen kontingentiert, und es wird dem Markt überlassen, welche Preise von Umweltnutzungen sich unter diesen Umständen herausbilden (= Mengenlösung). Während in der nationalen U. bisher meist die Preislösung präferiert wurde (in D beispielsweise die Abwasserabgabe), wird in der internationalen U., insbes. in der Klimapolitik, die Mengenlösung (handelbare Emissions-Zertifikate) diskutiert.

Kooperative Instrumente wie Absprachen und Verhandlungen, insbes. Branchenabkommen und Verbandslösungen, informales Verwaltungshandeln (z. B. im Vorfeld von

Planfeststellungsverfahren), aber auch Mediationsverfahren (bisher vor allem in den USA und Japan; → Mediation) haben in den 1990er Jahren an Bedeutung gewonnen. Hinsichtlich solcher kooperativer Instrumente betonen Verursacher die notwendige Flexibilität der Anpassung an ökolog. Erfordernisse und versuchen, ordnungsrechtl. Maßnahmen des Staates durch freiwillige Selbstverpflichtungen zuvorzukommen oder diese ganz zu vermeiden. Hier zeigt sich dann die vermeintliche oder tatsächliche Stärke von Verursacher einerseits und Umweltbehörde andererseits. Mediationsverfahren werden durch die frühzeitige Beteiligung der von einer umweltpolit. Maßnahme Betroffenen und mit Hilfe eines unabhängigen Konfliktmittlers als Foren zur Konfliktreduzierung und Entscheidungsfindung parallel zum Verwaltungsverfahren genutzt und können so hinsichtlich der Verbesserung und erfolgreichen Implementation beabsichtigter Maßnahmen einen wichtigen Beitrag leisten.

In Anlehnung an die US-amerikan. Praxis, jedoch mit zeitlicher Verzögerung, wurde das Umwelthaftungsrecht 1990 in D erneuert und erheblich verschärft. Grundsätzlich werden zwei Arten von Haftungsregeln unterschieden: Die gängige Anspruchsgrundlage ist die Verschuldenshaftung, nach der der Verursacher Ersatz leisten muß, wenn er einen Schaden vorsätzlich oder fahrlässig verursacht hat. Dies läßt sich so interpretieren, daß es ein bestimmtes Sorgfaltsniveau gibt, das den Verursacher von der Haftung befreit. Demgegenüber muß ein Verursacher im Rahmen der Gefährdungshaftung jeden Schaden ersetzen, den er nachweislich verursacht hat. Von dem neuen Haftungsrecht verspricht man sich daher nicht nur die angemessene Entschädigung der Opfer (Kompensation), sondern auch die Verhütung von Umweltschäden (Prävention) bzw. deren verursachergerechte Anlastung (Internalisierung externer Kosten).

IV. Lange Zeit war die U. vorrangig auf Abwehr akuter Gefahren und die nachträgliche Behebung von Schädigungen ausgerichtet – und entsprechend medial organisiert. Präventive U. hingegen ist vorrangig auf Verursachungsbereiche bezogen und betrifft daher auch andere Politikressorts, insbes. die energie- und material-intensiven Politikbereiche. Man kann Nachsorge (Kuration) und Vorsorge (Prävention) als ein Kontinuum möglicher Strategien verstehen. Dabei stehen auf der untersten Stufe die Reparatur von Umweltschäden und deren Kompensation im Vordergrund. Die zweite Stufe bildet der nachgeschaltete, entsorgende Umweltschutz, der eine insgesamt umweltschädigende Produktions- und Verbrauchsstruktur mit Zusatzanlagen zu entschärfen sucht (daher auch: additiver Umweltschutz). Erst auf der Stufe der ökolog. Modernisierung erhält U. eine präventive Dimension, durch Einsatz umweltverträglicher, energie- und materialeffizienter Technik (daher auch: integrierter Umweltschutz). Die vierte Stufe der U. ließe sich dann als ökolog. Strukturwandel definieren, der auf durchgreifende ökolog. Erneuerung der gesamten Produktionsstruktur der Wirtschaft, auf einen ökolog. Konsumstil und auf grundsätzliche Vereinbarkeit des ökonom. und des ökolog. Systems (ökolog. Strukturanpassung) ausgerichtet ist.

Diese Ausformungen präventiver U. lassen sich als notwendige Elemente einer Strategie zukunftsfähiger Entwicklung (*sustainable development*) verstehen, die den Zielen der wirtschaftl. Leistungsfähigkeit (Effizienz), der gesellschaftl. Genügsamkeit (Suffizienz) und der ökolog. Nachhaltigkeit (Konsistenz) auf Dauer gleichrangige Bedeutung beimißt und das gesellschaftl. Institutionensystem entsprechend umgestaltet.

Lit.: *Altmann, J.* 1997: Umweltpolitik, Stg. *Bartmann, H.* 1996: Umweltökonomie ökologische Ökonomie, Stg. *Hartkopf, G./Bohne, E.* 1983: Umweltpolitik, Opl. *Huppes, G.* 1993: Macro-environmental Policy, Amsterdam. *Jänicke, M.* (Hrsg.) 1996: Umweltpolitik der Industrieländer, Bln. *Jänicke, M./Kunig, Ph./Stitzel, M.* 1999: Umweltpolitik. Lern- und Arbeitsbuch, Bonn. *Mayntz, R.* (Hrsg.) 1978: Vollzugsprobleme der Umweltpolitik, Stg. *Müller, E.* 1986: Innenwelt der Umweltpolitik, Opl. *Rat von Sachverständigen für Umweltfragen* 2000: Umweltgutachten 2000, Stg. *Simonis, U. E.* (Hrsg.) 1990: Basiswissen Umweltpolitik, Bln. *Simonis, U. E.* (Hrsg.) 1988: Präventive Umweltpolitik, Ffm./NY. *Zimmermann, U./Hartje, V./Ryll, A.* 1990: Ökologische Modernisierung der Produktion, Bln. *Zukunftskommission der Friedrich-Ebert-Stiftung* 1998: Wirtschaftliche Leistungsfähigkeit, sozialer Zusammenhalt, ökologische Nachhaltigkeit. Drei Ziele – ein Weg, Bonn.

Udo E. Simonis

Unternehmerverbände

Als eine Teilmenge von Interessenverbänden sind Unternehmerverbände polit. Organisationen, denen sich ihre Mitglieder primär aufgrund von Interessen anschließen, in diesem Fall solche von Unternehmern bzw. Unternehmen (→ Interessengruppen).

Interessen ermöglichen als Medium der Kommunikation kollektive Aktionen und stellen die Grundlage der Organisationsbildung dar (*Weber* 1991). Dabei definieren, aggregieren und repräsentieren U. Interessen ihrer Mitglieder etwa in bezug auf → Gewerkschaften, das → Politische System oder „die" Wirtschaft selbst. Nach den unterschiedlichen Bezugssystemen von Interessen differenzieren sich auch die U. aus, und zwar in (*Buchholz* 1970): (1) Arbeitgeberverbände. In den westl. Industriegesellschaften schließen Arbeitgeberverbände und Gewerkschaften kollektiv-bindende Regelungen (Tarifverträge) ab. Gegenstand dieser Regelungen sind u. a. Löhne und Gehälter, Arbeitszeiten, Arbeitsbedingungen. Darüber hinaus nehmen Arbeitgeberverbände die sozialpolit. Interessen ihrer Mitglieder gegenüber staatl. und halbstaatl. Organisationen wahr. Sie entsenden Vertreter in Konsultativ- und Lenkungsgremien bei staatl. und halbstaatl. Organisationen etwa der Bundesanstalt für Arbeit, den Berufsgenossenschaften etc. (2) Wirtschaftsverbände. Sie vertreten die wirtschaftspolit. Interessen ihrer Mitglieder auf der Ebene von → Bundesländern, den Bundesministerien und bei transnat. Einrichtungen wie etwa der → EU, sowie gegenüber Lieferanten und Abnehmern, Verbrauchern und halbstaatl. Organisationen. (3) Kammern (Industrie- und Handelskammern, Handwerkskammer). Kammern sind die lokalen bzw. regionalen, einzelne Branchen bzw. Gewerbe übergreifenden Organisationen. Sie nehmen die Interessen einer lokal- bzw. regional spezifizierten Wirtschaft wahr und übernehmen in begrenztem Maße und in unterschiedlichen Aufgabenfeldern etwa im Bereich der beruflichen Erstausbildung und Weiterbildung originär staatl. Funktionen. Im Gegensatz zu den o. g. Unternehmerverbänden ist die Mitgliedschaft in einer Kammer für die Unternehmen ab einer bestimmten Größe obligatorisch. Kammern treten als Sprecher der regionalen Wirtschaft auf. Da in den Organisationen des Handwerks, den Handelskammern, neben den Unternehmen auch die Arbeitnehmer organisiert sind, ist es kontrovers, inwieweit es sich bei diesen Organisationen um unternehmerische Interessenorganisationen handelt.

1. U. sind ein Produkt der modernen Industriegesellschaft. Die vormodernen Gesellschaften des Okzidents kannten Gilden, Zünfte und andere Korporationen, die aber zunächst infolge der Autonomisierung des polit. Systems Mitte des 18.Jh. ausgeschaltet wurden. U. entstehen primär aufgrund der Umstellung der Steuerung des polit. Systems durch Parteienkonkurrenz sowie durch die Differenzierung der Wirtschaft in verschiedenartige Märkte und die Ausdifferenzierung eines Systems der → Arbeitsbeziehungen (*Müller-Jentsch* 1997), in dessen Rahmen die Regeln für den Verkauf und Einsatz von Arbeitskräften durch die Tarifparteien, Gewerkschaften und Arbeitgeberverbände selbst gesetzt werden (*Dunlop* 1958; → Tarifautonomie). Zu Beginn des 21. Jh. sind Erosionstendenzen bei den U. und den Gewerkschaften zu verzeichnen (Mitgliederschwund/Tarifflucht; *Weber* 1997).

Historische Analysen zeigen, daß die Population von U. beginnend mit der 2. Hälfte des 18. Jh. zyklisch verlaufende Gründungswellen aufweist: vor und nach dem I. Weltkrieg, in den 1930er Jahren, Ende der 1940er und Anfang der 50er Jahre (*Berghan* 1988). Im Zuge der historischen Entwicklung variieren nicht nur die Anzahl der Organisationen, ihre Politik und Aufgaben, sondern auch die organisatorische Struktur innerhalb der und zwischen den Interessengruppen. Die U. werden umfassender und bilden komplexe, hierarchisch integrierte Verbandssyteme z. T. unter Assistenz der Politik, etwa in der nationalsozialistischen Zeit (*Grant/Neckers/van Waarden* 1991).

2. Im Zuge der Neokorporatismusforschung, die einerseits *policy*-orientiert war (*Lehmbruch* 1979), andererseits die polit. und ökonom. Bedingungen der Organisation von Wirtschaftsinteressen untersuchte (*Schmitter/Streeck* 1981), wurde deutlich, daß die Entwicklung von U. bzw. ganzer Systeme von Interessenorganisationen sowohl zwischen einzelnen Ländern als auch zwischen unterschiedlichen Wirtschaftssektoren erheblich variiert. Dabei erwiesen sich der Grad der Zentralität der polit. Organisationen, der territorialen Differenzierung, die Verhandlungsarenen, die Struktur der Märkte und die Population der Unternehmen als zentrale Einflußvariablen auf die Organisationsstruktur der Verbandssysteme (*Weber* 1987). Komparative Analysen von Arbeitgeberverbänden und Gewerkschaften verdeutlichen Differenzen in der Organisation: Nicht nur weisen Arbeitgeberverbände eine höhere Anzahl und einen höheren Organisationsgrad auf, sondern auch einen Modus innerorganisatorischer Differenzierung im Gegensatz zu der interorganisatorischen Differenzierung bei Gewerkschaften (*Offe/Wiesenthal* 1985; *Streeck* 1989).

Die Frage nach der „Herrschaft der Verbände", d. h. nach ihrem polit. Einfluß, wie sie lange Zeit die (*Pressure group*-)Forschung dominierte, läßt sich, dies zeigen neuere Analysen von polit. → Netzwerken, nicht mehr generalisierend beantworten. U. üben sowohl *Pressure*-Funktionen als auch staatsentlastende, selbstregulative Funktionen aus, etwa in der Berufsbildungs- oder Industriepolitik (*Streeck* u. a. 1987; *Weber* 1986; *Hilbert* u. a. 1990).

Lit.: *Berghan, V. R. 1988*: Corporatism in Germany in Historical Perspective, in: *Cox, A./OSullivan, N.* (Hrsg.): The Corporate State, Cambridge, 104–122. *Buchholz, E.* 1970: Interesse, Gruppen, Interessengruppen, Tüb. *Dunlop, J. T.* 1958: Industrial Relations Systems, NY. *Grant, W./Neckers, J./Waarden, F. van* (Hrsg.): Organizing Business for War, Ox., 104–134. *Hilbert, J./Südmersen, H./Weber, H.* 1990: Berufsbildungspolitik, Geschichte, Organisation, Neuordnung, Opl. *Lehmbruch, G.* 1979: Consociational Democracy, Class Conflict and the New Corporatism, in: *Schmitter/Lehmbruch* (Hrsg.), 1979, 53–62. *Müller-Jentsch*, W. 1997: Soziologie der industriellen Beziehungen. Eine Einführung, Ffm./NY. *Offe C./Wiesenthal, H.* 1985: Two Logics of Collective Action, in: *Offe, C.* (Hrsg.): Disorganized Capitalism. Contemporary Transformation of Work and Politics, Ox./NY, 170–220. *Schmitter, P. C.* 1979: Still the Century of Corporatism?, in: *Schmitter/Lehmbruch* (Hrsg.), 1979, 7–52. *Schmitter, P. C./Lehmbruch G.* (Hrsg.) 1979: Trends towards Corporatist Intermediation, Beverly Hills/London. *Schmitter, P. C./Streeck, W.* 1981: The Organization of Business Interests, Discussion Papers, WZB UM/LMP 81–13, Bln. *Streeck, W.* 1989: Interest Heterogeneity and Organizing Capacity: Two Class Logics of Collective Action? Discussion Papers, WZB, FS I, 89–4, Bln. *Weber, H.* 1987: Unternehmerverbände zwischen Markt, Staat und Gewerkschaften, Ffm./NY. *Weber, H.* 1991: Selbststeuerung der Verbände?, in: *Hartwich, H. H./Wewer, G.* (Hrsg.): Regieren in der Bundesrepublik, Bd. III, Systemsteuerung und Staatskunst, Opl., 175–190. *Weber. H.* 1997: The German Associations: Structure and Erosion? in: *Bennett, Robert J.* (Hrsg.), Trade Associations in Britain and Germany, York, 46–51.

Hajo Weber

Verbände → Gewerkschaften, → Interessengruppen, → Unternehmerverbände

Verbraucherpolitik

Verbraucherpolitik (V.) umfaßt die Gesamtheit aller polit. und verbandlichen Aktivitäten sowie staatl. Maßnahmen, die dazu dienen, die Marktposition der Konsumenten zu stärken und die priv. Endabnehmer gegenüber den Produzenten, Händlern und Dienstleistungsanbietern zu schützen.

1. V. orientiert sich damit pragmatisch an der Notwendigkeit des Verbraucherschutzes, nicht am idealistischen Konzept der Konsumentensouveränität. Letztere ist Kernelement liberaler Wirtschaftstheorien, die dem Verbraucher eine zentrale (Markt-)Stellung einräumen und dessen (Kauf-)Entscheidung als letztlich ausschlaggebend für Produktion, Umsatz und Erlös eines Produktes ansehen. Sie erblicken in der Freiheit der Auswahl (d. h. der Nachfrage) den wesentlichen Faktor für die Steigerung ökonom. Effizienz, der zusammen mit der Freiheit des Wirtschaftens (d. h. dem Angebot) eine optimale Allokation knapper Ressourcen gewährleiste (→ Marktwirtschaft). Seit *Adam Smith* (1776) bilden diese ökonom. Freiheiten die Grundlage zur Verwirklichung der allg. bürgerlichen Freiheiten – Verbraucher und Bürger gelten somit gleichermaßen als Souverän der freien Wirtschaft und der liberalen → Demokratie.

2. Faktisch ist die Marktmacht des Verbrauchers dagegen äußerst schwach. Charakteristisch für den ökonom. → Tausch sind die Atomisierung der Nachfrageseite und zunehmende Konzentrationsprozesse auf der Anbieterseite; beide sind durch intransparente Marktbeziehungen und eine abnehmende Lebensdauer der Produkte und Dienstleistungen verbunden. Die wichtigsten Problemfelder der V. sind daher: (1) Qualität und Objektivität von Verbraucherinformation und Werbung; (2) Intensität des Wettbewerbs; (3) Preisgestaltung und Vertragsbedingungen; (4) Qualität und Sicherheit der Produkte; (5) Produkthaftung und (6) Regelung der Konsumentenkredite, Rechtsberatung und Durchsetzung von Verbraucherrechten.

3. V. ist v. a. regulative Politik, deren Grundlagen in der BRD das Gesetz gegen unlauteren Wettbewerb (UWG), das Gesetz gegen Wettbewerbsbeschränkungen (GWB), das Verbraucherkreditgesetz, das Eichgesetz etc. bilden. Die Interessen der Verbraucher werden v. a. durch die Arbeitsgemeinschaften der Verbraucherverbände (AgV) vertreten, die insofern eine advokatorische V. betreiben, als sie von unmittelbarer, persönlicher Mitgliedschaft und den damit verbundenen verbraucherpolit. Mobilisierungs- und Durchsetzungsmöglichkeiten (wie z. B. im US-amerikan. „*consumerism*") absehen und die abstrakt nur schwer organisierbaren Interessen der Verbraucher stellvertretend wahrnehmen. Mit Einführung des europ. Binnenmarktes und der Ausweitung des internat. Freihandels sind die Chancen zur Durchsetzung von Verbraucherinteressen nicht in gleichem Maße wie die Notwendigkeit aktiver V. gestiegen.

4. Als Folge der BSE-Krise gewann der Verbraucherschutz in Europa schlagartig an polit. Bedeutung. Januar 2001 wurde in D ein entsprechendes Ministerium eingerichtet, dem die Landwirtschaft eingegliedert wurde. Seither läuft der Versuch, unter betont ökolog. Vorzeichen Verbraucherschutz- und Erzeugerinteressen in Einklang zu bringen. → Europäische Verbraucherpolitik.

Lit.: *Kuhlbaum, E.* 1990: Verbraucherpolitik, Mchn. *Mitropoulos, S.* 1997: Verbraucherpolitik in der Marktwirtschaft, Bln. *Schubert, K.* 1989: Interessenvermittlung und staatliche Regulation, Opl. *Smith, A.* [6]1993: Der Wohlstand der Nationen, Mchn. (engl. zuerst 1776).

Klaus Schubert

Vereinigung → Deutsche Einheit

Vereinte Nationen

I. Die Vereinten Nationen (*United Nations*, UN) wurden am Ausgang des II. Weltkriegs von 51 ursprüngl. Mitgliedstaaten als internat. Weltfriedensorganisation gegründet. Ihr Gründungsvertrag, die Charta, wurde am 26. 6. 1945 auf der Gründungskonferenz in San Francisco unterzeichnet und trat am 24. 10. 1945 in Kraft. Inzwischen gehören der *United Nations Organization* (UNO) mit 189 Mitgliedstaaten nahezu sämtliche Staaten der Welt an. Sie hat damit die Universalität praktisch erreicht. Die frühere BRD, die bereits in den 1950er Jahren allen Sonderorganisationen der UN beigetreten war, erwarb die Vollmitgliedschaft in der UNO – gemeinsam mit der DDR – erst im September 1973, nachdem im Zuge der damaligen Ost- und Deutschlandpolitik der sozial-liberalen Bonner Regierungskoalition die Voraussetzungen für eine dt. Doppelmitgliedschaft geschaffen worden waren (→ Deutsche Einheit). Seit der Wiedervereinigung (3. 10. 1990) ist D in der UNO mit einem Sitz und einer Stimme vertreten.

Die UN sind mit dem vorrangigen Ziel gegründet worden, durch eine institutionalisierte multilaterale und weltweite Zusammenarbeit zwischen den Staaten der künftigen Sicherung des Weltfriedens zu dienen und die internat. Sicherheit zu wahren. Nach dem Scheitern des Völkerbundes (1919/20–1946) und den leidvollen Erfahrungen des II. Weltkriegs wurde damit im 20. Jh. zum zweiten Mal der Versuch unternommen, das Zusammenleben der Staaten und Völker im Rahmen einer globalen internat. Organisation zu fördern und in friedliche Bahnen zu lenken. Die konkreten Ursprünge der neuen Weltorganisation gehen auf die vom damaligen US-Präsidenten *Franklin D. Roosevelt* und dem brit. Premierminister *Winston Churchill* am 14. 8. 1941 verkündete „Atlantik-Charta" zurück, in der Grundprinzipien für die nach Kriegsende in Aussicht genommene Weltordnung niedergelegt waren. Diese Grundsätze wurden sodann von allen im Krieg gegen die Achsenmächte und gegen Japan „Vereinten Nationen" angenommen und bildeten die Basis für die Ausarbeitung der Satzung (Charta) der neuen Weltorganisation.

Gemäß der Charta gaben die UN-Mitgliedstaaten der Weltorganisation anspruchsvolle Ziele. Außer dem Ziel, „den Weltfrieden und die internat. Sicherheit zu wahren und zu diesem Zweck wirksame Kollektivmaßnahmen zu treffen, um Bedrohungen des Friedens zu verhüten und zu beseitigen, Angriffshandlungen und andere Friedensbrüche zu unterdrücken und internat. Streitigkeiten oder Situationen, die zu einem Friedensbruch führen könnten, durch friedliche Mittel nach den Grundsätzen der Gerechtigkeit und des Völkerrechts zu bereinigen oder beizulegen" (Art. 1), wiesen sie der UNO auch umfassende Aufgaben zur Förderung freundschaftlicher Beziehungen und internat. Zusammenarbeit zwischen den Staaten und Völkern einschließlich der Achtung der → Menschenrechte und Grundfreiheiten zu. Grundsätzlich geht die Charta nicht nur von einem negativen Friedensbegriff im Sinne einer Verhinderung oder Unterbindung von → Gewalt und → Krieg aus, sondern verpflichtet die UN-Mitgliedstaaten auch auf Aufgaben, mit denen wichtige Voraussetzungen und Bedingungen zur Herstellung friedlicher Verhältnisse geschaffen werden sollen.

Bei der Verfolgung und Verwirklichung der in der Charta statuierten Zielsetzungen gibt die Satzung der UNO ihren Mitgliedstaaten die Beachtung einiger Prinzipien vor. So werden die Mitglieder angehalten, ihre internat. Streitigkeiten durch friedliche Mittel beizulegen. Besonders weittragend ist die Verpflichtung, daß alle Mitglieder in ihren internat. Beziehungen „jede gegen die territoriale Unversehrtheit oder die polit. Unabhängigkeit eines Staates gerichtete oder sonst mit den Zielen der Vereinten Nationen unvereinbare Androhung oder Anwendung von Gewalt" zu unterlassen haben (Art. 2, 4). Anders als in der Satzung des Völkerbundes wird in der Charta der UN eine strikte Ächtung des Krieges ausgesprochen, die darüber hinaus auch noch auf den Grundsatz des Gewaltverbots ausgedehnt wird. Lediglich das Recht zur individuellen oder kollektiven Selbstverteidigung sollte im Falle eines bewaffneten Angriffs gegen ein Mitglied der UN erhalten bleiben, bis das zuständige Gremium der Weltorganisation „die zur Wahrung des Weltfriedens und der internat. Sicherheit erforderlichen Maßnahmen getroffen hat" (Art. 51). Gleichfalls zum Prinzipienkatalog der Charta (Art. 2, 7) gehört auch der Grundsatz des Verbots eines Eingriffs in die inneren Angelegenheiten eines Staates (mit Ausnahme der gegebenenfalls gegen einen Staat angeordneten Zwangsmaßnahmen nach Kap. VII). Eine enge Auslegung des letztgenannten „Interventionsverbotes" kann unter Umständen dazu führen, daß dieses Prinzip mit der Erfüllung anderer Aufgaben kollidiert, beispielsweise bei Versuchen der Staatengemeinschaft, den Menschenrechten weltweit Geltung zu verschaffen.

II. Die UN stellt die umfassendste internat. Staatenverbindung dar, die neben ihrer Hauptorganisation (mit Sitz in New York und größeren Niederlassungen in Genf, Wien und Nairobi) zahlreiche Sonderorganisationen, Spezialorgane sowie eine Vielzahl weltweit oder regional tätiger Institutionen und Einrichtungen unterhält. Es ist deshalb zweckmäßig, von einem ganzen UN-System oder zusammenfassend vom Verband der UN zu sprechen.

Die Hauptorganisation der UNO hat sechs Hauptorgane: eine Generalversammlung, einen Sicherheitsrat, einen Wirtschafts- und Sozialrat, einen Treuhandrat, einen Internat. Gerichtshof und ein Sekretariat. In der Generalversammlung sind alle Mitgliedstaaten der UN gleichberechtigt mit Sitz und jeweils einer Stimme vertreten. Die Generalversammlung ist das zentrale Hauptorgan der UN, das über die Zusammensetzung der anderen Organe entscheidet, den Haushalt festlegt und die Kontrolle über den Verwaltungsapparat der UNO ausübt. Sie kann alle Angelegenheiten erörtern, die gemäß der Charta in die Zuständigkeit der UN oder eines anderen UN-Organs fallen, und hierzu in Form von Resolutionen Empfehlungen abgeben, die allerdings die Mitglieder völkerrechtlich nicht binden (→ Völkerrecht). In Fragen der akuten Gefährdung des Weltfriedens und der internat. → Sicherheit wurde jedoch dem Sicherheitsrat die Hauptverantwortung übertragen. Solange der Sicherheitsrat in einer internat. Streitigkeit oder in einer Konfliktsituation tätig ist, darf die Generalversammlung zu dieser Angelegenheit keine Empfehlung abgeben, es sei denn, sie würde vom Sicherheitsrat dazu aufgefordert. Die Generalversammlung tritt im September eines jeden Jahres zu einer mehrere Wochen dauernden ordentlichen Jahrestagung zusammen, auf der nahezu sämtliche Weltprobleme diskutiert werden. Daneben wurden bisher mehrere Sondergeneralversammlungen über besonders aktuelle Problemkomplexe durchgeführt. Außerdem kam die Generalversammlung mehrmals zu besonderen Notstands- oder Krisentagungen zusammen.

Das wichtigste UN-Organ für die Erhaltung des Weltfriedens und der internat. Sicherheit ist satzungsgemäß der Sicherheitsrat. Er besteht aus 15 (bis 1965 aus 11) Mitgliedstaaten, wobei die Volksrepublik China, Frankreich, GB, Rußland (anstelle der Ende 1991 aufgelösten Sowjetunion) und die USA ständige Mitglieder sind. Die 10 nichtständigen Mitglieder werden von der Generalversammlung nach einem besonderen Verteilungsschlüssel jeweils für zwei Jahre gewählt. Allein der Sicherheitsrat ist befugt, für alle Mitgliedstaaten verbindliche Entscheidungen zu treffen. Hierbei gilt jedoch, daß die fünf ständigen Sicherheitsratsmitglieder bei Entscheidungen über Sachfragen ein Vetorecht besitzen, d. h. Beschlüsse des Sicherheitsrats bedürfen hierbei der Zustimmung von neun Mitgliedern einschließlich sämtlicher ständigen (vetoberechtigten) Mitglieder. Die Gründer der UNO wollten mit dieser Regelung der machtpolitisch begründeten Überzeugung Rechnung tragen, daß in einem Konfliktfall harte Sanktionsmaßnahmen nicht gegen den erklärten Willen einer oder mehrerer der fünf (Groß-) Mächte durchgesetzt werden könnten. Das in der UN-Satzung verankerte Prinzip der sog. Kollektiven Sicherheit war demnach von vornherein durch das Vetorecht der fünf ständigen Sicherheitsratsmitglieder eingeschränkt. Dieses Konstruktionsprinzip bewahrte die Weltorganisation in der Vergangenheit zwar einerseits vor dem Schicksal, an den Interessengegensätzen der Großmächte (namentlich der USA und der Sowjetunion während der Zeit des → Ost-West-Konflikts) zu zerbrechen, andererseits

war und ist dadurch der UN-Sanktionsmechanismus häufig gelähmt.
Der aus 54 von der Generalversammlung für drei Jahre gewählten Mitgliedern bestehende Wirtschafts- und Sozialrat (ECOSOC) hat die Aufgabe, unter der Oberaufsicht der Generalversammlung die Aktivitäten der UN im wirtschaftl., sozialen, kulturellen und humanitären Bereich anzuleiten und zu koordinieren. Er fungiert gleichsam als Bindeglied zwischen der Hauptorganisation und den zahlreichen UN-Sonderorganisationen und Hilfswerken, z. B. der Organisation für Erziehung, Wissenschaft und Kultur (UNESCO), der Weltgesundheitsorganisation (WHO), dem Kinderhilfswerk (UNICEF), und er stellt darüber hinaus Verbindungen zwischen dem weitverzweigten UN-System und den zahlreichen Nicht-Regierungsorganisationen (NGOs) her.
Der Treuhandrat spielt heute keine besondere Rolle mehr, da sich seine Funktionen mit der Erlangung der Unabhängigkeit oder der Eingliederung der ehemaligen Treuhandgebiete in benachbarte Staaten erledigt haben. Dagegen kommt dem im Rahmen der UN eingerichteten Internationalen Gerichtshof (IGH) mit Sitz in Den Haag beachtliche Bedeutung zu, weil der IGH durch seine Rechtsgutachten oder gegebenenfalls durch seine Einschaltung in Streitfälle zur Friedensregelung beitragen kann.
Das Sekretariat unter der Leitung des UN-Generalsekretärs (seit 1997 der aus Ghana stammende langjährige UN-Beamte *Kofi Annan*) stellt mit rund 8.700 Mitarbeitern den Verwaltungsapparat der Weltorganisation dar. Hervorzuheben ist, daß die Charta dem Generalsekretär auch eigenständige Befugnisse bei der Friedenssicherung zuweist, die die bisherigen sieben Inhaber dieses anspruchsvollen Amtes nach besten Kräften wahrzunehmen bestrebt waren.

III. Im Überblick kann man das Wirken der UN in drei Tätigkeitsbereiche unterteilen: erstens die Maßnahmen zur Friedenssicherung im engeren Sinne, zweitens die vielfältigen Aktionsprogramme der UNO und ihrer Sonderorganisationen in wirtschaftl., sozialen und kulturellen Angelegenheiten mit Einschluß der in ihrem Namen durchgeführten multilateralen → Entwicklungspolitik, drittens schließlich die zahlreichen Aktivitäten auf spezielleren Sachgebieten, womit die UN die Weltöffentlichkeit auf viele alte und neue Problemkomplexe und Gefahrenpotenziale aufmerksam zu machen und Regelungsmöglichkeiten anzubahnen suchten.

1. Im Hinblick auf die Wahrung des Weltfriedens und der internat. Sicherheit unterscheidet die UN-Charta zwei Arten von Konfliktsituationen: zum einen solche internat. Streitigkeiten, deren Fortdauer eine potenzielle Gefahr für den Frieden darstellt, und zum anderen Situationen, in denen der Frieden akut bedroht ist oder in denen es schon zu kriegerischen Auseinandersetzungen gekommen ist. Während im ersten Fall der Sicherheitsrat die Streitparteien zur friedlichen Beilegung der Streitigkeiten auffordern kann (Kap. VI der Charta), sieht die UN-Satzung beim Vorliegen eines eklatanten Friedensbruchs durch militärische Aggressionen theoretisch sogar den vom Sicherheitsrat angeordneten Einsatz von Streitkräften vor, falls andere Maßnahmen zur Wiederherstellung des Weltfriedens und der internat. Sicherheit sich als unzureichend erwiesen haben. Solche in Kap. VII vorgesehenen Zwangsmaßnahmen sind jedoch in jedem Fall an die Zustimmung der vetoberechtigten ständigen Sicherheitsratsmitglieder gebunden.
In der Praxis sahen sich die UN in der Zeit des Ost-West-Konflikts wegen der notorischen Uneinigkeit der Großmächte bis auf wenige Ausnahmen nicht in der Lage, von diesen sehr weitgehenden Eingriffsmöglichkeiten Gebrauch zu machen. Genauer betrachtet handelte es sich hierbei um Sonderfälle: So stellte der vom Sicherheitsrat (in Abwesenheit des Vertreters der Sowjetunion) nach dem Ausbruch des Korea-Krieges am 25. 6. 1950 gebilligte Einsatz militärischer Verbände einiger westlicher Staaten unter Führung der USA gegen Nordkorea im Grunde eine von den UN sanktionierte

kollektive Beistandsmaßnahme dar. Die beiden vom UN-Sicherheitsrat bis Ende der 1980er Jahre angeordneten Sanktionsmaßnahmen waren der im Dezember 1966 gegen das damalige weiße Minderheitenregime in (Süd-)Rhodesien verhängte Wirtschaftsboykott und das im November 1977 ebenfalls vom Sicherheitsrat gegen die Republik Südafrika verhängte Waffenembargo, mit dem die vor UN-Gremien immer wieder hart angeprangerte Apartheid-Politik und auch das militärische Vorgehen Pretorias gegen seine Nachbarstaaten verurteilt werden sollten.

Nachdem die Mitgliedstaaten der UNO in der Periode des Ost-West-Konflikts nur in sehr begrenztem Maße bereit gewesen waren, die Instrumente der Weltorganisation zur Friedenssicherung einzusetzen, ergaben sich seit dem polit. Umbruch in der Sowjetunion und in Osteuropa 1989/90 und der damit verbundenen Beendigung der Konfrontation zwischen den beiden weltpolit. Lagern neue Chancen für eine unter der Ägide der UN stehende Friedenssicherungspolitik. Als erster großer Testfall für die neue Handlungsfähigkeit der UN sollte sich die mit dem irakischen Überfall auf Kuwait (2. 8. 1990) ausgebrochene Golf-Krise erweisen. Die vom Sicherheitsrat gegen den Irak verhängten Sanktionen reichten von einem Wirtschaftsboykott bis zur ultimativen Androhung militärischer Gewalt, die schließlich eingesetzt wurde, um die Befreiung des besetzten Kuwait zu erzwingen. Allerdings waren die im (zweiten) Golf-Krieg unter US-amerikan. Oberbefehl gegen die irakische Aggression durchgeführten militärischen Operationen nicht gemäß den in den Artikeln 42 ff. des Kap. VII vorgesehenen Modalitäten erfolgt, so daß hierbei die Prinzipien der Kollektiven Sicherheit nur teilweise zum Tragen kamen. Das bei der Bewältigung des Golf-Konflikts zum Ausdruck gekommene außergewöhnlich hohe Maß an Einigkeit der ständigen Sicherheitsratsmitglieder zeigte sich auch noch nach der Einstellung der Kampfhandlungen, als der Sicherheitsrat im Frühjahr 1991 über den Irak relativ weitgehende Rüstungskontrollen und Sanktionen verhängte.

Seit dem Ende des Ost-West-Konflikts richteten sich besondere Hoffnungen auf die im Auftrag der UN durchgeführten „friedenssichernden Maßnahmen". Diese sog. *peacekeeping operations* (PKOs), die nicht eigens in der Charta normiert sind, wurden (im Unterschied zu den Zwangsmaßnahmen) seit 1956 (Suez-Krise) entwickelt, um durch die Entsendung von i. d. R. nur (zur Selbstverteidigung) leicht bewaffneten, multinational zusammengesetzten UN-Truppen („Blauhelme") oder Beobachtermissionen mit Zustimmung aller Konfliktparteien einen bereits erreichten Waffenstillstand zu überwachen und durch eine Reihe polizeiähnlicher Maßnahmen eine friedliche Konfliktregelung zwischen den Streitparteien auf dem Verhandlungswege zu erleichtern.

Im Zeitraum von 1948–1988 wurden insgesamt 15 solcher friedenssichernden Maßnahmen durchgeführt, von denen einige bis zur Gegenwart andauern. Seit Ende der 1980er Jahre war eine wachsende Nachfrage nach diesen Friedenseinsätzen festzustellen, so daß bis zum Jahr 2000 insgesamt über 50 PKOs eingesetzt wurden. Kennzeichen der neuen Friedensmissionen war eine beachtliche Ausweitung ihres vom Sicherheitsrat erteilten Mandats, das sich in einigen Fällen auch auf verschiedene zivile Aufgaben erstreckte, wie etwa auf die Vorbereitung und Überwachung von → Wahlen, die Wiederherstellung halbwegs stabiler Verwaltungseinrichtungen sowie die Rückführung und Betreuung von Flüchtlingen (→ Humanitäre Intervention). Beispiele hierfür waren die Friedenseinsätze in Namibia (UNTAG, 1989–90) und in Kambodscha (UNTAC, 1992–93).

Ein weiteres Merkmal einiger während der 1990er Jahre durchgeführter UN-Friedenseinsätze war deren Kombination mit Elementen militärischer Maßnahmen, etwa zur Absicherung von Flughäfen und Versorgungseinrichtungen oder von Schutzzonen für bedrohte Volksgruppen. Die Problematik dieser „erweiterten" oder „robusten" Friedensmissionen, mit denen besonders in Bürgerkriegssituationen eingegriffen werden sollte, zeigte sich in drastischer Weise bei den UN-Operationen in Somalia (UNOSOM, 1992–95) und im früheren Jugoslawien (UNPROFOR, 1992–95). Die große

Unzufriedenheit mit den letztgenannten UN-Friedenseinsätzen führte nach dem Friedensabkommen von Dayton/Paris Ende 1995 dazu, daß die UNPROFOR aufgelöst und statt dessen in Bosnien-Herzegowina eine Friedenstruppe (IFOR, SFOR) unter dem Kommando der → NATO eingesetzt wurde. Gleichfalls zu einer erheblichen Schwächung der UNO führte auch das Vorgehen der NATO-Staaten unter Führung der USA in der Kosovo-Krise 1998/99. Nachdem die Belgrader Führung nicht bereit war, auf die von der internat. Kontaktgruppe vorgelegte Konfliktregelung einzugehen, entschlossen sich die NATO-Staaten im März 1999 zur Anwendung militärischer Gewalt gegen Jugoslawien – ohne Mandat des UN-Sicherheitsrats. Erst nach der Beendigung des elfwöchigen Luftkriegs kam der UN-Sicherheitsrat wieder stärker ins Spiel (Resolution 1244 vom 10. 6. 1999), wenngleich das Kosovo seitdem für unabsehbare Zeit *de facto* zu einem NATO-Protektorat geworden ist.

Obgleich die UN seit dem Ende des Ost-West-Konflikts zunächst etwas handlungsfähiger geworden waren, scheinen nach wie vor die in ihrem Rahmen realisierbaren Möglichkeiten zur Beendigung gewaltsamer Konflikte, insbes. die Anwendung militärischer Gewalt zur Friedenserzwingung, begrenzt zu sein. Deshalb kommen künftig Maßnahmen einer vorbeugenden Diplomatie, einer präventiven Konfliktregelung durch gezielte Förderung eines friedlichen Wandels und auch der Friedenskonsolidierung in der Konfliktfolgezeit eine wachsende Bedeutung zu, wie dies der frühere UN-Generalsekretär *Boutros Boutros-Ghali* in seinem Bericht „Agenda für den Frieden" (17. 6. 1992) über das Spektrum des UN-Friedenssicherungsinstrumentariums näher aufgezeigt hat.

2. Wie in der Vergangenheit wird es auch in Zukunft entscheidend darauf ankommen, auf dem zweiten großen Tätigkeitsfeld der UN voranzukommen, d. h. bei der Bekämpfung der tieferen Ursachen der Konflikte: der wirtschaftl. Not, sozialen Ungerechtigkeit und polit. Unterdrückung. Wegen der zu Zeiten des Ost-West-Konflikts nur sehr eingeschränkten Wirkungsmöglichkeiten im Bereich der engeren Friedenssicherung verlagerte sich seit den 1960er Jahren der Schwerpunkt der UN-Aktivitäten auf den wirtschaftl., sozialen und humanitären Bereich. Auf diesem Felde bemühten sich die Institutionen des UN-Systems um die Forderungen und Anliegen der Entwicklungsländer, die innerhalb der UN die weitaus größte Gruppe der Mitgliedstaaten darstellen. Während sich die UN zunächst dafür einsetzten, daß die Kolonialreiche beschleunigt aufgelöst wurden und die ehemals abhängigen Länder und Gebiete ihre staatlich-politische Selbständigkeit erlangten, diente die UNO den neu hinzugekommenen Ländern der → Dritten Welt als Forum und Instrument zur Artikulation und Durchsetzung ihrer gemeinsamen Forderungen nach einer spürbaren Verbesserung ihrer Lebensbedingungen und ihrer Stellung in der Weltwirtschaft. Nachdem schon im Dezember 1964 auf Betreiben der Entwicklungsländer die „Konferenz der UN für Handel und Entwicklung" (UNCTAD) zur Förderung ihrer ökonom. Interessen als ständiges Organ der Generalversammlung eingesetzt worden war, gipfelten die diesbezüglichen Bemühungen knapp zehn Jahre später in der auf einer Sondergeneralversammlung im Mai 1974 verabschiedeten Erklärung zur Errichtung einer „Neuen Internat. Wirtschaftsordnung", die im Dezember 1974 mit einer von der Generalversammlung verkündeten „Charta der wirtschaftl. Rechte und Pflichten der Staaten" unterstützt werden sollte.

Inzwischen sind jedoch die in UN-Kreisen einst hochgespannten entwicklungspolit. Erwartungen sehr nüchternen Einschätzungen gewichen (→ Nord-Süd-Konflikt). In der Praxis der von der UNO durchgeführten oder geförderten multilateralen Entwicklungspolitik (seit 1960 propagierten die UN sog. Entwicklungsdekaden) wurde jedenfalls immer mehr deutlich, daß die in den meisten Entwicklungsländern vorherrschenden Notlagen und strukturellen Miseren nicht einfach durch generelle entwicklungspolit. Konzepte und auch nicht allein durch gesteigerte Entwicklungshilfe von außen überwunden werden können. Dennoch stellten in den vergangenen Jahren nicht wenige der im Auftrag der UNO durchgeführten Entwicklungsprogramme (UNDP) und vor allem die zahlreichen humanitären Nothilfemaßnahmen für viele Länder eine unverzichtbare Unterstützung dar, um wenigstens bei den ärgsten Versorgungsnöten und Katastrophen Linderung und Abhilfe zu bringen. Allein das Amt des Hohen Flüchtlingskommissars (UNHCR) hatte sich im Jahre 1999 um mehr als 20 Millionen heimatlos gewordener Menschen zu kümmern (→ Flüchtlinge).

3. Wenigstens anhand einiger Beispiele zu erwähnen sind diejenigen Tätigkeitsfelder, auf denen im Rahmen der UN die Staatengemeinschaft zahlreiche gravierende Anliegen und Probleme der Weltgesellschaft aufgreift und internat. Regelungen zuzuführen sucht. Hier sind die Bemühungen um eine globale Rüstungskontrolle und → Abrüstung ebenso zu nennen wie die mit beachtlichen Fortschritten verfolgten Anstrengungen verschiedener UN-Gremien zur Normierung und weltweiten Durchsetzung der → Menschenrechte.

Grundlage für die Menschenrechtspolitik der UN bildet die am 10. 12. 1948 von der Generalversammlung proklamierte Allgemeine Erklärung der Menschenrechte, der am 16. 12. 1966 die von der Generalversammlung angenommenen (und 1976 in Kraft getretenen) Internat. Pakte über bürgerliche und polit. Rechte sowie über wirtschaftl., soziale und kulturelle Rechte und zahlreiche weitere menschenrechtl. Konventionen folgten. Eine besondere Stärkung erfuhr die UN-Menschenrechtspolitik durch die 1993/94 erfolgte Schaffung des Amtes des Hohen Kommissars für Menschenrechte mit Sitz in Genf.

Gleichfalls hervorzuheben sind die Arbeiten der UN zur Fortentwicklung und Kodifizierung des → Völkerrechts, wobei die III. Seerechtskonferenz (1973–82), die mit der Annahme eines neuen Seerechtsübereinkommens endete, und die Errichtung eines Internat. Seegerichtshofs (1996) mit Sitz in Hamburg besonders erwähnenswert sind. Meilensteine zur Begründung einer internat. Strafgerichtsbarkeit waren die Einrichtung der Tribunale zur strafrechtl. Verfolgung massiver Menschenrechtsverletzungen und Verbrechen gegen die Menschlichkeit auf dem Gebiet des früheren Jugoslawien (1993) und für Ruanda (1994) sowie die Verabschiedung eines Statuts für einen Internat. Strafgerichtshof (1998) zur künftigen Verfolgung schwerster internat. Verbrechen.

Darüber hinaus veranstaltete die UNO zahlreiche internat. Fachtagungen und Weltkonferenzen, wodurch sie viele drängende Globalprobleme – von der Abrüstung bis zum Umweltschutz – der Aufmerksamkeit der polit. Verantwortlichen näherzubringen suchte. Jüngere Beispiele dafür sind die in Rio de Janeiro abgehaltene Weltkonferenz über Umwelt und Entwicklung (1992), die in Wien durchgeführte Menschenrechtskonferenz (1993), der in Kopenhagen veranstaltete „Weltsozialgipfel" (1995) oder die für 2001 in Südafrika geplante Weltkonferenz zum Thema Rassismus, rassistische Diskriminierung, Fremdenfeindlichkeit und Intoleranz.

IV. Die Vereinten Nationen werden im sechsten Jahrzehnt ihres Bestehens von den meisten ihrer Mitgliedstaaten weiterhin als unentbehrlich angesehen. Allerdings halten nahezu alle Regierungen und auch viele unabhängige Beobachter das überlieferte UN-System schon seit langem für dringend reformbedürftig. Wichtige Reformerfordernisse beziehen sich auf die Veränderung der Zusammensetzung des Sicherheitsrats, insbes. durch die Erhöhung der Zahl der ständigen (und auch nichtständigen) Ratssitze, auf eine stärkere Regionalisierung des Friedenssicherungsinstrumentariums, auf eine Neuordnung der Tätigkeitsfelder im wirtschaftl. und sozialen Bereich, auf eine Änderung der prekären Finanzverfassung und eine weitere Verschlankung und Effizienzsteigerung des gesamten Verwaltungsapparats der Weltorganisation.

Einige dieser Reformprojekte wurden während der letzten Jahre in Gang gebracht. Beispielsweise legte Generalsekretär *Annan* ein Reformprogramm zur „Erneuerung der Vereinten Nationen“ vor (1997), das er auch (teilweise) umsetzte. Für andere Reformvorhaben wäre dagegen eine Änderung der Charta erforderlich, die jedoch hohe Zustimmungshürden zu überwinden hätte. Hatte man noch anfangs der 1990er Jahre angenommen, daß diese Hürden überwunden werden könnten, so sind die noch während des fünfzigjährigen Gründungsjubiläums (Oktober 1995) vielfach abgegebenen diesbezüglichen Absichtserklärungen bisher wirkungslos geblieben. Einflußreiche Mitgliedstaaten, allen voran die USA und andere NATO-Staaten, setzten sich in jüngster Zeit über die UN hinweg (insbes. bei der Konfliktregelung in Bosnien-Herzegowina und im Kosovo) und ließen es auch grundsätzlich an einer entschiedenen Unterstützung der Weltorganisation fehlen. Die UNO kann jedoch nur dann ihre anspruchsvollen Ziele und Aufgaben erfüllen, wenn sie dabei von ihren Mitgliedstaaten nachdrücklich unterstützt wird.

Lit.: *Czempiel, E.-O.* 1994: Die Reform der UNO, Mchn. *Deutsche Gesellschaft für die Vereinten Nationen:* Vereinte Nationen (Zeitschrift für die UN und ihre Sonderorganisationen), erscheint zweimonatlich. *Ehrhart, H.-G./Klingenburg, K.* 1996: UN-Friedenssicherung 1985–1995, Baden-Baden. *Knapp, M.* 1997: 50 Jahre Vereinte Nationen, in: Zeitschrift für Politikwissenschaft, 7(2), 423–481. *Knipping, F./Mangoldt, H./Rittberger, V.* (Hrsg.) 1995/96: The United Nations System and its Predecessors. Statutes and Legal Acts/Das System der Vereinten Nationen und seine Vorläufer. Satzungen und Rechtsakte, 3 Bde., Bern/Mchn. *Rittberger, V./Mogler, M./Zangl, B.* 1997: Vereinte Nationen und Weltordnung. Zivilisierung der internationalen Politik?, Opl. *Simma, B.* (Hrsg.) 1991: Charta der Vereinten Nationen. Kommentar, Mchn. *Unser, G.* ⁶1997: Die UNO. Aufgaben und Strukturen der Vereinten Nationen, Mchn. *Volger, H.* 1995: Geschichte der Vereinten Nationen, Mchn/Wien. *Volger, H.* (Hrsg.) 2000: Lexikon der Vereinten Nationen, Mchn./Wien. *Wolfrum, R.*, (Hrsg.) ²1991: Handbuch Vereinte Nationen, Mchn.

Manfred Knapp

Verfassung

Verfassung (V.), i. [illegible] Verfassungsgesetz ([illegible] de) niedergelegten gr[illegible] stimmungen über die [illegible] tion und -funktionen, di[illegible] ben und -ziele sowie die R[illegible]ung der Bürger. Dieser sog. for[illegible]ellrechtliche Verfassungsbegriff deckt sich mit dem Gegenstand des Verfassungsrechts. Gegenüber anderen Gesetzen weist das Verfassungsgesetz drei Besonderheiten auf: Es ist nur unter erschwerten Bedingungen abänderbar, bindet die öffentl. Gewalt in allen ihren Erscheinungsformen und genießt Vorrang gegenüber allen anderen staatl. Rechtsvorschriften.

Der legitimierende Grund für die Sonderstellung der V. liegt in dem Akt der verfassunggebenden Gewalt. Im demokratischen Verfassungsstaat ist das Volk als der einzig legitime Verfassungsgeber anzusehen. Es kann entw. selbst über einen Verfassungsentwurf abstimmen, der ihm von einer beratenden Versammlung (sog. Verfassungskonvent) vorgelegt wird. Oder es kann Abgeordnete einer verfassunggebenden Versammlung wählen und sie ermächtigen, als Repräsentanten des verfassunggebenden Volkes eine V. zu schaffen.

I. w. S. wird unter V. die Gesamtheit aller für die polit. Ordnung grundlegenden Rechtssätze verstanden, unabhängig davon, ob sie in der Verfassungsurkunde stehen oder nicht. Dieser sog. materiellrechtliche Verfassungsbegriff deckt sich mit dem Inhalt des Staatsrechts. Im polit.-soziologischen Sinn beschreibt V. den tatsächlichen polit. Zustand eines Staates, die Machtverhältnisse, Entscheidungswege, wirtschaftl., kulturellen, historischen usw. Einflußfaktoren auf das Staatsleben. In diesem Sinne hat jeder Staat eine Verfassung.

Lit.: *Böckenförde, E.-W.* 1991: Staat, Verfassung, Demokratie, Ffm. *Dreier, R.* 1981: Recht–Moral–Ideologie, Ffm. *Grimm, D.* 1989: Verfassung, in: Staatslexikon, Bd. 5, 634–643. *Grimm, D.* ²1994: Die Zukunft

…sung, Ffm. *Häberle, P.* 1978: Ver…g als öffentlicher Prozeß, Bln. *Hennis, W.* 1968: Verfassung und Verfassungswirklichkeit, Tüb.

Friedrich G. Schwegmann

Verfassungsgerichtsbarkeit

I. Verfassungsgerichtsbarkeit (V.) bindet sich an den Gedanken der Normenkontrolle. Sie ist die Institutionalisierung der Idee, Vorrang, Bindungs- und Gestaltungskraft der → Verfassung als höherer Norm gegenüber dem einfachen Gesetzgeber zu sichern. V. ist ein bis heute umstrittenes Produkt modernen (Verfassungs-)Staatsdenkens. Aber als Idee ist sie keineswegs wesentlich jünger als das Konzept des Konstitutionalismus. Schließlich stellte sich ja nicht nur die Frage nach der Gewährung, sondern auch nach der Gewährleistung einer Verfassung: Gerade dort, wo rechtsstaatl. Traditionen herrschten oder begründet wurden, lag der Versuch nahe, diese Gewährleistung rechtsförmig abzusichern.

Frühe europ. Ansätze besaßen kaum Bedeutung und Verwirklichungschancen. Dezidiert begründet wurde die V. im amerikan. polit. Denken.

Im *Federalist* entwickelte *Hamilton* die Grundidee des *judicial review.* Auch Akte des Gesetzgebers unterlägen richterlicher Nachprüfung auf ihre Verfassungskonformität (*Federalist No. 78*). Ursprünglich konnte *Hamilton* sich nicht durchsetzen, da die Meinung überwog, die Verfassung sei beim demokratischen Gesetzgeber in besten Händen und Gerichte sollten keine polit. Macht ausüben. Das Leitmotiv aller Auseinandersetzung um die V. war damit von Beginn an angesprochen. Die faktische Begründung erfolgte dann durch den *Supreme Court,* der sich 1803 im berühmten Fall *Marbury v. Madison* selbst die Befugnis auf *judicial review* zuerkannte mit der Begründung, eine geschriebene Verfassung sei „das grundlegende und höchste Recht der Nation“, woraus die Ungültigkeit verfassungswidriger Gesetze der Legislative zu folgern sei. „Diese Theorie ist wesentlicher Bestandteil einer geschriebenen Verfassung und wird konsequentermaßen von diesem Gericht als eines der fundamentalsten Prinzipien unserer Gesellschaft angesehen“ (*Chief Justice Marshall*). Dieser Ansatz wirkte beispielgebend auf Europa. Die Frankfurter Paulskirchenverfassung (1849) und die neue Schweizer Verfassung (1874) sahen Oberste Gerichtsbarkeiten mit verfassungsrechtl. Befugnissen vor. Österreich-Ungarn errichtete 1867 ausdrücklich ein Verfassungsgericht. Endgültig durchgesetzt hat sich die V. in den westl. Demokratien nach 1945, als weltweit die historischen Erfahrungen totalitären Rechts- und Machtmißbrauchs verarbeitet wurden. Sie wurde seither zunehmend kodifiziert oder wie seinerzeit vom *Supreme Court* durch die Gerichte in Anspruch genommen.

Der *Supreme Court* der USA übt V. im Rahmen seiner allg. Spruchtätigkeit aus. Er ist also durchaus nicht spezielles „Verfassungsgericht“. Derartige V. im Rahmen einer Obersten Gerichtsbarkeit besteht in der Schweiz, in Dänemark, Belgien, Norwegen, Portugal sowie in gewissem Umfang u. a. auch in Japan und Israel. Spezielle Verfassungsgerichte unterschiedlicher Ausgestaltung bestehen in Österreich, Italien, D, Griechenland und Spanien. V. bindet sich an Existenz und Justiziabilität geschriebenen Verfassungsrechts. Daher stellen Staaten brit. Rechtstradition einen Sonderfall dar: Der Grundsatz der Parlamentssouveränität widerstreitet richterlicher Normenkontrolle und behält dem parlamentarischen Gesetzgeber das letzte Wort vor. Prüfung der Verfassungsmäßigkeit von Gesetzen bedeutet in dieser Tradition allein Prüfung ihres verfassungsgemäßen Zustandekommens. Der Emanzipationsprozeß der *Commonwealth*-Staaten erstreckte sich jedoch auch auf diese Tradition. Im allg. entstanden *Supreme Courts,* die z. T. ohne förmliche Grundlage, jedoch auf der Basis allgemein akzeptierter *convention* nicht nur prozedurale, sondern materielle Kontrolle üben (vgl. *Murphy/Tanenhaus* 1977). Nach dem Ende des Kommunismus richteten auch die Staaten Mittel-

und Osteuropas Verfassungsgerichte ein, die sich meist am dt. Modell orientierten (*Stern* 1999: 258 ff.). Unabhängig von der Rechtstradition und der spezifischen Organisation der Verfassungsgerichtsbarkeit erstreckt sich die Spruchtätigkeit im internat. Vergleich auf folgende typische Gebiete: horizontale und vertikale → Gewaltenteilung (mit den Schwerpunkten Menschenwürde, Glaubensfreiheit, Meinungsfreiheit), auswärtige Angelegenheiten, polit. Willensbildung und → Partizipation, Bedrohungen demokratischer Ordnung und das Spannungsfeld von (normalem) Verfassungs- und Notstandsrecht. Daß in dieser Aufzählung kein Kernbereich demokratischer Verfassungsordnung fehlt, mag als empirischer Beweis für die Notwendigkeit der V. gerade im modernen → Staat gelten, dessen Kennzeichen ja zunehmend Steigerung und Konzentration von → Macht geworden sind: Macht, die der Bindung und Kontrolle bedarf.

II. In diesem Zusammenhang wird V. zum wichtigsten Bestandteil einer modernen Theorie des heutigen Verfassungsstaates freiheitlich-demokratischer Prägung. Durch die V. als Schlußstein der Rechtsstaatlichkeit (→ Rechtsstaat) wird die → Rechtsprechende Gewalt wie nie zuvor in die staatl. Willensbildung einbezogen (*Stern* 1980). Parlament und Regierung werden rechtl. Kontrolle unterstellt: einerseits Ausdruck des urdemokratischen Gedankens rechtl. Einbindung polit. Macht, andererseits Verarbeitung der historischen Erfahrung des Versagens polit. Kontrollmechanismen vor der totalitären Herausforderung. Daher ist das Bundesverfassungsgericht (BVerfG) im Grundgesetz der BRD nicht nur als Gericht, sondern zugleich als Verfassungsorgan konstituiert worden. In dieser Qualität steht das Verfassungsgericht zu Parlament und Regierung gleich, woraus sich ergibt, daß im Verhältnis zwischen diesen Organen grundsätzlich nicht Unter-, sondern Gleichordnung herrscht. Das Bundesverfassungsgericht ist damit Teil des vom Grundgesetz konstituierten umfassenden Systems der Gewaltenbalancierung und Machtverteilung. Es ist nicht, wie gelegentlich unter Berufung auf „klassisches" Gewaltenteilungsverständnis (→ Gewaltenteilung) in Verbindung mit seiner Normenkontrollkompetenz behauptet wird, *die* eklatante Durchbrechung des Gewaltenteilungsprinzips selbst. Mit seiner Entscheidungskompetenz im verfassungsrechtlich geregelten Bereich polit. Willensbildung und Integration besitzt es einen spezifisch begrenzten Anteil an der „obersten Staatsleitung" (*Hesse* 1995: 278). Dadurch begrenzt es die polit. Intentionen der Staatsmacht durch seine nicht auf polit., sondern auf rechtl. Legitimation und Intention beruhende Kompetenz.

Weitreichende Bedeutung gewinnt diese Teilhabe an der Staatsleitung durch den aktuellen Wandel der vertikalen Gewaltenteilung (→ Föderalismus), der den Zentralstaat auf Kosten der Länder gestärkt hat, sowie durch die polit. Struktur des parlamentarischen Regierungssystems, in welchem die regierende Mehrheit die beiden Staatsorgane Parlament und Regierung dominiert (→ Parlamentarismus). Das BVerfG hat sich in seiner Spruchpraxis nicht nur beiden Entwicklungen gegenüber als Hüter rechtl. und verfassungspolit. Kontrollpotentials erwiesen etwa durch manche Absicherung der Aktionschancen der → Opposition. Auch durch das Wahlverfahren seiner Richter, das durch das Quorum der Zweidrittelmehrheit die Stellung der Opposition stärkt und den Bundesrat einbezieht, sowie z. B. durch die Antragsberechtigung der Bundestagsfraktionen im Organstreit trägt es dazu bei, das System der Gewaltenbalancierung zu erhalten. V. ist in diesem Sinne „selbst praktizierte Gewaltenteilung" (*Häberle* 1980: 14).
Moderne Demokratie erstreckt sich, wie auch in der Rechtswissenschaft zunehmend erkannt wird, nicht nur auf die staatl. Funk-

tionen. Sie sieht vielmehr Staat und Gesellschaft in → Interdependenz. Das Grundgesetz mit seinen weitreichenden verbindlichen Gestaltungsansprüchen umgreift damit auch die polit. relevante Grundstruktur der Gesellschaft, z. B. unter dem Aspekt, das Individuum vor gesellschaftl. Macht zu schützen. Unter diesen Voraussetzungen hat die V. in der BRD sich auch zu einem Element gesellschaftl. Machtbalance entwickelt, nicht zuletzt durch die ausladende Rechtsprechung über die Drittwirkung und Objektivierung der → Grundrechte. *Häberle* (1980: 66 ff.) spricht dezidiert von „Gesellschaftsbezogenheit", die sich z. B. darin niederschlägt, daß das Gericht den gesellschaftl. → Pluralismus immer stärker (durch Anhörung und inhaltliche Berücksichtigung) in sein Verfahren einbezieht und dadurch an „herkömmlicher Staatlichkeit" verliert.

Eine moderne Theorie des freiheitlich-demokratischen Verfassungsstaates muß in der Tat diese traditionell kritischen Grenzbereiche des Verfassungsdenkens einbeziehen. V. als Element mitwirkender Kontrolle im modernen → Politischen System besitzt in ihr einen wichtigen Platz.

III. Die Korrektur traditionellen, mehr obrigkeitlichen Staatsverständnisses, die von einer mit Unabhängigkeit und Kompetenzen ausgestatteten V. ausgeht, hat ihr in der dt. Tradition zunächst dezidierte, in Spurenelementen bis heute nachwirkende Gegnerschaft eingetragen. Die Einstellung zur V. kann generell als Indikator für Staats-, Institutions- und Bürgerverständnis in einem polit. System gelten.

Demgemäß galt Normenkontrolle etwa *Bismarck* als Usurpation gesetzgeberischer Gewalt durch die rechtsprechende, und in der Theorie (*Laband*) band sich ganz im Sinne der gänzlich unvergleichbaren brit. Tradition die Verfassungskonformität gesetzgeberischer Akte ausschließlich an das förmlich korrekte Verfahren. *Carl Schmitt* (1931), der in der Gesetzgebung auf Souveränität und Macht gestützte polit. Dezision erblickte, sah in ihrer richterlichen Überprüfung folglich eine Einmischung in diese polit. Entscheidung und die Auflösung staatl. Macht durch den Pluralismus.

Das Grundgesetz bricht mit diesen Traditionen. Es weist der V. im Vergleich zu anderen Demokratien einzigartige Kompetenzen zu, die „über den herkömmlichen Rahmen verfassungsgerichtlicher Zuständigkeit wesentlich hinausgehen" (*Hesse* 1995: 280). Anders als die V. in D ist jene der *Supreme Courts* in den USA und den *Commonwealth*-Staaten auf die konkrete Normenkontrolle, also die Prüfung der in einer konkreten Einzelfallentscheidung sich stellenden verfassungsrechtl. Fragen beschränkt: Weder gibt es eine abstrakte Normenkontrolle noch eine besondere Verfassungsbeschwerde. Die Kompetenzen des BVerfG, die im Grundgesetz nicht abschließend geregelt sind und durch einfache Gesetze noch erweitert werden können, lassen sich (mit *Hesse* 1995: 280 ff.) wie folgt zusammenfassen:

1) Bundesstaatsrechtl. Streitigkeiten. Das BVerfG entscheidet Streitigkeiten zwischen Bund und Ländern oder zwischen verschiedenen Ländern über ihre Rechte und Pflichten. Es prüft die Vereinbarkeit von Landesrecht mit dem Grundgesetz oder sonstigem Bundesrecht.

2) Organstreitigkeiten. Über den üblichen Rahmen der V. hinaus geht die Kompetenz zur Entscheidung von Streitigkeiten über den Umfang der Rechte und Pflichten eines obersten Bundesorgans oder anderer Beteiligter, die durch Grundgesetz oder Geschäftsordnungen mit eigenen Rechten ausgestattet sind. Es handelt sich dabei zunächst um Bundestag, Bundesrat, Bundesregierung und Bundespräsident. „Andere Beteiligte", die das Recht zur Anrufung des BVerfG besitzen, können einzelne Abgeordnete, Bundestagsfraktionen und polit. Parteien sein. Die Antragsteller müssen geltend machen können, in ihren grundgesetzlichen Rechten verletzt oder unmittelbar gefährdet zu sein. Gerade im Organstreit liegt durch das Antragsrecht der Fraktionen ein Element der Machtkontrolle, das durch die Opposition geltend gemacht werden kann und zu allen Zeiten mit Erfolg geltend gemacht worden ist.

3) Normenkontrolle. Normenkontrolle

prüft, ob eine Norm mit einer höherrangigen Norm vereinbar ist. a) In der abstrakten Normenkontrolle ist auf Antrag der Bundesregierung, einer Landesregierung oder eines Drittels der Mitglieder des Bundestages zu entscheiden, ob Bundes- oder Landesrecht mit dem Grundgesetz oder Landesrecht mit sonstigem Bundesrecht zu vereinbaren ist. Der abstrakten Normenkontrolle unterliegen Rechtsnormen aller Art, z. B. auch Zustimmungsgesetze zu völkerrechtl. Verträgen oder das Haushaltsgesetz. b) In der konkreten Normenkontrolle handelt es sich um die Überprüfung anhand eines Einzelfalles. Sie ist Ausfluß des heute unstrittigen richterlichen Prüfungsrechts der Gültigkeit der für die Entscheidung eines Falles heranzuziehenden Norm. Hält ein Gericht ein solches Gesetz für verfassungswidrig, muß es das Verfahren aussetzen und die Entscheidung des Verfassungsgerichtes herbeiführen. Gegebenenfalls wird die bestrittene Norm für nichtig erklärt.

4) Verfassungsbeschwerden. Jedermann kann mit der Behauptung, durch die öffentl. Gewalt, Gesetze oder Gerichtsurteile in bestimmten Grundrechten verletzt zu sein, Verfassungsbeschwerde erheben, über deren Annahme förmlich zu beschließen und die bei Unzulässigkeit oder anderen evidenten Gründen ihrer Erfolglosigkeit zu versagen ist. Die Verfassungsbeschwerde hat große Bedeutung erlangt nicht zuletzt im Rahmen der nun schon oft beschworenen Funktion der Machtkontrolle: Sie schützt den Bürger und begründet offenbar das hohe Vertrauen in die Verfassungsgerichtsbarkeit.

5) Sonstige Kompetenzen. Andere Kompetenzen erstrecken sich bes. auf den Schutz der Verfassung: z. B. das Verbot polit. Parteien oder die Verwirkung von Grundrechten.

Kraft dieser Kompetenzausstattung steht die V. in der BRD voll „im politischen Prozeß" (*Laufer* 1968), ohne die ihrer Funktion eigentümlichen Grenzen überschreiten und das Gebot der Zurückhaltung in polit. Wertungsfragen mißachten zu dürfen. Damit stellt sich von neuem die Grundsatzfrage nach dem Verhältnis von Recht und Politik.

IV. Gegner der V. oder ihrer aktuellen Rechtsprechung pflegen mit der notwendigen Trennung von Recht und Politik zu argumentieren und die Zurückdrängung der V. aus der Politik zu postulieren. In Wirklichkeit besteht aber im modernen Verfassungsstaat kein unüberwindlicher Dualismus beider; Recht und Politik befinden sich vielmehr in „differenzierter Symbiose" (*Stern*). Das Trennungsaxiom widerspricht nicht nur modernem, es widerspricht überhaupt jedem Verfassungsdenken, solange Verfassung als rechtl. Grundordnung mit über das Staatsorganisatorische hinausgehender Gestaltungskraft begriffen wird.

Insoweit liegt das Problem nicht in der V., sondern im Bindungsanspruch der Verfassung selbst. Normen des Verfassungsrechts sind in starkem Maße „Recht für das Politische" (*Stern* 1980: 12). Sie sind Recht, das die Kraftfelder um Macht und Recht zu ordnen sucht. Politik bedient sich heute ihrerseits im Rechtsstaat weithin der → Gesetzgebung. Insofern trifft *Häberle* (1976: 4) den Kern, wenn er die Antinomie verwirft und das Problem darin sieht, welche Politik der Verfassungsinterpretation aus der Verfassung selbst entwickelt wird und wie die V. im polit. Prozeß wirken soll.

Aufgeworfen ist damit ein funktionellrechtl. Problem im Gefüge der Beteiligung der V. an der Staatsleitung. Hintan gelassen ist die aus der Alternative von Recht und Politik entwikkelte Forderung nach *„judicial self-restraint"*. Nicht nur die amerikan., auch die deutsche V. versucht sich längst danach zu richten und hat sich in ständiger Rechtsprechung auferlegt, nicht „in den von der Verfassung geschaffenen und begrenzten Raum freier polit. Gestaltung einzugreifen" (*BVerfGE* 35: 262). Vielfältig vertieft wurde diese Zurückhaltung durch die immer wieder herangezogene Vermutung zugunsten der verfassungskonformen Auslegung, solange ein Gesetz überhaupt im Einklang mit der Verfassung ausgelegt werden kann (*favor legis*), oder im Bereich der Auswärtigen Gewalt durch einen Gültigkeitsbonus, solange Verträge nur eine Tendenz zum verfassungsgewollten Zustand aufweisen (*favor conventionis*).

Die oft empfohlene Übernahme der amerikan. *political-question*-Doktrin, die als pragmatisches Prinzip Willkür und Politisierung in die Rechtsprechung trägt, ist gerade deswegen nicht hilfreich. Sie ist auf das dt. Verfassungssystem nicht anwendbar. Denn der Verfassungsrichter hat keine Wahl: Er *muß* bestehende Normen anwenden, wenn ihm ein Streit vorgelegt wird. Keine Wahl hat auch der betroffene Politiker, solange die Verfassung gilt: Er hat den Spruch der V. zu akzeptieren. In D besteht in jüngster Zeit eher die Tendenz, politisch umstrittene Materien der V. zur Entscheidung zuzuschieben. Diese hat z. B. mit ihrer Entscheidung zu Bundeswehreinsätzen im Ausland (1994) jedoch deutlich zu erkennen gegeben, der Politik ihre spezifische Verantwortung nicht abnehmen zu wollen.

Lit.: *Biehler, G.* 1990: Sozialliberale Reformgesetzgebung und Verfassungsgericht, Baden-Baden. *Brünneck, A. v.* 1992: Verfassungsgerichtsbarkeit in westlichen Demokratien, Baden-Baden. *The Federalist Papers* 1993: hrsg. von *B. Zehnpfennig*, Darmst. *Gusy, C.* 1985: Parlamentarischer Gesetzgeber und Bundesverfassungsgericht, Bln. *Häberle, P.* (Hrsg.) 1976: Verfassungsgerichtsbarkeit, Darmst. *Hesse, K.* [20]1995: Grundzüge des Verfassungsrechts der Bundesrepublik Deutschland, Karlsruhe. *Landfried, Ch.* 1984: Bundesverfassungsgerichtsbarkeit und Gesetzgeber, Baden-Baden. *Laufer, H.* 1968: Verfassungsgerichtsbarkeit und politischer Prozeß, Tüb. *Murphy, W. F./Tanenhaus, J.* 1977: Comparative Constitutional Law, L./NY. *Piazolo, M.* (Hrsg.) 1995: Das Bundesverfassungsgericht, Mainz. *Säcker, H.* [5]1998: Das Bundesverfassungsgericht, Mchn. *Schmitt, C.* 1931: Hüter der Verfassung, Tüb. *Simon, H.* 1983: Verfassungsgerichtsbarkeit, in: *Benda, F.* u. a. (Hrsg.): Handbuch des Verfassungsrechts, Bln., 1253–1280. *Starck, C.* (Hrsg.) 1976: Bundesverfassungsgericht und Grundgesetz, 2 Bde., Tüb. *Starck, C./Weber, A.* (Hrsg.) 1986: Verfassungsgerichtsbarkeit in Westeuropa, 2 Bde., Baden-Baden. *Stern, K.* 1980: Verfassungsgerichtsbarkeit im sozialen Rechtsstaat, Hannover. *Stern, K.* 1999: Ausstrahlungswirkung des Grundgesetzes auf ausländische Verfassungen, in: *Bundesministerium des Innern* (Hrsg.): Bewährung und Herausforderung, Opl., 249–276.

Heinrich Oberreuter

Verfassungsgrundsätze

Grundlagen gegenwärtiger Verfassungsordnungen der Demokratien westl. Musters sind die Prinzipien der Volkssouveränität, das Mehrheitsprinzip, die Verbindlichkeit von → Grundrechten (→ Menschenrechten, Freiheitsrechten) sowie die institutionelle Differenzierung staatl. → Herrschaft und die Rechtsförmigkeit staatl. Handelns. Zweck einer → Verfassung ist die Herstellung der rechtl. und polit. Einheit eines Volkes und die Realisierung einer Staatsbürgergesellschaft und deren staatl. Organisation.

1. Volkssouveränität. In der Herausbildung des bürgerlichen Staates waren es die Ideen der → Freiheit, Vernünftigkeit und der in der Natur der Menschen begründeten → Gleichheit der Person, welche die Idee der Volkssouveränität und den Anspruch auf polit. Selbstbestimmung des „Volkes", das hieß zunächst des → Bürgertums, begründeten und legitimierten.

Ähnlich der Weimarer Verfassung stellt die Präambel des Grundgesetzes fest, „das deutsche Volk" habe sich „kraft seiner verfassungsgebenden Gewalt dieses Grundgesetz gegeben". In der Verfassungsgebung konstituiert sich das Volk rechtlich als Staat, begründet es seine staatl. Einheit und normiert die Art und Weise, in welcher sich Volkssouveränität als polit.-gesellschaftl. Prozeß manifestieren und in konkreter polit. Ordnung realisieren kann. Die Volkssouveränität erschöpft sich nicht in dem Akt der Verfassungsgebung. Auch in der mit der Verfassung konstituierten Ordnung geht die Staatsgewalt vom Volke aus (Art. 20 Abs. 2 GG). Die Staatsbürger unterscheiden sich aber in ihren Anliegen, Interessen und Bedürfnissen. Zur Entscheidungsbildung über die konkrete polit. Ordnung bedarf es der

Organisation, zur Einheitsbildung der organisierten Setzung von Recht. Das Verfassungsprinzip der Volkssouveränität meint so in seiner allg. Bedeutung das Recht des Staatsvolkes, sich eine polit.-rechtliche Ordnung zu geben, und beinhaltet die fortwirkende Kompetenz zur Ausgestaltung dieser Ordnung, insbes. mittels Organen der gesetzgebenden, vollziehenden und richterlichen Gewalt (Art. 20 Abs. 2 GG). Als Mittler der polit. Willensbildung und zur partiellen Integration unterschiedlicher Interessen wirken polit. → Parteien, deren Gründung und Wirken im Grundgesetz (Art. 21) verfassungsrechtlich gewährleistet ist.

2. Mehrheitsprinzip. Die Staatsgewalt wird vom Volk in → Wahlen und Abstimmungen und durch besondere Organe der → Gesetzgebung, der vollziehenden Gewalt und der Rechtsprechung ausgeübt. Die Gesetzgebung ist im Grundgesetz als repräsentativ-parlamentarisches Verfahren (in der Schweiz hingegen als plebiszitär-repräsentative Direktorialdemokratie) ausgestaltet (→ Staatsformenlehre). Verbindliche Rechtssetzung als Gesetzgebung kommt als Beschluß einer parlamentarischen Mehrheit zustande. Parlamentarische Mehrheiten können sich unmittelbar aus übereinstimmenden Entscheidungen einer Mehrheit von Abgeordneten ergeben, regelmäßig werden sie aber vermittels Parteien, der Bildung von Fraktionen und häufig auch durch eine → Koalition zwischen Fraktionen organisiert. Die Abgeordneten sind nicht an ein imperatives Mandat gebunden und genießen speziellen Rechtsschutz (Art. 38 Abs. 1, 46 GG). Das Grundgesetz verlangt für Gesetzgebungs- und sonstige Beschlüsse im Bundestag in keinem Falle Einstimmigkeit, im allg. genügt die Mehrheit der abgegebenen Stimmen (Art. 42 Abs. 2 GG). Bei wichtigen Angelegenheiten ist eine nach dem Gegenstand differenzierte qualifizierte Mehrheit im Bundestag erforderlich, beispielsweise bei der Wahl des Bundeskanzlers, um einen Einspruch des Bundesrates zurückzuweisen, bei Abweichungen von der Geschäftsordnung des Bundestages oder bei Verfassungsänderungen, um die parlamentarische Legitimation und polit. Akzeptanz solcher Entscheidungen zu erhöhen.

Das Mehrheitsprinzip bedeutet, daß eine Mehrheit von Repräsentanten der Souveränitätsträger die konkrete staatl. Ordnung im Rahmen der Verfassung bestimmen kann. Während die Ausübung der Volkssouveränität als individueller Akt erfolgt, geschieht die rechtlich verbindliche Setzung der konkreten polit. Ordnung in einem (repräsentativ-)kollektiven Akt. Die in diesem Kollektivakt dargestellte Mehrheit braucht aufgrund von Regelungen des → Wahlsystems (z. B. Verhältniswahl mit Sperrklausel in der BRD, Mehrheitswahl in GB) nicht die Mehrheit der Aktivbürger zu sein. Das Mehrheitsprinzip ist allg. Bestandteil demokratisch-parlamentarischer Verfahren. Es gilt modifiziert, soweit die Aktivbürger mittels Volksbegehren oder Volksentscheid an der Bestimmung der polit. Ordnung unmittelbar mitwirken.

In der Verfassungsgeschichte unterschiedlich begründet, ist das Mehrheitsprinzip heute Bedingung der polit. Handlungsfähigkeit eines Volkes als demokratischer Staat. Das Mehrheitsprinzip setzt unterschiedliche polit. Interessen voraus und befördert ihre Bündelung, um mehrheitsfähig zu sein. Das Mehrheitsprinzip bewirkt so gleichzeitig die Artikulation und Integration von sowie die Differenzierung in polit. Interessen. Zwar sind Verfahren polit. Ordnung oder Grundwerte wie → Gerechtigkeit, Menschenwürde und Freiheit als Allgemeinbegriffe weitgehend konsensfähig; ihre Ausdeutung in konkrete Berechtigungen und Verpflichtungen ist aber unterschiedlich und unterliegt der polit. Willensbildung. Die konkrete Ausformung solcher → Grundwerte ist abhängig von der spezifischen sozialen Situation einzelner und der Interessenstruktur ihrer polit. Vereinigungen. Das verfassungsrechtl. Mehrheitsprinzip impliziert den Verzicht auf einen konkreten inhaltlichen → Konsens, es setzt aber den Grundkonsens über die Verfassungsordnung, insbes. über die Verfahren der Entscheidungsbildung voraus, und es legitimiert sich in einer formalen Wahlgleichheit (Art. 38 Abs. 1 GG). Grenzen des Mehrheitsprinzips werden deutlich bei der Verantwortbarkeit langfristig zukunftswirksamer Entscheidungen, z. B. im Technologiebereich (→ Demokratietheorie).

Das Mehrheitsprinzip vermittelt Befugnisse, welche funktional auf die Herstellung einer verbindlichen Ordnung bezogen sind oder sich aus der Beherrschung von Institutionen herleiten, welche spezifische Leistungen für das Staatssystem erbringen. So beinhaltet es das Recht zur verbindlichen Setzung polit. Entscheidungen im Rahmen der Verfassungsordnung und die Regierungsgewalt (Wahl der Regierung). Diese besitzt wiederum eine Organisationskompetenz für die Ausgestaltung des Verwaltungssystems, die nicht der Gesetzgebung unterliegt, und eine Informationsgewalt (Presse und Informationsämter, polizeiliche Überwachung) sowie ein häufig eingeschränktes Verfügungsrecht über das Militär (→ Militärpolitik). Die Regierungsform ist in den westl. Verfassungen unterschiedlich ausgestaltet: Neben Präsidialsystemen (USA) bestehen Kanzlersysteme (BRD, GB) und Minister(präsidenten-)systeme (Italien; → Parlamentarismus, → Präsidentialismus).

Die Verfassungen sehen eine Begrenzung der Mehrheitsgewalt vor durch a) Verfahrens- und Beteiligungsregelungen (mehrstufige Gesetzgebungsverfahren, Bindung von Verordnungsrecht, Anhörungs- und Beratungsverfahren, Öffentlichkeit parlamentarischer Beratungen, Zustimmungsbedürftigkeit von Personalentscheidungen); b) Befristung und Rückbindung (Wahlfristen) sowie c) Überprüfbarkeit von Herrschaftsakten durch Verfassungs- oder Staatsgerichtshöfe. Beschränkungen und Kontrolle ergeben sich auch aus der Öffentlichkeitswirksamkeit der Medien und letztlich aus dem verfassungspolit. Grundkonsens.

3. Institutionelle Differenzierung. Die Ausübung staatl. Herrschaft ist institutionell differenziert, und zwar nicht nur in Organe der Legislative, Exekutive und Judikative, sondern i. d. R. auch durch einen föderalen Aufbau des Staates mit eigenen Gesetzgebungs-, Verwaltungs- und Rechtsprechungskompetenzen der föderalen Einheiten und in Einrichtungen mit Selbstverwaltungskompetenz (Kommunen u. a.). Zweck solcher Strukturen sind die Gliederung des Staates entsprechend historischen und regionalen Eigenheiten, eine interessennahe polit. Entscheidungsfindung und -umsetzung sowie Stärkung staatl. Integrationsfähigkeit. Verbindendes Element in der Differenzierung sind häufig die polit. Parteien (→ Gewaltenteilung; → Föderalismus).

4. Grundrechte. Im Spannungsverhältnis zwischen Volkssouveränität und Mehrheitsprinzip stehen die Grundrechte. Sie vermitteln Freiheits- (und Teilhabe)ansprüche im und gegenüber dem Staat; sie sichern den polit. Status, schützen → Minderheiten. Als inhaltliche Bestimmung der polit.-gesellschaftlichen Ordnung materialisieren sie die individuelle Rechtsstellung, welche sich aus dem Prinzip der Volkssouveränität ergibt, und binden die Herrschaftsmacht, welche das Mehrheitsprinzip verleiht (z. B. Art. 1 Abs. 3 GG).

Verfassungshistorisch begründet als Bindung der Staatssouveränität und Staatsgewalt, beinhalten Grundrechte heute eine Selbstbindung des Volkes auf ein Normprogramm, welches in der Realisierung konkreter polit. Ordnung durchzuhalten ist (Präambel, Art. 1 GG, Art. 20, Abs. 3 GG). Freie Entfaltung der Person, Glaubens- und Bekenntnisfreiheit, Meinungs- und Pressefreiheit, Versammlungs- und Vereinigungsfreiheit, Freiheit der Berufswahl, Eigentumsgarantie und vor allem das Gleichheitsgebot sind so eigenständige Rechtsgarantien gegenüber der „Staatsgewalt“, ohne daß damit schon immer der konkrete Inhalt und Umfang der zu gewährleistenden Freiheiten und des zu garantierenden Eigentums bestimmt sind. Die konkrete Ausgestaltung ist Sache der Mehrheitsentscheidung in der Gesetzgebung. Grundrechte sind so, was nicht immer anerkannt wird, Freiheitsrechte und Sozialrechte.

5. Häufig werden die Grundrechte ergänzt durch stärkere programmatische Aussagen zu sozialem Ausgleich (Sozialstaatsprinzip), Gleichstellung, Umwelt- und Nachweltschutz – Ausdruck veränderter gesellschaftl. und ökonom. Verhältnisse.

6. Demokratie. Volkssouveränität, Grundrechte und Mehrheitsprinzip sind die konstitutiven Elemente einer freiheitlich demokratischen Grundordnung. Demokratie und → Rechtsstaat, ursprünglich formale Weisen der Setzung und Gewährleistung verbindlichen Rechts, werden im Grundgesetz

wie in nur wenigen anderen Verfassungen (z. T. beispielsweise USA, Italien) an spezifische materielle Bedingungen und Zustände gebunden. Der Begriff → Demokratie ist im Grundgesetz wie in anderen Verfassungen so wenig definiert wie der situationsspezifische Gehalt der Grundrechte. Im allg. wird mit dem Begriff der Demokratie eine spezifische Form staatl. Willens- und Entscheidungsbildung verbunden, die unmittelbar oder mittelbar durch das Volk legitimiert und kontrolliert ist. Verfassungsrechtl. Elemente des Demokratiebegriffs, welche die Form der Entscheidungsbildung und Verbindlichkeitssetzung betreffen, sind insbes. jene Verfassungsbestimmungen, welche die Konstitution der Organe der Gesetzgebung, die polit. Kontrolle und die Regierungsbildung (Mehrheitsbildung, Vertrauensentzug), ihre Verantwortlichkeit und Verfahren regeln. Wesentlicher Bestandteil des Demokratiebegriffs, wenn auch i. d. R. nicht in Verfassungen ausdrücklich berücksichtigt, ist das Recht auf Bildung einer parlamentarischen → Opposition. Demokratie meint so die konkrete und differenzierte Zuordnung von Staat und Gesellschaft, die Form der Legitimationsbeschaffung, Rationalitätskontrolle und Funktionalitätssicherung für die Entscheidungen des polit.-administrativen Systems.

Art. 18 GG stellt fest, daß Grundrechte, und zwar die Freiheit der Meinungsäußerung, die Presse-, Lehr-, Versammlungs- und Vereinigungsfreiheit, das Brief-, Post- und Fernmeldegeheimnis, das Eigentum oder das Asylrecht verwirkt werden können, wenn sie zum Kampfe gegen die freiheitliche demokratische Grundordnung mißbraucht werden; dies gilt auch für die Bildung und Tätigkeit der polit. Parteien (Art. 21 GG). In der Konstitutivität dieser Grundrechte für eine freiheitliche demokratische Grundordnung wird beispielhaft deutlich, daß Demokratie einer freien polit. Öffentlichkeit und gleicher Mitwirkungschancen aller bedarf. Die materialen Bedingungen von Demokratie zu sichern ist eine Funktion der Grundrechte.

7. Rechtsstaat. Rechtsverbindliche Festlegung von Kompetenzen und Verfahren staatl. Organhandelns, seine Bindung an das Normprogramm des Grundgesetzes, seine gerichtliche Überprüfbarkeit und der Vorrang des Gesetzes und damit die Verselbständigung der Rechtsordnung gegenüber polit. Machtansprüchen kennzeichnen den Verfassungsgrundsatz der Rechtsstaatlichkeit (→ Rechtsstaat).

8. Verfassungsinterpretation. Die Einhaltung einer Verfassung in der polit. Praxis kann der demokratischen Auseinandersetzung anvertraut sein, wenn ein hinreichender, in der Tradition gefestigter → Konsens gegeben ist (etwa in GB). In Staaten, in welchen aufgrund ihrer historischen, sozioökonom. und soziokulturellen Befindlichkeit diese Voraussetzungen nicht vorhanden sind, bedarf es der institutionalisierten Gewährleistung des Normprogramms. Der »Ausweg« der Rechtsordnung ist die Maßgeblichkeit der verbindlichen Entscheidung als notwendige Bedingung rechtsstaatl. Ordnung, wenn sich die jeweilige → Verfassungswirklichkeit nicht unangefochten zur Verfassungsnorm erheben soll. Polit. Auseinandersetzungen werden damit auch zum Streit um die Verfassungsauslegung. Die Entscheidungskompetenz über die Vereinbarkeit oder Unvereinbarkeit staatl. Organhandelns mit der Verfassung liegt nach dem Grundgesetz letztlich beim Bundesverfassungsgericht (Art. 93 GG; → Verfassungsgerichtsbarkeit).

9. Verfassungs- und Staatsschutz. Nahezu alle Verfassungen der westl. Demokratien enthalten allerdings unterschiedliche Vorschriften zum Schutz der Verfassung und des Staates im Notstand oder Spannungsfall. Diese Regelungen beinhalten eine Stärkung von Regierung und Militär/Polizei gegenüber Parlament und Judikative sowie eine Beschränkbarkeit von Grundrechten.

→ Föderalismus; Verfassung/Verfassungstheorie.

Lit.: *Abendroth, W.* 1967: Antagonistische Gesellschaft und politische Demokratie, Neuwied. *Bäumlin, R.* 1954: Die rechtsstaatliche Demokratie, Zürich. *Böckenförde, E. W.* 1991: Staat, Verfassung, Demokratie, Ffm. *Deutscher Bundestag* (Hrsg.) 1993: Bericht der Gemeinsamen Verfassungskommission, Bonn. *Ehmke, H.* 1961:

Wirtschaft und Verfassung, Karlsruhe. *Friedrich, M.* (Hrsg.) 1978: Verfassung, Darmst. *Grimm, D.* 1991: Die Zukunft der Verfassung, Ffm. *Grimmer, K.* 1980: Demokratie und Grundrechte, Bln. *Heller, H.* 1934: Staatslehre, Leiden. *Hesse, K.* [20]1999: Grundzüge des Verfassungsrechts der Bundesrepublik Deutschland, Bln. *Hofmann, H.* 1999: Von der Staatssoziologie zu einer Soziologie der Verfassung?, in: JZ, 1065–1074. *Kägi, U.* 1945: Die Verfassung als rechtliche Grundordnung des Staates, Zürich. *Preuß, U. K.* 1994: Zum Begriff der Verfassung, Ffm. *Ridder, H.* 1975: Die soziale Ordnung des Grundgesetzes, Opl. *Schindler, D.* [5]1970: Verfassungsrecht und soziale Struktur, Zürich. *Schmitt, C.* 1928: Verfassungslehre, Mchn. *Smend, R.* 1928: Verfassung und Verfassungsrecht, Mchn. *Spiro, H. J.* 1959: Government by Constitution, NY.

Klaus Grimmer

Verfassungswirklichkeit

1. „Verfassung“ war urspr. selbst ein Wirklichkeitsbegriff und bezeichnete den tatsächlichen Zustand eines Staates, wie er durch Landesbeschaffenheit, Bevölkerung, geopolit. Lage, Religion, Rechtsordnung etc. geprägt war (*Mohnhaupt/Grimm* 1985). Mit der ausgangs des 18. Jh. einsetzenden Verengung des Verfassungsbegriffs auf ein Gesetz, das polit. → Herrschaft auf bestimmte Formen, Prinzipien und Verfahren festlegte, entstand das Problem der Differenz von Verfassungsrecht und Verfassungswirklichkeit (V.). Es handelt sich freilich nicht um ein verfassungsspezifisches Problem. Jede Norm zielt auf Verwirklichung und bedarf dazu ständiger sozialer Vermittlung, die mehr oder weniger glücken kann. Im Bereich der → Verfassung scheint sich das Problem aber bes. zuzuspitzen.

Das hängt mit der Eigenart des Verfassungsrechts zusammen: (1) Regelungsadressat und Regelungsgarant sind hier identisch. Das erschwert die Durchsetzbarkeit im Konfliktfall. Das Problem ist zwar durch → Gewaltenteilung und → Verfassungsgerichtsbarkeit entschärft, aber prinzipiell unlösbar. (2) Das Verfassungsrecht trifft auf eine bes. widerständige und eigendynamische Materie, so daß nicht nur Normen die Wirklichkeit, sondern auch tatsächliche Verhältnisse den Normsinn bestimmen. (3) Der Verfassung als derjenigen Norm, die die Grundbedingungen polit. Entscheidungen formuliert, haftet ein weitgehend prinzipienhafter Charakter an. Entsprechend breit fällt aber auch der Bereich der mit den Prinzipien kompatiblen Wirklichkeiten aus. (4) Die Verfassung ist als Basiskonsens nur erschwert abänderbar, so daß erforderliche Reaktionen auf veränderte Realisierungsbedingungen von Verfassungsrecht sich häufig verzögern oder ganz ausbleiben, wodurch dann die Kluft zwischen Recht und Wirklichkeit breiter wird.

2. Die Differenz von Verfassung und V. hat in der Wissenschaft im wesentlichen fünf unterscheidbare Reaktionen gefunden. Die beiden ersten lösen die Spannung einseitig auf, und zwar entweder nach der Norm- oder nach der Wirklichkeitsseite.

(1) Eine Auflösung nach der Normseite läßt sich im juristischen Positivismus beobachten. Ausgehend von einem unüberbrückbaren Dualismus von Norm und Wirklichkeit beschränkt er die Betrachtung auf den Verfassungstext, der ausschließlich mit den Mitteln von Grammatik und Logik interpretiert werden darf, während die Wirklichkeit lediglich in Gestalt eines zu entscheidenden Falles in Erscheinung tritt, für die Geltung und Sinn des Rechts aber irrelevant bleiben (*Laband* 1911: IX; *Jellinek* 1900; *Kelsen* 1911). (2) Die Auflösung der Spannung zur Wirklichkeitsseite hin beruht auf der marxistischen Annahme, daß Recht nur Ausdruck bestehender Machtverhältnisse, nicht aber Begrenzung und Regulierung von → Macht sei. Die Verfassung ist dann identisch mit den tatsächlichen Machtverhältnissen und kann normative Kraft nur insoweit entfalten, als sie mit diesen übereinstimmt. Im

übrigen erzeugt sie lediglich den Schein von Machtbegrenzung und → Legitimität und immunisiert auf diese Weise die Verhältnisse gegen Kritik. Die Darstellung von V. hat dann eine aufklärende und ideologische Funktion (paradigmatisch *F. Lasalle* 1862). Die übrigen Richtungen gehen von der Differenz aus und machen sie zum Ansatz weiterführender Fragestellungen. (3) Teilweise geschieht das weitgehend additiv. Verfassungsrecht und V. erscheinen als einander ergänzende Faktoren, die zusammengenommen erst das Bild eines bestimmten → Politischen Systems im Sinn der *living constitution* vermitteln. (4) Verbreiteter ist die Betrachtung der Differenz in kritischer statt nur ergänzender Absicht. Die Verfassung wird als Ausdruck der von einer Gesellschaft anerkannten Maximen für eine gerechte Sozialordnung genommen und V. als Abweichung von diesen selbstgesetzten Zielen registriert (paradigmatisch *Schäfer/Nedelmann* 1967). Nicht selten steht hinter der Kritik jedoch ein überzogenes Verfassungsverständnis, das vom Verfassungsrecht eine vollständige Bindung von Politik nach der prozeduralen wie nach der materiellen Seite erwartet (vgl. *Hennis* 1968). Verfassungsrecht pflegt jedoch nur die Grundbedingungen einer als gerecht empfundenen Sozialordnung festzulegen und bildet auf diese Weise einen Rahmen für Politik. Es ist also auf eine rahmenausfüllende Wirklichkeit geradezu angelegt. Deswegen würde sich eine Unterscheidung von verfassungsausfüllender V., verfassungsbeeinträchtigender V. und verfassungsverletzender V. empfehlen. (5) Der Vergleich von Verfassungsrecht und V. kann schließlich die systemimmanente Kritik überschreiten und die Aufdeckung von Systemwidersprüchen selbst zum Ziel haben, um dann weniger auf Systemerfüllung als auf Systemänderung zu zielen (paradigmatisch *Offe* 1969).

→ Demokratie, → Parlamentarismus, → Rechtsstaat

Lit.: *Bagehot, W.* 1971: Die englische Verfassung, Neuwied (engl. zuerst 1867). *Grimm, D.* 1972: Verfassungsfunktion und Grundgesetzreform, in: AöR 97, 489–537. *Grimm, D.* [2]1976: Staatsrechtslehre und Politikwissenschaft, in: *ders.* (Hrsg.): Rechtswissenschaft und Nachbarwissenschaften II, Mchn. *Grimm, D.* [2]1994: Die Zukunft der Verfassung, Ffm. *Hennis, W.* 1968: Verfassung und Verfassungswirklichkeit, Tüb. *Hesse, K.* 1959: Die normative Kraft der Verfassung, Tüb. *Jellinek, G.* 1900: Allgemeine Staatslehre, Lpz. *Kelsen, H.* 1911: Hauptprobleme der Staatsrechtslehre, Wien. *Laband, P.* [5]1911: Staatsrecht des Deutschen Reiches I, Tüb. *Lasalle, F.* 1862: Über Verfassungswesen, Bln. *Leibholz, G.* 1958: Verfassungsrecht und Verfassungswirklichkeit, in: *ders.*: Strukturprobleme der modernen Demokratie, Karlsruhe, 277–281. *Loewenstein, K.* 1951/52: Verfassungsrecht und Verfassungsrealität, in: AöR 77, 387–435. *Mohnhaupt, H./Grimm, D.* 1985: Verfassung, Konstitution, in: *Brunner, W.* u. a. (Hrsg.): Geschichtliche Grundbegriffe, Bd. 6, Stg. *Offe, C.* 1969: Polit. Herrschaft und Klassenstrukturen, in: *Kress, G./Senghaas, D.* (Hrsg.): Politikwissenschaft, Ffm. *Schäfer, G./Nedelmann, C.* 1967: Der CDU-Staat, Mchn.

Dieter Grimm

Verkehrspolitik

I. Verkehr als volkswirtschaftl. Leistungsbereich umfaßt die räumliche Übertragung von Personen und Sachgütern; i. w. S. wird auch die Nachrichtenübermittlung dazugerechnet. Seine volkswirtschaftl. Bedeutung liegt darin, daß er die Grundlage der räumlichen Arbeitsteilung darstellt; die Qualität des Verkehrssystems in allen Dimensionen bestimmt deren Intensität. Transportkosten wirken wie Zölle; eine Verringerung der Transportkosten läßt im ökonom. Sinn die Entfernungen, die „Entfernungswiderstände" schrumpfen. Das Ergebnis ist eine Marktvergrößerung, und Märkte – auch Arbeitsmärkte! – funktionieren grundsätzlich um so besser, je größer sie sind.

Geschichtlich gesehen vollzog sich die Entwicklung des Verkehrswesens in Sprüngen. Schlüsselerfindungen stellten das Rad (um

4000 v. Chr.) und die Dampflokomotive (Stephenson 1814/25) dar. Mit ihr gewann das Verkehrswesen Anschluß an die industrielle Revolution. Im Laufe der Zeit wurde die Palette der Transportformen breiter, was zu vielfältigen Formen von Zusammenarbeit und Wettbewerb geführt hat. Weltweit dominiert heutzutage freilich der Kraftverkehr; lediglich im RGW-Bereich war er bis zuletzt mit systemeigenen Methoden niedergehalten worden. In entwickelten Volkswirtschaften profitiert er von seiner Flexibilität, in Entwicklungsländern davon, daß sich der Betrieb von Eisenbahnen problematisch gestaltet, wo die Bevölkerung „industrielle Disziplin" noch nicht eingeübt hat.

II. Ziel der Verkehrspolitik ist es allgemein, den Beitrag des Verkehrssektors zur gesamtwirtschaftl. Leistungserstellung zu optimieren. Dabei geht es einerseits um die Dimensionierung des Verkehrsgeschehens insgesamt, andererseits um die Aufgabenteilung im Verkehr, den *modal split*. Die Rolle des Staates als des Trägers der Politik ist im Bereich der Infrastruktur – hier der Oberbegriff für die Verkehrswege samt Nebenanlagen, die Schiffs- und Flughäfen – eine andere als im Bereich der Superstruktur, der insbes. die Transportgefäße und (soweit davon überhaupt trennbar) die Antriebsaggregate zugehören. Die Trägerschaft von Gebietskörperschaften der verschiedenen Ebenen für die Verkehrsinfrastruktur ist auch (oder gerade) vor dem Hintergrund der Aufgabenabgrenzung zwischen Markt (Privatinitiative) und Staat nach dem Subsidiaritätsprinzip – staatl. Tätigwerden (nur) bei Marktversagen – kaum umstritten; es handelt sich um einen Teil der Daseinsvorsorge. Abgestellt wird in dem Zusammenhang auf die allg. Integrationsfunktion der Verkehrsinfrastruktur und ihren gesamtwirtschaftl., aus heutiger Sicht weniger ihren regionalwirtschaftl. Wachstumsbeitrag. Abweichungen von dieser Regel lassen sich u. a. in den USA beobachten, wo der größte Teil des Schienen- und ein kleiner Teil des Straßennetzes (*Turnpikes*) privat vorgehalten werden.

Diese Trägerschaft der Infrastruktur versetzt den Staat in die Lage, nachhaltig die Wettbewerbsbedingungen der Verkehrsträger zu beeinflussen. Er tut es in Deutschland z. B. bewußt dadurch, daß der Binnenschiffahrt nur in geringem Umfang die Kosten „ihrer" Infrastruktur über Befahrungsabgaben angelastet werden. Ob gleiches dem Kraftverkehr im allgemeinen und dem LKW-Schwerverkehr im besonderen widerfährt, d. h. die Frage nach der Deckung des dem Kraftverkehr anzulastenden Teils der Straßenkosten durch seine Sonderabgaben, insbes. Mineralöl- und KfZ-Steuer (ganz abseits einer formellen Zweckbindung des Aufkommens), hat sich spätestens durch die dreimalige Anhebung der Mineralölsteuer zwischen 1989 und 1994 erledigt bzw. ist auf die Ebene der kraftverkehrsbedingten Umweltkosten verlagert worden (s. u.). Mit unmittelbarer staatl. Verantwortung für die Infrastruktur geht freilich einher, daß der Ausbau unter der Neigung der Politiker leidet, bei der Haushaltsgestaltung konsumptive Ansprüche zu Lasten von Investitionen zu befriedigen. Sichtbarster Ausdruck sind Engpässe im Straßennetz und eine den heutigen betrieblichen Bedürfnissen nicht entsprechende Trassenführung vieler wichtiger Eisenbahnstrecken. Private Vorfinanzierung von Investitionsvorhaben soll dieses Problem, das durch die Wiedervereinigung an Gewicht gewonnen hat, mildern – haushaltswirtschaftl. eine Belastungsverschiebung in die Zukunft, die v. a. wegen auflaufender Zinsen einen hohen Preis fordert.

Den Superstrukturbereich kennzeichnete in der BRD (und anderswo) bis in die allerjüngste Vergangenheit und kennzeichnet nachwirkend noch heute ein insgesamt wenig gedeihliches Nebeneinander von Staatsbahn und überwiegend privatwirtschaftl. organisierten Wettbewerbern. Leitgedanke des Staatsbahnwesens war ursprünglich der „Schutz *vor* der Bahn". Ihr verlieh etwa bis Ende des I. Weltkrieges abseits der Küstenregionen und einiger weniger Binnenwasserwege das faktische Fernverkehrsmonopol in Verbindung mit einer Kostenstruktur, die das Entstehen von Großbetrieben begünstigte, eine einzigartige Markt- und potentielle wirtschaftl. Machtstellung. Der Gedanke überlebte auch noch, nachdem sich die Angebotsverhältnisse durch den Kraft- und Luftverkehr sowie die Erweiterung des Netzes von Binnenwasserstraßen nachhaltig gewandelt hatten und in der Folge die Bahn vom „Rückgrat des Verkehrs" zum „Sprengsatz des Bundeshaushalts" verkam. „Schutz *der* Bahn" als eines „überragend wichtigen Gemeinschaftsgutes", so das Bundesverfassungsgericht noch 1975, stieg zur verkehrspolit. Maxime auf. Umgesetzt wurde sie zusätzlich noch, abgestützt auf die behauptete Existenz einer Reihe von Branchenbesonderheiten, durch ein dichtes Geflecht von Regulierungen, amtsdeutsch euphemistisch als „kontrollierte Wettbewerbsordnung" bezeichnet. Ihre Geltung mußte sich freilich auf den Verkehr innerhalb des Bundesgebietes beschränken.

Kernstücke dieses Regulierungswerks bildeten eine staatl. überwachte Preisbildung z. T. in Zwangskartellen und einschneidende Marktzugangsbeschränkungen namentlich im öffentl. Personenfernverkehr auf der Straße (Linienverkehr) bis hin zu seiner faktischen Ausschaltung – und im gewerblichen LKW-Fernverkehr. In politökonom. Betrachtung gab diese kontrollierte Wettbewerbsordnung ein eindrucksvolles Lehrstück für das Zusammenspiel von Regulierungsbehörden und Regulierten ab, für eine „Verkehrsträgerpolitik", als deren Opfer sich hauptsächlich die verladende Wirtschaft fühlte.

Unbefriedigende Ergebnisse dieser Politik und Anstöße von seiten der → Europäischen Union namentlich im Zusammenhang mit der zu verwirklichenden Niederlassungs- und Dienstleistungsfreiheit bereiteten einer umfassenden Verkehrsreform den Boden und ließen den 1. Januar 1994 zu einem verkehrspolit. Schlüsseldatum werden. Das „Tarifaufhebungsgesetz" gab die Preisbildung für Gütertransporte frei; Mitte 1998 ist auch die Marktzugangsbeschränkung im Güterkraftverkehr endgültig weggefallen. Das wichtigste Maßnahmenbündel stellt die ab 1994 schrittweise in Kraft gesetzte Bahnstrukturreform dar. Der Bahn war es in den Jahrzehnten seit dem II. Weltkrieg nie gelungen, die attraktiven Merkmale der Schienenverkehrstechnologie – Emissionsarmut, niedriger spezifischer Energieeinsatz, nicht auf einen bestimmten Energieträger festgelegt (anders als der Kraftverkehr), geringer Landschafts-„Verbrauch", hoher Sicherheitsgrad – zur Grundlage eines nachhaltigen Markterfolges zu machen. Ziel der Reform ist eine Entstaatlichung der Bahn, darin inbegriffen insbes. auch ihre Personalwirtschaft; die Bahn soll in vollem Umfang den Möglichkeiten und Zwängen eigenverantwortlicher Unternehmensführung ausgesetzt werden. Unter dem Dach einer Holding, einer AG mit dem Bund als (bis auf weiteres) einzigem Aktionär, wurden fünf rechtlich selbständige Gesellschaften für abgrenzbare Geschäftsbereiche gebildet; für den Fahrweg, den Personenfern-, den Personennah-, den Güterverkehr und für die Bahnhöfe. Speziell mit Blick auf den Fahrweg sollte damit, einer EU-Vorgabe folgend, zugleich die Voraussetzung für die Erstellung von Schienenverkehrsleistungen durch Dritte im Wettbewerb zur Deutschen Bahn geschaffen werden. Die Finanzierung der Neu- und Ausbaustrecken ist beim Bund verblieben.

Obwohl die Bahn als AG nach Entschuldung durch den Bund einige Jahre lang bescheidene Gewinne erwirtschaftete, läßt die erhoffte Trendwende bei der Marktanteilsentwicklung auf sich warten. Nach wie vor gelingt es der Bahn insbes. nicht, am starken Wachstum des grenzüberschreitenden Güterverkehrs teilzuhaben, was freilich Fragen nach der Kooperationswilligkeit und –fähigkeit aller europ. Bahnen aufwirft. Eine neue Unternehmensführung (seit 2000) betreibt, von Teilen der Politik offenbar mit Wohlwollen begleitet, wieder eine Straffung des Unternehmensaufbaus und eine (Re-)Zentralisierung der Willensbildung; sie begründet das mit Koordinations- und Schnittstellenproblemen der gegenwärtigen Struktur. Langfristig beabsichtigt die Deutsche Bahn AG den Gang an die Börse.

III. Verstärkt wahrgenommen wird seit Beginn der 1970er Jahre namentlich die vom Straßenverkehr verursachte Umweltbelastung, gipfelnd in dem Schlagwort vom Auto als „Umweltfeind Nr. 1". Der Befund ist grundsätzlich unstrittig. Der Straßenverkehr trägt mit seiner Schadstoffabgabe erheblich und mit wachsendem Anteil zur Luftverunreinigung bei. Die Auswirkungen sind überwiegend von lokaler, bei CO_2 mit Blick auf den sog. Treibhauseffekt aber auch von globaler Tragweite. Lärmabstrahlung des Kraftverkehrs gilt zumal in vielen Wohngebieten als Störquelle. Im Zusammenhang mit dem Straßenbau wird auf Flächenversiegelung mit Beeinträchtigung des Wasserabflusses und auf die Zerschneidung zusammenhängender Naturräume („Verinselung") mit nachteiligen Folgen für Tier- und Pflanzenwelt aufmerksam gemacht.

Die extreme Reaktion auf diese Belastungen besteht in der Forderung nach durchgreifender Verkehrsvermeidung im Wege einer Re-Regionalisierung der Wirtschaft, d. h. der Schaffung mehr oder weniger autarker Räume im Widerspruch zum Langzeittrend einer immer intensiveren interregionalen und internat. Arbeitsteilung. Die damit einhergehenden Produktivitäts- und Realeinkommenseinbußen insbes. auch aus abnehmender Intensität des Wettbewerbs bei „quasi-institutionalisierter" Vorzugsstellung jeweils für örtliche Anbieter stehen einer Akzeptanz dieser Vorstellungen außerhalb der gutsituierten Wählerschaft von Umweltparteien entgegen. Gemäßigtere Positionen tragen der volkswirtschaftl. Funktion des Verkehrsgeschehens Rechnung und setzen auf Lenkungseffekte durch Umsetzung des Verursacherprinzips, also durch Belastung des Kraftverkehrs mit den ihm zuzurechnenden Umweltkosten. Damit soll die faktische Subventionierung des Kraftverkehrs, die nach wirtschaftl. Logik sein Volumen aufbläht, beseitigt werden. Die Staffelung der KFZ-Steuer nach Maßgabe des Schadstoffausstoßes zielt in diese Richtung. Die Abgeltung weiterer Umweltkosten über einen höheren Kraftstoffpreis – vgl. die regierungsamtliche Begründung der teils angekündigten, teilweise schon vollzogenen schrittweisen Anhebung der Mineralölsteuer seit 1999 – ist zwar theoretisch nicht ganz sauber, da Kraftstoffverbrauch und Schadstoffabgabe in keiner völlig festen Beziehung zueinander stehen, sie ist aber in der Handhabung denkbar unaufwendig. Die Anreiz- bzw. Lenkungswirkungen einer solchen Kraftstoffverteuerung und anderer Maßnahmen können in dem Ersatz mobilitätsinduzierender Aktivitäten durch solche bestehen, die mit keiner Ortsveränderung einhergehen (Telearbeit), in der Verlagerung von Personen- und Gütertransporten auf umweltfreundlichere Verkehrsträger und in konstruktiven Verbesserungen der Fahrzeuge: Technisch bereits Mögliches wird marktfähig, die technische Entwicklung wird vorangetrieben („3-Liter-Auto", „Flüster-LKW"). Sollten, was nicht zwingend erscheint, die realen Autokosten nachhaltig ansteigen, sind langfristig Auswirkungen auf die Siedlungsstruktur nicht auszuschließen: Abschwächung oder gar Umkehr des „Zuges ins Grüne". Die Infrastrukturpolitik trägt derzeit zu höherer Umweltverträglichkeit des Verkehrsgeschehens durch optisch oft unbefriedigende Anlagen des passiven Lärmschutzes bei und durch immer häufigere Führung neuer Trassen in Tunnellage (Neubaustrecken der Deutschen Bahn). Künftig soll der verstärkte Einsatz moderner Kommunikationstechnologie Kraftfahrern die Optimierung der Routenwahl erleichtern und damit emissionsträchtigen Verkehrsstaus entgegenwirken („intelligente Straße").

Das wesentliche Hemmnis für rasche umweltpolit. Fortschritte besteht darin, daß Alleingänge Deutschlands teils wegen rechtl. Bindungen nicht möglich (EU-Zuständigkeit), teils nach der Sachlage nicht zweckmäßig sind. Andererseits verweigern sich andere europ. Staaten einem Mitziehen, sei es wegen geringeren Problemdrucks, z. B. als Folge dünnerer Besiedlung, sei es wegen niedrigen wirtschaftl. Entwicklungsstandes und damit einhergehender anders gelagerter Prioritäten („Umweltschutz als Wohlstandssyndrom"), sei es schlicht wegen geringerer subjektiver Wahrnehmungsintensität als Folge anderer Mentalität („Die Deutschen als Volk von Bedenkenträgern"). Allerdings erweist sich auch in D die polit. Durchsetzung als mühsam gegen eine von der FDP bis zur IG Metall reichende Autolobby, in der sich nicht zuletzt das Gewicht der Autobranche in besonderem Sinne als Arbeitgeber widerspiegelt.

Lit.: *Aberle, G.* ^{3}2000: Transportwirtschaft, Mchn. u. a. *Der Bundesminister für Verkehr* (Hrsg.)/*Deutsches Institut für Wirtschaftsforschung* (Bearb.): Verkehr in Zahlen, Bonn (jährlich). *Ihde, G. B.* 1984: Transport, Verkehr, Logistik. Gesamtwirtschaftliche Aspekte und einzelwirtschaftliche Handhabung, Mchn. *Van Suntum, U.* 1986: Verkehrspolitik, Mchn. *Vester, F.* 1995: Crashtest Mobilität. Die Zukunft des Verkehrs, Mchn. *Willeke, R.* 1996: Mobilität, Verkehrsmarktordnung, externe Kosten und Nutzen des Verkehrs, Ffm. Periodika: Internationales Verkehrswesen, Hamb. (monatlich). Zeitschrift für Verkehrswissenschaft, Köln (vierteljährlich).

Michael Drude

Verschuldung/Verschuldungskrise

Unter Verschuldung (V.) wird als Folge der Verschuldungskrise (Vk.) primär die Auslandsverschuldung der Entwicklungsländer (EL) begriffen (und nicht die allg. → Staatsverschuldung). Hatte die V. 1970 rund 62 Mrd. US-$ betragen, war sie bis Ende der 1990er Jahre auf über 2,5 Billionen US-$ angewachsen. Während sich der Anstieg der Auslandsverschuldung nach dem Ausbruch der Vk. zu Beginn der 1980er Jahre zeitweise deutlich verlangsamt hatte, nahm die externe Kreditaufnahme der EL während der 1990er Jahre wieder erheblich zu. Dennoch hat das Problem der externen V. für die meisten Schuldnerländer und deren Gläubiger nicht mehr die Bedeutung, die ihm zeitweilig zugekommen war.

I. Die Ursprünge der hohen V. reichen in die 1960er und 1970er Jahre zurück. Sie hängen zusammen mit der Funktionsweise des internat. Finanzsystems und mit den Entwicklungsstrategien, die in vielen EL praktiziert wurden. Besonders diejenigen Länder, die eine Strategie importsubstituierender Industrialisierung verfolgten, nahmen Auslandskredite auf, um über mehr Güter verfügen zu können, als dies bei der gegebenen inländischen Produktion möglich gewesen wäre. Die Inanspruchnahme externer Kredite wuchs sich zur Vk. aus, als das Schuldnerland nicht mehr in der Lage war, den vereinbarten Schuldendienst (Tilgung und Zinszahlungen) termingerecht zu leisten.

Damit ein Prozeß externer V. nicht in eine Krise führt, die Wohlstandseinbußen im Schuldnerland erzwingt und das Wachstumspotenzial der Volkswirtschaft beeinträchtigt, müssen mindestens drei Bedingungen bei der Verwendung der Auslandskredite beachtet werden: (1) Auslandskredite sind in Inlandsinvestitionen zu lenken. (2) Außenfinanzierte Investitionen müssen eine Kapitalrendite aufweisen, die größer oder gleich dem internat. Realzins ist. (3) Mit den außenfinanzierten Investitionen müssen weltmarktfähige Exportgüter erwirtschaftet oder Importe substituiert werden, um die Zinszahlungen an die ausländischen Gläubiger in Devisen transferieren zu können. Diese „Erfolgskriterien" wurden in etlichen EL nicht berücksichtigt, so daß aus der Auslandsverschuldung eine Problemkonstellation entstand, die in eine Wachstums- und Entwicklungskrise des Schuldnerlandes führte. Neben der unangemessenen Verwendung von Auslandskrediten war es das Zusammentreffen mehrerer Faktoren, das die Vk. bewirkte: Durch den zweiten Ölpreisschock von 1979/80 verteuerten sich die Importe vieler EL, und deren Bedarf an externem Kapital stieg; gleichzeitig gingen die Devisenerlöse der primärgüterexportierenden EL infolge sinkender Rohstoffpreise zurück; die Hochzinspolitik der USA verteuerte die Aufnahme neuer Kredite und die Bedienung bestehender Bankkredite mit variablen Zinsen. Zudem hemmte wachsender Protektionismus der Industrieländer im Zuge der weltwirtschaftl. Rezession die Absatzmöglichkeiten der EL auf dem Weltmarkt.

II. Viele der ernstlich verschuldeten EL durchliefen einen kostspieligen Such- und Lernprozeß, um ihre Volkswirtschaften an veränderte Möglichkeiten der Außenfinanzierung anzupassen. Nat. und internat. Lösungsstrategien gingen dabei von unterschiedlichen Annahmen über die Ursachen der Vk. aus.

Anfänglich herrschte die Ansicht vor, daß es sich bei der Vk. lediglich um ein Liquiditätsproblem handele; folglich gelte es, den Finanzierungsengpaß bis zur Wiedererlangung hinreichenden Wirtschaftswachstums durch die Aufnahme neuer externer Mittel zu überbrücken. Private Kreditgeber waren jedoch nicht bereit, diese neuen Mittel in dem erforderlichen Umfang zur Verfügung zu stellen. Die Folge waren fortlaufende Umschuldungsverhandlungen, mit denen versucht wurde, die externe V. zahlungstechnisch zu verwalten, ohne jedoch einen Beitrag zur Überwindung der Krisenursachen zu leisten; dies hat die Suche nach tragfähigen Lösungsmöglichkeiten erheblich verzögert. Erst der Plan des US-Finanzministers *Brady* vom März 1989 ging offiziell von einem Solvenzproblem der Schuldnerländer aus; in gemeinsamen Verhandlungen von Gläubigern und Schuldnern sollten verschiedene Formen von Schulden- und Schuldendienstreduzierungen vereinbart werden. Mit dem *Brady*-Plan haben die Gläubiger ihre Auffassung aufgegeben, daß die EL ihre gesamte Auslandsschuld vollständig zurückzahlen könnten oder sollten.
Der *Brady*-Plan war nur für EL bestimmt, die Probleme mit der Bedienung ihrer kommerziellen Bankschulden haben. Bestehen die Kreditverpflichtungen überwiegend gegenüber öffentl. Gläubigern, dann müssen diese zur Lösung des Verschuldungsproblems einen entscheidenden Beitrag leisten. Die öffentl. Gläubiger, die im Rahmen des *Paris Club* ihre Verhandlungsstrategie gegenüber den Schuldnerländern abstimmen, verständigten sich 1991 auf die Möglichkeit eines bis zu fünfzigprozentigen Forderungsverzichts gegenüber Schuldnerländern. Für die Mitte der 1990er Jahre neu eingeführte Kategorie der *Higly Indebted Poor Countries* wurde die HIPC-Initiative gestartet, die 1999 auf dem G7-Gipfel in Köln zu einem Beschluß über einen weitgehenden Schuldenerlaß für die als untragbar hoch verschuldet geltenden ärmsten EL führte.
Mit der Herausbildung eines Sekundärmarktes für EL-Kredite, auf dem Schuldtitel von den ursprünglichen Kreditgebern mit einem Abschlag auf den Nominalwert verkauft werden, wurden Instrumente entwikkelt für den Abbau des Schuldenbestands und/oder die Umstrukturierung der Schulden. Bei einer Schuldenreduktion wird der Bestand an Kreditforderungen abgebaut, so daß sich die Tilgungs- und/oder Zinszahlungen entsprechend verringern; dies geschieht durch Umwandlung von Krediten in Beteiligungen an Unternehmen des Schuldnerlandes (*debt-equity-swaps*), durch Austausch von Forderungen mit Abschlägen gegen Schuldverschreibungen (*debt-for-bonds-swaps*), oder indem ein Land seine Schuldtitel mit einem Abschlag gegen Kasse zurückkauft (*debt-buy-back*). Bei *debt-for-development-swaps* kaufen Institutionen der Entwicklungszusammenarbeit Schuldtitel auf dem Sekundärmarkt und bieten sie der Zentralbank des Schuldnerlandes zum Rückkauf in nat. Währung an; der Verkaufserlös wird zur Finanzierung von Entwicklungsprojekten im Schuldnerland zur Verfügung gestellt. Schuldendienstreduzierungen ergeben sich auch durch eine Verringerung des Zinssatzes für umgeschuldete Beträge; ferner erhält der Schuldner durch Ausweitung der tilgungsfreien Periode und der Kreditlaufzeiten die Möglichkeit, wirtschaftspolit. Korrekturen durchzuführen, die seine zukünftige Schuldendienstfähigkeit erhöhen.

III. Verschiedene Lehren lassen sich aus der Vk. ziehen. Eine Reduzierung der Altschulden und des daraus resultierenden Schuldendienstes erleichtert die Überwindung von Solvenzkrisen. Erfolgreiche Umschuldungsvereinbarungen mit den Gläubigern tragen dazu bei, die Unsicherheit über die Rendite zukünftiger Kapitalanlagen im Schuldnerland zu verringern und damit ein Klima des Vertrauens zu schaffen, das Voraussetzung für den Zufluß neuen Kapitals ist. Schulden(dienst)reduzierungen können zwar eine notwendige Bedingung zur Lösung des Verschuldungsproblems sein, aber ohne angemessene Wirtschafts- und Finanzpolitik des Schuldnerlandes ist diese Lösung nicht hinreichend. Damit eine Wiederholung der Vk. möglichst ausgeschlossen bleibt und eine marktvermittelte Disziplinierung der Schuldenaufnahme wirksam werden kann, müssen Schlüsselbedingungen funktionierender Kreditmärkte erfüllt sein. Zu diesen Bedingungen gehören u. a. ein effizientes Risikomanagement der Banken sowie eine glaubwürdige Bankenaufsicht. Die Vermeidung künftiger Vk. setzt zudem eine enge Zusammenarbeit zwischen den wichtigsten Akteursgruppen im internat. Finanzsystem voraus.

Die Struktur der Kapitalzuflüsse in die EL hat sich im Laufe der 1990er Jahre deutlich verändert. Bis in die 1980er Jahre hatten die EL externes Kapital überwiegend in Form von Krediten in Anspruch genommen; in den Kreditabkommen waren üblicherweise keine Vorkehrungen enthalten, um die Verluste aus einer Entwicklung zu teilen, die schlechter verlief, als es Kreditgeber und -nehmer erwartet hatten. Inzwischen stehen Finanzierungsinstrumente zur Verfügung, bei denen eine Risikoteilung stattfindet, wie sie bei Direktinvestitionen und anderen Beteiligungen üblich ist. Auch wenn den meisten EL kaum eine Wiederholung des Verschuldungsdebakels der 1980er Jahre droht, sind Mechanismen zur Krisenverhinderung unabdingbar. Zudem gibt es für eine Reihe ernstlich verschuldeter EL mit niedrigem Einkommen keine realistische Alternative zur Streichung ihrer Altschulden; aufgrund ihrer unzureichenden Wirtschaftsdynamik ist für diese Länder auf absehbare Zeit eine hinreichende Schuldendienstfähigkeit aus eigener Kraft nicht zu erwarten.

Lit.: *Ahmed, M./Summers, L.* 1992: Zehn Jahre Schuldenkrise – eine Bilanz, in: Finanzierung & Entwicklung, 29(3), 2–5. *Berthelemy, J.-C./Vourch, A.* 1994: Debt Relief and Growth, Paris. *Eberlei, W.* 1999: Schuldenkrise ärmster Länder gelöst? Die Ergebnisse des Kölner G–7-Gipfels (INEF Report, 40), Duisburg. *Holthus, M.* 1987: Die Auslandsverschuldung der Entwicklungsländer: Faktoren, Probleme, Lösungen, Bonn. *Mestel, R.* 1999: Auslandsverschuldung der Entwicklungsländer in den 90er Jahren. Marktorientierte Maßnahmen zur Schuldenreduktion, Leverkusen. *Sangmeister, H.* [3]1992: Das Verschuldungsproblem, in: *Nohlen, D./Nuscheler, F.* (Hrsg.): Handbuch der Dritten Welt, Bd. 1, Bonn, 328–358.

Hartmut Sangmeister

Völkerrecht/Internationales Recht

I. Der Begriff des Völkerrechts (V.) geht zurück auf die römisch-rechtliche Kategorie des *„ius gentium"* (hierzu *Reibstein* 1949: 198 ff.); in der Antike bezog sich das damit bezeichnete normative System, angewandt seit dem 3. Jh. v. Chr. vom *praetor peregrinus,* auf die gemeinsame Völkersitte. Gegenstand dieser Normen war damals nicht nur der gegenseitige Verkehr der Völker, sondern auch die Regelung innerer gesellschaftl. Zustände, soweit diese nicht eine eigenständige Ausprägung erfahren hatte.

Die soziologischen und rechtl. Grundlagen des abendländischen V. entwikkelten sich erst im Spätmittelalter, als die Auseinandersetzungen zwischen Papst und Kaiser erstmals zur Existenz gleichberechtigter souveräner Staaten führten. Im Verlauf dieser Entwicklung wandelte sich der Begriff des *ius gentium (droit des gens, law of nations)* und bezog sich jetzt nur noch auf die rechtl. Beziehungen zwischen diesen Staaten, nicht mehr auf die Beziehung zwischen dem Staat und seinen Rechtsunterworfenen. Eine systematische Darstellung hat das V. in diesem Sinne erstmals bei *Francisco Suárez* (1548–1617), bei *Hugo Grotius* (1583–1642) und später bei *Emeric de Vattel* (1714–1767) erhalten.

Nationalstaatlich-demokratisches Gedankengut des 19. Jh. akzentuierte die Ausrichtung des V. auf die souveränen Rechte des Staats. Im 20. Jh. führten technologische, wirtschaftl. und polit. Entwicklungen zu einer Gegenbewegung, welche zwar den Einzelstaat nach wie vor als den zentralen Akteur der zwischenstaatl. Beziehung anerkennt, gleichzeitig aber wesentliche Begrenzungen seiner Rechtsmacht einführt, die sich insbes. im Recht der → Internationalen Organisationen, im Selbstbestimmungsrecht der Völker, in Rechten des Individuums und in der Ächtung der Gewalt als eines Mittels der zwischenstaatl. Beziehungen niederschlagen. Seit 1945 sind die Grundsätze der bestehenden völkerrechtl. Ordnung in der Charta der → Vereinten Nationen verankert; diese bindet heute nahezu alle Staaten.

Auf dieser Grundlage haben sich die Regelungsbereiche des V. in den vergangenen Jahrzehnten in zuvor ungekanntem Maße ausgeweitet; sie spannen sich etwa von Einzelheiten der friedlichen Nutzung der Kernenergie bis zum Schutz der Artenvielfalt und des globalen Klimas, vom Schutz des Briefgeheimnisses bis zur Eingrenzung nat. Währungspolitik. Bestanden 1945 noch 51 Staaten, so hat sich ihre Zahl seither insbes. nach der Dekolonisierung auf 192 erhöht. Die Grundlagen und das System des V. haben sich in diesem Prozeß nicht wesentlich verändert, wenngleich gerade die Entwicklung in Europa neue Formen staatl. und supranat. Zusammenarbeit hervorgebracht hat. Das herkömmliche V. wurde zuerst von den sozialistischen Staaten, später von den Ländern der → Dritten Welt teils kritisiert, weil es die liberalen, industrialisierten Staaten begünstige. Diese Kritik war oft polemisch und übersah, daß das klassische V. in erster Linie auf der Idee der Gleichheit der Staaten beruhte und deshalb offen war gegenüber einer weniger homogenen, zahlenmäßig erweiterten Staatengemeinschaft. Mit punktuellen Veränderungen zur Anpassung an diese erneuerte Staatengemeinschaft haben deshalb die Kategorien und Instrumente des klassischen V. auch heute noch Bestand; das Souveränitätsdenken der Dritten Welt hat sich in neuerer Zeit abgeschwächt. Die neueste, umfassendste Darstellung des V., die *Encyclopedia of Public International Law*, legt die Vielfalt und Komplexität des heutigen V. auf etwa 5000 Seiten dar.

II. Die wichtigsten Quellen des V., anerkannt im Statut des Internationalen Gerichtshofs, sind die Verträge zwischen Staaten und das Gewohnheitsrecht; diese werden ergänzt durch die sog. allgemeinen Rechtsprinzipien und in gewissem Maß durch Gerichtsentscheidungen und durch die Doktrin des Völkerrechts. Seit 1945 sind über 40.000 Verträge zwischen Staaten abgeschlossen worden; diese sind anzuwenden und auszulegen nach den allg. anerkannten Regeln des Gewohnheitsrechts und der Wiener Vertragsrechtskonvention aus dem Jahre 1963.

Trotz der fortschreitenden Kodifikation bleibt das Gewohnheitsrecht von wesentlicher Bedeutung. Es bildet sich auf der Grundlage einer uniformen zwischenstaatl. Praxis und einer korrespondierenden Rechtsüberzeugung; im Einzelfall kann seine Ermittlung heute angesichts der Vielzahl der Staaten und ihrer unterschiedlichen Interessen Schwierigkeiten bereiten. Oft ergänzen sich Vertragsrecht und Gewohnheitsrecht, wie etwa im Seerecht. Allgemeine Rechtsprinzipien sind im Wege der Ermittlung und des Vergleichs innerstaatl. Rechtsordnungen zu gewinnen.

III. Zu allen Zeiten haben Kritiker und Leugner des V. versucht, dessen Qualität als Rechtsordnung in Frage zu stellen. Zentraler Ansatzpunkt dieser irrigen Meinungen war oft das Fehlen jener Organe auf internat. Ebene, wie sie kennzeichnend für das nat. Recht sind. Das V. kennt weder eine zentrale Legislative noch eine Exekutive im Sinne einzelstaatl. Ordnung, insbes. ermangelt es einer obligatorischen Gerichtsbarkeit. Trotz dieser Eigenarten des V. anerkennen die Staaten das V. als verbindliche Ordnung. Der Umstand, daß Verstöße gegen das V. festzustellen sind, erlaubt jedoch auf der Ebene der Rechtsqualität keine Differenzierung im Verhältnis zum innerstaatl. Recht: Auch das nat. Strafrecht etwa wird (trotz seiner scharfen Sanktionen) von Rechtsbrechern mißachtet. Die Rechtsabteilungen in den nat. Ämtern für auswärtige Beziehungen sind i. d. R. ebenso wie andere nat. Stellen mit der Durchführung und Beachtung des V. betraut. Der Reziprozitätsgedanke und allgemein die Furcht vor internat. anarchistischen Entwicklungen motivieren ihrerseits die Staaten zur Beachtung des Völkerrechts. Grenzregelungen z. B. werden i. d. R. im völkerrechtl. Alltag ebenso streng beachtet wie die Normen über das internat. Postwesen oder die Statuten internat. Organisationen.

Im Falle von Verstößen gegen Normen des V. stehen sowohl dem einzelnen betroffenen Staat sowie gegebenenfalls der Staatengemeinschaft Sanktionen zur Verfügung; diese umfassen etwa das Einfrieren von Guthaben im Ausland oder das Außerkrafttreten von bestehenden Verträgen. Gewalt darf nach dem System der Vereinten Nationen (UN) nur noch zur Selbstverteidigung und im Rahmen solcher Aktionen ausgeübt werden, die der UN-Sicherheitsrat gebilligt hat. Die Vielzahl kriegerischer Entwicklungen nach 1945 trotz des Gewaltverbots der UN-Charta (→ Krieg) läßt aber auch die Grenzen dieser völkerrechtl. Sanktionsgewalt erkennen: Die Rechtsqualität des V. ändert nichts daran, daß das V. mangels zentraler Organe der Staatengemeinschaft sich auch heute oft als eine gefährdete Rechtsordnung darstellt.

Obgleich der Begriff des Rechts nicht mit der richterlichen Streitbeilegung identifiziert werden darf, findet das partielle Bemühen der Staaten zur Wahrung ihrer nat. Interessen doch auch einen Ausdruck in der vergleichsweise geringen Zahl der Fälle, welche sie in den vergangenen Jahrzehnten dem Internationalen Gerichtshof als dem zentralen richterlichen Organ oder anderen internat. Gerichten unterbreitet haben. Andererseits zeigt etwa die Errichtung eines Schiedsgerichts zur Abwicklung der vermögensrechtl. Beziehungen zwischen dem Iran und den USA nach der iranischen Revolution 1979, daß das V. durchaus Instrumente zur Streitbeilegung auch im Verhältnis zwischen Staaten mit unterschiedlicher polit. Ausrichtung bereithält. Auch die Einigung der Staaten auf ein System der obligatorischen Streitbeilegung im Rahmen der am 16. 11. 1994 in Kraft getretenen Seerechtskonvention ebenso wie die Einrichtung des Internationalen Seegerichtshofs in Hamburg und die Einführung eines Streitbeilegungsverfahrens im Rahmen der → WTO deuten auf die Möglichkeit einer stärkeren Bedeutung gerichtlicher Entscheidungen im künftigen V. hin.

IV. Das klassische V. des 19. Jh. hatte im Vergleich zum heutigen Recht seinen Schwerpunkt in der Regelung der Formen des zwischenstaatl. Verkehrs. *Holtzendorff* (Enzyklopädie der Rechtswissenschaft, Erster Systematischer Teil, 4. Aufl. 1882: 1202) umschreibt die Grundlagen noch wie folgt: „ein gewisses für das Verkehrsbedürfnis der Staaten unentbehrliches Maß der kosmopolit. Kultur und außerdem die gegenseitige Anerkennung der durch dies Bedürfnis verbundenen Volkskörper als gleichberechtigter Existenzen". In den vergangenen hundert Jahren haben sich Gegenstand und Ziele des V. wesentlich erweitert.

So ist die Begrenzung der → Gewalt zu einem zentralen Thema des V. geworden. Ersten zögerlichen Schritten aus der Zeit vor dem I. Weltkrieg folgten das Kriegsverbot des *Kellog-Briand*-Pakts aus dem Jahre 1929 und schließlich das umfassende Gewaltverbot in der UN-Charta. In dieser Entwicklung zur Begrenzung staatl. → Souveränität spiegelt sich die Furcht der Menschheit vor den Leiden, welche der Krieg mit Mitteln moderner Technik zur Folge hat. In begrenztem Umfang ist das Gewaltverbot ergänzt worden durch völkerrechtl. Verträge zur → Abrüstung und zur Rüstungskontrolle. Daß das Gewaltverbot bisher oft mißachtet wurde, hängt in erster Linie auch damit zusammen, daß die in der UN-Charta festgelegten Formen der Friedenssicherung die Einigkeit der Großmächte voraussetzen, welche in der Praxis oft nicht vorhanden war. Parallel zur Friedenssicherung haben die Staaten in den vergangenen Jahrzehnten positive Formen der Kooperation mittels der Errichtung einer Vielzahl von internat. Organisationen in nahezu allen Bereichen des polit., wirtschaftl., sozialen und kulturellen Lebens geschaffen. Im öffentl. Bewußtsein kommt die vielfältige Arbeit der Organisationen derzeit noch nicht in angemessener Weise zum Ausdruck. Insbes. im Hinblick auf die völkerrechtl. Grundlage dieser Entwicklung läßt sich heute mit Recht von einem „Völkerrecht der Kooperation“ (*Wolfgang Friedmann*) im Gegensatz zum früheren Zustand der Koordination sprechen. Die Vereinbarungen zur Schaffung eines Internationalen Strafgerichtshofs aus dem Jahre 1998 belegten diesen Befund trotz verbleibender Defizite im Netz der bestehenden Vereinbarungen und ihrer Durchsetzung ebenso wie etwa die Übereinkunft zur Errichtung der Welthandelsorganisation (WTO) samt einem neuartigen System formalisierter Streitbeilegung (1994).

Neben der Begrenzung der Gewalt und der Entwicklung moderner Formen der Kooperation wird das heutige V. geprägt durch die Suche nach gemeinsamen Werten in der Ordnung der innerstaatl. Beziehungen. Die Anerkennung von → Menschenrechten auf der Ebene des V. nach 1945 bedeutet eine fundamentale Abwendung vom Souveränitätsverständnis des 19. Jh. Auf globaler Ebene hat sich diese Entwicklung in erster Linie in zwei Menschenrechtspakten der Vereinten Nationen niedergeschlagen, wobei auch gewisse Formen einer Überwachung dieser Rechte vereinbart wurden. Bisher war der praktische Erfolg dieser Arbeit auch deswegen begrenzt, weil sich das Verständnis der Menschenrechte auch heute noch nicht in allen Regionen und Kulturen deckt. Auch die Entwicklungsländer haben insoweit teils eigene Ansätze entwickelt, welche insbes. die Bezüge des einzelnen zur Gemeinschaft hervorheben wollen. Angesichts dieser Unterschiedlichkeit der Auffassungen haben sich auch regionale Systeme zum Schutz der Menschenrechte entwickelt; die effizienteste Ordnung findet sich bisher im Rahmen der Europäischen Menschenrechtskonvention, deren Organe ihren Sitz in Straßburg haben.

Das moderne V. hat auf der Grundlage der UN-Charta einen wesentlichen Beitrag zur positiven Gestaltung der → Internationalen Beziehungen geleistet. Die internat. Ausrichtung dieser Charta ist vorbildhaft geblieben, sowohl im Sinne der notwendigen Abwendung von übersteigertem nationalstaatl. Denken als auch im Sinne bisheriger partieller Mißerfolge bei der Durchsetzung ihrer Grundgedanken. Die Charta ist normativ bindend, ihre vollständige Verwirklichung bleibt universeller Auftrag. Die von ihr errichtete Ordnung bedarf aber künftig auch der Fortentwicklung und der Ergänzung. Die globale Agenda der Zukunft wird wesentlich mitbestimmt werden durch Bemühungen zur Erhaltung der Schöpfung und durch das Streben nach dem Abbau der Ungleichgewichte in der Weltwirtschaft. Bei der Formulierung der Charta im Jahre 1945 standen diese Themen noch nicht im Vordergrund. Das V. ist wie jedes Recht primär stabilisierend; bestehende Normen sind in den anerkannten Verfahren anzupassen, neue Normen bedürfen der Verhandlungen und des internat. Konsenses. In diesem Rahmen wird die zunehmende → Globalisierung der Probleme und der → Interdependenzen neue Aufgaben und Herausforderungen des V. mit sich bringen; während sich die wirtschaftl. und ökolog. Zusammenhänge immer weiter entgrenzt haben, hat sich gleichzeitig die Zahl der Nationalstaaten erhöht. Die Staaten sind nicht nur die wichtigsten Subjekte des Völkerrechts, sondern auch die wichtigsten Akteure im System der internat. Beziehungen, trotz der zunehmenden Macht transnat. Unternehmen und dem stärkeren Einfluß gewichtiger Segmente der → Zivilgesellschaft.

Nach dem Zusammenbruch der kommunistischen Sowjetunion hat der Sicherheitsrat in der ersten Hälfte der 1990er Jahre mehrfach von seinem Recht zum Einsatz militärischer Mittel zur Sicherung des Friedens Gebrauch gemacht. Dabei ging die Ausübung der vom Sicherheitsrat abzuwehrenden Gewalt meist nicht von internat. Streitigkeiten, sondern vom innerstaatl. Zusammenbruch der Regierung (*the failed state*) aus. In weiter Auslegung der Charta der Vereinten Nationen hat der Sicherheitsrat auch Entwicklungen dieser Art als Bedrohungen des internat. Friedens charakterisiert und auf diese Weise seine Zuständigkeit zum Einsatz militärischer Maßnahmen begründet. Diese expansive Tendenz des Sicherheitsrats hat ihrerseits zu Fragen nach seiner gerichtlichen Kontrolle geführt und die allg. Debatte nach einer Reform des 1945 geschaffenen Sicherheitsrats akzentuiert, ohne daß bisher konkrete Ergebnisse erzielt werden konnten. Ende der 1990er Jahre hat die → NATO in Jugoslawien ohne Zustimmung des Sicherheitsrats aus humanitären Gründen interveniert.

Lit.: *Brownlie, I.* [5]1998: Principles of Public International Law, Ox. *Dahm, G./Delbrück. J./Wolfrum, R.* [2]1989: Völkerrecht, Bd. 1, Bln. *Doehring, K.* 1999: Völkerrecht, Hdbg. *Friedmann, W.* 1964: The Changing Structure of International Law, L. *Graf Vitzthum, W.* (Hrsg.) [2]2001: Völkerrecht, Bln./NY. *Herdegen, M.* [2]1995: Internationales Wirtschaftsrecht, Mchn. *Herdegen, M.* 2000: Völkerrecht, Mchn. *Ipsen, K.* [4]1999: Völkerrecht, Mchn. *Mosler, H.* 1980: The International Society as a Legal Community, Alphen aan den Rijn. *Reibstein, E.* 1949: Die Anfänge des neueren Natur- und Völkerrechts, Bern. *Shaw, M. N.* [4]1997: International Law, Camb.

Rudolf Dolzer

Volkspartei

I. Volkspartei (V.) ist eine Selbstbezeichnung von Großparteien wie der SPD, CDU und CSU, die durch Ausweitung ihrer Wählerbasis nach möglichst vielen Stimmen für strategische Mehrheiten streben. Ihre polit. Rhetorik und werbende Selbstdarstellung stützt sich dabei auf den Anspruch, schichtübergreifend und weltanschaulich verbindend breite Wählerschichten in sich aufzunehmen und in ihrer Interessenvielfalt ausgleichend vertreten zu wollen.

II. Als analytische Kategorie hat der Begriff der V. durch *O. Kirchheimer* (1965) speziell in der deutschsprachigen Parteienforschung eine nachhaltige Karriere gemacht. *Kirchheimer* ging Mitte der 1960er Jahre davon aus, daß in Westeuropa individuelle Repräsentationsparteien (Honoratiorenparteien) verschwinden und die Massenintegrationsparteien auf Klassen- und Konfessionsbasis hin zur „Allerweltspartei (*catch-all party*), zu einer echten Volkspartei" umgeformt würden. Dies geschähe aus unausweichlichen Gründen der Wettbewerbsüberlegenheit der Volkspartei. Sie würden den gewandelten Verhältnissen der Nachkriegszeit entsprechen, die sich auf eine säkularisierte, entideologisierte und sozial befriedete Wohlstands- und Massenkonsumgesellschaft hin entwickelten. V. lassen sich also als Geschöpfe der nachindustriellen Gesellschaft betrachten. Nur waren es nicht nur gewandelte äußere Umstände, sondern auch strategische Weichenstellungen von Parteieliten (*Kaste/Raschke* 1977: 39), die den volksparteilichen Strukturwandel herbeiführten.

Typologisch weist *Kirchheimer* der V. folgende Charakteristika zu: „Sie gibt die Versuche auf, sich die Massen geistig und moralisch einzugliedern und lenkt ihr Augenmerk in stärkerem Maße auf die Wählerschaft; sie opfert also eine tiefere ideologische Durchdringung für eine weitere Ausstrahlung und einen rascheren Wahlerfolg" (*Kirchheimer* 1965: 27). Dieser Strategiewechsel hin zur Stimmenmaximierung hat für Struktur und Taktik der V. weitreichende Folgen (ebd.: 32 ff.): Im Innern verzeichnen die Parteiführer einen Machtzuwachs, während sich die Mitglieder mit einer Entwertung ihrer Rolle abzufinden haben. Ideologische Grundsätze beugen sich kurzfristiger Taktik. Im wesentlichen beschäftigt sich die V. nur noch mit der Nominierung von Kandidaten für öffentl. Karrieren. Nach außen wendet sich die V. von der Klassen- und Konfessionswählerschaft ab, um sich in ihrer Wahlpropaganda an die Gesamtbevölkerung zu richten. Hierfür bietet sie den Wählermassen populäre Handlungspräferenzen und wenig greifbare Allerweltsformeln an, die das Gemeinsame betonen und keine Gruppe abschrecken. In ihrer Wähleransprache greift sie auf die Mittel moderner Markenartikelwerbung zurück. Zu Interessengruppen baut sie instrumentelle Beziehungen auf, um sich deren Wählerpotential zu versichern. Und gegenüber einflußreichen Verbänden und Machtträgern nimmt sie eine Vermittler- und Schlichterrolle ein (siehe auch *Mintzel* 1984: 99 ff.).

III. Diese Merkmalskomposition der *catch-all-* bzw. Allerweltspartei ist überwiegend als „überzogen" (*M. G. Schmidt*) und sogar als „Konstruktionsmythos" (*Mintzel*) bezeichnet worden. Auf jeden Fall ließ sich dieser Typus nirgendwo mit der europ. Parteienrealität ganz zur Deckung bringen. Fraglich ist auch, ob sich historisch gewachsene Massen- und Milieuparteien einer typologischen Transformation hin zu V. unterwerfen lassen. Der Wirklichkeit näher kommt deshalb wohl die These, daß sich die milieuverhafteten Großparteien in Westdeutschland seit den 1960er Jahren volksparteilich zu öffnen begannen, was mit der Modernisierung ihrer Apparate und Professionalisierung ihres Politikmarketings einherging (*Wiesendahl* 1992). Dies läßt bei den Formbesonderheiten von V. auf einen hybriden „Mischtypus" (*Mintzel* 1989: 10) schließen, der in seiner spannungsgeladenen Organisationswirklichkeit auf die Modelleigenschaften der „lose verkoppelten Anarchie" hindeutet (*Wiesendahl* 1998 a: 189 ff.).

Gemessen an der Wirklichkeit muß auch der das ganze Volk bzw. jedermann einschließende Integrationsanspruch, der in den Begriffen Volks-, Allerwelts- und *catch-all*-Partei anklingt, als irreführend und uneinlösbar bezeichnet werden. Genausowenig entsprechen realiter die Mittelinks- und Mitterechtsparteien SPD oder CDU dem Zerrbild sozial kontextloser, interessenenthobener und profilloser *everybody's darling*-Parteien. Vielmehr sind sie bei aller strategischen Angleichung und Rivalität um die Mitte nach wie vor in klar voneinander unterscheidbaren Milieukernen verankert. Dies wird auch an ihrer unterschiedlichen Mitglied- und Stammwählerschaft, Programmatik, Parteikultur und –tradition, Verbandsverflechtung, ihrem Gruppenvertretungsprofil und ihrem Standort auf der Links-rechts-Achse deutlich. Volksparteiliche Öffnung reichte für die SPD auch nur so weit, wie sie sich erfolgreich über das Arbeiterstammilieu hinaus als Arbeitnehmerpartei unter Einschluß der neuen Mittelschichten etablieren konnte. Den Unionsparteien war es zuvor schon in einer strategischen Meisterleistung geglückt, als interkonfessionelle Sammelparteien über das katholische Milieu hinaus in protestantisch-konservative und mittelständisch-besitzbürgerliche Kreise vorzudringen.

IV. Heute, nach 35 Jahren Rückschau, ist festzustellen, daß sich *Kirchheimers* Prognosen über die Transformation der europ. Parteiensysteme nicht bewahrheiteten. Zwar haben sich Großparteien ideologisch entschlackt und aufeinander zubewegt und ihre Wählerbasis verbreitert. Doch der vorhergesagte Siegeszug der V. ist ausgeblieben. Bereits mit den 1970er Jahren begannen sich die westeurop. Parteiensysteme zu dekonzentrieren und zu fragmentieren (*Pennings/Lane* 1991). Der noch in den 1960er Jahren einsetzende gesellschaftl. Umbruch ging über die überholte Zeitdiagnose *Kirchheimers* hinweg. Die neue ökolog. Frage und postindustrielle Übergangsprobleme begünstigten sogar den Aufstieg grün-alternativer und rechtspopulistischer Protestparteien. Dagegen haben christdemokratische V. in Europa mit Ausnahme der CDU/CSU Ende des 20. Jh. einen strategischen Bedeutungsverlust erlitten.

Um so erklärungsbedürftiger ist, warum V. gerade im Nachkriegswestdeutschland auf eine beeindruckende Erfolgsgeschichte zurückblicken können. *Smith* (1982: 66ff.) deutet dieses Phänomen als abweichenden Sonderfall, der ohne Blick auf die obrigkeitsstaatl. dt. Tradition und den wehrhaften Schulterschluß (negativer Konsens) gegen linke und rechte Flügelparteien angesichts des überwundenen NS-Totalitarismus und der staatl. Teilung nicht begreifbar wäre. Ähnlich argumentiert *Stöss* (1983: 148ff.) mit dem Verweis auf einen sozioökonomischen „Basiskonsens", dem die V. ihren Aufstieg zu verdanken hätten. Auch große Teile der westdt. Politikwissenschaft und Parteienforschung waren von der Idee der V. überaus angetan, weil sich auf dieses integrationistische Leitbild ihre ausgeprägten Vorlieben für konsens- und stabilitätsdemokratische Verhältnisse projizieren ließen. Linke liefen umgekehrt gegen das Volksparteienmodell Sturm, weil sie hellsichtig genug mit dessen Verwirklichung ihre Hoffnungen auf sozialistische Gesellschaftsveränderungen begraben sahen.

V. Verschiedene Wellen überzogener akademischer Parteienkritik konnten dem Erfolg der volksparteilich geöffneten Großparteien in der alten BRD jedoch nichts anhaben. Seit geraumer Zeit steht mit ihnen allerdings längst nicht mehr alles zum Besten. Über rund ein halbes Jahrhundert zyklischer Lebensgeschichte hinweg haben sie zunächst eine rasante Aufstiegs- und dann stabile Hochphase in den 1960er und 70er Jahren durchgemacht, während sie seit den 1980er Jahren in eine Abschwungphase hinüberglitten (*Wiesendahl* 1998b). Hiervon bleiben ihre parlamentarische Vorherrschaft und strategische Regierungsbildungsrolle unberührt. Gleichwohl hat die Fragmentierung (Bündnisgrüne, PDS) des gesamtdeutschen Volksparteiensystems an dessen Tektonik und Repräsentationsspanne wohl mehr in Bewegung gesetzt als nur *„critical shifts at the margin"* (*Smith* 1993: 91).

Für die weitere Zukunft der V. liefert deren nachlassende Mobilisierungs- und Integrationskraft ein Warnsignal, zumal ihr synchroner Wähler-, Mitglieder- und Vertrauensschwund weiter anhält. Als Großparteien haben sie erkennbar abgespeckt und sich zu *„medium sized parties"* (*Smith*) zurückentwickelt. Angesichts ihrer erodierenden Stammilieus, immer wählerischer werdender Wähler und einer weiter auseinanderdriftenden Gesellschaft stoßen V. auf engere Integrationsspielräume. Um so größeres Gewicht kommt der Kampagnenfähigkeit, Personalisierung und Medienpräsenz von V. zu, um bei Wahlen fragile *ad hoc*-Wählerkoalitionen zusammenbringen zu können. Trotz der fortschreitenden Erosion ihrer gesellschaftl. Verwurzelungs- und Legitimationsbasis sind die V. bislang noch von kritischer Ressourcenverknappung verschont geblieben. Haben sie sich doch während ihrer hegemonialen Hochphase mit parteienstaatl. Privilegien versorgt, die ihnen auch in schlechteren Zeiten ein öffentl. garantiertes Auskommen sichern. Dies ist der Grund, warum *Katz* und *Mair* (1995) von einer seit den 1970er Jahren eingeleiteten Transformation der Volks- hin zu verstaatlichten Kartellparteien sprechen (→ Parteitypen).

Lit.: *Kaste, H./Raschke, J.* 1977: Zur Politik der Volkspartei, in: *Narr, W.-D.* (Hrsg.): Auf dem Weg zum Einparteienstaat, Opl., 26–

74. *Katz, R. S./Mair, P.* 1995: Changing Models of Party Organization and Party Democracy. The Emergence of the Cartel Party, in: Party Politics, 1, 5–28. *Kirchheimer, O.* 1965: Der Wandel des westeuropäischen Parteiensystems, in: PVS, 6, 20–41. *Lane, J.-E./Ersson, O.* 1991: Politics and Society in Western Europe, L. u. a. *Mintzel, A.* 1984: Die Volkspartei. Typus und Wirklichkeit, Opl. *Mintzel, A.* 1989: Großparteien im Parteienstaat der Bundesrepublik, in: APuZ, B11, 3–14. *Smith, G.* 1982: The German Volkspartei and the Career of the Catch-All-Concept, in: *Döring, H./Smith, G.* (Hrsg.): Party Government and Political Culture in Western Germany, L./Basingstoke, 59–76. *Smith, G.* 1993: Dimension of Change in the German Party System, in: *Padgett, S.* (Hrsg.): Parties and Party Systems in the New Germany, Dartmouth u. a., 87–101. *Stöss, R.* 1983: Einleitung: Struktur und Entwicklung des Parteiensystems der Bundesrepublik. Eine Theorie, in: *ders.* (Hrsg.): Parteien-Handbuch, Bd. 1, Opl., 17–309. *Wiesendahl, E.* 1992: Volksparteien im Abstieg. Nachruf auf eine zwiespältige Erfolgsgeschichte, in: APuZ, B34–35, 3–14. *Wiesendahl, E.* 1998 a: Parteien in Perspektive. Theoretische Ansichten der Organisationswirklichkeit politischer Parteien, Opl./Wsb. *Wiesendahl, E.* 1998 b: Wie geht es weiter mit den Großparteien in Deutschland?, in: APuZ, B1–2, 13–28.

Elmar Wiesendahl

Volkssouveränität → Repräsentation, → Verfassungsgrundsätze

Wachstum/Wachstumspolitik

Wachstum (W.; eigentl.: Wirtschaftswachstum), die langjährige Vermehrung der realen produktiven Leistungen oder Leistungskapazitäten einer Volkswirtschaft in Abhängigkeit von den Produktionsfaktoren (Arbeit, Kapital, natürliche Ressourcen, Technologie) sowie das polit. Handeln, das auf die Förderung dieses Wirtschaftswachstums gerichtet ist. W. bezieht sich auf die lange Frist und unterscheidet sich von der kurzfristigen, konjunkturellen Zunahme der Produktion. Die Messung des W. geschieht durch Maße des → Sozialproduktes, entweder auf die gesamte Volkswirtschaft bezogen oder pro Kopf der Bevölkerung.

W. wird oft mit Wohlfahrtssteigerung gleichgesetzt, weshalb es als wirtschaftspolit. Ziel verfolgt wird. Das ist nicht grundsätzlich falsch, aber aus zwei Gründen problematisch: Zum einen bedeutet W. nicht unbedingt eine Steigerung der Lebensqualität des einzelnen, da Umweltbelastungen und soziale Folgekosten anfallen können; zum anderen kann man angesichts der Begrenztheit natürlicher Ressourcen an die „Grenzen des W." (*Meadows* 1972) stoßen.

In den OECD-Ländern war die Zeit zwischen 1950 und 1973 durch bes. starkes W. gekennzeichnet: die durchschnittlichen Wachstumsraten lagen um mehr als das Zweifache über denen der Jahre 1900 bis 1950 (*Schmidt* 1992). Solche Wachstumsprozesse haben weitreichende Folgen für die Wirtschaftsstruktur und auch verteilungspolit. Konsequenzen: Einerseits steigt oft die Ungleichheit in der Einkommens- und Vermögensverteilung, andererseits steigt (durch wachsende Steuer- und Sozialabgaben) auch der Spielraum für staatl. Ausgabenprogramme, die negative Folgen (über)kompensieren können. Insgesamt betrachtete man W. daher als positiv. Bestärkt durch die damals dominante wirtschaftspolit. Konzeption des → Keynesianismus wurde das W. zu einem Ziel der Wirtschaftspolitik erhoben und in der BRD in Form des Stabilitätsgesetzes (1967) verankert. Allerdings präzisiert das Gesetz nicht, auf welche Weise der Staat das W. fördern soll. Staatl. Wachtumspolitik versucht, die verfügbare Menge und/oder Produktivität der Produktionsfaktoren zu fördern und kann daher an mehreren Punkten ansetzen. Durch Anreize zur Aufnahme von Erwerbsarbeit kann die verfügbare Menge des Faktors Arbeit, durch Humankapitalinvestitionen seine Produktivität erhöht werden. Die Kapitalausstattung kann verbessert werden durch Investitions- und Sparförderung, die etwa durch Variation der Steuersätze erreicht werden kann; durch technischen Fortschritt kann die Produktivität natürlicher Ressourcen erhöht werden, durch Förderung von Forschungs- und Entwicklungstätigkeit wiederum der technische Fortschritt befördert werden. Ausweitung der staatl. Nachfrage kann zu Erweiterungsinvestitionen und vermehrter Nachfrage nach Arbeit führen und somit W. verursachen. An welchen dieser Punkte Wachstumspolitik ansetzen soll, ist abhängig von der verfolgten wirtschaftspolit. Konzeption und polit. umstritten.

Nach 1973 sind die Wachstumsraten in den OECD-Ländern merklich zurückgegangen, was z. T. aus ökolog. Gründen begrüßt wurde. Reduziertes W. schaffte aber neue Probleme, weshalb eine Erhöhung des W. zumeist weiterhin polit. angestrebt wird. Verschiedene Wachstumstheorien haben sich bemüht, Erklärungen für den unterschiedlichen Erfolg in dieser Hinsicht zu liefern.

Lit.: *Barro, R./Sala-I-Martin, X.* 1998: Wirtschaftswachstum, Mchn./Wien. *Majer, H.* [2]1994: Wirtschaftswachstum. Paradigmenwechsel vom quantitativen zum qualitativen Wachstum, Mchn. *Meadows, D. H.* 1972: Die Grenzen des Wachstums, Stg. *Neumann, M.* 1988: Wachstumspolitik, in: HdWW, Bd. 8, 462–475. *Schmidt, M. G.* 1992: Wirtschaftliche Entwicklung, in: *Nohlen, D.* (Hrsg.) Lexikon der Politik, Bd. 3, Die westlichen Länder, hrsg. von *M. G. Schmidt*, Mchn., 533–541.

Andreas Busch

Wahlbeteiligung

Die Wahlbeteiligung (W.) wird ausgedrückt in der Anzahl der bei einer Wahl abgegebenen Stimmen im Verhältnis zur Zahl der Wahlberechtigten. Die W. ist ein wichtiger, jedoch nicht der einzige Indikator der Bereitschaft der Bevölkerung eines Staates zu polit. → Partizipation. Die Höhe der W. ist im internat. Vergleich äußerst unterschiedlich und wird von gesamtgesellschaftl. Faktoren (u. a. von gesetzlichen Rahmenbedingungen, Institutionensystem, → Politischer Kultur) wie von individuellen Einflüssen bestimmt.

1. Zu den formalen Rahmenbedingungen, die Einfluß auf die W. ausüben, gehören die Häufigkeit von → Wahlen, Wahlpflicht, Registrationspflicht, Wahlsteuer, Präzision bei der Bestimmung der Wahlbeteiligung und Vorschriften über die Ansässigkeitsdauer im Wahlkreis, ferner die Festlegung des Kreises der Wahlberechtigten (→ Wahlrecht) und die Bedingungen der Stimmabgabe (Briefwahl, Wahltage an arbeitsfreien Tagen etc.). Die niedrige W. in den USA ist nicht zuletzt das Resultat von Registrationspflicht, Wahlsteuer und hoher Wahlfrequenz. Aussagekräftig sind darüber hinaus Aspekte der polit. Kultur, insbes. die Perzeption des Wahlaktes als „Bürgerpflicht". Zudem hängt die Höhe der W. von der Umsetzung der *Cleavage*-Struktur (→ Konfliktlinien) in das → Parteiensystem ab (*Powell* 1980). Mit den beiden letzten Faktoren wird die im internat. Vergleich hohe W. in D erklärt.

2. Die Erklärungsansätze für die individuelle Wahlenthaltung sind vielfältig. Grundlegend ist der Gegensatz zwischen der These, daß Nichtwahl aus → Parteienverdrossenheit bzw. Protest gegen die polit. Verhältnisse oder konkrete Verfehlungen der polit. Verantwortlichen resultiere, und dem traditionellen Erklärungsmuster, daß Nichtwähler grundsätzlich zufrieden mit dem → Politischen System seien. Entspr. variieren die demokratietheoretischen Einschätzungen über den Einfluß sinkender W. auf die Stabilität der demokratischen Ordnung: Während Vertreter der Elitetheorie einen hohen Nichtwähleranteil als stabilitätsfördernd ansehen (vgl. *Roth* 1992), halten dies Partizipationstheoretiker für ein ernstzunehmendes Anzeichen polit. Anomie und Politikverdrossenheit, die zu Legitimitätskrisen des polit. Systems führen können (vgl. *Falter/Schumann* 1993).

3. D nimmt bez. der durchschnittlichen W.

im europ. Vergleich einen Spitzenplatz ein – von Ländern, in denen Wahlpflicht herrscht, abgesehen (vgl. *International IDEA* 1997). Bei den Bundestagswahlen 1972 erreichte die W. mit 91,4 % ihren Höhepunkt; seither ist sie tendenziell gesunken. 1990 erreichte sie mit 77,8 % ihre bisherige Talsohle und stieg seitdem wieder leicht an. An der Bundestagswahl 1998 nahmen 82,2 % aller Wahlberechtigten teil. Dabei ist die W. im Osten niedriger als im Westen der BRD: 1994 betrug die Differenz 7,9 %, 1998 jedoch nurmehr 2,8 % (*Falter/Schoen* 1999). Die Höhe der W. differiert zudem nach sozialstrukturellen Faktoren wie Alter, formalem Bildungsgrad und sozialem Status. Der Rückgang der durchschnittlichen W. seit den 1970er Jahren wird u. a. mit der Abnahme der Auffassung des Wahlakts als Bürgerpflicht und der gesunkenen Einbindung der Wähler in soziopolitische Milieus erklärt. Bei Landtags-, Kommunal- und Europawahlen ist die W. aufgrund deren als geringer perzipierten Bedeutung generell niedriger als bei Bundestagswahlen.

Lit.: *Falter, J. W./Schoen, H.* 1999: Wahlen und Wählerverhalten, in: *Ellwein, T./Holtmann, E.*: 50 Jahre Bundesrepublik Deutschland, Opl. *Falter, J. W./Schumann, S.* 1993: Nichtwahl und Protestwahl: Zwei Seiten einer Medaille, in: APuZ 11, 36–49; *Hirschman, A. O.* 1984: Engagement und Enttäuschung. Über das Schwanken der Bürger zwischen Privatwohl und Gemeinwohl, Ffm. *International IDEA* 1997: Voting Turnout, Stockholm. *Powell, G. B.* 1980: Voting Turnout in Thirty Democracies: Partisan, Legal, and Socio-Economic Influences, in: *Rose, R.* (Hrsg.): Electoral Participation, Beverly Hills/L., 5–34. *Roth, D.* 1992: Sinkende Wahlbeteiligung – eher Normalisierung oder Krisensymptom?, in: *Starzacher, K.* u. a. (Hrsg.): Protestwähler und Wahlverweigerer, Köln, 58–68.

Tanja Zinterer

Wahlen

Wahlen (W.) sind eine Technik zur Bildung von Körperschaften oder zur Bestellung einer Person in ein Amt. In der → Demokratie bilden sie jene Methode, welche die der Herrschaft unterworfenen Bürger in einem auf Vereinbarung beruhenden, also friedlichen, formalisierten Verfahren (nach Spielregeln) periodisch an der Erneuerung der polit. Führung (durch Auswahl und Wahlfreiheit zwischen konkurrierenden Sach- und Personenalternativen) beteiligt. W. unterscheiden sich folglich von gewaltsamen Methoden der Besetzung von Ämtern durch Kampf, Putsch und → Krieg oder gegenüber möglicherweise ebenfalls auf Übereinkunft beruhenden Methoden wie der Bestellung nach Geburtsrecht, Anciennität, aufgrund Amtsstellung (*ex officio*), durch Losentscheid, durch Ernennung oder durch Akklamation.

W. lassen sich analog zu den Merkmalen des → Wahlrechts unterscheiden in allg. und nicht allg., gleiche und nicht gleiche, direkte und indirekte, geheime und nicht geheime (offene) Wahlen. Diese Merkmale demokratischer W. haben sich historisch in einem langen Prozeß von über 150 Jahren durchgesetzt und bilden heute unabdingbare Voraussetzungen für die → Legitimität einer → Demokratie. Des weiteren lassen sich W. nach dem Wettbewerbsgrad unterscheiden und mit → Politischen Systemen in Verbindung bringen: kompetitive W. mit Demokratien, semikompetitive W. (begrenzte Artikulationsmöglichkeiten für → Opposition und Dissens) mit → Autoritären Regimen, nicht kompetitive W. (keine Auswahl, keine Wahlfreiheit) mit totalitären Regimen. Kompetitive W. folgen bestimmten Verfahrensprinzipien, die aufs engste mit den normativen Maßstäben, an denen liberal pluralistische Demokratien orientiert sind und gemessen werden, verknüpft sind: Wahlvorschlag (Freiheit der Wahlbewerbung), Sach- und Personalkonkurrenz, Chancengleichheit (in der Wahlbewerbung), (Aus-)Wahlfreiheit der Wähler, rechtsstaatliche Wahlorganisation, funktionstüchtiges → Wahlsystem, Entscheidung auf Zeit (Auswahl- und Wahlfreiheit der Bürger sind bei künftigen Wahlen durch früher getroffene

Personalentscheidungen nicht eingeschränkt).
Innerhalb der repräsentativen Demokratie bilden W. die allgemeinste Form polit. Beteiligung, auf die sich andere beziehen (wie die Parteienmitgliedschaft oder die Beteiligung an Wahlkämpfen). Als konventionelle Beteiligungsform grenzen sich W. gegenüber unkonventionellen ab (→ Streiks, Demonstrationen, → Bürgerinitiativen). Im Vergleich erfordern W. den geringsten Aufwand für die Bürger, weshalb sie am ehesten die polit. Ungleichheit unter den Bürgern niedrig halten können. Sie sind jedoch den anderen Partizipationsformen insofern überlegen, als nur ihre periodische Abhaltung die Legitimität einer Demokratie gewährleistet.
Insofern verstand es sich von selbst, daß mit den → Systemwechseln im Zuge der dritten Welle der → Demokratisierung W. eine quantitative Ausweitung und qualitative Aufwertung erfuhren. In einer Reihe von Ländern, in denen bisher keine W. stattfanden, wurden nun repräsentative Organe gewählt, in den meisten Fällen freilich gewannen W., auf die auch unter → Autoritären Regimen nicht verzichtet worden war, jetzt einen demokratischen Bedeutungsgehalt.
Die Abhaltung freier und fairer W. wurde zum Gegenstand nicht nur von Forderungen jeweils nat. demokratischer Oppositionsgruppen, sondern internat. Bemühungen. Die → Vereinten Nationen engagierten sich, mittels Wahlhilfe und Wahlbeobachtung den friedlichen polit. Wandel zu ermöglichen (Missionen u. a. in Nicaragua, Kambodscha, Ost-Timor), ebenso wie andere → Internationale Organisationen (→ OSZE, Organisation Amerikanischer Staaten, Interamerikanisches Institut für Menschenrechte) und → NGOs (etwa *Carter-Center*, Atlanta). Vor allem wurde Fragen der Wahlorganisation (Wahlbehörden, Wählerverzeichnisse, Stimmenauszählung, Wahlprüfung etc.) und des Wahlkampfes (Parteien- und Wahlkampffinanzierung, Medienzugang) erhöhte Aufmerksamkeit zuteil. Dabei hat sich herausgestellt, daß es in etlichen Ländern mit demokratiewidrigen gesellschaft. Verhältnissen nicht mit einmaligen Missionen getan ist, um auch in Zukunft freie und faire W. als Voraussetzung für Demokratie zu garantieren. Vielmehr muß die internat. Gemeinschaft mit einem längerfristigen Engagement rechnen, Gesellschaften mit mangelnder demokratischer → Politischer Kultur an den friedlichen Austrag von Konflikten mittels W. zu gewöhnen.

→ Partizipation; → Wahlbeteiligung; → Wählerverhalten

Lit.: *Harris, P./Reilly, B.* (Hrsg.) 1998: Democracy and Deep-Rooted Conflict: Options for Negotiatiors, Stockholm. *Jaramillo, J.* 1994: Wahlbehörden in Lateinamerika, Opl. *Nohlen, D.* [3]2000: Wahlrecht und Parteiensystem, Opl. *Nohlen, D./Picado, S./Zovatto, D.* (Hrsg.) 1998: Tratado de Derecho Electoral Comparado de América Latina, México. *Nohlen, D./Krennerich, M/Thibaut, B.* (Hrsg.) 1999: Elections in Africa, Ox. *Nohlen, D.* (Hrsg.) 2001: Elections in America, Ox. *Nohlen, D./Grotz, F./Hartmann, Ch.* (Hrsg.) 2001: Elections in Asia, 2 Bde., Ox. *Rose, R.* (Hrsg.) 2000: International Encyclopedia of Elections, Washington, D. C.

Dieter Nohlen

Wählerverhalten

Das polit. Verhalten der Bürger bei → Wahlen (und Abstimmungen) mit dem Ziel der Machtzuweisung und Machtverteilung durch die Auswahlentscheidung zwischen Personen-, Parteien- und Programmalternativen.

1. (1) Der Bürger verfügt dabei über verschiedene Handlungsalternativen: (a) Wahl und Nicht-Wahl (Nichtwähler); (b) konsistentes und inkonsistentes Wahlverhalten (W.), z. B. beständige → Wahlbeteiligung oder der Wechsel zwischen Wahl und Nicht-Wahl; (c) Stammwählerverhalten und Wechselwahl, also entw. die Wahl derselben → Partei bei mehreren Wahlen bzw. dauerhaft oder der Wechsel der Parteipräferenz bei aufeinanderfolgenden Wahlen. (2) Verglichen mit anderen Formen der → Partizipation sind die Einflußmöglichkeiten bei Wahlen stark vorstrukturiert: Sie sind (a) periodisch beschränkt und (b) weithin auf die Auswahl zwischen dem Personen- und Programmangebot der Parteien, die Bestätigung

oder Abwahl von Regierungen und die Übertragung von Handlungsvollmacht an die politischen → Eliten konzentriert; allerdings ist die Teilnahme an Wahlen auch die (c) einfachste und (d) egalitärste Form der Partizipation.

2. Bestimmt ist das Verhalten des Wählers von einer Vielzahl von Faktoren, wobei von der Wahlforschung i. d. R. zwischen Langfristdeterminanten und Kurzzeiteinflüssen unterschieden und das W. als expressiver wie als instrumenteller, an rationalen Kosten-Nutzen-Abwägungen orientierter Akt interpretiert wird.

(1) Zu ersteren gehören: (a) die gesellschaftl. und polit. Rahmenbedingungen, insbes. die Wirtschafts- und Sozialstruktur, das → Politische (Institutionen-)System (u. a. auch → Wahlrecht, Wahl- und → Parteienfinanzierung, → Wahlsystem als institutionelle Determinanten des Parteienwettbewerbs), die Struktur der → Öffentlichkeit und die Medienlandschaft; (b) die sozialstrukturelle Verankerung der Wähler in Primär- und Sekundarumwelten, Großgruppen, (Sozialmoralischen) Milieus, Nachbarschaftsverbänden und sonstigen → Netzwerken; durch sie stellt sich der Bezug zu den gesamtgesellschaftlichen Konflikten her (*cleavages*/→ Konfliktlinien); (c) Parteiidentifikation und polit.-ideologische Grundorientierungen, beide im Prozeß der → Politischen Sozialisation erworben. (2) Zu den Kurzzeiteinflüssen zählen: (a) situative Faktoren, wie die konkreten Wettbewerbsbedingungen, Parteien- und Parteiensystemkonstellationen; (b) konjunkturelle Faktoren, wie das Kandidaten- und Programmangebot, Sachthemen (*issues*), Wahlkampf usw. (3) Zwischen den einzelnen Einflußfaktoren bestehen komplexe Wechselwirkungen, deren Richtung und Gewicht genau zu bestimmen der Wahlforschung schwerfällt. Die Langfristdeterminanten der Wählerentscheidung betonen die sog. expressiven Theorien des Wählens (u. a. der sozialstrukturelle Ansatz der *Columbia School*), die Parteiidentifikation als Langfristfaktor der sozialpsychologische Ansatz der *Michigan School*, die situativen Faktoren insbes. die sog. instrumentellen Theorien des Wählens, die den Ansätzen der Neuen Politischen Ökonomie (→ Neue Ökonomische Politik) folgen und im Wahlakt primär und analog zum Marktverhalten des *Homo oeconomicus* die rationale Entscheidung sehen, wobei Kosten-Nutzen-Überlegungen das individuelle Verhalten steuern. (4) Das W. ist konstanter, als man gemeinhin annimmt, wobei die strukturellen Determinanten als Filter für die Einflüsse aktueller Politik wirken. Eine Rolle spielen dabei sozial-psychologische Phänomene wie die selektive Wahrnehmung, die Vermeidung kognitiver Dissonanzen, die Schweigespirale usw. Die Kurzzeiteinflüsse können die langfristigen Bindungen und traditionellen Grundorientierungen sowohl aktualisieren und bestätigen als auch überlagern (und infolgedessen zur kurzzeitigen Abweichung durch Nicht-Wahl bzw. einmaliger Wechselwahl führen) oder auch aufbrechen und langfristig stabile Umorientierungen auslösen (Kritische Wahlen; *realignment*).

3. Das W. in der BRD war lange Zeit klar und einfach konturiert, zudem vergleichsweise stabil: (1) Die → Wahlbeteiligung wurde als staatsbürgerliche Pflicht begriffen und lag bis Anfang der 1980er Jahre mit Raten bis zu 90 % bei Bundestagswahlen sehr hoch. (2) Die Wählerentscheidungen orientierten sich stark an den dominanten gesellschaftl. Konfliktlinien wie deren Vermittlunginstanzen in den sozialmoralischen Milieus, am konfessionellen *cleavage* (klerikal-katholische *versus* libertäre, antiklerikale Wählermilieus) und an der wohlfahrtsstaatl. Ausprägung des Konfliktes von Kapital und Arbeit (gewerkschaftlich organisierte *versus* nicht-organisierte Wählermilieus). (3) Die sozialstrukturelle Verankerung der Wählerschaften erklärt zu einem Gutteil die Stabilität im W. mit hohen Wiederwahl- und geringen Wechselwähleranteilen von nur 15–20 % wie die Konzentration im → Parteiensystem, aber auch den polit. Wechsel des Jahres 1969 von CDU/CSU- zu SPD-geführten Bundesregierungen (bis 1982). (4) Unter den Kurzzeiteinflüssen waren i. d. R. der Amtsbonus bedeutsamer als die Persönlichkeitsalternativen, die innen- wichtiger als die außenpolit. Themen, die wirtschafts- und sozialpolit. wichtiger als kulturelle und Umweltthemen.

4. Seit der „partizipatorischen Revolution" der 1970er Jahre sind wie in den anderen industriellen Demokratien auch im W. der BRD nachhaltige Wandlungen eingetreten: (1) Mit der konventionellen Partizipation ging die Wahlbeteiligung deutlich (bei Bundestagswahlen auf ca. 80%), in manchen Wählergruppen und bei den sog. Nebenwahlen wie Landtags- und Europawahlen auch dramatisch zurück. (2) Mit dem demographischen, berufsstrukturellen und soziokulturellen Wandel, mit der Pluralisierung und Individualisierung der Lebensstile gingen die Lockerung und (Teil-)Auflösung der Milieu- und Parteibindungen einher und stieg die polit. Mobilität der Wählerschaft. (3) Der tiefgreifende → Wertewandel führte zur Herausbildung neuer postmaterialistischer und ökologischer polit.-ideologischer Grundorientierungen und Konfliktlinien insbes. bei den nachrückenden Wählergenerationen. (4) Seit der Vereinigung traten ab 1990 die Unterschiede in den polit. Einstellungen in den Wählerschaften Ost- und Westdeutschlands hinzu. (5) Auf der Basis retrospektiver Erfahrungen votieren die Wähler zunehmend kurzfristig und an Kosten-Nutzen-Rechnungen orientiert. In der Wahlentscheidung geht es dabei zunehmend um die Bestätigung oder Abwahl der amtierenden Regierung, aber auch um die Artikulation von Protest durch Wahlenthaltung oder durch die Wahlentscheidung zugunsten neuer Anbieter bzw. populistischer wie extremistischer Parteien. (6) W. und Parteiensystem in der BRD sind damit charakterisiert durch (a) den Rückgang der Stammwähler v. a. der → Volksparteien CDU/CSU und SPD, (b) die Herausbildung unterschiedlicher regionaler Strukturen in Ost und West; (c) komplexere, sich fragmentierende und überlagernde Konfliktmuster und wachsende Unübersichtlichkeiten.

Lit.: *Bürklin, W./Klein, M.* [2]1998: Wahlen und Wählerverhalten, Opl. *Bürklin, W./Roth, D.* (Hrsg.) 1994: Das Superwahljahr 1994. Deutschland vor unkalkulierbaren Regierungsmehrheiten?, Opl. *Campbell, A.* u. a. 1967: Elections and the Political Order, NY. *Downs, A.* 1968: Ökonomische Theorie der Demokratie, Tüb. (zuerst engl. 1957). *Falter, J. W./Schoen, H.* 1999: Wahlen und Wählerverhalten, in: *Ellwein, T./Holtmann, E.* (Hrsg.): 50 Jahre Bundesrepublik, Wsb./Opl., 454–470. *Fiorina, M. P.* 1981: Retrospective Voting in American National Elections; New Haven/L. - *Heath, A.* u. a. 1991: Unterstanding Political Change. The British Voters 1964–1987, Ox. *Inglehart, R.* 1977: The Silent Revolution. Changing Values and Political Styles Among Western Publics, Princeton. *Inglehart, R.* 1995: Kultureller Umbruch. Wertwandel in der westlichen Welt, Ffm. (zuerst engl. 1987). *Inglehart, R.* 1998: Modernisierung und Postmodernisierung, Ffm. (zuerst engl. 1997). *Kaase, M./Klingemann, H.-D.* (Hrsg.) 1994: Wahlen und Wähler. Analysen aus Anlaß der Bundestagswahl 1990, Opl. *Kaase, M./Klingemann, H.-D.* (Hrsg.) 1998: Wahlen und Wähler. Analysen aus Anlaß der Bundestagswahl 1994, Opl. *Klein, M.* u. a. (Hrsg.) 2000: 50 Jahre Empirische Wahlforschung in Deutschland, Opl. *Lazarsfeld, P. F.* u. a. 1969: Wahlen und Wähler, Neuwied u. a. (zuerst engl. 1944). *LeDuc, L.* u. a. (Hrsg.) 1996: Comparing Democracies. Elections and Voting in Global Persepctive, L. *Lipset, S. M./Rokkan, S.* (Hrsg.) 1967: Party Systems and Voter Alignments, NY. *Niedermeyer, O.* (Hrsg.) 1999: Die Parteien nach der Bundestagswahl 1998, Opl. *Schultze, R.-O.* 1994: Aus Anlaß des Superwahljahres: Nachdenken über Konzepte und Ergebnisse der Wahlsoziologie, in: ZParl, 25, 472–493. *Schultze, R.-O.* 1995: Widersprüchliches, Ungleichzeitiges und kein Ende in Sicht: Die Bundestagswahl vom 16. Oktober 1994, in: ZParl, 26, 325–352. *Stöss, R.* 1997: Stabilität im Umbruch. Wahlbeständigkeit und Parteienwettbewerb im „Superwahljahr 1994", Opl. *Thomassen, J.* (Hrsg.) 1994: The Intellectual History of Elections Studies, in: EJPR, 25, 3, 239–246. *Wehling, H.-G.* (Red.) 1991: Wahlverhalten, Stg.

Rainer-Olaf Schultze

Wahlrecht

Für das Wahlrecht (W.) gilt es, zwei Verständnisse zu unterscheiden. (1) Im umfassenden Verständnis umschließt das W. alle rechtlich in Verfassung, Wahlgesetzen und Wahlordnungen fixierten Normen, welche die → Wahlen von Körperschaften oder von Amtsträgern regeln. In diesem Sinne umfaßt das W. den gesamten Wahlprozeß von der Einrichtung der Wahlbehörden (Wahlorgane), der Anlage der Wählerverzeichnisse etc. bis hin zur Wahlprüfung, also der letztinstanzlichen Feststellung der Gültigkeit eines Wahlergebnisses. (2) Im engeren Verständnis besagt W. das Recht zu wählen (aktives W.) und gewählt zu werden (passives W.). Als Grundsätze des engeren (aktiven) W. gelten in den modernen Verfassungsstaaten die Prädikate allg., gleich, direkt und geheim.

Der Grundsatz allg. bedeutet, daß das W. allen Staatsbürgern unabhängig von Geschlecht, Rasse, Sprache, Einkommen oder Besitz, Beruf, Stand oder Klasse, Bildung, Konfession oder polit. Überzeugung zusteht, wenn sie einige unerläßliche Voraussetzungen (bestimmtes Alter, Wohnsitznahme, Besitz der geistigen Kräfte etc.) erfüllen. Der Grundsatz gleich besagt, daß jeder Wahlberechtigte das gleiche Stimmgewicht hat, d. h. der Zählwert der Stimme muß gleich sein (davon unterschieden ist der Erfolgswert der Stimmen, der nach → Wahlsystemen und → Wählerverhalten variieren kann.) Der Grundsatz direkt meint, daß der Wähler unmittelbar für den Kandidaten oder die Partei seiner Wahl stimmt ohne Zwischenschaltung von Gremien bzw. Wahlmännern. Der Grundsatz geheim schließlich bedeutet, daß rechtlich und organisatorisch gewährleistet sein muß, daß der Wähler eine nicht von anderen erkennbare Wahlentscheidung treffen kann.

1. Der Prozeß der Ausbreitung des allgemeinen und gleichen W. hat nicht nur historiographische Bedeutung. Die gegenwärtigen → Parteiensysteme der meisten Länder sind in der Phase der Ausdehnung des W. von einer numerisch und sozialstrukturell eng begrenzten Wählerschaft auf potentiell die gesamte erwachsene Bevölkerung entstanden. Verschiedene Prozesse stehen in einem komplexen Wirkungszusammenhang, den zu erforschen seit *Stein Rokkans* grundlegenden Untersuchungen als unabdingbar betrachtet wird für die Erklärung der Struktur des heutigen Parteienwettbewerbs.

In den westl. Industrieländern stand die Wahlrechtsausbreitung einerseits (als abhängige Variable) im ursächlichen Zusammenhang zweier Prozesse: zum einen der industriellen und der von dieser hervorgerufenen gesellschaftl. Ausdifferenzierung (Mittelschichten, Arbeiterklasse), welche mit wachsenden Forderungen nach polit. Beteiligungsrechten und der Formierung einer → Arbeiterbewegung verknüpft ist, die im Kampf um das W. einen Schlüssel für eine neue und egalitäre Gesellschaft sah (*Lipset* 1983: 6); zum anderen der sog. nat. Revolution oder des *nation-building,* wobei die Wahlrechtsausbreitung betrachtet wurde als Mittel zur Einbeziehung immer breiterer Bevölkerungskreise in die Einheit des → Nationalstaates oder als Tausch angeboten wurde für die nat. Inpflichtnahme der Bevölkerung gegen Bedrohungen von außen. Andererseits wirkte die Wahlrechtsausbreitung (als unabhängige Variable) unter den je spezifischen historischen Bedingungen eines Landes auf die Struktur der im Entstehen begriffenen Parteiensysteme ein, wobei der Zeitpunkt der Ausdehnungsschritte im Bezug zum sozioökonom. Wandel und die Flexibilität der → Eliten in Antwort auf die wachsenden Partizipationsforderungen der unteren Schichten die wesentlichen Erklärungsfaktoren darstellen.

Die Ausbreitung des allgemeinen und gleichen Wahlrechts (*one man, one vote, one value*) ist in den westl. Industrieländern höchst unterschiedlich verlaufen. Sie vollzog sich innerhalb von etwa 100 Jahren: Bestand vor 1848 noch in keinem Land das allgemeine Männerwahlrecht, so war unmittelbar nach dem II. Weltkrieg mit wenigen Ausnahmen (in der Schweiz blieben die Frauen bis 1971 vom W. ausgeschlossen, im frankistischen Spanien herrschten bis 1975 organische Wahlrechtsvorstellungen, in Portugal wurde nicht demokratisch gewählt) überall das demokratische W. verwirklicht. Im Vergleich lassen sich Länder ausmachen, die bereits sehr früh das allgemeine W. für

Männer einführten (Frankreich, D, die Schweiz, zeitweilig Spanien, Neuseeland). Einige Länder (Australien, Finnland, Österreich) folgten noch bis zum I. Weltkrieg, die anderen noch während oder unmittelbar nach ihm, so daß in allen westl. Industrieländern 1920 allgemeines Männerwahlrecht bestand. Die Frauen waren vor 1900 nur in Neuseeland wahlberechtigt, nach der Jahrhundertwende auch in Finnland und Norwegen. Im Gefolge des I. Weltkrieges führten die meisten Staaten (einige zeitgleich mit dem allg. Männerwahlrecht) auch das Frauenwahlrecht ein. Nur in einer Reihe von romanischen, vorwiegend katholischen Ländern (Frankreich, Italien, Belgien, Portugal, Spanien; den Sonderfall Schweiz nannten wir bereits) dauerte es bis nach dem II. Weltkrieg, ehe die Frauen das W. erhielten.

Der gradualistische Abbau der Beschränkungen des W. umfaßte in der Regel alle Wahlrechtsgrundsätze gleichzeitig, bis schließlich die Standards des demokratischen W. erreicht waren. Markant waren die Abweichungen in Preußen, da hier in Form des Dreiklassenwahlrechts ein ungleiches, indirektes und offenes W. zugleich mit dem allgemeinen W. im Deutschen Kaiserreich aufrechterhalten blieb, sowie auch in Belgien, wo mit der Ausdehnung des W. zunächst die Ungleichheit im Stimmengewicht verstärkt wurde. Bis auf Preußen vermochte sich überall das direkte und geheime W. bis zum I. Weltkrieg durchzusetzen. Daß es schließlich GB war, das als letztes Land mit der Aufhebung der Universitätswähler 1948 das ungleiche W. abschaffte, überrascht nicht, wenn man die von *Rokkan* (1970) herausgearbeiteten Modelle der Entwicklung zum demokratischen W. berücksichtigt: „das englische Modell langsamer, schrittweiser Wahlrechtserweiterung ohne Umkehrungen, aber mit langen Perioden formeller Anerkennung von Ungleichheiten, und das französische Modell früher und plötzlicher Einführung universeller und gleicher Staatsbürgerrechte, aber mit häufigen Umkehrungen und mit Tendenzen zur plebiszitären Ausbeutung der Unterstützung durch die Massen" (*Kohl* 1982: 487). Zwischen diesen beiden Extremen können die verschiedenen Länder verortet werden.

2. Zu den relevantesten Erklärungsfaktoren der Wahlrechtsausbreitung dürften Industrialisierungsgrad und -tempo, Veränderungen der → Sozialstruktur, Migrationsprozesse, Verschiedenheiten der soziokulturellen Verhältnisse (Ethnien, Konfessionen), polit. Traditionen (mehr repräsentative oder mehr absolutistische), Verfassungswandel (Parlamentarisierung), Anpassungsfähigkeit der Eliten sowie Sezessionsprozesse und Kriege zählen.

Bereits der Zusammenhang zwischen Industrialisierung und Wahlrechtsausbreitung ist nach Ländern recht verschieden; insbesondere treten Sequenzverschiebungen zwischen beiden Prozessen auf, die für die Form der Integration der Schichten, auf die das W. ausgedehnt wurde, von großer Bedeutung sind. Da auch kein direkter Zusammenhang zwischen Industrialisierungsgrad und Stärke der Arbeiterbewegung bzw. der → Sozialdemokratischen Partei auszumachen ist, läßt sich selbst für diesen begrenzten Bereich kausalrelevanter Faktoren der Wahlrechtsausbreitung kein allg. Muster entwickeln. Die Stärke der finnischen Sozialisten, die 1916 an die Regierung kamen, resultierte beispielsweise nicht aus Industrialisierungsgrad und -tempo oder der relativ frühen Einführung des allgemeinen W., sondern aus der fortwirkenden Konfliktformation der Vier-Stände-Gesellschaft des 19. Jahrhunderts. Auch das Verhältnis von Demokratisierung des W. und Parlamentarisierung des polit. Systems, den beiden entscheidenden Entwicklungslinien des Verfassungswandels in Europa seit der Französischen Revolution, ist nicht eindeutig. Eine unter beschränktem W. in ihren gesellschaftl. Interessen relativ homogene Repräsentation erkämpfte in GB die parlamentarische Verantwortlichkeit der Regierung. Abweichend von diesem Regelfall konnte die Parlamentarisierung polit. Herrschaft in Schweden und D erst nach der Demokratisierung des W. durchgesetzt werden.

3. Die je spezifische historische Vermittlung dieser Faktoren im Prozeß gesellschaftl. und verfassungspolit. Wandels (gleichzeitig, ungleichzeitig, sequenzverschoben) hatte nachhaltige Konsequenzen für: (1) die Integrationsleistung des polit. Systems und die An-

erkennung der dort gefällten Entscheidungen; (2) die Struktur des (partei)polit. Wettbewerbs; (3) die ideologischen Distanzen zwischen den Kontrahenten der polit. Konfliktaustragung.

Wo das allgemeine W. durch eine bereits erstarkte Arbeiterbewegung hart erkämpft werden mußte, sind die Arbeiterparteien radikal-klassenkämpferisch aufgetreten, während sie andernorts, wo sie einen leichteren Zugang zu den polit. Partizipationsrechten fanden, eher reformistisch zur Zusammenarbeit mit den → Bürgerlichen Parteien bereit waren. *Lipset* (1983: 9) belegt die zweite Entwicklungslinie vor allem am Beispiel der skandinavischen Länder (Dänemark, Norwegen, Schweden). Ein derartiger Integrationsprozeß läßt sich auch an GB zeigen, wo unter den Bedingungen eines sich schrittweise ausdehnenden W. (vgl. *Nohlen* 2000: 267 ff.) und der relativen Mehrheitswahl die Liberalen zu Wahlabsprachen mit der Arbeiterbewegung (*Labour Representation Committee*) bereit waren, zumal ohnehin Teile der Arbeiterklasse (sog. *working class conservatives*) von Beginn an für die konservative bürgerliche Partei votierten. Im Deutschen Kaiserreich verband sich dagegen das allgemeine W. mit strikter Repression gegenüber den Sozialisten, und das W. wurde durch *Bismarck* im Sinne konservativ-agrarischer Interessen funktionalisiert, „indem man hoffte, einen als unmündig bzw. manipulierbar, mindestens aber als abhängig eingeschätzten Wähler auf dem Lande gegen die bürgerliche (im Sinne von industrieller Entwicklung, wenn man will auch progressive) Opposition mobilisieren zu können" (*Schultze* in: *Büsch* 1980:129).

Wesentliche Konsequenz der Ausbreitung des W. war der Aufstieg der Arbeiterparteien, mit dem aber nicht *the rule of capital* grundsätzlich in Frage gestellt wurde (vgl. *Therborn* 1977), sondern die Austragung des gesellschaftl. Grundkonflikts in das polit. System verlagert und dadurch entschärft wurde. Neben der soziostrukturellen wurde auch die soziokulturelle → Konfliktlinie für die polit. Repräsentation bedeutsam, zumal zur Abbildung der sozialen Struktur der Wählerschaft die polit. Parteien für eine Repräsentation nach Verhältniswahl optierten. Da die Integration der Arbeiterbewegung sich in den angelsächsischen Ländern anders vollzog, unterblieb hier zunächst die Forderung nach einem Wechsel des → Wahlsystems. Unter diesen Bedingungen, allgemeines W. und stabiles Repräsentationsprinzip, konnten am Ende des I. Weltkriegs die Strukturen der Parteiensysteme entlang den gesellschaftl. Konfliktlinien für etliche Jahrzehnte „einfrieren".

Lit.: *Büsch, O.*: (Hrsg.) 1980: Wählerbewegung in der Europäischen Geschichte, Bln. *Kohl, J.* 1982: Zur langfristigen Entwicklung der politischen Partizipation in Westeuropa, in: *Steinbach, P.* (Hrsg.): Probleme politischer Partizipation im Modernisierungsprozeß, Stg, 473–503. *Lipset, S. M.* 1983: Radicalism or Reformism: The Sources of Working Class Politics, in: APSR, 77, 1–18. *Lipset, S. M./Rokkan, S.* (Hrsg.) 1967: Party Systems and Voter Alignments, NY. *Nohlen, D.* (Hrsg.) 1993: Handbuch der Wahldaten Lateinamerikas und der Karibik, Opl. *Nuscheler, F./Ziemer, K.* u. a. 1978: Politische Organisation und Repräsentation in Afrika, Bln./NY. *Rokkan, S.* 1970: Citizens, Elections, Parties, NY. *Schreiber, W.* [6]1998: Handbuch des Wahlrechts zum Deutschen Bundestag, Köln u. a. *Sternberger, D./Vogel, B.* (Hrsg.) 1969: Die Wahl der Parlamente und anderer Staatsorgane, Bd. 1: Europa, Bln. *Therborn, G.* 1977: The Rule of Capital and the Rise of Democracy, in: NLR 103, 3–58.

Dieter Nohlen

Wahlsysteme

I. Technisch gesehen beinhalten Wahlsysteme (W.) den Modus, nach welchem die Wähler ihre Partei- und/oder Kandidatenpräferenz in Stimmen ausdrücken und diese (bei Parlamentswahlen) in Mandate übertragen werden. Zur Erfüllung dieser Funktion von W. sind Regelungen der Wahlkreiseinteilung, Wahlbewerbung, der Stimmgebung und der Stimmenverrechnung notwendig. Dazu bietet die Wahlsystematik schier unendlich viele

Möglichkeiten. Die grundlegende klassifikatorische Unterscheidung ist die in Mehrheitswahl und Verhältniswahl. Sie macht sich jedoch nicht an technischen Regelungen, sondern an den polit. Intentionen und Konsequenzen von W. fest. Es geht um die spezifischen Ergebnisse dieses Transformationsprozesses von Stimmenzahlen *(data of votes)* in Mandate *(parliamentary seats)* in polit. und parteipolit. Kategorien.
II. Die Unterscheidung von Mehrheitswahl und Verhältniswahl hat prinzipiell nichts von ihrer Berechtigung eingebüßt, auch wenn die mit ihr in einigen Schriften (u. a. *Hermens* 1951, *Duverger* 1959) verbundenen überzogenen Aussagen über den Strukturierungseffekt, den die Grundtypen von W. auf die → Parteiensysteme ausüben, heute kaum noch vertreten werden.

Für die Definition von Mehrheitswahl und Verhältniswahl sind die unterschiedlichen Repräsentationsprinzipien bestimmend: Mehrheitswahl intendiert die Mehrheitsbildung und nimmt die Disproportion von Stimmen und Mandaten in Kauf, Verhältniswahl zielt auf eine parlamentarische Vertretung der Parteien entsprechend ihrem Anteil an den Stimmen. Empirisch läßt sich folglich die Unterscheidung zwischen den Grundtypen ausdrücken anhand des Disproportionseffektes von Wahlsystemen: Er sollte bei Verhältniswahlsystemen gering sein. Bei Mehrheitswahlsystemen ist er in der Regel groß.
1. In sieben von 23 westl. Industrieländern wird heute ein System der Mehrheitswahl angewandt. In drei Ländern (GB, Kanada, USA) wird nach relativer Mehrheitswahl in Einerwahlkreisen gewählt. Das britische Wahlsystem hat sich in den westlichen Demokratien außerhalb des angloamerikan. Bereichs nicht zu halten vermocht. Hier wird es freilich eng verknüpft gesehen mit der demokratietheoretischen Position des *majority rule*: Die relative Mehrheitswahl entspricht dem vorherrschenden Konfliktschlichtungsmuster. An dieser Konsubstantialität sind Reformvorhaben bislang gescheitert. Den Bann durchbrach jüngst Neuseeland (1993). Die relative Mehrheitswahl ist nach wie vor dominierend in der Kleinstaatenwelt der Karibik und im *Commonwealth* Afrikas und Asiens.
Australien und Frankreich bevorzugen ein absolutes Mehrheitswahlsystem. Australien ging 1918 von der relativen Mehrheitswahl in Einerwahlkreisen zur absoluten Mehrheitswahl mit alternativer Stimmgebung über, welche einen zweiten Wahlgang für den Fall erspart, daß kein Kandidat die absolute Mehrheit der Stimmen erreicht. Mit der Reform wurde die Rettung der kleineren dritten Partei bezweckt und erreicht; deren stete Koalition mit der zweitstärksten Partei läßt das Dreiparteiensystem wie ein Zweiparteiensystem funktionieren. Frankreich, das im Wahlsystem nie die geheiligte Spielregel der Demokratie, sondern ein probates Mittel im polit. Machtkampf gesehen hat, kehrte mit der V. Republik zur absoluten Mehrheitswahl in Einerwahlkreisen zurück. Im zweiten Wahlgang entscheidet die relative Mehrheit der Stimmen. An ihr können sich seit 1966 nur Kandidaten beteiligen, die im ersten Wahlgang zumindest 10 % (vorher 5 %) gültige Stimmen, bezogen auf die wahlberechtigte Bevölkerung im Wahlkreis, erhalten haben. Ein kritischer Fall ist Irland. Dort werden die Mandate in Mehrpersonenwahlkreisen nach Proporz vergeben, nach dem *single-transferable-vote*-System, das mit „listenloser Verhältniswahl" übersetzt wird. Die Wahlkreise sind jedoch so klein gehalten, daß Mehrheitsbildung intentional der Repräsentation zugrunde liegt.
2. In der Mehrzahl der westl. Industrieländer (16) wird heute Verhältniswahl angewandt. Die repräsentationstheoretischen Imperative für den Übergang von der Mehrheitswahl zur Verhältniswahl lagen in den verschiedenen Ländern durchaus ähnlich. Den Reformern ging es um eine „gerechte", d. h. den realen Kräfteverhältnissen in der Wählerschaft in etwa entsprechende Repräsentation der Parteien im Parlament.
Daß damit auch jeweils spezifische parteipolit. Perspektiven verknüpft waren, liegt auf der Hand, da der gesellschaftl. Wandel in Verbindung mit der Ausbreitung des →

Wahlrechts einerseits den polit. → Pluralismus verstärkte und mehr Parteien nach polit. Repräsentation verlangten sowie andererseits ehedem dominierende Parteien wie v. a. die Liberalen in Minderheitssituationen rückten, in denen die Aufrechterhaltung der Mehrheitswahl sie zu dezimieren drohte. Die Verhältniswahl wurde aber auch ganz allgemein als das der demokratischen Entwicklung korrespondierende W. begriffen, so daß vielfach die Einführung des allg. Wahlrechts fast zeitgleich mit der Einführung der Verhältniswahl zusammenfiel. In den Ländern des segmentierten Pluralismus (*segmented pluralism*; Belgien, Niederlande, Schweiz) ging die Verhältniswahl eine besonders enge Verbindung mit dem vorherrschenden Demokratiekonzept ein. Nicht die Mehrheit, sondern der Proporz und das Aushandeln entwickelten sich hier zu Strategien der Regierungsbildung und der Konfliktschlichtung (→ Konkordanzdemokratie). Hier wie auch in gesellschaftl. homogeneren Ländern, die den Wechsel von der Mehrheitswahl zur Verhältniswahl im ersten Viertel des 20. Jh. herbeiführten, reduzierte sich die Debatte über das W. und mögliche Reformen auf Varianten der Verhältniswahl.

In Lateinamerika wird im allgemeinen nach Verhältniswahl in großen Wahlkreisen gewählt. Ausnahmen bilden Uruguay (reine Verhältniswahl), Mexiko („Grabensystem") und Chile (Zweierwahlkreissystem). Die Redemokratisierungsversuche in Afrika sind meist unter Anwendung der W. erfolgt, die zur Zeit der Unabhängigwerdung von den ehem. Kolonialmächten empfohlen wurden, also Formen der Mehrheitswahl. In Namibia und Südafrika fanden die ersten freien Wahlen freilich unter (reiner) Verhältniswahl statt. In Osteuropa kam es häufig zu Kombination von Einerwahlkreis- und Listenmandaten in den drei Varianten: Grabensystem (z. B. Rußland), Verhältnisausgleich (z. B. Ungarn) und personalisierte Verhältniswahl (z. B. Estland). Hier wurden fast überall Sperrklauseln eingeführt (vgl. *Nohlen/Kasapovic* 1996).

III. Für eine empirische Theorie der W. ist die Unterscheidungsebene, auf der die Grundtypen bestimmt werden, viel zu abstrakt. Insbes. im Bereich der Verhältniswahlsysteme hängen die Disproportionseffekte von einzelnen Regelungen und der Kombination verschiedener Elemente ab.

1. Größte Bedeutung hat die Wahlkreiseinteilung. Für die klassischen Mehrheitswahlsysteme ist die Verbindung des Einerwahlkreises mit dem Erfordernis einer relativen oder absoluten Stimmenmehrheit für den siegreichen Kandidaten typisch (GB, USA, Kanada, Frankreich, Australien). Mit Hilfe kleiner Wahlkreise (3–5 Mandate) kann sich auch bei Anwendung der Entscheidungsregel Proporz das Repräsentationsprinzip der Mehrheitswahl durchsetzen. In Verhältniswahlsystemen dominiert der Mehrmannwahlkreis mittleren bis großen Umfangs, wobei in der Regel Wahlkreise unterschiedlicher Größe gemischt werden. Nicht selten gibt es zugleich Einerwahlkreise und Wahlkreise mit mehr als 30 Mandaten. Die Niederlande bilden einen nationalen Wahlkreis; die Aufstellungsringe haben nur für die Wahlbewerbung Bedeutung. Auch in D werden die Mandatsrelationen zwischen den Parteien auf Bundesebene nach dem Zweitstimmenergebnis ermittelt.

2. Hinsichtlich der Wahlbewerbung ist die Einzelkandidatur in Mehrheitswahlsystemen dominierend, doch sind Listen diesem Grundtyp keineswegs fremd. Listen wiederum überwiegen in Verhältniswahlsystemen, aber auch die Einzelkandidatur ist anzutreffen. So ist etwa die Einteilung der alten BRD in 248, des vereinten D in 328 Wahlkreise und die Direktwahl ebensovieler Abgeordneter als Einbau der Einzelkandidatur in ein System der Verhältniswahl zu verstehen. Diese Kombination wurde 1993 von Neuseeland übernommen. Auch in Japan und Italien wurde im gleichen Jahr der Einerwahlkreis eingeführt, jedoch in anderer Weise mit der Listenwahl verbunden: In Italien werden ein Viertel (155 von 620) der Mandate als Ausgleichsmandate vergeben, in Japan 200 von 500 Mandaten über Listen völlig unabhängig von den Wahlkreisergebnissen. Im dänischen Wahlsystem treffen

verschiedene Formen der Kandidatur, Einzelbewerbung und Listen, aufeinander. Im irischen Fall wird die listenlose Einzelkandidatur im Mehrmannwahlkreis verknüpft mit der Vergabe der Mandate nach Proporz. Die Auswahlmöglichkeit des Wählers unter Kandidaten seiner Parteipräferenz ist bei Einzelkandidatur und bei starren Listen gleich Null. Starre Listen existieren jedoch nur in der Türkei (1961–76), Portugal und Spanien sowie in der BRD. Es überwiegt die lose gebundene Form der Liste; die Schweiz, Luxemburg und Finnland praktizieren die freie Liste. Mittels der verschiedenen Formen der Kandidatur nimmt der Wähler jedoch kaum effektiven Einfluß auf die Auswahl der Gewählten. Einzige Ausnahme bildet Irland, wo die Mehrheitsbildung und das Alternieren in der Regierungsausübung in hohem Maße davon abhängen, in welcher Weise die Wähler von der Präferenzstimmgebung Gebrauch machen.

3. Die Stimmgebungssysteme sind oft mit der Wahlbewerbungsregelung gekoppelt. Bei Einzelkandidatur verfügt der Wähler über eine Stimme, in Australien verbunden mit Alternativstimmgebung, in Irland mit Präferenzstimmgebung. In Mehrpersonenwahlkreisen hat der Wähler bei starren Listen nur eine Stimme (Zweitstimmenregelung BRD, Portugal, Spanien), bei lose gebundenen Listen möglicherweise so viele Stimmen, wie Mandate im Wahlkreis zu vergeben sind (Luxemburg), oder neben einer Listenstimme eine begrenzte Anzahl von Vorzugsstimmen zur Veränderung der Reihenfolge der Bewerber auf den Listen (Belgien, Finnland, Österreich u. a.). Bei freien Listen, die das Kumulieren und Panaschieren gestatten, ist die Zahl der Stimmen meistens mit der Zahl der Mandate im Wahlkreis identisch, und die Summe ist die Grundlage für die Vergabe der Mandate an die Parteilisten (Schweiz).

4. Große Bedeutung für das Wahlergebnis besitzt das Stimmenverrechnungsverfahren, besonders in Kombination mit der Wahlkreiseinteilung. Die *Methode d'Hondt* (Divisorenreihe 1–2–3–4 etc.) ist nach wie vor das gebräuchlichste System. Mit Hilfe der ausgeglichenen Methode (Divisorenreihe 1,4–3–5–7 etc.) wurde in den skandinavischen Ländern versucht, den Disproportionseffekt, den die mittelgroßen Wahlkreise bei Anwendung von *d'Hondt* hervorrufen, geringer zu halten. Dadurch wurde die parteiliche Mehrheitsbildung erheblich erschwert. Im Vergleich zu *d'Hondt* begünstigt auch das nach *Hare* benannte einfache Wahlzahlverfahren sowie das von dem Mathematiker *Niemeyer* wieder aufgegriffene Verfahren mathematischer Proportionen, das 1985 in D eingeführt wurde, die kleinen Parteien. Im *Hare/Niemeyer*-System werden die für die Parteien abgegebenen gültigen Stimmen jeweils mit der Zahl der zu vergebenden Mandate multipliziert, die Ergebnisse durch die Gesamtzahl der abgegebenen gültigen Stimmen dividiert. Die Parteien erhalten so viele Mandate, wie ganze Zahlen entstehen. Die Restmandate werden nach der Höhe der resultierenden Zahlenbruchteile hinter dem Komma vergeben.

Bei Anwendung von Wahlzahlverfahren, wozu auch die *Methode Hagenbach-Bischoff* zählt, läßt sich der Disproportionseffekt durch Zahl und Vergabeverfahren der notwendig auftretenden Restmandate steuern. Die *Methode des größten Überrestes,* welche die kleinen Parteien begünstigt, wird jedoch in keinem der betrachteten Länder angewandt. Praktiziert werden Verfahren, die dem des größten Durchschnitts entsprechen oder in seiner Auswirkung gleichkommen. Indem die Restmandate auf Wahlkreisverbandsebene (Österreich) oder zusätzlich auf nationaler Ebene summiert und in zweiten und dritten Ermittlungsverfahren vergeben werden, an denen sich nur Parteien beteiligen können, die entweder bereits in den Wahlkreisen Mandate erringen (Österreich) oder im Landesdurchschnitt eine bestimmte Stimmenzahl erreichen konnten, kann der Disproportionseffekt des Wahlsystems ebenso erhöht werden wie durch den Einbau von Sperrklauseln (D, Italien, Japan, Neuseeland, Schweden, Spanien). Primäres Ziel solcher Sperrklauseln ist die Verringerung der Zahl der Parlamentsparteien. Disproportionseffekte sind abhängig davon, ob die Wählerschaft die Wirkung von Sperrklauseln antizipiert und von ihr gefährdete Parteien zu wählen unterläßt. So reichte der CDU/CSU trotz der Sperrklausel von 5 %, die Disproportionen hervorrufen kann, 1976 ein Stimmenanteil von 48,6 % nicht aus, um die absolute Mehrheit der Mandate zu erringen. In Spanien hingegen erzielte der PSOE 1982 mit 46,5 % der Stimmen 56,6 % der Mandate.

IV. Während im Bereich der Mehrheitswahl eine relative Einheitlichkeit der empirischen W. besteht, gleicht kein Verhältniswahlsystem dem anderen. Unterschiedliche nat. gesellschaftl. Strukturen, historische Erfahrungen, polit. Bedingungen und Intentionen ließen jeweils eigene W. entstehen. Als Verhältniswahlsystem zielen sie zwar auf eine proportionale Repräsentation, erreichen diese jedoch in unterschiedlichem Umfang.

Die personalisierte Verhältniswahl wird international als Modellwahlsystem gehandelt, an dem sich die Wahlsystemreformen orientieren. Dabei steht die Kombination von Einerwahlkreis und Proporz im Mittelpunkt, die grundsätzlich in dreierlei Weise erfolgen kann: (1) wie in D in Form des Einbaus des Einerwahlkreises in die Verhältniswahl; (2) wie in Italien in Form proportionaler Ausgleichsmandate; (3) wie in Japan in Form der Trennung der nach Mehrheit und nach Proporz vergebenen Mandate („Grabensystem").
Eine moderne Typologie der W. enthält zehn Typen, fünf Mehrheits- und fünf Verhältniswahlsysteme (vgl. *Nohlen* ³2000): 1. Relative Mehrheitswahl in Einerwahlkreisen; 2. absolute Mehrheitswahl in Einerwahlkreisen; 3. Mehrheitswahl mit Minderheitenvertretung; 4. (Personen- oder Listen-)Wahl in kleinen Wahlkreisen; 5. Mehrheitswahl mit proportionaler Liste bzw. „Grabensystem"; 6. Verhältniswahl starrer Liste in großen Wahlkreisen; 7. Wahlsysteme (Personen- oder Listenwahl) mit Verhältnisausgleich; 8. personalisierte Verhältniswahl; 9. *single transferable vote* (übertragbare Einzelstimmgebung); 10. reine Verhältniswahl starrer Liste.

IV. Ein historischer Vergleich der Wahlsystementwicklung in westl. Demokratien der OECD-Länder zeigt, daß sich der heute gültige Grundtyp des W. im ersten Viertel des 20. Jh. durchgesetzt hat. Im Gegensatz zur Optionsoffenheit zwischen den Repräsentationsprinzipien Mehrheitswahl und Verhältniswahl, welche die Wahlsystemdebatte unterstellt, sind grundlegende Reformen (zwischen den Grundtypen) seither in den Industrieländern höchst selten.

Ausnahmen von diesem Grundtatbestand lassen sich vor allem mit einschneidenden Brüchen in der historisch-polit. Entwicklung einzelner Länder erklären. Länder, in denen der → Faschismus an die Macht kam oder in denen ebenfalls die demokratische Regierungsweise unterbrochen wurde, fanden erst später zu *ihrem* Wahlsystem. Dabei knüpften Italien, Österreich und die BRD nach dem II. Weltkrieg an den Grundtyp Verhältniswahl, der in diesen Ländern bereits 1919 eingeführt worden war, wieder an; im Falle der BRD wurde jedoch der Typ der Verhältniswahl gewechselt. Nach langen Jahrzehnten → Autoritärer Regime rückten mit der Errichtung demokratischer Systeme Spanien und Portugal in den 1970er Jahren von ihren traditionellen W. (Mehrheitswahl mit beschränkter Stimmgebung) ab und führten Verhältniswahl ein. Einziger wirklicher Sonderfall war Frankreich mit den grundlegenden Wahlreformen von 1958 (Wiedereinführung der absoluten Mehrheitswahl), von 1985 (Rückkehr zur Verhältniswahl) und von 1986 (erneute Einführung der absoluten Mehrheitswahl), bis 1993 Neuseeland von der relativen Mehrheitswahl in Einerwahlkreisen zur personalisierten Verhältniswahl überging. Fünf Länder (Belgien, Dänemark, Finnland, Luxemburg und die Schweiz) haben praktisch keine das W. im Kern tangierenden Reformen durchgeführt. Innerhalb der Verhältniswahl lassen sich grob gesehen zwei Reformtrends ausmachen: ein Trend (in den 1920er und 30er Jahren) in Richtung auf Verfeinerung des Proporzes, so in Belgien und in den skandinavischen Ländern (außer Finnland), in denen der erreichte Proportionalitätsgrad als nicht ausreichend empfunden wurde. Und ein gegenläufiger Reformtrend (nach dem II. Weltkrieg) in Richtung auf „Verbesserung" der Verhältniswahl, d. h. eine Begrenzung des Proporzeffektes in der Absicht, die Parteienzersplitterung zu verhindern oder zu reduzieren, orientiert sich an Funktionserfordernissen parlamentarischer Regierung. Hierfür steht v. a. das Beispiel BRD, da aus dem Scheitern der Weimarer Republik – insofern es institutionell begründet wurde – Lehren für die Wahlgesetzgebung gezogen wurden. Aber auch in Griechenland (1974, 1990), Schweden (1970) und Spanien (1976) machten sich die Gesetzgeber funktionalistische Kriterien zu eigen und „verbesserten" die Verhältniswahl. Die Wahlreformen in Japan (1993) und Italien (1993) können ebenfalls in dieser Richtung interpretiert werden – keinesfalls als Übergang zur Mehrheitswahl, so daß in Italien starke Kräfte eine solche Reform erst noch herbeiführen wollen.

Trotz der bemerkenswerten Wahlsystemreformen zu Beginn der 1990er Jahre können wir feststellen, daß das Repräsentationsprinzip einigermaßen stabil, in der überwiegenden Zahl der Fälle seit über 50 Jahren unverändert geblieben ist. Hauptsächlich innerhalb der etablierten Grundtypen Mehrheitswahl und Verhältniswahl gibt es einen bemerkenswerten Reformspielraum, der in verschiedenen Ländern genutzt wurde.

Die Zurückhaltung der polit. Parteien in Fragen grundlegender Wahlreformen hat einerseits mit der verfassungsrechtlichen Verankerung des Repräsentationsprinzips zu tun. Eine Reform bedarf demnach qualifizierter Mehrheiten, in der Regel einer Absprache zwischen Regierung und → Opposition. Andererseits scheint sich das Verhaltensmuster polit. Parteien zu Fragen von Vor- und Nachteilen von W. gewandelt zu haben. Nachteile werden zwar von den polit. Parteien, die davon betroffen sind, gebrandmarkt. Sie bilden den Stimulus für die öffentl. Debatte über Wahlsysteme. Da Vor- und Nachteile jedoch strukturell nicht bestimmten Parteien zugeschrieben sind, sondern nach Stimmenverteilung wechseln können, nehmen ehemals benachteiligte Parteien bei siegreichen Wahlen die konjunkturellen Vorteile gerne an, ohne die in der Opposition propagierten Reformpläne zu verwirklichen.

V. Hinsichtlich der Auswirkungen von W. trifft für sämtliche W. zu, daß sie die Zahl der Parteien, für die Kandidaten auftraten und für die Stimmen abgegeben wurden, auf Parlamentsebene verringern. Ebenfalls läßt sich beobachten, daß die stärksten Parteien bevorzugt werden. Doch unterscheiden sich W. darin, in welchem Umfang sie die Zahl der Parteien reduzieren und die stärksten unter ihnen fördern, und auch darin, nach welchen Stärkeverhältnissen sie die Parlamentsfraktionen einander zuordnen. W. sind jedoch nur ein Faktor unter etlichen, die auf die Struktur eines Parteiensystems einwirken. Es kann folglich kein eindeutiges Kausalverhältnis zwischen W. und Parteiensystem angenommen werden. Auch besteht keine eindeutige Wirkungsrichtung von W. unabhängig von den konkreten sozialen und polit. Gegebenheiten des einzelnen Falles, zumal diese Bedingungen vielfach konstitutiv waren für die Einführung, Aufrechterhaltung oder Reform eines bestimmten Wahlsystems. Angesichts recht verschiedener soziopolit. Voraussetzungen in einzelnen Ländern wird eine verläßliche Wirkungsanalyse des W. stets nach den konkreten polit. und gesellschaftl. Gegebenheiten fragen müssen.

Hinsichtlich der Struktur von Parteiensystemen, festgemacht an der Zahl der Parteien, gilt, daß Zweiparteiensysteme rar sind (USA, ehemals Neuseeland, bedingt GB und zeitweise Österreich). Es gibt jedoch Mehrparteiensysteme, die ähnlich wie Zweiparteiensysteme funktionieren (Australien, D, Irland, Luxemburg), insofern als es zu dauerhaften oder mittelfristigen Bündnissen zwischen Parteien kommt, dem Wähler sich nur eine Alternative anbietet und in der Regierungsausübung alterniert wird. Von den

Ländern mit diesen beiden Typen von „Zweiparteiensystemen" wählten bis 1993 fünf nach Mehrheitswahl, drei nach Verhältniswahl (seither vier und vier). Daß Verhältniswahlsysteme die gesellschaftl. Fragmentierung widerspiegeln, kann angesichts der Zielvorstellung proportionaler Repräsentation nicht überraschen. Die Niederlande, die Schweiz, auch Belgien sind Fälle extremen Pluralismus (im Sinne *G. Sartoris*); die polit. Zersplitterung ist auch in Italien und Dänemark beträchtlich. Doch ist der Proportionalitätseffekt eines W. kein eindeutiger Indikator für Fragmentierung (vgl. *Lijphart* 1994), und die Zahl der Parteien sagt wenig über den Polarisierungsgrad des Parteiensystems (*Sani/Sartori* 1983) aus, dem größere Bedeutung für die Funktionsfähigkeit des polit. Systems beizumessen ist. Er kann im Falle extremen Pluralismus geringer sein als im Zweiparteiensystem. Die ältere Kausalkette: Verhältniswahl = Parteienzersplitterung = Polarisierung = Instabilität = Gefährdung der Demokratie ist demnach aus mehreren Gründen kurzschlüssig. Weder führt Verhältniswahl zwangsläufig zu Parteienzersplitterung (vgl. Österreich, BRD, Luxemburg und die Konzentrationstendenzen in Portugal, Spanien) noch extremer Pluralismus in die – in Analogie zu Weimar prognostizierte polit. Katastrophe (vgl. etwa Finnland und natürlich die Schweiz). Entsprechend ihrem Repräsentationsziel erleichtern Mehrheitswahlsysteme die parteiliche Mehrheitsbildung. Bei 134 Wahlen in 22 OECD-Staaten in der Zeit von 1978–1998 wurde nur 37mal eine absolute Mehrheit der Mandate durch eine Partei erzielt, von denen 40,5 % *earned* und 59,5 % *manufactured majorities* waren. An den künstlichen Mehrheiten war die Verhältniswahl mit 9,1 % der Fälle beteiligt. Freilich muß berücksichtigt werden, daß in Gesellschaften des *segmented pluralism* und des extremen Pluralismus, welche in der Verhältniswahl das geeignete W. sehen, diese Verhältnisse in den staatl. Organen abzubilden, die parteiliche Mehrheitsbildung außerhalb jeglicher Realisierungschance, ja außerhalb der polit. Intentionen der am Parteienwettbewerb beteiligten Gruppen liegt.

Lit.: *Duverger, M.* 1959: Die politischen Parteien, Tüb. *Grofman, B./Lijphart, A.* (Hrsg.) 1986: Electoral Laws and their Political Consequences, Beverly Hills. *Hermens, F. A.* 1968: Demokratie oder Anarchie? Untersuchungen über die Verhältniswahl, Köln/Opl. (zuerst 1951) *Jesse, E.* 1985: Wahlrecht zwischen Kontinuität und Reform, Düss. *Lijphart, A.* 1994: Electoral Systems and Party Systems, Ox. *Lijphart, A./Grofman, B.* (Hrsg.) 1984: Choosing an Electoral System. Issues and Alternatives, NY u. a. *Nohlen, D.* 1978: Wahlsysteme der Welt, Mchn. *Nohlen, D.* [3]2000: Wahlrecht und Parteiensystem, Opl. *Nohlen, D./Kasapovic, M.* 1996: Wahlsysteme und Systemwechsel in Osteuropa, Opl. *Rae, D. W.* 21971: The Political Consequences of Electoral Laws, New Haven/L. *Rokkan, S./Allardt, E.* (Hrsg.) 1970: Cleavages, Parties and Mass Politics, NY. *Sani, G./Sartori, G.* 1983: Polarization, Fragmentation and Competition in Western Democracies, in: *Daalder, H./Mair, P.* (Hrsg.): Western European Party Systems. Continuity and Chance, Beverly Hills, 307–340. *Sartori, G.* 1976: Parties and Party Systems, Camb. *Sartori, G.* 1994: Comparative Constitutional Engineering, Houndsmills u. a. *Sternberger, D./Vogel, B.* (Hrsg.) 1969: Die Wahl der Parlamente und anderer Staatsorgane, 2 Halbbde., Bln. *Taagepera, R./Shugart, M. S.* 1989: Seats and Votes. The Effects and Determinants of Electoral Systems, New Haven/L.

Dieter Nohlen

Wechselwähler

Wechselwähler (W.) sind rein formal diejenigen Wähler, die an zwei aufeinanderfolgenden und vergleichbaren → Wahlen wahlberechtigt waren, teilgenommen und ihre Stimme für verschiedene → Parteien abgegeben haben. Damit grenzen sich W. ab: (1) von der Gesamtheit aller unentschlossenen, schwankenden Wähler, die zwischen zwei Wahlen und insbes. während des Wahlkampfes keine stabile Parteipräferenz äußern (engl. *floating voter*); (2)

vom Stammwähler und (3) vom Nichtwähler. Größere Wählerfluktuationen zwischen zwei oder mehreren aufeinanderfolgenden Wahlen resultieren damit aus (a) demographischen und migrationsbedingten Veränderungen im Elektorat, (b) Wahl und Nichtwahl, (c) Stamm- und Wechselwahl. In der BRD lag die Zahl der W. seit Mitte der 1960er Jahre bei 10–15 %, seit den 1980er Jahren bei 15–20 % der Wähler. Ihre Schätzung bereitet methodisch immer noch Probleme aufgrund der Datenungenauigkeiten der Demoskopie bei Panel-Analysen, Rückerinnerungsfragen, Wählerwanderungsbilanzen.

W. bilden keine in sich geschlossene, soziologisch oder programmatisch/ideologisch homogene Gruppe; die Wahrscheinlichkeit des Wechsels ist um so größer, je heterogener die umwelt- und/oder medienvermittelten Informationen sind, die auf den Wähler einströmen. Für die soziologische Schule der Wahlforschung sind es die gruppen- und kontextvermittelte Auflösung homogener Umwelten und die Zunahme von *Cross-pressure*-Einflüssen; der von der Michigan School der US-Wahlforschung bestimmte sozialpsychologische Ansatz betont die individuell- und medienvermittelte Heterogenität von Information als Voraussetzung für Wechselwahlverhalten.

In der kontroversen Bewertung des W. spiegeln sich gegensätzliche demokratie- und gesellschaftstheoretische Positionen sowie v. a. der jeweilige Zeitbezug bzw. Entstehungszusammenhang der betreffenden Interpretation (vgl. *Schultze* 1992) wider: (1) Die empirischen Untersuchungen der US-amerikan. Wahlforschung der 1940/50er Jahre sahen den *floating voter* als uninformiert, schwankend und manipulierbar, eine Einschätzung, die sich die bundesrepublikanische Politikwiss. der Nachkriegszeit zu eigen machte (*Faul* 1960). (2) Mit der Lockerung struktureller Bindungen, dem Abbau traditioneller Loyalitäten und der wachsenden Bedeutung aktueller Politik für die Wählerentscheidung wandelte sich auch die Einschätzung: Aus dem unpolit. und standortlosen W. wurde der ungebundene, polit. marktrational zwischen den Programmangeboten der Parteien entscheidende Nutzenmaximierer. Politiktheoretisch folgte man damit der Ökonomischen Theorie der Politik (→ Neue Ökonomische Politik); gesellschaftstheoretisch knüpfte man an die Theoreme der sich formierenden Mittelklassen-Gesellschaft an (vgl. *Schultze* 1975). (3) Im Kontext des → Wertewandels und der damit einhergehenden *Dealignment*-Prozesse in Wählerverhalten und Parteiensystemen der fortgeschrittenen kapitalistischen Demokratien geht man davon aus, daß (a) die Wahlentscheidung stärker als je zuvor an den polit.-situativen und polit.-konjunkturellen Konstellationen auf der polit. (Makro-)Systemebene orientiert ist, (b) die auf die partizipatorische Selbstverwirklichung zielende subjektive Befindlichkeit des einzelnen Wählers eine größere Rolle spielt, (c) die instrumentelle Dimension polit. → Partizipation an Gewicht gewonnen und folglich (d) das Ausmaß kurzfristig wechselnden Wählerverhaltens beträchtlich zugenommen hat.

Lit.: *Crepaz, M.* 1990: The Impact of Party Polarization and Postmaterialism on Voter Turnout: A Comparative Study of 16 Industrial Democracies, in: EJPR, 12, 73–88. *Crewe, I./Denver, D.* (Hrsg.) 1985: Electoral Change in Western Democracies, L. *Daalder, H./Mair, P.* (Hrsg.) 1983: Western European Party Systems, Beverly Hills. *Faul, E.* (Hrsg.) 1960: Wahlen und Wähler in Westdeutschland, Villingen. *Gabriel, O. W./Falter, J.* (Hrsg.) 1996: Wahlen und politische Einstellungen in westlichen Demokratien, Ffm. *Kaase, M.* 1967: Wechsel von Parteipräferenzen, Meisenheim. *Schultze, R.-O.* 1975: Die Bundestagswahl 1976. Prämissen und Perspektiven, in: ZParl, 6, 530–565. *Schultze, R.-O.* [4]1992: Wechselwähler, in: *Nohlen, D./Schultze, R.-O.* (Hrsg.): Politikwissenschaft, Mchn. u. a., 1133–1136. *Schultze, R.-O.* 1994: Aus Anlaß des Superwahljahrs: Nachdenken über Konzepte und Ergebnisse der Wahlsoziologie, in: ZParl, 23, 472–493. *Zelle, C.* 1995: Der Wechselwähler. Eine Gegenüberstellung politischer und sozialer Erklärungsansätze des Wählerwandels in Deutschland und den USA, Opl.

Rainer-Olaf Schultze

Weltbank

I. Die Weltbank (W.) ist eine → Internationale Organisation der multilateralen → Entwicklungspolitik. Sie nimmt eine führende Rolle bei der internat. Kreditvergabe ein und übt eine Führungsfunktion in der Programmatik und Vergabepolitik der internat. Entwicklungshilfe aus.

Gegründet wurde die „Internationale Bank für Wiederaufbau und Entwicklung" (IBRD) ebenso wie der „Internationale Währungsfonds" (IWF) auf der berühmten Konferenz von Bretton Woods (New Hampshire, USA) im Jahr 1944, die von der US-Regierung zur Neuregelung der Weltwirtschaft in der Nachkriegszeit einberufen worden war. 44 Staaten nahmen daran teil, darunter nur wenige Entwicklungsländer (EL). Während dem IWF die Aufgabe zugeteilt wurde, über Währungen und Zahlungsbilanzen von Mitgliedsstaaten zu wachen und gegebenenfalls Kredite zum Ausgleich kurzfristiger Defizite zu gewähren, erhielt die W. den Auftrag, solche produktiven Entwicklungsprojekte ausfindig zu machen, zu finanzieren und abzusichern, die für private Investoren zu riskant oder unergiebig waren, wie z. B. Infrastrukturprojekte (Straßen, Häfen, Kraftwerke etc.). Beide internat. Institutionen sind im Besitz der Mitgliedsstaaten (2000: 190), die nach dem Prinzip der jeweiligen wirtschaftl. Stärke das Gründungs- und Betriebskapital aufzubringen haben.

II. Aus einer wenig bedeutenden Entwicklungsbank, die in den 1950er und 60er Jahren vor allem im „US-amerikanischen Hinterhof" (Lateinamerika) Infrastrukturprojekte zu marktüblichen Zinsen zu finanzieren half und privaten Investoren als sichere Brücke zu strukturschwachen Gebieten (ehemaligen Kolonien) diente, ist die Bank seit den 1970er Jahren zu einer Gruppe von internationalen Institutionen herangewachsen, die weltweit entwicklungspolit. Definitionsmacht für öffentl. und private Geldgeber ausübt: Ihr Urteil über die Leistungsfähigkeit und Entwicklungsbereitschaft der Regierung eines kapitalsuchenden Landes ist oftmals entscheidend dafür, ob ein Land international überhaupt kreditwürdig ist oder nicht.

Die Weltbankgruppe besteht heute aus fünf Institutionen: der *International Finance Corporation* (IFC), die in weiter fortgeschrittenen EL ausländischen und inländischen privaten Investoren hilft (mit Krediten ohne Rückzahlungsgarantien durch die Regierung), sichere Geschäfte zu tätigen und so den Privatsektor voranzubringen; die 1960 gegründete *International Development Association* (IDA), die in ärmeren EL (mit einem BSP von heute unter 400 US-$) dieselben Entwicklungsprojekte finanziert wie die IBRD, die „Bank" im engeren Sinne, eben nur zu günstigeren Konditionen (zinsfrei und 50jährige Rückzahlungsfrist). 1965 kam das *International Centre on the Settlement of Investment Disputes* hinzu (zur Regelung von Streitigkeiten bei Enteignung oder betrieblichem Fehlschlag), und 1988 wurde MIGA gegründet, die *Multilateral Investment Guarantee Agency*. Sie bietet Beratungsleistungen für die Regierungen der EL sowie Garantien für Kapitalanlagen gegen Verluste aus nichtkommerziellen Risiken an.

Das höchste Organ ist der einmal jährlich tagende Gouverneursrat, in dem jedes Mitgliedsland durch einen Gouverneur (Finanzminister) vertreten ist und der die prinzipiellen Entscheidungen (z. B. Aufnahme neuer Mitglieder) trifft. Die operativen Entscheidungen trifft das Exekutivdirektorium, das aus den fünf ernannten Direktoren der Mitgliedsländer mit den höchsten Kapitalanteilen und 17 gewählten Direktoren für die gesamten anderen Mitglieder besteht. Die laufenden Geschäfte führt der Präsident, der nach einer Konvention stets ein US-Amerikaner sein soll. Im Gegenzug wird immer ein Europäer zum IWF-Direktor bestellt. Im Unterschied zu den UN-Gremien, in denen nach dem Prinzip „jeder Staat eine Stimme" abgestimmt wird, operieren die Bretton-Woods-Zwillinge nach dem Prinzip des gewichteten Stimmrechts: je stärker die Wirtschaftskraft eines Landes, desto höher der prozentuale Stimmenanteil. Die starken Fünf USA, Japan, D, GB und Frankreich haben zusammen etwa 40 % der Stimmen im Exekutivrat, allerdings spielt das Ungleichgewicht der Stimmrechte in der Praxis keine große Rolle, weil i. d. R. über jeden Kreditantrag konsensual beschlossen wird.

Die begehrten Kreditmittel der IDA – sie kann jährlich Darlehen in Höhe von etwa 4 Mrd. US-$ ausgeben – stammen in erster Linie aus den Zuweisungen der Finanzminister der reicheren Staaten. Alle drei bis vier Jahre muß der IDA-Fonds im Zuge mühseliger Verhandlungsrunden unter Leitung des Weltbankpräsidenten durch Neuzusagen der Mitgliedsregierungen wieder neu aufgefüllt („*replenish*") werden. Im November 1998 einigten sich die IDA-Mitglieder auf eine Wiederauffüllung in Höhe von 20,5 Mrd. $ für die Jahre 2000–2002. Als größtes polit. Hindernis in den bislang zwölf *Replenishment*-Runden hat sich der US-Kongreß erwiesen, dessen konservative Mitglieder stets erneut überzeugt werden müssen (wobei Wahlkreisgeschenke der Regierung helfen), daß staatl. Finanzmittel als Initialzündung für private Direktinvestitionen keinen Verstoß gegen die Idee der freien → Marktwirtschaft bedeuten, ganz im Gegenteil: ohne die öffentl. finanzierten IDA-Darlehen für Infrastrukturprojekte in den ärmeren EL (das „*grant*"-Element bei IDA-Darlehen beträgt wegen der langen Laufzeiten etwa 80–90 %) würden zahlreiche Investitionen ausländischer Großunternehmen gar nicht zustande kommen. Die gesamte Weltbankgruppe dient dem einen übergeordneten Ziel, die Modernisierung der → Dritten Welt und seit 1989 verstärkt auch der Transformationsländer in Osteuropa mittels Kapitalhilfe und Technischer Hilfe voranzubringen und alle Länder über die Integration in den kapitalistischen Weltmarkt zu „entwickeln".

Das gesamte Kreditvolumen von IBRD und IDA hatte im Geschäftsjahr 1999 29 Mrd. US-$ erreicht. Grund für dieses relativ hohe Kreditvolumen war das Bemühen der W., bei Wahrung der Projektqualität, den Kreditnehmern antizyklisch Mittel in einer Zeit bereitzustellen, in der die privaten Zuflüsse („Asienkrise", afrikanische Strukturkrise) stagnierten.

Die W. hat inzwischen fast universelle Mitgliedschaft erreicht. Seit den 1980er Jahren sind auch fast alle sozialistischen Länder (bis auf Nordkorea und Kuba) den beiden Institutionen beigetreten, die einst als Club imperialistischer Ausbeuter diffamiert worden waren. Die VR China und Indien gehören zu den stärksten Nachfragern nach IBRD- und IDA-Krediten. Für afrikanische Länder, die fast ausnahmslos von den privaten Kreditmärkten (wegen *bad governance* und struktureller Armut) abgeschnitten sind, sind die günstigen IDA-Kredite die wichtigsten Finanzierungsinstrumente. Die W. ist der für Afrika bedeutendste multilaterale Gläubiger: Die hohen Verbindlichkeiten bei der Bank sind jedoch zu einem Problem geworden, weil diese grundsätzlich keine Schulden erlassen darf, andererseits aber die Exportwirtschaft afrikan. Schuldnerstaaten nicht genug Devisen erwirtschaftet, um die Kredite ordnungsgemäß bedienen zu können.

III. Seit der Präsidentschaft *R. McNamaras* (1968–1981) ist die W. bemüht, mittels der von ihr finanzierten Entwicklungsprojekte (vor allem im ländlichen Raum) die absolute und relative → Armut in ihren Mitgliedsstaaten überwinden zu helfen; doch durchschlagende Erfolge dieser *redistribution-with-growth*-Strategie sind ausgeblieben. Die Modernisierung von rückständigen Kolonialwirtschaften mittels ausländischer Kredite und Experten stieß hier an unüberwindbare Grenzen, vor allem bei polit. Fragen des ungleichen Landbesitzes und des unfairen Zugangs zu Ressourcen. Positiv hervorzuheben ist das Bemühen der W., Familienplanung und AIDS-Prävention in Afrika und Asien voranzubringen.

Zu Beginn der 1980er Jahre wurde die W. unter den Präsidenten *A. W. Clausen* (1981–

1986) und *B. Conable* (1986–1991) zur Vorhut der „neoliberalen Wende" in der internat. Entwicklungspolitik: Die enttäuschenden Entwicklungshilferesultate wurden recht einseitig der „schlechten Regierungsführung" und einem unprofessionellen Ressourcenmanagement der Regierungen angelastet, was zur Durchsetzung oftmals sozial harter Strukturanpassungsprogramme (SAP; → Strukturanpassung) führte. Pragmatische Anpassung von Regierungsprogrammen an die Sachlogik einer devisenbringenden Entwicklung der Exportwirtschaft wurde zum polit. Leitziel der Nord-Süd-Kooperation. Nach der Wende von 1989 wurden neue Entwicklungskredite bedingungslos an das Versprechen der Erfüllung polit. Konditionen gebunden: ohne Strukturreformen in Richtung auf Liberalisierung, Privatisierung und Deregulierung der Wirtschaft keine weiteren Kredite (was den Kern von → *Good Governance* ausmachte). So wurde die W. *nolens volens* zum Advokaten einer forcierten Integration von EL in den Weltmarkt via Multinationaler Unternehmen (*global players*) und damit zum Katalysator für → Globalisierung von Wirtschaft und Kommunikation.

Flexibel reagierte die W. (unter den Präsidenten *L. T. Preston* 1991–1996 und *J. D. Wolfensohn*, seit 1997) auf das neue Bewußtsein bezüglich des Schutzes der Umwelt. Zusammen mit UNEP und UNDP ist die W. für die Gründung der *Global Environmental Facility* (GEF) verantwortlich, die 1992 auf der Umwelt- und Entwicklungskonferenz von Rio ins Leben gerufen wurde. Sie gibt jährlich einige hundert Millionen US-$ für Projekte zum Schutze der Umwelt und zum Erhalt nichterneuerbarer Ressourcen in EL aus.

Die polit. Akzeptanz der W. in der internat. Öffentlichkeit hat seit *McNamara* zugenommen, vor allem bei Nichtregierungsorganisationen (→ NGO), linken Gruppen und in der Solidaritätsszene. Ohne die günstigen IDA-Kredite würden arme Länder kaum noch konzessionäre Großkredite erhalten; so sind die Rufe nach der Abschaffung der W. kaum noch zu hören. Zu Recht beklagt wird allerdings immer noch die geringe Erfolgsquote der Weltbankprojekte (ca. ein Drittel sind völlige Fehlschläge, ein weiteres Drittel weist Realisierungsdefizite auf) und die oftmals rigiden SAPs, die wegen der zu großen sozialen Härten auf wenig polit. Resonanz stoßen. Für die Globalisierungsverlierer hat die W. wenig zu bieten – aber nicht nur die Weltbank.

Lit.: *Bandow, D./Vásquez, I.* (Hrsg.) 1994: Perpetuating Poverty. The World Bank, the IMF and the Developing World, Washington D. C. *Cavanagh, J./Arruda, M./Wysham, D.* (Hrsg.) 1994: Kein Grund zum Feiern. 50 Jahre Weltbank und IWF. Kritik und Alternativen. Hamb. *George,, S./Sabelli, F.* 1995: Kredit und Dogma. Ideologie und Macht der Weltbank, Hamburg. *Tetzlaff, R./Nord, A.* 1996: Weltbank und Währungsfonds – Gestalter der Bretton-Woods-Ära, Opl. *Tetzlaff, R.* [11]2000: Weltbank/World Bank, in: *Nohlen, D.* (Hrsg.): Lexikon Dritte Welt, Rbk., 807–814. Infos: www. worldbank. org

Rainer Tetzlaff

Wert

Wert (W.) wird allg. verstanden als Maßstab, der das Handeln lenkt, z. B. i. S. des Nutzens, den die einzelnen Handlungsalternativen versprechen, so daß man sich für die Handlungsalternative mit dem größten erwarteten Nutzen entscheiden kann. Wert wird enger verstanden als gesellschaftl. Wertorientierung, d. h. als dauerhafte Orientierung einer Person im Hinblick auf das sozial Erwünschte. Wertorientierungen sind von spontanen Wünschen und von Bedürfnissen (→ Grundbedürfnisse) zu unterscheiden und gesellschaftl. Wertorientierungen von nur von einzelnen für ihr eigenes Verhalten verwendeten evaluativen Standards.

Kategorien zur analytischen Unterscheidung von Wertorientierungen sind in verschiedenen Ansätzen entwickelt worden (vgl. die *pattern variables* von *T. Parsons*), wie es auf der anderen Seite Versuche der Auflistung sog. Endwerte gibt (vgl. *M. Rokeachs* Liste von Endwerten wie „Eine friedliche Welt“, „Familiäre Geborgenheit“, „Freiheit“ usw.).

Lit.: *Parsons, T./Shils, E. A.* (Hrsg.) 1962: Toward a General Theory of Action, NY u. a. *Rokeach, M.* 1973: The Nature of Human Values, NY. *Weber, M.* 71988: Gesammelte Aufsätze zur Wissenschaftslehre, Tüb. (zuerst 1922). *Weber, M.* 51990: Wirtschaft und Gesellschaft, Tüb. (zuerst 1921).

Franz Urban Pappi

Wertewandel

Wertewandel (W.) wird in den Sozialwissenschaften allg. als Wandel grundlegender gesellschaftl. Wertorientierungen verstanden; damit erfaßt er einen wichtigen Teilbereich des kulturellen Wandels. Allg. interessiert der Zusammenhang zwischen kulturellem und sozialem Wandel, i. S. etwa der *Marx*schen Auffassung, daß die Entwicklung der Produktivkräfte die Produktionsverhältnisse und beide zus. als Produktionsweise den gesellschaftl. und kulturellen Überbau bestimmen. Von den neueren Theorien des W. hat im Bereich der Wahlforschung die Theorie von *R. Inglehart* die größte Bedeutung erlangt.

Inglehart nimmt an, daß die Wertprioritäten einer Person wesentlich von der sozio-ökonom. Lage während der Sozialisationsphase (→ Politische Sozialisation) geprägt sind, wobei i. S. der Knappheitsthese immer diejenigen → Werte die höchste Priorität haben, die relativ knapp sind. Mit dem Übergang zur post-industriellen Gesellschaft seien physiologische und Sicherheitsbedürfnisse auf relativ hohem Niveau befriedigt, so daß sog. postmaterialistische Werte an Bedeutung gewinnen. Aus der Sozialisationsthese läßt sich ableiten, daß die Zunahme der Postmaterialisten in erster Linie ein Kohorten-Phänomen ist, weil sich wirtschaftl. Wohlstand nur während der Phase der Primärsozialisation auf die Wertprioritäten auswirkt. Die Zunahme postmaterialistischer Wertorientierungen verläuft deswegen relativ still im Wege der Generationensukzession. Die Knappheitsthese stellt eine Verbindung zwischen dem wirtschaftl. Wohlstand und der urspr. von *Maslow* postulierten Bedürfnishierarchie her, wonach menschliche → Grundbedürfnisse (Nahrung, Sexualität, körperliche Unversehrtheit) erst befriedigt sein müssen, bevor sich der Mensch sog. höheren Bedürfnissen zuwendet.

Alternativerklärungen des W. sind einmal allg. Modernisierungstheorien, die eine Säkularisierung der Gesellschaft als notwendige Folge der Modernisierung postulieren, und zum anderen Theorien, die stärker bestimmte institutionelle Sozialisationsbedingungen z. B. im Bildungssystem oder in der Familie betonen. So nimmt *H. Klages* einen Wandel von den Pflicht- und Akzeptanzwerten (Gehorsam, Leistung, Ordnung usw.) zu Selbstentfaltungswerten sowohl i. S. des Hedonismus als auch idealistischer Gesellschaftskritik an. Von linearen Modernisierungs-(Fortschritts-)theorien zu unterscheiden sind Theorien zyklischen W., nach denen sich progressive und konservative Phasen mit einer gewissen Periodizität abwechseln.

Lit.: *Inglehart, R.* 1989: Kultureller Umbruch, Ffm./NY. *Inglehart, R.* 1998: Modernisierung und Postmodernisierung. Kultureller, wirtschaftlicher und politischer Wandel in 43 Gesellschaften, Ffm/NY. *Klages, H.* u. a. 1992: Werte und Wandel, Ffm./NY. *Maslow, A.* 1954: Motivation and Personality, NY.

Franz Urban Pappi

Widerstand

I. Widerstand (W.) kann sich gegen eine äußere wie gegen eine innere Bedrohung polit. Gemeinschaften richten, gegen einen inneren Unterdrücker oder gegen die Anweisungen einer fremden Siegermacht, er kann gewaltsam oder gewaltfrei sein, aktiv oder passiv. Die Formen des W. reichen insofern vom Attentat bis zur Sabotage, vom zivilen Ungehorsam bis zum Rücktritt von Ministern oder Beamten;

sie schließen auch jenen unkonturierten W. ein, der als Renitenz bezeichnet werden kann. Der Facettenreichtum des W. hat zu einem inflationären Wortgebrauch verführt, bei dem sich zuletzt fast jede polit. Handlung als W. zu etikettieren vermag. Der Begriff des W. bedarf insofern einer präzisierenden Rekonstruktion.

Nicht jede Verweigerung ist als W. zu bezeichnen; im strengen Sinn kann davon nur die Rede sein, wenn der Widerstandleistende die Gefahr einer Benachteiligung oder Bestrafung bewußt in Kauf nimmt und sich in seiner Weigerung, Befehle, Anweisungen oder Gesetze zu befolgen, mit Gründen auf sein Gewissen oder ein höheres Recht berufen kann. In der Möglichkeit dieses Rekurses unterscheidet sich W. von der bloßen Dienstpflichtverletzung oder Gesetzesübertretung.

Von revolutionären Handlungen grenzt sich W. durch sein eher konservatives Ziel ab: die Verteidigung bzw. Wiederherstellung des *Status quo ante*. Im Mittelpunkt der Debatte um die → Legitimität des W. steht darum die Frage, wer der wahre Aufrührer und der wahre Verteidiger der Ordnung sei. So gehen die meisten antiken und mittelalterlichen Tyrannislehren davon aus, daß der Tyrann der Aufrührer und sein Mörder der Verteidiger bzw. Wiederhersteller der Ordnung sei.

II. Nicht Gehorsam, sondern Unterwerfung ist das strikte Gegenteil von W. Die Alternative Unterwerfung oder W. stellt sich zu Beginn eines → Krieges ebenso wie vor einem Aufstand.

Clausewitz („Vom Kriege" VI, 7) hat dies in die dialektische Überlegung gefaßt, nicht der Angriff, sondern die Verteidigung sei der Beginn des Krieges: „Wenn wir uns die Entstehung des Krieges philosophisch denken, so entsteht der eigentliche Begriff des Krieges nicht mit dem Angriff, weil dieser nicht (...) den Kampf, (sondern) die Besitznahme zum absoluten Zweck hat, sondern er entsteht erst mit der Verteidigung, denn diese hat den Kampf zum unmittelbaren Zweck, weil abwehren und kämpfen offenbar eins ist." Da *Clausewitz* im Gegensatz zu Antike und Mittelalter nicht auf eine den Konfliktparteien übergeordnete Rechtssphäre rekurriert, darum auch nicht zwischen „gerechten" und „ungerechten" Kriegen unterscheiden kann, begreift er den kriegerischen → Konflikt als das Aufeinanderprallen zweier gleichberechtigter Willen. Insofern ist seine Folgerung zwingend, nicht der Angreifer, sondern der Verteidiger beginne den Krieg. Dies gilt für den äußeren wie den inneren W.: Wo nicht von göttlichem oder natürlichem Recht her argumentiert wird, ist nicht die Veränderung des *Status quo*, sondern der W. dagegen der Beginn des Aufruhrs. *Hobbes'* Analyse des englischen Bürgerkriegs in seinem „Behemoth" ist hierfür ein Beispiel.

Die jüngere politikwissenschaftl. Diskussion hat auf dieses Dilemma mit der Neudefinition des Gewaltbegriffs reagiert: Durch die Einführung des Begriffs der strukturellen Gewalt wurde es möglich, nicht erst die manifeste Gewalt der Widerstandleistenden, sondern bereits die latente → Gewalt der Verhältnisse als Gewalt zu klassifizieren. Diese definitorische Aufweichung des Gewaltbegriffs nahm freilich dem Begriff des W. seine Präzision und brachte ihn in die Nähe der → Revolution.

III. Gehorsam und W. galten lange als Komplementärbegriffe der europ. polit. Ordnung: Gegen verbrecherische Befehle und ungerechte Gesetze W. zu leisten war Gehorsam gegenüber einem höheren Recht und Anerkennung höherer Werte. Die Frage nach den Grenzen des Gehorsams ist verbunden mit der nach den Grenzen staatl. Zugriffsrechte.

Von alters her sind Körper (körperliche Unversehrtheit) und Haus (Hausfriede, Hausrecht) besonders geschützte Bereiche. Obrigkeitliche bzw. staatl. Eingriffe in diese Sphären waren oft Ursache bzw. Anlaß des

Widerstands. In den konfessionellen Auseinandersetzungen am Beginn der Neuzeit bedienten sich alle gesellschaftl. Gruppen widerstandsrechtl. Argumente. Die schärfsten widerstandsrechtlichen Argumente kamen aus den Reihen der französischen Calvinisten (*Hotman, Beza, Duplessis-Mornay, Languet*).

Eine neue Grundlage erhielt das Widerstandsrecht in den Vertragstheorien von *Hobbes*, *Locke* und *Rousseau*. Hier resultiert das Recht des W. bzw. das Erlöschen der Gehorsamsverpflichtung aus dem Bruch oder der Nichterfüllung des Gesellschafts- bzw. Herrschaftsvertrages. Mit dem Anwachsen bürgerlicher Elemente in der Gesellschaft erhielt der Schutz des Eigentums verstärktes Gewicht. Art. 20 Abs. 4 GG, aufgenommen zusammen mit den Notstandsgesetzen, ist gedacht als Legitimierung des W. der Bürger, wenn sich der Staat aus einem Rechts- in einen Unrechtsstaat verwandelt (→ Rechtsstaat). Damit sollten auch verfassungsrechtl. Konsequenzen aus dem Aufstieg des Nationalsozialismus zur Macht gezogen werden. Eine Reihe von Kommentatoren (vgl. *Schneider*) hat jedoch darauf hingewiesen, daß *de facto* die entsprechenden GG-Bestimmungen nicht ein Mittel der Bürger, sondern der Staatsorgane zur Verteidigung der bestehenden Ordnung sind (→ Verfassung). Der Versuch einer verfassungsmäßigen Positivierung des Überpositiven kann kaum als gelungen bezeichnet werden.

Lit.: *Arndt, C.* u. a. 1983: Widerstand in der Demokratie, Hamb. *Baier, F.* 1965: Widerstand gegen die Staatsgewalt: Dokumente der Jahrhunderte, Ffm. *Kaufmann, A./Backmann, L.* 1972: Widerstandsrecht, Darmst. *Kern, F.* 1914: Gottesgnadentum und Widerstandsrecht, Lpz. *Kleger, H.* 1993: Der neue Ungehorsam. Widerstände und politische Verpflichtung in einer lernfähigen Demokratie, Ffm. *Kriele, M.* 1983: Die Rechtfertigungsmodelle des Widerstandes, in: ApuZ, B39, 12–24. *Mandt, H.*, 1974: Tyrannislehre und Widerstandsrecht. Studien zur deutschen politischen Theorie des 19. Jahrhunderts, Neuwied. *Saage, R* 1981: Herrschaft, Toleranz, Widerstand. Studien zur politische Theorie der niederländischen und der englischen Revolution, Ffm. *Schmädeke, J./Steinbach, P.* (Hrsg.) 1985: Der Widerstand gegen den Nationalsozialismus, Mchn. *Schneider, H.* 1969: Widerstand im Rechtsstaat, Karlsruhe. *Wolzendorf, K.* 1916: Staatsrecht und Naturrecht in der Lehre vom Widerstandsrecht, Breslau.

Herfried Münkler

Wiedervereinigung → Deutsche Einheit

Wirtschaftspolitik

I. In einer weiten Interpretation umfaßt Wirtschaftspolitik (W.) alle polit. Beeinflussungs- und Gestaltungsversuche der Wirtschaft. Voraussetzung ist die Annahme, daß wirtschaftspolit. Eingriffe grundsätzlich notwendig und möglich, d. h. auch im Sinne der angestrebten Ziele wirksam sind. Die unterschiedliche Ausprägung dieser Annahme in ihren beiden Komponenten hat erheblichen Einfluß auf die unterschiedlichen Grundoptionen, insb. die Wahl des wirtschaftl. Lenkungssystems – dezentrale → Marktwirtschaft oder zentrale → Planwirtschaft – und der Eigentumsordnung sowie die mit beiden verbundene Zuordnung von Entscheidungskompetenzen. W. ist notwendigerweise zweifach systembedingt, einmal bezogen auf das → Politische System, in dem die Träger der W. primär angesiedelt sind, zum anderen bezogen auf das Wirtschaftssystem, auf das die wirtschaftspolit. Maßnahmen zielen. Positiv gefaßt führt das Moment der Systembedingtheit zur Forderung nach Systemkonformität wirtschaftspolit. Eingriffe.

Auf der höchsten Abstraktionsebene wirtschaftspolit. Systemoption geht es um die bis heute anhaltende Kontroverse um die Interdependenz der Ordnungen oder Systeme. So wird z. B. von Vertretern des → Neo-Liberalismus die These vertreten, daß nur ein marktwirtschaftl. organisiertes Wirtschaftssystem mit einem freiheitlich-pluralistischen polit. System westl. Musters vereinbar sei, während in der orthodoxmarxistischen Auslegung die Kombination von Vergesellschaftung der Produktionsmittel und Zentralplanung im Wirtschaftssystem sowie von der kommunistischen Partei geführter sozialistischer Demokratie für zwingend gehalten wurde. Auch wenn zuzugeben ist, daß Grundwerte sich sowohl auf das polit. wie das wirtschaftl. System auswirken und Affinitäten begründen können, wird überwiegend davon ausgegangen, daß in realen Systemen der Toleranzbereich zwischen polit. und wirtschaftl. System relativ groß ist.

II. Eine an der Art des Eingriffs orientierte, allerdings nicht völlig trennscharfe Gliederung der W. unterscheidet Ordnungs-, Prozeß- und → Strukturpolitik.

Ordnungspolitik betrifft die polit. gesetzten Rahmenbedingungen für die Wirtschaft, z. B. Wettbewerbs- und Mitbestimmungsgesetzgebung. Prozeß- oder Ablaufspolitik bezieht sich auf Eingriffe in den Wirtschaftsprozeß, z. B. auf Marktoperationen der Notenbank und Investitionsanreize oder Investitionsgebote. Strukturpolitik schließlich umfaßt die auf die unterschiedlichen strukurellen Elemente, z. B. Branchen- und Regionalstruktur, gerichteten Eingriffe.

Nach dem II. Weltkrieg standen bis Anfang der 1950er Jahre in der polit. und wissenschaftl. Diskussion ordnungspolit. Fragen im Vordergrund, besonders ausgeprägt in der BRD. Dabei kristallisierte sich auch innerhalb der prinzipiell an einem marktwirtschaftl. Lenkungssystem festhaltenden westl. Industrieländer eine breite Palette unterschiedlicher realer Wirtschaftssysteme mit unterschiedlichem Umfang und unterschiedlicher Intensität wirtschaftspolit. Eingriffe heraus. Beispiele unterschiedlicher wirtschaftspolit. Konzeptionen sind die → Soziale Marktwirtschaft in der BRD und die französische *planification,* die sich insb. durch die unterschiedliche Neigung zu prozeßpolit. Steuerung unterscheiden.

Die wissenschaftl. Diskussion der W. in einem engeren Verständnis betraf vor allem die Prozeßpolitik. Dabei werden traditionell Ziele und Instrumente unterschieden. Die Zieldiskussion konzentrierte sich auf Zielkonflikte insb. im Rahmen des Magischen Vierecks, bezog aber auch die Erweiterung der Zielpalette und Indikatorenprobleme ein, so z. B. in der Diskussion um quantitatives und qualitatives Wachstum (→ Umweltpolitik). Die Instrumentenanalyse beschäftigte sich insb. mit der Wirksamkeit (einschließlich unerwünschter Nebenwirkungen) und Erweiterung des wirtschaftspolit. Werkzeugkastens, wobei Reichweite und unterschiedliches Gewicht der Instrumentenbereiche Fiskal-, → Geld-, → Außenwirtschafts- und → Einkommenspolitik eine wichtige Rolle spielten.

III. Dominantes Paradigma der wissenschaftl. und polit. Diskussion der Prozeßpolitik blieb bis in die 1970er Jahre das Konzept einer an *J. M. Keynes* orientierten antizyklischen → Konjunkturpolitik (→ Keynesianismus). Die Überzeugung von der Notwendigkeit und Fähigkeit zu einer Globalsteuerung marktwirtschaftl. Systeme setzte sich allgemein auch polit. durch, und der vorherrschende Optimismus wurde erst im Verlauf der 1974 einsetzenden weltwirtschaftl. Krisenphase erschüttert. Etwa zur gleichen Zeit wurde das keynesianische Paradigma durch die von *M. Friedman* geführte „monetaristische Gegenrevolution" ernsthaft in Frage gestellt (→ Monetarismus).

Die monetaristische Kritik stützt sich u. a. auf Defizite der prozeßpolit. Steuerung, die mit den praktischen Krisenerfahrungen deutlicher geworden sind. Zum Lückenkatalog zählen insbesondere Kenntnislücken im Hinblick auf eine frühzeitige Diagnose und die quantitativen und zeitlichen Wirkungen eingesetzter Instrumente, die außenwirtschaftl. Lücke – extrem gewachsene internat. privatwirtschaftl. Integration ohne entsprechenden Ausbau der internat. wirtschaftspolit. Steuerung –, die einkommenspolit. Lücke – fehlende Abstimmung der staatl. und verbandlichen W. – und die Entscheidungsprozeßlücke – unzulängliche Berücksichtigung des polit. Bedingungsrahmens für die staatl. Träger der Wirtschaftspolitik. Der monetaristische Lösungsansatz – Regelbindung statt diskretionärer Entscheidung – zielt auf die Minimierung wirtschaftspolit. Interventionen. In der wissenschaftl. Diskussion findet sich als Minderheitsposition auch der umgekehrte Lösungsansatz, nämlich Verstärkung der wirtschaftspolit. Eingriffe. Dabei stehen einerseits unterschiedliche Formen der Investitionslenkung – teilweise anknüpfend an verstärkte Strukturpolitik –, andererseits weitgehende arbeitsmarktpolit. Maßnahmen mit bes. Gewichtung des öffentl. Sektors im Vordergrund (→ Arbeitsmarktpolitik).

IV. Der wirtschaftspolit. „Königsweg" ist bisher weder in der wissenschaftl. Diskussion noch in der wirtschaftspolit. Praxis sichtbar geworden, und der Streit zwischen den unterschiedlichen Positionen ist schon deshalb nicht klar entscheidbar, weil letztere eng mit Grundüberzeugungen und -wertungen verbunden sind, die sich einer eindeutigen wissenschaftl. Überprüfung entziehen. Der vorherrschende Trend scheint auf eine Ablehnung der monetaristischen Regelbindung bei gleichzeitiger Aufnahme monetaristischer Kritikelemente hinauszulaufen, eine im Anspruch reduzierte Grobsteuerung des Wirtschaftsprozesses verbunden mit einer Akzentverschiebung von der Nachfrage- zur Angebotspolitik. Mit der Verbesserung der Rahmenbedingungen für das Angebot ist wiederum eine Betonung der Ordnungspolitik verbunden.

Die institutionelle Berücksichtigung wissenschaftl. Beratung in der W. hat zugenommen. In der BRD z. B. existieren spezielle wirtschaftspolit. Beratungsgremien in Form des Wissenschaftlichen Beirates beim Bundeswirtschaftsministerium und vor allem des 1967 gesetzlich geschaffenen Sachverständigenrates zur Begutachtung der gesamtwirtschaftl. Entwicklung. Beide spiegeln auch in ihrer Besetzung die Vernachlässigung der W. als interdisziplinäre Aufgabe (→ Politikberatung). In der wissenschaftl. Analyse der W. dominiert der wirtschaftswissenschaftl. Ansatz bisher eindeutig, mit der Folge, daß der für wirtschaftspolit. Entscheidungen außerordentlich gewichtige Faktor der polit. Rahmenbedingungen für die Entscheidungsträger nahezu ausgeblendet wird. Diese Asymmetrie liegt zum Teil in Defiziten der Politikwissenschaft begründet, in der nur einzelne Vertreter versucht haben, der W. einen höheren Stellenwert zu verschaffen (z. B. *Gert von Eynern* mit seiner Politischen Wirtschaftslehre). Zu erwähnen sind auch Versuche im Rahmen der Ökonomischen Theorie der Politik, z. B. die Hypothese wahlbedingter Konjunkturzyklen, die allerdings empirisch kaum abgestützt werden konnte (→ Neue Politische Ökonomie).

Lit.: *Eucken, W.* ³1960: Grundsätze der Wirtschaftspolitik, Tüb./Zürich. *Eynern, G. v.* 1968: Grundriß der politischen Wirtschaftslehre, Köln/Opl. *Eynern, G. v.* (Hrsg.) ²1977: Wörterbuch zur politischen Ökonomie, Opl. *Frey, B. S.* 1977: Moderne politische Ökonomie, Mchn. *Giersch, H.* 1960: Allgemeine Wirtschaftspolitik, Bd. 1, Grundlagen, Wsb. *Simmert, D. B.* (Hrsg.) 1980: Wirtschaftspolitik – kontrovers, Köln. *Tinbergen, J.* ²1972: Wirtschaftspolitik, Freib. *Weizsäcker, C. C. v.* (Hrsg.) 1979: Staat und Wirtschaft (Schriften des Vereins für Sozialpolitik 102), Bln. *Wissenschaftlicher Beirat beim Bundesministerium für Wirtschaft* 1983: Konjunkturpolitik – neu betrachtet (BMWI-Studienreihe 38), Bonn. *Zinn, K. G.* ²1974: Allgemeine Wirtschaftspolitik als Grundlegung einer kritischen Ökonomie, Stg. u. a.

Uwe Andersen

Wissensgesellschaft → Gesellschaft

Wissenschaftspolitik

Wissenschaftspolitik (W.) bezeichnet die staatl. Maßnahmen zur Förderung und Beeinflussung von Wissenschaft und Forschung. W. umfaßt neben der Forschungspolitik (Förderung von Grundlagen- und anwendungsorientierter Forschung und des Technologietransfers) auch Hochschul- (Hochschulausbau und Fächerangebot, Berufungspolitik) und → Bildungspolitik (Hochschulzugang, Studentenausbildung). In D ist die W. eine Gemeinschaftsaufgabe von Bund und Ländern, sie unterliegt der konkurrierenden bzw. Rahmengesetzgebung (Art. 74, 75 GG). Während die Forschungsförderung von Bund und Ländern gemeinsam betrieben wird (Art. 91 GG), ist die Hochschulpolitik Länderkompetenz. Es ist jedoch eine zunehmende Konzentration von Kompetenzen beim Bund zu beobachten.

Mit der W. befaßte Institutionen sind das Bundesministerium für Bildung und Forschung, die Kultus- bzw. Wissenschaftsministerien der Länder, die Bund-Länder-Kommission für Bildungsplanung und Forschungsförderung und der mit konzeptionellen und Evaluierungsaufgaben betraute Wissenschaftsrat. Steuerungsmittel der W. sind die gesetzliche Regulierung (z. B. Hochschulrahmengesetz) und die Projektförderung durch Drittmittel, besonders durch die Deutsche Forschungsgemeinschaft (DFG). Träger von Wissenschaft und Forschung sind neben den Hochschulen auch die außeruniversitären Forschungsinstitute (Max-Planck-Gesellschaft, Fraunhofer-Gesellschaft, Helmholtz-Gemeinschaft, Wilhelm-Leibniz-Gemeinschaft). Die Selbstverwaltung der Hochschulen ergibt sich aus der grundgesetzlich garantierten Wissenschaftsfreiheit (Art. 5 GG). Zunehmend wird auch die → Europäische Union ein wichtiger Akteur in der Forschungsförderung. Aufgrund der Vielzahl der Akteure mit hoher Eigendynamik kann in D nicht von einer zentral gesteuerten und kohärenten W. gesprochen werden.

Im Zuge der → Deutschen Einheit wurde das westdeutsche Wissenschaftssystem ohne wesentliche Reformen auf die neuen Länder übertragen. Die derzeitige, wesentlich von Sparzwängen bestimmte, Debatte um die Reform der Hochschulen dreht sich um die Überlastung der „Massenuniversität", ihre Binneneffizienz, die Qualität der Lehre, um ihre internationale Konkurrenzfähigkeit und die Kompatibilität der Abschlüsse. Die Reformvorschläge umfassen u. a. die Erhöhung der finanziellen Autonomie der Hochschulen, die Einführung von Studiengebühren und verstärkte Zusammenarbeit mit der Wirtschaft.

Lit.: *Cozzens, S. E./Healey, P./Rip, A./Ziman, J.* (Hrsg.) 1990: The Research System in Transition, Dordrecht u. a. *van den Daele, W./Krohn, W./Weingart, P.* 1979: Geplante Forschung. Vergleichende Studien über den Einfluß politischer Programme auf die Wissenschaftsentwicklung, Ffm. *Daxner, M.* 1996: Ist die Uni noch zu retten? Zehn Vorschläge und eine Vision, Rbk. *Glotz, P.* 1996: Im Kern verrottet? Fünf vor zwölf an Deutschlands Universitäten, Stg. *Mayntz, R./Wolf, H.-G. 1994*: Deutsche Forschung im Einigungsprozeß, Ffm. *OECD* 1992: Science and Technology Policy. Review and Outlook 1991, Paris.

Katharina Holzinger

Wohlfahrtsstaat/Sozialstaat

I. Der Begriff „Wohlfahrtsstaat" (W.) *(welfare state)* charakterisiert als deskriptives Konzept einen bestimmten Typus der Staatstätigkeit. Er kennzeichnet Länder, in denen der → Staat eine aktive Rolle in der Steuerung wirtschaftl. und gesellschaftl. Abläufe übernimmt und einen beträchtlichen Teil seiner Ressourcen sozialpolit. Zwecken widmet, die der Forderung nach einer größeren → Gleichheit der Lebenschancen in den Dimensionen Einkommenssicherung, Gesundheit, Wohnen und Bildung nachkommen. In diesem internat. gebräuchlichen Konzept schwingt eine Verpflichtung des Staates auf eine umfassende Politik des Ausbaus sozialer Staatsbürgerrechte mit, die sich nicht mit der Sicherung von Konsumchancen begnügt, sondern

auch die Förderung von Wirtschaftswachstum und Vollbeschäftigung anstrebt und den Abbau ungleicher Teilnahmechancen am gesellschaftl. und polit. Leben zum Ziel erhebt.
Der in Deutschland bevorzugt verwendete Begriff „Sozialstaat" (S.) impliziert als Alternativkonzept nicht nur eine sozialpolit. Verpflichtung des Staates, sondern auch eine Kampfansage gegen das Ausufern des umfassenderen, als freiheitsgefährdend gedeuteten W., der gesellschaftl. Freiräume zugunsten einer umfassenden Betreuung der Bürger von der Wiege bis zur Bahre einschränkt. Der W. erscheint dann als eine krebsartig wuchernde Entartung des in positiverem Licht gesehenen, maßvolleren Sozialstaats. In diesem Beitrag werden beide Begriffe synonym verwendet.
II. Versuche, die empirische Vielfalt sozialstaatl. Gestaltungsformen in typologisierende Begriffsschemata einzuordnen, haben in der vergleichenden Forschung eine lange Tradition. Man hat aber gewöhnlich nicht „Wohlfahrts- und Sozialstaaten" unterschieden, sondern von „*Bismarck*- und *Beveridge*-Ländern" gesprochen, institutionelle und residuale Modelle des W. einander gegenübergestellt, universelle und berufsbezogene Systeme unterschieden, auch Versorgungs-, Versicherungs- und Fürsorgeprinzipien voneinander abgegrenzt oder die prägende polit. Orientierung zum Anlaß genommen, sozialdemokratische, christdemokratische und liberale Wohlfahrtsstaatstypen zu unterscheiden. Sämtliche Typologien sind Vereinfachungen, die der mannigfachen Vielfalt sozialstaatl. Programme in verschiedenen Dimensionen wie Ausdehnungsgrad, Leistungshöhe, Finanzierungsweise oder Umverteilungsgrad nur teilweise gerecht werden können. Darüber hinaus beschränken sie sich im wesentlichen auf den Kernbereich der sozialen Sicherung bzw. die „klassischen", einkommenssichernden sozialpolit. Programme und Instrumente.

Empirisch lassen sich in den entwickelten Industrieländern für diesen Kernbereich vier Gestaltungsformen unterscheiden: 1) universelle und egalitäre Sicherungseinrichtungen mit großzügigen Transferzahlungen und ausgebauten sozialen Dienstleistungen, die weitgehend aus allg. Steuermitteln finanziert werden (das schwedische Modell der 1970er und 1980er Jahre); 2) universelle, egalitäre Sicherungssysteme, die aus allg. Steuermitteln finanziert werden, aber mit knapp bemessenen Leistungen primär auf die Vermeidung von → Armut abzielen (das englische, ursprünglich von Lord *Beveridge* konzipierte Modell); 3) umfassende, aber kategoriell getrennte, auf die Statussicherung verschiedener Berufsgruppen abzielende Systeme mit überwiegender Beitragsfinanzierung (das dt. und kontinentaleurop. Sozialversicherungsmodell); 4) begrenzte und regional variierende Sicherungen für bestimmte Sozialkategorien, die beitragsfinanziert sind und lediglich als Ergänzung privater Vorsorge fungieren (das residuale Modell der USA oder auch der Schweiz).
In der deutschen sozialpolit. Literatur wird der S. traditionell mit den staatl. Maßnahmen zur Sicherung des Einkommens im Falle des Ausfalls oder der Unzulänglichkeit der Arbeitskraft identifiziert. Auch das Internationale Arbeitsamt (ILO) folgt in seinen Berichten über die Kosten der sozialen Sicherheit im wesentlichen dieser Eingrenzung, bezieht aber auch die Aufwendungen für das öffentl. Gesundheitswesen, das Familiengeld, die → Sozialhilfe und die Kriegsfolgelasten in seine Definition der Sozialausgaben mit ein. In der angelsächsischen Literatur zur → Sozialpolitik werden gewöhnlich neben der Einkommenssicherung die → Gesundheitspolitik, die → Wohnungspolitik und auch die → Bildungspolitik zu den wohlfahrtsstaatl. Aktivitäten gerechnet. Auch in umfassenden dt. Abgrenzungen gilt die Bildungspolitik dagegen i. d. R. nicht als Bestandteil der Sozialpolitik, während die

staatl. Regulierung der Arbeitsbedingungen dazugerechnet wird. Gemeinsam ist dt. und internat. begrifflichen Abgrenzungen zumeist, daß sie den Bereich der sozialen Dienstleistungen (z. B. Altenpflege- und Kinderbetreuungseinrichtungen) nur unzureichend oder gar nicht erfassen.

III. Nach relativ bescheidenen Anfängen am Ausgang des 19. Jh. ist der W. aufgrund seines langen Wachstums heute zu einem zentralen Strukturmerkmal aller Länder Westeuropas geworden, das zusammen mit der marktwirtschaftl. Organisation der Wirtschaft (→ Marktwirtschaft) und der repräsentativen → Demokratie eines der Grundelemente der strukturellen Einheit Europas darstellt. Allerdings tragen die wohlfahrtsstaatl. Institutionen auch zur nat. Vielfalt bei, denn die sozialpolit. Regelungen verschiedener Staaten zeigen nach wie vor große Variationen. So war der Anstieg der Sozialausgaben zwar allen Ländern gemeinsam, aber er war nicht überall gleichermaßen steil. Die nat. Unterschiede bezüglich des für die Sozialleistungen verausgabten Anteils der Wirtschaftsprodukte sind in der Nachkriegszeit sogar angewachsen. Große Vielfalt herrscht auch in der Finanzierungsweise der sozialen Sicherungssysteme. Während einige Nationen die Hauptlast der Abgaben der Staatskasse aufbürden (Irland, GB und die skandinavischen Länder), ziehen die katholischen Länder (Frankreich, Italien sowie lange Zeit auch Belgien und Österreich) vorrangig die Arbeitgeber zur Finanzierung heran. Eine dritte Gruppe von mitteleurop. Ländern (BRD, Schweiz, Niederlande sowie zuletzt auch Österreich) verteilt die Last dagegen relativ ausgewogen auf die versicherten Bürger, die Arbeitgeber und die öffentl. Hand.

1. Die Entwicklung des modernen W. hat vor rund hundert Jahren ihren Anfang genommen, als mehrere europ. Staaten Sicherungssysteme gegen das Risiko des Einkommensverlustes errichteten. Zwar reichen die Ursprünge kollektiver Daseinsvorsorge sehr viel weiter in die Geschichte zurück – so kannte etwa schon das antike Rom eine öffentl. Armenunterstützung und Familienbeihilfen –, aber die seit dem Ausgang des 19. Jh.s. geschaffenen modernen Sicherungsprogramme heben sich durch eine Reihe von Kennzeichen von ihren historischen Vorläufern ab: 1) Sie basieren auf nat. gesetzlicher Regelung. 2) Sie sichern das Einkommen im Falle des Eintritts gewisser Standardrisiken des Einkommensverlustes. 3) Auf die Leistungen besteht ein individueller Rechtsanspruch, und der Leistungsempfang ist mit keinerlei polit. Diskriminierungen verknüpft. 4) Die Systeme haben verpflichtenden Charakter, d. h. sie unterwerfen entweder bestimmte Personengruppen dem Versicherungszwang oder sie verpflichten öffentl. Instanzen zur Subventionierung freiwilliger Versicherungen. 5) Zur Finanzierung werden neben den Versicherten der Staat und die Arbeitgeber herangezogen.

Die Errichtung dieser Sicherungssysteme bedeutete gegenüber den Prinzipien der in Europa schon seit dem 16. Jh. verbreiteten staatl. Armenpflege eine völlige Umkehr. Während die Armenpflege von der Vorstellung eines individuellen Verschuldens der Hilfsbedürftigkeit ausging und am kollektiven Wohl im Sinne der Wahrung öffentl. Ordnung orientiert war, rückte die → Sozialversicherung die kollektiven Ursachen von Notlagen in den Vordergrund und erklärte die individuelle Wohlfahrt zu einem rechtlich abzusichernden Ziel.

Der durch die Garantie eines Rechtsanspruches auf staatl. Sozialleistungen markierte gesellschaftl. Wandel muß im Zusammenhang mit anderen zentralen Strukturwandlungen der europ. Gesellschaften gesehen werden. Herausragende Aspekte des gesellschaftl. Transformationsprozesses des 19. Jh. waren die Verschärfung sozialer Notlagen im Zuge eines beschleunigten Bevölkerungswachstums, rascher Verstädterung und kapitalistischer Industrialisierung; die Politisierung sozialer Probleme durch die Demokratisierung des → Wahlrechts und die gewerkschaftliche und polit. Mobilisierung der Arbeiter; das Wachstum staatl. Kapazitäten im Zuge der Rationalisierung der Staatsverwaltung durch die Neuordnung der Staatsfinanzen und die Schaffung einer amtlichen Statistik; und schließlich die gesteigerte Verfügbarkeit von Ressourcen im Rahmen eines beschleunigten Wirtschaftswachstums.

2. Als erstes Land reagierte das Deutsche Reich unter *Bismarck* auf die neuen Bedingungen, indem es in rascher Folge Pflichtversicherungen gegen Krankheit (1883), industrielle Unfälle (1884) sowie Invalidität und Alter (1889) errichtete. Die meisten anderen westeurop. Nationen folgten dem dt. Beispiel bald darauf mit eigenen Gesetzgebungen, die entweder ebenfalls die Versicherungspflicht begründeten oder aber eine staatl. Subventionierung freiwilliger Versicherungen vorsahen. In der Regel wurden wie in D vier getrennte Systeme, je nach der dem Einkommensverlust zugrundeliegenden Ursache, geschaffen, nämlich Unfallversicherung, Krankenversicherung, Rentenversicherung und Arbeitslosenversicherung, wobei unter dem gemeinsamen Dach der Rentenversicherung gewöhnlich die Risiken Alter, Invalidität und Tod des Ernährers einer Familie zusammengefaßt wurden. Der Großteil aller Programme entstand in einer Zeitspanne von etwa dreißig Jahren zwischen 1885 und 1915. Nur die Arbeitslosenversicherung wurde generell erst nach der Jahrhundertwende und meist erst nach dem I. Weltkrieg errichtet. Andere Sicherungssysteme wie das Familiengeld oder Leistungen bei Pflegebedürftigkeit sind i. d. R. noch jüngeren Ursprungs.

Nicht alle Länder schufen ihre Sicherungsprogramme jedoch zur gleichen Zeit oder in derselben Reihenfolge, und nicht alle errichteten Systeme gewährten den gleichen Schutz. Am frühesten und weitestgehenden reagierten die Länder mit autoritärer polit. Ordnung auf die neuen gesellschaftl. Herausforderungen. Obwohl sie im europ. Vergleich zu den Nachzüglern der sozioökonom. Entwicklung zählten, führten die autoritären Monarchien, in denen die Parlamentsbefugnisse zugunsten der Vorrechte des Königs beschränkt blieben, Sozialversicherungen früher ein als die parlamentarischen Demokratien, und sie begnügten sich seltener als die Demokratien mit der bloßen Subventionierung freiwilliger Programme (vgl. dazu im Detail *Alber* 1982). Bemerkenswert ist auch, daß die ersten Sicherungssysteme meist bereits eingeführt wurden, bevor die Arbeiterparteien Zutritt zu den nat. Parlamenten gefunden hatten. Es wäre daher verfehlt, in den modernen wohlfahrtsstaatl. Institutionen primär eine Errungenschaft der → Arbeiterbewegung zu sehen. Die Entstehungsphase der westeurop. W. war vielmehr eine Phase der autoritären Sozialpolitik „von oben", die von traditionellen → Eliten getragen war, denen es darum ging, ihre → Herrschaft zu stabilisieren und die wachsende Arbeiterbewegung in die bestehende Gesellschaftsordnung zu integrieren.

3. Der liberalen Hoffnung, daß die allg. Wohlstandssteigerung im Zuge der freien Entfaltung der Wirtschaftskräfte sozialstaatl. Maßnahmen überflüssig machen würde, standen von Anfang an eingebaute Wachstumstendenzen der Programme entgegen. Zunächst mußten die Systeme um so aufwendiger werden, je mehr sich die versicherten Risiken verbreiteten. War eine Unfall-, Kranken-, Renten- oder Arbeitslosenversicherung erst einmal geschaffen, so fanden auch die wachsende Zahl der Betriebsunfälle, das Vordringen neuer Krankheiten, die zunehmende Lebenserwartung und Überalterung der Bevölkerung sowie die erweiterten Wellen der → Arbeitslosigkeit unmittelbaren Niederschlag in wachsenden Ausgabeverpflichtungen. Zweitens mußten die Programme in dem Maße aufwendiger werden, in dem ein wachsender Anteil der dem Risiko ausgesetzten Bevölkerungskreise die gesetzlichen Voraussetzungen für einen Leistungsanspruch erfüllte. Je mehr alte Menschen etwa die für den Rentenbezug erforderliche Mindestzahl von Beiträgen geleistet hatten, desto höher mußten im Laufe der Zeit die Rentenausgaben klettern. Schließlich legte die an das Arbeitseinkommen gekoppelte Leistungsberechnung einen Grundstein für die Ausgabenexpansion, denn bei steigenden Löhnen und anhaltender Prosperität mußte der Lohnersatz

automatisch erhöhte Ausgleichszahlungen nach sich ziehen.

Über solche automatischen Wachstumstendenzen hinaus bot die Errichtung der Programme aber auch eine Plattform für polit. Forderungen nach Ausdehnungen durch den Gesetzgeber. Zunächst weckte die Politik der Einkommenssicherung im Gegensatz zu der mit sozialer Deklassierung verbundenen Armenfürsorge auch bei den besser verdienenden Schichten ein Interesse an der Einbeziehung in den staatl. Schutz. Einmal der Versicherung angeschlossen, entwickelten die Mitglieder der Systeme ein Interesse an der Verbesserung der Leistungen und der Abschwächung disziplinierender Kontrollen. Schließlich mußten auch die neu geschaffenen Sozialbürokratien an der Ausdehnung ihrer Zuständigkeiten, an Gehaltserhöhungen und an der stellensichernden Erweiterung der Programme interessiert sein.

Das kontinuierliche Wachstum der Systeme läßt sich am einfachsten und eindrucksvollsten an der Zahl der ihnen angeschlossenen Mitglieder und an der Höhe der sozialen Ausgaben verfolgen. Der Mitgliederkreis der sozialen Sicherungssysteme wuchs nach einem Ausdehnungsmuster, das entgegengesetzt zur Entwicklung des Wahlrechts verlief. Während das Wahlrecht allmählich von oben nach unten auf die ökonom. Schwachen erweitert wurde, wanderte die Sozialversicherung i. d. R. von unten nach oben durch die → Sozialstruktur. Vor dem I. Weltkrieg noch meist auf die Industriearbeiter und minderbemittelte Angestellte beschränkt, wurden die Pflichtversicherungen in der Zwischenkriegszeit sukzessiv auf die besser verdienenden abhängig Erwerbstätigen und nach dem II. Weltkrieg auch zunehmend auf die Selbständigen ausgedehnt. In der Nachkriegszeit wurde das Versicherungsverhältnis darüber hinaus zunehmend von der Erwerbstätigkeit gelöst und in vielen Ländern auf die gesamte Wohnbevölkerung ausgedehnt (z. B. in Form von Volksrenten oder nat. Gesundheitsdiensten). Alle westeurop. Staaten nähern sich somit heute einer umfassenden Sicherung der gesamten Wohnbevölkerung.

4. Der Wandel von der ursprünglichen Arbeiterversicherung zur sozialen Sicherheit für die gesamte Bevölkerung führte in Verbindung mit wiederholten Erweiterungen des Leistungskatalogs zu einem steilen Anstieg der Sozialausgaben. Um die Jahrhundertwende erreichten die Ausgaben aller dt. Sozialversicherungsprogramme erst ein Prozent des → Sozialprodukts, und die Sozialausgaben aller anderen europ. Länder blieben dahinter noch weit zurück. Seither hat sich der Anteil der Sozialausgaben wiederholt vervielfacht, wobei die Zeit nach dem II. Weltkrieg im Zeichen eines deutlich beschleunigten Wachstums stand. Seit Mitte der 1970er Jahre lassen sich jedoch für viele europ. Länder zumindest zeitweilige Anzeichen der Stagnation oder gar eines Abbaus erkennen. Die Bremsung des Wachstums liegt zum einen in der Tatsache begründet, daß die nahezu vollständige Ausdehnung der Sicherungssysteme auf die gesamte Bevölkerung für zusätzliche Erweiterungen kaum mehr Raum läßt. Zum zweiten gehen wachsende ökonom. Probleme, die steigende Abgabenlast und die allg. Finanzknappheit der öffentl. Haushalte mit zunehmenden Widerständen gegen die weitere Ausdehnung wohlfahrtsstaatl. Programme einher. Nicht zuletzt wird auch der Internationalisierung der Wirtschaft und den damit verbundenen Einschränkungen nationalstaatl. Handlungsautonomie eine hemmende Wirkung auf wohlfahrtsstaatl. Aktivitäten zugeschrieben.

In der Abgrenzung der ILO haben die Aufwendungen für soziale Sicherheit ihren Anteil am Bruttoinlandsprodukt zwischen 1950 und 1995 im westeurop. Durchschnitt von 9 % auf 26 % erhöht. Am höchsten war ihr Anteil nach der geringfügig abweichenden Definition der OECD in Schweden, Dänemark (jeweils 33 %), Finnland (32 %) und Frankreich (30 %), während sich am anderen Ende des Spektrums Griechenland (17 % in 1993), Portugal, Irland (jeweils 19 %) und Spanien (21 %) finden. Die BRD, die in Westeuropa bis 1959 noch an führender Stelle lag, war Ende der 1980er Jahre ins Mittelfeld abgerutscht (*Alber* 1998); nach der Vereinigung stieg die Sozialleistungsquote jedoch trotz diverser Kürzungen von Leistungsgesetzen wieder auf knapp 30 %

in 1995 an (*ILO* versch. Jahre; *OECD* 1999). Ähnlich wie D haben auch die meisten anderen europ. Länder den Anstieg der Sozialleistungsquoten seit Mitte der 1970er Jahre deutlich gebremst.

IV. Für Sozialwissenschaftler, die die Entwicklung des W. in vergleichender Perspektive zu analysieren versuchen, stellen die nat. Gemeinsamkeiten und Unterschiede eine doppelte Herausforderung dar. Zum einen gilt es, die Bedingungsfaktoren der historischen Entwicklungsmuster zu verstehen, zum anderen aber auch, die Folgeerscheinungen unterschiedlicher institutioneller Ausgestaltungen zu analysieren. Die Untersuchung der ersten Fragestellung kann z. B. Hinweise darauf geben, ob der W. in Zukunft eher wachsen oder schrumpfen wird, die der zweiten kann aufzeigen, welche polit. Instrumente zur Bewältigung sozialer Probleme am wirksamsten beitragen.

1. In der sozialwissenschaftl. Theoriebildung herrscht Einigkeit darüber, daß die Entstehung des W. eine Reaktion auf langfristige gesellschaftl. Entwicklungsprozesse darstellt, deren zentrale Elemente die Industrialisierung und die Demokratisierung sind. Wohlfahrtsstaatl. Institutionen sind nach diesem Verständnis als Produkt wachsender Sicherungsbedürfnisse entstanden, die aus veränderten Lebensformen im Verlauf der Industrialisierung und Verstädterung entsprangen, in polit. Mobilisierungs- und Organisationsprozessen Ausdruck fanden und in erweiterten Kapazitäten der staatl. → Bürokratien auf Möglichkeiten ihrer Bewältigung trafen. Uneinigkeit besteht zwischen verschiedenen Theoretikern darüber, welches dieser Faktorenbündel von ausschlaggebender Bedeutung war.
Während Funktionalisten in der Entwicklung des W. vor allem eine Antwort auf Erfordernisse des soziodemographischen und sozioökonom. Wandels sahen, die mit Hilfe wachsender wirtschaftl. Ressourcen ermöglicht wurde, begreifen Konflikttheoretiker insbes. die Gleichheitsforderungen der Arbeiterbewegung als zentrale Triebfeder der Entwicklung. Dieser Druck von unten wird auch von Elitentheoretikern für indirekt maßgeblich angesehen, entscheidend waren ihrer Ansicht nach jedoch die Legitimierungsbestrebungen der herrschenden, oft nicht demokratisch gewählten Eliten. Institutionalistische Ansätze verweisen dagegen auf die Autonomie staatl. Akteure und die Bedeutung institutioneller Strukturen als Determinanten der polit. Handlungschancen und –restriktionen. Inwieweit diese Faktorenbündel nicht nur für die Ausdehnung wohlfahrtsstaatl. Programme, sondern auch für wohlfahrtsstaatl. Reformen und Kürzungen Erklärungskraft besitzen, ist in der aktuellen Wohlfahrtsstaatforschung noch umstritten.

2. Die vergleichende empirische Forschung hatte sich zunächst vor allem der Fragestellung gewidmet, inwieweit das Wachstum des W. eine Funktion von sozioökonom. Entwicklungen war und welchen Einfluß das polit. Wirken verschiedener Regierungen ausgeübt hat.
Eine erste Generation vergleichender Studien, die sich ab Mitte der 1960er Jahre auf den Vergleich der Sozialleistungsquoten einer großen Zahl von Ländern auf verschiedenen wirtschaftl. Entwicklungsniveaus konzentrierte, kam überwiegend zu dem Ergebnis, daß sozialstaatl. Anstrengungen primär durch das Ausmaß der im Industrialisierungsprozeß anfallenden sozialen Probleme und die zur Verfügung stehenden Ressourcen bestimmt werden, wogegen Unterschiede der parteipolit. Zusammensetzung der → Regierung nur eine sekundäre Rolle spielen. Eine zweite Generation von verfeinerten Untersuchungen seit der Mitte der 1970er Jahre hat dagegen gezeigt, daß unterschiedliche Regierungen der Sozialpolitik durchaus ihren Stempel aufdrücken. Zwar haben alle Parteien der breiten polit. Mitte zum Wachstum der westeurop. W. beigetragen, die von Arbeiterparteien geführten Regierungen spielten dabei jedoch insgesamt eine etwas aktivere Rolle als die Regierungen → Bürgerlicher Parteien. Grundlage des beschleunigten Wachstums nach dem II. Weltkrieg scheinen dennoch vorwiegend die hohen wirtschaftl. Wachs-

tumsraten gewesen zu sein (vgl. zusammenfassend *Schmidt* 1998; *Wilensky* u. a. 1985; *Flora* 1986; *Alber* 1982). Neuere vergleichende Studien zeigen überdies, daß sich Unterschiede der institutionellen Gestaltung der Sozialpolitik weitgehend auf polit. Machtverhältnisse zurückführen lassen (z. B. Dauer der Regierungsbeteiligung, Koalitionenbildungen, Einheit oder Fragmentierung der polit. Lager). Unterschiedliche Gestaltungsformen der Sozialpolitik sowie die sozialen Wirkungen der Programme werden demnach dadurch bestimmt, ob bzw. inwieweit sich liberale, konservative, christdemokratische oder sozialdemokratische Leitvorstellungen durchsetzen konnten. Im Zentrum dieser Arbeiten steht der Versuch, die Existenz verschiedener Wohlfahrtsstaaten-Typen bzw. *Welfare State Regimes* nachzuweisen, die sich durch ihre historisch-polit. Entwicklung und durch zentrale Charakteristika ihrer Sozialpolitik voneinander unterscheiden (vgl. z. B. *Esping-Andersen* 1990, 1999; *Castles/Mitchell* 1993). In jüngster Zeit beschäftigt sich die vergleichende Wohlfahrtsstaatsforschung verstärkt mit dem Ausmaß und den Bestimmungsfaktoren von Kürzungsmaßnahmen und der Fortentwicklung des W. in einer sich zunehmend internationalisierenden Welt (vgl. z. B. *Pierson* 1994). Diese Arbeiten fragen unter anderem danach, welche Faktoren Variationen von wohlfahrtsstaatl. Reformen im Länder- oder Programmvergleich erklären können.

Neuere Untersuchungen beschäftigen sich auch mit bisher unterbelichteten Dimensionen des W., wie Mindestsicherungsprogrammen (z. B. *Eardley* u. a. 1996) und sozialen Dienstleistungen (vgl. z. B. *Rostgaard/Fridberg* 1998). Standen bisher die auf am Arbeitsmarkt konstituierte Problemlagen abzielenden „klassischen" sozialpolit. Programme im Mittelpunkt der Aufmerksamkeit, so wendet man sich nun verstärkt den Problemen von Gruppen zu, deren Lebenslagen nicht auf dem Arbeitsmarkt konstituiert werden, wie pflegebedürftigen älteren Menschen und Kindern.

3. Erst relativ spät begann sich die Forschung stärker mit den Wirkungen des W. zu beschäftigen (vgl. *Ringen* 1987). Die Debatte kreist hier vor allem um drei Themen: die wirtschaftl. Wirkungen des W., Arbeitsanreize und die Vermeidung von Armut.

Im Hinblick auf die Funktionsfähigkeit der Wirtschaft wird gefragt, ob der W. durch die Gewährleistung des sozialen Friedens und der sozialen Abfederung von Umstrukturierungsprozessen eine Quelle ökonom. Produktivität ist oder ob die wachsende Abgabenlast und die damit steigenden Arbeitskosten die Wettbewerbsfähigkeit von S. einschränken und das Potenzial für zukunftsträchtige Investitionen schwächen. Damit eng verbunden ist die Debatte über das Verhältnis von Sozialleistungen und Niedriglöhnen. Befürchtet wird, daß das hohe Niveau sozialer Sicherungsleistungen Arbeitsanreize untergrabe, indem es Menschen ein ausreichendes Einkommen außerhalb des Arbeitsmarktes sichere, damit Eigeninitiative wie Selbsthilfepotenziale schwäche und schließlich zu langfristiger Abhängigkeit von Sozialleistungen führe. Auf gesamtwirtschaftl. Ebene wird die Gefahr von Dauerarbeitslosigkeit auch deshalb gesehen, weil niedrig qualifizierte Tätigkeiten mit geringer Wertschöpfung wegen der hohen Mindestsicherung durch die → Sozialhilfe und der aus den hohen Beitragslasten resultierenden Verteuerung des Faktors Arbeit vom Arbeitsmarkt verdrängt würden. Empirische Längsschnittanalysen zur Inanspruchnahme von Sozialhilfeleistungen in mehreren Ländern zeigen allerdings, daß ein weit kleinerer Bevölkerungsanteil langfristig von Mindestsicherungsleistungen abhängig ist, als Querschnittsanalysen vermuten lassen (*Leibfried* u. a. 1995; *Leisering/Walker* 1998). Allerdings bedeutet die hohe Fluktuation auch, daß ein beträchtlicher Anteil der Bevölkerung zumindest sporadisch Mindestsicherungsleistungen in Anspruch nehmen muß. Auch für die Frage, ob der sich durch eine starke Erwerbsorientierung auszeichnende deutsche S. zur Segmentierung der Gesellschaft und zur Herausbildung einer „Zwei-Drittel-Gesellschaft" geführt hat, können Längsschnittanalysen aufschlußreiche Erkenntnisse liefern. Über einen längeren Zeitraum von ca. acht Jahren betrachtet sind tatsächlich knapp ein Drittel der Bevölkerung gelegentlich von Armut betroffen, die wenigsten jedoch kontinuierlich über mehrere Jahre (*Leibfried* u. a. 1995). Dennoch ist in allen Bereichen der Einkommensskala die Einkommensmobilität so hoch, daß kaum von einer dauerhaften Segmentierung der Bevölkerung gesprochen werden kann (*Müller/Frick* 1997). Im internat. Vergleich zeichnet sich der deutsche W. überdies durch eher unterdurchschnittliche Armutsquoten aus (*Atkinson* u. a. 1995; *Alber 1998*). Die andauernde Einkommensarmut in hochentwickelten W. wirft allerdings nicht nur für Deutschland die Frage nach den institutionellen Bedingungen für einen wirksamen Schutz vor Armut auf, denn in OECD-Ländern lebt im Durchschnitt grob ein Zehntel der Bevölkerung in relativer Armut. Dabei leiden insbes. Kinder unter einem überdurchschnittlichen Armutsrisiko (*Cornia/Danziger* 1997), während die in früheren Jahren besonders stark von Armut betroffenen alten Menschen mit der Ausdehnung der Rentensysteme in vielen Ländern ihre Einkommensposition deutlich verbessern konnten.

4. Trotz zunehmender Zweifel bezüglich der Wirksamkeit und der schädlichen Nebenwirkungen sozialstaatl. Aktivitäten wird der W. auch weiterhin ein zentrales Strukturelement industrialisierter Gesellschaften bleiben. Dafür spricht nicht zuletzt, daß die Ausdehnung der Sicherungsprogramme eine große sozialpolit. Klientel mit erheblichem Gewicht an den Wahlurnen heranwachsen ließ.

In der BRD lebten nach den Ergebnissen des Mikrozensus im Jahr 1960 7,2 Mio. Bürger überwiegend von Sozialleistungen. Das entsprach damals 19 % der Wahlberechtigten. 1998 bestritten dagegen bereits knapp 24 Mio. Personen bzw. 39 % der Wahlbevölkerung ihren Lebensunterhalt primär aus Renten oder ähnlichen Einkünften. Die große Masse der Erwerbsbevölkerung ist mit eigenem Leistungsanspruch in die Sicherungssysteme integriert und bezieht ihrerseits einen wesentlichen Teil des verfügbaren Haushaltseinkommens aus staatl. Transferzahlungen.

Daneben wuchs in allen Ländern Westeuropas der Anteil der öffentl. Beschäftigten, die an der Aufrechterhaltung staatl. Tätigkeiten ein materielles Interesse haben. Insofern ist ein Abbau des S. unwahrscheinlich. Veränderte Umweltbedingungen werden allerdings institutionelle Anpassungen im Sinne eines Umbaus der Sozialpolitik erforderlich machen. Zu den wichtigsten Aufgaben zählt dabei die Anpassung des S. an den sich weltweit vollziehenden soziodemographischen Wandel mit einer z. T. dramatischen Alterung der Bevölkerung (vgl. *OECD* 1994; *Weltbank* 1994). Damit geht nicht nur ein Reformdruck in den durch höhere Ausgaben bei gleichzeitig schrumpfenden Einnahmen besonders belasteten Rentenversicherungen einher, sondern auch ein wachsender Bedarf an Gesundheitsleistungen und sozialen Diensten für ältere Menschen. Gleichzeitig erzwingen die wachsende Kinderarmut und zunehmende Probleme der Vereinbarkeit von Familie und Beruf in vielen Ländern eine Überprüfung der traditionellen Familien- und Dienstleistungspolitik.

Lit.: *Alber, J.* 1982: Vom Armenhaus zum Wohlfahrtsstaat: Analysen zur Entwicklung der Sozialversicherung in Westeuropa, Ffm/NY. *Alber, J.* 1998: Der deutsche Sozialstaat im Licht international vergleichender Daten, Leviathan, 26(2), 199–227. *Atkinson, A. B.* u. a. 1995: Income Distribution in OECD Countries: Evidence from the Luxembourg Income Study, Paris. *Castles, F. G./Mitchell, D.* 1993: Worlds of welfare and families of nations, in *Castles, F.* (Hrsg.): Families of Nations: Patterns of Public Policy in Western Democracies, Aldershot, 93–128. *Cornia, G. A./Danziger, S. H.* (Hrsg.) 1997: Child Poverty and Deprivation in the Industrialized Countries, 1945–1995, Ox. *Eardley, T.* u. a. 1996: Social Assistance in OECD Countries, 2 Bde (Department of Social Security Research Report No. 46), L. *Esping-Andersen, G.* 1990: The Three Worlds of Welfare Capitalism, Camb. *Esping-Andersen, G.* 1999: Social Foundations of Postindustrial Economies, Ox. *Flora, P.* (Hrsg.) 1986: Growth to limits: the Western European Welfare States since World War II, 3 Bde, Bln. *ILO* (versch. Jahre): The Cost of Social Security, Genf. *Leibfried, S.* u. a. 1995: Zeit der Armut: Lebensläufe im Sozialstaat, Ffm. *Leisering, L./Wal-

ker, R. (Hrsg.) 1998: The Dynamics of Modern Society: Poverty, Policy and Welfare, Bristol. *Müller, K./Frick, J.* 1997: Die Äquivalenzeinkommensmobilität in den neuen und alten Bundesländern 1990 bis 1994, in: *Hradil, S./Pankoke, E.* (Hrsg.): Aufstieg für alle?, Opl., 103–154. *OECD* 1994: Caring for Frail Elderly People: New Directions in Care, Paris. *OECD* 1999: Social Expenditure Database 1980/1996, Paris. *Pierson, P.* 1994: Dismantling the Welfare State? Reagan, Thatcher, and the Politics of Retrenchment, Camb. *Ringen, S.* 1987: The Possibility of Politics: A Study in the Political Economy of the Welfare State, Ox. *Rostgaard, T./Fridberg, T.* 1998: Caring for Children and Older People – A Comparison of European Policies and Practices, Kopenhagen. *Schmidt, M. G.* ²1998: Sozialpolitik – Historische Entwicklung und internationaler Vergleich, Opl. *Schmidt, M. G.* (Hrsg.) 2000: Wohlfahrtsstaatliche Politik, Opl. *Weltbank* (1994): Averting the Old Age Crisis: Policies to Protect the Old and Promote Growth, Ox. *Wilensky, H. L.* u. a. (Hrsg.) 1985: Comparative Social Policy: Theories, Methods, Findings, Berkeley.

Jens Alber/Christina Behrendt

Wohnungspolitik

Unter Wohnungspolitik (W.) versteht man die polit. Festlegung von Rahmenbedingungen, Zielen und Instrumenten der Wohnraumversorgung in rechtl., wirtschaftl., finanzieller, sozialer, städtebaulicher, ökolog. und kultureller Hinsicht. Sie werden in einem demokratischen Gemeinwesen von der jeweiligen parlamentarischen Mehrheit formuliert und sind daher zeitgebunden. W. definiert den Rahmen der gesamt- und einzelwirtschaftl. Tätigkeiten, die sich mit der Herstellung und Benutzung des Wirtschafts- und Sozialgutes „Wohnung" beschäftigen. Dementsprechend unterscheidet man auch zwischen Wohnungsneubau- und Bestandspolitik sowie zwischen Neubauwirtschaft und Bestandswirtschaft. Die staatl. normierten Ziele der W. werden durch direkte und indirekte hoheitliche Interventionen in die wohnungswirtschaftl. Prozesse erreicht.

1. Gegenstand der W. ist das Gut „Wohnung" mit allen angesprochenen gesellschaftspolit. Bezügen. Der Umgang mit diesem Politikgegenstand bestimmt sich nach der polit. Grundentscheidung, ob die Wohnung als ein Wirtschaftsgut oder als ein Sozialgut behandelt werden soll. Erst nach dieser Grundentscheidung können Aufgabenfeld, Ziele und Instrumente definiert werden.

Während die Vertreter der marktwirtschaftl. Ordnungspolitik Staatseingriffe vollständig oder weitgehend ablehnen und auf die Regulierungswirkung des Marktes vertrauen, sehen die Sozial- und Familienpolitiker in der Wohnung mehr als ein technisches Gut. Nach ihrer Auffassung wird mit der jeweiligen Wohnform zugleich eine wesentliche Rahmenbedingung für den Lebensmittelpunkt der Menschen und die Sozialisation der Familie bestimmt. Außerdem weisen sie zu recht darauf hin, daß die Regeln des Marktes auf vielen Wohnungsteilmärkten nur sehr begrenzt wirken. Es ist deshalb mit der überwiegenden Meinung davon auszugehen, daß sowohl der Staat (Bund und Länder) als auch die örtliche Gemeinschaft (Städte und Gemeinden) die Rahmenbedingungen für das Sozialgut „Wohnung" beeinflussen müssen, um die jeweiligen sozialpolit. Ziele (z. B. ausreichenden und familiengerechten Wohnraum) erreichen zu können. Zum Aufgabenfeld der W. in diesem Sinne gehört deshalb sowohl der Wohnungsneubau als auch der Wohnungsbestand. W. hat sich somit mit der Planung, dem Bau, der Finanzierung und der Förderung des Wohnungsbaus zu beschäftigen und dabei auch Fragen hinsichtlich der Zielgruppen, für die gebaut werden soll (z. B. Eigentum- oder Mietwohnungsbau), wie als auch hinsichtlich des städtebaurechtlichen Standortes und Umfeldes zu entscheiden. In der Bestandspolitik geht es sowohl um objektbezogene Fragestellungen hinsichtlich der Bewirtschaftung und Unterhaltung von Wohnraum und von Wohnsiedlungen wie auch

um personenbezogene Entscheidungen hinsichtlich der Verteilung von Wohnraum wie auch der Belegung und Mischung einzelner Wohnsiedlungen oder ganzer Wohnquartiere (Belegungspolitik).
In einer durch den Sozialstaatsbegriff des Grundgesetzes geprägten → Sozialen Marktwirtschaft ist insb. der Wohnungsmarkt Regelungen des Sozialrechts im weiteren Sinne unterworfen, so daß von einer sozialen Wohnungsmarktwirtschaft gesprochen werden kann: Bau und Erwerb von Gebäuden bestimmt sich nach der jeweiligen kommunalen Bodenpolitik; die Wohnungsnutzung unterliegt besonderen rechtl. Regelungen, wie z. B. dem Mietrecht.
2. Eine aktive Siedlungs- und Wohnungspolitik gab es in D in der neueren Geschichte im Zusammenhang mit der Gewerbepolitik des absolutistischen Staates (Merkantilismus), die jedoch bereits in der Phase des Liberalismus ihr Ende fand. Der Rückzug des Staates aus der sozialen Politik während der Frühphase der Industrialisierung führte zu den Wohnformen des Industriekapitalismus des 19. Jh. mit Mietskasernen und Wohnungselend in den großen Städten, und erst mit der Weimarer Republik wurden wieder sowohl eine aktive Wohnungsbestandspolitik als auch eine Neubaupolitik betrieben. Gemäß Artikel 155 Abs. 1 der Verfassung von 1919 sollte „jedem Deutschen eine gesunde Wohnung und allen deutschen Familien, besonders kinderreichen, eine ihren Bedürfnissen entsprechende Wohn- und Wirtschaftsheimstätte“ gesichert werden. Das Grundgesetz der BRD von 1949 enthält zwar keine Aussagen über die wohnungspolit. Ziele; jedoch hat das Bundesverfassungsgericht die Sozialpflichtigkeit des Gutes „Wohnung“ durch mehrere Urteile aus Artikel 14 Abs. 2 GG und aus Artikel 20 Abs. 1 GG, dem sog. Sozialstaatpostulat, abgeleitet. Mit dem ersten Wohnungsbaugesetz, dem Gesetz über den Abbau der Wohnungszwangswirtschaft und über ein soziales Mietrecht von 1960, dem ersten Wohnraumkündigungsschutzgesetz von 1971 und dem zweiten Wohnraumkündigungsschutzgesetz von 1974 hat der Bundesgesetzgeber grundlegende Regelungen für eine sozialorientierte Wohnungsmarktwirtschaft geschaffen.
3. Die Ziele heutiger W. sind abhängig von den aktuellen wohnungspolit. Problemfeldern. Dazu zählen Wohnungsnotfälle, Abnahme der Belegungsrechte, nicht ausreichende Wohngeldregelung, Fehlförderung durch das Steuerrecht etc.
(1) Auch bei der inzwischen gegebenen Entspannung des Wohnungsmarktes in den mittleren und oberen Preissegmenten ist ein zunehmender Wohnungsmangel in den unteren Preislagen festzustellen. Insb. die wirtschaftlich oder sozial Benachteiligten geraten zunehmend in eine Wohnungsnotsituation. Hiervon betroffen sind neben den „klassischen“ Randgruppen, die neben einer Wohnung auch intensiver sozialer Hilfe bedürfen, in zunehmenden Maße auch Alleinerziehende, schwangere Frauen, Personen, die in Scheidung oder Trennung leben, junge Haushaltsgründer, Jugendliche und Behinderte, die aufgrund von Vorurteilen oder mangelnder Mietzahlungsfähigkeit ohne öffentl. Hilfe keine Wohnung finden. Dies betrifft in erster Linie die großen und größeren Städte. Hierauf hat der Deutsche Städtetag bereits 1987 in seinen „Hinweisen und Empfehlungen zur Sicherung der Wohnungsversorgung in Wohnungsnotfällen und Verbesserung der Lebensbedingungen in sozialen Brennpunkten“ hingewiesen.
(2) Die vorhandenen kommunalen Belegungsrechte reichen schon bisher nicht aus und werden zunehmend weniger. Durch vorzeitige Rückzahlung planmäßiger Tilgung der öffentl. Wohnungsbaudarlehen gehen insbesondere in den alten Ländern mehr Sozialwohnungen verloren als neue hinzukommen. Darüber hinaus nimmt der Bestand an preisgünstigen Mietwohnungen durch Zweckentfremdung, Abriß, Leerstand und Umwandlung ständig ab. Die Städte in den neuen Ländern verfügen nur über wenig neue Sozialwohnungen mit Mietpreis- und Belegungsbindungen.
(3) Auch nach der Anpassung und Zusammenfügung der Wohngeldregelungen in den alten und neuen Ländern zum 1.1.2001 wird das Wohngeld seiner Zielsetzung, angemessenes und familiengerechtes Wohnen wirtschaftlich zu sichern, mangels einer Dynamisierungs- oder Anpassungsregelung nicht dauerhaft gerecht. Die Folge ist, daß

die Städte und Gemeinden erhebliche Sozialhilfemittel aufwenden müssen, um das Wohnen der einkommensschwachen Bevölkerungsgruppen zu sichern.

(4) Die steuerliche Förderung des Wohnungsbaus ist zur Zeit wohnungspolitisch wenig effizient. Sie geht an den Brennpunkten des Bedarfs in den größeren und großen Städten wegen der fehlenden regionalen Differenzierung vorbei. Eigentumsbildung findet vorwiegend auf dem Lande statt.

(5) Ein wesentliches Hemmnis für den Wohnungsbau ist der Mangel an verfügbarem Bauland und die unzureichende Regelung der Finanzierung von Infrastrukturfolgekosten. Eine wirksame Verbesserung kann hier nur erreicht werden, wenn Bund, Länder und Gemeinden ein Bündel von Maßnahmen umsetzen. Die Analyse der Möglichkeiten zur Mobilisierung von Bauland zeigt, daß abgabenrechtl. Maßnahmen wie z. B. die Umgestaltung der bisherigen Grundsteuer zu einer baulandmobilisierenden reinen Bodenwertsteuer neben einem optimierten kommunalen Bodenmanagement zwingend erforderlich sind.

(6) Die Interessenlage der Umlandgemeinden steht der Entwicklung ausgeglichener und sozialer Wohnungsmärkte entgegen. Es fehlt eine regionale Verantwortung für die Förderung des sozialen Wohnungsbaus, für die Ausweisung von Bauland oder die Verteilung von Lasten bei der Versorgung von Problemgruppen. Ohne eine bessere regionale Kooperation ist es nicht möglich, den Tendenzen zur Konzentration einkommensschwächerer Haushalte auf die großen Städte zu begegnen.

(7) In den Städten der neuen Länder konnte zwar durch die Modernisierungs- und Instandsetzungsmaßnahmen nach 1990 eine tendenzielle Verbesserung der Wohnraumversorgung erreicht werden. Der Nachholbedarf liegt jedoch – gemessen an westdeutschen Ausstattungs- und Qualitätsstandards – immer noch bei mehr als 300 Mrd. DM.

4. Das Fördersystem des sozialen Wohnungsbaus besteht in seiner Grundstruktur seit den 1950er Jahren. Es hat sich zunächst aus den Anforderungen der Nachkriegszeit entwickelt und ganz wesentlich zur Lösung der damaligen Probleme beigetragen. Den gegenwärtigen Problemen und den künftigen Anforderungen kann das aus dem Jahre 1956 stammende II. Wohnungsbaugesetz allerdings nicht mehr gerecht werden. Alle bisherigen Reformversuche – auch das Wohnungsbauförderungsgesetz von 1994 – sind lediglich Flickwerk geblieben. Es fehlt ein Gesamtkonzept, das alle Bereiche und alle Akteure mit einschließt. Vor diesem Hintergrund sollte das bisherige wohnungspolit. System mit folgenden Zielsetzungen reformiert werden:

(1) Angesichts knapper Mittel muß das Ziel der öffentl. Förderung neu bestimmt werden. Bund, Länder und Gemeinden können nicht die Verantwortung für die Wohnraumversorgung „breiter Schichten der Bevölkerung“ übernehmen. Es gilt vielmehr folgendes: Die Grundsicherung des Wohnens ist eine öffentl. Aufgabe, bei deren selbstverantwortlicher Erfüllung die Einwohner je nach ihrem Leistungsvermögen öffentl. Hilfen bedürfen. Während für die einkommens- und sozialschwachen Bevölkerungsschichten auch weiterhin eine Versorgungsverantwortung besteht, ist für die mittleren Einkommensschichten nur eine Förderverantwortung gegeben, die sich zu den oberen Einkommensschichten hin immer mehr auf eine Angebotsverantwortung hinsichtlich Infrastruktur und Baurecht reduziert.

(2) Alle direkten und indirekten wohnungspolit. Subventionen in Höhe von mehr als 50 Mrd. DM müssen auf den Prüfstand. Die zur Verfügung stehenden Mittel müssen auf die Schwerpunkte des Bedarfs konzentriert werden und dort in erster Linie denjenigen zugutekommen, die sich ohne öffentl. Hilfe nicht mit Wohnraum vorsorgen können.

(3) Die Abstimmung zwischen Bund, Ländern und Gemeinden muß verbessert werden. Die bisherige mangelnde Abstimmung der verschiedenen Ebenen untereinander bei der gemeinsamen Aufgabe „Förderung des Sozialen Wohnungsbaus“ und das unkoordinierte Nebeneinander der verschiedenen Akteure und Instrumente haben dazu geführt, daß Haushalte und Investoren in der gleichen ökonom. Position völlig unterschiedlichen Belastungssituationen ausgesetzt sind. Dies führt zu einer falschen Verteilung knapper Ressourcen. Begünstigt

werden tendenziell jene, die öffentl. Hilfen am wenigsten bedürfen. Dies ist ökonomisch, fiskalisch und wohnungspolitisch nicht vertretbar. Notwendig ist ein System koordinierter Wohnungsversorgungshilfen.
(4) Eine Reform der öffentl. Wohnungsbauförderung muß die Entscheidungskompetenzen der kommunalen Ebene stärken. Die Städte sind am besten in der Lage, die öffentl. Mittel effizient, situationsbezogen und zielgerecht entsprechend den örtlichen Verhältnissen einzusetzen. Die Wohnungsprobleme zeigen sich nämlich vor Ort, in den Städten und Gemeinden. Dort muß deshalb auch der Wohnungsnot und der Obdachlosigkeit begegnet werden. Gleichwohl wird über den Einsatz wohnungspolit. Instrumente und Mittel zu großen Teilen von anderen – nämlich von Bund und Ländern – entschieden. Künftig wird es weniger darum gehen, Wohnungswesen und Wohnungsrecht stärker zu regulieren oder zu deregulieren. Gefragt sind vielmehr Strategien und Lösungen, die es erlauben, das wohnungspolit. Instrumentarium auf der örtlichen Ebene flexibel einzusetzen. Dies verlangt den Abschied von einer überwiegend von Bund und Ländern durchgeregelten staatl. W. hin zu einer von Bund, Ländern und Gemeinden gemeinsam getragenen flexiblen Wohnungspolitik „vor Ort". Dazu ist erforderlich, die starren Programmvorgaben von Bund und Ländern durch örtlich flexible Regelungen zu ersetzen. Auf diese Weise könnte die Effizienz aller öffentl. Wohnversorgungshilfen wirksam gesteigert werden.
(5) Es ist ein verfassungsrechtlich abgesichertes Finanzierungskonzept zu schaffen, das den Verantwortlichkeiten der Beteiligten gerecht wird. Eine unverbindliche Beteiligung des Bundes an der Förderung des Sozialen Wohnungsbaus im Rahmen der Finanzhilfen nach Art. 104 a Abs. 4 GG reicht nicht aus. Die Förderung des Wohnungsbaus muß deshalb künftig von Bund, Ländern und Gemeinden als echte Gemeinschaftsaufgabe wahrgenommen werden. Sie sollte im Grundgesetz als neuer Artikel 91 c GG verankert werden. Eine Reform darf sich aber nicht auf die Wohnungsbauförderung beschränken. Sie muß vielmehr alle wohnbezogenen öffentl. Hilfen einschließlich einer aktiven Wohnungsbestandspolitik einbeziehen. Diese sollten dann in einem Gesetz zur Sicherstellung der allg. Wohnungsversorgung zusammengefaßt werden.

Lit.: Bericht der Bundesregierung über das Zusammenwirken finanzwirksamer, wohnungspolitischer Instrumente vom 1. 6. 1982, Bundestagsdrucksache 9/1708. *Dieckmann, J./Hintzsche, B.* (Hrsg.) 1996: Wohnungspolitik für Städte, Gemeinden und Kreise, Köln. *Eekhoff, J.* 1993: Wohnungspolitik, Tüb. *Deutscher Städtetag* (Hrsg.) 1995: Für eine neue Wohnungspolitik (DST-Beiträge zur Stadtentwicklung und zum Umweltschutz, Reihe E, Heft 23), Köln. *Glatzer W./Zapf K.* 1992: Wohnungspolitik, in: *Schmidt, M. G.* (Hrsg.): Die westlichen Länder (Lexikon der Politik, Bd. 3), Mchn., 554–562.

Folkert Kiepe

WTO

Die Welthandelsorganisation WTO (*World Trade Organization*) wurde bei Abschluß der Uruguay-Runde des GATT (*General Agreement on Tariffs and Trade*) am 15. 12. 1993 gegründet und nahm mit Jahresbeginn 1995 die Arbeit auf. Sie ist Nachfolgerin des 1947 gegründeten GATT und übernahm im wesentlichen dessen Ziele und Aufgaben.
Dazu zählen die Beseitigung von Handelshemmnissen, um in möglichst freiem Handel die ökonom. Ressourcen nachhaltig optimal zu nutzen und in allen Ländern eine Steigerung des Lebensstandards, der Beschäftigung und der Realeinkommen zu erreichen. Wirtschaftl. schwache Länder können dabei begünstigt werden. Wie dem GATT liegen der WTO drei Prinzipien zugrunde: (1) Die Reziprozität (Gegenseitigkeit) aller handelspolit. Maßnahmen, d. h. handelspolit. Zugeständnisse und Leistungen, die sich Länder einräumen, müssen gleichwertig sein; (2) die Liberalisierung, d. h. möglichst

weitgehender Abbau von Zöllen und nichttarifären Handelshemmnissen; (3) die Nicht-Diskriminierung, besonders durch Meistbegünstigung, d. h. Zoll- und Handelsvorteile, die einem Mitglied eingeräumt werden, müssen auch allen anderen Mitgliedern gewährt werden, und Produkte aus anderen Ländern dürfen auf dem Inlandsmarkt nicht schlechter gestellt werden. Als neue Ziele wurden für die WTO zusätzlich die Förderung nachhaltiger → Entwicklung (*sustainable development*) und Umweltschutz in der Präambel verankert.

1. Vertragsgrundlage der WTO ist das GATT von 1947 mit den Änderungen und Erweiterungen, die in der Uruguay-Runde vorgenommen wurden. Hinzu kamen 1994 zwei weitere multilaterale Abkommen, das Allgemeine Abkommen über den Handel mit Dienstleistungen GATS (*General Agreement on Trade in Services*) und das TRIPS-Abkommen (*Trade Related Aspects of Intellectual Property Rights*). Das GATT umfaßt verschiedenste Teilabkommen, die einzelne Bereiche des Warenhandels regeln, wie z. B. den Handel mit Agrarprodukten, mit Textilien und Bekleidung, ein Abkommen über Dumpingmaßnahmen und → Subventionen, über technische Handelshemmnisse, Ursprungsregeln sowie das TRIMS-Abkommen (*Trade Related Investment Measures*), ein Abkommen über handelsrelevante Investitionsmaßnahmen, das z. B. Exportbeschränkungen für ausländische Investoren aufhebt. Das GATS behandelt Themen wie Finanzdienste, Telekommunikation und Transporte, das TRIPS-Abkommen Patent und Markenschutzfragen, Urheberrechte z. B. für Computerprogramme, Datenbanken, integrierte Schaltungen etc. Neben diesen drei multilateralen Abkommen umfaßt die WTO vier plurilaterale Abkommen, die nur für ratifizierungswillige WTO-Mitglieder gelten: (1) ein Abkommen über den Handel mit zivilen Luftfahrzeugen, (2) ein Abkommen über öffentl. Beschaffungswesen, (3) das internat. Milchabkommen sowie (4) das internat. Rindfleischabkommen.

2. Die Mitgliedschaft in der WTO (Stand 2000: 138 Staaten) macht eine Annahme aller Ergebnisse der Uruguay-Runde erforderlich. Für die Beschlußfassung in den Organen der WTO gilt i. d. R. das Konsensprinzip. Sollte eine Entscheidungsfindung im Konsens nicht möglich sein, gilt das einfache Mehrheitsprinzip auf der Grundlage ein Land, eine Stimme. Für verschiedene Bereiche sind Quoren festgelegt: Für die Änderung der Prinzipien (z. B. Entscheidungsverfahren, Meistbegünstigung) ist Einstimmigkeit erforderlich, für alle anderen Vertragsänderungen eine Zweidrittelmehrheit. Mit (im Vergleich zum GATT) neuer Stärke versehen wurde das Streitschlichtungsverfahren, das zum einen transparenter und mit festen Verfahrensabläufen berechenbarer geworden ist und in dessen Rahmen zum anderen verbindlichere Entscheidungen getroffen werden können. Mußten früher alle Vertragsparteien (auch die betroffenen Länder) einem Schiedsspruch zustimmen, damit er Geltung bekam, ist dieser in Zukunft nur noch durch eine einstimmige Ablehnung der Mitglieder abzuwenden.

3. Von der WTO gehen positive Anreize für die Liberalisierung des Welthandels aus. Auf der Ministerkonferenz der WTO in Seattle im Dezember 1999, auf der eine neue Runde für die Liberalisierung des Welthandels eingeläutet werden sollte, blockierten Ökologen und Protektionisten der → NGOs, Gegner der → Globalisierung mit ihren (teilweise gewalttätigen) Demonstrationen die Konferenz ebenso wie intern die schlechte Konferenzvorbereitung und -leitung. Die geplante Initiative zugunsten der LLDCs (Zollfreiheit für ihre Produkte) kam nicht zustande. Während NGOs das Scheitern von Seattle als einen Sieg feierten, setzte bei den Delegierten ein Nachdenken über die Organisationsstruktur der WTO ein.

Lit.: *Frenkel, M.* (Hrsg.) 1996: GATT und neue Weltwirtschaftsordnung, Wsb. *Gerke, K.* 1994: Vom GATT zur Welthandelsorganisation, Ffm. *Grimwade, M.* 1996: International Trade Policy, L./NY. *Sander, H./Inotai, A.* (Hrsg.) 1996: World Trade after the Uruguay-Round, L. *Senti, R.* 1994:

GATT WTO. Die neue Welthandelsordnung nach der Uruguay-Runde, Zürich. *Senti, R.* 1994: Die neue Welthandelsordnung für Dienstleistungen, Zürich. *Trebilcock, M. J./Howse, R.* 1995: The Regulation of International Trade, L.
Infos: www.wto.org

Michael Windfuhr

Zahlungsbilanz

Systematische zahlenmäßige Zusammenstellung aller Transaktionen der Außenwirtschaft eines Landes in einem bestimmten Zeitraum (meist ein Jahr). Die Zahlungsbilanz (Z.) setzt sich zusammen aus unterschiedlichen Teilbilanzen, wie der Leistungsbilanz (Waren- + Dienstleistungs- + Übertragungsbilanz), der Kapitalverkehrsbilanz (langfristiger + kurzfristiger Kapitalverkehr), der Devisenbilanz (v. a. Änderung der Währungsreserven der Zentralbank) sowie einem Restposten (statistisch nicht erfaßte Transaktionen).

Die Z. ist, da sie nach dem Prinzip der doppelten Buchführung operiert, formal immer ausgeglichen. Dennoch kann das auf Teilbilanzen bezogene Ziel des außenwirtschaftl. Gleichgewichts (in D im Stabilitäts- und Wachstumsgesetz fixiert), das in längerfristiger Perspektive meist als ausgeglichene Grundbilanz (Leistungsbilanz + langfristiger Kapitalverkehr), in kurzfristiger Perspektive als ausgeglichene Devisenbilanz konkretisiert wird, verfehlt werden. Die wirtschaftswissenschaftl. Zahlungsbilanztheorie beschäftigt sich mit Fragen wie den Ursachen von Zahlungsbilanzungleichgewichten, Auswirkungen auf Wechselkurse, Volkseinkommen und Preise, die Zahlungsbilanzpolitik mit den Akteuren und Instrumenten einer Beeinflussung der Zahlungsbilanz.

Lit.: *Deutsche Bundesbank* 1990: Die Zahlungsbilanzstatistik der Bundesrepublik Deutschland: Inhalt, Aufbau und methodische Grundlagen, Ffm. *Jarchow, H.-J.* 1982: Zahlungsbilanz, I: Theorie und Politik, in: HdWW9, Stg. u.a., 539–562. *Kruse,* C.1999: Zahlungsbilanz au päischen Zentralbank, i (Hrsg.): Währungsunion un tistiken, Gött., 57–64. *Ros mer, K.* [13]1999: Theorie schaft, Mchn.

Uwe Andersen

Zivilgesellschaft

I. Der Begriff Zivilgesellschaft (Z.) bezeichnet eine Sphäre kollektiven Handelns und öffentl. Diskurse, die zwischen Privatbereich und Staat wirksam ist. Ihren organisatorischen Kern bildet eine Vielzahl pluraler, auch konkurrierender Assoziationen, die ihre Angelegenheiten relativ autonom organisieren und ihre materiellen wie immateriellen Interessen artikulieren. Ihr Spektrum umfaßt u. a. → Bürgerinitiativen und Bürgerrechtsgruppen, Verbände und → Interessengruppen, Kultur- und Bildungseinrichtungen, religiöse Vereinigungen, Entwicklungsorganisationen und Selbsthilfegruppen. Polit. → Parteien (*political society*) werden gewöhnlich nicht zur Z. gerechnet, da sie funktional zu eng auf die Erlangung staatl. Ämter ausgerichtet sind. Ebenso werden die auf Profit ausgerichteten Privatorganisationen des Marktes (*economic society*: Firmen, Konzerne) i. d. R. nicht als Akteure der Z. bezeichnet.

In einer schärferen Konturierung des Konzeptes gilt als charakteristisches Signum einer funktionierenden Z. die doppelte Selbstbegrenzung ihrer Akteure: Erstens erzielen sie ihre polit. Wirkung nicht durch das Streben nach polit. Macht, sondern i. d. R. vermittelt über die Öffentlichkeit – durch polit. Einflußnahme auf staatl. Institutionen oder polit. Parteien. Zweitens gilt als spezifisch ziviles Signum der Z., daß die Akteure einen normativen Basiskonsens teilen, dessen Kern Gewaltfreiheit und Toleranz sind. Eine funktionsfähige Z. bedarf ihrerseits rechtsstaatl. gesicherter Handlungsbedingungen,

... polit. Freiheits- und individueller Bür-gerrechte. Ansonsten sind ihre Entfaltungschancen prekär und durch ein unbalanciertes Verhältnis zum Staat beeinträchtigt (vgl. *Lauth/Merkel* 1997: 19–26; *Janoski* 1998: 12–17).

II. Die Idee der Z. als einer vom Staat unterscheidbaren, eigendynamischen Handlungssphäre reicht zurück in die polit. Philosophie des 18. Jahrhunderts. Ihre Renaissance in Politik und Wissenschaft begann im Zuge gesellschaftl. Veränderungs- und Lernprozesse seit den 1970er Jahren.

Zunächst diente sie in Lateinamerika angesichts autoritärer Regressionen als Leitbild, um eine neue Vision zukünftiger Demokratien zu entwickeln. Ihr Durchbruch in den 1980er Jahren speiste sich aus zwei verschiedenen Kontexten, die sich gleichwohl überschnitten: zum einen aus den aufkeimenden polit. Auseinandersetzungen in Osteuropa (v. a. Polen, CSSR, Ungarn), wo Z. als Kampfbegriff gegen staatl. Allmacht verstanden und benutzt wurde; zum anderen aus einer Perspektivdiskussion innerhalb der westl. Industriegesellschaften, in der es um neue, weniger staatsfixierte Ansatzpunkte und Strategien progressiver Politik ging. Der dt. Terminus Z. taucht hier als Neuübersetzung von *civil society* (*Locke*), *société civile* (*Tocqueville*) oder *società civile* (*Gramsci*) auf, um die Konnotationen des Hegelschen Begriffs der bürgerlichen Gesellschaft (vgl. Riedel 1975) zu umgehen; verwandte Begriffe sind Bürgergesellschaft (*R. Dahrendorf*) oder zivilcouragierte Gesellschaft (*U. Beck*).

III. Die Rolle der Z. in neuzeitlich-modernen Gesellschaftsgefügen ist von der polit. Philosophie und Theorie unterschiedlich konzipiert und bewertet worden. Die verschiedenen Diskussionsstränge zeichnen sich v. a. durch divergierende Sichtweisen des Verhältnisses zwischen Z. und → Staat bzw. → Demokratie aus und weisen ihr entsprechend verschiedene Funktionen zu (vgl. *Cohen/Arato* 1993; *Croissant/Lauth/Merkel* 2000: 11–21).

1. Im liberalen Verständnis wird Z. i. S. *John Lockes* als vorgängiger Freiraum gegenüber dem Staat gedacht. Sie zeichnet sich aus durch weitgehende Selbstregulierung, Pluralität, Autonomie und ‚Zivilität' der kollektiven Akteure auf der Basis eines allg. Bürgerstatus. Nur durch eine solche Bürgergesellschaft wird das Ziel der → Freiheit gewährleistet, indem die Bürger ihre Anrechte auch wahrnehmen und gegenüber dem Staat behaupten. Z. besitzt so primär eine Schutzfunktion für deren private Autonomie.

2. In der republikanischen Tradition wird Z. in einer engeren Verschränkung mit der polit. Sphäre gesehen. Eine Richtung verbindet mit Z. ein offenes Projekt fortschreitender → Demokratisierung über die Schaffung und Aufrechterhaltung einer öffentl. Sphäre der Meinungs- und Willensbildung (Hannah Arendt). Z. wird hier als komplementär zum institutionalisierten Prozeß der demokratischen Selbstgesetzgebung (Parteien, Parlamente) verstanden, der zwar notwendiger Rahmen ist, aber das Demokratieprinzip immer nur zeitbedingt verkörpert und durch eine aktive Z. immer wieder aktualisiert werden muß (vgl. *Rödel* et al. 1989). Ebenso in dieser Tradition steht die auf *Tocqueville* zurückgehende Auffassung, daß eine aktive, pluralistisch-partizipatorische Z. den Ort zur Herausbildung und Einübung von Bürgertugenden darstellt und damit als Unterbau und Schule der Demokratie fungiert (Vermittlungs- und Sozialisationsfunktion; → Politische Sozialisation).

3. Die am Ideal einer freien → Öffentlichkeit orientierte Konzeption (vgl. *Habermas* 1994: 399–467) greift liberale und republikanische Gedanken auf, ist jedoch weitaus skeptischer hinsichtlich der Wirkungsmacht von Z. und weist ihr v. a. eine Kommunikationsfunktion zu. Sie soll die Resonanz aufnehmen, die die gesellschaftl. Problemlagen in den privaten Lebensbereichen finden, und lautverstärkend an die polit. Öffentlichkeit weiterleiten. Grundrechtl. Garantien werden auch hier als notwendige Bedingung vorausgesetzt, reichen allerdings für eine intakte polit. Öffentlichkeit nicht aus. Vielmehr muß eine vitale Z. diese Strukturen intakt halten, was nicht zuletzt auch von einer förderlichen Zivilkultur abhängt.

4. Die herrschaftskritische Konzeption in der Nachfolge *Antonio Gramscis* versteht Z. als kulturelle Sphäre neben Wirtschaft und Politik, in der an der Aufrechterhaltung oder Veränderung gesellschaftl. Hegemonialstrukturen gewirkt wird. In ihr werden die herrschaftskonformen Ideologien und Konsense erzeugt, die allerdings nicht als unveränderlich gelten. Vielmehr ist gerade Z. das Feld, in dem sich künftige Entwicklungswege durch Auseinandersetzungen über den gesellschaftl. Grundkonsens entscheiden. In dieser Lesart wird am deutlichsten, daß Z. von Machtstrukturen geprägt ist und überdies auch Ambivalenzen gegenüber der Demokratie aufweisen kann.

IV. Insbes. die Transitionsforschung hat Illusionen über die reformerische und demokratiefördernde Kraft der Z. in den neuen Demokratien in Osteuropa, Afrika, Asien und Lateinamerika korrigiert (vgl. *Merkel* 2000; *Diamond* 1999: 218–260; *Hall* 1995). In vielen Ländern erweist sie sich oft als zu schwach oder gar prekär, um ihre Anliegen und Funktionen gegenüber den machtvollen Strukturen von Staat, polit. und ökonom. Gesellschaft zu behaupten.

Für eine Vertiefung der Demokratien rückt damit mehr das Wechselspiel mit gefestigteren demokratischen und rechtsstaatl. Institutionen sowie nicht zuletzt mit sozioökonom. Bedingungen in den Blick. Umgekehrt beinhaltet die Z. selbst Gefährdungspotentiale für polit. Stabilität und auch für Demokratie, insb. dann, wenn sie auf ethnische oder nationalistische Spaltungen ausgerichtet ist (Ex-Jugoslawien, einige Länder Afrikas, aber ansatzweise auch im spanischen Baskenland). Dies verweist auf die Schattenseiten der Z., da sie auch intoleranten Gruppen und Diskursen (etwa Ausländerfeindlichkeit) eine Bühne bietet, die ihr selbst den Nährboden entziehen.

Lit.: *Croissant, A./Lauth, H.-J./Merkel, W.* 2000: Zivilgesellschaft und Transformation: ein internationaler Vergleich, in: *Merkel, W.* (Hrsg.), 9–49. *Cohen, J./Arato, A.* 1993: Civil Society and Political Theory, Camb./ Mass. *Diamond, L.* 1999: Developing Democracy: Toward Consolidation, Baltimore/L. *Frankenberg, G.* 1997: Die Verfassung der Republik. Autorität und Solidarität in der Zivilgesellschaft, Ffm. *Habermas, J.* 1994: Faktizität und Geltung, Ffm. *Hall, J.A.* (Hrsg.) 1995: Civil Society. Theory, History, Comparison, Camb. *Janoski, T.* 1998: Citizenship and Civil Society, Camb. *Keane, J.* (Hrsg.) 1988: Civil Society and the State, L. *Lauth, H.-J./Merkel, W.* (Hrsg.) 1997: Zivilgesellschaft im Transformationsprozeß, Mainz. *Linz, J./Stepan, A.* 1996: Problems of Democratic Transition and Consolidation, Baltimore. *Merkel, W.* (Hrsg.) 2000: Systemwechsel 5: Zivilgesellschaft und Transformation, Opl. *Riedel, M.*1 975: „Gesellschaft, bürgerliche“, in: *Brunner, O.* u.a. (Hrsg.): Geschichtliche Grundbegriffe, Stg., 719–800. *Rödel, U./Frankenberg, G./Dubiel, H.* 1989: Die demokratische Frage, Ffm.

Peter Thiery

Autorenverzeichnis

Alber, Jens, Dr. phil., Professor für Sozialpolitik an der Universität Konstanz

Alemann, Ulrich von, Dr. phil., Master of Arts, Professor für Politikwissenschaft an der Universität Düsseldorf

Andersen, Uwe, Dr. phil., Professor für Politikwissenschaft an der Ruhr-Universität Bochum

Armingeon, Klaus, Dr. rer. soc., Professor für Politikwissenschaft an der Universität Bern

Barrios, Harald, Dr. phil., Wissenschaftlicher Assistent für Politikwissenschaft an der Universität Tübingen

Barwig, Klaus, Akademiereferent der Diözese Rottenburg-Stuttgart

Behrendt, Christiane, Dipl.-Verw.wiss., wissenschaftliche Mitarbeiterin am Lehrstuhl für Sozialpolitik der Universität Konstanz

Benda, Ernst, Dr. iur. h. c., Präsident des Bundesverfassungsgerichts a. D., ord. Professor (em.) für Öffentliches Recht mit Schwerpunkt Verfassungsrecht an der Universität Freiburg

Bendel, Petra, Dr. phil., Geschäftsführerin des Zentralinstituts für Regionalforschung an der Universität Erlangen-Nürnberg

Berg-Schlosser, Dirk, Dr. oec. publ., Ph. D., Professor für Politikwissenschaft an der Universität Marburg

Bergmann, Kristin, Dr. rer. pol., Leiterin des Frauenreferats der Evangelischen Kirche in Deutschland

Beyme, Klaus von, Dr. phil., Professor (em.) für Politische Wissenschaft an der Universität Heidelberg

Bodemer, Klaus, Dr. phil., Professor, Direktor des Instituts für Iberoamerika-Kunde, Hamburg

Brock, Lothar, Dr. phil., Professor für Politikwissenschaft an der Johann Wolfgang Goethe-Universität und Forschungsgruppenleiter an der Hessischen Stiftung Friedens- und Konfliktforschung, beide Frankfurt/M.

Bruder, Wolfgang, Dr. rer. soc., Oberbürgermeister der Stadt Offenburg

Bull, Hans Peter, Dr. iur., Professor für Öffentliches Recht und Verwaltungswissenschaft an der Universität Hamburg

Busch, Andreas, Dr. phil., Department of Politics and International Relations, University of Oxford

Czada, Roland, Dr., Professor für Politikfeldanalyse und Verwaltungswissenschaft an der Fernuniversität Hagen

Delbrück, Jost, Dr. iur., Professor für Öffentliches Recht, Völkerrecht und Allg. Staatslehre, Direktor des Walther-Schüking-Instituts für Internationales Recht, Kiel

Dolzer, Rudolf, Dr. iur. Dr. (Harvard University), Professor für Völkerrecht an der Universität Bonn

Dose, Nicolai, Dr. rer. soc., Wissenschaftlicher Assistent am Lehrstuhl für Politische Wissenschaft an der Technischen Universität München

Drude, Michael, Dr., Professor für Wirtschaftswissenschaften an der Universität Freiburg

Eisfeld, Rainer, Dr. rer. pol., Professor für Politikwissenschaft an der Universität Osnabrück

Esser, Josef, Dr. rer. soc., Professor für Politikwissenschaft und Politische Soziologie an der Universität Frankfurt

Evers, Adalbert, Dr. rer. pol., Professor für Vergleichende Gesundheits- und Sozialpolitik an der Universität Gießen

Färber, Gisela, Dr. rer. pol., Professorin für Wirtschaftliche Staatswissenschaften, insbesondere Allg. Volkswirtschaftslehre und Finanzwissenschaft an der Deutschen Hochschule für Verwaltungswissenschaften Speyer

Fetscher, Iring, Dr. phil., Professor (em.) für Politikwissenschaft und Sozialphilosophie an der Universität Frankfurt

Gantzel, K. Jürgen, Dr., Professor (em.) für Politikwissenschaft an der Universität Hamburg

Gerdes, Dirk, Dr. rer. soc., Privatdozent für Politikwissenschaft an der Universität Heidelberg, Leiter des RPZ Aurich

Greven, Michael, Dr., Professor für Politikwissenschaft an der Universität Hamburg

Grimm, Dieter, Dr. iur., ehem. Bundesverfassungsrichter, Professor für Öffentliches Recht, Verfassungsgeschichte und Rechtsvergleichung an der Humboldt-Universität zu Berlin

Grimmer, Klaus, Dr. rer. pol., Professor für Politikwissenschaft und Öffentliches Recht an der Universität Gesamthochschule Kassel

Groser, Manfred, Dr. rer. soc., Professor für Politikwissenschaft an der Universität Bamberg

Grotz, Florian, Dr. phil., wiss. Assistent am Europäischen Zentrum für Staatswissenschaften und Staatspraxis, Berlin

Helms, Ludger, Dr. phil, Wissenschaftlicher Assistent am Institut für Sozialwissenschaften der Humboldt-Universität zu Berlin

Herzog, Dietrich, Dr. phil., Professor (em.) für Politikwissenschaft an der Freien Universität Berlin

Holtz-Bacha, Dr. phil., Professorin für Publizistik an der Universität Mainz

Holzinger, Katrin, Dr. iur., Max-Planck-Projektgruppe Gemeinschaftsgüter, Bonn

Hrbek, Rudolf, Dr. phil., Professor für Politikwissenschaft an der Universität Tübingen

Jahn, Egbert, Dr. phil., Professor für Politische Wissenschaft und Zeitgeschichte an der Universität Mannheim

Jesse, Eckhard, Dr., Professor für Politikwissenschaft an der Technischen Universität Chemnitz

Jochem, Sven, Dr. phil., Wissenschaftlicher Assistent für Politikwissenschaft am Zentrum für Sozialpolitik, Universität Bremen

Kaase, Max, Dr. rer. pol., Vice President and Decan for the Humanities and Social Sciences, International University Bremen

Kiepe, Folkert, Beigeordneter des Deutschen Städtetages für Stadtentwicklung, Bauen, Wohnen und Verkehr, Köln

Kleinsteuber, Hans J., Dr. phil., Professor für Politikwissenschaft an der Universität Hamburg

Knapp, Manfred, Dr. phil., Professor für Politikwissenschaft, insbes. der Internationalen Beziehungen, an der Universität der Bundeswehr Hamburg

Kohl, Jürgen, Dr. phil., Professor für Soziologie an der Universität Heidelberg

Korte, Karl-Rudolf, PD Dr. rer. pol. habil. Dr. phil., Vertretungsprofessur für Politische Wissenschaft an der Universität zu Köln

Kreile, Michael, Dr. rer. soc., Professor für Politikwissenschaft an der Humboldt-Universität zu Berlin

Krennerich, Michael, Dr. phil., wissenschaftlicher Mitarbeiter am Institut für Iberoamerikakunde, Hamburg

Landfried, Christine, Dr. phil., Professorin für Politische Wissenschaft an der Universität Hamburg

Liese, Andrea, Dipl.-Pol., Wissenschaftliche Mitarbeiterin an der Universität Bremen

Linz, Juan J., Dr., Sterling Professor of Political and Social Science, Departement of Sociology, New Haven, USA

Lösche, Peter, Dr., Professor für Politikwissenschaft an der Universität Göttingen

Lutz, Dieter, Dr. Dr., Professor und Wissenschaftlicher Direktor des Instituts für Friedensforschung und Sicherheitspolitik an der Universität Hamburg (IFSH)

Massing, Peter, Dr. phil., Vertreter der Professur für Sozialkunde und Didaktik der Politik an der Freien Universität Berlin

Mengel, Hans-Joachim, Dr. iur., Dr. sc. pol., Professor für Politische Wissenschaft an der Freien Universität Berlin

Merkel, Wolfgang, Dr. phil., Professor für Politische Wissenschaft an der Universität Heidelberg

Meyer, Thomas, Dr., Professor für Politikwissenschaft an der Universität Dortmund, Leiter der Akademie der Politischen Bildung der Friedrich-Ebert-Stiftung

Michalsky, Helga, Dr. rer. soc., Professorin für Politikwissenschaft an der Universität Flensburg

Mickel, Wolfgang, Dr. phil., Professor (em.) für Politikwissenschaft an der Pädagogischen Hochschule an der Universität Karlsruhe

Minkenberg, Michael, Dr. phil., Professor für Politikwissenschaft an der Europa-Universität Viadrina Frankfurt (Oder)

Müller-Rommel, Ferdinand, Dr. rer. pol., Professor für Vergleichende Politikwissenschaft an der Universität Düsseldorf

Münkler, Herfried, Dr. phil., Professor für Theorie der Politik an der Humboldt-Universität zu Berlin

Murswieck, Axel, Dr. soc. wiss., Professor für Politische Wissenschaft an der Universität Heidelberg

Neumann, Johannes, Dr. phil., Professor für Soziologie an der Universität Tübingen.

Nikutta-Wasmuht, Ulrike C., Dr., Freie Universität Berlin

Nohlen, Dieter, Dr. phil., Professor für Politische Wissenschaft an der Universität Heidelberg

Nuscheler, Franz, Dr. phil., Professor für Internationale Politik an der Universität Duisburg

Oberreuter, Heinrich, Dr. phil., Dr. phil. h. c., Professor für Politikwissenschaft an der Universität Passau, Direktor der Akademie für politische Bildung Tutzing

Pappi, Franz Urban, Dr. phil., Professor für Politikwissenschaft an der Universität Mannheim

Rausch, Ulrike, Dr. phil., GMO Management Consulting, Düsseldorf

Elmar Rieger, Ph.D., Visiting Professor, Brown University, Watson Institute for International Studies

Rieger, Günter, Dr. phil., Professor an der Berufsakademie Stuttgart

Riescher, Gisela, Dr. phil., Professorin für Politikwissenschaft an der Universität Freiburg

Rudolf, Peter, Dr., Stiftung Wissenschaft und Politik, Berlin

Sangmeister, Hartmut, Dr. rer. pre., Professor für Entwicklungsökonomie an der Universität Heidelberg

Schiller, Theo, Dr. phil., Professor für Politikwissenschaft an der Universität Marburg

Schmidt, Manfred G., Dr. rer. pol., Professor für Politische Wissenschaft an der Universität Heidelberg

Schumacher, Christoph, Dr. iur., Jurist bei der Landesversicherungsanstalt Württemberg, Stuttgart

Schüttemeyer, Suzanne S., Dipl.-Pol., Dr. rer. pol., Professorin in Vertretung an der Universität Potsdam

Schubert, Klaus, PD Dr., Vertreter einer Professur für Politikwissenschaft am Institut für Politikwissenschaft der Universität Münster

Schultze, Rainer-Olaf, Dr. phil., Professor für Politikwissenschaft an der Universität Augsburg

Schwegmann, Friedrich G., Dr. iur., Professor für Öffentliches Recht an der Fachhochschule für öffentliche Verwaltung Nordrhein-Westfalen, Abt. Münster

Seidelmann, Reimund, Dr., Professor für Internationale Beziehungen/Außenpolitik an der Universität Gießen, Professor am Institut d'Etudes Européennes an der Université Libre de Bruxelles

Simonis, Udo E., Dr. phil., Professor am Wissenschaftszentrum Berlin

Strasser, Hermann, Dr. rer. oec., Ph.D., Professor für Soziologie an der Universität Duisburg

Sturm, Roland, Dr. phil., Professor für Politische Wissenschaft an der Universität Erlangen-Nürnberg

Tetzlaff, Rainer, Dr. phil., Professor für Politische Wissenschaft an der Universität Hamburg

Thibaut, Bernhard, Dr. phil., Beratung Public Sector, SAP AG, Walldorf

Thiery, Peter, Dr. phil., Institut für Politische Wissenschaft an der Universität Heidelberg

Wagschal, Uwe, Dr. phil., wissenschaftlicher Assistent an der Universität Bremen

Waldmann, Peter, Dr. iur., Professor für Soziologie an der Universität Augsburg

Weber, Hajo, Dr. rer. soc., Professor für Soziologie an der Universität Kaiserslautern

Weber-Schäfer, Peter, Dr. phil., Professor (em.) für Politikwissenschaft an der Ruhr-Universität Bochum

Wehling, Hans-Georg, Dr. phil., Professor für Politikwissenschaft an der Universität Tübingen, Abteilungsleiter der Landeszentrale für Politische Bildung Baden-Württemberg

Weidenfeld, Werner, Dr. Dr. h. c., Professor für Politikwissenschaft und Direktor des Centrums für angewandte Politikforschung der Universität München

Weiß, Ulrich, Dr. phil., Professor für Theorie an der Universität der Bundeswehr München; Mitglied des Lehrkörpers der Hochschule für Politik München

Wewer, Göttrik, Dr. phil., Ministerialdirigent, Leiter der Abtl. Planung und Ressortkoordinierung in der Staatskanzlei des Landes Schleswig-Holstein

Wiesendahl, Elmar, Dr. rer. pol., Professor für Politikwissenschaft an der Universität der Bundeswehr München

Wilzewski, Jürgen, Dr., Professor am Zentrum für Nordamerika-Forschung an der Universität Frankfurt

Windfuhr, Michael, M. A., FIAN, Lehrbeauftragter an der Universität Heidelberg

Wollmann, Hellmut, Dr. iur., Professor für Verwaltungswissenschaft an der Humboldt-Universität zu Berlin

Woyke, Wichard, Dr. phil., Professor für Politikwissenschaft an der Universität Münster

Zangl, Bernhard, Dr. rer. pol., wissenschaftlicher Assistent am Institut für Interkulturelle und Internationale Studien an der Universität Bremen

Ziemer, Klaus, Dr. phil., Professor für Politische Wissenschaft an der Universität Trier, z. Z. Direktor des Deutschen Historischen Instituts in Warschau

Zinterer, Tanja, M. A., Doktorandin der Politikwissenschaft am Institut für Kanada-Studien, Universität Augsburg

Zürn, Michael, Dr. rer. soc., Professor für Politikwissenschaft mit dem Schwerpunkt internationale und transnationale Beziehungen, Institut für Interkulturelle und Internationale Beziehungen, Universität Bremen

Sachregister

Buchanzeigen